2019年度国家出版基金资助项目"中国农村调查（村庄类）·黄河区域"的成果之一。

教育部人文社会科学重点研究基地华中师范大学中国农村研究院2016年基地重大项目"作为政策和理论依据的深度中国农村调查与研究"（16JJD810004）的成果之一。

华中师范大学中国农村研究院"2015版中国农村调查"的成果之一。

中国农村调查

徐勇 邓大才
主编

江苏人民出版社

• 总第 58 卷

• 村庄类第 27 卷

• 黄河区域第 8 卷

• 萧县 · 虞城县

图书在版编目(CIP)数据

中国农村调查. 总第 58 卷,村庄类. 第 27 卷,黄河区域. 第 8 卷 / 徐勇,邓大才主编. —南京:江苏人民出版社,2023.3

ISBN 978-7-214-26490-9

Ⅰ. ①中… Ⅱ. ①徐… ②邓… Ⅲ. ①农村调查—研究报告—中国 Ⅳ. ①F32

中国版本图书馆 CIP 数据核字(2021)第 164160 号

出 版 人　王保顶
出版统筹　杨建平
策划编辑　杨　健　陈俊阳

书　　　名	中国农村调查(总第 58 卷·村庄类第 27 卷·黄河区域第 8 卷)
主　　　编	徐　勇　邓大才
责任编辑	于馥华　王　溪
装帧设计	姜　嵩
出版发行	江苏人民出版社
出版社地址	南京市湖南路 1 号 A 楼,邮编:210009
照　　　排	江苏凤凰制版有限公司
印　刷　者	苏州市越洋印刷有限公司
开　　　本	787 毫米×1092 毫米　1/16
印　　　张	54.25　插页 6
字　　　数	996 千字
版　　　次	2023 年 3 月第 1 版　2023 年 3 月第 1 次印刷
标准书号	ISBN 978-7-214-26490-9
定　　　价	870.00 元(精装)

(江苏人民出版社图书凡印装错误可向承印厂调换)

《中国农村调查》编辑委员会

主　　编　徐　勇　邓大才

编辑委员会成员　（以姓氏笔画为序）

丁　文　马　华　万婷婷　王　勇　王　静
王义保　邓大才　石　挺　卢福营　冯春凤
朱敏杰　任　路　刘义强　刘金海　刘筱红
汤晋苏　李华胤　李海金　肖盼晴　吴晓燕
何包钢　应小丽　张大维　张向东　张利明
张晶晶　陆汉文　陈军亚　郝亚光　胡平江
姚锐敏　徐　剑　徐　勇　徐小青　徐增阳
黄振华　彭正德　董江爱　詹成付　熊彩云

本卷编辑整理　李华胤

总　序

2015年是华中师范大学中国农村研究院历史上的关键一年。在这一年，本院不仅成为完全独立建制的研究机构，更重要的是进一步明确了目标，特别是进行学术整合，构建了一个全新的调查研究计划。这一计划的内容包括多个方面，其中，中国农村调查是基础性工程。从2015年开始出版的《中国农村调查》便是其主要成果。

学术研究是一个代际接力、不断提升的过程。农村调查是本院的立院之本，兴院之基。本院的农村调查经历了三个阶段。

第一阶段主要是基于项目调查基础上的个案调查（1985—2005年）。

20世纪80年代开启的中国改革开放，起始于农村改革。延续20多年的人民公社体制废除后，农村的生产功能由家庭所承担，社会管理功能则成为一个新的问题。这一问题引起我院学者的关注。1928年出生的张厚安先生是中国政治学恢复以后较早从事政治学研究的学者之一。他与当时其他政治学者不同，比较早地关注农村政治问题，并承担了农村基层政权方面的国家研究课题。与此同时，本校其他学者也承担了有关农村政治研究的课题。1988年，这些学者建立起以张厚安先生为主任的农村基层政权研究中心，由此形成了一个自由结合的学术共同体。

作为一个学术共同体，农村基层政权研究中心有其研究宗旨和方法。在学术共同体建立之初，张厚安先生就提出了"三个面向，理论务农"的宗旨。"三个面向"是指面向社会、面向基层、面向农村。"理论务农"是指立足于农村改革实践，服务于农村改革实践。这一宗旨对于政治学者是一个全新的使命。政治学研究政治价值、政治制度与政治行为。传统政治学更多研究的是国家制度和国家统治，以文本研究为主要研究方法。"三个面向"的宗旨，必然要求方法的改变，这就是进行实地调查。自学术共同体形成开始，实地调查便成为我们的主要研究方法。

自20世纪80年代中期，以张厚安先生为领头人的学者就开始进行农村调查。最初是走向农村，进行全国性的广泛调查，主要是面上了解。1995年，在原农村基层政权研究中心的基础上，成立了农村问题研究中心，由张厚安先生担任主任，由1955年出生的中年学者徐勇教授担任常务副主任。新的中心的研究重点仍然是基层政权与村民自治，但领域有所扩大，并将研究方法概括为"实际、实证、实验"，更加强调"实"。这种务实的方法开始引起了学术界的关注，并注入国际学术界的一些研究理念和方法。我们的农村调查由面上的了解走向个案调查。年届七旬的张厚安先生亲自带领和参与个案村庄调查，其代表作是《中国农村村级治理——22个村的调查与比较》。这一项目在全国东、中、西三个地区选择了6个重点村和18个对照村进行个案调查，参与调查人员数十人，并形成了一个由全国相关人员参与的学术调查研究团队。

第二阶段主要是基于机构调查基础上的全面调查（2005—2015年）。

1999年，国家教育部为推动人文社会科学研究，启动了教育部人文社会科学重点研究基地建设。当年，华中师范大学农村问题研究中心更名为"华中师范大学中国农村问题研究中心"，由徐勇教授担任主任。2000年，中心成为首批教育部人文社会科学重点研究基地。在基地成立之前，以张厚安教授为首的研究人员是一个没有体制性资源保障，纯因个人兴趣而结合的学术共同体，有人坚持下来，也有人离开。成为教育部基地以后，中心仍然坚持调查这一基本方法，并试图体制化。其主要进展是在全国选择了20多家机构作为调研基地，以为全国性调查提供相应的保障，并建立相互合作关系。

作为教育部重点基地，中心是一个有一定资源保障的学术共同体，有固定的编制人员，也有固定的项目经费，条件大为改善，但也产生了新的问题。这就是农村调查根据各人承担的研究项目而开展。这不仅会造成研究人员过分关注项目资源分配，更重要的是造成调查研究的"碎片化"和"片断化"，难以形成整体和持续性的调查。同时，研究人员也会因为理念和风格不同而产生分歧，造成体制性的学术共同体动荡。为了改变调查研究项目体制引起的"碎片化"倾向，2005年，徐勇教授重新规划了基地的发展，提出"百村观察计划"，计划在全国选择100多个村进行为期10年、20年、30年以至更长时间的调查和跟踪观察。目标是如建立气象观测点一样，能够及时有效地长期观测农村的基本状况及变化走向。这一计划得到时任华中师范大学社会科学研究处处长的石挺先生的鼎力支持。2006年，计划得以试行，主要由刘金海副教授具体负责。最初的试点调查村只有6个，后有所扩展。2008年，在试点基础上，由邓大才教授主持，全面落实计划，调查团队根据严格的抽样，确定了200多个村和3000多个农户的调查样本。

"百村观察"是一项大规模和持续性的调查工程，需要更多人的参与。同时它又是一项公共性的基础工程，人们对其认识有所不同。因为它要求改变项目体制造成的调查"碎片化"和研究"个体化"的工作模式。为此，学术共同体再次发生了有人退出、有人坚持、有人加入的变化。

2009年正式启动的"百村观察计划"，取得了超出预想的成绩：一是从2009年开始，我们每年都要对样本村和户进行调查，调查内容和形式逐步完善，并形成相对稳定的调查体系。除了暑假定点调查以外，还扩展到寒假专题调查。每年参与调查的人员达500人左右，并出版《中国农村调查》等系列著作。二是因为是大规模的调查，可以进行分析，并在此基础上形成调查报告，提供给决策部门，由此也形成了"顶天立地"的理念。"顶天"就是为决策部门服务，"立地"就是立足于实地调查。这一收获，使中心得以在教育部第二次基地评估中成为优秀基地，并于2010年更名为"华中师范大学中国农村研究院"，由徐勇教授担任院长，邓大才教授担任执行院长。三是形成了一支专门的调查队伍并体制化。起初的调查者有相当部分是没有受到严格专业训练的志愿者。为了提高调查质量，自2012年起，研究院将原来分别归于导师名下指导的研究生进行整合，举办"重点基地班"。基地班以提高学生的调查研究能力为导向，实行开放式教学、阶梯性培养、自主性管理，形成社会大生产培养模式，改变了过往一个老师带三五个学生的小作坊培养方式。至此，农村调查完全由受到专门调查和学术训练的人员承担，走向了专业化道路。四是资料数据库得以建立并大大扩展。过往的调查因为是项目式调查，资料难以统一保管和使用。2006年，我们启动了中国农村数据库建设。随着"百村观察计划"的正式实施，大量数据需要录入，并收集到许多第一手资料，资料数据库得以迅速扩展。

第三阶段主要是基于历史使命基础上的深度调查（2015年至今）。

农村调查的深入和相应工作的扩展，势必与以行政方式组织科研的现行大学体制产生碰撞。但是，已经有一个良好开端的调查不可停止。适逢中国的智库建设时机，2015年，华中师范大学中国农村研究院成为完全独立建制的研究机构，由1970年出生的邓大才教授担任行政负责人。

中国农村研究院独立建制，并不简单是成为一个独立的研究机构，而是克服体制障碍，进一步改变学术"碎片化"倾向，加强整合，提升调查和研究水平，目标是在高等学校中建设适应国家需要的智库。实现这一目标有五大支撑点：一是大学术，以政治学为主，多学科参与，协同研究；二是大服务，继续坚持"顶天立地"的宗旨，全面提高服务决策的能力，争取成为有影响力的决策咨询机构；三是大调查，在原有"百村观察计划"基础上构建内容更加丰富的农村调查体系，争取成为世界农村调查重镇；四是大数据，收集和扩充农村资料和数据，争取成为最为丰富的农村资料数据库；五是大平台，将全校、全省、全国，乃至全球的农村研究学者吸引并参与到农村研究院的工作中来，争取成为世界性的调查研究平台。这显然是一个完全不同于以往的宏大计划，也标志着中国农村研究院的全新起步。

独立建制后的中国农村研究院仍然将农村调查作为自己的基础性工作，且成为体制性保障的工作。除了"百村观察计划"的持续推进以外，我们重新设计了2015版的农村调查体系。这一体系包括"一主三辅"："一主"即以长期延续并重新设计的"中国农村调查"为主体；"三辅"包括"满铁农村调查"翻译、"俄国农村调查"翻译和我们团队到海外农村进行实地调查的"海外农村调查"，目的是完善农村调查体系，并为中国农村调查提供借鉴。

现代化是一个由传统农业社会向现代工业社会转变的过程,这一转变是从农村开始的。农村和农民成为现代化的起点,并规制着现代化的路径。19世纪后期,处于历史大转变时期的俄国,数千人参与对俄国农村的调查,持续时间长达40多年。20世纪上半叶,日本在对华扩张中,以南满洲铁道株式会社为依托开展对中国农村的大规模调查,持续时间长达40多年,形成著名的"满铁调查"。进入21世纪,中国作为一个世界农业文明最为发达的大国,正在以超出想象的速度向现代工业文明迈进。中国需要也应有能够超越前人的大规模农村调查。"2015版中国农村调查"正是基于这一历史背景设计的。

"2015版中国农村调查"超越过往的项目或者机构调查体制,而具有更为宏大的历史使命:一是政策目的。智库理所当然要出思想,但"思想"除了源自思考以外,更要源自可供分析的实地调查。过往的调查虽然也是实地调查,但难以对调查进行系统化的分析,并根据调查提出有预见性的结论。在这方面,19世纪的俄国农村调查有其长处。"2015版中国农村调查"将非常重视实地调查的可分析性和可预测性,以此提高决策服务成效。二是学术目的。调查主要在于知道"是什么"或者"发生了什么",是事实的描述。但是,这些事实为什么发生?其中存在什么关联?这是过往调查关注比较少的。以致大量的调查难以进行深度的学术开发,学术研究主要依靠的还是规范方法,实地调查难以为学术研究提供必要的基础,由此会大大制约调查的影响力。"2015版中国农村调查"特别重视实地调查的深度学术开发性,调查包含着学术目的,并可以通过调查提炼学术思想。其作为一种有实地调查支撑的学术思想也可以间接影响决策。为此,"2015版中国农村调查"在设计时,除了关注"是什么"以外,也特别重视"为什么",试图对中国农村社会的底色及其变迁进行类似于生物学"基因测序"的调查。三是历史传承目的。在现代化进程中,传统农村正在迅速消逝。"留得住乡愁"需要对"乡愁"的记录和保存。20世纪以来,中国农村发生了太多的变化,中国农民经历了太多的起伏,农民的历史构成了国家历史不可或缺的部分。"2015版中国农村调查"因此特别关注历史的传承。

基于以上三个目的,"2015版中国农村调查"由四个部分构成:

其一,口述史调查。主要是通过当事人的口述,记录20世纪上半期以来农村的变化及其对当事人命运的影响。其主体是农民个人。在历史上，他们是微不足道的，尽管是历史的创造者，但没有历史记载他们的状况与命运。进入 20 世纪以后，这些微不足道的人物成为"政治人物"，尽管是"小人物"，但他们是大历史的折射。通过他们自己的讲述，我们可以更加充分地了解历史的真实和细节，也可以更好地"以史为鉴"。口述史调查关注的是大历史下的个人行为。

其二，家户调查。主要是以家户为单位的调查，了解中国农村家户制度的基本特性及其变迁。中国在历史上创造了世界最为灿烂的农业文明，必然有其基本组织制度支撑。但长期以来，人们只知道世界上有成形的农村庄园制、部落制和村社制，而没有了解研究中国自己的农村基本组织制度。受 20 世纪以来的革命和现代化思维的影响，人们对传统一味否定，更忽视对中国农村传统制度的科学研究，以致我们在否定自己传统的同时引进和借鉴的体制并不一定更为高明，使得中国农村变迁还得在一定程度上向传统回归。实际上，中国有自己特有的农村基本组织制度，这就是延续上千年的家户制度。家户调查关注的是家户制度的原型及其变迁，目的是了解和寻求影响中国农业社会变迁的基因和特性。

其三，村庄调查。主要是以村庄为单位的调查，了解不同类型的村庄形态及其变迁、实态。农村社会是由一个个村庄构成的。与海洋文明、游牧文明相比，农业文明的社会联系更为丰富，"关系"在中国农村社会形成及演变中居于重要地位。中国在某种意义上说是一个"关系国家"，但是作为一个历史悠久、人口众多、地域辽阔、文明多样的大国，关系格局在不同的地方有不同的表现，由此形成不同类型的村庄。国家政策要"因地制宜"，必须了解各个"地"的属性和差异。村庄调查以"关系"为核心，注重分区域的类型调查。通过不同区域的村庄形态和变迁的调查，了解和回答在国家"无为而治"的传统条件下，一个超大的农业社会是如何通过自我治理实现持续运转的；了解和回答在国家深度介入的现代条件下，农业社会是如何反应和变化的。

其四，专题调查。主要是以特定的专题为单位的调查，了解选定的专题领域的状况及其变化。如果说前三类调查是基本调查的话，专题调查则是专门性调查，针对某一个专题领域，从不同角度进行广泛深入的调查，以期获得对某一个专门领域的全面认识和把握。

"2015版中国农村调查"是一项世纪性的大型工程，它是原有基础的延续，也是当下正在从事，更是未来需要长期接续的事业。这一事业已有数千人参与，特别是有若干人在其中发挥了关键性作用；当下和未来将有更多的人参与。历史将会记录下他们的功绩，他们的名字将与我们的事业同辉！

2016年6月，教育部公布了对人文社会科学重点研究基地的评审结果，我院排名全国第一，并再获优秀。这既是对过往的高度肯定，也是对进一步发展的有力鞭策。为此，本院再次明确自己的目标，这就是建设全球顶级农村调查机构、顶级农村资料数据机构，并在此基础上，形成自己的学术领域和学术风格，而达到这一目标，需要一代又一代人克难攻坚，不懈努力！

徐 勇

2015年7月15日初序

2016年7月15日补记

凡　例

作为教育部人文社会科学重点研究基地，华中师范大学中国农村研究院历来重视农村调查与研究，《中国农村调查》(村庄类)是基地新版"中国农村调查"项目的重要成果，在付梓之际，特做以下说明。

1. 根据徐勇教授提出的"中国农村七大区域学说"，即华南区域、长江区域、黄河区域、西南区域、西北区域、东北区域、东南区域，本项目在借鉴日本满铁调查的基础上，按照七大区域的次序，进行村庄形态与实态的调查。这也是整个项目实施所遵循的技术路线。

2. 在村庄调查点的选取上，结合"中国农村七大区域学说"，依据每个区域所辐射的省、市、县，一是按照每个地级市两个县、每个县一个村的标准，二是按照典型点与普遍点结合的原则，三是按照中心与边缘结合的原则，随机抽样选点。每个村庄一位调查员，在调查之前均受过严格的学术培训，每个村的调查时间为60天以上。

3. 每一篇村庄调查报告的写作分为村庄由来与形成、自然、经济、社会、文化、治理六章，以"传统形态—变迁—当下实态"为主线，进行写作。在每篇报告的后面附有调查员的调查小记、调查日记等，以供读者了解整个调查的心路历程。

4. 在报告的写作中，县名、镇名、村名、人名、部门单位等均为实名。但是，报告中所出现的照片、人名、数据等信息，均得到了访谈对象或数据提供对象的口头授权或书面授权。另外，档案材料、政府部门提供的资料、历史材料等，在写作中均做了详细的引用说明。

5. 农村传统形态的调查，主要靠老人口述来获取信息、数据，因而报告中的数据可能不甚精确，仅供参考，也请各位读者、学者在引用、使用的过程中，酌情处理。

6. 农村变迁调查会涉及土地改革、"文化大革命"、"四清"等内容，但是，调查者均怀揣学术研究之心，从农村变迁与发展的历史视角去调查与写作，力求客观、真实地再现中国农村的历史变迁。

7. 在出版方面，项目组组建了审稿与编辑小组，严格审查、校审每一篇村庄调查报告，并从中挑选优秀报告，分七大区域，集结成卷出版。

8. 《中国农村调查》(村庄类)的重点在于传统形态的调查，是一项抢救历史的学术工程。由于时间仓促，其中不免有错漏，也希望海内外学术界、读书界提出批评、建议，帮助我们提高这套丛书的质量。

《中国农村调查》编辑组
2016年12月19日

目录

村庄类分序 质性研究视角下农村区域性村庄分类 ······ 1
  一、"因地"与"分类":质性研究方法 ······ 1
  二、"分"与"合":维度与条件 ······ 3
  三、作为农村研究对象的区域 ······ 6
  四、作为农村研究对象的村庄 ······ 8
  五、作为农村研究对象的区域性村庄分类 ······ 12

集会共栖:皖北贫弱村庄的生生之道
——黄河区域管粥集村调查

第一章 村庄的由来与演变 ······ 23
第一节 村庄的形成 ······ 23
  一、村落的起源与演变 ······ 23
  二、村名与村落 ······ 29
  三、村民与村落 ······ 31
第二节 村庄的建制 ······ 34
第三节 村庄当下概况 ······ 36

第二章 村庄自然形态与实态 ······ 38
第一节 自然形态概况 ······ 38
  一、自然地理 ······ 38
  二、气候特征 ······ 41

  三、土壤特征 ······ 42

  四、自然资源 ······ 44

  五、交通状况 ······ 44

 第二节 干旱与水利 ······ 47

  一、干旱社会与自然底色 ······ 47

  二、水利社会与村庄特色 ······ 50

  三、水利灌溉与生产 ······ 59

  四、水患与救灾 ······ 60

  五、人与干旱、水利的关系 ······ 64

 第三节 平原与麦作 ······ 68

  一、田块分布 ······ 68

  二、田块边界 ······ 70

  三、田块距离 ······ 72

  四、田块耕作 ······ 73

  五、麦作关系 ······ 76

 第四节 集居与空间 ······ 80

  一、村庄空间格局概况 ······ 80

  二、民居与村庄 ······ 81

  三、神居与村庄 ······ 89

  四、祖居与村庄 ······ 95

  五、集市与村庄 ······ 96

  六、公共空间与村庄 ······ 100

  七、村庄空间结构关系 ······ 105

 第五节 村庄自然变迁与实态 ······ 105

  一、交通的治理变迁与实态：从闭塞之地到区位优势凸显 ······ 105

  二、人居的治理变迁与实态：从四合院到单家独院 ······ 107

  三、公共设施的治理变迁与实态：水利设施的改善与传统空间的消逝 ······ 107

第三章　村庄经济形态与实态 ········· 110

第一节　人与土地、生产能力 ········· 110
一、人与土地的关系 ········· 110
二、人与生产能力的关系 ········· 114

第二节　产权与产权关系 ········· 128
一、土地产权概况 ········· 128
二、土地买卖关系 ········· 135
三、土地租佃关系 ········· 142
四、土地典押关系 ········· 151
五、土地置换关系 ········· 153

第三节　经营与经营关系 ········· 154
一、以家户为主的经营单元 ········· 155
二、家户独立经营权 ········· 157
三、经营分工 ········· 158
四、经营与合作 ········· 160
五、经营与市场 ········· 164

第四节　交换与交换关系 ········· 173
一、村内交换 ········· 173
二、村外交易 ········· 177
三、借贷与物件典当 ········· 181

第五节　分配与分配关系 ········· 189
一、分配单元 ········· 189
二、分配决策 ········· 191
三、分配内容 ········· 193
四、分配关系 ········· 194

第六节　消费与消费关系 ········· 195
一、消费决策 ········· 195
二、消费活动 ········· 196

三、消费习惯 ·· 199

　　三、消费关系 ·· 201

第七节　继承与继承关系 ·· 203

　　一、财产继承权 ·· 203

　　二、继承物 ·· 205

　　三、分家与分家关系 ·· 206

　　四、一般继承及其关系 ··· 209

第八节　村落经济变迁 ··· 209

　　一、1949 年之前的传统经济形态 ·· 210

　　二、1949 年之后的传统经济形态变迁 ······································· 210

第九节　村落经济实态 ··· 212

　　一、农业经济 ··· 212

　　二、打工经济 ··· 213

　　三、旅游经济 ··· 215

第四章　村庄社会形态与实态 ·· 216

第一节　血缘与血缘关系 ·· 216

　　一、家庭及其关系 ··· 216

　　二、亲属及其关系 ··· 221

　　三、拟血亲及其关系 ·· 224

　　四、基于血缘的社会组织及其关系 ·· 227

第二节　地缘与地缘关系 ·· 233

　　一、四邻及其关系 ··· 233

　　二、熟人及其关系 ··· 235

　　三、老乡及其关系 ··· 236

　　四、基于地缘的社会组织及其关系 ·· 238

第三节　业缘与业缘关系 ·· 241

　　一、市场组织及其关系 ··· 241

　　二、轿会组织及其关系 ··· 245

第四节　信缘与信缘关系 …… 246
　　一、信缘主体 …… 246
　　二、信缘关系与行为 …… 249
　　三、基于信缘的社会组织及其关系 …… 250

第五节　交往与交往关系 …… 253
　　一、家庭内部及之间交往 …… 253
　　二、村内交往 …… 258
　　三、村外交往 …… 264

第六节　流动与流动关系 …… 265
　　一、土地与人口流动 …… 265
　　二、市场与人口流动 …… 267
　　三、战乱与人口流动 …… 268
　　四、自然灾害与人口流动 …… 272

第七节　分化与群体关系 …… 272
　　一、职业分化 …… 273
　　二、财富分化 …… 275
　　三、权力分化 …… 276
　　四、家族分化 …… 277

第八节　冲突与冲突关系 …… 279
　　一、家庭、家族内外部冲突及其关系 …… 279
　　二、村落内部冲突及其关系 …… 282
　　三、村落之间冲突及其关系 …… 286

第九节　保护与保护关系 …… 288
　　一、家庭保护及其关系 …… 288
　　二、家族保护及其关系 …… 289
　　三、村落保护及其关系 …… 292

第十节　村落社会变迁 …… 302
　　一、1949 年之前的传统社会形态 …… 302

二、1949 年之后的传统社会变迁 ·· 303

　第十一节　村落社会实态 ··· 304

　　一、社会交往越发紧密 ·· 305

　　二、人口流动更加频繁 ·· 305

　　三、社会保障越发完善 ·· 306

第五章　村庄文化形态与实态 ·· 307

　第一节　崇拜与崇拜关系 ··· 307

　　一、祠堂及其关系 ·· 307

　　二、祖屋及其关系 ·· 314

　　三、祖坟及其关系 ·· 315

　　四、族谱及其关系 ·· 315

　　五、孝道及其关系 ·· 317

　第二节　信仰与信仰关系 ··· 318

　　一、神灵信仰及信仰关系 ·· 318

　　二、鬼怪信仰及其影响 ·· 324

　第三节　思维与思维关系 ··· 327

　　一、经验思维及思维关系 ·· 328

　　二、务实思维及其思维关系 ·· 331

　　三、循环思维及思维关系 ·· 333

　　四、中庸思维及思维关系 ·· 335

　　五、平均思维及思维关系 ·· 337

　第四节　态度与态度关系 ··· 338

　　一、生育态度与态度关系 ·· 338

　　二、生产态度与态度关系 ·· 349

　　三、生活态度与态度关系 ·· 350

　　四、社会态度与态度关系 ·· 353

　　五、政治态度与态度关系 ·· 354

　　六、人生态度与态度关系 ·· 355

第五节　习俗与习俗关系 ·· 356
一、婚嫁习俗及习俗关系 ·· 356
二、丧葬习俗及习俗关系 ·· 368
三、节庆习俗及习俗关系 ·· 372
四、日常习俗及习俗关系 ·· 380

第六节　规训与规训关系 ·· 382
一、家庭与家族规训 ·· 382
二、私塾教育 ·· 383
三、官学教育 ·· 389
四、规训中的行为关系 ·· 392

第七节　文娱与文娱关系 ·· 394
一、生活文娱活动及关系 ·· 394
二、节庆文娱活动及关系 ·· 401

第八节　村庄文化变迁 ·· 403
一、1949 年之前的村落文化形态 ······································· 403
二、1949 年之后的村落文化形态变迁 ·································· 404

第九节　村庄文化实态 ·· 405
一、文化习俗：传统与现代融合 ·· 406
二、休闲娱乐：娱乐内容越发丰富 ······································ 407
三、学校教育：受教育水平显著提升 ···································· 408
四、男女婚育：从多子多福到优生优育 ·································· 409

第六章　村庄治理形态与实态 ·· 410
第一节　政权治理与治理关系 ·· 410
一、基层政权概况：从闾邻制度到保甲制度 ······························ 410
二、政权治理主体及其内外关系 ·· 416
三、政权治理事务 ·· 420
四、政权治理方式 ·· 428

第二节　村落治理与治理关系 ·· 430

一、村落治理主体及其内外主体间关系 ………………………………… 430
　　二、村落治理事务 ………………………………………………………… 435
　　三、村落治理方式 ………………………………………………………… 437
第三节　家户治理与治理关系 …………………………………………………… 438
　　一、家户治理主体及其制度 ……………………………………………… 438
　　二、家户治理内容 ………………………………………………………… 442
　　三、家户治理方式 ………………………………………………………… 446
　　四、家户治理关系 ………………………………………………………… 448
第四节　亲族治理与治理关系 …………………………………………………… 449
　　一、族长与家族事务治理 ………………………………………………… 449
　　二、长辈与亲戚事务治理 ………………………………………………… 455
　　三、亲族治理关系 ………………………………………………………… 457
第五节　信缘治理与治理关系 …………………………………………………… 460
　　一、泰山奶奶庙与治理主体 ……………………………………………… 460
　　二、泰山奶奶庙与村落治理 ……………………………………………… 461
　　三、娘娘会与泰山奶奶庙住持 …………………………………………… 462
第六节　业缘治理与治理关系 …………………………………………………… 462
　　一、管粥集村集市治理 …………………………………………………… 463
　　二、村外市场治理 ………………………………………………………… 466
　　三、行业治理 ……………………………………………………………… 467
第七节　村落治理变迁 …………………………………………………………… 469
　　一、1949年之前的村落治理形态 ………………………………………… 469
　　二、1949年之后的村落治理形态变迁 …………………………………… 470
第八节　村落治理实态 …………………………………………………………… 471
　　一、积极探讨村民自治新机制 …………………………………………… 471
　　二、村庄公共服务得到显著改善 ………………………………………… 472
　　三、精准扶贫成新时期村两委工作重心 ………………………………… 472

附录一　管粥集村调查小记 ··· 474
附录二　管粥集村调查日记（节选）····························· 483

同族而居：单姓屯村治理秩序维系
——黄河区域刘屯村调查

第一章　刘屯村落由来与演变 ··································· 519
第一节　刘屯村的形成 ··· 519
一、村落背景 ··· 519
二、刘氏子安建村 ··· 520
三、村落发展——"外来户"迁入 ····················· 521
第二节　村庄建制变迁 ··· 524
一、1949 年前的村落建制 ································ 524
二、1949 年后的村落建制 ································ 525
第三节　刘屯当下概况 ··· 526

第二章　自然形态与实态 ··· 528
第一节　自然形态概况 ··· 528
一、地势地形 ··· 528
二、气候与农业安排 ······································· 529
三、土壤分布特征 ··· 531
四、自然资源 ··· 532
五、村落交通状况 ··· 533
六、自然灾害 ··· 534
第二节　旱涝与水利 ··· 536
一、干旱 ·· 536
二、夏秋水害 ··· 539
三、水利与村庄 ·· 541
四、人与水旱的关系 ······································· 548

  第三节　田块与麦作 ·· 548
    一、田块分布·· 548
    二、田块的边界·· 550
    三、田块距离·· 551
    四、田块耕作·· 551
    五、麦作与村庄关系·· 555

  第四节　集居与空间 ·· 556
    一、民居与村庄·· 556
    二、神居与村庄·· 561
    三、祠堂与村庄·· 564
    四、集市与村庄·· 565
    五、公共空间与村庄·· 565
    六、村庄空间结构关系··· 570

  第五节　村庄自然变迁与实态 ··· 571
    一、土地改革时期·· 571
    二、人民公社时期·· 571
    三、改革开放至今的自然形态·· 573

第三章　村落经济形态与实态 ··· 575

  第一节　人与土地及其生产能力 ··· 575
    一、人与土地的关系·· 575
    二、土地分化程度·· 578
    三、人与生产能力的关系··· 579

  第二节　产权及产权关系 ·· 586
    一、土地产权性质·· 586
    二、土地买卖与土地租佃··· 592

  第三节　经营及经营关系 ·· 601
    一、经营单位·· 601
    二、经营主体·· 602

三、经营分工 ………………………………………………… 603
　　四、经营合作 ………………………………………………… 605
　　五、雇用经营 ………………………………………………… 607
　　六、雇工之间的关系 ………………………………………… 610
第四节　交换与交换关系 ………………………………………… 611
　　一、交换场所 ………………………………………………… 611
　　二、交易活动 ………………………………………………… 614
　　三、交换关系 ………………………………………………… 620
第五节　分配与分配关系 ………………………………………… 622
　　一、分配权与分配决策 ……………………………………… 622
　　二、分配内容 ………………………………………………… 623
　　三、分配关系 ………………………………………………… 625
第六节　消费与消费关系 ………………………………………… 626
　　一、消费主体与决策 ………………………………………… 627
　　二、消费内容及方式 ………………………………………… 627
　　三、家户内部消费关系 ……………………………………… 628
　　四、家庭外部消费关系 ……………………………………… 634
第七节　继承与继承关系 ………………………………………… 638
　　一、继承主体与继承权 ……………………………………… 638
　　二、继承物 …………………………………………………… 639
　　三、继承程序 ………………………………………………… 641
　　四、继承关系 ………………………………………………… 641
第八节　村落经济变迁 …………………………………………… 644
　　一、土地改革运动中的村落经济 …………………………… 645
　　二、集体化时期村落经济状况 ……………………………… 645
　　三、家庭承包到户之后小农经济状况 ……………………… 646
第九节　村落经济实态 …………………………………………… 647
　　一、村落经济概况 …………………………………………… 647

二、集市交换 647
　　三、家庭消费 649
　　四、继承关系的变革 649

第四章 村落社会形态与实态 651
　第一节 血缘与血缘关系 651
　　一、嫡亲 651
　　二、姻亲关系 653
　　三、干亲关系 654
　　四、血缘关系 655
　第二节 地缘与地缘关系 659
　　一、地缘主体类型 659
　　二、地缘关系 663
　第三节 业缘与业缘关系 666
　　一、业缘组织 666
　　二、业缘关系 671
　第四节 信缘与信缘关系 673
　　一、信缘主体 673
　　二、日常生活中的信缘关系 674
　　三、信仰圈 675
　　四、组织活动 675
　第五节 交往与交往关系 677
　　一、家庭内部交往及其关系 677
　　二、家族内部交往及其关系 678
　　三、村落交往及其关系 678
　　四、不同村亲戚交往及其关系 680
　第六节 流动与流动关系 681
　　一、土地与流动 681
　　二、职业与流动 683

三、战争与流动 ·················· 684

　　四、灾害与流动 ·················· 684

第七节　分化与群体关系 ·················· 685

　　一、财富分化及其关系 ·················· 686

　　二、职业分化 ·················· 687

　　三、血缘分化 ·················· 691

　　四、权力分化 ·················· 692

第八节　冲突与冲突关系 ·················· 693

　　一、家庭纠纷与冲突 ·················· 693

　　二、村内农户纠纷处理 ·················· 694

　　三、村庄之间冲突 ·················· 695

第九节　保护与保护关系 ·················· 697

　　一、家庭保护及关系 ·················· 697

　　二、亲戚保护及关系 ·················· 699

　　三、村落保护及关系 ·················· 701

第十节　村落社会变迁 ·················· 702

　　一、1949年前传统社会形态状况 ·················· 702

　　二、1949年后传统社会形态变迁 ·················· 703

第十一节　村落社会实态 ·················· 705

　　一、部分传统交往习惯的恢复与发展 ·················· 705

　　二、新的社会形态 ·················· 706

第五章　村落文化形态与实态 ·················· 708

第一节　崇拜与崇拜关系 ·················· 708

　　一、先人崇拜及其关系 ·················· 708

　　二、祖坟及其关系 ·················· 711

　　三、族谱及其关系 ·················· 713

　　四、孝道及其关系 ·················· 714

第二节　信仰与信仰关系 ·················· 714

一、信仰对象 …………………………………………………… 715

　　二、信仰关系 …………………………………………………… 717

第三节　思维与思维关系 ……………………………………………… 718

　　一、经验思维 …………………………………………………… 718

　　二、务实思维——以生存为主导 ……………………………… 719

　　三、循环思维 …………………………………………………… 721

　　四、村民的中庸思维 …………………………………………… 722

　　五、平均思维 …………………………………………………… 723

第四节　态度与态度关系 ……………………………………………… 723

　　一、生育态度 …………………………………………………… 724

　　二、生产态度 …………………………………………………… 727

　　三、生活态度 …………………………………………………… 728

　　四、社会态度 …………………………………………………… 730

　　五、政治态度 …………………………………………………… 730

　　六、人生态度 …………………………………………………… 730

第五节　习俗与习俗关系 ……………………………………………… 731

　　一、婚姻习俗及关系 …………………………………………… 731

　　二、丧葬习俗与关系 …………………………………………… 739

　　三、生育习俗与关系 …………………………………………… 744

　　四、节庆习俗与关系 …………………………………………… 745

　　五、日常习俗与关系 …………………………………………… 752

第六节　规训与规训关系 ……………………………………………… 757

　　一、家庭教化与规训 …………………………………………… 757

　　二、学校教育与规训 …………………………………………… 759

第七节　文娱与文娱关系 ……………………………………………… 762

　　一、日常文娱活动 ……………………………………………… 762

　　二、节庆娱乐及其文化 ………………………………………… 765

第八节　村落文化变迁 ………………………………………………… 766

一、1949年前传统文化形态状况 …………………………………… 766
　　二、1949年后传统文化形态变迁 …………………………………… 767
第九节　村文化实态 …………………………………………………… 769
　　一、信仰与祖先崇拜 ………………………………………………… 769
　　二、习俗的继承与发展 ……………………………………………… 770
　　三、思维观念 ………………………………………………………… 772
　　四、教育情况 ………………………………………………………… 772

第六章　村落治理形态与实态 ………………………………………… 773
　第一节　政权治理与治理关系 ……………………………………… 773
　　一、政权治理单元 …………………………………………………… 773
　　二、政权治理主体 …………………………………………………… 774
　　三、政权治理内容 …………………………………………………… 777
　　四、政权治理方式 …………………………………………………… 781
　　五、政权治理关系 …………………………………………………… 781
　　六、非正常治理及其关系——"伪保长"时期 …………………… 783
　第二节　村落治理与治理关系 ……………………………………… 784
　　一、村落治理主体——"问事的人" ……………………………… 785
　　二、村落治理内容 …………………………………………………… 785
　　三、治理方式 ………………………………………………………… 787
　　四、村落治理关系 …………………………………………………… 787
　第三节　家户治理与家户关系 ……………………………………… 789
　　一、家户治理单元 …………………………………………………… 789
　　二、家户治理主体 …………………………………………………… 790
　　三、家户治理内容 …………………………………………………… 791
　　四、家户治理手段 …………………………………………………… 792
　　五、家户治理关系 …………………………………………………… 793
　第四节　亲族治理与治理关系 ……………………………………… 795
　　一、宗族治理及其关系 ……………………………………………… 796

二、亲戚治理及其关系⋯⋯⋯⋯⋯⋯⋯⋯⋯⋯⋯⋯⋯⋯⋯⋯⋯⋯⋯⋯⋯⋯⋯ 802

　　三、亲族治理关系⋯⋯⋯⋯⋯⋯⋯⋯⋯⋯⋯⋯⋯⋯⋯⋯⋯⋯⋯⋯⋯⋯⋯⋯ 803

第五节　信缘治理与治理关系⋯⋯⋯⋯⋯⋯⋯⋯⋯⋯⋯⋯⋯⋯⋯⋯⋯⋯⋯⋯ 805

　　一、信缘组织⋯⋯⋯⋯⋯⋯⋯⋯⋯⋯⋯⋯⋯⋯⋯⋯⋯⋯⋯⋯⋯⋯⋯⋯⋯ 805

　　二、信缘治理主体⋯⋯⋯⋯⋯⋯⋯⋯⋯⋯⋯⋯⋯⋯⋯⋯⋯⋯⋯⋯⋯⋯⋯ 806

　　三、信缘治理内容⋯⋯⋯⋯⋯⋯⋯⋯⋯⋯⋯⋯⋯⋯⋯⋯⋯⋯⋯⋯⋯⋯⋯ 807

　　四、信缘治理方式⋯⋯⋯⋯⋯⋯⋯⋯⋯⋯⋯⋯⋯⋯⋯⋯⋯⋯⋯⋯⋯⋯⋯ 807

　　五、信缘治理关系⋯⋯⋯⋯⋯⋯⋯⋯⋯⋯⋯⋯⋯⋯⋯⋯⋯⋯⋯⋯⋯⋯⋯ 807

第六节　社会组织与治理关系⋯⋯⋯⋯⋯⋯⋯⋯⋯⋯⋯⋯⋯⋯⋯⋯⋯⋯⋯⋯ 808

　　一、社会组织类型⋯⋯⋯⋯⋯⋯⋯⋯⋯⋯⋯⋯⋯⋯⋯⋯⋯⋯⋯⋯⋯⋯⋯ 808

　　二、组织关系⋯⋯⋯⋯⋯⋯⋯⋯⋯⋯⋯⋯⋯⋯⋯⋯⋯⋯⋯⋯⋯⋯⋯⋯⋯ 810

第七节　病菌及治理⋯⋯⋯⋯⋯⋯⋯⋯⋯⋯⋯⋯⋯⋯⋯⋯⋯⋯⋯⋯⋯⋯⋯⋯ 810

　　一、医疗状况⋯⋯⋯⋯⋯⋯⋯⋯⋯⋯⋯⋯⋯⋯⋯⋯⋯⋯⋯⋯⋯⋯⋯⋯⋯ 810

　　二、传染病治理⋯⋯⋯⋯⋯⋯⋯⋯⋯⋯⋯⋯⋯⋯⋯⋯⋯⋯⋯⋯⋯⋯⋯⋯ 811

第八节　村落治理变迁⋯⋯⋯⋯⋯⋯⋯⋯⋯⋯⋯⋯⋯⋯⋯⋯⋯⋯⋯⋯⋯⋯⋯ 812

　　一、1949年之前的传统治理状况⋯⋯⋯⋯⋯⋯⋯⋯⋯⋯⋯⋯⋯⋯⋯⋯⋯ 812

　　二、土地改革运动中的治理⋯⋯⋯⋯⋯⋯⋯⋯⋯⋯⋯⋯⋯⋯⋯⋯⋯⋯⋯ 813

　　三、农业集体化时期的村落治理⋯⋯⋯⋯⋯⋯⋯⋯⋯⋯⋯⋯⋯⋯⋯⋯⋯ 814

　　四、家庭联产承包责任制时期的治理⋯⋯⋯⋯⋯⋯⋯⋯⋯⋯⋯⋯⋯⋯⋯ 815

第九节　村落治理实态⋯⋯⋯⋯⋯⋯⋯⋯⋯⋯⋯⋯⋯⋯⋯⋯⋯⋯⋯⋯⋯⋯⋯ 817

　　一、政权治理——村两委⋯⋯⋯⋯⋯⋯⋯⋯⋯⋯⋯⋯⋯⋯⋯⋯⋯⋯⋯⋯ 817

　　二、村落治理——村治的补充⋯⋯⋯⋯⋯⋯⋯⋯⋯⋯⋯⋯⋯⋯⋯⋯⋯⋯ 817

　　三、家族治理⋯⋯⋯⋯⋯⋯⋯⋯⋯⋯⋯⋯⋯⋯⋯⋯⋯⋯⋯⋯⋯⋯⋯⋯⋯ 818

　　三、业缘治理——依旧各自为政⋯⋯⋯⋯⋯⋯⋯⋯⋯⋯⋯⋯⋯⋯⋯⋯⋯ 823

　　四、信缘治理⋯⋯⋯⋯⋯⋯⋯⋯⋯⋯⋯⋯⋯⋯⋯⋯⋯⋯⋯⋯⋯⋯⋯⋯⋯ 823

附录一　刘屯村调查小记⋯⋯⋯⋯⋯⋯⋯⋯⋯⋯⋯⋯⋯⋯⋯⋯⋯⋯⋯⋯⋯⋯⋯ 824

附录二　刘屯村调查日记（节选）⋯⋯⋯⋯⋯⋯⋯⋯⋯⋯⋯⋯⋯⋯⋯⋯⋯⋯⋯ 826

本卷后记⋯⋯⋯⋯⋯⋯⋯⋯⋯⋯⋯⋯⋯⋯⋯⋯⋯⋯⋯⋯⋯⋯⋯⋯⋯⋯⋯⋯⋯⋯ 835

村庄类分序

质性研究视角下农村区域性村庄分类

徐 勇

在我国，经历了数十年的艰苦探索，且付出了沉重代价，才得以形成农村基本的经营制度及相应的基本政策和基本方法，即以家庭经营为基础，统分结合，双层经营，宜统则统，宜分则分，因地制宜，分类指导。但在实际进程中，为什么和怎么样才能做到"宜统则统、宜分则分"，"因地制宜"，进行"分类指导"，却还有待继续深入探讨。在实践中往往出现的是"统得过死，分得过多"，或者"一刀切"，很难因地制宜，分类指导做出决策。其重要原因之一就是对"地"的属性和"类"的区分缺乏深入调查和研究，对整个农村实际情况的认识更多的是片断的、零碎的、表层的。这就需要学界对中国农村进行深入调查和深度研究，以为因地制宜，分类指导的国家决策提供依据。而"区域性村庄"，则是农村研究的重要内容。自 2015 年，华中师范大学中国农村研究院开启大规模的"2015 年版中国农村调查"工程，其中包括对中国七大区域的村庄进行调查。为什么要进行区域性村庄调查，为什么要分为七大区域进行村庄调查？以下就此做出说明。

一、"因地"与"分类"：质性研究方法

社会科学是现代社会分工的产物。作为一种社会科学研究，重要的不是发表政策言论，而是为制定政策提供理论与实际依据，供决策者参考和选择。这是现代社会分

工的要求。学者只有寻找到最适合于自己的位置，才能发挥自己独特的优势。长期以来，从事农村研究的学者不少，发表的成果更是浩如烟海，但是能够对决策层产生直接或间接、短期或长期影响的成果却少之又少。作为学人，我们可以对政策发表意见，乃至评头论足，但最重要的是要反思，学者对政策的制定提供了什么有独特价值的贡献？

中国是一个历史悠久、地域辽阔的大国，地区发展不平衡。因此，"因地制宜与分类指导"成为制定农村政策的基本原则，也是农村研究的重要目标。所谓"因地制宜"，就是根据各地的实际情况，制定适宜的办法。这就意味着，此"地"与彼"地"不同。所谓"分类指导"，就是根据事物的类型状况进行有针对性的指导。这就意味着，此"类"与彼"类"不同。因此，"地"和"类"是在比较中界定的，具有一种区别于其他"地"和"类"的特质或特性。农村研究最重要的是准确把握"地"和"类"的属性和特质，政策制定者才有可能"因地"和"分类"做出决策。

社会科学研究不同一般的言论发表，特别需要方法论的自觉，并选择最为适合的方法达到自己的研究目的。农村研究要准确把握"地"和"类"的属性和特质，需要研究者在学术目标指导下，进行实地调查，收集资料，通过分析来完成，因此特别适合于"质性研究"（又被称为"质化研究""质的研究"）方法。这一方法被认为是"以研究者本人作为研究工具，在自然情境下采用多种资料收集方法对社会现象进行整体性探究，使用归纳法分析资料和形成理论，通过与研究对象互动对其行为和意义建构获得解释性理解的一种活动"[1]。质性研究方法为什么是最为适合的方法呢？

首先在于以实际调查为基础的多种资料的收集。农村研究要了解"地"和"类"的属性，需要直接面对"地"和"类"加以认识，而不能凭空想象。即使是文学作品特别强调想象力，也有必要的实体基础。正如鲁迅所说，"燕山雪花大如席"尚属正常的夸张，而说"广州雪花大如席"就太离谱了。正因为如此，做农村研究的，一开始就将实地调查作为首要方法。人类学、民族学、社会学等重视实地调查的学科成为农村研究的重要支撑。实地调查的目的是认识对象，收集资料，但收集资料不仅仅依靠实地调查，还需要其他方法加以补充，如历史文献资料的收集等。

其次在于整体性探究。农村研究要了解"地"和"类"的属性，需要在整体比较中发现。换言之，农村研究不能仅仅只是对某一个"地"和"类"进行了调查便可以得出结论，它需要对构成"地"和"类"的范围进行整体比较才能发现此"地"与彼"地"、此"类"与彼"类"的不同。在农村研究中，我们经常会看到对村庄的分类，

---

[1] 陈向明：《质的研究方法与社会科学研究》，教育科学出版社2000年版，第12页。

但这种分类大多属于研究者对某一个地方和类型进行调查后得出来的结论，而不是整体内相同维度中的差异比较，因此很容易产生一村一类型的轻率结论。所以，为了在普遍性中发现差异性，质化研究并不排斥量化研究。只是量化研究很容易采用他人资料和数据，往往会造成资料来源的同质性而无法发现"地"和"类"的差异性。

再次在于通过归纳产生理论。农村研究要了解"地"和"类"的属性，调查和比较是基础，最后要产生结论和理论，即通过调查和比较，我们能够做出什么判断，并提供给他人。从提供理论的角度看，质性研究与其他研究没有区别，区别在于如何得出理论。质性研究是通过归纳的方法产生理论的，这不同于理论演绎和量化假设。为了得出准确的判断，质性研究要求在自然情境下，而不是人为制造的场景下，通过客观中立的调查，获得完整准确的材料，然后对材料加以归纳，最后得出结论。只有这样，我们对"地"和"类"的界定才是可供参考和验证的。

第四在于与对象的互动。农村研究要了解"地"和"类"的属性，要在与对象互动中发现。因为，农村研究的"地"和"类"与一般自然界的"地"和"类"有所不同，它是自然—社会—历史交互作用的产物。研究者在进行调查时，不仅要把握自然环境，而且要掌握人文社会和历史，调查中要与人交往和互动，才能发现"地"和"类"的属性及其与他"地"和"类"的区别。如在调查中，我们可以通过方言发现某"地"和"类"的属性及其区别，但方言只有在与对象互动中才能意识到。

二、"分"与"合"：维度与条件

农村研究关注"因地"与"分类"，均涉及整体与部分的关系。"因地"通常是指在一个国家整体内，由于条件不同而形成不同地方的特点；"分类"通常是指对一个事物整体内的不同要素区分为不同类型。如何界定农村研究中的整体与部分的关系呢？这就需要寻找统一的维度。这一维度就是"分"与"合"。

"分"是由整体中分化或产生出部分，包括分开、分散、分化、分离等。"合"是指各个部分合为一个整体，包括合作、合成、整合、结合、联合等。"分"在于个别性、部分性，"合"在于一般性、整体性。

"分"与"合"是人类社会一般的表现形态。中国著名小说《三国演义》开篇就表达："话说天下大势，分久必合，合久必分。"现代社会科学通过不同的科学概念对"分"与"合"的状态进行概括，如经济学领域的"分工"与"合作"，社会学领域的"社会分化"与"社会整合"，政治学领域的"分权"与"集权"等。

人类是作为个体的"人"与作为整体的"类"共同构成的。从人类社会的发展看，"分"通常意味着变化，由一个整体向不同部分的变化过程。如在中国，由"天下为公"分裂为"天下为家"，由"天下为家"分裂为"天下为人"，整体社会不断裂变为一个一个独立的个体，先是家庭，后是个人。"合"通常意味着秩序，由不同的部分通过一定方式形成一个有序的整体。整体尽管会裂变为个体，但个体不可能脱离整体而存在，任何个体都是相对整体而言的。将不同的个体结合为整体就会形成一种秩序。有序，整体就会存在；无序，整体就会解体。"天下为公"尽管会裂变为"天下为家"，但是一个个"家"又会结合成为"国"和"天下"。如"齐家治国平天下"，"齐""治""平"就是结合的机制与手段。"分"与"合"是相对而言的，是部分与整体的关系。这一关系是农村研究中的"因地"和"分类"的基本维度。

人类社会的"分"与"合"不是无缘无故发生的，必然受条件的制约。马克思说："人们自己创造自己的历史，但是他们并不是随心所欲地创造，并不是在他们自己选定的条件下创造，而是在直接碰到的、既定的、从过去承继下来的条件下创造。"[1] 构成农村研究中的"地"与"类"的条件并影响农村社会"分"与"合"的条件主要有：

（一）自然条件

自然是指人所面对的宇宙万物，是宇宙生物界和非生物界的总和。对于农村来说，自然具有十分特殊的意义。这在于农村是农业产业为基础的，而农业与工业相比，对自然具有高度的依存度。自然条件为人们的生存设置前提条件，构成人们生存的自然环境。愈是人类早期，受自然条件的制约愈大；愈是农业社会，对自然条件的依赖愈大，甚至赋予其神圣价值，如"风水"。

自然条件是由各种自然因素（包括人化自然）构成的自然环境系统，主要包括：天（气候）、地（地形）、水、土、区位等，形成了所谓的"一方水土"，即"地"，并分为不同的类型。而"一方水土养育一方人"，不同地方会产生不同人的特性和行为。法国启蒙学者孟德斯鸠认为，气候是人的品性和行为的决定因素，"气候的权力强于一切权力"。酷热有害于力量和勇气，寒冷赋予人类头脑和身体以某种力量，使人们能够从事持久、艰巨、伟大而勇敢的行动，因此，"热带民族的懦弱往往使他们陷于奴隶地位，而寒带民族的强悍则使他们保持自由的地位。所有这些都是自然原因造成的"。[2] 孟德斯鸠可能言过其实，但自然条件对人类社会的影响无疑具有重大作用，并制约着"分"与"合"。一般来讲，在自然条件比较适宜的地方，"分"的可能性更大；而为了

---

[1]《马克思恩格斯选集》第1卷，人民出版社1995年版，第585页。
[2] 参见［法］孟德斯鸠《论法的精神》（上卷），许明龙译，商务印书馆2013版，第321页。

应对恶劣的条件，"合"的可能性更大。

（二）社会条件

社会是人们通过交往形成的社会关系的总和，是人类生活的共同体。社会是由各种要素构成的社会环境系统，主要包括：以物质生产为基础的经济要素、以人口生产为基础的社会因素、以观念生产为基础的文化因素和以治理生产为基础的政治因素。不同性质的要素，决定了社会分为不同的形态。而人类社会形态又是在一定的空间里存在的。法国学者列斐伏尔认为："社会生产关系仅就其在空间中存在而言才具有社会存在；社会生产关系在生产空间的同时将自身投射到空间中，将自身铭刻进空间。否则，社会生产关系就仍然停留在'纯粹的'的抽象中。"[1] 因此，不同的社会条件便造成不同的"地"和"类"，对人的行为产生直接的作用，并成为造成人类社会"分"与"合"的直接因素。如在自然经济条件下，"合"的可能性更大，最小的经济单位也是作为共同体的"家"；在商品经济条件下，"分"的可能性更大，最小的经济主体可以是作为个体的个人，商品经济伴随着社会分化，当然也意味着更高层次的社会整合。

（三）历史条件

人类社会是一个不断生长、发展、演化的漫长进程。无论是自然，还是社会，都是在历史进程中变化并构成人类存在条件的，由此构成由不同文明断层组合的历史形态。只有将自然和社会条件置于不同的历史形态中才能发现其动态演化的过程，也才能更准确理解"地"与"类"的特性和对人的行为的制约。如人类社会就是共同体裂变为个体，分化为不同个体的过程，同时也是一个由不同个体结合为新的共同体的历史演变过程。"分"与"合"贯穿于整个历史过程之中，但在不同的历史时空里表现形式则不一。德国社会学家滕尼斯在其《共同体与社会》一书中便表达了这一思想。马克思更是从自由的角度论述了个人与共同体（"类"）结合的演变及其不同类型，指出："从前各个人联合而成的虚假的共同体，总是相对于各个人而独立的；由于这种共同体是一个阶级反对另一个阶级的联合，因此对于被统治的阶级来说，它不仅是完全虚幻的共同体，而且是新的桎梏。在真正的共同体的条件下，各个人在自己的联合中并通过这种联合获得自己的自由。"[2] 人类社会是一个过程，形成不同的层面，有的进化时间长，层面多，有的反之。因此，对农村研究中的"地"与"类"及其"分"与"合"的考察，要十分注意历史条件。

历史是一个过程。这一过程是由不同阶段与节点构成的。中国农村研究的历史维

---

[1] 转引自［英］德雷克·格利高里、［英］约翰·厄里编《社会关系与空间结构》，谢礼圣、吕增奎等译，北京师范大学出版社2011年版，第95页。
[2] 《马克思恩格斯选集》第1卷，人民出版社1995年版，第119页。

度主要有两个：一是传统与现代。一般来讲，人们将农业社会称为传统社会，将工业社会称为现代社会。由此，现代工业社会之前的社会都可以称之为农业社会。现代化就是由传统农业社会向现代工业社会转变的过程。传统性与现代性是了解作为农村研究对象的区域性的重要历史维度。二是形态与实态（1949年前后）。在传统农业社会，由于各种条件的制约，区域的异质性差别非常突出，并构成不同区域的传统形态。而现代国家则是一个由多样性向一致性、一体性变迁的过程。但是这一过程正在变化之中，尚未完全定型，因此构成当下的研究者着手研究时的实际状态。在中国，形态与实态的分界线可以1949年为界。尽管1949年前，中国的传统形态已有些许变化，但由"改朝换代"的高层变动到"改天换地"的全面变革则在1949年以后，且这一变革尚处于了而未了的过程之中。

只有在充分了解自然、社会和历史条件的基础上，我们才能有效地"因地"和"分类"，了解人为何而"分"，因何而"合"，其内在的机理如何。

三、作为农村研究对象的区域

"因地"着重于整体中不同部分，"分类"也在于对整体中不同类型加以区分。就整体和类型单位而言，国家是整体，"地"和"类"分别是国家整体之下的不同部分。换言之，国家是由不同的部分构成的。农村研究要通过调查和归纳方法，研究一个国家的"地"和"类"的特性，但我们不可能穷尽所有对象，而且也没有必要。如中国有数十万个村庄，数亿农村人口，我们不可能，也没有必要都进行调查，再归纳出"地"和"类"的属性。这就需要寻找合适的研究单位。而区域是重要的研究单位。

区域是一个地域空间概念。一定地域总是由不同的区域所构成的。农村研究要了解的"地"和"类"，总是存在于一定的区域空间内。在农村研究中，引进"区域"单位是非常必要的。

从农村研究传统看，主要有两种研究单位。一是整体国家的视角，即将全国整体作为研究对象，是一种宏大叙事式的宏观研究。这种研究的资料来源主要是档案文献，或者理论建构，其成果甚多。代表性著作有费孝通的《乡土中国》等。这种研究将国家作为一个整体研究，具有高度的概括性，但也存在相当的局限。例如，《乡土中国》一书就主要是基于中国核心区域的研究，而许多次生区域或边缘区域的现象就被忽视。

二是个案社区，即将某一个个案作为研究对象，是一种微小叙事式的微观研究。目前，这种研究日益增多。可以费孝通的《江村经济》为代表。这种研究主要是基于实地调查，其优点是可以进行深入的挖掘。但其也有一定的限度：一是在社会多样化的条件下，一个案例很难解释一类现象；二是因为选取的案例不同，一个地区可以得出完全不同，甚至自相矛盾的结论。

因此，为了弥补现有研究的不足，需要借助于其他学科在研究方法上的进展。近些年来，历史学界开始注意寻找新的研究视角，也就是区域性研究。傅衣凌先生提出："由于生产方式、社会控制体系和思想文化的多元化，由于这种多元化又表现出明显的地域不平衡性和动态的变化趋势，中国传统社会产生了许多西欧社会发展模式所难以理解的现象。"[1] 而杨念群则从方法论的角度提出了"中观"理论。由于区域社会研究进展较快，产生了不少区域性研究成果，它们开始被视为某种"学派"。其中，山西大学和南开大学对华北农村的研究被视为一派，而基于对华南农村的研究也出现了所谓的"华南学派"等。

与中国学界的情况类似，国外对于中国问题的研究视角也经历了一个由整体到部分的变化过程。在早期，比较多的研究是国家整体研究，以美国学者费正清的《美国与中国》一书为代表。后来，随着美国学者柯文《在中国发现历史》一书的问世，区域社会研究开始迅速增多，其代表性著作有美国学者裴宜理（Elizabeth J. Perry）的《华北的叛乱者与革命者：1845—1945》、美国学者黄宗智的《长江三角洲的小农家庭与乡村发展》和《华北的小农经济与社会变迁》、美国学者濮德培（Peter C. Perdue）的《榨干土地：湖南的政府与农民，1500—1800》等。

现有的区域社会研究无疑大大弥补了原有学术传统的不足。但是，对于"地"和"类"的农村研究来说，它们仍然不够理想。其主要在于：相当多数的区域研究，只是对某一个地区的某一现象的研究，更多属于国家整体之下的地方性研究，如华南的宗族研究，华北的水利社会研究，湖南的土地、农民与政府研究，等等。有学者甚至将区域史与地方史加以等同，认为"区域史，又称地方史"[2]。

严格来说，区域研究不能等同于地方研究，区域社会研究的价值不仅仅在于对某一个地方的现象的研究，更重要的是寻求造成区域性特性的构成要素，从而形成区别于其他区域的特质。因此，区域研究至少有两个基本特征：一是同质性，即同一区域具有大体相同的特质，正因为这一特质而导致该区域相类似的现象较多，具有区域普遍性。当然这种同质性并不是区域现象的绝对同一性，主要在于其规定的现象多于其他区域。二是异质性，即不同区域具有比较明显的差异性特征，正因为这一特质促成

---

1 傅衣凌：《集前题记》，收于《明清社会经济史论文集》，人民出版社1982年版。
2 李玉：《中国近代区域史研究综述》，《贵州师范大学学报（社会科学版）》2002年第6期。

该区域同类现象不同于其他区域的同类现象。无论是同质性,还是异质性,都需要经过比较才能体现。而比较则需要有确定的标准。因此,区域研究与地方研究都属于国家整体的部分研究,但又有不同。地方研究可以不用比较,是某个地方就是某个地方,其研究限定于某个地方。而区域研究一定要发现该区域与其他区域所不同的特质,一定是在比较中才能发现其特质,且这种特质是内生的、内在的,而不只是外部性的现象。

作为农村研究对象的区域性,主要是指某类现象在某个区域内更为集中,并因此与其他区域不同。在中国,最大的区域差异是北方与南方。中国地理分布的分界线之一是秦岭—淮河一线,以北为北方区域,以南为南方区域。费正清曾描述道:"凡是飞过大陆中国那一望无际的灰色云天、薄雾和晴空的任何一位旅客,都会显眼地看到两幅典型的画面,一幅是华北的画面,一幅是华南的画面。"[1] 在世界上,很难找到有中国这样南北差异之大,并对经济社会政治产生巨大影响的国家。中国历史上就曾数度出现过南北分化、分裂、分治时期,如南朝、南宋。南北差异也给政治决策和走向带来影响,如开辟大运河,首都东移和北进,政治过程中的南巡和北伐等。这都表明中国北方和南方有着不同的自然—社会—历史土壤,会生长出不同的结果。如我国农村合作化起源于北方,而分田到户则发源于南方。因此,将区域性作为农村研究的对象,有利于根据区域性特质,"因地制宜"和"分类指导"。

四、作为农村研究对象的村庄

国家是由不同区域构成的空间单位。一般来讲,区域的范围比较大。要对区域内的所有对象进行调查研究,不可能也无必要。由此需要进行二次分类。村庄则是农村研究的基本单位,也是发现区域特性的重要基础。只有通过对村庄性的深刻把握才能深入把握区域性。

农村社会由一个个村庄构成。村庄是农村社会成员的地域聚落。农民的生产、生活和社会交往都是在村庄内完成的。对于传统社会的农民来说,村庄就是其世界,人的终生都可能在村庄内度过,因此有所谓"十里不同音,百里不同俗"的说法。愈是进入现代社会,村庄的地位愈是重要。1949年以后,伴随着集体化,村庄成为具有明确和固定边界的单位,集体经济以村庄为单位组织,即"村集体"。同时,村庄也成为国家治理的基本单位,即"行政村"。

---

[1] [美] 费正清:《美国与中国》,张理京译,世界知识出版社1999年版,第4页。

更重要的是，村庄不仅仅是农业空间聚落，而且是人与人的结合，并形成人与人之间的关系及其相应的意识形态。透过村庄这一微观的社会组织，我们有可能发现整个农业社会及其区域性特质的构成要素。法国学者列斐伏尔认为："社会生产关系仅就其在空间中存在而言才具有社会存在；社会生产关系在生产空间的同时将自身投射到空间中，将自身铭刻进空间。否则，社会生产关系就仍然停留在'纯粹的'的抽象中。"[1] 农业社会关系及其区域性特质都将通过一个个村落空间体现出来。换言之，没有村庄载体，农业社会及其区域性就无从充分展示出来。因此，村庄是农村社会一个完备的基本组织单位，亦成为农村研究的基本单位。

将村庄作为农村研究的基本单位，并通过村庄性把握区域性，对于运用质化研究方法把握农村研究中的"地"与"类"具有重要价值。

与量化研究强调普遍性相比，质性研究更强调深度性，即通过深度调查，"将一口井打深"，来获得对对象特性的深入理解。因此，质性研究十分强调"扎根理论"和"深描"。

"扎根理论"是质性研究的一种重要方法。"扎根理论方法包括一些系统而又灵活的准则（guideline），让你搜集和分析质性数据，并扎根在数据中建构理论。"[2] 这一方法要求：第一，进入现场搜集和分析，这是前提；第二，数据是质性数据，得是最能反映对象本质特征的数据；第三，扎根于所搜集的数据之中建构理论，而不是在数据之外推导出来理论。因此，运用扎根理论方法，进入村庄现场调查，是了解村庄特性的有效方法。

"深描"作为质性研究方法，是相对"浅描"而言的，特别强调互动性、过程性、细节性和情境性。[3] "深描"最早用于人类学研究，是基于一种异文化的调查研究方法，用此方法可以更好地发现和比较不同对象的特质，也是发现村庄特性的有效方法。尽管"深描"注重细节，甚至微不足道的小事，但是决不是什么小事都要进行研究，恰恰相反，对对象必须有所取舍，以选择最能达到研究目的的对象。[4] 这种研究显然有助于在比较取舍中把握村庄的特性。

质性研究的"扎根理论"和"深描"都特别强调研究者的亲身调查与经验。但是，要让调查者对调查区域的所有村庄进行调查，然后产生结论，是不可能，也没有必要

---

1 转引自[英]德雷克·格利高里、[英]约翰·厄里编《社会关系与空间结构》，谢礼圣、吕增奎等译，北京师范大学出版社2011年版，第95页。
2 [英]凯西·卡麦兹：《建构扎根理论：质性研究实践指南》，边国英译，重庆大学出版社2009年版，第3页。
3 参见陈向明《质的研究方法与社会科学研究》，教育科学出版社2000年版，第347页。
4 参见澜清《深描与人类学田野调查》，《苏州大学学报（哲学社会科学版）》2005年第1期。

的。村庄在英文中为"village"。有一句西方谚语说,"Every village has its idiosyncrasy and its constitution",就是说每一个村庄,都有自己的特性和脾气。但每一个村庄也有其同类型的共同性。我们可以通过寻找其共同性把握某区域的村庄性。这就需要寻找符合区域理想类型的村庄。

理想类型研究是德国社会学家韦伯所创立的研究方法。这种研究将事物的本质特性抽象出来,加以分类,如韦伯将统治合法性的类型分为三类。在农村研究中,可以借用这一研究思路和方法,选择最符合区域性特征的村庄进行深度调查。区域性特征就是研究者的目标和理想类型。只要选择若干最能体现区域性的村庄进行调查研究,就有可能从总体上把握该区域类似村庄的共同特征,而不必要对所在区域的所有村庄都进行调查研究。因此,村庄性与区域性是相联系的。只有从区域性整体特征出发,才能选择最能反映区域特征的村庄;只有深度把握村庄特性,才能充分说明区域特性。

相对区域而言,村庄的范围小得多,更容易做深度调查基础上的质化研究,将区域性具体化、实证化、动态化。"因地制宜"的"地"和"分类指导"的"类"最具体和最终体现在村庄属性上。由此要根据不同的标准对村庄加以分类。在对村庄性研究中,以下标准及其分类非常重要:

1. 以村庄名称为标准的分类。村庄名称是一种符号,通过这一符号,可以发现某类村庄的特质。在中国,村庄的"姓"以人的姓命名的非常多,反映了血缘关系与农耕社会同一体的特质。但在不同区域,村庄的"名"却有区别。如在黄河区域,村庄更多是以庄、寨、营、屯、卫等冠名,村庄的建构性、群体性强;在长江区域,村庄更多是以村、冲、湾、垸、岗、台等冠名,村庄的自然性、个体性强,与水相关。

2. 以居住状态为标准的分类。村庄是农村社会成员的居住聚落。村庄名称是一个村庄的标识和指称。这种标识和指称并不是随心所欲的想象,而有其内在的含义,反映了一种居住状态。根据居住状态,可以分为"集居村"和"散居村"。庄、寨、营、屯、卫、店等,更多的是一个人口居住相对集中的农村聚落,集居、群居,集聚度高,属于集居型村庄,即"由许多乡村住宅集聚在一起而形成的大型村落或乡村集市。其规模相差极大,从数千人的大村到几十人的小村不等,但各农户须密集居住,且以道路交叉点、溪流、池塘或庙宇、祠堂等公共设施作为标志,形成聚落的中心;农家集中于有限的范围,耕地则分布于所有房舍的周围,每一农家的耕地分散在几个地点"[1]。村、冲、湾、垸、岗、台等,更多的是人口居住相对分散的农村聚落,主要是散居,

---

[1] 鲁西奇:《散村与集村:传统中国的乡村聚落形态及其演变》,《华中师范大学学报(人文社会科学版)》2013年第4期。

甚至独居，分散度高，属于散漫型村庄，即"每个农户的住宅零星分布，尽可能地靠近农户生计依赖的田地、山林或河流湖泊；彼此之间的距离因地而异，但并无明显的隶属关系或阶层差别，所以聚落也就没有明显的中心"[1]。鲁西奇认为，传统中国的农村聚落状态，"从总体上看，北方地区的乡村聚落规模普遍较大，较大规模的集居村落占据主导地位"；而在南方地区，"大抵一直是散村状态占据主导地位；南方地区的乡村聚落，虽然也有部分发展成为集村，但集村在全部村落中所占的比例一直比较低，而散村无论是数量，还是居住的人口总数，则一直占据压倒性多数"[2]。

3. 以村庄形成为标准的分类。无论是集村，还是散村，都是历史进程中形成的。根据村庄形成的标准，可以分为自然村和行政村。自然村是由村民经过长时间聚居而自然形成的村落。其语音相对独立统一，风俗习惯约定俗成，以家族为中心。自然村数量大、分布广、规模大小不一，有仅个别住户的孤村（如在山区），也有数百人口的大村（如在人口稠密的平原地区）。自然村是农民日常生活和交往的单位，但不是一个社会管理单位。为便于国家管理，国家建构了农村社会管理单位，即行政村。行政村是为实现国家意志而设立的，是一种体制性组织，又称为"建制村"。在不同的时代，行政建制名称不一样。如秦汉时期的乡里、明清时期的保甲。自然村与行政村有可能相重合，也有可能不一致。在南方散村区域，自然村一般较小，通常是若干个自然村合为一个行政村。在北方集村区域，自然村较大，往往是一个自然村为一个行政村。显然，自然村与行政村的合一，有助于国家意志的贯彻实施，村与户的关系更为紧密。

4. 以血缘关系为标准的分类。无论是自然村，还是行政村，其基本组织单元都是由血缘关系构成的家庭。血缘关系是农村村庄存在的基本关系。在中国，血缘通常以姓氏加以表征。根据血缘关系，村庄可以分为"单姓村"和"多姓村"。单姓村指一个村一个姓氏。如宗族社会的村庄通常都是单姓村，自然村往往是单姓村。多姓村指一个村庄由多个姓氏的人构成，意味着村庄成员来自不同的血缘家庭，村庄的因地缘结合的特征突出。而"多姓村"又可以进一步分类："主姓村"和"杂姓村"。前者意味着以一个，或者若干个姓为主，后者看不出明显的主姓。

根据不同标准，村庄还可以进一步细化，如根据经济水平分为贫困村和富裕村；根据产业类型，可以分为农业村、牧业村、农工商合一村；根据村庄成长历史，可以分为历史名村、移民新村；根据民族归属，可以分为汉族村、少数民族村，等等。但

---

[1] 鲁西奇：《散村与集村：传统中国的乡村聚落形态及其演变》，《华中师范大学学报（人文社会科学版）》2013年第4期。

[2] 鲁西奇：《散村与集村：传统中国的乡村聚落形态及其演变》，《华中师范大学学报（人文社会科学版）》2013年第4期。

就作为农村研究对象的村庄性而言，村庄的分类不是随意和无限的，而要与区域性的理想类型关联起来，寻找村庄分类对于理解区域性和村庄性的价值与意义。比如，集聚和散居不仅仅是一种居住形态的差异，同时也蕴育着人与人之间的结合关系及其意识形态，从而建构起"村庄性"。鲁西奇就认为："采用怎样的居住方式，是集中居住（形成大村）还是分散居住（形成散村或独立农舍），对于乡村居民来说，至关重要，它不仅关系到他们从事农业生产的方式（来往田地、山林或湖泊间的距离，运送肥料、种子与收获物的方式等），还关系到乡村社会的社会关系与组织方式，甚至关系到他们对待官府（国家）、社会的态度与应对方式。"[1] 而在法国学者阿·德芒戎看来：每一居住形式，都为社会生活提供一个不同的背景；村庄就是靠近、接触，使思想感情一致；散居状态下，"一切都谈的是分离，一切都标志着分开住"。因此，也就产生了法国学者维达尔·德·拉·布拉什所精辟指出的村民和散居农民的差异："在聚居的教堂钟楼周围的农村人口中，发展成一种特有的生活，即具有古老法国的力量和组织的村庄生活。虽然村庄的天地很局限，从外面进来的声音很微弱，它却组成一个能接受普遍影响的小小社会。它的人口不是分散成分子，而是结合成一个核心；而且这种初步的组织就足以把握住它。"[2] 所以，村庄分类不是为了分类，更主要的是通过分类，更好地把握村庄性乃至区域性。

五、作为农村研究对象的区域性村庄分类

"分"与"合"是对人类社会的存在状态，也是农村研究的基本标准。由于自然—社会—历史的条件不同，"分"与"合"在一个国家内不同农村区域的表现形式不一样，使得某些村庄在一定区域存在多一些，某些村庄在一定区域存在少些，由此构成不同的区域性村庄。

根据"分"与"合"的维度与自然—社会—历史条件，执照典型化分类的标准，我们可以将中国农村分为以下七大区域性村庄：

1."有分化更有整合"的华南宗族村庄

"聚族而居"是华南宗族村庄的存在状态。血缘关系是人类最原始、最基本、最古老的关系。人类最初是以"群"（"类"）的方式生存，早期传统农村实行"聚族而居"，通过一个个由血缘姓氏结合而成的宗族将农村社会成员组织起来，形成"家族同构、

---

[1] 鲁西奇：《散村与集村：传统中国的乡村聚落形态及其演变》，《华中师范大学学报（人文社会科学版）》2013年第4期。
[2] ［法］阿·德芒戎：《人文地理学问题》，葛以德译，商务印书馆1993年版，第192页。

族高于家"的宗族村庄。宗族村庄普遍存在于早期中国农耕区域。在漫长的历史长河里，由于多种原因，"聚族而居"的宗族村庄社会四分五裂为一个个个体家庭构成的分散型村庄。但在中国的南方，特别是赣南、闽西南、粤东北、浙南、皖南、湘南、鄂南、四川等区域尚存在比较完整的宗族村庄。这类宗族村庄因集中存在于赣南、闽西南、粤东北等地，所以以"华南宗族村庄"加以概括，其最典型的特征就是保留了完整的传统宗族社会，构成了中国传统农村的历史底色。

需要说明注意的是，华南是一个区域性概念，并不是所有的华南区域的农村都是以宗族村庄的形式加以体现，也不是只有华南才有宗族村庄，而是指宗族村庄在华南区域更为集中，保存得更为完整。我们通过对华南区域的宗族村庄的了解，则基本可以把握宗族村庄的整体状况。

华南宗族村庄的气候环境和水利条件适宜于农耕，属于水稻产区。许多村庄交通便利，有一定的商业，但总体来看，地理位置偏僻，处于国家地域中的边缘地带。与南方区域的散村形态不同，宗族村庄通常为集居形态。这与宗族村庄大多因战乱迁移，特别注重整体安全有关。

"有分化更有整合"是宗族村庄的鲜明特征。宗族与氏族不同，它是以个体家庭为基本单位的。如果说宗族是"大家"，那么，个体家庭则是"小家"，只是"小家"是由以共同的祖宗为纽带的宗族"大家"分化出来的。"小家"尽管有相对独立性，但是与宗族"大家"有紧密的联系，宗族村庄通过共同的血缘关系、财产关系、社会关系、文化关系和治理关系将各个小家和个人结合或者整合在一起，形成以血缘关系为基础的共同体。这类村庄有"分"，但更有"合"，或者更强调"合"，并有促进"合"的机制。因此，宗族村庄以宗族整体性为最高标准，其内部存在差异性，但更有将差异性抑制在整体性框架内的机制，从而形成宗族村庄秩序。

宗族村庄在"因地"和"分类"的农村研究中具有重要价值。其核心是整体性与差异性、"分"与"合"的并存，特别是在如何"分"与"合"方面有诸多机制。如通过适度的"分"获得宗族竞争活力，通过公共财产形成维系宗族共同体的财产基础。中国农村改革权威杜润生就在论证"分田到户"的合理性时指出："所有权和使用权的两权分离，过去在中国社会也曾经存在过，但不是很普遍，比如，村庄的祠堂地、村社土地一类。"[1] 当下，许多地方以行政村为基础的村民自治陷入困境，而在广东清远市农村的村民自治却十分活跃，其重要原因是以宗族为基础的自然村作为自治载体，并以自然村的自治推动着土地的整合。

---

[1] 杜润生：《杜润生自述：中国农村体制变革重大决策纪实》，人民出版社 2005 年版，第 153 页。

正因为宗族村庄存在久远，至今仍然有很大影响，且内在机理仍然有重要价值，所以成为农村研究中的重要对象，产出的成果也较多。只是对这类村庄为何存在，如何存续还有许多未解之谜，也还存在许多问题需要通过调查进一步探讨。如研究中国宗族村庄的权威专家弗里德曼将水稻种植作为宗族村庄存续的理由之一，但是我们如果进一步追问，同样是水稻区，为什么有的宗族村庄未能存续呢？显然，宗族村庄还有许多问题有在充分调查基础上进行研究的必要。

2．"有分化缺整合"的长江家户村庄

"随水而居"是长江家户村庄的存在形态。气候与水对于农业具有至关重要的影响。以秦岭—淮河为界，中国形成南北两大区域，分别有两大水系，即南方的长江与北方的黄河，由此构成南北两大农村核心区域，并具有各自的特质。在长江流域，特别是长江中上游，即四川、重庆、湖北、湖南、江西、安徽等地，主要为平原与丘陵，主产水稻，属于稻作区，人们随水而居。自然村和散居村多，村名大多与水相关，如冲、湾、垸、岗、台等。一个个家户星罗棋布，散落于平面形态的小块水田旁，形成最为典型的传统小农经济，即一家一户、农业与手工业结合、自给自足的自然经济。在自然经济形态占主导地位的传统社会，小农经济状态决定着国家的兴衰，所谓"湖广熟，天下足"。长江中上游区域最为典型的特征是家户小农经济基础上的家户社会。家户社会以血缘关系为基础，以裂变的个体家庭为中心和本位，不同于宗族社会。

"有分化缺整合"是长江家户村庄的鲜明特征。如果将"聚族而居"的宗族村庄视为大树的话，那么，"随水而居"的家户村庄则是大树的枝丫和树叶。只是与宗族村庄不同，家户村庄的个体家户与远祖缺乏内在的联系，犹如脱离了树干，散落在各地的枝叶。个体家户及其相近的亲族在日常生活中占主导地位，近亲愈近，远亲愈远，缺乏共同祖宗崇拜、共同地域、共同财产、共同社会关系、共同价值、共同治理等机制将一个个个体家户联结起来，形成具有整体性的共同体。家户本位的私人性、差异性、竞争性强，村庄联系和合作的整体性、共同性弱。

家户村庄是最为典型的中国农村底色。毛泽东在 1940 年代就指出："在农民群众方面，几千年来都是个体经济，一家一户就是一个生产单位，这种分散的个体生产，就是封建统治的经济基础，而使农民自己陷于永远的穷苦。克服这种状况的唯一办法，就是逐步地集体化；而达到集体化的唯一道路，依据列宁所说，就是经过合作社。"[1] 由分散的个体家户生产走向农民合作的集体生产，是中国农业社会主义改造的基本前提。只是这种改造带有很强的国家整合的特点，换言之，农村的"合"主要是外部力

---

[1] 《毛泽东选集》第 3 卷，人民出版社 1991 年版，第 931 页。

量推动，由此形成的人民公社统一经营体制缺乏必要的农村社会基础。而对公社统一经营最不适应且率先对这一经营体制进行挑战，探索包产到户（民间习称"分田单干"）的则集中于长江中上游区域。民间一度流行"要吃粮，找紫阳；要吃米，找万里"[1]的说法。邓小平就表示：以包产到户为主要内容的农村改革"开始的时候，有两个省带头。一个是赵紫阳同志主持的四川省，那是我的家乡；一个是万里同志主持的安徽省"[2]。

当然，家户村庄也有其限度。一家一户为单位的家户村庄将个体家户的私人性激发出来，分化带来了活力，但由于缺乏必要的横向机制将一家一户联结起来，形成有机的整体，只能依靠政府的纵向整合，而这种整合往往会进一步弱化家户村庄的公共性。在当下的新农村建设中，人们会经常发现，由于一家一户分散的原因，造成道路难修、水管难通等。因此，对于"有分化缺整合"的长江家户村庄而言，在私人性基础上发育和形成公共性，还有大量问题需要研究。而这对于全国也具有普遍性价值。

3."弱分化强整合"的黄河村户村庄

"集村而居"是黄河村户村庄的存在形态。黄河区域主要指黄河中下游区域，包括陕西、山西、河南、河北、山东等地。这一区域本是中华农业文明的主要发源地。农业文明最早就是以人们群居的村庄聚落形态表现出来的。同时，黄河区域紧邻北方游牧区域，长期是国家的政治中心地带，受战乱的影响深远。黄河区域农耕的自然条件与长江区域截然不同，属于干旱区，主产小麦等旱作物，地势平坦。一个个村庄聚集在一大块农田麦田旁边。村庄大多以庄、寨、营、屯、卫等命名，属于人口集居村庄。本来，宗族社会最早起源于黄河区域，后因为战乱、灾害等原因，南移到华南。黄河区域由宗族社会而裂变为个体家户社会。但因为自然—社会—历史原因，黄河区域村庄的存在形态在于其集聚性、集体性，个体家户集聚、集中在一个空间领域，村庄群体与家户个体具有紧密的依赖关系，由此构成村户社会，与长江区域的分散性、个体性的家户村庄形成鲜明的差别。

"弱分化强整合"是黄河村户村庄的鲜明特征。自然条件、社会条件和历史境遇的同一性，使得黄河区域村庄内部的分化程度不高，或者分化比较简单。同时，黄河区域的农村社会成员的集聚度高，人与人之间的联系紧密，村民之间的横向联系较强，特别是由于外部自然条件恶劣（如缺水）和社会条件严酷（如经常性战乱）而产生的强制性整合，导致村庄的集体依赖性和整体性强。如果说，在中国，少数民族进入中

---

[1] 赵紫阳于1975—1979年间担任中共四川省委书记，万里于1977—1979年间担任安徽省主要领导。他们在任职期间都积极支持以家庭为生产经营单位的农村改革。
[2] 中共中央文献研究室：《十二大以来重要文献选编》（下），人民出版社1988年版，第1443页。

原地区后会"汉化",那么,中原地区也会"胡化"。其游牧民族的部落群体对于中原,尤其是黄河区域有很大影响。这也是黄河区域村庄整体性强的重要原因。总体上看,黄河区域的村庄地域整体的地位高于血缘家户个体,集体意识和行动能力强。

黄河区域的村户村庄在中国农村社会变迁中有其特殊地位。在20世纪,中国共产党改造传统个体家户社会的依据是一家一户小农经济,通过集体合作的集体化,避免社会分化。但集体化最早起源于黄河区域。例如,山西的张庄早在1940年代后期土地改革刚结束时,就开始了集体互助。1950年代农业集体化进程中的模范典型也大多产生于黄河区域。例如,山东的厉家寨就被视为合作化的典范。人民公社最早发源于河南和河北。在人民公社化的进程中,最早实现人民公社化的9个省,有8个在黄河区域。[1] 到六七十年代,作为全国集体经营旗帜的大寨则位于山西。直到1980年代后,黄河区域还有一些村庄仍然在坚持集体统一经营。

当然,黄河区域的集体化在相当程度上是特定的自然—社会—历史条件造就的,具有强大外部整合的特点,村庄缺乏个体性和差异性,也缺乏竞争和活力。随着社会发展,家户在农村社会的地位愈益突出,社会分化、分离性增强。但是,其集体性、整体性、共同性的历史底色仍然存在,且还会发挥作用。如在黄河区域的山东、河南、山西、河北等地,以行政村为单位的农民股份合作、农村城镇化、农村社区建设、农村村民代表会议等发展较快。因此,对于"弱分化强整合"的黄河区域村庄来说,如何在社会分化日益突出的基础上,推进自愿基础上的社会联合、社会合作,具有重要价值,也具有普遍意义。

4."小分化大整合"的西北部落村庄

"逐草而居"是西北部落村庄的存在形态。中华文明是在农业文明与游牧文明互动中形成的。游牧文明主要发生和存在于西北区域。游牧是一种不同于农耕的生产方式,具有很强的流动性和不可控性。以游牧为生的人通过一个个部落群体组织起来,共同应对外部挑战。一个个部落逐草而居,分布于茫茫草原上。在农业文明与游牧文明互动中,游牧部落会受到农耕家户的影响,农耕家户也会受到游牧部落的影响。如黄河区域的集体性既有古典的宗族社会影响,也有游牧部落的影响。西北区域主要包括新疆、内蒙古、西藏、甘肃、青海、宁夏等牧区,其典型特征是部落村庄。

"小分化大整合"是西北部落村庄的鲜明特征。家庭是部落构成的微小单元,但家户寓于部落之中,部落的地位远高于家户,其内部的分化程度非常小。同时,为了应

---

[1] 参见《当代中国农业合作化》编辑室编《建国以来农业合作化史料汇编》,中共党史出版社1992年版,第501页。

对恶劣的环境，部落之间还会形成联盟，由此形成大整合。这种整合不同于黄河区域以村庄为单位的整合，而经常会超越一个个部落单位，从而获得更为强大的整体性和集体行动能力。传统游牧部落以"十户长""百户长""千户长"作为组织建制，便反映了大整合的特点。这也是游牧民族得以经常战胜农业民族的重要组织原因。

西北部落村庄在中国农村社会变迁中有其独特地位，并形成鲜明特色。农村村庄本来是固定在一个地域上的农民聚落。而部落村庄的特点是流动性，并在流动中形成整体性和共同性。长江区域家户村庄因"随水而居"产生的是分散性、个体性，西北区域部落村庄则因"逐草而居"产生的是集聚性和整体性。同时，西北部落村庄位于国家边陲的浩瀚草原中，流动性强，其特点突出，治理难度大。如何针对这一特点，"因地制宜"进行"分类指导"，是国家治理的重大问题。如在流动性的西北区域，实行与内地"包产到户"类似的农业政策，其难度就较大。

5."低分化自整合"的西南村寨村庄

"靠山而居"是西南村寨村庄的存在形态。中华文明是在由核心向边缘不断扩展中形成的。除了黄河、长江等核心区域以外，还有广阔的边缘区域。与茫茫草原和沙漠地带的西北边缘区域不同，处于崇山峻岭之中的西南边缘区域与核心区域的互动较少，相对封闭，主要包括广西、贵州、云南，以及四川、重庆、湖北与湖南部分被称为少数民族地区的区域。这些区域远离政治中心，自然条件恶劣、文明发育进程较缓，有自己独特的自然、社会、文化与政治形态。为了应对环境，人们大多"靠山而居"，以山区村寨的小集居、大散居的方式居住、生活，村庄大多以"寨""屯"之类的集居聚落命名。尽管家庭是基本单元，但村寨共同体的地位高于个体家户。因此，西南区域村庄组织形态是村寨社会。

"低分化自整合"是西南村寨村庄的鲜明特征。由于自然、社会和历史条件的同一性，西南村寨的社会分化程度很低，人们世世代代过着相同的生活，与外部交往很少。正是在封闭的生活空间里，形成了独特的习俗，人们根据世代传承的习俗进行自我调节，其自我整合的自治性强。与此同时，由于位置偏远，中央政府对于这些地区实行"因俗而治"的政策，使得村庄自我调节得以长期存续。

与黄河区域村户村庄的集体性主要是外力推动不同，西南村寨的合作与集体性主要源于内在的动力与机制，是人们长期共同生活中获得的一种自我认同。这种基于村民自我认同的集体性比较容易达成一致，进行有效的自我治理。人民公社体制废除以后，中国在村一级实行村民自治，其制度来源于广西壮族自治区的合寨村。在西南区域，实行自治更多带来的是团结，而不像社会分化程度比较高的地方，实行自治往往带来的是进一步的分裂、分散。当然，西南区域村寨的"低分化自整合"与其地理位置和交通条件相关，随着交通和通信条件的改善，其对外开放程度提高，"低分化自整合"的形态也在悄然发生变化。

6．"高分化高整合"的东南农工村庄

"逐市而居"是东南农工村庄的存在形态。文明可以分为原生、次生、再生等不同层次。再生即在原生文明基础上再生出一种新的文明形态。中国的东南区域，包括江苏、浙江、福建、广东等地本属于南方农耕区域，具有农业社会底色，且属于农业文明非常发达的地区，如长江三角洲和珠江三角洲，曾经有"苏常熟，天下足"之说，江苏和浙江更号称"天下粮仓"。但这些地方属于沿海地带。随着文明的进步，人们除了以农业获得生存资料以外，还试图通过工业和商业获取生存和发展，而东南沿海赋予这一地带优越的条件，使得这一区域的人们率先挣脱土地和农业的束缚，形成农业与工业、商业相结合的村庄。工商业与市场和城市相关。人们"逐市而居"，尽管仍然是农村聚落，但与城市和市场联系非常紧密。这与"小村庄小集市"的长江家户村庄形成明显的差异。

"高分化高整合"是东南农工村庄的鲜明特征。农工村庄的商品经济较为发达，开放度高，与市场和城市联系紧密，社会分化程度高。这种分化不再限于农业村庄，而是跨越村庄，与城市和市场相关。如1949年前，东南区域出现许多城居地主和工商业地主，这与其他区域主要是在村的"土地主"有所不同。伴随高分化的是高整合，这种整合也不再只是局限于村庄内部，而是跨城乡，以市场为中心的整合。人们之间的横向联系不仅仅限于乡土人情，更重要的是市场理性网络。村庄只是整个市场社会之中的一个环节。

东南农工村庄在整个中国农村变迁中处于领先地位。除了领先于农业文明以外，也领先于工业文明。在中国由农业社会向工业社会转变中，率先崛起的就是东南农工村庄。费孝通先生在其著名的《江村经济》中提出了通过"草根工业"解决中国农村农民问题的超前思路，得益于他在其家乡——江苏吴江的调查。改革开放以来领先于中国的"苏南模式""温州模式"和"珠三角模式"都位于东南区域。只是随着工业化、城镇化，这一区域的农业底色逐渐消退，但其底色却规制着这一区域的工业化和城镇化道路，如"小城镇大市场"。

7．"强分化弱整合"的东北大农村庄

"因垦而居"是东北大农村庄的存在形态。包括黑龙江、吉林、辽宁及部分内蒙古地方的东北区域，原属于非农耕区，且是满族圈禁的地带。只是在数百年前，这一地方因为地广人稀，土地肥沃，导致大量来自山海关内的农民迁移到那里开荒垦殖，将其变为农耕区，俗称"闯关东"。在金其铭看来，"东北的农村聚落实际上是华北聚落的一个分支"[1]。这一地带是狩猎、游牧、农耕的混合文明区域，又属于边疆地区，具有晚开发、跳跃性、移动性特性，农耕文明的历史短暂，但地域辽阔，人少地多，与核心地带的"人多地少"形成鲜明的区别。广阔的大平原、广袤的大草原、广大的大森林，使这里以"大"为特（当地称"大"为"海"），并为"大农业""大农村""大农民"提供了基础，与长江地带的小农有着明显的区别。农村社会成员"因垦而居"，属于集居村庄，大多以"屯""堡"之类的集聚村落命名。

"强分化弱整合"是东北大农村庄的鲜明特征。开荒垦殖意味着原地荒无人烟，人们依靠强力获得土地而定居，并产生社会分化。这种分化不是经长期历史自然形成的，而具有很显著的突然性、人为性和强力性。同时，国家治理的缺失，也造成了社会的强力占有和争夺，"匪气"和"匪患"严重。正因为如此，尽管东北村庄以集居方式存在，但相互间的横向联系纽带缺失，村庄犹如一个"拼盘"，人虽在一起，但缺乏共同财产和共同心理认同，村庄整合度弱。

由于优越的自然地理条件，东北可以在大农业发展方面发挥重要作用。如中华人民共和国建立以后，东北的"北大荒"成为"北大仓"。改革开放以来，东北成为村民自治"海选"的发源地。但是，"人心不齐"的弱整合也制约着东北大农村庄的发展。人们难以通过村庄提供大农业发展需要的社会服务。一家一户的生产经营方式仍然占主导地位。而东北的"海选"恰恰是因为缺乏村庄共同性而产生的不得已的行为，也正因为缺乏共同的心理基础，"海选"之后的治理仍然困难。

---

[1] 金其铭：《中国农村聚落地理》，江苏科学技术出版社 1989 年版，第 137 页。

集会共栖：
皖北贫弱村庄的生生之道
——黄河区域管粥集村调查

林圣蒙*

* 林圣蒙，江西吉安人，祖籍浙江温州，江西财经大学马克思主义学院讲师，华中师范大学中国农村研究院2018级博士研究生。

第一章　村庄的由来与演变

管粥集村地处淮北平原萧县东北部，与江苏省铜山区接壤，故黄河绕村而流，是一个典型的皖北集居村落。村庄内部包含有四个自然村，分别为管粥集、赵楼、许楼和耿楼。管粥集的宗姓祖先于明朝初年最早抵达管粥集一带定居，迄今已经繁衍了23代，450余年。管粥集村形成伊始呈现为同姓家族聚居的形态，但受到宗族势力弱小，不同姓氏村民不断迁入等因素的影响，村庄内部社会更多呈现为家户社会，而非宗族社会，个体家户集中居住并受到村庄群体形成的习俗惯例制约。本章从村庄的起源出发，对管粥集村的形成、建制以及当下概况进行简明扼要的展示，寻根溯源揭示管粥集村的历史及其变迁。

第一节　村庄的形成

要想真正把握一个村庄的历史社会形态，寻根究底，回到村庄形成和发展的原点是必要的。本节将从村落的起源与演变、村名和村落、村民和村落等三个主要方面展示管粥集村的历史起源。

一、村落的起源与演变

管粥集村的宗姓家族为躲避战乱和天灾由南往北不断迁徙，看重管粥集村良好的地势和水土，最早在村庄定居。之后因为山西大移民运动，薛姓、许姓、赵姓、李姓等多姓入村，奠定了村庄基本的人口姓氏格局。

（一）天灾人祸，辗转北迁

管粥集东边一头的宗姓家族是管粥集村最早的住户。《徐淮宗氏族谱》中记载，徐淮地区宗氏家族分支系泽祖六世孙云龙祖后裔，宗泽世祖葬于镇江京岘山后，岳飞为怀念恩师宗泽的知遇之恩，于茔旁花山湾云台寺创设"宗忠简公功德院"，即当今所称的纪念堂。云龙祖兄弟三人，二弟云献、三弟云集，时值宋、金、元三方混战，兵荒马乱，百姓流离失所，饱受战乱之苦。六世祖云龙从丹徒县（今江苏镇江辖区）迁徙至徐州地区萧县北宗堌店（现宗店村）。在元朝的百余年间，开枝散叶，繁衍生息。直到元末明初，战火频仍，生灵涂炭，又恰逢黄河决堤，徐州、萧县一带成为汪洋泽国，十一世祖全、培、宁、福远离萧县故乡而逃难，其他宗姓后裔大多数仍然留居萧县。十二世祖义祖、阳祖正式迁入地势较高的萧铜交界的管粥集区域，举全族之力挖井修庙、建屋辟田，在管粥集村的东北角区域设置坟地、族田，村中宗氏族人二十二世亭字辈以上先人皆葬于这块最早开辟的坟地，人称"宗氏家族十座坟"。[1] 现今宗姓族人已经生息繁衍至三十五世，也就是说宗氏家族已在管粥集自然村延续了23代，450余年，中间从未中断。

关于宗氏祖先开基建村，管粥集自然村村民宗玉春谈道：

> 我听我的长辈们一代一代传下来，宗姓的祖先刚来到这一带的时候这里只是一片河滩，还没有人开荒造田。宗姓祖宗在这里挖出了可以吃水的井，便定居了下来，还修了家堂庙。不过家堂庙在明清的时候就因为黄水泛滥逐渐埋在了地下。后来因为保存不当，族谱也遗失了。我的父辈这一代为了续谱特意到江苏镇江一带寻亲，借他们的宗姓族谱来比对，这才把族谱续上，我们才知道我们祖先是因为战乱从南边逐渐迁移过来的。

（二）沿河高地，水路便利

关于宗姓族人的先祖为何会选择在管粥集村开基立村，村中的宗姓族人大多表示这与"水"有着莫大的关联。

其一是因水之祸。1989年版《萧县志》中有诸多关于黄河决口、洪水泛滥的记载。1451年至1950年期间，萧县共有190年发生水患，每隔2—3年便出现一次灾年。明朝时期即1369年至1644年期间，黄河共发生77次决口，间隔年份为3.57年。每逢黄

---

[1] 参见《徐淮宗氏族谱》，2008年修订。

河决口必定是"泽国一片，房屋溃塌，田禾皆没，平地行舟"。[1]

宗氏族谱中也提道，正是由于发生在明朝初年的一次黄河决口，萧县、徐州一带沦为泽国。原本在萧县定居繁衍的宗姓族人各个房支不得不背井离乡，四散迁徙求生。其中宗氏十二世祖义祖、阳祖便选择向萧县东北方向的管粥集一带迁徙。

管粥集村中的宗氏后人回忆：

> 我们听族里的老人说，黄河水泛滥的时候别说是农田了，地势低的地方的房子都被齐腰深的水淹没。以前条件差的都是茅草屋，条件好一点的有泥土墙，但都经不起水泡，水一泡房子就塌了，国家也不会问。没钱的农民就只能逃荒到江苏、山东去，只有很少的一部分会回来。我们的祖宗就是黄河决口的时候离开萧县来到这边的。这一块地势高，建屋子不容易被水淹，人能够生存下来。[2]

其二是因水而生。立村先挖井，只有挖出能吃水的水井，村民才能生存并不断繁衍。管粥集村村民廉美堂谈道：

> 1949 年之前村子里面人口还不多的时候，村民的房子都是围绕水井建设的。水井就处在村庄的中心位置，哪里能够挖出水好吃的井，周围就会有越来越多的住户。没有吃水的水井，风水再好的地方也很少有人愿意居住，生活太不方便了。村民还相信水井里面住着神仙，哪家孩子出生了都要抱去水井边上和井神报告一下，用水酒、鸡鸭、香火进行简单的祭祀，告诉井神又添了一口人要喝水井里的水了，保佑孩子健康成长。

在管粥集村一带不仅能够挖出水井，而且村民对水井的水质颇感骄傲。村民普遍表示村里的几口古井不仅出水量大，而且水质也比其他的村庄好，水井里的水好喝，不像附近其他的村子尤其是地势较低的村子水带有很重的碱味。自然灾害对村中老井的影响也有限，多雨的季节，水井很少出现水质浑浊的情况。即便是发洪水的时候，由于地势高，村民也能正常从水井中取水饮用。干旱的时候，水井出水虽然少了，但也能够保证村子里基本的用水需求。

---

[1] 萧县地方志编纂委员会编：《萧县志》，中国人民大学出版社 1989 年版，第 47 页。
[2] 根据宗玉春等多位宗姓族人的口述整理而成。

其三是因水之利。水井为管粥集村村民提供了基本的生存条件，而绕村而流的黄河则在两个方面给村庄带来了重要的便利。一个方面的便利就是水运。由于管粥集村距离徐州城仅30公里并以黄河相连，在1855年黄河改道北流从山东入海之前，数百年的时间里，这条黄河故道都是一条十分重要的水运路线。徐州是历史上的九州之一，自古便是北国锁钥、南国门户以及兵家必争之地和商贾云集的区域中心，长期是淮海地区的政治、经济、文化中心。在管粥集村流传着这样一个歇后语："徐州集——常集。"凭借优越的地理位置，管粥集村成为黄河航运来往船只沿途歇脚的一个重要站点。这不仅为村内形成一定规模的集市打下基础，也为村民在农业生产之外提供了更多谋生的门路。管粥集村村中的老人就说道：

> 我们这儿去到萧县县城和去徐州城一样近。徐州1949年之前就是大集、常集，富裕人家置办嫁妆都去徐州城里买，周围的集市很多东西买不到。除了买东西，更多的村民尤其是年轻人愿意去徐州城里打工，尤其是农闲的时候，去给城里面的店铺当伙计，去码头给人扛货搬货，可以赚一些小钱。也有一些村民去城里买一些糖果、农具什么的再到我们这一带叫卖，也是一种赚钱的门路。[1]

另一个方面的便利便是直接从河道中取水用于灌溉。管粥集村的老人介绍，故黄河中的河水也是村中重要的灌溉水来源。村民通过踩水车、用木桶提等方法从河流中取水浇灌土地。不过村民强调从黄河里取的水通常只能浇灌靠近河流的田地，原因在于：

第一，取水的方式落后，要耗费很大的力气才能把地浇完。

第二，黄河中的水含沙多，呈碱性。经常浇地田地的地力会下降，土地会沙化，粮食的产量也会降低，只能种花生、高粱这样对土壤条件要求低的农作物。

第三，严重干旱的时候黄河河道也会干涸，更难取水，尤其是黄河改道之后，河道废淤，失去了上游来水的黄河故道在干旱时经常断流。除了灌溉，村民还经常从河道中取水洗衣，甚至在夏季前往洗澡，黄河水成为村民重要的生活用水来源。

（三）政策红利，多姓入村

宗氏族人在明朝初年逐渐在管粥集一带扎下根来，但是时局的动荡和自然灾害的频发始终制约着宗氏家族的发展。此时的管粥集村还不能称为村，只是一个聚族而居

---

[1] 来自宗玉春老人的讲述。

的小聚落,周围大量的荒地、无主地没有开发。但是随着明朝大移民运动的序幕徐徐拉开,多个姓氏的家族搬入村庄,奠定了管粥集村后世的人口基础和姓氏基本格局。

在管粥集村流传着这样一个民谣:"若问老家在何处,山西洪洞大槐树;祖先故居叫什么,大槐树下老鹳窝。"村中的薛姓、赵姓、李姓、许姓村民口中,有这样一个故事:

> 明代洪武年间,朝廷发布政令,要求山西洪洞的居民迁往河南、安徽、江苏一带,宣称凡自愿迁籍的农民可到广济寺内办理手续,凡不愿迁籍者可到寺左侧的大槐树下等候裁定。这一传言一经传开,多数不愿意搬走的农民纷纷来到大槐树下,结果传言与事实相悖。凡是聚集在大槐树下的村民都被登记并要求他们数周之内搬离村庄,前往外地开荒,否则将受到中央王朝的惩处。
>
> 大量村民背井离乡之时恋恋不舍,不断回头远眺自己的家乡。高高的大槐树上有个鸦巢,被迁农民望着鸦巢,触景生情,纷纷说:老鸦尚有个窝,咱到啥时才有安居之日啊!随着时光的流逝,搬走的村民的后裔已然记不得自己家乡的具体地点,但关于大槐树的故事流传了下来。后人便将山西洪洞县大槐树作为自己祖先的家乡。[1]

美国人口学者何炳棣如是谈道:"与元朝的覆灭相伴随的地方社会的持续动乱导致华北平原和淮河流域的人口锐减。在明太祖强有力的控驭下,政府采取了一系列措施将人口从稠密区移入战乱破坏地区。在十四世纪末以前,已经有十五万户无地佃农从苏南、浙西被迁往明太祖的龙兴之地——皖北沿淮河的凤阳地区。晋南的泽州、潞安二府在元末战争中幸免于难,数目不详的农民从这里被迁往河北、山东和河南的平原。"[2]

根据学者郭豫才考证,"洪洞移民之时间,不自明始,始于金,地域不限于洪洞,而指晋南诸郡,移民亦不仅至于河南,移至安徽或北京者亦甚多"。[3]

除了政府组织的移民,还有自愿迁徙到京畿等地区以耕荒田者,如《永乐实录》中就有如下记载:

---

[1] 根据薛传明、李超等老人的口述整理而成。
[2] 何炳棣:《1368—1953年中国人口研究》,上海古籍出版社1989年版,第137—138页。
[3] 郭豫才:《洪洞移民传说之考实》,见《禹贡》第七卷第十期,1937年。

> 山西平阳、大同、蔚州、广灵等府州县民申外山等，诣阙上言："本处地硗且窄，岁屡不登，衣食不给。乞分丁于北京、广平、清河、真定、冀州、南宫等县宽闲之处，占籍为民，拨田耕种，依例输税，庶不失所。"从之，仍免田租一年。[1]

明朝初年之所以出现大量山西移民，最主要的推力来自明朝政府。

在元朝统治的 90 年里，农民起义爆发频繁。汉族农民和元朝军队进行了长达 16 年的战争，最后由朱元璋领导的一支农民起义军赢得了这场战争的胜利，并在南京建都，开创了明朝。这场战争让许多人丧命，而苏北皖北一带也是战场。除了战乱还有诸多自然灾害，元朝统治时期，黄河和淮河多次泛滥成灾，造成大量的人口死亡。皖北苏北还发生了多次旱涝灾、蝗灾以及随之而来的瘟疫，例如 1341 年到 1366 年，中原地区发生了至少 18 次蝗灾，甚至出现了"民食蝗，人相食"的惨状。因此在明朝建立时，黄河中下游的广袤地区，包括河南部分地区、山东、河北以及皖北的部分地区，积骸成丘，居民鲜少，荒无人烟。

基于以上的原因，明朝政府为了巩固政权，采纳了郑州知州苏琦、户部郎中刘九皋和国子监宋纳等人的建议，决定向这些黄河中下游地区移民屯兵。当时山西因为连年风调雨顺、连年丰收，人口总数比当时河南河北两个省还多。山西省 5 个府中平阳府最大，下辖的 28 个县中洪洞县人口最多。洪洞县不仅人口众多，还是一个重要的交通枢纽，北连河北、北京，东邻山东和皖北，南接湖南、湖北，西靠甘肃。明朝在洪洞县的广济寺设立了移民办事处，搬迁的移民从广济寺启程，依依惜别，走了很远频频回头，只看见大槐树下的老鹳窝。也因此，大槐树和老鹳窝成为惜别家乡的标志，代代口耳相传，老鹳窝成为移民们老家的名字。

管粥集自然村的西头以薛姓村民为主体，赵楼自然村以赵姓村民为主体，许楼自然村以许姓村民为主体，耿楼自然村以李姓村民为主体，他们都表示自己的先祖来自山西洪洞县。

具体来说，管粥集西头的薛姓村民表示，他们的先祖从山西洪洞向南迁移时最早在河南一带落脚，后又由于战乱再度迁徙，最后落脚在管粥集一带，于是与宗姓族人毗邻而居，迄今大约发展了二十二代人，晚于宗姓族人一代人。

许楼的许姓族谱记载，许姓家族这一支是第五世，从山西洪洞县老鹳窝迁居而来，迄今已经发展到二十六世。也就是说许氏族人已在管粥集村发展了二十一代，相比宗

---

[1]《明成祖实录》，永乐十五年五月辛丑。

氏族人晚了两代人。

耿楼的李姓族人表示本姓族人迁居的人口规模最大。在徐淮地区有"无李不成庄"的说法。李姓族人从山西洪洞抵达淮北平原一带时，最早在江苏铜山一个叫"小合子"的村庄落脚，小合子距离管粥集村仅有 6 公里的路程。伴随着人口的繁衍，李姓一支迁入管粥集一带，同姓聚居于耿楼自然村。根据村中老人讲述，李姓族人已在管粥集村繁衍了二十代，略晚于许姓。赵楼的赵姓族人同样来自山西洪洞，其族谱记载，因为山西人多地少，物力维艰，又受朝廷号召，赵氏第六世祖辗转来到管粥集一带定居，迄今已经发展到第二十八世，相当于赵姓族人已经繁衍了二十二代，仅比最早的宗姓族人晚来一代人的时间。[1]

在管粥集村，宗姓、薛姓、赵姓、许姓和李姓至少占据了八成的人口，奠定了基本的村落人口姓氏格局。但是各个家族的势力都不算强大，仅有宗姓和赵姓族人在村中修建过家堂庙。宗姓族谱上记载，宗姓落户管粥集之时便开始兴建家堂庙，但族人普遍生活维艰，导致家堂庙年久失修，逐渐荒废。据村中老人回忆，中华民国时期，村中仅有赵姓族人保留有家堂庙，但香火也已经呈现衰弱的趋势，除了赵姓族人在清明等节日进行祭拜，少有其他姓氏的村民前往祭拜。

二、村名与村落

管粥集村下辖的四个自然村都有自己的名字，分别为管粥集自然村、赵楼自然村、许楼自然村和耿楼自然村。这些名字的来由和变迁既与客观的生存环境有关，又和村民的社会文化密切联系。

村中老人介绍，管粥集自然村最早的名字并非管粥集，而是宗庄或者叫宗庄集。之所以叫这个名字是因为宗氏族人是这个自然村最早的住户，村中的权势人物也多来自这个姓氏，因此自然叫作"宗庄"。也因为东头宗氏族人聚居，西头薛氏族人聚居，村中人口兴旺，宗氏有族人心灵手巧，擅于做粥，吸引来往的村民和商客前来品尝，逐渐发展形成了村内的集市。为了吸引更多人前来赶集，改名"宗庄集"。

后来之所以改名为"管粥集"，是因为这样一个故事：

> 清朝乾隆皇帝多次下江南巡游。在一次途经徐州城的巡游中，他乘船沿着黄河途经村庄区域，路途的遥远让这位皇帝口渴腹饥。他当即下令临时在岸边停靠，顺道考察沿途民情。皇帝在耿楼自然村上了岸，岸上的地方官员听闻消息赶忙前来见驾。

---

[1] 综合薛传明、李超等老人口述，以及许氏、赵氏等族谱整理而成。

在地方官员的指引下，乾隆皇帝来到了附近的集市上考察，听闻集市上一户宗姓人家卖的粥远近闻名，皇帝便来了兴致。一碗热腾腾的粥一饮而尽，皇帝感叹粥的味道非常好，连连称赞这户人家手艺高超。卖粥的村民笑道："我家的粥未必能够比得过皇宫的锦衣玉食，但皇帝您舟车劳顿，口渴腹饥，自然觉得粥美味备至。"乾隆皇帝听后大笑，便心下一热为村庄赐名，"管粥集"一名由此而生。[1]

在管粥集村一带，"管"同"好"，表达了皇帝对宗氏村民做粥手艺的认可。关于这个故事有两点内容作为现实佐证：

一是乾隆皇帝在哪里上岸。据村中老人介绍，耿楼自然村最早的名字是"河沿头"，来往船只都在这个码头上下岸，乾隆皇帝就是在河沿头上岸的。

二是有关乾隆皇帝江南巡游的资料。《燕园明清史论稿》当中提到，清朝乾隆皇帝曾于1751年（乾隆十六年）、1757年（乾隆二十二年）、1762年（乾隆二十七年）、1765年（乾隆三十年）、1780年（乾隆四十五年）、1784年（乾隆四十九年）六次巡游江南。其中，第一次南巡乾隆皇帝在渡过黄河时视察了天妃闸和高家堰；第二次南巡时先后阅视了天妃闸木龙、清黄交汇处和高堰石堤工程，并部署了一系列的河工事务；第三次南巡时查看了徐州北门外的标桩水势。第五次南巡，也是乾隆皇帝最后一次亲自阅视河工时，再一次对徐州堤防进行了勘察，并下令将砌石不足17层的，一律加高至17层，进一步完善完工。[2]

正是在乾隆皇帝历次的巡游过程中，让村庄有幸得名"管粥集"。

管粥集自然村得到皇帝赐名，其他三个自然村的名字则与村内住户的姓氏密切相关。赵楼、耿楼、许楼的前一个字都来自村民的姓氏，但也经历了一定的变迁。

首先，称之为"楼"的来由，村中老人介绍，1949年之前黄河故道一带的村庄经常遭遇水患，黄河一旦决口便是一片泽国的景象。因此，为了能够更好地抵御洪水，村庄初建时不仅会选择地势较高的区域，而且富裕的人家还会将泥土、杂草、高粱秆、石块等混合在一起把房屋的地势垫高。另外每逢洪水泛滥退潮后村庄的地势也呈现不断升高的趋势，因此整个村庄房屋如"楼"一般建在高处。

其次，赵楼、耿楼、许楼的前一个字都是村民的姓氏，赵楼自然村主要由赵姓族人聚居，许楼自然村主要由许姓族人聚居，唯一例外的是耿楼自然村，其主要由李姓

---

[1] 根据薛传明、廉美堂、宗玉春等老人的口述整理而成。
[2] 徐凯：《燕园明清史论稿（下）》，辽宁民族出版社2014年版，第499—504页。

族人聚居，之所以取"耿"字在于清朝时期该自然村的一任庄长为耿姓。

最后，耿楼还有一个名字是"河沿头"，表明传统时期耿楼自然村有一个码头。无论是黄河来往的船只还是两岸来往的船只都是从耿楼上下岸的，耿楼自然村也是最接近黄河河道的。

三、村民与村落

明朝大移民运动为管粥集村奠定了基本的人口姓氏格局。管粥集自然村的宗姓和薛姓家族、赵楼自然村的赵姓家族、许楼自然村的许姓家族以及耿楼自然村的李姓家族在生息繁衍的同时，村庄内部姓氏的丰富程度也在不断加深。也就是说外姓的迁入从未停息，只不过之后的人口迁入几乎都是小规模的自然迁入，对村落既有的主要的姓氏格局难以造成直接的冲击。

如何从外地人、外村人变成本村人，管粥集村的老人给出了以下几个标准：

其一，村内有熟人。不管是血亲、姻亲还是朋友关系，成为本村人必须在村内认识某户村民，只有认识某户村民，其他村民才能通过这户村民了解这户新人家，否则很难得到其他村民的接纳。若是这户迁入的人家行为不端、品行不正，与之相熟的村民也要承担相应的责任，同样受到其他村民的责难。

其二，村内有财产。这里的财产最主要是指房屋和地基，若是仅仅购置了土地而不在村内居住，那也不会被视为本村人。即便没有土地，但是在村内建屋长期居住也属本村人，长期在某户村民家中借住仍然是外村人，只有有确定的住所并长期居住才能获得本村人的身份。值得指出的是，一般情况下，村民不会随意将宅基地或房屋出售给外村人，只有得到村内权势人物的认可才可以出售给外村人。

其三，更多参与村内摊派和公共事务。和其他村民一样缴纳看青费用、摊派劳力、挖井修路、参与纠纷调解等，积极参与村内的摊派和公共事务能够更快获得村民的认可从而被村民视为本村人。当然即便不热衷于参与这类事务，但是居住的时间长达十年以上，也自然被村民所接纳，只不过需要更漫长的时间。

其四，村内权势人物的默许。一般来说，若是村内有熟人，不需要经过村内权势人物同意就可以居住在村内，但涉及购置房产、宅基地就需要得到村内权势人物的默许。这里是默许而不是同意，若是村内权势人物对于外村人购置房屋、宅基地的行为不加以阻挠，那么外村人获得本村人身份就得到了默许。若是加以阻挠，那么外村人就无法达成交易并且无法成为本村人。通常情况下，村内权势人物不会对这类行为加以阻挠，除非这户迁入的人家在外名声不佳、不务正业抑或与本家族有过节等。

其五，外迁者并不一定失去本村人身份。若是村庄中有村民长时间在外居住，但是村中的房产、宅基地仍然保留，并且有村民代为看管，那么这户村民仍然是本村人，但若是在村中无房屋无地，长时间和村中村民完全断了联系，那么本村人的身份会逐渐丧失。

总体来说，传统时期的管粥集村迁入者多于迁出者。迁入者的到来往往增加了姓氏的丰富程度，而迁出者多为社会底层的村民，因此对村庄的影响并不大。

对于村庄的迁入者，迁入原因因为时期的不同而有所区别。清朝时期的迁入者主要是出于人地矛盾、经济压力而背井离乡，来到人口相对稀疏的苏北皖北平原一带。居住在赵楼自然村的张氏族人就提道，自己家族是在光绪十五年（1889）的时候从山东省济南市章丘逃荒而来，一方面山东人多地少，另一方面苏北平原一带手工业者少，而张氏族人拥有祖传的打铁手艺，可以在这一带立足。

历史资料对这一说法有一定佐证，卜凯在《中国农家经济》一书中写道：

> 1921年至1925年，对7省16处2640户农家的调查，中国农村的人口密度，每平方公里耕地为282人，北方诸省为247人，中东部各省为324人。由于北方农村可耕地的生产量较低，每单位面积耕地的人口容量实际要低得多。另外，中国人口的地区分布极不平衡，如河北盐山每平方耕地只有152人，而平乡则有452人，江苏武进亦有428人，山东全省平均超过400人。[1]

居住在管粥集自然村的崔氏族人也谈道，自己家族于光绪十几年从山东临沂逃荒而来，同样是因为山东地租过高，劳动力过剩，碰上灾年就不得不离开山东来到苏北一带谋生。而村内的程姓族人则是因为在安徽萧县圣泉乡家族人口庞大，人多地少，选择到管粥集一带开荒立足。除了人地矛盾，由于地近徐州，部分外村人因为做生意落户管粥集村，村内杨氏族人就谈道：自己家族在光绪二十年（1894年）左右因为在萧县黄口镇经商失败，于是辗转来到靠近徐州的管粥集一带做生意，最终定居在管粥集村。

相比明清时期，中华民国时期村庄人口迁入主要由于战乱或自然灾害。村内王姓族人表示，自己家族是在中华民国初年因为连年的蝗虫灾害不得不离开河南商丘，来到更靠近徐州的管粥集一带谋生。村内廉姓族人同样来自河南商丘，也是在民国初年迁入村庄，背井离乡的原因是军阀混战，军队为了打仗大肆盘剥，横征暴敛，他们在生活无以为继的情况下不得不离开故土，另谋生路。村内晁姓族人迁入的原因并非天灾人祸，而是因为经商在中华民国初年从萧县黄口镇迁入管粥集村。

---

[1] 卜凯：《中国农家经济》，商务印书馆1936年版，第472页。

就村民如何迁入管粥集村而言，迁入的村民多是举家迁入，多为核心家庭。能够在村中立足主要依托两个方面，一个方面是投奔亲友，杨姓、廉姓、晁姓村民都跟宗姓族人有姻亲关系，而王姓、程姓和薛姓族人有姻亲关系，因此都主要聚居在管粥集自然村；另一方面是有过人的才能，张姓族人会打铁，崔姓族人学问高，因此在村中有立足之地，获得了村民的认可。据管粥集村老人估算，在1949年，管粥集自然村有近千人，赵楼自然村、许楼自然村、耿楼自然村加起来也近千人。

表1-1 1949年管粥集村各姓氏、来源、聚居点、户数、职业基本情况表

姓氏	原籍地	迁入时间	迁入原因	聚居点	户数	职业
宗姓	江苏镇江	明朝初年	战乱天灾	管粥集	75	务农、经商、打工、小手工业
薛姓	山西洪洞老鹳窝	明朝初年	大迁移运动	管粥集	66	务农、经商、打工、小手工业
杨姓	萧县黄口镇	清代光绪二十年（1894）	做生意迁居而来	管粥集	12	务农、经商
廉姓	河南商丘	中华民国初年	战乱天灾，投奔亲友	管粥集	5	务农、打工
晁姓	萧县黄口镇	中华民国初年	做生意，投奔亲友而来	管粥集	3	务农、经商
王姓	河南商丘	中华民国初年	战乱天灾，投奔亲友	管粥集	8	务农、打工
程姓	萧县圣泉乡	清代光绪十几年	人口繁衍，迁居而来	管粥集	10	务农、打工
崔姓	山东临沂	清代光绪十几年	山东人多地少	管粥集	6	务农、教书先生
赵姓	山西洪洞老鹳窝	明朝初年	大迁移运动	赵楼	65	务农、经商、打工、小手工业
张姓	山东济南章丘	清代光绪十五年（1889）	山东人多地少	赵楼	15	务农、小手工业
许姓	山西洪洞老鹳窝	明朝初年	大迁移运动	许楼	45	务农、经商、打工、小手工业
李姓	山西洪洞老鹳窝	明朝初年	大迁移运动	耿楼	35	务农、经商、打工、小手工业
耿姓	萧县圣泉乡	清代光绪十几年	做生意迁居而来	耿楼	20	务农、经商

资料来源：根据薛传明、张大臣、李超等老人口述及部分族谱资料整理而成。

第二节 村庄的建制

萧县古为萧国。春秋时附庸于宋，秦置萧县，属泗水郡，后改泗水郡为沛郡。北齐天保七年（556年）改为承高，隋开皇三年（583年）后改为龙城、临沛，大业初复为萧县。唐、宋、元、明均属徐州，清属江苏省徐州府。辛亥革命后仍属江苏省。1955年正式由江苏省划归安徽省。在1989年版《萧县志》中记载，明朝初年萧县领四乡，明正统年间《彭城志（萧县卷）》载："今析宿州符里县仁智等三乡属焉，今领七乡。辖77村，疆域东接徐州界，西抵归德州夏邑界，南连宿州，北控滕县。"[1] 七乡之一的乐善乡就处于萧县与徐州交界区域，辖梁果村、斑鸠村、秦村、丁穆村、雁门村、杨村、北城村、吕里村、辛彭村等9村，考虑到明朝初年管粥集村尚处于聚落阶段并且还未得名，县志中自然无直接记载，但根据村民介绍，距离管粥集村10公里左右的杨楼最早的名字就是杨村，管粥集村也正好处于萧县与徐州的边界上。

由此可见，在明朝初年，管粥集村所在区域隶属于宿州符里县乐善乡。清同治末（1875年），萧县辖8乡，编户37里，其中乐善乡编户三里，辖姚家楼寨和刘家套寨，管粥集村区域就处在刘家套寨的管辖范围之下，并且在同治年间编写的方志中，"管粥集"被收录到古集的行列当中。

中华民国二十年（1931年），以《区域组织管理法》为基础的闾邻制正式在萧县推行，萧县辖10个区，211个乡，36个镇，3 446闾，16 664邻。管粥集村所在区域隶属于第七区，区公所设在郝集，这一区下辖2个镇，21个乡，管粥乡涵盖了管粥集村。

中华民国二十三年（1934年）4月1日，县内10个区合并为5个区，第七区和第八区合并为第四区，区公所设在黄口，辖22个乡镇，983闾，4 114邻，20 327户。中华民国二十三年（1934年）4月至5月，全县清查户口，编组保甲，闾邻制正式废除，全县分为5个区，108个乡镇，1 095保，10 828甲，居民112 344户，560 339人。

管粥集村隶属于黄口区管粥乡，设4保22甲，其中管粥集自然村分为东头保和西头保，分别为第六保和第七保，赵楼自然村和许楼自然村同属一保为第八保，耿楼自然村和新黄自然村（现为江苏徐州铜山区管辖）同属一保为第九保。

抗日战争时期，辖区时有变动，原来的5个区又变为10个区，黄口区分裂成了黄口区和郝集区。

---

[1] 萧县地方志编纂委员会编：《萧县志》，第6页。

根据《萧县志》等地方志资料，管粥集村在新中国成立前的行政建制沿革如表1-2所示。

表1-2 1949年之前管粥集村行政建制沿革表

年　代	行政建制隶属
明朝初年	宿州符里县乐善乡
清同治末（1875年）	萧县乐善乡刘家套寨
中华民国二十三年（1934年）	萧县黄口区管粥乡第六、七、八、九保
中华民国二十七年（1938年）	萧县郝集区管粥乡第六、七、八、九保

资料来源：根据张大臣等老人口述及1989年版《萧县志》整理而成。

1949年萧县得到全面解放，形势的变化促使行政区划的不断调整，管粥集村的建制也在不断变化。1950年9月，全县被划分为17个区，管粥集村隶属于郝寨区管粥乡。1955年1月，按照农业合作化需要，将原来的17个区划分为8个区，62个乡。1958年9月，撤销区建制，成立22个人民公社，实行乡社合一，但管粥集村所在区域略有不同，为了开发黄河故道，利用沙荒发展果树，经过省林业厅批准并投资，建立黄河故道园艺场，采取以场带队形式，带了管粥集、赵楼两个大队，社员2 800多人。利用沙荒和两个大队靠场附近的土地定植果树3 771亩，1 606亩由场直接经营管理，2 165亩由两个大队社员管理。由场提供肥料、农药机械和技术辅导，收益按四四二分成，即大队分四成，四成交场作生产投资，二成归场收入。1983年，刘套改公社为乡。1992年，刘套改乡为镇。虽然行政权力导致管粥集村建制频繁变动，但就管粥集村内部而言，其自然村落的变化相对较小，稳定性和延续性一直主导着村庄的发展。

表1-3 1949年之后管粥集村建制沿革表

年　代	行政建制隶属
1949年	萧县郝寨区管粥乡管粥集村
1950年9月	萧县郝寨区管粥乡管粥集村
1955年1月	萧县杨楼区管粥乡管粥集村
1958年9月	萧县黄河故道园艺场
1983年	萧县杨楼区刘套乡管粥集村
1992年	萧县刘套镇管粥集村

资料来源：根据张大臣等老人口述及1989年版《萧县志》整理而成。

第三节 村庄当下概况

管粥集村现隶属于安徽省宿州市萧县刘套镇。村庄有着优越的地理位置和生态环境。村庄与江苏省徐州市铜山区接壤，与徐州城中心和萧县县城的距离都在30公里左右，交通四通八达。管粥集村处于1956年建立的萧县黄河故道保护区范围内，这一保护区在2012年被省政府审批为省级湿地自然保护区。2017年4月，萧县黄河故道进入首批安徽省级重要湿地名单。全村下辖管粥集、赵楼许楼、耿楼4个自然村。2015年总人口为1501户，5676人，其中男性3335人，占比58.76%，女性2341人，占比41.24%，男女比例呈现失衡状态，男多女少的情况比较严峻。全村耕地3363亩，人均耕地面积不足1亩，皆为旱地，林地仅有数十亩。

现刘套镇以在管粥集村区域内建设的黄河故道园艺场为依托，大力发展林果产业，全镇桃树种植面积近3000亩，是著名的"桃乡"。萧县黄河故道园艺场2016年有职工176人，其中高级农艺师5人，中初级技术员29人。果园面积2800亩，其中优质早熟水晶梨2000亩，优质早中熟鲜食葡萄800亩。2007年以来为市级龙头企业，2009年度被评为省级水晶梨标准化示范园，2010年被省农委评为全省十大标准果园之一，国家级绿色食品生产认证基地。依托场技术、资金优势，先后成立了萧县水晶梨协会、萧县硕园农民水果种植合作社，带动周边3000多户农民共同致富。"硕园"品牌水晶梨、葡萄远销印尼、马来西亚，及国内广州、上海、深圳等地超市。管粥集村村民通过种植苹果、李等经济作物，而减少小麦、玉米等粮食作物的种植，增加了家庭的农业收入，同时由于区位优势，村中绝大部分年轻人都前往江苏等较发达的省份务工。

每年4月8日桃红柳绿之时，萧县书画"桃花笔会"在刘套镇举行，千余名书画爱好者齐聚"书画艺术之乡"，相约桃林，挥毫泼墨，讴歌新生活，赞美新家园。

表1-4　2015年管粥集村基本情况统计表

村庄总面积	8.5平方公里	
总户数	1 501户	
人口情况		
	人数	占比
男性	3 335	58.76%
女性	2 341	41.24%
总计	5 676	100.00%

续表

村庄总面积		8.5平方公里	
劳动力情况			
总计	3 751	100.00%	
性别情况	男性	2236	59.61%
	女性	1 515	40.39%
就业方向	常年务工	2132	56.84%
	常年务农	1 619	43.16%
就业情况			
	人数	占比	
男性	2 186	60.55%	
女性	1 424	39.45%	
总计	3 610	100.00%	
耕地情况（单位：亩）			
	旱地	水田	总计
耕地面积	3 363	0	3363
人均面积	0.59	0	0.59
户均面积	2.24	0	2.24
山地情况（单位：亩）			
山地面积		0	

第二章 村庄自然形态与实态

自然条件是形成每一个村庄不同特质的基本条件，尤其在农业产业占主导的传统农村，农民对自然条件的依存度更高。他们在改造自然的同时也被自然悄然形塑。本章将通过自然形态概况、干旱与水利、平原与麦作以及集居与空间四个方面来展示管粥集村自然形态和实态。

第一节 自然形态概况

自然环境是一个村庄从兴起到延续的基础。为了探究管粥集村萌芽并发展壮大的原因，本节将从自然地理、气候特征、土壤特征、自然资源以及交通状况等五个方面考察管粥集村的自然环境形态。

一、自然地理

刘套镇位于萧县东北部，与江苏省徐州市铜山区接壤。全镇地势由西北向东南缓倾，辖区皆处于废黄河高滩平原之上，无明显的低山或丘陵，废黄河环镇绕行。管粥集村便坐落于废黄河河畔，废黄河不仅为管粥集村提供了一面天然的屏障，也成为村民生产生活用水的部分来源。虽然传统时期频繁的战乱和自然灾害束缚着村庄的发展，但村民与村民之间的集居和守望相助让管粥集村得以延续与发展。

（一）管粥集村地形地貌

管粥集村，坐落在安徽省宿州市萧县东北部，距离县城大约30公里。从图2-1管粥集行政村示意图看，村庄由"三庄一古集"组成。管粥集自然村沿废黄河河道而建，整体呈现长条块状。赵楼自然村、许楼自然村以及耿楼自然村与管粥集自然村以乡道相连，相距约2公里。赵楼、许楼、耿楼三个自然村连片呈现团块状且以赵楼自然村为中心。

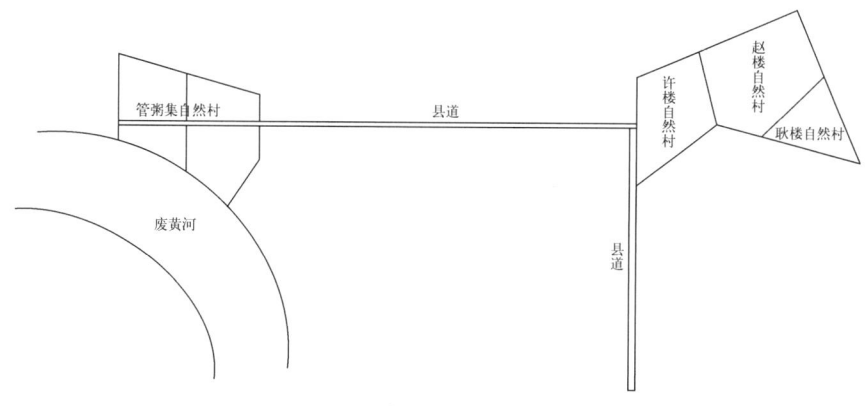

图2-1 管粥集行政村示意图

村内整体地势平坦，最低海拔与最高海拔相差不足2米，平均海拔为45米。土壤多为沙土或沙质黏土，村民将沙质黏土开辟成农田并种植上适宜生长的小麦、高粱、大豆等作物，靠近河道的沙土地开荒种植花生等作物。

萧县地处苏、鲁、豫、皖四省之交，淮北平原北部，黄淮海平原南端，古有"文献之邦"之称，"城形争南北诸朝，风气兼东西两楚"。自秦汉起中原文化和东夷文化便在这里交会，成为中国汉文化、孝善文化、陶瓷文化、伏羊文化的重要发源地。在众多文化的熏陶中，齐鲁文化对萧县人民的影响最为深远。人们身体健壮，从事农活，崇尚礼仪，兼顾商业经营并遵循儒教。农夫早出暮入，强乎耕稼树艺，妇女夙兴夜寐，强乎纺绩织纴。

（二）自然因素影响村落格局

管粥集村处于故黄河冲积平原，整体地势平坦，因此故黄河河道成为影响村落格局的关键性因素。在1855年黄河改道北流之前，管粥集村已经陆续有宗姓、薛姓、赵姓、许姓、李姓家族居住，宗姓、薛姓家族主要聚居在管粥集自然村范围内，而赵姓、许姓和李姓家族则分别聚居在赵楼、许楼以及耿楼自然村范围内，村民称这五大姓的居民为"老户"。由于黄河携带着大量的黄沙，靠近河道的地域沙碱化严重，开挖的水井也水质不佳，另外黄河泛滥或决口的情况时有发生，因此村民选择在距离河流500

米以上的区域定居。

关于管粥集村最早的居民居住在什么位置，赵楼自然村的张大臣老人谈道：

> 听老一辈的人说，过去黄河还没有改道之前，黄河水涨起来就可以把村里面低洼的地方淹没。哪怕是地主家的土坯房也经不起水泡，水一泡，墙就倒了。因此但凡村里面的老户，他们老屋子的地势都要高出周围3—5米，就是为了挡黄水。在地基上垫泥土，河边的沙土还不能用，非要从地里面深挖，要不然经不起水泡。家里面有点啥的也有从外面买一些碎石头回来的，这样地基就更稳了。还有一个看老户的方法就是看老井的位置，人生活离不开水，哪里能挖出一口好井，周围肯定是老户最早住的地方。

管粥集村可以根据五个老户家族的聚居地划分出五块居住区，每个居住区的村民聚族而居。管粥集自然村从东西方向可以划分成两个居住区，东边区域为宗姓家族聚居区，西边区域为薛姓家族聚居区。许楼自然村和耿楼自然村由于规模较小且相互之间距离近而可以看作赵楼自然村的卫星村，各个自然村分别为许姓、李姓以及赵姓家族的聚居区。各个聚居区内部都呈现团聚块状。

小麦、高粱和大豆等旱地作物是传统时期管粥集村农业的主体。小麦为冬小麦，通常在每年的9月下旬到10月上旬之间播种，第二年的2月下旬到3月上旬麦苗返青生长，5月下旬到6月上旬小麦成熟进行收割。小麦完成收割后村民立即着手高粱或大豆的播种，等到同年的9月下旬到10月上旬高粱或大豆成熟进行收割。另外，为了制作粗布或棉衣，有富余土地的村民在自家的田地或者在房前屋后开辟一小块土地种植棉花，一般在3月到4月之间播种，9月到10月之间采收。

相比南方的水稻种植，种植小麦的管粥集村村民不需要动用过于笨重的农具，平时对田地的照料同样粗放。因此村民的居住区域和农田区域有着明显界线和距离，尤其在时局动荡的年份，村民通过修筑寨墙、开挖护寨河沟将整个村庄的住房保护起来，更是形成了两者之间明显的界线。

一般来说，村民的田地距离其住房在1—4里之内，这样既能够为之后修建新房腾出足够的宅基地，又不至于田地距离过远而来回费时费力。自然村与自然村之间往往是连片的平整田地，大部分家户的田地都呈现整齐的块状，农户之间通过安插灰橛来明确四至边界。受到废黄河河道的影响，管粥集村的田地整体也是沿着河道方向伸展，呈现条块状。在传统时期，河流两岸至少300—400米范围是属于村庄的荒地，沙碱化最严重的时期这些荒地寸草不生，春季风一刮，整个村庄都笼罩在风沙之中。村中没有土地或者劳动力过剩的家庭自由到荒地上开荒，但只能种植生命力更强的花生等作物，无法种植小麦和高粱。在黄水泛滥时期，这些土地被淹没，导致颗粒无收。

二、气候特征

萧县刘套镇属于暖温带大陆性季风气候区，处于北亚热带和暖温带的过渡带，兼有南方和北方的气候特点。年平均气温15.7 ℃，1月份平均气温最低，达到－0.2 ℃，7月份的平均气温最高，达到27.2 ℃，年均无霜期200至220天。村民采用一年种一季高粱或大豆、一季冬小麦的方式，充分利用好全年适合相应农作物生长的时间，保证全年的口粮。这一区域光照条件良好，年日照时数为2 284至2 495小时，日照率52%至57%，保障了农作物对阳光的需求。

从降水条件来看，刘套镇年均降水量800至930毫米，全年平均降水天数为83.4天，高于黄河流域，低于长江流域，也低于江淮之间，其中合肥为120.5天。刘套镇在降雨量不够充沛的条件下，各季各月降水量和降雨强度也差异显著，降水量多集中于夏季且强度较大，冬季雨水稀少，个别年份几乎干冬。在这样的降水条件下，刘套镇在传统时期经常出现秋旱或春旱的情况且秋旱多于春旱，大约40%的年份出现秋旱。秋旱的发生直接影响秋种，而春旱的发生直接影响到冬小麦的返青生长。管粥集村村民一旦碰到干旱的年份，只能"靠天吃饭"，被迫接受小麦减产的结果。若是遇到大旱之年，村民便通过祈雨或者逃荒来勉强维持生计。雨季一般从6月中旬到7月下旬，历时45天左右，雨季降水量占全年的56%，容易出现洪涝灾害。

总体来说，刘套镇所在的萧县区域发生气候灾害是比较频繁的。根据1989年版《萧县志》记载，1840年至1949年期间萧县共发生4起河流决口、11次洪水暴发以及4次蝗灾，且恶劣气候往往带来的是"大雨大灾、小雨小灾、无雨旱灾"。清代嘉庆官员杨作栋曾在《奉檄履勘萧县灾荒有感》中写道："郭门一出尽春芜，地少炊烟屋也孤，野树皮荒心早死，井泉脉断泪同枯。"另外根据《萧县志》1451年至1950年的统计，萧县出现水灾的年数为190年，重现期为2—3年，出现旱灾的年数为108年，重现期为4—5年。中华民国时期，尤其是1927—1937年的"十年建设时期"，灾荒更是连年不断。[1] 萧县区域恶劣的气候条件在一方面限制了村庄的发展壮大，也在另一方面磨炼出了管粥集村村民坚韧不拔的性格和团结互助的风气。

管粥集村村民们还根据自身的生产生活经验，总结出了一系列关于气候规律和农作的民谚。关于雨水的民谚最为丰富，"九尽三场雨，遍地都是粮"，"有钱难买五月

---

[1] 萧县地方志编纂委员会编：《萧县志》，第47—54页。

旱，六月连雨吃饱饭"，"晒伏头，淋伏脚，打的粮食没处搁"，"七月十五定旱涝，八月十五定收成"。村民通过这些民谚表达对干旱时节雨水到来的热切盼望，也体现出雨水对传统时期农事生产至关重要的作用。村民们还善于总结日常生产劳作积累的生活经验。关于如何保产增产，村民总结出"枣树发芽种棉花，谷雨间苗收好花"，"夏季棉田草，胜似毒蛇咬"，"豆子锄三遍，豆荚结连串"，"积肥如积粮，粮在肥中藏"，"耕三耙四锄八遍，天不下雨也耐旱"等。口口相传之中，农业经验在村民间代代相传。

三、土壤特征

传统时期，管粥集村的土壤条件较差，适合种植小麦、高粱、大豆等耐旱作物。虽然土壤贫瘠，但村民通过积粪积肥、翻土深耕以及种植大豆等方式改良土壤，保证产量。

（一）土壤基本条件

管粥集村地处废黄河冲积平原，由于原黄河沉积特盛，又受两岸人工堤的约束，黄河故道成了高出地面的平原。一般比堤外平原高5—9米，河道中心至大堤两侧宽2—6公里，而管粥集村就处在这一高滩平原之上。管粥集村的土壤属于潮土类，河流沿岸以飞沙土、泡沙土为主，而距离河流500米开外的高滩以两合土、淤土为主。飞沙土、泡沙土肥力极低，保水性能差，呈碱性。

传统时期村民无力大面积改良这些土壤，只有少量无地或劳动力有富余的农户通过种植花生或大豆的方式来改良小块土地，因此沿河道形成了村内大片的荒地。这些荒地无人管理，只有少量杂草能够存活。而远离河道的高滩上的两合土和淤土肥力较好，土壤透气性良好，保水性能一般，适合种植小麦、高粱等旱作作物。土壤有限的肥力和频繁的自然灾害直接影响了作物产量。传统时期管粥集村小麦一亩地的产量为80—120斤，高粱一亩地的产量为150—180斤。

（二）改良土壤的手段

为了保证作物的产量，管粥集村村民主要采取三种手段改良土壤。

第一种手段是积粪积肥。村民将人畜的粪便都认真地收集起来，并保存在旱厕之中。除了粪便还包括一些杂草或乱树枝，厨房里、锅灶里的灰，旱厕放满之后，里面的全部废料就运到院子里专门留出的空地上，用一层泥土覆盖起来，这样做是为了让废料发酵。老祖宗的经验告诉村民，经过发酵的粪便才是最好的肥料，可以长出旺盛的庄稼。播种的季节到来时，村民将粪便砸开，让混合物在太阳光的照射下变干，然后制作成粉末用太平车等运送到田里。

豆饼也是一类重要的肥料，大豆的油榨出来之后，残渣做成豆饼。豆饼不仅可以用来做肥料，还可以作为牲口的饲料，做肥料的时候村民将豆饼和堆肥混合起来使用。要是仅用豆饼是奢侈的，一般条件的村民负担不起，而且混合肥的效果并不亚于单纯使用豆饼作为肥料。村子里面使用绿肥很少，黍秆、花生或者甘薯的藤蔓以及各种草料都要用作牲畜的饲料，茅草用来盖屋，麦秆、玉米秆、高粱秆要是直接用来当肥料太过浪费，一般当成柴来烧，烧完留下的灰可以从锅灶里面挖出来和粪肥混合当成肥料。

虽然旱厕或者院子的部分空地堆满粪肥，下雨天的时候气味尤其难闻，但是村民认为空地上有一堆正在发酵的粪肥，再养几头牲口，这些就代表着家庭的财富，能引来周围邻居的艳羡，甚至有利于自家的儿子找到好妻子。正因为粪肥被视作家中重要的财产，所以村民不会随意到其他人家上旱厕，尤其是大便，即便是憋着难受也要赶紧回到家中解决。要是经常去外面解决大小便，当家人会出面呵斥，告诫大小便应该在自己家里面解决，肥水不流外人田。自家的牲口要是外出，在外面拉下的粪便，村民们也会认真收起来，甚至看见牲畜要拉粪便了就直接用手去接着，不愿意有丝毫的浪费。村里面的富裕户才可能为了看起来体面一些，不收集牲畜在外面拉的一些粪便。节俭的富裕户会让大领（长工）去把粪便收起来，中等及以下条件的村民都很珍惜牲畜的粪便，一定要带回去，否则还会被其他村民嘲笑不懂得节俭。一些贫困的村民牲畜少，在路上发现没有人收的粪便都视如珍宝，赶紧收起来带回家。

第二种手段是翻土深耕。管粥集村村民每年在收割完高粱或大豆后就立即开展小麦的播种作业。为了能够让小麦出芽率更高并且长势更佳，村里面有条件的村民都采取翻土深耕的方式种植小麦。据村民讲，播种的时候将土地耕一遍耙一遍是普遍的做法，家里面劳动力多或者牲畜多的富裕村民就耕耙2—3遍，这样能够起到三方面的作用，包括疏松土壤，加厚耕层，减轻干旱或水涝灾害的影响；改善土壤的构造，提高土壤的肥力；更彻底地清除杂草，防止病虫害的发生。少部分土地少的村民在这时候就2—3户自愿联合起来开展合犋，共享彼此的牲畜和劳力，同样也可以做到翻土深耕，提高土地产量。

第三种手段是种植黄豆。靠近河道的沙土地是管粥集村村中的荒地，村里面没有土地或者劳动力富余的家庭在忙完自家地里面的农活之后便到河滩去开荒。河滩地土壤十分贫瘠，村民们采取在沙土地上种植黄豆的方式来改良土壤。一般的做法是每年4月下旬种下黄豆，到了秋季翻耕入土，黄豆腐烂后可以增加土壤的氮肥[1]，这样连种

---

[1] 作为豆科植物，黄豆的根瘤菌可以固氮和改良土壤。

2—3 年。有条件的农户还将堆肥混合其中，这样土壤将越变越肥。土壤改良之后，村民便在这些改良的荒地上种植花生、棉花等作物，一般不种小麦或者高粱，因为即便土壤条件得到一定改善，仍然不适合种植主粮作物。

四、自然资源

传统时期，在管粥集村内部，土地资源主要为开垦的农地和靠近废黄河的荒地，没有山地资源，水资源主要来自废黄河和水井，在耿楼自然村还有一个码头，村内有一个区域性的小集市，以上自然资源都将在其他章节进行阐述。本节主要对管粥集村的林木资源进行介绍。

村庄中的林木资源主要包括废黄河两岸野生的柳树，乡道两旁的行道树以及村民田地中自家种植的杨树、梧桐树或者松柏。个别富裕的农户还在自家的院子里栽种桃树、李子树等树种。河道边生长的柳树属于村庄的公共资源，能起到稳固河岸的作用。虽然村庄中没有专门的人员或者组织对其进行管护，但村民一般不会主动去破坏柳树，柳树这类木材含水量高也不适合用于建造房屋。

乡道两旁的行道树有乡政府参与管理，但日常管理由道路周边村庄的保甲长负责，乡政府拨款购买行道树树苗，再要求保甲长安排村民栽种树苗。遇到大风天气，保甲长还需要让村民对树苗进行加固。若是出现树苗倒伏或者死亡的情况，保甲长就向乡政府报告并及时补栽。由于行道树是政府的财产，村民自觉维护，不敢破坏。若是出现盗挖盗砍或者牲畜啃食树苗树叶的情况，村民必须按价赔偿。若是不遵，乡政府安排警察捉拿拘留。有富余土地的村民将杨树、梧桐树等适合作为建筑材料的树苗栽种在自家的田地中，管粥集村的小片树林主要集中在靠近河道的田地上，远离河道的土地更加肥沃，村民更愿意用来种植粮食。

村民种植的树木由自家管护，主要在树苗阶段需要看护，村民要防止被他人盗挖盗砍，还要避免他人的牲畜啃食树叶。为了避免以上情况发生，村民一方面经常前去查看树苗的长势，一方面用篱笆将树苗一颗一颗围起来，起到保护的作用。若是树木的主人发现他人的牲畜破坏了树苗，一般大吵一架就作罢。若是树木因此死亡，树木主人就找来问事人评理，要求对方赔偿树苗的损失。要是有人偷盗树苗被抓住，树苗主人就向保甲长报告。若是本村人且是初犯，保甲长就要求对方赔礼道歉。若是惯犯则直接交给乡里的警察。若是外村人，直接交给警察。树木成材后，村民根据需要将树木砍伐制作成房屋的横梁，也可以卖给其他的村民。这个过程完全由村民自己安排，不需要经过保甲长的同意。

五、交通状况

管粥集村所在的萧县区域可以看作徐州的桥头堡。管粥集村距离徐州和距离县城龙城镇的距离皆在30公里左右，管粥集村与徐州和龙城镇都以纵横的乡道相连。在黄河还未改道北上之前，管粥集村能够和徐州以水路相连，从村庄码头上船可以直达徐州。此外，距离管粥集村10公里左右有一条横跨中国东西的铁路线——陇海铁路，萧县区域最为繁华的集镇——黄口镇因为铁路在此设置站点而走向繁荣。管粥集村得天独厚的交通条件在时局稳定时期为这一地区集聚大量的人员和商品，也催生了管粥集村的商业因子。

（一）村内道路及其管护

在管粥集村，村内的道路主要分为两类。第一类是自然村中纵横交错的土路，另一类是自然村与自然村之间的道路，村中和村附近皆没有桥梁。自然村内的道路多达20多条，这些道路大致是相互平行或垂直的，因为村民在建房子时由于风水和村内的惯例，都讲究排列整齐，谁家的院墙打破了整体的整齐势必会引起周围村民的不满甚至惊动保甲长前来责骂，村民不敢也不会打破这个规则，否则将引起众怒。村内的道路宽度最起码要能够过太平车，要是太平车无法通行，保甲长就出面组织村民拓宽道路，一般找这条道路两旁居住的农户，每户至少出一人，进行无偿劳动。一旦村中的道路出现了压毁的情况，保甲长同样责令这些农户出人尽快进行维修。尽管没有报酬，但村民都听从保甲长的安排，不敢违抗，村民也认同修路是村里面的公益事业，应当积极参加。对于村内容易积水的道路，如果是比较偏僻的，保甲长不会出面进行维修，村民们有热心的会号召周围的村民一起挖水沟将道路上的积水排走或者从公共的荒地里取土将路填平。有一些偏僻的道路即便积水也没人管理，村民们就只能选择绕道而行。

自然村与自然村之间的道路维修由乡政府进行安排。村中保长认为道路需要维修时就向乡政府提出申请，申请被批准之后，乡政府就派乡丁入村，两村的保长一同协商，按照村庄的人口数进行修路资金的分摊。乡政府几乎没有专门的拨款，主要起到组织领导的作用。实际中，修路的资金主要由各村的富户来承担，生活贫困的农户不需要出钱。为了保护村与村之间的道路，乡政府还要求道路两旁栽上树木，保甲长要对树木的养护负责，严禁村民破坏行道树木。

总体来说，村内道路是欠缺管理的。管粥集村也没有形成专门的公共组织对道路进行养护和维修。虽然保甲长对村内道路的畅行负有责任，但这些土路坑坑洼洼仍然是非常普遍的现象，干旱时节马车一过扬尘很大，雨天很多道路变成水沟或者非常泥泞。由于缺乏专门的资金，村民只能忍受道路通行的不便。每隔一两年村内的道路才大修一次，这时候村中的保甲长就请来本村的问事人和地主，商量道路整体的维修事宜。要是问事人和地主都赞同维修，那么保长就让甲长向各家各户传达修路的命令，村中中农以上的农户承担修路所需的全部费用。一般按照田亩的面积进行分摊，村中中农以下的贫困户不需要出钱，只需要每家每户出至少一个青壮劳动力参加道路维修即可。

（二）村外道路及其管护

村庄与村庄之间，村庄与集镇之间都以乡道相连，乡道同村内的道路一样都为土路，但大多比村内的道路更宽，并且道路两旁往往按照规定栽种有行道树。

总体而言，县乡道方便了农产品运输，发展了农村经济，但1927年至1937年十年间，江苏省一共修筑省道2 742.31公里，而此一时期修筑的县乡道总里程仅1 152.31公里，而且所修筑的县乡道的质量远远比不上所筑省级道路的质量，两者差距非常大。[1]

在黄河还未改道北上之前，从管粥集村到徐州城的水路是能够通航的，管粥集村下辖的耿楼自然村别名为"河沿头"。也就是说过去来往的船只可以在耿楼自然村上岸歇脚，管粥集村村民想要到河对岸去也必须在这里乘坐船只。由于来往的船只众多，路途遥远使得商人们疲惫不堪，上岸歇脚的商人给管粥集村带来了商机。村民们便在集市上设置粥摊等摊位，并且免费给上岸的商人提供茶水。水路的畅行在一定程度上促成了管粥集村村内集市的形成，村民也在从事农业之余，通过和来往行人做一些小生意来补贴家用。

铁路对包括管粥集村在内的区域性市场的形成同样发挥了重要作用。1912年，北洋政府与比利时签订了修建1 800公里的陇海铁路借款合同，1915年5月，开封至商丘至徐州段通车，长277公里。这条贯穿中国东西的铁路干线在加强区域之间经济联系的同时，也促进了各个区域经济的发展，而在传统时期，区域经济的繁荣与区域市集的数量直接相关。

距离管粥集村30公里左右的萧县黄口镇原本是一片盐碱荒地，祖籍山东的史姓家族逃荒要饭到此。由于陇海铁路在这片区域设立站点，史姓家族便在距离车站50米处搭了一个庵棚，以卖茶为生。一年之后，周围各县的商人纷纷在此落脚经商，黄口镇逐渐发展成为苏鲁豫皖边区物资交流的集散地。铁路的贯通进一步改善了管粥集村区域的商业环境，增加了区域人员和物资的流动，为村内集市的兴起奠定了良好的基础。

关于陇海铁路的维护，据村民回忆：

> 每年的农闲时期，乡里便要求每个村子出10人以上的青壮年劳力去修陇

---

[1] 司松松：《民国时期江苏公路建设研究（1927—1937）》，南京：南京师范大学硕士学位论文，2011年。

海铁路。修铁路没有报酬，去的青年要自己带上干粮，一般7—10天就能回到村子。那时候是家家户户轮流出人去，没有劳力或者缺少劳力的农户就出钱觅人去，一般要出3升小麦才能觅到一个人去。[1]

第二节　干旱与水利

管粥集村虽毗邻故黄河，但只有少部分村民通过水车从河道中取水，并且能够取水浇灌的土地有限。除此之外，村民无力修建用于水利灌溉的沟渠、旱井等水利设施，可以说在传统时期，管粥集村村民的农业生产几乎完全"靠天吃饭"。故黄河的存在非但没能有效缓解村民在遭遇春旱或秋旱时的处境，还在河坝年久失修的情况下让水涝灾害频频上演。1989年版《萧县志》记载，1451年至1950年期间，萧县共有190年发生水患，每隔2—3年便出现一次水灾，而1451年至1950年萧县区域出现旱灾的总次数为108次，萧县区域每隔4—5年便会出现一次旱灾。

一、干旱社会与自然底色

在管粥集村，流传着一句顺口溜："大雨大灾，小雨小灾，无雨旱灾。"旱灾的频繁发生直接影响了村民的生计，即便绝产的情况很少发生，但处于社会底层的村民也不得不通过逃荒、祈雨等方式求得一线生机。

（一）旱灾基本情况

属于暖温带大陆性季风气候区的管粥集村，由于季风的不稳定性，每年近六成的降水量集中在夏季的6月至7月，极易形成洪涝灾害。而在春季的3月至4月和冬季的12月至1月，缺水的情况对村民来说稀松平常。正值秋种的9月至10月，干旱的情况时有发生。若是干旱情况严重，将直接影响到冬小麦的播种进程，给村民造成巨大的损失。

表2-1展示了1989年版《萧县志》中记载的传统时期萧县区域遭受旱灾的情况，从这些描述中不难发现，管粥集村区域遭受的旱灾有受灾范围广、水灾蝗灾叠加、村庄自救为主的特点。而《萧县志》统计了1451年至1950年萧县区域出现旱灾的总次数为108次，萧县区域每隔4—5年便会出现一次旱灾。司空见惯的缺水状况和频繁发生的旱灾对村庄的农业生产造成直接打击，使得高粱或小麦大面积减产甚至绝收。处于社会底层的村民为了糊口不得不典田卖地或者出卖牲畜，而已经沦为赤贫的农户有劳动能力的就去给地主富农家庭干短工或者长工，没有劳动能力的只能背井离乡，去

---

[1] 来自张大臣老人的讲述。

江苏一带乞讨，等到麦子成熟的时候再回到村庄。

表 2-1 《萧县志》中部分有关旱灾的记载

年 份	旱灾情况
明朝万历十七年（1589 年）	萧县春旱夏蝗，春夏霖雨六旬，秋大水河溢
明朝崇祯十二年（1639 年）	徐属邑大旱，九湖皆涸，蓬蒿生，人呼为离乡草，秋菽登场，忽有异风卷去，粒如雨洒
明朝崇祯十三年（1640 年）	特大旱，秋蝗蔽野，田无遗穗，大饥，人相食，以妇、子易米三升，无复受者
清朝顺治十四年（1657 年）	萧县大旱，湖井皆涸
清朝雍正十年（1732 年）	春，苦旱，清明日大雪
清朝咸丰七年（1857 年）	春饥，夏旱，六月飞蝗蔽天，各村庄相率扑打，城内设局收买蝻子数百石。七月大雨，水平地尺余
中华民国十七年（1928 年）	5 月旱，6 月蝗，8 月大雨，秋禾受害，面积遍及全县
1952 年	6 月底至 7 月中旬大旱，受灾面积 47 万亩
1958 年	6 月底至 7 月初，大旱，受灾面积 47 万亩

资料来源：表中数据来源于 1989 年版《萧县志》。

对于旱灾的记忆，发生在 1942 年以河南为重灾区的春旱灾情，村民的印象最为深刻。管粥集村村民薛厚田讲道：

> 正是小麦灌浆急需雨水的时候，但是连续好几周时间，往年应该会下的春雨都没有下，村里面的人每天都往地里跑却又无可奈何，倒是村里面的土地庙香火旺了许多，尤其是一些妇女，穿着平时赶集才舍得穿的新衣裳，去给土地老爷磕头上香。村里从外地过来逃荒的人也多了许多，听爸妈说他们很多都是河南逃荒过来的，但是我们村里面也受了灾，他们在村里面讨不到食物，就往徐州或者黄口走了，那边有车站，也富裕一些。那一年村里面小麦收成只有往年的一半左右，不少人去外村给人扛活维持家里面的生活。

对于日常的缺水状况，村民已经习以为常，并在平时的生活中养成了节水的习惯。若是有孩童在水井边小便，任何村民见了都会大声斥责，孩童的父母也会被村民视为教子无方。村中还产生了"春雨贵如膏"，"冬无雪，麦不结"，"麦盖三床被，枕着馒头睡"等谚语，干旱无雨的冬季一场雪能够为开春的土地积累足够的水分，为地里的麦苗保温，还能杀死一部分地里的害虫，因此村民对冬雪的期盼和对春雨的期盼一样热切。

当持续的干旱和村民的农忙季节相遇时，村民不得不面对旱灾的威胁，对于旱灾，村民多是无可奈何的态度，只能在心里面期盼及时雨的来临。一些妇女干脆将这种内心的期盼付诸实践，换上干净的衣服，和邻居三三两两将村庄大大小小的庙宇都跪拜上香一遍，甚至听说附近哪个村庄的土地庙灵验，便跑去一一叩拜。当干旱已然酿成大面积的损失，比如春旱麦苗得不到充足水分而枯萎倒伏，或者秋旱时土地开裂无法正常播种，恐慌悲观的情绪便弥漫在各个村庄之中。家中的男人们开始和保甲长、问事人商量村庄的祈雨活动，期待用这样的方式缓解眼前旱情带来的悲伤和焦虑。

（二）旱灾应对措施

发生旱灾后，管粥集村村民以自救为主。中农以上的农户家里面一般有余粮，通过节衣缩食能够挨到下一波粮食的收获，并且这部分农户多半有做一些副业，如做铁匠、木匠、兜售小商品等，旱灾对副业收入的影响有限。受旱灾打击最大的群体是村里面的贫农。若是旱灾严重，家里面尚有土地或者牲畜的农户只能典田卖地或者变卖牲畜。若是旱灾之后有所缓解，这部分农户优先考虑向自己村内或者村外的亲朋好友借粮渡过难关。只有少部分的村民考虑向村里面的地主借高利贷。处于村庄最底层的雇农或者无地农民，除了向自己的雇主预支部分工钱，只能暂时背井离乡，去更富裕的城镇或市集替人干活。

> 每年的5月至6月份，管粥集村家中地少或者无地的村民带着镰刀到周围的集市找雇主，当麦客，也就是替人割麦。村里面只有劳动力弱的妇女儿童才会外出乞讨。若是一家人决定外出逃荒，抵达目的地后，家里面的男人替雇主干活，而妇女小孩则沿街乞讨。若是家里面还有地，便先把地种好再逃荒，等到秋收的时候再回到村中。[1]

逃荒的家庭除非有一技之长，否则很难在外村扎下根来。只能在收获的季节再回到村中，即便家徒四壁，也有立锥之地。另外，村民在干旱时节也会根据情况调整自己种植的作物种类，通常年份村民选择一年种一季高粱一季冬小麦，但是碰到缺水严重的年份，村民便选择种植花生、菽粟等更耐旱的作物，缓解旱灾对家庭经济带来的打击。

面对旱灾，除了村民家户层面的自救，村庄也形成了一些隐性的救济机制：

其一是村中较为富裕的农户在收获粮食时故意将少量的粮食留在田地中，而不是全部收入粮仓，并且容许村里面贫苦的农户去自家的田地里面捡拾麦穗，这样的做法

---

[1] 来自张大臣老人的讲述。

能够让底层农户暂时渡过难关。

其二是村中富裕户在高粱、蜀黍成熟时，允许村里面的贫困户到地里去"打叶子"，也就是允许他们采摘高粱或者蜀黍的叶子用来喂养猪牛等。不过"打叶子"也不是明目张胆的，事先虽然不需要经过主人的允许，但是一般在傍晚之后才能去"打叶子"，就算被主人发现也不会被追究。

其三是富裕户容许村里的贫困户去自家的地里捡拾柴火，高粱收割后留在地里的根系和少量的高粱秆晒干之后都是难得的柴火，在缺少山林树木的皖北更显得十分重要。

其四是在村中雇佣"看青人"时优先考虑村中贫苦无地的农户，保证了这部分农户基本的生计问题，并且降低了他们沦为匪盗的风险。

其五，若是村民或外来逃荒者在村内死亡但举目无亲，保甲长就同村庄地主等富裕户商量，地主等富裕户凑钱为死者买草席，并且出人力埋葬死者，通常将死者埋在村中的公共荒地。

二、水利社会与村庄特色

故黄河之畔的管粥集村，在江河水利常年失修、缺乏管理的传统时期，只有对沟渠、堤坝守卫之责，农业生产享受到的水利之利十分有限。村民的主要饮用水来自村内开挖的水井，而非江河。干旱社会的水井为村民生活所必需，通过观察水井，也能从细节处管窥村庄中的关系与秩序。

（一）水利概况

管粥集村被故黄河环抱，由于1855年黄河改道北流，原河道自然废淤，失去稳定来水的故黄河的水源便主要为雨水。由于河道浅，村庄附近也没有修建蓄水的水闸，因此故黄河的水面随着季节的变化有明显的涨落。一般来说，冬季时故黄河水面处于最低位，而在夏季故黄河水面面积最大。村庄大部分的土地都距离河道较远，河道附近的土地原本是村庄的公共荒地，但逐渐被村民开荒，作物产量较低。之所以大量田地距离河道远是因为以往黄河经常泛滥并且黄河带来的泥沙也会令土地沙碱化从而减产，为了保证产量，村民在地势更高、远离河道的位置开垦土地。

尽管传统时期的故黄河给村庄带来的更多是灾患，但是故黄河仍然在村民的生产生活中发挥着重要的作用。

在生产方面，随着河道周边的土地被村民逐渐开荒，村民通过水桶或者水车向河道取水用来浇地，但村庄大部分的土地无法采取这种方法浇灌。这是因为取水工作量过大，并且一旦发生严重的干旱，即便用水车车水也效果有限，河流还可能因为干旱而出现断流。

在生活方面，村民的主要饮用水来源是水井，村民在河岸边清洗衣物或者洗澡，偶尔顽皮的孩子在河边嬉戏，处于社会底层的村民还通过在河流中捕鱼捉虾来维持生计。

在黄河还未改道之前，河流还承担了运输的作用，来来往往的船只带来了更多的商人和货物，加强了管粥集村与徐州城的经济联系，一定程度上促进了村庄的发展壮大。

（二）水利管理

传统时期县级以下的水利管理几近空白，而县级以上政府虽设有专门的水利管理部门，但主要工作是防范故黄河泛滥，避免出现溃堤的风险。即便故黄河失去了稳定的上游来水，但是一旦出现连日的大雨，高出地平面的河道也能在短时间内成为一条悬河，时刻威胁河堤两岸，尤其是徐州城的安全。

对于管粥集村村民而言，在河水不泛滥的大部分时间里，只有靠近河道的少部分土地能够享受到河水的灌溉。村民借助水桶或者简陋的水车从河道中取水，但出现大旱时，河道由于水浅且无蓄水设施，断流的情况时有发生，村民即便想从河道中取水也无能为力。村民的农业生产很少直接从故黄河受益，但大雨或霖雨天气发生，河道水面迅速上涨之时，全村的村民都会紧张起来。

管粥集村村民张大臣谈道：

> 我记得那几年年年涨水，1934年、1935年还有1936年，一到雨季故黄河的水就暴涨，一涨水父亲便被保长叫去守堤坝，不止我父亲，村里面但凡是男的，成年的都要派去守堤坝。白天黑夜都得守着，轮着班守，一出去就是十天半个月回不了家。走的时候自己带上衣物和一些干粮，政府不掏钱的，花费全是自己出，更谈不上工资。
>
> 1936年那次洪水最严重，那个夏天大家天天盼着雨停下来，但是雨就是一直下，那时候我很害怕，村里面很多田地都被水淹了。有些地势低的房子洪水一到就冲垮了，后来听父亲说，徐州城都被水淹了，堤坝长时间泡水就要垮，但是还是要死守，省里面都派高官下来督查，毕竟徐州可是个大城市，河堤要是完全垮了那就不得了了。

水利管理原本是为了享受水利之利，但常年失修的水利只能维持在防水利之害的程度。《萧县志》的水利篇提及新中国成立前的水利建设时，无不扼腕叹息："农苦而不勤，播种既毕，旱涝皆听之于天。境内旧有沟渠数百十道，皆导积涝归于干川者，近多湮塞，或犁为田，每值盛夏，雨集下陷，半为泽国。高壤易旱，掘地尺许，可以得泉，然语以灌溉之利，亦率惮于图始，无肯为者。"[1]

（三）水利设施

传统时期，在管粥集村周围并没兴建水闸等水利设施。旧有的水利设施只有用于排水的沟渠和防洪水的堤坝。不管是沟渠还是堤坝，两者的主要功能是避免水涝灾害，除此之外对村民的农业生产帮助有限。

沟渠平日里无人管理，只有在每年雨季来临之前，保长安排甲长前往沟渠查看情况。若是出现沟渠淤塞的情况，那么保长便安排全村各户出男劳动力前往疏通水渠，修水渠的工作量不大，半天时间便能收工。这项工作是全村村民的义务，出力但没有任何的报酬。每次疏通水渠也不需要全村出动，只需要十户左右出人即可。每年全村各户轮流去，若是哪一户没有适合出工的男劳力，那么他们可以请自己的亲朋家庭出人代自己家去或者请周围的邻居代为前去，报酬是来自家吃顿饭，前提是和邻居的关系不错，平时来往密切。

对于堤坝，保甲长平日有看护之责，严禁村民从堤坝取土破坏堤坝，一旦发生，保甲长要担负责任，村民也面临牢狱之灾。在特殊时期，尤其是容易发生洪涝灾害的时期，上级政府要求各个村的保甲长安排村民日夜查看堤坝的情况，一旦发生险情要迅速上报并立即采取措施修补堤坝，避免出现溃坝的情况。

据管粥集村村民介绍，每年到了汛期之前村里面的保长就要到县里面开会，主要是讲堤坝要加强巡查，不牢固的地方要安排村民去及时修补。若是碰到连续下大雨或者连续好些天下雨，有发大水的风险，县里面就有人下来指导各保保长防汛，基本上堤坝附近的村子都要派人义务劳动。

一般一个村子主要负责一段堤坝，出现险情周围的人都要去帮忙。每个村子出十多个男青年就可以，严重的时候全村的男劳力都要上阵，由保长带领着轮流去看守堤坝。看守堤坝完全是义务的，没有专门的报酬，要是保长家富裕，也是自己出钱请守堤坝的队伍喝酒吃饭。也有村民心疼自己的家人，带着饭菜去堤上看望，这些都是村民自发自愿的，没有专门的人组织。[2]

---

[1] 萧县地方志编纂委员会编：《萧县志》，第133页。
[2] 根据张大臣、薛传明等老人的口述整理而成。

（四）渡口概况及其管理

管粥集村地处黄河故道，在黄河正式改道之前，黄河数百年都从现在的故黄河河道流过。管粥集村下辖的耿楼最早的名字叫河沿头，也就是渡口码头的意思。由于无力修建桥梁，1949年以前，村民要过河就在河沿头上船到对岸去。这个渡口是由村民在保长的指挥下建立的。中农以上的农户出钱，而穷人家出力。船夫有村里面的人也有外村人，最多的时候有3—4支船。船夫主要运送人，也会运送车马。运送一个人的报酬是半斤粮食的价格，如果是自己的亲戚不会收钱，本村人关系要好的也不会收钱，村中有"亲戚不要利，平时人情多"一说。

船夫最主要的收入来源是运送车马，运送车马是一项有风险的工作。由于牲畜也要到船上，所以会有专门的人帮忙。有村民要将自己的车马运到对岸去，他们就过来帮忙，固定牲畜，拉牲畜上船下船，为了不让牲畜发狂，帮忙的人会用黑布袋子将牲畜的眼睛蒙住。

管粥集村中没有发生过因为牲畜发狂有人落水的情况，但是其他村子有这样的情况。一旦出现了这种情况，船夫会优先救人，牲畜往往会被淹死。帮忙运送车马的人是有报酬的，比如运一次车马，雇主给10斤粮食，三分之一给船夫，三分之二由帮忙的3—4个人分享，最卖力的人可以得到更多的报酬。

这些帮忙的人都是周围村子的男性劳力，在忙完农活之后就到渡口帮忙。除了帮忙运送车马过河，要是雇主请求他们帮忙把货物运送到某某地点，在商量好价格之后，这些人就会出力进行搬运。

（五）水井概况及其管理

传统时期，水井是一个村落必不可少的基础设施。本部分将从水井基本情况、打井、取水、井绳和水桶的使用等方面进行考察。

1. 水井基本情况

在管粥集村村内没有专门用于灌溉的水井，所有的水井仅作为村民生活用水来源。之所以没有专门灌溉的水井，原因在于：

其一，水井的造价高，管粥集村中绝大部分的村民难以担负挖灌溉水井的费用，村中的富户只能勉强负担挖吃水井的费用。

其二，即便有灌溉水井，村民挑水的工作量是巨大的，并且村中沙土地居多，存水困难，用水浇地效果不佳，村民只能靠天吃饭。遇到大旱的时候连吃水井都面临干涸的风险，田地更难以顾及。

其三，村中能够享受到用水浇地待遇的土地是小块的蔬菜地和靠近故黄河河道的南地,部分农户家庭如果劳动力富余可以在村中的水坑取水,但是干旱严重的年份水坑也会干涸。

其四,村中气候相对来说涝多旱少,因为干旱导致绝收的情况极少,沙土地在干旱的时候可以回潮,这一定程度上能够缓解干旱带来的灾情。

在管粥集村下辖的四个自然村中,管粥集自然村有 7 口老井,村中有"七井八庙琉璃瓦"一说。赵楼自然村有 2 口井,许楼自然村和耿楼自然村各有 1 口老井,这些水井的相对位置详见图 2-2。

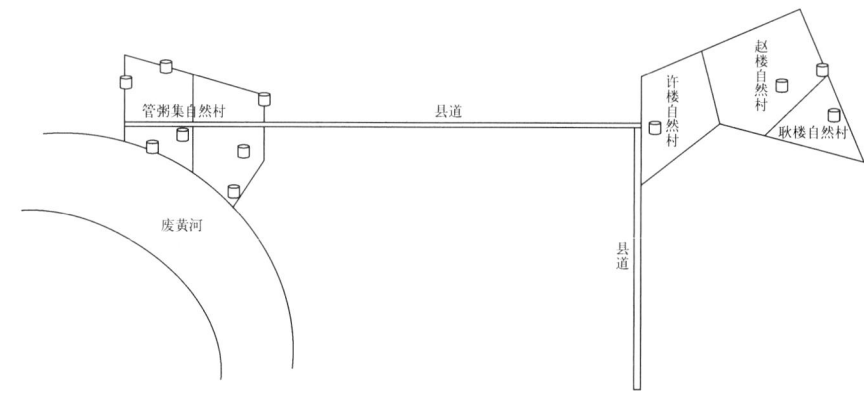

图 2-2 管粥集村水井相对位置

资料来源:根据赵启蓝、张大臣、薛厚田等老人的访谈信息绘制而成。

水井修建的具体时间已经不可考,但据村民讲述,村民要在一个地方定居周围必须能打出好井,否则难以立足。水井的数量也同村民总数相关。若是水井偏少,某个区域村民打水不便就会张罗开辟新水井。可以说一个村庄水井的历史某种程度上就是一个村庄发展的缩影。另外,由于水井数量有限,散居不利于到定点的水井打水,聚居则可以缩短取水的距离,减少取水的劳动量,因此水井也一定程度上促成了村庄村民聚居的格局。

2. 打井

在管粥集村,打井是一项颇费人力财力的活动。处于村庄底层的贫困村民即便需要用水,也只能仰人鼻息,依靠中农以上的富裕户出钱打井。关于村中的老井的来历,谁家出了钱出了力打井,具体可以分为三种情况。

(1)地主私人打井

在管粥集村下辖的赵楼自然村的核心区域是地主赵祖武的"围子",土围墙之内不仅有赵家的住房,还有一口赵楼自然村历史最为悠久的老井。据村民介绍,赵姓家族刚来到这片区域就出钱打了这口水井。由于这口井水质好,附近可以开垦的田地也多,赵姓家族由此定居下来。之后赵楼自然村陆续搬来张姓、薛姓等外姓村民，他们全部要依靠赵家围墙里面的这口水井生活。

赵楼自然村村民如此回忆过去去赵家围子打水的情景：

> 村子里面那时候就赵家这一口水井，所以这附近的村民都必须每天进入赵家的围墙里面去打水。围墙的正门白天都开着，村民可以随时进出，但是碰到赵祖武这个当家的，不管老少，都是"老爷好，老爷好"地叫，地主也点头回应。到了晚上，赵家围墙门一关，周围村民想去打水也进不去了。后面大家觉得不方便就和地主商量，地主就在围墙后面开了一个小门供人进出，大家都笑说："每天要钻地主家狗洞才能喝上水。"[1]

（2）富户联合打井

除了赵姓地主院落里的老井，赵楼自然村区域内的第二口水井是民国时期由村里面的三家富裕户共同出钱打的。管粥集村村民赵忠义谈道：

> 以前赵楼就赵家一口老井，后来村里面人口多了，距离远的去赵家围子挑水很费劲，很不方便。张家、赵家和许家三家就在一起商量凑钱打一口新井。张家有一块地正好空闲，风水先生看了也觉得这块地能打出好井，张家就出了土地，赵家和许家出钱，同村的人介绍了专门打井的施工队，这个施工队15个人左右，都是男的，也种地，会打井这个手艺。施工队把水井位置的土都取出来，挖的深度在5—6米，不会过于深，过深容易塌，然后把砖块在内壁砌好。水井井底都有一个底座，这个底座是一个坚硬的板架，大小与井口差不多。整个井打好就像个水桶似的。水井打好后，三家把村里面的地主、保甲长和亲朋都叫上，和施工队一起吃大席庆祝这件喜事。

（3）保甲长牵头打井

管粥集自然村区域内的水井建设主要由保甲长牵头。随着村庄人口的增长，村民对井水的需求量增加，原有水井的数量已经不能满足村民的需求，这时候村民便主动向保长提出开辟新的水井。保长同意考虑开挖新井之后，便召集各甲甲长和村中的富

---

[1] 来自张大臣老人的讲述。

裕户一同商量打井事宜。若是保长的打井提议得到绝大部分与会者的同意，保长便找来风水先生和打井的施工队开展挖井的工作。风水先生在考虑哪块土地适合打井时，不仅要考虑风水，例如水井最好不要正对某户人家的正门等，同时也要考虑已有水井的分布，尽可能缩短村民打水所走的路程。

打井所需要的费用全部由参与会议的富裕户平摊，出地的农户也得不到报酬，村中的贫困村民不需要出钱打井。打井在村民看来是一项公益事业，富裕户虽然耗费了部分钱财人力甚至土地，但自家本身人口多、牲畜也多，用水量本身很大，同时多出钱也有助于维护自己家户在村庄中的地位，留下好名声。

据村民介绍，给施工队的报酬为10—20斗小麦。保长需要全程监工，周围的村民也会协助施工队运土。打井一般要花去2—3天的时间，其间施工队的饮食都由村内富裕户轮流承担，在各家吃便饭。等到打井完成，保长就邀请村中的问事人、富裕户、各甲甲长一同吃大席庆祝，通常保甲长、问事人和施工队的领头一桌，其他人坐在其他桌子上。

3. 取水

不论水井由谁家出钱出力建设，水井占了谁家的土地，本村庄的村民都有权从水井中取水，但水井占了谁家的土地，水井的名义所有人就是谁家。例如赵楼自然村赵家围子里的老井，名义上的所有权是赵家的，但即便村民和赵家起了冲突，赵家也不能以此为理由拒绝这户人家前来取水。这是村民约定俗成的一个惯例，无论贫富贵贱都自觉遵守，否则将被村民孤立，无法在村中立足。早上的五点到六点，傍晚的四点到六点是村民前往水井取水最集中的时段，白天村民忙于农活，无法腾出时间前往打水。

只要是本村的村民，都能前往村中水井打水喝。比如村中部分水井的水质更好，喝起来口感更好，远处的村民也可以随时前去打水。一般情况下，来一个水井打水的都是周围的村民。过去打水费时费力，路途远会增加打水的劳动量，外村村民名义上也可以前来打水，但实际中，外村村民由于路程等原因很少过来打水，外村有自己的水井打水。

（1）取水先后顺序

管粥集村村民在取水的先后顺序上，大致是先来后到的顺序，哪家先来取水哪家就可以先取到水，村民不需要特别去排队，但是有人过来打水，前面的人会和他说明大致的打水的顺序，以免发生争执。村民们互相之间都是熟悉的，抬头不见低头见，只要井水充裕，不会因为一时的先后而伤了和气。要是排队取水的人中有水井的主人、保甲长、年长者或者孩童，前面打水的人会主动礼让，让他们先打水或者帮忙打水。

要是他们没有礼让，虽然保甲长他们也不会说什么，但是心里会觉得不舒服，认为他们不懂礼节礼貌，同时也让周围的村民私下里笑话。更多时候，谁家有急事和所有人说一声，村民都会让他先把水取好，心里不会不舒服，要是有村民插队，周围的村民会前去理论，让他遵守顺序不能插队。

特殊时期比如大旱的年份，村中的水井告急，村民们会赶紧到水井取水，担心家人和牲畜没有足够的水喝，谁家没有打好水，谁家就是倒霉。这时候村民虽然会遵守先后顺序，但是总有插队的人引起争执，之后保甲长和水井的主人就会商量，在水井告急时控制每家每户的取水量，满足最基本的需要。按照每户的人口进行井水的分配。村民一旦发现有人用水井的水浇地就会引发众怒，报告保甲长，警告他若再犯将不允许他再去水井里取水。

（2）取水中的互助关系

另外，打井水是一项费时费力的事情，是个力气活。只有村里面青壮年男性劳动力才能承担打水的重担，由此衍生出一些互助行为。例如，过去妇女很少去打水，其一是妇女的力气小，取水很吃力，其二是妇女在外抛头露面会被人说闲话，其三村里面的妇女有裹脚的传统，小脚难以正常行动。

如果家里面没有青壮的男性，比如寡妇家庭，她就会让自己的几个孩子去打水。周围的村民都知道孩子是谁家的，谁在井前就会给孩子们帮把手。一方面是街坊邻里互相帮助是应该的，另一方面村民也担心孩子承受不了水桶的重量，有掉落水井的危险，村民不仅会帮着孩子提水还会将水送到孩子的家中。若是这种情况长期难以改变，寡妇会和周围的邻居商量给他们一些酬劳帮忙定期提水，给的酬劳不高，每次提水的酬劳是买1—2瓶酒水的钱。

村里面的孤寡老人，要是有亲戚的话亲戚会主动帮忙提水，要是在村子里面没有亲人了，保甲长会安排村里面住在附近的年轻人帮忙提水，满足老人基本的用水需要。老人有钱的话也会象征性给一些酬劳，年轻人得到的更多是街坊邻里的赞扬，认为年轻人尊老，乐于助人，家里面的名声也会更好一些。

4. 井绳和水桶的使用

前来水井打水的村民都会自己带着打水用的井绳和水桶。要是自己家没有或者损坏的话可以向自己的亲人或者邻居借。有时水井的主人为了图方便就把井绳和水桶留在水井旁，周围的村民过来取水时可以借用，不用特意给水井的主人打招呼也不需要专门给报酬，但是必须爱护使用并且不能拿走。

一旦井绳或者水桶被某家拿走，水井的主人知道了就会要求其归还并且不会允许他们再来使用这口井，这家人也将会因为贪小便宜而在众人面前丢了面子。管粥集村村内没有出现共用的井绳和水桶被村民偷偷拿走的情况，村民自觉维护这一公共物品的使用。

（六）水沟概况及其管理

在管粥集村村内没有专门用于灌溉的水沟，存在的水沟主要用途是排水。干旱的时节水沟里是没有水的，是旱沟。

村内的水沟都是私人所有的，村民为了排水在自己的田地或者房屋周围开挖水渠，通往水坑等低洼的地方。下雨时，雨水可以顺着水沟排入水坑之中，这样就能够避免庄稼或者院墙被雨水浸泡而出现损害。村民家户对自己拥有的水沟负责，除非家户与家户之间因为水沟问题出现了较大的冲突，保甲长不会干涉。

水沟的日常维护也都是由家户单独完成。要是水沟建设涉及多个家户，几家的当家人就在水沟需要疏通的时候共同商议，因为和自己家的利益直接相关，涉及的家户都会出人参加，费用平摊。要是不参加，周围的住户对此会有意见，以后需要周围的住户帮忙的时候周围的住户有理由进行拒绝。村民之间经常会因为水渠的问题出现小范围的冲突，最常见是互相吵架，最多是家里面的男人动手打架，但是很快就会被围观的人劝架。冲突发生最常见的原因邻居家的水渠使得自己家的围墙受潮或者侵占了自己家的地基而事先没有告知。

村外的水渠，在管粥集村的东侧，这个水渠是由保甲长直接负责的。多雨的季节，保长会安排各甲出人对水渠进行实时的看护，一旦出现淤塞的情况，保甲长会要求全村各个家庭至少出一名年轻劳力前往水渠进行抢修。每家每户都必须出人参加，地主可以让自己的长工代为前往疏通水渠，无法出劳力的家庭比如寡妇家庭就出一点钱给出力的村民买点酒水。这条水渠的畅通关系到整个村子的安危，村子中没有人敢拒绝参加。

（七）水坑概况及其管理

管粥集村村内有六七处水坑。管粥集下辖的赵楼自然村的水坑面积最大，赵姓地主的围子就在水坑旁边，雨季时如同一个池塘，村民可以在其中洗澡。

水坑之所以形成，主要是因为村民修建房屋时需要取土减少洪涝灾害带来的损失。村民习惯将自己的地基用土垫高，过去村民的房屋都是土房屋，比较富裕的农户会用土和杂草混合筑成土围墙。在管粥集村，由于地处黄河故道，大部分的荒地都是沙地，含沙量过高的土是难以成为建筑房屋的材料的，因此村民会在自己家的田地里面深挖取土，久而久之，这些地方就形成了旱坑，到了雨季，这些旱坑就变成了水坑。

水坑的产权是某农户私有的,但是水坑的使用权几乎是公用的,本村人都可以使用。村民能够随意在坑中取水或者洗衣服,但是想要在坑中取土需要得到水坑主人的同意,因为取土可能会破坏水坑周围房屋的地基。如果是亲属打声招呼就行,如果是直系亲属以外的人就会按照取土的量收取一定的费用。水坑整个的管理过程保甲长都不干涉。

水坑里的水是不能饮用的,牲口也很少会饮用,饮用水都是从水井里取,在水坑喝水容易生病。村民主要在水坑中洗衣物,偶尔也会有村民在水坑中洗澡。一旦出现比较严重的干旱天气,村里面的水坑便会变成旱坑。

村中的水坑发挥的作用主要包括:

其一,村民洗衣洗澡。

其二,取土。

其三,临近的土地取水浇地,但是干旱时水坑也会干涸。

其四,周围房屋或者路面的水可以通过水沟向水坑里排,防止墙体和路面因为积水的浸泡而毁坏。

其五,组织祈雨会时庄长或保甲长会组织村民前往各个水坑进行扫坑扫井。

三、水利灌溉与生产

管粥集村虽然靠近故黄河,但是村庄并没有修建从河流中引水的沟渠。

对于没有修建水渠的原因,村中的老人给出了如下的原因:

第一,由于黄河水过去经常泛滥,因此村里面的房屋和田地都建在远离河道且地势较高之处,这样挖沟引水是难以自然实现的。

第二,村民回忆最早村庄中是有引水的沟渠的,但是由于沟渠缺乏管理,逐渐淤塞,再加上一旦发生洪水,沟渠便被淹没,时间一长,沟渠的引水作用就彻底丧失。村民见状就把引水沟渠所在的土地开垦成了田地,沟渠就彻底消失了。

第三,一些村民也曾向保长提议修建水渠,但是由于工程量大,耗费资金多,也没法得到上级政府的资金支持,因此只能作罢。

尽管村庄中没有修建专门引水的沟渠,但是随着河岸附近的土地被逐渐开垦,村民利用水桶或水车从河流中引水,靠近河道的少部分土地得以在干旱时获得河水的灌溉。村民利用水车从河流中取水时并不是单家独户的进行,而是耕种着河岸边土地的村民共同协作,一起完成踩水的工作:

> 踩水是个体力活,一个家庭里面最多两三个男劳力,根本承担不了这项繁重的工作,并且引水到田地里面,周围的田地能占便宜,这样一来,大家

就必须商量着各家各户联合起来一起踩水。这些参加的村民都是在靠近故黄河的地块有田地的人，不是村里面每家都参与，参与踩水的每家都出一个男劳力。要是哪家没有男劳力就出钱给出力的男人们买酒喝，踩完水各自就回到各家吃饭，很少一起吃饭。一般一次踩水浇地花费半天时间就行，靠近河岸的那些地都浇上一遍。[1]

水车是一起踩水的村民按照耕地面积共同分摊费用购买的。若是使用过程中出现损坏，维修费用也由村民一同凑钱，水车平时放置在参与踩水的家庭中有威望的一家人的家中，由他进行保管。

踩水时是有一定规则的：

其一，地势高的田地先浇，这样一来水自然可以从地势高的田地往地势低的田地流。

其二，由于水车比较笨重，村民尽量选择方便的方向和顺序浇地，避免水车的重复搬动。

其三，田块之间即便有田埂也不能高于一个指头高度，要是高于这个高度就要把田埂削平。

其四，用水车浇地的整个地块涉及的家户都必须出人踩水。若是有田块主人不愿意出人势必引发其他村民的指责，严重时保长也要出面干涉。若是无法出人踩水，则要出钱请劳动的男人们喝上一顿酒水，田地由他们代为浇灌。

通常村庄中保甲长、问事人以及士绅不参与村民自发组织的踩水活动，参与踩水的家户中各位家长自发推选出一人为领头人。这个领头人除了平时负责看管水车，也要在田地干旱需要动用水车浇灌时，组织各个家户出人参与车水，并决定哪一天或隔几天用水车踩水一次。担任这个领头人是荣誉性的也是义务性的，没有专门的报酬，但是在村民心中有威望，在村里面的公共事务中能够说得上话。只有在踩水分水过程中出现较大的纠纷，内部无法解决时，保甲长等人才介入其中进行调解。

四、水患与救灾

毗邻废黄河的管粥集村，依水而建，因水而兴，但在长期水利失修的年代，废黄河也成了水患发生的"火药桶"。村民在饱受水患侵扰的同时，也用自己的智慧和彼此同舟共济的精神，越过一次次艰难险阻。

（一）村庄水患基本概况

管粥集村位于故黄河河畔。传统时期故黄河水利由于战乱、治水相关资金投入严

---

[1] 来自赵启蓝老人的讲述。

重不足等原因长年失修，加之所在区域每年降水量的近六成集中在夏季的 6 至 7 月份，年际的降水量也差异显著，最大降水年的降水量可以达到最小降水年降水量的 2.4 倍，因此在上游大量来水，下游排水不畅的情况下，洪涝灾害由此形成。

相比旱灾，管粥集村出现水患的频率高于旱灾，水患严重程度高于旱灾，水患带来的损失也多于旱灾。表 2-2 展示了 1989 年版《萧县志》中记载的部分水患情况，黄河改道北流后，故黄河河道的淤积情况更加严重，但相应的水利建设却几乎停滞，治理资金缺口巨大，导致故黄河下游地区深受其害。

表 2-2 《萧县志》中部分有关水患的记载

年 份	水患情况
清代咸丰五年（1855 年）	黄河决口于河南兰考铜瓦厢，改道北流，萧之故道遂淤
清代同治五年（1866 年）	六月，龙城大水，平地水深三尺，城乡民众登逃高处，老幼倒毙沟壑，壮者糊口四方
清代光绪二十四年（1898 年）	五月四日，大雨淹麦。秋，大水，田禾多被淹没
清代宣统二年（1910 年）	秋，马井一带蝗灾。"群蝗降，地复盖，株禾二、三头。"此次蝗灾，黄口东南至杨楼西南，纵横十余里，持续五天，秋禾被害，百姓背井离乡，逃荒者甚多
中华民国十九年（1930 年）	连续百日雨，9 月雨止，平地行舟
中华民国二十年（1931 年）	全县大部分地带一片汪洋。陶楼至岱山口可通船，祖楼南部水深 1.5 尺。次年受水灾影响，元气尚未恢复，导致春荒严重，满地饿殍。自春至夏，皖北一带各县均告亢旱，以舒城县尤甚，久旱无雨，飞蝗为害，野无青草，麦禾皆枯，部分田块，禾稼干枯，一火可燎
中华民国二十三年（1934 年）	徐属各县黄水暴涨，省府派员驻徐州督查防堵黄水
中华民国二十四年（1935 年）	2 月，连降大雨，黄水暴涨
中华民国三十五年（1946 年）	入夏后阴雨连绵，全县受涝面积 199 万亩。徐州市区黄河故道"大水骤至，波涛汹涌，狂注奔流水平线高出市内地面约在五公尺以上，以堤防残破不堪而水势复有增无已"
中华民国三十六年（1947 年）	大水，受灾面积 1 078 600 亩，受灾人口 673 639 人，房屋倒塌 6 532 间
中华民国三十七年（1948 年）	淫雨数月，萧县受灾田亩达 491 608 亩，农作物损失 308 488 石
1949 年	夏、秋大雨，奎河、龙河、岱河、闸河、沙河五大干河均决口，全县平地皆水，秋禾大部分淹没
1950 年	春，断断续续连降暴雨，山洪暴发，各大小河流均决口，全县积水面积 75%，受灾面积 871 800 亩，倒塌房屋 1 679 间，死 41 人

资料来源：表中数据来源于 1989 年版《萧县志》。

中华民国时期,管粥集村频繁面临水患威胁,"大雨大灾,小雨小灾"是村民面临的水患威胁的真实写照。由于经常遭遇水患,村民通过口口相传的谚语,如"就怕四月十二下,四月十二湿了老鸹毛,麦子水里捞","六月六雨湿衣,连阴四十一(天)","春风带哨,秋后易涝","久雨见星光,明日雨更狂"等,预测未来的天气,为可能遭遇的水涝灾害提前准备。

在中华人民共和国成立前历次洪涝灾害中,管粥集村村民对发生在1931年7月至9月之间,淮沂泗诸水同时泛滥,灾情遍及江淮流域八省市的水患历历在目。

管粥集村村民赵忠义就谈道:

> 正是农闲的时候,村里面一直在下大雨,半个月的时间雨就没有停过。村民心里面都盼着雨快点停下来,地里面的高粱都遭了灾,被雨水打得东倒西歪。保甲长那段时间非常紧张,村里面的青壮年分批从早到晚去察看废黄河河水的涨势,还有一部分村民被乡里面安排去徐州城那边守堤坝。
>
> 涨水次数多了,我们村子很多房子都用泥土垫高,故道上的地势也要比陇海铁路过去那边的村子高出三四米,没那么容易淹水。听说上游来水量过大,萧县很多河流都决口了,一些村子整个就泡在水里,不管土房、茅草房,水一泡就都塌了。他们就往地势高的地方跑,很多都往徐州城跑,听说是因为政府有设点救济灾民。
>
> 最后雨停了,村里面地势低的房子也泡了水,高粱那一年就勉强收上来三四成。因为这次水灾第二年蝗虫很厉害,小麦被糟蹋了不少,还有不少村民喝了不干净的水出现呕吐、拉肚子的情况。

在这次的水灾中,众多的农村居民不得不暂时背井离乡,去外地或投奔亲属,或另谋职业,或在外乞讨。

(二)水患应对措施

1949年之前,当水患发生时,管粥集村村民依托"官方救济"和"民间自救"两方面手段来应对水患灾害。

1. 官方救济[1]

(1)号召社会各界捐款捐物

1946年徐州市区黄河故道"大水骤至,波涛汹涌,狂注奔流,水平线高出市内地

---

[1] 根据薛传明、张大臣等老人口述及1989年版《萧县志》等资料整理而成。

面约在五公尺以上，以堤防残破不堪而水势复有增无已"，南京国民政府通过报刊、义演等方式号召社会各界向灾区捐款捐物。1946 年 4 月到 12 月，徐州收到急赈款 333 104 500 元，急赈面粉 138 531 袋，接济灾民 275 796 人。

（2）设立赈济福利机构

其一，在受灾县市开办难民接待室。这些接待室选在寺庙、菜场、学校、码头、会馆、尼庵、公司、祠堂等地，由各同乡会或难民协会负责管辖，每站设一指导员，同时发放杂粮、面粉、衣服等物品。1948 年上半年镇江、徐州、海门、东台、南通、萧县、泰县等 7 县市设难民招待所 119 所，受救者为 11 112 人。

其二，举办粥厂，规定施粥对象为鳏寡孤独、老弱残病、受灾难民及赤贫不能维持生活者，受赈难民每人每日以一市斤为标准。调查手续由各县市政府会同有关机关办理，于难民集中地点，或贫户按照户口查明核发食粥证，上面要填姓名、住址、籍贯、年龄、性别等项目。

领有施粥证者可于规定时间内持证到粥厂就食，每日两次或三次。施粥厂秩序由县市警察局及治安机关负责维持。施粥人数逐日记载，消耗柴炭、米粮按旬填报。在 1948 年上半年江苏共有粥厂 91 所，其中苏北徐淮通扬泰一带 17 县市有 86 所，受赈难民累计达 36 485 人，占全省受惠者之 88.5%。

（3）减免税赋

南京国民政府针对灾区进行税赋减免，1946 年吴县、昆山、无锡、徐州都享有此待遇，一般是按被灾程度确定减免田赋成数。根据金坛、铜山等县的减免情况，基本上是被灾八成以上全免，七成免 8/10，六成免 7/10，五成免 6/10，四成免 5/10，被灾三成及以下不免。但事实上，由于大量国民党军队在苏北作战，田赋减免徒有其名。

（4）防控疫情

大灾之后常有大疫，南京国民政府在防控疫情上也做了一些工作。1946 年灾后，南京国民政府在镇江、扬州、徐州等地的省立医院、难民医院、传染病院、基督医院设免费病床，并设置难民门诊所，免费诊治病人。共在镇江、扬州、泰县、南通、徐州巡回诊疗难民 84 080 人，灭虱 7 693 人，注射防疫针 194 243 人。

2. 民间自救

传统时期，管粥集村村民在遭遇小灾时尚能亲戚邻里之间互相支撑，勉强度日。在遭遇大灾时只能投奔外乡亲友，或落草为寇，待灾害过去回来重建家园。

一方面，管粥集村村民在灾害预防上做了一些工作。村庄选址在黄河故道高地之上，中农以上的农户还会在自家的房屋院落底下垫数米的沙土，栽上植被，如此将自家的房屋垫高，所以村民的房屋都建在"高台子"之上。一旦遇到洪涝灾害，可以避免自家的土房屋受到洪水的浸泡，出现倒塌的情况。如果村落排水的沟渠出现淤塞的情况，庄长或保甲长会召集村民一同前去疏通沟渠，以便洪水尽快退去，各家各户但凡有劳动力都要前去帮忙，没有专门的报酬。

另一方面，管粥集村村民在灾害应对和救济上也有所行动。由于管粥集村距离徐州城区仅30公里，徐州城区的泰山庙等设有救济站，逃难的村民可以在救济站领到救急的衣物或者粥面，城区的富有商贾也会出钱出力帮助灾民。村民田亩遭到损失之后，如果是租种的田亩，地主会到田地查看灾情，根据实际情况减免地租。如果是自家的田亩，只能通过节衣缩食、勤干副业或者外出打工的方式来维持生活。在疫情的防控上，庄长或保甲长向村民宣传防疫知识，告诫村民不要随意饮用不明来源的水。一旦发现村中出现成规模的村民有呕吐腹泻的情况，立即向乡政府报告，请求县乡医疗人员前来医治。

五、人与干旱、水利的关系

对管粥集村村民而言，时刻做好面临水患或干旱的准备是生活的常态。两相比较，在废黄河江畔生息繁衍的村民对水患的恐惧更甚于干旱，不仅因为发生水患的频率高于干旱，更因为一旦发生水患。田地里面的庄稼深受其害的同时，村民更有可能流离失所，况且黄水褪去后，蝗灾、畜疫、人疫等往往紧随其后，给农户乃至村庄带来更深刻更长久的打击。

干旱、水患等自然灾害给村庄经济社会带来了沉重的打击。

其一是土地盐碱化。

1128年黄河夺汴后，原有水系逐渐遭到破坏，黄河河水中夹杂着的大量泥沙改变了黄河两岸土壤的成分，土地呈现盐碱化，生产力大大下降。1855年黄河改道，留下故黄河和两岸大片的沙滩地。在管粥集村民口中，沙滩地被称为"南地"，大片的沙滩地是村庄的公共土地，村民都可以前往开荒，耕种时间久了这块地就自然成为自家田地。开荒南地需要耗费村民大量的人力和肥料，所得粮食却有限，遇到洪涝灾害时，田地淹没在洪水中，颗粒无收，严重时北地也会受到洪水的浸泡，导致粮食减产或绝收。不仅如此，村中经洪水浸泡的土地来年产量便会下降，村民不得不增加肥料的使用量来保证收成的稳定。

其二是农民生活境况恶化。

严重的自然灾害破坏了地区原本的经济秩序。农民生活必需品如粮食等物价上涨，而重要的生产资料价格却在走低，包括管粥集村村民在内的灾民不得不面临自身生活境况的恶化。

表2-3展示的是1934年灾后安徽地区粮价上涨的情况，可以看出小麦等主粮在灾后价格都上涨了三至四成。

表2-3 1934年灾后安徽粮价上涨情况

粮食种类	原价（元/石）	涨价后（元/石）
红米	6	10
糙米	6—7	11—12
白稻	10	17—18
洋鲜	12	20
小麦	8	11

资料来源：《中央日报》1934年8月9日，转引自汪志国、房利、胡孔发等《近代淮河流域自然灾害与乡村社会研究》，安徽大学出版社2018年版，第221页。

而表2-4展示了1931年扬淮水灾导致的物价变化情况。粮食、燃料等农民生活必需品价格上涨，耕牛、土地价格、牲畜等农民基本生产资料价格下跌，利率的攀升也意味着水患带来的高利贷横行。这些数据直观展现了自然灾害对农村经济，对农民生产生活的巨大打击。

表2-4 1931年扬淮水灾：重要物价指数的涨落表
（灾前物价指数=100）

地区	上升的物价				降落的物价					有升有降的物价
	粮食	燃料及牲口食料	利率	房屋材料	地价	耕牛等	其他家禽	常年工资	每日工资	农具
湖南	138	146	152	114	68	84	90	81	80	100
湖北	117	125	111	98	74	82	101	85	82	97
江西	117	118	101	123	74	74	106	86	77	104
皖南	121	148	128	127	67	75	79	77	81	119
皖北	124	142	149	112	51	49	70	80	86	80
苏南	104	126	112	105	79	83	92	89	81	103
苏北	117	133	161	106	61	59	98	70	71	88
平均	120	130	133	113	63	70	88	80	80	99

资料来源：南京金陵大学农业经济系：《中华民国二十年水灾区域经济调查》，金陵大学农学院1932年版。

其三是社会冲突频发。

水患不仅对村庄的经济造成强烈打击，而且让社会在短时间内趋于失序状态，导致社会冲突频发。据《萧县志》记载：在1932年至1936年的四年之中，安徽宿县和萧县就连续发生三次大规模的冲突。

1932年6月，萧县农民疏浚了龙山、岱山两河。临近的宿县农民担心水往下注，淹没本区域的田地，突聚二千余人携带兵器，拟用武力填塞，双方发生冲突。于10日开炮激战，萧县村庄中弹毁损多处，伤农民数人。

1935年3月，萧县农民正在挖掘淮河支流，但是遭到宿县农民阻拦，又引发一场械斗，导致多人受伤。

1936年5月，萧县、宿县两县边境又有农民数十人为水利争执而大起冲突。

除了上下游因为水利而频起纷争，抢粮、抗税的现象也时有发生。[1]

另外，在遭遇水患时，黄水淹没农户的土地，靠近废黄河的田地大多属于村民自行开荒的土地。在没有灾患的时期，这些开荒田地的边界是明确的，村民能够通过长期的耕种宣示自己对土地的所有权。但是由于是开荒的土地，这些田地没有地契，田地的买卖租种也是私下里进行，不需要请专门的丈量员。因此，当黄水退去，田地之间的边界变得模糊，这就导致灾后村民围绕田地边界的纠纷十分频繁，再加上这些土地没有地契作为证据支撑，即便保甲长介入也没有证据可依。因此问事人、保甲长在处理这些纠纷时只能采取和稀泥的方式，让两方各退一步，重新划定田地界线。

其四是社会分化加剧。

土地趋于盐碱化之外，土地的价格由于连年灾害也呈现出持续下跌的趋势。表2-5展示的是民国期间安徽各类土地价格的变动幅度，可以看出发生严重自然灾害的年份，土地的价格也处于低位。

农民在遭遇洪涝灾害之后，为了维持基本的生存，只能典田卖地，地主富农也趁此机会低价收购土地，农村土地趋于集中。但碰上灾害特别严重的年份，哪怕是富裕户也不敢大肆收购土地，以致出现土地难以卖出的情况：

> 急卖田，急卖田，不卖水至田成川。谁人肯买下河地，万顷膏腴不值钱。上游泄涨保高堰，下游范堤潮逆卷，况复夏雨淫霖先半畎。日日望禾长，禾长水亦长。日日望禾高，禾高水亦高。闻说有圩能护田，圩能隔水不隔天。淫霖尚可，坝潦杀我。但保夏汛不穿堤，愿买豚蹄先酋妥。油油麦，青青穧，

---

[1] 萧县地方志编纂委员会编：《萧县志》，第636—639页。

怕数树梢旧涨痕，梦魂常被蛟龙食。昨夜西风五坝开，已报倾湖之水从天来。[1]

除了典田卖地，1949年之前的灾害时期，为了糊口，卖牛宰牛的现象也很普遍。耕牛是畜力最主要的代表，牛是农民的宝贝，不到万不得已，农民是不会宰杀耕牛和卖牛来糊口的。

在苏北皖北一带，每遇大灾，牛皮买卖就成为一大贸易项目：

> 光绪中，岁比不登，耕者竟以牛入市，官弗能禁。于是北来大贾，设庄以求，皮直建起。顷之，金陵商亦挟资走集。外输之盛，为北货最矣。始镇人犹未甚重之。待沪道大通，其居间食酬者，乃竟发贮以课其赢。丙午大祲，岁贩皮过四千担。宣统间，虽熟年亦二三千担。

清代诗人鲁一同在《卖耕牛》中诗曰：

> 卖耕牛，耕牛鸣何哀。原头草尽不得食，牵牛踟躇屠门来，牛不能言空呜咽。屠人磨刀向牛说：有田可耕汝当活，农户死尽汝命绝。旁观老子有幅巾，戒人食牛人怒嗔：不见前村人食人。

表 2-5 民国时期安徽历年各类土地价格变动指数

年 份	旱 地	水 田	山林地	池 塘
1912年	84.08	74.83	58.43	88.45
1931年	86.36	83.50	91.24	94.11
1932年	76.13	79.26	67.40	93.90
1933年	71.08	72.91	64.44	93.21
1934年	72.16	67.84	61.05	80.95

资料来源：（中华民国南京国民政府）土地委员会编：《全国土地调查报告纲要》，见李文海《民国时期社会调查丛编·二编·乡村经济卷（下）》，福建教育出版社2009年版。

---

[1] 魏源：《魏源集》（下册），中华书局1976年版，第671页。

第三节 平原与麦作

和华北平原上其他村庄类似，管粥集村有着平坦的地形和干旱的气候，在这基础上形成了麦作农业及其衍生出的麦作社会。本节将通过管粥集村重点阐述平原地形与麦作社会之间的关系。

一、田块分布

在管粥集村，村民的居住区是与麦作区分开的，村庄的麦田分布在居住区周围，形成一种环绕的态势。

（一）麦田分布与形状

传统时期，管粥集村村民的居住区和麦田是有明显界线的，麦田连片分布在村庄居住区的周围。

1. 居住区与麦田的界线

居住区和麦作区之间有明显的界线，包括寨墙，甚至为了加强防御在寨墙周围挖的壕沟，只有在寨门打开时村民才能自由出入村庄。绝大多数时候，寨门都是打开的，即便是晚上也照样敞开，设置寨门主要是为了抵御土匪。村中的老人表示民国初年军阀混战的时候村民修缮复通了壕沟，设置寨门，到了晚上或者有土匪在周围流窜才把寨门关闭，保护村民的基本人身和财产安全。若是把麦田也围起来建寨墙、挖壕沟，工程量大也不现实，只是把居住区保护起来。虽然村民的居住区和麦田有着明显的界线，但是并不是说村民的居住区内就没有种植农作物，村民会在自家的房前屋后或者院子里开垦小块的田地种植蔬菜、棉花等农作物，但是不会种植小麦。一方面种植在居住区的农作物田块很小，往往不足一亩，另一方面居住区内的农作物不能种得过多，否则有被偷盗或者被自家或别人家的牲畜啃食的风险，需要田块主人的时时看管。

2. 麦田分布

从外观上看，管粥集村周围的麦田都是连片成片的，绝大部分的田块都是方方正正的，形成较为规则的矩形或者正方形。田块与田块之间有田埂作为界线或临时道路，田埂的宽度通常仅够一个成年人通行。田块之间之所以会留下田埂，是因为村民的耕种习惯，村民喜欢用"垄"来描述自己的工作量，一块田地被分成数垄，分天数分上下午的时间进行劳作，因此哪怕是连片的土地为了便于耕种也会根据需要分成数垄，从而留下田埂。这些田埂也方便村民时时查看麦苗等农作物的生长情况，不至于直接踩在麦苗上造成麦苗的死亡。

在管粥集村，土地呈现碎片化。即便是富裕农户家的土地也很少有连片的情况：

> 新中国成立前仅有赵楼自然村的赵姓地主一家有 30 亩左右的连片土地，其他村民的土地即便总面积加起来大，但是也往往是东一块西一块，未能形成连片的土地。最小的一块田地仅有不到半亩地，这半亩地形成是因为原本整块的土地因为家中变故而出售了大部分给其他农户。[1]

3."插花地"

具体到田块的归属就能发现村庄"插花地"的情况非常普遍。之所以会出现"插花地"，原因主要包括：

其一，土地的买卖。

村民在出售自家的土地时很少出现一整块连片的土地全部出售的情况。一方面售价过高难以短时间找到合适的买家，另一方面也不愿意一次性把连片土地售出，而是遇到急需用钱的时候将小块的土地分割成更小块，然后一小块一小块进行出售。

其二，农民分家。

村民在分家时土地也是重要的财产，平分土地时原本集中的土地分配到了各个儿子的家中，土地自然变得分散。

其三，土地附属物。

土地上本身有水井、树木、水坑等附属物时，村民将周围的土地售出，而土地上的附属物未能售出，这时候附属物所占的土地就自然成了插花地。

(二) 麦田等级

管粥集村村内的土地分为三类，上等地、中等地和下等地。这种土地分类主要依据田地的小麦产量来认定，并且是和官方认定的缴纳赋税的额度挂钩的。上中下是民间的说法，而官方的说法是一等地、二等地和三等地。

村中的老人回忆，最初规定的田赋定额没有增加，但是各式名目的附加税却是时时变化的，因此田地实际缴纳的赋税也是不断浮动的。每一年到缴纳田赋的时候政府都会告诉底下的庄长或保长今年需要缴纳的田赋的具体数额，庄长或保长再通知各户村民。

关于最初定额的田赋，一等地是每 1 亩地 0.25 元或每亩地 1.25 升麦谷（约 3.75 斤麦谷），二等地是每亩地 0.22 元或每亩地 1.1 升麦谷（约 3.3 斤麦谷），三等地是每

---

[1] 来自张大臣老人的讲述。

亩地0.18元或每亩地0.9升麦谷（约2.7斤麦谷）。而一等地的小麦产量为每亩100—120斤，二等地的小麦产量是每亩90—100斤，三等地的小麦产量是每亩80—90斤。

表2-6展示了中华民国时期管粥集村麦地等级基本情况。

表2-6　中华民国时期管粥集村麦田等级基本情况

麦田等级	小麦亩产	每亩缴纳基本赋税（小麦）	地价（小麦）	在全村的面积占比
一等地	100—120斤	3.75斤	200—300斤	10%
二等地	90—100斤	3.3斤	150—200斤	45%
三等地	80—90斤	2.7斤	120—150斤	45%

资料来源：根据张大臣等老人口述及《萧县志》资料整理而成。

（三）村际之间的交叉地

一般来说，一个村庄绝大多数的麦田是集中在村庄住宅区周围的，但也有一部分土地是在外村，即处于外村的麦作区。包括管粥集村在内，村内村民拥有外村的土地尤其是临近村庄的土地是很常见的事情，这也造成临近村庄之间的麦田存在交叉的情况不占少数。

事实上，两个临近村庄之间的麦田没有明显的界线，只有村民了解边界上哪块麦田是属于哪边村子的。若是以土地实际占有确定村庄边界，那么村庄边界就呈现出锯齿形或者是一种犬牙交错的状态。而这种村际之间交叉地的产生都是由于土地的买卖逐渐形成的。

二、田块边界

传统时期管粥集村的田块边界可以从以下几个方面进行考察。

（一）田块边界及其边界物

传统时期，管粥集村村民各自麦田的边界是通过"下灰橛"的方式来确定的。在"下灰橛"时需要四邻都在场见证，农户在拥有的土地四角都挖一个1米左右深度的圆柱形坑洞，在坑洞里灌满石灰，然后用土填实，再在其上插上木桩，这些木桩的连线即为不同农户耕地之间的边界。

木桩是明晰的边界，而灰橛则是隐藏的边界，部分村民为了让边界更为清晰，还在边界上设置篱笆，用篱笆把自家的田地和他人的田地明显地区分开来。大部分的田地都拥有田契，田契上记载了田地的面积、田地大致的边界以及田地的四邻分别是谁，具体的边界及其边界物一般没有写在地契上。若是出现争执，土地主人可以拿着地契，叫来四邻进行边界的确认。

村民在种地时只能在自己的土地范围内播种作物，不允许越界播种种植。但由于地上插着的木桩很容易被移动，所以容易被伪造，而下面的灰橛虽然不容易伪造但掘土验证费时费力，这就为经常发生的土地纠纷埋下了隐患。

村庄与村庄之间田块的边界也是通过"下灰橛"的方式来确定的。一般来说，这一边界的确定不需要公证，因此由于田块的买卖置换等原因，村庄实际的面积是在发生变化的，但是村民表示在中华民国时期有规定村庄边界不再随着土地权属变化而变化。村庄之间的边界需要官方的确认，尤其是涉及县与县的边界时政府会派丈量员下村予以测量登记，确定县界。

（二）土地交易中的田块边界

当土地在进行买卖、租佃、置换、典押等交易时需要重新确认边界。现以土地买卖关系为例，考察其中的麦田边界。

新中国成立前，土地属于私人所有，土地买卖自由。管粥集村村中土地交易频繁，村中的老户掌握着连片的大块土地，并且这些土地离庄子近，便于耕种，不到万不得已，老户们不会将自家的土地出售，即便打算卖掉一部分土地也会优先卖掉那些偏僻贫瘠的土地。从外地迁居而来的村民或者后期发家的村民想要买地时，只能买到村中边边角角的土地，或者是外村的土地，并且这些土地是零碎的，很难成片。

当村民遇到困难了，光靠亲友的接济无法渡过难关，比如遇到婚丧嫁娶需要一笔花费或者家中有人重病需要医治等情况。要是家中有地，村民就会考虑将自家的一部分土地卖掉，他们就会在人场[1]里放出自家打算卖地的消息。这时候听到消息的中人就会考虑附近村庄谁家可能有余钱可以购买土地，中人会主动到可能的买主家中说明谁家的哪块地打算卖掉，询问有没有购买的意向。这时候买家的当家人要是有兴趣就会和中人约定去看地的时间，他们会在约定的时间前往地块查看中人说的是否属实并且和卖家接触，讨价还价。在中人的撮合下，买卖双方达成了购买的意向之后，会从县里请来丈量员确定田块的实际面积并且请来土地边界的四邻确定土地的边界没有纠纷或者争议。县里的丈量员会收取出工的费用和土地交易的税金，这些钱都由土地的买家来承担，请丈量员能够起到两方面的作用：

一方面，丈量员会出具盖有官印的契约，记录买卖双方交易的实际发生，作为土地所有权的凭证，作为打官司的有效证据。

另一方面，丈量员会上报县政府，交易的这块地所有权发生了变更，自然缴纳税赋的主体也发生了变化，县里的地亩簿相应会进行更改，保甲长收粮食时就要向新的

---

[1] 村民公开聊天的地方。

土地的主人收取赋税。

请来四邻的作用就是见证交易的土地的四边，丈量员当着买卖土地的双方和四邻"下灰橛"。要是四邻对土地的边界有质疑，可以当场拿出自己的地契进行对质，可以防止卖地的家户侵占四邻的土地。丈量员一旦确定了土地边界，说明四邻默认没有提出异议。

土地的买卖达成之后，买地的一方会请卖地家户的当家人、丈量员、四邻、保甲长、问事人一起吃饭以示庆祝，这时候卖地的当家人坐上座，保甲长、问事人作为陪客。一旦双方签订了土地买卖的契约，并且签字画押，交易宣告成立。买卖双方都不允许反悔，卖地的一方没有权干涉买方对土地的经营活动。

三、田块距离

从村庄整体来看，除去本村村民购置的外村土地，绝大部分的村庄土地都在10里以内。若是田块距离村庄超过10里，村民很可能难以及时在中午赶回家吃饭而必须由家人送饭或者带着干粮去地里干活，10里以内的土地村民还可以时常前去查看，及时了解农作物的生长情况。遇到旱灾、虫灾等情况能够尽快采取措施来减少庄稼的损失。若是本村人购买了外村的土地或者某块土地过于偏远，那么村民会请住在附近的亲朋代为看管自家的土地。

距离村庄最近的土地在1里左右，距离村庄距离近的土地更受村民的欢迎，因为在耕种时能够节省体力而且一些地可以用作宅基地建屋，但距离居住区过近的土地容易受到孩童或者牲畜的破坏，需要土地主人更加留意看管。

麦田与麦田之间是通行的道路或者田埂。若是通行的道路是土路，宽度至少能够让太平车顺利通过，宽度过窄麦苗就会被来往的车马碾坏。若是田埂，宽度通常是恰好一个成年人能够正常行走的宽度。无论是道路的宽度还是田埂的宽度都是约定俗成的，也符合村民基本生产生活的实际需要。要是宽度过窄就会干扰到通行，路过的村民会让田地主人适当拓宽道路，否则麦苗就会白白被踩坏。

对于偏远土地的看管，赵楼自然村村民张大臣回忆：

> 我们家过去在附近的三大家村买了一块一亩半的土地，那块地距离我们家有10公里左右的路程，走路的话来回要花好几个小时，耕种起来很不方便。我记得我和母亲经常在农忙的时候去给地里干活的父亲送饭。要是耕种的本村的地，父亲自己回来吃。耕种那块地就需要早出晚归，中午就找个有树荫的地方休息一下。播种完之后，平时田里面看管的工作都让在三大家村的父亲的朋友代为进行，收麦子的时候给他10升小麦作为报酬。主要是防止

牲畜破坏麦地或者麦子成熟的时候防止有人偷盗。另外收麦子的时候就用牛车去拉，要不然粮食运不回来，本村的田地粮食不多的话独轮车就够了。

四、田块耕作

为了适应当地的气候和水利条件，管粥集村村民们祖祖辈辈沿用传统的旱作农法，并且采用一年一季杂粮一季冬小麦的耕种制度能够尽可能开发土地的潜力而不至于土地面对严寒天气只能闲置。基于特殊的旱作农法和耕种制度，生产和生活水平低下的村民普遍采取合作耕种的方式来开展农业生产。

（一）麦田的特殊分类

除了官方的记载在地亩簿上的一、二、三等田的分类，管粥集村村民在进行土地买卖或租佃时对田地也有自己的分类，主要的标准包括：

其一，田地距离村落的远近，距离村庄较近的土地，不仅耕种收获时更省力而且可以作为宅基地建造房屋。

其二，田地距离水源的远近，在管粥集村，靠近河道的土地反而卖价低，因为土壤更为贫瘠且产量低，但是靠近水坑的田地由于可以从水坑中取水浇地，产量更为稳定，因此卖价更高。

其三，地势高的田地往往要比地势低的田地更值钱，因为村庄在传统时期经常遭受水患，若是经常遭受水淹，这块地就容易无人问津。

其四，拥有土地的主人家在当地名声好有威望，尤其是村中的老户，也和田地的四邻关系处得好，这样的土地出卖后不容易发生纠纷，村民也愿意花费更多的钱财来购买这样的土地。

在出售土地时，购买土地的村民要综合考虑以上的因素，同时出卖土地的村民也极力宣扬自己土地在这些方面存在的长处以便土地能够卖出更好的价钱，以上的条件皆具备的田地要比一般的田地至少贵出50%的价格。

（二）麦田的耕种单位

在管粥集村中，主要有两类人选择单家独户耕种土地，这两类村民在村中占比接近四成。

一类人是自家就有充足畜力，不需要和其他的村民合作或者说通过雇佣短工、长工便能完成全部耕种作业。如管粥集村下辖的赵楼自然村包括地主赵祖武在内有4家农户满足此条件，他们都是村中的富裕户，拥有的田地都在80亩以上，其中赵家地主有上百亩的土地，家中不仅有4头牛，2只驴，还饲养了2匹马。

另一类是没有牲畜且劳力少的贫苦农户，在管粥集村这类农户往往充当长工、短工、佃农或者完全依靠亲友近邻耕种少量土地，拥有的土地通常在5亩以下。

还有个别农户虽然具备和其他村民合作耕种的条件，比如勉强养了一头牛或者一只驴，但是因为种种理由如不愿意干农活，打算外出做工挣钱，或者斤斤计较，不愿意吃亏，拒绝和其他的村民合作耕种土地。

1949年之前，赵楼有一户杨姓的村民，这一家的当家人还给地主家当过大领（长工）。他们家里虽然养了一头牛，但是地只有3亩，他们没有和其他村民商量合作耕种，父子俩用人力代替牲畜，同耕牛一起拉犁、拉耙和拉石磙（压实土地），用这样的方式来耕地。当时村民都跑去看热闹，看他们把自己当牛使唤。[1]

除了一部分村民选择单家独户耕种土地，管粥集村村中超过六成的村民牛马保有量少，但有一定面积的土地，一般在5亩以上，单个家户难以独立承担繁重的耕种作业，他们便选择与其他村民联合起来耕种土地。农民们一般两到三家在农忙时期联合起来，共用牲畜，互通有无，这种农户之间经营合作的形式，在村民话语中为"合犋"（即辫犋）。

（三）麦田的耕种制度

在管粥集村，为了适应当地的气候与土壤条件，麦田的耕种制度为一年一季杂粮一季冬小麦，杂粮主要包括高粱、小米、大豆、花生等。杂粮具体种类的选择主要依据田地的土壤和水利条件以及村民自身的偏好。村中各种粮食的种植面积排序由多至少为小麦、高粱、小米、大豆以及花生。通常来说，村中远离河道，土壤条件更好，均产更高的土地主要种植小麦、高粱和小米，而靠近河道，土壤更为贫瘠的土地则仅仅种植大豆和花生。

1. 小麦种植

小麦是包括管粥集村在内皖北地区村庄种植面积最大也最为重要的作物。之所以如此，其原因包括：

其一，这一地区干燥疏松的土壤有利于小麦的生长。

其二，冬季气候严寒，这极大限制了越冬作物的品种。在传统时期，很大一部分土地实行冬季休耕。只有大小麦、豌豆、油菜籽等少数几种作物可以安全越冬，在安排轮作复种时，村民很自然地要尽量多种冬小麦，以减少冬天闲置土地的面积，提高土地的利用率。

其三，小麦是一种珍贵的细粮，其食用价值超过了皖北地区的其他任何作物。这种作物不仅成为村民特别珍视的食品来源，而且商品率极高，甚至村民经常用小麦计价，实行物物交换。

---

[1] 来自张大臣老人讲述。

传统时期，村民一年里收上来的粮食里面最重要的粮食就是小麦。一般的人家只有在过节的时候才舍得吃上一顿白面做的馒头，坐月子的妇女才能喝上一碗用白面做的面疙瘩。

平时收上来的小麦可不敢随便吃，懂得维持家用的妇女都知道要把小麦换成高粱这些杂粮作为主食，还可以换来人粪、牛粪、黄豆这些作为肥料。为了种好小麦，村民们不惜精力，也不惜肥料，时时看管，生怕出了差错，下一年的生计就没有着落了。[1]

2. 杂粮种植

虽然小麦的种植面积最大也最受欢迎，但是在生产力低下的传统时期，管粥集村的村民们为了糊口，高粱、小米这样的杂粮长期是村民餐桌上的主粮。高粱这一种作物具有非常强的抗涝性，一旦长到一定高度后就不畏水淹，而且即便在幼苗时像插秧一般水种也并不影响发育和收成。

据村民介绍，若是遇到洪水泛滥的灾年，一些村民就选择当年赶种高粱来弥补损失，来年选择更大面积种植高粱的村民也会增多。村民选择种高粱不仅仅因为高粱的食用价值，也因为它的秸秆高大粗硬，被村民普遍作为燃料、建筑材料以及日用品加工的原料。

传统时期富裕人家才用得起煤炭，一般条件的村民没有多余的钱来购买煤炭，他们就把高粱的秸秆收集起来当作柴火烧，有些村民手比较巧，他们就用高粱的秸秆编成盖房屋的屋顶，还有村民编成篱笆或做成篮子之类的用具。[2]

一年到头，田地被村民尽可能地利用。表2-7展示了全年管粥集村村民种植小麦或杂粮的情况。由于传统时期，肥料为农家肥，土壤偏贫瘠，管粥集村各种主要作物的产量偏低，表2-8展示了传统时期管粥集村主要作物的产量。

表2-7 管粥集村各月份主要农作物种植情况表

月份	1月	2月	3月	4月	5月	6月	7月	8月	9月	10月	11月	12月
农作物种植情况	小麦完全停止生长，越冬	小麦开始返青生长，松土除草浇灌	小麦重要生长期，拔节孕穗	小麦重要生长期，抽穗开花	小麦灌浆成熟，抢收晒谷进仓	松土浇灌后开始播种高粱、小米或大豆	瓜果重要成长期	果树繁茂，棉花现蕾开花	高粱、小米或大豆成熟并收割	深翻土地，浇灌施肥，播种小麦	小麦发苗但生长缓慢	果树修剪枝丫，小麦逐渐停止生长

资料来源：根据薛厚田等老人的口述及《萧县志》资料整理而成。

---

1 来自薛厚田老人的讲述。
2 来自赵启蓝老人的讲述。

表 2-8 传统时期管粥集村主要农作物产量

作 物	小 麦	高 粱	小 米	大 豆	花 生
产量（斤/亩）	80—120	150—180	180—230	80—120	200—250

资料来源：根据薛厚田、张大臣等老人的口述整理而成。

五、麦作关系

根据管粥集村村民的描述，麦作关系可以从麦田分布与小麦种植、旱作农法与小麦种植单元、村庄集居与麦田分布等三个方面进行阐述。

（一）麦田分布与小麦种植

处于平原的管粥集村，麦田分布是以村庄为单位高度集中的，麦田大致以条块状分布在村庄的居住区周围。虽然村民的居住区和麦田有一定的距离，但总体来说麦田都在村庄附近，方便村民进行耕种和日常的看管，这也意味着小麦种植的集中和人力的集中。

具体到一家一户的麦田，其分布呈现碎片化，即便是村中的富裕户也很少有 10 亩以上连片成块的土地。赵楼自然村的张大臣老人提道：

> 我们这儿大部分家庭土地是分散的，可能一块在西头，一块在东头。虽然田地是分散的，耕种起来来回走费点时间，但是过去也就只能一小块一小块土地种地，收割的时候用牛车把粮食拉回村里，用石碾给小麦去壳，石碾也是大家共用的。
>
> 为什么大家的土地是分散的，有些地是后面开荒的，更多地经过买卖就分散了，比方说地多的富裕户碰上难事了就必须卖地了，有些家庭劳动力多又肯干、会动脑筋，发家了想买地，也只能一小块一小块买，成片出售的情况很少。要是连片买整体的价格也会高一些。

（二）旱作农法与小麦种植单元

在管粥集村，传统时期村民一直沿用祖祖辈辈流传下来的旱作农法。这种作业法主要分为七个步骤，包括犁地（第一次松土）、耙地（第二次松土，去除土块）、耩地（播种，施肥）、压地（把土壤压实）、看青、锄草和收割。

表 2-9 展示了每个步骤需要的牲畜和劳力数量，传统耕种方法要求牲畜数量不低于 3 头，劳力至少 1 人。另外，根据村民介绍，耩地和压地需要一口气完成，如果两个步骤之间间隔超过 2 个小时，土壤水分过分流失会导致作物无法生长，这使得农民

在畜力和劳力不充足的情况下只能小面积重复作业。

赵楼自然村的受访老人讲述了传统时期播种作业的大致流程：

> 到了播种的时节，用两头牲口——一般是两头牛，牵着犁，一个人在前面一边赶着牛一边扶着犁把深一点的土翻起来同时做条。后面跟着一个人往沟里撒种子，另外一个跟着的人把已经沤好的肥料也撒到沟里，再之后有一个人就牵着牲口拖着砘子把条沟用土填平并且把种子、肥料和土都压实。要是这个时候人力充足，把沟填平压实后，还可以安排一个人赶着牛拉着扎起来的木条将耕种后的土地进一步压平，这一次的压平之后还需要用石磙把土再次压平，压实。把土压平、压实的工作可以在播种之后一两天内进行，不需要立即进行。全套的工作要是一口气完成需要至少5个人，4头牲口，只有个别富裕户可以做到，绝大部分的农民都要分几天分步骤才能完成。[1]

表 2-9 旱作农法各步骤对应牲畜、劳力数量

步骤名称	所需牲畜、劳力数量
犁地	3个牲口（一般一头牛、两只驴），1个劳力
耙地	3个牲口（一般一头牛、两只驴），1个劳力
耩地	3个牲口（一般三头牛，主要用于运送粪肥），2个劳力
压地	3个牲口（一般一头牛、两只驴），1个劳力
看青	1个劳力
锄草	1—2个劳力
收割	1—2个劳力

资料来源：根据薛厚田、张大臣等老人的口述整理而成。

有条件的村民也就是村中牲畜充足的村民，在犁地和耙地两个步骤上花费更长的时间，反复耕作，把土地尽可能耕深。这样一来可以使土地尽可能吸收水分然后保有水分，田地中的土块也能尽可能被打散打碎，从而有效提升麦苗的出芽率和产量，村中有"深耕如上粪"一说。

正因为村民在耕种时沿用这样一种旱作农法，在农忙时节，为了赶上进度，牲畜不足的农户会在犁地、耙地、耩地、压地这四个环节自发联合起来，形成合犋、帮牛腿、带种地等农业互助的形式，提高农业耕种的效率，在有限的农时约束下完成田地

---

[1] 根据张大臣、薛厚田等老人的口述整理而成。

中的各项工作。

正如管粥集自然村的崔庆芳老人所说：

> 种地最讲究时间，错了过播种的好时节庄稼就长不好，收成也受影响。过去（1949年之前）农民普遍条件不好，普通人家能够喂起一只驴，好一点的能够喂起一头牛，富裕的人家才有几头牛，单靠一只驴或者一头牛，劳力不够，几家合在一起，困难就缓解了，这在过去司空见惯，条件都不好，不得不合作。

（三）村庄集居与麦田分布

管粥集村是典型的华北集居村庄，同时麦田也以村庄为单位集中分布在村庄的四周。平坦的平原地形与小麦种植之所以会带来"集居"的居住形态，其原因在于以下几点。

1. 水井的稀缺

一方面管粥集村村民之所以选择麦作农业是因为只有小麦、高粱等耐旱作物能够适应村庄干旱的气候和贫瘠的土壤条件，只有冬小麦能够安全度过村庄区域内寒冷干旱的冬季，在春天重新生长。

另一方面正是因为特殊的气候和土壤条件，管粥集村村内的水井是十分稀缺的。不仅农田没有专门的灌溉水井，村内的水井只能够用来提供村民基本的生活用水，而且挖井所需要的人力物力在传统时期是单家独户难以承担的，这就需要村民共同出钱来修建水井。麦作农业代表着的特殊气候自然意味着水井也就是水源的稀缺，水源的稀缺自然推动了村民的集中居住。

2. 生产生活必需品的共用

除了水源的稀缺，一些大型或昂贵的生产生活工具的共用也促进了村民选择集中居住。这些大型或昂贵的生产生活工具包括石碾、石磙、石磨等，这些工具并不是每家每户都拥有的，只有少数的富裕户能够购置得起这样的物件，然而这些物件却是村民生产生活过程中不可或缺的，这无疑促进村民居住在一起而不是分散居住。

正如管粥集自然村村民程保民所说：

> 石磨石磙这些工具，别看现在已经过时了，但是在过去（1949年之前）家家户户都用得着，但只有村里面富裕的才有这闲钱，他们出钱托工匠打一

个，放在自家的院子里或者门口，自家不用的时候周围的村民打声招呼都能用，都是一个村的，不需要给什么报酬。

3. 安全需要

管粥集村地处平原，周围除了故黄河河道作为自然庇护，缺乏山川树林等作为屏障。无论是一般的流民还是威胁村民生命财产安全的土匪等想要进入村庄都更为容易，离村索居的村民更容易遭受攻击。而选择集中居住，村民不仅能够获得心理上的安全感受，更重要的是能够在威胁发生时及时获得左右四邻的援助帮忙。

另外，在战争频发的动荡时期，尤其是清朝发生的太平天国运动时期，村民合力在管粥集村周围深挖壕沟，设置寨墙寨门，以抵御土匪流窜进村，烧杀劫掠。中华民国军阀混战时期，靠近徐州城的管粥集村一带也经常受到散兵游勇的攻击，他们进入村庄掠夺村民的财物尤其是富裕户的财物。正是因为社会时常动荡不安，因而集中居住在村民看来是自然的也是必要的。

管粥集自然村村民薛传明提道：

> 过去（1949年之前）村民普遍都生活困难，居住在一起互相就有了照应。要是谁家住得远了，大家心里面就会觉得和这家人疏远了，就算不是排斥但也影响到彼此之间的关系。大家也愿意住在附近，平时拉呱聊天，困难的时候向别人家借点渡过难关，不住在一起就显得不合群了，不合群的人在村里待不长的。

4. 不冒尖的普遍心理

管粥集村的村民普遍有不冒尖的心理，从小父母便会教育自己的孩子"木秀于林，风必摧之"的道理，告诉孩子做事不可冒尖，不能为了出风头而让自己处于危险的境地。

在村民看来，冒尖一方面就是炫富，炫富的人虽然能够得到一些村民的奉承，但更多时候村民对此持一种鄙夷的态度，富裕户仍然需要得到其他村民的尊重和帮助。要是受到村民排挤就很难在村中立足，并且在土匪猖獗的时期，炫富者或者说露富者很容易成为土匪的目标，通过绑架等方式讹诈富裕户的钱财甚至内外勾结敲诈富裕户的情况时有发生。

除了炫富，冒尖另一方面就是做事出格，不合群。就集中居住而言，若是谁家不守规矩，在远离村庄的区域建设房屋，在村民看来就是不合群、冒尖的行为，从而受到村民的普遍排挤。而在传统时期，受到村民排挤的农户是难以生存的。正是不冒尖这一普遍的心理，促使村民随大流，集中在一个区域建设房屋。

5. 节约土地

在传统时期，适宜开荒种地的土地是比较稀缺的，改良土壤需要耗费大量的时间和精力，因此尽可能开垦熟地，保护熟地成为必要。然而适合建屋的宅基地和适合开垦的麦地往往是重合的，也就是说，若是房屋过多建设就不得不占用耕地，直接导致村庄总体耕地的减少，并且房屋建设分散，就不得不还要腾出一部分耕地作为道路等公共设施，更会加剧可耕作土地的减少。

农民的基本生存依赖于现有的耕地。因此，若是村庄人口过多，一部分农民宁可背井离乡去别处开荒建屋，也不会在原村庄随意破坏耕地建造房屋。在建造房屋时，房屋和房屋之间间隔尽可能近一些，甚至共墙的情况也很普遍，间隔只需要保证村民基本的通行即可，这也是为了尽可能减少对耕地的占用。村民的集中居住能够有效地节约宝贵的麦地，村民可以从麦地中收获更多的粮食以维持日常的生产生活。

第四节　集居与空间

集居是华北村庄一个共同而鲜明的特点。在管粥集村，集居的空间中，无论是民居、神居、祖居，还是集市、水井等公共性的生活设施，它们都按照一定的秩序集中分布于村庄当中或村庄周围。管粥集的村民们通过改造自然，形成一个完整的生产生活圈，保证了整个村庄的发展和延续。本节将主要从民居与村庄、神居与村庄、祖居与村庄、集市与村庄、公共空间与村庄这五个方面来阐述管粥集村集居与空间的特征及其相互之间的关系。

一、村庄空间格局概况

管粥集村村庄内部以民居为主，所有民居鳞次栉比，沿着河道或者村内的道路整齐排列。家户与家户的房屋之间有明显的界线，或以围墙为界，或以道路或空地为界等。

从管粥集村的整体来看，村庄是沿着故黄河河岸建设的，大致呈现方块形、长条形。村内房屋的密度很高，除了贯穿全村的主路，房屋之间的间隔不大，绝大部分的建筑都是成排建设的，样式大致相近，这样不仅美观而且大大节约了土地。村庄中最大的院子在赵楼自然村，是赵姓地主家的院子，包括一个主房屋、两个侧房屋，还有柴房、旱厕、厨房、水井等，周围用厚厚的黄泥、麦秆等筑起高高的围墙，防止外人随意进入。在土匪猖獗的时期，有村民抱着孩子进入院子借住避难。

除了民居，水井、庙宇、集市都是村内重要的公共基础设施。这些公共设施绝大多数安置在村内，其中水井分散在各个聚居点，方便周围的村民共同使用，没有安置在村外的水井。

管粥集村村内有多达八个庙宇，这些庙宇不管神居还是祖居都分布在靠近民居的位置，并且都在重要的道路一旁。之所以如此安排，在村民看来不仅是为了保证庙宇的香火，香火越旺那么庙宇的神明越灵，而且也方便自身前往拜祭。另外还有一个重要的特征是，这些庙宇集中在村庄的中心区域，是村民生活当中重要的公共空间，也给村民提供了平时聊天休憩的重要场所。

最后是管粥集村村内的集市，集市安排在村落主干道两侧，最热闹的区域是火神庙的门口，每年春节期间的火神庙会都会吸引大量村民前来赶集。

二、民居与村庄

管粥集村村庄内部的民居都是按照一定的秩序整齐排列的。任何村民不能随意违背村内约定俗成的建屋习惯，另外同一姓氏的村民往往集中居住，各个自然村都由一两个主要姓氏的村民聚居。

（一）同姓聚居，整齐排布

故黄河河畔的管粥集村，其居住区整体是沿河而设的。在居住区内部，房屋整齐排列且相同姓氏的村民往往相邻而居。

1. 沿河驻村，鳞次栉比

整个村庄的房屋之所以能够整齐排列，笔直的土路在村内纵横交错，在于村民默守着如下的几个规矩。

其一，既保护自家房屋风水，也要顾及邻居家的风水。

管粥集村村民在建设房屋院墙时首先注重风水，从风水的角度看房屋的营造，房屋的屋脊不能低于周围的房屋，尤其是主屋的屋脊。对门的房屋大门不能完全正对对方的房屋大门，房屋的围墙不能过高阻挡周围房屋的采光，不能过宽影响周围房屋的视线。正因为如此，村民在房屋营造时格外注意和周围房屋整体长宽高的比照。若是不经周围邻居允许随意破坏这一规矩，势必引发矛盾，村民有一个观念便是起屋的时候和人发生争执会导致新屋建好后家宅不宁，因此格外重视周围邻里的意见。

其二，房屋院墙之间留足空间供行人通行和排水。

一般来说，院墙之间的相隔空间至少要保证一个成年人正常通行。对于重要的道路则需要保证宽度至少能够通过牛车马车，否则保甲长会在房屋营造时出面干涉，保证村庄道路通畅笔直。倾斜弯曲的道路是不吉利的，也影响美观和正常的通行。

其三，不过分露财，不出风头。

在村民看来，在营造房屋时追求个性，而在样式、规模等方面标新立异就是显示自家有身份有地位，是出风头的行为。这样的做法容易引起村民的反感，也容易遭到图谋不轨的人的妒忌和算计。因此村民在营造房屋时尽可能和周围的房屋保持一定的统一，避免出风头，落人口实。

2. 同姓聚居，边界清晰

1949 年之前，管粥集村为多姓聚居的村庄。虽然先后有十多个姓氏的村民居住在管粥集村中，但主要的姓氏占据各自特定的一块居住区。随着同姓人口的增加，或者分家，村民尽量选择相近的区域另辟房屋，以便互相照应，因此整个管粥集村大致可以划分为五个居住区。

（1）五个居住区

管粥集自然村地域内为宗姓和薛姓，赵楼自然村地域内为赵姓，许楼自然村地域内为许姓，耿楼自然村地域内为李姓，另外还有一些人口较少的姓氏因为投奔亲属、做生意等原因与这些主要姓氏的村民杂居。

根据管粥集村的受访老人介绍，五个居住区划分如图 2-1 所示，最左边的居住区主导姓氏为宗姓，其次是薛姓，再次是许姓，再次是赵姓，最右边是李姓。

各个居住区空间大小不一，各个姓氏人数的多寡与居住区的面积呈现相关关系。总体来看，赵姓在村中居住所占的空间最大，赵姓村民数量也最多，其次是宗姓和薛姓，这两个姓氏居住空间面积相近，人口数也接近。

（2）居住区之间的联系

宗姓和薛姓村民居住区相近，而赵姓和许姓以及李姓村民居住区相近，两个大居住区相距 2 公里左右。纠其原因，一方面从历史来看，宗姓和赵姓村民相差一代人的时间先后在管粥集村地域内开荒建屋，这两个姓氏来得最早，人口也自然相对更多，紧随其后，薛姓、许姓、李姓村民在管粥集村站稳脚跟，从而形成了整个村庄的基本姓氏格局。

另一方面可以从村中的两个故事中得到线索。

故事一

宗姓从江苏搬到管粥集村居住之后，人口逐渐繁衍，但是整个家族人丁始终不旺盛，宗姓族长便请来道士作法，道士便说让宗姓的男儿娶北边来的女子，宗姓的女子嫁给北边来的男儿，这样便可以家族繁盛。恰逢山西移民大量迁徙到淮北平原一带，这些移民携家带口，沿途做工要饭。

一天，一支薛姓的移民队伍被故黄河挡住了去路，便临时在管粥集村落脚，队伍里的男丁给村民干活赚取口粮，女子向村里的好心人乞讨要饭。听说了这样一支队伍进到村子，宗姓族长上前询问队伍的领头人，得知他们来自山西，又见队伍中的男子虽然风尘仆仆但身高体壮，女子虽略显憔悴但容貌姣好，族长心中大喜，便对领头人说："你们这样一直走也不是办法，我们这儿虽然土壤贫瘠，但人烟稀少，村子西头的空地可以让你们建屋，没人种的地你们可以去开荒。"

队伍的领头人看到宗姓族长的诚意十分感动，便说："愿你我两族人世世代代永结同好，共同扶持。"就这样，这支家族在管粥集村落脚，宗姓族人纷纷和这一家族通婚，两个家族联系日益加强，而这一支家族便是薛姓家族。[1]

故事二

宗姓家族和赵姓家族分别在管粥集村落脚后，虽然两个家族的居住区相距数公里，但是随着人口的繁衍，两个家族对土地的争夺也日趋激烈。两个家族一旦发生土地上的纠纷便是谁的拳头硬，谁就能获得最后的胜利，换句话说就是谁人口多谁就更有发言权。一开始两个家族由于人口相近而势均力敌，但是随着薛姓族人落户村子，胜利的天平倒向宗姓家族一边。赵姓家族认为自己家族势单力薄，也可以学着宗姓让其他的家族落户，这样一来，自己家族也更有底气。

正是在这样的心理促使下，赵姓家族让出了部分宅基地分别给了许姓和李姓家族，之所以给了两个家族是因为两个家族人口都很少，并且赵姓不希望引入大的家族和自己家族分庭抗礼，因此接纳了这两个小的家族，随着许姓和李姓家族的进入，两边的势力又趋于平衡。[2]

(3) 居住区之间的边界

管粥集村是一个多姓村，但各个姓氏都有主要的聚居地，这些聚居地之间是有一定的界线的，这些界线主要是道路或者围墙。道路皆为土路，有宽有窄，最窄的地方仅仅够一个成年人通过，这些道路既连接村庄，是村民日常出行的道路，同时也是各个姓氏聚居区的边界。

随着人口的繁衍，各个姓氏聚居区的道路边界逐渐不明显了，两姓村民便通过建

---

1 来自管粥集村受访老人宗玉春、薛传明、崔庆芳口述。
2 来自管粥集村受访老人宗玉春、薛传明、崔庆芳口述。

筑围墙作为分界。不同姓氏村民之间因为房屋边界发生纠纷的情况较少,但也存在,纠纷主要集中于对宅基地范围的争议上。一般来说村民在建造房屋院墙时要和他人的宅基地拉开至少一人宽的距离。若是距离过近不仅不方便行人过路,而且房屋的排水等也会受影响。但是村民为了拥有更大的建筑面积,就可能不守规矩而侵占他人的宅基地,这时候就会发生冲突。

(二)民居与家户

民居和家户是紧密相关的。传统时期的管粥集村,民居的家户烙印表现在"分家即分灶""高墙大院为富裕户"以及"家户房屋边界清晰"等三个方面。

1. 分家即分灶

在1949年之前,管粥集村存在一定比例的大家庭。他们虽然分家但是由于经济条件有限仍然住在同一个院墙之内甚至同一座房屋之内,因此仅仅通过房屋来区分家户是不够的。

家户除了房屋这一个区分的标准,更重要的是是否区分了灶台,村民分家之后会分灶做饭吃饭。因此若是院墙之内存在数个灶台,那么这个大家庭已经分家,存在数个家户,等到经济条件允许,部分家户便会从原来的屋子搬出来另辟新居。

2. 高墙大院为富裕户

对于一个院墙之内的大家庭来说,正门门脸的高低和围墙的高低都象征着家庭的社会地位和经济条件。门脸越高,围墙越高,这就意味着这家人经济更殷实,生活条件更好。在整个房屋的建造过程当中,村民格外注意门脸的高低和主屋屋脊的高低,因为这两者既关系到自家在村中的地位,也关系到房屋的风水,尤其以主屋的屋脊为甚。

正因为如此,房屋的门脸往往用最好的材料最先建设,而主屋的屋脊尽可能靠后建设,以避免周围的房屋屋脊比自家高。门脸的高度通常是高于围墙的,也高于围墙内大部分的房屋,但是低于主屋的屋脊,主屋的屋脊是整个房屋的风水所在。

村民认为屋脊低就相当于地位低人一等。不过在房屋营造时,为了避免不必要的纠纷,屋脊的高度通常和周围房屋尽可能保持一致,除非得到周围邻居的允许,否则会引来周围村民的不满。门脸的高低村民不会像屋脊那般在意,因此富裕户往往在门脸上费心思,建设得高一些以彰显地位,但也不绝对,因为低调不露财始终是村民尤其是富裕户心中牢记的生存之道。

门脸的朝向和家户的经济地位不相关,更多是与房屋的风水相关。在管粥集村,房屋的门脸都是正对着宽阔的土路的,同一边的房屋门脸的朝向都是一致的,不可能出现不一致的情况,因为这样房屋的风水就很有问题,房屋主人不可能允许这样的事情发生。而土路对面的房屋则是对着对面的房屋。

3. 家户房屋边界清晰

管粥集村中户与户之间的房屋边界是清晰的，边界的标志物是道路或者围墙。大部分情况下，道路作为边界的情况更多，而只有在距离非常近且中间没有道路的情况下才会通过围墙来分隔家户。边界标志物的形成是村民墨守的规矩，比如道路的宽窄都是有一定要求和规范的，一般以太平车能够正常通过为标准。若是某家违反了这个规范，周围的邻居都会予以指责，要求其立即纠正。若是劝告无效，则需要问事人甚至保长出面处理。这个边界的认定不需要经过官方的公证，村民私下按照规矩办事即可。

从整个村庄来看，共墙的情况不多，主要有以下两种情况。

一种情况是穷人借用地主的院墙搭建临时居住的棚子，这种情况多是个案。1949年之前，村庄里有逃荒而来的村民，要是这些逃荒的村民有手艺，人看起来老实，可以去向地主请求，允许自己靠着地主的院墙搭建一个简单的临时性居住的棚子。要是地主允许，他就可以占用地主院墙周围的一片地搭建一个棚子，这不需要给地主报酬，但是地主有什么需要农户的帮助，农户会主动前去帮忙。棚子是临时搭建的，要是农户可以在村中立足，积累一些财富之后，可以从村民手上买一些土地作为宅基地，在这块地上搭建房屋，这个过程不需要经过保甲长的允许，但是保甲长对村子人口流动的情况是知晓的。

另一种情况是兄弟或者直系亲属之间共用一部分院墙，这种情况较为普遍。富裕的农户会用泥土混合杂草建造土围墙，这些土从田地里深挖取得，荒地上的土是沙土，一泡水就会散，因此不适合作为围墙的材料。为了节约材料和成本，部分村民便采取共墙的方式，和自家的兄弟或者直系亲属商量，两家共同出钱制作一面围墙，这面围墙两家平分建筑的费用并且一起出力，后期的维修费用两家商量一起承担。只有兄弟或者亲属之间才会考虑共墙，他们本身人情往来密切，作为共墙的邻居更增进了彼此的交往。

另外，村民在修缮房屋时，周围的邻居亲朋都会前来帮忙，主人家虽然不需要给报酬但是会留下前来帮忙的人吃一顿饭。另外新建房屋时，在有条件的村民中，舅舅会送侄子一根木材作为房屋的主梁，也代表了姻亲关系的稳固。

（三）民居与排水

由于气候偏干旱，排水沟在管粥集村村民房屋营造的过程中并不受太大重视，排水沟建设简陋。但是对于处于偏低洼地带的房屋来说，排水沟的建设更加重要。

通常村民在自家的屋后挖排水沟，平时很少专门照看，只在多雨的时节来临前把排水沟疏通一下，避免墙根被淤积的雨水长时间浸泡而出现开裂甚至倒塌的情况。村民在挖排水沟时通常把排水沟引向地势更低洼的水坑或大的沟渠当中，各家的排水沟自己维护。若是村民的排水沟被其他村民有意淤塞或者因为邻居家的排水沟淤塞导致自家的房屋围墙受到积水的浸泡，这样就会产生纠纷。发生这一类的纠纷时，通常当事人双方自行调解。若是双方各执一词，就请问事人过来调解，很少请保长来调解，更不会去报官打官司。

正如赵楼自然村受访老人张大臣所说：

> 排水的事情看似是一件小事，但是处理不好就影响邻里之间的关系。过去（1949年之前）大家都重视邻里之间的关系，雨季来的时候看到邻居家的排水沟没有疏通好，要是自己有时间就给邻居帮忙疏通，没时间就提醒一下邻居。俗话说'远亲不如近邻'，村民互相能帮一点就帮一点，排水这件事也不例外。关于排水的争执是不多的，毕竟抬头不见低头见，吵架给旁人看了笑话去。[1]

（四）民居内部格局

在1949年之前，管粥集村典型的民居内部是近似于四合院的形式。四合院与四合院之间的形式大体相似，一方面这样的内部设计适合绝大部分村民日常的生产生活需要，另一方面标新立异是容易招人嚼舌头的，徒惹是非。

村民习惯用"院"来表示居住在一个村落内同姓宗族内部的分支。一个院相当于一个房支，传统时期的大家庭中往往包含数个核心家庭，这几个核心家庭在分家之后自立门户，互相便称之为院，如东院、西院、前院、后院等。

之所以用"院"来表示是因为数个核心家庭在分家之前是住在同一个四合院中的，随着各个房支人口的增多，他们会在四合院的周围扩建房屋。等到分家，部分家庭会搬离四合院，但是原来各个房支对彼此的称呼习惯保留了下来。管粥集村村民张大臣1949年之前的大家庭居住格局可以再现"院"的意义，如图2-3所示。

从住房的格局来看，坐北朝南的堂屋是一个四合院中地位最高的人居住，也就是当家人居住。另外东面的空间地位要高于西面，所以张家的二房住在东面，三房住在西面。相比于家族，院内直系亲属的关系更为紧密，他们不仅居住的位置相近，抬头不见低头见，而且平时的往来频繁，不管是正式的互相帮助，还是平时串门拉呱。院之下就是家户，院最重要的功能体现在生产上是互相的帮助和联合，合犋、帮牛腿等互助形式在院中最容易形成，体现在生活中，婚丧嫁娶时，院内的家户会互相帮忙，

---

[1] 来自张大臣老人的讲述。

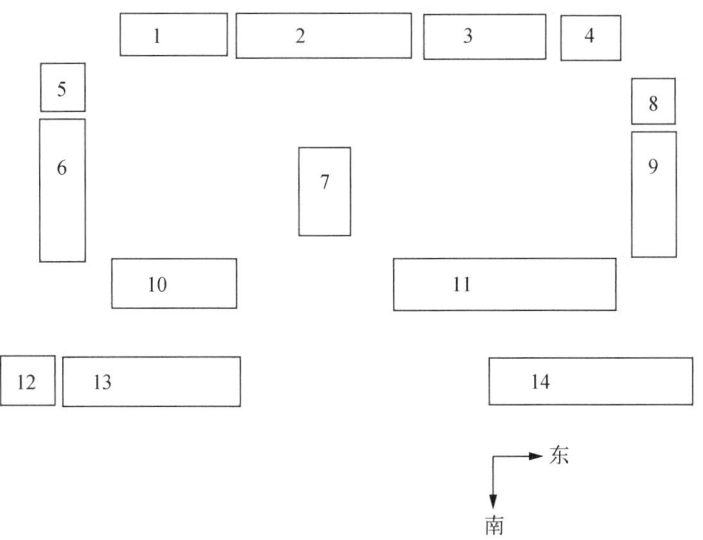

图2-3 管粥集村村民张大臣家户内部居住格局

注：1为二房居住的两间房；2为父母居住的三间堂屋；3为长房大儿居住的两间房；4为女子的旱厕；5为牲口棚；6为二房居住的两间房；7为厨房；8为牲口棚；9为三房居住的两间房；10为磨坊和大房的二儿居住的一间房；11为大房的三儿居住的三间房；12为男子的旱厕；13三间房的糖坊；14三间房的油坊

资料来源：根据张大臣老人的口述整理绘制。

准备婚丧嫁娶的各项事宜，分担婚丧嫁娶带来的经济压力。院内的家户不仅是邻居，更是直系的亲族，平时有什么事情需要商量，院内的当家人会频繁走动商量，得出最为合理的方案。

（五）民居与村民态度

对于管粥集村的村民来说，房屋不仅是一家人栖身的必要场所，也代表着一家人在村庄中的社会地位。房屋建得好就意味着在村中更受其他村民的尊敬，参与村中的公共事务时更有说话的分量和有名望、有面子。

在村民看来，房屋品质的高低主要分为三类：

最好的房屋是砖土结构的并且有高高的土围墙，另外还占据村庄中更高的地势，更高的地势意味着不容易被水淹。村中富裕户用石头泥土等将房屋地基垫高之后再建设自家的房屋。

中间层次的房屋是茅草屋。虽然墙体用泥巴糊加强了整个房屋的坚固水平，但是这样的房屋很容易遭遇火灾，不过即使是茅草屋也是中农水平的农户才能建设得起。

最次的房屋是"地屋"。地屋是村民的说法，也就是把地挖深然后用木头搭出简易的屋顶。这样的房屋在下雨天很容易进水，不适合人长期居住，但是在1949年之前，相当一部分村庄底层的村民仍然居住在这样的房屋当中。

在管粥集村中，赵楼自然村赵姓地主家的四合院是公认的最气派的房屋，而一般的茅草屋也是绝大部分村民一生中理想的房屋，地屋则是村民艰难求生的暂住之所。住在地屋中的村民被其他村民轻视，是整个村庄社会中的边缘群体，大多少地甚至无地，无地的村民只能依靠乞讨等方式求生。

（六）寨墙

在清朝统治时期，管粥集村始建有寨墙，寨墙分为两种。

一种是由村中的地主建设，规模较小，围绕自己的住家建设，村民称之为"围子"，地主赵祖武一家就围绕自己的住家建设了围子。

另一种由村中中农以上家庭牵头，村民共同建设，围绕整个村子，没有外村人参与。管粥集村新中国成立前分为管东村和管西村，寨墙主要围绕管东村进行建设，设有寨首，也就是庄长。寨墙为土墙，厚度0.5—1米，高4—5米，外围都有由人工挖的护寨河，四角设有瞭望台和枪眼。寨墙第一批建设的时间在太平天国运动期间（1851—1864年），洪秀全定都南京，而萧县距离南京仅300公里，土豪绅士大为震惊，于是修建防御工事，这些寨墙主要用于保护地主自家的农庄。第二批寨墙建设的时间为1856年，一支反对清朝政府、大约6 000人的农民起义队伍——捻军在萧县与清朝军队短兵相接，众多村庄为躲避战乱修筑寨墙。中华民国时期，尤其是中后期，村内寨墙年久失修，管理队伍也日渐松散，寨墙最终退出历史舞台，只留下深浅不一的壕沟作为遗迹。

在寨墙建设的出资、出劳力的情况方面，地主建设的围子由地主自家提供土地和资金，但是地主周围的外姓住户会前来帮忙，出劳力，比如取土、运土、筑土墙等。外姓住户之所以前来帮忙是因为他们在很多方面依靠地主生活：包括借用地主的土地或者墙角搭屋、租种地主的土地或者给地主当大领、做短工，从地主围子范围内的水井里打水喝，战乱或闹土匪时，周围的住户也可以抱着孩子到围子避难。围绕管东村建设的寨墙则由寨墙内的住户共同出资出力建设，庄长带头。资金由村里面中农以上的富裕人家分摊，穷人家不出钱。劳力方面，各家各户但凡有青壮劳力的至少出一人，庄长负责清点人数，富裕人家如果不愿意出人可以花钱给出力的村民买酒。取土时，一部分沙土从村中荒地取，但是这些沙土只能用来垫底，不能筑墙，筑墙的泥土从寨墙外围或者地主家的田地里取。

寨墙的核心功能就是防卫，寨墙的范围意味着共同防卫的范围。地主的围子主要围绕自家的住房、水井、牲口棚等进行建设，一面土墙靠着村中的大水坑，占用的土地主要是自家的地。如果涉及外姓村民的地就进行土地置换，用同等面积远处的地换因寨墙建设占用的土地，对原有土地上的庄稼或者树木照价赔偿，不过在实际情况中，确立寨墙边界时就会尽量避开大片庄稼或树木。

寨墙的具体走向都由地主一家的当家人确定。一般都依水坑、树林等天然屏障建立。村落的寨墙由庄长牵头设计，具体的走向由村民共同讨论决定，村落中每家每户的当家人出面商讨，寨墙的边界依据除了自然村之间的界线外，也会考虑水坑、树林、道路等。在涉及寨墙时就会尽量避免破坏既有的树林、庄稼，但是仍会占用部分村民的土地，占用的土地不会进行赔偿。

寨墙没有专门的组织进行管理，平日里村民自觉维护。若是需要修葺，则由庄长牵头负责，赵家自家的围墙由自家当家人组织维护，村庄的公共围墙全村各户都必须出钱出力参与，赵家的围墙周围的村民会来帮忙，其他的村民不会参与。

三、神居与村庄

1949年以前，管粥集村村民一直保持着两种主要的信仰体系。

一种是先祖的崇拜，这种崇拜基于血缘关系并在现实中促进了同姓村民的凝聚，它的实体表现便是祠堂。虽然管粥集村最初由几个较大的家族发展而来，但是仅有赵楼自然村在中华民国时期还保留有家堂庙。虽然宗姓村民说自己的家族也建有家堂庙，但是宗姓家族的家堂庙在中华民国时期已经了无痕迹，没有村民可以直接予以佐证。

另一种是基于地缘纽带而形成的神灵崇拜体系，它的实体表现便是一个个神明庙宇。传统时期的管粥集村村民生活水平低下，社会又经常受到天灾人祸的冲击，因此管粥集村村内形成了非常丰富的神灵崇拜观念，直接促使村内拥有多个神明庙宇。多灾多难的环境下生长起来的村民只能依靠这些神灵获得内心片刻的安宁和期盼。

村内有"七井八庙琉璃瓦"一说，通过村内多位高龄老人回忆，八庙分别为火神庙、玄帝庙、五道庙、土地庙、观音庙、泰山奶奶庙、龙王庙以及家堂庙。"琉璃瓦"专指火神庙鼎盛时期的屋顶用材，对于土砖瓦都用不起的村民来说，拥有一座用琉璃瓦盖的火神庙是一件在整个乡里都荣耀的事情，也从侧面说明庙宇在管粥集村民心目当中重要的地位。

从这些庙宇的位置来看，除了泰山奶奶庙，其他庙宇都在管粥集村村内，这些庙宇都分布在贯穿村庄的主干道两侧，大小不一。其中火神庙、玄帝庙、观音庙在同一个四合院内，大门正对着大道，而土地庙、五道庙、龙王庙分布在管粥集自然村各处，赵氏家堂庙在赵楼自然村主干道的一侧。另外这些庙宇多靠近水井，而水井基本都处在村庄的中心位置,因此庙宇处在村庄的中心位置,同时也是村庄中重要的公共场所。

(一)火神庙:长老发起,全村建设

火神庙是管粥集村中占地面积最大,香火也最旺的一个庙宇。火神庙位于管粥集村现村委会大楼沿主干道向西200米处,也就是管粥集村小学的位置。据受访村民介绍,火神庙在清朝初年由村中宗姓长老发起,全村出钱建设。初建时火神庙仅占地60平方米,之后进行过一次扩建,占地面积达到160平方米。从方位上看,火神庙坐北朝南,每年的正月初八管粥集村会举行火神庙会,周围数十里的村庄村民都会前来赶集参加这次的庙会活动。清朝时期是火神庙发展的鼎盛期。中华民国初年的军阀混战对乡村社会带来了不小的动荡,村内集市走向萧条,火神庙会甚至一度停办,至此火神庙逐渐走向没落。之后村中的文人在火神庙的四合院中办学,庙中的物件摆设遭到严重的破坏,1949年后经过数次的翻新重建,火神庙原址完全变成了学校,没有了往日庙宇的痕迹。

关于火神庙,村内流传着这样一个传说:

> 1949年之前大部分村民的房屋都是茅草屋,又靠烧柴、油灯等生活,因此各村中一年到头难以避免会发生火灾。但是一个奇怪的现象是,管粥集村几乎很少发生火灾,久而久之,周围村庄的村民认为是因为管粥集村的火神庙显灵,所以管粥集村很少遭遇火灾。
>
> 就这样,传说一传十十传百,越传越邪乎,都说哪个庄没人过来拜火神庙,哪个庄子的村民就会遭殃,必然会有火光之灾。于是,周围的村庄都来管粥集拜火神,尤其是春节办火神庙会的时候,整个管粥集村的集市上人熙熙攘攘,摩肩接踵,村内的集市也越来越多周围的村民来赶集。[1]

(二)玄帝庙:政府鼓励,全村建设

玄帝庙和火神庙同在一个四合院内,属于火神庙的附属建筑之一。玄帝庙面积为60平方米左右,建设的时间为清朝太平天国运动时期,与村庄寨墙的建设时间相近。

之所以建设玄帝庙,村中流传着这样一种说法:

> 太平天国运动的时候,太平天国的军队沿途烧杀掳掠,攻城略地,军队定都南京后,各个地方的名流巨贾都大为震惊,管粥集村地近徐州且距离南

---

[1] 来自薛传明老人的讲述。

京 300 余公里，清朝政府鼓励地方修建防御的寨墙以抵御匪患。正是在这个时期，管粥集村中的富裕户商量修建本村庄的寨墙，但是在寨墙落成时请来的风水先生表示寨墙并不足以抵御土匪，应当修建一个玄帝庙，这样才能保证村庄安宁。听从风水先生的建议，管粥集村至此建设起了玄帝庙。[1]

玄帝庙在中华民国时期迅速走向衰败，无人打理的玄帝庙在 1949 年之前便被路过的军队破坏，村民也无心修缮，玄帝庙也彻底在管粥集村消失，庙宇所占的土地也成为学校的空地。

（三）观音庙：富户出钱，全村使用

和玄帝庙一样，观音庙与火神庙也同在一个四合院中，面积约有 50 平方米。据村民介绍，观音庙和玄帝庙是同一时期建立起来的，玄帝庙是为了保一方平安，而观音庙是为了保佑村庄人丁兴旺。

关于观音庙，管粥集村村民有这样一种说法，管粥集村的观音庙只管能否生孩子，不能保证生男生女，原因是村子里面有一年接连几个妇女都生了女儿。对于重男轻女的村民来说，生女孩而没有生男孩是不容许的，女子在家中的地位也会受影响。

正因为如此，村民表示以前不仅要拜管粥集村的观音庙，求观音赐一个孩子，还要去较远的泰山奶奶庙拜神明，两座庙都要拜才能生出男孩。观音庙是由村中的富裕户捐钱兴建的，没有地的农户不需要捐钱，但是不管村内人还是村外人都可以进入观音庙拜观音。

在村民看来，一座庙香火旺就意味着神明更可能显灵，让自己如愿以偿。和玄帝庙的命运相似，中华民国时期，观音庙同样缺少管理，无心照料的村民只能任其自生自灭，军队的破坏给了观音庙以灭顶之灾，观音庙也在 1949 年后在管粥集村销声匿迹。

（四）土地庙：富户出钱，全村使用

土地庙是管粥集村当中占地面积最小的一个庙，其位置与火神庙相对，位于村庄主干道的另一边。土地庙仅占地 10 平方米左右，但是有一层楼高。据村民介绍，土地庙是清朝初年建立的，之所以建立土地庙是因为周围的村庄都有土地庙。在村民看来，只有把土地老爷请到村中来才能够保证庄稼丰收，年年风调雨顺。

但是在建设土地庙过程中有这样一个小插曲：

---

[1] 来自张大臣老人的讲述。

管粥集的村民在土地庙建设的大小上发生了分歧，一方村民认为建设土地庙是为了生计之本，理应建设得大一些，这样神明就会真正保佑村庄。另一方村民认为村村都有土地庙，况且村中已经有几个庙宇了，扩大土地庙的规模没有必要。庄长想要建设更大的土地庙，但是村中大部分的富裕户对于出钱建设土地庙没有太大的热情，因此庄长退而求其次，建设了一个小型的土地庙。[1]

　　这个土地庙平时没有专人管理，但是逢年过节时村民会自发拜祭并且帮助清理庙宇中积累的灰尘。土地庙在管粥集村存续的时间最长，但是在1949年后还是避免不了被破坏的命运，最后在村庄中彻底消失。

（五）五道庙：富户出钱，全村使用

　　五道庙建在管粥集自然村村口，但凡村庄中有老人过世出殡时，老人的亲人都会来到五道庙烧纸。烧纸的目的是告知庙里的五道老爷，老人正在走向阴间，需要五道老爷把他在阳间的户口消了，上到阴间的户口上，这样一来老人才能够顺利地投胎转世，过世者的亲人们通过这样一种方式送逝者最后一程。

　　五道庙面积约为80平方米，建设的时间在明朝初年，也就是管粥集村区域陆续有村民定居的时候，村民格外重视对逝者的礼仪，尤其是寿终正寝的长者。

　　关于五道庙，村中有这样一个说法：

　　　　中华民国初年，由于军阀混战，赋税加重，村民的生活十分困难，五道庙也无人管理，逐渐衰败。经常有过路的乞讨者进入庙宇中休息，庙中的陈设也遭受到很大的破坏。有一年，村中接连有几位德高望重的长者过世并且都是意外死亡，有一位不慎滑入村中的水坑溺亡。

　　　　村中谣言四起，风水先生被庄长请来，风水先生刚进村就注意到村口的五道庙，对庄长说道，庙中的神明没有得到人们的供奉，还要天天忍受人们的破坏，他的愤怒让你们村子得不到庇佑。如果不重新修整这个庙宇，禁止流浪者留宿，村中的老人还会继续出事。得到这一说法，庄长连忙把村中的富裕户叫来开会，大家凑钱把五道庙重新进行了修葺。[2]

---

[1] 来自薛传明、张大臣等老人的讲述。
[2] 来自张大臣老人的讲述。

尽管五道庙在1949年之前几经修缮，但在新中国成立后还是因为疏于管理等原因香火湮灭，五道庙也被村民废弃，庙宇所占的土地也成为荒地。

（六）龙王庙：政府鼓励，富户出钱

管粥集村的龙王庙建在管粥集村的东北角，庙宇毗邻村庄居住区但更接近故黄河河道，庙宇占地面积大约90平方米，龙王庙建设于清朝初年。

村民提及龙王庙建设的初衷时提道：

> 故黄河堤坝在清朝时期管理松散，政府没有足够的资金投入到堤坝的维护和加固当中，因此每到连日大雨的时候，管粥集村村民都胆战心惊，担心堤坝垮塌，导致田地受淹，房屋垮塌。正好连年灾年，管粥集村一带怨声载道，民不聊生。
>
> 为了安抚民众，清政府下令，若是村庄自发修建龙王庙，可免两年赋税，受到这个政策的鼓励，经常受灾的村庄都依靠富裕户凑钱建设起了龙王庙。每次到了雨季或者干旱严重时，庄长都会带领村民到龙王庙中祭拜，期盼天气转好。[1]

和村内其他庙宇类似，龙王庙平日里也疏于管理，呈现年久失修的状况。只有遇到灾年时，村中的富裕户才愿意捐钱去对龙王庙进行简单的修葺。关于龙王庙的消失，村民表示是清朝末期一次洪水把龙王庙彻底冲垮，村民自身难保，更无力重建龙王庙。就这样，龙王庙在中华民国时期就已经仅留在村民的记忆当中，而不为后人所见。之后虽然有热心的村民想要重建龙王庙，但村民都把重要的精力放在火神庙上，认为龙王庙可有可无，因此龙王庙一直未能获得重建，庙宇的横梁等甚至用来修葺村内其他的庙宇。

（七）泰山奶奶庙：信徒化缘，数村共用

泰山奶奶庙不在管粥集村村内，在距离管粥集村十多公里的徐州泰山上。村民们相信要是生不出孩子，可以去泰山奶奶庙祈福，泰山奶奶庙中的神仙可以保佑家中人丁兴旺，村民求子的方式被称为"拴孩子"。泰山奶奶是管粥集在内苏北一带最具盛名的一座庙宇，村民们在节假日便前去祭拜，并且庙主不止一个人，而是由住持和信徒共同组成，负责庙宇的日常运行。泰山奶奶庙占地面积超过200平方米，由庙宇周围村庄的信众到处募捐而修建，修建的时间为清朝初年。

关于泰山奶奶庙有这样一个故事：

---

[1] 来自张大臣、赵启蓝等老人的讲述。

清朝末年，军阀混战，靠近徐州城的管粥集村一带时常受到来路不明的军队或者土匪洗劫，一些军队打着抗击土匪的口号，实际向村民征收大量的粮食和其他的物资，这给当地村民带来了沉重的生活负担。就算是较为富裕的村民也难以招架，纷纷跑到外地投奔自己的亲属，一时之间，这片地区虽然没有出现天灾但是出现了大量的灾民，他们为了糊口不得不逃亡江苏一带，寻求亲戚朋友的帮助。

灾民在短时间内增多并且涌入徐州城，这给徐州城的治安带来了巨大的压力，为了控制流民大量进城，徐州官员在徐州城周围乡镇的大庙宇设置赈灾点，给灾民提供必要的口粮和衣物。这些庙宇中就包括在当地颇具盛名的泰山奶奶庙，凡是逃难的村民，尤其是小孩和妇女，都能得到庙宇给予的热粥和馒头，能够暂时填饱肚子。除了必要的赈灾活动，政府还要求庄长等控制离村的人数并且联村进行防卫，减少土匪进村给村民生活带来的冲击。这样的状况持续了数月，在民国政府站稳脚跟之后，情况才得到根本缓解。[1]

管粥集村神庙建筑基本情况见表2-10。

表2-10 管粥集村神庙建筑情况

庙宇名称	数量（座）	建造时间	规模	修建方式	祭拜方式
火神庙	1	清朝初年	占地约160平方米	族长发起，富裕户出钱修建	个人祭拜
玄帝庙	1	清朝太平天国运动时期	占地约60平方米	政府鼓励，富裕户出钱修建	个人祭拜，土匪横行时庄长带领村民共同祭拜
观音庙	1	清朝太平天国运动时期	占地约50平方米	富裕户出钱修建	个人祭拜
土地庙	1	清朝初年	占地约10平方米	富裕户出钱修建	个人祭拜
五道庙	1	明朝初年	占地约80平方米	富裕户出钱修建	个人祭拜
龙王庙	1	清朝初年	占地约90平方米	政府鼓励，富裕户出钱修建	个人祭拜，遇到灾害时庄长带领村民共同祭拜
泰山奶奶庙	1	清朝初年	占地约200平方米	信众化缘凑钱修建	个人祭拜

资料来源：根据张大臣、薛传明、赵启蓝等老人的口述整理而成。

---

[1] 来自张大臣、赵启蓝等老人的讲述。

四、祖居与村庄

祠堂是一个宗族血缘纽带的实体表现，不仅能够表达族人对先祖辛苦创业的纪念和缅怀，而且能够凝聚人心，促进同族村民之间的团结。

虽然管粥集村拥有多个人口较多的家族，但据村民回忆，仅有宗姓家族和赵姓家族在1949年之前建设有祠堂，村民称之为"家堂庙"，并且由于宗姓家族的家堂庙地势低洼，在中华民国以前便被埋于沙土之下。对于这座家堂庙的具体细节已经无人知晓，而仅有赵姓家族的家堂庙在中华民国时期还存在。

赵姓家族的家堂庙位于赵楼自然村和许楼自然村主干道相交的路口。根据地理条件和风水，这座家堂庙坐西朝南，距离村庄的居住区不足1里路，方便村民前来上香祈福。赵姓家堂庙占地面积约为120平方米。据村民介绍，这座家堂庙最为人称道的是庙宇的横梁上都雕刻有八仙过海、龙凤呈祥等图案，寓意人丁兴旺、吉祥如意，另外还有白鹤、瓜果等图案，寓意长寿、金榜题名。这些图案是赵姓族人专门前往徐州城请技艺高超的工匠雕刻而成的。

关于这座家堂庙的修建，村民口中有这样一个故事：

> 一位赵姓族人苦读诗书，想要有朝一日能够金榜题名，入朝为官，但是历经数年都没有结果，年轻人很是苦闷，打算放弃考试种地为生。有一天，这位年轻人梦见一位长者，这位长者自称姓赵，告诉他每日清水洗面，坚持苦读，不出一年必能中举。年轻人从睡梦中惊醒，记起梦中长者的话语，于是发愤图强，再次尝试参加科举考试。果然，年轻人获得了入朝为官的机会，数年之后，年轻人节节攀升，成为一方百姓的父母官。为了缅怀自己先祖的荫庇之恩，这位年轻人出钱在村中修建了赵姓的家堂庙，要求村中的赵姓族人时时祭拜，必会得到赵姓先人的庇佑。[1]

赵姓的家堂庙落成后，虽然前来祭拜的主要是赵姓村民，但是由于赵楼自然村、许楼自然村以及耿楼自然村附近只有这一座庙宇，因此其他姓氏的村民也会前往赵姓的家堂庙祭拜。在村民看来，即便庙里面供奉的不是自己的先祖，但也是神明，拜一拜总能够得到庇佑。

正因为如此，赵姓家堂庙的修葺工作周围其他姓氏的村民也会出钱出力，但主要的财力物力人力还是来自赵姓家族自身。作为管粥集村当中唯一拥有家堂庙的姓氏，

---

[1] 来自张大臣老人的讲述。

中华民国时期的赵姓族人在全村村民看来都是有重要地位的，尤其是赵姓地主家庭在村中既是富户也是士绅，哪怕是庄长在决定一些公共事务时也需要参考赵姓地主提出的意见。赵姓族人也因为家堂庙而更为重视和同姓村民处好关系，积极参与本家族的活动。

五、集市与村庄

据管粥集村村民介绍，可以从村内集市概况、集市的日常管理、集市中的纠纷处理以及村内集市与村民等几个方面来考察传统时期管粥集村的"集市与村庄"关系。

（一）村内集市概况

据1989年版《萧县志》记载，新中国成立前，萧县共有集市36个。

在管粥集村所在的杨楼区一带，主要有4个集市，这4个集市赶集的日子错开，方便村民到各个村子赶集，具体时间为：管粥集（公历1、4、7），刘套（农历二、五、八、十），杨楼（农历一、四、七），郝集（农历三、六、九）。

中华民国四年（1915年），陇海铁路通车，山西、河南等地的商户纷纷流入萧县开店设铺，商品由徐州、黄口中转到内地。在日本侵华之前，萧县有字号的商店多达330家，黄口有字号的代卖行12家，小的代卖行200多家，代客买卖，安寓客商，以初级商业形式，沟通城乡物资。管粥集村距离徐州30公里，距离龙城镇和黄口镇都在27公里左右，与陇海铁路距离不足10公里，凭借优越的地理位置、悠久的集市历史和村庄稠密的人口，管粥集村的村内集市成为杨楼一带农村地区重要的物资交易场所。

管粥集位于管粥集村，具体位置在村内火神庙门口的道路两旁，处于管粥集村的中心地带，同时也是村庄重要的公共场所。哪怕没有到集期，村民也经常到集市上临时搭建的棚子底下喝茶聊天。到了集期，村民们爱去集市上凑热闹，部分村民化身小商贩，在集市上兜售商品。

管粥集是一个规模偏小的集市，主要辐射的范围是本村和周围毗邻的几个村子。受制于管粥集的规模，集市上没有形成像样的商铺，以附近前来赶集的流动商贩为主。这些流动商贩一般是少地农民，家里面有3—5亩地，全家人不够吃，只能通过做小买卖来贴补家用，甚至有流动商贩家里面没有土地，完全通过到各村兜售商品来谋生。

管粥集中的流动商贩以本村人居多，外村商贩较少。外村到来的商贩一般是逢集必赶，他们对这一带各个集市的集期了如指掌，每天前往开集的集市兜售自己的商品，尤其是举办庙会或者唱戏的集市，会吸引更多的流动商贩前去。

（二）集市的日常管理

平时管粥集的管理没有形成专门性的组织。最重要的管理内容就是安排好各个摊位的位置，不发生抢占位置的情况。主要有三类人在管理集市：

一类人是临街的住房的主人，他们通过帮助商贩占位子以及允许其搭建简单的棚子象征性地收取一点摊位费。一天的摊位费大概就是 3 个鸡蛋，完全流动的商贩不收取。

火神庙前面的区域就归庙主管理，他同样对固定的摊位收取一些摊位费。一般一天的摊位费大概是 5 个鸡蛋，比一般的位置收取更高的费用，因为火神庙前的人流量更大。

保甲长也参与到集市的日常管理中，他们主要管理集市中出现的打架斗殴、缺斤少两、小偷小摸等情况。一般来说，保甲长对这些情况是睁一眼闭一只眼，但是一旦有村民举报，尤其是本村村民举报，保甲长就必须出面协调，让理亏者进行赔偿，在这个过程中保甲长是义务劳动，没有专门的报酬。

在火神庙会时期，由于前来赶集的人众多，这时候山主、庙主、保甲长都参与到集市的管理中来，维持好现场的秩序。政府通常不向这些商贩收取费用，只有出卖猪牛马时政府才收取少量费用，保甲长、族长一般都不干涉摊位费的收取。

外村村民不管是否开集都可以自由出入村庄，一到集期，周围村子的村民和商贩便纷纷进入管粥集，沿街摆放好自己的商品等待出售。虽然流动商贩像潮水一般在各个集市之间轮换，但是大体的人员相同，他们往往选择一个集市中固定的位置来出售自己的商品，这样一来不仅避免了和摊位管理者就摊位费用反复讨价还价，而且使经常赶集的村民在需要购买商品时更容易找到他们。

（三）集市中的纠纷处理

在集市中出现的纠纷主要发生在摊位管理人员与商贩之间，商贩与商贩之间，商贩与顾客之间以及顾客与顾客之间。

其一，摊位管理人员与商贩发生纠纷通常是因为就摊位费用难以达成一致，或者摊位管理人员已经收了摊位费用而为了他人更高的摊位费而私自把摊位的使用权转给了其他的商贩。不管商贩是本村人还是外村人，一旦发生纠纷，首先请村内的问事人请来调解。若是商贩普遍反映摊位费用过高，保长就要介入其中，为了保证集市的兴旺和火神庙的香火旺盛，保长往往要求摊位主降低摊位费。

其二，商贩与商贩之间发生纠纷一般是为了争抢更好的摊位，或者某一方恶意压低物价试图把另外一方挤出市场，这些纠纷通常也请问事人前来调解，有时摊位的主人也帮忙调解，保长一般不介入。

其三，商贩与顾客之间的纠纷往往是商品本身缺斤少两或者品质存在问题，顾客发现上当受骗后与商贩发生争执。这时候在争执现场看热闹的村民往往主动上前调解。若是调解不开，受骗村民还在村中有一定地位，一旦把这件事告知保长，保长查明事情原委之后，就责令这个商贩赔偿损失。若是下次再犯，保长有权不再允许其在本村集市出售商品。

顾客与顾客发生纠纷往往是因为同时看上了某件商品都想购买，这时候就发生争执，这种情况旁人调解就能解决。

还有一种特殊的情况是有的顾客实际是小偷，在集市上偷钱财时被抓住，这时候被偷的顾客往往痛打小偷一顿，周围的人只看热闹不阻挠，之后交由保长处理。若是本村的惯犯，保长予以警告，外村的惯犯直接交由乡里的警察。若是初犯，不管本村外村都加以警告。

以上发生在村庄集市的纠纷绝大多数都不会发展到需要打官司才能解决的程度，村中的保甲长、问事人等就能够解决。

不过，村民也讲述了一个发生在集市的打官司的案例：

> 管粥集村中的赵祖武地主在村中很有威望。有一次在管粥集中购买了一头牛但在事后出现了问题。当时他以高出市场价两成的价格购买了一头强壮的牛，但是这头牛刚带回家三天之内便突然死亡，地主请来了附近的哑医（村民对兽医的称呼），哑医诊断后认为这头牛患有先天的心脏病。由于这些天正处于农忙，牛不堪重负于是暴毙。地主和他的家人对于卖牛人非常生气，但赵家地主认为是自己看走了眼，打算不予追究。
>
> 没想到的是，地主受骗的消息通过集市传遍了整个地区，知道内情的村民私下说，地主之所以看走了眼是因为当时的牛行人和卖牛的人早就串通好了，牛行人利用自己的好口才极力向地主推销这头牛，地主经不住劝说这才上当受骗。这一消息传到了赵家地主的耳朵里，他安排自己的儿子和保长一起找到当初卖牛的人家家中，要求赔偿损失，但对方仗着自己不是管粥集村村民并且交易白字黑字已经确定了不能够再反悔，拒绝了地主家的赔偿要求。气不过的赵家地主为了挽回颜面决定和对方打官司。最终，卖牛的人赔偿了

地主家当时牛成交时一半的价格，并要求卖牛人登门赔礼道歉，管粥集村保长也发话不再允许这个卖牛人和这个牛行人在集市兜售商品。[1]

（四）村内集市与村民

管粥集对村民的意义主要体现在以下三个方面：

1. 交易的场所

管粥集最基本的功能就是提供了一个商品交易的场所。对于每一个管粥集村村民来说，他们在购买基本的生活用品时不需要耗时耗力到其他集市去赶集，只要在自己村的集市内购买便可。更重要的是，大量的管粥集村村民不仅仅是顾客的身份，他们也更容易成为小商贩。

受访老人回忆1949年之前过半的管粥集村村民将兜售商品作为副业，甚至有"村民生活一半靠农业，一半靠集市"的说法。在集市中除了交易实实在在的商品也在传递潜在的商业信息，身居其中的村民们"近水楼台先得月"，能够更敏感地察觉到哪一种商品好卖，能卖出好价格，哪一种商品价格走低，受到冷遇。这样一来，小商贩们在兜售商品时能够心里有数，村民们通过在集市兜售受欢迎的小商品来补贴家用。另外，集市的存在也意味着更多的人员流动，不管是流动商贩还是村中的油坊、豆坊、铁匠铺子等，他们的顾客不局限于本村，而能够轻松辐射到周围的村庄，获得更大的收益。

2. 交往的场所

"天下熙熙，皆为利来，天下攘攘，皆为利往。"管粥集每逢集期都会吸引周围众多的村民前来赶集，集市对村民来说不单单是交易圈或商业圈，更是一个实实在在的交往圈子。

最早的时候，男婚女嫁不能见面，父母之命，媒妁之言，后来人们开明一些了，男女在结婚之前可以见面，但是毕竟过去闺女平时都是大门不出二门不迈的，公然见面的话怕是招人闲话，集市就提供了男女见面的场所。

> 男方和女方都由媒人带着在集市约定见面，有时候父母也会一同前来。集市上人多，谁也不会注意到两个男女在见面，要是女方害羞，媒人指着，两方远远看一眼就行，要是女方愿意见面，就双方说几句话。管粥集的男孩要相亲，可比周围的村子好找，一说你是管粥集的，周围村子的都知道，姑

---

[1] 来自张大臣老人的讲述。

娘家也觉得嫁过来能过上好日子。[1]

集市的存在还加强了亲属朋友之间的走动，赶集对于皖北一带村民来说是一项必不可少的活动，哪怕不买东西也愿意到集市上走一走，凑凑热闹。这样一来，来到管粥集赶集，势必要走访住在村中的亲戚朋友，相互之间走动也自然频繁一些，关系也更加稳固。

3. 娱乐的场所

管粥集处在村庄的中心地带并且是村庄最重要的公共场所之一。哪怕不是赶集的日子，虽然集市萧条，但村民依然愿意到集市上聚会聊天，有时候就在商贩们搭建的棚子里面打牌喝茶说话，晒晒太阳。到了集期的时候，村民就到集市上闲逛，哪怕不买东西也能和商贩们、外村来的亲朋好友闲聊打发时间。尤其到了每年年初村庄就会举行火神庙会，庙会上除了交易商品，还会请来戏班子、手艺人等进行表演，村民的精神娱乐生活无疑得到了极大地满足。

村民一方面受益于村内的集市，另一方面他们也为自己的村庄拥有集市而感到骄傲，上至保长下至村民，他们都自觉维护村内集市的秩序，不允许外村人在集市上寻衅滋事、打架斗殴，也不允许小偷等明目张胆进行偷窃。在村民看来，这些事情会损害到集市的名声，进而损害村庄的名声，最终损害到自己的利益。

受访老人的一番话可以代表大部分村民对管粥集的感情：

> 一到外面，我们就很自豪说自己是管（粥）集的，就连徐州城的居民都知道有管（粥）集，我们这个集虽然小，但是是个古集，史书上都有记载，整个县也没多少个，这个集的名字还是乾隆皇帝下江南的时候提的呢。我们作为管（粥）集人，就有义务把这个集维持下去，这是祖宗们辛苦经营下来的，不能坏了名声。[2]

六、公共空间与村庄

石磨、晒场和水井都是管粥集村村内不可或缺的公共空间。

从产权的角度来看，虽然这些场所大部分属于私人所有，但是私人允许村民无偿使用，私人通过分享自己的私有财产赢得村民的好感并且提升自身家户乃至家族在村

---

[1] 来自赵启蓝老人的讲述。
[2] 来自张大臣老人的讲述。

落中的地位和话语权。而村民虽然无偿使用这些公共产品，但也必须承担诸如淘井、爱护等基本的责任和义务。

从功能的角度来看，这些公共空间除了本身提供的基础功能，比如水井是村民重要的生活用水来源，石磨为村民磨豆子、小麦等粮食，它们还是村民重要的交往场所。

对于集居的皖北村民来说，通过这些公共空间的交往，不仅能够增进彼此的感情，加强彼此之间的联系，为生产劳动、防卫等方面的合作打下坚实的基础，而且这个公共场所还是信息的集散地，能够起到启蒙、教育、训导等功能，促进村落的整体性和长久的发展。

这些公共场所对于村民来说是一个习以为常的聊天场所，是人场，村民也自觉遵守在这些公共场所的规矩并且当他人违反规矩时予以批评指正，还自觉保护这些公共场所不随意遭到破坏，哪怕不是自家的私有财产。

（一）公共空间之石磨

管粥集村的老人回忆1949年之前村庄中有15个左右的石磨。这些石磨平时都放置在石磨主人的院落之中，分散在村落的各处。但值得一提的是由于石磨只有富裕户才有能力购置，而富裕户往往是村中的老户，这样一来石磨的实际位置也往往分布在村落的各个中心位置或者次中心的位置。

虽然石磨是私人的，不过周围的村民都能前来使用，村民在排队使用石磨的过程中聊天谈话，因此石磨也成了村落中重要的公共空间。由于石磨往往靠近房屋，一个家户中的男人去地里干活，而家中的女人则可以帮助丈夫分担磨粮食的工作，妇女们也逐渐学会如何使唤驴等牲畜去拉磨。正因为如此，很少有男人在石磨处聚集聊天，反而是妇女们喜欢在石磨旁聊天，这样既不会离家太远被人说闲话，又可以打发自己的空闲时间，和周围的村民拉家常。

石磨平时由石磨的主人看管，若是出现损坏也由石磨的主人出钱维修。虽然周围的村民都有使用石磨，但他们不需要出钱来维修石磨，当村民发现石磨损坏时就及时告诉石磨的主人，让他尽快维修，石磨的主人也张罗村民去附近其他的石磨去磨粮食。村民在使用石磨时提前和石磨的主人打声招呼就行，若是没见到富裕户的当家人不打招呼也行，毕竟是乡亲邻里，经常互相串门。

在使用石磨的顺序上大致遵循先来后到规则。若是石磨的主人、老人、保甲长需要排队使用，排在前面的村民往往自觉礼让，甚至帮助他们磨豆子、磨面等。这是村里面不成文的规矩。若是单单使用石碾，不借用主人家的牲口比如驴或者骡，使用者不需要给石磨的主人报酬，不过带来的驴或者骡若是拉出了粪便，这些粪便就归石磨的主人所有，不允许使用者带走。若是使用者还需要借用主人家的牲畜，这时候使用者需要带上牲畜半天的草料作为报酬。由于磨豆子、磨面都是比较轻松的活，并且由牲畜帮忙拉磨，因此一个家户不一定需要当家人前去，当家人往往吩咐自己的妻子或者年长的儿子前去就行。

石磨名义上允许外村人使用，但一般只有和石磨的主人家有亲戚关系的外村村民才会到村里面使用石磨，这样的情况实际也很少发生。外村村民使用石磨不需要经过石磨主人以外的人员同意，保甲长也不会干涉这种事情。

(二) 公共空间之晒场

管粥集村村内没有公共的晒场，所有的晒场都是私人所有的。村里面中农以上的村民都会有自己家的晒场，有些晒场是具有直系亲属关系的4—5户村民共同所有。这些晒场大小不一，占地面积在3—6亩之间。晒场一般设置在屋前或者屋后，也有直接设置在院墙内，晒场设置得离家近便于照看，防止偷盗之人起歹心，同时用石磙打完麦子并晒好之后可以尽快收纳到住房中专门储存粮食的屋子里。

虽然晒场的产权是私人的，但拥有晒场的农户乐意在晒场闲置时允许周围其他的村民前来使用。村里面的穷人家没有自己的晒场，他们就给周围有晒场的住户打招呼，让他在晒场空闲下来的时候借给自己使用或者划出一部分的空间供自己家使用。有晒场的村民只要可以腾出空间就会同意穷人家的请求，毕竟这是举手之劳，彼此也是邻里。

穷人家收的麦子也不多，借晒场的村民不需要给晒场的主人报酬，也不需要因为这件事情专门去帮工，晒场的主人不会要求。要是除了借晒场还要借主人家的牲畜和石磙用来打麦子，虽然同样不需要给报酬，但是晒场的主人有需要帮助比如抬水之类的劳动，借牲畜和石磙的农户需要出人去帮忙。牲口和石磙用完了就会尽快归还，不需要给牲口喂饲料。

由于晒场离住房近，很少会发生偷盗的情况。要是借晒场的农户的麦子被偷了，晒场的主人是不需要赔偿的。事实上，穷户的麦子少，并且因为缺乏足够的肥料，麦子的品质并不好，相比富裕户地里长出来的麦子颗粒都要更小一些，偷盗的人目标更多是这些富裕户的麦子。为了回报富裕户借给自己晒场，借晒场的农户会主动向晒场的主人提出帮忙看着小麦。毕竟是邻里，富裕户会接受穷户的提议，并且实际情况中管粥集村没有发生过监守自盗的事情。打麦子晒麦子的工作都是以家户为基本单位的，要是雇了大领，他们就会负责帮东家进行这些作业，互相借工具借晒场的事情很普遍，互相帮工的事情比较少。由于害怕下雨，所以村民们都会趁着好天气尽快完成打麦子晒麦子的工作，只有顺利将地里面的小麦运到了自己的家中村民才算松了一口气。

村民一般在秋收时期经常前往晒场，由于晒场有限，阳光明媚的好天气也不是天天都有，所以一旦碰上好天气，村民们便扎堆前往晒场晒谷，这时候村民就不得不排队等候。一般来说晒谷遵循先来后到的顺序，但是晒场的主人、村中的老人和保甲长可以优先使用晒场，其他的村民也会自觉礼让。若是不礼让就会受到其他村民的指责，认为其不懂规矩。由于晒谷不仅要把谷摊开，而且还要用石磙将麦谷从麦穗上分离下来，所以一个家户通常由当家人前往，老人很难承担这样的工作量，家中的女人也不适合在这样的人场抛头露面。

村民在等候之余会打牌聊天晒太阳，聊天的内容往往包括家长里短、田地的收成、天气以及一些外村的奇闻逸事等。晒场对本村村民来说是公共设施，但名义上也对外村村民开放，但通常由于距离远来回不便，几乎没有外村的村民来使用晒场，不过若是外村村民着急晒谷，只需要和晒场的主人提前打招呼便可，不需要经过村庄其他人的同意。在晒场聊天的都是家中的男人，家中的妇女很少在晒场露面，一方面女人家在晒场帮不上太多忙，另一方面晒场人多口杂不适合女子出现，否则容易招人闲话。

（三）公共空间之水井及井房

有井才有村，立村先挖井。对管粥集村村民来说，从水井汲取生活用水是不可或缺的，因此水井都处于村落中的中心或次中心的地带。村中的水井有私人的水井，属于某个家户所有或者几个家户共同所有，也有水井由全村出资共同设立，这时候水井就是官井，所有权属于村落。

而井房是水井最重要的附属设施。在管粥集村，井房的建设一般与水井的开挖同步，建设井房的费用也算在水井建设费用之中，由水井建设的出资人共同承担。

建设井房的目的主要包括：

其一，保护井水的水质，避免阳光直射，遮蔽雨雪风沙。

其二，方便村民从井中取水的同时保证村民的安全，尤其是防止儿童掉落到开放的水井中。

其三，修建井房还代表着村民对井神也就是龙王爷的敬意。村民认为能够掘出甘甜之水之处必定有灵。

据管粥集村村民回忆，1949年之前，村中部分集体修建的水井都在一旁刻字立碑以纪念水井及其井房的建立：

> 取之于江河者易，取之于邃井者难，难则对所有之井不得不珍重而保爱之，昔人于井上建厦，所以保爱此井也。

> 从来井之有厦由来旧矣,故合巷耆老大家商议,各出财力,共襄盛事,起盖井厦,不特免雨雪之沾涂,风尘之污秽,而且出入相友,守望相助,三十余家常享无事之乐。[1]

井房的建立也让水井不仅仅是一个取水之地,也成为村落中重要的公共空间,村民在等待提水之余同其他村民谈天说地。

水井发挥的村落公共功能主要包括:

1. 文化祭祀的功能

在管粥集村村民看来,水井之所以能出甘甜之水,是因为水井所在的地方有神灵的庇佑,水井的井神也就是龙王爷,它兼有井神和护井神的泛化模糊的双重功能。同土地神、财神、关帝等相比,井神的层位比较低,但与日常生活的密切关联性又明显比上述神灵高,祭祀的频率也较高。

村民对井神的信仰,主要是祈求水源常旺、水质良好、水井安全、井工安全,此外还有祈雨等功能。部分村民在每月初一、十五敬献井神,祭献主要是烧香、献食、磕头,有神位则不论,没有神位的要用黄纸写上"井泉龙王之神位""四海龙王之神位""井王爷"等,放在井房之上位。有的在神位两边贴上对联,有的在井房外贴上对联,对联的内容包括:"国泰民安:供天地风调雨顺,敬龙王泉水茂盛","井底生泉:清泉供百口,香水养万民","有本如是:神佑灵泉万代流,井如德水千秋涌",等等。

有少量的村民在家里的孩子出生后还要到井房处烧香祭拜,告诉井神自家添了人口,要吃水了。村民相信井神能够庇佑新生儿,让新生儿的母亲有充足的奶水喂养自己的孩子,孩子能够茁壮成长。另外,在遇到大旱的极端天气时,村民们组织扫井或裸女爬井的活动,试图通过这种方式表达对雨水的渴望,期盼井神显灵,降下及时雨。

2. 聊天谈话的社交功能

水井是村民们每天低头不见抬头见、经常打照面的社交场所。乡邻或协同汲水,虽然取水辛苦,但是被村民们赋予了娱乐的色彩而变得轻松。按序等待取水的同时,说闲话,拉家常,成为乡村的日常画面。村民们有说有笑,声音时高时低,气氛热烈,"老皇历"倒出"陈谷子烂芝麻","大文人"说列国道三国,"牛皮王"吹得人目瞪口呆,"抬死杠"较劲争得面红耳赤,个人经历、逸闻趣事、家庭纠纷、邻里关系、人情冷暖、世态炎凉,乃至国家大事、天文地理,都是话题,无所不及,无所不谈。水井实际上成了乡村社会口耳相传的信息集散中心,也满足了村民对社交活动的必要需求。

---

[1] 来自张大臣老人的复述。

3. 农业生产经验交流功能

在传统的农业社会，农业生产实践所积累的经验、教训等，对指导生产有着重要作用，其传授和交流场所当然不仅仅限于田间地头，水井作为一个公共空间，为乡民在绞水之余相互交流农业生产经验提供了场地。

据村民回忆，1949 年之前，井房内会立农事碑，记录和分享村民的农业生产经验，劝诫村民勤勉劳作，与人为善。农事碑的具体内容已经无从知晓，但这无疑表明水井在传统时期成为农业生产经验信息重要的集散地。村民们频繁涉足水井，自然耳濡目染，受到教育，碑刻在这里能够发挥最大的传播和教育功能。

七、村庄空间结构关系

在管粥集村，民居、神居、祖居、公共设施、集市等都处于村庄的居住区内，和村庄的田地有着明显的界线。村中地位最高的火神庙和集市处在村庄中的核心区域，这一区域平日的人流量最多，也是村中最大的人场所在。

对村民而言，自己家户的住房是立身之本，而村庄的水井、晒场等公共设施则是村民生产生活所必需的场所。村民不仅仅共享了公共设施的建造、使用以及维护，而且在使用这些公共设施的同时将其开拓成具有交流、教育等功能的公共场所，加强了家户与家户之间的凝聚力。

当家户与家户得到凝聚，村庄的地缘概念借助神居和祖居的建立得到加强。村民们相信一个村庄正式成立的标志便是土地庙的建立，土地庙能够庇佑村庄风调雨顺。在以农业经济为主的传统时期，村民依靠土地谋生，又容易受到自然的约束和风险，这时候庙宇成为村民心灵的寄托，让他们即便遭遇天灾人祸，即便暂时背井离乡，也想要回到家乡重建自己的家园，而家园中当然也包括了村落文化信仰凝结的实体——庙宇。

第五节　村庄自然变迁与实态

新中国成立后，尤其是 1978 年开始推行家庭联产承包责任制，农村的面貌发生了翻天覆地的变化，农民的生活水平也蒸蒸日上。本节旨在从交通、人居环境和公共设施等三个方面展示村庄自然变迁和实态。

一、交通的治理变迁与实态：从闭塞之地到区位优势凸显

交通状况是影响管粥集村与外界交往的重要因素。传统时期的管粥集村，水路和陆路都是村民出行重要的方式。正是相对便捷的交通，促使管粥集村村内形成了初级市场，周围村庄的流动商贩都会来到管粥集村村内的集市赶集。然而随着黄河改道北

流，故黄河河道废淤，水路被逐渐废弃，村民只能通过陆路与外界进行交流沟通，此时管粥集村仅有一条官道通往村外，并且这条官道是一条土路，下雨时泥泞不堪，干旱时尘土飞扬，村民只能对这条土路进行基本的维护，而无法根本性地改善路况。

道路交通建设的落后严重制约了村庄的发展，管粥集村成为一个相对闭塞的村落。1949年之后，尤其是在人民公社时期，管粥集村的道路交通开始得到了一定程度的改善，进入改革开放之后，得益于周围城镇的辐射作用，管粥集村成为四通八达之地，得天独厚的区位优势得以真正凸显。

（一）村外：交通要冲地位得以凸显

管粥集村地近徐州，村庄抵达徐州城中心的直线距离和抵达萧县县城的距离相当，区位优势明显。但是在1949年之前，徐州城对管粥集村的影响仅仅是通过流动商贩带动村庄的商品贸易，并且这些商品贸易局限于初级农产品。1949年之后，伴随着徐州城这一区域中心城市的发展，处于江苏省和安徽省两省交界地带的管粥集村，其村外道路状况得到显著改善。

目前，管粥集村村民可以通过萧县县内的县道和江苏省徐州市铜山区地域内的城市道路直达徐州城中心，县道和铜山区的城市道路都是地方政府投资兴建。其中县道是硬化道路，而铜山区的城市道路则是柏油马路。正因为如此，管粥集村出产的粮食作物和经济蔬果可以很便利地供给徐州城中的居民，徐州城中的批发商等也经常来到村中收购农产品。

此外，村民在娱乐购物时也更倾向于前往徐州而不是前往萧县县城。一方面徐州城中的商品品类更为丰富，价格也更实惠。另一方面两地的直线距离相近，村民可以乘坐一小时发车一班的公交车往返于村庄和徐州城，交通十分便捷。管粥集村得天独厚的区位也在交通改善后得到凸显，吸引众多的商人前来投资，开发农家乐、故黄河湿地旅游等项目。

（二）村内：政府主导下的道路硬化

1949年之前，甚至到了20世纪90年代，管粥集村村内的道路基本都是土路。只有贯穿全村的主干道被划为县道，这条县道在1958年人民公社时期便开展了道路硬化工作。2000年，管粥集自然村村民在村中富裕户的带领下率先开始硬化道路。在道路硬化的过程中，资金主要源于两个渠道，一个渠道是位于管粥集村的萧县园艺场，另一个渠道是村民集资，两个渠道出资各占一半，其中管粥集自然村的村民每人缴纳10元的人口款，也可以缴纳10元以上。

在出工方面，每户至少出一人来维修道路，至此，管粥集村地域内的道路实现硬化。2000年之后，国家和地方政府出台"村村通"政策，加大了对乡村道路硬化的投入，加快了管粥集村全域主要道路的硬化工作。2015年，管粥集村实现全域道路硬化，并且主干道两旁安装了太阳能路灯，方便村民出行。

二、人居的治理变迁与实态：从四合院到单家独院

1949年之前，管粥集村存在相当数量的大家庭，即便是分了家的家户也会暂时居住在同一个四合院中，并且同一个姓氏的家族居住区呈现"团聚状"，体现了同姓村民的整体性和凝聚力。居住区与居住区之间以道路相连，有清晰的边界。

而在1949年之后，一方面是村庄人口的迅速增加，外姓人口的继续迁入，促使村庄的居住区范围不断膨胀，居住区内部房屋也更为紧凑。另一方面伴随着1978年改革开放，村民的生活水平有了一定的提升。村民陆续拆除旧屋建设新式的住宅，从而打破了以往主流的居住格局，形成了一家一户单家独院的居住状态。

虽然村民在新房屋的建设中仍然会考虑居住在自己的亲戚附近，也遵从过去起屋建房在意的风水问题，但是不同姓氏村民杂居的情况越来越多，村民并不在意是否与同姓村民住在一起，村民更在意的是房屋的采光、排水以及交通区位是否最佳。

另一个较为鲜明的变化就是随着越来越多的村民外出务工，见多识广的他们在外地积累了一定的资本之后便在村庄中建设新屋，他们不再像前人一样认为应该不露财，不出风头，而是选择通过建设豪华的、西洋式的、标新立异的房屋来为自家争面子。屋子建得漂亮，村民也会高看自己一眼，屋子破旧不堪，说明在外面生活得不好，没有闯出什么名堂。房屋的建设在一定程度上激发并满足了村民之间的攀比心理。

三、公共设施的治理变迁与实态：水利设施的改善与传统空间的消逝

1949年之后，发家致富成为村民心中的强烈愿望，尤其是1978年改革开放之后，村民大量走进城市淘金，留在村庄中的村民也扎扎实实发展农村经济。而要发展好村庄的经济，长期以来制约村庄发展的水利建设问题被摆在重要的位置，新中国成立前村庄的水利管理松懈，水利投资几乎为零。

而新中国成立之后，故黄河蓄水工程和村庄灌溉工程在国家的主导下于管粥集村相继落地，显著提高了村庄的水利基础设施水平。另一方面，庙宇、水井、石磨等传统公共空间逐渐失去了基础的功能，庙宇被拆除，水井被填埋，石磨沦为摆设，而商店、十字路口等成为村民当中新兴的公共空间。

（一）基础水利设施焕然一新

1949年之后，管粥集村村内的基础设施建设得到显著的改善，主要体现在"故黄河蓄水工程"和"村庄灌溉工程"等两个方面。

1. 故黄河蓄水工程

黄河改道北徙后，留下了高于堤外地面 5 到 9 米，宽 4 到 10 公里的古道高地带。每当暴雨，径流下溢，造成洪汛，旱时则无水灌溉，管粥集村便是这一状况的直接受害区域。为了解决洪旱灾害，1975 年 12 月，在国家的主导下，动工兴建故黄河蓄水工程，全县动员 29.5 万人。1976 年春，民工增加到 35 万人，同年 5 月竣工。

故黄河蓄水工程由两个单元组成，在古道上端以新庄水库为中心，分别配以闸坝、溢洪道和三座电灌站。全长 14.5 公里，河底宽 220 米，边坡 1.5 米。该工程为中型均质土坝，位于黄口、新庄、杨楼境内，控制来水面积 188 平方公里，设计总库容为 3 200 万立方米，兴利库容 2 000 万立方米，防洪库容 1 200 万立方米，设计防洪标准为二十年一遇，除涝标准为五年一遇，灌溉蓄水位 42.5 米。坝顶高程达 45 米，最大坝高 3.3 米，坝顶宽 10 米，坝长 4 100 米。采用黏土铺盖，斜墙防渗，下源坝址贴坡排水。溢洪道设计流量为 175 立方米/秒，控制闸四孔，每孔 4 米。设计灌溉面积 6 万亩，实际达到 3 万亩，旱涝保收面积为 2.5 万亩，其中稳产高产为 2 万亩。工程投资为 45.7 万元。

目前，水面养鱼，两岸植树，并备有机帆船、小木船 6 只，供捕捞与管理之用。1976 年至 1981 年期间，先后在陈庄、巩楼、老杜庄建设 165 千瓦电力排灌站 3 座。故黄河蓄水工程是在无设计论证的情况下兴建的，1978 年由沈济椿、纵丰田重补设计资料上报省水利厅。国家主导下的故黄河蓄水工程的建立一方面有效改善了管粥集村一带旱涝灾害频发的状况，另一方面显著改善了村庄的农业灌溉状况。

2. 村庄灌溉工程

在井灌方面，据水文地质勘探和打井实践，萧县地下水资源较为丰富，埋藏浅，开发容易，水质较好，是发展井灌抗御干旱的基础条件。

萧县的井灌事业始于 1952 年秋，打土砖井 84 眼，五十年代末到 1966 年前，仍以土砖井马拉水车灌溉，效益较低。1966 年全县开始打机井 48 眼，配套柴油机 7 眼，次年发展到 220 眼，其中用电机配套 130 眼。随着农业生产的发展，全县电机井逐年增加，到 1981 年全县电机井增至 12 321 眼，其中山区深井 61 眼，平原深井 216 眼，已配套机井 7 823 眼，占机井总数 63%。架设并灌线路 1 765 公里，修建井渠 475 公里，盖井房 2 442 间，加盖 11 300 多眼。是年，打畦田 12.3 万亩。井灌面积 40.4 万亩，占全县灌溉面积 69.39 万亩的 77.6%。具体到管粥集村，全村井灌覆盖面积已经超过 7 成，机井超过 20 口。

而在机灌方面，1962 年 4 月，首先在芣集乡建立全县第一座电力灌溉站，装机 3 台，84 千瓦。受益面积 2 500 亩。六十年代中期，广泛兴建机、电灌排站，到 1983 年全县共建机电站 72 处，其中：

电力站 31 处，装机 44 台，2 041 千瓦，设计受益面积 9.2 万亩，达到 6.8 万亩，单灌设计面积 4.96 万亩，达到 2.51 万亩，排灌结合保证灌溉面积 3.73 万亩，其中稳产高产田 3.5 万亩。机械站 51 处，装机 84 台，2 025 马力，设计受益面积 4.75 万亩，达到 3.44 万亩，单排设计面积 1.09 万亩，达到 1 万亩，单灌设计面积 3.67 万亩，达到 2.39 万亩，排灌结合面积 0.49 万亩，达到 0.35 万亩。保证灌溉面积 1.81 万亩，旱涝保收面积 1.45 万亩，其中稳产高产田 1.17 万亩。[1]

从管粥集村来看，机灌覆盖面积达到 5 成耕地，和井灌一起实现全村耕地的全覆盖，全村的基础水利设施在政府的大力建设和引导下焕然一新。

（二）村庄公共空间推陈出新

1949 年之前，庙宇、水井、石磨、晒场都是管粥集村村民重要的公共空间。这些公共空间有自身基本的功能，例如庙宇是村民重要的祭祀拜祭场所，水井提供给村民必不可少的生活用水，石磨用于对粮食进行初步的加工，而晒场用于晒干粮食。村民在开展这些生产生活活动之余，在这些公共空间相互沟通学习，强化了彼此之间的情感。随着时代的变迁，尤其是改革开放之后，这些公共空间的基本功能正在逐渐丧失。早在 1949 年之前，管粥集村中的庙宇便因为疏于管理和修缮，原本众多的庙宇都遭到破坏而彻底成为历史，再加上社会大环境的稳定，村民对神灵的需求趋于减少，虽然有少数上了年纪的村民提议重建火神庙，但是大部分的村民对此事都不热情。

对于重修庙宇，管粥集村张大臣老人的观点颇具代表性。他认为庙宇是一个村庄的凝聚力所在，是一个村庄的根。打工经济盛行的今天，年轻人的乡土情结越来越轻，追求美好的生活没有错，但是也不应当忘本，丢了自己的根。火神庙曾经是管粥集村中最具代表性的庙宇，火神庙的重建就是为了重拾管粥集村昔日的荣光，让村民团结起来，凝聚起来。然而，管粥集村中老人们重建火神庙的愿望至今依旧落空，村民宁愿花大价钱修建其自家的房屋，也不愿意出钱修建这个庙宇，火神庙的重建工作只得搁浅。

和庙宇类似，水井、石磨和晒场的基本功能被自来水管道、研磨机器以及硬化道路所代替，只有上了年纪的村民才知道原来水井和石磨的位置，知道曾经哪个位置是最热闹的人场。村民在公共空间聊天打牌的需求依旧存在，这时候村庄的十字路口、商铺门口的屋檐下、商贩搭建的临时雨棚成为村民的新兴公共空间。

---

[1] 萧县地方志编纂委员会编：《萧县志》，第 147—148 页。

第三章 村庄经济形态与实态

传统时期的管粥集村"一家一户"是村落中土地经营的基本单位,但家族、村落在单家独户的生产生活经营当中依然发挥着重要的作用。本章将从生产能力、产权、经营、交换、分配、消费、继承等七大关系入手,全面剖析和再现管粥集村的经济形态与实态,及其从传统走向现代化过程中的经济变迁历程。

第一节 人与土地、生产能力

对于管粥集村村民来说,土地、劳动力和生产能力都是开展农业生产和再生产的必备条件,三者影响着村民的生产经营绩效。本节将从人与土地的关系、人与生产能力的关系等两个主要方面展示传统时期管粥集村的基本经济概况。

一、人与土地的关系

人地关系是理解传统时期管粥集村小农经济形态的一把钥匙。人地关系可以从"土地类别、人地关系以及生产规模"等三个方面来考察。

（一）土地类别

1949 年之前,在管粥集村,村民耕种的土地皆为旱地,没有水田、坡地或山地等。根据管粥集村村民张大臣、李超等人的介绍,村中的连片土地或者说村里面土地多的农户很大部分的土地都是祖上传下来的,还有部分发家的村民从其他的村民手中买来土地。

　　管粥集村村内近八成的土地都归农民私人所有。一个值得一提的现象是不在村的地主在村内购置了至少五成的耕地面积，他们的土地平时由村内的亲友代管，而在村地主的土地占比不到一成，用村民的话来说，在村里面住的地主都是小地主。

　　另外两成的村庄土地属于村庄的公共土地，具体有宗族所有的公共土地和村落所有的公共土地。表3-1就展示了传统时期管粥集村村内土地的各种类型状况。自耕农所有的土地占全村土地的两成左右，地主所有的土地占全村土地的比重接近六成。

表3-1　新中国成立前管粥集村村内土地类型一览

土地所有者	土地面积	上等地面积	中等地面积	下等地面积	面积占比
在村地主	270亩	130亩	70亩	70亩	8.5%
不在村地主	1600亩	未详	未详	未详	50.2%
自耕农	700亩	未详	未详	未详	21.9%
宗族共有	120亩（包括陵地、老陵地）	20亩	60亩	40亩	3.8%
村落共有	500亩（包括无人耕种的荒地、义地、庙地、道路、水沟等）	未详	未详	未详	15.6%

资料来源：以上数据皆根据张大臣、赵启蓝等老人估算所得。

（二）人地关系

　　1949年之前，管粥集村的人地关系呈现出"人多地少，兼业普遍"，"聚落之间土地差异较大"以及"耕地逐渐向大户集中"等特点。

1. 人多地少，兼业普遍

　　由于村中的土壤贫瘠并且小麦的产量远远不如南方水稻的产量，还经常遭遇自然灾害，根据管粥集村村民赵启蓝、赵忠义等村民的估算，一个五口之家至少要有25亩的耕地才能勉强依靠农业养活自己，也就是说人均至少需要5亩的耕地才能满足生存所需。以管粥集村下辖的赵楼自然村为例，在新中国成立前该自然村超过4成的农户耕地面积不足5亩，超过8成的农户耕地面积不足20亩。另据受访者回忆，新中国成立前全村65户农户中，只有6成农户保有耕牛，具体土地耕种情况见表3-2。

　　在土地不足的情况下，村民除了依靠租佃，只能通过外村打工、做小生意才能维持温饱。有手艺的农户生活境况要好一些，可以通过农闲的时候做手艺活赚钱。村里面的油坊、豆坊都是比较富裕的人家才开得起，一般条件的农户没有这个条件。

表3-2 新中国成立前赵楼自然村各户土地耕种状况

耕种面积（亩）	户数	占比（%）
0	12	18.46
1—5	16	24.62
6—10	10	15.38
11—15	5	7.69
16—20	9	13.84
21—25	6	9.23
26—30	1	1.54
31—40	1	1.54
41—50	1	1.54
51—80	0	0
81—100	2	3.08
100以上	2	3.08
总计	65	100

资料来源：根据赵楼自然村村民张大臣、王福来口述整理。

2. 聚落之间土地差异较大

根据管粥集村村民李超、薛传明等人的介绍，管粥集村下辖的四个自然村在新中国成立前贫富差距明显，一个直接的表现是管粥集自然村村民占有的土地超过了赵楼自然村、许楼自然村、耿楼自然村占有的总和。

对此，管粥集村村民薛传明谈道：

> 新中国成立之前，管粥集的人口最多，拥有的土地也最多，旁边的赵楼、许楼、耿楼周围很多地都让管（粥）集的人买走了。以前农民赚了钱攒了钱就想着买地，周围的地虽然贵一些，但是离家近，所以一有卖地的，管（粥）集的富裕户就过来买，一家买不起就几家亲戚一起凑钱买。管（粥）集的人之所以更富裕，是因为有个集市，过来做买卖的人多了，村民也能得一些便宜，赚一些钱。

3. 耕地逐渐向大户集中

表3-3和表3-4分别展示了新中国成立前管粥集村部分村民土地占有和耕种的情况。根据村民张大臣、薛传明等人的介绍，村中至少六至七成的土地都集中在地主等

较为富裕的大户手中,有近一成的村民没有土地或者土地仅有数亩而难以依靠农业来维持基本的生活。另外,管粥集村村内土地占有的分化情况仍在不断加剧,也就是说集中的趋势并没有扭转,尤其是连年灾害的时期,经营难以维持的村民只能通过出卖土地来维持生计。

对此,管粥集村村民李超谈道:

> 过去富裕户赚了钱就攒着,等到一般的人家遭了灾或者急需用钱就把这家的土地买过来。富裕的农民越来越富裕,地越来越多,穷的农民越来越穷,地越来越少。

表3-3 新中国成立前管粥集村部分村民土地占有情况

村民姓名	在村内占有的土地亩数	上等田（亩）	中等田（亩）	下等田（亩）	在村外占有土地亩数	占有土地的来源
赵祖武（地主）	150	80	40	30	60	村内土地皆为祖上传下来的,外村土地皆购买而来交由外村亲戚管理
宗文焕（地主）	120	50	40	30	80	村内土地皆为祖上传下来的,外村土地皆购买而来交由外村亲戚管理
廉美堂（富裕中农）	60	10	20	30	5	上等地、中等地由祖上传下来的,30亩下等地是开荒得来,外村的5亩地是购买得来,自家管理
薛传明（富裕中农）	57	15	10	22	8	15亩上等地由祖上传下来的,中等地购买而来,下等地一部分购买一部分开荒得来,外村8亩购买得来,自家管理
程保民（富裕中农）	47	10	18	19	0	上等地是父辈传下来的,18亩中等地是购买而来,19亩下等地,10亩开荒得来,9亩购买得来

表 3-4　新中国成立前管粥集村部分村民土地耕种情况

村民姓名	家庭人口数	家户耕种土地总亩数	家户占有土地亩数	租佃土地亩数
王传喜	8	10.5	5.5	5（村内）
崔庆云	6	10	4	6（村内）
薛鹏飞	7	11.7	2.7	9（村外）
薛鹏翔	9	16	13	3（村内）
宗玉德	6	14	8	6（村内）

二、人与生产能力的关系

农业生产水平是和农业生产能力息息相关的。本部分将从"劳动力与劳动分配、劳动工具"等两个方面去展示传统时期管粥集村的生产能力及其关系。

（一）劳动力与劳动分配

传统时期，家庭劳动力是不可或缺的生产要素，并在此基础上管粥集村村民形成了特别的劳动力观念及其关系。

1. 强劳力与弱劳力

在管粥集村，对一个普通家户而言，家中的老老少少男男女女都可以视为劳动力。只不过 12 岁以下的孩子、70 岁以上的老人、智力或身体有残障或者有严重疾病的家人不能算作劳动力。

劳动力的区分主要有三个维度：

第一个维度是性别维度，也就是男女劳力。在年纪相差不大的情况下，一个正常的男劳力可以顶一个半的正常的女劳力，这一点在换工的时候最能体现。通常都是男劳力一天换男劳力一天，若是女劳力换男劳力，女劳力一天半换男劳力一天。

第二个维度是年龄维度。年纪在 25—35 岁之间的劳力，不论男女都是家庭中最优质的劳力。这个年纪的村民不仅农业技术已经基本掌握并且处于青壮年期精力充沛，而 12—25 岁之间的劳力经验不足，35 岁以上的劳力体力跟不上。

第三个维度是技术维度。一个熟练掌握农业技术的男劳力或者纺纱织布水平高超的女劳力都比年纪差不多的劳力更强，技术工可以顶一个半甚至两个差不多年纪同样性别的劳力，这方面在觅大领的时候最为突出。

管粥集村村民张大臣就谈道：

> 附近的村庄陈洼村就有一个大领，祖籍山东，名叫楚得明。他掌握高超的驯马技艺，颇受东家重用，每年工钱高达 4—5 石麦子，是普通大领工钱的两倍。

2. 劳动力与劳动时间

依据管粥集村村民的描述，具体到一年来说，每年的 5 月到 6 月，9 月到 10 月是村民传统的农忙季节。5 月到 6 月这段时间冬小麦已经成熟可以收割并且要种下高粱等杂粮作物。9 月到 10 月杂粮已经成熟可以收割并且要深翻土地播种冬小麦。每年的 7 月到 8 月和 12 月到来年的 1 月是传统的农闲季节。田地的事情不多，气候也更为恶劣，要不就是炎炎夏日，要不就是大风骤雪，村民们利用这段时间既休养生息，从事一些副业，又饲养牲口、维修农具等，为农忙季节做好充分的准备。

具体到一天来说，农闲的季节，时间相对宽松，并且天气也比较极端，除了要出门赶集或者饲养牲口需要起早，5 点到 6 点就起床，气候寒冷的时候村民一般 7 点左右才起床，气候炎热的时候 6 点左右起床，一般在 9 点到 10 点就睡觉，夏天相对晚一些。农忙的季节，时间比较紧张，村民们在 5 点到 6 点起床，稍微吃点早饭就下地干活，非常忙的时候中午不回家吃饭。家中的妻子或者孩子送饭到地里吃，等到干到天黑尽了，看不清楚地了才回家，这时候一般在 7 点到 8 点之间。

农闲的时候碰上下雨的天气一般选择不出门，但是若是天气很恶劣，村民们担心地里面的庄稼也要前往查看才能放心，并且农闲的时候往往是自然灾害频发的时候，所以村民们也要悬着一颗心度过每一年的农闲季节。农忙的时候碰上下雨往往是珍贵的雨水，村民不但不刻意避雨，反而非常高兴更有干劲，下了雨之后的地也更好耕作，村民们抓紧时间翻耕土地，不过碰上下雨天也不全然是好事，收割和晒麦子的时间要推迟或变更。

3. 劳动力与家户分工

根据管粥集村村民赵启蓝、崔庆芳、赵忠义、王传铭、廉培云等人的回忆与介绍，1949 年之前，一个家户中男劳力的主要精力放在家庭之外的劳作上，女劳力的主要精力放在家庭之内各项烦琐的事务上。

男劳力的工作内容主要分为三类：

第一类是家庭内部的需要体力的重度劳动或者需要一定技术的劳动。包括把成捆的木柴、秸秆或者高粱秆等用牛车运回家并放置在院子的角落中，并且木柴还需要砍伐，拿着家中的水桶去附近的水井挑水，然后倒入家中的大水缸中。

由于要满足一家人以及牲畜的饮水需求，家中的男人们经常每天一大早就出门挑水，把水缸装满水后才放心出门干活。若是房屋需要修补，男人们还要爬上屋顶之类的地方修补漏风漏雨的破洞。喂养牲口是一项技术活，男人们更了解牲畜的习性并且常常晚上爬起床来给牲畜添加草料，只有吃了夜草，牲畜才能长得更为强壮。

第二类是田间的劳作。以往家中的女人通常是不下地的,因为女性普遍裹脚,出门对她们来说都是困难的,更别提下地干活,并且也与地区的风俗不相符合。

男人们领着牲畜深翻土地,播种施肥浇水,等到收获的季节将牛车拉来,将成捆的小麦用牛车运回家中,选择天气好的一天去晒场用石磙脱粒,然后用麻袋将晒干的麦子装起来运回家中。这些劳动过程若是家中男劳力不足,普通村民可以请来自己的亲戚朋友帮忙,但是一次时间一般不超过半天,富裕村民就请来长工或者短工帮忙,通常也不会让家中的女性插手。

第三类是外出从事一些副业。比如新中国成立前很多村民在完成本家的秋收工作之后就带上镰刀去外村找短工的工作,帮助富裕户收割小麦,或者去集市上赶集做点小买卖。若是家中的男劳力有铁匠、木匠等手艺,那么忙完田地的事情,尤其在农闲的时候他们就专门干铁匠、木匠等,做出来的手工品在村内的集市卖不完,就到远处其他的集市上赶集贩卖。

而女劳力的工作内容主要分为三类:

第一类是家中的各种家务,包括缝缝补补的工作,洗衣服洗碗扫地,做菜做饭,看管和教育年幼的孩子,等等。

第二类是给家中男人当助手。比如帮忙把家中的豆子拿到石磨那里研磨,女主人也逐渐学会使唤驴等小牲口,让它们磨豆子,农闲的时候去帮忙看青,去照看房前屋后的棉花苗,及时浇水施肥,不被周围顽皮的孩子搞破坏,等到成熟的季节和家中的男人们一起采摘棉花,等等。

第三类是纺纱织布。织布是农村女人必须学会的一项技能,家中的女孩儿12岁母亲就开始教她们如何纺纱织布。家中的女劳力闲下来就坐到织布机前开始织布,先把棉花纺成线,再把线编织成粗布,然后为家中缝制新衣。若是有多余的布匹还可以拿到集市上去出售,补贴家用。

另外,父母会让家中的男孩们去私塾或者学堂读书。

在管粥集村,父母希望每一个儿子都能把书念好,当大官,不需要再在农地上辛苦干活,所以读书的孩子不需要再帮家里面干活。虽然可以免于劳作家务,但是很多贪玩的孩子们反倒愿意在地里面帮忙,他们帮着父亲去地里面除草、看青,喂养牲口,看管牛马,有时候跟着父亲去集市上做小生意,见识世面。对于这样的小孩父母多是无奈,上了几年书,学习了基本的汉字和算术之后父母就不再强迫孩子去念书了。但是若是有愿意继续念书的,父母仍然支持其念书,将来至少可以谋个先生的职业。

4. 劳动力与麦作规模

根据管粥集村村民赵启蓝、王传铭、张大臣、崔庆芳等人的回忆与讲述，1949年之前，一个家户中的劳动力和家户所经营的土地是比较均衡的。即使家中的客观条件、劳动力数量和占有土地的面积不相均衡，村民也会做出相应的调整尽量使得两者达到一种均衡的状态。

根据村民的估算，土地和劳动力之间是存在一定比例关系。具体关系如表3-5所示。

一个五口之家，若是家中只有5亩以下的土地，那么家中至少有1—2个劳动力闲置，这时候村民在忙完自家田地的耕种之后就要去外面寻找工作机会。例如当长短工、帮忙看青、做小买卖等，基本是农忙的时候总时间大约1—2个月在家帮忙干活，其他的时间在外面打工干活。出去的多是家庭中成年的儿子们，当家人也可以出去，但是家庭事务多，当家人在外找事情干也是去距离近的村子，儿子们可以到城里去找事情做。

若是家中经营20亩以上的土地，那么富裕的农户往往要在农忙的时候临时雇佣4—5个短工，或者在家中长期雇佣1—2个长工，长工一般是知根知底的人，以本村人为最佳，短工不论本村外村，只要能干吃苦就行。长工使用的农具一般是雇主家的，而短工往往自带小农具如镰刀等，大型的农具都是雇主家的。长工和短工都由雇主家管吃的，长工还会住在雇主的家中，富裕农户经营的土地多是好田。若是本村的下等地或者外村购置的田地往往租佃出去。

表3-5　新中国成立前管粥集村农业劳动力需求状况

农业面积（亩）	每天至少需要的农工数量（人）
5以下	2—3
6—10	4—6
10—15	6—7
15—20	7—8

（二）劳动工具

劳动工具是管粥集村村民从事农业生产的基础。据管粥集村村民介绍，传统时期村民保有的劳动工具主要分为两类：一类是物理性的劳动工具如犁、锄头等，另一类是生物性的劳动工具如耕牛等。围绕这些劳动工具村民之间也形成了一定的社会关系。

1. 物理性生产工具的使用及其关系

（1）概述

根据管粥集村村民的介绍，传统时期管粥集村村民保有的主要农具如表3-6所示，根据耕种、田管、运输、收打、加工等五种不同的用途对农具进行了大致分类。

表3-6 管粥集村旧式生产工具一览

用　途	名　　称
耕种	犁、耙、耧
田管	锄头、抓钩、铁铲
运输	独轮车、双轮车、太平车
收打	镰刀、石磙、杈锨、搂耙、扫把、镢头、铡刀
加工	油榨磨、粉磨、豆腐磨

管粥集村村中的生产工具大部分属于私人所有，只有几家血缘关系近的、邻居或者关系要好的共同购买和使用一些大型农具。共同购买的时候谁家用得多就多出钱，谁家经济条件好一些就多出一些钱，村民不会太计较完全平均出钱。要是过于计较就不一起购买农具了，共同购买的农具平时就放在出钱多的农户家中，谁家有需要用说一声就拿去使用。

对于一些穷村，共用农具的情况更为普遍。

学者胡希平在1934年11月发表的《徐海农村病态的经济观》一文中形容了苏北一带耕地的缺乏和工具的简陋："现在徐海各县，所用农具仍系百年来的旧式用具。据省立铜山民教馆调查，八里屯二百二十七家农户，平均三户使用一牛，两户合用一骡，九户合用一辆大车，五户合用一件犁耙。这个结果，虽不能代表整个徐海各农村如此情况，吾恐相差亦属有限。还有最足令人心痛者，乃一般贫农。即车牛而俱无，每值耕种，只好拿自己的劳力去和富有的农家调换车牛。"[1]

（2）犁的使用及其关系

传统时期，在管粥集村，用于耕种的农业工具包括了犁、耙和耧。犁由7个部分组成，犁柄、下弯的犁辕、平座、直柱、柄销、犁板和犁铧。犁板和犁铧是用生铁制成，其他部分用木头做成。犁用于整地和播种，用于播种的时候犁板会取下来。

一方面关于犁的来源与维修。犁由把犁人操纵，由一犋牲口牵引，一犋是三头牛。村里面能够拥有一犋牲畜的农户只有部分中农还有地主，八成以上的农户只能喂得起一头牛或者一只驴，没有一犋牲口的农户会联合起来形成合犋。三头牛效果最好，最常见的是两头强劳力带一只弱劳力，即两头牛和一只驴。最贫困的人家要是不选择合犋，只能用人力代替牲畜去耕地或者用人力去换牲畜。

管粥集村村民介绍犁是村中的铁匠打造而成，价钱在30元左右，价值相当于450

---

[1] 胡希平：《徐海农村病态的经济观》，《农业周报》第3卷47期，1934年。

斤麦谷。一把犁可以使用20年时间。村中凡是有5亩以上土地的村民都会购置犁,没有土地或者耕地很少的农户不会购置犁。犁比较结实,出现损坏的情况很少,要是用久了出现磨损,村民就去村里面的铁匠铺子进行维修,爱惜的村民每年农忙前就去铁匠那里维修一次。只要是本村的村民过来简单维修,铁匠都不收钱财。

另一方面关于犁的借用与共用关系。犁是村民常用的工具,村里面土地较多的农户家中都购置了犁,而地少的农户就没有单独购置犁。他们选择2—3家一起购置犁或者在农忙的时候向村民借用。由于犁集中在农忙播种的时候使用,平时偶尔使用,因此依靠借用也可行。一般分家的兄弟之间共用犁的情况最为普遍。

其次是邻居之间共用犁,他们采取平摊购置费用的方式购买犁。比如三家共用犁,那么三家平摊购买的费用,或者其中一家出钱更多,这样平时犁就放在这家,其他两家需要使用的时候打声招呼就能拿过来使用。若是使用中出现损坏的情况,要是小修小补,单家就能解决,要是需要花钱维修,几家平摊维修的费用。

借用犁比共用更为普遍,借用时选择自己的邻居或者直系亲属借,一般不向地主等大户借,攀不上这个关系。借用犁时当天借当天还,很少有过夜的情况。一方面使用的时间一般不超过一天,即使超过一天也要先还回去,还回去的时候约定好第二天再来借。借用犁的过程中若是出现损坏的情况,借用者就要去维修好,若是产生费用自己承担。实际损坏的情况很少,使用过程中农户也自觉爱护这个工具,不去损坏它。

(3) 耙的使用及其关系

耙是平整土地的另一种农具。耙是一个牢固的长方形木框,上面有23个铁齿,两根木横撑连接木框的两边。耙用来打碎田地中大块的泥块,在犁过的田地里松土。春天的时候土地要是不需要深耕,耙可以代替犁用来耕地。要是需要深耕,让泥土能够保留住更多的水分以利于作物的生长,农民会在耙上放上大石块或者干脆让小孩站在上面。

耙的来源与维修。耙的价格远低于犁,价格在5元左右,价值相当于75斤麦谷,使用时间为10年。和犁一样村民们可以从铁匠那里直接购入,耙的价格低,所以但凡有自己土地的村民都会购置耙,没有土地或者在外做工的村民不会购置。

耙若是出现需要维修的情况,一般经验丰富的农户自己就能维修。要是自己维修不了就拿到铁匠那里维修,一般同村铁匠不会收钱,只有在铁齿受损严重需要全部更换的情况下收一些材料的费用。

耙的借用与共用关系。传统时期,管粥集村中普通的农户生产工具都是不齐全的,相互之间借用工具非常普遍,耙也是经常借用,借用工具时村民也会遵循一些顺序:

首先是借用本家本户的兄弟或者直系亲属家的，血缘关系使在这里随时借个工具很自然。其次是邻居，只要邻居有且没有在使用就会借，距离近借起来很方便，平时抬头不见低头见，交情摆在那里。再次是自己的好友，邻居那里正好在使用，就舍近求远去好友家借。最后是村里面"有点啥的"农户，也就是比较富裕的农户。只要对方工具正好空闲着，就可以借到，并且富户家里面的农具也是最为齐全的。

（4）耧的使用及其关系

和耙类似的一种农具是耧。耧由一根木条和许多灌木树枝做成。灌木树枝上的横条可以让赶牲口的人站在上面以产生平整土地时需要的压力。这是一项有技术的工作，村民需要时不时把耧提起来，这样可以避免下面的泥土堆起来。

经验丰富的农民可以通过把重心从一只脚换到另一只脚，使得耧两边前后摆动，这样一来就可以让泥土不容易形成堆积。要是人的运动、耧的运动和牲畜的步伐形成协调的节奏就说明这个农民种地是个"扛把子"。耧用于播种后拉平犁沟使得种子能够被泥土掩埋，管粥集村中很多的土地为泥沙地，这样的土地大的泥块少，所以村民可以用耧来平整土地。

一方面关于耧的来源与维修。耧的价钱和耙接近，也在5元左右。村民从村中的木匠那里购买耧，但凡有地的村民都会购置耧。要是地少且土地沙子含量高不易形成大泥块，村民会在耙和耧中选择一种购置，不会都买，没有土地或者在外做工的农户不会购置。

另一方面关于耧的借用与共用关系。耧在农忙的时候是个常用的工具。若是正好手头的农具损坏了，村民就去借用农具。在借用的过程中出现农具损坏的情况，要是农具的主人和借用人是亲戚，借用人会去木匠铺进行维修，产生的费用自己负责；要是农具的主人是富裕户，借用人会向富裕户说明情况，富裕户自己会去木匠铺修理，费用自己承担，只要借用的农具不是借用人故意弄坏的，借用人不需要承担维修的费用，也不会影响自己和富裕户之间的关系。耧的价值不高，共用的情况比较少见，大部分的家庭都有，即便贫困的家庭也能够勉强负担。

（5）锄头的使用及其关系

管粥集村村民用于田间管理的农具包括锄头。锄头分为两种，一种锄头用于把田里的大泥块打碎，没有犁或者牵引牲畜的贫穷的家庭在种甘薯时也用锄头造垄脊，这种锄头由两部分组成，木柄和铁头，铁头的刀片靠近棍柄的地方厚，向刀刃的方向变薄、变宽。另一种锄头专门用于锄草，一般简称为锄，相比打碎泥块的锄头，它的个头更小，刀刃更窄更锋利。

一方面关于锄头的来源与维修。这两种锄头的价格都在2—3元之间,价值相当于30—45斤麦谷,第一种锄头更贵一些。但凡是有田地或者菜园的农家都有锄头,这种农具便宜且实用,在村子里面最为普遍。在每年收获或者犁耕季节来临之前是铁匠最忙碌的时候,铁匠光是承担本村的业务就很忙碌。若是铁匠劳力多就会让他们去邻村承担修理或加固铁质农具或钢制农具的任务,可以赚一些钱补贴家用。

另一方面关于锄头的借用与共用关系。锄头不仅用来田间劳作,而且修屋建房时都要使用到锄头,并且锄头的价格便宜,但凡农民家庭,无论贫穷或是富有,家家户户都有锄头,村民只要在需要数把锄头同时干活的时候才向周围的邻居或者自己的直系亲属借,同样是当天借当天还。锄头没有几家共用的情况,价格便宜,不需要凑钱一起购买。

(6) 石磙的使用及其关系

据管粥集村村民赵启蓝、张大臣等人介绍,麦子收上来需要完成脱粒的工作,石磙这时候能够派上用场,石磙表面光滑,两端中部有凿子凿出的圆套窝。石磙在使用的时候套上弓形的横木,在横木的两端,两个硬木做的销子松松地插入石磙上的套窝成为轴,绳子系在横木的中间,牵引牲畜用绳子拉石磙,牲畜一般是驴或者马。技术好的农民用石磙脱粒一遍就行了,而一般的农民需要2—3回才能完成彻底的脱粒。

一方面关于石磙的来源与维修。石磙是从石匠处直接购买的,或者从附近的采石场购买合适的石头请石匠上门制作石磙。普通的石磙在40元左右,价值相当于600斤麦谷,要是是脱粒效果更好的波浪石磙,价格可以达到50元,价值达到750斤麦谷,村中只有中农以上的农户才会拥有石磙。

另一方面关于石磙的借用与共用关系。由于石磙使用的时间不长并且主要是农忙的时候使用,村民之间互相借用比较普遍。借用石磙一般都是当天借当天还的,借的时间最普遍是半天时间,要是农忙的时候自己这边用完就要尽快还回去,要不然耽误对方的农活,要是借的时间超过一天的,需要在借工具的时候就和工具的主人家说好,大概要借多久,什么时候能够还,要是事先说好了没有及时还,或者耽误时间过长让主人家亲自上门来问就会显得很尴尬,不够诚信。要是借的是亲戚的或者好朋友的,赔礼道歉一下就行,要是借的富裕户的,以后再想借对方可能就不愿意再借。石磙共用的情况也存在,一般兄弟之间凑钱买石磙,等到用的时候谁时间方便谁先用,并没有特别的时间先后顺序,当然要是石磙闲置下来也借给其他的村民用,首先保证自己的农活完成。

(7) 肥料的使用及其关系

在传统时期的管粥集村,肥料是生产工具之外保证产量的必要物品。在生产力低下的年代，肥料的多少直接决定了产量的高低。在管粥集村，南地多为沙土地，土壤十分贫瘠，开荒的村民只有放大量的肥料才能保证收成。

关于肥料的来源。

肥料的第一种来源是人畜的粪便。管粥集村村民会将人畜的粪便认真地收集并保存起来，在前庭或者后院的角落里，村民把旱厕和临近的猪圈用墙和篱笆围起来，朝院子开门。

管粥集村村民张大臣就谈道：

> 旱厕是厕所，所有的粪便、牲口棚子里面的废料以及外面的废料都放在里面，包括一些杂草和乱树枝，甚至厨房里、锅灶里的灰也要全部保存在这里。旱厕放满之后，里面的全部废料就运到院子里专门留出的空地上，用一层泥土覆盖起来，这样做是为了让废料发酵，经过发酵的粪便才是最好的肥料，可以长出旺盛的庄稼，这些是老祖宗传下来的经验。播种的季节到来时，村民将粪便砸开，让混合物在太阳光的照射下变干，然后制作成粉末用太平车等运送到田里。

肥料的第二种来源是豆饼。

大豆的油榨出来之后，残渣做成豆饼，豆饼不仅可以用来做肥料，还可以作为牲口的饲料，做肥料的时候村民会将豆饼和堆肥混合起来使用。要是只用豆饼是奢侈的，一般的村民负担不起，而且混合肥的效果并不亚于单纯使用豆饼作为肥料。村子里面使用绿肥很少，黍秆、花生或者甘薯的藤蔓以及各种草料都要用作牲畜的饲料，茅草用来盖屋，麦秆、玉米秆、高粱秆要是直接用来当肥料太过浪费，可以当成柴来烧，烧完留下的灰可以从锅灶里面挖出来和粪肥混合当成肥料。

关于肥料的借用与共用关系。虽然旱厕或者院子的部分空地堆满粪肥，下雨天的时候气味尤其难闻，但是村民认为空地上有一堆正在发酵的粪肥，再养了几头牲口，这些都代表着家庭的财富，可以引来周围邻居的艳羡，甚至有利于自家的儿子找到好妻子。

正因为粪肥被视作家中重要的财产，所以村民不会随意到其他人家上旱厕，尤其是大便，即便是憋着难受，也要赶紧回到家中解决。要是经常去外面解决大小便，当家人会出面呵斥，告诫大小便应该在自己家里面解决，肥水不流外人田。自家的牲口要是外出，在外面拉下粪便，村民们也会认真把粪便收起来，甚至看见牲畜要拉粪便了就直接用手去接着，不愿意有丝毫的浪费。

村里面的富裕户才可能为了看起来体面一些，不把牲畜在外面拉的一些粪便收起来，节俭的富裕户会让大领去把粪便收起来。中等及以下条件的村民都很珍惜牲畜的粪便，一定要带回去，否则还会被其他村民嘲笑不懂得节俭。一些贫困的村民牲畜少，一有空闲就去路上，发现丢弃没有人收的粪便都视如珍宝赶紧把它们收起来带回家。

2. 生物性劳动工具之耕牛及其合作形式

在管粥集村，耕牛可以视作土地房产之外农户最重要的财产。传统的旱作农法也对耕牛的数量有了更高的要求，这时候大量的村民没有足够的耕牛来耕种自家的田地。村民们主要通过三种形式，解决长期的耕牛匮乏的问题。

（1）合犋及其关系

据管粥集村村民介绍，传统时期，农村土地主要依靠牲畜进行耕作，然而在皖北萧县一带，大量农民生活窘困，少有牛马，难以独立承担繁重的耕种作业，"合犋"应运而生。

农民们一般两到三家在农忙时期联合起来，共用牲畜，互通有无，合犋是管粥集村村民之间在经营合作上最常见的一种形式，村民话语中为合犋。

其一是合犋的原因。

传统时期，管粥集村中大量农民缺乏土地，而只有拥有一定的耕地面积才能饲养起若干牲畜。根据管粥集村村民张大臣介绍，一般来说，要饲养起一只驴，至少需要6亩耕地。饲养起一头牛，需要17—18亩耕地。饲养起一匹马，需要上百亩耕地，"没有百亩田，不跟老马缠"。但与此同时，传统耕种方法要求牲畜数量不低于3头，劳力至少1人。

其二是合犋的形式。

在管粥集村，合犋是临时性的，只有在农忙时期才会合作，尤其是播种时期，其他时候各户自己耕种。合犋一般发生在两户农户之间，也有三户的情况。如果是两户的情况，两户农户各自至少拥有一头牛或两只驴。若是三户的组合，两户农户各自只有一只毛驴，一户农户至少有一头耕牛。合犋作业具有一定的先后顺序。如果是两家的组合，优先耕种土地面积相对少的农户土地。如果相差不大，根据双方土地的方位、前往路线以及农作业准备情况商量决定。要是是三家的组合，优先耕种能够提供耕牛的农户土地。

另外，合犋过程中要使用对方牲畜只需要提前一天和牲畜主人打好招呼，一般借用半天就会归还，不需要喂食牲畜草料。第一次归还牲畜时会给主人家带上牲畜一天的口粮，之后再归还不带。在管粥集村，牲畜借用过程中出现死亡、被盗的情况极少。如果发生主要看牲畜主人的态度以及合犋农户关系亲密程度。若是牲畜主人自认倒霉就不需要赔钱，道歉即可。若是牲畜主人有意见，就请本村有威望、说话公正的绅士前来调解，最多赔给主人家该牲畜市场价的一半。

其三是合犋的成立、终止和回拒。

就成立来说，缔结合犋时只需要口头约定，不进行简单的宴会、仪式，也不必一起吃饭。一般在春节互相走动或临近农忙时进行约定，约定内容包括播种的具体时间和播种的作物种类。合犋口头约定一旦成立，一年之中不能随意中止，只有发生意外事故比如牲畜病故、被盗才会中止。即使一年之中互相之间发生争吵、打架等导致关系不和，也必须坚持到年终。

在管粥集村，合犋的农户之间很少发生争吵，或关系不和。正如受访村民王福来所说："一起搁（合）犋的本来关系就不错，如果后面发生争吵，当初就不会一起合犋了。就算吵架了，为了种好地，也会恼在心里，笑在面上。"

合犋一般维持2—3年，顶多维持10年。有一个孤例：

> 赵楼自然村村民许文清原来家贫，在邻居家做长工，后面在外卖大烟，赚钱置办了土地和耕牛，和邻居维持了20多年的合犋生活，直到新中国成立后的集体化时期才结束。[1]

关于合作的终止，要是农户来年不想和现在合犋的对象继续干了，只需要在对方邀约时默不作声或相互走动时绝口不提合犋事宜，对方自然明白意图，另寻他人合犋。在管粥集村，更换合犋对象是很自然的事情，即便不再合犋也不会影响彼此的关系。

（2）伙养及其关系

依据管粥集村村民张大臣、赵启蓝、赵忠义、赵忠仁等人的回忆与讲述，1949年之前，在管粥集村，耕地需要依靠耕牛，耕牛是强劳力，村中经济条件中等以下的村民勉强能喂一只驴，但是喂不起一头牛。有些村民就商量搭伙养一头牛，可以提前商量好，两家各出一半的钱，农忙的时候两家交叉使用一天或者半天，农闲的时候各自饲养一半时间。

其一是伙养的形式。

在管粥集村，伙养主要有三种形式：

---

[1] 来自张大臣老人的讲述。

一是两家人各出一半买牛的钱，农忙时期两家人交叉使用牛进行耕地。比如甲家耕一天，乙家耕一天，哪家使用，哪家就要负责提供当天的草料。农闲的时候牛由甲家饲养半个月，再由乙家饲养半个月，两家饲养的时间基本相同。

二是一户村民贫困且土地少，就和自己熟悉的邻居朋友商量，根据自己的土地面积出一点买牛钱。比如自家有 2 亩地，每亩产量 100 斤小麦，出的钱就是总产量的十分之一左右，也就是 20 斤小麦。每年交给对方，换取随时借用耕牛的权利。对方承担大部分买牛的钱，相当于两家人一起买一头耕牛。

耕牛都由出大部分买牛钱的农户饲养，农忙的时候，出了一点买牛钱的农户可以去把牛牵过来耕自家的土地，要是碰上耕牛正在使用，出大部分钱的农户有优先的使用权。借出去的牛必须当天用当天归还，归还的时候要带上当晚的喂牛的草料。两家人可以签订纸质的契约，也可以口头约定，不需要中人。

三是两家人是兄弟，分家的时候，两兄弟共同继承一头牛。两家人就共用一头耕牛，饲养的时间也是对半分的，使用的时候，当天谁家使用谁家饲养。

其二是伙养当中的特殊情况处置。

伙养的牛出现生病的情况，要是常见的小毛病，农民成天和牛打交道，都懂一些治小毛病的土方，牛在谁家有点不适了谁家就尝试着治一治。若是土方没有效果，两家人就要一起商量去请哑医，也就是专门看牛、马等牲畜疾病的人，花费的医药费两家人平摊，出钱不均的那种伙养形式，出大部分钱的农户承担全部的医药费。伙养的牛出现灭失的情况，如果是突然暴毙且非人为原因，那么两家人只能自认倒霉。若是出现因一方管理不善，导致牛被偷或者出现坠井等意外伤害，存在过失的一方需要向另一方进行赔偿，赔偿的具体金额由两人自行商定，也可请问事人等从中协调，赔偿金额通常低于死亡耕牛市价的一半。伙养的牛要是生育了小牛，可以把小牛卖掉换钱，两家人平分，要是谁家愿意养这头小牛，给对方小牛市价的一半，就拥有了小牛的所有权。

其三是伙养的成立和终止。

伙养的成立没有专门的仪式，两户愿意伙养的，其中一户提出一起伙养，另一户口头应允，伙养就宣告成立。两户出的买牛钱不一致的伙养形式，伙养的成立可以是口头商量，也可以双方签订契约，主要约定一方每年给另一方多少粮食作为耕牛随时出借的报酬。耕牛在伙养过程中出现死亡则伙养自动宣告终止。主动终止伙养，一方和另一方商量，给予对方补偿，补偿不会超过耕牛市价的一半，不需要中间人协商，两家人商量好就行。伙养终止一般不会影响两家人的关系。

管粥集村村民崔庆芳讲了这样一个事例:

> 1949年之前,在管粥集村,宗姓两户兄弟虽然分家了但是平时交往非常紧密,经常互相串门吃饭,彼此有什么事情也是一起商量。这两个兄弟中的哥哥想要买一头牛,这样既可以用来耕地,也能拉货运东西,但是手头一时间没有足够的钱财买一头好牛,买小牛或者老牛虽然勉强足够但是用处不大,因此他便和自己的弟弟商量一起买一头牛,共同饲养这头牛。弟弟答应了哥哥的主意并且在事前就约定好,两人各出一半的钱,两家每个月轮流饲养牛,若是谁家需要使用这头牛,提前打声招呼就行。
>
> 就这样,两兄弟共同饲养了这头牛,由于哥哥家里面田亩的面积更大,所以哥哥使用牛的时间更长,不过弟弟没有计较这件事,而是按照约定和哥哥分享这头牛的使用权。数年之后,这头牛生育了一头小牛,本来按照正常来说,这头小牛可以卖掉,两兄弟平分,但是哥哥主动提出,小牛就归自己的弟弟所有,自己不需要分一部分小牛的价值。
>
> 两兄弟的和睦引来了周围邻里的艳羡,都觉得这家人家教子有方,兄弟之间能够和气生财,一时成为村里面的美谈。

(3) 帮牛腿及其关系

据管粥集村村民的介绍,传统时期,在管粥集村,甲农户想买牛,但是过去牛贵,买一头强壮的牛需要5石小麦(50斗,也就是1000斤),买一头小牛、瘦牛也需要2石小麦,家里面一时拿不出这么多粮食。甲农户就找处得好的、富裕的乙农户,有时乙农户也会主动提议,乙农户出钱帮甲农户买一头牛,条件是乙农户有需要的时候可以随时免费借甲农户的这头牛耕地。如果牛死了,或者甲农户提出散伙,甲农户就按照买牛的价格还钱给乙农户。

其一是帮牛腿的形式。

在管粥集村,帮牛腿可以是口头上达成约定或者签订契约,出钱的富裕户可以无偿借用耕牛,但是需要当天借当天还。如果两家人时间冲突,拥有牛的一家优先使用。实际中出现时间冲突的情况很少,富裕户在耕牛闲着的时候才会来把牛牵走。归还牛的时候,富裕户会带上牛一晚上吃的草料。帮牛腿的两户人家平时各吃各的,不会专门设宴请客。要是出现牛生病的时候,医药费都由拥有牛的农户承担,要是出现牛生育小牛的情况,拥有牛的农户自然拥有小牛的所有权。若是出现牛死亡的情况,帮牛腿的契约自动宣告结束，拥有牛的农户要偿还给富裕户牛的市价。

其二是帮牛腿的资格。

商量帮牛腿的两户村民都是本村认识的，平时有来往的，双方愿意进行帮牛腿就私下里商量好。不认识的村民之间不会商量帮牛腿，愿意帮牛腿的农户都认为彼此能够信守承诺，不会违约，并且为人好，人老实。没有地的农户不需要耕牛自然不会参加帮牛腿，接受帮牛腿的农户土地都在 10 亩以下，需要耕牛耕地，但是经济条件不足以购买牛，总是借用其他村民的牛又不方便，干脆接受富裕户帮牛腿，达成合作。

其三是帮牛腿的成立和终止。

富裕户主动提议或者想要买牛但是买不起的农户去提出请求，两家农户商量好并购买好牛，帮牛腿就宣告成立。要是出现牛死亡或者达成帮牛腿的两户村民其中一方不愿意帮牛腿了，可以向对方提出，富裕户得到买牛的钱，帮牛腿宣告结束。实际情况中，被帮牛腿的农户攒够了足够的资金就会向富裕户提出终止帮牛腿。

3. 生物性劳动工具之耕牛及其借租关系

据管粥集村村民张大臣介绍，若是家里面有 5 亩以上的土地，村民更倾向于和其他的村民合作耕种、伙养等而不是开口向其他村民租借耕牛。只有土地很少，一般只有 2—3 亩甚至更少土地的村民才会向其他村民租借耕牛。对他们来说，少量的耕地无法养好一头耕牛，并且耕牛只有在农忙的时期才能派上主要的用场，因此考虑向其他的村民租借耕牛。

其一，向富裕村民借。

村民们将中农以上的农户称为"有点啥的"，只有这些村民才能在农忙时期对外出借耕牛，并且他们养的耕牛更为强壮，因为有足够的草料饲养，能够更好应付农忙时期庞大的工作量。另外，若是与这类村民有亲族关系或者居住在附近，则优先选择借他们家的耕牛，一般不会考虑到村外去借耕牛，这样无论借还是归还都过于麻烦，费时费力。

其二，亲自上门借。

在开口向对方租借耕牛之前，当家人必须估量对方是否有富余的牲畜可以出借，以及对方是否好打交道并且和自己平时往来的情况如何，若是对方牲畜本身负担重或者两家人有过过节，这时候当家人只能选择其他的人家。借耕牛时必须当家人亲自去，不允许自己的妻子或者儿子去，除非当家人先前已经和对方的当家人打过招呼了，否则会被对方视作不礼貌而不愿意出借耕牛。

其三，借用的规矩。

借用的时间一般为半天时间，最长一天时间，一天之内必须归还，若是超过一天，则必须在借耕牛时提前和耕牛的主人打好招呼，这样才可以超过一天的时间。若耕牛的主人是亲戚关系，归还的时间也不那么严苛，当家人可以让自己的妻子或者儿子去对方家打声招呼，这样也可以延长耕牛出借的时间。

另外，如果是早上借用耕牛，那么借方要为耕牛提供早上和中午的草料，不需要提供晚上的草料，归还耕牛时，若是亲戚关系且对方没有要求收钱或者用人工换，那么借方也会带来晚上的部分草料作为谢礼。若不是亲戚关系，则不需要带草料，按照约定给少量的钱或用人工换就行了。

若是耕牛出借时患病，耕牛主人就请哑医前来医治，通常费用是由耕牛主人自己支付的，若是有直接的证据证明是借方照顾不周导致耕牛患病，那么这笔费用则由借方来出。耕牛的换工通常是一天的牛力换一天的人力。

以上的规矩村民们都自觉遵守，若是不守规矩，耕牛的主人就不会再愿意出借耕牛给对方了。

第二节 产权与产权关系

土地是农民的命根子，从土地产权的视角可以把握传统农村的经济形态。本节将从土地产权概况、土地买卖关系、土地租佃关系、土地典押关系、土地置换关系等五个方面去考察1949年之前管粥集村的产权以及产权关系。

一、土地产权概况

1949年之前，管粥集村村民的土地都以旱地的形式存在。由于气候水土的影响，村内不存在水田。

（一）产权单位与土地占有

在管粥集村村落范围内，村民的耕地、宅基地属于村民私人所有，老陵（坟地）和老陵地（族田）属于家族所有，村中的道路、官井、庙宇占地、庙地、荒地、义地等都是村落共有的土地。村民部分耕地属于开荒的黑地，村民长期耕种占有，但是没有田契，也不交皇粮，难以公开买卖。河流水、水沟的产权归村落共有。

具体来说，管粥集村传统时期有地主土地、自耕农土地、宗族土地、村落公共土地等四种土地产权占有单元。

1. 地主土地

（1）在村地主

新中国成立前在管粥集村村内只有两户地主，一户是宗文焕，一户是赵祖武。

宗家地主在村内有120多亩旱地，在外村有80多亩旱地。村内土地中80亩位于北地，其中50亩为上等地，30亩为中等地；40亩位于南地，属于下等地。赵家地主在村内有150多亩旱地，在外村有60多亩旱地，其中村内土地80亩为上等地，40亩为中等地，30亩位于南地，属于下等地。

宗家和赵家的全部的下等地和一半左右的中等地租佃给本村的村民种植，一半的中等地和上等地全部由自家经营，不对外出租。在村地主不需要亲自去佃户家收租，佃户在收获之后会将租金的粮食运到地主的家中。两家地主都以农业为主，但都在集市上做小生意，并且在村内开有油坊、豆坊等。

（2）不在村地主

据村民估计，管粥集村中有多达1 600亩的土地属于不在村地主所有。不在村地主中有一户是本村人，姓赵，其他都为外村人，三座楼村、刘套村等的地主都在管粥集村有土地。

他们在村里购买土地后将土地交由村内的亲戚代为管理，土地一成左右由亲戚耕种，免租金作为代为管理的报酬，其他土地全部租佃给村内的村民耕种。不在村地主往往在城镇中设有店铺或者从事商品的贸易等，积累资金后在村内亲戚的介绍下购买了管粥集村村内的土地。

2. 自耕农土地

以自耕农廉美堂为例，展示其家庭新中国成立前土地占有情况。据廉美堂老人回忆，新中国成立前家中有8口人，除了自己，还有父母，哥哥嫂子和侄子侄女以及妻子。

1949年家里面一共有12亩9分土地，都位于村内。其中房前屋后的菜地约有3分，旱地分了五块，南边的旱地两块，一块是6亩，一块是2亩3分，北边三块旱地，一块是2亩，一块是1.5亩，一块是8分地。南边的旱地都是开荒得来，属于下等地，不能种小麦，只能种花生、大豆和高粱，北边的旱地2亩地是上等地，是父辈传下来的，另外两块是中等地，是从村民手中购买而来。购买地的钱是通过做小生意和给人在秋收时收割小麦积攒下来的。

据村民估计，新中国成立前，村中基本没有土地的村民占两成，自耕农占比接近八成，地主只有两户。自耕农中土地占有最多的是一户赵姓村民，占有土地110多亩，其家庭人口有 23 口，最少的土地占有者是一户李姓的光棍汉，家庭 1 口人，有土地 5 亩。

自耕农也有耕种地主土地的情况。一般是家里面劳动力多，种自己家的地劳动力过剩，这时候如果地主愿意把土地租出来，他们就进行耕种。自耕农农忙的时候要是人手不足，若是家底比较殷实，就请短工来帮忙，短工收麦耕地一天工钱大约是 7 升小麦。要是干活好，自耕农会多给一些工钱，短工干活时自耕农也会管饭，管饭可以节约时间，让短工可以多干一些活，缩短吃饭花费的时间。若是连续干几天也会在自耕农家暂时留宿。

3. 宗族土地

在管粥集村，宗族共有的土地主要包括老陵（公共坟地）和老陵地（族田）。

（1）老陵（坟地）

管粥集村村中的大户、老户才拥有老陵，例如村中的宗姓和赵姓两家地主都有自己家族的老陵并建有家堂庙用来供奉先祖。老陵分为坟包和护坟地，分家时坟包不可分割，护坟地即坟包周围的地能够分割。分家单上一般规定老陵保留部分，其他土地几个兄弟均分，保留的部分由几个核心家庭共同管理，去世时都可以葬在老陵中。

在老陵的日常管理上，通常几个核心家庭每年轮流负责对老陵进行耕种，坟包不可耕种，周围的土地可以耕种，轮到的家庭有义务对坟包进行保护，使其不受破坏。老陵地上种的粮食由耕种的家庭收获，不需要分给其他的兄弟。另外，村民在分家时若父母尚在，老陵直接全权由父母经营管理，父母过世后几个儿子分掉一部分老陵，剩下的部分土地轮流管理。

老陵是本家族所有的，因此老陵由本家族的族人继承，家族族人有义务保证老陵不落入外族人之手，外族人不可继承老陵。若是出现极端情况如全家族搬迁到外地或者发生瘟疫等出现绝户的情况，老陵经年累月无人打理就成了村中的荒地。

老陵面积大小和有无是一个家族兴旺与否的象征，因此村里面但凡有势力的家族都有自己的老陵。要是一个家族有族人出人头地了，那么这个出人头地的族人便会为自己的家族购置一块土地作为家族的老陵。为了显示家族的势力，势力越大的家族便会拥有面积越大的老陵，这样一来就可以彰显本家族的实力，让村里面其他家族的人不敢造次。若是外族故意破坏老陵势必引发整个家族的责问和反抗。

只要是一个家族的族人，无论是贫农还是富农都有权利葬在老陵中，但是由于富农家庭生活条件好，土地多，一部分族人就选择在其他的土地上安葬，而不是挤在老陵中。贫农家庭地少，他们更愿意葬在老陵中，富农也不去争抢，甚至让给地少的家族成员，自己另辟地点。

（2）老陵地（族田）

在管粥集村，老陵地和家堂庙是一同存在的，村中两户大户宗家和赵家都拥有自家的老陵地和家堂庙，老陵地也就是家堂庙的庙地。

赵家的家堂庙有 20 亩左右的庙地，租种给本族人，一半的收成用于清明节家族祭祖的费用，另一半的收成归耕种者所有，村中土地包括庙地皆为旱地。老陵地由家族中的长者也就是族长直接管理。老陵地的最主要的用途是支撑家族的祭祀活动，尤其是每年的清明节，家族举行坐庄会，族长还代表全村到老庄子参加老庄子举行的坐庄会。除了祭祀，家堂庙若是需要修缮或者族谱需要续谱，族长从地租中支取，若是资金不足则向族内募捐，筹集相应钱款。

老陵地是伴随家堂庙的建立而形成的，而家堂庙的产权属于一个家族，因此老陵地也是由本家族的族人共同继承的。老陵地虽然由本家族的某户人家或者外家族的村民耕种，但是产权的归属仍然是这个家族。虽然老陵地由家族的族人共同继承，但是日常的管理和支配是由家族的族长来具体实施的。在管粥集村，随着家堂庙的逐步衰败，家族能人再无力重整旗鼓，凝聚族人，与家堂庙相伴而生的老陵地也被族人变卖，不再是家族的土地。

另外，老陵地与家族整体的实力有直接的关系，与家族中某一户经济状况的好坏没有直接的关联，但是家堂庙包括老陵地的兴办都是由本家族的能人——一般是有官爵名位或者经商等发家的族人带头的。在老陵地的使用上，优先会给家族中的贫农家庭耕种，这样起到荫庇族人的作用。同时，家族中的富农家庭也会主动让出老陵地，让家族中的穷人来耕种以满足基本的家庭需要。

4. 村落公共土地

新中国成立前属于管粥集村村民共有的土地主要分为三类，包括庙地、义地和荒地。

（1）庙地

以管粥集村的火神庙为例，火神庙建设的资金主要来自宗家地主。他是庙宇的山主。庙主是一个道士，平时就居住在火神庙中，负责庙宇的日常管理。要是庙宇需要修葺，他便会向山主和村中其他的富户游说筹钱。火神庙建立时有庙地 5—10 亩，供本村人耕种，一半的收成用于支持庙宇的长期维修和庙中道士的日常开支，但是庙地的收成薄，道士光靠庙地的收成难以满足基本的生活需要，所以道士会通过收取一些香火钱、替村民开光、看病来收取额外的钱财。

庙地日常的管理由庙中的道士也就是庙主负责，但庙主主要负责信徒供奉的秩序和庙宇环境的维护，庙地交给村中的底层村民耕种。只要经过山主和庙主的同意就能够租种。火神庙香火顶峰的时期，周围村子在逢年过节时就前往火神庙祈福，火神庙的主要资金来源由庙地转变为向集市中固定商铺或者牲畜交易抽取提成收税。由于庙宇是村落的公共场所并且庙地的收入主要用于庙宇的修缮，因此庙地不需要交税，实际情况中，庙地一般由山主来购置，购置的地多半是薄田，也就是收成比较低的田地，收税的价值不高。

（2）义地

义地也是管粥集村村中的"乱葬岗"。1949年之前，村中底层的村民没有自己的土地，在家人去世时，村民没有土地埋葬自己的家人，平日里和地主有来往的村民可以去地主家求情，让地主将家里面边边角角的土地捐出来作为墓地。如此的情况多了，地主家干脆将家中地处偏僻、土壤贫瘠的土地捐出来作为义地。村中没有土地的村民都可以把家人埋葬在这块地上，地主捐出来的墓地南边有2亩，北边有3亩，地主原本用来种植花生等作物。

义地是由地主捐出的，作为村中公共的墓地。没有土地的村民可以在这片地上种植花生等作物，不需要向地主交纳地租。只要是本村的村民都可以在这块地上种作物，按照先到先得的原则。但是一旦村民需要在这块地上挖坑埋人，农作物的损失得不到赔偿。村中未成年的孩童、没有土地的农民或者流浪者都埋在义地里。地主不花精力管理这块义地，发生土地纠纷时地主才出面干涉。义地是村中的公共土地，主要用途是埋葬没有自己土地的村民或者早夭的孩童，因此义地不需要缴纳赋税。

（3）荒地

管粥集村地处黄河故道之上，毗邻故黄河，黄河改道北流山东入海后，原河道废淤，同时在故黄河周围留下了大片沙碱地。这些沙碱荒地在1949年之前超过1 000亩。在干旱的春季，风一刮，整个村子都笼罩在一片黄沙之中。水涝时，大部分的沙滩地会被洪水淹没，甚至波及村中地势较低的耕地。

沙滩地是村中的公共土地，没有专人进行管理，庄长或者保甲长不过问。有富余劳动力或者没有土地的村民都可以去沙滩地开荒，先到先得。比如张姓村民在沙滩地开荒了4亩地，一年到头都种植，收上来的庄稼归自家所有并且不用交租，之后来开荒的村民不能再开荒这块地，但是一旦张家疏于管理，其他村民可以占用。若是开荒的荒地与荒地之间发生纠纷，旁边的人劝架，保甲长问事人都不干涉。一般谁家势力大谁家有本事，谁家就赢得争执，可以耕种这块荒地。

最靠近河道的荒地地势低、盐碱化严重，种出来的庄稼产量低并且一旦发生洪水颗粒无收。离河道较远地势相对更高的土地村民最早种植花生、大豆等作物，等到种植的年份长、在肥料充足时可以种植小麦。但是相比北面的淤土地，产量较低。

另外，开荒土地由于没有田契，因此不需要交税。开荒地的占有者若是想要拿到田契，方便土地的买卖并且减少纠纷，需要请县里面的丈量员来丈量并登记在地亩簿上，这时候虽然得到了田契，但是开荒地也必须缴纳税赋。正因为如此开荒地的占有者绝少主动提出丈量土地。

（二）土地产权边界

1949年之前，管粥集村村内的旱地地块之间显著的边界是田间的走道，田间走道方便了村民随时查看麦苗等的生长情况，同时也是地块之间的物理边界。

1. 旱地、田间走道及其使用

田间走道是农地重要的组成部分，具体可以分为三种，独立的田间走道、共用的田间走道以及公共的田间走道。

独立的田间走道通常是管粥集村村民自己将原本连片的土地进行切割形成，这样利于撒苗。有时候村民将用独立的田间走道分割好的土地称之为"垄"，每垄的耕作时间一般在半天或者一天。独立的田间走道宽度一般在一个脚的宽度，不容易走人，能够最大限度地使用耕地而不造成浪费。

共用的田间走道就是两块不同所有者的田地通过走道的方式将土地分隔开来而形成。共用的田间走道的宽度由两家人商量决定。一般来说是两个脚的宽度，能够保证人正常通行。从共有的田间走道的中线来看，左侧的田间走道归属于左侧土地的农户，右侧的田间走道归属于右侧土地的农户。每年整理田地之时，两侧的农户各自将自己这一侧的走道压实压平，便于正常行走。若是有坑洼存在，由坑洼所在一侧的村民负责修补。若是村民不及时修补属于自己这一侧的走道，很可能越来越坑洼，最终因时常积水而影响到自己的田地耕作，因而村民总是自觉修补自己这一侧的田地走道。

最后一种田间走道是公共的田间走道。这样的走道由2家以上的农户共同使用，属于村内道路的一部分，被村民视为来往田地的必经之路。这样的公共的田间走道属于村内的公共土地，是村庄的共有财产，宽度至少可供两个成人并排行走或者一头成年牛正常行走。因此靠近这样田间走道的村民都不允许占道播种，否则行走的村民可以任意踩踏越界的庄稼而不受到任何的谴责，反而占道的村民是理亏的一方。若是公共的田间道路出现损坏，故意破坏的村民会在周围村民的督促下进行修补，要是村民不从，则请保甲长出面训斥，责令其尽快将道路修补好。

2. 田间走道附属物及其产权

一般来说，无论是属于私人的田间走道还是具有公共性质的田间走道，由于这些走道最主要的功能是便于通行，因此田间走道上很少有石头、树木等附属物。但也存在特殊的情况，例如走道上生长了庄稼或者树木，这时候就涉及这些走道附属物归属于谁的问题了。

管粥集村对于这样的附属物通行的习惯是谁负责管理，附属物归属于谁。要是田道上的树木生长得过于高大茂密，影响了附近田地庄稼的生长，这时候周围的村民不能随意砍伐树木，而是需要找到管理这个田道及其附属物的村民，要求其采取行动减少其他村民的损失。

（三）土地产权边界纠纷

管粥集村村民新中国成立前经常因为田地边界的纠纷发生争执，往往是一方没有在经过允许的情况下越过了对方的边界，这时候纠纷就发生了。

一般来说，土地边界上的纠纷在矛盾发生的当时便能很快得到解决。当两人因为一方占用另一方土地发生口角时，周围的村民便聚过来察看情况，两个人都根据自己的想法进行解释，力图让周围的人知道自己是正义的一方。绝大多数情况下，在一旁倾听的村民能够弄清楚事情的原委而给出一个公正的说法，这时候理亏的一方向另一方道歉，并表示以后不再犯，冲突得以解决。

只有极少数的情况，看热闹的村民也不清楚谁是正义的那一方，这时候问事人就被请过来进行调解。问事人先尽可能明确两人的冲突，这时候可能请来两个家族的长者。他们对土地的权属最为了解并且说话更为有分量，这之后问事人就向双方给出一个合理的双方都能接受的方案。有时候也邀请双方一同吃饭，在酒桌上化解矛盾，握手言和。问事人的调解能够处理好绝大多数的矛盾，但是仍有零星的纠纷问事人无可奈何，这时候保甲长才介入到调解中来。即便村民不接受保甲长的调解也不再进一步诉诸法律，因为那样成本高而且双方算是彻底撕破了脸皮。

在调解人的介入下，田地方面的纠纷很快能够得到解决。理亏的一方道歉，有理的一方也不能得理不饶人，双方达成和解。由于发生冲突的两家都是一个村的村民，抬头不见低头见，因此双方通常不会因为土地上的纠纷而断绝了来往，依然保持一定的交往。

另外，涉及管粥集村村落公共土地或者村内宗族所有土地的纠纷很少。对于村落公共土地的纠纷，通常先由纠纷双方当事人自行调解。若是调解不成则需要请保长出面进行调解。而对于村内宗族所有的土地，由于土地的地契由族长保管，若是发生纠纷则由族长出面进行调解。若是涉及族外的村民则会请保长出面主持公道。

二、土地买卖关系

管粥级村传统时期的土地买卖关系可以从土地买卖概况和土地买卖过程中的关系等两个方面进行考察。

（一）土地买卖概况

土地是管粥集村农民家庭当中的最重要财产之一。在长期的生产生活过程中，围绕土地的买卖形成了一定的惯行。

1. 谁卖地："用急花得堂前地"

土地是一个农民家庭生存的根本，不到万不得已村民不会选择卖掉自家的土地。只有遭遇急用钱，借亲友钱粮不足以解决燃眉之急时，村民才会考虑将土地典当或者卖出。"用急花得堂前地"，这句俗语是说借用钱的时候，哪怕是自家房屋跟前的良田都不得不卖掉。

在管粥集村，有地的家庭要是遇上急需一大笔钱或者入不敷出，家庭经济青黄不接的时候才会考虑卖地。

其一，急需一大笔钱。

一般是一些突发事件，比如家人患上了严重的疾病需要医治，特殊时期家人被土匪绑架花钱赎人，村中抓壮丁需要出钱觅人替自家儿子去当兵，不愿种地到外地投奔亲属，蒙冤告状打官司等。

其二，家庭经济入不敷出，青黄不接。

包括家人不务正业，不好好种地干活，好吃懒做导致收成不佳；有家人尤其是当家人抽大烟，导致入不敷出；红白喜事为了保证相应的规格，陪嫁或者给的彩礼高，棺材、寿衣、陪葬品和请人抬棺材的费用高，办的大席请人多菜品丰盛。这些都需要花费一个家庭大量的财富，只靠亲友的接济难以解决问题，只能依靠出卖自家土地的办法。

除了以上的情况，田地出现洪涝干旱灾害导致减产甚至绝收，村民为了维持生计也会选择卖掉自家的土地。

2. 谁买地："有钱人就爱买地"

村中的地主和部分富裕中农是土地的主要买主。地主家大业大，在灾害频发的年份，粮食的价格飞涨但是土地的价格下跌，这时候地主家就抓住时机买入土地。这些卖地户都是因减产歉收而不得不卖掉自家土地以维持生计的农户。

此外，地主还和典当行合作，当村民无法按期缴纳土地的赎金时，典当行可以将土地转卖给地主来套取现金。地主家庭买地偏好庄子地，也就是既可以作为田地，又可以作为宅基地的土地，耕种起来更为方便。

部分富裕中农也参与买地。这些买地的富裕中农不仅种地还从事副业，包括油坊、豆坊、百货、铁匠活、木匠活等。当家中的劳动力多，土地偏少且副业经营使得家庭财富有所积累时，他们就会考虑买地。

由于家底不足，富裕中农买地一般选择村中小块且偏僻的土地，面积小且偏僻的田地价格更低，富裕中农家庭能够买得起，他们还会选择购买外村的土地。另外在灾害严重的年份虽然土地价格低，但是富裕中农不考虑买地，一方面家庭经济有压力，另一方面认为"土地都歉收，买来放着有损失"。

3. 卖地与典地的权衡决策

在典地和卖地的选择上，当家人优先选择典地。典地只是将1—3年土地的使用权转让给其他的村民或者典当行，到期有钱的话可以进行赎回，而卖地契约签订之后就不能反悔了。但是典当并非保住土地产权的万全之策。

一旦数年之后约定的典当归还时间到期，村民无法支付赎回田地的费用，那么对方就拥有这块土地的优先购买权。即便村民不愿意出卖土地，对方也能强买强卖。

村中曾出现过地主利用典当合同的漏洞要求对方提前赎当的情况，这时候村民根本没有足够的钱赎回自己的土地，那么地主就把土地强行据为己有。具体到一个家庭当中，选择卖地还是典地都是由当家人拍板决定，其他的家庭成员有提意见建议的权利，当家人自己考虑是否采纳，家庭之外的人不会予以干涉。

4. 非私有土地的买卖决策

根据管粥集村村民张大臣、赵启蓝、赵忠义、崔庆芳等人的介绍：一般来说，只要土地是一个家户私有的，那么这个家户的当家人就可以自行买卖家中的田地。但是当家人往往不会擅作主张，一般会和自己的兄弟、妻子等商量再做决定，家族的人、保甲长等都不会干涉。针对一些特殊的地，不允许家户随意处置，或者说家户在处置时需要格外得慎重。

一类是家族的共有土地比如家堂庙的庙地，家族中绝户的家庭留下来的田地。家族的公共坟地或者坟地已经分到各家各户但是坟包保留在田地中，这类田地的买卖就需要经过族人尤其是家族中年长者的同意并在田契上加以写明，这才能够出卖出去。

另一类是地上的附属物有公共性，比如水井、庙宇、老树等，即便下面的田地已经分到了家户手中，当家人也不允许出卖出去，否则势必会受到村落的阻挠。一旦村落予以干涉，村民不敢和村庄进行对抗，这相当于与整个村庄为敌，可能被村民共同孤立。

5. 土地买卖规模

管粥集村村民在买卖土地时是以"块"为单位进行交易的。由于土地交易频繁，除了村中的老户，绝大多数的村民拥有的田地都是碎片化的。例如管粥集村村民赵忠仁回忆，父辈的时候家里面只有3亩地，除了种地家中父亲还带着两个哥哥做点小生意，也就是在各个集市当流动商贩，之后家道逐渐殷实。这时候土地买卖的中人就频繁上门介绍待出售的土地。尤其是碰到灾年的时候，父辈先后购买了本村的三块地，一块是半亩，一块是八分地，还有一块是1.5亩，购买了外村的两块土地，包括三大家村的1亩5分地和宗庄村的八分地。

管粥集村村民赵启蓝谈道：

> 过去村民遇到困难对外卖地，也不是一大块地统统卖掉，毕竟指望土地生活，就像切豆腐似的，一块一块卖掉。买家想要购买连片的土地很难，所以后面富裕一点的村民买地都是东一块西一块的。

管粥集村在村的地主只有两户人家，一户是管粥集自然村的宗文焕一家，村里面有120多亩旱地，在外村有80多亩旱地。一户是赵楼自然村的赵祖武一家，村里面有150多亩旱地，在外村有60多亩旱地。但是他们家庭在村内所有的土地并不是通过购买获得的，而是祖上传下来的。

村民回忆，赵家原本在村内至少有三四百亩地，但是后面由于分家、婚丧嫁娶的费用，村内的土地逐渐减少，光是赵家老爷去世，为了符合他的身份，大操大办，不得不变卖了家中10多亩土地。地主家这些外村的土地大部分是后天经营逐渐购得的。之所以有富余的钱财是因为家庭从事油坊、豆坊，在外做生意倒卖货物，干铁匠、木匠等手艺活等副业。

管粥集村村民张大臣还谈道：

> 以往种地挣不了几个钱，这边地贫瘠，好地收成也高不到哪里去，哪怕是地主家也是一样，经常要遭灾的，积累不下几个钱。所以要发财还是要靠

副业，村里面有点啥的都干副业，开油坊、豆坊、做手艺活这些，靠这些才能攒下几个钱。

地主在收买土地时优先收买亲戚的土地，亲戚也自然优先把土地卖给自己的亲族，而不是卖给没有血缘关系的人。地主们在外收购的土地同样也是碎片化的，东一块西一块，很少成片超过5亩，只有本村的土地连片的能够超过30亩。

6. 土地买卖中人

卖地者急需一大笔钱解决燃眉之急，买地者不了解卖地者的底细，不敢轻易交易，这时候中间人的出现降低了双方进行土地交易的成本，也避免了双方空口无凭的情况发生。若是买地者和卖地者直接接触，总是要讨价还价，花费过多的时间精力，还容易翻脸，这时候中人从中说合就很必要。

能够成为土地买卖中间人的村民平时人缘广，他们是人场里的常客，会留意谁家有可能买地卖地。在促成一两笔交易后他们便在村民中间积累起了名气，谁家想要买地卖地就可以托他们帮忙寻找合适的买主或者卖主。说地不需要多少技巧，只要愿意说合，成了可以得到一些佣金，佣金为土地成交总额的百分之五。其中百分之二是由卖方承担，百分之三是由买方承担。

另外买地者会请中人一起吃一顿大席，费用全部由自家承担。土地交易的中人是个兼职，管粥集村有4个中人小有名气，家境中等偏下，是自然形成的，没有经过选举，也并非任命，保甲长不参与。土地买卖中间人除了说合交易，还起到见证和担保的作用，要在地契上中间人写上自己的名字。一旦交易中发生争执，比如卖家反悔，中间人需要对此负责并从中协调。

（二）土地买卖过程中的关系

土地买卖背后蕴含着管粥集村村民之间千丝万缕的关系。村民依据关系做出一定的行为，体现并进一步稳固这种关系。

1. 按圈层放话：先亲族后四邻再人场

村民在卖地时优先考虑本家人，包括自己家族的兄弟、叔叔伯伯等。最优先选择这些直系亲属，一方面是肥水不流外人田，要是将来想要赎回土地也更容易商量，同时这也符合"乡里不成文的规矩"。若是本家人和其他人出的价格相差不大，比如卖一亩土地，本家的人出200斤小麦，其他人出到220斤小麦，还是优先选择本家人，本家人平时互相帮忙，彼此交往密切。要是为了多得一些钱财而得罪自己的本家人是不划算的，也会遭到其他村民的闲话，认为这家人内部不团结。

特殊情况也是存在的，一种情况是本家人出不了高价，而其他人出的价格高出五成以上，这时候当家人会和本家人说明情况，把土地卖给其他人。另一种情况是和本家人先前存在矛盾，心里有隔阂，平时都不走动了，这时候就选择把田地卖给外姓人。还有一种情况是为了巴结村中的地主，让地主给自家帮忙，提高自家在村里面的地位，那么就优先把土地卖给地主，卖地主家一个人情，将来有求于地主也更好开口。

若是本家人没有人要买土地，当家人就优先考虑土地的四邻或者自己的邻居。俗话说"远亲不如近邻"，土地卖给四邻更容易卖个好价钱，因为土地是紧挨着的，对方更乐意购买，而自家的邻居平时抬头不见低头见，彼此帮忙的情况很多，把地优先卖给他也是一份人情。

若是四邻或者邻居也都无人购买，当家人就请来中人，写上一个小条子，把卖方的姓名、土地的亩数和位置都写在纸上，中人往往手上有门路把土地介绍出去。这时候就不会考虑是本村人还是外村人，谁家出价高，就把土地卖给谁家。

当然若是本村人和外村人出价差不多，还是优先卖给本村人。若是买家名声不好，就算出价略高，当家人也不愿意出卖土地给这家人，担心坏了自家的名声。这也是村里面的惯例。要是地里面已经种下了庄稼，当家人就要和买家商量，土地的价格往往偏高3—4斗粮食。

2. 议价中的关系

（1）中人的斡旋

田地的价格一般由买卖双方分别和中人商议，参考以往的田地交易价格临时确定。在这样的情况下，经验丰富的中人往往能够主导这个价格的确定。

在与买方讨论价格时，中人会极力突出田地的长处。包括硬性的田地的位置、水源的远近、田地的收成等，软性的田地主人与买家的亲密关系、田地主人良好的名声、田地主人和田地四邻良好的关系、田地主人对出卖田地的不舍等。

在与卖家讨论价格时，中人会直接对比。谁家哪块地在自己家成交大概是什么样的价格，那块地和你的这块地各方面的条件差不多，买家在村里面的良好名望以及买地的良好诚意等。中人两相说合，最终促成统一的价格，买方和卖方很少会面对面讨论价格。但是双方关系不错时，如买方觉得对方要价太高，就亲自上门向卖方表明诚意，希望能够降低价格。

传统时期，村民们很重视自己的名声。若是对方的地和四邻有产权纠纷或者对方名声不佳，都直接影响交易是否达成。即便交易达成，田地的价格也会受影响而降低。

在管粥集村，正常的年份一亩好地的价格在200—300斤小麦之间，若是河岸边的沙滩地，由于土壤贫瘠，价格在120—180斤小麦之间。若是碰到灾年，土地的价格会下跌2—3成甚至更多。

（2）家庭的决策

丰收的年份买卖土地的村民少，闹灾的年份买卖土地的村民多，土地价格也会降低，当家人会选择在地价较低的年份购买土地。要是亲戚和四邻没有谈妥，那么卖家就跟中人说，土地买卖的中人就会去找买家。买家的当家人会带着自家成年的儿子一同前去，家中的女子不会陪同。一方面女子不懂看地，另一方面女子不宜过多在外面抛头露面。

看地时，当家人一看土地的位置，优先考虑离自家的田地近、风水好的土地，离庄子近可以作为宅基地的土地，路边交通便利的土地。二看土地的收成，若是土壤贫瘠或者经常遭受水淹，灌溉不便，土地价值就会低。三看土地的四邻，优先考虑边界清晰，四邻名声好的土地。若是四邻名声不好，容易惹纠纷。

中人在买卖双方之间周旋，若是土地不管地理位置还是收成都不错，奇货可居，买家的当家人会在和几个儿子商量之后直接和卖家商议，尽快确定成交，以免卖家变卦。而土地有明显的缺陷，比如地处偏僻或者经常水淹收成不定，买家的当家人先让自家的儿子和中人讨价还价，强调土地的不足之处，力图把价格压下来，并表示卖家如果不愿意降低价格，当家人就不愿意直接谈，急于卖地的农户会妥协降价，等到价格降到了买家当家人的心理价位时，交易就宣告成交。

3. 量地定约

（1）支付定金

为了确认对方买地的意愿，卖地一方要求买方在正式成交之前缴纳部分定金，定金的金额在总额的百分之十左右。缴纳定金意味着买方需要以合适的价格购买这块土地。若是买家反悔，卖家可以不归还定金。若是卖家反悔，则只需要归还定金即可。不过这会损害卖家的名声。也存在买家反悔但是要回定金的情况，这全靠中人从中说好话并且买卖双方本身有交情。

（2）土地丈量

在土地买卖正式确立之前，买家会请丈量员到卖家出卖的土地上丈量土地。丈量土地时，需要买卖双方、丈量员、中人和土地的四邻都在场，丈量员向四邻确认土地的确切边界。最基本是以灰橛为标准，丈量员带着自备的标尺进行土地测量。四邻不一定非要到场，但是卖地者必须通知到四邻的当家人，一旦当场确认了边界且四邻当时没有当面提出异议，这一边界就被官方承认，边界不清晰的地方重新"下灰橛"。丈量员的出工费用由买家承担，买家还会留丈量员一同吃一顿大席。

（3）签订契约

通常田地契约上要写如下的基本内容：写卖契的人的名字（卖地户当家人的名字）、地名、田地的亩数、坐落的具体位置、买家的名字（买家当家人的名字）、土地成交的定金及价格、南北丈数、东西丈数、四至边界（东南西北边界上都是哪户人家的地，要把对方当家人的名字写在上面）等，以及促成买卖的人与其他的见证人的名字。

等到金额付清，地契上还要加盖乡政府的公章。只有加盖公章的地契才算作合法，买家承担土地交易的税费和盖章的纸笔费、人工费，乡政府还会根据地契变更地亩簿上的纳税人。

除了以上的基本内容，一些地契上还会说明买卖的原因诸如因为遭遇天灾颗粒无收，因为年纪大、疾病缠身且没有劳动能力，因为结婚花费多少，丧葬花费多少，欠债多少，需要还债，等等。有些村民为了保险起见，还要求卖方写上"弟兄议妥""因奉父命""因奉母命""父母知悉""与父母议妥""央中人说合，情愿将田地卖与某某"等保证性的表述，以防卖方出尔反尔。

若是田地上有树木、房屋，一般会一同卖出，也会在田契上写明"树木几棵，房屋几间"。若是树木不一同卖出，卖家要及时将树木挖走，若是已经种了庄稼，也要写明"青苗在内"，没有庄稼就写"白地一段"。要是田地中有水井，也要写明"连井在内"，若是不包括可以不写也可以写上"井不在内"。

地契的书写一般是由中人完成的。若是中人不识字，中人、卖方、买方任何一方都可以出面请村里面的乡绅或者私塾先生帮忙写地契，不需要支付报酬，但买地者会留他们一起吃大席。写契约时一般在买方的家中。

契约一般一式两份，由买卖双方签字画押之后各自保存，地契是由当家人保存的。卖方旧的田契要在新的田契签好的当场当着买方、中人等人的面撕毁或者烧掉。无论买方和卖方的关系多么亲近，哪怕是亲兄弟也必须签订田契，这是乡里面通行的规矩。

4. 土地买卖达成

地契签订完成，双方交清款项，土地交易正式成立，买卖双方都不能后悔。因为地契上盖有官印，得到了乡政府的认可。若是有一方地契丢失，丢失地契的一方要请中人从中说合，及时补办地契。若是地契丢失而未补办，未来出现土地纠纷，口说无凭。土地交易还需要缴纳契税和纸笔费，契税为土地成交费用的百分之十左右，由土地的买主承担。

土地成交之后,买主请四邻和卖家吃大席,同时还会请中人、丈量员参加,有面子的买主还会请村中的庄长或者保甲长、问事人前来当陪客,庆祝自家买地。这场酒席上卖家是上宾,坐上座。买地对于一个家庭来说是一件值得大为庆祝的事情,全家人都感到荣耀,不管土地多少。而把土地典当出去或者卖出去对于整个家庭来说是迫不得已的,同时也是值得沮丧的事情,即便是节日家庭里也少了愉悦的气氛。

庄长或者保甲长通常不会干涉私人土地的买卖。只有在土地买卖发生严重的纠纷时他们才会出面调解,有面子、有威望的土地买主会请庄长或者保甲长到家中吃大席以庆祝家里买地。买主不需要专门通知庄长或者保甲长,丈量员会将土地交易的情况报告给政府,乡里有地亩簿,庄长或者保甲长通过地亩簿来确认税赋的催收。

三、土地租佃关系

1949年之前,管粥集村村内的土地租佃关系最为普遍。本部分将从农户私有土地的租佃、村落公共土地的租佃以及宗族共有土地的租佃等三个部分进行考察。

(一)农户私有土地的租佃

1949年之前的管粥集村,农户私有土地的租佃形式多样,农民的租佃行为背后也体现着丰富的社会关系。

1. 农户私有土地租佃概况

(1)"土地多缺劳力的富裕户才把地扩[1]出去"

管粥集村中有两类富裕户将自家的土地租佃出去:

第一类是当家人年迈或者过世,无法对大领进行有效管理,家户中的人本身接触农活少,比如寡妇家庭,他们就把土地出租出去得一些口粮。

第二类是家中土地多,劳动力不够。这样的家庭不仅把一部分土地租佃出去,还会觅大领替自家干活。通常家中地处外村的土地或者位置偏僻的土地就租给自己的亲友种,而家中肥沃的土地就和大领一起种。

例如管粥集村中的赵家地主家既觅了大领,又把一部分土地租给了周围的村民种,大领管理地主家的庄子地,而其他边边角角分散的土地就租给佃户种,到了秋收的时候,佃户就用推车把粮食运到地主家中,当场进行分配。

(2)租佃的四种形式

在管粥集村存在四种主要的土地租佃形式。

---

1 在管粥集村,村民将租佃土地称之为"扩地"。

① 定租

定租就是租金提前确定，佃户不管收成如何都必须交纳事先定好的地租。地主只提供土地给佃户，佃户完全自主经营，地主不干涉。

一亩地一般定租 5 斗（100 斤）小麦，到年关佃户就要把小麦用车运到地主家里面。1949 年之前，一亩地一般种两季，一季种高粱，一季种冬小麦，小麦一亩的产量在 100—130 斤，高粱一亩的产量在 180—200 斤。而一亩地通常一年定租为 5 斗（100 斤）小麦，相当于一年 3 至 4 成的收成需要用于缴纳土地租金，而交定租的方式是到年关佃户就要把小麦用车运到地主家里面。实行定租的田地是位置好且土壤较为肥沃，每年的粮食产量稳定且高的土地，村里面没有地或者少地的农民才会租种。定租相比比例租的好处是定租可以激发佃户的积极性，改良土地。

② 比例租

地主只提供土地，不提供其他任何生产资料，也不干涉佃户的生产经营，完全由佃户独立经营，佃户只需要按时缴纳地租即可。

在管粥集村，比例租实行对半租，即田地的收成地主得一半，佃户得一半。和定租相同，佃户收完粮食脱粒之后直接运到地主家中，当着地主的面将粮食分成两半。每年田地的产量是比较稳定的，若是有歉收，佃户会提前让地主到地里面看庄稼的长势，地主监督佃户在运粮食前来时不会将一部分粮食先行隐藏，少交给地主粮食。若是地主发现佃户弄虚作假，地主就不再将土地租给这家佃农种了。佃农指望地主家的土地过活，不敢私藏粮食。对于产量低、偏僻的田地，地主家里面的劳动力不足就会将之租给佃户种，这些地有时产量也会不稳定，比如管粥集村的南地靠近黄河故道，土地沙碱化，涨水时一部分土地会遭受水淹影响产量，这些地地主就安排对半分租。

③ 榜二八、榜一九

在这种形式下，犁地、耙地、耩地、压地都由地主家人或者大领完成，种子、牲畜、农具都由地主提供，榜二八不负责。榜二八仅负责看青等日常管理、用锄头翻松土地（榜就是这个意思）、除草、收麦子、晒干麦子、协助打场（大领用石磙压麦子，榜二八翻场，把麦秆、麦糠剔除掉）。

在管粥集村，一个榜二八最多负责 20 亩地，如果地主家里面有 100 亩地，就会找 5 个榜二八。如果土地种的是小麦，等到麦子收到地主家中，这时的麦子已经去除了麦秆和麦糠，地主当场量粮食，量得 10 升小麦，地主得 9 升，租佃者几个人一起得 1 升，过后几个人均分，即榜二八。虽然榜二八有领头的，但是也分一样多的粮食。如果土地种的是高粱、小米，量得 10 升，地主得 8 升，租佃者几个人一起得 2 升，即榜一九。

1949年之前，在管粥集村，小麦一亩的产量在100—130斤，高粱一亩的产量在180—200斤，也就是说在有100亩地的情况下，榜二八一个人可以得到720—800斤高粱或者小米，榜一九一个人可以得到200—260斤小麦。柴草都归地主所有。

去当榜二八的人都是穷人家，家里地少，劳动力多。榜二八几个人会有一个领头的和地主熟悉，由他出面和地主商量，给地主当榜二八。他们主要负责干地里面的事情，要是地主需要修理屋子等找他们帮忙也行，不用给报酬。榜二八不需要和地主签订契约，也不需要中人担保。

④ 押租

在灾患频发的年份，管粥集村一带的地主为了转嫁风险，对土地实行过押租。押租即农民租种地主土地前，要预缴一定数量的押金。一般是相当于租额的一半，但也有些较高的相当于地价的一半，甚至还有超出一半的。

押租是佃农获得地主土地使用权的前提。一旦灾害之年，佃户缴不出、缴不足租子，地主则可以没收押租，收回土地。在外村的个别地主甚至收取"预租"。农民除了交了押租外，还要预缴下一年的租额。至于下一年的收成如何，地主概不负责，所以农民不论年成好坏，除缴付地主的租粮外，等于还要缴一年租额的利息。

除了这样的条约，地主要求和佃户议租。在庄稼成熟时，地主和佃户双方根据年成好坏、庄稼好坏进行评议，按照收成缴租叫作议租。议租表面上合理，但是实际操作中佃农议租时没有说话的机会和权利，成数往往由当地地主中的代表人物来决定。丰年抬高，荒年不低。地主说好就好，说坏就坏，农民没有说话的余地。"碰到好年成，地主不要请，就来连看几次庄稼，荒年用轿子抬他也不来，哪一年都是把租评得高高的。"

（3）土地税赋缴纳

保甲长是根据乡里的地亩册子进行征收土地赋税的，所以是向土地的所有者进行征收。无论土地是由地主自家耕种或者租给其他家庭耕种，税赋都由地主家来承担，保甲长直接到地主家收取。地主也不会将国家或村落给自家的摊派转嫁到佃户的身上。

2. 农户私有土地租佃过程中的关系

（1）"扩地要请中人签字画押"

扩地双方不需要签契约，但是需要中人。中人是地主和佃农都认识的人，地主也相信中人。要是佃户不按事先约定交纳相应的粮食，地主就不再给该户扩地，中人不需要代为赔偿。

例如管粥集村中的许姓村民想要租种赵家地主的土地，许家的当家人就找到和赵家平时往来密切并且和自己家有交情的村民当中人，"你帮我向赵老爷说说，让我们家租种他家的地"，中人出于情面就前往赵家说事。要是地主愿意租地，那么赵家的当家人会让自己的大儿子去和许家的当家人商量租地的具体内容，许家请中人到家中吃饭以表示感谢，给礼物全凭心意，不给报酬，"给报酬就生疏了，中人帮这个忙是个情面"。即便地主没有答应租地也不影响许家和中人的交情。

转租是允许的，但是必须经过地主的同意。若是没有经过地主的同意就转租，那么地主可以视转租无效，要是经过了地主的允许就相当于地主换了佃户。佃户只有家中出现很大的变故时才会考虑把土地转租给其他的家户。

（2）"没出大问题租地的年年都不变"

管粥集村中，佃户租种地主的土地以一年为基本周期，最长的时间长达十多年。靠近年关时，佃户就到地主家走动，带上鸡蛋、鱼等小礼物，"老爷，明年的地我们家继续种"。地主应允之后就依照往年的惯例缴纳地租等。若是地主想要改变租金，就和佃户商量，除了第一年商量租地需要中人，之后的年份不需要中人介入，地主和佃户面对面商量即可。地主不能随意更换佃户。若是随意更换佃户，地主在村中的名望会受到影响，村中村民尤其是中农以下的村民会认为这户地主太刻薄，断了佃户一家的生路。

另外，地主在婚丧嫁娶、修屋掏井时都离不开周围村民的帮助，因此地主十分注意和村民打好关系。地主更换佃户需要正当合理的理由，包括佃户家出现变故主动提出不再续租；正常的年份，佃户不按时按量缴纳事先约定好的地租；佃户在村中为非作歹，名声不好等。即便佃户和地主一家因为琐事发生争吵，地主也不能以此为理由更换佃户。地主没有频繁更换佃户的另一大原因是与老佃户知根知底，两家人有交情。佃户避免主动招惹地主，而是努力维护和地主之间的关系。对于缺少土地的佃户来说，租种的土地是一家人的生计所在。

（3）"租子年年给车拉到老爷家里"

管粥集村村中的佃户是直接用粮食作为租金的。到了秋收的季节，佃户们将土地里的麦子收割回家用石磙脱粒晒好之后就直接将麦粒运到地主家。地主按照之前和佃户的约定对粮食进行分配。这个过程不需要中人在场，只需要两家的当家人在场。有时地主家会让自家的大儿子负责收租。要是地主家认为佃户带来的麦子少了就会当面提出来。若是佃户支支吾吾，没有理由解释，地主会考虑更换佃户，但在村中绝大多数情况佃户都是老佃户，和地主打交道的年份长，村民爱惜自己的名声，因此绝少出现弄虚作假的情况，尤其佃户依靠地主的地生活。若是地主不愿意续租等同于断了自家的生计。

另外，抠门的地主还会专门到佃户的地里面看看有没有遗留下小麦穗。

好地主就不会去地里看，有些穷人家就在收小麦的时候马虎一点，把小麦穗留一点在地里，晚点再去拾，地主也不问，坏地主就一毛不拔，非要地里面干干净净的。[1]

(4)"要不要扩地看当家人的意思"

家里面劳动力富余但是买地家中没有余钱，买来的地太偏僻不方便种，这个时候当家人就会盘算租佃土地的问题。关于是否要租佃土地，当家人会先和自己的儿子商量，儿子们考虑到现在家里面土地少，粮食紧张，通常会同意这个提议。但是当家人最终拍板需要确定租佃土地的位置和亩数并且得到全家人的支持。

打算租田地之后，当家人通过人场了解谁家可能有土地想要出租，得到确切的消息后，当家人会请中人前去土地主的家中询问具体的情况。中人在双方之间周旋，在考虑租佃谁家地的问题上，当家人优先考虑土地的位置。要是离自家过远就不会考虑，其次会考虑土地的收成如何，租金多少，最后会考虑土地主的名望声誉，想找一个好打交道的土地主。

等到确定了土地租佃的具体信息后，当家人会告知全家人——家中的儿子和妻子女儿媳妇。家中的女人家一般不会有意见，听从自己丈夫的决定。要是全家人都支持这个租地的决定，当家人就会和土地主签订土地租佃的契约。当家人要是瞒着家人私自签订土地租佃的契约会影响到他在家人心目中的威信，出现家庭矛盾，甚至直接导致分家。

(5)"逢年过节要给老爷送礼"

在管粥集村中，绝大部分的佃户和地主之间是长期的租佃关系。除非佃户主动提出不再续租，地主一般不会主动提出更换佃户，彼此是交往密切的熟人。佃户在逢年过节时向地主送些水果鸡蛋，地主家修屋挖井需要帮忙时，佃户也主动帮忙，地主不需要给报酬。地主在婚丧嫁娶时，丧事佃户主动前往吊丧，喜事要是地主没有邀请，佃户不前往参加。地主在逢年过节时不会给佃户送礼，佃户家红白喜事，若地主和佃户有亲属关系，地主会前往参加，若是没有就不参加。佃户路上遇到地主家的人主动打招呼，地主家的人可以打招呼也可以不打招呼。佃户过年时要给地主家拜年，地主家不给佃户家拜年。

(6)减租和免租

管粥集村中的宗姓地主和赵姓地主都是土地主，在村外面的势力有限，因而在减

---

[1] 来自张大臣老人的讲述。

租这个问题上并不强势。佃户要是遇到歉收的年份，比如洪涝或者旱灾，佃户就到地主家中请地主去地里面看看麦子受灾的情况，地主自家的地也遭了灾，因此对于佃户的灾情地主也能估摸出来。

地主家根据土地的灾情和佃户的家庭条件进行减租。减租多少是由地主家的当家人决定的，通常情况下最多减租五成。要是颗粒无收，地主考虑免租。减租不影响地主和佃户之间的关系。佃户请求地主减租也不需要请中人从中说合或者带礼物上门。只要田地确实是歉收了，佃户就可以向地主提出减租的请求，地主一般不会拒绝。

若是佃户碰上颗粒无收的极端情况，地主会予以免租，否则只要是对外出租都要收取租金。哪怕是直系血亲，会相应降低租金但不会予以免租。还有一种情况是佃户家中遭遇变故，生活窘困，好心的地主出于人情就予以免租。

管粥集村村民张大臣就谈道：

> 我们村的地主都是好地主，要是看见村里面穷苦的人家去自家的田地里拾麦穗、打叶子（采摘高粱叶）还有拾柴火，他们都是睁一只眼闭一只眼，不会追究，租给村民的地，也是长期租给对方。除非对方不想租了只能换其他的租户，地主一般不提主动换佃户，彼此逢年过节都有行来往，关系比较亲近的，要是地里面遭了灾，佃户就把地主带到地里看受灾的情况，约定好的租金可以降一些，全村遭灾的时候还可能免租。这样的地主在村里面才有威望。

官府通常不会介入到村民之间租佃关系中，也不会干涉租金的高低。要是佃户交不起租金或者觉得租金过高，从一开始便不会向地主租佃土地，要是约定达成，佃户没有特殊情况就必须按时交齐租金，否则地主有权利没收佃户田地的部分收成作为补偿并把土地转租给其他人。管粥集村村中没有出现长期欠租的情况。

（7）租佃关系解除

租佃关系解除是租佃双方当家人协商决定的。佃户若是不愿意续租可以在年关之前就向地主表明不再续租，地主就另外寻找新的佃户。佃户不能够中途向地主提出不再续租的请求，必须是以一年为基本的周期。地主也不能够随意提出更换佃户，更换佃户时，地主需要有明确且共同认可的理由，包括不按时按量交租，土地明显荒废，佃户行为不端、名声有污点等，而日常的纠纷吵架甚至打架都不能成为地主单方面解除租佃关系的充分理由，否则会引起非议。

要是地主强行提前收回土地，为了挽回自家的名声，若是正值秋收，那么地主免除土地的租金。若是粮食种子已经种下，地主需要按照市价赔偿佃户已经付出的种子、肥料以及人力的费用。若是田地还未耕种，地主上门向佃户赔礼道歉并且带上一些鸡蛋和水果作为礼物。

（8）租佃纠纷及其解决

在管粥集村，大部分的租佃纠纷由地主和佃户私下协商解决。一般请来中人进行调解，地主不会直接和佃户沟通。除了中人，一般不会请其他人来调解，因为这有损租户、佃户两家人的名声。若是单方面无理由地解除租佃关系并且拒绝协商，中人也无法调解，那么另外一方才会请问事人前来调解。保甲长一般不介入到租佃纠纷当中，除非地主邀请。

（二）村落公共土地的租佃

在管粥集村，村落公共土地当中仅有庙地可以对外租佃，村落公共土地的租佃及其关系呈现出不一样的特点。

1. 村落公共土地租佃概况

1949 年之前，管粥集村村内存在的村庄公共土地包括庙地、义地和荒地三种。由于义地和荒地都是随意开垦的，因此不会涉及租佃的情况，只有村中的庙地会对外租佃。

对于村内庙地的租佃，在得到山主和庙主的同意后，村民获得租种庙地的资格，平时村民交租直接交给庙主。在管粥集村，庙地一年交一次租，一般在秋收时候麦子收上来，村民按照约定将作为租金的粮食运到庙中，庙主进行清点。

一般来说，由于庙地地薄，产量不高，所以按照对半的租金，也就是一半的粮食交租，一半的粮食留给种地的村民。要是遇到灾年，粮食产量受影响，租地的村民就请庙主到地里面查看受灾的情况，庙主就按照情况减免租金，很少有不交租金的情况。租地的村民不敢不按时按量交租，要是违反了约定，庙主或者山主就出面把地换给另一个村民种。要是村民干活不勤快，种地的产量明显比周围的田地少，庙主他们也考虑换人，实际情况中这样的情况几乎没有发生，庙地也固定长期租给几户村民家种。

2. 村落公共土地租佃中的关系

（1）"庙地优先给没地的村民种"

在管粥集村有一个不成文的惯例，那就是庙地优先给村里面没有土地的村民家庭租种，庙里的庙主也恪守这一原则。之所以如此，是因为村民普遍认为庙宇是行善积德的，应当尽可能救济村中的底层农民，而没有土地的农民无疑就是底层农民。

每年秋收之后，管粥集村村内没有土地的村民就可以向庙主提出租佃的申请，实际上就是给庙里面买一些香火然后口头和庙主协商。得到庙主的应允后，庙主会告知其需要耕种的土地的四至和面积。要是申请的农民多了，庙主都会接纳，但是各自分到的土地也会相应减少。要是原本没有土地的村民后面由于做生意等发迹了买了地，那么来年就不能再向庙主提出租地的申请。

(2)"地租五五分成"

对于庙地的地租，管粥集村通行的是五五分成，不管租佃的这块土地是好地还是孬地都是如此。由于这个缘故，前来申请土地的村民都会尽可能早交上一年的地租，这样可以优先选择下一年租种的地块，各个地块的划分基本遵循先到先得。

由于好地的产量比孬地高并且土地侍弄起来更省气力，因此租地的村民都想种更多的好地。为了能够减少地块之间好坏的差异，庙主通常会把肥瘦的地块捆绑在一块对外出租，这样的好处是减少租地村民之间的争抢，坏处是使得土地地块更加碎片化，增加了耕种上的麻烦。

(3)"遭了灾租子就不用交了"

管粥集村村民和庙主约定五五分成的地租，庙主获得的地租除了维持自身的基本生活，还有一个重要的用途就是维护庙宇内的香火。要是没有庙地，庙主只能频繁去向山主等索要相应的经费。

虽然地租已经约定好了，但是遇到天灾人祸，庙地的庄稼收成受到明显的影响，这时候难以维持基本生活的庙主会向山主等请求捐钱资助，获得资助的庙主也相应地适当免除租地农民的一部分租金，受灾很严重时就不需要缴纳地租。

(三)宗族共有土地的租佃

对于管粥集村较大的宗族来说，宗族共有家堂庙附属的庙地，这块地基本都是给族内的家庭租种，少数情况下给族外的村民租种。

1. 宗族共有土地租佃概况

传统时期，管粥集村村内宗族共有的土地包括老陵（也就是祖坟地）和老陵地（家族祠堂的庙地）。其中仅有老陵地可以对外出租。老陵地优先由本族的族人，尤其是经济状况不佳或者地少的家户耕种。若是这样的家户数量多，则每年轮流耕种，确保困难的家户都能轮上。一般老陵地不给外族人耕种，如同管粥集村村民赵宗义所说："自己家族的地当然自己人种，不让外族人占了便宜。"

另外老族长具体管理老陵地缴纳的地租。耕种老陵地的家户需要将每年收成的一半作为地租上交给族长，族长把地租收支记录下来，并且在每年清明节家族祭祀之前向家族委员会报告地租的收支情况。

2. 宗族共有土地租佃中的关系

（1）"老陵地优先给家族里面的困难户种"

根据管粥集村村民的介绍，村内归家族所有的老陵地优先给本家族的家庭耕种。村民认为若是家族的老陵地给外族人耕种而不是给本族人耕种就是让外族人占了便宜。老陵地优先交给本族人耕种的另一个原因是老陵地用于救济家族中困难的族人，家族里面地很少但是人口多的家户向家族的族长说明家中困难的情况，族长就会考虑到这家族人的情况，安排让其耕种老陵地。

若是有几户族人因为家庭困难前来申请，那么族长就考虑两个方案：一个方案是把老陵地的耕种权利均分给这些困难的家庭，另一个方案是每年老陵地的耕种由不同的家户负责，采取轮流的方式。一般来说，如果两户希望耕种老陵，族长就安排两家各种一半的地，要是想种老陵地的家户数量多了，那么族长就安排各户每年轮流种老陵地，避免老陵地分割得过于碎片化，给耕种带来困难。轮流的情况下，谁家先谁家后就要看谁家的经济状况最差，谁家最需要种这块地。

要是家族里面没有家户申请种老陵地，那么老陵地就由外族人种，给外族人种就是优先由本村的外族人种，至于具体谁家，全凭族长做主。族长一般会选择老实勤快的外族人耕种土地，保证土地的收成。管粥集村的老陵地没有出现过租种给外村人的情况，一方面是本村就会有人想种老陵地，另一方面外村人过来种地路程远，田地过于分散，因而种地的意愿不高。

（2）"地租五五分成"

和庙地一样，管粥集村村内的老陵地同样采取的是五五分成的地租形式。每年秋收之后，族人需要将晒干的粮食运到族长家中，由族长亲自来清点。虽然本族的成员拥有优先的租种权利，但要是族长发现有族人弄虚作假，故意少缴纳租金，一般族长有确凿的证据，那么以后老陵地就不再租给这家人了。不仅如此，这家人在家族内的名声也直接受损，租种家族老陵地的村民不敢坏了这个规矩，租种老陵地不需要和族长签订契约，只需要口头上说好并且请来其他的族人作为见证即可。

（3）"遭了灾，租子还是得交"

不同于庙地背后有山主的资助，老陵地获得的地租完全用于家堂庙的香火和日常修缮。由于把家族全体成员召集起来筹款很困难，往往数年一次，而且是为了家堂庙的大修。基于这样的条件，即便是老陵地的庄稼受了灾，租种土地的族人家庭还是需要按照五五分成的约定及时上交地租。要是交不上地租，那么租种的族人就需要向族长说明，找一个家族的族人进行担保，赊欠这一年的地租，等到之后遇到丰收年等情况再把赊欠的地租给还上，出借的人表面上是族长，实际上是整个家族。

管粥集村村民张大臣谈道：

> 有些村民租了家族的地，结果遭了灾，自家都不够吃还要按时交租子。这也是没有办法的事情，民国那时候宗族人心就不齐了，要是到修家堂庙的时候，谁家都不是很乐意捐钱。家堂庙能生存下来，都是靠收一点租子。要是直接给免除了，家堂庙更是没钱修了。

四、土地典押关系

传统时期，相比将土地直接进行买卖，村民在急需一大笔钱时会优先选择将自家的一部分土地典当出去，典田卖地在灾害严重的年份更为普遍。管粥集村传统时期的土地典押关系可以从土地典当概况和土地典当过程中的关系两个方面进行考察。

（一）土地典当概况

在1949年之前，典当是村民在面对自然灾害或者大宗开支时的次优选择，最坏的选择是卖地。正常的年份村民通过按比例种植高粱和小麦提升整体的田亩产量，高粱的亩产超过小麦亩产近一倍且生产周期短了近一半的时间。这样的做法使得中农以下的村民能够平安度过最缺粮食的春季，然而一旦出现旱涝灾害以及随之而来的蝗灾虫灾时，村民只能依靠典当甚至卖出土地的方式保证一家人的口粮。

村民典当有两种选择，一种选择富裕农户进行典当，另一种选择城镇中的典当行进行典当。村民在典当土地时更多选择典当给富裕农户，他们对富裕农户更为知根知底，也更愿意将土地典当给他们，更为重要的是，村民可以和富裕农户商量自己继续种这块典当的土地，但是需要将租金按期交给富裕户，直到土地到期，农民赎回自己的土地。

（二）土地典当过程中的关系

1949年之前，管粥集村村民土地典当过程中遵循一定的惯行，而这些行为展现了丰富的关系。

1. 典当规则

对典当土地的农户来说，他们在选择典当的土地时优先将自家处于外村或者偏僻位置的土地典当出去，而靠近村庄的庄子地最后考虑典当出去。在优先顺序方面，典当土地农户优先将土地最先典当给自己的直系亲属，其次典当给族人或者邻居，最后典当给外村人或者典当行。

村民在和对方商量典当自家土地时除了希望自己的土地能够典当出一个好价钱，同时也商量将这块土地继续由自家来种植，定期给对方租金，这样在感情上更容易接受。若是对方与自己家相熟，无论是租种典当的土地还是未来土地典当到期延长典当的时间或者偿还典当金额都更容易达成。

典当土地之后，若是土地所有者能够得到允许继续耕种已经典当的土地，那么土地需要缴纳的赋税由土地所有者缴纳，对方也有权拒绝将土地租种给土地的所有者，而将土地租种给其他耕种者，这一因素会影响到土地所有者是否达成典当交易。另外，典当土地时同样需要告知四邻并且当着四邻的面确认典当土地的边界，不过不需要请四邻吃饭。

2. 典当期限和费用

土地典当一般以3年为期限，也有5年的情况，最长的时间达到7—10年。一亩地一般能当1石5斗粮食，利息是典当的土地三年的收成。在典当约定的时间到期之前，土地的所有者可以通过中人要求延长土地典当的时间，对方可以要求提高利息。

若是在典当约定的时间到期时，土地的所有者确实无法偿还钱款以赎回自己的田地，对方可以以高于当初典当费用的价格将土地转卖给其他人，土地的原所有者失去了土地的所有权，也没有权力干涉对方将土地转卖给谁。

3. 中间人的邀请

典当土地的交易同样需要中间人从中说合，中间人对交易双方都知根知底，并且本身人脉广、口才好。促成交易后，典当土地的农户会请中间人吃一顿饭，送一些鸡蛋、鱼等礼物，一般不给报酬。中间人在交易过程中充当证人的角色，保证交易的真实性。

4. 土地典当契约（文书）的撰写

典当双方同样要签订契约，也就是典契。典契由中间人代为书写以保证公正。在典契上要标明土地的四邻、土地的面积、典当的时间、典当的费用和利息、到期赎回的要求，交易双方以及中人都签字画押。典契一式两份，交易双方各执一份。

5. 政府和典当关系

发生土地典当关系的双方不需要向村落或者官府报告。保甲长通常不介入到这类民间事务当中，只有发生很严重的纠纷时保甲长才参与其中进行调解。

五、土地置换关系

1949年之前,管粥集村村内发生的土地置换,也就是换地,一般为农户间的宅基地置换,耕地与耕地之间置换的情况很少。管粥集村传统时期的土地置换关系可以从土地置换概况和土地置换过程中的关系两个方面来展开。

(一)土地置换概况

传统时期,管粥集村村民相互之间置换自己的宅基地是为了让自家的宅基地更为集中利于房屋的扩建,而耕地的置换是为了节省转场耗费的时间。

若是一户村民想要和另一户村民置换土地,那么可以分为以下几种情况:

其一,若两户村民是本家的,平时交往密切,当家人直接上门商量即可。

其二,若是两户村民是本族,平时交往不太密切,或者是邻居但没有血缘关系,这时候当家人也直接上门但是会带上水果、鸡蛋作为礼物。

其三,若是两户村民仅仅是同村人,平时来往少,这时候当家人会请村里面的问事人上门帮忙说合,不管能否说合成功,当家人都要把问事人请到家中吃一顿饭作为酬谢。

向对方家庭提出置换土地一般是当家人亲自去,或者问事人单独去或陪同去,这样可以体现家户对换地的重视以及对对方家户的尊重。要是其他的家庭成员去会让对方当家人觉得不够正式也不礼貌,即便当时说合了也不算数,必须两家的当家人都拍板且请来公证人公证才行。

(二)土地置换过程中的关系

管粥集村村内土地置换的情况很少,一般限于亲友之间开展土地置换。置换能够实现,最基本的在于公平公正。

1. 依据关系远近考虑土地置换

据管粥集村村民讲述,关系好,平时就有人情往来的村民之间发生换地的频率更高。例如,在管粥集村,同一个老父亲的几个房支家庭会住在相邻的区域,当其中一个房支的家庭人口增长不得不扩建房屋时,这家人就考虑新的宅基地选址。

由于当初分家时,原本集中的庄子地被几个兄弟平分,想要扩建房屋的家庭就需要和自己的亲族商量换地扩大自己的宅基地,用自己远处的庄子地进行交换。

亲族之间进行换地一般是等量换地,也就是双方相同面积的土地进行置换。换地并不是价值绝对相同而是相近,面积也是相近,要是相差远了就不会换或者需要补差价。

关系一般的村民之间换地需要中间人牵线,中间人两边都熟识,平时有人情往来。

对此，管粥集村村民崔庆芳提到了一个例子：

> 管粥集自然村的晁姓村民在赵楼自然村购买了4亩土地，而自家的土地集中在管粥集自然村，农忙的时候两头跑费时费力，他就寻思赵楼自然村有没有村民在管粥集置了地，有可能进行交换。
>
> 他发现赵楼的李某在南地有3亩多的土地，于是托中间人说合进行换地，换地之前请丈量员对这两块地进行测量估价，差价用粮食补齐。

另外，要是用于置换的土地上种有树木或者庄稼，得到的农户需要对树木或者庄稼进行补偿，同样由丈量员进行估价和公证。

2. 换地公证人的邀请

换地需要请来丈量员和四邻作为公证人，丈量员确定换地田亩的实际面积并且主持契约的签订，而四邻必须被换地双方通知并且到场确认土地的确切边界。

若是边界存在模糊不清的情况就需要拿出地契进行对质，确认边界后"下灰橛"明确边界。丈量员的出工费用由换地双方平摊，四邻不需要给报酬，也不需要请吃饭。换地时不需要征得四邻的同意，四邻不会干涉。

3. 换地契约的签订

换地时旧的地契作废，换地双方在丈量员的组织下重新签订契约，契约讲明换地田亩具体的面积和边界，需要补的差价也记录在新的契约上。换地契约签订后，田亩新的主人需要负责缴纳相应的赋税，不需要经过保甲长的允许，保甲长不会干涉换地。

甲长会向保长报告换地的情况，让保长把握村中土地流动的情况。换地完成之后不需要请保甲长等人吃饭。若是换地契约已经签订就不允许毁约，因为契约有官方的保证和认可，若是契约还未签订，两方可以进行协商解除换地的邀约。

第三节　经营与经营关系

土地是农民的命根子，是管粥集村村民不可或缺的农业生产资料。基于土地的经营与经营关系也是传统时期村庄经济形态的重要组成部分。本节将从经营单元、经营权、经营分工、经营与合作、经营与市场等五个方面深入考察1949年之前管粥集村的经营活动及其经营活动中发生的关系。

一、以家户为主的经营单元

对管粥集村村民而言,家庭既是基本的生活单元也是基本的生产经营单元。在1949年之前的管粥集村,家户是村民基本的生产经验单元,家户独立经营,自负盈亏。具体来说,可以从家庭人口、家庭裂变、家庭联合等三个方面去考察。

(一)家庭人口与经营单位

管粥集村村民介绍,在1949年前,村内的大家庭是十分普遍的,只是随着时间的推移,家庭的规模呈现不断减小的趋势。表3-7展示了较长的历史时期内萧县一带农村家庭平均人口的变化情况。从表中不难看出,中华民国时期,萧县一带家庭平均人口在5人左右,这说明这一时期的农村家庭以联合家庭为主。管粥集村的受访老人也表示新中国成立前村内核心家庭的数量占比不高,村民大多不愿意分家,除了受到传统文化观念的影响,更重要的是一个家庭一旦分家,生产资料分割后单个家庭很难独立开展农业生产活动。

正如管粥集村村民张大臣所说:

> 过去分家是越分越穷,越是贫穷的家庭越愿意分家,各个小家自谋生路。但是富裕人家想法就不一样了,儿子成家了也不分出去,分出去,地打散了,牲畜也少了,更重要的是人心也散了,不像从前一个灶吃饭,力往一处使。

表3-7 各年份萧县农村家庭平均人口

年 份	户均人数
明弘治元年(1488年)	11.77
明万历十年(1582年)	7.31
民国十七年(1928年)	5.39
民国二十三年(1934年)	4.99
民国三十六年(1947年)	4.65
1949年	4.28
1953年	4.29

资料来源:表中数据来源于1989年版《萧县志》。

(二)分家与经营单位裂变

之所以形成小家庭,在于原来大家庭的分家。从分家的视角可以更深入地观察"家户经营单元"。本部分将从有产农户分家与经营单元和无产农户分家与经营单元两个方面进行阐述。

1. 有产农户：分家即分立

1949年之前，对于有地的农户家庭而言，分家之时在分家单上明确写明各个家庭分得的财产，其中就包括最重要的土地。各个小家庭在分得自家的土地之后都由新的当家人开展独立的生产经营活动。

若是老父亲和某个儿子居住在一起，他仍然是名义上的当家人，但是家庭的生产经营决策都是由儿子做出的，老父亲只有批评建议权而没有最终的决策权。

管粥集村村民薛传明谈道：

> 分家之后，老父亲老母亲在家里面的发言权就小了。要是他们自己住，自己种留下来的养老地，那么其他儿子怎么经营的，他都没有权力干涉。要是老父亲干涉了，儿子不一定会听，反而容易引起儿子儿媳的抱怨，影响父子关系。即便是父子住在一起，父亲也得听儿子的话，听从儿子的安排。

2. 无产农户：分家即分佃

在管粥集村，对于没有自有土地的村民家庭来说，为了能够保证各个小家的基本生存，在分家之前这个大家庭就会提前和土地的主人协商，需要征得他们的同意。倒不是关于能不能分家，而是能不能分佃，若是土地主人不愿意分佃很可能就不能分家，因为土地主人可以将土地转租给其他农户。

现实中，为了方便，即便大家庭分家了，几个分立的小家也是在交租的时候以原有的大家庭的名义一起上交的，给国家的赋税也是如此，实际的种地是分佃的，独立经营的。这样一来也节省了双方的麻烦。

管粥集村村民李超就回忆：

> 我们家就是1949年之前分的家，但是粮还是放在一起交，每年打好麦子就给官府送去，还要给地主送去。县里面地亩册子上还是记载的一个大家的土地和四至。要是你想改还得多掏钱，索性私下里商量好还是一起交。

（三）必要的合作与经营单位联合

虽然分了家，但是并不意味着单个家庭就能够独自承担起所有的生产经营活动。事实上在管粥集村，经营单元之间的互利合作是十分常见的，村民也乐于和其他的家庭开展合作。

例如，村民在耕地时需要一套车犋，要不然无法进行耕作，这就促使村民借助外部的力量。虽然几个家庭一起合作，但是具体到某一块地种什么、如何种等还是由这块地的实际耕作人来负责，其他的农户无权干涉。这也符合最后的收成归各个独立的家庭所有而不是几个家庭共有。

管粥集村村民张大臣谈道：

> 几家一起耕作，就商量好今天耕谁家的地，明天耕谁家的地。轮到谁家的地了，谁家就负责安排怎么耕，其他的家庭不会去多管闲事。即便是有旁人过来帮忙了也要听主人家的指挥，不能自己蛮干，要不然就惹主人家不高兴了，这忙也白帮了。

二、家户独立经营权

家庭是基本的生产经营单元，拥有对耕作土地的绝对经营权。具体来说，可以从以下两个方面展开。

（一）掌握独立经营权的"当家人"

在管粥集村，农户自有的土地完全由自家做出生产决策，家族、保甲长一般都不会予以干涉，不管哪块地何时种、种什么、何时收都是家庭里面的当家人来决定。当然周围的亲朋好友也会给出建议，但是最终的决定权还是在当家人的手中。农户租佃的土地不允许自己完全做出独立的决策，因为很大一部分的土地都是五五分成。这样一来，若是当家人做出错误的决策，影响了农地的收成，地主的利益也跟着受损，所以在租佃土地时地主就会规定主要种植什么作物并要求能够达到一定的收成。但是具体什么时间种植，种植作物的种类及其比例还是佃户自己做主。若是地主觉得佃户种不好地，会将土地转租给其他的佃户。

（二）家庭独立经营权体现

在管粥集村可以从自耕农和佃农两个群体入手更深入探讨家庭独立经营权的表现。

1. 自耕农："交完粮，自在王"

传统时期，对于任何一个管粥集村家庭来说，关注农时，按照二十四节气开展具体的生产生活活动是必要的也是寻常的，年年如此，周而复始。拥有自己土地的农户在刨地播种之后便闲下来，但并不是真正闲下来，而是经常到地里看看麦苗等的生长情况。

等到麦子成熟之时，村民提前准备好一切，包括干活的人手和工具等。即便村民因为天气反常等情况不能确定具体干活的时间,只需要看看村里的老庄稼汉,跟着干就行,周围的邻居等也会给予提醒。对于单个家庭来说,什么时候种地,种什么庄稼,什么时候收粮食等,都是自家决定的,村民不会加以干涉,官府更不会干涉,只需要每年交齐赋税就行了。

2. 佃农:"地主不管地里的事情"

对于管粥集村村内的佃农家庭来说,土地的生产经营活动基本都由自家进行管理决策,土地的主人基本不干涉。但是通过受访老人的访谈,土地的主人并非完全不管佃农的土地经营,只是委婉地提醒甚至警告。这种情况主要是因为佃农家庭上交的粮食变少了或者品质不佳。若是年景不好,土地的主人会予以理解,不会太在意。要是旁人收成都不错,佃农租种的土地收成不佳,不如土地主人的预期,土地主人便会叫来佃户询问原因。要是佃农没有给出令土地主人可以接受的答案,多次之后土地主人一旦认定是佃农在耍手段或者偷懒不好好种地,很可能就不再把土地租种给这家人了。从这个角度看,土地主人在佃农的实际生产经营活动中虽然没有直接参与其中,加以干涉,但是也起到了一定的监督作用。

对此,管粥集村村民李超回忆:

> 地主人精得很,虽然明面上不直接说,但是在麦子快要成熟的时候,他就会去地里面看看,不管是自家种的地还是租出去的地,都要看看。一看他就知道今年的年景怎么样,心里有个底。要是佃农给的租子少了,地主心里明镜似的。

三、经营分工

为了提升家庭生产生活经营的效率,家庭内部的分工协作是正常的也是必要的。本部分将从家长负责制和男女分工两个方面展开阐述。

(一)家长负责制

在典型的管粥集村传统家庭中,家长负责制体现在农活分工安排、家庭财务管理等两个主要方面。

1. 农活分工安排

农家农活繁忙,即便是农闲时期,积肥积粪、挑水做工,村民也没有闲着。田地里的活由当家人安排,比如明天要深耕土地进行播种的工作,前一天晚上当家人就叫来自己的几个儿子,给他们分配任务,年纪轻的儿子干一些技术要求低的活,年长的干技术要求高的活。

若是当家人年纪大也会到地里去,但是主要是指挥几个儿子干活。若是当家人处于青壮年,他就是地里面的主力,几个儿子在一旁观摩学习并且打下手,比如除草、拔草等。

田地里面具体的分工当家人不需要多问,几个儿子到地里面就会选择自己擅长的能做的活儿干,自己不会的、干不了的活就和旁边的兄弟或者当家人说,换成其他人来做。当家人通常是种地的好手,毕竟经验丰富一些。刚开始劳动时当家人会选择技术难度最高最辛苦的活干,等到体力有些不支了就轮换成自己的儿子。当家人会注意每个儿子能够承受的田地里的劳动量,轮流着来,工作量大就分成几天做完,保证几个儿子不会过于疲劳。

全家干农活的时间在早晨 6 点多就开始了,到了晚上太阳落山才回家,中途家中的妇女会送饭到地里,农忙的时候天天如此,农闲的时候可以中午回家吃饭。若是富裕农户觅了大领、二领、三领等,要是干活时当家人不在场,则由大领代理当家人的角色,安排二领、三领的工作。大领通常都是当家人信得过的人物,也是干农活的扛把子。

2. 家庭财务管理

一个大家庭中,父亲是家中的当家人。虽然几个儿子已经结婚甚至有了自己的孩子,只要没有正式分家,几个儿子家庭所得的收入都要如数上交给当家人。当家人虽然不会直接记账,但是心里有数哪个儿子交得多,哪个儿子交得少。

有儿子在外面经商或者做工,当家人会要求他们定期把大部分的收入交到家中支撑一家人的生活,儿子要是自己私藏一些私房钱,当家人会睁只眼闭只眼,只要保证大部分的收入交到手中就没有关系。要是儿子私藏的财物多,当家人会私下里批评教育。若是儿子不服,当家人会召开家庭会议,讨论分家,这种情况下除非儿子的行当十分赚钱,否则轻易不敢分家。

交到当家人手中的收入当家人会一一记在心中,在给零花钱、置办衣物等方面优先考虑对家里贡献更大的家庭成员,这样家庭才能趋于和谐。一年到头,当家人会把家人都叫来,说明这一年的收成和支出。要是有结余,结余多就考虑置地买牲畜。要是结余少就在节日的时候稍微吃好一些。当家人需要在家庭聚会时说明收入的来源和去处,虽然儿子们不敢当面提什么意见,但是家人都关心钱是否用在刀刃上,有没有浪费。如果财务不公开,会引起儿子们的质疑,甚至让儿子们产生分家的愿望。

（二）男女分工

围绕管粥集村村民家庭内部的男女分工，主要体现在家庭土地经营分工、家庭副业分工等两个方面。

1. 家庭土地经营分工

在村庄中女性一般不会下地干活，一方面田地里的工作繁重女性体力不容易承担并且缺乏相应的技术。另一方面有违当地的风俗，村民认为女性不应该在外面抛头露面，尤其是田地中劳作时往往是打赤脚，以往女性从10岁左右就开始裹脚，这样一来就不太雅观。家中的男劳力完成土地耕种的全过程，若是家中缺少劳力，那么女性就帮忙看青和除草。

2. 家庭副业分工

土地经营之外，男性往往从事小买卖、短工、开油坊、开豆坊等副业，而女性在操持好家务之余往往从事纺纱织布的副业。村民在房前屋后的空地上有栽种棉花的习惯，每年的农历八月大致是棉花采摘的季节，这时候全家出动采摘棉花。

女性心细，采棉花的动作也往往比男人们更娴熟，男人们这个时候往往打下手。等到棉花采摘完毕，手巧能干的女主人和女儿们一起把棉花纺成线，1斤线可以卖5毛钱左右，之后用织布机将棉线编制成粗布。

一般来说，技术娴熟的女性一天可以织出2丈布，而制作一件成人的单衣大概需要1.5丈布。家中的布匹除了给家人制作必要的新衣外，若是有富余可以拿到集市上售卖，换成粮食、盐等，补贴家用。

四、经营与合作

虽然管粥集村村民以家户为基本的生产经营单元，但是这并不意味着家户之间的生产经营活动是各自为政的。事实上，管粥集村村民在生产劳作当中存在大量的合作。这部分将从换工、帮工、水利合作等三个方面展示村民在传统时期的经营合作形态。

（一）换工

在传统时期，管粥集村村民之间换工普遍，尤其是缺少牲畜或者劳动力的农户之间换工频繁，时间集中在农忙时期，包括9、10月份播种时期，次年4、5月份收割时期。

在管粥集村，换工主要有3种形式。

1. 换工之"牛耳朵"

牛耳朵家里面一般有3—5亩土地，但是在农忙季节没有牲口干活，他们就给有牲口的人家干活。借牲口干活一天，牛耳朵也要给这家人种地一天，还牲口的时候还会带上牲口一夜吃的草料，也有借牲口耕地一亩，牛耳朵给牲畜主人家劳作三天的情况。换牲口都是当天借当天还回去，借的时间短，村子里没有出现过人力换牛力时耕牛死亡的情况。

2. 换工之"普工换普工"

家里面缺少劳动力又赶着播种或者收麦子，担心错过了适合的时间，村民互相之间就会普工换普工，都是男工换男工，村子里没有男工换女工的情况，传统时期妇女是很少下地干活的，常在外面抛头露面被认为有伤风化。换工之前就说好互相帮对方干多长时间的活或者耕种多少亩地，双方提前商量好了，都有时间和精力就和对方换工。互相帮忙的时间或者耕种的面积是大致相同的，但是相差1—2亩或者多干半天时间也是常有的情况，全在双方的交情。

一般干完活各回各家吃饭，但是交情好的，或者对方干活多了，邀请对方到自家喝酒的情况很常见，但也不会刻意一定要邀请。换工的时候农具是各自家里面的，帮忙的时候带自己家的农具，农具坏了自己出钱修理。

3. 换工之"技术工换普工"

技术工换普通工的情况也在村子中广泛存在，村民并不认定这是换工，认为这是互相帮忙。村里面谁家拿铁具去村中的铁匠那里修理，铁匠都会修好，但是简单的修修补补，铁匠都不会收对方的钱，对方表示感谢之后就拿着工具离开。等到铁匠家里面田地需要耕种或者收割，缺少人手或者耕牛的时候，铁匠就可以让村民帮忙，村民自然也会去帮忙，每次帮忙的时长在一天左右。修缮房屋的时候让木匠或者普通村民帮忙，干一天活，等到对方盖屋修房的时候也会去帮忙，帮忙的时间大致是相同的，在帮忙期间主人家会邀请前来帮忙的人来自家喝茶喝酒。

在和谁换工这个问题上，换工集中在邻居、亲友之间，陌生的人之间不会换工，让陌生人干活就属于雇工、请工了，住得远的亲戚、朋友之间也不会换工，行动不方便，来回耗时间，还不如请周围的亲友邻居帮忙。和外村的人换工很少，个别村民会和邻村的亲戚换工。换工没有报酬，彼此的交情在那里，和对方商量换工也基本可以确定对方愿意帮忙，要是交情不够，不会开口邀请对方换工。

村民不愿意也不会开口向斤斤计较、爱占便宜的人换工，平时交往过程中就知道对方好不好打交道，要是对方心眼小，即便是亲戚也不会开口邀请对方换工，会选择邻居或者其他的亲友。另外，对方没有换工的条件，劳动力不足或是牲畜不够，当然也不会提出换工邀请。

（二）帮工

作为一个熟人社会，在管粥集村村内存在大量的帮工现象。彼此相熟的村民之间以不计较利益金钱的方式互相给对方提供帮助，村民也在日常的帮工之间获得了更深厚的情感联系。

1. 帮工事由

具体到管粥集村村民的帮工事由，主要可以分为两类：

一类是农业生产方面。

管粥集村村民介绍，1949年之前，每年到了农忙的时候，为了赶好天气，全村各家各户都很忙碌，村民暂时忙好了自家的事情，就会注意村里面亲戚邻居的农活的进展情况。要是进展缓慢，村民便主动前往帮工，有时候主人家忙不过来，也会招呼亲戚邻居过来帮忙。这样的帮工一般为几个小时，很少超过一天。要是超出一天就不能算帮工了，主人家需要给帮忙的村民提供基本的食物酒水甚至给对方一些报酬。另外，村民在肥料运输、粮食运输等方面也经常互相帮工。

另一类是家庭事务方面。

在管粥集村村民的日常生活当中，村民彼此之间帮工的情况也非常普遍，例如修屋建房时，红白喜事时，短暂外出时等情况下，主人家都会邀请周围的亲戚邻居予以帮助，他们注意到主人家需要帮工也会主动前来。这样的帮助对于村民来说稀松平常，见到对方忙不过来就去帮忙，心里面不会计较帮多帮少，自己有没有吃亏。

对此，管粥集村村民李超谈道：

> 1949年之前，我们家孩子多，我娘有时候要去地里给我爹帮忙，孩子小的只能留在家里，但是也担心没有人照看。我娘就上旁边的邻居家问有没有时间帮忙照看一下孩子，邻居很快就答应了，我娘这才安心去地里干活。

2. "亲戚四邻帮工"

对于请谁来帮工或者说谁会来帮工，管粥集村村民普遍选择自家的亲戚和邻居。自家的亲戚人情往来多，有血缘关系，自然愿意帮忙，但是居住远的，即使在一个村子也不会去请，一来一回自己麻烦费事，也大大耽误了亲戚的时间。

而邻居住得很近，平时都能打个照面，关系一般或者不好的，就不会开口请对方帮忙，不过大多数乐意帮忙，而且帮的多是鸡毛蒜皮的小忙，耽误不了太多的时间。

对此，管粥集村村民薛传明谈道：

除了关系要好的亲戚和邻居，旁人你是请不动的，人家也很少来帮忙。你要请人家过来帮忙必须心里有个掂量，对方会不会答应，心里面要有个底，要不然就算对方答应了，心里面也是不乐意的，能够感觉到的。

3. "帮工就是赶人情，有来有往"

对于每一个管粥集村村民来说，帮工不仅仅是互相帮忙，更重要的是帮工也是一种不可或缺的人情往来的体现，甚至比逢年过节相互之间的礼物交换更为重要。过年过节时，村民之间的礼物往来是确定的。即便平时没有往来的亲戚，也需要在这一天走访，维持基本的关系。但是帮工不一样，帮工的人不仅仅限于自己的亲戚，很大程度上是朋友邻居，通过帮工可以巩固彼此的关系，你来我往之间，关系逐步得到了强化。这是一个不断强化的过程，也是一个村民主动扩展社会交往圈子的过程。

正如管粥集村村民李超谈道：

不管是给旁人帮忙，还是旁人来帮自家的忙，都是人情。说是人情，一方面这个人情你得记住，还要在旁人需要的时候去还；另一方面这是金钱买不到的关系，大家很重视这个感情，要是你需要人帮忙，谁家都不愿意，那么你在这个村子就过不下去了，说明旁人都不认可你，故意疏远。

（三）水利合作

除了在劳动力方面的互补互助，管粥集村村民在传统时期也选择在水利方面开展合作，既有民间自发的水利合作也有官方主导下的水利合作。

1. 民间自发水利合作

在管粥集村内部存在共同浇地的合作。村民共同购置水车通过踩水的方式从故黄河取水浇灌靠近河道的开荒地。这个踩水的组织并不是全村性的组织。只有在河道边的公共土地上开荒的村民才参与这个组织，虽然这个水利合作组织是自愿参加的，但实际中，只要在荒地开荒的村民都参加了这个水利合作组织，若是不愿意参加，会受到其他村民的指责，认为其自私，不考虑大家共同的利益。这对于讲究社会关系的皖北农村是一个很严重的事情，因此但凡在河道边有地的村民都自觉参加这个水利合作组织。通常数天踩水一次，每次踩水活动每个家户出一个青壮年劳动力，若是家中没有合适的劳动力，就需要出钱购买酒水给踩水的队伍，请他们代为踩水浇地。

这个民间水利组织的领头人是在村民间自发产生的，不需要经过正式严格的选举，这个领头人通常是组织的发起人,并且平时热衷公益事业。在村民中颇有威望,能够顺利把村民召集起来,安排踩水的先后顺序。

在踩水时,每垄地按照事先的约定浇灌相同的时间,一般烧一炷香的时间为限,保证水源分配均衡,避免出现哪块地多浇水,哪块地少浇水的问题,浇地的先后顺序为先浇地势高的,再浇地势低的,并且尽量减少水车的搬动。水车用完之后交由领头人保管,若是出现损坏,由领头人和成员一同按照田亩大小均摊修缮费用,若是组织以外的人员想要租借,领头人需要和成员一同商量决定,不能独自决定,得到的报酬用于维修和保养水车。

2. 政府组织水利合作

新中国成立前,在管粥集村村内及其周边区域,政府没有组织村民修建专门用于灌溉的水利设施,只有用于防范水患的堤坝。这些堤坝平日里由附近村落的保甲长负责看护,严禁村民前往堤坝盗挖泥土,破坏堤坝的植被树木。一旦被发现,不仅保甲长要担负责任,而且村民也要遭遇牢狱之灾。

每年在雨季来临前,乡政府就要求保甲长组织村民加强对堤坝安全的巡查。若是出现连日的大雨,故黄河河水暴涨,这时候全村各户的男丁都要被保甲长召集起来去轮班巡查堤坝。一旦发生险情立即向乡政府汇报并组织人员对堤坝进行加固,防止堤坝垮塌。

村民们巡查和看守堤坝完全是义务性的,没有任何的工资,并且前往堤坝时需要自己带上必要的衣物、食物和钱财。通常情况下,村民遇到洪灾或者旱灾等都得不到政府的援助。若是灾情严重,大量人口无家可归,政府便在徐州城、寺庙等地设置收容站,为灾民尤其是妇女、儿童、老人提供必要的食物、医疗援助。

五、经营与市场

在很大程度上基于人情往来形成的经营合作之外,管粥集村内部还存在普遍的市场化的经营合作形式。主要分为三种形式,分别为请工、短工和长工。

(一)请工

在传统时期,管粥集村村里面一些劳动力不够,一时农活多的农户会请工。要是家里面需要做家具或者修缮较大型的农具,也会请工。请工需要主人家上门去请,也可以让邻居亲友帮忙替自己去请,对方会亲自前来帮忙。

1. 请普通工

一些村民在农忙时期一时缺乏劳动力就会考虑请工,请工就不用像换工一般太考虑亲疏关系,只要对方有空闲的劳动力,双方说好就可以来帮忙。在管粥集村,春天农忙的时期，会有河南、山东的农民在种好自家庄稼之后来皖北一带逃荒。这些逃荒户会借住在村子里，接纳他们的一般是中农以上的人家，他们就住在牛棚、马棚，或者靠着院墙搭一个简单的屋子住，主人家不会收钱。

要是主人家修个屋顶，或者搬运粪肥时，他们会帮忙。村民在自己地里面忙得不可开交，缺乏人力的时候请他们过来帮忙。这些逃荒户帮忙耕地、修屋、打水、抬水或是抬粪，等等。请他们帮工的农户会视干活时长管他们半天或一天的饭，要是工作量比较大，会给他们半斗左右的粮食。

2. 请手艺工

要是农户家里面需要做柜子之类的大型的家具，或者修缮石磨、石碾等较大型的农具，村民会请木匠、石匠这些手艺人到家里干活。请他们过来可以避免搬动衣柜这些大物件，节省劳力。请手艺人到家里来可以亲自去请，也可以让身边的邻里亲朋去请，要是亲自去请更表示诚意，对方也愿意优先帮自己家干活，否则就要排在后面了。

请手艺人可以请本村的，也可以请外村的，要听身边人的推荐，哪个师傅口碑好，就去请哪个师傅。如果师傅是自己的亲戚当然优先请他，如果不是亲戚就看旁人推荐哪个师傅，本村外村没有关系。

一般来说，本村的师傅价格会优惠一些，外村的师傅慕名而去的话会更贵。一般条件的村民就会优先考虑本村的师傅，富裕的地主才会考虑外村的师傅。师傅到家里来干活，工作量和价钱都是提前说定了的。要是干活超过半天，主人家会请师傅在自己家吃饭。师傅有一套自己的工具，如果损坏了自己负责，与主人家没有关系。

（二）短工

1949年之前，管粥集村村内普遍存在短工，尤其是农忙时节，打短工能够有效补贴劳动力过剩家庭的生计。

1. 人市：专门的短工市场

传统时期，在距离管粥集村10公里左右的郑集形成了一个短工市场，村民称之为"人市"。这个人市之所以能够形成，是因为郑集有几个大户，农忙时期这些大户对短工的需求量大，农闲的时候也有觅短工的，但是一般都在本村觅，不需要专门到人市上去招人，农闲的时候短工的工钱也低于农忙时候的。

到了农忙的时候，包括管粥集在内的周围村子的村民在忙完自家的农活之后，一些村民就会成群结队带上自己的镰刀去市场上卖劳力。有需要的大户或亲自或派人去市场上挑人，只要第一印象可以，看上去身体健壮，大户就会和短工中领头的人说需要干多少和能给多少价钱。要是大户和领头的商量好了，短工就可以直接去大户的地里面干活。

2."大户觅短工，穷人搭伙干"

村里面的大户在农忙的时候才会需要觅短工，觅的短工都是男劳力，没有女的出来当短工。觅短工的时候大户不会考虑是否是本村人或者是否认识，也不需要中人做担保，只要大户和短工们中领头的人商量好价钱，短工保质保量完成任务就行了。

3."短工大多是干体力活"

大户觅短工都是干一些耗体力、费时间的活，包括铡草、抬粪、浇水、收麦，等等。虽然大户家里面有大领、二领甚至三领，但是农忙的时候，大户家里面的长工无法完全胜任大量的劳作，这时候大户在市场上招来短工，长工这时候就带领短工一起干活，同时起到管理的作用。

短工只管埋头干活，早点干完活就能早点收工回家。小的劳动工具都是短工自己随身携带的，一般都是锄头。其他的较大的劳动工具，大户会提供给短工，短工不需要自己提供。要是短工的劳动工具损坏了，维修的费用自己偿付，大户不会负责；大户提供的大型农具出现损坏，要是短工没有过错，大户会自己维修，与短工没有关系，实际中也几乎不会出现大型农具正好损坏的情况。

4."短工干活勤快能多得点"

短工收麦耕地一天工钱大约是7升小麦。要是干活好，大户会多给一些工钱，短工给大户干活时大户也会管饭，大户管饭也是为了节约时间，让短工可以多干一些活，节约吃饭花费的时间。

管粥集村村民崔庆芳举了一个新中国成立前觅短工的具体事例：

> 到每年农忙时期，各村村民都在忙着收割小麦，这时候管粥集村中地少劳动力多的人家，在忙完自家种的庄稼收割之后便到附近的集市去寻找东家，给富裕的农户帮工，这样可以得到一笔钱补贴家用。在村中，年轻人结成一个队伍，到周围的集镇去寻找需要招工的农户，富裕的农户就在农忙的时候招一些短工，短工负责收割小麦并运送到地主的家中，这些短工的工钱一般是5—10升小麦，聪明的东家还会举办比赛，每天谁收上来的小麦数量最多，工钱就能翻番，这样一来，短工们为了拔得头筹都非常努力地干活，尤其是年轻的劳动力。

（三）长工

1949年前，在管粥集村，一些有土地但是没有足够劳力从事农活或家务活的农户会"觅大领"，即找长工干活。长工称主人家为"东家"。大地主一般请3—5个长工，普通地主一般请1—2个长工。

相比直接把土地出租出去，管粥集村村中缺乏劳力的富裕户更愿意觅大领，请其他村民帮自家种地。原因包括：

其一，觅大领不仅可以帮忙家中种地并且还可以看家护院、侍奉牲口、打水等，大大减少了家庭劳动的压力。

其二，富裕户可以自行安排种植作物的种类。包括冬小麦、高粱、花生、棉花等，每种种多少亩，种几季可以自行安排，而租给佃户就不能自己安排，影响了土地效益。

其三，租给佃户富裕户担心不能及时收上地租，尤其到了歉收的年份。要是不减租会惹村民非议，减租了就直接减少了自家的收益。

其四，愿意租地的佃户少，种地靠天吃饭，收成往往不稳定，这使得佃户不愿意多租地，甚至不租地，地主等富裕户难以找到合适的愿意租地的佃户。

其五，家庭里当家人和几个儿子年富力强，有精力有时间经营家产，这时候他们选择觅人干活。要是当家人年迈，几个儿子已经分家，年迈的当家人更愿意把土地出租出去，没有精力看管大领，引导大领工作。

1. 长工的具体种类

① 大领

有财力的大地主会请3—4个长工到家里干活，这些长工中1—2位是地主的亲戚或者熟人。大领是长工中年纪最长的人，在村里也有一定的名声，有过数年当长工的经历，是种地、驯马的好手。地主在选择大领的人选时会确保大领为本乡人，能够知根知底，值得信任。大领除了帮助地主干农活，驯养马匹，还负责监督和管理其他长工的工作，安排他们每天具体的工作内容。大领的吃住完全由地主提供。

② 二领

有财力的大地主还会安排一名能干，强壮的人协助大领的工作，通常会选择本保里能够信任的亲戚或者熟人担任，不会考虑外乡人。二领主要负责临时性的繁重的农活或者杂活，比如搬运肥料、施肥、铡草、维修农具等，二领相比大领往往出力更多，但是二领的种地技术，管理才能不如大领，二领平时的具体工作也都由大领安排。二领的吃住同样完全由地主提供。

③ 三领

三领同样是长期雇工，但是三领的工作主要是耕种土地和挑水运水，工作的内容少。当三领的主要是两类人，其一是那些没有经济头脑的人，他们没有念过书，不会经商，也不能胜任做学徒；其二是家里面劳力多，土地少，生活困难的人。三领的工作完全听命于大领，可以随叫随到，地主会提供每日的饮食，但是三领通常会住在自己的家中。

④ 拌饭

一般是出自贫苦家庭的女性，年纪在30—50岁之间，专门为地主一家和雇工做饭，安排每天的饮食。平时拌饭可以决定每天的饭菜种类，饭菜钱直接从当家人处支取，但是有重要的客人如地主的女婿等来访，或者逢年过节时，当家人会专门吩咐，增加饭菜品类。拌饭的吃住也完全由地主提供。拌饭的日常管理由当家人的妻子负责，当家人不过问。

⑤ 奶妈子

有钱的地主人家如果生养小孩，母亲奶水不足就会请奶妈子。小孩的一日三餐、饮食起居都由奶妈子全权负责，平时小孩和奶妈子睡一个屋子。有些奶妈子还会帮助妇女坐月子，工钱也会高一些。奶妈子的饮食条件比其他雇工都要好，每天都能喝上鱼汤、鸡汤或者面水等，保证奶水充足，把孩子喂养得健壮。奶妈子的工钱虽然是月结，但是只要奶水充足就会常年喂养，甚至于孩子断奶之后仍然负责照顾孩子的衣食住行。奶妈子自己的孩子一般不能带在身边，但是奶妈子可以在照顾好地主家孩子的情况下请假回家探望，也有心善的地主允许奶妈子带着孩子一起，但是必须保证奶水充足，优先喂养好地主家的孩子。奶妈子的日常管理由当家人的妻子负责，当家人不过问。

2. "地富才觅得起长工"

一种情况是村里地多人少的大户人家。这样的人家在土地改革时期多半被划成地主、富农成分，需要觅大领的人家一般至少有100亩土地。比如距离管粥集村十公里的夏庄，一陈姓妇女，在生育一子后丈夫过世，家中有100多亩土地无力耕种，就觅了一个大领，承担家中的大部分农活，后被划为地主成分。

另一种情况是家中土地多劳力也多，有种地之外的其他副业或种地驯养牛马不在行，所以觅大领保证生产。比如赵楼自然村村民张大臣一家，虽然劳动力多，自有土地上百亩，但是一家人干铁匠，还经营油坊、面坊等副业，也觅大领分担家中繁重的工作，后张家被划为贫农成分。

3. "巧说媒，拙说地，半吊子说干活的"

在管粥集村，觅长工都需要中间人的撮合。中间人一般是村中人脉广、好结交朋友的人，多半是邻居，也存在大领向东家推荐亲朋好友的情况。某家农户需要觅大领的时候就找一些中间人，让中间人推荐合适的人，中间人就会在那些没有地、劳动力多的人家中寻找合适的人选。确定人选后中间人会给他们讲清楚工作的内容、时间和报酬，也会简单介绍东家的家庭情况，替东家美言，强调东家人缘好，待人和气，到东家做大领是门好差事。也有大领在东家干活勤快，和东家关系处得好，东家有需要时，大领将自己想做大领的亲朋好友介绍给东家。

如果对方同意当大领，中间人会领着人和东家见面，双方确认之后东家就会和大领签契约，也有东家和中间人是亲戚，关系紧密，不签契约的情况，契约上约定劳动时间和劳动报酬，双方签字，各执一份。撮合成了东家会和中间人、大领一起吃顿饭。契约每年一签，不过实际情况一般是第一年签好，后面每年年关东家知会大领，大领口头答应一声就成了。

一旦签了契约或口头约定，无论东家还是大领，没有特殊情况发生不能中断契约。特殊情况包括：

其一，大领品行不端，违法犯罪。

其二，大领家中出现大变故，不能参与劳动。

其三，大领出现意外，丧失生命或劳动能力。

如果大领出现消极怠工甚至偷卖东家牛马的情况，中间人需要负责，但是在管粥集村没有发生过这样的事情，介绍的大领都是知根知底，性格老实，有干过长工经历的人。

在管粥集村有"巧说媒，拙说地，半吊子说干活的"的说法，其中"说干活的"就是中间人介绍大领给雇主，这个差事费时费心。出了问题介绍人还要担责任，成功了最多得到顿酒喝，说明了介绍大领是个吃力不讨好的活儿。也从另一个角度说明，介绍大领不需要什么特别的技能，有张嘴愿意介绍就行，不是什么有面子的活计。

4."大领一般是踏实能干的老实人"

第一点，一般没有土地，家里劳动力多的人会出来当大领。

第二点，大领必须身体健壮，能干活，干活勤快，优先选择年长的有经验的单身汉，年龄一般不低于25岁。

第三点，大领必须品行良好，一般都是村民眼中踏实肯干的老实人。

第四点，没有女的出来当大领的，女子会被人请做拌饭或者奶妈子，大领一般都是年轻力壮的男性。

第五点，当大领的人要懂得干农活，会种地，如果会驯养牛马会更受欢迎，工钱也更高。

第六点，大领可以是本村人，也可以是外村人，但不是外乡人，只要中间人介绍成了就行。在同等条件下，东家更愿意优先聘请邻居当大领，而不是朋友或者亲戚，邻居平时接触多，知根知底，由于要长期相处，这样更信得过，同时具体的工钱也好商量。

5."大领干好分内的活就成"

大领主要承担农活或部分家务。农活包括种地，维修农具，喂养牛马，晒谷，晒粪、拾粪等。如果东家有副业，比如经营买卖、油坊、面坊等，大领也要帮忙。大领还要管理与安排二领和三领的工作，农忙时期，东家还会请短工，大领带领着长工和短工们干活。部分家务包括打扫屋子、挑水等。家中的针线活，缝缝补补的事情，柴米油盐的内务，大领一般不会插手，涉及吃穿用度，大领不参与，都是当家人负责。如果雇用了拌饭，拌饭负责地主家庭日常的饮食。

大领在东家干活有一定规矩：

其一是分清分内的事情和分外的事情，农活和东家吩咐干的家务事属于大领的分内事，其他家务事大领不能随便干预插手，要不然容易给自己惹麻烦。

其二是干活要勤快，东家能够随叫随到，大领不仅要出工还要出力，要保证劳动的数量和质量。

其三是大领对东家一家人要尊重，如果发生一些小摩擦也要尽量忍耐，不能闹事，也不能在外面说东家的坏话。

其四是大领必须遵纪守法，如果在外面为非作歹，偷鸡摸狗，东家可以中断契约。

6."大领得管好吃喝，要不然留不住"

其一，大领都是和东家同桌吃饭的，东家吃什么大领就吃什么。只有在东家有客人来访时，大领才在一旁吃饭，不陪客。

其二，东家免费为大领提供住宿，一般住在靠近牲口棚的屋子里，这些牲口棚一般都喂了牛、马、驴等，"马肥吃夜草"，住在牲口棚附近方便大领夜晚喂牲口草料。另外，大领住的位置往往离院落的大门近一些，外面发生什么事情，大领可以尽快通知东家，也可以保护东家的安全。

其三，雇大领的人家一日三餐都要及时做好，晚上还要做热汤。"自己一家过生活有时候天气不好就不做饭了，吃个馍就了事，觅了大领就不行，三餐不能应付，热汤不能少，要不然村里人就要说闲话。"

7."一天到晚，大领除了吃喝拉撒睡，都在干活"

觅大领一般都是一年的期限。如果东家认可，大领也想继续干，年关的时候双方打声招呼来年就继续干。大领一年中逢年过节都可以休息，不过如果东家有活干，大领也要帮忙，但是东家逢年过节也要串门走亲戚，所以节假日实际也没有什么活干。

大领每天的工作时间也不定，日出而作，日落而息，农忙的时候每天早上6点半就开始工作，晚上7点收工，中间除了午饭没有休息的时间。农闲的时候每天早上7点开始上工，晚上5点半收工，中午吃过午饭有1个小时的休息时间。工作时间也不是一刻不停地干活，一般东家干活，大领也跟着干活，东家让休息，大领也跟着休息，天亮了就起来干活，天黑了就从地里回来，晚上喂喂牲口。东家不在时，大领负责监督其他雇工干活。

东家但凡有事情，都会让大领干，不会让大领闲着。"觅了大领，给吃给住，还给工钱，不会让大领没命干，也不会让他老闲着。"大领一般也会肯干，爱干，不会让东家总催着干活，给东家一个爱偷懒的印象，要不然东家下一年就可能不请了。如果大领家里面有红白喜事，大领会向东家请假两到三天，最长也不会超过一周，这段时间也算工钱。只要不耽误干活，庙会、请客、给邻居帮忙、走亲戚、打牌等，和东家说一声就行，有时候不说也可以，如果有要紧的活，东家会提前就和大领说好，大领干完活就可以自由活动了。

8."大领三六九等，工资也是三六九等"

在管粥集村，大领的工钱在雇佣之前双方协商决定。大领一年的工钱以粮食计，一般是两石粮食，一石十斗，一斗二十斤，也就是一年四百斤麦子。这个工钱也是和大领的能力挂钩的。如果大领有特殊的技能，比如驯马、修农具等，工钱也会相应提高。

在附近的村庄陈洼村就有一个大领，祖籍山东，名叫楚得明，他掌握高超的驯马技艺，颇受东家重用，每年工钱高达4—5石麦子，是普通大领工钱的两倍。另外，在管粥集村，2石粮食就能够买一亩地，如果大领家里面一年不吃不喝，他赚得的工钱就能买起一亩地。[1]

大领的工钱可以随时多次支取，年关结余的时候，当家人会结算，把剩余的工钱全部交给大领。平时大领支取工钱时，只需要和当家人说，当家人一般不会拒绝，支取多少都会做记录。大领支取的钱一般不会超过全年的工钱。如果超过了东家就会拒绝再给，不过这样的情况很少发生。除非大领家中发生变故，重病或者丧葬，超出的部分如果大领和东家关系好，大领请求东家帮忙，东家一般也会

---

[1] 来自张大臣老人的讲述。

给予援助。

平日里，东家要是有什么闲置的衣物，如果大领需要，也会送给大领。二领的工钱一般是大领的三分之二，三领的工钱更低，一般是大领工钱的一半。拌饭的工钱按月结，一般一个月3—5升小麦，奶妈子的工钱高一些，一个月6升左右小麦。

在《萧县志》中记载，不同时期大领二领的工资是不同的：中华民国十七年（1928），大领二领除吃饭外，每年的工资为10元左右。中华民国十九年（1930），大领二领年工资在15—20元左右，农忙时临时雇工，每天工资为5角，平时雇工日工资为1角5分左右。中华民国二十二年（1933），大领二领年工资25元左右，女工年工资12元。按照当时的生活水平，一个大领或二领，他们给地主辛苦劳动一整年，最多只能养活一口人。[1]

9. "好东家才留得住人"

其一，只要不耽误东家安排的活，大领可以提出借用东家的牛、农具等耕种自家的地。不过这个仅限于大领土地很少，和东家关系好的基础上，如果土地多，势必耽误本职工作，关系不好大领也不会提借用牛的事情。

其二，逢年过节，东家会提升一下伙食，互相也会走动送礼，维护大领和自己之间的关系。

其三，若是大领生病，东家会帮忙抓药请医生，希望大领能够尽快恢复身体，不耽误干活。如果病重，东家会给一些钱让大领回家休养。如果长时间病重，超过半月不能干活，可能就要协商是否终止契约。大领生病期间东家仍然会算工钱。

10. 大领和东家的关系

新中国成立前，在管粥集村，大领和东家的关系方面：

其一是大领与东家是平等协作的关系。平时东家会和大领一同干活，同桌吃饭。大领如果认为东家待遇不好，关系处不来，可以选择一年期满另寻新东家，除非大领违法犯罪，东家不能随意辞退大领，并且大领的一日三餐要照顾好，晚上一餐要提供热汤，不能拖欠大领的工钱。在附近的黄集就有一户张姓人家，家里面地多人少，只有一个儿子，他就让自己的儿子认自己的大领做干爹，确保家中的劳力。

其二是逢年过节，尤其是红白喜事，大领和东家会互相走动。大领家不管在村内还是村外，东家都会前去送礼，东家办酒席，大领不用给礼钱，在酒席上帮忙。

其三是大领依靠东家可以得到稳定的收入，有时候可以借用东家的牛耕作自己的少量土地。如果遇到难处，也可以向东家借钱，东家也通过觅大领保证了劳力，进而

---

[1] 萧县地方志编纂委员会编：《萧县志》，第81页。

确保收成。在本村，东家和大领的关系一般都很融洽，如同一家人一般，有些大领一辈子没有换过东家。

其四是如果东家对大领工作满意，除了来年继续找他干活，平时逢年过节会多送一些鸡蛋、白面、糖、水果等，伙食也会更好一些。

11. 大领之间、大领和短工之间的关系

大领之间通常都是合作的关系，平时干活相互协作，有些大领会互相给彼此介绍新东家。在农忙时候，东家会临时找短工，分担大领的任务，大领指导并带领短工干活，同时也代表东家对短工进行管理。

12. 大领与家庭成员之间的关系

在管粥集村，大领都是未结婚的男性年轻劳力，一旦结婚，为了照顾家庭，有可能就另谋差事，也有部分大领结了婚还在给东家干活，这个时候家务都由妻子承担，大领在东家干活。在本村，大领家庭往往处于底层，没有土地，虽然工资高，但是平日里迎来送往、衣食住行花费多，所以还是有很多大领难以娶起老婆。

13. 大领和保甲长之间的关系

不管大领是不是本村人，在本村当大领，保甲长都不会过问，觅大领与否完全是当家人做决定，觅谁当大领以及给多少工钱都是当家人自己决定的，和保甲长没有关系，因此不需要和保甲长打招呼。谁家觅了大领，保甲长都可以从旁人那里得知，不需要当家人特别告知保甲长。

本保抓壮丁时，若大领是本村人，那么有可能被抓壮丁，管粥集村没有出现过大领被抓壮丁的情况。若大领是外村人，不会被抓壮丁，只有大领自己所在的保才有权利抓壮丁，本保保甲长不会过问。

第四节 交换与交换关系

在管粥集村，通过在市场当中实现交换，能够在维持生计的基础上互通有无。本节将从村内交换、村外交易以及借贷与物件典当等三个主要方面展示传统时期村庄的交换与交换关系。

一、村内交换

1949 年，管粥集村村民主要在本村集市内购买必需的农产品和小型农具。具体来说，可以从管粥集、流动商贩、农产品交易等三个方面去考察。

（一）管粥集

在管粥集村村内有一个小型集市。由于这个集市是一个古集，具体何时建立已经无从知晓，但村民介绍清代乾隆时期是管粥集成形并发展较为鼎盛的时期。

集市发源于一个粥摊，这个做粥的人家手艺好，人缘也好，加上黄河还未改道之前黄河通航，来往船只上的商客在村边的河岸上岸歇脚，人员的聚集也带来了更多的商贩，这样集市就初具规模了。等到火神庙建立，集市通过举办火神庙会一炮打响，成了周围村庄村民重要的赶集地点。

管粥集主要出售农产品、小农具为主，后期出售少量的牛马驴等，还有一些竹篮等手工物件出售。一般村民不会将自家剩余的农产品随意出卖，尤其是粮食，必须存够余粮才会考虑出售剩下的粮食。瓜果蔬菜鸡蛋等是村民经常出售的商品。猪肉只会在逢年过节的时候养猪的人家请来杀猪人进行宰杀，留足自家的再对外出售。出售时优先照顾自己的亲戚朋友，然后是本村人，最后是外村人。

在管粥集村村内的商贩以本村人为主。外村人占2—3成，他们进村里面做生意不需要缴纳费用，完全自由开放。管粥集的集期是公历的逢1、逢4和逢7，三至五天逢一会。村内交换以货币交换为主，存在少量的物物交换，通行的物物交换商品主要是鸡蛋和小麦。

在村内进行交易时，购买外村人的商品是不容许赊账的，除非有亲属关系。而向本村人购买商品时，若是得到本村人的同意可以赊账，一般3—4天就要归还。如果时间长了必须上门说明情况，主人家同意延长时间可以拖至数月甚至半年一年的时间。购买商品时男人们通常照顾自家亲戚朋友的生意，女人们比较随意，一般谁家商品便宜好用就买谁家的。正因为如此男人们很少在本村的集市购买东西，而让自己的妻子去买，男人们喜欢到外村去赶集。政府一般不会干涉村内的交易活动，只针对牲畜的宰杀售卖征收一定的税赋。

（二）流动商贩

流动商贩游走在包括管粥集村村内集市的各个乡镇集市之中。大部分的流动商贩都是村里面的穷人家，家里面的地只有2—3亩，给人当大领又没有技术，只能去走村串乡做点小买卖，依靠做小生意补贴一些家用。他们一般挑着担或者推着小推车每天游走。

管粥集中的流动商贩既有本村人又有外村人（三大家村、宗庄村、芈集村等附近村庄的村民），以本村人居多，他们在赶集日在集市上叫卖商品，包括瓜果蔬菜、粮食、布匹、小农具等。外村的流动商贩到村里面来叫卖商品不需要向保甲长打报告，也没有专门的人员向他们收进村的费用，只是他们在长期使用某个摊位时缴纳很少的摊位费用。

流动商贩出售商品时一般使用现金，也可以用小麦、鸡蛋等粮食换，例如1个鸡蛋可以换来半斤的大蒜，还可以用来换盐、油、酒等，不过具体的比例不定，要看油、酒等的品质如何，2斤的大豆可以换1斤的杂粮面等。

根据管粥集村村民宗玉春回忆，1949年之前村里面有一家卖杂粮粥的宗姓农户，他家的粥远近闻名，过往的客人喝完粥之后碗和勺子上都干干净净。这家人的家中有5口人，他和父亲、母亲、1个姐姐、1个哥哥，家里面只有3亩薄田，勉强喂了一只瘦驴，耕地的时候和家族的兄弟合耦，属于贫农。在村里面人缘好，但是公共事务也说不上话，这家人主要在管粥集村村内设置摊点，每天一般可以卖出一百多碗粥，大部分是本村的村民。要是到了赶集日可以卖出接近两百碗，一个月中大约有10天时间这家人去周围的刘套集、杨楼集、郝集等集市卖粥，一碗粥大约5毛钱，通常是付现金，也可以用物品交换，一个鸡蛋可以换一碗粥。

（三）农产品交易

在管粥集村村内交换的农产品包括瓜果蔬菜、粮食、枣子、鸡蛋、青苗等。若是经常在各个集市游走的流动商贩，他们在出售农产品时不会感到难为情，他们也会密切关注同行人的价格，避免出价过低或者过高而出现损失，但是家里面偶尔有农产品拿出来出售的农户就显得不好意思。

管粥集村村民崔庆芳谈道：

> 那会儿家里面的母鸡下了蛋都不舍得吃，父亲就让我拿到集市上去卖，我就纳闷了，为什么父亲母亲他们自己不去集市上卖，反正我就一个半大不大的小孩儿，也没想那么多，就去集上把鸡蛋卖了，换了钱交给了父亲，父亲之后去外面赶集给我带回来几颗糖果，可把我高兴坏了。

1949年之前，村子里面有少量的苹果树和梨树，徐州城里面的商贩到了果实成熟的季节就到村子里面大量收购这些水果，村民们将六成的水果直接卖给他们，剩下的四成除了自己留着在逢年过节的时候送给亲朋好友，还有很少一部分在集市上慢慢售卖。要是量比较大就去杨楼集、郝集等较大的集市出售，出售的时候往往是用牛车或者小推车运过去。

在集市上出售五谷杂粮等粮食的商贩也存在，但数量不多，村民们有存余粮的习惯，一般余粮的量要够一家人支撑2—3个月。若是之外还有余粮，村民们会把陈粮拿出来进行售卖，通常新产的粮食作为余粮进行保存。外村来的粮食贩子主要从事粮食交换的交易。因为村里面中农以下的村民往往将自家收成的小麦换成高粱、小米等粮食，小麦普通人家是不舍得吃的，小麦的产量也低很多。通常来说1斤小麦至少能换1.5斤的高粱。若是小麦的品质好可以换2斤的高粱。麦青苗的商贩都是徐州城里来的，他们出售的青苗品质更好，村民往往和某个商贩形成长期的合作，这样比较放心麦苗的质量不出问题，即便其他的商贩价格低一些。

村中的保甲长通常不会干涉村民的农产品交易活动，也没有专门的人员针对农产品交易征收税赋，但是在特殊时期比如发生严重自然灾害的时期，牲畜的宰杀和粮食的售卖都会被限制。虽然不是强力禁止，但是保甲长会劝告村民不要随意出售或宰杀牲畜，或出售余粮，减轻地区村民面对灾害的恐慌情绪。

（四）买卖优先顺序

管粥集村村内普通村民平时拿出来出售的商品很少，主要包括瓜果蔬菜、富余的粮食、鸡蛋这类初级农产品，偶尔村民会出售自家的牛仔、猪仔、马仔甚至是成年的猪牛马等，铁匠、木匠等会出售自己的手工制造品。村民想要出售商品时，若是瓜果蔬菜这类便宜的商品，他们直接拿到集市上去售卖，不会提前联系好卖家，价格和市场上类似的产品保持一致，不会偏高，否则容易卖不出去。

相比熟人，村民更愿意卖给素不相识的人员，因为这样可以卖出个更好的价格，正因为如此村民通过赶集的方式尽量避开熟人来售卖这类商品。村民若是想要出售牛羊猪马这类牲畜，他们往往先问自己的亲属有没有谁家需要的，要是价格合适优先卖给他们。若是亲戚里面没有想购买的，那么村民就在人场里放话，若是本村人有想买的，优先卖给他们。本村没有找到合适的买家，村民只能去集市上出售，这时候他就要考虑尽量卖出更高的价格，并且在定价的时候也要比市场的价格高一些，这说明自己家的牲畜养得更好，能够值更高的价格。

对于木匠、铁匠等，他们在出售手工制造品如农具时，价格一般是比较稳定的。他们往往直接拿到集市上去售卖，不会优先考虑熟人。对于价值量小的商品，村民们不愿意跑到很远的集市上去售卖，因为即使价格高一些也弥补不了路途的辛苦，而出售牲畜的农户则希望更可能高价。只要有识货的买主，他们愿意去更远的集市售卖自己的牲畜，就像为自己的姑娘寻一个丈夫一样，不会轻易出手。熟人之间买卖商品存在赊账的情况，一般一周之内就要归还，其他人一般一手交钱一手交货，不允许赊账。

（五）交易中的欺诈

村民在买卖商品时也经常会碰到欺诈的行为，欺诈的手段主要包括品质低的商品通过花言巧语把买家糊弄住，然后以高价卖出，或者在货品上做手脚。比如在粮食里面掺沙子，在酒水里面掺水等，还有就是最常见的缺斤少两，村民在辨别这些欺诈行为上一般依靠自身的观察和经验。

正因为如此当家人在赶集时有时会带着自己的儿子们一起，这样在言传身教中指导他们如何辨别货物的好坏，是不是物有所值。村民在进行欺诈行为时一般避开自己的亲朋好友，也包括本村村民，这样做是防止对方发现自己受骗之后伤了彼此的感情，因此村民要想欺诈也是欺诈外村的人，而且还不是在本村的集市欺诈。他们会到距离较远的集市去，这样一旦事情败露也不会影响到自家的名声。

买家在发现自己上当受骗后，若是小商品，价格便宜，只能自认倒霉，也不会去找对方算账。若是牲畜等价值高的商品，这时候村民就想方设法通过关系网去寻找卖家，追回自己的损失。若是买卖双方因此发生争执，通常在一旁的旁人会上前调解，没有效果的话各自请村里面的问事人来调解。若是坐实卖家欺诈，往往是赔钱道歉了事。这类纠纷通常不会牵涉到保甲长。

二、村外交易

除了在村内进行市场交易，管粥集村村民还经常前往村外赶集，进行市场交易活动。

（一）村外集市

在管粥集之外，附近还分布着大大小小的村落集市或集镇。村落集市通常主要辐射本村，集镇则不只辐射本身还带动周边的商品流动。

1. 村外交易概况

管粥集周围的小集市售卖商品的情况和村内集市的情况类似，并且主要服务于本村的村民。也正因为如此，只有具备一定规模人口的村庄才可能支撑得起村内集市的发展，这样的小集市包括芈集、张集等。郝集、杨楼集、刘集、黄集等属于县级的集市，规模更大，售卖的商品种类更多，牛马等牲畜的交易也更为频繁，而徐州集、黄口集则是区域的中心集市，地区商品交易的重要枢纽。集市每天开放，有很多固定的商铺和成形的商会。县级以上的集市都提供招工、婚介这类的服务，并且也有政府更为规范统一的管理，主要是维护集市的价格秩序。以上集市大部分是货币交换，只有乡村集市有少量的物物交换存在。

2. 集市圈

集市圈可以简单分为县镇一级的中心集市和乡村一级的次中心集市。

表 3-8 和表 3-9 分别展示了这些集市的基本概况。

表 3-8 管粥集村周边中心集市概况一览

集市名称	集 期	商 品	与本村间的距离
徐州集	每日集	徐州城人流量大，商品需求量大，商品种类齐全，有丰富的行会，徐淮海流域商品贸易枢纽	东南方向约30公里
萧城集	每日集	人流量较大，商品需求量大，重要的农副产品集散地	正南方向约27公里
黄口集	每日集	黄口集历来是苏鲁豫皖周边地区著名的工农业产品集散地，规模仅次于徐州集	西南方向约27公里
杨楼集	公历逢1、4、7	杨楼集是周围集市的中规模较大、货品较全的集市，拥有颇具规模的猪、牛、马牲畜交易市场	西南方向约12公里
郝集	农历逢三、六、九	有杂货铺等固定店铺，主要交易杂粮、衣物和农具等	东南方向约12公里

表 3-9 管粥集村周边次中心集市概况一览

集市名称	集 期	商 品	与本村间的距离
刘套集	农历逢二、五、八、十	主要交易粮食、零食、小型农具、牲畜等	西南方向约9公里
芈集	农历逢三、六、九	主要交易粮食、零食、小型农具等	东南方向约12公里
三座楼集	公历逢1、4、7	主要交易粮食、零食、小型农具、牲畜等	正南方向约16公里
何桥集	农历逢二、五、八	村级集市中重要的牲口交易集散地	西北方向约9公里

（二）外村赶集

1949 年之前，前往外村赶集也是管粥集村村民重要的日常活动之一。到外村赶集也存在一定的惯行。

1. 赶集概况

赶集是村民日常生活中重要的一部分。赶集未必需要买卖什么物品，有村民赶集仅仅出于闲逛、和人打交道、凑热闹的目的。赶集通常是当家人去赶集，要是家里面有需要购买的农具、布料、小物件、粮食、牲畜家禽等，或者可以用于出售的粮食、蔬菜、粗布、牲畜家禽、鸡蛋等，会选择去赶集，当家人熟知周围各个重要集市的集期和会。要是不确定可以问问周围的邻居，这些集期相互之间不会冲突，便于周围的村民赶趟，几乎每天都有集可赶，只是远近的问题，距离比较远的徐州城就是一个常集，哪天去都能买到村民想买的任何东西。

2. 赶集时间

为了防止错过赶集最佳的时间（一般在临近中午的数个小时），村民们选择在早晨4—5点钟起床，吃过早饭后便去赶集。若是来回时间很长，节俭的农户带上自家的干粮，也有富裕村民直接在集市上解决午饭问题。

村民宗玉春介绍，1949年之前家里面每个月去赶集的天数是不确定的。农闲的时候赶集的次数多，一方面村民时间空闲，另一方面庙会、唱戏、婚嫁等活动往往集中在农闲时期，吸引更多的村民前去赶集，父亲经常一个人单独去，有时候也带上家中的兄弟去外面见见世面。农闲期间一个月有将近一半的天数出门赶集，若是到了农忙的时候，一个月有一周的天数去赶集都难得，还有就是冬季出门赶集也减少，一般一个月十天左右会出门赶集，每次赶集间隔天数也不确定，全凭父亲自己安排。

3. 赶集当中的行为关系

由于各个集市之间有一定的距离，车马容纳的人有限，普通村民会骑着驴去赶集，或者地主人家开着太平车去赶集。当家人一般不会带着家中的儿子和女眷一同前去，偶尔当家人会带着自家的长子或者自己中意的一个儿子去集市上开开眼界。女儿不会带着，因为当家人不希望女儿在外面过多抛头露面。

当家人去赶集之前，妻子、子女们、媳妇们可以主动向当家人提出请求。比如媳妇们想要一些小首饰，年纪尚幼的子女们想要小玩具或者零食，妻子想要一些布匹等，当家人会记在心中。要是办完正事手头还有余钱，就会照顾到家人的请求。在优先满足谁的请求上，当家人根据谁在家贡献多，子女谁最受宠来安排。

通常情况下，媳妇们不会直接向当家人提出要求。原因在于：

其一媳妇们在礼节上被要求和当家人保持距离，平时不能有私下的交流，必须有第三人在场，否则会引起非议。

其二媳妇们也不希望公公认为自己好吃懒做，不懂得节省。在这种情况下，媳妇们会通过丈夫或者婆婆来提出要求，更多是向婆婆提出请求。要是丈夫老替自己说话，会被家人认为丈夫过于宠爱自己的妻子，这是不应该的。

虽然家中的女眷很少有机会去赶集，但是当家人并不会完全禁止家中的女眷出去赶集。比如家里面的女儿有机会在节日的时候让家中的兄弟陪同，女儿们坐在车里，兄弟们拉着车去集市上赶集，有了兄弟的保护，当家人会放心女儿去赶集。

4. 赶集的目的

管粥集村村民前去赶集主要有四个方面的目的：买卖商品、走亲访友、参加庙会、听戏等文化娱乐活动，以及纯粹打发时间在集市闲逛。

买卖商品是村民去赶集最普遍的目的。男人们出门赶集往往出门前已经确定想买哪些商品，到了集市后直接购买。若是有本村人或者外村的朋友在集市上兜售商品，优先照顾他们的生意并且对方往往也会在价格上便宜一些。女人们出门赶集除了当家人吩咐购买的商品外完全看集市上有什么物件可以购买，到了集市上要货比三家，精挑细选，不会专门考虑优先买本村村民的商品，完全看谁家商品质量好价格优惠。

在购买或出售商品之余，男人们喜欢去参与庙会、听戏等活动。不过穷人家只能听公开的戏，而村里面的富裕户愿意花钱买票去听戏。若是在集市上碰上亲戚朋友，亲戚是集市上的人，就会被邀请到对方家里喝酒吃饭，朋友就一起去杂货铺子打一二两白酒喝酒聊天。女人们往往走访自己出嫁的女儿或去自己的娘家。

村民很少去徐州城等县城集市去赶集。一方面绝大部分的需求都可以通过乡镇的集市解决，另一方面县城集市相对较远，很少碰到熟人并且价格也相对较高。1949 年之前，只有村里面的富裕户偶尔去徐州城，一方面是和城里的亲朋好友联络感情，另一方面购买乡镇集市上没有的商品，比如一些大型的农具等。地主家的儿子娶亲的时候就到徐州城寻裁缝铺子购买一套红衣裳，送给女方作为彩礼。

（三）交易价格

传统时期，集市内商品的价格并不是随意设定的，而主要由基础价格和浮动价格两个部分组成。

1. 基础价格

对于绝大多数村民售卖的商品，他们的基本价格都是比较稳定的。徐州集和黄口集都有规范的商会管理商品的价格，政府也会予以管制，这两个区域性的中心集市是各类常见商品的集散地，自然也掌握着各类商品的基本价格。各级批发商一级一级将价格传导到县，到镇，到乡，最终到村。

对于一个普通村民而言，当他将商品拿到市场上售卖时，他就有意无意了解到市场上这类上商品的基本价格，若是他定价高了就要尽快调低，若是低了也要上浮，出售的商品基本价格保持一致，不管是村民主动去观察留意还是买家告知，都最终促使村民的定价接近基本的价格。

2. 浮动价格

在基本价格保持稳定的基础上，村民在出售一些商品尤其是牲畜这类商品时，价格是存在浮动的。因为商品本身的差异性较大，而粮食、鸡蛋、农具这类商品同质性强，价格可以浮动的空间少。正是因为牲畜这类商品价格浮动空间大，所以才衍生出了专门促成交易的行人，他们在买卖双方周旋，并在讨价还价当中形成一个两方都接受的价格，最终使得商品顺利成交。

三、借贷与物件典当

传统时期，管粥集村村民除非是遇到不得不花钱的事情或者家里已经揭不开锅了，一般不会轻易开口向旁人借钱借粮或把家中值钱的物件拿去典当。不得不花钱的事情主要包括婚丧嫁娶、行来往和看病吃药。如果碰上灾年，麦子收成不好，到了春天农忙时期家中的劳动力吃不饱肚子，村民就会向旁人借粮食渡过眼前的难关。

（一）借贷及其关系

1949年之前，在管粥集村，围绕借贷存在独特而丰富的行为关系，村民依照惯行开展具体的借贷活动。

1. 优先向谁借

由于借的利息比贷的利息低，村民但凡能够借点就不会考虑去典当或者找高利贷。向谁借，向谁贷也有个先后顺序，大致分为六个层级。第一优先层级是自己的直系血亲，父母兄弟姐妹等。第二优先层级是本家族人员，即本姓村民或者是姻亲。第三优先层级是邻居或者朋友。第四优先层级是地主。第五优先层级是当铺。第六优先层级是高利贷者。

村民有句顺口溜讲述这个关系差别——"亲讲近，房讲寸，一掌没有四指近"，也就是说亲不如房，房不如掌，掌不如四指，其中亲包括姻亲、远亲，房包括本家族人，掌代表亲友，四指代表兄弟血亲。

各个层级利息不同，一般优先层级越大，利息也越高。即第一优先层级利息最低，第六优先层级利息最高。实际村民在考虑借钱借粮时，除了从这个优先级别出发，还会考虑对方的经济实力，会盘算"上谁那儿最有把握"。如果借的金额大，一家人拿不出或者不愿意借太多，就会多向几家借钱。

另外，村民也不会完全依靠亲戚的帮助。如果有关系好的朋友，村民更愿意借朋友的，因为亲戚虽然表面上利息低一些，但是平时行来往多，欠了人情自然花费也提高了。

2. 借贷中间人

除了直系血亲之间借少量钱或者粮且约定几个月内归还之外，借钱借粮都需要请中间人。

请中间人能够起到三个方面的作用：

第一个是见证。见证借贷双方借贷的全过程，增强借条的可信度，谁都不允许抵赖，可以作为第三方人证。

第二个是记录。借条一般由中间人执笔书写。

第三个是担保。如果借钱借粮的一方不能够按照约定的期限偿还钱款，中间人要担负责任。如果借钱一方有能力还钱但是故意不还或者暂时无法还清，中间人要协助贷方向借方讨债或者协商延长借款时间。如果借钱一方死亡或者完全失去还钱的能力，中间人要替借方还钱，但不需要全额还，具体的金额中间人和贷方协商。

担任中间人的人都是借贷双方熟悉，在村里面有一定名望的人。如果哪家想要借钱就把中间人请来做担保，中间人如果觉得借钱的一方老实讲信用，值得信赖，也确实家里面遇到困难了，需要借钱来解决问题，那么中间人就会答应做这个担保，否则就不会答应当中间人。一旦借钱一方还不清钱，不仅引发借贷双方的纠纷，也坏了自己的名声。

3. 利息和期限

借贷的方式和对象不同，相应的利息和期限都有所差异。一般来说，亲属关系越近的村民之间发生借贷关系，对应的利息更低，期限也往往更长。另外村民们一般在遇到灾年或者遇到婚丧之事，急需用大笔的钱财而亲戚朋友家中没有那么多的余钱时，才考虑典当和高利贷。这种更为市场化的借贷方式自然在灾年的时候利息更高，期限也更为苛刻。

表3-10展示了新中国成立前管粥集村村民借贷的优先顺序及其相应的借贷规则、利息和期限。表3-11展示了苏南苏北一带（新中国成立前萧县隶属于徐州）的利息大致分布。

表 3-10 新中国成立前管粥集村借贷利息表[1]

借贷优先层级	身份	是否写契约	是否请中间人	利息
第一层级	直系血亲	金额大且期限超过一年写借条，金额小且时间短可以不写	写契约就要请中间人	一般一年期限，利息为借10元钱0—2分的利息
第二层级	除直系血亲之外的本家族成员；姻亲	写借条	要请中间人	一般一年期限，利息为借10元钱2—4分的利息
第三层级	邻居或朋友	写借条	要请中间人	一般一年期限，利息为借10元钱3—5分的利息
第四层级	地主	写借条	要请中间人	一般一年期限，利息为借10元钱4—6分的利息
第五层级	当铺	不写借条，写当票	不请中间人	一般三年期限，不同的典当物有不同的利息，以土地为例，一亩地一般能当1石5斗粮食，利息是典当的土地三年的收成
第六层级	高利贷者	写借条	要请中间人	一般一年之内，最常见的高利贷是春借秋还，3—4月借1斗高粱等杂粮，秋天本息一起要还1斗小麦，利息相当于本金的一倍

资料来源：以上利息数额由程保民、崔庆芳等老人口述。

表 3-11 民国时期苏南苏北部分县利息统计表

苏 南			苏 北		
县名	最高利息	普通利息	县名	最高利息	普通利息
上海	2分	1分5厘（周息）	萧县	5分	2分
吴江	2分5厘	2分	铜山	6分	
昆山	2分	1分以上	砀山	4分	
宝山	2分	1分	沛县	3分	
无锡	2分	1分6厘（月息）	丰县	3分5厘	2分5厘
青浦	1分8厘	1分5厘	邳县	4分	2分5厘
江阴	2分（月息）	2分（周息）	阜宁	5—10分	3—4分
镇江	3分5厘	2分（周息）	泗阳	8分	3分

---

[1] 表中1元的购买力相当于15片麦谷。

续表

苏　南			苏　北		
县名	最高利息	普通利息	县名	最高利息	普通利息
常熟	2分5厘	1分5厘	睢宁	10分	5分
溧阳	4分	2分5厘	东海	10分	4分
溧水	8分	3分	淮安	6分	3分
金坛	8分	3分	盐城	5分	2分

资料来源：汪汉忠：《灾害、社会与现代化》，社会科学文献出版社2005年版。

借债的利息在长期是基本稳定的，但是短期受到灾害等的影响就会出现很大的波动。例如，灾荒的发生就会破坏农村正常的金融秩序。其表现在：

其一，典当行面对典当人多但是赎回者少的情况，为了维持经营，开始故意压低典当物的价格，滥发私票。例如在苏北皖北一带，"徐州春泉、聚和昌、天保育和世昌兴四个钱庄，自一九三一年大水之后，前后滥发了十三万元的土票，散布于徐州、沛县、砀山、萧县等地，结果都变成了废纸"[1]。

其二，高利贷横行，利息畸高。1935年1月26日《中央日报》的新闻稿转引了学者骆耕漠《近年来中国农村金融中的新事态》中的内容，指出："徐海各县，地瘠民贫，在丰稔之年，农村间之金融尚可免窘涩之苦，而生活亦得借以安定。如遇荒歉，则农民之收入大减，甚至点滴无收；而一年开支却无间断，势不得不向外借贷以济其穷。查徐海各县借贷利率远在江南各地一二倍以上，故至少约四五分，而最高则达十分以上。"[2]

其三，除了利息升高，高利贷归还的时间也缩短了。半年到一年的归还期限，往往缩短为一至三个月。"丰年城贷息三分，荒年称贷子母均。息轻常作十月期，息重反教月月归。任渠朝与暮即付，燃眉暂济急央保。哪知债主更聪明，先问'谁保尔死生。'"[3]

4. 借条

如果是直系亲属且借的钱或者粮食金额少，偿还的时间跨度短，那就不用写借条。其他情况借钱或者借粮都需要写借条。不写借条口说无凭，容易出现不必要的纷争。借贷双方在借据上注明出借的金额、出借的日期、约定归还的时间和方式、利息，详

---

[1] 汪汉忠：《灾害、社会与现代化》，社会科学文献出版社2005年版，第208页。
[2] 骆耕漠：《近年来中国农村金融中的新事态》，《中国农村》1935年6月，1卷9期，第26－27页。转引自章有义：《中国科学院经济研究所中国近代经济史参考资料丛刊第三种》，《中国近代农业史资料 第三辑 1927－1937》，生活·读书·新知三联书店1957年版，第360页。
[3] 汪汉忠：《灾害、社会与现代化》，社会科学文献出版社2005年版，第210页。

尽的还会约定到期不还的惩罚方式，比如加息。

借贷双方都要在中间人的见证下签字画押即按手指印，之后借贷双方各执一份借据。借据是借贷的凭证，如果借出钱的一方将借条丢失，借钱者可以以此为由拒绝归还本金，但是村民讲究诚信，不诚信的人名声不好难以在村中立足，因此没有发生过因为借条丢失拒绝还钱的事例。借贷任何一方丢失借条，借贷双方可以请来中间人，当面重新订立借条，原来的借条宣告作废。

5. 借债的几种具体形式

（1）指地借钱

指地借钱是私人之间通过土地抵押的方式借钱，指地借钱需要中间人，这里的中间人主要起到见证的作用，而不是担保的作用。也要写借条，抵押土地的使用权要转移给债权人，土地收获的粮食也归债权人所有。借条上明确写有地块的位置，包括四邻的名字、借款的数目和归还的时间。

借款最多是地块市价的一半，没有利息，但是债权人可以对土地进行耕种并享有收获的粮食的所有权，典期至少一年。如果借款人不能及时归还借款，借贷双方可以进行协商，增加利息或者直接将土地卖给债权人。在指地借钱债权人的选择上，借债人会优先考虑自己的亲友，如果自己的亲友出不起相应的价格，就优先把地出借给本村的地主，本村地主不愿意才会考虑外村人。实际情况中，把地出借给本村地主的情况最普遍。

（2）接青麦

在每年的二三月间，麦子还没有成熟时，管粥集村中处于底层的农民经常面临青黄不接的境地，这时候地里面麦子还在生长，家中的小麦、高粱等也消耗殆尽，即便想去借周围亲戚的，村民普遍生活困难，借来的粮食也只能解决燃眉之急。

村民为了维持生存只好向村中的地主或者高利贷者借粮，双方商量借1斗，收麦时要还2—3斗。地主或者高利贷者要求借粮者必须是本村人并且有自己的土地，他们会亲自或者派人到借粮者的地里看小麦的长势，查验借粮者的地契，并在担保人的见证下签订契约。担保人也是本村人并且借贷双方他都很熟悉。

（3）听涨不听掉

对价格敏感的地主或者高利贷者发现每年春季，小麦还未成熟，这时候小麦的价格就会高涨，借麦1斗可以值6吊钱。在小麦成熟时，小麦的价格就会回落。根据这一变化，地主或者高利贷者就会在不同时期制定不同的利息，春天3吊钱值1斗麦时，半年后要还 2 斗麦，秋天 2 吊钱值 1 斗麦时，半年后要还 3 斗麦。

(4) 遥当地

遥当地就是利用信用借钱粮。遥当地不同于指地借钱，借粮的农民并不是真的用某块确定的土地作抵押，但是由于长期在村中生活，担保人对其知根知底，借粮人成功说服担保人为其担保，向地主或者高利贷者借钱。这里的担保人一般是村中有名望的中农以上的农户，包括问事人或者富裕中农等。有了担保人，地主或者高利贷者才放心借粮。

双方约定，一个农民向地主借 5 元钱，相当于抵押 1 亩土地，每年地主或者高利贷者向遥当地的农民要 5 斗的小麦和 5 斗的高粱，什么时候累积还的粮食相当于还清了 5 元钱，才不需要给粮食，相当于欠款得到还清。由于小麦的价格是浮动的，5 元钱所值的小麦的数量也是不断浮动的，而这一兑换的比例是由地主或者高利贷者他们来决定的，所以他们会按照低粮价时的价位对农民所还的粮食进行折算，农民只能咬牙分数年还清欠款。

(5) 印子钱

在管粥集村一带，地主和高利贷者还想出了印子钱这一借贷方式。农民借钱时需要先偿付利息，也就是农民实际拿到的借款已经扣除了一部分利息，整借零还，日期越长，利息越高。比如农民向地主或者高利贷者借 10 元钱，10 个月为约定的期限，月利息连本带利 10%，开始连本带利扣 1.8 元，实际拿到手的借款为 8.2 元，以后每个月还 1.8 元，10 个月还清就是 18 元。

6. 还债

还借款时，村民一般会按照约定的时间、方式还清所有款项。如果出现超期的情况，一要看订立借条时是否约定了逾期的处理方式。如果没有则看借贷双方的关系，若是本家族的亲人或者关系很好的邻居朋友，当面说明理由，请求宽限时间，能够得到对方的谅解并且逾期也不会增加利息。如果借钱一方生活实在困难或者遇到变故，出借的一方甚至会主动要求减免利息，仅归还本金即可。如果是其他的人员，除了当面请求宽限时间，还需要增加利息。面对这样的情况，借钱的一方也会想尽办法把钱还上，比如向亲友求助或者典当，不敢逾期时间过长，一是有损名声，二是利息比原来贵 2—3 成。

就"父母欠债，儿子要不要还，儿子欠债，父母要不要还"的问题，管粥集村有"父债子还，天经地义"的说法。如果父母去世后留下债务，家中兄弟不管有没有分家都有义务偿还父母留下的债务，债务一般是几个兄弟均摊的。如果兄弟关系融洽，也会有生活更为宽裕的兄弟承担更多的债务，全在兄弟之间的商量。

而如果是儿子欠债，且还没有分家，若儿子欠债是当家人事先清楚的，那么父母要为儿子偿还借款。如果儿子背着父母在外面欠债，当家人可以以不知情为由和债权人协商。虽然父母会替儿子还款，但是父母可以向债权人讨价还价。比如要求债权人减免利息等。如果债权人拒绝妥协，当家人会请问事人出面协调，如果问事人也无法处理，会请保甲长继续调解。如果儿子已经分家了，父母可以拒绝为儿子偿还债务。若儿子实在没有能力偿还这笔债务，父母出于心疼孩子会帮忙分担债务，找其他的儿子帮忙还债，要是父母和其他兄弟生活也很困窘，父母只能帮衬一点，无能为力。

除了直接的还钱还粮，还有一种还贷方式是用劳力还贷。如果借钱的数额比较大，债权人家里也缺人手，债权人会考虑让借钱人给自己当长工，也就是大领、二领或者三领。一般都是当二领或者三领，当大领债权人不放心。工钱按照村里面长工的平均价钱，每年从他的工钱里面扣除债务，不会全部扣除，要保证留一部分让他一家人糊口。如果债务比较少，可以让其当短工，工钱同样是村里面短工的平均价格。不管是当长工还是短工，虽然有债务关系，但是对待的态度上和一般的工人没有区别。

7. 借债与保甲长

在管粥集村，保甲长向自己有困难的亲友出借粮食或者钱财，但是不接触高利贷，包括自己家庭不从事高利贷，不答应成为高利贷的担保人或者中间介绍人，只有在出现高利贷纠纷，村民向保甲长求助时保甲长才出面解决。

保甲长不接触高利贷的原因包括：

其一，高利贷有损保甲长的名声。村民普遍认为高利贷是发灾难财，是乘人之危，因此即便高利贷能够带来可观的财富，保甲长也是敬而远之，不愿意参与其中。

其二，高利贷是上级政府严厉打击的。虽然农村地区高利贷猖獗，尤其是在出现灾害的时期，但是县乡政府一直都是对高利贷采取打压的态度，即便打压的力度不大，最起码在台面上政府是与高利贷者对立的，因此作为政府代言人的保甲长自然不能监守自盗。若是自己家庭从事高利贷，一旦被举报，保甲长的位置就不保了，上级政府会给予撤职的处分。

其三，保甲长利用本身的职务，可以通过赋税征收等方面谋取自己的利益，不需要通过高利贷来铤而走险。

一般村民借贷的时候不请保甲长出面。除非和保甲长有直系亲属关系，保甲长才可能答应担当担保人，保甲长尤其是保长担任担保人，利息要比一般人作为担保人的利息低一些，原因是保长的信誉和名声地位高。

地主、族长等村庄里面有名望的人借债的时候才能请来保甲长作保，不过这类村庄中有名望的人，家庭自然不贫困，借债的情况非常少，他们开口让保甲长作为担保人，保甲长也愿意答应。保甲长担任担保人，对方不需要专门给报酬，签约的当晚就叫保甲长到家里面吃饭喝酒，表示谢意，若是到时不能及时还上债，保甲长有义务催债，但是通常不替对方还债。

8. 面子与借贷

管粥集村村民好面子，也重视自己的面子，面子和自己的社会地位是直接挂钩的。村里面有钱有德行的人最有面子，在涉及借钱借粮的问题时，有面子的人更容易直接借到钱，而不需要中人，没有面子的人，如果没有有面子的中人愿意帮忙，很难借到钱。

村民在考虑借钱时，会考虑自己在借钱对象面前有没有面子，能不能直接借到钱，如果认为有，就会直接开口借，利息也低，一般一年期限，利息为借 10 元钱 0—3 分的利息，越有面子，利息也会越低。如果对方拒绝借钱，借钱人心里会责怪对方，重新评估两个人之间的关系，认为自己失了面子。如果觉得自己的面子不够大，就会请中人，中人如果信任借钱人并有把握自己在借钱对象面前有面子，借钱对象会给自己面子，就会答应帮忙当中间人。村民在对自己的面子没有把握时，不会贸然提出借钱，一方面自己未必能够借到钱，另一方面万一被拒绝，很容易伤了彼此的感情。

（二）物件典当及其关系

1949 年之前，管粥集村村民遇到难处便将自家值钱的物件拿到典当行等处进行典当，并在此基础上形成了丰富的关系行为。

1. 物件典当概况

如果家中急需用钱，又难以向亲友凑够足够的钱财，村民会选择典当。典当行在徐州城区，距离本村 30 公里左右。典当的物品主要有两大类：一大类是值钱的物件，比如金首饰等，另一大类是土地。典当行估价收当后会给前来典当的人收据。收据上记录有典当物品的具体信息包括成色、重量、市价等，约定的典当的金额、时间和利息，不按期还款的物品的处置方式等。

2. 典当行

在管粥集村，正式的典当要去徐州的典当行。典当行都有官府背景，有官府作保，不需要额外的担保人，每一张当票上都印有官印，具有法律效力。典当的物品主要有两类，一类是金银首饰等值钱、易保存的物件，一类是土地。

典当行有专门的鉴定人员，鉴定拿来典当的物品的成色、价值等。典当价格的决定权主要在典当行。如果是金银等耐保存、易保存、价值高的典当物，典当行给出的价位一般是市价的七至八成。如果是衣柜、家用陈设、旧衣物等占空间、价值较低的典当物。典当行给出的价位一般是市价的三成到五成。

3. 物件典当及其关系

典当的时长一般为一至三年，典当物按照约定赎回时需要支付全额市价，另外还要缴纳小额的保管费和人工费。前来典当的村民大多走投无路，所以尽管典当行会故意压低价格，村民也只好典当救急。如果去典当行典当土地，典当行需要查收地契，并前往实地考察，确定土地的成色和边界，土地典当的期限一般为三年，典当行给出的价格在土地买卖价格的五成左右。

典当期间，典当行得到土地的使用权，可以对外出租，租金归典当行所有，典当到期时，典当人支付典当时得到的金额，加上保管费和人工费，不需要缴纳额外的利息。

赎当时，村民将当票交给典当行查验，然后按照典当行计算出的金额缴纳相应的赎金。如果到期逾期5日，典当物成为死当。如果因故无法按期还款，可以和典当行协商，典当行追加逾期利息。如果逾期利息超过典当物本身的市价，和死当等同。当票如果丢失，村民可以请问事人或者保甲长出面协商，补办当票，但一般当票丢失就意味着村民无法赎回典当物，因此当票会得到村民的妥善保存。

第五节　分配与分配关系

1949年之前的管粥集村，合理的分配制度是一个家庭乃至家族长期存续的基础。本节将从分配单元、分配决策、分配内容、分配关系等四个方面充分展示中华民国时期管粥集村的分配与分配关系。

一、分配单元

一个家庭的经营成果主要由全体家庭成员来分享。1949年之前，管粥集村内部，主要有三种分配单元：小家户、大家户以及家族。

（一）小家户的分配

在传统时期管粥集村村内存在一定数量的小家户，这种家户类型比例不是最高的。小家户以核心家庭为代表，有着相对应的分配形式。

一是独生子和老人一起居住。当老人只有一个独生子时，女儿都嫁出去之后，家庭内部老人和儿子共同经营家庭，一同劳作，共享家庭的生产经营成果。若是老人年迈无法劳作，则由儿子完全承担劳作同时承担老人的基本生计负担。

二是老人过世后各个儿子独立经营。当家中的老人过世后，各个儿子已经分家并且不再共同承担老人的养老负担。在这种情况下，各个儿子独立耕种，独自享受本家庭的生产经营成果，自负盈亏。

（二）大家户的分配

中华民国时期，以联合家庭为代表的大家户是管粥集村家庭的主流形式。在家中的老父亲尚有能力管理家庭之时，哪怕几个儿子都成了家也不会立刻分家。分家最常见的原因是家庭内部不和。当老父亲决定分家之时，大家户的分配方式也随之变化，并且这种分配方式和养老方式密切相关。

其一是老人和儿子各自独立经营。当老人决定和儿子们分开单独居住时，分家单上会明确注明留给老人的养老地的面积和四至。老人家庭的主要收入就来自养老地，各个儿子也都分有自己的耕地，得到的粮食也是完全自主分配。值得说明的一点是虽然老人主要收入来源于养老地，但逢年过节时各个儿子都需要给老父亲家送粮食送鸡蛋等，数量不定，全凭孝心。另外，老人年老体弱或者生病难以耕作养老地时，几个儿子需要商量帮忙耕地，收成归老人所有。

其二是老人在各个儿子家轮流居住。要是老人年迈或者生病失去劳动能力，养老地由几个儿子平分并且老人在各个儿子家轮流居住。至于轮流居住的时间由几个儿子商量决定，一般是半年或者一年一换，若是轮换过于频繁不利于老人的生活。老人居住在哪个儿子家就由这个儿子承担老人的基本生计负担，老人不需要帮忙下地干活，其他儿子逢年过节也需要带上粮食鸡蛋等前来探望。

其三是老人和其中一个儿子居住，在管粥集村，部分老人年迈分家之后会选择和自己的长子或者幼子一同居住，不在儿子家庭之间轮流居住。这种情况下，老人的日常照料由共同居住的儿子来负责，基本的生计费用由几个儿子共同来承担，共同居住的儿子可以少承担一些。这种情况下老人偶尔会参与田地等劳作，逢年过节其他儿子也需要前来探望。

张大臣老人讲述了一个实际的事例：

> 管粥集村下辖的许楼自然村一户赵姓村民在1947年的8月进行了分家，分家的原因是妯娌之间关系不和，家里面有2个儿子，1个女儿，儿子女儿都已经成家了，女儿逢年过节的时候就来看望父母。分家之时，家长请来了自

己的哥哥主持分家并且把女儿也叫回家中作为见证人。

经过家人的一致同意,家里面15亩土地,6亩留给父母作为养老田,并且约定平时兄弟俩要到父母的地里面帮忙,每月给一定粮食保证父母的生活,5亩给大儿子,4亩给小儿子,大儿子分到的土地更多是因为大儿子家的人口更多并且也包含了长子田。分家后不久,小儿子提出愿意和父母一起居住,这样一来,养老地和小儿子分到的地就一起耕种,家中表面是老父亲当家,但实际当家的是小儿子。

(三)家族的分配

管粥集村村内各个家族的势力在中华民国时期已经走向衰弱,只有赵楼自然村的赵姓家族还保留着集体性的祭祖活动——"坐庄会"。每年的坐庄会都在清明这一天举行,全村的赵姓族人共同在家堂庙举行祭拜活动并在拜祭之后一同聚餐。举办坐庄会需要的钱粮一方面来自家族的族田,另一方面来自家族中各个家户。

赵楼自然村村民赵忠义谈道:

每年在清明节之前,我们赵家的族长就把全族人都召集起来,安排今年的坐庄会。全族各户都出钱,要是不出钱家族里面其他家庭不仅会有意见而且连续几年不交钱就不给上谱了,这是个大事。每家每户按照家里面田地的亩数出钱,地多的富裕的好户也愿意多出些钱,赤贫的户不出钱也会出力。凑的这些钱反正够拜祖宗和吃大席就成。

二、分配决策

具体到管粥集村村民各个家庭内部,家庭生产经营成果的分配是由不同主体共同决策而最终形成的。1949年之前,管粥集村的家庭生产分配的决策主体主要有"当家人""三姑六婆"以及"长子"等。

(一)凡事当家人拍板

在管粥集村,当家人管理并维持着整个家庭的生产经营活动。一个家庭的财政大权都是由当家人掌握的,小到日常的吃穿用度,大到家庭的土地买卖、房屋修建等。相比于家庭内部其他的成员,当家人享有事务的最终拍板权力。即便一个决定受到其他家庭成员的反对,当家人也能做出决定,其他家庭成员不得不服从。另一个角度说,涉及家庭的重要事务,即便由其他的家庭成员具体负责,也需要经过当家人的授权和最终认可，否则难以生效。

管粥集村村民张大臣谈道：

> 我们家过去也是个大家庭，家里面凡事都是老父亲说了算，其他人只能劝，最后面下决心的都是我的父亲。要是掌把的发了话，其他人就算心里面有意见也不得不服从，千万不敢顶撞的。

（二）三姑六婆提意见

管粥集村村民普遍认为当家人是一个家里面领头的，其他人都得尊重和服从，但也并不意味其他人就不参与家庭内部的决策。在实际的生活中，由于家庭的事务繁多，当家人并不能做到事无巨细并且也常常难以考虑周全，这时候家族里面的三姑六婆就发挥了作用。在借钱借物、为人处世等方面，三姑六婆积极向当家人提意见，"嚼舌头根"，当家人在三姑六婆的软磨硬泡之下也可能改变主意。还有一些事情当家人不便出面，例如去媳妇的娘家借钱、婆媳关系不和等，这时候就需要家族当中的女性出面解决。

管粥集村村民赵启蓝谈道：

> 三姑六婆最爱管家中的婚嫁，只要是家中的孩子到了适婚的年纪，她们就开始张罗起来，为姑娘寻个好丈夫，为男孩寻个好媳妇。找到她们认为般配的，她们就开始向当家人建议，当家人架不住劝说，大多都应承下来，过去子女的婚事自己不能做主。

（三）长子说话管用

1949年之前，长子长大成人了只要没有分家就是家中的"二把手"。一方面，当家人可能因为种种原因包括年老体迈、外出做工、做生意等没有足够的精力管理家庭事务。另一方面当家人也有意培养长子的家庭管理能力，使得长子能够具备独立管理家庭的能力。

例如当家人出门赶集、买卖土地或者牲口时往往带上自家的长子一同出门，一为见世面，二为锻炼社交等能力。当家人在进行家庭重大的事务决策时也要主动听取长子的意见。要是长子的意见大，虽然当家人能够最终拍板，但是无法说服长子的情况下就很可能引发家庭内部矛盾，最终导致分家。

管粥集村村民李超就提及过下面这个例子：

> 附近的芈集有一家村民，一家人是从山东迁过来的，会打铁的手艺，在

村里面开了一家铁匠铺。这家有三个儿子,从小父亲就不让念书,让几个儿子学打铁的手艺。但是这家的大儿子体弱,干不了打铁的活,父亲就托人让他去徐州学做买卖。这个长子很有出息,生意做得很大,成家之后也没有分家。名义上父亲管着这个家,但是这个有出息的长子能够拍板,父亲很少有分歧,都听长子的。

三、分配内容

在管粥集村,一个普通家庭的收入来源主要分为农产品收入和现金收入。农产品收入主要是通过种地、饲养家禽等方式获得,而现金收入主要是通过外出打工或做小生意等方式获得。因此,本部分将从"农产品分配"和"现金收入分配"两个方面去考察传统时期管粥集村的分配内容形态。

(一)农产品分配

以管粥集村村民薛鹏翔的家庭为例,展示新中国成立前家户内部农产品分配情况。新中国成立前薛家共有7口人,有16亩土地。其中13亩田地是自家私有的,3亩土地是租种宗家地主的土地。

从一年的收成来看,田地每年收一季冬小麦,一季高粱,小麦平均的产量约为每亩100斤,高粱平均的产量约为每亩180斤。这样一来,全年能从地里收1 600斤小麦,2 880斤高粱,其中和地主约定的是五五分成租,因此要交给地主租金为小麦150斤,高粱270斤,田地的税赋约为每亩20斤高粱等杂粮,租种的土地由地主出税赋,因此自家的税赋为260斤高粱。

这样算下来,薛家一年能够供自家生活的收成为1 450斤小麦,2 340斤高粱。全家每年要大约消耗3 000斤的粮食。因此为了满足全家的口粮,薛家会将大部分的小麦换成高粱等杂粮才能满足生活所需,另外为了保险起见,村民家中往往存有余粮,薛家一般存有余粮700—800斤,能够满足全家三个月左右的生活。这样算下来,薛家几乎不会将粮食拿出去卖掉。

薛家每年主要缴纳田地赋税,村民称之为皇粮。要是不及时交上会被乡政府抓起来关几天,等家人交齐粮食才能放出来。偶尔有军队或者村落的公共事务需要摊派费用,完全由保甲长决定,然后告知当家人。村民一般不敢反抗,摊派的费用实际也不高。若是遇到灾年,政府会予以减赋,严重的时候会减5—6成,一般减3—4成。给地主的租金是等收好粮食就自己运到地主家,由地主清点数量。

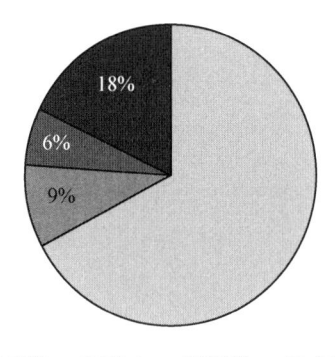

图3-1 传统时期薛鹏翔老人家庭产品分配比例

图3-1展示了传统时期薛鹏翔老人家庭产品分配比例。

（二）现金收入分配

仍以村民薛鹏翔为例，家中除了经营土地，在秋收的时候，收割完自己家的土地，当家人会带上自己的儿子去城镇附近的村庄帮地主等富裕户收割小麦，也就是去当短工。短工的工钱一般是每亩小麦给5—10升作为报酬，通过做短工薛家获得大约300斤的小麦，这笔收入是家庭的共同收入，不属于家庭中的任何个人。

家庭的总收入至少七成用于满足基本的生活需要，也就是家人的口粮。薛家非常节俭，几乎不在衣服、玩乐方面花钱，少量的钱用于购买盐、购买或维修农具，二至三成的收入用于人情往来的开支，包括请客吃饭等。遇到家人生病，小病薛家往往不去看郎中。要是比较严重就请郎中开几服药，郎中看不好的话也没有办法。

得重病死亡的村民也不占少数，得了重病只能在家躺着听天由命。若是碰上婚丧嫁娶需要花一大笔钱，薛家就不得不向亲戚借钱来弥补资金缺口。连续几年的太平年，薛家才能有所积累，但是自然灾害还是很常见，家庭积累的钱财往往用来修建房屋或者购买牲口，好些年的积累才能置办点土地。

四、分配关系

管粥集村各个家户的分配关系可以从分配次序和分配结果两个方面展开阐述。

（一）分配次序

管粥集村村民在分配自家的产品时，优先满足地租和赋税，其次是自家的基本生活消费，然后是医疗消费和人情往来消费，最后是扩大再生产。地租和赋税是第一位要满足的。政府不能得罪否则要交滞纳金，若是严重还要面临牢狱之灾。而地租不及时上交，地主就有理由把土地转租给其他的村民，自家的名声也受到影响，其他的地主可能不再愿意把地租给这家人，这无疑是断了家庭重要的活路。

因此哪怕家里面没有口粮吃，也要先把地租和赋税交上。村里面没有出现过抗税的情况。若是生活难以维持，村民只能外出逃荒，战乱的年代也有个别村民沦为土匪。另外，遇到灾害严重的年份，地主会同意减租甚至免租，政府也会降低缴纳赋税的标准。

（二）分配结果

管粥集村村民在缴纳完地租和赋税之后，剩下的收成都归自己家户自由分配。据村民回忆，遇到光景好的年份，村里绝大部分的村民都能吃上饭，但是能达到温饱程度的村民只有六成左右。光景不好的年份，村民们就在地里面种番薯、土豆，还有村民吃水里的野草，甚至树皮。过不下去了就只能去外村逃荒，很多就去徐州城乞讨。

村民之间借粮食一般发生在春季，这时候冬小麦还没有成熟，经过数个月的农闲时期，家中的存粮所剩无几。在借粮食时通常先借自己的亲戚，然后是邻居朋友，再次是村里面的富裕户，最后是高利贷或者典当。借富裕户或者高利贷就需要中人介绍。若是亲戚朋友就不用中人，当家人上门借就行，还有向妻子的娘家借粮食的情况，这时候一般让自己的妻子去借。家中有余粮的情况下也会出借给困难的亲戚，但一般不会出借小麦，都是借高粱，小麦自家都舍不得吃，更不可能对外出借了。

第六节 消费与消费关系

家庭消费背后的关系行为是家户制度的重要组成部分。本节将从消费决策、消费活动、消费习惯以及消费关系等四个方面来展示1949年之前管粥集村的家庭消费及其关系。

一、消费决策

传统时期，管粥集村村内是以"一家一户"为基本单元进行消费的。"一家一户"多为联合家庭，少数是核心家庭。消费是一个书面话语，在村民看来，消费就是花钱办事或者购置物件。

（一）家庭消费由当家人拍板

1949年之前，一个家庭当中的当家人掌握家庭的消费权。家中购置任何物件、做任何需要花钱的事情都需要经过当家人的首肯和确认。家庭成员需要用钱都需要向当家人索要。若是不好意思也可以请求自己的母亲代为索要。家庭成员走亲访友的时候必要的消费当家人是允许的，家庭成员最主要的消费还是基本的衣食住行。家庭成员允许有一些零花钱，比如在农闲的时候出去给人当中人，赚了一些小钱可以不交给当家人，留给自己使用。

管粥集村村民李超就谈道：

> 老父亲受到以前传统文化的影响，很重视自己的权威，可以说是说一不二，其他人都不敢顶嘴。我还记得我小时候，我父亲有一段时间特别爱去旁边的村子赌博玩牌，我母亲很担心但是也不敢劝。劝了的话很可能我父亲就

发怒了，要打我母亲，总是说我母亲见识少，不要管男人的事情。我母亲都管不了，我们这几个孩子更管不了。

（二）家庭消费"能者多占"

在一个家庭当中，名义上只要是一个家庭的成员就能够享有同等的分享家庭生产经营成果的权利。但是在管粥集村实际的情况中，家庭消费存在"能者多占"的情况。对于这种情况，所有的家庭成员都是接受和默认的态度，只有出现明显的分化时部分家庭成员才会感到不满。

这里的"能"据村民解释可以分为以下的几种情况。

其一，对家庭贡献多的成员能够分享更多经营成果。

例如，家中的男人们是家中的顶梁柱，常年种地，在外劳作。因此，家中的粮食优先满足这些男人的口粮。家中的儿子们相比女儿们也能得到更多的零花钱，并且父亲也经常带着儿子们外出赶集听戏等。

其二，更受宠的家庭成员能够分享更多经营成果。

在管粥集村，一个家庭当中幼子往往是最受宠的，不仅仅是当家人，其他的家庭成员也愿意更加照顾这个最小的家庭成员。正因为如此，幼子不仅可以从事更少的劳动而且可以获得更多的零食和外出的机会，若是喜欢念书，幼子的学业最受父母的关注和支持。

其三，有威望的家庭成员能够分享更多经营成果。

一个家庭中要是老人有学问有威望，这时候家庭在分配家庭消费时也会向这位长辈倾斜。例如过重阳节或者老人遇到周年生日，家庭内部都会为老人专门操办宴席。平时老人也会得到家人的爱戴。

二、消费活动

在生产力普遍不发达的传统时期，管粥集村村民大部分的消费活动都是能够自给自足的，只有少部分的商品必须通过市场等进行购置。因此，中华民国时期村内的消费活动主要分为两个方面：一方面是自产性消费，另一方面是支出性消费。

（一）自产性消费

1949年之前，管粥集村村民的自产性消费主要包括以下三种，分别是主食、禽蛋肉类和瓜果蔬菜。这三种食物通常由家庭自主生产消费，不需要依靠从外界购买。

1. 主食

在1949年之前，由于高粱菽粟等杂粮的产量比小麦高出近一倍，因此管粥集村普通村民都以高粱等杂粮作为主食,而小麦只有在逢年过节的时候才能吃上。根据管粥集村老人们的描述,1949年之前村里面很少有村民会卖余粮,即便是富裕户家庭也会在满足基本的口粮之外存储一些粮食以备不时之需,少数的几户人家才把粮食运到集市上出售。大部分的村民为了保证自家一年到头不断粮,就将地里面收上来的小麦运到地主等富裕户家中,向他们换高粱等杂粮,富裕户收取一部分粮食作为交易费用。

2. 禽蛋肉类

对于普通村民来说,禽蛋肉类是重要的滋补品。

管粥集村村民赵启蓝谈道:

> 过去谁家都能在院子里养点小鸡,小鸡养大了就下蛋。这些蛋一般的人家都不舍得吃,积累到一定数量拿到集市上换点钱买点其他的物件。要是家里面有女人坐月子或者有人生病了,这样才能吃上几个鸡蛋,用来养身体。

相比养鸡,养猪的家庭更少,全村一半左右的家庭会养猪。养猪的家庭也是开春的时候养一头小猪,等到年底的时候就把猪杀了。管粥集村村民杀猪之后不仅要将猪肉分给自己的直系血亲,还要将部分猪肉分给关系密切的邻居、族长、保甲长等。一头猪分下来一个普通家庭自家只能得数斤肉,最多吃几天就吃完了。

3. 瓜果蔬菜

除了主食,管粥集村村民最主要的食物是瓜果蔬菜。这些瓜果蔬菜都是村民在自家房前屋后开辟的菜园种植采摘得来的。村民家家户户都在自家院子里种菜,基本不从集市上买菜。

要是家里面收获的菜多了优先考虑送给自家的直系亲属或者左右四邻。只有个别地多的富裕户会将自家收获的瓜果蔬菜拿到集市上出售,时间充裕的情况下,卖菜的农民会前往管粥集周围更大的集市甚至前往徐州城卖菜,这样卖菜的价格会高出许多。

4. 棉花棉衣

在冬季来临之前,管粥集村家家户户都在赶制一家人过冬的棉衣。由于家庭普遍贫困,家中的棉衣都是修修补补,只有棉衣实在破旧才会把棉衣改成枕头等物件,不会直接丢弃。村民的棉花都是自家种植而来的,每家每户的主妇都会简单的织布技艺,因此很少需要从集市上购买布匹。

若是布匹不够,优先满足家中成年人的需要,因为家里的成年人要出门干活,不能穿得过于破旧惹人笑话。家中的小孩即使在冬天也只能穿着薄薄的棉衣,所以每到冬天，村里的孩子都窝在家中，由于太冷而不敢出门。

（二）支出性消费

村民必需的部分商品需要通过市场交易得来，管粥集村村民的这些消费被称为支出性消费。这些必需的商品主要包括：食盐、红白喜事所需物件、铁质或石制农具等。

1. 食盐

1949年之前，村民无法自己生产食盐，只能通过从市场购买的方式获得食盐。村民能够购买到的食盐基本是官盐，也就是政府统一管理的食盐。在管粥集村村内的集市就能够购买到食盐，这些食盐是流动商贩从徐州城等大集转销而来，出售的价格也要比这些大集卖的价格贵一些。

由于食盐是必需品，也是家庭重要的一项开支，因此村民平时十分注意节省盐的使用并且通过吃一些辣味菜来减少盐的消费。在抗日战争时期，村内还经历过一段时间的盐荒，村民能够买到的食盐都是定额的并且价格很高，这时候一些私盐就在市面上流动，虽然价格便宜但是品相很差，村民需要化成盐水后过滤掉很多小沙石等。

2. 红白喜事所需物件

管粥集村村民女儿的彩礼是一套婚礼时所穿的红衣裙和少量首饰，嫁妆包括脸盆架、一张桌子、衣服、被褥和一个衣柜等，嫁妆的价值远高于彩礼。因此女子被自家称为"赔钱货"。办酒席的费用由男方家庭承担，席上菜品一般为"十碟八碗"，席上必有一道菜是半斤重的鲤鱼。穷人家经济困难，会改为"四碟四碗"。以上的花费大多都是需要通过市场进行的。

而在白事当中，主要花费包括葬礼的材料如棺材、丧衣、麻布衣、纸钱等，以及葬礼办酒请客。丧葬费用由死者全部儿子均摊，女儿不用出钱。如果死者没有儿子，则由本姓长辈出钱。死者儿子一般能够承担所有丧葬费用，如果费用难以承担，一般有两个办法：一是缩减丧事规模，二是借钱。向本姓长辈借钱，不用打借条，佃农或长工可以向地主借钱，需要打借条。

3. 铁质或石制农具

管粥集村村民用于农业劳动的铁制或石制农具都是从市场中购买而来的。一般来说，铁质农具包括铁铲、铁锹、锄头等，石制农具包括小石磨、石碾等。在管粥集村中有铁匠铺，村民直接到铁匠铺中购买农具，将来若是农具有损坏都可以到铁匠铺中进行维修，往往不需要花钱。石制农具需要到十多公里以外的采石场购置，那儿有专门的石匠，石制农具损坏很少，一般不涉及维修的问题。

三、消费习惯

管粥集村村民在长期的生产生活当中养成了一定的家庭消费习惯，虽然各个家庭的消费习惯有所差异，但是也存在普遍性。

具体来说，主要分为以下的几个方面。

（一）"兴家靠巧妇"

对于管粥集村村内一个普通的农民家庭而言，虽然家中的当家人往往是老父亲或者丈夫，对于家中的大小事务都掌握决定权，然而在日常生活当中，家中的女主妇们掌握着一家老小的吃穿用度，这些事务看起来琐碎，但是一年到头一个家庭大部分的消费都花在这个领域。

正因为如此，村内有"兴家靠巧妇"的说法，也就是说一个家庭的兴旺不仅仅在于当家人会赚钱，也在于有一个好妻子、好主妇。

1. "变着花样吃，杂粮也能吃不腻"

管粥集村村民以高粱、小麦、菽粟等为主食。村民在种植农作物时，只有两三成的土地用来种小麦，其他的土地用来种植高粱等杂粮，杂粮的产量一般高于小麦近一倍。按照村民的说法，即便地里的小麦收上来了，经济条件一般的村民都会将小麦换成杂粮，这样一来家庭的口粮才能比较充足。

但是这样的做法也影响了家庭成员的胃口，高粱等粗粮口感不好，远不如小麦。这样的情况下就要靠家庭主妇的手艺。手艺好的家庭主妇做的杂粮包子、馍馍、粥水、饭菜等，不仅形式多样，而且搭配土豆、辣椒、花椒、黄瓜等蔬菜，能够很好地提升饭菜的口感和看相，进而让一家人完全适应吃粗粮的生活。并且逢年过节，主妇们也会用珍贵的小麦制作香喷喷的馍馍等，改善全家人的生活。

2. "拾粪发家，拾穗富家"

对于管粥集村一个普通农户家庭，一个会持家的妻子不仅能够把家中的大小事务打理得井井有条，而且能够协助丈夫分担他的压力。

管粥集村村民赵启蓝就谈道：

> 过去，宗家出了一位非常懂得持家的妻子。这个女人不仅把家中的家务处理得好，还不辞辛苦，平时经常背着家中的小孩在田地间捡拾粪便。一般的女子都觉得脏，在外面捡拾丢人，但是这个妻子不在意，正因为如此，她家的高粱、麦子总是比旁人要长得好些。庄稼产量高低全靠这个粪便。
>
> 除了这一点外，每年秋天收麦子的时候，她还经常到麦田里去捡拾落下

的麦穗，有时候旁人允许也去旁人的田地里捡拾麦穗。你别小看捡拾麦穗，一天下来也能捡不少。不过大部分人受不了这个苦差事。那时候这个女人不仅在我们村子有名，这一代提起来都是数一数二地贤惠，旁人都羡慕不已。

3."花钱用在刀刃上，不用在刀背上"

一个优秀的主妇能够用家庭有限的收入办更多的事，实现更大的价值。用管粥集村村民的话来说就是能够把钱花在刀刃上，而不是将钱花在刀背上。在村民的观念当中，只会赚钱还不够，还得懂得如何花钱，只有会花钱了，才能存住钱。若是为了省钱而一毛不拔，只会落一个吝啬抠门的名声，这对于重视面子的村民而言是难以接受的。

一般来说，村民认为除了基本的饮食，还有一些消费是必要的，包括直系亲属的礼物往来、求人办事的花费、必要的农具牲畜等，另一些消费则是能免就免，能节省就节省，比如去寺庙的上供，外在的装饰包括衣物、首饰等，和一般朋友在外的喝酒吃饭、看戏赌博等娱乐活动，等等。

（二）"挣面子得花钱"

在管粥集村村民的观念中，面子和财富是高度相关的。不管有钱没钱，面子都是不能丢的，而财富无疑是增加面子或者维持面子的直接手段或工具。

具体来说，表现在如下的几个方面：

1."穷人不讲排场，富人得讲排场"

在管粥集村，排场大小主要体现在以下几点：

第一点是红白喜事场面的大小，也就是能请来多少的宾客出席，相应的仪式是否隆重，甚至具体到花轿、棺材等的品质高低。

第二点是在人群当中说话的分量。例如村民在发生争吵时，有排场的人就能说话管用，其他的村民会给从中调停的人面子，各退一步。反之，村民不愿意接受调解人的劝说，依旧我行我素。

第三点是朋友的多寡，尤其是外村朋友的多寡。有排场的村民朋友多，不管是找人帮忙办事还是去听戏娱乐，总能有很多朋友一呼百应，而没有排场的村民朋友圈子小，相应的生活圈子也小，一遇到事情尤其是外村的事情，只能求助于村内有排场的村民。

虽然以上简要列举了有排场的好处，但从另一个角度来说，为了维持这样的排场，村里面的富裕人家尤其是头面人物不得不花费更多的钱来维持这种排场，无论是场面上的还是人际关系方面的。

管粥集村村民张大臣讲了这个事例：清朝的时候，村里面地主赵祖武的上一辈在朝廷中为官，后来退休回到村子里，家里面有数百亩的土地。等到家族族长去世的时候，为了符合自己的身份，赵祖武这一支族人不得不典田卖地，去徐州城购置昂贵的棺木，陪葬很多值钱的物件，葬礼的时候宴请全村吃大席，出殡的时候仅请来抬棺木的人就有十多人，还请戏班子搭台唱戏长达一周的时间。这样折腾下来，虽然排场在这一带都是津津乐道，也不得不出卖了几十亩的土地。后面一代代折腾，到中华民国的时候赵家地也败了大部分了。

2."要当爷得花钱"

管粥集村村内，有威望有权势的村民被尊称为"爷""老爷"等。这一类人很少参加村里面的琐事，比如村民之间的纠纷调解，但是但凡是村里面的大事都是必须通知到他们的，并且需要他们出钱出力。这些大事包括：村中公共基础设施的修建，如庙宇、水井、道路等；村中公共产品或者服务的提供，如在动乱时期带头花钱组织看青会、富家丁、打更队等；村中孤苦无依的孤寡老人等的安置、节日帮扶等。

在村民的心中，富裕村民尤其是头面人物在村庄的公共事务当中多出钱、多承担责任是理所应当的，当然村民也会相应地予以尊重。对于不愿意多出钱的富裕户，村民多是说闲话、鄙视的态度，认为这样的人家不合群，吝啬抠门，这样一来，村民集体会予以疏远，甚至家族内部也会出现批评的声音，这对于重视村庄声望的任何一位村民来说都是不可接受的。因此富裕户等接受"要当爷得花钱"的约定俗成的习惯，甚至有些富裕户也主动承担起更多的责任，作为回报也能在村中乃至地方上都享有威望。

3."头面人物既要富裕也要仁义"

按照以上的说法，富裕的村民能够通过花更多的钱帮助村庄开展公共活动或者提供必要的公共服务，从而在村民的心目当中赢得威望。但是要真正获得村民的尊敬，富裕村民仅花钱是远远不够的，村民还需要在平时的为人处世当中符合村民的普遍期待。例如不会因为更为富裕而为富不仁，不管是富裕户还是穷人都平等友善对待，关心村庄的集体利益并且在村内村民被外村村民欺侮时愿意挺身而出帮忙村民讨回公道，等等。得到全村村民敬重的富裕户在逢年过节的时候村民都愿意送些水果蔬菜等小礼物，过年时到其家中拜年。

三、消费关系

传统时期，管粥集村村民的消费活动不仅仅表现为一种经济行为，这一行为的背后还蕴含着丰富的社会关系。具体来说，家庭消费关系表现为主佃关系、人情关系、农户关系等。

（一）家庭消费中的主佃关系："随礼"和"帮衬"

1949年之前，管粥集村村中的土地占有不均，在此基础上形成了丰富的普遍的租佃关系。无论是土地的主人还是租地的农户都希望结成更稳定的租佃关系。从土地的主人来说，把土地租给其他的家庭种，一方面得确认有农户愿意租种，另一方面要清楚对方的底细。要是对方的身家不清白，很可能给自己的家庭招来是非或者祸患。而对于租地的农户来说，土地是家庭的主要经济来源，和土地的主人维持良好的关系能够降低被土地主人夺佃或者转租他人的风险，并且能为家庭形成一个稳定的经济来源预期。另外遇到自然灾害发生减产等情况时，良好的主佃关系能够使得降低租金的诉求更容易实现。

基于以上的原因，管粥集村村中的佃户逢年过节或者把麦子晒好收入仓中时便会主动到土地的主人家"随礼"，也就是带上礼物登门拜访。一般来说，佃户家中的当家人出面，有时会带上自家的儿子，礼物包括一瓶酒、十来个鸡蛋和一些蔬菜水果等。礼物总的价值不高，土地主人家会留佃户在家中吃一顿饭并且回赠一些蔬菜水果。尤其是在土地主人家有红白喜事发生时，佃户一定要登门致意，并且礼物也要比以往贵出五成以上，有时直接给礼钱，具体数额没有定数，但是不能让主家觉得过于寒酸。

而土地的主人也会时常照顾佃户，这种恩惠称之为"帮衬"，并没有一个规律的时间。比如主人家看到佃户家的孩子穿着破破烂烂的衣服，就在家里面收拾几件干净像样的衣服送给佃户一家，或者佃户家里有困难了，有红白喜事了，主家也会给一些礼物或者礼钱，给的价值较一般亲戚给的水平更高。

（二）家庭消费中的人情关系："人情债不能欠"

在管粥集村，集中居住的生活格局促使村民家庭与家庭之间更加注重彼此的交往。相应的，家庭消费当中的一个大头便是人情消费。村民普遍的观念是，人情得计较清楚，否则多了自家吃亏，少了招人怨恨，总而言之就是"人情债不能欠"。

在村民的心目中，人情债大致可以分为两类，一类人情债是出钱，另一类人情债是出力。出钱的人情债更容易算明白，红白喜事当中，收了谁家的礼，礼物或者礼钱的价值多少都是主人家必须牢记于心的，并在相应的时候予以回礼。若是回礼价值不相符，很可能伤害或者影响到两家之间的感情。而出力的人情债不好计算，但是拿村民的话来说就是人人心里面有一杆秤，可能内心的不公平可以容忍，但是长期的不公平就可能实质性地影响村民之间的关系。

例如在村民建房子时，住在周围的农户，不管贫富都有主动帮忙的习惯，就算是家中没有男劳力，也必须有女主人出面致歉。如若不然，不仅主人家会觉得这家人不合群，而且其他的村民也会觉得这家人占便宜，不懂规矩，长此以往，村民会主动疏远这家人。

另外值得一提的是，村民互相之间帮助，并不仅仅是出于合群的需要，还有一点是人人都有困难需要旁人帮忙的时候，将心比心，村民也更愿意主动对有需要的村民施以援手，彼此结成更紧密的社会关系。

（三）家庭消费中的农户关系："老谈钱伤感情"

管粥集村村民在相互帮助时，比起直接商量给多少钱作为报酬，更愿意谈感情。村民普遍认为要是一个人总是开口就谈钱就是疏远自己，显得小气，不大度。这样一种普遍的心理使得村民在相处时一遇到谈论工钱的事情时就会显得略微尴尬。比如村民在修建房子时人手经常短缺，这时候周围的邻居朋友都会主动前来帮忙。这时候，要是主人家提出给大家工钱以弥补大家的时间精力损失，大部分的村民都会觉得不可接受，甚至有些村民会认为主人家故意让自己难堪。

对于前来帮忙的村民，虽然不能提直接给钱，但是要是时间耽误了一上午或者一下午的话，主人家都会留帮忙的村民在家中喝酒吃饭以表示谢意。除了日常的不需要报酬的互相帮助，管粥集村村内的一些资源也经常共享，例如铁匠铺子经常不收村民的维修农具的费用，谁家蔬菜水果收得太多吃不完会烂的情况下也会无偿送给其他的村民。村民在交往当中更看重彼此的情谊而不是直接的金钱利益。

第七节 继承与继承关系

家庭财产的继承是家庭事务重要的组成部分。在管粥集村，因为家庭、血缘等条件的不同而呈现出不同的继承方式和继承关系。基于此，本节将从财产继承权、继承物、分家及其关系、一般继承及其关系等四个方面展现1949年之前管粥集村家庭的继承与继承关系。

一、财产继承权

拥有财产继承权意味着有继承家庭财产的资格。传统时期，管粥集村的家庭财产继承权的基本情况如下。

（一）血亲

在管粥集村，绝大多数情况下，血亲继承家庭的全部财产。血亲包括亲生的儿子，未成家且未分家的叔伯兄弟。家庭当中的女儿虽然也是血亲，但是女儿迟早要嫁给外族人，因此女儿没有和兄弟一般的财产继承权。在分配家庭财产时，为了公允，减少分家后内部的矛盾，管粥集村村民多选择平均分配家庭财产。不仅分配的土地面积相近，而且土地的肥瘦也会搭配，这样也导致一分家家庭的土地就越发分散。

另外，这样的平均并不是绝对的平均。村中富裕且田地多的家庭，多设置长子田或打幡地。老人在分家时专门留一小块土地专门由长子或长孙继承，这种土地村民称之为"打幡地"，因为老人去世时长子或者长孙需要站在丧礼队伍的最前头为去世的父亲或爷爷打幡。富裕户倘若在分家时还有女儿还未出嫁，还会将小块土地留下来不分，作为女儿的嫁妆地。但是值得注意的是嫁妆地并不是女儿继承的，而是由父母代为经营的，直到女儿出嫁。

（二）拟血亲

1949年之前，管粥集村存在请家当、抱养、认干亲等拟血亲关系。由于双方并没有直接的血缘关系，相应的继承权利也有所差异。

1. "请家当"与继承

拟血缘关系在一定条件下也能带来家庭的财产继承权。第一种最常见的形式是"请家当"。在管粥集村，继承一个没有儿子的男人的财产为"请家当"。

请家当遵循一定规则：

一是请家当的人必须是同族的，与被继承人血缘相近的成员。没有子女的男人不能自由选择继承人，他的继承人必须是其亲兄弟的儿子或者孙子。

二是继承的优先顺序受辈分和长幼顺序的影响。例如被继承人是一家中的长子，那么他的继承人优先是他大弟的长子。如果被继承人在家中兄弟中排行第二，那么他的继承人优先是他大哥的二儿子。

依据这套规则被选为继承人的男子需要承担起日常照料被继承人夫妇的责任，为他们养老送终并为他们管理经营好财产。老人去世，请家当的人正式继承财产，请家当的人不需要改变住所和被继承人同住，也不需要更改自己在族谱中的身份和位置。

2. "抱养关系"与继承

1949年之前，管粥集村村内存在少量抱养孩子的情况。虽然孩子是抱养的，孩子与养父母没有直接的血缘关系，但是养子与养父母之间的权利义务是明确的。养子有赡养父母的义务，同时也有继承养父母财产的权利。即便抱养孩子后，养父母有了自己的亲生孩子，养子也有权利平等继承财产。

特殊的情况是，养父母在有了亲生孩子后明确将孩子送回亲生父母家庭，或者养子得知身世后不愿意承担赡养义务，这时候族人出面"请家当"，养子在这种情况下没有权利继承家庭财产。

3. "干亲关系"与继承

干亲关系在管粥集村是最普遍的一种拟血亲关系。干儿子并没有权利继承干父母的家庭财产，即便干父母没有亲生儿子，族人也会通过"请家当"的形式处置干父母的家庭财产。

即便干父母对干儿子宠爱有加，干儿子也主动承担起赡养的重担，干父母也没有办法名正言顺将家庭财产让干儿子继承，不过变通的办法是干父母可以在直系亲属知情的情况下将家庭财产赠予干儿子，而不是让其继承。只要当家人的头脑言语等是清醒的，家庭当中没有直接的财产继承人，当家人可以决定赠予，族人哪怕有说法也无权干涉。

二、继承物

对于管粥集村一个普通家庭，继承物主要分为三类，包括家庭实物财产、家庭现金财产以及外债等。

（一）家庭实物财产

对于管粥集村村民来说，家庭中能够继承的财产都是归自家所有的，主要的财产分为两类：第一类是不动产，包括土地、房屋、水坑、水井等；第二类是动产，包括牲畜、大型农具、小型农具、粮食等。

值得一提的是，虽然水井、水坑的产权可以继承，但是村民公认水源是村民共同享有的，因此即便产权发生了转移，继承人也不能将水源据为己有。除了水井，对于石磨、石碾等大型农具，周围的村民也同样享有使用权，继承人不能拒绝周围村民的使用。

（二）家庭现金财产

在1949年之前，村民普遍生活水平低下，因而家中的现金财产所占比例很低。只有个别的富裕农户能够有一些家庭现金财产，具体来说这些财产可以分为以下的几种形式：

其一是可以直接使用的纸币等金钱。这类财富都在分家单上详细写明并予以平分。

其二是需要折换的值钱物件比如金银首饰、书画、工艺品等，这类财富通常经过协商以市场价值进行平分。

其三是家庭的债权。若是其他的农户欠了自家的钱，大部分情况下分家之前就会要求对方归还，若是对方一时还不上就要求其另立字据，将债权进行平均分配。

（三）家庭外债

对于管粥集村村民来说，若是家庭中有外债，分为以下的几种情况：

其一，若是父子还未分家之前欠下的外债，分家之时还未偿还完债务，那么债务由家庭成员平均分配。

其二，若是父子分家之后欠下的债务，父亲的债务归还不上，他的儿子有义务代为偿还，而儿子之后欠下的债务也同样如此。

之所以有这样的关联不仅仅是血缘的关系，出借人在出借钱财时为了降低自身的风险，都会要求借据上写上父子的名字并且要求本人签字画押。一旦父亲或者儿子归还不上，其他签字人就有责任代为偿还。

三、分家与分家关系

分家就是联合家庭中几个兄弟之间分割财产并且分灶吃饭，即"均分田地，粮食分开，牛马拉开，分灶做饭"。分家最根本的就是分财产，包括田地、粮食和牛马，已经分家的标志是各个核心家庭分灶吃饭。

分家不同于分居，1949 年之前，在管粥集村，多数家庭即便分家也共同住在一个四合院中，如果人口多了就在四合院周围建房，但是各个核心家庭会单独设灶，人口多的就专门一间屋做饭，人口少的就搭建一个简单的棚子。

（一）分家原因

1949 年之前，管粥集村村民分家主要有以下几个方面的原因：

一是人口过多。居住拥挤，且兄弟多使得家长管理压力大，经济负担重，分家让孩子自力更生。

二是各房支人口数量不均。一大家子每个房支人口不一，如果某个房支孩子过多，其他房支会有意见，提出单过。

三是家庭内部的矛盾摩擦，包括父子矛盾、兄弟间的矛盾、妯娌矛盾以及婆媳矛盾。在管粥集村的实际情况中，婆媳矛盾最为突出，其次是妯娌矛盾，再其次是兄弟间的矛盾，父子矛盾较少。

四是双亲过世。

（二）分家决策

分家需要得到父亲的同意。如果几个兄弟都愿意分家，但是父亲没有松口，不能分家。但是在管粥集村的实际情况中，一旦有一个兄弟提出分家，父亲都会同意。如果父亲不同意，几个兄弟会请家族内的长辈或者邻居前来当说客，说服父亲同意分家。若父亲主动提出分家，但是兄弟都不同意分家，也不能分家。还有某个兄弟去世，其长子提出分家，如果父亲同意，能够分家，叔侄平分财产。双亲都去世时分家的情况最多。如果双亲有一方健在，兄弟都会考虑家长的意愿，除非矛盾大，一般不主动提分家。当父母年迈时，父母通常会主动要求分家。另外，当父亲不在世时，母亲没有权力决定是否分家，是由几个儿子协商分家。

（三）分家参与人

参与分家的是已经成家的几个兄弟，联合家庭中的女儿和未婚的儿子不参与分家。家中未出嫁的女儿在一旁见证，有时也会邀请邻居前来见证，最重要的是请本村的绅士前来撰写分家单，分家单不需要给保甲长过目，但需要告知分地情况，以便保甲长在征粮摊派时各户分开征收。

在本村，新中国成立前，能称为绅士或者问事人的人需满足三个基本条件：其一，在村民中有威望；其二，办事公道公正；其三，愿意"管闲事"。分家都会请本村绅士帮忙平分财产，绅士分配财产的结果都能被一家人所接受。绅士为一家人写好分家单后，一家人会留绅士在家一同吃"散伙饭"，绅士坐上座，也表达感谢之意。分家不需要专门告知保甲长或族长，周围的亲戚邻居若是受邀前来见证分家则留下来吃饭，否则不需要去专门请。

（四）分家程序

1949年之前，管粥集村村民分家是按照一定的程序开展的，这样可以避免疏漏，更有效率地开展分家活动。

1. 分家单

分家的时候要写分家单，每个参与分家的兄弟都有一张分家单。分家单上详细写明每个兄弟分到的财产名称及其数量。分家单上要一五一十记录下所有的财产，除去留给父母的养老财产，其他财产按照兄弟的数量均分，不管分家的兄弟家庭人口的数量或者身体残疾，都是均分财产，以免事后产生矛盾。

2. 分地

只要父母有一方健在且能独立耕种，先要留足父母的养老地，另外本村还会专门留部分土地给长孙。若长孙未成年，土地先由长子管理和经营，具体面积要看联合家庭总的土地面积。比如赵楼自然村张家三兄弟分家，全家有100亩左右的耕地，留给母亲30亩养老地，留长孙10亩地，其他60亩的耕地，三兄弟均分，各分到20亩。不管三兄弟是否结婚，都能均分到土地，但是未婚的兄弟会继续跟随父母生活，所分到的土地和养老地一起耕种。

家中未出嫁的女儿也跟着父母生活，不能参与分地，但是女儿将来出嫁的嫁妆费用由父母和几个分家的兄弟共同承担。如果父母都已经去世，家中未婚的兄弟姊妹跟着家中长子生活，未婚兄弟分得的土地和其长兄一起耕种直至成家。富裕村民在分家时还要给未出嫁的女儿留足嫁妆田以及部分财产作为嫁妆，这部分财产不参与分家。

3. 分房

各个兄弟分得的房屋数量大致相同，实际操作中没分家之前各自住的哪几间屋子，后面分家也基本分到那几间屋子，只有个别屋子的变动，只要其他兄弟同意，人口多的兄弟可以多分一两间屋子。

4. 特殊财产分配

对于不好分割的财产，如牛马，首先请来的绅士会对牛马等进行估价，确定市场价格，然后一个兄弟得到马，另一个兄弟得到牛，其中的差价用分得更多或更少的粮食来补齐。而对于不能分割的财产。比如家人的衣物、钱物，分家之前在谁那里就在谁那里。

祖坟地分为坟包和护坟地，坟包是不能分割的，护坟地即坟包周围的地是可以分割的，分家时祖坟地一般会保留一部分，其他几个兄弟均分，保留的部分由全家人共同管理。去世时可以葬在保留的祖坟地上，也可以葬在自己分得的田地上，主要根据自身的意愿。比如赵楼自然村的张姓三兄弟，在分家之前有 12 亩祖坟地，其中 2 亩地有坟包予以保留，其他 10 亩地均分。灵牌在出殡后就焚烧了，并不保留在家中，不存在分配问题。家谱在分家后由父亲持有，父亲若去世则由长子持有，长子若去世则由长孙持有。

另外，一般分家前就会把债务还清。如果分家时仍有债务，若是因为家长产生的债务，那么由父母和分家兄弟均摊；若是某个兄弟产生的债务，由他本人负责。如果其产生的债务过重，父母也会帮助分担。

（五）分家结果

分家之后原来的家称为"老屋"，不会称作本家、俺家。如果父母还在就是家长，但是权限仅限于安排未婚子女的婚嫁，没有权干涉各个兄弟家庭的经济决策，但是如果父母跟着某个兄弟生活，父母仍是这家名义上的家长。

分家初期，几个兄弟仍然住在同一个四合院中，抬头不见低头见，互相会照应，有事情可以商量。分家后期，人口增多，家庭经营差异使得部分兄弟在四合院周围增建房屋，几个兄弟家庭经济状况出现分化，各过各的，对自己家庭负责。只保持面上的交往，财产不会共同经营。未成家子女的婚嫁决策，只要父母还在，需要由父母来决定，若父母去世，则由长子来决定。

现有一实际案例如下：管粥集村下辖的许楼自然村一户赵姓村民在 1947 年的 8 月

进行了分家,分家的原因是姐娌之间关系不和,家里面有2个儿子、1个女儿,儿子女儿都已经成家了,女儿逢年过节的时候就来看望父母。分家之时,家长请来了自己的哥哥主持分家并且把女儿也叫回家中作为见证人。经过家人的一致同意,家里面15亩土地,6亩留给父母作为养老田,并且约定平时兄弟俩要到地里面给父母帮忙,每月给一定粮食保证父母的生活,5亩给大儿子,4亩给小儿子,大儿子分到的土地更多是因为大儿子家的人口更多并且也包含了长子田。分家后不久,小儿子提出愿意和父母一起居住,这样一来,养老地和小儿子分到的地就一起耕种,家中表面是老父亲当家,但实际当家的是小儿子。[1]

(六)分家纠纷

在1949年之前,在管粥集村发生的分家纠纷很少,若是分家还吵了架会被外人笑话,认为这家人不团结,父母不会教育孩子。另外,由于分家时村民都是请绅士,也可以说是问事人前来分割财产的,绅士在本地有威望,做事公平公正,为村民信任,所以继承过程中出现纠纷的情况很少。

若出现纠纷,最先请本家长辈来调解,不会请外人来调解,不会向保甲长报告,更不会打官司。财产继承整个过程是要求公平的,否则会破坏家庭和睦。分家之后一家人会请绅士和本家长辈吃"分家饭",参与的就是分家的一家人、绅士和本家族的长辈,有时候也会请邻居,邻居能够作为分家的见证人。

四、一般继承及其关系

当一个家庭中父母双亲都过世时,要是还未分家就不涉及一般继承,若是已经分家则会启动一般继承的程序,也就是几个兄弟再次分配父母留下的财产。这时候为了显示公允,还是会请来问事人帮忙撰写分家单。

最开始问事人需要清点财产,不好分割的财产需要经过几个兄弟商量确定如何进行处置。一般来说,大部分的财产都不会变卖,而是按照价值进行分配,多得的一方要协商出钱或者出粮食补偿另一方。老人留下来的祖宗牌位、坟包、家谱等都由长子直接继承,不需要参与分配。另外,老人的贴身遗物例如被褥、衣物等都需要焚烧掩埋,老人留下来的小的金银首饰子女也会随同父母一同入土为安,不会参与分配。

第八节 村落经济变迁

1949年新中国成立之后,管粥集村迎来了崭新的发展时期,经济形态也经历了显

---

[1] 来自张大臣老人的讲述。

著的变化。村落的经济形态先后历经了土地改革运动、集体化时期、包产到户等，传统的小农经济逐步瓦解，经济形态面貌一新。

一、1949年之前的传统经济形态

1949年之前，管粥集村整体仍然处于男耕女织、自给自足的自然经济状态。具体来说，管粥集村的传统经济形态主要体现在以下的几个方面：

其一，生产力水平低下，商品化程度低，村民生活普遍困窘。虽然商品交换以集市交换的形式已经大量存在，但是家户用于交换的商品不仅占总收成很小的一部分，而且集市中交换的商品多为初级农业商品和手工业商品。由于缺乏优质的肥料和可靠的灌溉技术，村民们不得不面临"靠天吃饭"的窘境。农业产量低，用于投入再生产的生产资料非常有限，一旦遭遇自然灾害或者家中红白喜事等需要大量的支出，村民就不得不通过典田卖地或者借高利贷等方式来勉强维持生活。

在这样的小农经济状态下，管粥集村村民在传统时期普遍贫困。

家中居住的是茅草屋，罕见泥瓦房，一年到头村民的主食是高粱、小米等杂粮。即便是较为富裕的地主人家也不敢随意吃家中的小麦，只有到逢年过节的时候家人才能吃上小麦做的馒头、面疙瘩等。虽然勉强自给自足，维持生存，但是村民面对外来风险如自然灾害、战乱等的抵抗力非常弱小，即便依靠家人、族人、村庄的保护也往往无济于事，陷入极度贫困，为匪为盗、沦为流民的村民不占少数。

其二，家户是村民基本的生产生活单元。在广泛的生产生活活动当中，包括生产经营活动、市场交换活动、消费分配活动等，各个管粥集村村民家庭内部独立决策。虽然会有邻居、问事人等人的参与，但是这些人仅限于作为见证，并不能直接干涉决策。村民自负盈亏，外界社会尤其是国家力量几乎不干涉，可以说是"交完粮，自在民"。

其三，社会组织为村民提供了一道安全网。管粥集村村民的集居生活让社会组织的形成有了基础，虽然宗族的力量已经趋于瓦解，但是基于地缘的村庄层面的认同已经形成，因此，用于红白喜事的面会、轿会、老人会等，带有储蓄性质的鸡蛋会、摇会等都在村中自发组建并有效降低了村民的生产生活压力，降低了家庭破产的风险，同时也反过来强化了村民的地缘联系。

二、1949年之后的传统经济形态变迁

1949年之后，新中国百废待兴。伴随着一次次全国性的改革运动，国家政权在不断深入包括管粥集村在内的基层农村的同时，也给村庄经济形态带来了深远影响。

(一)土地改革运动时期的村落经济

管粥集村区域的土地改革发轫于1951年春,当年的9月正式结束,12月底颁发土地证。土地改革废除了封建的土地制度,管粥集村村内很多无地少地的村民分得了土地。土改前,全县地主人均土地7.74亩,贫农人均土地1.49亩,土改之后,地主人均土地2.19亩,贫农人均土地2.09亩。此外贫雇农还分得了其他一些生产生活资料,包括房屋、牲畜、车辆、犁等。获得土地的贫苦农民在政策的宣传和激励下积极投身到农业生产活动当中,管粥集村整体的生产力水平出现上升的情况,大部分村民的生活条件得以改善。

(二)集体化时期的村落经济

管粥集村1951年春成立了第一个互助组。当时全县提倡搞农业互助组,提出"合伙互助,多搞副业,生产东西,度过灾荒"的口号。这一年,互助组取得了一定的成绩,其平均比单干户增产1—2成。

1955年到1957年,互助组在政策的推动下发展成了初级社、高级社,高级社取消土地入股,实行评工记分,但是短时间内让所有村民加入农业生产合作社使得干部能力、群众习惯、经营管理水平都跟不上。包括管粥集村在内的众多村庄出现了磨洋工等现象,整体的生产力受到打击。1956年至1957年,全县粮食产量均比前三年减少了2 000多万斤。[1]

1958年全县开始"大跃进"并且安徽省是一个典型示范省。全省范围内推行"组织军事化、行动战斗化、生活集体化"。在此背景下,村民的生产积极性进一步受挫,生产生活开始出现难以为继的现象。在自然灾害的影响下,陇海铁路以南的部分村庄出现村民吃树皮挖水草等充饥的现象,大量逃荒的村民逃往江苏、陕西等地。

管粥集村地处苏皖边界,江苏省政策推行的力度不如安徽,农民的生活整体也强于安徽,管粥集村村民只能依靠江苏的亲戚才能勉强维持生活。1958年,全县粮食产量维持在3亿多斤,但是1959年下跌为2.7亿斤,1961年不到2亿斤,1962年不到1.4亿斤。面对全县农村出现荒、逃、饿、病、死的情况,1961年至1962年,开始推出"责任田",粮食产量等指标才得以回升,村民的生产生活得以勉强维持。

(三)土地包产到户之后的村落经济

家庭联产承包责任制被管粥集村村民称之为"大包干"。这一制度于1981年秋季在全县范围内实施并得到了村民的广泛欢迎。伴随着经济制度的变化,农村生产力也

---

[1] 萧县地方志编纂委员会编:《萧县志》,第83页。

得到了恢复和解放。

1983年，全县粮食、棉花、油和人均收入都创下了历史最高水平。1985年和1980年相比，全县农业总产值（以1980年不变价计）增加了1.25亿元，粮食总产量增加1.2亿元。社员人均收入增加225元。[1]

具体到管粥集村，在政策的激励下，村民的生活水平得以提高，用村民的话来说："只要肯干就不怕饿肚子了。过去是一年到头出工，但是见不着收粮食，最后大家都没饭吃。"村民还建立了农业果蔬专业合作社发展经济，村内的农业基础设施也在这一时期逐步得到改善。另外，部分村民不再单纯依靠农业为生，而是离开土地的束缚，凭借村庄良好的区位优势，前往更富裕的江苏一带做生意、打工维生。等到出去赚钱的一批人衣锦还乡，大量的村民尤其是年轻人受到鼓舞，成为打工潮的一员。村庄的面貌也在村民辛勤的劳动之下日新月异。

第九节　村落经济实态

进入21世纪，管粥集村村民步入了一个新时代。村庄农业经济的底色依旧存在，只是农业收入占村民收入的比重越来越低，村民的收入呈现多元化的趋势。经济的发展给村民带来了更高水平的生活，同时也带来了烦恼和忧虑，管粥集村在时代的裹挟中不断发展变化，日新月异。本节将从农业经济、打工经济、旅游经济等三个方面考察管粥集村的经济实态。

一、农业经济

时至今日，管粥集村的经济主体仍然为农业，村内没有像其他村庄一般开办乡镇企业。村内的农业主要可以分为"粮食作物种植"和"经济作物种植"两个方面。

（一）粮食作物种植

据管粥集村村民介绍，现在村中有一半的耕地用于种植小麦、玉米等作物。小麦的品质可以分为白面和黑面，黑面的小麦产量低但是口感好，种植黑面的村民几乎不将这些黑面出售出去，而是留给自家以及亲朋好友家食用，而白面主要用于出售，种植的玉米也多半用于出售。这些年管粥集村的粮食作物种植面积趋于稳定，受到打工潮和机械化的影响，管粥集村不再直接将耕地抛荒而是交由自家的亲戚或者村中的种粮大户来经营，每年得到一些土地的租金。村民种植粮食作物的出发点很大程度上不再是赚钱，而是为了糊口，保证基本的口粮而不需要在市场上购买质量差但单价高的

---

[1] 萧县地方志编纂委员会编：《萧县志》，第85页。

粮食。

（二）经济作物种植

早在集体化时期，管粥集村一带的沙土地便被当地政府看重，成立萧县园艺场，开发大量的土地用于种植葡萄、苹果、梨等水果。园艺场规模最大时，管粥集自然村和赵楼自然村两个大队的村民都依靠园艺场生存，成为园艺场的员工。依托这个园艺场，村中还成立了一个酿葡萄酒的企业。然而伴随着市场经济的不断深入，效益跟不上的国营葡萄酒厂倒闭，大部分的村民不再也不能依靠园艺场生活，但是园艺场也为村民种植经济作物打下了历史的基础。

近些年，砀山梨的品牌打响，村内生长的梨子也以砀山梨的名号在市场上行销。不过，村民介绍，实际上园艺场的规模已经大不如前，这些年萎缩的面积才稳定下来，大量的村民认为种植果树费时费力不如外出打工，大量的果树被直接刨走，改种小麦玉米等粮食作物。坚持种果树的村民在销售季节最忙碌，他们在各个集市上赶集，销售自家果园生产的水果，部分愿意接受新事物的村民也在积极尝试在网络进行销售。总体来说，管粥集村的经济作物种植颇具规模，但在品牌打造、市场开发等方面还有很长的一段路需要走。

二、打工经济

管粥集村的区位优势使得村民跨省外出务工十分便利，安徽省又是全国重要的劳动力输出地。在全国打工潮的牵引下，大量的管粥集村村民前赴后继，前往江苏、上海、浙江等地打工淘金，也有少部分的村民北上或者去往县城寻找合适的工作。打工经济充实了村民整体的钱袋子，同时也在逐渐改变着村庄的面貌。

（一）村民收入多元化

伴随着外出打工的村民越来越多，从管粥集村整体来看，村民的收入来源不再仅仅限于农业，而是呈现多元化的状况。

首先，农业收入仍然是村民收入的基础。虽然农业收入占村民总收入的比重呈现下降的趋势，但是农业收入能够维持村民的基本生活。据管粥集村村民介绍，现在农村种地的基本都是中老年人，年轻人不愿意再种地。等到中老年农民种不了地了就把家里面的田地外包出去，每年得到一些租金。这些租金的价值是由整个市场的行情以及和村委会的协商决定的。越是贫困的农户，农业收入越重要，哪怕不种地也需要依靠租金来糊口。另外，小麦玉米等传统作物的价格持续低迷，更加打击了村民的农业生产积极性，用村民的话来说，"地也不能荒着，种那点地收上来的粮食就够自家吃了，少部分的卖给粮贩子，他们再卖给粮库"。

其次,打工收入是村民收入的一大支柱。管粥集村村民介绍,刚出去打工的一些人基本都富裕起来了,比在田地里刨食要容易,村里面去到江苏地域上打工也十分便利。村民打工集聚的行业包括防腐防锈业、餐饮业、低端制造业等。虽然近些年农民工的工资呈现明显的上涨趋势,但是村民普遍表示各种生活开销以及物价水平都水涨船高,一年到头能够存下数万元就很不容易了。除了跨省务工,一部分村民尤其是妇女更希望在萧县本地甚至本村找到工作,这类的工作多半是临时工,一天虽然能够有上百的收入,但是并不稳定。

最后,少量村民家庭有事业单位收入或经商的收入。在新中国成立初期,管粥集村曾经拥有一个国营葡萄酒厂,但是由于经营效益低,最终关门歇业。之后村内再无成形的企业,村内的集体资产也十分薄弱。包括管粥集村在内的萧县民众看着原本处于同一起跑线上的丰县、沛县的发展蒸蒸日上,普遍有急切追赶发展的心愿。一部分管粥集村村民选择背井离乡到外地打拼,办企业,从事商贸活动,学历较高的村民子女获得了在本地当公务员的机会。无论是当老板还是当公务员,都是村民眼中的香饽饽,金饭碗。

(二)人情消费负担重

管粥集村村民家庭收入渠道的多元化和收入整体的抬升固然令村民高兴,但是水涨船高的也包括各类家庭消费。

一方面,一个家庭中女性的地位得到显著提升,直接表现在村中当家管账的多为女性。

正如村民薛传明所说:

> 家里面的钱还得老伴管着,女人心思细,吃穿用度都是她们张罗,最后一年到头能够攒下钱。男人就不一样了,吃喝大手大脚,有时候为了面子也糟蹋不少钱。另外,现在娶个媳妇不容易,过去女人的嫁妆比彩礼还多,现在彩礼很多家庭都负担不起。

虽然对外事务很多还是由家中的男子出面,但是家中的女人已经能和丈夫平起平坐了,男人的消费也受到媳妇的严格控制。

另一方面,在具体的消费事项方面,管粥集村村民普遍反映如今各种生活的负担越来越重。在教育支出方面虽然有国家的九年义务教育,但是面对日益受欢迎的补习补课风气,父母也不得不花更多额外的金钱在培养孩子方面。人情消费是家庭支出的大头。村民介绍,红白喜事的随礼最为普遍,周围的邻居朋友不仅要前往帮忙还要给礼钱,起初几十块一百块就行了,现在根据关系的远近,经常要好几百,直系血亲更是上千,要不然自己的面子挂不住,不符合自己的身份。除了红白喜事,还有升学宴、老人的寿宴等,村民只能私底下抱怨,也无力改变现状。

近些年,管粥集村村内的攀比之风也渐长,攀比的内容从基本的住房穿戴到孩子的学习成绩、家庭的富裕程度等事无巨细。村两委对于村内的攀比风气只能采取教育劝服的方式。如同村民所说:"现在是市场经济了,干什么事情都要花钱,不花钱别人不帮你办事,从这一点看,人心和从前不一样了,以前村里面不爱谈钱,嫌伤了感情。社会总要变化的,我们只能顺着这个趋势走。"

三、旅游经济

管粥集村地处故黄河河畔。黄河自1855年于铜瓦厢决口北徙,留下了高出地面5—9米,宽4—20公里的古道,即如今的黄河故道。这条故道在萧县境内长48公里,集水面积181.2平方公里,富水期曾近400平方公里。故黄河,是萧县的"母亲河"。黄河故道湿地分布着维管束植物38科68种,水生浮游生物23种,底栖动物15种,鱼类30种,两栖类6种,爬行类6种,鸟类91种,兽类10种。其中国家二级动物保护动物8种,安徽省一级保护动物6种,二级保护动物13种。2009年9月15日,黄河故道湿地被正式审批为市级自然保护区。2012年2月4日被正式审批为省级自然保护区。保护区总面积3 200公顷,其中核心区752公顷,缓冲区998公顷,实验区1 450公顷。

管粥集村就属于保护区核心区范围内。借着这个契机,村两委有意发展旅游产业。按照初步的整体规划,将在保护区核心区范围内打造一座湿地面积5 500亩,建筑用地500亩,以繁育水禽、涉禽、湿地植物为特色,以亲水、赏鸟为独特游憩风格,展现皖北"曲水芦苇荡,鸟息柳树林,荷莲万顷碧,人在画中行"风情的湿地生态公园。另外,故黄河湿地公园被划分为6个功能区,包括科普宣教区、休闲娱乐区、湿地观赏区、生态保育区、黄河农耕文化区和综合服务区,主要的建设内容包括:河道疏通治理,湿地景观治理,防护林、景观林培育,旅游基础设施建设等。[1]

虽然目前湿地建设的规划还未真正落地,但是村民普遍对于村庄未来发展旅游业、发展民宿等满怀希望和憧憬。村民相信当湿地公园落成之时,管粥集村也将以全新的面貌出现在世人的眼前。

---

[1] 数据资料由管粥集村村委会提供。

第四章 村庄社会形态与实态

传统时期，管粥集村村民之间既有血缘的纽带，又有地缘的基础。在市场交易活动当中、文化信仰活动当中、日常交往当中彼此之间还形成了一定的业缘关系、信缘关系、交往关系等社会关系，从而形成了丰富的社会关系和社会形态。

第一节 血缘与血缘关系

血缘关系是传统时期管粥集村村民之间最基础的社会关系。本节将从家庭及其关系、亲属及其关系、干亲及其关系、基于血缘的社会组级及其关系等四个方面去考察1949年之前管粥集村的血缘与血缘关系。

一、家庭及其关系

家庭单元是村落当中最小的血缘单元，对家庭结构与家庭关系的考察无疑是理解管粥集村传统时期社会关系的一把钥匙。

（一）家庭结构

下面对管粥集村传统时期的家庭结构将从"家庭类型、家庭成员及其资格、家门或家族"等三个方面展开陈述。

1. 管粥集村以主干家庭为主

管粥集村村民张大臣介绍：

> 新中国成立前我们这儿不兴分家,即便是分了家父母也很少单独住,而是选择和一个儿子共同居住,即便儿子们都已经成家。

以家庭代际层次和亲属关系为标准,家庭可以划分为四种类型,分别为核心家庭——由父母和未婚子女组成的家庭,若仅由夫妻组成没有孩子仍然是核心家庭;主干家庭——父母与一对已婚子女组成的家庭;联合家庭——父母与多对已婚子女组成的家庭,已婚子女在父母去世后仍然不分家也属于联合家庭;其他家庭(包括单亲家庭、残缺家庭等)。

通过对管粥集村25户农户1949年的家庭人员进行统计,详见表4-1,可见传统时期管粥集村主干家庭和联合家庭是主流,两者相加占比超过70%,达到72%,核心家庭占比为16%,最少的是其他类型的家庭如单亲家庭、丧偶的家庭等。从代际层数来看,管粥集村村民的代际层数较长,部分村民是三代同堂,如村民张大臣、宗玉春等村民就是几代人一起生活没有分家。

村民宗玉春就提道:

> 当家人没本事的都会早早分家,兄弟们单干有门路,当家人有本事的、有威严的就很晚分家,一般村民也不愿意早早分家。

表4-1 1949年管粥集村家庭类型统计

家庭类型	户数(户)	占比(%)	代际层数(代)	抽样家庭
核心家庭	4	16	2	廉培云、李超、杨善伦、崔庆芳
主干家庭	13	52	3	程保民、晁月华、廉美堂、赵忠仁、赵启蓝、薛鹏喜、赵韶喜、王传铭、李久林、陈兴芙、李永兰、宗李氏、杨诗娥
联合家庭	5	20	2/3	张大臣、宗玉春、赵忠义、薛传明、薛玉书
其他家庭	3	12	2	李学美、崔培同、李忠美

说明:应受访者要求,表中部分人名为化名。
资料来源:笔者于2016年10月至2017年1月在管粥集村的驻村田野调查。

2. 家庭成员及其资格

在管粥集村,家庭成员的认定有两套标准,一套是民间自己形成的标准,另一套是官方制定的标准。从适用范围来看,官方标准主要是应对上级政府,而民间标准则普遍为村民所接受。

在民间标准方面,村民认为一个家庭的人员就是嫡亲。嫡亲主要是指"服系",服系内的亲属才属于嫡亲关系。例如:三服是指第一服是爷爷奶奶;第二服是父亲母亲、叔伯;第三服是儿子女儿等,三服是指三代人。在村庄中,嫡亲关系是核心家庭之外最为紧密的社会关系,核心家庭的构成一般是3—5人较为常见,因为结婚、生育、过继、抱养等各种形式构成的核心家庭,不需要在村落登记,自然形成一个家庭。

如果儿子长期在外务工不回来依旧算作家人,不因为距离远近而改变亲属关系,过继出去的儿子不再算家人,过继进来就算是家人。外嫁的女儿属于夫家的人,不算是家人。女婿不算是家人,只能算是亲属,外甥和外甥女都不算家人,属于亲戚关系。被驱逐出家族的人在族谱上不算家人,而在日常生活中还是作为家人。妾,作为男主人的妻子,也算是家庭中的一员。若是没有娶进门的妾,就不算是家人。只要妾进门了,妾生的小孩是属于家人的。外来抱养的孩子也算是家人,在地主家中的长工、短工、帮工、奶妈等不算家人,没有直接的亲属关系。

在官方的标准方面,中华民国时期,每家每户的土地都会记录在县政府的地亩簿上。这个地亩簿就是以家庭为单位进行记载的。通常记录上当家人的名字和土地的面积和四邻等内容。不过这套标准实际在运行当中已经扭曲,正如管粥集村村民赵忠义所说:

> 村里面很多家庭实际上已经分了家,地也分开种了,但是地亩簿上还是登记的是一家人,这对村民生活影响不大,等到交粮的时候几家一起上交即可。[1]

3. 家门或家族:扩大的血缘单位

在管粥集村村民口中有一个类似于"家门"的说法,那就是"一个院的",或者说是"前院""后院""南院"等。这些"同一个院"的村民实际上就是同一个家门的亲属。

管粥集村村民张大臣谈道:

> 原来他和自己的父亲兄弟住在同一个四合院中,随着人口的增多和分家

---

[1] 来自赵忠义老人的讲述。

的发生，兄弟陆续搬出原来的四合院而选择在原来的住所附近重新盖屋修房，但是由于原来的居住习惯，兄弟之间还是习惯称对方是"某某院"的，以此表示彼此关系的亲近。村民在家里面商量大事决定不下来时习惯性地找自己同一个家门的村民商量，借钱借粮也是优先考虑同一个家门的人。村民很注重对家门关系的维护，不会轻易和家门内部的村民发生严重的冲突，若是发生冲突也要请老父亲出来帮忙调解，而对外一个家门的村民是团结的，若是邻居和家门内的某家有严重的矛盾，将会受到整个家门村民的孤立。

从对村民的访谈情况来看，村民的家族观念比较薄弱。虽然管粥集村下辖的四个自然村都有自己的主要姓氏，如管粥集自然村以宗姓和薛姓为主，赵楼自然村以赵姓为主，但是同一个姓氏的村民之间交往和不同姓氏的村民之间的交往区别不大，村民不会因为姓氏的原因而有什么明显的隔阂，并且由于村落发展后期多个杂姓村民入村和其他姓氏混居，更加冲淡了村民的家族观念。

管粥集村村民张大臣的话比较有代表性：

> 村里面同一个姓氏的以前祖上多半是一样的，但是十多代了，关系远了，红白喜事都未必会互相走动，更不用说指望家族能够对家庭对自己有什么帮助和优待。

（二）家庭关系

传统时期，管粥集村的"家庭关系"主要体现在以下几个方面：

1. "一家人谈钱伤感情"

管粥集村村民普遍有这样一个观念——"一家人谈钱伤感情"。具体来说，就是家庭成员之间无论是物质上的互相帮助还是精神上互相帮助都不能过于计较，不能比较谁的付出多谁的付出少，更加不能谈报酬谈回报。村民认为一旦计较了，谈回报了，这个家庭的人心也就真的散了，家中之间的感情也被冲淡了。但是虽然村民普遍认同这一观念，但在实际的生活当中过大的付出回报差异很可能影响到家庭内部的关系。

管粥集村村民张大臣就讲了这样一个故事：

> 中华民国的时候，村里面的李忠美一家有两个儿子，大儿子比较忠厚，

就知道在地里面干活，小儿子头脑灵活，不愿意干农活，但是在外面做生意做得很好，给家里面赚了很多钱。刚开始小儿子没有什么意见，但是大儿子结婚的时候给他从城里专门置办了新家具，小儿子觉得这些钱大部分都是自己赚过来的，自己的哥哥在地里面也赚不了几个钱，于是向父亲提出意见。父亲斥责小儿子一家人说两家话，小儿子不服气，之后第二年小儿子就提出分家了。

2. "对内分二，对外为一"

虽然家庭内部家庭成员之间或多或少存在矛盾，就像管粥集村村民张大臣所说："上下牙齿总是会打架的。"不过即便家庭内部存在分歧，村民在对外事务上都是一致对外的。例如，家人和其他家庭的村民吵架，不管是哪边的过错，村民都会站在自家家人的立场，维护自家的利益，而不会胳膊肘往外拐，去袒护其他家庭的人。家中的成员吵架时也尽可能在家中吵，而不会在人场里吵，这样就让人看了笑话，认为这家人不团结，容易受到其他村民的轻视。

正如管粥集村村民赵忠义所说：

> 一个家庭对内就是二，对外就是一，自己的家人不团结，还能指望其他人来帮助你，关心你？不管做什么事情都是要为了自己的家庭着想，这样才能在这个社会立足。

3. "婆媳难处，妯娌嘴碎"

关于家庭关系，事实上婆媳妯娌之间的吵架甚至打架是最常见的。家中的男人们往往忙于田间的劳动或者去外面做工，话语也普遍不多，而家中的女性在忙完家庭内部的家务之后就喜欢说东说西，这样一来相互之间就可能出现矛盾。

根据管粥集村村民的介绍，一般来说，婆媳之间发生矛盾，往往是丈夫去调解，并不是当面去两头劝，而是在双方气消后分别劝，在母亲面前替妻子赔礼道歉，在妻子面前说母亲的不是，以这样的方式来平息纠纷。而对于妯娌之间的关系，由于发生矛盾多半是由于攀比计较等因素，因此母亲会尽可能给妯娌都安排事情，安排事情也公平一些，并且教育自己的媳妇要关心自己的丈夫，少为丈夫添烦心事。若是母亲劝不动，父亲才会出面训诫，父亲出面训诫都是全家人都在场时进行责骂，媳妇们都不敢公开反驳，只能服从，父亲不会也不能私下去教育妯娌，这样是为了避嫌。

二、亲属及其关系

亲属同样是基于血缘关系或婚姻关系形成的社会关系。对此，以下将从亲属结构和亲属关系等两个方面来进行展示，考察1949年之前管粥集村的亲属关系。

（一）亲属结构

传统时期，在管粥集村亲属大致可以分为三类，分别是近亲、远亲和姻亲。

1. 近亲

在管粥集村的调查中，村民们认为五服以内有血缘关系或者家族关系的情况属于近亲关系。例如曾爷爷、爷爷、父亲、儿子、孙子，这样的直系关系属于五服以内的近亲关系。管粥集村赵氏家族，有近亲占比三分之二，远亲占比三分之一。距离较远的近亲仍然成为近亲，并不因为住所的远近有所区别。

除了血缘上的直接关联，管粥集村村民也重视对近亲关系的维护，而这样的维护就体现在以下几个方面：

其一是近亲之间的称谓。

在日常生活中，管粥集村亲属之间尤其重视彼此的辈分，称呼不能随意叫，否则很可能会得罪对方。对于长辈来说，为了体现彼此的亲近，往往会喊自己的后辈小名，而晚辈是绝对不能喊错长辈的称呼的，一般叫爷爷、婆婆、姑、姨等，绝对不能直呼其名，更不能叫小名，否则不仅让外人笑话没有教养，而且会得罪长辈，引起长辈的不悦。

其二是逢年过节的人情往来。

近亲之间人情往来是必不可免的，不管是红白喜事还是日常的节日，亲戚之间都会互相走动，尤其是红白喜事必须邀请到对方。即便对方不会前来也必须邀请，否则就是失礼，伤害彼此之间的关系。拜年时，同村的近亲先给同辈拜年，同辈再一同去给长辈拜年，长辈不需要给晚辈拜年。

其三，近亲之间互相帮忙往往不需要报酬，你来我往，不计较谁占便宜谁吃亏。

2. 远亲

传统时期，在管粥集村村民的观念中，远亲大致分为两类：

第一类是按照血缘的远近来判断，即五服以外有血缘关系且一般是指父亲系。普通的母亲系为远亲，不讲究代数。远亲不一定是全部在外村，但本村可以算作远亲关系的很少。

第二类是在五服以内但是居住在外村的亲戚，由于距离遥远一年到头互相走动极少甚至不走动。

对于管粥集村村民来说,"远亲"虽然同样算是亲戚,但是由于对自己实际的生产生活活动影响不大,顶多算是个熟人。但是若是这个远亲很有能力,很富裕,村民还是会尽力去维护,这样持续的来往也能强化彼此之间的关系。而对于贫困且没有能力的远亲,村民就很少去主动打交道,但是也保持表面上的友好。

正如管粥集村村民赵忠义所说:"穷亲戚,远的近的都不愿认,富亲戚,远的近的都要巴结。"

3. 姻亲

在管粥集村,姻亲可以说是一年一个样,一月一个样,一天一个样。严格说来村落内部有三分之一的村民属于姻亲关系,三分之二的村民属于与村落外部的村民有姻亲关系。姻亲关系的成员很多。同姓的人有的可以结成姻亲关系,有的不可以。家族五服以内属于近亲,绝对禁止结亲。结为姻亲不需要通过村落的保长、乡长同意,也不需要家族族长同意,父母包办子女婚姻,因此只要父母同意即可。

家长如果对儿媳妇不满意,儿子可以休妻,最后解除婚姻关系。父母有权提出要儿子休妻的建议,并且大户人家父母的意见占主要地位。丈夫对妻子不满意可以提出休妻。如果家长或丈夫虐待媳妇,可以解除婚姻关系,媳妇本人或者娘家人都可以提出来,最后由丈夫休妻。如果妻子出轨,可以提出解除婚姻关系,夫家的长辈或者丈夫都可以主动提议。如果是妾,本家与妾的父母兄弟形成了姻亲关系,若是妾有子女,也形成姻亲关系。如果妾早逝,若是两家相处较好,姻亲关系会维持下去;若是关系相处一般,姻亲关系也难以为继。

姻亲间相互来往,也互相走亲访友,平时一定会来往的时候是赶人情的时候。妾家的亲属之间来往也会留吃饭住宿等。姻亲之间借钱需要还,没有利息,也不需要担保,但是一样要写借条。姻亲间吵架,先请父母或者长辈调解,若是小事一般的内部都能解决,若是大事就要请族长调解。

(二) 亲属关系

传统时期,管粥集村的"亲属关系"主要体现在以下的几个方面:

1. "亲戚越走越亲"

根据管粥集村村民赵启蓝、赵忠义等人的回忆和介绍,1949年之前亲属之间是否相互联系以及联系多少由他们相处好坏来决定。若是两家相处得好,不论远近来往也多,若是相处得不好,距离再近来往也少。亲属相互串门,没事也可以过来坐坐,不过在赶人情、借钱、寻求帮助、调解纠纷以及家族大事的时候才会来往较多。关系好的可以多玩几天,管饭,也可以留宿。

亲戚间相互借钱，首先找关系较好的人借，其次找亲戚里面有钱的大户人家借，最后才找到普通家庭借。亲戚之间借钱不需要利息，不需要担保，但是需要写借条。亲戚之间吵架，一般情况下其他的亲戚或者家属出面调解即可，若是涉及借钱、买卖土地等利益纠纷则需要长辈出面协调，若是闹出人命就需要去县里见官。

正是在日常的交往中，亲戚之间的关系越发紧密。

2."亲戚就是互相迎来送往"

在管粥集村，办任何的活动，亲属的参与都是必不可少的，并且参与时也遵循着一定的惯行。

（1）过节当中的亲戚交往

过年时，大年初一当天，村民会根据关系远近拜访自己的亲戚，主要是村中的亲戚。早上放完爆竹，一般起得很早，早饭是以饺子为主。吃过早饭就开始聚集家人去亲戚家里拜年，先是到自己家里集合，给自己的父母拜年，如果兄弟分家了，其他兄弟会早早地到父母的家里。拜完父母，就和家中其他家人去拜访其他的亲戚。如果在村中没有亲戚，就会根据村中习惯，拜访邻居和关系较好的村民，相互结为亲戚朋友，过年过节相互送礼。大年初二，村民有走娘家的习俗，结过婚的村民会到自己的娘家，没有结过婚的人会跟着自己的父母到自己的外婆家里。初三和初四，村民会到自己的姨婆家里或者姑姑家里面走亲戚。初五的时候，村民会和自己关系好的朋友相约在家里聚会。中秋节的时候，村民会准备月饼到自己亲戚家里，父母、外婆家、舅舅家、姨婆家和姑姑家是必须要拜访的，如自己的堂姐家、堂哥家不需要去拜访。

在管粥集村，村民与自己的直系亲属之间走动比较频繁，而与自己的旁系亲属走动较少。村民在逢年过节的时候走亲戚是需要带礼物的，而平常走动就可以不带礼物。村民在过节的时候，当家人有些场合不需要每次都参与。当家人需要拜访的亲戚一般都是自己的直系亲戚，并且还是比当家人辈分大的亲戚；或者在重大日子，比如晚辈结婚、长辈去世等，都是需要当家人出席的，首先是出于对长辈的尊重，另一方面是作为当家人必须参加的一些活动，当家人需要承担一些义务。而对于一些非正式场合和活动，就不需要当家人出席，可以其他的家庭成员代替去参加。

（2）办酒当中的亲戚交往

红喜事中，男女双方父母各自负责通知自家的宾客，最先通知本家亲属，然后通知朋友邻里。亲属通知由长及幼，朋友邻里通知由近及远。除非有亲属关系，一般不会通知本村的乡长、保长和甲长。通知到的人员都会按时参加婚宴。需要主家亲自去请的一般是直系亲属，如果外村中有重要的亲属，会由本家人派人去请。在办酒的时候，本家的亲戚可以不用送礼，但是作为长辈的亲戚都会送一些礼物。

一般情况下都是给长辈送礼物，到了晚辈的家里可以不用带礼物。村民到了亲戚的家中，送了礼物，都是需要还礼的。如果是朋友送的礼，等到朋友家举办酒席时要还礼的。办酒席的时候，主家在准备的过程中，需要迎接的是第一次到家里的宾客，例如自己的朋友第一次认家门，就需要自己家里的人在村口迎接。

对于认识家门的亲戚，只有长辈亲戚或者娘家人来吃酒席的时候，主家会派家中的儿子去迎接亲戚以示尊重。其他亲戚就不需要在村中迎接，只需要在门口迎接就可以了。入座的时候，会根据场合，如果是红白喜事，村中的兄弟、姐妹、娘家等都是要吃酒席，但是不会在一张桌子上吃酒席。娘家人一般较为珍重，单独安排在一间条件好的房间里。主家的主要男性亲戚就在里屋入座，算是上席，女性和其他的亲戚就会随意安排在其他座位上。

（3）互助当中的亲戚交往

当生活或生产方面需要帮忙的时候，一般是先找自己比较亲近的亲戚，比如自己的兄弟姐妹，但是如果兄弟姐妹距离较远，就会选择与自己关系不错的邻居。当家中劳作需要很多劳力，或者需要很多天才能完成农活，村民会请自己的亲戚来家里，在劳作期间一直在主家居住，直到农活干完为止。一般请亲戚来家中干活，不需要给礼物，但是需要管饭，如果时间较长，还需要管住。当家中出现了经济问题，需要借钱和借粮，主要是找自己比较亲近的亲戚借，例如自己的兄弟姐妹、叔叔、舅舅等。这些亲戚关系都是很亲、很近，借起来和还起来比较容易。亲戚之间借钱，如果关系特别近，一般不需要打借条和证人，如果亲戚之间不是太亲，需要打借条和证人。这种借钱是不需要利息的，除非双方有自己商量好，借钱有利息，这样就需要打借条和找证人。在亲戚之间借钱，一般情况下都是需要还的，当家中实在还不上，亲戚之间也是可以商量的，拖得时间久了，也就不要了。

3."娘家亲戚走得远，叔伯兄弟走得近"

管粥集村村民还谈道娘家亲戚和父亲这边的亲戚之间的区别。由于女方亲戚往往居住在村外，并且女方嫁给男方之后除了逢年过节时的省亲等，双方家庭的交往很有限。而父亲这边的亲戚则因为居住更近且相互之间的交往更为密切，因此叔伯兄弟对村民来说是更为重要的亲戚关系，会花更多的精力和金钱来维护。

三、拟血亲及其关系

根据血亲形成的方式，管粥集村村民之间的血亲关系可以分为自然血亲和拟血亲。上面讨论的主要是自然血亲，接下来将从拟血亲的形成和拟血亲关系等两个方面来展示传统时期管粥集村的拟血亲及其关系。

(一) 拟血亲的形成

1949年之前,在管粥集村有改嘴、认干亲、过继、拜把兄弟等四种"拟血缘"关系的形成方式。

1. 改嘴

改嘴即改变对自己亲生父母的叫法和称呼。1949年之前,在管粥集村,亲生父母在某些情况下会让自己的孩子喊其他人为父母,从而"改变"孩子的归属。

在管粥集村,主要有三种情况:

一是孩子出生后算命结果显示孩子与亲生父母命中相克。1949年之前本村的父母会在孩子出生后请算命先生根据孩子和自己的生辰八字判定是否命中相克,如果命中相克,亲生父母会象征性中断他们和孩子之间的亲子关系,让孩子改称其他人为爹娘,改称自己亲生父亲为大爷或叔,亲生母亲为大娘或姨。

二是让自己体弱多病或者先前已有兄弟姐妹夭折的孩子改称其他人为爹娘,以此保护孩子免遭"恶魔鬼魂的侵袭"。

三是一些没有子女的夫妇想要一个干子女,子女多的夫妇就让自己的一个孩子改嘴。

在实际情况中,前两种原因发生改嘴的情况最多,最后一种情况少,人们更愿意选择直接过继或抱养。改嘴需要双方夫妇同意,一般彼此是同族中交往密切的家庭,给出孩子的家庭往往子女多且子女身体健壮,另外改嘴的孩子一般是男孩。

2. 认干亲

1949年之前,在管粥集村,亲生父母让自己的孩子——一般是男孩认干亲,孩子喊对方干爹干娘,干爹干娘一般会从平时交往良好的外姓家庭中选择,本村居多,外村也存在。

在管粥集村,主要有四种情况:

一是为了孩子能够健康成长认特定姓氏人家为干亲。通常在孩子生病并被本村巫医医治好后,孩子的亲生父母会听从巫医的建议,让孩子认一个姓有四条腿动物名称的人或者四条腿动物名称谐音字的人为干亲,如杨姓、马姓、朱姓等。

二是让自己体弱多病或者先前已有兄弟姐妹夭折的孩子认子女多的夫妇为干亲。

三是出于报恩或强化彼此关系让自家孩子认干亲。

四是子女多的夫妇和子女少的夫妇直接结成干亲。比如在管粥集自然村,宗玉香夫妇和一对薛姓夫妇平时交往密切,宗姓夫妇地多子女少,薛姓夫妇地少子女多,两家结成干亲，经常一起劳动。

3. 过继

亲生父母将自己的一个儿子过继给没有子嗣的同宗同门的兄弟。在管粥集村，主要有三种情况：一是亲生父母家里儿子多，过继的家庭没有儿子，想有一个儿子延续香火，养老送终；二是兄弟去世但是没有留下子嗣，过继一个儿子给兄弟，继承家产，使之不落入外人之手；三是躲避征兵。

过继的条件包括：过继的孩子一般出自同宗同门，很多是亲兄弟家庭之间过继孩子；双方家庭同意，一家儿子多，一家没有子嗣；经过本族长辈同意；邻里见证和通知保甲长。

4. 拜把兄弟

朋友关系的一种，交往密切的两家家长结拜为兄弟。拜把兄弟的条件包括双方同意；交往密切，感情深厚；并且不需要家族长辈同意，不需要告知保甲长。拜把兄弟有结拜仪式，在本村庙中拜把兄弟跪地磕头，庙神见证。比如管粥集自然村的赵启蓝老人就在民国时期和自己的 7 个玩伴前往村中的菩萨庙下跪，结拜为兄弟。

（二）拟血亲关系

虽然拟血亲并不是真正的天然形成的血亲关系，但是在管粥集村，拟血亲关系也深刻地影响了村民之间的社会关系。

1. 改嘴当中的拟血亲关系

根据管粥集村村民张大臣、崔庆芳、王传铭等人的介绍，改嘴当中的拟血亲关系主要体现在以下几个方面：

一是改嘴的孩子只能喊自己的亲生父母为叔婶，而喊改认的新父母为爹娘。

二是逢年过节，改嘴的孩子要去给新父母行礼跪拜。

三是新父母去世，改嘴的孩子要为新父母送终服丧。

四是改嘴的孩子仍然和自己的亲生父母一起生活。

五是改嘴的孩子不能从新父母那里继承财产，也没有义务去赡养他们，可以从亲生父母那里继承财产并需要履行赡养义务。

2. 认干亲当中的拟血亲关系

认干亲使村民的日常生产生活活动当中有着丰富的"干亲关系"：

一是逢年过节时，孩子和干爹干娘之间互相走动。春节时，孩子会去给干爹干娘拜年，而干爹干娘也会带着饺子、蛋糕来看望孩子，给孩子压岁钱。

二是孩子结婚时，干爹干娘送给孩子礼金和床上用品，孩子向干爹干娘行礼，新娘向干爹干娘认大小。

三是干爹干娘去世时，孩子要送终服丧。

四是孩子不能从干爹干娘那里继承财产，也没有义务去赡养他们，可以从亲生父母那里继承财产并需要履行赡养义务。

五是婚嫁时避开干亲关系，比如干儿子不能娶干爹干娘的女儿。

3. 过继当中的拟血亲关系

在管粥集村，通过过继形成的拟血亲关系主要体现在以下几个方面：

一是过继来的孩子需要跟随新父母姓，可以改名，喊新父母爹娘，根据新父母和亲生父母的关系称呼亲生父母。

二是过继来的孩子跟随新父母生活，去亲生父母家要经过新父母的允许。

三是过继来的孩子按照侍奉亲生父母的规矩侍奉新父母，能够继承新家庭的财产并要给新父母养老送终，新父母将过继来的孩子视若己出。

四是过继来的孩子不能继承亲生父母的财产，不需要为他们养老送终，但可以去参加葬礼，亲生父母生病也能去探望。

五是过继来的孩子可以退继，只需要两家人和家族长辈同意，但是本村实际没有发生过。

六是即使新父母之后有了自己的儿子，过继来的儿子仍是家中长子。

4. 拜把兄弟的拟血亲关系

传统时期，管粥集村村民通过拜把子形成了彼此的拟血亲关系，其主要体现在：

其一是拜把兄弟在对方亲人去世时参与送终服丧。

其二是逢年过节两家走动，遇事相互商量扶持。

其三是可以通婚，两家的子女可以相互嫁娶。

管粥集村村民张大臣就谈道：

> 新中国成立以前，要是两个或多个朋友之间关系很好，他们就会到庙里面磕头，告诉庙里的神明我们今天要拜把子，然后一起喝下滴了血的水，算是立下了誓言。不管未来的困难有多大，相互之间的兄弟情谊都是不会变化的。

四、基于血缘的社会组织及其关系

传统时期，在管粥集村，具有血缘关系的群体内部形成了丰富的社会组织。村民在满足自身实际的生产生活需要的同时也形成了内部紧密的关系。

（一）老人会

1949年之前，老人会是管粥集村村内重要的社会组织之一，本部分将从老人会概况和老人会的组建与运营等两个方面进行考察。

1. 老人会概况

在管粥集村，传统时期老人去世，家人需要为老人购置寿衣、棺木，请风水先生选地点，办酒、烧纸、报丧、挖坑、抬棺和下葬等都需要人手，处处需要花钱。即便是家庭条件较好的人家，遇到家中老人去世，也要典田卖地，穷人家往往要担负大量的债务。于是，管粥集村村内家中有老人的同族人就商量成立老人会，谁家老人先亡故，大家共同出钱完成出殡。举一人为首，这样大家联合起来，缓解每个家庭的经济负担。

以管粥集村村内赵姓族人组建的老人会为例，赵家地主赵祖武是老人会的会头，老人会也是由他发起的，家族当中有60岁以上老人的家庭都加入了这个老人会，数量超过了20户。

2. 老人会的组建与运营

管粥集村村民张大臣就提道：

> 在管粥集村，老人去世的礼节多，后人对于老人丧事的操办丝毫不敢怠慢，寿衣、棺木、陵地、办大席等的硬性支出，报丧、抬棺、挖坑、下葬等的劳力要求，一个家庭往往难以承担，即便勉强承担，也不得不典田卖地，贫穷的家庭甚至不得不借高利贷。这时候，一个家族里面各户有高龄老人的几家，一个人带头组成老人会，谁家老人去世，大家有钱多出点钱，有力多出点力，共同完成出殡事宜，减轻了单个家庭的经济和劳力压力。

谈及参加老人会的原因和实际运营，管粥集村村民谈到了以下几方面的内容：

第一，家里面有高龄老人，未来老人过世面临的丧葬负担重，一个家庭往往难以承担。

第二，参与的门槛低，费用低。具体来说，参与老人会的家庭老人的丧葬都不会大操大办，经济条件普遍一般，做到基本的体面就行。每个家庭出的钱粮大致是相同的，但是不会追求完全的平均，富裕一点的人家就多出一点钱粮，穷一点的家里面有人就多出劳力，反正参与的都要出钱出力。要是有成员出钱出力过少，会头会出面教育,让其多出钱粮或者劳力,维护老人会内部的团结。如果是出粮食,一家出的粮食在10—20斗之间,如果是出劳力,家里面的劳力都要帮忙,一般要4—5个劳力,报丧、抬棺材、挖坑,等等。

第三,老人会一般都是族长领头,参与老人会的家庭一般就是一个家族的,成员之间都是本家人,平时来往密切。另外由于会头是家族族长,比较有威信,大家要出钱出力时都不会推辞,会积极参加。

第四,参加老人会的成员都不需要签契约,参加的都是熟悉的,并且有会头,说话有分量,有丧事大家都是尽心尽力,不敢懈怠。

第五,如果没有丧事成员相安无事,若是某家发生丧事,会头就会和主人家长子商量,丧事需要多少钱粮,需要多少劳力。商量好了,会头就号召所有的老人会成员出钱出力。办丧事的家庭会邀请老人会的成员吃大席,吃饭时每家出一人,一般是4个人或者8个人一桌。

第六,出面参加老人会的一般都是当家人,平时有什么事情商量也都是当家人出面,吃大席一般是当家人去。要是当家人不同意参加老人会,家庭就参加不了老人会。

(二) 孝衣会

1949年之前,孝衣会这一社会组织在村民的白事活动当中发挥着重要的作用。

1. 孝衣会概况

根据管粥集村村民张大臣、赵启蓝等人的介绍,新中国成立前,村中老人亡故时,孝子要穿孝,用布很多,但是穿过之后又没有用处了,于是一个亲族里面居住相近的5—10户人家组成孝衣会,大家出钱,做数套孝衣,成员需要的时候不用出钱,闲置的时候可以租借给孝衣会以外的家户,租金收得多则成员分红。

村民赵启蓝讲述了参与孝衣会的原因:

> 新中国成立前如果办丧事,家人必须置办一套孝衣,参加葬礼的亲族男子都穿孝袍、白鞋,麻绳束腰,亲族女子顶白巾,穿白衣、白鞋,白布带扎裤腿,非亲族女子只顶白巾。过去一般农户家中的布都是土布,都是自己纺织制作的,集市上只有少量的土布出售,家庭困难的农户消费不起,并且葬礼参与的人数多,一时需要的白布数量大,哪怕是地主家庭要想很快准备好也不是简单的事。并且这些孝衣用过之后就闲置了,造成了浪费,因此一个村庄里住在附近的亲族兄弟家庭,由其中的长者牵头组建一个孝衣会,联合

起来出钱置办一套，谁家要用免费用。

2. 孝衣会的组建与运营

根据管粥集村村民的回忆，组建孝衣会，保甲长不会过问，家族族长只需要被告知，一般不会排斥。有些孝衣会的会头就是家族族长，但是在管粥集村没有出现完全由一个家族组成的孝衣会。受访村民表示即便是一个家族的，有一部分家庭老人已经过世了，所以他们参加孝衣会的意愿不高。积极参加或者组织孝衣会的家户都是家里面有年纪较大的老人，未来肯定有需求的。在会的成员往往是居住在附近的，彼此也都是有血缘关系的，也就是"一个院的"。

关于孝衣会的实际运营主要分为以下几个方面：

其一，孝衣的钱大家共同分担，一般是均摊，会头或者参与者中比较富裕的可以多出点钱，这样也可以提升自己的威望。参加孝衣会的成员多了，一套孝衣给每个家庭带来的负担就很小，愿意参加的有实际需求的村民都可以参加。孝衣会规模大的会置办2—3套孝衣，避免出现两家都需要办丧事，孝衣不够用的情况，规模小的置办一套就行。

其二，参加孝衣会不需要签订纸面上的契约，组成这个孝衣会的时候一起出钱就行，相当于口头的契约。会头知晓谁家出了钱，出钱参会就具备了成员的身份，也必须接受会头的指挥。

其三，如果孝衣会的成员办丧事，就向孝衣会的会头申请，孝衣都是由会头保管的，会头会提前告知其他成员出借的具体时间，这样可以避免成员在使用的时间上出现冲突的情况，即便出现重合也可以及时进行调整。成员使用孝衣不需要给钱。如果孝衣是租借给孝衣会以外的成员就收一点租金，一般数额很低，一斤粮食就够了，是否租借和租借给谁主要是会头说了算。要是成员提出异议，会头需要给出合理的解释，避免在孝衣会内部出现矛盾。事实上管粥集村的孝衣会一直运作良好，会头有威信，成员愿意服从会头的安排。

虽然会头有很大的决定权力，但是在会的成员都恪守一条规则，那就是孝衣会的孝衣最优先给孝衣会内部的成员使用。成员之间出现时间冲突，会头进行协调。只有在会成员近期没有需求的情况下，会头才将孝衣租借给其他人，这里的其他人一般是知根知底的本村人，如果借用的是外村人，除非平时和会头有交情，否则不出借。孝衣会的孝衣在出借给孝衣会内部的成员时发生损坏，由孝衣会承担缝补的工作，若是蓄意破坏，就由村民自己承担，而在租借给不在会的村民时，如果孝衣出现损坏，使用的人要出钱缝补，孝衣会不出钱进行缝补。

其四，孝衣会的参加是以家户为基本单位的，不论是决定参加孝衣会还是与孝衣会的会头商量使用孝衣都是由家户中的家长出面的。家长绝大多数是男性，若是男家长年纪尚小，母亲可以代为主持家中的各种事务，等到孩子成年了，母亲便将家长的权力交还给孩子。

（三）家伙会

传统时期，家伙会在管粥集村村民口中又称为餐具会。本部分从家伙会概况和家伙会的组建与运营等两个方面进行考察。

1. 家伙会概况

管粥集村村里面办红白喜事，一时酒席餐具不够用，便几家要好的商定成立一个餐具会，即家伙会，共同购置一套餐具，大家共同使用，不要钱，也可以用来出赁。出赁得的钱就用来修填餐具，钱多时，按股份分红。这几家要好的都是一个家族的人，和孝衣会类似，也是5—10户的家庭组成并且他们居住的地点相近。

2. 家伙会的组建与运营

根据管粥集村村民的陈述，家伙会的组建和运营主要包括以下几个方面：

第一，组建餐具会没什么硬性的门槛，不需要保甲长的同意，知会家族族长一声就行，一般都会赞成。实际参加餐具会的人家关系好，平时来往密切，家族之外的人不参加。家里面条件好的就多出钱，家里面条件差一点就少出钱，只要能够凑够一套红白喜事需要的餐具就行。一般一套餐具至少能够摆10席，每席8个大盘子，8个大碗，这样合计需要80个大盘子和80个大碗。

第二，参与这个餐具会只需要口头契约就行，参加的人都是平时打交道多的，家里面都是"有点啥的"。会头是餐具会的发起者，平时负责保管和安排餐具的使用，往往是参与的家户当中最年长的当家人来担任，不过若是哪位当家人能力强，有经营头脑也可以推选为会头。

第三，餐具平时由会头保管，具体的安排和租赁由会头和成员协商决定。如果家伙会的成员准备办红白喜事就可以向会头说明具体的时间和规模，会头也会口头告知其他餐具会成员，避免其他餐具会成员发生时间冲突。如果餐具会以外的人提出租借餐具，具体的租金和时间由会头和成员商量确定。若是发生时间冲突优先给餐具会的成员使用，另外，借的农户和成员关系好，可以对租金进行减免。一般租借一套餐具，办一场大席，需要缴纳1升小麦，关系好的话0.5升小麦也行。若餐具在使用过程中出现损坏，如果是租借的需要照价赔偿，如果是餐具会成员使用的，在分红时照价扣除相应的资金。

第四,参加家伙会是需要当家人的同意的,往往当家人出面参与家伙会,因为涉及各家各户出钱购置餐具以及分红。

(四)面会

1949年之前,面会是管粥集村村民自发形成的互助组织,本部分将从面会概况和面会的组建与经营等两个方面进行考察。

1. 面会概况

在管粥集村,传统时期办红白喜事,主人家都需要办大席宴请宾客。贫穷的人家一时拿不出足够的面招待宾客,于是同一个亲族内部几家,一般5—10家,商量一起组建面会,谁家办红白喜事,各家都出一定数量的面,缓解单个家庭的负担。参与面会的几家都是经济条件差不多的,在全村来看处于中下水平,平时交往也非常密切。

管粥集村村民赵启蓝家就曾经参与过自己二叔家发起的面会,他提道:

> 1949年之前,办红白喜事需要宴请宾客,亲朋好友在这个时候都来吊丧或祝贺,主人家需要准备丰盛的伙食,即便是村中贫困的人家在红白喜事请客上也不敢怠慢,否则就被旁人视为不孝顺父母或抠门。富裕的村民虽然不参加面会,但是因为沉重的宴会负担也少不了为了支撑场面而典田卖地。而对于条件一般的绝大部分村民来说,红白喜事需要大量的面。这时候村民想出办法,几家亲属组成一个面会,一家有困难,成员共同帮忙,一起分担压力。

2. 面会的组建与经营

根据管粥集村村民赵启蓝、赵忠义、赵忠仁等人的讲述,面会的组建和经营主要有以下几个方面的内容:

其一,参加面会的原因是家里面都有老人或者小孩,未来小孩成家或者老人过世都面临办红白喜事的压力,组成面会可以缓解压力。参与的门槛也低,各家只需要出一定数量的面即可,而且频率不高,只有在红白喜事的时候才需要出资。

其二,参与面会的家庭往往是一个家族的,成员之间都是本家人,平时来往密切。并且这些成员往往居住在附近,有邻居的关系,居住得远的或者不是亲属的不会在同一个面会当中,都是亲属知根知底,什么事情更好协调,有外人面会不好管理。

其三,面会的会头一般是参与的其中一户家庭的当家人。对这个会头的要求就是热心肠，老实靠谱，受到其他家庭的认同，不一定要是年纪最长的当家人。

其四，参加面会成员都不需要签书面的契约，参加的都是熟悉的，绝大部分是一个家族的亲人，甚至有族长作为会头的情况。族长地位高，说话有分量，有红白喜事，参加面会的成员都在族长的组织下参与，都是尽心尽力，不敢懈怠。

其五，要是某家有红白喜事，会头就会和主人家商量，办红白喜事需要多少面，商量好了，会头就号召所有成员均摊，一般来说面会资助的面的数量是固定的数目，以保证成员之间的公平。办红白喜事的家庭会邀请面会的成员吃大席，吃饭时每家出一人，一般是4个人或者8个人一桌。若是成员想要大操大办，面会仍然提供一样数量面，超出的部分由成员自己想办法承担。会头还将每次各家拿出的粮食做一个记录，确保面会各家都能感到公平公正，以免出现内部的不公和矛盾。

其六，出面参加面会的一般都是当家人，平时有什么事情商量也都是当家人出面，吃大席一般是当家人去。要是当家人不同意参加面会，家庭就无法参加。

第二节 地缘与地缘关系

管粥集村是典型的华北集居村庄，集居的村民基于同一个地缘形成了颇具特色的地缘关系社会。从地理上的远近、交往程度的深浅、血缘关系的远近可以大致将管粥集村的地缘主体划分为三类，分别是四邻、熟人和老乡，他们在日常生产生活中相互配合、互动，并由此形成了丰富的地缘关系。

一、四邻及其关系

在管粥集村，四邻是最常见也是最为普遍的地缘主体，接下来将从四邻和四邻关系等两个方面去考察。

（一）四邻

在管粥集村，村民称邻居为四邻。村民们心理上四邻的范围要比自己院落东西南北四个方向毗邻的居民范围更广。例如在管粥集村下辖的赵楼自然村，村民们在提到自己的住所时，会说自己家在"前赵楼"或者"后赵楼"，这个孩子是"前赵楼"或者"后赵楼"的孩子等。在村民看来，"前赵楼"或者"后赵楼"范围内的居民都是邻居。前赵楼和后赵楼之间有明显的界线，即一个很大的水坑，这个水坑是由于挖土筑墙等形成的，为后赵楼的赵姓地主所有，但是除了取土要得到地主的允许，这个水坑是公用的。

之所以称为四邻，是因为：

其一在居住的地理位置上，前赵楼的村民和后赵楼的村民都比邻而居。外来的农户想要在村中立足就必须经过赵姓地主的同意并且愿意借土地给他们建屋，赵姓相同的房支相邻居住，外姓靠在赵姓族人外围居住。

其二在生产生活关系上，由于赵姓是大姓且有富裕户，所以其他杂姓依靠租佃赵姓族人的土地或者做工等维持生计，赵姓族人还提供水井、晒场等必要的公共物品，而赵姓在婚丧嫁娶、修屋建房上也需要依靠外姓村民的帮助。

其三在日常交往上，前赵楼或者后赵楼的村民常在各自的十字路口聚集聊天，平时下地干活或者收工回家经常打照面。

（二）四邻关系

1949年之前，管粥集村的"四邻关系"可以从以下几个方面进行展示。

1."远水不救近火，远亲不如近邻"

管粥集村村内流传着这样一句话——"远水不救近火，远亲不如近邻"。在管粥集村村民看来，与其完全指望亲戚之间互相照应帮忙，还不如处好与自己的邻居之间的关系。不管是日常的家户财产的安全，还是发生了什么事情需要立即得到帮助和响应，这时候邻居显然比住得远的一些亲戚要更为可靠。管粥集村村民赵忠义就谈道：

> 从小父母就教育我要和邻居家处好关系。每年逢年过节，爸妈都带着我和哥哥姐姐去邻居家里做客。我父亲还给我说过一句古话——"没有木头就建不起房子，没有邻居就过不好日子"。所以我们小孩之间发生吵架打架，我爸妈都是先责怪我们，不会去为难邻居家的小孩，小时候我不能理解，但是现在就理解了，父母知道和邻居处好关系的重要性。

2."人到难处邻里来"

传统时期，管粥集村村民之所以重视维护和邻里之间的关系，最重要的一点就是在日常的生产生活当中，邻里可以给予力所能及的帮助。在互相帮忙方面，但凡是村民举办红白喜事，邻居都会自发前来帮忙并且帮忙报表。要是邻居家外出探亲或者赶集，家中的小孩、牲畜等无人照看，这时候就自然可以请邻居帮忙代为照看。

对于邻居家的这些帮忙的请求，村民大多乐于接受，正如管粥集村村民崔庆芳所说："邻居都是今天你帮了我，明天我帮了你，来来回回，互相的关系就密切了，请邻居来帮忙也不会不好意思，担心对方拒绝。"

在借钱借粮方面，数额少时管粥集村村民往往选择去邻居家借钱借粮。由于数额少,一般就打声招呼就行,也不需要写什么借据,但一般默认一周内就要归还。若是没有及时归还一定要上门说明情况,要不然可能引起邻居的不悦。相比借钱借粮,借物件就更是稀松平常了,无论是小农具还是生活用具都可以开口借,但一般都是当天借当天还。

3."富者有界,贫者为邻"

尽管邻居之间互相帮忙在管粥集村很常见,但例外的是,邻居之间的经济条件悬殊时,彼此之间的邻居关系就很可能很是松散。以管粥集村的赵祖武地主为例,地主家虽然和周围的邻居维持了表面的和气,但是平时相互之间的交往非常有限。

首先是地理上的距离,赵家的屋子建有高高的围墙,把邻居隔在外面,周围村民很难直接看到地主家的日常生活情况。其次是心理上的距离,村民认为自己与地主虽然是邻居,但是经济条件悬殊,要是去借东西会被其他村民说占了地主家的便宜,因为地主基本不需要向邻居借什么物件,自身就很富足。最后是交往中的距离,地主家更讲究效益,愿意谈钱谈报酬,但是普通村民之间互相帮忙是不谈钱的,习惯观念上的不同也导致实际的交往存在障碍。

二、熟人及其关系

传统时期的管粥集村无疑也是个熟人社会,熟人之间共同居住在一定区域并且相互了解。熟人与熟人关系同样是管粥集村传统时期重要的地缘关系之一。

(一)熟人

1949年之前,在管粥集村村民口中并没有直接的"熟人"的说法,但是有类似的"好朋友"的说法。在村民的日常生产生活当中,熟人也起到了举足轻重的作用。

熟人如何形成,可以从以下几个方面来理解:

其一,因居住而非邻里。熟人都不是居住在四邻的,熟人的居住地之间存在一定的距离,这个距离可以在村落范围以内,也可以超出村落之外。管粥集村村民提道,对于同一个村子的村民来说,相互之间经常喝酒唠嗑就算是熟人了,而对于村外的村民,只有请到家里吃过饭并且平时有一定的往来才能算是熟人。

其二,因交往而相熟。熟人形成的核心原因是相互之间能够聊得来,愿意把彼此视为朋友。从客观的条件来说,能够成为熟人的村民都是经济条件相当的,经济条件相差大的情况下很难长期交往。

其三,因职业而相熟。例如管粥集村村中的私塾先生彼此之间都是十分熟悉和要好的,经常在一起吃饭喝酒聊天。外出打工的村民也容易结伴同行从而成为彼此的熟人。

(二) 熟人关系

1949年之前，管粥集村的"熟人关系"主要体现在以下的几个方面。

1. "有熟人好办事"

传统的村落社会是一个人情社会，办什么事情都需要靠关系，有关系办事情就能够顺利很多。而熟人的作用就在这方面能够发挥出来，熟人可以牵线搭桥，促使遇见事情时能够以更顺利的方式解决。

例如，管粥集村村民赵启蓝讲了这样一个故事："中华民国的时候，我哥在集市上和人发生口角就打起来，村里的保长叫来了乡里的警察就把我哥抓了进去。我爸妈听见了就赶紧去到乡里找熟人，托熟人给警察队说情，最后我爸妈出了一石粮食才把人赎出来。"

2. "请工买东西优先光顾熟人"

中华民国时期，在管粥集村，到了农忙的时候，地多的农户都会去请工。主人家在请工时往往依赖身边村民的推荐，而村民在推荐短工时也优先考虑熟人。之所以优先推荐自己的熟人有以下的几点原因：

其一，熟人之间知根知底，只会推荐靠谱的熟人，这样子能够保证推荐不错。其二，在沟通报酬时更容易，一般熟人的要价会更优惠。其三，可以卖给熟人一个人情，让熟人有一个差事，能够赚点钱补贴家用。其四，去专门的人市找费时费力，熟人间直接推荐更便利。

3. "熟人要靠真金白银维持着"

管粥集村村民张大臣谈道，虽然熟人有很多帮助到自己的地方，但是毕竟没有血缘关系而且住得也不近，因此一旦碰面往往要吃喝一番。这样一来，熟人之间很容易成为酒肉朋友。为了维护与熟人之间的关系，村民不得不花费更多的时间和精力，而自己的亲人、邻居等人则不需要刻意花钱来进行关系的维护。正因为如此，村民有一种说法就是："熟人不在多，而在于精，熟人多了养不起，少了不好办事。"

三、老乡及其关系

传统时期，村民在离开村落地域时彼此之间便形成了老乡这一关系纽带。老乡与老乡关系也是管粥集村一带颇具特色的地缘关系之一。

(一) 老乡

根据管粥集村村民的说法，同一个地方的村民都是老乡。也就是说老乡不局限于村内，而只要是居住在管粥集村一带的村子，村子与村子之间互相熟知，村民就能够相互称为老乡。管粥集村村民张大臣提道：

> 老乡虽然平时交流不多，但是由于在村子里面长期生活，互相了解彼此的村子，有些打过照面，看着脸熟，有时候你的一个熟人和我的一个熟人是同一个人，这样一来我们也是老乡。即便是后来搬到外地去居住了，碰见了听口音，聊村子里的事情有共鸣，那么也就是老乡了。

另外，老乡之间彼此认识，一些是靠中间朋友的介绍，另一些则是在赶集、看戏等集体活动时碰见聊得来，这样就成了老乡。

（二）老乡关系

1949 年之前，管粥集村的"老乡关系"主要体现在以下的几个方面：

1．"在家靠父母，出门靠老乡"

在管粥集村流行着这样一句话："在家靠父母，出门靠老乡。"对于管粥集村村民来说，但凡是出门赶集，干长工、短工等都喜欢找自己的老乡一起去，一起干，这样一来互相也有了一个照应。尤其是干短工时，几个老乡一块儿，雇主也愿意一次性多找几个人，几个老乡当中有个领头的，直接和雇主商量工钱，这样雇主也不需要一个一个商量工钱。因此雇主也愿意直接找有领头的短工队伍，而不是一个人一个人去找。

村民在外出干活时，若是受到当地人的欺负，这时候一个人势单力薄，但是老乡就往往会挺身而出，争取和保护老乡应有的权益，当地人看到人多势众也不敢随便欺负人。另外，外出干活时听到了什么干活的消息，老乡之间会互相传递互相介绍，正如管粥集村村民赵忠义所说："多个老乡多条路，老乡多了路好走。"

2．"和老乡抱团，心里才踏实"

据管粥集村村民介绍，老乡彼此之间经常是一个职业的，也就是经常一起工作干活的，比如去给富裕户当短工，去油坊做工干活等。由于是从事同一个职业因此彼此之间有共同的话题聊，并且有什么工作机会老乡之间也乐于分享。

管粥集村村民心中认为"和老乡抱团，心里才踏实"，村民家中的小孩成年谈婚论嫁时也会优先考虑自己的老乡，不仅彼此有一定的交情，而且这样一来儿子女儿也不会住得远，可以经常两家互相走动，不必娶外地的媳妇或者女儿嫁到遥远的外地去，互相也没个照应。老乡外出干活时，遇到手头紧张了，互相借点小钱都是常见的事情，正如管粥集村村民张大臣说："老乡可以依赖，可以抱团，要不然在外头举目无亲，谁心里受得了，但是只要有老乡在，大家心里面就踏实了，出现了什么事情身边有个商量的。"

3."老乡见老乡，两眼泪汪汪"

管粥集村村民还提道，新中国成立前通信不发达，要是外出当兵或者被征用去修铁路等工作，可能十天半个月都不在家中，家里人也很难知道彼此的消息，再加上沟通的工具少，村民也很少接触书信，这样一来，老乡就能够起到传口信的作用。老乡要回村时，其他的村民就让他捎口信，把自己的近况传达给自己的家人，让自己的家人不要担心，也嘱咐家人好好照顾家庭。

四、基于地缘的社会组织及其关系

1949年以前，在一定的地缘基础上，管粥集村村民形成了"鸡蛋会""摇会"等地缘性的具有互助性质的组织，并依托这些社会组织形成了丰富的社会关系。

(一)鸡蛋会

1949年之前，管粥集村村民举一人为首，每日或者隔日，起几个鸡蛋，将鸡蛋卖掉换钱。可以从鸡蛋会基本概况和鸡蛋会组建与运营等两个方面进行考察。

1. 鸡蛋会基本概况

传统时期，鸡蛋会在会的村民，成员都是女性。外界有资金需求时可以把钱借出，使其生息，到一定时候大家分钱或者为首的人买东西大家分。参加鸡蛋会的户数一般都有10—15户，只要愿意参加的都可以参加，户数太少集中的钱太少，不好去放贷，户数太多，会头起鸡蛋的任务量重难以承受。如果和会头不熟悉，担心出问题，不信任会头，也不参加。

管粥集村村民张大臣还介绍：

> 新中国成立前生活水平低，家里面养了鸡，下了蛋也不舍得吃，直接卖掉也换不来几个钱，参加鸡蛋会，钱可以集中起来去放贷，得到利息，相当于存钱，得到的钱可以改善家里面的生活。参加鸡蛋会的成员大部分是亲戚、邻居或者好友，基本上是一个村子的，临近村子的人想参加也可以，最关键是会头愿意让其加入。成员主要和会头熟悉，互相之间不一定交往密切，成员愿意相信会头，所以定期会拿出鸡蛋交给会头。

2. 鸡蛋会组建与运营

村民表示出的钱粮就是鸡蛋，每天起一次或者隔天起一次，参加鸡蛋会的每个家庭，如果是每天一次就每次每家收一个鸡蛋，如果是隔天一次，每次每家收两个鸡蛋，要保证每家每户每次交的鸡蛋数量是一样的。

参加这个鸡蛋会不需要契约，各家各户参加全凭对会头的信任，要不然就不会参加鸡蛋会了。大家交了多少鸡蛋心里面也有数，并且会头都是说话算话、人缘好、脾气好的人，要去收鸡蛋，和主人家聊聊天，很轻松就把鸡蛋都收上来了。

另外，参与鸡蛋会只需要得到家中女主人的同意，告知当家人即可，因为加入鸡蛋会的门槛低并且能够得到实实在在的收益，所以当家人一般都不会反对。有时候商量买什么东西时，当家人也会参与讨论，商量确定购买的东西。

（1）会头资格

第一点是人缘好，脾气好，平时说话算话，大家都愿意相信她。

第二点是本人有空闲时间，能够抽出时间去各家各户收鸡蛋。

第三点是有一定的经济头脑。收上来的鸡蛋去换钱然后放贷，能够保证本金不少，还可以获得更多的利息。

在管粥集村，成为会头的都是上了年纪的妇女，平时空闲时间比较多，热心肠的就号召村民组建鸡蛋会。会头牵头成立鸡蛋会是在做好事，做善事，逢年过节的时候可以买肉买面改善大家的生活。

（2）组建与运营

鸡蛋会完全是村民自发自主的行为，保甲长、族长也不会干涉。在实际运行中，组建鸡蛋会需要一个会头，这个会头需要有足够的闲暇时间来操持这件事，并且参与鸡蛋会的人家都非常信任会头，认为会头不会私自将钱挪为己用，否则大家不会将鸡蛋放心交给会头。

（3）参与原因

首先，成功的实践带动了旁人参加，其他村子组建的鸡蛋会运行好，参加的人分账的时候觉得划算。比如年关之前，会头用本金和利息买下一整头猪，参加的人家都能够分到几斤猪肉，其他没有参加鸡蛋会的人看着眼馋。

其次，在会的人员彼此之间关系好，会头发起了这个鸡蛋会，是在做好事，参加的人都能够受益，所以都愿意参加。如果自己不参加还显得不合群。

最后，家里面养的鸡下了蛋，随便吃掉或者卖掉既不舍得也觉得作用不大，倒不如积少成多，还能得到一定的利息，可以去买肉买面。

（4）对外出借

会头和成员约定收鸡蛋的频率和数量，然后就是把鸡蛋拿到集市上去换钱，向信任的人出借。如果借出金额过半，会头需要得到所有成员的允许，如果借出金额没有过半，会头单独可以决定，但是事后要告知所有成员。

借钱一方要按照约定时间归还本金和利息，出现问题，介绍的中间人要对此负责，不过村中没有发生过借钱不还的情况。

村民崔庆芳讲了一个实际案例：

> 管粥集村的一个李姓的老妈妈就曾经做过会头，她虽然会将本金拿去放贷，但是不放高利贷。高利贷风险大，要是还不上没办法和鸡蛋会的成员交代，所以为了保险起见，即便利息少一些也没有关系。经中间人介绍，向做正经生意或有稳定收入来源的人放贷。本村人和外村人利息一样，但是优先借给本村人。利息是借出一斗粮食，一个月要1升左右的粮食当作利息，到期本金和利息一起归还。逢年过节的时候，会头就把成员聚起来讨论，这些本金和利息买什么，一般都是猪肉、鱼、大肠、细粉等。这些食物好分割，大家平均分。如果有资金剩余，成员均分。

（二）摇会

摇会是传统时期管粥集村村内自发形成的社会组织之一，可以从摇会基本概况和摇会的组建与运营等两个方面进行考察。

1. 摇会基本概况

据管粥集村村民介绍，摇会在会的人，平时都有一些零花钱，随手花掉无济于事，买件首饰等像样的东西钱又不够，于是大家约定成立一个摇会，定好规矩，每个人都出相同的数额不大的资金。一个摇会的成员都是同村的，多为邻居、熟人等，在会人数一般为8—15人。聚成的资金谁用，摇而定，相当于抽签，抽中的人下回不参与抽签，但是必须交钱，每个参与者都能够轮上。摇会男女都可以组建，但是一个摇会当中要不都是女性成员，要不都是男性成员，没有男女混合的，男性组织摇会往往是凑钱去城里听戏，女性经常组织摇会买首饰等物件。

管粥集村村民崔庆芳就提道："1949年之前，大家想要买一件像样的物件，但是手头的零花钱不够，就邀请平时要好的朋友成立一个摇会，大家把零花钱集合起来，就足够买一件像样的物品了，都不用出利息，抽签决定谁先用。比如传统时期，管粥集村赵家孙媳妇就和平时要好的几个妇女成立了摇会，每个月抽签一次，大家用凑的钱去买首饰或者布料。"

2. 摇会的组建与运营

根据管粥集村村民赵启蓝、崔庆芳、杨善伦、王传铭等人的介绍，关于摇会的组建和运营主要有以下几个方面：

其一，组建摇会不需要专门写文书，都是平时要好的人，大家相处久，了解对方的人品，要是不相信不会让他加入摇会，大家都不会赖账。

其二，每次凑好钱，大家抽签决定谁先用钱，抽中的人能够用钱购置自己想要购置的物品，每个成员中签的概率是相同的。中过签的人不能再参与抽签了，但是不能中途退出，必须每次都出钱，一般半个月出一次钱，也有一个月出一次钱的，至少每个摇会的成员都中一次签才能提出退出。

其三，每个成员具体出多少钱要看购买的物件，这个物件一般都是首饰或者布匹。每个成员每个月出至少一斗粮食，换成钱去购置物件。

其四，加入摇会需要得到当家人的同意，因为要定期从当家人那里拿到零花钱，一般金额不大，当家人也不会反对。

第三节 业缘与业缘关系

在管粥集村，村民以农业为主业但同时也从事其他多种职业。农业是农民的主要经济来源，但同时副业也是村民赖以发展的重要支柱，从而构成了一个彼此紧密联系的业缘社会。基于此，本节将从市场组织及其关系、轿会组织及其关系等两个方面切入，展现1949年之前管粥集村的业缘与业缘关系。

一、市场组织及其关系

1949年之前，在农业经济占主导的情况下，管粥集村村民还从事着其他的职业，诸如铁匠、阴婆、剃头匠、木匠、开油坊、开豆坊、挑货郎等。根据管粥集村老人的回忆，中华民国时期，管粥集村一带已经形成了个别较为完整的市场组织，主要包括杂货集、牛马行和轿会等三类。但这类市场组织发展较为初级，还未形成正式且严格的规章制度进行管理，即属于非正式的组织形式。

（一）杂货集

在1949年之前，管粥集村村内形成了一个杂货集，附近村庄的村民在赶集日都会来到管粥集出售或者购买物品，这些物品品种繁多，直接满足村民日常的生产生活需要，但普遍价格偏低，大型农具、优良的牛马等都必须去萧县县城甚至徐州城购买。

1. 杂货集概况

管粥集村村内便有一个集市，是一个规模偏小的集市，主要辐射的范围是本村和周围毗邻的几个村子。受制于管粥集的规模，集市上没有形成像样的商铺，主要以附近前来赶集的流动商贩为主，提供的商品主要是农民的生产生活必需品。管粥集的集期是公历的逢1、逢4和逢7，这一天周围的商贩都聚集到集市中。在平时，管粥集每天赶集的时间是从早上的7点到中午12点，12点之后赶集的村民和商贩都逐渐散去，冬天的时候集期调整为下午的2点开始，临近傍晚村民就踏上归途。

管粥集上主要出卖的商品包括粮食、蔬菜、鸡蛋、各种小型的农具、竹篮等，以小商品为主，偶尔有商人牵着牛马到集市上出售。集市上都是货币交易，很少有物物交换的情况。周围的村民碰到赶集这一天，要是有什么需要购置的自然来赶集，即便是没有想购买的物品，也要到集市上来逛逛，凑凑热闹，尤其是家里面劳动量少的老人喜欢到集市上闲逛，打发时间。

摊位费的收取主要针对固定摊位的商贩，这时候商贩所在的地方属于哪家，就由哪家象征性地收取一些费用。政府没有向这些商贩收取费用，只有出卖猪牛马时政府才收取少量费用。例如火神庙前的一块空地就属于火神庙，在这块设摊位的小商贩提前和庙主打好招呼，商量好摊位费就行。保甲长、族长都不干涉摊位费的收取，另外只有固定设摊位的商贩要缴纳一些摊位费，完全流动的小商贩不需要缴纳摊位费。

2. 杂货集辐射范围及内容

村内集市主要辐射周围方圆5公里以内的村庄，附近的外村村民到了赶集日都会到村内集市进行赶集，若是新年开展庙会，周围10公里以内的村庄村民都有可能来参加这个庙会，外村村民前来购买或者出卖商品都不需要经过村中保甲长的同意，可以自由出入。村民也经常前往周边的集市赶集，也不需要向村中保甲长等报告，也完全是自由的。

一般村民不会将自家剩余的农产品随意出卖，尤其是粮食，必须存够余粮才会考虑出售剩下的粮食。瓜果蔬菜鸡蛋等是村民经常出售的商品。猪肉只有在逢年过节的时候养猪的人家请来杀猪人进行宰杀，留足自家的再对外出售。出售时优先照顾自己的亲戚朋友，然后是本村人，最后是外村人。在管粥集村村内的商贩以本村人为主，外村人占2—3成，他们进村里面做生意不需要缴纳费用，完全自由开放。

（二）牛马行

1949年之前，管粥集村村内集市每隔三个集期就会有一次牛马行，也就是牛马市场开市。管粥集村村内的牛马行是包括管粥集村在内的附近一带村庄村民"买卖耕牛、马匹"的重要场所。

1. 牛马行概况

根据多位管粥集村村民的回忆与讲述，中华民国时期，管粥集村每间隔三个集期也就是三个可以到管粥集赶集的日子便会有一次牛马行。这个市场是开放性的，规模时大时小，一般来说平常规模不大，只有零零散散的牛贩子或者马贩子会把牛马拴在集市的一角供来赶集的村民挑选，个别时候也有村民把自家喂养的牛马牵过来进行售卖。

对于普通村民来说，若是出售自家喂养的牛马就得一天到晚守在牛马边上并且回答有意向购买的来往村民的问题，等待过程往往漫长，因此一般村民为了赶时间就把自家的牛马托付给在集市上的牛贩子、马贩子进行售卖。代为售卖需要给牛贩子或者马贩子一些佣金，一般根据售卖的价格抽成百分之一。而逢年过节，尤其是春节管粥集村举办庙会的时候，是牛马行规模鼎盛的时候，也是集市最热闹的时候，甚至城里的牛马贩子都会前来兜售牛马。

2. 牛马买卖关系

中华民国时期，买牛马和卖牛马当中不仅遵循着一定的次序，并且还蕴含着丰富的关系。

(1) 买牛马

一方面，在买牛马的途径上，管粥集村村民就有一定的优先顺序。村民最优先直接从本村或者邻村村民的家中购买牛马，因为彼此知根知底，对方会如实说明牛马的情况，两个人参考市场的价格商定一个两边都接受的价格，这个价格一般来说会略低于市场价格，但是买主会请卖家到家吃一顿饭表示感谢，并且若是牛马出现问题也可以轻易找到卖家询问情况，挽回自己的损失。若是本村或者附近村子没有村民直接出售自家的牛马，村民才会在本村的集市上购买，集市上出售牛马的人都是专门的牛马贩子，这些商贩都口才很好，但是也可能隐瞒一些牛马的负面信息以抬高牛马卖出的价格，这个就完全需要依靠村民自己来判断。最后的一种选择就是委托集市上的牛马行人，也就是专门从事牛马买卖的中间人，让他们帮忙寻找合适的牛马，由于需要支付给行人佣金，因此需要支付出比市场价更高的价格，村民只有在急需购买牛马的情况下才会考虑这一种途径。

另一方面，在买牛马的选择上，管粥集村村民有一定的偏好。据管粥集村村民张大臣介绍："我父亲是个铁匠，不懂得买牛马的门道在哪里，所以他想去集市上买牛买马都要叫上自己身边懂行的朋友一起去买，有一个懂行的人陪着就不容易上当受骗了。"

管粥集村村民还介绍，选牛不仅需要听牛主人或者牛贩子的介绍，还要自己去观察，看牙口，看毛发，看牛马的眼睛甚至是牛马的粪便，还要听牛马的叫声，若是细致的话还可以牵着牛马走两圈，看看牛马的反应如何。虽然这些观察的点很简单，但是其中优劣往往体现在细微的差距上，因此不懂行的人很容易看走眼，高价买了不值钱的牛马。当交易达成时即便后面发现问题，只要不是大问题比如有明显的疾病，其他情况买家都只能认栽。也有一部分村民选择自己去买牛买马，这类村民往往自己有饲养牛马的经验，是个种地养牛养马的好手，这样就不需要专门请人帮忙了。

（2）卖牛马

据管粥集村村民介绍，村民若是想要把自家的牛马出售，其中存在一定的优先顺序。最优先卖给自己的亲戚，因为牛马是重要的家庭资产，村民口中有"养牛如养父"一说，可见村民即便是要出售牲畜也希望能够找到一个善待自家牛马的买家，卖给自家的亲戚虽然价格上会低于市场的价格，但是也算是卖给了亲戚一个人情，促进双方家庭之间的感情，而且卖给亲戚家可以经常去看望，帮忙养，从感情上更好接受。其次是卖给同村人或者邻村人。同村人或者邻村人彼此更加知根知底，在商量价格时更容易，对方也更愿意购买同村或邻村村民的牛马。最后是直接卖给牛贩子或者马贩子，卖给他们的好处在于可以迅速卖出得到现金，而卖给亲戚等人往往要分几次才能把账结清。

在具体的买卖过程中，为了能够卖出更高的价格，村民往往会考虑请身边懂行的人先为自家的牛马估一个大致的价格，给牛马好吃好喝，清洗身体等，总而言之就是让自家的牛马有更好的卖相。在和买家商量价格时也往往先让买家说一个价格，自己来确认是否合适，把主动权掌握在自己的手中，并且表现出自己家的牛马很抢手，已经有几个亲戚过来问，有意向购买，通过这些方式来抬高自家牛马的身价以期能够获得一个好的价格。而对于买家来说，他们往往通过挑牛马的毛病、和卖家攀关系等，来促使卖家放低价格。当买卖双方就牛马的价格达成一致，交易正式成立，需要政府出具税契，证明交易受到了官方的认可，打官司可以直接认定，买卖双方不能轻易反悔。

3. 牛行人、马行人及其关系

中华民国时期，每逢牛马行开市，牛行人或者马行人就在集市上闲逛。若是看到买卖双方在就牛马的交易讨价还价，这些行人就会上前帮忙撮合。据管粥集村村民张大臣介绍：

> 管粥集1949年之前有一个比较有名的牛马行人，名字是宗传福。这个人能说会道，手上也握有很多牛马的资源信息，谁家要是想卖牛马或者想买牛

马都可以找到他，让他帮忙介绍，虽然请他帮忙不收钱，但是交易成功需要给他佣金，一般是交易价格的百分之一。平时没有开市的时候，这位行人也以种地为生，但是因为自己口才好，通过撮合牛马的交易也赚了不少的钱。这位行人之所以受村民欢迎还有一点原因是他为人实诚，不会联合卖家来欺骗买家，若是交易的牛马出现问题，虽然按照习惯和行人无关，但他也主动帮忙沟通，若是买家有严重的损失，他也会给予一些补偿，从自己的佣金当中扣除。

二、轿会组织及其关系

传统时期的管粥集村，但凡是较为富裕的人家婚嫁时都需要用到花轿。由于花轿造价昂贵，村民便选择搭伙成立轿会组织，除了满足自身需要，也对外出赁。

（一）轿会基本概况

在管粥集村，传统时期迎娶新娘需要用花轿，即便是富裕人家也没有因为结婚专门打一台花轿的，所以管粥集村中的富裕户就商量着共同凑钱几家一起打一台花轿。成员一般是5—8人，成员使用不花钱，闲置的时候租赁给其他村民，还可以出人力抬轿赚取赏钱，租金和赏钱除了修补花轿，剩下的可以分红。

村中的富裕村民之所以参加轿会，是因为：

一方面家庭有实际的需求，自己家里面有年轻人，结婚的时候需要花轿。用花轿迎亲是有面子的，能够彰显家庭乃至家族的实力，增加自身的声望，但即便是最富裕的地主也是为了结婚专门打，费钱费时间，不划算，不使用就显得低人一等。

另一方面几家商量共同组建一个轿会，不仅可以内部的成员使用，还可以对不在会的村民出租，出力帮人抬轿还能得赏钱，可以获得一笔额外的收入。

（二）轿会组建与运营及其关系

根据管粥集村村民赵启蓝、张大臣、崔庆芳等人的回忆和叙述，传统时期轿会组建和运营及其关系可以从以下几个方面进行展示：

其一，保甲长不干涉村里面组建轿会，甚至保甲长自己也参与其中，因为保甲长的家庭也有这样的实际需求，而且多半是富裕人家。即便保甲长不直接参与，他也鼓励村民组建轿会，这样一来自己有需求的时候可以租用，二来解决了很多村民家庭的实际需求，不用为从哪里寻花轿而发愁。加入轿会表面上没有门槛，只需要会头同意即可，但实际情况中，会头严格控制轿会的规模，也就是参与轿会的户数。一旦参与的家庭多了，会头的管理负担过大，要耗费过多的心思。在选择成员的时候，会头都选择村中的富裕户，他们财力雄厚，几家就能够凑够打造花轿的资金，并且大户人家结婚用花轿更为普遍，小户人家用太平车接新娘的情况也大量存在，他们用不起花轿。

其二，参加轿会不用签契约，口头上说好就行，大家相处得好，会头自然是选出来的，大家都信任，办事公道的人才能当上会头。

其三，轿会成员用花轿不需要花钱，平时对外出借，会头决定，知会成员一声就行。要是时间上有冲突，成员优先使用。对外出借轿子时往往连同马匹等也配置好，出借一次的费用需要50斤小麦，要是轿会出人抬轿还要管抬轿人一天的食宿费用。轿子出租产生的盈利一部分用于轿子的维修和进一步的装潢，另一部分在年底有盈余，几家人一起平分或者买一头猪几家平分，会头得到的分成比其他的成员偏多一些，作为会头运营轿会花费的时间精力的补偿。

其四，一起组建轿会的家庭关系本来就密切，成立了轿会，分红的时候大家一起喝酒吃肉，庆祝一下，成员之间的关系得到进一步的稳固。

其五，当家人出面参与轿会，即使当家人不出面也需要当家人的同意，出钱和分红都是当家人来负责。当家人想要加入某个轿会或者会头想要吸纳哪个家户进入轿会中，几乎是会头和各家当家人直接面对面沟通的，只有当家人能够代表家庭出面决定参加轿会。

第四节　信缘与信缘关系

1949年之前，管粥集村村民普遍信仰神灵，也因此村中有"七井八庙琉璃瓦"一说，在日常的生产生活当中，基于神灵的祭祀和祭拜，也形成了一些非正式的社会组织。因此，本节将从信缘主体、信缘关系与行为以及基于信缘的社会组织及其关系等三个方面出发，展示传统时期管粥集村的信缘与信缘关系。

一、信缘主体

由于在其他章节当中对传统时期管粥集村村内的庙宇有了一些基本的介绍，本部分选取在村民心目当中最重要的三座庙宇，分别是火神庙、土地庙和泰山奶奶庙进行阐述。

（一）辐射周边的火神庙

管粥集村中规模最大的庙是火神庙，位置在原管粥集村小学处，处于村庄的中心地带，村内的集市就集中在火神庙门口道路的两旁。火神庙是一个典型的四合院院落，主屋供奉着十八罗汉，东屋供奉着华祖（华佗），西屋供奉着火神。火神庙具体建设的时间已经不能确定了，据村民回忆，民国后期，火神庙就已经渐渐败落了，村中没有屋子住的穷人晚上就睡在庙里。

火神庙在清代就已经建立，最开始仅有很小的一间屋子，但是之后村民发现这个火神庙很灵验，包括管粥集村在内附近的众多村子的村民都过来拜祭。庙主便向这一区域的富裕户募集资金，游说他们捐赠更多的钱物来扩大火神庙的规模。捐款最多的2—3位财主成为火神庙的山主，立碑铭记，并且山主可以参与庙宇尤其是庙会的管理。火神庙的资金主要来自山主，而在具体建设时，保甲长让全村各家出一个劳力参与火神庙的建设。

庙宇扩建后，庙主负责日常的管理，主要管理的内容是按时上香、接待香客、打扫卫生等。庙主依靠庙地的租金、香客们的香火钱和赶集时门口区域的摊位费用维持基本的生活，平时就住在庙里。庙宇的日常管理和日常维护依靠庙主。火神庙的庙主是个外地来的道士，除了外出种地干活，便居住在庙中。若是庙宇需要小修小补，庙主便向村中的富裕户游说，得到一笔钱后就进行必要的修缮；若是庙宇需要大修大补，庙主就直接前往山主家中，表明庙宇大修的意愿和大致需要花费的资金。若是募集的资金不足，庙主就拉长战线，四处去化缘募资，直到资金足够为止。在火神庙会开办期间，庙主就与保甲长、山主一起维持基本的秩序，若是庙宇受到太多流浪汉等人的侵扰，庙主可以请保甲长出面解决。

任何村民都可以去火神庙进行拜祭，前来火神庙拜祭的人员以女性居多。一方面男性平时忙于农活，没有太多空闲的时间，另一方面女性更敏感，对鬼神之说更容易轻信。村民前去火神庙拜祭，一般是结伴同去，男的和男的去，女的和女的去，很少男女结对去，即便是夫妻同去也显得不好意思，所以很少看到以"一家一户"为单位前去烧香。村民一般选择节日的时候前往火神庙，因为这一天最为空闲，尤其在火神庙会这一天，村民纷纷前去火神庙，不仅可以购买需要的物品，而且这一天拜火神的人也多，村民喜欢凑热闹。村民拜火神的最主要目的是祈求村中不出现失火的情况，家中的财物牲畜可以平安，村民们盛传哪个村子不来拜祭这个火神庙，这个村子就迟早发生火灾，因此，火神庙获得了大量的香火。村民通常只在庙里面烧香，富裕村民会在过年的时候带上少量的水果前去拜祭，供品就放在神位跟前不会带回家去。保甲长、族长等人和普通村民一样也去火神庙祭拜，他们往往呈上最大的香火，还要带上酒肉进行祭拜，他们的行动也让更多的村民愿意前往庙里拜神。

（二）村村必有的土地庙

管粥集村村中的土地庙在火神庙的附近，相比于火神庙的四合院，土地庙的占地不过10平方米左右，但是土地庙的高度有两层楼高。庙中有土地爷的石塑，石塑的个头不大。土地庙由于面积小，花不了多少钱，所以没有固定的山主，也没有庙主，平时就是村民自发保护。它是村里面中农以上的农户凑钱修建的，平时要是村民想要地里面庄稼长得好，祈求来年风调雨顺，就会给庙里的土地爷上香。特别的是在出现大旱的年间，村民组成祈雨会，会请出土地庙里的土地爷塑像，围着这个乡转一圈，村民相信这样做可以让天神知道村民的诚意，祈求尽快下雨。

庙宇修建由山主提供最主要的资金。山主是当地有名望的人，一般有2—3位，都是地主，他们有富余的钱资助庙宇的建设，建设庙宇对于山主的名望可以起到锦上添花的作用。庙宇往往会选择村庄的居住区附近，山主拿出自己的一部分地作为庙宇的地基和维持庙宇持续运转的庙地，但是由于土地庙的占地非常少，因此没有相应的庙地。土地庙没有专门的日常管理者，但是村民都自发去保护它，不去故意破坏，有些不懂事的孩子去土地庙旁边撒尿等，村民们看到了就赶紧制止，担心破坏的行为惹怒了土地爷，村民的收成得不到神灵的庇佑。若是土地庙里面神灵蒙了灰尘，村民在过年的时候就自发帮忙打扫，若是土地庙需要大修，就由保甲长出面，召集村里面的富裕户出钱，共同修缮土地庙。土地庙的面积非常小，无法住人，因此没有确定的庙主。而庙主的职能主要由保甲长来替代，保甲长主要保证庙宇不受到村民的破坏，其他的事情，保甲长通常不过问。

土地庙不仅仅满足了村民对宗教的信仰，对美好生活的向往，同时象征了村庄的地位。要是村子里面的庙宇修得气派，不仅吸引本村村民前去参拜，更吸引周围的村民前往参拜，那么这个村子在当地都是非常具有名望的。仰仗村中集市的繁荣和村中农民普遍较周围村子更加富裕，村子里面建起了有"琉璃瓦"的庙宇。1949年之前，大部分的民居都是茅草屋，甚至富裕户也是用的土砖土瓦，但是庙宇用了帝王宫殿才能用得上的"琉璃瓦"，可见管粥集村曾经风光一时。村民前往土地庙拜祭，最主要是祈求风调雨顺，若是遇到大旱或者洪涝灾害，村民就请出土地神，让土地神保佑恶劣的天气早一些结束，不至于让村民颗粒无收。村民主要在过节尤其是新年的时候拜祭土地神，参与拜祭的主要是妇女，都是零零散散的祭拜，并没有一个家族集体祭拜的情况。保甲长、族长的家人同样会去土地庙进行祭拜，但一般是家里面的妇女去，家里面的当家人不去。

（三）求子祈福的泰山奶奶庙

泰山奶奶庙不在管粥集村村内，在距离管粥集村十多公里的徐州泰山上。村民们相信要是生不出孩子，可以去泰山奶奶庙祈福，泰山奶奶庙中的神仙可以保佑家中人丁兴旺。泰山奶奶庙是管粥集在内苏北一带最具盛名的一个庙宇，村民们在节假日便前去祭拜，并且庙主不止一个人，而是由住持和信徒组成，负责庙宇的日常运行。

庙宇的庙主是一个住持，由于这个庙宇的规模大，因此住持是一个德高望重、道法高的人，他之前在其他的庙宇担任过住持，而被当地的乡长出面请来，这样就可以保证庙宇的香火和影响力。庙主负责整个庙宇大大小小的事务，他主要指挥信徒进行劳动，并不是所有的事情都亲力亲为。为了经营好庙宇，庙主还需要举办活动，比如在受灾的时候进行赈灾，给无家可归的人提供一些衣物或者食物，让他们暂时渡过难关。

村民前往祈福时，除了带上必要的香火钱，往往是婆婆带着自家的儿媳妇前往。有的村民为了显示诚心，以感动上天，从山脚下走几步跪几步，以这样的方式上山。村民在捐了香火钱后可以从庙中的尼姑那里得到红绳，村民将红绳拴在泥塑的娃娃雕像上，以显示"拴孩子"。要是不久之后村民怀上了孩子就会到庙里面还愿，给的香火钱也会更多。泰山奶奶庙还会在每年的腊月二十八这一天免费施粥，周围贫困的村民可以在这一天喝上一口热腾腾的粥水。庙宇承担了一部分救济的功能，在灾害严重的时期，政府选择在这个寺庙设置站点，让周围的灾民前来领取一部分急救的物资，帮助灾民渡过难关。

二、信缘关系与行为

对于村中的庙宇，不同的村民因为不同的原因去不同的地方进行祭拜，不同的农户前去的形式也不一样，由此形成了丰富的信缘关系与行为。

（一）信缘主体行动

管粥集村村民前去庙宇拜祭，一般是结伴同去，男的和男的去，女的和女的去，很少男女结对去。即便是夫妻同去也显得不好意思，所以很少看到以"一家一户"为单位前去烧香。村民一般选择节日的时候前往，因为这一天最为空闲。另外同伴通常是自己的亲属或者朋友，很少情况村民会与陌生人同去烧香。带去的物品一般是能够共用的，但是若是两个人关系一般，东西也就不能共用。

（二）同一信缘主体

一般来说，由于有同样的信仰，也就是同一信缘的村民经常结对去烧香拜佛，他们之间的交往更加密切，尤其是逢年过节的时候，同一信缘的村民都要去拜祭所信仰的鬼神，有些村民通过信仰结成了组织。以家礼会为例，"家礼"劝导人多做善事，死后可以升入天堂，善事做得越多，在天堂的屋子也会越多，生活也会越好。家礼会内部成员除了定期的聚会，大部分时间交集不多，但是聚会的时候在听从会头的安排之外，彼此之间就会进行互相了解。有村民通过参加家礼会为自己的子女找到了合适的媒人，牵线搭桥。若是本身就是亲属关系，参加家礼会无疑巩固了相互之间的联系，因为生活有了更多的交集。

（三）不同信缘主体

根据管粥集村村民的介绍，信仰不同鬼神的村民之间是有交往的，他们之间的人群也是存在交叉的。信仰不同鬼神的村民之间并不是不来往，而是更多根据血缘、地缘和业缘等进行交往。

（四）信缘主体冲突

在管粥集村村落范围内有因为信缘问题发生冲突的情况，是不同信缘主体之间发生了冲突。在管粥集小学建立之初，小学占据的房子就是村里的火神庙，虽然火神庙已经逐渐凋零，香火稀少，但是在村里仍然有信徒。当他们听说要把庙宇拆掉建学校时，他们提出了异议并向保甲长交涉。保甲长召集了村里面有威望的村民共同讨论这件事情，大家考虑到庙宇已经荒废，建立学校更有意义，因此同意把庙宇腾出来建成村中的小学。

三、基于信缘的社会组织及其关系

传统时期，管粥集村村民基于共同的信缘形成了家礼会、娘娘会、祈雨会等三种社会组织并依托这些社会组织形成了丰富的社会关系。

（一）教人向善的家礼会

家礼会是一个跨村落的民间信仰组织。传统时期，在距离管粥集村大约10公里的刘集，会头李安邦成立了家礼会。包括管粥集村在内的临近村庄的部分村民会定期参加家礼会，打坐祈祷，修身养性。

农闲时期，家礼会每个星期聚会一次，农忙时期每个月聚会一次。聚会时，会头带领全体成员盘腿打坐，祈祷，中午一起吃饭，费用来自成员捐的会费。"家礼"劝导人多做善事，死后可以升入天堂，善事做得越多，在天堂的屋子也会越多，生活也会越好。参与"家礼"的人，第一次参加都需要捐会费，一般一个人一年至少一个大洋，小孩不收钱，入会之初要向会员自我介绍，互相认识。入会多是亲戚朋友之间口耳相传。因为"家礼"要求女人遵守三从四德，贤惠持家，要求男人少赌博喝酒，为非作歹，颇受村民的欢迎。

家礼会的管理者就是会头，他起到了组织的建立、宣传作用，向信徒们宣传教义，和信徒们一起打坐祈祷。刘集成立的家礼会会头来自中农家庭，据老人介绍，他在外地学得教义便在自己的村子组建了家礼会，组织最多时超过百人。会头名义上是没有收入的，但是信徒们缴纳的会费结余可供会头进行日常的开支。新加入的会员成年人都需要缴纳会费。家礼会主要以刘集村作为基本的据点，村中大部分的成员都是刘集村人，而其他村庄前来参与的人都是在刘集村的亲戚宣传动员下前来参加的。家礼会内部成员除了定期的聚会，大部分时间交集不多，但是聚会的时候除了听从会头的安排，彼此之间就互相了解，有村民通过参加家礼会为自己的子女找到了合适的媒人，牵线搭桥。若是本身就是亲属关系，参加家礼会无疑巩固了相互之间的联系，因为生活有了更多的交集。

（二）求子求福的娘娘会

娘娘会是一个跨村落的民间信仰组织。传统时期，距离管粥集村不到20公里的徐州泰山上有一座娘娘庙（即泰山奶奶庙），村中的善男信女们会在每年逢年过节或者家中遇事时参加娘娘会。

村民参与娘娘会主要有三个方面的原因：

第一个方面是信仰庙中神明。因为道听途说泰山娘娘很灵验，便成为信徒，平时会在庙中小住或者当义工，以妇女居多。

第二个方面是消灾祈福。村民相信真诚祈福可以得到庙中神明的庇佑，可以让自己和家人逢凶化吉，男女信徒都有，往往是遇事便前去叩拜，前往次数不定。

第三个方面是求子。村民口耳相传泰山娘娘庙求子最为应验，村中长久怀不上孩子的妇女或独自或和自己的婆婆、丈夫一起前去跪拜祈福，在娘娘庙"拴孩子"。妇女会为庙里的娘娘烧香，跪拜，捐香火钱——一般至少一吊钱，多多益善，祈求娘娘神仙显灵。她们还要用红绳绑在庙中泥塑的娃娃的脖子上，即为"拴孩子"。有些虔诚的妇女或者婆婆会沿着登山的台阶，走一步跪下磕一个头，希望感动娘娘神仙，让自己或儿媳怀孕。如果妇女之后成功怀上孩子会回到庙中还愿，捐的香火钱也会更多。

举办娘娘会的是娘娘庙中的住持和尚，他们平时在庙中吃斋礼佛念经。和尚的收入一部分来自庙的山主，也就是娘娘庙修建的发起人和股东，另一部分收入来自善男信女捐的香火钱。庙中主要的开支包括和尚的日常开支，还有庙宇的修缮、香火的置办等。平时部分信徒也会自愿在庙中小住一段时间，义务协助住持和尚管理和维护娘娘会的秩序。

由于新年时前来叩拜的善男信女最多，所以娘娘会会在新年择日举行庙会，包括管粥集村在内的周围村庄的村民都会前来参加，既有固定的商铺，也有流动的小商小贩，还有很多的手艺人，如卖武艺的人。信徒们在叩拜神明之后会留下一些香火钱，钱多钱少全凭信徒自身的财力和信仰程度。叩拜完，村民还会在庙会上购置一些日常用品，比如油盐、蔬菜、香料等。娘娘会有相关的山主维持秩序，主要是针对打架斗殴或者小偷小摸的人员，对他们的行为进行禁止或者约束。对于买卖牛马，乡里会有专门的人员收税并出具买卖证明。是否参与娘娘会全凭村民自己的意愿，一般都是一家一户为单位参加，很少出现家族一同前往的情况，村民因为共同的信仰聚在一起，但是叩拜完之后并没有其他更多的联系。

（三）护佑生产的祈雨会

传统时期，管粥集村涝灾多于旱灾，且一般 2—3 年才会发生一次比较严重的涝灾，在每年的六、七月份之间。但是村中缺乏专门用于灌溉的水渠，湖泊，村中的水井也都为吃水井，不能用于灌溉，水坑在大旱时也会见底。另外，尽管管粥集村毗邻故黄河，然而干旱季节，故黄河本身面积缩小导致水体本身的碱性增强不适合灌溉，加之村民没有掌握专门的车水技术，单纯人工挑水不现实，只有河边部分种花生的沙地可以从河中取水灌溉。面对严重旱灾，村民往往无力抗衡，只能靠天吃饭，民众组织的祈雨会也应运而生。

在管粥集村，祈雨会有 4 种求雨的方式，其中两种方式是乡一级组织的，另外两种是村一级组织的。

乡一级组织的祈雨会进行求雨的方式分别是请"地帮鬼"和请"闪公闪母"。管粥集村所在乡的"地帮鬼"是由邻村三大家村村民张伯龄扮演的，求雨时，张伯龄会将自己的脸用彩色颜料涂抹，化妆成"地帮鬼"的模样，围绕整个乡走动。在每个村庄的村口都驻足数分钟，伸长舌头，手舞足蹈，口中念念有词，手上拿着铃铛，一部分村民会自发跟随。每当"地帮鬼"驻足时，围观的群众少则数百，多则数千。另一种是请"闪公闪母"，一男一女化装成"闪公闪母"的模样，即脸上涂上颜料，带上发饰，他们会围绕着整个乡走一圈，经过一个村子，要求这个村子至少出 20 人的队伍跟随，实际往往有上百人自发跟随，人们敲锣打鼓，场面非常热闹，人头攒动。

这两种求雨活动的花费主要是给"地帮鬼"和"闪公闪母"扮演者的报酬，这些资金由乡里面向各个保收取。各个保向保中有地的农户收取，一般一亩地出 1—2 斤小麦，也有交得多的，全凭心意，没有地的农户不需要交钱。这个钱大家都愿意交，其一是因为求雨是大家的事情，大家都参加，也都急切希望能够显灵；其二，交的粮食不多；其三，乡里面组织的活动，有权威，场面大。乡一级组织求雨活动很稀少，一般四五年才可能碰上一次，需要干旱严重，大量民众请愿才会举办。

村一级组织的祈雨会的求雨方式分别是"扫坑"和"半夜爬井"。一般在六七月份，如果遇上数天高温无雨的情况，麦苗出现倒伏，村子里面有威望、评理公正的"问事人"会号召村民去坑边"扫坑"。只要是家里面有地的都至少出一个人，没有地的人如果愿意的话也能参加，几百人的队伍敲锣打鼓，把村里面大大小小的水坑周围都打扫干净，以此祈求下雨。因为成本低，也着急麦子快旱死，而且是大家都参加的活动，在问事人的号召下，每家每户都愿意参加。如果"扫坑"之后还是连日无雨，问事人会号召各家各户凑钱，都是有地的人出钱，地多的多出钱，地少的少出钱，凑足一百斤左右的小麦，作为报酬让村里面的十八九岁未出嫁的闺女在半夜时分赤身裸体，围着村中的井爬几圈，口里念叨："井神老爷显显灵，半夜三更来爬井。赤身裸体不显羞，为求甘露显神通。"[1] 不过实际上，真正爬井的是家里很穷的老妈妈，半夜三更，村民们也不可能见到谁爬井，全凭对问事人的信任。另外，游行时处于经期的女子不能参与，担心经血冲撞了神灵；不能吃荤，如牛羊肉、猪肉，葱蒜也不能吃，气味重，也属于荤；男女不能同寝。

乡一级祈雨会的管理者名义上是乡长，实际执行的是乡下面各个保甲长。保甲长负责祈雨会的发起，具体计划时间、地点、请什么人。祈雨会运作产生的费用由各保拥有土地的村民按照田亩数进行分摊，甲长在祈雨活动开始前就会向村民收取费用。村一级的祈雨会的管理者是村中的问事人，问事人凭借自身的威望，发起组织祈雨会，产生的费用由村中的有地家庭自愿出资承担，穷人家不出钱但是出力。祈雨会的管理者没有专门的薪酬，管理和组织祈雨会更多是公益事业，有利于增强自身的威望，得到村民的拥护。祈雨会只在祈雨活动进行期间发挥作用，其他时间不发挥作用。

乡一级的祈雨会费用来自各保有地产的村民，按照地亩进行分摊，主要是请"地帮鬼"和请"闪公闪母"发生费用，需要给他们的扮演者薪酬。村一级的祈雨会费用由本保村民自发捐献，不强制收取，但是实际上有地产的村民都会积极参加，扫井几乎不产生费用，请人爬井需要给爬井者一些报酬。

第五节　交往与交往关系

对于每一个管粥集村村内的家庭来说，对内对外的交往都是实现家庭延续的重要基础。因此，本节将从家庭内部及之间交往、村内交往、村外交往等三个主要方面去考察1949年之前管粥集村的社会交往与交往关系。

一、家庭内部及之间交往

1949年之前，在管粥集村，家庭内部及之间的家庭成员彼此的社会交往主要体现在以下的几个方面。

---

[1] 来自张大臣老人的讲述。

（一）家中长辈和晚辈的交往

管粥集村村民谈道，新中国成立前，管粥集村村内的大家庭居多，家庭内部长辈和晚辈的交往就存在着一定的规矩或惯行。

1. 父母与子女的交往

根据管粥集村村民赵启蓝等人的描述，传统时期父母与子女的交往主要可以从以下几点进行阐述。

第一，子女必须尊重自己的父母。这里的尊重是表现在子女和父母日常的生活相处之中的。例如在称谓上子女任何情况下都不能直呼父母的名讳，向他人介绍时也不能直接提父母的名字。而父母既可以叫子女的名字，也可以叫子女的小名等。在吃饭时，若是没有客人，子女可以和父母一起坐在一张桌子上，父母坐主席，子女坐副席，子女需要主动给父母盛饭、加饭，询问是否吃饱，并且第一个动筷子的必须是父母，子女不能先动筷子。父母对子女训话时，不管子女是否真的认同或者理解，子女都不能当场反驳，尤其是有外人在场的情况下，子女不能吭声，否则就是对父母的不尊敬。

第二，子女必须听从父母的安排。例如在接受教育的问题上，是否让孩子读书，读多少年书，决定权都在父母的手中。虽然子女可以为自己争取，但是父母一旦下命令，子女就必须遵守，不能违抗。在日常的劳动过程中，儿子们听从父亲的指挥安排，而女孩子则向母亲学习各类家务。父母的安排即便不公平，子女也不能公开叫板，也必须是任劳任怨的。在婚姻方面更是"父母之命，媒妁之言"。

第三，随着子女的年龄增长，父母更愿意考虑子女的内心意见。虽然子女需要无条件听从父母的安排指挥，但是在实际过程中，随着子女长大成人，有了自己的想法，虽然不能公开违逆父母，但父母也更愿意在做决定时和自己的子女商量，例如在购置土地牲畜时都需要和自家的子女商量而不是擅作主张。

2. 父母与媳妇的交往

在管粥集村，儿子成年后谈婚论嫁，新媳妇进门后，父母与媳妇的相处也存在一定的规矩或惯行。根据村民的介绍，主要有以下的几点：

其一，新媳妇进门有优待。在管粥集村，新媳妇进门后，为了显示婆家人对这个媳妇的欢迎，进门的前三天新媳妇都不需要亲自下厨做饭，而是由母亲带着妯娌共同做饭。不过在实际情况中，新媳妇还是会到厨房里帮忙，主要是帮忙洗菜洗碗等，任务很轻，主要是互相熟悉和熟悉新的环境。三天之后，新媳妇就要和其他的妯娌一起下厨做饭了，由于进门晚，妯娌指挥新媳妇做饭做菜，母亲不动手。此外，新媳妇还要在进门第一年每天早上去给父母请安，也有每天晚上打洗脚水的习惯。

其二，媳妇日常由母亲管理。媳妇的日常生活都是由母亲来直接指挥安排的。若是家里面的家务事很多，母亲就会和媳妇分工，安排分别做什么事情。一般来说，涉及自己丈夫的衣物等的清洗都是媳妇自己来负责，其他的家务事全听母亲安排。媳妇不能随意出门更不能随便回娘家，必须先得到母亲的同意才能出家门，要不然就是失礼。若是媳妇觉得母亲的安排存在问题，不能直接顶撞而只能忍气吞声或者向自己的丈夫倾诉，自己的丈夫会尽量予以安慰。

其三，婆媳争吵由儿子调解。婆媳之间发生争吵时，无论婆婆如何责骂，媳妇都不能直接当面顶撞，有家庭以外的村民在场时，媳妇更加不能反驳婆婆，甚至不能吭气，否则就是对婆婆的不敬。婆婆有权力处罚媳妇，比如罚洗衣服，罚挑水，罚不准吃饭，等等，媳妇只能服从处罚。儿子在婆媳的纠纷中起到调解的作用，通常是两边都说好话，使两者的关系得到缓和。

其四，公媳相处要避嫌。媳妇日常的管理都是婆婆来负责的，公公为了避嫌通常不会直接干预媳妇的事务。要是公公想找媳妇谈话，不能进入媳妇的房间中，更不能坐在媳妇的床上。谈话必须是在大堂等公开的场合，若是在房间中也必须要有第三人在场才行，要不然容易惹出是非。媳妇也不能主动和公公讲话，而是听从公公的各种安排教导等。训话之后不能直接背对着出门，得面朝着公公慢慢退出去。

（二）家中同辈之间的交往

在一个家庭中，同辈之间的交往也是家庭交往当中的重要内容。具体来说，主要体现在以下的两个方面。

1. 兄弟姐妹之间的交往

中华民国时期，普通村民家庭内部兄弟姐妹之间的交往可以分为以下几点进行展示：

第一，长带幼，男带女。据管粥集村村民介绍，当家中的孩子年纪尚小时，男孩、女孩就在一起玩，年长的孩子要帮助父母带着年幼的弟弟妹妹，随时看护他们。这样父母才有时间腾出手来干家务干农活。家中的长子也就是大哥是兄弟姐妹当中的权威，其他的弟弟妹妹都得听他的话，大哥也要承担起大哥的义务，保护自己的弟弟妹妹不受外人的欺负。而具体到性别，在家中的女孩成年出嫁后，虽然已经出嫁，但是哥哥们还有义务保证姐妹在婆家不受欺负，若是受到婆家的欺负，哥哥弟弟们就会为姐妹主动声讨，据理力争，要求对方善待自己的妹妹或者姐姐。

第二，凡事互相商量，互相扶持。任何一个管粥集村村内的家庭都十分重视家庭内部的团结，而家庭内部的团结最重要的就是兄弟姐妹之间的团结。一方面，兄弟姐妹之间不能过于攀比，不能因为鸡毛蒜皮的小事而吵架、大打出手等，尤其是哥哥姐姐必须凡事都让着弟弟妹妹，照顾好弟弟妹妹。另一方面，不管是否分家，兄弟姐妹家中出现什么事情都优先和自己的兄弟姐妹进行商量，无条件地相互帮助，相互扶持，不求回报。

第三，兄弟姐妹之间出现矛盾由父亲进行调解。当家中的兄弟姐妹之间发生纠纷时，父亲是主要的调解人。一般来说，小打小闹父亲不会直接干涉，一般都是兄弟姐妹中的大哥大姐负责调解教育，而出现了较大的争执冲突的情况下，父亲就会出面调解。一般是对两边责骂教育，让双方道歉，不管哪一方占理，父亲都要严厉教导，应当珍惜兄弟姐妹的情谊，不能因为金钱等原因而破坏了彼此之间的感情。

2. 妯娌之间的交往

1949年之前，妯娌之间交往很寻常，同时也有一定的规矩。具体来说可以分为以下几点：

第一，长房媳妇身份最尊贵。在管粥集村，并不是先进门的媳妇就一定是地位最高的。一般来说，长房也就是大哥的媳妇的身份是最尊贵的，其他的媳妇都必须尊称其为大嫂，并且不能够直呼其名。大嫂要指挥其他的媳妇一起分工干活，其他的媳妇也必须听从大嫂的安排，不能够直接顶撞。

第二，妯娌之间经常互相聊天帮忙。由于传统时期管粥集村妇女不能随意出门，因此妯娌之间经常聊天。但是聊天时不能高声喧哗，而是轻声轻语，不能妄议自己的丈夫，更不能背地里说家庭内长辈的坏话，不能够挑拨离间，否则将受到当家人的严厉斥责。小家庭互相之间也经常帮忙，有什么事情妯娌之间可以互相商量，借小物件借小钱时也是妯娌出面来借。

第三，妯娌之间纠纷由母亲调解，严重时由父亲调解。妯娌之间最可能因为攀比、吃醋等而发生纠纷。当妯娌之间吵架时一般丈夫不出面管，而是由母亲出面调解。母亲一般以教育为主，要是媳妇不听话就直接斥责甚至予以一定的惩罚，要是媳妇直接顶撞，父亲就会出面调解。一般是直接进行责备教育并且予以严厉的惩罚。

（三）亲友家庭之间的交往

亲友家庭之间的交往是村民最基础的社会交往关系，可以从以下几个方面进行考察。

1. 概述

在管粥集村，亲友家庭之间通过频繁的人情往来维系相互之间的关系。例如管粥集村下辖的赵楼自然村中,张姓村民以打铁为生,农忙之前是铁匠铺最忙碌的时候,附近的村民都会将自家的农具带来进行维修。除非是更换成新的农具,张家不会收村民的钱,村民出于这个人情,等到年关的时候就会叫张家来自家吃饭或者给张家送上几条鱼或者几瓶酒。买卖土地或者分家的时候,村民会叫上四邻作为见证,等到程序完成,村民会邀请四邻在家吃饭表示感谢,尤其在婚丧嫁娶的仪式上,四邻会自发前来帮忙。要是这家村民和四邻有矛盾也要当家人亲自上门赔礼道歉,再邀请邻居过来帮忙,四邻的帮助缓解了人手的紧张并且举办仪式的家户脸上也有面子,作为回报主人家会请邻居吃大席。过年的时候也就是春节拜年的时候,邻居之间会互相拜年,年轻一辈要给年长的一辈拜年;元宵节那一天,邻居之间互相赠送面灯,在每个屋子都点上面灯,寓意平平安安。

2. 纠纷调解

在村中邻居之间会发生争执时,发生小规模争执最常见的原因是孩子。比如两家孩子原本在一起玩耍,但是发生了争执打起来,一方家长若是趁着对方家长不在动手教训了对方家的孩子,被教训的孩子的父母得知消息之后就会赶来,这时候两家人就会发生争吵。若是两家人谁都不相让,争吵就会升级为打架。周围的邻居听见争吵就会自发前来劝架,拉住双方,让发生争吵的两方各退一步,不要继续争吵打架了,告诫他们邻里之间要和和气气。由于是小事情引发的争吵,即便两家人数天互相不搭理,过了一段时间两家人又会和好如初。庄长或者保甲长、问事人一般不会介入邻里之间的冲突,周围旁观的邻居就会上前进行调解,只有邻里之间出现偷盗伤人等恶性事件,他们才会介入。

3. 关系维持:"行来往"

行来往是村民维持亲友关系最重要的手段,同时在管粥集村,后辈也在行来往的过程中表达了对长辈长者的尊敬和爱戴。

行来往的基本单位是家户,每个家户向自己的直系血亲和姻亲行来往。在行来往过程中讲究礼物和对方的身份对等,在直系血亲中自己的父母是最重要的亲人,在姻亲中妻子的兄弟姐妹和父母是最重要的亲人,给他们的礼物也是最重的。同时在行来往过程中,礼物既表达了感谢、感念或者安慰,同时在这样的利益输送中,可以有效缓解收礼家庭的经济压力。例如在管粥集村,婚礼上亲朋会送上彩礼,缓解新人家庭承担的婚嫁的压力,丧事上亲朋会前来吊喜纸,给办丧事的这家人送上一些经济上的援助,缓解了丧葬上的巨大压力。在孩子出生满月时姻亲会前来送祝米,给坐月子的孕妇送上红糖鸡蛋,让产妇尽快恢复身体,孩子能够健康成长。在元宵佳节时,村民们会给孤寡老人送上面灯和馍馍，祝愿他们身体健康，给他们带来精神上的慰藉。在农历新年，管粥集村村民们除了与自己的血亲和姻亲行来往，后辈们还要给长辈们磕头拜年，每个人先给自己血缘最近的人拜年，再一起去给辈份更高的长辈拜年，如同滚雪球一般，每个村中的长者长辈院子里都会跪满前来拜年的后辈，其中既有自己的血亲也有同村的后辈，年轻人通过这样一种方式表达了对村中长辈的尊敬和爱戴。

4. 日常的互助

在行来往之外，互相的帮忙和互利也是村民交往和维持维护彼此关系的一种手段。除了日常修缮房屋、说媒、干活搭把手、给意见等，村民也形成了一系列互利互助的形式。在生产上，中农以下的村民由于没有足够的牲畜耕地而选择三家合犋，或者通过伙养、帮牛腿的形式解决牲畜问题，还有各种形式的换工解决劳动力的问题。在村庄的公共事务上，村民有钱的出钱有力的出力，无论是在严重干旱时举行各种形式的祈雨活动，还是在修庙筑寨时的齐心协力，村民发生争执时邻里会主动帮助劝解，无法解决时请出问事人、乡绅、保甲长等人。

除了主动的发展和维持交往关系，村民还在和其他村民发生争执时努力保证关系不至于毫无回旋的余地，从而彻底破裂。即便成不了朋友也不希望彼此成为敌人。在动荡的年代，生产力低下，生活水平普遍不高，村民彼此的守望相助，维持一个基本的关系是必要的。即便来往不多，在见面的时候打个招呼也是一种基本的交流。冤家宜解不宜结，在涉及公共的利益时，村民们会摒弃个人家户之间的嫌隙而互利共生。

二、村内交往

1949 年之前，在管粥集村，村民与村民之间的交往是稀松平常的，但对于每一位管粥集村村民来说也是必要的。传统时期，在管粥集村的地域范围内，村民之间的社会交往主要体现在以下的几个方面。

（一）"穷人家和穷人家来往"

传统时期，村民们无论穷富贵贱都很注重和其他村民打交道，不合群的人是难以在村中长久立足的。中农以下的农民朋友圈是最小的，他们的圈子主要基于血缘、地缘和婚姻，基于血缘的是自己的直系血亲，基于地缘的是自己的邻居，基于婚姻的是自己的姻亲，这些交往的人和行来往的人相重合，他们很少和村中的地主或者保甲长来往，只有在村中公共事务或者有求于他们的时候才会主动与之来往。

有一定副业的农民，比如铁匠、木匠、砖瓦匠等，他们的圈子除了基于血缘、地缘和婚姻，还基于自己的职业，他们和大部分本村村民以及部分外村村民来往密切，但是主要的来往场域集中在做手艺上，能够发展成关系硬的朋友的不多。中农以上的较富裕的农户除了基于血缘、地缘和婚姻方面的来往，还注重结交村内外有名望的人，包括其他村的地主、富农、保甲长、问事人等。他们虽然不会主动和中农以下的村民结交，但是在管粥集村，地主们拥有的土地并不多，在村外面的势力有限，他们不拒绝与中农以下的村民来往，村民请求他们帮忙他们也会有所表示，他们用对村民的帮助换取村民对他们良好的印象以维持他们在村中的名望。在地主缺乏劳力需要其他村民帮忙时，村民感恩于地主之前的照拂会响应地主的请求而前去帮忙。

在与谁交往这个问题上，除了贫富贵贱上有差别，还与个人的性格特质有关系。村民喜欢和老实牢靠勤快的人交往，在和这样性格特质的人交往时不用担心对方在自己面前耍心机，玩弄手段，他们也不喜欢攀比，可以在和他们聊天说话时更加轻松。喜欢斤斤计较，爱占小便宜的人也不受村民的待见，和他们交往容易产生矛盾而导致关系破裂，事实上在交往过程中不可能做到完全的利益交换对等，总有一方要吃亏，但是为此耿耿于怀势必产生嫌隙，懂得吃亏和适当妥协的村民人缘不会糟糕。村民也不会和有世仇或者曾经有过激烈冲突的人甚至他的家族人员来往，对方若是公开辱骂自己的先人或者在发生冲突时伤及自己家庭乃至家族人员的性命，这就必然导致关系走向破裂，两家人甚至两个家族的人都老死不相往来。村民们也会主动避免和名声不好、没有人气、面子小的人及其家人来往。管粥集村村民张大臣就谈道："一家人勤勤恳恳，家庭和睦，日子过得正干，这样的家庭能够让其他村民瞧得起，看得上，村民愿意主动结交，而整天无所事事，爱惹是生非，挑拨离间的人最受村民的讨厌，村民就不愿意多来往，来往多了也会让自己一家人也同样丢了面子，没了人气。"

（二）"是个人总需要交往"

在管粥集村，聊天与喝茶是最主要的村民交往活动，如果有重大事宜或需要另一方提供帮忙，通常会请客吃饭。与本村人的交往主要是一起聊天。与外村人的交往主要是打工的雇佣关系或者农副产品贸易的交易双方关系。与家人的交往主要是聊天喝茶。与邻居的交往主要是聊天喝茶、互送礼物，偶尔是寻求帮助。与亲戚朋友的交往主要是走亲戚、一起吃饭、互送礼物，偶尔是寻求帮助。

基于生存和安全的需要，管粥集村村民通过交往构建起一个安全网，得以在村中立足并繁衍生息。在生产方面，中农以下的村民需要和条件类似的家庭进行合作，形成合犋、帮牛腿等生产互助。在生活方面，中农以下的村民需要周围邻居亲朋的帮助以分担婚丧嫁娶等事宜带来的生活压力。在安全防御方面，富户需要穷户出力去完成整体的寨墙的建设和有规律的值守，而穷户则需要富户牵头和出钱。在灾害或战乱面前，来自交往圈的物质支持和精神支撑无疑是最后一根救命稻草。正如管粥集村村民赵忠义所说:"办啥事多个朋友多条路,朋友也是经常一起拉呱,慢慢感情就培养起来了。没有朋友的人在村里面难以生存。"

基于精神富足的需要,村中的富裕户虽然能够保证衣食,但是他既需要主动结交权贵以避免家道中落,也需要和村中的穷人打好交道以维持和维护自己的名望和威信。而村中的穷人也希望在忙碌的劳作之余,能够在与其他村民交往中得到片刻的欢愉和精神共鸣。

(三)"有事没事就拉拉呱,心里舒坦"

在管粥集村村民的观念中,远亲不如近邻,邻里之间互相帮助十分普遍。例如村民在考虑修屋建房时,先会在人场中和邻居表达想要修屋建房的意愿,邻居会给出建议,谁家有砖瓦匠,价格便宜,人好手艺也很不错,甚至要是邻居和对方有亲戚关系就会直接介绍过来,邻居们还会在布局和风水上给出建议。等到村民请好砖瓦匠,要是家中人手不够,村民可以向邻里求助,直接说:"今天要修屋,你现在得空吗?过来帮下忙。"邻居要是有空就会过来搭把手,甚至叫上旁人一起过来帮忙,要是没有空闲可以直接拒绝或者说晚点得空了过来帮忙,拒绝或者被拒绝并不会影响彼此的关系。

以淘井为例,虽然水井是私人的,归村中的富裕户所有,但是使用上是公共的,同一片的邻里用一口井,去远处的井太费时费力,村民会自发爱护这个水井。若是小孩往水井里撒尿,不管是谁看到都会大声呵斥,阻止孩子并且告诉他的父母严加管教。水井使用久了不出水或者出水少了,邻里谁发现了就给水井的主人说,水井的主人就会选天气比较好的一天提前告诉村民,"某某某,明天要淘井了,记得带上工具过来"。得知消息的村民会告知邻里,确保村民都知道明天要出人掏井,等到淘井的那一天,每家都要出人淘井。若是无法出人就要出点钱给下井的年轻人买两三瓶酒作为补偿,邻里之间谁家没有出人村民心知肚明,要是这家没有出人的村民来打水,周围的邻居看到了就会进行训斥,"不来淘井就没有资格用这个水井"。在借钱借粮上,若是短时间的周转,村民会考虑哪个邻居那里可以借到一些钱粮,开口之后若是邻居拒绝不会直接影响相互之间的关系。借四邻的钱粮数额一般不大,一周之内就会归还,不需要利息,但是可以增强彼此的关系。

在管粥集村,村民"拉呱"也就是日常聊天的内容随着不同的场合或者不同的事由而有所差别。第一种"拉呱"是私下的聊天。场合在聊天双方一方的家中,时间会尽量选在晚上,这样可以保证村民都回到了各自的家中,避免找不到人或者遇到其他前来"拉呱"的人显得尴尬。两家人会针对某些具体的正式的事情进行商量讨论。这些需要两家人私下里商量讨论的事情包括纠纷恩怨的化解、给一方出点子、诉苦、说情、请求帮助、说媒、带有互惠性质的利益交换，等等。聊天主要由两家人的当家人来主导。例如管粥集村村民就讲了这样两个具体的事例。

案例一

村民张某和李某是邻居，张某想要在自己家的田地上盖新屋，但是田地的面积不够，算上田地旁边的李家的部分田地，这样宅基地才算充足。张某在公共场合几次半开玩笑地向李家提出请求，用自己家另外一块土地置换李家的部分土地，但是李某都不置可否。张某便选择在一天的晚上带上鸡蛋和猪肉亲自登门，因为张某已经在其他场合提出过请求，李某见到张某就知道了他的来意。张某向李某陈述了自己想要盖新屋的想法，家里面人口多，现在屋子太挤，生活不方便，所以想要盖一间新屋，但是现有的土地面积不够，李某的这块地正好在边上，要是李某愿意，可以用自己另外一块地换李某的地，面积不一致就补些钱给李某。李某表示之前没有答应张某是在公开的场合不好谈这个事情，而且换地的事情也要和家里人商量，虽然自己这块地平时就种点蔬菜，但是土质很好，蔬菜产量高，要不是考虑是邻居，平时来往多，不会舍得换地，一番讨价还价之后，张某和李某同意换地并且张某承诺屋子落成后请李某一家来家中做客。

案例二

村民张大臣一家以打铁为生，民国年间和来自武汉汉阳造的技术人员合作造枪，张大臣的兄弟带着造好的枪在外地售卖，谁知道和他人发生了争执，甚至惊动了当地的官府，不只枪支被没收了，人也被镇上的警察逮捕。张家人收到消息，觉得自己人微言轻，只能请村里面有势力的赵祖武地主帮忙。张家的当家人带上礼物亲自登门，请求地主帮忙救出自己的家人，地主了解了事情的来龙去脉，觉得张家是本村人，平日里相互之间也有交情，愿意帮忙。地主亲笔写信求情并盖上自己的私章，让人给当地政府送去，没几天，村民张大臣的兄弟被放了出来，但是枪支还是全部被没收了。[1]

第二种"拉呱"是半开放式的聊天。场合在靠近房屋门口的地方，在白天或者傍晚，2—5个妇女或者蹲着或者站着或者坐着，一边忙自己手中的活，一边聊天，村民称之为"拉家常"或者"唠家常"。这些妇女都是沾亲带故的，是关系比较近的妯娌、

---

[1] 来自张大臣老人的讲述。

要好的朋友或者老年人。"拉家常"的大多是妇女，男性很少参加，只有年纪大的男性会在一起"拉家常"，不会和妇女一起。

"拉家常"主要聊的内容是自己家以外的事情，参与"拉呱"的妇女们会刻意回避自家，也不喜欢旁人对自己的家人评头论足，即便旁人提起来也是聊几句就很快转移话题。妇女们爱聊的都是别人家的事情。比如谁家和谁家又吵架了，因为什么原因，妇女们会就这场纠纷中的谁对谁错形成一个共识，每个参与聊天的妇女爆料出自己所知道的消息，拼凑出整个事件的来龙去脉，妇女们得出的这个判断可以或恶化或美化冲突某方在她们心目中的形象或地位。谁家家人去世了、失踪了也是普遍的谈资。聊天的妇女们其中一个会突然爆料谁家人去世了，部分妇女会表示惊讶，另一部分立刻说已经知道这个消息还会补充上死者去世的一些细节，谈完死者为什么会去世以及如何去世的，甚至去世时的诸多细节，村民们会对死者的去世表示遗憾，并开始怜惜他的家人和孩子，要是聊天的人之中有死者的亲戚，他们会确认死者出殡的时间并商量该花多少钱来吊寿纸。

第三种"拉呱"是完全开放式的聊天。场地通常为爱"拉呱"、人缘好的村民家门口，一些商铺的店门口，以及村中的十字路口。这些场合的共同特点是空间大，地面平整，平时就很有人气，到达也方便，不偏僻，村民们茶余饭后空闲下来就愿意到这里溜达。在这些场合"拉呱"的人可以随时来随时走，任何愿意参加聊天的人都可以加入进来，可以只是听不说话，也可以在自己感兴趣的时候插上几句话，聚集的人在5—10个之内，天气好、村民都愿意出来的时候人数会超过10个，但是主要讲话的人在3—4个，其他人多半是来凑热闹，不怎么发表意见。参与这样公开场合讨论的村民都是男性，女性不会参加，村民认为女性在公开场合和男人说笑是不守妇道、不合规矩的。保长也很少参与这样的聊天活动，一方面是平时事情多，另一方面影响了自己的威信。地主不会参加这样的公共聊天，都会选择在自己家里面和其他人说话，在外面溜达少，同样也要顾及自己的威严。

在这样一个完全公开的场合，村民们主要聊的主题包括：

其一，发一些牢骚，表达对现状的一些不满或者对政府政策的评价。比如村民们会经常抱怨各种苛捐杂税让生活很艰难，收成不好政府也不会减免一些税收，农忙的时候甚至还要村里面出人去修缮陇海铁路，一去就是大半个月，家里面劳力都不够，上面的政府对老百姓的死活根本不在乎，好事没有想着老百姓，坏事就想着老百姓了。虽然村民总是抱怨上面的政策对农民不利，但是村民很少在公开场合去谈论自己村的保甲长，谈到保甲长也是说其他村的保甲长，说他们贪污腐败，行为不端，村民对自己村的保甲长闭口不谈是生怕隔墙有耳，自己说错了话得罪了保甲长。

其二是对周围新近发生的事件做一些分享和评论。比如谁家家里面条件不好，就想办法趁着河南闹灾，逃荒的人多，经人介绍从河南买了个老婆回来，花了不少钱，但是总算是成了家。比如谁家的儿媳妇聪明能干，最关键和自己的婆婆关系处得好，孝敬婆婆，待她像是自己的亲妈一样，娶到这样的媳妇也是前世修来的福气。

其三是互相的恭维或者在众人面前的炫耀。比如村民互相之间会恭维，乙村民会对甲村民恭维说，听说甲最近又买了几亩地，肯定在外面做生意赚了不少钱，有什么生意经给大伙分享分享，甲村民听了这话面带喜色但是会谦虚说哪有什么生意经，买地的钱都是省吃俭用省出来的，外面的生意也就那样，现在做点生意很困难，风险也大，倒是羡慕你平时地里面的地忙完就闲下来，到处溜达，多自在。再比如村民会在去聊天的地方时戴一顶像样的帽子或者穿一身漂亮的新衣，别的村民看见了就连忙夸赞询问，最近有什么好运，这位村民就故作淡定说自己孩子在外面做工，省下一点钱，非要给我们一家买这买那，还给他娘买了个玉手镯，一旁的村民便连声表示羡慕，说这家的孩子从小就看着聪明懂事，现在是有出息了。不过虽然公共的场合村民会恭维讨好，但是私底下村民未必是真的羡慕，反倒对村民一些炫耀的行为表示不满或者不屑。一般的村民都愿意在这样的人场聊天，要是老不来会让其他村民认为不合群，并且村民们可能会故意压低嗓音说这家人的坏话，村民也会在彼此聊天交换的信息当中与自己家的情况做一番比较。最重要的是村民会在聊天中努力维护自己家的面子，有坏事不让别人传，有好事希望所有人都知道，这样可以让自己在众人面前更有面子，家庭的地位也会更高。和地位更高的人常在一起聊天，显得彼此关系亲近，也可以让其他的村民认为他有本事和地位更高的人攀上关系而高看他一眼。

（四）"村里面聊天还是隔个肚皮"

管粥集村村民邻里之间交往频繁，不管是私下里的喝酒聊天，还是人场里的聊天，交往关系密切，但是邻里之间在交往关系上是存在界线的，表现在：

其一，自家的房屋和邻居家的房屋是有明显界线的。不管是土围墙还是篱笆围墙，村民都会在自家的宅基地上筑建围墙，外人不可随意进入，并且共墙的状况只有在双方同意的情况下才能现实。另外侵占宅基地，比如修旱厕或者水沟时占用邻居的宅基地，若是没有得到邻居的允许，私自侵占会引发争吵甚至打架。

其二，邻居不可以随意进门。必须先打好招呼或者敲门得到应允之后才能进入，要是没有得到允许贸然进入甚至邻居家中只有女子，邻居会认为冒犯和失礼而感到愤怒，甚至直接认为侵入者是偷盗之徒而抓起来揍一顿。即便得到主人家同意后进屋，也仅限于院子和堂屋，不允许到其他的屋子。传统时期家中的女子被要求大门不出，二门不迈，不能随便见外人。若是外来者随意进入女子的屋子中，女子乃至她的家人都会觉得被羞辱，会将来访者立刻赶出家门。

其三，邻居之间常开玩笑，年长者可以开年轻人的玩笑，但是年轻人不能开年长者的玩笑，否则年长者会认为年轻人冒犯了自己。村民家中的女子一般在自家的门口和邻居家的妇女聊天，这时候男子若是无事上前聊天，女子就会走开，并且认为这个男子举止轻浮，若是女子不离开反而和男子相聊甚欢，邻居看见了就会窃窃私语，认为这个女子不检点。

其四，邻居之间聊天会避免说对方的私事。要是邻居在公开的场合说他人家的私事，被说的那家人听到消息就会记恨这家人，进而影响两家人之间的关系。

其五，不管家中有没有人，不管白天夜晚，村民都会把院门关起来，只有在门口和人聊天时才会敞着门。若是全家都要外出，会关门上锁，并且和四邻打招呼让他们帮自家留意，别让小偷小摸进了家门。

（五）"村里随处都是聊天的地方"

村民交往的地点主要是在家里，也经常去水井、石磨、豆坊这些人场聊天。与家人、邻居、亲戚、朋友、乡亲的交往最常会在自己家中，如有重大事宜（庆祝长辈生日、婚丧嫁娶、求人帮助等）会请客吃饭。另外，与邻居的交往也会发生在集市，譬如一起赶集市。

三、村外交往

1949年之前，管粥集村并非一个封闭的场域。事实上，村庄与村庄之间交往密切，根据村民的讲述，村庄村民和外村村民之间的社会交往主要体现在以下的几个方面。

（一）同职业村民之间的交往

传统时期，管粥集村村民因为共同的业缘而与村外的村民产生联系和交往。例如管粥集村村民张大臣家就是铁匠，管粥集村周围的村子几乎村村都有铁匠铺。据村民讲述，因为每一个铁匠铺负责自己的村子，铁匠铺之间的直接竞争少，因此铁匠与铁匠之间往往关系良好。张大臣谈道：

> 我的父亲经常带着我们几个孩子去其他村子的铁匠铺看看，我父亲就和对方是老乡，都是山东过来的，山东过来的铁匠很多，他们经常就聊一聊铁匠手艺，收徒弟的事情。有些年份打铁的本钱高了也会商量着把价格一起提高。

(二) 同信仰村民之间的交往

1949年之前，管粥集村村民在前往外村求神拜佛时经常和其他村子的村民同行。因为共同的信仰，不同村庄的村民之间共同参加宗教活动。例如每年泰山奶奶庙庙会时期，管粥集村村民宗玉春的母亲和妻子就会同去，一起同去的还有附近的宗庄村村民和三大家村的村民。到了泰山奶奶庙，她们除了烧香拜佛，也在庙宇道士的指导下帮忙打扫庙宇、吃斋饭、诵经礼佛。虽然不同村子的村民仅仅在这些活动中打交道，但是久而久之，村民之间就互相认识，关系好的就会在逢年过节的时候走动，算是外村的熟人朋友了。

(三) 同志趣村民之间的交往

相比于同职业、同信仰的村民之间的交往，同志趣的村民之间的交往更为普遍。例如，管粥集村中的赵祖武地主喜欢听戏，经常为了听一台好戏去萧县县城或者徐州城中。也因为这一个爱好，城里的富裕户也逐渐和赵家地主结交，由于赵家地主有一些副业经营在城里面，这样一来其他的富裕户就会照顾赵家地主的生意，给赵家地主介绍顾客，富裕户有什么需要赵家地主也愿意帮忙。一来二去，赵家地主就结交了不少其他村的富裕户。还有很多其他因为喜欢打牌、抽旱烟、赶集、遛鸟、遛鹌鹑等爱好与外村村民结交的事例。因为同一个志趣结交的村民彼此之间交往少了一些利益联系，更加纯粹，也因此有一些村民发展成了至交，即便交往不多也算是结交了外村的熟人朋友。

第六节 流动与流动关系

从长时段来看，管粥集村实质上是一个移民村，只不过随着时间的推移，清朝时期整个村庄的人口格局趋于稳定。但村子内外的人口流动从未停息，有些流动是主动的，而有些流动是被迫的。但也正是在这些大大小小的人口流动当中，形成了丰富的流动关系。本节将从土地与人口流动、市场与人口流动、战乱与人口流动、灾害与人口流动等四个主要方面来考察1949年之前管粥集村的社会流动及其流动关系。

一、土地与人口流动

传统时期，土地是村民赖以生存的基础。也正因为如此，当土地因为买卖、租佃等原因发生产权的变更时，与之相关的村民也随之流动。本部分将从土地买卖与人口流动、土地租佃与人口流动等两个主要方面来考察1949年之前，管粥集村地域内土地与人口流动之间的关系。

(一) 土地买卖与人口流动

根据管粥集村村民的介绍，中华民国初年，管粥集村迎来了一个移民的小高峰，因为此时的管粥集集市发展兴旺，又因为地近徐州，因而吸引了众多商贾的目光。而要在管粥集村真正定居下来首先要面临的就是买地。只有买了地，后面修了屋，经过长时间的居住才能成为真正的管粥集村村民。当然也有少量的村民迫于生计将手上的土地全部卖出，然后迁居他地的情况。

案例一

管粥集村村民晁月华讲述，自己家原本居住在萧县的黄口镇，距离管粥集村30公里左右。父辈以经商为主业，但是在黄口镇的生意不佳，后面经娘家亲戚介绍来到徐州附近的管粥集村一带，从事小商品的买卖，也就是从徐州买货然后在徐州周围的村庄兜售。父辈积累了一些资金后就在亲戚的介绍下从管粥集村老户手中陆续买下了几块地，累计面积超过20亩，但不是连片的。这些土地有些作为宅基地建屋，大部分用于种小麦、大豆和高粱等农作物。建屋买地之后，晁家就正式在管粥集村落脚了。

案例二

管粥集村村民赵忠义讲述，中华民国的时候，自家的邻居也是自己的二叔家，原本有10多亩地，生活条件中等，但是养了一个儿子成天游手好闲，后来这个二叔的儿子在徐州跟人赌博，把家里的田地和房屋都赌上了，最后输得一塌糊涂，这个小孩被赌场的人带到家，要求二叔还账，二叔家就来找他的父亲商量怎么办，他父亲就说儿子的账老子推不了，总不能看着自家的孩子被打死，后来无奈，二叔将家中的房子和土地都变卖还债了，之后不得不去县城投奔一个远房亲戚，之后就再也没有回村。

（二）土地租佃与人口流动

相比于土地买卖，因为土地租佃而引发的人口流动在管粥集村更加普遍。为了便于土地的耕种，租佃了外村土地的村民不得不长期居住在外村，甚至变卖本村的财产完全搬到外村生活。还有一种相反的情况就是外村村民过来租种管粥集村村内的土地，长期借住在村内的亲朋好友家中，久而久之就在管粥集村定居了下来。

案例一

管粥集村村民廉美堂讲述，自己祖上是河南商丘的，中华民国初年，因为连年的战乱和天灾，庄稼绝产，房屋被毁，只能背井离乡，经亲戚朋友的介绍来到管粥集村一带并且获得了赵祖武地主的赏识，愿意把土地租种给自己的父辈。父辈不仅租种了地主家的土地，还在前三年都居住在地主家的偏房中，每年拿出一部分粮食作为房租，由此廉家算是在管粥集村站住了脚。由于父辈们肯吃苦，不愿意总是寄人篱下，之后存了一些钱在管粥集村置办了土地和房屋。

案例二

管粥集村村民李超讲述，原本自己的先祖最早来到管粥集村一带生活时，是定居在管粥集村的邻村三大家村，但是三大家村人多地少，李超的父辈们就在管粥集村租种了15亩地，但是由于来回费时费力，李超父辈就在村中租住了一间屋子，一年到头很少回村。后来等到李超出生，李超的父亲拍板移居到管粥集村，变卖了在三大家村的房屋和宅基地，在管粥集村购置了土地和房屋。

二、市场与人口流动

"天下熙熙，皆为利来，天下攘攘，皆为利往"，哪里有市场哪里就有人的集聚。因为管粥集村村内有一个集市，相比没有集市的村子，管粥集村拥有更为丰富的人口流动关系。本部分将从特定职业与人口流动、招工与人口流动等两个方面来展示传统时期管粥集村场域内市场与人口流动的关系。

（一）特定职业与人口流动

由于职业的特性，传统时期有一部分村民经常出入于各个村庄之间，在不停地流动中赚钱养家糊口。这些特定的职业主要包括以下几类：

其一是流动商贩。根据管粥集村村民张大臣的回忆与讲述，中华民国时期，管粥集村村中有十来户村民干流动商贩的行当，这个职业也被村民称为"挑货郎"。这十来户人家都是村中的贫困少地的农户，经营土地不够吃，只能干这个兼业，农忙的时候就暂停这个行当。平时只要附近有集市开集，这些村民就大清早赶过去，把兜售的物品摆在路边供赶集的村民挑选，要是去的集市远，这些村民就借住在集市上的亲戚或者朋友家，大部分的情况是早出晚归，为了节省费用自己带上路上吃的干粮。

其二是游方书生。管粥集村村民赵启蓝提道，清朝的时候管粥集村里面有一个书生，叫宗长溪，念完了四书五经，但是思想比较古怪，不愿意像正常的村民一样谋一个教职就安定下来，而是选择到处游历。等到身上的钱用完了就去找一个村子和村里的富裕户说自己可以教私塾，带几个学生教几个月，得了钱又辞了这个工作继续游历。

游方书生在当时也是一个特别的且规模不小的群体，到处流动。

其三是游方郎中。管粥集村村民赵忠义谈道，管粥集村在中华民国的时候出过一个郎中，这个郎中姓宗，村民都称他为宗郎中，久而久之村民都不知道他的真名是什么了。这位郎中不是长期居住在村中，而是在管粥集村一带到处游走，自己会卖一些跌打损伤的膏药，也会给遇见的村民把脉看病，收取一些费用。这位郎中走到哪里都可以和那里的富裕户打上交道，就住在富裕户家空出的房间里，要是运气不佳没有碰到就去普通村民家中将借宿，给对方一些报酬。这个宗郎中一年到头就回来数次。

（二）招工与人口流动

传统时期，不管农忙农闲，管粥集村村中有富余劳动力的家庭都会让家人出来谋一份差事。家中的刚刚生养的女子可以出来给人当奶妈，妇女可以给人当老妈子，男子可以给人当短工、长工、放牛娃等。

若是村民给富裕户家里当短工，一般是当天去当天回。若是当长工则是富裕户提供全年的住房和饮食，而奶妈、老妈子等也是管吃管住，干活的周期一般为一个月，雇主包食宿。能够请得起短工、长工、奶妈等的村民都是地方上的富裕户。村民干了这个行当就要长期居住在外村，在其他的村庄里生活，而不是每天都回到自己的村子。这样一来，招工也带来了人口的流动。

三、战乱与人口流动

1949年之前频繁发生的战乱是影响管粥集村村民流动与流动关系的重要因素。

（一）战乱概述

传统时期，管粥集村所在的萧县的地理位置决定了它在战争年代重要的战略地位。萧县距离苏北重要的交通枢纽徐州仅20公里，1915年横跨中国东西的最长铁路线——陇海铁路线开封至徐州段建成，使得萧县和徐州在人员和物资上的联系越发紧密。

徐州为兵家必争之地，萧县为徐州之桥头堡。从古至今，欲夺徐州，必先取萧县，萧县失，则徐州难保。历史上萧县常因地方政局不稳而驻有重兵，旧时一县之长官列七品，驻萧县武官则是五品以上职位。表4-2展示了徐州地区历代的重大战争。

表4-2 徐州地区历代战争一览

时　间	战　争
前21世纪	大彭国彭伯寿为夏王朝平息武观叛乱
前16世纪	大彭国为商王朝平息邳人等叛乱
前1183年	商王武丁灭大彭国
前573—572年	晋楚彭城争霸战

续表

时　间	战　争
前 205 年	刘邦、项羽彭城大战
前 154 年	吴楚七国之乱
193—200 年	曹操、刘备、陶谦、吕布徐州之战
310 年	刘渊叛乱攻徐州
326—351 年	晋与后赵争夺徐州
381 年	晋与后燕争夺徐州
430 年	刘宋与北魏争夺徐州
614 年	隋军破张大彪彭城起义
781 年	朔方军攻取徐州
868—869 年	唐军破庞勋起义
889—893 年	朱全忠攻占徐州
1129 年	宋军与金军争夺徐州
1232 年	蒙古军攻占徐州
1351—1352 年	元军破芝麻李彭城起义
1402 年	燕王朱棣军与明军九里山之战
1555 年	徐、邳军灭倭寇
1635—1636 年	明军与李自成起义军徐州之战
1856—1866 年	捻军与清朝徐州守军之战
1938 年	台儿庄大战
1948 年	淮海战役

资料来源：数据来自 1989 年版《萧县志》。

（二）战乱影响

下面以中华民国初年军阀混战和抗日战争时期的三方割据为例，展示战乱对村民及其流动关系的直接影响。

1. 战乱之"中华民国初年军阀混战"

清朝末年，民国初年，大厦将倾，时局动荡，旧的政权苟延残喘，新的政权还未稳住脚跟。军阀混战，战火纷飞，北洋军阀在华北平原占据优势，1911 年到 1928 年之间，总数超过 1 300 个敌对的军事集团在中国大地上进行了约 140 场战争，管粥集村所在的皖北一带也难以幸免。

管粥集村村民张大臣对这段乱世记忆深刻："那时候村里面经常来土匪，村里面也出土匪，那个时候（社会）很乱。村里面还出过一个劫皇粮的，是管（粥）集的晁华山,当时清朝的运粮车经过故道,毕竟是皇粮谁敢劫?但是他们就胆子大,把皇粮拦下来分了。其实但凡有活路,谁愿意去当土匪?那时候农民政府不问,光是收税收粮,动乱时候就更不管了。"

受访村民张大臣一家在这段时间遭遇了本村土匪的威胁,由于张家是山东过来的外来户,没有什么势力,但是因为全家以打铁为生,所以牛马齐全,生活水平中等。遇到土匪的威胁后,张家当家人,也就是村民张大臣的父亲性子刚烈,加上家中青壮年多,枪支充足,所以断然拒绝了土匪的要挟。土匪不敢贸然对抗,但是选择了一天夜里烧张家的屋子,张家的十多间茅草屋都付之一炬,周围的村民都不敢出门来救火,张家也无可奈何,庄长知道情况也无计可施,张家只能暂时借住在外村的亲戚家,后面依靠自己的力量重建房屋。表4-3展示了清末时期管粥集村投匪村民的基本情况。

表4-3 清末管粥集村投匪村民

下辖自然村	姓 名	家庭田亩数	牲畜数量
耿楼	赵心德	3	一只驴
许楼	苏玉福	2	没有牲畜
管粥集	晁七儿	0	没有牲畜
管粥集	晁华山	0	没有牲畜

资料来源:根据张大臣、李超等老人口述整理而成。

另外,军阀扩军养兵让村民的直接负担加重,他们为了筹集军费,向农民强行征收,以时河北丰润县为例,民国以来,供应军需,摊派车马,要车要夫,乡间几至供不胜供。农民按地摊款,竟一年每亩摊洋四五元者,其次亦二三元,贫苦小农,种数亩田,一年间胼手胝足,太平之年不过仅足温饱,如此供应,岂能担负。至于佃农租种地主之田,尤须纳租,其境况尤不堪言,即便是中农种地较多,其摊款数目,当然亦巨,故形成种地愈多,赔钱愈巨之势。

军阀混战还带来了农村失业人口的激增,管粥集村中一半以上的村民失业,村中的集市受到军阀和土匪的侵扰不得不休市,正常的商贸活动断绝。学者骆美奂在《江苏江北各县的没落——其原因及其救济办法》中指出,在徐海一带,每县可以找到一家、两家或者几家有一百顷(一万亩)、两百顷或更多的田地。萧县李厚基有两百多顷地,一般的农民土地都被掠夺。如果土地失去之后,还有工可以做,农民不会铤而走险,但是时局混乱,无工可做,他们沦为流民。[1]

---

[1] 骆美奂:《江苏江北各县的没落——其原因及其救济办法》,《江苏月报》1935年第2期。

表4-4展示了中华民国十七年部分县市人员的就业统计情况，不难看出战乱造成了严重的失业情况。而据管粥集村村民讲述，失业也导致村庄出现了大量逃荒的村民。

表4-4 中华民国十七年部分县市有业人数统计

县　　市	有业人口占全体人数总数
东海、泗阳	20%—30%
淮阴、淮安、涟水、阜宁、盐城、灌云、宝应、江都、海门	30%—40%
赣渝、沭阳、兴化、东台、六合、江都	40%—60%
睢宁、宿迁、邳县、泰县、仪征、靖江、启东	50%—60%
萧县、铜山、砀山、沛县、泰兴、如皋、南通	60%以内

资料来源：中华民国内政部统计司编：《民国十七年各省市户口调查统计报告》，1931年版。

2. 战乱之"抗日战争三方政权"

抗日战争时期，在萧县形成了三方政权，这开始于民国二十九年3—5月之间。共产党参议会在四区柳园开会推选纵翰民为县长；4月，日伪成立县公署，邵世恩任知事；5月，国民政府江苏省政府任命朱大同为县长，此时，萧县县域内同时存在三个县政府。共产党扼萧西平原。国民党县常备队第四营营长刘瑞岐勾结铜山县县长耿继勋，在七区迎风口成立萧县县政府办事处，自任主任，国民政府县长活动在萧县北部地区。日伪公署仅在萧城和陇海铁路沿线设置据点。

三方政权对管粥集村村民生活的直接影响是农民的生活负担加重，由于驻军和政府官员人数多，管粥集村民经常被摊派接待政府人员，富裕的村民承担更多的人数，贫困的村民承担一个或者不承担，主要管三餐。在《萧县志》中记载，抗日战争时期，萧县由三方政权主政，民国三十二年，国民党县政府统计区内纳税田亩为180万亩，日伪县政府统计控制区内纳税田亩为100万亩，九、十区为抗日民主政府控制之下，共有土地36万亩，总计全县土地为316万亩，比民国二十四年土地陈报时的240万亩多出76万亩。萧县不少田亩都要承担两方或三方政权的税捐。国民党县政府规定每亩征收田赋2斤、军粮6斤，一年派四季。日伪县政府规定每亩征收县税11斤，加耗一斤八两，一年派两季，同时规定每亩强行收买小麦18斤。除了正税，还有杂捐，如薪饷、菜金、军装、子弹、布棉、盐税等。负担最重的是三方政权边缘区，管粥集村就在这一范围内，农民只得依靠借债，变卖牲畜、农具艰难度日。管粥集村村民张大臣就谈道："我听父辈们讲日本人在我们这边活动的时候，天天有各种军队过路就要抢粮食抢牲畜，村民根本没办法生活，村里面一半的村民都外出逃荒了，都是一个家庭一块去逃荒,男的给人家干活赚钱,女的带上小孩乞讨。后面日本人走了村民才陆陆续续回到村里面。"

四、自然灾害与人口流动

根据 1989 年版《萧县志》记载,1840 年至 1949 年期间萧县共发生 4 次河流决口、11 次洪水暴发以及 4 次蝗灾,且恶劣气候往往带来的是"大雨大灾、小雨小灾、无雨旱灾"。清代嘉庆官员杨作栋曾在《奉檄履勘萧县灾荒有感》中写道:"郭门一出尽春芜,地少炊烟屋也孤,野树皮荒心早死,井泉脉断泪同枯。"另外根据《萧县志》从 1451 年至 1950 年的统计,萧县出现水灾的年数为 190 年,重现期为 2—3 年,出现旱灾的年数为 108 年,重现期为 4—5 年。民国时期,尤其是 1927 年—1937 年的"十年建设时期",灾荒更是连年不断。以 1931 年发生在徐淮地区的一次大水灾为例,表 4-5 展示了 1931 年水灾之后江苏灾民离村的情况。不难看出,苏北区域农民离村现象显著,流离者中在外无业者也占大部分,农民灾后生活的窘困可想而知。

管粥集村村民回忆那一年的水灾,村中富裕人家住房地势较高,因此退水后就很快回到村子,而处于底层的村民,许多住房被大水浸泡摇摇欲坠,只能到铜山、徐州城等地方投奔亲属,大约有一成的村民暂时离村,在农忙时节的 9 月份才陆续返回村子。

表 4-5 1931 年江苏灾区农民离村统计调查

地 区	每千人中流离之人数	流离人口(个人和举家合计)占总人口之百分率	流离男子在流离人口中所占百分率	流亡地点所占之百分率			流离者在外之职业			
				本县	外县	未详	做工	乞丐	无业	未详
苏南	50	34	66	94	3	3	80	6	1	13
苏北	165	47	62	68	29	3	36	5	43	16
各县平均	125	40	60	71	19	10	35	21	16	28

注:各县平均即江淮流域灾区 5 省 87—89 县的平均数。
资料来源:金陵大学农业经济系《中华民国二十年水灾区域之经济调查》,金陵大学农学院 1932 年版,第 32、33 页。

第七节 分化与群体关系

基于不同的经济基础、职业类型、家族势力、权力状况等因素,管粥集村村民之间不可避免地出现显著的分化。基于此,本节将从职业分化、财富分化、权力分化和家族分化等四个方面去考察 1949 年之前管粥集村的社会分化与群体关系。

一、职业分化

在管粥集村,职业分化可以从职业群体概况、职业与社会地位等两个方面去考察。

(一)职业群体概况

根据管粥集村村民张大臣、赵启蓝、赵忠义、赵忠仁、崔庆芳等十余位村民的回忆与讲述,对中华民国时期管粥集村村内主要职业的基本情况进行了统计和还原,具体见表4-6。从表4-6不难看出,中华民国时期,管粥集村有铁匠2户,木匠4户,石匠2户,阴婆1户,神婆或神汉2户,剃头匠2户,郎中1户,私塾先生2户,捉刀人1户,流动商贩15户,戏子3户。值得一提的是,这些从业者同时也是农民,并未完全脱离农业,即这些职业多为兼业。

表4-6 中华民国时期管粥集村村内主要职业一览

职业名称	从业户数	收入情况	社会地位
铁匠	2	打一个锄头得3—5斤小麦	中等人
木匠	4	打一个小板凳得10斤小麦	中等人
石匠	2	打一个小石磨得20斤小麦	中等人
阴婆(接生婆)	1	无固定收入,若顺利接生得5斤小麦和数条鱼	下等人
神婆、神汉	2	无固定收入,全凭对方心意,一般是数斤水果和点心	下等人
剃头匠	2	麦、秋两季集中收钱,富裕村民一次能出20—30斤小麦,贫困村民一次出10—20斤小麦	下等人
郎中	1	看诊一次得1—2斤小麦,药费另外计算	上等人
私塾先生	2	富裕地主家会给1—2石小麦,最贫穷的人家给先生5斗以上的小麦	上等人
捉刀人(写状纸的先生)	1	一份状纸最低收费10斗小麦	上等人
流动商贩	15	无固定收入且收入差距大	下等人
戏子	3	参与一台戏演出最低3斗小麦	下等人

资料来源:根据管粥集村受访老人口述整理而成。

(二)职业与社会地位

在管粥集村村民的眼中,职业不仅仅是谋生的手段,更代表着一个人的社会地位。在传统时期,管粥集村村民因为从事不同的职业而被普遍的观念标准区分为"三六九等"。

1."不卖苦力"的上等人

传统时期,管粥集村村民将很少或者完全不从事农业生产,或者不依靠技艺而依靠个人知识能力为生的人称为"不卖苦力"的人,这类村民在村中往往享有最高的社会地位,即他们因职业是村民眼中的上等人。这类人主要包括三类,第一类是政府的工作人员,如在乡政府及以上的单位工作的村民、保长以及士绅老爷。第二类是私塾先生、郎中以及捉刀人等。第三类是多地农民。

第一种类型的上等人凭借官方的背景成为管粥集村当中最具权势的一类人。这类村民有实权,例如士绅老爷虽然不再为政府工作,但是积累了大量的政府人脉,有需要时可以托关系游说政府,而保长则掌握一定的实权,如决定壮丁的人选,收取苛捐杂税等,值得一提的是甲长并不在这一类别,事实上,甲长并没有实权而是完全依附于保长的权力,因此并不受到村民的敬畏。

第二种类型的上等人依靠自身的知识水平而为村民所普遍尊重。"万般皆下品,唯有读书高",知识分子在管粥集村当中很有地位,在普遍文盲的基层社会,能说会写会教书会看病的私塾先生、郎中或者捉刀人都是知识分子的代表。村民在日常见到这些人时都需要使用尊称并且态度毕恭毕敬,即便他们未必富裕,但具有一定的社会威望,哪怕是地主也要敬重他们三分。

第三种类型的上等人由于土地多而成为村中的富裕户,同样是村民眼中的上等人。在传统时期,农业依旧是农村经济的主体,而土地是绝大部分村民赖以生存的基础,因此土地多的富农、地主自然在村中有底气,有威望。在开展村庄公共事务时,地多的村民摊派的金额也往往更高,在开展捐助时也更有富余的资金,因此即便是保长也要和这些多地农户打好交道,这样才能顺利开展工作,更不用说普通农户很可能是他们的佃户或者给他们当短工、长工等。

2.以苦力或技艺为生的中等人

据管粥集村村民张大臣、赵启蓝、赵忠义等人的介绍,传统时期,村中以苦力或者技艺为生的村民是村中的中等人,这部分村民以单纯从事农业生产的农民为主,还有铁匠、木匠等有一定技艺的村民,这部分人实际上占了村庄职业人群的八成以上,是村中绝对的主体。从官方到村民都有着"农业是本,商业是末"的观念,因此村民家庭即便从事其他的兼业、副业也几乎不脱离农业生产,但是受制于土壤条件、种植技术等因素影响,事实上农业的经济效益很低,大部分情况下只能维持村民家庭的基本生活但是远远不能达到致富的目的。而有一定技艺的村民在从事农业生产的同时也通过技艺谋生,例如管粥集村村民张大臣一家就是铁匠,通过打铁补贴家用,也正因为有了这一副业，张大臣家得以逐渐发展起来，在管粥集村置办了自己家族的房屋和土地，真正在管粥集村站稳脚跟。另外，有技艺的村民不管在村内村外，可以说到哪里都有可以谋生的基础，也就是自己的技艺，依靠这个技艺，村民有基本的底气，单纯从事农业的农民就往往不如这部分有兼业的农民生活状况更佳。

3."三教九流"的下等人

提及管粥集村村中的下等人，管粥集村村民习惯用"三教九流"来概括。这部分人占比不高，职业广泛，主要是一些特殊的活计，包括接生、理发、唱戏、算命等，村民认为这些行当不值一提，即便能够赚到钱也是下等的行当，村中的头面人物或是有名望的家族都严厉禁止自己的子孙后辈从事这一类的职业，否则就是有辱门楣。这类职业的报酬往往不固定，服务对象随着心意、财力等给钱，而从事这一职业的人不得不成天仰人鼻息，给人好脸色。管粥集村村民在万不得已的情况下才会从事这类行业，一般是身体有缺陷难以承担农活，家中贫困但也找不着合适的短工、长工工作，不愿意受农业生产的苦等。另外，在传统时期，商人的地位也普遍不高，一方面村里面做流动商贩的村民普遍是无地或者少地村民，因此他们不得不依靠做一些小生意来维持生活，但另一方面，村民觉得做生意也不是正经的行当，只有农业生产才是最正经的行当，不过对于这些生意人来说，想要翻身的机会很多，他们往往会在自身有了一定财力之后买地置屋，成为多地农户，这样一来社会地位就自然得到提升。

二、财富分化

1949年之前，管粥集村村民之中依据土地的占有量、货币的保有量等情况被划分为不同的群体，不同的群体也相应具有不同的社会地位。本部分将从纯农业农户与兼业户、地多农户与地少农户等两个方面展示传统时期管粥集村村内的财富分化。

（一）纯农业户与兼业户

在管粥集村有"马不吃夜草不肥，人不得外财不富"的说法，正因为如此，管粥集村村民普遍有兼业的情况，若是家庭有铁匠、木匠、石匠等技艺就会开一个相应的铺子做一些买卖，若是家里面劳动力富余则会通过去给富裕户干长工、短工、老妈子、奶妈等工作补贴家用，若是家庭有富余的财产则会去开油坊、豆坊，做一些小生意，村民借助兼业的方式来提高家庭的收入水平。而村中也有相当一部分的村民只是从事农业，他们家庭的绝大部分收入来自土地，这部分村民土地面积普遍在20亩以下，没有技能也没有足够的劳动力、资金等去从事其他的副业，仅从事农业就已经很是勉强。这两类村民久而久之就出现了分化，第一类的村民若是副业做得好就能够积累一定的财富然后建屋买地，家中的土地面积不断积累，例如管粥集村村民张大臣家来管粥集村的时间相较老户都要短，刚来时没有房屋住也没有土地，凭借着打铁的技艺在村中扎根并且之后家中积累了上百亩的土地，成为村中的富裕户。而单纯从事农业的村民家庭往往经济上没有太多的起色，若是遇到红白喜事或者自然灾害等就不得不典田卖地，家中孩子长大后还不得不面临分家析产的境地。

（二）地多农户与地少农户

管粥集村村民介绍，土地是任何一个村民在村中社会地位的基础，在村民的心目中，田地是立身之本。正如管粥集村村民赵启蓝所说：

> 哪一家都希望自己家的地越多越好，要是租种富裕户的地不仅要给人交租金，还要看对方的脸色行事，一年到头也存不下来多少粮食。家里面地多的话还可以出租给其他人，自己有钱就搞点副业，油坊豆坊啥的，可以赚更多的钱，赚到了更多的钱就去买地，家里面就有更多的地了。

事实上，村民的社会地位是和土地紧密相关的，土地多的农户实际承担了更多的村落事务，村中保长等头面人物都必须和地多的农户处好关系，要不然事情没法顺利办好，而地少的农户都是处于社会的底层，租种富裕户的地或者守着自家的一亩三分地勉强度日。另外地多的农户有更多的闲暇时间来开展社会交往活动，通过这些活动能够结交更多的外村人从而获取更多赚钱的门路，而不是重度依赖农业生产，但是这也是在家中已经有了大量的土地的情况下，即便是管粥集村村中的富裕户也以土地多为傲，不愿意过早分家担心家庭的土地被分割过碎，因此富裕人家往往是大家庭，而地少农户往往是小家庭。

三、权力分化

1949年之前，村民手中握有的权力、享有的权威在一定程度上决定了该农户在村中的社会地位与权力地位。因此，权力与权威也将管粥集村村中的农户大致分为了三个主要层级。

（一）富裕且尊贵的士绅老爷和保长

在管粥集村，士绅老爷和保长享有村中最高的社会地位，原因在于他们手中握有政府的权力，背后有政府作为后盾，士绅老爷虽然不为政府干事，但是和政府有着很深的渊源，因此在政府的社会根基深厚，哪怕是乡长也要看士绅老爷的面子，而保长则是实实在在听命于上级政府，上级政府也赋予其一定的权力，比如催缴苛捐杂税、抓壮丁等。事实上，士绅老爷和保长不仅仅因为手握政府权力而享有最高的社会地位，他们家中的土地和财产也在村中处于中等以上的水平，尤其是士绅老爷基本属于村中最富裕的农户之一，因此无论是实际的权力还是家中的权力都决定了士绅老爷和保长的村中地位。基于这个地位，村民逢年过节时都会前往拜访，尤其是有求于他们的时候更是备上重礼，平时遇到也要主动打招呼并尊称对方，万万不敢得罪他们。

（二）富裕但地位较低的地多农户

在管粥集村，享有次一级权力的农户往往是地多的农户，这一类的农户一般分为两类，一类是单纯从事农业的农户，他们土地之所以多，多半是因为继承家业，而另一类则是由于知识水平高或者有一定的技艺而有兼业，积累资金逐渐购置更多的土地形成积累，例如私塾先生、铁匠、木匠等。这部分地多的农户普遍是村中中等以上的生活水平的农户，也属于较为富裕的阶层，但是他们手上并没有什么实权。普通村民只有在特定的时候才会和他们产生联系，例如请私塾先生教书，请郎中看病，购买铁匠、木匠等人制作的农具、家具等，普通村民愿意和乐意与他们打交道并且对他们也十分尊重，逢年过节的时候要是有交情就上门送点点心水果，若是没有交情村民就不会专门前去送礼物。

（三）社会底层的少地农户

处于管粥集村最底层的农户就是少地农户，这部分村民几乎完全依靠农地来生活，家中的土地要不很少，勉强够一家人生活，要不就是没有土地，只能租佃富裕农户的土地。逢年过节的时候或者遇到事情的时候，只能带上礼物去求士绅老爷、保长等人帮忙，请客吃饭，士绅老爷、保长等人也未必会赏脸前来，若是前来对这些村民来说就是莫大的荣耀。由于家庭拥有的地少，因此在参与村中的公共事务时不用缴纳过多的钱，但同时也意味着在公共事务上没有什么话语权，话语权和决定权都在保长等富裕户手中。

四、家族分化

传统时期，管粥集村村中的家族分化可以从家族内部分化、家族之间分化等两个方面去考察。

（一）家族内部分化

根据赵韶喜、宗玉春、薛传明等老人的回忆与讲述，早在清代，管粥集村村内各个自然村都是家族聚居。例如管粥集自然村就是以宗姓家族和薛姓家族为主。同一个家族的人拥有共同的祖产，管粥集自然村的宗家和赵楼自然的赵家在历史上都曾经建有家堂庙，有相应的庙地、祖坟地等。尤其是每年清明时节宗族内部就会举行"坐庄会"，各个宗支上报本宗支的人口变动情况，摆席聚餐，大大增强了宗族内部的凝聚力。

但是到了中华民国时期，尤其是中华民国建立初期，社会动荡不安，"坐庄会"等宗族活动举办的规模和频率都在逐年萎缩，尤其是势力弱小的宗族，宗族活动全面瓦解。再加上这一时期人口流动也更为频繁，更多的杂姓村民陆续迁入村庄，管粥集村下辖的自然村由单纯的宗族聚居变化为杂姓聚居。

一方面是宗族势力的日渐消减，另一方面是村民来源的日益丰富，村民心中的宗族观念也慢慢淡薄：

> 中华民国的时候，村里面五服以内离得近的算是亲戚，关系也比一般人近一些，但是出了五服，即便是一个姓，也不会显得亲近，不会因为古时候一个老祖宗关系就好，富裕的也不会帮衬穷的，各过各的生活。反而很多不同姓的愿意称兄道弟，拜把子。[1]

(二) 家族之间分化

张大臣、赵启蓝、宗玉春等村民谈道，虽然中华民国时期，管粥集村村内总体的宗族观念已经淡化，但是有能人的家族在整个村子依旧能够占据话语权，其他的家族不敢随意欺负，而后期前来的小户势单力薄，只能依附于大的家族。

比较典型的便是赵楼自然村的赵姓家族。赵姓家族有一位能人，这位能人也是位地主，名叫赵祖武。因为这家大户的存在，即便是在动荡时期，赵姓家族依旧能够维持"坐庄会"活动，其他的小家族例如张家、李家等遇到困难也时常向这户大户请求帮助。村内一名赵姓村民就谈道：

> 中华民国的时候，我就和父母参加过家族的坐庄会，吃了大席。这个会都是家族里面的富裕户出钱办的，只有村里面的赵姓家族的人才能参加。其他的小家族都没有办这个活动，那时候村里面姓赵的就很有面子。[2]

---

1 来自赵韶喜老人的讲述。
2 来自赵韶喜老人的讲述。

第八节 冲突与冲突关系

在管粥集村流传着这样一句话:"有些人越吵越亲,有些人越吵越远。"对于管粥集村村民来说,日常生活中人与人之间的纠纷冲突是难以避免的,甚至可以说是稀松平常的。本节将从家庭、家族内外部冲突及其关系,村落内部冲突及其关系,村落之间冲突及其关系等三个方面来展现 1949 年之前管粥集村的冲突与冲突关系。

一、家庭、家族内外部冲突及其关系

1949 年之前,家庭内部的冲突与矛盾是管粥集村村内最常见也是最普遍的矛盾。根据管粥集村村民张大臣、赵启蓝、崔庆芳等人的回忆与介绍,主要可以从以下几个方面来体现。

（一）家庭分配关系冲突

传统时期的管粥集村以大家庭为主。虽然大家庭能够带来充足的劳动力但是当家人在资源的分配上是难以达到各个房支之间完全平等的,因而在家庭分配关系上出现了一系列的冲突。

管粥集村村民张大臣就讲了这样一个事例：

> 1949 年之前,管粥集村村民张某出生在一个有二十几口的大家庭中,当家人带领着自己的几个儿子以打铁为副业。由于家里面劳动力多加上打铁的技术精湛,一家人的日子在整个村子处于中上的水平。村民张某有两个姐姐。在 1949 年之前女儿出嫁附带的嫁妆价值要远高于彩礼,嫁妆越高,嫁过去的女儿在对方的妯娌面前就更有面子。
>
> 张某的两个姐姐一个嫁给了江苏微山湖一带的卫户,对方家道殷实,为了让嫁出去的女儿有面子,和对方的家庭地位对等,当家人决定陪嫁两个大衣柜、数个箱子等,耗费了家中大量的财产,等到另外一个女儿出嫁,对方人家条件一般,但是这个出嫁的女儿希望和自己的姐姐一样风风光光嫁出去,也要求差不多价值的嫁妆。但是当家人认为娶方的经济条件一般,用不着陪嫁那么多嫁妆,这个出嫁的女儿妥协了,但是家庭关系也随之出现了裂痕。正是因为这个缘故,当家人决定分家,自己留下几十亩养老地,其他的土地全部分给了几个儿子。

绝大多数的家庭内部的纠纷是由当家人出面调解的，家丑不可外扬，村民一般不愿意自己的家事让其他的人家掺和，这样的话让其他的人家看了笑话。若是家里面的当家人无法调解好纠纷，甚至是家人和当家人之间出现矛盾，这时候村民就请来自己家族的族长出面调解。家族族长在了解事情的原委的基础上努力让家庭纠纷得到消解，不让其影响这家人内部的团结，他用的方法多是讲道理列举事例，让这家人重归于好。

通常情况下，家庭内部的纠纷时有发生，但很少影响到一家人之间的感情。当家人竭尽全力维护好家庭的和睦，也时常教导自己的儿女之间要彼此团结。在媳妇进门之后，当家人的妻子也经常告诫媳妇要守妇道，维护家庭的团结。在管粥集村，一般父母去世之后儿子们才正式分家，只有少部分的家庭姑娌之间不和等导致了提前分家。

（二）婆媳关系冲突

在管粥集村，新媳妇嫁入丈夫家后，前几年每天早晨新媳妇都要向公公婆婆请早安，离开的时候还不能背对着公公婆婆离开，日常的生活中媳妇必须对公公婆婆恭恭敬敬。由于媳妇和公公直接对话是人们忌讳的，所以媳妇要是想向家里面要钱必须通过婆婆，有什么事情比如回娘家等都需要得到婆婆的批准。要是得不到婆婆的喜爱，媳妇在家庭生活中困难重重。

管粥集村村中有"篱笆屋不算墙，儿媳妇怕晚娘"一说。晚娘就是后妈，如果不是后妈，新媳妇可以从丈夫那里得到一些安慰，亲妈也会更加理解也更愿意和媳妇处好关系，后妈就未必了，这样一来新媳妇的日子更不好过了。媳妇进门之后，母亲会感觉受到了冷落，儿子或多或少会把一部分的爱分配到妻子身上。妻子还将原来的洗衣缝制衣物的工作从母亲那里接过来，以至于母亲常常会发出"娶了媳妇忘了娘"的感慨。另外，母亲会自觉或不自觉地将自己对待儿子的标准强加于媳妇之上，对媳妇的种种作为表现出过高的期待和挑剔。当媳妇难以达到要求时，冲突就难以避免了。

婆媳之间的冲突仍然属于家庭内部的冲突，但是当家人一般不参与婆媳之间冲突的调解。婆媳也都不敢在当家人面前争执，而是在私底下有一些争执。比如婆婆减少媳妇回娘家的次数和天数，或者媳妇偷懒不给婆婆帮忙，等等。这些生活琐事上的纠纷往往是由媳妇的丈夫，也就是当家人的儿子来处理。他扮演着中间调停的角色，而不让婆媳之间的冲突激化，只有婆媳之间僵化到儿子也无能为力，当家人才出面训斥，这时候婆媳之间的冲突也将随之平息。

由于婆媳之间的冲突都是一些生活琐事上的矛盾，因此两者之间的争执并不能实质性地影响到她们之间的感情。即便发生了争执，婆婆和媳妇之间仍然按照家规对待彼此，媳妇不敢公然向婆婆发难，否则将得到当家人的严厉训斥。两人之间的矛盾通常在儿子的调停下得到平息，两者的关系又和好如初。

（三）家族内外部关系冲突

在管粥集村，村民称同一个父系的分支为院，每个院代表一个房支。家族内部的关系冲突就发生在同村的各个房支之间。

管粥集村村民赵启蓝讲述了这样一个事例：

> 中华民国初年，时局动荡，管粥集村村民的生活匮乏，村中的集市活动几近断绝，一部分村民或投军或投匪以谋求生计，但是有族人投匪或者通匪都是一个家族脸上无光的事情，所以族规森严、颇有名望的家族都严厉禁止族人投匪或通匪。管粥集村村中的赵姓家族是村中的老户，在村中也颇有名望，赵家的西院是各个房支中生活最困窘的，生活贫困到大儿子三十岁也没有成家，打着光棍整天在外面游手好闲，有一回在赌场中输了几百元，当家人一气之下将他赶出家门，他干脆破罐子破摔，和村子里面其他投匪的村民一道加入了土匪。
>
> 赵姓家族的人听说西院出了一个投匪的成员，觉得颜面无存，决心把这个投匪的族人抓回来处置。族人说服了西院的当家人，当家人将自己的大儿子骗回了家，族人便一起把他绑到了祠堂。西院的当家人向老族长和各房支的代表求情，按照族规投匪是要枪毙的，但是鉴于这个投匪的族人认错态度好，并且是一气之下投匪的，所以族人选择假装将其活埋的方式，给他一个教训，让他重新做人。族人也意识到西院生活的困窘就凑钱资助了西院，如此冲突解决了，保甲长没有过问这件事情，族人也不愿意外族人插手这件事情，认为这是家族内部的事情，应该由自己的族人解决。

关于村内家族之间发生的冲突，解决分为两种具体情况：

第一种情况，当两个地位很低的村民或者没有多少名望的小家族发生冲突或者纠纷时，村中的保长或者庄长一般不会出面。身处冲突现场的旁人会进行口头上的调解，如果冲突升级，冲突双方互相谩骂之后开始动手，村中的问事人会被请来进行调解，问事人到场了解事情的原委后提出双方都能接受的解决方案，双方同意后调解就宣告成功。要是问事人给出的方案双方没有接受，问事人无能为力，只要不出现流血事件或者其他违法犯罪的行为，保长或者庄长不会出面干涉。

第二种情况，当两个有身份地位的村民或是两个有名望的家族发生冲突或者纠纷时，管粥集村的庄长或是保长就必须出面调解或者做工作。在村民对政府政策不关心甚至有抵触时，说话最有说服力的庄长或是保长可以使他们相信参与政府计划的好处。因为他会说话，他的话令村民信服，因此在调解重要家庭或家族之间的争端时，就成为非常难得的人选。但是，许多纠纷是请邻村的庄长或者保长调停解决的。当本村的庄长或者保长没有足够的声望来调停时，就改请其他村子的领导来调解，他们也许并不比本村的庄长或保长更有能力，但他们是另一村庄的，所以他们的出场对冲突双方更有影响，因为他们也有更大的"面子"。

庄长或者保长出面调解遵循一定的程序：当村里面两个有身份的村民或者两个有名望的家族发生冲突时，其他的村民或甲长会尽快告知保长或庄长，有时冲突双方任意一方也会请他们出来主持公道。他们会主动去冲突双方的家庭了解事情的原委，也会通过询问其他的村民来了解他们的观点，对冲突事件的来龙去脉有了大致了解之后，保长或者庄长就会根据自己过去的经验对这场冲突做出评价并给出一些解决方案。之后保长或者庄长便会邀请冲突双方的当家人和家族族长一起举办宴席。在酒席上，保长或者庄长会提出解决方案，冲突双方在酒席上进行克制的辩论，宴席的费用是由冲突双方来负担的，要是冲突双方都承认有错，费用两家人平摊，要是冲突的一方认错，另一方没有过错，那么认错的一方承担。

当两个地位很低的村民或者没有多少名望的小家族发生冲突或者纠纷时，在场的村民或者问事人调解成功之后冲突告一段落，两家相安无事。即便调解失败，对于这类村民来说，平时有口角甚至动手打架并不会导致他们互不来往，代价是一周到半个月的时间互不理睬，之后他们能够像忘了这件事一样和好如初。当两个有身份地位的村民或是两个有名望的家族发生冲突或者纠纷时，要是庄长或者保长出面调解并且冲突双方在宴席上达成了妥协，冲突就得到了解决，认错的一方一般不会给对方以赔偿，对方也认为接受输的一方的物质赔偿是可耻的，只要其他村民都认为自己是对的，对方是错的，赢的一方就不会在乎赔偿，关键是保全了自己的"面子"，占据了道德高地。有身份地位的两家人发生争执，即便表面上接受了保长或者庄长的调解，但是输了理的一方会因丢了面子而耿耿于怀，双方的关系受到了影响，但是只要没有出人命，激烈的冲突也不会导致两家彻底绝交。

二、村落内部冲突及其关系

1949 年之前，在管粥集村范围内，农户与农户之间发生纠纷是常有之事，总体来说，体现为以下几个方面。

（一）耕地边界纠纷

传统时期，在管粥集村，村民各自耕地的地界是通过"下灰橛"的方式来确定的。在"下灰橛"时需要四邻都在场见证，农户在拥有的土地四角都挖一个1米左右深度的圆柱形坑洞，在坑洞里灌满石灰，然后用土填实，再在其上插上木桩，这些木桩的连线即为不同农户耕地之间的边界。尽管灰橛看似是清晰明了的耕地界线，但是掘开灰橛进行查验并且要及时复原却是费时费力的工作。因此管粥集村村民喜欢通过看木桩来确定边界，但是木桩容易被移动和伪造。鉴于自身长期种地的经验，村民们大多感性知道自己土地的边界在那里，一旦发觉自己的边界被侵犯，冲突就在所难免了。

以管粥集村村民张某和许某的冲突为例。村民张某和许某有两块相邻的土地，有一天张某在耕地时发现两家人之间的界定界线的木桩被人为拔除。张某细细查看了情况，发现许某已经在田地上种上了花生苗，还占了自己家一垄地，同样种上了花生苗。图4-1是张某和许某两家地块界线的示意图，有斜杠的部分代表张家被许家侵占的土地。

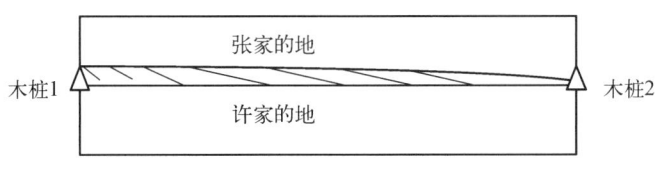

图4-1　张家和许家地块界线示意图

村民张某在发现自己的土地被许某侵占之后很生气，但是并没有直接的证据证明是许某故意为之的。在这种情况下，张某没有选择直接去和许某理论，而是将木桩复原，再将许某种过界的花生苗全部拔除，张某把属于自己地界的地都犁完就回家了，他只和自己的家人抱怨了几句，并没有向其他村民诉说。

过了几天，张某在自己家这块地种花生苗，但是在种花生时发现自己原本可以种18垄的花生地，现在只能种17垄。张某很疑惑便循着木桩试探性地挖开地下的石灰，下面并没有发现石灰，张某又在木桩的周围挖，这才发现许家偷偷移动了木桩的位置，他家占了自己家1垄的土地。张某上一次忍让心里面已经有怨言，这一次他直接到了许某的家中，和许某进行理论，并一同在地里面确定边界。许某面对张某的质问加上确凿的证据，就私下向张某道歉并和张某说等到花生收割的时候，多种的一垄自己就不收了，张某也不想把事情闹大，就私下里和许某解决了这一次的纠纷，把木桩移回了正确的位置。

收花生之后村民开始种冬小麦，许某失约没有将自己多种的一垄花生交给张某，张某也不计较这点，但是张某在播种冬小麦时又一次发现木桩的位置移动，许某再一次侵占了自己的土地。面对许某的作为，张某决定不再给许某面子，而就在地里面破口大骂，吸引周围的村民前来，张某将许某几次三番侵占土地的事情告诉了前来围观的村民，许某闻讯也从家里面赶过来，许某坚称自己没有移动木桩，自己越界是无心之失。张某有确凿的证据证明许某越界，村里面的问事人前来进行了调解，他让张某许某都各退一步，许某将木桩还原并向张某道歉，承诺不再侵犯张某的土地，多占的土地上种的粮食归张某所有，算是赔礼道歉，张某应当接受许某的道歉，不要把事情闹大。问事人的介入平息了这一次的土地纠纷，虽然张某许某的感情因为这次的冲突受到了影响，但是一段时间之后村民都像忘了这件事情一样，关系如旧。在调解过程中，保甲长始终都没有露面。

（二）田地走道纠纷

新中国成立前，管粥集村中的道路都是土路，干旱的时候太平车一过就会尘土飞扬。下雨时村民们都想方设法把自己院子里的水排到路面上，路面在雨水和车马日积月累的损耗下逐渐成了地势低于周边土地的河沟。在保甲长的管理下，村中的主路勉强可以通车，但是田野里的土路就没有村民愿意理睬。要是田野里哪条路不能走了，村民就从另一条路走，谁家都不愿意牺牲自己的部分土地来修路。

管粥集村村中一户李姓农户家底比较殷实，他家的田地旁边原来是一条公用的土路。但是由于年久失修，每次下雨都满是泥泞，车马通行困难，运粮食运肥料都要费很大的精力。要是雨水连续下几天时间，道路就完全无法通行了，并且溢出来的雨水还会淹没李家的一部分土地。李家很纳闷为什么这块地总是被淹，而其他农户的田地没有这么严重，他发现其他的村民都将自己田地里的水排进了这条土路里。李家了解到这个情况就想和周围田地的农户理论一番，不允许继续往土路上排水了。可是李家走了几家，对方都说不是自己排的水，自己的田地也受灾了。李家面对这样的情况觉得私下解决这个问题没有效果，就直接去了保长家，和保长报告了这件事情。保长表示自己知道这件事，但是有心无力，村里面很多田地一到下雨就会被淹。李家提出沿着现在的土路边沿挖一条排水沟，这样土路的地势高一些，就不会经常受淹了，并且表示自家愿意负担挖水沟的所有费用，但需要保长动员周围的农民每家出一个劳力帮忙。保长欣然同意了这个建议，在保长的要求下，周围的村民都前来帮忙挖排水沟，土路时常淹水的问题得到了明显的缓解。

（三）开荒地边界纠纷

新中国成立前管粥集村的南面有大量的沙滩地，由于土地盐碱化严重，如果不施用大量的肥料，这些土地寸草不生。沙滩地是村庄的公共土地，任何一家村民只要有富余的劳动力和充足的肥料就可以前去开荒，施加了足量肥料的沙滩地，它的花生和番薯产量甚至比北面的沙淤地还要高，因而新中国成立前开荒的村民很多。村民之间形成了不成文的惯例，要是一块土地长期被某家开荒，这块地就属于这家人，其他的村民不能侵犯，村民们用木桩、柳条等界定开荒土地的界线。保甲长不会干涉村民的开荒活动，也不会向村民收取地税。虽然土地名义上是属于前来开荒的村民的，但是由于这些土地没有官方出具的地契，这些开发的荒地是不允许买卖的，村民们只能在上面收种粮食。

在和平时期，某块土地长期被某户村民看护，荒地种植久了土质逐渐得到改良，渐渐就可以种植小麦等作物，土地的价值也上升了。这些开荒的荒地成了村民家中重要的财产。农户每天都到田地上查看庄稼生长的情况，周围的农民不会故意侵占土地。

但是在洪水泛滥或者战乱时期，一部分村民尤其是土地很少的村民，他们不得不暂时离开村庄去投奔别村的亲戚。他们开垦的荒地也无人照料，等到他们过了数月回村，发现他们开垦的荒地地界上的木桩已经被拔除，甚至他们原来的土地已经被其他的村民侵占。这时候为了夺回自己的荒地，他们就会和侵占他们开垦的荒地的农户进行理论，但是侵占土地的村民说这边都是荒地，没有谁是主人，谁在这里种，这块地就是谁的。

如果是两家穷户在荒地归属上起了冲突，保甲长不会干涉，而是让他们自己协商，冲突双方都愿意各退一步，土地可以平分。要是双方都各执一词，除了嘴上的互骂，哪家的拳头硬，哪家就能够得到这块荒地的使用权。这个时候人口少、势力小的农户就只能认倒霉，去开垦其他的荒地。要是发生冲突的两家都在村里面有名望，或者一方是保甲长的亲戚，保甲长就不得不出面调解。要是前面开垦的一方有足够的人证物证证明自己土地的边界，后面侵占土地的农户就不得不赔礼道歉。要是没有任何的证据，保甲长就会"和稀泥"，两家各退一步，根据各自的人口分配土地，人口多的多分一些地，人口少的少分一些地。

（四）房屋风水纠纷

1949年之前，管粥集村中一户赵姓人家和一户薛姓人家是邻居。由于这户薛姓人家家中的妇女爱在公开的场合说赵家的坏话，这户赵家村民心中愤懑，正好自己家的房屋正在修葺，他们便将自家房屋的屋脊加高，正好比薛家房屋的屋脊高出一块砖头的高度。薛家很快发现了这个情况，当家人便直接到赵家质问，说他们家把屋脊加高会坏了薛家的风水，要求尽快把屋脊改成一样的高度。赵家表面上答应了薛家把高度改回来的要求，但是过了一段时间薛家眼看着赵家房屋修葺的工作将要完成，屋脊的高度问题还是没有解决。

薛家很生气，鉴于两家都是村里面的老户，在村中都有一定的名望，要是公然打架会让周围的村民看了笑话。于是薛家合计也要将自家的房屋屋脊加高，高出赵家屋脊的高度，两家人就在屋脊高度的问题上僵持不下，时常会发生互相指责的情况。保长从其他村民那里得知了这个情况，连忙赶到两家了解情况。一番了解之后，保长和两家都进行了协商，两家人同意坐下来解决这次纠纷。于是保长摆宴席邀请两家人参加，在宴席上保甲长认为双方都有错误，把小事情变成了大事情，让两家人以和为贵，各退一步，将屋脊都还原到原来的高度，谁家不服从就是不给保长面子，也会让村里人瞧不起。两家人互相道歉并平摊了宴席的费用，在保长的调解下握手言和。

（五）宅基地边界纠纷

1949年之前，管粥集村村民会将人畜的粪便认真地收集并保存起来。要是村民在自己的院子外面挖旱厕就涉及了宅基地的边界问题。为了防止自家的旱厕影响到自家的墙角，村民会将自己的旱厕修建在靠近邻居墙角的位置上。若是空间狭小，下雨天或者旱厕粪便很多的时候，不仅气味难闻，而且粪水会逐渐侵蚀掉邻居的院子的墙角。邻居一旦发现这个问题就会破口大骂，从而引发纷争。由于这样的纠纷时常发生，保甲长就规定各家各户修建旱厕时必须离邻居的院落墙角1米以上，并且在下雨或粪便很满的时候将堆肥尽量转移到自家的院子里并用防雨的材料盖住遮雨，避免粪水四处流淌，破坏环境，否则将会面临保甲长的处罚。

宅基地边界纠纷发生时，通常由问事人介入，由于经常参与村民纠纷的解决，他们形成了一套自己特有的解决纠纷的方式方法。他们在解决村内纠纷时遵循"以和为贵，大事化小，小事化无"的方式，避免让出现冲突的两方关系完全破裂。更重要的是调解人不愿意也不会直接得罪村里面的富裕户，要是在调解的时候向着贫困村民，调解人会失去富裕户对他们的支持和信任，在村庄各种各个事务上都将得不到他们的支持，从而失去自己在村中的威信和地位。

三、村落之间冲突及其关系

1949年之前，管粥集村与外村之间发生纠纷的情况较少。根据赵启蓝、张大臣等老人的回忆，有以下几个实际的纠纷事例。

（一）村际名声之争

新中国成立前，管粥集村下辖的赵楼自然村和耿楼自然村曾经发生械斗。发生械斗的起因是赵楼自然村的村民茶余饭后议论耿楼出了好几个土匪，这个村子风气不好。这样的闲话传到了耿楼村民的耳中，耿楼的几个年轻人感觉受到了羞辱，于是在某一天趁着月黑风高，将赵楼自然村赵家祖坟的几棵松柏砍倒了。

赵楼村民得知了这个消息连忙告诉赵家,赵家是赵楼自然村的老户,最有地位,赵家的几个年轻人气不过就前往耿楼理论,但是耿楼的问事人以天色太晚,事情还未查清为由把他们赶出了村子。第二天白天,这帮被赶出来的年轻人认为耿楼村民欺人太甚,号召全村村民带上锄头、铁铲等去耿楼理论,各家各户都不得不出人参加,耿楼村民得知消息也纠集了一帮村民在村口守卫。两方各执一词,没说几句就打起来,最后双方都有数人受伤,保甲长看事态严重就立即通知乡政府,乡政府得知消息连忙派警察前往村子制止械斗,双方的斗争才告一段落。

由于赵楼村民无法指证究竟是谁砍倒了树木,耿楼也没有村民站出来承认错误,最后乡政府决定让耿楼村民集体出钱,将砍倒的松柏重新种上并出钱对赵家的祖坟进行修缮,这样才平息了事端。

(二)村际边界之争

管粥集村隶属于萧县,位于萧县和时铜山县交界。新中国成立前,管粥集村经常与铜山的村庄发生边界冲突。由于涉及两县边界,且长期管理松弛,私人土地的买卖流转又很频繁,这样的情况造成村庄的边界不定,管粥集的村民经常向保甲长报告自家的土地被侵占,保甲长上报给乡政府但是问题仍然得不到解决。几次三番后,管粥集村村民认为政府已经无法解决自己土地被侵占的问题,于是纠集村民与铜山的村民发生械斗,各有伤情,发生械斗之后两边的县政府觉得事态已经很严重,担心出现人员伤亡问题。

鉴于此,萧县和铜山县县政府直接派专员到村子,叫来各自村中土地在边界上的村民当面查验地契和界线标记,重新确定县与县之间的边界。之后两村村民虽然还是偶有争执,但是总体的事态得到了平息。

(三)村际纠纷中的调解与告官

据管粥集村村民介绍,村与村之间的纠纷通常由两村的保长出面进行协商。保长根据自己村的利益据理力争,有时候请来村中的家族族长等长者前来做证,明确自己村的利益,绝大部分的纠纷双方村各退一步就能解决。若是保长无法协商好,就请乡长前来调解,但是这样的情况是极少见的。

村际冲突一般不导致关系破裂,但若是纠纷调解无效则可能告官。管粥集村中绝大部分的纠纷或者冲突都会通过调解来解决,只有涉及县界的纠纷或者出现恶性的事件诸如杀人放火才会需要通过诉讼来解决。

村民在解决冲突时很少选择诉讼的原因包括:

其一,诉讼的成本高,"衙门八字开,有理没钱莫进来"。村民在听说或者亲身经历后发现即便诉讼成功，包括请"捉刀人"即律师的费用在内也要花费一个农民家庭大部分的家当。

其二，除非伤及家人的性命，有明显的底气，村民并没有打赢官司的胜算。村民对衙门的审判是否公正并没有充分的信心，他们从道听途说倾向于认为衙门也是为权贵开的，审判的结果也会最终有利于有权有势的一方。除了对衙门的公正性表示怀疑，村民们对"捉刀人"的印象也不好。在村民看来，"捉刀人"是一个挑拨是非的职业，是一种下等的、没有地位的职业，能够为罪犯洗脱罪名，将无辜的人送入监狱，谁家有钱他们就替谁说话。

其三，大部分的村民不识字，他们的经验范围局限在村子里，对于外界的东西所知甚少，这阻碍了他们对诉讼这样新事物的尝试。

其四，诉讼意味着和纠纷一方彻底的决裂，关系的完全破裂甚至殃及后辈，这样的结果必会受到家人乃至家族一部分人的反对。毕竟生活在一个村子中，抬头不见低头见，把事情做绝是不理智的，不应该的。即便有种种的困难，但是管粥集村村民也存在诉讼的情况。

第九节　保护与保护关系

传统时期，国家无力为基层提供足够的安全保护，尤其是缺乏天然屏障、战火频发的管粥集村一带，村民对生存安全的需求更为强烈。基于此，管粥集村自身形成了丰富的保护方式和防卫组织。本节将从家庭保护、家族保护、村落保护等三个方面来考察1949年之前管粥集村的"社会保护与保护关系"。

一、家庭保护及其关系

家庭是每一个管粥集村村民赖以生存的基本单元。传统时期，家庭内部或家庭之间都与村民个体之间存在一定的保护和被保护关系。

（一）当家人提供庇护

据管粥集村村民介绍，当家人在家庭当中享有绝对的权威，但同时也负有对家庭成员保护的责任。以管粥集村村民张大臣家为例，老父亲是当家人，虽然已经年迈，很多具体事务交给自己的大儿子打理，但是当家庭经济出现困难或者需要借钱、借粮、借牲畜时，当家人都要一马当先。为了维护整个家庭的正常运转，当家人要时刻操劳谋划，不能是一种过一天算一天的心态，而是要从大局上进行考虑。例如全年的粮食是否够吃，今年的收成如何分配，迎来送往要送的礼物价值等，都需要当家人来拍板，而一旦没有谋划好，家庭的经济就很容易出现危机。虽然当家人有保护家人的义务，但是对于一些"不孝子"，如不听劝阻在外赌博甚至抽大麻的家人，当家人可以当着外人的面和这个儿子划清界限，周围的村民也就不会再借钱给这个儿子，但是已经积累的债务还是需要当家人来负责偿还。

（二）娘家人提供庇护

管粥集村村民赵启蓝谈道，在1949年之前，村民也格外重视和娘家人的关系维护，平时逢年过节两家人彼此都有密切的来往。如此重视与娘家人之间的关系的一个重要原因就是娘家人在自己家庭出现危机时可以施以援手。

管粥集村村民赵忠义就讲了这样一个事例："中华民国的时候，我还小，有一年家里面遭了严重的水灾，家里的房子都被冲垮了，政府也不问，我们就只能自己想办法。后来我母亲就和我的外公家联系，外公就拍板让我们一家人过去暂住一段时间，等到水退了之后再慢慢搬回来。当时我就在想要是没有外公我们就没有房子住了，做梦都害怕。"

二、家族保护及其关系

1949年之前，虽然管粥集村是个杂姓村，但是各个自然村都有自己主要的姓氏，家族的力量尚存。这些大大小小的家族对单个的家户或村民形成了一定的保护与保护关系。

（一）家族保护之族内救济

据管粥集村村民赵启蓝、赵忠义等人回忆，中华民国时期，管粥集村范围内只有宗姓家族和赵姓家族有一定的族内救济，而其他的较小的家族族内救济比较薄弱，主要还是依靠族人自身的能力。宗姓家族和赵姓家族之所以能够为族内的弱势群体如孤寡老人、孤儿、丧偶的妇女等提供一定的救济，一方面是这两个家族有族田，族田可以产生持续的经济效益用以救济族人，另一方面这两个家族势力大，根基深，存在较多的富裕户。

管粥集村村民宗玉春就谈道：

> 我记得我小的时候家族里面谁有困难了都可以去找族长，族里面的田优先给族里面困难的家庭轮流种。对族里面没有子女的老人或者丈夫去世的妇女还有孤儿，族里面都会组织富裕户捐款，捐多捐少完全自愿。尤其是逢年过节或者冬天之前，族长都会带上族人去他们家中探望，给他们一些钱让他们能够把日子过下去。

（二）家族保护组织之"富家丁"

中华民国时期，受到政府的鼓励，在管粥集村各个自然村的大家族内部都成立了富家丁，相当于保甲自卫团。

1. 富家丁概况

1949 年之前，在管粥集村，家族内凡符合年龄要求、身体健全、家庭经济状况良好的男子都强制参加，集中训练，负责本自然村的防卫事务。富家丁的作战能力培训是以乡为基本单位的，各保参与人数不定。在管粥集村所在的管粥乡，各保出 15 人左右，一个管粥乡的富家丁总共一百多人，总负责人为乡长，保甲长只负责向上呈报富家丁名单，不负责具体的管理事务。

2. 哪些人成为富家丁

成为富家丁的条件包括：其一，年龄在 25—45 岁之间；其二，性别为男性，女性不能参加；其三，身体健康，心智健全，身体残疾或智力残疾的人都不参加；其四，家庭经济条件中等偏上，中农以上成分家庭，家里一般有 10—20 亩土地；其五，如果一个家庭有多人符合条件，只需要出一人参加；其六，参与富家丁是义务性的，强制性的，如果村民拒绝参加富家丁，家族族长会先行予以劝诫，若是还不听从劝告，则由族长报告保甲长，然后报告乡政府，政府会派警察进行逮捕并罚款，关几天，挨揍，罚几排子弹的钱，直到愿意参加富家丁；其七，一个自然村一般有一队富家丁，这些成员都是一个家族的，也往往就是同一个姓氏的。

3. 富家丁的训练

农闲时期安排富家丁训练，一般在初春或者秋后，持续 2—3 周，不会安排在农忙时期，农忙时节各家各户劳动力紧缺，无暇参与富家丁。每天的训练时间从早上 6 点半到下午 5 点，乡政府安排专门的教官组织军训，完全军事化管理。管粥集村的富家丁前往管粥乡乡政府驻地宗庄村，与同乡其他村庄的富家丁集中进行训练，宗庄村距离管粥集村 4 公里路程。

训练项目包括：其一，基本的列队、站姿和军事指令；其二，枪支的使用，打靶训练；其三，基本的作战技巧；其四，防卫知识学习，爱国主义教育。富家丁的武器有两种，一种是手枪，一种是长矛。乡政府不提供武器，手枪和长矛都是富家丁自家所有的，参加训练时自己从家里面带武器。训练时穿着统一的军装，军装是由乡政府分发的，但是衣服的费用由富家丁自己承担。

4. 富家丁的日常活动

（1）巡夜

富家丁除了平时的训练，还会安排巡夜的工作，一般是绕着本自然村进行巡逻。一百多人的富家丁队伍，一半负责上半夜，一半负责下半夜，从晚上5点开始围绕整个乡巡逻，如果抓住小偷小摸的人就打一顿放走，如果发现偷盗牛马的人就直接移送乡政府，如果发现土匪就向乡政府报告，寻求增援。守夜不会专门提供伙食，富家丁可以自己携带。可以花钱找人代替守夜，没有安排小孩妇女守夜的情况。

（2）保安

自然村内出现匪徒攻击，族长等会立即报告保甲长，保甲长会向乡政府报告，乡政府会派出相应数量的富家丁前往支援。村里面出现打架斗殴，富家丁也会出人进行处理。

（3）外地训练或调动

如果外乡匪患严重，乡政府之间可以沟通，进行人员调度，增援其他乡。外地训练或者调动产生的费用仍然是由富家丁主要承担，但是前往援助的话，受援助的乡会管饭，饭菜的费用由当地乡按照田地面积进行摊派。

5. 富家丁相关花费

平时训练期间，富家丁的伙食费用大部分由自身承担。加入队伍时，富家丁就将自己从家里面带来的口粮和菜金上交集体，大家吃大锅饭。外出维护治安时，对方乡承担伙食费用。军装和武器的费用大部分由富家丁自身承担。少量的花费来自家族的族田经营所得。

（三）家族保护组织之"除虫会"

1949年之前，管粥集村村民为了应对自然灾害自发组建了"除虫会"这一社会组织。本部分从除虫会概况、组织运行、组织的管理者和组织经费来源等四个方面进行考察。

1. 除虫会概况

传统时期，管粥集村一带旱涝灾害频发，加之没有专门且有效的杀虫农药和技术，村庄会在个别年份遭遇严重的蝗虫或豆虫灾害。根据老人描述，蝗灾严重时，蝗虫漫天飞舞，遮天蔽日，村里的庄稼能在数个小时之内全部被蝗虫毁坏，导致农民颗粒无收。虽然村民几乎难以招架极其严重的蝗灾，但是一般年份发生蝗灾或者豆虫灾害时，同一个家族的村民会自发组成除虫会，共同保卫庄稼。

2. 组织运行

如果村里面遇到大面积的虫灾，如蝗虫或者豆虫，管粥集村各个家族的长辈会号召本家族的村民一起除虫。有地的农户必须出人，至少出一两个人，没地的农户可以不参加，但实际上都会帮忙。如果是蝗虫，族人一起围着田地挖沟，在沟里面放上干草和干玉米芯，用火点燃，然后把蝗虫驱赶到沟中烧死。如果是豆虫，族人就直接用手抓，抓住就直接扔到地上踩死。

3. 组织的管理者

除虫会是临时组建的组织，它的管理者是各个家族的长辈，不一定是族长，但是族内受到普遍认同的长者。家族长辈主要负责除虫会的发起，要求本族内各家各户出人并安排谁负责哪块地。家族长辈组织除虫会没有报酬，但是可以增强自身的威信。

4. 组织经费来源

除虫会的运行几乎不需要经费，各家各户出劳力，带上自家的工具即可。如果有地的人家家中没有劳力，不能出人，可以出钱给帮忙的族人买酒喝，表示感谢。具体出钱的数额不定，全凭心意。有族田的家族可以从中出钱供家族成员在完成除虫工作后共同聚餐一顿。

三、村落保护及其关系

管粥集村所在的萧县可以视为徐州城的桥头堡。包括管粥集村在内的村庄缺乏天然的防卫屏障，国家又无力提供有效的保护，在这种情况下，村庄内部既筑有寨墙，形成具有防卫性质的社会组织，村庄与村庄之间也结成联庄会等组织，开展自我防卫、联合防卫。管粥集村范围内的保护关系主要体现在以下的四个方面。

（一）村落保护实体——寨墙

管粥集村的寨墙建于清朝太平天国时期，是村落重要的防御设施。本部分将从寨墙概述、谁出资、出劳力建设、寨墙边界、寨墙的日常管理以及寨墙的维护等五个方面进行考察。

1. 寨墙概述

在清朝统治时期，管粥集村始建有寨墙。寨墙分为两种，一种是由村中的地主建设，规模较小，仅围绕自己的住家，村民称之为"围子"，地主赵祖武一家就围绕自己的住家建设了围子。另一种由村中中农以上家庭牵头，村民共同建设，围绕整个村子，没有外村人参与。管粥集村在新中国成立前分为管东村和管西村，寨墙主要围绕管东村进行建设，设有寨首，也就是庄长。寨墙为土墙，厚度0.5—1米，高4—5米，外围都有由人工挖的护寨河，四角设有瞭望台和枪眼。

寨墙第一批建设的时间在太平天国运动期间（1851—1864年），南京定都，而萧县距离南京仅300公里，土豪绅士大为震惊，于是修建防御工事，这些寨墙主要用于保护地主自家的农庄。第二批寨墙建设的时间为1856年，一场反对清朝政府、大约6000人的农民起义队伍——捻军在萧县与清朝军队短兵相接，众多村庄为躲避战乱修筑寨墙。中华民国中后期，寨墙疏于管理，日渐颓败。

2. 谁出资、出劳力建设

地主建设的围子由地主自家提供土地和资金，但是地主家周围的外姓住户会前来帮忙，出劳力，比如取土、运土、筑土墙等。外姓住户之所以前来帮忙是因为他们在很多方面依靠地主生活：包括借用地主的土地或者墙角搭屋，租种地主的土地或者给地主当大领、做短工，从地主围子范围内的水井里打水喝，战乱或闹土匪时，周围的住户也可以抱着孩子到围子避难。

围绕管东村建设的寨墙则由寨墙内的住户共同出资出力建设，庄长带头。资金由村里面中农以上的富裕人家分摊，穷人家不出钱。劳力方面，各家各户但凡有青壮劳力的至少出一人，庄长负责清点人数，富裕人家如果不愿意出人可以花钱给出力的村民买酒。取土时，一部分沙土从村中荒地取，但是这些沙土只能用来垫底，不能筑墙，筑墙的泥土从寨墙外围或者地主家的田地里取。

3. 寨墙建设的边界

地主的围子主要围绕自家的住房、水井、牲口棚等进行建设，一面土墙靠着村中的大水坑，占用的土地主要是自家的地。如果涉及外姓村民的地就进行土地置换，用同等面积远处的地换因寨墙建设占用的土地，对原有土地上的庄稼或者树木照价赔偿。不过在实际情况中，确立寨墙边界时就会尽量避开大片庄稼或树木。寨墙的具体走向都由地主一家的当家人确定，一般都依水坑、树林等天然屏障建立。

村落的寨墙由庄长牵头设计，具体的走向由村民共同讨论决定，村落中每家每户的当家人出面商讨。寨墙的边界依据除了自然村之间的界线外，也会考虑水坑、树林、道路等。在设计寨墙时就会尽量避免破坏既有的树林、庄稼，但是仍会占用部分村民的土地，占用的土地不会进行赔偿。

4. 寨墙的日常管理

地主的围子到了夜里就会关闭，外人无法进入。地主自家有枪，有战乱或土匪侵扰时，地主会安排大领在瞭望台观察情况，及时汇报。管东村的寨墙有两个村口，东边一个出口，西边一个出口，由于寨墙内有集市，居住人多，所以平时白天黑夜出口都不封闭，但是特殊时期，比如军队过境或者土匪侵袭，寨首会下令关闭寨墙，各家各户轮流出人在瞭望台观察情况并及时向寨首汇报。一些不能出人的家庭，比如寡妇家庭，要出钱给守夜的村民买酒喝。寨首也会让村里面有枪的家庭组成自卫团，保护村庄不受外敌侵扰。

5. 寨墙的维修

地主的围子平时由地主自家负责维修，当家人会让大领进行维修，如果围子破坏比较严重，地主需要更多的劳力帮助，就会让周围的住家帮忙，不会给报酬。村落的寨墙维修由庄长安排，如果是小修小补，庄长定期安排人进行维修，寨墙内的住户轮流出劳力。如果是大规模的修补，庄长会同各家各户的当家人商议，确定修补后，富人家出钱，穷人家出力，共同维修村庄的寨墙。

(二) 村落保护组织主体——寨首

传统时期，管粥集村寨墙乃至具体的村落防卫是由寨首具体负责的。寨首可以从以下的七个方面进行考察。

1. 寨首概述

村内的庄长发挥寨首的作用，负责寨墙的日常管理和维护。寨首一般只有一个。庄丁会协助寨首的工作，主要是替寨首跑腿，通知各家各户修筑或修补寨墙，收取防卫费用等。如果出现战乱或者土匪侵袭村落的情况，庄丁要向寨首报告，寨首会亲自组织村落的自卫队伍，安排具体的巡夜、防卫工作，出面交涉。

2. 什么样的人能够当上寨首

村民一般会选办事公道，说话有威信，人缘好，热心村中公益事业的人担任寨首。虽然寨首没有明确的年龄、财产、念书的要求，但是实际当选寨首的都是村中中农以上的农户。地主不愿意当寨首，因为担任寨首没有报酬，防卫事务不定期且责任重大。

3. 寨首是如何产生的

寨首是由村庄中各家各户当家人一起协商决定的，开会人自由推举人选，获得大部分村民认可尤其是村中富裕户认可的人才能当上寨首，如果村中的富裕户不认可，村中的防卫事务得不到富裕户的支持，防卫无从谈起。选出的寨首也要告知乡政府，乡政府允许后正式任命。

4. 寨首与保甲长

在管粥集村，庄长和保甲长并不是同时存在的。在保甲长之前是庄长治村，庄长同时也是寨首，负责村庄的防卫工作。保甲长时期寨墙的作用日渐丧失，保甲长也不再组织村民对寨墙进行维护，寨墙倒塌，泥土被村民用来建屋。

5. 寨首的职责

寨首的主要职责包括：

一是负责村庄防卫，包括村庄防御工事的修建和维护，村庄自卫组织的建立和日常管理。

二是完成收税，税收齐后上交县里。

三是协助户籍警做户口调查。

四是调解村落内村民的纠纷，维护村内的治安。

五是支持村中公益事业，包括修路、修庙等。

六是分摊村费，也包括分摊县、区、乡的各类摊派费用。

七是对外来人口进行审查。如果有外村人仅在村中短暂居住，如逃荒，寨首不过问，但是外村人在本村定居需要得到寨首的同意，寨首同意即可居住，另外还会上报给户籍警。

6. 寨首的报酬

寨首是没有报酬的，但是实际在主持公益事业或征收税收时，寨首会截留一部分作为自己的报酬。另外村民也会在年底时按照各家的土地亩数均摊，付给寨首工资，每年在 100 元左右，价值相当于 1 500 斤麦谷。

7. 寨首的权力

涉及村落的事情，寨首有发起的权力。但是具体的落实需要寨首组织村民代表开会，村民代表也就是各家各户的当家人。

寨首的权力包括：一是联系县警卫队；二是处理村落之间或村落内部的纠纷；三是组织村落的自卫队伍；四是承接上级安排的各项任务，比如查户口、收税等。村民对寨首是绝对服从的，虽然可以提出反对意见，但是没有在公开场合提出的。

（三）村落保护组织之"打更队"

1949 年之前，管粥集村存在打更队，是村落重要的保护或防卫组织。打更队可以从以下的几个方面进行考察。

1. 打更队概述

中华民国时期，在管粥集村，各保都有打更队。具体的人选由保甲长任命。打更本身没有报酬，但是富裕人家会让穷人家替自己打更，会给一些报酬。

2. 打更人是怎么产生的

打更是以保为基本单位的，保下面有十多个甲，每个甲每晚都要出一人负责本保的打更工作。具体到一个甲中，十多户人家轮流出人打更。具体轮到哪家打更由甲长选定并上报保长。

打更人基本要求包括：其一，男性，没有女性打更的，女性随意出门有伤风化；其二，壮年人，年龄在20—30岁之间；其三，身体健康，心智健全，身体残疾或者智力残疾无法承担打更的工作。

3. 打更人的报酬

打更本身没有报酬，这是整个村子的事情，每个村民都有责任。但是在实际情况下，没有土地或者土地很少的穷人家才会去打更。如果一个家庭没有处于壮年的男丁，比如寡妇家庭，或者家里面地多，不愿意打更的地主家庭，他们就会出钱，让村里面的穷人家代替自己打更。他们找的穷人家都是自己熟悉的，他们就管穷人家的一餐晚饭和夜宵，或者出点钱买2—3瓶酒，让打更人晚上巡夜喝点暖暖身体。

4. 打更队的工作时间

在管粥集村，民国时期，一年之中只在11月到2月份之间有人打更。这一时期需要人打更的原因在于：其一，天气寒冷，村民普遍睡得沉，家中容易被盗；其二，临近过年，家里面储备的过年过冬的粮食等数量多，需要保证家中财物的安全。

一天的工作时间从晚上7点到第二天的早晨5点，实际每晚各保十多人的队伍会分成两组，一组6—7人负责晚上7点到凌晨12点，另外一组负责凌晨12点到早晨5点。打更人在打更时不在一个地方停留，而是围绕自己的保，边打梆，边巡视，走累了，几个人就聚在一起，喝酒、烤火、吃烤红薯等。

5. 打更队的职责

打更队的职责主要是防范偷盗和火灾。如果发现小偷小摸，打更人会立即喝止，要是能够抓住人就打一顿再放走。如果发现偷牛偷马的人，抓住就报告保甲长，然后直接扭送乡政府，关起来并罚款。要是发现土匪，就会直接报告保甲长，让保甲长处理，保甲长一般会向乡政府求援。如果发现火灾，就立即通知该住户和邻里，帮忙救火。

6. 打更人的社会关系

打更人都是村子里面的穷人家，和保甲长没什么联系，和地主熟悉，地主就让他们替自己打更，地主给一定的报酬。穷人家也愿意更多承担打更的工作，因为可以得到一定的报酬，在家闲着要饿肚子。

（四）村落保护组织之"看青会"

1949年之前，每到麦苗快要成熟的季节，包括管粥集村在内的众多村落都会组建看青会以防止对粮食的偷盗或破坏的行为。看青会可以从以下的几个方面进行考察。

1. 看青会概况

传统时期，政治稳定，人民生活安定，村中偷盗之人很少时，各村不需要专门设置看青的人员，但是时局动荡或灾害频发之时，加上村民本身的分化，村中小偷小摸增多，看青也成为必要。

管粥集村的看青会形成大致经历了三个阶段：

第一个阶段是各家各户各自看青，地主让大领帮助看青，一般人家就自己在庄稼成熟时，时不时在自家的田头走动，互相没有任何的联系。

第二个阶段是村民发现各家自己看青费时费力，尤其是田地分散的人家，往往难以全面顾及，因此他们便让村里面的穷人家或者光棍无赖帮助自家看青。选择光棍无赖看青有以下几点考虑：一方面是光棍无赖本身容易成为小偷小摸之人，请他们看青可以让他们有了一部分收入来源，减少他们的偷盗行为；另一方面是光棍无赖敢打敢闹，抓住小偷小摸往往不讲情面，给以颜色，这样可以有效阻止小偷再来光顾。村中请光棍无赖看青的人多了，看青人各自就互相有了联络，协商好各自负责的地块，看青会初具雏形。

第三个阶段，由于村民需要各自向看青者提出看青请求，但是仍旧会引起纠纷和不便，主要有两个方面：一个方面是看青的报酬不统一，高低不定，看青者容易漫天要价；另一个方面是发生偷盗产生的损失无人负责或者看青者容易推卸责任，甚至有可能出现看青者监守自盗或者对外勾结、合谋的情况。为了解决这个问题就需要村庄建立更完备的看青组织。这时候，村中的问事人介入到看青会中，正式成为看青会的管理者，提升了看青会的权威性和公信力。随着政府对村庄摊派挪款的增加，看青会顺势协助相关款项的征收，看青会的合法性和职能进一步增强。

2. 看青会的组织运行

看青会的首要职能是看青。在管粥集村，只需要在庄稼接近成熟时——一般为春季的3—4月，秋季的7—8月，让看青会组织看青活动，且主要的活动时间是夜晚的8点到第二天凌晨2点，白天一般农民各家会自己留意。如果看青者抓住小偷小摸者一般教训一顿就放走。若偷盗者是惯犯且屡教不改，看青者会报告看青会。看青会的会首和田地的主人会商量具体处置的方式，最严重是揍一顿然后扭送乡政府关起来。实际管粥集村的看青会抓住偷盗者的情况极少。

农忙结束，看青也宣告完成，看青会会首即问事人会带领看青者前往村中各家各户讨要报酬。看青者会用拖车，拿上麻袋，走街串户。各家各户都是给的小麦，数量不等，一般为一户给1—2斗小麦。地多的户如地主就多给，地少的少给，没有地的不给。

另外，一段时期看青会还实际承担着县、乡政府摊派费用的征收工作。由于摊派费用往往按照村民田亩数量进行征收，看青会掌握着村中各户的土地情况，自然可以很顺利协助保甲长完成这个工作。甚至看青会还将职能拓展到修路修堤等公共事务中，如果费用是按照各家田亩征收，看青会也可胜任。

3. 看青会组织的管理者

看青会的管理者是看青会会首，也是村中的问事人，他实际发起了并掌握着看青会的运转。每年看青开始到结束的具体日期，每天看青的人员安排和巡查时点，看青者的薪酬，看青过程中出现的纠纷评断等都由问事人主要负责。问事人带领看青会没有名义上的酬劳，但是看青者会给问事人一些报酬，数额不定，全凭心意，问事人在村民中间主要是获得了更多的认同和威望。

4. 看青会组织经费来源

组织运行本身不产生费用。会首本身也没有明面上的工资，但是除了看青者的谢礼外，如果保甲长在政府摊派费用的征收、修路等公共活动费用征收上有求于看青会，会首就予以帮忙，会首可以从政府获得一定的补贴，可视为报酬。

5. 对参与看青会的态度

（1）村民的态度

村里面有地的家庭都会参加，没有不参加的，否则会被孤立，无地的村民不参加。村民对看青会是积极认同的态度，因为有威望的问事人做会首且本身也有需要。

（2）地主的态度

地主也会参加看青会，服从会首的管理。不过地主田地最多所以交的看青报酬也最多，在出现纠纷时说话更具分量。

（3）保甲长的态度

保甲长也会参加看青会并服从会首的管理。会首和保甲长的关系是不错的，保甲长如果需要看青会在征收费用上给予帮助，会首一般也会予以协助。

（五）村落保护组织之"红枪会"

传统时期，管粥集村存在过"红枪会"这一村落防卫组织。"红枪会"具体可以从以下的几个方面进行考察。

1. 红枪会概况

在日军侵华时期，在管粥集村成立有红枪会。具体分为两个派系，一个是红旗门，一个是黄旗门。两者的区别是参加黄旗门的人不能吃荤，红旗门成员可以，黄旗门女性参与较多。

2. 红枪会的起因

日本人的入侵导致政局不稳定，管粥集村靠近徐州和陇海铁路，日本人经常过境。另外，这一时期村民也时常受到匪患侵袭，很多人加入红枪会以求自保。

3. 红枪会的会头

在管粥集村成立的红枪会会主是赵楼自然村村民赵凤祖，贫农成分，家中不到10亩地。他在外地参加红枪会，学成后回村建立本村的红枪会。经过会主的指导并对祖神爷进行跪拜后就正式成为红枪会的成员。拜师不需要给钱，但是需要缴纳基本的祭拜费用，即香火钱，每个月每个成员要捐1元的祭拜费用，相当于缴纳15斤麦谷。会头和保甲长没有往来，不参与村庄的会议或者决策，所以不会担任调解人、中人、丈量员或者保证人等，保甲长也不会干涉红枪会的日常活动。会头不会命令会员，也不会让会员帮忙干活，会头仅仅带领成员进行祭拜。

4. 红枪会的成员

只要愿意皈依，诚心供奉祖神爷就可以加入红枪会，没有特别的门槛。在管粥集村，绝大部分的20—30岁的年轻人都参加了红枪会，没有超过50岁的人参加。富人穷人都有参加红枪会的，但是总体参加的穷人多，富人可以自己组织防卫，有文化的人比如私塾先生也不会参加。男女都可以参加红枪会，但是女性一般都参加黄旗门并且都在家中祭拜，不和其他男性成员一同祭拜。当家人一般不会干涉，有些自己也会加入，主要是限制家中的女性随意外出，担心有损名声。

5. 红枪会的日常活动

红枪会拜祖神爷，有牌位供奉，放在村中有较大屋子的村民家中。红枪会宣扬只要虔诚祭拜，成员穿上红色肚兜，用矛刺肚子也刺不穿，可以刀枪不入。会主每天带领成员上三次香，坚持打坐至少三个小时。成员相信坚持祭拜，就可以刀枪不入，参加打仗也不会死。参加红枪的人不能够图财，说脏话，当土匪。如果红枪会的成员有困难，可以向其他成员求助，成员会积极凑钱进行援助。

6. 红枪会内部成员之间的关系

参与红枪会的成员大部分是年轻的穷人，他们有精力和热情参与到红枪会中，并且打着保卫村庄、保卫家园的旗号。在实际运行中，年轻人通过结成队伍确实震慑到了一些小土匪，他们不敢再随便拦路抢劫，而对一些大土匪，红枪会没有发挥实际的作用，村民只能坐以待毙。除了简单的防卫互保，红枪会内部有成员家里出现困难，会头就号召成员帮助他，这样进一步凝聚了整个红枪会的人心。

7. 对参与红枪会的态度

（1）村民的态度

普通村民对红枪会的具体情况不了解，他们忙于农活不愿意参加这个组织，并且这种有一定武装的民间组织并没有得到民国政府的支持。在管粥集村，红枪会也是近乎地下运行的，担心受到政府的打压，只有在匪患严重，政府管理松懈的时期，红枪会才比较活跃，村民对这个组织保持一定警惕心。

（2）地主的态度

由于红枪会的成员主要是村里的穷人再加上没有得到政府的认可，因此地主对这个组织非常谨慎，也担心受到这个组织的讹诈。出于这种担心，地主主动和红枪会的会头结交，给一些好处，保证自身家产的安全。

（3）保甲长的态度

保甲长对红枪会是保持否定态度的，村里面的治安通常由乡里的警察来负责。而红枪会这一武装组织在没有得到政府许可的情况下就自发运行，保甲长要时刻掌握这一组织的情况。另外虽然保甲长不支持，但是往往是睁一只眼闭一只眼，只要不杀人放火，保甲长不过问也不主动上报上级政府。

（六）村落保护组织之"联庄会"

传统时期，匪患流行的年份，管粥集村会与周围的村庄自发结成"联庄会"以抵御匪徒的侵袭。"联庄会"可以从以下的几个方面进行考察。

1. 联庄会概况

中华民国二十七年（1938年），萧县在日军的攻击下沦陷，沦陷后的萧县一片混乱，土匪四起。包括管粥集村在内的皖北一带的村庄为了自卫成立联庄会。在1989年版《萧县志》中记载，当时活动于萧宿永边境的土匪有11杆，从夹河寨至黄口有5杆，每杆几十人至几百人不等。

管粥集村参与了当时管粥乡组织的联庄会，在富家丁和打更队伍的基础上组成民兵队伍，保卫村庄村民财产免受土匪的掠夺。

2. 联庄会的成因

其一，日军攻占了现萧县县政府所在地龙城镇，战乱导致时局动荡，人人自危。政府管理的松懈直接给了土匪队伍壮大的土壤，管粥集村又处于萧县和铜山县的交界之处，管粥集村中富裕户的人身财产安全面临直接的威胁。

其二，单个村子的民兵队伍力量薄弱，难以有效抵御猖獗的土匪势力，所以以一个乡为单位形成联庄会，哪个村子出现土匪就迅速派队伍前去应对，减少村庄的损失。

其三，组成联庄会可以将各个村中富余的劳动力，诸如一些游手好闲的单身汉，吸纳进联庄会中，使他们的基本的衣食有了保障，减少他们投匪的风险。

3. 联庄会的成员

联庄会的成员是在村中原有的富家丁和打更队伍的基础上发展起来的。虽然富家丁队伍都是富裕人家，但是实际联庄会成员大部分都是中农以下的农民，富裕人家愿意主动参加民兵的少，并且有势力的富户他们自己有枪可以形成自己的防卫，穷人家可以通过在联庄会出力获得一些报酬。

4. 联庄会的运行

联庄会的工作主要分为两个部分，一个部分是训练，一个部分是防卫。联庄会训练是各个村子出十几人的青壮年男性队伍，在乡政府进行统一的集训，所需的经费由各个村子自行承担。具体是按照村民的田亩数进行分摊，集训围绕土匪的防御本领进行，包括枪支等战斗工具的使用。

在联庄会训练之后，各个村庄的队伍在自己的村庄待命巡逻，一旦发现土匪袭击村子，通过打梆的方式各个村庄互相联系，其他村子的民兵队伍得到信号迅速集结前往支援。联庄会对土匪能够起到一定的震慑作用，但是实际难以抓住土匪，要是抓住了土匪就交给政府处理。

5. 联庄会内部成员之间的关系

村庄与村庄之间形成联庄会使得地区的治安水平得到了提升，土匪开始忌惮村庄组成的联庄会。以往各个村子各自为政的时候，土匪可以趁乱脱逃，现在村庄联保，使得土匪有被包围或者断后路的风险。

组成联庄会的村庄之间的联系也更为紧密，相互之间的交流也变多，即便是互相之间发生过争执甚至冲突，面临土匪等的威胁，这些村庄也能共仇敌忾，有效维护了地方的稳定。另外，联庄会很多成员是村中的地痞无赖，现在给他们谋了一份差事，他们不需要再偷鸡摸狗了，外村人对村庄的评价也得到了提升。

6. 对参与联庄会的态度

(1) 村民的态度

村民对联庄会抱以支持的态度。土匪横行的时期，无论是富裕户还是贫困的人家都人心惶惶，一般土匪针对有钱的大户进行攻击，但是地主等大户消息灵通并且深墙大院还配有充足的枪支，这样一来，土匪只能抢劫勒索中农富农人家，但是周围的农户也一起遭殃，比如土匪会点火烧房子。有一些恶霸土匪，更是劫掠小孩妇女，村民完全没有招架之力，联庄会的出现使得这一情况得到改善。另外，村里面游手好闲的人员都进了联庄会，村里面的风气也得到好转。

(2) 地主的态度

虽然地主有一定的自保能力，但是同样支持联庄会的成立，并且管粥集村的地主积极加入联庄会的组织，出钱捐物。这不仅提升了整个联庄会的武装势力，也提高了地主自身在村民眼中的威望。

(3) 保甲长的态度

联庄会是得到政府支持的组织，能够有效弥补乡里的警察队伍的人员不足。保甲长自然支持并参与到组织中，保甲长是联庄会的领导者，协调联庄会的各项事宜，如分配人员等。

第十节　村落社会变迁

1949 年，管粥集村的社会迎来了全新的发展时期。先后经历了土地改革运动、人民公社时期、土地承包到户三个历史时期之后，管粥集村传统的社会形态已经成为历史，本节旨在展示三个重要的历史时期中管粥集村社会经历的显著变迁。

一、1949 年之前的传统社会形态

传统时期，管粥集村是一个典型的华北集居村庄，在亲族有限的荫庇下，管粥集村村民过着多姓杂居的生活。具体来说，主要体现在以下的几个方面：

其一，1949 年之前管粥集村以主干家庭、联合家庭为主，核心家庭虽然占有一定的比重但仍然不是主流。村民普遍有着不愿意过早分家的观念，因为过早分家意味着分田析产，越是富裕的家庭越不愿意更早分家。家户身处于亲族邻居有限的荫庇之下，彼此之间交往密切，守望相助。

其二，长期集居的生活逐渐使管粥集村村民养成了重视社会交往的习惯，有基本的亲族、邻里、本村村民的交往，外村村民的交往，还有基于共同的信缘、业缘等进行社会交往，扩大自己的朋友圈。村民相信"多一个朋友，多一条路"，因而形成了"在家靠父母，出外靠朋友"的观念。为了维护彼此之间的关系，村民依托帮工换工、人情往来、日常聊天打牌等多种形式维护和巩固彼此之间的关系。村民坚信，一个人若是不和外界交往，是难以在社会上真正立足的。

其三，传统时期，由于战乱和自然灾害频发，仅仅依靠个体家户的力量是远远不够的，因此村民不得不抱团也乐于抱团，并结成了形式多样、功能各异的社会组织，例如基于共同的血缘形成了老人会、孝衣会、家伙会，基于共同的信缘形成了祈雨会、家礼会以及娘娘会，基于共同的地缘形成了鸡蛋会、摇会，基于共同的业缘形成了轿会，基于保护和防卫的需要形成了除虫会、看青会、红枪会以及联庄会。正是这些社会组织，在村中士绅老爷、保长等头面人物的带领下，为每一个管粥集村个体家户结成了一道安全网，历经风雨，始终生生不息。

二、1949 年之后的传统社会变迁

1949 年之后，新中国的成立标志着管粥集村社会进入了一个崭新的发展时期。土地改革运动、集体化时期以及土地包产到户，村庄的社会状况与形态被一个个运动裹挟着不断变迁。

（一）土地改革运动时期的村落社会

1950 年土地改革运动在管粥集村一带拉开帷幕，也对管粥集村社会带来了深刻的冲击。

第一个显著的冲击是对村民身份地位的冲击。传统时期，士绅老爷、保长、多地农民等是村中的头面人物，是村中绝对的权威，但是土地改革运动让贫雇农翻身，富农地主阶层被打倒。村民不再依据土地的多少、财富的多少来判断自身的社会地位，村民之间的经济差距被这一运动迅速拉平，社会地位也直接出现翻转，穷人身份成了香饽饽，成了光荣和权威的新代表。

第二个显著的冲击是村民社会交往的冲击。在土地改革运动之前，村民习惯于依据经济状况和同层次的村民交往，也就是穷人乐于和穷人交往，富人乐于和富人交往，基于租佃、雇工等活动形成了一定的依附关系。但是土地改革运动直接将这一交往逻辑打破，村民更多依据阶级来交往，富农地主是社会交往的对立面，贫雇中农要牢牢地团结在一起，哪怕拥有共同的血缘、地缘、信缘、业缘等，只要身份不一致就应当划清界限。

第三个显著的冲击是国家力量的强制介入。以农会为代表的国家力量强制介入管粥集村社会，村中原本丰富的社会组织很快消亡，原本以人情、合作、交往等为纽带的社会联结被打破，村民更多从家户利益出发，开展社会交往。同时，国家也承担了更多提供乡村基层公共服务的功能。

（二）集体化时期的村落社会

先前的土地改革运动促使村民之间的经济条件相近，然而土地、农具、牲畜分配过度的碎片化也一定程度上伤害了农村的农业生产力。在国家力量的推动下，互助组、初级社、高级社乃至 1958 年的人民公社相继在管粥集村开花结果。传统的自愿组合的劳动生产单元被重组，管粥集村形成了两个生产大队，分别是管粥集大队和赵楼大队，生产队开展统一的生产、分配、核算与消费，村民的流动被生产队严格控制，生产活动也被生产队牢牢把控。总而言之，生产队的出现一定程度上消灭了原来的小农自主经营，取而代之的是生产队式的经营。相应的社会交往也被严格限制在生产队当中。

人民公社的建立是生产队式经营的高潮，在管粥集村一带甚至出现了男女分开，统一安排住所的情况，整个社会组织形式仿佛被重新洗牌，被运动裹挟着的农民只能任由制度的摆弄。生产队干部是村落新的权力权威，铁匠、木匠、教书先生等人的社会地位相对下降，贫雇农身份的村民给予自己的后代更多升学、当兵、做干部的机会，而富农地主身份的村民凡事只能靠边站，即便是在婚姻当中也是受到歧视的对象。

（三）土地包产到户之后的村落社会

以同省的安徽小岗村为榜样，管粥集村乘着改革开放的东风，回归到家户生产经营的体制当中，村民的生产积极性被大大释放，地方社会经济得到一定程度的复苏。

其一，市场经济观念逐渐深入人心。由于优越的地理位置，临近的江苏省始终走在市场经济的前列，管粥集村村民自然发现了其中的变化，村民不再安土重迁，而是一批又一批投入到市场经济的大潮中。管粥集村出现了第一批大规模的流出人口，他们在外创业谋生打工归来，带来了先进的市场经济理念，冲击着村内民众的既有观念。

其二，贫富分化开始加剧。伴随着走出去的村民越来越多，村民不再依靠农业谋生活，也不愿意再让自己被完全束缚在土地上，第一批先富起来的人出现了，这批人率先推倒了原来随处可见的土坯房，取而代之的是崭新结实的砖瓦房，更有甚者开始建设起了小洋房。交通工具也从自行车变为摩托车甚至汽车，村民家庭之间的经济差距在这些显而易见的事物当中被呈现得淋漓尽致，艰苦奋斗的精神被宣扬的同时，炫富爱财的扭曲风气也笼罩在管粥集村的社会之上。

其三，土地承包过后，村委会承担了村落基本公共设施和公共服务的供给责任，自然而然地，村落当中丰富的社会组织失去了生存的社会土壤，彻底退出了管粥集村村民的视野。另外，有钱的老板在一定程度上成为村民追捧的对象，而传统的教师、医生等职业虽然社会地位仍然较高，但并不为村民所追捧崇拜。

第十一节　村落社会实态

进入 21 世纪以来，伴随着农民收入渠道的拓展和实质工资的增加，农民的生活水平得到了明显的提高，管粥集村的村庄社会也有了崭新的面貌。因此，本节从社会交往越发紧密、人口流动更加频繁、社会保障越发完善等三个主要方面考察当下管粥集村的社会实态。

一、社会交往越发紧密

无论是管粥集村内部还是管粥集村与其他村庄或地方的联系都越发紧密,村民的社会交往越发丰富。

(一)社会交往的圈子扩大

随着社会经济的发展进步,村落的社会交往范围逐渐扩大,早已不再局限在村落内部。管粥集村的社会交往活动也日益频繁,交往范围也呈不断扩大的趋势。这种趋势的产生是由于经济的增长带来大量人口流动,村落对外经济活动增多,贸易往来加深了村落与外界的联系。与此同时,管粥集村的成员外出务工、求学的比例越来越高,不少成员常年居住在外地,活动范围非常大,村落的社会交往圈子也不断外扩。

(二)人情消费压力大

在管粥集村的社会交往中,人情消费的数量与比例一直居高,是家庭消费支出的重要构成部分。人情消费有着深厚的社会根基,当地的请客送礼现象司空见惯,每家每户凡是遇到大事,如婚丧嫁娶、金榜题名、新居落成、生意大赚等,都少不了请客吃饭等排场活动,伴随着的礼尚往来也越加活泛。近些年,管粥集村发展迅速,人情活动就随之频繁,家庭的人情消费压力也不容小觑。

二、人口流动更加频繁

受到城乡二元结构的影响,处于两省交界处的管粥集村村民流动也越发频繁,同时外地商人也注意到了管粥集村良好的区位,大力投资开发村庄旅游资源。

(一)人口大量外出,逢年过节回巢

管粥集村的外出人口数量很多,外出的原因主要是务工与求学两大活动。相比于留在村落务农,年轻的劳动力外出打工带来的收入是更加可观的,越来越多的年轻劳动力选择外出打工以更快地积累财富。义务教育的普及让管粥集村的孩子读书更加方便,通过高考外出读大学的机会也比以前增大许多,优秀的大学生更倾向于在大城市寻找工作而不是回到家乡发展。外出人员一般春节过后不久收拾行囊,乘坐火车奔赴全国各地,下一次的回乡通常意味着又一个春节即将到来。

(二)外地商人涌入,大力投资旅游

在管粥集村村民大量走出去的同时,也有一部分对商机嗅觉敏感的外地商人看到了管粥集村的未来发展前景,大力投资村庄一带的旅游事业。这些外地商人以江苏籍为主,由于管粥集村地处两省交界,与徐州城区接壤,随着未来徐州城地铁的开发,管粥集村村民将有望直接乘坐地铁进城,萧县也积极将自身发展融入徐州经济圈当中。这些商人看到管粥集村种植的大量果树和故黄河湿地保护区,认为这是一片还未开发

的处女地,未来将大有可为,因此他们目前逐步在村中开展农家乐,通过每年春天开展书画展等形式逐渐吸引以江苏城区为主的游客客流。

三、社会保障越发完善

管粥集村村民不再单纯依靠自身的力量来养老看病等,地方政府主动承担起了村民的社会保障工作。

（一）养老：家庭为主,政府为辅

从2009年开始,我国逐渐在农村地区推行新型农村养老保险制度。从管粥集的情况来看,村民的养老费用仍然主要由家庭承担。在管粥集成员的观念中,儿子是必须承担养老义务的,对于父母的赡养,儿子必须出钱出力。女儿则不同,女儿可以根据自家的经济情况决定给予老人一定的赡养费。政府的养老金在管粥集村村民的养老体系中目前仍起到辅助作用,村民反映养老金的标准比较低,对于老人的生活、看病就医等方方面面的开销无法实现全面覆盖,老人的大额花费主要还是依赖儿女的赡养费。但是,管粥集的村民也都认为,政府养老金有时候可以在小额花费上解决燃眉之急,"有总比没有要强",说明村民对政府养老金制度还是抱有很大的期待。

（二）医疗：农民就医与城乡合作医疗

2003年,国家推行新型农村合作医疗制度。当前,管粥集村村民新型农村合作医疗参与率已达到98%,说明村民对于新型农村合作医疗的认可度较高。在实地走访调查中,管粥集村村民对于新农合普遍反映存在两个比较明显的缺陷:其一是看小病的费用不能得到报销,其二是在私人诊所治病就医的费用也不能报销。

在管粥集村私人所有的卫生室,村民的看病费用比较高,输液、拿药的价格都偏高,普通的感冒需要花费上百元才能治疗,而这些费用不能在新农合得到报销,十分困扰村民的看病就医问题。

（三）精准扶贫力度大

管粥集村的精准扶贫工作开展顺利,扶贫力度很大,扶贫工作的关键在于精准确定哪些村民属于贫困户,这个工作需要科学合理的依据和程序,并且需要专门的机构来组织进行。

在管粥集,村民理事会从2003年就一直承担着这一职能,确定贫困户的程序是听证会和村民投票。村民理事会负责召集贫困户听证小组,小组成员包括村干部、村民代表、村民理事会成员。每年选举贫困户时,凡是提出申请的村民必须参加听证会,在会上陈述自家的经济情况、申请的理由,然后由听证小组成员投票决定贫困户人选。依靠听证投票制度,管粥集村选出的贫困户说服力更强,精准扶贫成效明显。

第五章 村庄文化形态与实态

1949年之前,管粥集村是一个多姓聚居的村庄,各个姓氏的村民基于共同的地缘关系经过长期的共同生活形成了相似的习俗、观念和信仰。本章将从崇拜与崇拜关系、信仰与信仰关系、思维与思维关系、态度与态度关系、习俗与习俗关系、规训与规训关系、文娱与文娱关系这七个维度立体展现1949年之前管粥集村的文化形态,并对村庄文化变迁的过程和现状做一番梳理。

第一节 崇拜与崇拜关系

管粥集村村民祖上都是从外地迁入,对先人的崇拜仍然顽强地保存了下来,这种先人崇拜的观念既表现在实体上,包括祠堂、牌位、族谱等,也表现在村民的行为关系和思想观念当中。在管粥集村多个主要姓氏的家族当中,赵姓族人身上体现并保有着的先人崇拜和崇拜关系最为鲜明和完整。

一、祠堂及其关系

宗祠是先人崇拜的实体象征,能够起到凝聚宗族人心、彰显宗族势力和族内团结的作用。祠堂这一场域也蕴含着丰富的行为关系。

(一)祠堂概述

总体来说,管粥集村所在的皖北一带祠堂不普遍。之所以祠堂不普遍,用村中老人的话来说就是"这边农民祖上都是逃荒逃难过来的,能够生存下来就不容易了,能够建起祠堂的当然是很少的"。具体到管粥集村,村中老人表示只有管粥集自然村的宗姓和赵楼自然村的赵姓在村内建有祠堂,村民称之为家堂庙。但是到清代尚存的仅有赵楼自然村赵姓的家堂庙,宗姓的家堂庙因为洪水泛滥在清代以前已经消失,宗姓族人也无力重建,赵姓的家堂庙虽然也受到损坏,但是由于地势较高且族人在清代初年人才济济,家堂庙得到重修。

村内的李姓族人、薛姓族人在外村都建有家堂庙,其中李姓族人的家堂庙建在距离管粥集村6公里的"小合子",薛姓族人的家堂庙建在萧县县城附近的村子,距离管粥集村30公里左右。

赵姓的家堂庙最早在明朝末年就建立了,中间经历了多次自然灾害,家堂庙日渐荒废。幸好在清朝初年,赵姓家族在外的族人由于做官、做生意等缘故积累了一定的财富,于是资助了村内赵姓家堂庙的重建修葺。经过修葺的赵姓家堂庙占地面积达到120平方米,祠堂内有主屋一间,供奉着第六世祖至今的历代祖先,其中第六世祖是赵姓在管粥集村最早定居的祖先,东西侧屋各两间,南屋三间,大门和二门各一座。

(二)立祠

传统时期,祠堂的建立标志着一个家族的兴盛。在管粥集村,立祠是由族长带领、族人共同参与的盛事。

1. "祠堂是族长带领建的"

建设祠堂首先得有领头人,而这个领头人往往是族长。管粥集村赵姓祠堂就是在本族族长的带领下建成的。

对此,管粥集村中的赵姓后人谈道:

> 我们赵家之所以能够在村里面建起自己的家堂庙,很大程度是仰仗清朝的时候我们赵家的族长。那时候朝廷里面有几位我们赵姓的大官,和我们都是同一个祖宗,族长就去游说这些官员能够出钱在村里面建设一个家堂庙。对他们说建设一个赵姓的祠堂是一件光耀门楣、团结族人的大好事,而且但凡是身居高位的大官,他们都愿意和确实资助了村里面的家堂庙建设,我们赵家不能让人看了笑话。官员们一听觉得在理,便答应了族长的要求,修家堂庙大部分的资金都是这些官员资助的。[1]

---

[1] 来自赵韶喜老人的讲述。

除了本族在位官员的资助,在赵家族长的号召下,管粥集村的富裕户都为修家堂庙捐了钱物。较为贫困甚至没有地的族人虽然不需要捐钱物,但是在家堂庙的实际建设当中需要出力。不过也不是白干,族长会从建设家堂庙的经费当中拿出一部分用来保障工匠们的基本伙食。管粥集村部分没有建本族家堂庙的村民就遗憾自己家族势单力薄,村子里面没有能够领头建设家堂庙的族长,村子外面没有达官显贵可以资助建设家堂庙。

2."宗姓有家堂庙,我们赵姓也要有"

在赵姓族人落户管粥集村时,宗姓家族的村民已经在这片区域繁衍了近一代人,宗姓是管粥集村公认的老户。也正因为如此,宗族势力与宗姓不相伯仲的赵姓族人因为较晚落户而总觉得低宗姓族人一等。当宗姓族人建立起自己家族的家堂庙时,赵姓族人越发有了危机感。用赵姓村民的话来说,家堂庙就是自己家族的脸面,宗家建了家堂庙,我们赵家也不能让旁人看扁了去。

正是在这样的心理促使下,赵姓族人紧随宗姓族人之后建立了自己家族的家堂庙。随着赵姓家堂庙的建立,赵姓族人也在管粥集村建立了本家族的名望,尤其是毗邻赵楼自然村的耿楼自然村和许楼自然村的村民都敬赵姓村民几分。尤其是在清朝末年,宗姓家族整体呈现没落之势,村中宗姓族人的家堂庙早已废弃最终埋没于黄河沙土之下,赵姓族人的家堂庙仍然保存,管粥集村中的赵姓村民都对此感到骄傲,赵姓族人也在中华民国时期成为管粥集村当中最有名望的家族。

(三)祠堂的维护与管理

管粥集村赵姓族人的家堂庙平时并没有安排专人进行管理。之所以不安排专人进行管理是因为平时前来家堂庙祭拜的人少,家堂庙便会关闭起来以免外人随意进入破坏家堂庙。家堂庙也绝对不会允许无家可归者留宿其中,但是流浪者留宿村内其他庙宇的情况是存在的。

等到了清明等一年中族人前来集中祭拜的时期,赵楼自然村的赵祖武地主就会安排自家的长工来暂时看管祠堂。看管祠堂的报酬放在工钱中一起给长工,长工看护祠堂的工作内容主要包括:

其一,每天打扫祠堂,保持祠堂内部的干净清洁。

其二,防止外人进来搞破坏。

其三,接待前来拜祭的族人或者其他村民。

其四,若是长期没有族人或者村民前来上香,长工要保证祠堂的香火一直存在。

关于为何是赵祖武地主出人出钱进行家堂庙的看管,赵姓其他的村民表示:

> 赵老爷（村民对赵祖武的尊称）在我们赵姓里面是最德高望重的，过去（新中国成立前）但凡是村里面有地位有名望的人都会主动承担一些公共事务的，当时就有一种观念，这种观念就是个人家庭的发达是不够的，要有想着族人的精神，要帮助族人一起发展，要不然就是为富不仁，在族人面前抬不起头的，也被其他家族的人看了笑话。[1]

一般来说，家堂庙是不会被人破坏的。不管是本族人还是外族人，破坏家堂庙的行为都是不能容忍的。对农户来说，家堂庙和家族坟地一样是需要特别爱护的，家堂庙与家同等重要，因为祠堂若是受到破坏，家户的利益就得不到先祖们的庇护，从而受到损失。村民通常不会去破坏祠堂，若是破坏行为被村民发现，保甲长等村内的权威人士就要出面对村民做出惩罚。如果仅仅是在祠堂内随意吐痰等，表现轻浮，只需要跪在祠堂认错道歉并且向祠堂族人的族长赔礼道歉。

关于家堂庙的修缮，管粥集村赵姓族人的家堂庙是"三年一小修，五年一大修"的维修频率。小修主要是将家堂庙内的摆设和褪色的物件重新修缮，并对家堂庙内外进行彻底的大扫除，大修则包括对庙宇的屋顶甚至出现损伤的房柱房梁等进行更换。无论是小修还是大修都在短时间内需要大笔维修资金，因此单单依靠家堂庙附属的庙地是远远不够的，这时候通常是赵姓的族长在清明时召集族人商讨维修事宜并进行筹款。这个筹款六七成的资金来自族内富裕户，尤其是由在外村做生意或做官发财的族人捐赠，剩下的则由村内的有地族人按照土地的面积进行分摊。没有土地的族人不需要捐钱，但是要在家堂庙维修时参与劳动，否则会被族人说闲话。

庙宇平时的修缮费用主要来自家堂庙附属的庙地。庙地一半的收成主要用来支撑香火的费用，这部分庙地的资金由赵姓族长进行日常管理并且每年在清明节家族聚会时向族人说明资金的使用情况和结余情况。族长德高望重且是富裕户，因此族人对族长全权管理庙地的资金没有异议。

（四）集体单元的祠堂祭祖：坐庄会

传统时期，管粥集村中较有势力的宗族会在清明节这一天举行一年一度的坐庄会。坐庄会是皖北一带大型的宗族清明祭祖仪式。在管粥集村，坐庄会分为两个层次。

1. 超出村际的坐庄会

第一个层次的坐庄会超越村界，在各自宗族的老庄子举行。例如管粥集村中的李姓人家祖上都是从山西洪洞县移民而来，而他们的祖先最早在苏北的小合子村定居。

---

[1] 来自赵忠义老人的讲述。

随后家族兴旺,各房支居住的位置向皖北一带拓展,小合子成为苏北皖北一带李姓宗族的老庄子,距离管粥集村大约6公里。每年李氏宗族的坐庄会便在小合子村举行。老庄子除了成为宗族坐庄会的举办地,还保有本宗族的老谱。所有的本宗族男丁生育的孩子都必须到老庄子登记入谱,一旦孩子的名字得到宗族委员会的同意,新的成员便可以登记到族谱上面。一个男性只有在他的名字写入老庄子的总谱之后,才能真正成为本宗族的一名成员。否则,即使他是其父亲的合法儿子,他也无法被认可为本宗族的成员。

在清明节到来时,居住在不同村落的本宗族各房派出一位代表前往老庄子,组成宗族委员会。宗族委员会首要任务是一起祭拜先祖,各房代表都抬着已经宰杀的猪、羊等供品来到老庄子。供品越多代表这一房势力越大,越富有。供品放在用旗子装饰的轿子里面,祭祖的队伍排着长列,来到老庄子本宗族的家堂庙前的宽敞空地,往往有几十头猪和羊用来祭祖。各房代表按照辈分和年龄大小排列,长辈在前面,晚辈在后面,并向先祖跪拜,参与者皆为男性,女性不允许参加。

老庄子的家堂庙中摆放着本宗族祖先的牌位和宗族的总族谱。祭祖结束后进行家族聚餐,宗族委员会还会邀请戏班唱戏,场面热闹。坐庄会的经费来自宗族专门划出的公田,这些公田也就是"老陵地",面积上百亩,一般都会租给本宗族生活困难的家庭,也有租给外姓人的情况,一半的收成为租地者所有,一半的收成用于保障本宗族年度的坐庄会、家堂庙以及墓地的花销。具体使用都需要经过宗族委员会的讨论通过,一般宗族中辈分高、名望高的人员成为委员会的领导者,具体掌管宗族公产。除了集体祭拜祖先,另一个重要的任务是审核准备加入宗族总谱的新成员,来自各村的本宗族的各房支代表会向宗族委员会汇报过去一年本房支的人口变动情况,包括婚姻和出生的情况,得到委员会认可的男性成员方能入总谱,成为本宗族的一员。另外,宗族委员会还会就宗族的其他事务进行商榷,如修订族谱、老陵地租种买卖等。

2. 村内举行的坐庄会

第二个层次的坐庄会局限在一个村的范围之内,本宗族各房人员参加。本宗族各房下各户男性皆参与,而不是派出代表,女性不能参加。具体的形式和在老庄子举行的坐庄会类似,村中举办的坐庄会费用也来自老陵地的租金,面积一般在20—30亩。只有村中富裕且实力大的家族才能办起坐庄会,例如赵楼自然村的赵姓地主曾在村中举办坐庄会。坐庄会的成功举办既增强了本家族成员之间的亲密程度,也对外展示了本家族香火的繁盛。

在正式的祭祖过程当中,族人要带上香、蜡烛、纸、酒水等,家族内的德高望重且知晓祭祀流程仪式的老族长进行具体的主持。若是老族长年纪过大难以直接参与，会将祭祀的基本要求告知新族长，让其代为主持仪式。在正式的叩拜之前，族长会向族人讲述先祖迁徙的过程，告诉族人要珍惜现在的生活，互相团结，只有这样才能对得起先祖们的辛苦创业，同时要求族人尊敬自己的长辈，孝敬自己的父母，了解自己的辈分，在说话做事时务必要遵守辈分不能乱了规矩。

陈述告诫完之后，所有参与的人员在族长的号令下共同磕头下跪，在下跪的位置上也有讲究。通常来说，靠近祖先牌位的位置属于辈分最长的族人，最后面的是辈分最小的族人，不论谁家富裕谁家贫穷，依然是按照辈分来下跪，不会因为谁家富裕谁家就能够拥有特权。

正如管粥集村村民所说：

> 不管是过去（新中国成立前）还是现在，我们都讲究这个辈分，辈分大的你就必须得尊重，不是谁有出息谁就地位高，辈分是最基本的，改变不了的，总有先来后到的顺序，穷的可以变富裕，富裕的可以变穷，但是辈分大的永远是辈分大的，辈分小的也永远改变不了。[1]

（五）家庭单元的祭祖

在管粥集村，家庭单元的祭祀主要分为家祭和墓祭。

1. 家祭及其关系

（1）家祭时间与参与对象

除了以家族为单元的集体性的祭祀活动，在管粥集村，以家庭为单位且在居所内进行的祖先崇拜活动在新中国成立前也十分普遍。在进行家祭时祭祀的不仅仅是自家的先辈还有家宅内其他的神明，在祭拜时也遵循先神明后先祖的顺序。村民每家每户都会在自家的堂屋正前方的位置放置一张桌子，桌子上安置香炉和祖先的牌位。通常牌位上会写上去世亲人的基本信息。

每年的清明节、鬼节、腊月三十、正月初一、正月十五这些固定时间，村民都会进行祭祀活动。平时遇到家中大事，不论好事坏事，家人都会开展祭祀活动，比如外出做工、做生意、家人生病、地里面遭遇洪涝干旱等灾害，甚至买卖土地时都会向自己的先祖报告。总的来说，家祭的频率是远远高于族祭的频率的。

管粥集村民在进行家祭时，参与人员分不同的时点，在固定的时点尤其是清明节

---

[1] 来自管粥集村赵忠义老人口述。

时，不分男女，无论长幼，但凡是家庭成员都有资格进行拜祭。但在平时的家祭活动中，多为家中的当家人或者年长的老人代表整个家庭向先人进行拜祭活动。当然当家人可以带着自己的儿子，老母亲可以带着自己的媳妇进行拜祭。

一个大家庭还未分家的情况下是会集中在一起进行拜祭的，但是一旦正式分家，除非还居住在一起，只要另辟住所就需要另外设立新的拜祭地点。若是不设立不仅代表这不是一个完整独立的家庭而且容易遭人说闲话，认为这家人六亲不认，不孝顺自己的长辈。因此各个分立形成的小家各自进行着自家的家祭活动，但也不是绝对不会再在一起举行家祭活动。例如老父亲号召各个儿子在腊月三十聚在一个家中，那么这时候就是几个小家一起进行拜祭了，不过这种情况是很少见的。

（2）家祭规矩与方式

对于家祭时的祭祀品，平时的家祭活动只需要点香上香即可。只要在家里面遇到大的坏事或者喜事时，比如购买了一块土地，家里面的牛顺利生产了小牛，家中有人生病等情况，就会准备一些酒水蔬果来作为祭祀品。若是在清明节等固定的特殊时点进行拜祭，则需要准备酒水、馒头、纸钱甚至鸡肉等，每年拜祭准备的祭祀品未必相同，若是家庭经济条件改善，村民也愿意准备更为丰富的祭祀品。

村中的富裕户准备的祭祀品最为丰富，包括猪肉、鸡鸭等。这样做既是为了感恩先祖的庇佑，旁人见了也觉得这家人富裕，主人家也自然更有面子。在进行家祭时，通常先祭拜"天地众神"，然后再祭拜自家的祖先，两者祭祀的仪式大致相同，但是烧的纸的形状有区别。烧给"天地众神"的纸钱要叠成"砖头"状，表示"金砖"，而烧给先祖的纸钱要叠成"螺旋"状，表示"钱源源不断，花不完"。

2. 墓祭及其关系

（1）墓祭时间与参与对象

对先祖的祭拜，相比于堂屋内进行的家祭活动，村民上坟祭拜更为庄重和正式。在管粥集村，村民选择在固定的时点前往各家的坟地进行祭拜。

一是清明节之前几天，一般会在清明节之前两三天就会到坟头进行拜祭。

二是除大年初一以外的春节时期。选择在春节时拜祭是因为这个时候家庭成员相聚最齐并且也期盼新的一年能够风调雨顺，继续得到先祖的庇佑。

三是鬼节，村民相信这个时点已逝亲人的鬼魂会来到阳间，这时候去坟地添坟可以让他们不白来阳间一趟，可以带上钱财回到阴间。

四是亲人过世的忌日，一般亲人去世的前三年至少每半年要去拜祭一次，之后每个周年日都要去拜祭。

五是家中孩子结婚的日子。一对新人要去男方的祖坟祭拜，村民叫作"认老坟"，村民认为只有一对新人认了老坟，这个新媳妇才算真正进了男方的家门也成了新的村中的一员，并且也是想将这个喜讯向先祖分享，告诉先祖自家又增添了一位新人，让先祖祝福这对新人和和美美，早生贵子。

参与墓祭的村民一般以家户作为基本单元。但是在清明节，分家的家庭也会聚在一起共同去墓地祭拜。一般来说，对于一个坟头，三代以内的亲属会前往祭拜。三代之外很少有村民知道这个坟头的主人是谁，因为普通人家的坟墓就是一个小土包，并不会专门立碑刻字，只有富裕户才能出得起这个钱财立碑。绝大部分的村民没有立碑，只能通过口口相传，时时祭拜来确认坟头的主人的身份。

前往祖坟祭拜的村民多为男性成年人，女性也可以前去。但是一般都站在一旁观看并不参与相应的仪式，孩子也一样可以跟着前去，家中的当家人也会经常有意识地带着家中的孩童前去祖坟处。这样一来二去可以增强孩子对祖坟位置的印象，以免出现认错的情况。但是和家中的妇女一样，孩子也不参与到具体的仪式当中，同样只是在一旁观摩。在先祖去世的第一年，出嫁的女儿和女婿也要一起参加墓祭，之后可以自愿选择是否前来墓祭。过继、抱养、认干亲形成的父子关系中，其儿子也要参与对过世父亲的祭拜。这些参与祭拜的人员都是由长房当家人提前商量并通知好的，也就是长房当家人作为领头开展祭拜活动。

（2）墓祭规矩与方式

墓祭相比家祭更为正式，因此但凡是墓祭都必须准备纸钱，无论多少。要是碰上清明节等重要的时点，则需要带上酒水、馍馍、鸡肉、蔬果等。在管粥集村村民看来，清明时节的祭祀是最为重要的，所以携带的祭祀品也最为丰盛。要是哪家携带的祭祀品过于寒酸，虽然其他的村民不会当面指出，但是会在背后议论，认为这一家人不够孝顺，因此村民在祭祀上不仅受到自身的礼法约束，同时也受到外界的影响，尤其是富裕户更为重视对自己先祖的墓祭，相应的也会准备更为丰盛的祭祀品以表达对先祖的尊敬和缅怀。

村民在拜祭先祖时，不仅仅是为自己的先祖添坟，也就是加高土堆，以免原来的土堆因为风吹日晒而缩小，烧纸钱并献上供品，而且也会烧一些纸钱给先祖周围的坟头。在村民的观念中，先祖周围的坟头多少是和自家有亲属关系的，而且在阴间可能与先祖为邻，虽然未必知道他们真实的身份，哪怕没有血缘关系，但是烧一些纸钱给他们也是为了让他们和先祖在阴间更好地相处。

二、祖屋及其关系

除了全族共有的家堂庙，管粥集村村内并没有其他全族共有的祖屋。关于为何没有全族拥有的祖屋，村民有如下的一些说法：

其一，村内村民家庭条件普遍很差。连最重要的家堂庙都只有宗姓和赵姓保有，而且中华民国的时候尚存的家堂庙仅有赵姓一族，低下的生产生活水平让村民普遍处于养家糊口的状态，无力举族修建祖屋等建筑。

其二，村内的建筑多为泥草结构，茅草屋最为普遍。泥土房子仅有富裕户才能建得起来，加之日晒雨淋，因而村内少有10年以上的房屋，仅有个别的泥土房子才能保留超过10年但也需要经常修缮，但泥土房子是少之又少的。

其三，村内普遍没有建设祖屋的习惯。虽然1949年之前管粥集村存在很多大家庭，但是分家的情况也十分常见。大家庭一旦分家便会逐步搬出原来的房子在周围建设新屋，村民对祖屋的观念不强，当其他家族的族人也不看重祖屋的建设时，村民普遍对祖屋呈现一种不重视的态度。

三、祖坟及其关系

在管粥集村，村民称祖坟地为"老陵"。只有村中的大户、老户才拥有老陵，例如村中的宗姓和赵姓两家地主都有自己家族的老陵并建有家堂庙用来供奉先祖，修建老陵时是由全族族人按照田亩分摊购置老陵的费用。中华民国时期，仅有赵姓村民还保有祖坟。

在村民的观念中，老陵的风水好坏能够直接影响到本家族的兴盛，老陵不容外人侵犯，一旦侵犯发生，任何一个族人都有责任进行反击，也因此村民注重老陵的选址，族长请来本地的风水先生看风水，风水先生在这一家族所有的土地中进行选择，不会选择家族以外的土地，避开干旱或者易涝的土地，一般选择地势高且肥沃的庄子地，但老陵距离村民的院落有一定距离。

老陵分为坟包和护坟地，分家时坟包不可分割，护坟地即坟包周围的地能够分割。分家单上一般规定老陵保留部分，其他土地几个兄弟均分，保留的部分由几个核心家庭共同管理，去世时都可以葬在老陵中。在老陵的日常管理上，通常几个核心家庭每年轮流负责对老陵进行耕种。坟包不可耕种，周围的土地可以耕种，轮到的家庭有义务对坟包进行保护，使其不受破坏，老陵地上收获的粮食由耕种的家庭收获，不需要分给其他的兄弟，另外，村民在分家时若父母尚在，老陵直接全权由父母经营管理，父母过世后几个儿子分掉一部分老陵，剩下的部分土地轮流管理。

四、族谱及其关系

在管粥集村流传着这样一句话："不知道自己从哪里来就不知道未来要到何处去。"对村民来说，族谱记载着自己家族的过去，包括族规祖训、历史名人、世代繁衍、堂号字辈等，哪怕祖先已经久远，但是有族谱意味着有根基。

（一）上谱

上谱意味着正本清源，无论是对整个宗族来说还是对单个家庭来说都是一件需要严肃认真对待的事情。

在管粥集村，赵姓族人的上谱仪式最为严格。上谱的时间规定为每年的清明节，在清明节这一天族内各个家庭向族长汇报这一年人本家人口的出生死亡情况。新生的孩子中只有男孩能够被记录在族谱上，宗族仅仅对男性族人予以认可，认为女性在成年后需要嫁与他族，因此没有记载的必要。另外，除了自然的血缘关系，在上谱时也认可拟血缘关系中包括过继、买卖形成的父子关系，但是认干亲、改嘴的情况不会记载在族谱上。同时入赘的男性虽然能够记载在女方家族的族谱上但是会注明入赘，入赘男子生育的孩子随女方姓氏并且按照正常的程序记录在族谱之上。

以上是上谱的基本惯例。但特殊的情况也存在，对于获得朝廷奖励或者嫁给朝廷官员的族内女性可以破例获得上谱的资格，而对于为非作歹、触犯国法的族人会在族长的商议下失去上谱的资格。

（二）族谱的保管与收藏

在管粥集村，无论大小的家族都拥有属于本家族的族谱。但是族谱实际分了两个层级。

一个层级是老谱，也就是最为权威也记载最为悠久的族谱。这个族谱只会保留在"老庄子"。例如管粥集村中的李姓村民，他们从山西前来安徽一带时最早便落户在一个叫"小合子"的村庄，之后族人开枝散叶搬迁到别处居住，而老庄子则保留了整个家族最早的族谱。

另一个层级就是新谱，新谱往往记载着家族的基本信息，并且绝大部分的内容记载着村子的开基祖先之后的世代繁衍情况。对村民而言新谱最重要的作用是孩子在取名时按照族谱的规定来进行。

一般来说，单个房支仅有长房长子一家保有族谱。但也不尽是如此，对于较为富裕的家庭，可以通过多出钱的方式保有本家族的族谱，但也是在保证长房长子保有族谱的基础之上的。家族的族谱平时为了保险起见不会轻易示人，只有在清明节等特殊的时候才会拿出来给本族人查阅。平时族谱会和竹牌（神主牌）一道放置在竹牌匣中，保证族谱少受风吹日晒。

（三）续谱

对于老庄子保存的老谱而言，由于涉及的族人多，因此每年的清明节都会进行一次续谱。各个宗支的代表需要向族长汇报本宗支人口的变化情况并且分摊续谱的费用，若是某个宗支拒绝承担费用那么将会失去上谱的资格。而对于新谱的续谱则更为简单，通常3—5年一次，邀请村内家族内有文化的族人进行撰写，记录新生族人的生辰和名字，涉及的费用也由村内全体族人各家均摊。

另外值得一提的是，村内一些势力较小的宗族为了扩大自己宗族的势力会想方设法和外地同姓宗族进行并谱。把自己这一支尽可能续到对方的老谱当中，当然捐钱是必要的，但是对方也会进行考察，若是能够证明双方拥有共同的祖先就会答应续谱。

五、孝道及其关系

在管粥集村，称某个人是"不孝子"通常是最为严重的批评之一。对父母长辈的尊敬和孝顺是必需的，这里的孝顺主要体现在：

其一，在日常生活中能够尊敬和爱护自己的父母，听从父母的安排和命令，不能顶撞自己的父母。

其二，父母犯了错误，孩子也不能当面加以责备，尤其是有家户外的人在场的时候；父母的债务儿子要自觉承担。

其三，能够主动担负起父母养老的责任并且让父母安度晚年。

其四，有出息，有能力，能够给父母带来更优质的生活。

其五，在婚育大事上不让父母操心并且成婚之后早日生儿育女，若是不生儿子也是不孝。

村民重视孝道体现在：

其一，遇到村落中的老人不管是否熟悉晚辈都要毕恭毕敬，不允许不尊敬老人。

其二，孝顺的村民能够得到村民的美誉并且在村中享有一定声望。

其三，不孝顺的村民会受到村民的责备甚至故意疏远，无法在村中立足。若是家中出现了"不肖子孙、不孝顺行为"，当家人尚未年迈之时就加以责备甚至打骂教育。如果当家人已经年迈，家族的亲友就站出来进行责备，劝诫其孝顺自己的父母。若是没有效果，这家人在村中的声望就会降低，村民最开始会私下进行议论，依然没有效果就主动疏远这家人。

对村民来说，对祖先的孝和对活着的老人的孝顺是一致的，对活着的老人的孝顺更为重要。不孝顺自家的老人也是对自己祖先的不敬，村民认为这样的人会遭到天谴。

第二节 信仰与信仰关系

"家有家神,庙有庙神。"新中国成立前的管粥集村村民主要的神灵信仰对象包括庙神、家神和门神,除此之外,村民还在遭遇怪事怪病时寄希望于巫婆神汉。本节展示了传统时期管粥集村中的信仰文化以及在此文化熏陶之下村民的行为表现和行为关系。

一、神灵信仰及信仰关系

对管粥集村的神明进行大致的分类,主要可以分为庙神和家神两类。对两类神明的拜祭绝大部分情况下都是以个体家户为基本单元进行的,如到火神庙、土地庙等庙宇进行拜祭。一些特殊情况如遭遇严重的干旱或水涝灾害时才会开展集体性的拜祭活动。这一活动由村内保长等权势人物进行统一组织。

(一)庙神

在管粥集村,村民以拜祭村内的神庙为主,村外的庙宇仅有泰山奶奶庙村民会经常前往拜祭。村民之所以选择前往神庙拜祭是因为村民相信神庙中供养着神明,时时前往拜祭可以得到神明的庇佑,各个神庙也有其相应的功能。如在管粥集村最具盛名的火神庙,庙中的火神可以保护村子免受火灾的侵扰,保佑家宅平安,百姓安居。村中的女性最喜欢前往观音娘娘庙进行拜祭,她们相信观音娘娘可以让自己顺利生儿育女,保佑自己夫妻和睦,家庭生活幸福。

1. 请神行为与关系

在庙宇搭建起来之后,请神入庙是最重要的仪式和活动。管粥集村请来的神大多来自萧县县城或徐州城城内的庙宇,也就是从那里购置相应的神明的塑像。虽然说是购置,但是村民都说是"请",原因在于从庙宇里购置的神明塑像已经被庙宇的得道高僧开过光,这样神明才能附着在这个塑像上。神明塑像购置的费用属于庙宇修建的费用,因此筹措方式和庙宇修建的方式一样。

请神这一天要请风水先生看好良辰吉日,由村内的庄长或保长等权势人物进行组织,安排几个村内的年轻人去将神明抬入村内,神明用红布包裹,只有进入庙内才能将红布取下。抬神的年轻人不需要报酬,完全出于自愿,甚至觉得荣幸。神明进入村内时,村民会在道路夹道欢迎,神明的第一炷香由庄长或保长这些村内权势人物来点,之后村内各户当家人进行拜祭。请神当天晚上村内会举行村宴,不仅邀请村内的权势人物包括保甲长、问事人等,有势力的村子还会邀请周围村子的保长甚至乡里的乡长等前来捧场。村宴的费用也属于庙宇修建费用的一部分。

2. 辱神行为与关系

虽然管粥集村村民对村内的庙神表示崇敬，村民也自觉不去破坏神明的塑像和庙宇内部的各个设施，甚至不能在庙宇内赤裸身体，高声说话，行为不恭。若是碰到村民故意破坏神庙的行为，村民都会自觉予以谴责，甚至可以在保长的认可下送官查办。

但是有一种情况，辱神的行为是可以被允许的，甚至被村民所鼓励和认可。这种情况就是发生严重的洪涝或者干旱灾害时，面对庄稼的巨大损失，甚至房屋的进水毁坏，村民通过"辱神"的方式来祈求神明的显灵，救助身处水深火热当中的村民。

管粥集村村民回忆了1949年之前一次"辱神"的经历：

> 中华民国的时候，我记得那一年我只有十来岁，那一年的春天正是小麦抽穗的时候，麦苗需要大量的水分，但是连续半个月天气都很晴朗，没有一滴雨下下来，过去就是靠天吃饭，眼看着地里的麦苗因为缺水都快干死了，我父亲和其他的村民都是天天往田地里走，去看麦苗的情况，但是也只能心里面期盼雨快下下来，去庙里面拜的人也比以往多了很多，但是这个雨就是下不下来。这样的情况又持续几天后就有村民向保长提议把庙里的神明请出来。

> 虽然说是请，但是一点也不客气，大家就把土地神的塑像放在田地里暴晒，有的村民还往土地神的脸上抹泥巴，大家就想通过这种方式告诉神明，我们快生活不下去了，因为干旱大家失去了理智所以做出这样荒唐的行为，神明必须显灵才能让大家恢复正常。后来也不知道是不是神明显灵，村里面下了雨，大家这才把土地神的塑像送回到庙里去。[1]

除了把神明拿出来进行暴晒的行为，还有村民让上了年纪的妇女脱光衣服在半夜去水井边爬井。村民通过这样的行为希望告诉神明自己已经难以生存了，希望神明赶紧显灵。村民做出这样的行为是得到保长的首肯和村民集体的默许的，没有村民会提出反对意见。不过总体来说，这样的行为十分罕见，只有遭遇严重的自然灾害时才可能会发生。乡政府等上级政府也不会出面干涉这样的民间事务。

表5-1展示了传统时期管粥集村村民崇拜的诸神及其拜祭规则。

---

[1] 来自张大臣老人的讲述。

表 5-1 新中国成立前管粥集村村民崇拜的诸神及其拜祭规则

诸神名称	神的功能	拜祭时间	拜祭主体	拜祭方式
火神	抵御火灾，保百姓安居	日常遇事则拜，定期为每年正月初八	日常拜祭是每家每户自发去拜祭，一般是家中的老人、妇女前去；正月初八的拜祭是家中的当家人去，家中妇女小孩不去	日常拜祭只需要跪地磕头即可；正月初八的拜祭要带上鸡蛋、水果等供品，还需要烧香烧纸，跪地磕头
玄帝老爷	保村庄安宁，出入平安	日常遇事则拜，无定期拜祭时间	日常拜祭是每户自发前往，一般是家中的妇女、老人；战乱时期或者土匪猖獗时期，庄长带领全村各户当家人集体拜祭	日常拜祭只需要跪地磕头即可；集体拜祭需要准备酒水、猪腿、水果等，全体在庄长的指挥下跪地磕头
观音娘娘	保生儿育女，身体健康	日常遇事则拜，无定期拜祭时间	日常拜祭是每户自发前往，一般是家中的妇女去拜祭，家中的男人很少去拜祭	日常拜祭只需要跪地磕头即可，部分村民为了显示虔诚也会带上鸡蛋、水果等作为供品献给神明
土地神	保风调雨顺，庄稼丰收	日常遇事则拜；无定期拜祭时间，但农忙之前拜祭更为普遍	日常拜祭是每家每户自发前往，一般是家中的妇女、老人前去，家中的男子有时也会前往	日常拜祭只需要跪地磕头，若是庄稼丰收，村民会带上酒水和少量的麦谷作为供品
五道老爷	保逝者安息，阴间享福	家中老人出殡则拜，无定期拜祭时间	村民日常不前往拜祭，只有家中老人去世时才去拜祭，家中的当家人去拜祭，妇女小孩不去	拜祭时需要带上供品，供品至少要有酒水、水果、猪头等，还要烧纸磕头
龙王老爷	保风调雨顺，不发大水	日常遇事则拜，无定期拜祭时间	日常拜祭是每家每户自发前去，一般是家中的妇女、老人，家中男子偶尔会前往。若是出现河水暴涨的情况，庄长会带领各户当家人前往集体拜祭	日常拜祭只需要磕头跪拜即可，若是庄长带头拜祭则需要准备酒肉、水果等，各户当家人在庄长的带领下跪地磕头
泰山奶奶	保多子多福，身体健康	日常遇事则拜，正月春节任意一天要前去拜祭	日常拜祭是每家每户自发前往拜祭，最常见是婆婆带着媳妇前往拜祭，男子很少前往	日常拜祭一般会带上香火，正月的时候会带上鸡蛋水果等作为供品

资料来源：根据张大臣、赵启蓝、薛传明等老人的口述整理而成。

(二)家神

1949年之前,管粥集村村民在家中也会以不同的形式供奉神灵,以表达对神灵的崇敬。

1. 拜家神的对象

管粥集村村民每家每户都供奉有家神。在村民看来,一个完整的家必须是有家神的,没有家神一个家就不完整,生活也不会安宁。具体来说,灶有灶神,门有门神,家有家仙。灶神供奉在厨房里,每年的腊月二十三是"祭灶日"。叠糖时村民在灶君前放几块糖,将老皇历贴在灶火上,原来贴的灶老爷像撕下来进行焚烧,"送灶君上天",祈求灶老爷可以为自己"上天言好事,下界保平安"。

村民还会在过年的时候在门上贴门神,院门主要贴一些武将,包括尉迟恭、秦叔宝、张飞、关羽等,讲究的人家还会在堂屋的门上贴上文门神,包括加官进禄、五子登科等。室内,老人的屋门上贴寿星,新婚夫妻的屋门上贴和合二仙,或者麒麟送子,儿童的门上贴刘海戏蟾、连中三元等儿童题材画,也有的地方在儿童门上贴赵云在长坂坡单骑救主的画,希望可以护佑家中的孩童。

2. 拜家神的规矩和方式

每年春节前管粥集村村民便会将屋里屋外打扫得干干净净,同时去集市上购置需要更换的对联、红纸或者画像,虽然画像等是花钱购买的,但是不能说是买来的,而是要说是"请"来的。画像这些不一定年年都要更换,富裕人家会年年更换,预示着新气象,而普通人家在画像保存尚好的情况下会予以保留,但是出现破损的情况就一定要更换,否则既会被周围的亲戚朋友嘲笑,而且也预示着新的一年不顺利。

另外,家里有读书人或者家庭经济条件好就会自己写对联,贴在门口,展示自家的学问好。若是家里有人在这一年内过世,那么至少三年的春节不准使用红纸,任何的红纸都要换成黄色、蓝色等,村民通过这样的方式来表示对过世亲人的缅怀。要是有村民不遵守这个规矩,虽然不会强迫改正,但是周围的村民尤其是族内的村民会私下里去告诫,要不然就是失了规矩,没有教养,这家人在村里面抬不起头来。

表5-2展示了新中国成立前管粥集村家户崇拜的诸神及其拜祭规则。

表5-2 新中国成立前管粥集村家户崇拜的诸神及其拜祭规则

诸神名称	神的功能	拜祭时间	拜祭主体	拜祭方式
门神	保出入平安,百邪不侵	每年除夕之前一两天	每家每户自发拜祭	更换符帖
灶王爷	保家人平安,节约粮食	每年农历腊月二十三日	每家每户自发拜祭	更换符帖

续表

诸神名称	神的功能	拜祭时间	拜祭主体	拜祭方式
仓管神	保仓廪充实，不失火，不被虫蛀，不招老鼠	每年除夕之前一两天	每家每户自发拜祭	更换符帖
马神	保牲畜强壮，不生病	每年除夕之前一两天	每家每户自发拜祭	更换符帖

资料来源： 根据张大臣、赵启蓝、薛传明等老人的口述整理而成。

（三）神灵的庙祭与家祭

1949年之前，管粥集村对神灵的敬拜主要分为庙祭和家祭两种类型。在不同阶层的村民心中神灵的敬拜也存在一定的先后顺序。

1. 个人拜庙神，家户拜家神

在管粥集村，不管是村内村外的庙宇都是大家共有的，谁都有资格前往祭拜，只要诚心拜祭就能够得到庙神的护佑。唯一例外的是处于月经期的妇女不能进入庙宇，村民认为这样就是见了血光，不吉利。村民无论是在固定的时点，还是遇到什么要紧事需要得到神灵的庇佑，都会自发前往庙里面拜神，周围的人很少去干涉，只会建议或者推荐哪个庙比较灵，让村民过去拜拜。村中的男性去拜神时多是独自一人去，但是在庙里拜把子认兄弟时就会几个人前去。很少有夫妻一同前去的，都是丈夫自己去或者妻子自己去，女性村民结伴去的情况比较普遍，很少一个人单独去，单独去容易惹人闲话，并且婆婆带着媳妇一同前往的情况也占了相当的比例，这样多半是为了求子而去的。村民带过去的祭祀品多是自愿的，但是期望越大，家庭条件越富裕，自然带过去的祭祀品也越丰富。尤其是愿望成真时，村民前去还愿时带的礼物最为丰硕。

相比于庙神谁都能去拜，家神就是更加私密的了。外人来拜自家的家神是不被允许的，即便原来是一个大家庭后面分家了，再互相拜彼此的家神也是不可接受的。虽然明面上没有这样的规定，但是大家都遵从这样的习惯。一方面别家人来拜没有应有的作用，另一方面主人家也担心犯了忌讳。在一个家户中，每个家庭成员都可以拜家神，无论男女老幼。但是总体来说，家中的当家人和家中的老人拜家神的频率更高，家中的妇女小孩只有在清明等固定的时点才会在当家人的带领下进行拜祭。

2. 先拜祖先，再拜庙神，最后拜家神

对管粥集村村民来说，祖先为大，祖先和自己的家户有直接的关联、关系，因此也最为灵验。村民之所以有如此的信仰差异，在于神灵距离自己家户心理上的远近，用村民的话来说就是"家里的祖先才有精力保佑我们，村庄的神照顾不了所有人"。正因为如此，村民不仅在家中设置灵牌进行拜祭，还前往坟头进行拜祭，拜祭的频率也比庙神和其他的家神频率高得多。村民甚至修建家堂庙以示对先祖的尊敬。另外献给先祖的祭祀品也是最为丰盛的。若是这些祭祀品显得寒酸容易被亲朋好友讲闲话，但是去拜庙神的时候就很少有这样的闲言碎语了，多半是关乎面子，而敬祖宗则关乎人品。

祖宗之后就是拜庙神。在村民看来，神庙里供养的庙神香火更旺，受众人尊敬，在神的级别上要高于家中的神，因此村民相比家神更注重对庙神的拜祭。村民在拜祭庙神时受到村民舆论的影响，哪个庙香火旺，哪个神更灵验，村民就更愿意多次前去。并且村民会根据自己的实际需求选择庙神来拜。要是哪个庙都拜费时间费精力没有必要，但若是遇到家中有人得重病等大事时，病急乱投医的村民往往选择见什么庙拜什么神。不管村内村外，但凡听说比较灵验的都去拜一拜。拜家神是排在最后的，也是在完成前面神灵的祭拜之后村民才会进行家神的拜祭。对家神的拜祭多是请新的符帖，门神不需要专门去拜，一些家庭不太好的村民就很少换新的符帖，只要没有损坏就接着用。

3. 富人重拜祖先，穷人重拜庙神

在管粥集村，不同的村民对神灵的信仰程度是不同的。其中最鲜明的一个区别就是村中的富裕户普遍重视对自己先祖的拜祭，而对于一般条件的农户尤其是处于社会底层的农户，他们更愿意花时间和精力在拜祭庙神方面。关于这种区别的原因，管粥集村村民给出了如下的一些解释：

其一，在富裕人家的观念中，自己的家庭能够发达起来说明风水好，家道好，这些是和先祖的荫庇密切相关的。因此富人十分重视对先祖的拜祭。而对于穷人家来说，家里面穷说明后辈没有得到先辈多少荫庇，后辈即便对先祖进行拜祭也是无法翻身的。但是庙神不一样，庙神是可以普度众生的，并且穷人只去拜那些人人都说灵验的神庙。不灵验的不会去拜，穷人们相信庙里的神明才能真正让自家翻身发财。

其二，对先祖的祭拜是明眼人容易看到的。无论是拜祭的人口规模还是拜祭祭祀品的丰富程度都是外人很容易比较和注意到的，富人通过这样一种方式不仅展示了对先祖的景仰，而且在村里面甚至临近的村子都可以赢得一个好名声。而对于穷人来说，花大价钱拜祭先祖一方面自己没有足够的财力，另一方面自己也觉得不划算，还不如去庙里拜。反正也没有村民对放在庙里的祭祀品指指点点，穷人家也可以体面地进行跪拜，去得多了还被旁人认为虔诚，被人称赞。

其三，穷人家求的事情多，愿望多，家里的先祖往往只能保佑家庭的和美安宁，但是保佑不了其他的事情。而庙神就不一样了，各种庙神都有特定的功能，拜祭更有针对性一些，穷人家也愿意相信这些庙宇更加灵验，更加怀疑家神的作用。但是富人更相信先祖的庇佑，有更多知识见识的他们反倒对庙神保有一些怀疑的态度。另外信仰程度还和庙宇的位置有关联。

村民前往火神庙拜神时往往是顺路前往。尤其是外村村民来火神庙上香最多的时候是在每年春节管粥集村举行火神庙会的时候，这时候外村的村民前来赶庙会，不仅在庙会上听戏看杂耍，购买商品，有部分村民还走亲访友，顺道前往火神庙上香。与管粥集村毗邻村庄的村民都会来赶这个庙会。前往泰山奶奶庙的村民多是专程前往，因为庙宇所在地路途遥远，往往是家里面几年没有孩子出生，父母着急，于是婆婆就带着媳妇去泰山奶奶庙专程烧香祈福。

二、鬼怪信仰及其影响

管粥集村村内有少部分的村民信仰鬼怪之说，在鬼怪之说的基础上形成了专门的职业——神妈和神汉。

（一）村民与鬼怪信仰

传统时期，在管粥集村，村民们相信鬼的存在。在这些村民看来，人的世界之外是存在一个鬼生活的空间的，而这些鬼来源于已经过世的人。鬼和人本质上的差别是死人和生人的差别。生人生活在生人的世界里，有自己的家，相对应的，死人生活在死人的世界里，同样有自己的家，而死人的家就是他的坟墓。生人通过拜祭先人可以得到先人的庇护，可以让生人免遭孤魂野鬼的侵扰，而先人也可以在他的世界享用到后人烧给他的财物。

若是生人出现疾病，村民并不认为完全是因为受了风寒之类的生理上的原因，尤其是一些不明来由的病症。村民认为这是撞了邪了，撞见了晦气的东西。而那些体弱多病的孩童最容易成为孤魂野鬼的目标，出现丢魂之类的病症，主要表现为消瘦、精神萎靡、没有食欲甚至发热。

此外，村民相信鬼怪与风水密切相关。管粥集村村民信奉风水，注重风水。风水主要体现在两个方面，一个方面是死人的坟墓，一个方面是生人的房屋。风水好，鬼怪不会侵犯，神明会庇佑家人，福延后世。风水不好，家畜不安，鬼怪会常来侵扰，遗祸子孙。要是某段时间，某户村民家庭出现了很多的麻烦事，比如家人接连生病，牲畜夜晚不宁，"养猪猪不生，养羊羊不生，养鸡鸡生瘟"，村民就会觉得这家可能风水不好。当家人会请来风水先生看自家住宅和墓地有没有什么地方不合规矩，伤了自家的风水。风水先生拿着罗盘在这户村民家走一遭，便会提出一些整改的意见，包括整理杂物，扒掉不符合风水的房屋等。

村民在日常生活中遵循着一些风水原则，包括：

其一，无论是墓地还是房屋，都会请风水先生选位置，并根据风水先生给出的良辰吉日下葬或者动土。

其二，墓地尤其是祖宗的墓地要维护，防止被外人破坏，要是被破坏了就等同于侵犯了本家族的风水。动土迁坟是要慎重的事情，往往需要本家族成员的一致同意，并且搬迁的位置也需要风水先生重新选择，否则有贻害子孙后代的可能。

其三，在生人住宅的位置选择和设置上存在一些禁忌，包括房屋的正门或者大门不能直接对着前排房屋的巷道，不能堆放杂物或垃圾，最好不正对着水坑、池塘；屋前屋后避免有坟地，宅基地上不能堆放杂物或者其他污邪之物。在住所和住所相对的位置上也存在一些规则，同一排房屋院落大门伸展度也应当保持在同一个基准线上。

其四，水井的位置，柴房、牛棚等住所附属物的选址也会影响家户的风水，不能随意设置。管粥集村村民相信，自家的风水是必须捍卫的，并遵循着这些有关风水的原则，风水受到破坏势必会影响家户成员的身体健康以及前程事业，关乎家族的兴旺发达，是不容妥协和他人侵犯的。

(二) 神妈子和神汉：鬼怪信仰下的职业

包括管粥集村在内的皖北一带的很多村庄都存在神妈子。她们之所以成为神妈子有两种主要的来由：一种是突然有一天完全没有预兆地和旁人说自己被某位神仙附身，可以和亡灵对话；另一种是大病之后突然宣称自己痊愈并且获得了和亡灵对话的能力。神妈子的共同点是身世坎坷，家庭贫困，她们在成为神妈子前也是普通人，但是之后她们就完全依靠当神妈子来谋生。

受访村民张大臣这样描述自己听说的关于本村神妈子的事迹：

> 本来我也不信这些，但是神妈子她们确实是有本事的，有一户人家想找自己的祖坟，可是一点头绪都没有，只知道大概的方向，听说神妈子可以通灵，能够知道祖坟所在，他们就去请神妈子，神妈子按照他们所指的方向走了一圈，突然在一个位置站立，指着一个角落就和对方说这是他们家的祖坟所在，对方用铁铲一挖，祖坟确实在底下。这让人觉得很神，不得不信。

村里人最常见的请神妈子的情况是家里的孩子掉魂了，没有来由精神不好，没有食欲，这时候村民就会听旁人介绍请神妈子过来叫魂。一种情况是神妈子通过烧香，观看烧的香散发出的烟的动向请某位神仙来附体，告诉病人应该如何做可以把孩子的魂招回来。或者用手摸一摸孩子的脑袋，闭上眼睛在孩子面前念一些咒语，之后就告诉这家人鬼已经被制服了，把符纸放到孩子的枕头底下，晚上九点之后男子烧掉，之后这家人就可以安心了。

要是村民家里面出现牲畜死亡或者家里人没有来由纷纷病倒或者出事，村里人会和这家人说这家人可能受到了鬼的侵扰，应当请神妈子过来驱鬼。神妈子一般会选择夜晚来到受鬼灵侵扰的家户中，然后当着家户成员的面开始作法，摇头晃脑念出一些咒语请神仙上身，然后闭上眼睛，歇斯底里陈述一些咒语和驱鬼的话，表情奇异扭曲，仪式结束之后，表情回归正常，然后告诉这家人应当如何做可以防止鬼灵再次找上门来。做法包括在某位亲人的忌日上香或者去某位亲人的坟上上香烧纸拜祭，或者用酒水洗手腕、额头等部位，坚持一段时间。

神妈子作法之后，请她到来的这家人会送上半斗的小麦和一些鸡蛋。给的报酬全看家户的经济条件和心意，神妈子不会和这家人要求给多少报酬。神妈子在村民看来是一个特殊的群体。村民们对她们基本上是又敬又怕，不敢深交，只有在遇到晦气离奇的事情时才会有求于神妈子。叫魂咒语：

其一，"天黄地绿，小儿夜哭；君子念破，睡到日出"。

其二，"吾奉九天玄女娘娘之命，令青衣童子将某某（写孩子的乳名）按在身上，永驻精神"。

其三，"荡荡游魂，何处存身，山林树木，池沼迷津，城隍土地，三代宗亲，将魂找来，按在身上，永驻精神"。[1]

和神妈子类似，包括管粥集村在内的皖北一带的很多村庄都存在神汉，他们比神妈子更加普遍。相比神妈子，他们的来由更有根据，都是在外地学习风水之术，回到村子里以看风水、算命为生。他们很少参与驱鬼的事情，这部分工作都是由神妈子来承担的。神汉也都出自贫苦的人家，没有土地，只能依靠看风水这项技艺为生。但是相比神婆，他们更受到村民的尊重并且业务也相对确定，婚丧嫁娶中的看八字，下葬时选墓地、看良辰吉日等都是村民约定俗成的动作。

村民给神汉的报酬和村民自身的经济状况相关。富裕的地主给得多。看风水和如何调整自家的风水，地主一次会给神汉半斗左右的小麦，贫苦的人家就只能给几个鸡

---

[1] 来自管粥集村张大臣老人口述。

蛋。神汉不会和主人家谈报酬，报酬高低一方面是看主人家的经济条件，另一方面是看心意。

不管是神妈子还是神汉，都是村中特殊的群体，村民比较忌讳和他们有密切的来往，只有有事相求的时候才会主动找上门去。他们的道行如何大多数村民仅仅依靠旁人的传说，要是有需要请，全凭旁人的推荐。谁的道行好、名声好就去请谁，至于实际的效果，村民多半抱着宁可信其有，不可信其无的态度，求个心安。

（三）"有钱请先生，没钱找神汉"

传统时期，村民在遭遇难以自己医治的疾病时往往有三种选择：第一种选择是找医生，也就是村民所说的"先生"；第二种是找神妈子、神汉；第三种是去庙里求神拜佛。

总体来说，村里面富裕的人家在遭遇疾病或者怪事时绝大部分选择找先生上门或者去庙里求神拜佛，很少会去请神妈子或者神汉。原因在于富裕人家接受的知识更多，他们普遍对神妈子、神汉这类职业的人表示怀疑和鄙视，不屑于向他们请求帮助，并且找先生上门富裕人家能够付得起相应的医药费。富裕人家之所以还可能去庙里面拜神仙是为了获得心理上的慰藉，通过拜神来获得内心的安全感。

对于村里面的穷人来说，他们也愿意找先生，但是更多时候他们舍不得花钱治病，反倒愿意花一些小钱来请神妈子或者神汉来施行巫术。他们也会去到庙里面求神拜佛。

另外，从性别和年龄来看，在村中一般上了年纪的妇女都会信鬼怪，她们信鬼怪多半是聊天时受到旁人的影响。当旁人把听说的鬼怪故事讲出甚至列举自己亲身的经历时，她们就不得不相信鬼怪一说。当自己或者家人遭遇离奇的事件时，她们便想到了鬼怪作祟，于是求助于神妈或者神汉。年轻的男人们多半不愿意相信鬼怪一说，他们认为是无稽之谈，但是在涉及风水或者家中连出怪事时，即使他们不愿意相信鬼怪，也要抱着宁可信其有不可信其无的态度去求得心理上的安慰或平衡。况且一旦不按照风水来行事，必定要遭到其他村民的劝阻。村中没有因为信仰鬼怪而形成任何组织，只有因为信仰神灵而组建娘娘会、家礼会等社会组织。

第三节 思维与思维关系

在长久延续的生产生活当中，传统时期的管粥集村村民也形成了具有本地特点的思维习惯和思维观念，并反作用于自身的生产生活活动。本节将从经验思维、务实思维、循环思维、中庸思维以及平均思维这五个方面展示管粥集村村民的思维特点。

一、经验思维及思维关系

在管粥集村，村民在日常生产生活当中总结了一定的经验教训并且通过口口相传等方式加以传播。

（一）经验的类别及其基本内容

1949年之前，在管粥集村村民当中口口相传的经验主要分为生活经验和生产经验。村民依靠这些经验更好地开展生产生活活动。

1. 生活经验

其一是规范村民之间的日常交往。例如在人情往来上，人与人之间的关系远近意味着不同的礼物要求和仪式要求。比如在办喜事时，越是关系近的亲戚需要送的礼物越重。若是彼此之间没有提前商量好而因为礼物乱了辈分就容易招人笑话。办丧事时，长子的穿戴和其他儿子的穿戴不一样，儿子的穿戴和女儿的穿戴不一样，家庭之外的人穿戴又不一样。而且老母亲去世时，若是舅舅在还在世就必须邀请过来，要不然无法出殡。还有其他的过节送礼、座位排次等都有一定的经验，细致并且琐碎，但是越是富裕的村民越是重视这些生活经验，要不然就有损自家的颜面。

其二是一些为人处世方面的经验。比如"做人如公鸡，迟早如阉鸡"，"细心做事，胆大做人"，"说话没把门，人人躲着走"等，这些为人处世方面的经验给人们提供了一个普遍接受的准则，一定程度上缓和或避免了人与人之间的冲突。

其三是告诫村民勤俭持家。"生活不节省，一年到头四面壁"，"男主外，女主内"，"孩子净，饭菜香，家里媳妇差不了"等，村民通过这些话语来展示一个为人称道的家庭是什么样的。

其四是人与人之间的等级与秩序。包括"女子口舌多，家庭必遭殃"，"孝子行天下，逆子寸步难"等谚语，也包括对男女行为，长幼行为的规范，比如村中的女子不能随便到男子的人场中抛头露面，不能参与到男子的公开的谈话当中。家中的女子也几乎不参与到田地的劳动当中，要是谁家的女子下地干活，会遭到村民的笑话，认为这家人的男子没用，老婆都养不起。还有就是对年长者的尊敬，在家中对父亲要绝对服从，在路上遇到长辈，年轻人都必须让路并且主动打招呼，老人只需要点头示意即可。

2. 生产经验

在生产经验方面，流行的谚语包括：

其一，关于锄地保水方面，有"豆子锄三遍，豆荚结连串"，"耕田深又早，百样庄稼好"，"耕三耙四锄八遍，天不下雨也耐旱"等。村民通过告诫后辈深耕土地来保证收成，这对于旱作农业起到了至关重要的启示作用。"人治水，水利人，人不治水水害人"，祖辈们早已意识到水利对旱作农业决定性的作用，并告诫后辈要兴修水利，只有这样才能有好收成，有好的生活。

其二，关于播种农忙时间方面，有"夏季多除草，秋天庄稼好"，"九九加一九，耕牛满地走"，"清明前后，种瓜种豆"。这些谚语之外，村民还根据农历当中的各个节气来安排自己的农业生产，趁着最好的时点来安排自己的劳作以保证庄稼丰收。

其三，关于田地施肥方面，有"养猪好种地"，"肥水不流外人田"，"深耕一寸，如同上粪"，"今日上粪，明朝丰收"，这些话语都说明了肥料对于庄稼的重要性，告诫农民重视对肥料的使用。

其四，关于天气物候方面，有"天河南北，该种荞麦；天河东西，该穿棉衣"，村民通过观察自然界的变化来判断季节的更替并据此做出相应的变化。再如"东风下雨东风晴，再起东风就不灵"，"雷打立春节，惊蛰雨不歇"，"东闪日头西闪雨，南闪有雨来"等谚语可以帮助村民预测未来的天气从而更好地安排自身家户的生产活动。

（二）经验的习得

管粥集村村民所掌握的生产生活经验以谚语等形式流传下来的仅仅是冰山一角，更多时候，村民在实践当中不断加深和增加对经验的记忆、学习甚至拓展。

就具体的经验习得来说，主要来源于以下几个方面。

1. 亲属言传身教

最常见的来源是长辈亲戚朋友之间手把手的传授。村内有"老子会种地，儿子差不了"的说法。村民的种地技艺等大部分都是从祖辈那里世代学习传递而来。虽然在家中的男孩还未成年之前当家人不会让孩子下地干活，但是当家人会有意识地安排家中的孩子来地里给自己帮忙，比如送水送饭、捡拾木材粪便等。在孩子懂一些事情之后，自己平时也会和孩子讲一些流行的谚语俗话，告诉孩子如何分辨各种作物，什么季节适合种什么作物。

管粥集村村民就回忆了自己父亲教授自己农业技艺的经历：

> 在我十五六岁的时候我的父亲就经常把我叫到地里面，虽然我帮不上什么忙，但是父亲就要求我在一旁看着，时不时还问我这个作物是什么，那个蔬菜是什么，要是答上来父亲就会很高兴，要是偷懒不动脑子父亲就会责骂我，甚至罚我不能吃晚饭等，所以我都很用心地去记父亲教给我的知识。几

个月下来,很多种地方面的知识我都知道了,只不过真的要我下地干活我还没有这个手艺。[1]

2. 村民交流与学校教育

除了自己的亲属之间进行传授和教育,村民之间的交流和学校的教育也是生产生活经验重要的习得来源。其中村民之间主要交流的是农业生产的经验,在农忙的时候,关系要好的村民会互相提醒什么时候应该抓紧时间干活了。要是发现对方的田地里种了不应该种的作物或者杂草太多等,村民会互相提醒,但是仅仅限于提醒,很少会主动帮忙,村民首先要顾着自己家。

而学校的教育则偏向于生活方面的经验,比如人情往来、人情世故以及礼仪道德,等等。通过师生之间的相处向学生们逐渐灌输长幼尊卑等观念,让学生们注意到生活当中的各种规矩并且去主动遵守,否则他们就会受到处罚和惩戒。

3. 自我探索学习

通过自己的探索和领悟习来的经验大部分是实践层面的经验,难以用一言两语总结出来,并且包括田地地势、土壤条件、天气情况等,这些经验需要随着不同的条件不断调整和变化。

据管粥集村村民张大臣介绍,长工的工钱的高低很大程度就取决于他们掌握这些实践经验的程度,实践经验丰富的长工喂马能肥,种地能富,收麦能省,他们的工钱能比一般经验的长工高出三至五成以上。

(三)经验思维背后的逻辑

管粥集村村民之所以能够很好地遵循这些经验,其背后是有其逻辑或者道理支撑的,经验获得了村民从内心生发出的认同。

1. "老祖宗传下来的不会错"

在管粥集村,村民对先祖流传下来的生产生活经验普遍抱有一种信任的态度。村民之所以相信这些经验,原因在于:

其一,这些经验都是世世代代流传下来的,得到了广泛的实践考验。有问题的经验自然就会被先人抛弃,而先人保留下来的经验必然是适合本地的生产生活条件的。

其二,这些经验是自己的父辈们手把手教自己的。在管粥集村,对长辈的绝对服从是必须遵守的,要是对长辈不敬,不听从长辈的话,就会受到周围人的谴责。因此对于父辈们传授的知识自然也会习惯性地接受。

---

[1] 来自张大臣老人的讲述。

其三，要是自己不按照经验行事就会被周围的人视为异类，受到周围人的嘲笑甚至排挤。在这种情况下，村民不敢随意破坏经验，否定经验。

其四，很多经验并不是以耳提面命的方式传授给村民的，而更多是通过潜移默化的方式传递给村民的。因此这些经验说是经验，但已经内化在村民的行为当中，成为自然，成为习惯，村民甚至很少会去主动怀疑这些经验。

2．"谁不守规矩谁活该吃亏"

在1949年之前，村民的生产生活水平普遍低下。在这样一种状况下，管粥集村的村民宁愿选择依照经验行事，也不愿意改变原来的生产生活习惯。例如，在生产作物的选择方面，村民长期选择种植小麦、大豆和高粱等作物。即便这些农作物亩产不高，但是数百年来村民还是按照祖宗的习惯进行种植。

中华民国时期，政府曾推动这一带的农民改种果树这样的经济作物，但是农民普遍不愿意改变自己的种植习惯，即便有农户愿意尝试但是面对未来的风险也不愿意出头。村民普遍认为"谁不守规矩谁活该吃亏"，绝大部分的农民都是以一种观望漠视的态度对待种植果树，因此政府的果树计划最终流产，而直到新中国成立后村民才逐渐改种果树。

3．"有用的、能用的就是经验"

虽然村民对先祖的生产生活经验笃信不疑，但更多的经验还是需要根据实际的情况进行调整。村民心目中的经验是在实践当中不断变化的。村民相信实用的、别人家管用的都是经验。例如，中华民国时期，因为连年的丰收，管粥集村流行了一段时间的攀比之风，嫁妆彩礼的价钱水涨船高，这给很多的村民带来了压力。但是受制于当时的习惯规矩，村民不敢贸然违反，之后在保长和村中富裕户的倡议下，村中开始倡导勤俭之风，这才遏制住了村民在婚嫁方面攀比的情况。

二、务实思维及其思维关系

传统时期，管粥集村村民当中存在着普遍的务实思维，表现在生产生活的方方面面。务实思维促使村民勤劳节俭度日，对人的好的判断也包括踏实肯干，同时这一思维也局限了村民的眼光，经常只顾眼前，不顾长远。

（一）"勤劳节俭日子才能长久"

管粥集村村民深信只有勤劳才能维持长久的生活。好吃懒做在村民看来是十分不可取的，并且被村民取笑和议论。在村民中间流传的谚语也强调了勤劳对农业的重要性，比如"不怕地孬天旱，就怕靠天吃饭"，"近年富，抬粪土，远年富，多栽树"，"种树如种田，管树如管棉"等都说明只有勤劳种地家庭才能经营好。

由于灾害频发，管粥集村村民认为日子能够维持就是好日子，维持不了难以糊口是村民最不愿意接受的。而对于致富村民很少去想，村民认为只有祖上积德，祖上能够留下可观的家产，或者孩子读书好出来做官才有可能致富。至于做生意，村民认为要有本钱风险也大，很少认为做生意能够致富。

除了勤劳，村民还重视节俭。在村民看来，能否节俭全靠家中的女人，女人懂得持家，那么家里面就能够节省下钱财来，才能够建屋买地。例如，普通家庭的村民很少从外面买衣服穿，而是自家种棉花织布然后自己缝制衣服。哪怕衣服破到不能再穿了也不会随意丢弃，而是作为抹布等使用。衣服修修补补是常态，也考验着家中女子的手艺。

另外在饮食上，除了过节时，村民很少能在平时吃到面食。家中的妇女将收获的小麦在市场上或者向富裕户兑换成高粱、小米等粗粮，这样才能够保证一家人能够一年到头有吃的，不至于饿肚子。而对于因为天热坏掉的饭菜，村民也不会随意倒掉，而是用来喂养鸡鸭，鸡鸭生的蛋也不是直接吃掉而是攒起来到市场上换钱来补贴家用。

（二）"长远的顾不上，顾着眼前就不错了"

在管粥集村，虽然有"顾着眼前，失了未来""不懂计划一世穷"等谚语，但是总体来说，相比未来不可确定的利益和好处，大部分的村民更为看重眼前的利益。村民之所以会更看重眼前的利益，很大程度上是因为：

其一，自身家庭的生产生活水平低，周围的亲朋好友也是勉强维持生活，在这样的条件下，村民对风险的抵御能力非常薄弱，因此不愿意家庭冒风险而选择保守。

其二，村民长期在村内生活，生活环境闭塞，在这样的情况下眼界小，自然也会趋向于保守。

其三，村民若是选择做冒险的事情而放弃眼前的利益，会受到周围亲朋好友的压力，促使村民放弃冒险而选择保守。例如，在中华民国时期，虽然村民都知道读书能够改变孩子的命运，不管是男孩女孩，接受了教育都能够与众不同，走出农家。但是村民普遍只满足孩子基本的教育，大部分的女孩完全不接受教育，只学习一些女工类的手艺，然而实际上识字的女子更容易找到较为富裕的家庭嫁为人妻。而对于男孩，村民更重视一点，会让男孩子学习基本的认字和算术，但之后就算孩子有天赋愿意继续求学，绝大部分的村民也不会让孩子继续学习，而是让孩子去给人当学徒，读书不好的就让他学种地。

这样不顾未来，只顾眼前的观念在普通经济条件的村民身上体现最为明显。村内富裕的农户虽然更有远见一些，会让家中的女儿接受一些教育，但是村内的富裕户也很少选择做生意致富，而是将更多的精力放在农业生产方面，他们最重要的目标不是壮大家庭的基业，而是守住家庭的基业。只要能够守住家庭的基业，富裕村民就满足了。

（三）"踏实肯干的受欢迎，溜须拍马的莫深交"

官粥集村村民的务实思维还体现在与人的交往方面。村民在和其他人交往时不喜欢和夸夸其谈的人深交。村民认为这样的人不靠谱，总是把话说满但实际做的事情特别少，村民喜欢和做实事的人打交道。虽然这类人往往话少，社交能力不强，但是村民更为信赖这类人，也更愿意和这类人成为朋友。

例如，管粥集村中的富裕户在为自家找长工时就最为看重长工的品行。在富裕户看来，若是长工的品行不好，不仅仅意味着家庭的财产安全存在威胁，而且有可能损伤家庭在外的名声。和品行相比，长工的能力反而是其次的。在品行当中，老实肯干务实是富裕户最为欣赏的性格。若是长工话多，喜欢夸夸其谈，富裕户便会弃之不用，而会选择踏实干活的人来做长工。

对长工的品行要求，正如管粥集村村民张大臣所说：

> 过去（新中国成立前）村里面老实人吃香，不管是交朋友还是招工，老实话少的人就受大家的喜欢，而那些话多，喜欢怕人马屁的人就不受人喜欢，对这样的人大家都躲得远远的，觅大领二领也是选择老实的人，但是现在就不一样了，老实人就经常要吃亏，受人欺负，在社会上吃不开，时代变化了，过去村里面外人很少，天天见面的都是村里人，出去外面做事的也少，现在都出去打工，见的世面多了，脑袋活的、能说会道的人也就吃香了。

三、循环思维及思维关系

在新中国成立前，农业是管粥集村村民最主要的经济来源，也正因为如此，村民的思维方式受到自然因素的影响。例如村民通过二十四节气来安排自己基本的生产生活，过节也是完全按照农历来进行。另外水利等基础设施的落后加上自然灾害的频发导致村民不得不接受"靠天吃饭"的境遇，但对于自然的循环与变化，村民也不是一味去接受或者对抗，而是选择进行自我的调试从而降低自身家庭的风险，进而维持整个村庄的长期稳定发展。

（一）"不怕地孬天旱，就怕靠天吃饭"

在管粥集村流传着这样一句谚语："不怕地孬天旱，就怕靠天吃饭。"对村民而言，这句话有两个层面的含义。第一个层面的含义是村民不得不依赖自然，服从自然；另一个层面的含义是村民会采取一些措施来进行自我的调试来适应自然的变化，抵御自然的风险，将自身家庭乃至村庄的损失降到最低的水平。

管粥集村村民对自然的依赖最鲜明的体现是在农业的浇灌方面，用农民的话来说就是新中国成立前都是老天赏饭吃，碰到了好的年份天气适合农业生产就能维持好家庭的生活。碰上不好的年份，田地里的庄稼不管是旱死还是涝死，村民更多是去接受而没有办法去改变，水利设施基本缺位。因此遇到灾年时候，村民去求神拜佛的更多，对庄稼颗粒无收的担忧导致村民只能通过这样一种方式来寻求心理上的慰藉，这也从侧面反映了村民对自然的高度依赖。

另一层含义体现在村民的一些调试行为上，对于自然灾害等村民并不是完全逆来顺受，而是尽可能做出一些调整来降低自身的风险和损失。例如在管粥集村，土地普遍贫瘠，沙土地多，丰腴的泥地少，因此村民在选择农作物的种植品种时会根据土地的土壤地势等情况进行确定。例如对于地势低、土壤贫瘠的田地，由于经常可能受水淹，所以村民种植高粱、蜀黍甚至花生、大豆等农作物，这些农作物比小麦生命力更强，而且大豆等作物即便死亡也可以起到改良土地的作用。

再比如因为自然灾害频发，村民的生活水平普遍低下，单个家庭应对风险的能力更弱，村民一方面选择集中居住在一起，互相给予照应，另一方面也养成了互帮互助的习惯，谁家有什么困难周围的村民都会主动过问或者帮忙。

(二)"人情就像拉锯子，得有来有往"

管粥集村村民重视彼此之间的人情往来，在村民看来，"人情就像拉锯子，得有来有往"，这一说法体现了村民在人际交往方面的循环思维。

首先，人情往来是村民相互之间联络感情、增强联系的重要方式。例如在新生儿出生后，女子的娘家人就必须带着礼物来女儿家道贺，这无疑加强了村民的姻亲关系。新人结婚时，亲朋好友会带着份子钱来祝福新人，份子钱的存在既表达了亲朋好友对新人的祝福，也在一定程度上缓解了新人因为操办婚事而面临的经济压力。

其次，人情礼物的礼尚往来体现了关系、地位的匹配或对等。村民在准备人情礼物时并不是随意处置的，而是会精心考虑，最重要的考虑因素是送礼人和收礼人之间关系的远近。关系越近往往礼物越重，更为贵重的礼物也抬升了送礼人在收礼人心目当中的地位。若是送出的礼物与两人的身份不对等，那么很可能伤及两个家庭之间的关系，并且被旁人看来不知礼数，没有教养。另一个考虑的因素就是两者之间以往的礼物交换情况。若是之前就因为相同的事情送过礼物，作为回礼，最起码需要和之前保持一致甚至多一些。正因为如此，管粥集村村民格外注意婚礼等场合下各位客人给的礼金数额，以便将来给出恰当数额的回礼。

最后，村民将礼物交换当作来提升自身的地位的一种可靠的途径。例如在管粥集村，富裕户的女儿出嫁时，村民会综合考虑女儿夫家的经济状况和自家的经济状况，甚至还要考虑女儿的妯娌的嫁妆情况。只有体面的嫁妆才能让女儿进门后在夫家有地位，没有像样的嫁妆女儿就在夫家抬不起头来，因此村民女儿出嫁时的嫁妆的价值往往高出男方数倍。

（三）"好人自有好报"

在管粥集村村民心中有着朴素的"好人有好报"的思想，这也是一种循环的思维。在村民看来，行善积德不仅能够为自己添福气，而且还能够为自己的子孙后代积德，甚至说自己这辈子有好的生活也是依靠祖先的荫庇。而反过来说村民认为为非作歹就是造孽，子孙后代因此会受到诅咒，自己也很可能会不得好死。

正是在这样一种因果报应的循环思维下，在管粥集村生活的富裕村民乐于参与村庄的公共事务，包括修井，修庙，共用石磨、石碾等。在遇到乞讨者时他们也经常给予对方一粥一饭而不是完全置之不理。村民认为这样可以积德，并且在现世当中富裕村民也赢得了好名声。

哪怕是不富裕的村民，他们彼此之间也养成了互帮互助的习惯，谁家有个家长里短，总有热心的村民前去帮助，村民彼此之间感情热络而不是冷漠相待。对于村中游手好闲、为非作歹的人，村民通常不会主动招惹，更多是敬而远之。有些深受其害的村民会咒骂他们，而这类人的亲属则予以劝诫，希望他们改邪归正，为子孙后代积德。

四、中庸思维及思维关系

管粥集村是一个典型的高度聚居的村庄，村民彼此之间知根知底，平日里抬头不见低头见。正是这样长期群体性的生活养成了村民合群、不冒尖的习惯。总体表现出一种中庸的思维方式。凡事不恣意妄为，而是考虑旁人，宁愿泯灭个性，也要随大流，闷声发大财。

（一）"枪打出头鸟"

在管粥集村，明哲保身是村民一贯遵循的。虽然追求名望也是村民的共性，但是村民往往会主动克制而不会锋芒毕露。这样的思维在富裕农户的身上表现得最为明显。村中的地主赵祖武虽然土地最多，最为富裕，且经常为村庄修井、修庙等公共事务出钱出力，在村中是响当当的人物，家喻户晓，甚至在乡里也是有一定名望和地位的。但是赵祖武并没有担任过任何一届的保长，甚至甲长都没有担任过。用他自己的说法就是忙于经营自己的家业没有多余的时间精力来当保长，并且谦虚地说自己的能力有限难以胜任保长一职。赵家地主的这一做法无疑有保留锋芒，不出尽风头的想法。

不仅是对于富裕村民，哪怕是普通村民在参与公共事务时大部分都愿意合群跟随，但是极少数的人是挑头的，当头的。久而久之，村中调解的、领头当会头的人总是那么几个人。还有一点就是很多的领头人也并非主动当领头，只是能力受众人信任，因此被推选出来，无奈担任这一职位，要不然也很少愿意主动出头。

反过来说，村民对于喜欢招摇，喜欢出风头的人多报以怀疑甚至取笑的态度。例如个别村民在女儿回家省亲时大张旗鼓，恨不得全村都知道自己的女儿嫁了一个好人家，自己的女儿多么孝顺带回来很多礼物，对于这样的行为周围的村民虽然表面表示恭喜，但是背地里都是怀疑甚至厌恶的。若是知道这一家人是虚张声势，那么村民就会予以嘲笑，认为这家人是打肿脸充胖子。

（二）"名声是挣来的，不是争来的"

闷声发财是村民普遍的观念，这一观念不仅表现在富裕村民身上，在贫困村民身上也有体现。对富裕户来说，虽然在衣着上会顾及自己的颜面很少穿破旧的衣服，但是他们从来不对外宣称自己的家产多少。即便丰收了也是暗自喜悦，很少大张旗鼓地进行庆祝，包括买地、生子等喜事也是如此。富裕农户只会做到基本的体面，也绝对不会铺张浪费，让旁人看了眼红。私底下出借钱财也会再三告诫对方不要对外宣扬，以免让周围的村民惦记，纷纷过来借钱。

在富裕户的眼中，好的名声不是依靠这些表面的奢华来提升的，更多的是实实在在把自己的家业做强做大。这样自然在村民的心中会有好的名声，用不着通过露财露富的方式来得到短暂的旁人的奉承。而贫困村民非但不会露财还喜欢卖穷卖苦，通过这样的方式可以无偿得到周围村民的一些帮助。在遇到困难的时候富裕户也可能会出手援助，卖苦卖穷也成了底层农民的一种生存策略。

关于这一方面，管粥集村村民宗玉春的话最有代表性：

> 大家都住在一起，谁家家底怎么样周围的村民八成都知道，富裕的没必要炫耀，穷的也没必要遮掩，在过去（新中国成立前），大家不是特别看重谁家钱多钱少，因为最富裕的也远不如现在穷的，大家反倒是看重人的公益心，富裕的他们有更多的时间来参与这些事情，保长要做什么事情也需要依靠他们出钱出力，自然而然，富裕的在村里就得了名声，其他的也是沾了富裕户的好处。

五、平均思维及思维关系

"不患寡而患不均",对管粥集村村民而言,长期的群体生活让村民逐渐形成了平均的思维。这里的平均不仅仅局限于实体方面钱财等的平均,如分家,也包括权利和义务的对等,身份和待遇上的对等等。

(一)"一碗水端不平干不了问事人"

问事人是传统时期管粥集村村内主要的纠纷调解人,在村民看来,问事人的能力是其次的,村民最为看重问事人在进行调解时是否能够做到公平公正,不会因为财富、关系的远近亲疏而动摇"一碗水端平"的基本准则。若是问事人不能在村民的调解当中做到公平,村民虽然表面上还是保持礼貌,但是问事人的威望无疑受到损伤,并且久而久之大家也不愿意接受问事人的调解,认为他说的话不再具有公信力。问事人的公信力也是在一次又一次的调解当中不断积累的,当每一次的调解问事人都能理顺争执双方的黑白是非,能够给出恰当的解决办法,那么问事人的名声自然积累起来并在村民当中形成威望。管粥集村村民程保民就讲述了这样一个事例:

> 中华民国的时候村里面有一位姓宗的问事人,他参与了村内一场纠纷的调解。在这场纠纷中,一位薛姓村民将自家的地典当给村内的一位宗姓村民,以三年为限,双方确定了典当的时间和价钱,但是三年之后薛姓村民无力偿还规定的金额,宗姓村民便以此为理由要求薛姓村民卖出自家的土地,薛姓村民不愿意出卖土地,便找来这位宗姓的问事人前来调解。问事人了解了事情的经过,认为典当的契约上没有规定三年之后没有及时赎当应当如何处理,且薛姓村民违约在先,宗姓村民有权利优先购买这块土地。薛姓村民认为问事人偏袒自己的族人,便请来保长主持公道,保长最后决定这块地还是归属于薛姓村民,但是要求一年之内还清欠款并且缴纳利息,否则宗姓村民有权优先购买土地。经过这一件事,这位宗姓问事人的声望受到了损坏,村民只会在一些鸡毛蒜皮的小事上找他调解。

(二)"分家不平,兄弟反目"

在管粥集村,兄弟之间分家是最讲求公平的。为了能够尽可能做到"一碗水端平",村民在分家时会请来问事人写分家单。但凡是能够分割的财产都要进行平均的分配,不能分割的财产就折算成价钱来进行分配。但这种公平也是相对的。家中的长子能够多分到一点长子田,家中的父母、女儿也能分到一些养老地或者嫁妆田。这样的分配是完全建立在全家一致同意的基础之上的。若是哪个儿子觉得父母偏袒，很可能为将来兄弟之间的相处埋下隐患，也会导致父子关系的紧张。

不仅在分家上村民要求权利和责任对等。日常生活中互相帮工换工，虽然不会要求绝对的平等交换，但是也要在心理上双方认为自己没有吃亏，否则就会伤害了彼此之间的和气。另外在公共事务上，例如淘井，但凡是平时使用这口水井的村民都必须参与到淘井当中，不管是出钱出力都是要基本均等的。若是谁出力少甚至不参与，周围的村民可以拒绝他继续使用这口水井。村内其他的公共事务也往往是均摊或者按照田亩数来进行分摊的，村民通过建立这些标准来保证公平，维护公平，同样体现了一种平均的思维。

第四节　态度与态度关系

态度的背后是人们对各类事物的观点和看法，并且态度决定了个体的行为倾向。本节将从生育态度、生产态度、生活态度、社会态度、政治态度、人生态度这六个方面来展现传统时期管粥集村村民的"态度与态度关系"。

一、生育态度与态度关系

生育是一个家庭乃至村庄实现延续的基础，传统时期，生儿育女不仅意味着血脉的传递，也与家庭劳动力补充、家庭养老等密切联系。1949 年之前，管粥集村村民的生育态度与态度关系主要体现在以下八个方面。

（一）生育概况

以管粥集村下辖的赵楼自然村为样本，对新中国成立前整个自然村 65 户村民的生育基本情况进行统计，如表 5-3 所示。从生育子女的数量来看，生育子女的数目在 3—5 位的家庭占比达到七成左右。绝大部分的家庭都养育了自己的子女，只有 3 户没有生养子女，另有 2 户生养子女达到 6 人以上，户均生养子女的数量为 3.37 人。从整体来看，管粥集村村民在传统时期生养子女的数量并不高，村民给出了如下的解释。

一方面，生活水平所限。由于管粥集村一带土地贫瘠，生产基础设施落后，再加上自然灾害频发，仅靠土地供养的人口有限，因此在管粥集村有"子女一多，锅底朝天"的说法。也因为这个原因，两户生育子女数量达到 6 人以上的皆为村中的富裕户且是为了多生儿子，中农以上经济条件的农户一般生养 4—5 名子女，而穷人家多生养 2—3 名子女。

另一方面，夭折或者送人的子女多。在新中国成立前由于缺乏避孕的观念和落后的医疗水平，村民在孩子出生的一周内都不会给孩子取名而是叫"毛毛""虫虫"这样的昵称，直到孩子度过危险期才正式取名。虽然对初生婴儿的死亡情况没有确切统计，但是受访老人有直观的感受：

> 以前（新中国成立前）生孩子不像现在可以去医院，过去都是在家里生，有时候就是婆婆替媳妇接生，要是卫生没有注意好，生下来的婴儿的肚脐就会发炎腐烂，小孩就夭折了。这样的情况至少有6成的家庭遇到过。一般小孩度过了这个鬼门关，大部分都能活下来。[1]

生下来的孩子除了夭折，一部分经济状况不佳的村民还会选择将孩子送人。送人的方式主要有两种，一种是正式的过继，另一种是送给外村人甚至外地人。过继通常是过继给自己的直系亲属，而送人往往是通过同村的村民介绍，对方会给一些报酬，但并不是买卖孩子。孩子的亲生父母会考虑对方的经济状况，要是条件太差的就不会同意送人。送人的孩子多为女孩，极少数是男孩。

表5-3 新中国成立前赵楼自然村各户生育基本状况

生育子女数量（人）	户数（户）	占比（%）
0	3	4.6
1	5	7.7
2	6	9.2
3	16	24.6
4	23	35.4
5	10	15.4
6以上	2	3.1
总计	65	100

说明：生育子女数量不包括年幼时就夭折的子女。
资料来源：基于在赵楼自然村的田野调查整理而成。

(二) 生育偏好

生儿育女是一个家庭延续的基础。在长期的生产生活当中，管粥集村村民也形成了较为明显的生育偏好，表现在多生养、有男孩等。

---

[1] 来自张大臣老人的讲述。

1."过去生得多，夭折的也多"

在管粥集村村民看来，生儿育女不仅意味着家庭的延续、家庭的完整，同时也是身为家族成员的一份责任。"不孝有三，无后为大。"生儿育女对家庭乃至家族的意义在于：

其一，能够延续香火，壮大本宗族。

其二，子女对父母孝顺的具体体现，父母希望儿孙满堂，视子女没有后代为子女的不孝。

其三，可以养儿防老，让子女未来为自己养老送终。

其四，子女是家庭中重要的劳动力。

其五，有子女的家庭更为稳固和睦。女性只有生育儿子才能真正成为家族中的一员，地位得到巩固。

管粥集村村民认为多子多福。在新中国成立前没有节育或者计划生育的观念，"怀上了就生下来，小孩没长大就死了，随便找个地就埋了，也不伤心"。一般来说，有儿有女视为圆满，儿子最好能够有2个，女儿数量没有讲究，"有儿有女凑一个'好'字"。

没有儿子家庭的外部压力主要来自本族人、本家人，来自当家人内心不能正常延续香火的压力，同时是为了降低风险，分担孩子承担的养老的压力。

管粥集村村民张大臣就提道，1949年之前，孩子要长大成人很不容易，生个重病可能就夭折了。所以父母为了降低风险，不会只要一两个孩子，一定要多生几个，这样才有保障。他还列举了邻村一个比较极端的例子：

> 在附近的芈集，中华民国那会儿一户李姓人家前前后后生养了超过10个孩子，最开始是为了生个儿子，可是生下来的儿子是个独苗，其他都是女儿，男孩3岁的时候发高烧夭折了，之后只能继续生，又生下来好几个女儿，两三个女儿送了人，直到生了两个男孩才不继续生了，这时候这家已经有8个小孩了，周围的村民都感叹养不起。[1]

2."两个男孩最圆满"

管粥集村村民同样有浓厚的传宗接代的观念，家族的族谱上只会记载男孩的名字而不会记录女孩的名字。村民当中最恶毒的诅咒之一便是诅咒对方没有儿子，断子绝孙。从劳动力的角度来看，男孩成年后可以帮助家里干农活挑水而女儿只能留在家中帮忙，不能算是一个完整的劳动力。虽然村民觉得男孩比女孩更金贵，但是在管粥集

---

[1] 来自张大臣老人的讲述。

村村民看来，2个男孩为最佳，也要女儿，数量多少无所谓，有儿有女家庭才圆满。正如管粥集村村民薛传明所说：

> 儿子太多了也不好，要保证能够将男孩抚养成人，并为儿子安排婚事，留给儿子足够的财产让儿子能够独立生活，负担很重，女儿虽然要嫁人，但是多半是贴心的。生儿子为了养老，也是对自己家庭的责任，对自己家族的责任。[1]

在村民普遍的观念中，有20—30亩地，能养得起1—2头牛，每年风调雨顺，一大家子有儿有女都住在大四合院里，和和睦睦，这是理想的圆满的生活状态。村民们信奉勤劳致富，最大的期许就是自己家的男孩能够成材，将来有机会当大官，自家的女孩能够乖巧听话，将来嫁一个好人家。村民们不愿意背井离乡，安土重迁。在天灾人祸频发的年代，则希望能够吃饱饭，保甲长少收点粮食，少摊派劳动，少打仗，少拉壮丁。农民对于政权的更迭是无法选择的，只能像墙头草一样，风往哪边吹，就往哪边倒。只要能够吃上一口饭，不用风餐露宿，谁也不愿意去当兵，去造反，去战场上卖命。传统时期的造反都是没办法活命了，只能造反了。

（三）生育与社会地位

生养孩子尤其是生养男孩对于传统时期的管粥集村村民来说不仅仅是家庭的重要关切，更是涉及家庭在家族乃至村落的社会声望与社会地位。

1."多生不光荣，不生惹闲话"

虽然村民当中也存在多子多福的观念，但是更多的村民认为生养过多的孩子是家庭很大的负担。因此哪家的孩子多，尤其是男孩子多并不是一件非常值得骄傲的事情。管粥集村村民薛传明就谈道：

> 1949年以前，家家都有几个男孩几个女孩，大家觉得很正常，没有特别去比较谁家儿子多谁家儿子少。要是生的儿子多了，夫妻俩反而有些担心养不活，男孩你不是把他养大就行了，还要让他成家立业，生了孙子，这样才能放心，才算尽了做父母的责任，要是三四个儿子负担就非常大了，很难维持一般条件的生活。[2]

---

[1] 来自薛传明老人的讲述。
[2] 来自薛传明老人的讲述。

虽然说孩子多了并不会增加家户在村民当中的地位，但是一个家庭若是只有一个孩子甚至没有孩子，周围的村民表面上不会提什么意见，背地里却会说闲话。若是只有一个女儿，个别村民甚至会嘲笑，让这家人多多攒钱，要不然没有人愿意来当上门女婿。孩子过少的家庭在村中说话是缺乏底气的，孩子少意味着面子受损。因此除非身体原因，村民都会生养三个以上的孩子，其中有儿有女，且有两个儿子是最理想的儿女数量。

2."生不生儿子不只是家庭的事"

尽管生儿育女最终的决定权在单个家户身上，但是生育孩子尤其是男孩也关系到本家族的兴旺，因此家族的长辈会十分关心自己族人的子女生养情况。对于生养子女很少的家户予以劝诫。当家族内部某个家户婚后数年没有生养孩子尤其是没有生养儿子，家族的长辈便会前往这个家户了解情况，如有必要家族长辈可以协调族内的家庭进行过继或者抱养。

从整个家族来看，若是某个家族人丁少，这个家族在整个村庄的地位就会受到影响。在管粥集村，宗姓、薛姓、赵姓、李姓和许姓家族始终在各自的自然村占据主导地位。这一主导地位最重要的因素便是这些家族的人口在整个自然村占据着较大的比重。村中的保甲长在开展公共事务时都要参考各个家族长辈们的意见，否则很难得到村民们的普遍支持。

(四) 生育与婚姻关系

女性承担着生儿育女的重担，生育也直接影响一个家庭内部的关系。

1."有优待但是没特权"

只有少数富裕人家的女子在怀孕期间不干活。怀孕的女子，一般都会正常劳动，但是会控制强度，尤其是临产前就不劳动了。新中国成立前，一般都在家中生产，生产时会请产婆，村民叫"阴婆"，请的产婆都是本村人。本村没有专职的产婆，都是兼职的，平时都在家种地。一般每个村子都有2—3个产婆，多是穷人家干这一行，富裕人家觉得见血光晦气。大家口口相传，到了临盆的时候家人就去请产婆。产婆的水平良莠不齐，一些遇到难产的情况也是束手无策，她们没有经过专门的训练，完全依靠经验。经验丰富的产婆请的人多，酬劳也会更高。顺利生产后家人都会给产婆2斤糖、3斤白面作为谢礼。富裕人家给得更多，除了直接的酬劳，在孩子满月之时家人会邀请产婆参加宴席。产妇在产后的一个月内要坐月子，也不能随便到别人家拜访。村民认为刚生完孩子的女人经血多，有血光，晦气。

2."没生儿子也不会提离婚"

在管粥集村，如果妻子不能生育孩子或者没有生育儿子，一般都不会休妻。休妻受三方面因素的影响：

其一，家中的经济条件。一旦休妻意味着要另娶一任妻子，付出更高的嫁娶支出，再娶使得名声受损，必须付出更多的金钱。

其二，夫妻俩的感情。如果夫妻俩感情好，即便没有孩子，为了维护家庭和睦，也不会考虑休妻。

其三，妻子的作风。在本村实际发生休妻的都是女子作风不好，被村民们说闲话，丈夫不堪风言风语做出休妻的决定。休妻之前，家中的丈夫会和自己本家的长辈商量，说明原因并得到允许后，丈夫请村中绅士写下休书，休书两人各一份，并通知妻子的兄弟，让他们将妻子接回。如果休妻之前已经有了孩子，如果是男孩，必须留在家中，得到父亲的抚养，如果是女儿，则两人商量决定，一般也是由男方抚养。

（五）生育仪式中的社会关系

新生儿出生是一个家庭的大事，也是喜事。伴随着的是相关的生育仪式，而这些仪式当中就蕴含着丰富的社会关系。

1. 生头胎中的社会关系

在管粥集村，头胎不管生男生女都会以同样规格进行庆祝，送祝米，办酒席宴请宾客。酒席上最重要的客人是新娘的兄弟和父母，也包括接生的产婆。主要是本家人和娘家人，还有邻居好友。如果和保甲长是亲戚关系或者平时有来往会请保甲长参加，其他情况则一般不请。头胎之后，若是生育女儿不会特别庆祝，如果生育男孩就会办酒席。男孩和女孩在上学、结婚、过寿、丧葬上的仪式都是有区别的。村民一般不会送女儿去学堂上学，富裕人家会专门请私塾先生教女儿识字，男孩可以上私塾，也可以上学校。虽然科举制度已经废除，但是父母仍然期待儿子能够念好书，做大官，最起码能够识字、算术，找一份好工作。村民们不会歧视没有生育儿子的家庭，主要是本家族的长辈施压。

2. 报喜中的社会关系

如果新娘生下孩子，当地会以"拜盒"的方式向新娘的娘家报喜。报喜人一般是新郎家的邻居。如果生下的是男孩，红色木盒内会放置书本、笔和葱，其中书本和笔代表男孩将来会读书，能做官，葱谐音"聪"，希望男孩将来聪明。如果生下的是女孩，红色木盒内会放置一支布花朵，希望女孩将来能够像"花朵"一样美丽娇媚。

报喜人除了将木盒交给新娘的娘家，还要将9个红鸡蛋交到新娘娘家人手中，原本红鸡蛋是10个，不过报喜人会在抵达新娘娘家所在村的村口时吃掉1个红鸡蛋，取"八九不离十"之意。

3. 接挪窝中的社会关系

接挪窝即在孩子出生后的第 28 天，新娘的哥哥弟弟会来接产妇和孩子回娘家小住一天。第二天产妇的丈夫再把产妇和孩子接回去，接回去的时候用板车运人，两边需要插上桃树枝[1]。临行之前，新娘的娘家还会赠送一只公鸡、一只母鸡以及小孩所穿衣物。这里的鸡，谐音为"吉"，意味着吉祥，另外鸡还可以作为妇女产后的补品。另外，村民们相信接挪窝能够让孩子不生病，长得快。如果娘家人住得太远了，也可以在附近的娘家哥或娘家的其他亲戚家里住上一天。

4. 送祝米和满月酒中的社会关系

送祝米和满月酒即在孩子出生后的第 30 天，新娘的父母、她父亲五服之内的父系亲属、新娘的舅舅和姨娘们，还有她丈夫的姑姑等亲戚会带着礼物来看望新娘和她的孩子，并且送上祝福。每个家庭都需要各自准备礼物[2]，新娘的父母、姑姑和舅舅送的礼物最多。所有送来的礼物都会向众人展示。新郎家会宴请所有来送祝米的亲戚和族亲，新郎的同村男性亲族来帮忙蒸馍馍炒菜，上馍馍上菜，新郎的女性亲族会把刚满月的孩子抱出来和亲戚们见面。

5. 生二胎中的社会关系

在管粥集村，村民生育第二个甚至更多的孩子时，相关的仪式会从简。条件一般的家庭就不会再特意办酒席，而富裕人家可以选择办酒席，也可以选择不办酒席，若是办酒席一般只会请女方的父母兄弟，不会再邀请其他的邻居朋友等。娘家来接挪窝和送祝米的仪式还是会进行，但是相应的礼物会减少，一般就送 2 只鸡和一篮鸡蛋。孩子出生也只会通知女方的父母家，其他的人家不再特意通知。

（六）过继及过继关系

在传统时期，管粥集村中过继的情况是比较普遍的。若是一对夫妻结婚数年没有自己的孩子，家族的长辈就提醒他们考虑过继，也就是从自己的兄弟那里过继一个孩子到家中。村民认同这样一种做法，这样的做法既可以解决家庭的子嗣问题进而解决父母的养老问题，算是一个成本比较低的做法，同时也可避免家产外流。

1. 兄弟过继，保证香火

在村中发生过继的情况，主要是因为以下的因素：

一是亲生父母家里儿子多，过继的家庭没有儿子，想有一个儿子延续香火，养老送终，这时候只要兄弟两个商量好，在家族长辈的见证下就可以完成孩子的过继。

---

[1] 村民认为可以辟邪。
[2] 一个圆形的大柳条篮子先垫上红布，下面一半放上小麦，上面一半放上鸡蛋和红糖，大竹篮要放满。

二是兄弟去世但是没有留下子嗣，过继一个儿子给兄弟，继承家产，使之不落入外人之手，这种做法在村中也存在，算是一种救急的做法，这一做法通常是家族的长辈来操作的，族人也认同这样的做法。

三是躲避征兵，1949年之前征兵要考虑家中男丁的数量，家中男丁的数量多就一定要出人去参军，这时候心疼自己孩子的父母就主动将自己的孩子过继给没有子嗣或者子嗣少的家庭，规避自己的孩子去当兵。

2. 过继规则

在村中实际发生的过继遵循以下的规则：

其一，过继来的孩子通常是亲兄弟的孩子，一般不会过继外姓的孩子，过继外姓的孩子一方面容易引起不必要的财产继承的纠纷，有家族财产流失的风险，另一方面孩子养不亲，长大成人后可能又回到亲生父母那里生活。

其二，过继孩子时一般选择在孩子幼年，还不懂事的时期，这样养父母可以更加坦然地抚养这个孩子，当然若是为了避免财产流失，临时组织过继的事宜，这时候不管过继的孩子年龄多大，主要是为了达到防止家族的财产流失的目的，孩子也能够理解。

其三，过继时需要双方的同意，要是有一方不同意就不能完成过继，过继一般不需要遵循孩子的意见，全凭父母来做主。

其四，过继的孩子都是男孩，村里面没有过继女孩的情况。

其五，过继时没有特殊的仪式，但是过继双方的家庭在过继的当天会邀请家族的长辈、保长一起吃一顿饭。在餐桌上，孩子的亲生父母让自己的孩子改口叫新父母爸爸妈妈，而改叫自己叔叔阿姨。也有不要求叫自己叔叔阿姨的情况，两边都叫爸爸妈妈。当然如果孩子还不懂事就没有这个问题，在这顿酒席上，家族长辈和保长是作为见证人出席的，村民不需要专门准备谢礼或者酬劳。

3. 过继来的孩子的权利与义务

一是过继来的孩子出自自己兄弟家庭，因此姓氏不用改。有时候新父母连名字也不会改，而是用孩子亲生父母取的名字，全凭新父母自己的想法。会要求孩子喊新父母爹娘，根据新父母和亲生父母的关系称呼亲生父母，也存在仍然喊亲生父母爸爸妈妈的情况。

二是过继来的孩子一般跟随新父母生活。去亲生父母家要经过新父母的允许，若是孩子还小就不存在这个问题，若是孩子已经懂事，新父母一般允许孩子一个月去亲生父母那里住3—4天。

三是过继来的孩子按照亲生父母的规矩侍奉新父母，能够继承新家庭的财产并给新父母养老送终，新父母将过继来的孩子视若己出。

四是过继来的孩子不能继承亲生父母的财产，不能参与亲生父母家庭的分家。即使亲生父母特地为自己的孩子留了一部分财产，孩子也没有权利继承，当然孩子也不需要为他们养老送终，但可以去参加葬礼，亲生父母生病也能去探望。具体承担医药费的数额全凭孩子及其新父母自己的心意。

五是过继来的孩子可以退继，只需要两家人和家族长辈同意，但是本村实际没有发生过。

六是即使新父母之后有了自己的儿子，过继来的儿子仍是家中长子。

管粥集村村民还讲述了一个新中国成立前有关过继的实际例子：

> 管粥集村赵姓村民是村中的富裕户，他生育有三个儿子，三个儿子相继成家但是由于父母尚在没有提出分家，老父亲是家里面的当家人，大哥和二哥都育有两个儿子，但是三弟只生育了两个女儿，一直没有生育儿子，之后由于三弟外出做事时发生意外去世了，三弟的老婆担心自己的女儿出嫁后自己的生活无人照料，就向大家长提出了分家。大家长考虑到分家势必造成家族财产的流失，当机立断和两个儿子商量过继的事情，二儿子主动将自己的第二个小孩过继给了自己的弟妹，由这个孩子来照顾弟妹的生活。正是因为这个提议，分家风波得到了平息。[1]

（七）抱养及抱养关系

管粥集村发生抱养的情况很少，一方面村庄整体的经济发展水平低下，村民自身的生活都难以保障，另一方面村民普遍认为抱养来的孩子长大了和父母不亲，甚至亲生父母找上家门就可能得不偿失。即便是抱养，村民优先选择其他县甚至其他省的孩子，不选择本地的孩子进行抱养。

1. 无孩家庭才抱养

愿意抱养孩子的家庭多是家中没有孩子，而兄弟家中可以过继来的孩子也没有合适的，这时候村民才考虑通过抱养孩子来解决自己未来的养老问题。不过，也有出于好心，不愿意被遗弃的孩子在外面活活饿死而领回家中的情况。

根据受访老人的介绍，新中国成立前村里面5—6户人家有抱养孩子的情况。虽然

---

[1] 来自张大臣老人的讲述。

抱养孩子时村民大多秘而不宣，但是周围的村民都是心知肚明。抱养来的孩子都来自江南一带的贫苦人家，家里面孩子多，抚养不了，来当地逃荒或者谋生活的时候就把年幼的孩子遗弃在街头或者村口，村里人经过亲友介绍，把孩子抱回家收养。

2. 抱养规则

抱养虽然不存在成文的规则，但是根据村中实际发生的抱养情况，村民遵守如下的一些规矩：

其一，抱养的孩子年纪一般不超过3岁，村民一般不抱养岁数大了已经懂事的孩子，养不亲。

其二，村民抱养孩子时和孩子的亲生父母没有见过面，抱养来的孩子是被亲生父母遗弃的孩子，因此没有给亲生父母钱的说法。

其三，抱养来的孩子一般身体健康，女孩居多，身体不健康的孩子村民不会选择抱养回家。

其四，抱养时不需要请证明人，也不需要签约，没有特别的仪式，村民抱养孩子时往往尽量保密，尽量不让太多的村民知道，过多村民知道不容易让孩子在村里面立足。

其五，抱养来的孩子完全像自己的亲生孩子一样抚养，因此不管孩子过去的姓名是什么，一律都改成新的名字，名字是抱养夫妻取的。

其六，抱养孩子时，抱养家庭需要得到家族长辈尤其是族长的认可。要是他们不认可就不能抱养，不需要特别通知保甲长，保甲长通过旁人也可以了解到这个情况，通常情况下不干涉。

其七，养父母尽量避免抱养来的孩子与自己的亲生父母有任何的交集，包括串门、探望等，即便养父母知道孩子的亲生父母是谁。

3. 抱养来的孩子的权利与义务

通常情况下，抱养的父母不承认孩子是被抱养来的，而说是自己亲生的，因此被蒙在鼓里的孩子不会和自己的亲生父母联系，抱养来的孩子承担养父母的养老责任，也按亲生孩子一样继承养父母的财产。虽然是抱养来的孩子但是通常情况下养父母都是一视同仁，将抱养来的孩子当作自己的孩子一样看待。即便孩子长大成人，亲生父母前来寻亲，孩子没有为亲生父母养老送终的义务，亲生父母生病，孩子也同样没有义务承担医药费。若是亲生父母想要留一份财产给自己的孩子，被抱养的孩子也没有权利获得这部分财产。

管粥集村村民提到了一个实际发生的抱养案例：

在 1949 年之前，管粥集村一户王姓的夫妻结婚 5 年都没有孩子。由于是外地迁居过来的，从兄弟那里过继孩子不太现实。时值江南一带闹灾，很多的灾民来到华北一带逃荒，夫妻俩通过自己的亲友想要从灾民那里抱养一个孩子。经过多方打听，江苏的一户人家家里面孩子多但是生活非常困窘，夫妻俩就托亲友送了一石粮食给这家人并且通过亲友抱养回了一个两岁的男孩，夫妻俩对于孩子的到来非常高兴，他们叮嘱亲友不要告诉孩子的亲生父母自己住在哪里，以免未来出现纠纷，亲友应允。

孩子抱养回来的第二年，妻子怀孕，生下了自己的亲生女儿，虽然不是男孩，但是夫妻俩总算有了自己的亲生孩子，被抱养回来的孩子并不知道自己的身世，养父母也像对待自己的亲生孩子一样对待他，等到养父母去世，这个被抱养的孩子已经成家立业并且继承了养父母全部的财产。新中国成立后，只有村里面的高龄老人才知道孩子不是这对夫妻的亲生儿子，但是村民也不愿意多说，孩子的亲生父母也从来没有露过面。[1]

（八）孩子买卖及关系

1949 年之前，管粥集村发生买卖孩子的情况非常罕见，但是也存在个别的情况。只有在家庭完全无力支撑的情况下家户才会选择卖出孩子，并且这样的行为受到村民的谴责，因此家户只敢偷偷卖出孩子。

1. 生活无望方卖儿

管粥集村村民张大臣介绍，在新中国成立前没有直接在村内买卖孩子的情况发生，但是个别村民会选择在外出逃荒期间将自家的孩子卖给外地人。卖孩子的都是苦命人家，生活没有办法了，即便逃荒一家人也没法活下去，只能把孩子卖出去，用交换来的钱来维持一家人的生活。被卖给其他人家的孩子有男孩也有女孩，男孩居多，买男孩的都是富裕人家为了延续香火，买女孩的人家一般条件的也有，买去家里面当童养媳。一般来说一个男孩要 2 石小麦，女孩要 1 石半小麦。

2. 买卖双方不接触

孩子买卖双方绝大部分是不认识的，因此买卖孩子的过程中都需要一个中间人进行沟通。之所以选择买陌生人的孩子是因为这样可以避免孩子长大之后回来寻找自己的亲生父母，也避免过多的纠缠和麻烦。中间人虽然双方都认识但是会恪守规则将孩子的身世守口如瓶。另外为了保证安全，买方一般会选择通过搬家等方式消除风险。

---

[1] 来自张大臣老人的讲述。

买卖双方也多为异地人，邻村人的情况不存在。

3. "孩子只敢偷偷卖"

卖出自家的孩子在村中是一件十分耻辱的事情。对于村民来说，买卖孩子在道义上是不可以接受的，虽然最终的决定权都在家户自己的手中，但是村民会通过说闲话、疏远的方式来表达抗议，整个家族的声誉也会受到损害。因此家族长辈也严厉禁止自己的族人出卖自家的孩子，但是仍然没有最终的决定权。虽然买卖孩子决定权在家户，但是家户只能偷偷地出卖孩子，不敢在村中光明正大地买卖孩子，例如在逃荒之后家中的一个孩子没有了，实际是卖出去了，但是对外宣称是孩子路上夭折了，不敢说是卖给其他的人家了。

二、生产态度与态度关系

农业生产是管粥集村绝大部分家户的主要经济来源。1949年之前，管粥集村村民的生产态度与态度关系主要体现在以下几个方面。

（一）产业态度及其关系

1949年之前，管粥集村的支柱产业就是农业，绝大部分的村民以农业为生，同时也通过外出打工、做生意或者从事铁匠、木匠等副业的方式来补贴家用。这些农业以外的副业虽然形成了一定的规模，但是从事这些产业的家庭都没有完全脱离农业，依然将农业视为家庭维持的基础。

关于农业和这些副业的关系，管粥集村村民赵韶喜说的话具有代表性：

> 1949年之前，对农民来说，农业就是本，百业就是末。一个村民不把田地种好，不仅生活没有办法维持，而且在村里面的地位也低，铁匠木匠什么的虽然也是平等的，但是农民还是应该种好地，光干其他的就是不务正业。种地一年到头总有收成，但是去给别人干活做工，不是年年都稳定的，说不定就丢了工作，这些都是存在风险的，干农业稳定一些。

具体到单个的家户，村民虽然以农业为重心，但是也不排斥干其他的产业，甚至不少的村民也认同要发财不干副业不行。但凡是家中的劳动力多，在完成基本的农业劳动之外，多余的劳动力也会通过外出做工或者学习一些手艺等方式来多赚钱以维持家庭的生活。

1. 家户独立自主经营

一方面是生产的个体性。在农业生产中还是单家独户的个体生产作业为主，只有在农忙的时候，村民在解决牲畜问题时和其他家户进行合作，请工帮忙抢收小麦等。村民偏好个体生产劳动的原因在于家户内部有很低的监督成本。若是雇工或者和其他的家户一同劳动，监督是在所难免的，而家户内部的成员拥有共同的利益，自然会努力干活，不会有二心，效率更高，安排农活也更为灵活多变。

另一方面是生产的自由性。在农业生产中，单个独立的家户是有较高的自主性的，能够决定什么时候种什么粮食，种多少粮食。一般不会受到周围亲族、邻里、村落庄长、保甲长等人的影响，他们也不会予以干涉，但是他们有批评和建议的权利，但最终的决策权在家户的当家人手中。

2."粮食够吃就满足"

在管粥集村村民眼中，生产的粮食能够做到自给自足，不需要向外界购买，自家年年存有余粮就是一种安稳的生活。新中国成立前在村民的实际生活中，粮食经常是不够吃的，原因在于：第一，土壤普遍贫瘠，产量本身就不高；第二，肥料少，人畜粪便、豆肥是常见的肥料，具体到各户产量很低；第三，生产技术落后；第四，自然灾害频发，又得不到国家政府的任何援助。

3."懒人难成器"

村民在农业生产活动中非常强调勤劳能干的性格品质，有这样性格品质的村民也能够受到周围村民的一致好评。地主在选择长工、短工时首先也要考虑对方是否勤劳能干。

勤劳体现在以下几个方面：其一，干活卖力，不喊苦喊累；其二，种地技术高，动作快；其三，娱乐活动少，不打牌赌博；其四，庄稼种得好，比周围的村民收成高。村民普遍勤劳能干，一方面这是社会普遍的价值追求，都认为有这样的品质的村民才能在村中立足，也能够获得一个好名声，在娶亲方面占据优势。另一方面以往收成低，灾害多，村民不得不依靠长时间在土地上不懈的劳作才能勉强养活一家人。

村落中也存在游手好闲的人，对于这类人村民通常私下里取笑议论，其家族的亲属会当面或私下予以批评，告诫他必须勤快一些，否则难以在社会立足。只有非常亲近的直系亲属如父母兄弟会予以劝诫，其他村民不会出手帮助。懒惰主要体现在：其一，干农活不积极，田地的杂草多，收成不好；其二，喜欢夸夸其谈，说大话，不愿意干实事；其三，喜欢占小便宜，耍小聪明等。

三、生活态度与态度关系

1949年之前，管粥集村村民的日常生活态度与态度关系主要体现在以下几个方面。

(一)"早出晚归不如精打细算"

在管粥集村,勤奋肯干是一种为村民称道的品质。村民同时认为仅是知道勤劳是不够的,更重要的是生活上要精打细算,这样才能把家庭维持好。在精打细算、量入为出方面,村民赵韶喜家具有典型性。

在新中国成立前,赵韶喜家有六口人,老母亲一位,夫妻两人,两儿一女。除了老母亲很少从事农业劳动之外,其他家庭成员都参加农业劳动。家中的各种家务事全部由妻子、老母亲和小女儿来承担,除了干家务之外,妻子和小女儿还在家纺纱织布,纺织的布匹除了供应自家之外,剩余的还会拿到集市上换钱,补贴家用。

父亲带着两个儿子在田地劳动,等到农闲的时候,父亲让头脑更灵活的大儿子去城里和师傅学手艺,而让小儿子跟着自己去外村做短工。不管是学手艺还是干短工,对方都是管吃管住的,因此可以通过这样的方式节省家庭的成本,学手艺虽然暂时没有收入,但是学成之后就有了谋生的本领,而打短工能够赚一些钱同样用来补贴家用。[1]

(二)"从俭入奢易,从奢入俭难"

1949年之前,管粥集村村民从小就养成了节俭的习惯。不仅仅是因为普遍家庭条件不佳,满足全家基本的生活之外基本没有多少余钱。就算是有余钱也需要应对各种苛捐杂税,另外还有自然灾害、红白喜事等用钱费钱的情况。而且村民普遍认为节俭是一种好的品质,只有学会吃苦,能够吃苦,才能够把生活过好,把家庭维持好。

管粥集村村民的节俭主要体现在以下几个方面:

其一,饮食方面的节俭。对于村民来说,饮食是一个家庭最大的负担。村民普遍在自己的小麦收获之后将之换成高粱、小米等杂粮,这些杂粮虽然口味不好但是产量要比小麦高出一倍多。因此为了维持收支的均衡,村民们在集市上或者去地主家换粮食,家里面只留下小部分的小麦逢年过节的时候食用,其他的都换成杂粮。在农忙的时候,若是家里面的粮食有限就会优先保证家里面主要劳动力的饮食,而其他的家庭成员则通过喝粥或者吃地瓜等方式来果腹,也会要求这些家人少出门节省体力。只有少部分的家户有记账的习惯,但是家中的合格主妇和当家人都对家庭的粮食状况了如指掌。当收成不佳时,当家人就要考虑如何拓宽家庭的收入渠道,如何降低家庭的支出,进行节衣缩食,以保证家庭经济稳定持续的经营。

其二,花钱方面的节俭。村民在1949年之前在集市上购买东西的次数是非常有限的。购买的商品都是生活的必需品如盐、小农具等,家人生病也不是直接去看郎中,

---

[1] 来自赵韶喜老人的讲述。

而是先用土方法进行治疗，实在严重的情况下才去请郎中看病。家中的成年人得了感冒发烧往往拒绝去看郎中，同样为了节省家中的开销。生产工具尤其是较为昂贵的生产工具，一般2—3年才考虑更换，并且更换的时候这个农具已经完全不能再使用了。平时村民就十分爱惜自己的生产工具，不随意损坏并且定期前往铁匠铺进行维修打磨。

其三，穿衣方面的节俭。对于普通的管粥集村村民来说，一套没有补丁的衣服是非常宝贵的。在一个家庭中，只有当家人能够有一套这样的衣服，但是这套衣服平时是不舍得穿的，也是为了保护好衣服不被破坏。当家人只有在外出做客等重要的场合才会穿着这样一套衣服出门。而其他的家庭成员都是穿着打着补丁的衣服生活，尤其是小孩子的衣服，不分男女，往往是大的孩子穿了之后传给更小的孩子穿，甚至有些家庭的孩子很少穿上衣，只有成年之后才有套像样的衣服穿。衣服都是自家制作的，没有从外界购买的。

（三）"头面人必须讲排场"

在对节俭的认定上，一般家庭条件的村民和富裕村民是具有差别的。对于一般经济条件的村民，善于持家的妇女与兢兢业业的丈夫是村民们普遍羡慕的家庭。勤俭主要体现在勤劳耕种、节约衣食住行、红白喜事不大操大办、懂得如何尽可能为家庭节省开支，等等。而浪费则是参加过多的娱乐活动，衣食住行不知节俭，不懂持家，过一天是一天等。村民普遍唾弃"败家子"，若是本家以外的人，村民多是抱着取笑和同情的态度；若是本家人，多是抱着恨铁不成钢的态度。

而对于富裕村民来说，他们是村里面的头面人，也就是在村里面有权势的人。虽然他们也存在节俭的观念，但是他们不会为了节俭而在外人面前丢了面子，让外人觉得寒酸：

> 在新中国成立前，管粥集村下辖的赵楼自然村地主赵祖武在自家的女儿出嫁时就送了对方从徐州城购买的两个大柜子，还有一套餐具和座椅。这些嫁妆在全村看来都是最为贵重的。平时连肉都不经常吃的地主家在女儿出嫁这件事上出手阔绰，这样不仅是为了女儿在婆家有面子，也在村民面前显示了自家的财力和地位，富裕人家的排场必须和自己的村中地位相匹配，否则就会遭人取笑。[1]

---

[1] 来自薛传明老人的讲述。

四、社会态度与态度关系

1949 年之前,管粥集村村民的社会态度与态度关系主要体现在以下几个方面。

(一)"万事得合群"

在管粥集村中,村民参加村落共同组织的活动时,都有一定的规矩。村民在组织打井过程中,都是考虑的村庄的整体利益。在水井旁边的村民,根据水井的产权,有谁拥有谁先用的规则。如果是村庄村民几家共有的,根据到水井的先后顺序决定使用的顺序。在使用的过程中,也会根据辈分,先让辈分较大的长辈先打水,也会依尊老爱幼的美德进行打水。在家庭外部,村庄的利益要高于家庭的利益,家庭利益要服从村庄的利益。而在家族内部,从事农业劳动和活动,都是以家庭的利益为主,个人利益服从家庭利益。家庭的个人不能因为自己的利益去损害家庭的利益。

在家庭内部,这主要体现在家庭公共事务的决定上。在农业生产安排上和家庭劳务的分配上,都是家庭的个人服从家庭的整体安排。例如,家庭安排农业生产,准备去收割一块土地上的小麦,家庭中的人是一起去参与劳动。有的需要用镰刀收割麦子,有的需要将麦子聚在一起,有的需要赶牛车,有的去将麦子装到牛车上等,这些工作都是家中的当家人进行安排。

究其原因,传统时期个人利益都要服从集体的利益。在家庭中要以家庭的利益为先,家庭成员的利益要服从家庭利益。在村庄中,单个家庭的利益要服从村庄的利益。当村庄举办村庄公共事务时,家族的利益要服从村庄的利益。如果对家庭利益有影响,村庄会集体对单个家庭进行补偿,但是在活动期间不能因为单个家庭利益而阻碍村庄活动的展开。

(二)社会活动中的小农私性

在管粥集村,村民对村庄公共事务的参与程度和事务与自身家户的直接利益紧密相关。对自身家户有利的事务,村民大多积极参与。例如在村庄防卫中,村民会自动组织一些打更巡夜的人,村民都是自觉参与。其中巡夜是为保护村庄集体的安全,作为村庄中的一员,每一家都会出一名劳动力。而不在村中居住的村民,例如在寨墙外的村民,就不需要进行巡夜和打更。在参与村庄打水井的时候,村民遇到自己不喜欢的人,他们不会因为个人恩怨而导致打水井的事情搁置或者终止,他们还是会为了集体的利益,相互协作完成打水井的工作。等完成集体的工作,就不会再跟自己不喜欢的人有交集。

正是因为这样的态度,庄长或者保甲长在组织公共事务时往往会对村民进行游说。对于村中的大户就点明积极参与能够提升自家乃至家族的名望,而对于普通村民则强调参与公共事务对农户家庭有直接的好处，从而调动村民参与的积极性。

五、政治态度与态度关系

1949年之前，管粥集村村民的政治态度与态度关系主要体现在以下几个方面。

（一）"当官想得着，够不着"

在管粥集村，村民对待乡镇、县府的官员是比较敬畏的。村民会将自己家的孩子送入私塾里学习，告诉自己的孩子要好好学习，考取功名。村民对当官的道路和私塾教学内容是熟稔的。入仕是儒家所倡导的，进入私塾学习，主要学习的就是儒家经典"四书五经"。考试的内容是根据儒家书籍选取题材的"八股文"，考试总共分为四级，院试是儒生初次考试，是县州级的考试，考中者成为秀才。接下来就是乡试，是省级考试，参加者都是通过院试的秀才，考中者称为举人。举人就可以参加国家级的考试，叫作会试，考中的成为贡士，最后就是经皇上亲自监考的殿试，考中的儒生就成为进士，第一名称状元，第二名称探花，第三名称榜眼，其他的进士称进士出身或者同进士出身。

管粥集村村中的老私塾先生大多是秀才的身份。家中孩子送到私塾要听私塾老师的话，否则私塾老师会用戒尺打学生。虽然村民重视教育，但是村民也普遍认为当官可望而不可即。因此村民送孩子去私塾读书最重要的目的是让孩子学会识字算数，并不指望孩子当官。因而村里面的孩子读了几年书后都会离开学校而绝少会继续念书。

（二）"当保长得有点家底"

在村庄内，村民对保长是敬畏的，但是对甲长就可以随意一些。保长管理整个村庄或者几个村庄，而甲长是自己村庄内的村民，平时都是街坊邻居。在村里，甲长的辈分不算高，有的甲长选出来就是因为其能力强，并且和保长的关系不错，与保长打好关系，保长就委派他当甲长，负责收取税赋、平时的劳役的分派、壮丁的选取等工作。村民对于保长的敬畏是出于害怕，原因是保长的权力是很大的。比如交粮的时候就可以让某一家交多一些粮食，给这家人穿小鞋，整他们。村里的百姓都是想过平平淡淡的生活，没有人愿意和保长闹矛盾。

村民并不会都想当庄长和保长。当庄长或保长的条件首先是家里有一定的经济基础，然后和县里的官员有关系，并且具有一定的能力，才能胜任。平常的百姓并不会去参与。权力对于村民而言是可望而不可即的。村民都是想当大官，但是没有能力和金钱，就不能成为大官，获得权力。村民将自己对权力的渴望转移到下一代的孩子身上，让孩子去私塾读书，考取功名，光宗耀祖。

(三)"遭灾了,国家不问"

在管粥集村村民看来,国家的存在是模糊的,村民和国家的联系就是"交皇粮"。交完皇粮国家就对自己不闻不问了。在新中国成立前,即便是村里面遭了灾,包括水灾、旱灾、蝗灾,国家也很少直接过问,只会在非常严重的灾害过后在徐州城或者萧县县城设置赈灾点给灾民发放一些口粮。但是这些口粮也是远远不够吃的,只能暂时保命。正如管粥集村村民张大臣所说:

> 过去(新中国成立前)国家对老百姓是不闻不问的,遭了灾,住在城里面的人可以得到救济,农村里面没有人问的,只能自己救自己。我们就交个皇粮,打仗的时候过来抓壮丁,国家以前没能力,尽在农村做坏事,不管老百姓的死活。

六、人生态度与态度关系

1949年之前,管粥集村村民的人生态度与态度关系主要体现在以下两个方面。

(一)"平平淡淡就是福"

在管粥集村开展调查时,当问及"新中国成立前,您觉得什么样的生活是理想的生活,是好的生活?有多少地,几间房,几头牛,生育几个孩子?"受访老人张大臣、崔庆芳和赵忠仁等三位老人给出了如下的回答。

张大臣老人说:"我家里除了种地还有铁匠的手艺。在我看来比较好的生活就是够吃够穿够住,逢年过节的时候能够吃上肉,吃上小麦,每年能存下钱买点地,一家人能有个几十亩地就足够生活了。"

崔庆芳老人说:"十来亩地,两头牛,一个儿子一个女儿,一间土屋,日子这样子就足够了,也不指望大富大贵,平平淡淡就是福气。"

赵忠仁老人说:"过去(新中国成立前)家里面地少,只能依靠租种地主家的地来维持生活,租地要交租子,还要看着地主的脸色行事。我觉得好的生活就是有自己的十来亩地,有两个儿子还有一个女儿,一家人和和睦睦的,吃穿能足够就非常幸福了。"

(二)"很多事是天定的,得认命"

当问及"做人的原则和观念"时,管粥集村村民张大臣、崔庆芳和赵忠仁等三位老人给出了如下的回答。

张大臣老人说:"有多大能力就做多大的事情,最重要的就是要踏踏实实做人,勤勤恳恳做事，过去生活虽然苦，但是一家人肯干还是能够做到维持生活的。"

崔庆芳老人说："有些村民就爱耍小聪明，成天不好好干活，想走什么捷径，但是过去农村里面都穷，出去也找不到什么事做，不好好干活就得饿肚子，所以过去老实人吃香，现在聪明人吃香。"

赵忠仁老人说："我们几代都是租地主家的地，很少有自家的地，收上来的粮食交了租子留给自己吃的也不多了，根本存不下来什么钱，只能好好在地里干活，也不想太多，祖上就是这么个情况，得认命，生活苦就努力点，让生活好过一点。"

第五节　习俗与习俗关系

管粥集村在漫长的发展过程当中形成了具有地方特色的习俗和传统礼仪。村民代代传承和遵循这些惯例，并且在婚嫁、丧葬、节日、生活、生产当中展现出来。也正是在这些基本的习俗礼仪下，村民之间形成了复杂和丰富的社会关系，并且有一套共同默认的行事规则。

一、婚嫁习俗及习俗关系

1949年之前，管粥集村村民的婚嫁习俗及习俗关系主要体现在以下两个方面。

（一）婚姻圈与熟人圈

1949年之前，由于交通等因素的限制，村民的婚姻圈较为固定也更为闭塞。村民通过熟人或者媒人的介绍完成婚姻大事。

1. 婚姻圈

在管粥集村，男女婚前不见面，父母包办子女婚姻。管粥集村范围内的婚姻，最近距离是本村落，邻居之间就有定娃娃亲的情况，最远距离超过相距15公里的郑集镇。通婚最频繁的是设有集市、能够前往赶集的村落，西北部的张集、朱集，东北部的郑集，东部的刘集，南部的刘套都与本村有较多通婚，距离均在15公里以内。[1]

设有集市的村子最受村民的欢迎，不管男女都是如此。管粥集村受访老人张大臣家中的姐姐就嫁到了15公里以外的微山湖一带。虽然距离遥远，但是男方所在的村庄有集市并且整体更为富裕。因此张大臣的父亲才同意将女儿远嫁微山湖一带。有通婚关系的村庄之间也自然关系更为密切，表现为：其一，通婚家庭乃至家族礼物交换，日常走动；其二，姻亲之间介绍更多婚嫁；其三，包括管粥集村在内，与管粥集村通婚的村庄很多设有集市，家族之间的频繁来往带动两个村落农户更愿意到对方村庄

---

[1] 村民认为最理想的婚嫁距离是一天之内可以拜访完两家所有的亲戚。

赶集。

2. 媒人及其关系

由于男女之间直接交流的限制，家中的闺女经常是"大门不出二门不迈"，并且村中又遵循"父母之命，媒妁之言"，因此媒人在管粥集村村民的婚嫁当中起到了不可或缺的作用。

在管粥集村，媒婆分为两类，一类是专业的媒婆，通过干媒婆赚钱谋生；另一类是临时的媒婆，多是亲朋好友姑婆妯娌互相介绍。据村中老人回忆，中华民国时期管粥集村有一位宗姓的媒婆，已经有60多岁了。虽然因为年迈已经干不了农活，但是天生有一张好嘴并且干媒婆的时间超过了10年。但凡是村里面发愁子女婚嫁问题的都愿意上门找这位媒婆帮忙，村中三成男女的婚嫁都由她直接牵线搭桥。若是介绍不成功，主人家一般给她送10个鸡蛋或者半斤小麦，若是介绍成功，主人家给她送20个以上的鸡蛋或者2斤左右的小麦，并且婚礼办的酒席也要请媒婆出席，也有送鱼和酒的情况，村中有"成不成，酒三瓶"的说法，即送三瓶白酒，两条鱼略表谢意。

地主富农等经济条件好的家庭会专门置办酒席答谢媒人，酒席上会有一道半斤重的鲤鱼，鲤鱼寓意是长流水，半斤重是"巧个"。媒人只是在男女双方订婚时做介绍，男女完婚后如有纠纷不会牵扯媒人。对于临时的媒婆，介绍基本没有专门的报酬，只会邀请其吃婚礼的酒席，但是这部分的媒婆促成的婚嫁比例占了6—7成。例如受访老人张大臣的姐姐嫁到了微山湖一带，姐姐回来省亲时发现哪家有合适的姑娘或者男子就会主动介绍到自己丈夫的村子来，一方面自己对双方知根知底，另一方面对方的家庭也更为信任这样的介绍方式。

（二）结婚条件与匹配

传统时期，管粥集村村民认为"门当户对"是一个美满婚姻的基础，因此在择偶时看重对方年龄、家底、性格等要素。

1. 年龄条件

1949年之前，管粥集村村民大部分在15—20岁之间完婚。其中女孩通常比男孩早成婚，原因是女孩一般不会去私塾念书，而男孩通常会念几年私塾，且男孩成熟懂事的时间更晚，所以成婚的时间会比女孩推迟1—2年。从家庭经济条件上区分，穷人家的孩子不管男女都会更早结婚，而富裕人家的孩子普遍更晚结婚。原因是穷人家的孩子懂事更早，并且女儿早点出嫁能够减轻家庭的负担，而富裕人家不管男女都愿意送孩子去私塾念书，也要为孩子花更多的时间来挑选最适合的对象。

从村民实际的成婚年龄来看，八成的村民婚姻是男大女小，男性通常比女性大2—

3岁。有年龄差距超过10岁的,这对夫妻的男子是本村人,女子是外地逃荒而来。本村男子家庭困难在附近村子都找不到合适的对象,女子生活困窘,这样一来,这位20岁的女子嫁给了31岁的管粥集村赵姓村民。少量村民的婚姻是女方的年龄比男方大2—3岁,之所以如此是因为男方还不懂事,父母希望懂事的媳妇能够让丈夫早点收心,好好种地谋生。

2."篱笆院对篱笆院,土墙院对土墙院"

管粥集村村民在婚嫁时讲究门当户对,当地的说法是"篱笆院对篱笆院,土墙院对土墙院,瓦屋院对瓦屋院"。之所以富裕村民愿意和富裕村民结亲,穷人家只能和相当条件的人家结亲,原因在于富人平时就多和富裕村民交往,自然彼此介绍的都是富裕人家。而穷人家很少和富裕村民来往,这样一来也没多少机会得到富裕人家的青睐。而且富裕人家相对应的会有更高更体面的彩礼和嫁妆,穷人家的经济条件是难以支撑的。

管粥集村受访老人张大臣就表示:

> 穷人家攀不上富裕人家,富裕的家庭也看不上穷人家。例外的就是富裕人家的儿子身体状况不好,干不了什么活,只有这个家业撑着,所以就只能娶条件不好的女子,富裕人家的女子肯定是不愿意嫁的。穷人家的女儿嫁给富裕人家的情况也有,女孩多是生得漂亮,不过很难当正房,多是给人家当小妾生孩子。

3."五世以内不开亲"

1949年之前,管粥集村村民当中有"五世以内不开亲"的观念。村民认为近亲开亲(结亲)不仅冒犯了祖先,而且生出来的孩子也不健康,因此村民坚决避免近亲开亲。一般来说,村民会尽量避免同村当中的同姓村民之间通婚,因为这样两个家庭多半是同一个祖先,而外村同姓会询问先祖的情况,五代以外就可以开亲。

4."男能干活,女能生养"

除了家庭经济条件、血缘关系以及年龄等硬性条件,会干活、肯干活、干活能力强的男子更容易得到女子的青睐,而对于女子的要求则是身体健康能够正常生养。管粥集村当中没有结婚的男子都是家庭经济条件差,且男子有身体或者精神上的残疾因而不能正常劳作,而女子一般都能够出嫁,即便身体或者精神存在缺陷,不过都是嫁给年龄超过30岁且家庭非常贫困的男子。

对于管粥集村村民来说，结婚是一笔不小的开支。因此离婚再结婚对于绝大部分村民来说都是不可想象也是不可承受的，只要男子能养家糊口，而女子能够生儿育女，相夫教子，这样一个家庭就能够延续。

（三）婚嫁仪式及其社会关系

1949年之前，管粥集村村民在红事上有着较为烦琐的仪式，这些繁文缛节背后也体现着丰富的社会关系。

1. 婚前仪式及其行为关系

（1）婚嫁遵父命，成事听八字

新中国成立前，在管粥集村，婚前男方女方不允许见面，各自家族不允许提前来往。若是男女之间私下见面会村民会认为女子不检点，有损女方家庭的名声，而对男子没有过多的指责。但男女双方父母可以在保证自己子女和对方子女完全不知情的情况下先行见面把关。管粥集村村民程保民如是回忆了当时的场景：

> 1949年之前男女结婚互相不能见面，双方父母可以见对方的子女，也不是光明正大地见面，一般选在赶集的日子，双方父母在媒人的带领下带着不知情的子女去赶集，媒人偷偷指出对方的子女，双方父母暗自观察，不会告诉孩子是过来相亲，也不会让男女双方碰面讲话。双方父母见过对方的子女之后有什么意见都会通过媒人来传达，一般不会直接接触。

若是双方的父母对对方的子女比较满意，那么就会告知媒人可以进行合八字了。合八字时，男方从女方家取来八字。管粥集村村内的算命人根据男女生辰八字组合将婚姻分成四个等级——上等婚，即夫妻俩未来将会有5个孩子并且能够活到80岁；中等婚，即夫妻俩会有2个儿子，3个女儿，能够活到70多岁，并且第一个孩子将会是男孩；下等婚，即夫妻俩将不会生男孩；断头婚，即夫妻俩命里相克，婚姻将给对方带来灾祸。若算出下等婚或断头婚，媒人告知，婚事作罢。在管粥集村，部分村民为了避免直接拒绝对方的婚事就通过给算命先生送礼，一般送一篮鸡蛋，让算命先生说两人八字不合，这样就能名正言顺拒绝对方的求情而又不会伤了彼此的和气。

（2）男方请期，女方传契

男女双方八字相合之后，男女双方约定成婚日子。男方根据本村算命先生提供的黄道吉日择期，通知女方，女方应允之后，婚期正式确立。这一过程看似简单，但是管粥集村村民程保民提道，女方通常不会第一次就同意男方给的日期，而是拒绝2—3

次。若是男方显得非常不耐烦，女方就要重新考虑婚事，拒绝两三次也能显示女方的矜持和父母对女儿出嫁的不舍。每次请期，男方都要带上一些礼物，通常是水果、酒水等。若是被多次拒绝，新的一次请期时会比上一次多送一些礼物以表示诚意。另外，请期时女方会询问舅舅的意见。在村民的观念中，舅舅的地位仅次于女方的父母，女子出嫁必须得到舅舅家的支持，否则难以成事。

在正式的婚期来临之前，管粥集村的男女之间进行传启或传契活动。传启即传庚帖，又可称婚帖，传契为互赠礼品或信物。"庚帖"为较厚的彩纸，有龙帖和凤帖之分，龙帖为红色彩纸，写上男方生辰八字和"愿结秦晋"等表示求婚的词语，凤帖为绿色彩纸，写上女方生辰八字和"愿切乘龙"等表示允婚的词语。龙帖和凤帖各装入红漆礼盒，由双方父亲妥善保存。传契为互赠礼品或者信物，男方送女方红绿手帕、衣裙等，女方回赠钱包、布鞋、裤带等，男方还会在婚期临近之前为女方购置衣物，即红衣、红鞋、红袜、红腰带等。传启之后，男女任何一方通过媒人向对方父母明确表达拒婚之意，则视为毁婚。管粥集村村民视无故毁婚为不诚信，有损家族名声，所以新中国成立前本村毁婚情况很少见。毁婚之后，双方所赠礼物互不归还，婚帖失效。若婚前男女一方去世，婚约自动失效。

（3）订婚促交往，成婚成家人

即便确定了婚期，男女双方仍然是不能见面的。双方的父母可以在媒人在场的情况下商讨婚嫁的具体事项，大部分的情况下若是需要两边家庭商量都是通过媒人传话而不是直接的见面交流。在订婚的情况下男女双方的家庭乃至亲朋好友在逢年过节时不会专门互赠礼物。

管粥集村村民赵启蓝表示：

> 男女订婚了对双方家庭影响不大，生活还是照常，但是毕竟将来是亲家，有什么事情能帮上忙说一声就会互相帮衬一下，但是节日什么的送礼还是没有的，这些送礼什么的都是成婚了才有，办了酒，成了婚才算是真的一家人，没办酒还是有变数的。

2. 婚庆仪式及其行为关系

（1）婚庆通知先本家后邻里

男女双方父母各自负责通知自家的宾客，最先通知本家亲属，然后通知朋友邻里。亲属通知由长及幼，朋友邻里通知由近及远。除非有亲属关系，一般不会通知本村乡长、保长和甲长。本家亲属当中舅舅是必须通知也是必须能够到场的。通知到的家庭都会尽量参加,因为婚礼既是喜事也是大事。若是本家一般都是全家到场,若是朋友邻居则是一户出一人作为代表,通常是当家人前去,家中的女性尤其是未出嫁的女儿几乎不参加。若是不能参加,当家人会亲自登门说明情况,得到主家的认可之后就可以不前去,但是也需要给礼钱。按照村民的话来说就是"人不到,礼更应该到"。

(2)"邻里忙干活,亲戚看热闹"

管粥集村有"邻里忙干活,亲戚看热闹"的说法。正席前一天,朋友邻里主动前往新人家中帮忙布置酒席等,住在附近的亲属也会前来但实际不动手。若存在邻里矛盾,新人家要提前带上白酒、鱼打招呼,让邻里前来帮忙。新人家会给前来帮忙的亲属邻里提供便饭,即"吃副席",也会将前来帮忙的人的名字记在红纸上,张贴于院落墙壁。邻里朋友还会帮忙准备婚房,1949年之前婚房有特别的设置,男方准备房屋、床帐、被褥、枕头等,枕头要留一道缝,待新娘来时亲自缝。女方提供屋内的一切用具,柜子、箱子、桌椅等。柜子、箱子里面都放上红色的花生、枣和栗子。新娘过门前,床铺还要先由新郎的表兄弟睡一晚,即"滚床"。

(3)新郎烧喜纸,夫妻认老坟

在婚礼当中,村民还需要专门去坟前烧纸拜祖先,这个活动有两次。一次是婚礼前一天新郎单独去,一次是拜堂过后新郎新娘同去。新郎要由哥嫂或者本家中熟悉祖坟位置的成员带领,前往祖坟烧喜纸[1]。在喜纸燃烧的过程中,新郎为先祖贡上白酒,并跪地磕三个头。

(4)女方发嫁,男方迎亲

发嫁即为女子出嫁。新郎仅派出花轿迎娶新娘,自己不同去,抬轿人是新郎请来帮忙的身体较为强壮的男性邻居。新娘家会为抬轿人提供便饭。等到约定时辰,新娘坐上花轿,新娘的四个亲人,一般是新娘的兄弟会送轿。队伍最前头是吹唢呐的三人,中间是花轿,最后面是女方陪嫁的嫁妆。另外,男方会让一位邻居抱着一只公鸡跟着迎亲队伍同去,新娘家不留,也会让一位邻居抱着一只母鸡跟着花轿前往男方家。[2]

(5)新娘改口与分大小

轿子到了新郎家门口,男方家的姑嫂打开轿门,送把酒壶,让新娘在胸前提着,即"送抱壶"。紧接着是添胭脂,新郎或新郎邻居家中的成年闺秀,化好妆,4个或6个人分站两旁,拜行接见礼。新娘进门时,新郎的表弟分列两旁,端着麸子[3],加上

---

[1] 金黄色的纸片简单叠成类似元宝状,用线串成一串,最后在纸串尾部粘上红色的长纸条。
[2] 寓意男女皆"吉"(鸡)。
[3] 小麦磨成面粉筛过后剩下的外皮和碎屑。

枣、花生之类往新娘头上撒,即"撒仗"。另外,穿孝的会回避,不能站在新娘跟前。拜堂就在主屋正对的院子内进行,院中放一张供桌,点上红烛,放一斗高粱,斗中插一杆秤[1],并放一面镜子。主持人一般为熟悉婚礼流程的亲戚或本族人,也可以是邻居,一对新人一拜天地,二拜高堂,夫妻对拜,分别为三鞠躬。高堂为新郎的父母,若新郎父母早逝,则为新郎本姓长辈。

拜堂当中最重要的仪式便是新娘的改口和分大小。改口礼和分大小都是新娘认识夫家长辈的一种仪式。新娘要向夫家长辈或干亲一一鞠躬并称呼,新娘鞠躬并称呼后,夫家父母递上礼钱,为改口礼,夫家其他长辈或干亲递上礼钱,为分大小。

（6）婚嫁当中的礼物交换及其关系

表5-4展示了中华民国时期,管粥集村村民张大臣成婚时收礼的情况。参与宴席宾客的名字和所交礼钱数目都会一一记录在一张红纸之上。记账人有两人,一个管记账,一个管收钱,两个人都是新郎一家的邻居,钱收齐确认无误后交给新郎。若是新郎还未分家则礼金转交给家中的当家人一般是父亲来管理,但是新娘收到了改口和分大小的红包可以自行处置,不需要交还给当家人管理。记账的红纸不会直接对外张贴,但是出席婚礼的宾客都可以随意查阅。新郎的叔伯、新娘的舅舅所给礼金数额最高,邻居所给礼金最少。

表5-4 中华民国管粥集村村民张大臣婚礼收受礼物概况

身　份	赠送礼物（元）*
新娘大舅	5
新娘二舅	3
新郎大伯	5
新郎二叔	3
新郎三叔	2
外公	4
大表叔	2
二表叔	2
薛姓朋友（2户）	1
薛姓邻居（2户）	0.5
赵姓邻居（3户）	0.5
赵姓朋友（1户）	1
李姓朋友（2户）	1

* 表中1元的购买力相当于15斤麦谷。

---

[1] 这个秤杆用于新郎新娘入洞房后,新郎掀开新娘的红盖头。

（7）吃大席与闹洞房

管粥集村村民将喝喜酒称为"吃大席"。酒席上菜品一般为"十碟八碗"，席上必有一道菜是半斤重的鲤鱼。[1] 穷人家经济困难，会改为"四碟四碗"。酒席最前面最靠近中间的桌子为主桌，新人与本家长辈同席，其他同辈一席，后辈一席，邻里朋友一席。酒席当中最重要的是陪客的安排。

以管粥集村村民张大臣结婚时的座席安排为例。主桌的正席是村中的保长，两旁是张大臣的父亲和叔伯以及兄弟，张大臣作为新郎也在这一桌作为陪酒，这一桌不会坐其他人。家中的母亲妯娌通常不上桌，在厨房忙碌。陪客的地位需要与客人的地位相匹配，若是不匹配则是怠慢和失礼。若是为了表达对客人的尊敬，就请来村中的头面人物过来陪酒撑场面，给足客人面子。

新郎新娘入洞房后，会送上一杯酒，新郎新娘各饮半杯，即"交心酒"。随后，一碗"蜜油茶"，各喝半碗，寓意未来日子甜蜜蜜。之后，不分长幼，闹洞房。晚上入洞房要有人听，如果没有人听，窗下会放一把扫帚。

3. 婚后仪式及其行为关系

（1）新媳妇拜见公婆

1949年之前，管粥集村村民的新媳妇要在进门后1—3年内每天早晚向自己的公婆请安，离开时要求脸对着公婆轻轻离开，不能背对公婆。不需要向哥哥、嫂嫂请安。另外，女子出嫁后称呼夫君不能叫小名，例如丈夫姓张则称呼老张。另外，家人平时的相处中，老公公不准入儿媳的卧室，哥哥不能进弟媳的卧室，即"父不入子房，兄不入弟房"。小姨子不能去姐夫家，被认为不光彩，"小姨子走姐家，越走越低啦"。

（2）下厨做饭和干活

婚礼后的第三天，新媳妇要为全家人准备饭菜。早饭和晚饭自己准备，午饭如果家中有嫂子，那么嫂子会一起帮忙，如果没有嫂嫂，那么母亲会帮助一起下厨。除了做饭也要开始给家里干活，母亲和嫂嫂会做示范，新媳妇边学边做。

（3）新媳妇回娘家

婚礼后第四天方才允许新娘回家探亲。新娘的哥哥弟弟赶着太平车（太平车类似于现在的板车，不过体积庞大，需要四头黄牛拉车，可以乘坐数人）前往新郎家接回新娘，新娘家的其他女眷不能出来接。新郎一般不同去，但会将成双成对的鱼、酒等放置车上，让新娘带回。如果新郎一同去会留在新娘家吃饭并坐上席，探完娘家后一同回家。新娘必须当天回到新郎家，也是由哥哥弟弟赶车送回。

---

[1] 鲤鱼寓意是长流水，半斤重是"巧个"。

婚礼后的第四、六、八、十、十二、十八天都可以接送新娘回家探亲。一般新娘一家会选择第十二天或第十八天接回新娘。管粥集村有"十八天不空床"的说法。十八天之后，新娘只需得到婆婆和丈夫的允许就能自行回家探亲，但只能离开几天。若不能按时赶回，就会受到婆婆和丈夫的批评和处罚。另外，有一些日子不允许回娘家，包括正月十五——"看了娘家的灯，单死老公公"，三月三——"过了三月三，死了丈夫塌了天"，四月四——"过了四月四，死了大伯没意思"，和六月六——"过了六月六，死了婆婆带着舅"。

（四）其他婚姻形式及其行为关系

1949年之前，除了正常的普遍的明媒正娶之外还存在着其他形式的婚姻关系。主要包括续弦、入赘、纳妾、童养媳这四种形式。

1. 续弦

（1）当家人拍板，家族长辈提意见

在管粥集村，若是第一任妻子去世，家庭条件允许，当家人就考虑续弦。另外第一任妻子若是没有留下子嗣，家族中的长辈也会要求当家人续弦，不能影响到家族的香火。男方不需要经过保甲长的同意，但是需要征询本家族长辈的意见。如果前任妻子没有生下儿子，那么家族内的长辈会支持续弦，前任妻子的娘家没有权力过问。如果前任妻子已经生下了儿子，儿子尚小的话，续弦只需要告知前任妻子的娘家。儿子已经长大成人，续弦不仅需要告知前任妻子的娘家，还需要得到儿子的同意。若是儿子强烈反对，家族内的长辈就会出面调停，这可能导致续弦失败。

（2）进门仪式较初婚简化，且需要接受特定条件

被续弦的女子一般出身贫困家庭，年轻貌美，为不同家族的人。进门的仪式和第一任妻子差别不大，但是男方给的聘礼会减少2—3成。因为女方往往家庭条件十分困窘，相应的酒席的规模也会更小，但是本家亲属都是必须邀请且需要出席的，其他的朋友邻居依据家庭条件进行邀请。富裕人家邀请邻居朋友前来参加，中农以下经济条件的村民只邀请自己的本家亲属。另外，被续弦的女子必须接受两个条件：其一是将丈夫第一任妻子的娘家父母同样视为自己的父母，按习俗行礼侍奉；其二是承诺善待夫家第一任妻子留下的孩子。

（3）续弦女子母凭子贵

如果丈夫去世，只有生育了儿子，续弦所娶的妻子才能分到财产，只生育女儿，女儿不参与财产继承，但会为其准备出嫁的嫁妆。如果丈夫前妻也有一个儿子，那么两个儿子平分财产。如果丈夫前妻没有儿子，那么续弦所娶妻子的儿子将继承所有财

产,续弦所娶妻子也将得到住所和口粮。若是前妻没有生育儿子,而续弦生育了儿子,那么续弦所生的儿子就是家中的长子,不因为是续弦所生而影响其在家中的地位,哪怕前妻生育了女儿。若是前妻生育了儿子,而续弦也生育了儿子,前妻生育的儿子是长子,在家中的地位最高,当家人也最为倚重,即使当家人对续弦很宠爱也不能亏待自己的前妻所生的儿子,当家人的家族长辈和前妻的家庭长辈都予以监督。若是出现亏待长子的情况就给予谴责,当家人不敢偏爱续弦及其所生的孩子。续弦的妻子去世之后若是有子嗣,可以进祖坟。若是没有子嗣,不允许进祖坟,葬在其他的位置,第一任妻子和当家人葬在一起。

2. 入赘

招赘的家庭子辈没有男丁,都是女儿。招赘时,要看入赘者是否健康能干,身体不好,好吃懒做的不招。选择入赘的家庭一般家中经济条件不好且儿子多。入赘者需要改姓且在新家庭中地位最低。入赘者不能为亲生父母养老送终,也不能继承亲生父母的任何财产,姓名从原家谱中剔除,回去探望亲生父母或者家中缺乏劳力回去帮忙都需要得到新家庭的同意并按时归来。入赘者要为新家庭的父母养老送终,可以入新家庭的家谱,但是需要标明入赘二字。如果入赘者不孝顺或出现纠纷,一般会去找族长或邻居帮忙调解劝告,很少求助官府。入赘者在家庭的地位是最低的,不能做当家人,因为入赘者在家族看来始终是外人。入赘的女婿可以进祠堂祭拜先祖,但是去世后不能上牌位,他的孩子去世后可以上牌位。

管粥集村的张大臣老人讲述了新中国成立前一个有关入赘的故事:

> 管粥集村毗邻的宗庄村是一个以宗姓为主的村落,宗姓家族是村中最大的家族,由于外姓少,因此整个村庄和周围的村庄比起来显得特别团结,村子里面大小的事情同时也是宗姓家族的事情。村里面一户宗姓人家接连生育了3个女儿,就是没有儿子,这急坏了当家人,生怕断了香火,家族长辈考虑让这家人从外面抱养一个男孩,但是这家人认为抱养来的孩子养不亲,想要从家族里面过继一个孩子,但是迟迟没有合适的人选。
>
> 很快,大女儿到了谈婚论嫁的时候,当家人决定招一个上门女婿,这样就能解决后继无人的问题。然而这一个想法受到了家族内长辈们的激烈反对,他们认为让外人进来继承财产是不被允许的,并且即便招了上门女婿,村里面的宗姓族人也不会待见他,这样一来这个上门女婿自然无法在村里面立足。面对这样的情况,当家人不敢违背家族长辈们的意见,不敢再向他们提招上

门女婿的事情，但同时他也向长辈们提出一定要在族里面物色一个孩子过继到自己的家中。最终这户人家的女儿都嫁了出去，但是始终没有孩子过继到家中，家族族长做主给这家人请家当，让家族内的亲属继承了这家人的财产，保证了家族内的财产没有被外人侵占的可能。

3. 纳妾

（1）大户人家才纳妾

若是第一任妻子不能生育子嗣，家庭条件允许的情况下就考虑纳妾。只有大户人家才有纳妾的条件，一般的人家即便想纳妾也没有姑娘愿意当妾。在管粥集村，选择纳妾更多是出于家族长辈的压力，否则顾及第一任妻子不会考虑纳妾，不过第一任妻子也往往没有权力阻止丈夫纳妾。

纳妾不需要经过保甲长的同意，但是需要征询本家族长辈的意见。如果大房妻子没有孩子或者所生都是女儿，同时家庭富裕，家族的长辈就会支持纳妾。如果大房妻子有儿子，纳妾就必须征得大房妻子的同意，否则影响家庭和睦。纳妾的礼节和迎娶大房妻子类似，夫家家族长辈会在妾进门时告诫其尊敬大房妻子。如果男方在外面有了小老婆，没有明媒正娶但生育了儿子，家族长辈得知后会支持将孩子抱回并举办婚礼，这个孩子被抱回就算是家族成员。如果生育了女儿，家族长辈不会干涉。如果不举办婚礼，孩子和他的母亲都不是家族成员。对所纳妾的基本要求和第一任妻子是类似的，迎娶之时纳妾的仪式要比娶一任妻子更简单，只请亲族吃饭就可，不请大量的宾客。

（2）妻妾地位取决于生养

若是丈夫去世，妾没有孩子，妾不能分到家业，家族只提供给她基本的生活条件，这种情况下，妾一般选择回娘家居住。若是妾生育有儿子，家庭的财产由儿子继承。若是丈夫的正妻也生育有儿子，则几个儿子平分财产，若是妾生育有女儿没有儿子，则家族保证母女两个基本的生活，不能继承家产，家族负责女儿出嫁的嫁妆。妾在进门时就被男方家族长辈告诫要敬重大房妻子，并且两人分开居住，妻住正房，妾住偏房，所以一般相安无事。如果男方专宠妾，妻因此受了委屈，家族长辈会出面告诫，不得专宠。即便妾有了孩子并且受到更多宠爱，家中事务仍由妻子打理，妾无权干涉，妻也有直接的权力管教妾的孩子。若是妾去世时留有子嗣，则可以葬进祖坟，若是没有留下子嗣，不葬入祖坟，找一块自家的土地埋葬即可。

管粥集村的张大臣老人讲述了这样一个新中国成立前有关纳妾的故事：

在管粥集村的邻村芈集，一户张姓人家是当地的大户人家，这家人一直人丁不旺，两代单传。但是由于生活节俭，头脑好，远在南京都有自己的商铺，是村里面数一数二的大户。这户人家的儿子成年后，娶了江苏嫁过来的一位姑娘，两人很是恩爱，三年内就生育了两个孩子，都是女儿，当家人虽然疼爱自己的孙女但是也担心自己家断了香火。这家的老母亲决定去当地有名的泰山奶奶庙为儿子和儿媳祈福，希望早日生下儿子。在进香时，庙里面算命的人对这位老母亲说，要想家里面人丁兴旺，必须给自己的儿子多添一位媳妇。这样才能摆脱过去家中单传的情况。老母亲连忙回到家和当家人说了这件事，当家人很高兴，把这件事私下和儿子说了，儿子虽然心里不愿意，但是父母之命难违。正房妻子知道即便自己反对也没法阻挠婆家的想法，负气回了自己的娘家。

不久之后，当家人张罗了儿子的婚事，娶了本地一户贫困人家的女儿，两年之内，二房为这家人生育了两个儿子，正房妻子也终于生育了一个儿子。在分家时，这三个儿子平分了家产，二房妻子在日常生活中都要受到正房妻子的管理，甚至二房妻子的两个儿子也要叫正房妻子为娘，管二房叫二娘。

4. 童养媳

（1）穷人爱养童养媳

1949年之前，管粥集村村内只有家庭经济条件一般的村民选择养童养媳，尤其是家里面儿子多但是家庭不富裕的人家，为了让儿子都能娶上老婆又不用承担过多的彩礼等负担，老父母便早做准备，通过养童养媳的方式来为将来打算。管粥集村村内的童养媳都是外地外村逃荒而来的，逃荒的家庭无力养活自家的女儿，便以1—2石小麦的价钱将女儿卖给村内的家庭当作童养媳。童养媳进门时都是未成年，具体年龄在14岁以下。村民不选择10岁以下的女孩当童养媳，年纪过小不能帮家里面干活，白吃饭增加家庭的负担，也没有成年了的女孩还当童养媳的情况。

（2）婚姻仪式从简且与女方亲属关系不大

相比明媒正娶，娶童养媳不需要正式的仪式。在男女双方成年之后，男方家请算命先生选择一个吉日，男方会为女方准备一套结婚用的新衣，女方会为男方送一双亲手制作的鞋子，彩礼和嫁妆都不需要特别准备。事实上，一个说法是男方家对女孩的抚养就有彩礼的意味。男方家会通知女方家的亲属，若是女方家住得远就不需要通知。并且仅仅是通知，并不会邀请女方的家人前来参加酒席，女方家也不会单独举办酒席。

男方家举办的酒席只会邀请本家的亲属，不邀请邻居朋友，这样可以尽可能减少办婚礼给家庭带来的经济负担。

（3）童养媳的社会关系

一方面是童养媳与丈夫及其家人的关系。由于童养媳年纪尚小的时候就进门了，因此童养媳一般被当作家里面的女儿来看待。童养媳的日常生活都由家中的母亲来管理和指导。虽然没有血缘关系，但是童养媳毕竟将来是自家的儿媳妇，因此婆媳关系比较和谐，童养媳对婆婆也是言听计从。若是遇到了苛刻的婆婆，童养媳的生活更为辛苦，她要承担家里面的各项家务劳动，也不允许随意出门抛头露面。要是出门必须得到婆婆的允许，开始的2—3年都需要有家人陪同才能出门，防止童养媳出逃。童养媳和丈夫的关系良好，由于两人年纪都不大，因此彼此能够成为玩伴，但是婆婆会注意两人不能在外人面前表现亲昵，否则就有失礼节。

另一方面是童养媳与其亲生父母的关系。在管粥集村，童养媳与其亲生父母的关系取决于婆家的态度。若是婆家愿意童养媳与亲生父母有来往，童养媳可以在男方家人的陪同下前往亲生父母家与父母见面。但是次数会受到控制，一年2—3次，多了婆家会担心童养媳生异心，反悔，也影响到婆媳关系。若是婆家态度苛刻就不会允许童养媳与亲生父母见面，两家人也不会有任何的礼物往来。即便是女儿生老病死最多只是通知亲生父母，且童养媳的亲生父母不能直接干涉。

二、丧葬习俗及习俗关系

1949年之前，管粥集村村民的丧葬习俗及习俗关系主要体现在以下两个方面。

（一）报丧中的行为关系

管粥集村村内的报丧一般是长子主持报丧，邻居协助报丧，而被通知的亲朋好友若无特殊情况都必须到场吊丧。

1. 报丧者

（1）长子主持报丧

新中国成立前，在管粥集村，本姓家族中的男性长辈和姻亲中的男性长辈必须由死者的长子前往报丧。若长子去世则由二儿子前往，若死者儿子都已去世但有长孙，则由长孙前往，女儿、孙女都不能前往。长子要身着丧衣给每个长辈磕一个头，管粥集村有"孝子头满街留"的说法。

（2）邻居协助报丧

除了本家和姻亲长辈，其他亲友的通知由邻居主动承担。根据长子的安排，邻居们分别前往各村报丧,只需口头告知,长子不需要给邻居报酬。除非有亲戚关系,不需要特意通知乡长、保长和甲长。

2. 被通知者皆需前来吊丧。

按照关系,被通知者可分为三类。其一是同姓人。本姓族人和亲属都会参加。其二是外姓人。姻亲、干亲、邻居和好友都会参加。其三是乡长、保甲长、地主。如果和乡长、保甲长有亲戚关系,他们必定参加,如果平时往来密切,关系良好,他们也会参加。死者若为佃农,地主不会前往吊丧,但佃农会给地主吊丧。大领会去给地主吊丧,地主也会去给大领吊丧。

(二)吊丧仪式及其关系

传统的村内吊丧仪式及其关系如下:

其一是守灵。家人去世后,死者的子女都必须着丧服守在死者身边,不能随便出屋,尤其是长子。除了报丧,必须做到"棉花塞耳朵",全心守灵。长子若随意出门,不专心守灵,会招人非议,视为不忠不孝。家中男丁跪在东面,女子跪在西面。

其二是灵堂摆设。棺前放铭旌,即"招魂幡"。铭旌前设供桌,桌上摆上一盏长明灯,1949年之前为油灯,要确保不灭,否则不吉利。两旁放舍候,即纸做的童男童女。另做一幡插于门前。

其三是吊丧时长。吊丧时长最短为3天,一般是5天或者7天。超过7天的情况很少,除非家里面亲戚尤其是死者的儿子多且赶回需要较长时间时才会超过7天。如果吊丧的时间超过7天,那么死者的长子需要请算命先生看日子,确定出殡时间。管粥集村有"单日子去世双日子埋,双日子去世单日子埋"的风俗。

其四是同姓吊丧和外姓吊丧。在管粥集村,无论同姓人还是外姓人前来吊丧,都只在供桌前行礼,两旁有死者侄辈跪棚陪哭。行礼后入棺屋,死者子女都要磕3个头表示感谢,且孝子挂哀棍陪哭(砍二尺长的柳棍,周围缠以白纸穗,每个儿子一根,即为哀棍)。

吊丧的人会为死者烧喜纸,也会给死者家属"吊寿纸"即礼钱,关系越近,礼钱越高。这些礼钱会被一一记录。记账人一般为两个,都是前来帮忙的死者亲戚或邻居,一个人记账,一个人收钱,收上来的钱放在身旁的小匣子里,收礼结束并核对无误后将礼钱交给死者长子。礼钱扣除丧葬花费后若有结余则死者几个儿子平分。另外,人去世忌说死,老年人过世就说是老了,青壮年去世就说是殇了,幼儿去世就说是丢了。

(三)成服中的行为关系

在死者成服的一系列仪式当中,不同身份的人也表现出不同的行为关系。

1. 临终前本家亲属一旁服侍

要将病榻移至正屋当门,以便得正位而终。在寿终后,用整张白纸覆盖在面上,即"覆面"。床前放一瓦盆,死者有几个儿子,就在盆底钻几个眼,专供吊丧烧纸之用,即"老盆"。老人过世第三天晚饭前"泼汤",把饺子煮熟放于水桶内,让邻居两个人帮忙抬着,走几步用勺子泼点汤,饺子不泼出来,一直泼到土地庙。如果村内没有庙,则泼到十字路口。晚间为死者"送盘缠",家人带着喜纸,在十字路口点燃喜纸,倒退百步跪下,等喜纸燃尽方能离开。出殡前一天和出殡当天,死者家属皆为前来吊丧者和帮忙抬棺的邻居提供便饭。本家长辈和姻亲长辈是死者家属最重要的客人,不管长辈们是否及时到来,都要专门预留席位,并且长辈们不到,不能开席。

2. 依据血缘亲疏戴孝

死者后辈皆穿孝,长辈不给晚辈穿孝。在同辈的情况下,哥哥不能为弟弟穿孝服,弟弟可以在哥哥的葬礼上穿孝服,但不是必需的。夫妻之间,丈夫不能为妻子穿孝服,但是妻子必须在丈夫的葬礼上穿孝服。在管粥集村,亲族男子的孝服分为3种——如果去世的人是父亲,那么孝子用白布条在头上的正中间打个结,还要塞上一块棉花,意味着"双耳不闻窗外事",全心守灵。如果去世的人是自己的叔叔或者大伯,则在头的旁侧打个结。如果去世的人是爷爷或者爷爷一辈的,则戴孝帽。如果去世的人是曾祖或曾祖辈,则佩戴缝上红缨的白色孝帽[1]。若为辈分更高的长辈戴孝同样也是佩戴缝上红缨的白色孝帽。非亲族男子戴白羊角帽。另外男子都穿孝袍、白鞋,麻绳束腰。亲族女子顶白巾,穿白衣、白鞋,白布带扎裤腿。非亲族女子只顶白巾。

(四)出殡下葬中的行为关系

传统时期,管粥集村白事中的出殡下葬是最后一个环节,也是最重要的环节之一。这一系列仪式当中也表现出各异的行为关系。

1. 出殡:长子挑幡

出殡时,死者长子挑大幡在前引路,长孙挑小幡,抱着灵牌。出殡队伍走出家门百步之后,长子带领全家最后一次向灵柩行跪拜礼。之后棺发引,长子将老盆摔破。如果死者的父母尚在,则不挑幡。棺上路时有路祭,邻居抬着死者的棺材围着村里面香火最旺的庙转一圈,即"拜庙",如果没有庙或者庙的距离太远,就会选择围着家最近的水井转一圈,即"拜井神老爷"。到了已经打好的墓坑前,安排邻居拿着一只公鸡,沿着坑边转一圈,并拔几根鸡毛放于坑中,将鸡扔出。棺材下地,把阴罐子放在棺材前,棺上蒙上芦席,并把事先做好的弓、箭、瓦放在棺材上,用土掩埋。如果死

---

[1] 这意味着喜忧参半。

者是母亲,第一抔土要由母亲的兄弟及其父系亲属来掩盖。如果死者是父亲则由所有儿子来掩盖,然后烧掉"舍候""哀棍"和灵牌,小幡插在坟上。女性不能上死者坟头,只能远观。出殡后的第三天,孝子要将坟筑好,即"圆坟"。

2. 依据风水立坟

管粥集村村民在立坟之前会请风水先生先看好风水,确保头对高处,脚对洼处。坟地选点最优先是自家的祖坟,即"老陵"。富裕人家会专门留出十多亩土地作为家族的陵地,坟包之外的土地可以耕种且一般自己耕种,也有人分家之后在自己分到的土地上选一块风水宝地作为坟地,同样也是自己耕种。

老陵一般不会出租或者买卖。一方面可能会使坟包受到破坏,另一方面出租或买卖坟地有失面子。即使出租或者买卖,也会事先约定好不破坏坟包,但是买主可以在坟周围种树,另外若是坟包长期无人添坟祭拜,坟包本身面积会变小。

如果自己家里面没有土地,孝子就会去给地主磕头,请求地主给自己一块土地安葬老人。本村地主一般都会答应给1—2亩土地,但孝子需要给地主干活,补偿地主的损失。如果实在没有地安葬或者是逃荒老人,举目无亲,地主会带头出一点钱将老人草草埋在无主的荒地上,本村人叫"乱葬岗"。另外,本村若是有3岁以下的小孩去世,都会草草葬在"乱葬岗",埋了就成,没有仪式,墓是平的。若是未成年的孩子去世,会将其葬在祖坟地的边角上,不影响耕种,同样没有仪式,也不会定期添坟烧纸。

3. 墓相:"携子上朝"式

新中国成立前,管粥集村村民的老陵大多采取"携子上朝"式的墓相。坟包的布局从西南向东北展开。老祖宗的坟包在西南方,其儿子的坟包随后沿东北方排开,其孙子的坟包在其儿子坟包的西面或北面展开。比如赵楼自然村张家的老陵地,如图5-1所示,受访者张大臣的父亲是家中的长子,家中去世成员就呈现"携子上朝"的墓相。在后辈祭拜时,先给父母烧纸,再给祖坟中的长辈烧纸。

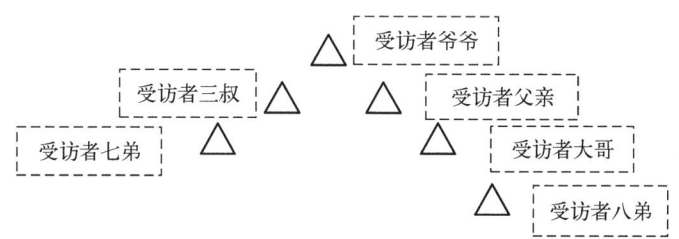

图5-1 传统时期管粥集村"携子上朝"墓相

4. 合葬:夫左妻右

新中国成立前,在管粥集村盛行合葬。夫妻会埋在同一个墓中,夫左妻右。如果有妾，则妻在左边，妾在右边。村民认为左边更为尊贵，因而身份地位更高的一方葬在左边。

5. 富裕人家才立碑

富裕人家有立碑的习惯，碑立在死者头的那一边，一般人家不会立碑。例如在赵楼自然村，只有一户大地主赵祖武会在自己家族的墓地上立碑，上面写上死者的名讳和悼词，其他村民都没有立碑。

（五）葬后的习俗及其行为关系

按照管粥集村村内的风俗，死者安葬后生者需要为其服丧并为其烧纸等以示缅怀。

1. 头三年服丧

在管粥集村，父母去世后，子女要为父母服丧三年，一般一两年就停止了。但是有文化、守规矩的人家会坚持服丧三年。出殡后的第三天，子女可以摘孝帽脱孝衣，但是白鞋要穿三年。服丧开始的头一个月不能理发，服丧期间不能穿戴艳丽，不能去给别人拜年，不可以贴红春联，但是可以贴蓝色或者黄色的纸，连灶神纸也要换成蓝色或者黄色的。如果去世的是祖父祖母，只需要服丧一年。如果去世的是曾祖父曾祖母，只需要服丧一个月，妻子要为去世的丈夫服丧三年，丈夫不需要为妻子服丧。

2. 逢七本家亲属烧纸

在管粥集村，出殡后村民逢七给死者烧纸。每隔七天，直系亲属到死者坟上烧纸一次，连续烧七次为止，随后在死者去世一百天去坟上烧纸，添坟，一周年的时候再去死者坟上烧纸，添坟。之后在每年的除夕之前、清明节之前、农历七月十五之前给死者烧纸，添坟，农历十月初一之前给死者烧纸，送寒衣。在家中不摆祭品，家里面也不设灵牌，灵牌只在出殡时使用，由长子或者长孙抱着，出殡仪式完成后随孝棍等一同焚烧。

3. 邻里贴纸辟邪

死者的外姓邻居会在自己的大门或者大门一侧贴上红纸，用来辟邪，冲抵白事，以免受到丧事的影响。村民也认为这样可以为死者指路，他看到红纸就不会进门，让其找到正确的家门，本姓的邻居不需要贴红纸。

三、节庆习俗及习俗关系

春节从农历腊月三十到正月初八，元宵节在农历正月十五，清明节在公历4月，具体时间为冬至后的第108天，是处于仲春和暮春之交的一个日子。节日是管粥集村村民生产生活的必要组成部分，节庆习俗及习俗关系分为如下的几个部分。

（一）春节

春节是1949年之前管粥集村一年当中最重要最隆重的节日。

1. 节前准备贫富有别

春节前的准备，即"办年"。在管粥集村，进入腊月之后村民就开始张罗春节的各项事宜。因为春节的缘故，在村内的集市，以及周围的刘套、黄集、庄里寨等集市，赶集的、买卖东西的人群逐渐增多。原本隔日或隔多日一集，过了腊月二十就变成天天集，即为"乱集"。

村里面的富裕人家才在年前精心准备，为一家人置办年货。而村中的贫困人家仅仅是将自己家进行一番打扫，很少为家人置办年货。腊八之后，各家各户就开始筹备过春节所需要的财物、粮食，有外债的把债务结清，讨债要债的人也趁着这一时机活动。家中多余的粮食、牲畜、蔬菜等拿到集市上卖掉。村民们会到各个集市上赶集，购买过年需要的猪肉、羊肉、鸡鸭鱼肉、鸡蛋、麻花、花生、蜜枣、糖果、鞭炮、春联等，只有富裕的人家如中农、富农和地主才能买齐全部物资，一般的人家只会购买少量的猪肉、鞭炮和对联。富裕一些的人家会到集市上买一些布匹，请村里面的裁缝缝制新衣，还购置新物件，"闺女要花儿要炮，老妈妈要条棉毛巾，老头子要顶新毡帽"。腊月二十七，村民们在家进行大扫除，主要是家中妇女打扫。打扫卫生不只是把地面打扫干净，还要把桌子、柜子、椅子、板凳、碗碟等家具擦拭干净，房梁上的蜘蛛网等也要扫除干净。要是年前不把屋子打扫干净，亲朋好友们前来拜年时会认为这一家的女主人不贤惠、懒惰，会失了面子。

2. 父母尚在除夕聚餐

大年三十晚上一家人在一起吃年夜饭，即为过"除夕"夜。下午5点多，家中的妇女就开始做年夜饭，大人小孩其乐融融，一起包饺子，村民们称饺子为"扁食"。年夜饭要比平常都丰盛，包括鸡鸭鱼肉、羊肉汤、鸡蛋、花生、青菜、紫菜蛋汤、酒等，少则十个大盘子，多则十六到二十个大盘子。菜品越丰富代表来年的生活越兴旺，过去一年的烦心事都翻篇。每道菜都有自己的寓意，例如青菜代表着"四季常青"，萝卜代表着"好彩头"，鸡肉代表着"全家福"，鱼代表着"年年有余"。

吃年夜饭时，家中的长辈坐上席。如果家庭已经分家，父母仍健在，父母就跟着共同居住的孩子一起吃年夜饭。如果家庭人多位置不够，家中的妇女就不上桌吃饭，如果人少则可以上桌吃饭。吃饭时一般长辈先动筷子，这样才表明可以开始吃饭了。儿子要给父母敬酒，祝愿父母健康长寿，父母也会勉励孩子们勤勉养家，父母还会给儿孙们夹菜，祝愿儿孙们聪明懂事听话，有在念书的孩子就激励他们好好念书，长大以后能当大官。如果有家人没有及时归来或者盼望家中添丁进口，就会在桌上多摆一双碗筷，表达思念或者祝愿。

院中还会放置供桌，牌位上写"天地神之位"或"天地君亲师之位"。摆上供菜，点上大把香，全家人行跪拜礼。祭拜完，再吃过年夜饭，一家人就聚在火炉边烤火、聊天，有些村民会守岁到十二点。村民们也有给孩子压岁钱的习俗，每个长辈都给孩子一人一个红包，保佑孩子们新的一年健康快乐，无病无灾。

吃年夜饭都是每家每户单独进行。如果分家了就不会和叔叔伯伯等一起吃饭。如果父母单独住，孝顺的儿子会把他们叫到家里来一同吃年夜饭。如果父母和某个儿子一起住，那么就和那个儿子一家人一起吃年夜饭。在关门之前和第二天起床开门时，村民们会放鞭炮，关门时放的鞭炮是"关门炮"，开门时放的鞭炮是"开门红"。一般是五百响的鞭炮，富裕的人家会放一千响的鞭炮。燃放爆竹有除旧迎新之意，过去一年不好的事情统统过去，可以开开心心迎接新的一年到来，也祝愿一家人能够在新年顺顺利利，平平安安。

3. 春节期间祭祖拜神

腊月二十之后，村民们陆陆续续开始给自己的祖先烧纸，祭拜的一般是三代以内的宗亲，到爷爷辈的祖先。如果一个祖先有多个后代，只要是分家了，各家各户单独祭奠，不需要一起。烧纸的数量不定，根据家庭的经济情况，富裕的多烧一点，贫困的少烧一点，男女都可以参与烧纸，提前烧纸是为了让自己的祖先早一些过节，在阴间有钱用。除了烧纸，腊月二十三，村民们过小年，外出的家人都会尽量赶回来，有家堂庙的地主家会将祖宗牌位供起，为祖先上香，全家人给祖宗下跪磕头，祈求祖先保佑来年风调雨顺，家人平平安安。这一天还是"祭灶日"，叠糖时村民在灶君前放几块糖，将老皇历贴在灶火上，再将原来贴的灶老爷像撕下来进行焚烧，"送灶君上天"，祈求灶老爷可以为自己"上天言好事，下界保平安"。

大年三十，村民们在家中贴春联，不仅仅大门要贴，只要能贴上春联的地方都要贴。例如在水缸上贴青龙，床上贴"身体安康"，院子里贴"满园春光"，各个屋子的门上贴上"出入平安"。贴上春联了就代表正式开始过年了，讨债要债的人不会再进到家门里来，欠债的一家人可以安心过一个好年。如果这一年中有家人去世，那么春联的纸就不能用红色的了，而要用蓝色或者黄色的纸替代，表达对逝者的悼念。外出的家人这一天必须回到家中，以求团团圆圆。

4. 拜年与走亲戚

（1）"滚雪球"式拜年

春节期间，最重要的就是亲戚邻里之间相互走动，祝福。大年初一。管粥集村村民们六点多起床，吃过早饭后就开始拜年。拜年的方式是向长辈下跪磕一个头，边磕头边说"给您拜年了"。先给住在同一个院子里的亲人拜年，第一个拜年的人是一个院中辈分最小排行最小的人，他会按照长幼顺序先给比他年长的同辈的亲人拜年，然后两人结伴给比他们更年长的第三个同辈亲人拜年，以此类推。等到同辈的亲人都拜完之后，大家就一起去给院中的长辈拜年，就像滚雪球一般，拜年的队伍会越来越壮大，院中最年长的男子家中往往会挤满很多前来拜年的后辈。

图5-2展示了这一"滚雪球"拜年的次序。其中数字1代指家户内同辈也就是兄弟姐妹，2代指家户内长辈主要是父母，3代指家户外家族内长辈包括叔伯、爷爷、奶奶等，4代指家族外村庄内长辈包括地主老爷等。

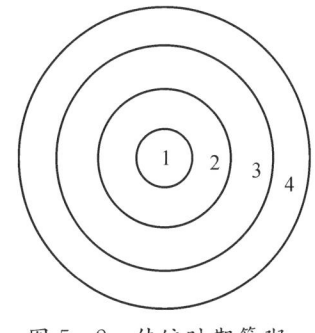

图5-2 传统时期管粥集村"滚雪球"式拜年

（2）男女老少分开拜年

院中的亲属都拜完年后，男女分别前往院外拜年。男子按照族谱的排行，妇女按照夫家族谱的排行，顺序和方式与院内的拜年方式一致。村中的孩童不会像父母那般讲究，除了跟随父母把自家的亲族都拜一遍，他们会结伴前往地主等富裕人家拜年，给地主家的长辈们磕头。地主家会准备充足的糖果、花生、瓜子等，孩子们拜完年就可以随意享用，时常能够揣上满满一兜，边走边吃。

这一天拜年时不需要带礼物。如果前来拜年的人多，不仅显示出自家的人丁兴旺，还表示自己在村中的名望高。前往拜年一方面是祝福，另一方面是尊敬。对于前来拜年的人，主人家都会热情欢迎，地主会让自己的儿子们亲自在门口迎接，把拜访者迎进门来。村民拜完年回到家中，中饭和晚饭一般都是吃饺子和年夜饭剩下的菜肴。吃完午饭后，家中年轻的男子会到街上闲逛、赌博打牌、聊天等，家中的女子一般不出门。

（3）寺庙信众结伴前往

传统时期管粥集村中有庙宇，信徒们在拜完亲戚长辈之后还会前往庙宇跪拜祈福。男性信徒和女性信徒分别前往，带着香和喜纸去村中的火神庙等庙宇处进行跪拜。有以家庭为单位同去的，也有以家族为单位同去的，同去的人多可以显示出人多势众的气势，其他的人家看了就不敢随便欺负。

（4）互走亲戚与礼物交换

到了大年初二，村民们开始给村外的亲戚拜年。最开始是去给外祖母和舅舅拜年，夫妻俩提着礼物，带着孩子前去。礼物一般是酒、鸡、鱼、糕点、麻花等。午饭就会留在外祖母或者舅舅家吃。

到了大年初三，村民们会前往村外父母的姐妹那儿拜年。由于要相互拜访，一般都会提前商量好，或者按照往年的惯例，这样可以避免出现前来拜年但主人家不在的情况。串门也同样会带礼物，所带礼物会比前往外祖母和舅舅家时带的礼物的价值轻一些，午饭就在其中一个亲戚家中吃。

到了初四初五初六，村民们会去前三天没有拜访但平时有往来的村外亲戚家拜年，有些关系很好的村外的朋友也会相互拜年。一般带的礼物不多，主要看彼此的交情。交情深就多带点礼物，交情浅就少带点礼物。

到了初七初八，村民尽量不再去拜访亲戚朋友，因为过晚拜访对方会不欢迎。因为这时候主人家用来招待客人的饭菜往往已经吃完了。当地俗语说："拜年拜到初五六，又有馒头又有肉，拜年拜到初七八，扯着胳膊往外拉。"

如果这些亲戚或者朋友主动前来拜年，那么主人家也要带着礼物前往拜年，互相走动能够加深两家人的感情。如果两家平时都有走动，但是两家人出现矛盾，关系破裂时，要是春节期间两家人还是不主动上门，那么两家人今后将很少来往。另外，村民不会因为保甲长的职位而专门前往拜年，只有和保甲长有亲戚关系的人才会前往拜年，少数平时和保甲长关系处得好的村民也会互相走动。走亲戚时，村民们都会带上礼物，关系越近的亲戚带的礼物也会越重，不会空手前往拜年，否则会被认为不尊敬长辈，不懂礼数，带的礼物一般是白酒、鱼、鸡等。

5. 其他活动

（1）村庄头面人物聚餐

过春节时，保甲长主要在自己的亲朋好友之间走动，在拜访完自己家族内的长辈之余，保甲长还受到村民的邀请。首先保长邀请各甲的甲长到自己家中来，同时也叫上村里面的问事人、地主等头面人物一起陪酒，酒席上，老族长坐在正中间，保长和问事人分别坐在两旁，其他人座次随意。保长出钱为这桌酒席买单，主要是为了感谢在座的村民过去一年对自己工作的支持，也进一步巩固彼此的感情。若是村民来年需要保甲长帮忙，就私下请保甲长来家中吃饭。若是有面子的人家就请来问事人等当陪客，落座时保甲长坐在正中间，当家人坐在旁边，通过敬酒向保甲长表达自己的诉求，一般酒喝好了事情也就谈成了。

（2）春节禁忌及其关系

管粥集村村民年初一的早餐是素扁食，即素水饺，一年的头一顿要吃斋。初三第一餐吃扁食，初四的第一餐吃面条，俗语有"初三的扁食，初四的汤，一年粮食打满仓"。初一到初五村民都不劳动，初七、初八、初九，妇女不劳动，"七不动针八不拔，初九动针打犁铧"。年初一的时候，无论大人小孩都不能说死、吃药、倒霉之类的话，村民们会在大年三十的白天在自家墙壁上贴上"童言无忌，万事如意"的春联。摔碎碗碟也是忌讳，要是发生了村民会连忙说"岁岁平安"。也不能动剪刀、斧头、针等物品，父母一般会把这些东西放在高处或者套上布，避免割伤手，出现血光之灾。这一天还不能扫地，鞭炮燃放完剩下的垃圾村民们不去理会它，等到春节过后再清扫，不能向外泼水、洗衣服，因为这意味着"扫走财气，肥水外流"，村民视扫地和泼水为财气外泄的征兆，不吉利。村民们还在除夕夜将长木条放在门前，挡着家中的财气不向外流走。除夕晚上关门后一般都不出门，家中的女性不能回娘家。

（二）清明节

清明节是管粥集村村民一年中最重要的祭祖节日。一般在4月份的第一个星期。在这一时期，不仅有集体性的祭祖活动，也有家户为单位的祭祖活动，同时清明节还与村民的农业生产息息相关。

1. 村民前往家堂庙祭祀

清明节是管粥集村村民一年中最重要的祭祖节日，一般在4月份的第一个星期。在这一天，外出做事的成员都要赶回家中，每家每户都去自家的老陵烧纸添坟，烧纸的时候还要放鞭炮。赵楼自然村的赵姓族人会在这一天进行集体祭拜。集体祭拜的地点在赵家的家堂庙。庙里面摆放着赵氏先祖的排位和族谱。赵氏家族每个家庭的当家人都要参与，都是男性，女性不能参与。族人在家堂庙为先祖行跪拜礼，烧纸钱，点数百响的鞭炮，还会献上几大盘猪肉、羊肉作为供品。这个集体祭奠的费用来自建立家堂庙时附带的几十亩土地的收成，这些土地是赵氏的祖产，由家族中经济困难的家庭耕种，其中一半的收成作为家族祭祀的活动经费。

2. 清明节与农业生产

在清明节，管粥集村村民还会吃煮鸡蛋，并且折下柳条，插在自家大门的两旁，村民认为柳枝可以用来辟邪。村民们还会根据清明节期间的天气状况来判断今年的收成如何，有谚语"清明晒干柳，秋面窝窝噎死狗"，如果清明节这天太阳高照说明今年会有个好收成。

3. 鬼节家户祭祖

鬼节是清明节祭祖仪式的补充。农历七月十五和十月初一都是鬼节，管粥集村村民会在鬼节为祖先烧纸，放鞭炮，有家堂庙的会为祖先上供品。烧纸的时候，要用木棍画一个大的圆圈，只留一小个缺口正对着祖先的坟茔。然后就在这个圆圈里面烧纸，这样做表示这些纸只能由自己的祖先领，孤魂野鬼不能领。烧纸的时候还要在祖先的坟茔两旁点上蜡烛并放一串鞭炮，烛火和鞭炮声可以给祖先指引道路，让其从阴间前来领后代烧的喜纸。

农历七月十五，又称为"中元节"，"七月阴间鬼过年"，这一天阎王会将鬼从鬼门关放出来，鬼来到阳间。这一天的晚上，村民都不会太晚出门，认为走夜路可能会碰到不干净的东西。村民还会特别留意这一天的天气，有谚语"七月十五定旱涝，八月十五定收成"。村民们通过烧纸、放鞭炮的方式送走自己的祖先，烧纸只给自己同族的祖先烧，不能给不同族的祖先烧，否则会引起鬼打架。而十月初一天气渐冷，村民还会买纸糊成的寒衣到祖先坟前烧，叫"送寒衣"。另外过鬼节时，不能吃大鱼大肉，都是吃素菜。

（三）端午节

端午节五月初五这一天管粥集村村民们会包粽子，吃粽子。屈原投汨罗江的故事也在本村广为流传。

1. 家户内过端午

管粥集村村民张大臣表示，端午节都是家家户户单独过的，不会几个家户一起过，包粽子等活动也不会一起做，聚餐也大多在家户内部进行。除了吃粽子，管粥集村村民相信在这一天，趁着早晨太阳还没有出来，就把艾草割下，治病的效果比平时好。村中的女孩儿会将艾草带在辫子上，家家门前都插艾草，"端午不插艾，死了变个老鳖盖"。除了插艾草，部分村民还会煮艾草喝。如果家里有人中暑或者感冒，喝下艾草水不仅能够解暑，还能够预防中暑。小孩儿还用五色线，缠在手腕上，可以长命，传说节日之后扔到水里面可以化作水蛇。妇女们还会为自己的丈夫和孩子缝制香包，其中加入香料，佩戴在身上可以防止毒虫近身。

2. 亲朋邻里互赠粽子

管粥集村村民赵启蓝谈道，新中国成立前村民普遍经济条件不好，包粽子的材料需要糯米、红豆等，很少有肉粽，只有富裕家庭才会包肉粽。因此，每家根据自己的经济条件包一些粽子，不会包粽子的就把材料给亲戚送去让亲戚帮忙包。要是材料多包的粽子多就送给平时往来多的亲戚朋友邻居等，不会谁都送，对方家里面包的粽子少或者没有包粽子才会主动送去，其他人不会主动去送。另一位村民杨善伦谈道，粽子在新中国成立前也是稀罕物，富裕人家有财力包肉粽子，普通人家就包小粽子，里面加少量的糖，要是一家单独材料凑不齐，就几家商量着凑一起包粽子，一起吃。

3. 端午女儿女婿前来送礼

在女儿成婚的第一年,女儿女婿要在端午节期间前来岳父岳母家送节日礼物。不管岳父岳母是在邻村还是在距离较远的村子,都必须带着妻子亲自来送礼。女婿准备的礼物一般包括咸鸭蛋、粽子和酒水,有时也会带上水果或者小点心,富裕人家还会带一些猪肉。女方的娘家会给回礼,一般是为新女婿准备一件上衣或者裤子。除了相互之间送礼,女婿第一年端午节前来送礼就是家里面的座上宾。若是已经和儿子们分家,老父亲将儿子们叫过来一起作为陪客陪酒,酒席的食材花费都是由父亲承担,若是没有分家则是大家庭共同承担。女婿在酒席上坐上座,老父亲紧邻着女婿坐,若是不让女婿坐上座就是有失礼节,很可能引起女婿的不悦。如果是村中的头面人物比如问事人等,他们还会请来保甲长过来当陪客,以表示对女婿的欢迎和尊重。酒席上只坐男子,女子不能上桌。

(四)二月二、中秋女儿回家省亲

1949年之前,管粥集村村民度过二月二和中秋节时,出嫁的女儿都可以趁着节日回家省亲。女儿回家省亲时都是女婿陪同,当天去当天回,一般都不会在家中过夜。除了能够回家省亲,这两个节日中还有其他的活动。

二月二,即农历二月初二。在管粥集村村民看来,这是一个与龙有关的节日,也是准备春耕的开始。新中国成立前,村子里没有专门用来灌溉的沟渠和水井,农民靠天吃饭,害怕干旱,而龙管水,所以村民在这一天要表达对龙的敬意,祈求龙的保佑。村里面家家户户要做大馍,这个馍又大又长,形状像一条龙,村民还会在两端放上红枣,有顺口溜"二月二,不干活,撅个腚,啃大馍"和歇后语"二月二的褶子——各人围(为)的"。除了做大馍,吃大馍,村民们还会制作糖豆,炒花生。管粥集村村民会在二月二这一天6点就起床,赶在清晨进行围仓,即用草木灰在自家的庭院中和晒场上围成仓形,还在中间埋一点粮食。这个仓形面积越大越预示着风调雨顺,小麦、玉米、高粱这些作物长得好,庄稼能够丰收,有谚语"二月二,龙抬头,大仓满,小仓流"。围仓的活动只有村里面有地、有晒场的富裕人家才会做,家里条件不好的农民不会参与。

农历八月十五中秋节是管粥集村村中热闹程度仅次于春节的节日。在这一天,外出的家庭成员会归来,一家人团聚,在地主家做大领的人也会在这一天回家。即便是穷人家,也会在这一天买一些猪肉或者羊肉,犒劳一家人这半年来的辛苦工作。一家人吃炖肉,喝羊肉汤,吃月饼,一起赏月。月饼一般是从集市上购买的,其他的食物都是自己在家做的。亲戚之间还会互相走访,一般是姻亲之间互访,其中最重要的走访对象是娘家舅，当家人带着全家人，拿着白酒、鸡、鱼以及月饼等礼物前去拜访。拜访娘家舅的时候礼物最重，最少要四瓶白酒、两只鸡和月饼，一般的姻亲仅带月饼就行。除非是亲戚关系，逢年过节村民都不会专门给保甲长送礼。

四、日常习俗及习俗关系

除了较为烦琐系统的红白喜事、节日习俗，管粥集村村民们在生产生活中也遵守着一些日常的习俗，这些习俗很大程度和礼节或者礼仪相关。具体来说，日常习俗及习俗关系如下。

（一）日常习俗内容

1949年之前，管粥集村村内存在着丰富的风俗习惯，村民的点滴日常都体现出这些习俗的特点。

1. 习俗概况

管粥集村靠近山东地域，一部分村民祖上就是从山东迁徙而来，因此鲁文化或者"礼"文化在村中盛行。例如在对待特殊群体方面，要遵守一些规矩。包括路上遇上保甲长、族长或者任何年纪较长的长辈，后辈不仅要主动向对方打招呼，还要立刻退到一旁，让他们先行离开。男子赶集时遇到未出嫁的女子不能拉拉扯扯，必须保持距离，不允许随意交谈。孕妇生产后一个月内来客不允许进入产房探望孕妇，否则认为有血光之灾。在待客上也有要求，包括客人来访时不能扫地或者赶牲畜，这样被视为"赶客"。上菜的时候总的碗碟数不能是单数，也忌讳出四盘或者六盘，四六盘是给轿夫或者死囚饭准备的。喝酒吃饭时一定要劝多吃多喝，否则认为待客不热情等。这些习俗在村民的日常生产生活中发挥着润滑剂的作用，不讲究的人家会被周围的村民议论，不守这些习俗会被村民认为没有教养，没有家教。

2. 习俗由来与历史记忆

村民们习以为常的这些习俗多是由父母言传身教而来，而父母的言行也多是祖先一代一代口口相传，沿袭下来，也有私塾先生教导这些习俗。村民很少去质疑他们的准确性，认为祖先一直这样行事自然有其道理，况且其他人都遵守，自家不遵守就很奇怪，惹人非议。

3. 习俗的普遍性程度

村里面越是富裕有身份地位的村民越愿意也主动遵守这些习俗，并且为了彰显自家在村中不一样的地位，他们宁愿多花钱也愿意把自家的门面装点好，在红白喜事上大操大办。村里面底层的村民反倒不刻意遵守这些习俗，但一般也不去主动违反，他们在社会中地位低，就算违反了一些习俗村民也未必愿意谈论。

4. 敬老习俗

在管粥集村,一般条件的家庭不会做寿,农民认为做寿虽然能够庆祝,但也会增加老人的负担,"做寿的老人老生病"。只有少数富裕人家才会做寿。一般来说,老人70岁会做寿,因为"人生七十古来稀"。寿宴主要邀请本族的亲友,如果是给老母亲祝寿,那么母亲的兄弟一家是最重要的客人。邻居们会前来帮忙,亲友们带上寿糕、寿面、衣料等礼物前来贺寿。如果大席是大办,那么村中的保甲长、绅士也会被邀请。逢年过节,后辈们要去给长辈们磕头拜年,看望长辈,给长辈带礼物。孝敬长辈的家庭能够得到村民的尊重和爱戴。如果对长辈不孝敬,村民们就会认为这家人品行不好,主动减少来往,给不孝顺老人的儿女以舆论压力。

5. 病患习俗

家里面有人生病,村民第一的选择往往是靠土方法进行自我调节。比如发烧就多休息多喝水,把湿毛巾放在额头上降温,或者吃一些水果或者面疙瘩这类的营养品增加体力。要是症状还没有缓解,他们才会去郎中的家中看病,郎中会根据病人的具体情况开方子。除了村民亲自上门看病,病人的家人也可以上门请郎中到自己家看病。上门请郎中时不需要带礼物,但是郎中给病人看完病,郎中要是没有收钱,村民会送一些礼物给郎中,比如家中的蔬菜或者鸡蛋,并对郎中表示感谢。

若是家人出现一些不明来由的病症,村民往往认为这是撞了邪了,撞见了晦气的东西,而那些体弱多病的孩童最容易成为孤魂野鬼的目标,出现丢魂之类的病症。这时候村民就去请神婆,神婆作法之后,请她到来的这家人会送上半斗的小麦和一些鸡蛋,给的报酬全看家户的经济条件和心意,神婆不会和这家人要求给多少报酬。

(二)日常习俗关系

对管粥集村村民而言,日常习俗不仅是一些行为做法,更重要的是这些习俗背后承载着丰富的社会关系。

1. 习俗的认知与评判

对于村落中不讲究这些日常习俗的人,村民们通常是采取背后说闲话的方式,认为这家人没有教养,不懂礼仪,也不合群。若是因为不讲究日常习俗而冒犯或者得罪了某户村民,两家人就自然减少往来。一般关系的村民会说闲话,若是家户之间存在亲属关系,长辈们往往私下里劝导对方能够遵守村里面的日常习俗,否则家族的人也面临着被质疑没有教养的风险。

2. 习俗的涵盖范围

文化习俗在村民中间起到了凝聚集体的作用。以春节拜年为例,拜年的队伍就像滚雪球一般，会越来越壮大，院中最年长的男子家中往往会挤满很多前来拜年的后辈。节日的走动无疑增加了村庄村民之间的凝聚力。赶庙会的习俗也不仅凝聚了一个村的村民，周围的村民都来赶庙会，整个地区的村庄互相的联系也得到了加强。

3. 习俗的功能发挥

一般来说，由于地势整体平坦，村庄村民之间的交往更为容易，并且村民前往村外最主要的原因便是赶集，因此一个集市圈在某种意义上就形成了一个文化圈。村庄与村庄之间的日常习俗互相影响互相吸收，最后趋于统一。习俗的传播无疑依靠的是人员的流动，人与人之间的交流学习，口口相传。

第六节 规训与规训关系

规训是每一位管粥村村民为人处世所必须遵循的准则。村民从出生起就接受着家庭与家族的规训，父母通过言传身教使孩子在潜移默化中习得规训。而私塾、官学提供的学校规训是家庭与家族规训的必要补充。本节分别对家庭与家族规训、学校规训的基本内容进行阐述，并揭示出教化与规训中形成的人与人之间的关系。

一、家庭与家族规训

传统时期的管粥集村，家庭与家族规训主要包括了如下的内容。

（一）规训内容及获取

对于管粥集村村内较大的家族来说，对家族规训的遵守是严肃的，同时家族内部通过家户这一载体，以言传身教的方式传递这些家族规训。

1. 家族规训，家户传承

1949 年之前，在管粥集村，各个自然村的主要姓氏都有自己的家族规训。具体内容往往包括对村民生产生活活动的劝诫，比如"成由勤俭败由奢"，劝诫自己的族人要勤俭持家，不能骄奢淫逸，只有在日常生活中精打细算才能延续家族的发展。

村民杨善伦回忆自己的族训有一条就是"不能赌博，赌博害人害己，族人若是赌博当严厉训诫之"。村民赵忠义介绍自己的族谱上有一条内容是"族人互相之间当鼎力互助，不可互生嫌隙，与族外之人也应打好交道，不可与人为恶"。这些家族规训等多是通过各个家户进行传承的，家族族长很少直接进行教导。有族谱的村民也会在族谱上记录先祖留下来的规训。若是当家人空闲下来就教导自己的孩子读族谱，学习上面的家族规训。

尽管村内主要家族都有自己的家族规训，但是大部分的村民认为家族规训在实际的生活中影响不大。村民只会在取名字时参考族谱当中的辈字，避免胡乱取名乱了辈分。除此之外，村民并不认为家族规训发挥了重要的作用。正如村民李超所说："家族观念在中华民国的时候已经很淡了，记住祖宗传下来的训诫的人很少，倒不是不愿意遵守，只是很多村民不清楚这些内容。"

2. 家庭规训，言传身教

管粥集村村民十分重视自己的家教。正如村民杨善伦所说："村民最为重视自家的名声，而名声好的家庭最重要的就是家教好，为人处世守规矩懂礼节，周围的村民都愿意和这样的家庭交往。"村民杨善伦谈道自家的家教："我们家最主要的家教就是说要孝敬长辈，尊敬长辈，不管做什么事情都要经过父母的允许，不能够擅作主张，要是父母的意见和自己的意见有冲突了也要听从父母的意见，要是违背父母的意见那就是不忠不孝，没办法在这个社会上立足了。"而村民赵启蓝表示自家的家教是："生活当中不可以攀比，要勤俭持家，节俭生活，不能过奢侈的生活，不能够浪费粮食，馍馍掉地上了也要捡起来擦干净吃掉，不能浪费。"还有一位村民赵忠义家的家教是："家庭内部要和睦，夫妻之间要相互扶持理解，不能嫌弃彼此，兄弟之间要团结互助，不能互相攻讦，亲戚之间要经常联系，不能独善其身。"

在管粥集村村民看来，家庭规训多是软性的，通过父母的言传身教孩子就会自然而然地遵守。若是违背了这些规训，父母轻则责备，重则用木条打屁股，不让吃饭等，以这样的方式教育孩子，让孩子记牢并遵守这些规约。

二、私塾教育

1949 年之前，在官学还未兴起之前，管粥集村村民要想识字念书只能请私塾先生到家中传道授业。管粥集村村内的私塾是由本村地主请先生到村开办的，有一定经济条件的村民才有资格上私塾。

（一）私塾类型

在管粥集村村内有两家私塾，对应的是两个私塾先生。其中一位是李儒圣先生。李先生来自时江苏铜山县，他熟读四书五经。在村民看来他很有学问，人品也高，在来到管粥集村之前他四处游学，之后受到管粥集村下辖的赵楼自然村赵家地主的邀请在赵家开设私塾进行教学活动。李儒圣先生出身中农家庭，家里面有二十多亩地。由于从小成绩优异因此念完了四书五经，拥有了成为私塾先生的资格。在 1949 年之前，能够学完四书五经的人就能被称作先生。李先生很少参加农活，由于科举制度的废除，原本上升的途径被封死，又不愿意也不熟悉农业劳动，李先生成了游方书生，四处游走，践行"读万卷书，行万里路"。但是在当时的条件下，李先生经济来源不定，最后选择在村中当私塾先生谋求生计，在四十多岁的时候他才在村中开设私塾。

管粥集村另外一个先生是海先生，海先生来自刘套镇。他出生于贫农家庭，由于家境贫寒，海先生只念了一年的私塾，但是海先生的聪慧让私塾先生很赏识，受到私塾先生鼓舞的海先生在帮家里干农活的同时抽时间自学和旁听私塾先生讲课，终于完成了四书五经的学习，获得了成为先生的资格。海先生的勤奋好学甚至成了当地父母劝勉孩子用功读书的典型。之后他收到管粥集村富裕村民的邀请来到管粥集村当私塾先生，教书十余年，直到1944年私塾才宣告解散。

（二）私塾就读

传统时期，管粥集村村民只有少量较富裕的家庭的孩子才能够上私塾。私塾先生也多由富裕户邀请而来。

1. 办学地点由富裕村民提供

在管粥集村，办学地点是村里面富裕户家中腾出来的屋子。比如赵楼自然村中的赵家地主就腾出了自己院落中两间空置的屋子作为办学地点，一间屋子作为私塾先生平时居住的地方，一间屋子作为先生教学的场所。私塾先生不需要为这两间屋子承担任何的费用，并且地主不仅解决了先生的居住问题还承担了先生的吃饭花销，先生平时就和地主一家吃饭。

2. 得地主和先生许可才能上私塾

由于私塾先生是由地主请来的，并且地主承担了先生的吃住负担，因此村里面和地主交好的村民才有资格上私塾。在得到地主允许的情况下，还需要得到私塾先生的允许，私塾先生会考虑学生的年龄和学习的态度，年龄过小或者顽劣的孩子先生不会收。

由于教学场所和先生精力的限制，赵楼自然村赵家地主请的先生只带了6—7名学生。这些学生都来自村中中农以上的家庭并且都是男孩。经济贫困的家庭没有精力顾及子女的教育问题，成天忙于生计以求温饱，无法支撑孩子的学习费用。另外女孩的教育更不受重视，受到文化观念的影响，女孩不能和男孩一起上私塾。即便要学识字也只能由私塾先生单独教，这无疑增加了学习的成本，因此只有官员或者地主的女儿才有机会单独请私塾先生教一些文字和算数。私塾老师答应收学生后，学生要进行拜师仪式，在悬挂着孔子画像的教室里，学生向私塾先生下跪磕头，磕两次头，第一次磕头给孔子先生，第二次磕头给面前的私塾先生。

3. "穷的钱少给，富的钱多给"

在1989年版《萧县志》中记载，中华民国初年，小学教师月薪15—33元，按照当时物价，生活尚可。抗日战争时期，三方政权办学，日伪学校实行薪金制，小学教师月薪（联银券）70—90元，按照当时价格可以买90—130斤小麦，校长为90—110元。国民党县政府规定，小学教员除了月发公粮90斤外，另给50斤以上的薪俸粮。

民国三十三年新四军开辟萧永宿根据地，抗日民主政府公布教师薪粮制标准：

> 初小：甲等每月一百二十斤，要求学生四十人以上；乙等每月一百零五斤，学生三十人以上；丙等每月一百斤，学生三十人以下。
>
> 高小：教员每月一百一十斤，级任教师每月一百一十五斤，校长每月一百二十斤。
>
> 中学：教员每月一百五十斤，级任教师每月一百九十斤，校务主任每月二百斤，职员每月一百一十斤到一百五十斤，校工每月九十斤。

民国三十七年，中共江淮第二行政区专员公署对教师经济待遇明令规定：

> 完小：副校长每月一百六十斤，烧草九十斤；教导主任每月一百五十斤，烧草九十斤；高级教员及初级级任教员每月一百四十五斤，烧草九十斤；初级教员每月一百四十斤，烧草九十斤；高级级任教员每月一百五十斤，烧草九十斤；助教每月七十斤，烧草九十斤。
>
> 初小：副校长每月一百五十斤，烧草九十斤；级任教员每月一百四十五斤，烧草九十斤；教员每月一百四十斤，烧草九十斤；助教每月七十斤，烧草九十斤。[1]

在管粥集村，私塾先生的报酬是用实物来支付的。富裕家庭给的报酬和贫困家庭给的报酬不一致，一般富裕的地主家每月会给1—2石粮食，最贫穷的人家也要支付给先生5斗以上的粮食。私塾先生不需要在吃住上花钱，他也可以让自己的学生帮自己到地里面帮忙，但是这样的情况很少，私塾先生担心学生的家长说闲话。除了正式的报酬，学生家长还会在逢年过节的时候给先生送一些礼物，主要是鱼、点心、果子等。虽然村民对先生很是尊重，但是在清朝末年，科举废除，仕途中断，私塾先生的地位已大不如前，经济收入多感窘迫。中华民国十年（1921），一位私塾先生写下一副对联："冷案生涯年年热干，饿乡滋味岁岁饱尝。"

---

[1] 萧县地方志编纂委员会编：《萧县志》，第437页。

4."农忙时候上课少"

虽然私塾在名义上是从正月十五之后开学,到年前结束,中间没有假期,但是农忙的月份学生都去帮家里干活,甚至私塾先生也需要下地干活。学生上学的时间在半年左右,每天的上午和下午上课,中午学生被允许睡午觉,但是到了炎热的夏季,学生必须在教室里面睡午觉,因为一旦先生中午让学生们回家就不能指望他们下午会来学堂上课。

5."先生只管教书,很少参与村里的事"

管粥集村中的私塾由地主等富裕家庭创办,私塾先生在哪里,哪里就可以办私塾。有名气的私塾先生会被当地有名望的家庭请去当先生并给予更高的薪酬和待遇。村里面的学生念完私塾,要是想要继续升学,他在考官考学时必须写明自己的求学经历和师从某某,并且对自己的直系亲属的身份进行阐述。要是出身或学历不明或者不符合要求就会被拒绝。比如父亲在从事一些三教九流的职业或者私塾先生有污点,那么就会对学生的升学或者考官产生直接的重大的影响。

私塾先生在村中主要从事教学的工作,由于是有学问的人并且是由村里面的富裕户特地邀请到村中当先生,所以村民们对先生都是毕恭毕敬的。村里面识字的少,先生会受到村民的邀请写书信、对联、状子甚至有关神明的符咒。请先生写这些,先生不会收钱,只需要表示感谢即可。村中的先生不直接参与村落中的纠纷调解,也不会当中人、保人,这些都有专门的人从事,先生不会从事这些工作,否则会被视为不务正业。

(三)私塾教学内容

管粥集村村内的私塾先生的主要的教学内容局限于古文古籍,后来为了适应现实需要,开明的先生会开设算术等课程。

1."老先生就懂教识字"

村内的私塾学生学习的内容主要分为两个阶段。第一个阶段是蒙学,学习的课本包括三字经和百家姓,适合刚开始念私塾的学生识字。第二阶段学习四书五经,学习的课本包括《论语》《中庸》《诗经》《书经》《古文观止》《左氏春秋》等。除了这些课本上的内容,私塾先生还会向学生传授一些道理或者观点,多是为了培养学生对自己家族的忠诚,对自己先辈祖先的景仰,对三纲五常、礼义廉耻的遵从。

绝大部分的学生在勉强学习完四书后就会放弃学业。要学习到五经至少已经连续念了六七年的书,但村民更迫切需要已经长大成人的孩子尽早参与到农业劳动中,而不是成天在学堂中,只有个别天资聪颖的孩子,家长才会继续供他们念书。每个学生在前往私塾时需要带上必要的学习工具，包括一张桌子、一个凳子、笔墨纸砚和课本，这些物件都是自家出钱购买的，私塾先生和地主都不会提供。

2."开明先生会教算术"

最传统的私塾教学只会涉及识字。但是中华民国时期，随着商业在管粥集村一带逐渐繁盛，村民对算术的学习需求也逐渐上升。这时候有些私塾先生年纪过大不能适应新的形势，渐渐无人问津，而愿意更新教学的内容，增加算术、画画等新教学内容的私塾先生就更为受到村民的青睐。管粥集村的李先生和海先生两位私塾先生因为见的世面多也很快跟上了形势，增加了算术的课程，教私塾的学生们算术，村民也愿意继续送自家的孩子去私塾上学。

(四) 私塾规训方式

传统时期，管粥集村村内的私塾先生对学生的管教多是简单粗暴的，孩子的父母甚至鼓励老师对自己的孩子严加管教。

1."学生不听话，先生就打手"

在私塾，私塾先生有着绝对的处罚权力，一般来说，对于学生的处罚方式主要包括用戒尺打手、掌嘴、打屁股和罚站。私塾先生在处罚学生时会考虑到学生的健康，不会下手过重，但是也经常打得学生哭泣甚至不愿意再上私塾念书。管粥集村村民张大臣就回忆："我就记得我上私塾那会儿我的个头还没有黑板高，先生让我上台默写一句诗，我上台一紧张就忘了，磨蹭了好久，先生见了认为我没有认真学习，直接一个戒尺敲在我的头上，当时我就眼泪哗哗流，但是不敢哭出声来，要不然先生打得更重。"村民赵启蓝也回忆道："先生别的不会，就会打学生，顽皮的学生打得多，听话的学生走神了他也打，小时候我本来爱上学的，但是被先生打了几回之后我就不愿意上学堂了，父母就在家里面打我赶我去上学，有时候我宁愿在外面瞎逛也不愿意去学堂上学。"

2."好的先生很少体罚学生"

虽然私塾先生普遍采取体罚的方式教育学生，但是也有个别的私塾先生更愿意用软性的办法来教育自己的学生。管粥集村村民廉培云就谈道："村里面的海先生很有学问，他不会无缘无故打学生，只有学生不听管教的时候才会用戒尺打学生。更多的时候他会跟学生讲道理，自己也以身作则，用这样的方式来影响学生，教育学生。"

(五) 私塾教学成效

总体来说，富裕人家的孩子上私塾能够摆脱文盲的命运，学生和先生之间也保持着较为良好的关系。

1. "小孩挨先生打，父母不怪罪"

日常的私塾教学注重对文本的朗读和背诵。因此当学生刚坐入课堂中，他对书本上的文字完全不认识也不知道如何读，这时候私塾先生就会带领并要求学生跟着自己一行一行把文本念出声来。即便不知道文字的具体意思，学生也要努力把文本背下来，私塾先生也会在学生的跟读之中不断纠正学生的发音。一个合格的私塾先生会在学生念完课文之后进行适当的解释帮助学生进行记忆。但是受访村民回忆，1949 年之前碰到的私塾先生多半自己也不全然理解文本的意思，因而无法给学生讲出个所以然来。学生不得不在不断摇头晃脑、念念有词中把文本死记下来。私塾先生判断学生学完课文的唯一标准就是他们是否能够把文本一字不漏地背诵下来。先生们为了保证教学质量，要求学生背不完课文就不允许回家。

要是学生不能在指定的时间内完成私塾先生布置的功课或者无法背出先生要求背诵的课文，先生会用戒尺责打学生，甚至直接打在学生的脑袋上。在传统观念里有"养不教，父之过。教不严，师之惰"一说。学堂里面顽皮的或者智力低下的学生几乎每天都要挨打，机灵的学生会在挨打时躲开甚至跑回家中，但即便知道孩子在学堂挨了先生的打，学生的父母也不会怪罪先生，而是担心孩子将来的出路问题。学业的枯燥加上先生的严厉导致一些学生想方设法地逃课，学生最喜欢用帮助家里面干家务活或者地里面的活当借口向先生请假，比如家里面今天需要赶着收麦子缺人手，父母让自己请假一周。面对这样的情况，先生大多会同意学生的请假请求。要是村里面有戏班子唱戏，这是全村的一件大事，开明的私塾先生会给学生放几天的假让学生可以去听戏，自己也可以前去。要是碰上古板的先生，学生就只能困在教室里，但是实际情况中，学生们会编出各种理由不来学堂上课而选择去听戏。

2. "学生过节给先生送礼物"

学生对私塾先生是恭敬的，在拜师时，学生需要向先生下跪磕头，平时上课之前或者日常生活中碰见先生，学生都必须向先生礼貌作揖，先生也会礼貌回应。要是学生看见先生就急忙躲开会被当家人认为失礼而责骂一番。重视自家孩子教育的村民会在逢年过节的时候让孩子给自己的先生带去一些礼物，比如水果、点心等，过年的时候学生要给先生一家下跪磕头，对先生过去一年的教育表示感谢。先生在教学过程中责打学生是司空见惯的，学生不敢当面顶撞，最多赶紧跑回家躲避先生的责打，更多情况下只能忍气吞声。要是学生被责打以致受伤哭泣，学生的父母会带着学生到先生面前了解事情的来龙去脉，但是不会表达出一点对先生的不满。

父母希望自己的孩子能够尽量多学一点知识，识一些字，这样能够在未来的生活中少吃一些亏。对于辍学的学生，先生不会过多挽留，因为这样的决定多半是学生的家长做出的。要是学生实在愚笨，难以完成学业任务，先生也没有挽留的必要。少量的学生会在毕业之后回来看望自己的老师，这时候他们会带上一些礼物，回忆自己过往求学的经历，看望老师完全是学生自发的行为，村民并不在意学生是否会回去看望自己的老师。

3. "父母就盼着孩子识点字"

管粥集村村民张大臣谈道："父母送我上私塾也没有多大的指望，就盼着我能识几个字，会算数，这样就不容易吃亏上当。"村民赵忠义谈道："过去家里面的女孩子不让上学，也就地主家让女孩认识几个字，女孩子还不能去上官学，那时候的风俗女孩还不能和男孩一起上学，女孩子要上学只能上私塾，也就富裕户能负担得起了。"

三、官学教育

伴随着科举制的废除，政府开办学堂在管粥集村一带蔚然成风，村民在私塾之外也有了新的一种选择。

（一）官学概况

新式学堂的开办为传统的管粥集村的私塾教育带来了新气象。

1. 新式学堂由县政府资助

1930年，由于管粥集村所在区域内有四个国民党临时县政府，政府官员的子女无处上学，因此在政府官员的提议下，管粥集村获得了县政府的资助，创办了第一所新式学堂。

新式学堂的选址在火神庙，火神庙在学校创办时已经走向破败，建立小学后得到了修葺，数间屋子作为老师的宿舍和学生的教室。来自刘套镇的秀才海赢州，王岗集的梁天锦，本村的张大臣都是学堂的第一批老师。新式学堂相比旧的私塾在学习的内容上变得更为丰富，除了语文、算术，还有科学、美术和体育等，内容的丰富提升了学生上学的兴趣。另外，由于学堂直接由县政府资助，学堂老师的报酬和学生的学费都由县政府直接拨款。乡政府会予以相应的补贴，这些钱来自政府的田亩税收。由于上学不用钱，管粥集村中无论富裕还是贫穷的村民都有了上学的机会，只需要提供上学必需的学习用品。不过那时候女孩还不能和男孩一起上学，并且传统的富裕家庭仍然愿意自己的孩子去私塾念书，并且女孩只能去私塾里念书。

2. 初级中学在城镇开办

在管粥集村，新式学校只包含小学，要是村民念完了小学只能去外地念初中乃至高中，管粥集村村中的村民会去时江苏铜山县念初中，自己带干粮和衣物，寄住在学校。受访村民张大臣回忆，1949年之前，村里面能够有1—2个念到初高中就很不容易了，学生们受不了学堂里枯燥的学习，更愿意去田地里劳动。战争时期，尤其是抗日战争时期，初中高中的学生只能跟着国民党的游击队到处游走，停顿下来的时候才能复学。学生们为了学习不得不背井离乡，和父母之间的联系只能靠书信或者熟悉的人捎话。在这样的情况下，村民们出于民族救亡的心理更加愿意参军保卫国家。

另外，在《萧县志》中记载，民国二十年，萧县教育局对全县教师的学历做了调查：

全县共有教师二百七十五人，其中大专以上学历十二人，占比4.3%，中师和高中学历六十三人，占比22.9%，初师和初中学历一百三十人，占比47.3%，其余无学历的七十人中，无学历进考核合格者五人，占比1.8%，不合格者六十五人，占比23.7%。

中华民国三十四年夏，抗日民主政府对全县三百二十名教师的学历进行调查，其中中师十五人，高中十七人，占比10%，初师二百零二人，初中六十人，占比83%，高小十五人，占比4%，其他十一人，占比3%。中华民国三十六年春，国民党县政府辖区内的中小学教师共九百零三人，合格者五百七十一人，占63%，不合格者三百三十二人，占比37%。[1]

（二）官学就读

新式学堂的开办摈除了原来私塾教育简单粗暴的教育方式，但是有限的经费也导致新式学堂的教育效果存疑，另外管粥集村村内的女孩仍然没有上新式学堂的权利。

1."学堂花钱少但教学没保证"

管粥集村村民宗玉春谈道："新式的学堂办起来之后，村里面都觉得很新鲜，学校办学的费用，老师的工资也都是上面政府来负担，不再需要富裕户来出钱了，村民们尤其是条件比较差的就很高兴，认为少花钱就能让孩子上学堂了。"新式学堂作为政府开办的学校，承担了学堂教师的工资，置办了基本的教学场所、桌椅等办学基础设施，不过这笔费用的主要来源包括政府经营的学田、社会的捐赠、国家的税收以及少量的学生的学费。但凡是前往新式学堂上学的学生只需要购买课本，承担笔纸等学习用品的费用，不过这笔费用在学生升入初中后就会增加，原因是学生基本需要在学校吃住，初高中一年的学杂费为2—3石粮食。

另外，由于有政府资助，村民都愿意将孩子送到新式学堂上学，但是教师的数量是有限的，这直接影响到了教学的质量。村民宗玉春就谈道："那时候上学堂就是玩，

---

[1] 萧县地方志编纂委员会编：《萧县志》，第451页。

老师不怎么管学生，也不像私塾先生那么严格会经常打骂学生，上完课也不在乎学生掌握多少，所以富裕的村民还是认为私塾的教学更好一些。"

2."男孩上学堂，女孩上私塾"

虽然新式学堂没有明文禁止女孩上学，但是受到传统风俗的影响，实际在管粥集村，女孩是不能进学堂和男孩们一起上学的。村民认为女孩成天和男孩在一起厮混是有伤风化的，女孩子不应该过多在外面抛头露面。正因为如此，管粥集村村内的新式学堂是没有女学生的，都是男孩前去上学。对于家庭贫困的村民来说，家里面的女孩上不上学无所谓，只需要在家里面帮忙干家务，学习一些女红就足够了。而富裕村民有财力支持家中的女孩上学。这样一来，地主家庭就专门请私塾先生到家里面给自家的女儿授课教学，家中的女孩避免了去不了学堂的尴尬。

（三）官学教学内容

传统的私塾教学以国文为绝对的重点，但在新式学堂，其教学的内容已经得到了很大的丰富。新式学堂的小学生们一般学习国语、算术、常识、美术、劳作等课程，初中生们的课程更为丰富，增加了自然、地理、历史等课程，而到了高中基础的语言类课程减少，物理、生物、化学等课程的比重增加。管粥集村村民李超表示："新式学堂上课的内容丰富得多，小孩子们最愿意上美术课和体育课，算术课最难，也最不受欢迎。"

（四）官学规训方式

相比于私塾简单粗暴的打骂式教育，新式学堂的规训方式主要分为：最主要的考核、一般的教育以及少量的惩罚。

首先是考核。中华民国时期，管粥集村村内新式学堂会根据学生的日常表现和学业成绩将学生划分为四个等级，分别是甲乙丙丁，最差的丁等需要重新进行学习补考，多次得丁可能会被退学，而多次获得甲的学生则会得到县政府发放的奖励，一般是纸笔等学习用品。

其次是教育。相比于私塾向学生灌输儒家思想，新式学堂更注重培养学生们的公民意识，要求学生做到忠孝仁信爱，明辨是非，有公共意识等。在教育理念上与传统的儒家教育有一定的变化，但是也吸收了一些儒家的思想，比如长幼尊卑、尊师重教等。

最后是惩罚。新式学堂的教师很少体罚学生，一般采取让学生罚站、背书、打手板的方式来惩戒学生，惩戒的频率远远低于私塾。

（五）教学成效

新式学堂除了教育方式有差异，最终的教育成效也呈现不一样的特点。

1. "村里面的孩子大多上了几年新式学堂"

由于新式学堂的学费低，即便是经济条件不好的家庭也可以供得起家中的孩子前去上学。所以新式学堂的出现明显地提高了管粥集村村民上学校的比重，虽然女孩还不能去学堂上学，但是村中八成的适龄男孩都去过新式学堂上学。

2. "上学堂多半上了一两年就不上了"

管粥集村村民虽然更愿意送上孩子去新式学堂上学，但是多半的村民认为念过多的书没有用，白白给家里面增加负担，因此大部分的村民只上过一两年的学堂，之后就不愿意再去了。这里面有父母觉得孩子认识一些字足够了不愿意孩子再上学，还有部分孩子自己贪玩不愿意受到学堂的限制，因此早早辍学。另外，新式学堂宽松的教学氛围也导致学生学习的知识很有限，加大了学生们辍学的比重。

四、规训中的行为关系

在规训当中存在着丰富的行为关系，主要分为家户条件与教育选择、规训遵循和反抗以及规训中的人物交往等三个主要方面。

（一）家户条件与教育选择

1949年之前，不同经济条件的管粥集村村民做出的教育选择也存在很大的差异。

1. 富裕户念私塾，贫困户上学堂

在管粥集村，富裕村民例如赵楼自然村的赵姓地主，家中的孩子都是请私塾先生到家进行教授的，即便有新式学堂可以选择，但是赵家地主仍然选择传统的私塾教学。相比新式学堂，地主家的孩子无论男女都可以上私塾，得到私塾先生更多的指导教育，但是新式学堂女孩子不能去，并且学生多，老师少，实际的教学效果不佳。而对于贫困村民来说，上学的学费是决定孩子是否上学的关键因素，因此除了少量的地主富农家庭的孩子仍然愿意让孩子上私塾，绝大部分的村民将自家的男孩送到新式学堂去上学。

2. "劳作比读书重要"

虽然管粥集村村民也普遍认可上学的重要性，但是村民的普遍认识仅仅限于孩子能够认识一些文字并且会进行一些基本的计算，这些知识只要在生产生活当中够用就足够了。不需要过多地上学，更加不会指望自家的孩子能够通过读书走出农门。正因为如此，如同管粥集村村民张大臣所说："新中国成立前村民普遍认为田地里面的劳动要比读书重要，读书读多了人也读傻了，还给家里面增加负担。"

受此观念的影响，不管是先生开办的私塾还是政府开办的学堂都会在农忙的时节减少授课，这样可以让学生们有时间给家里帮忙。事实上，即便学校上课，父母也会让孩子暂停上学留在家里面帮忙。另外，管粥集村村内的学生普遍接受1—2年的小学教育就直接辍学离开了学校，能够读到初中甚至高中的学生凤毛麟角，读到高中的学生就可以回村里面当老师了。

3."女孩在家学习就行了"

1949年之前，管粥集村一带重男轻女的观念依旧浓厚，虽然新式学堂宣称男女都可以进学堂上学，但实际没有女孩进入学堂上学。村民受不了其他村民的指指点点，只能放弃将女儿送入学堂上学的想法。对于一个普通的村民来说，女孩子只需要在家里面学习好基本的缝织、做饭菜等技艺就足够了，现实的情况下，村民能够承担起家中男孩上学的费用已经很勉强，要拿出更多的财力去支撑家中的女孩上学是非常困难的。

正因为如此，从全村来看，除富裕村民的女儿通过上私塾能够学习一些知识之外，绝大部分的女孩从小就没有接受过正式的课堂教育，她们接受的教育多半是三从四德等儒家传统的家规家训教育。

（二）规训遵循与反抗

无论是来自家庭与家族的教育还是来自私塾或新式学堂的教育，村民普遍采取的是一种接受和遵从的态度。管粥集村村民张大臣就谈道：

> 我们在新中国成立前接受的文化教育主要还是儒家的那一套内容，过去几千年都是这样教育的，虽然后面新式学堂里面有些内容和传统的知识有出入，但是总体来说两个并不冲突，村民也一直接受和认同这样的教育。要是谁没有遵从这些规矩，就很容易被其他村民视为没有教养，那是非常丢面子的。

除了软性的言传身教，一旦村里面普遍认同的规矩或者规训被破坏，村民都会自觉予以维护并且对违反者进行谴责。一般来说，家庭内部就会对触犯者进行责备，视事情的轻重进行相应处理。若是违犯了法律则需要保长出面才能解决。

对规训的反抗行为也是存在的，但是仅仅是一些个案，并没有上升到全村或者村庄中一个大的群体集体去违抗这些规训。例如村中崇尚女子无才便是德，女孩子不应该接受教育，但是富裕人家并不认同这一观点，但是也不会公开去反对，而是选择自己请私塾先生到家中来，偷偷教自家的女儿认字学习。

（三）规训中人物关系交往

无论是私塾内的先生还是新式学堂的老师在管粥集村村内都受到村民普遍尊重。

1. 私塾先生和地主、保长的关系都要好

私塾先生虽然在科举制废除之后地位不断下降，但是管粥集村村内的头面人物包括保长、地主等人都对私塾先生十分敬重，尤其是一些学识高的私塾先生。地主保长都以结识他们为荣并且热情邀请他们来村中办私塾招学生，为他们提供必要的食宿等。私塾先生若是想在一个村庄开办私塾也必须得到地主、保长的同意，若是得到两者的欢迎，私塾先生才能够顺利地招到学生，正式开始教学工作。

2. 保长很少管理新式学堂

新式学堂多是由县政府统一组织开办，乡政府进行配合。具体到村庄的层面时，保长多为协助和执行。事实上，在学堂正式的运行过程中，保长很少参与学堂的管理，学堂教师的聘任免职等保长也没有权干涉。不过若是学堂需要保长的帮助也可以向保长提出。例如学堂的日常维护就需要保长出面，安排村民进行看护，要求村民保护好学堂的公共设施和财产。

3. 逢年过节村民请先生写对联

管粥集村村民张大臣谈道："私塾先生平时就是给学生上课，不上课的时候也和农民一样要下地干活。私塾先生有文化，认识的文字多，所以村民对私塾先生都很敬重，逢年过节的时候个别的村民会给私塾先生送点水果点心什么的。"另一位村民赵启蓝谈道："每到春节的时候就是私塾先生最忙碌的时候，村民都找私塾先生帮忙写对联，先生帮忙写对联不收钱，不过村民会给些点心作为报酬。除了写对子，村里面其他的事情村民很少去找先生帮忙。"

第七节　文娱与文娱关系

文娱活动也是村民生产生活不可或缺的组成部分。村民一年之中六、七月份和九、十月份是农忙季节，村民们无心文娱活动，等到农闲的时候，各村的庙会、节日等也逐渐增多，村民在农闲的时候办喜事，也会在农闲的时候参与各式各样的文娱活动，并且不同的管粥集村村民有着不同的选择，也体现出不同的关系行为。

一、生活文娱活动及关系

在管粥集村村民日常生活中，打牌和听戏是村民当中最常见的娱乐方式。

（一）打牌及关系

1949 年之前，管粥集村村民彼此之间打牌是重要的娱乐方式之一。

1. 打牌时间见缝插针

打牌是管粥集村村民日常生活中最主要的娱乐方式。逢年过节和农闲时期是村民打牌最频繁的时候，平日里尤其是农忙的时候打牌很少，但是天气不好的时候也会临时组个局打牌。一天之中，上午下午都能打牌，只要组局的人可以凑齐人，晚上打牌的少。一周之中，每天都可以打牌，天天打牌的人少，连续打几天牌，把手头的闲钱都输完了就不打了。

2. 打牌地点有流动有固定

打牌的地点分为临时的和固定的。节日期间或者庙会的时候，就有流动商贩拉着板车，带着象棋、纸牌等，供村民组局赌博打牌。这样的打牌地点是流动的，并且流动商贩可以依靠抽成来获得一些收入，抽成的钱来自赢家所获的银两。一般抽成的比例为赢钱数额的5%，赢家赢了钱，心里面高兴，不会在意出这点小钱。

另外一种固定的地点，选在个别村民家中或者集市中商铺的门口，偶尔也会选择在庙中打牌。要是选在村民的家中，一般都选在空闲的屋子里，不会选在住人的房间里。一方面是住人的房间空间小，人多显得拥挤，另一方面要是家里有女眷，是不能随便被外人看见的，被认为有伤风化。家里的妻子、长辈也不会支持家人参与打牌，实际常邀请亲朋来自家打牌的多半是光棍，还没有成家。集市中的商铺门口是最受欢迎的打牌地点，商铺主人不会反对村民前来打牌，只要不打架斗殴，店铺主人都会欢迎，可以增加商铺的人气。要是天气冷，村中的庙宇也可以作为打牌地点。在固定的场所打牌不需要特别缴纳费用，是完全免费的。

3. 牌友以邻居朋友为主

打牌一般是以四个人为基本单位，1949年之前流行打梁山一百零八将的纸牌。牌友都是住附近的，关系好的，以邻居和朋友居多，时间长了谁家哪个人爱打牌，附近的村民都知道，手头的活忙完了闲下来，几个人也没有谁固定组局，见了面一合计就找个地方去打牌，人不够就上门去问。只要手头没有要紧的事情，牌友都会欣然答应一起去打牌，要是几次三番都拒绝参加，或者家里面的长辈出言呵斥或者表现出明显的不悦，旁人就不会上门找了。

打牌的时候，年轻人和年轻人一起，年长的和年长的一起，男的和男的一起，女的和女的一起。传统时期只有上了年纪的妇女才会参与打牌，年轻的女子不管已婚还是未婚都不会参与打牌，要不然会落一个好吃懒做好赌的坏名声，并且只在家里面几个亲戚之间打牌，不会在公开的场合打牌。年轻人不愿意和年长者打牌。一方面年长者反应慢，赌的金额低，年轻人觉得这样打牌没有趣味，还担心让长辈输了钱得罪了他们；另一方面年长者考虑自己的辈分、威严，加上和年轻人共同语言少，不会愿意和年轻人一起打牌。年轻人之间打牌赌的金额比年长者大一些，手头的闲钱输光了向牌友赊一些，不管输赢都要到饭点才会结束。

贫农及以下的农民平时都不参与赌博，手头没有闲钱，旁人不愿意和他们一起打牌，他们平时也忙于生计，没有过多的闲暇时间。一圈打牌的人都是条件差不多的，经济条件相差大的玩不到一起，地主家里好赌的人不屑于村子里面普通的赌局，他们会选择去外村的赌场图个刺激。甲长参与打牌，和旁人没有什么区别。保长很少参与村里面的赌局。要是公开参与赌博对村子的风气影响不好，也影响了自己的威望，但是私下里保长会在家里面组局打牌，打牌的人多是自己的亲戚或者朋友，地主家的人偶尔也会参加。

4. 围观者多是贫困户

打牌的时候不仅仅是几个打牌的人，总有两三个牌友在一旁围观，这些旁观的人多是家里面贫困的人，手头没有闲钱就只能在一旁看看。每局牌之后点评点评，这个牌不该那么打，或者那个牌打得好，过个嘴瘾。要是打牌的时候旁观的人指指点点，打牌的人会很反感，告诫他自己打牌的时候不要说话，或者干脆把他请走。另外一部分牌友错过了组局的时间，便先在一旁观战，要是谁有急事必须先离开或者钱输多了不愿意打了，这部分牌友就可以直接顶替上去。围观的人没有女人和小孩，女人被要求少出门，减少在外面抛头露面，小孩的父母担心小孩学坏，不允许小孩在一旁看牌。

5. 熟人之间才打牌赊账借钱

打牌的时候输钱赢钱都是常事，牌友都是一个圈子的，你来我往，大部分的村民打牌只是打发时间，消遣娱乐。只有个别赌瘾重的村民会花大量的时间打牌，甚至光临赌场。要是输钱了而且输得多了，心里面会不好受，但不会影响牌友之间的关系，输不起的或者小心眼的人，其他牌友以后就不会愿意一起打牌了，赢钱的人一高兴也会叫牌友到自己家喝酒，彼此之间的关系也更加紧密了。

6. 打牌中的纠纷

打牌的时候很少发生纠纷，要是发生纠纷势必会影响牌友之间的关系，以后就不一起打牌了。发生纠纷主要有两个方面的原因。一个方面是有牌友不守规矩，被发现作弊，直接悔棋或者悔牌，或者输了钱赖账。要是牌友确实当场抓住了把柄，被抓住把柄的牌友又硬是不承认，纠纷就发生了，这时候一旁看牌的牌友会出言调解，调解不成双方甚至会发生肢体冲突，牌友们会拉架，纠纷不会请保甲长过来调解，私下里就能解决。赌博输钱是件不光彩的事情，把保甲长请来相当于报官，争执双方脸面都无光。另一个方面是牌友下赌注金额大，输钱之后攻击对方作弊、给自己下套，以此来拒绝支付赌资，这种情况发生在赌场，旁边围观的牌友会出言调解。要是调解无效，会请来当家人调解，要是还没法达成一致就会请保甲长过来调解，这样的情况解决都是各退一步，握手言和。打牌中发生争执，要是一言两语解决，对争执双方关系影响小，要是发生大的口角甚至肢体冲突，以后就不会在一起打牌了，甚至不再来往。

7. 打牌时会闲聊家常

打牌的时候，牌友之间会相互闲聊，闲聊的内容在两个方面。一个方面是牌技方面，哪个村民打牌好，经常赢钱，谁家输钱多还好打牌，或者是具体牌怎么出，应该怎么打。另一个方面是别人家的家长里短。

打牌的场合人多眼杂，是一个公开的场合，村民不会在这样的场合谈自己的家事，即便旁人提起，村民也会努力转移话题，不愿意多聊，并且牌友之间心照不宣，即便提起也是奉承羡慕的口气，儿女孝顺或者能干，会打牌等。更多的时候村民聊的是别人家的家事，对现状的不满，政府腐败、农民自生自灭没人管的抱怨，以及周围村庄的传闻或者八卦，比如哪个村子谁家的儿媳妇孝顺，和自己的婆婆关系处得好，某村的寡妇和自己的大领关系不一般，谁家生了小孩或者谁过世了。

要是在场围观打牌的人有外村的，村民会谨慎避免谈他们村子的事情，以免自己说错话，被传到本人的耳朵里，引起不必要的麻烦。女性是不参与闲聊的，尤其是年轻的女性，要是随意和男子说话就是行为轻浮，即便是上了年纪的婆婆也大多只在门口和旁人聊聊天。要是女性随意和他人聊天，传到当家人的耳朵里，当家人会在家中狠狠呵斥女性，要求她们遵守妇道，减少她们外出的机会。在聊天的过程中，没有专门的人提供茶水，实在感到渴了就到相识的村民家里讨口水喝，喝的水一般都是冷水。

8. 赢者自发请客吃饭

打牌过程中，一般到了饭点村民就会散场回各自的家中吃饭。要是打牌的地点选在了村民的家中，牌友之间关系很近，主人家经济条件好又赢了钱，主人家就会邀请牌友在自己家喝酒吃饭，牌友们也不会见外，留下来吃饭。要是主人家经济条件不好，即便是赢了钱，邀请牌友留下来喝酒也是客套话，牌友们会找借口婉拒主人家的邀请，牌友互相之间知根知底，能够判断主人家是否是真心邀请的。在赌场赢钱的话，赢钱的人一高兴也会邀请牌友到自己家里喝酒吃饭，赢来的钱可以买点像样的酒菜，在家一起喝酒的时候就说一些两家私密的话题，也聊一些别人家的事情，全在饭桌上两人关系的远近，关系越近，聊的话题也越私密，聊自己家的事情也更多一些。要是家里面来了客人，家里面的女人家是不会上桌一起吃饭的，自然也不会参与聊天。

9. 打牌中的骗局

逢年过节的时候赌博的人多，相应的骗局也多，玩法也多了。在皖北一带庙会上都有猜黑红和象棋残局这样的骗局。猜黑红就是一个人拿着三张背面外表看起来完全一样的纸牌，两张正面是黑色的，一张正面是红色的，向围观的村民展示之后，将三张牌来回调整顺序，来让围观的人猜测哪一张是红色的，哪一张是黑色的，然后根据选择的牌进行押注，猜错的给猜对的人钱，组局者从中抽成。另一种是象棋残局，吸引的多是喜欢下象棋的人，前来挑战的人都会输，输了就要给钱。设置这些骗局的人会在庙会不同的地点移动，不会总在一个地方，这样可以避免懂其中猫腻的人拆穿。参加的人即使后面感觉不对劲也因为找不到人而不了了之。这些设置骗局的人事先都要得到山主的允许才能设置摊位，保甲长也不会掺和，即便是出现争执，由于金额小，村民们不会去惊动保甲长。

（二）听戏及关系

除了打牌，管粥集村村民也对听戏这一娱乐方式很是上心。

1. 官方私人都会请戏班子

传统时期，请戏班唱戏是村中最热闹、受众也最广的文化娱乐活动。请戏班子的时间一般在春季。一是春季处于农闲时期，村民有时间和精力参加；二是万物复苏，气温回暖，适合露天的戏曲表演；三是活跃村中气氛，期盼今年风调雨顺。在管粥集村一带演出较多、颇受村民喜欢的戏班子大多来自徐州丰县。

请戏班唱戏的人分为官方和私人。官方请戏班唱戏一般是以乡为单位，各个乡底下的村庄居民都可以前来听戏，哪个村子的人多、富裕且出的钱多，戏班子就选在哪里搭台唱戏。私人请一般是以宗族为单位，例如坐庄会举行过程中就会邀请戏班子在家堂庙附近搭台唱戏。以家庭为单位请戏班唱戏的基本没有，请一次戏班子花费很高，绝大多数家庭难以承担。

2. 戏班子花销由富裕户分摊

管粥集村所在的管粥乡每年都会组织戏班唱戏，戏台搭在管粥集村北边的公共空地上。管粥乡乡长是请戏班唱戏的总负责人，会派遣乡丁和各个戏班班头沟通，确定大致的花销和节目内容。村里面和戏班子的沟通并不是乡长和班头直接进行，而是由乡丁和掮客沟通，戏班子认为直接和各个村子沟通费时费力，而将这项工作交给掮客，掮客从中赚取少量报酬，除了沟通工作，掮客还需要负责将戏班子的家当用马车从一个村子运往下一个村子。

各村保甲长负责上传下达的工作，包括通知各村村民戏班子唱戏的具体日期和地点，鼓励村民前往，并且向村中各户收取唱戏经费。土地多的地主等承担大部分的经费，没有地的村民可以不出钱。交的是粮食而不是钱，条件中等的一户要出0.5斗小麦，管粥集全村请一次戏班要花100斗小麦，这是一笔不小的费用。

戏班唱一次戏不是一天就结束的，标准时长是三天，上午9点到11点一场，下午2点到4点一场，三天都是如此。如果经费充足，观众热情，戏班子还会在晚上多唱1—2场。如果戏班子表演精彩，前来观看的地主还会给额外的打赏。

3. 受欢迎的戏目收费更高

众多的戏目中，属泗州戏最受村民的欢迎，戏中的角色主要分大生、老生、二头、小头、丑等几类，村中有"男人听了泗州戏，忘了孩子忘了爹娘；女人听了泗州戏，把馍贴在锅盖上"一说。

经典的戏目分为小戏和大戏，小戏包括《跑窑》《借妻》《站花墙》等，大戏包括《大花园》《皮秀英四告》《罗鞋记》和《绒花记》等。

关于泗州戏还有一个传说：

> 1949年之前一个邱姓的戏子，单枪匹马到安徽泗州一带演唱，由于他技艺高超，无论是唱腔还是表演，都非常传神，再加上他本人相貌堂堂，待人随和，在走村串户过程中，受到了村民的热情追捧。有一天，周姓地主为自己的女儿过生日，请来这位邱姓戏子到家中唱戏。他在客厅唱，而地主家的女儿只允许在绣楼听，不允许露面。但是这个女孩听得入神，情不自禁走下绣楼，她的家人因为听得入迷竟没有发现女儿下楼了，一曲唱罢，小姐除了给了赏钱，还在银包里藏了一个玉扳指。之后，小姐经常背着家人去听邱姓戏子唱戏，日久生情。地主发现后很生气，认为戏子是下等的职业，配不上自己家的闺女，却把女儿的魂都勾走了，于是把邱姓戏子赶出了村子。但是这位小姐痴心一片，终于下定决心逃出家门，找到邱姓戏子并结为百年之好。这位小姐在戏曲上也颇有天赋，夫妇俩同台演出，精彩绝伦的表演惊动了整个泗州城。

泗州戏在皖北、苏北一带广为流行，表演收取的费用比一般的戏目高出2—3成。[1]

---

[1] 来自张大臣老人的讲述。

4. 戏班子内部分三六九等

一个戏班子一般30人左右。班头得到过半的报酬，支撑整个戏班的日常运营，其他的报酬根据各个戏子的资历进行分配。资历越高，报酬也相应更高。一个戏班子的资历分成：第一类是文职和武职，在表演中分别饰演历史上的权威人物，例如关羽、姜子牙等；第二类是小生，在表演中饰演历史上不太重要或者有污名的人物，比如曹操、纣王等；第三类是普通演员，在表演中饰演仆人、士兵、船夫等；第四类是戏班子的后勤人员，负责煮饭、送水等，为整个戏班子提供后勤服务。

一个戏班子最重要的资产是他们的戏装，华丽的戏装一定是包括"龙袍"和"蟒袍"的，这些戏装不仅制作的材料昂贵，上面的装饰也很精美繁复，拥有一套价值不菲的戏服象征着戏班子实力的不俗。相应的，富裕的村子更愿意请名气大的戏班子前来演出，戏班子会有3个人专门看管这套戏服，既要保证戏服的安全，又要对戏服进行基本的维护。

5. 贫困户才当戏子

戏班子会对外招收学徒。班主和小孩的父母签订书面协议，在一般为期三年的学徒期中，戏班子在生活上包吃包住并且还会给学徒低廉的报酬，学徒也有机会上台表演，角色往往是普通演员。

家里面贫困且孩子多的家庭会考虑让孩子加入戏班当学徒，这样可以解决孩子的生计问题并且缓解整个家庭的经济压力。也有少部分家庭的孩子出于兴趣加入戏班，但是没有富裕家庭的孩子被允许加入戏班，他们认为戏子是个低等的职业。三年的学徒期之间，戏班子会交给学徒所有必备的知识，实际上几个月就能够把大部分的内容学完，在学习之余，学徒们需要根据班头的安排给戏班子打杂。

6. 听戏不设专门位置

戏班子搭台唱戏时，不管交没交钱，只要愿意来听，搬自己家的凳子或者直接蹲在戏台一旁就能欣赏。先到的可以先选择自己的位置，后面来的只能坐在后面，没有开辟专门的席位，村民坐着比较随意，但是不能影响后面的观众。保甲长也会前来观看，还会帮助戏班协调现场的秩序，如果有村民大声喧哗或者打架斗殴，保甲长会出面喝止。

实际情况中，由于听戏的机会难得，一年的次数屈指可数，所以一旦某个村子要请戏班子唱戏的消息散布开来，村子就慢慢热闹起来。外嫁的闺女想趁着这个机会回趟娘家，私塾或学堂里的孩子无心上课纷纷请假前去听戏，通情达理的教书先生会同意学生们的要求，要是先生不允许，学生们也会想办法偷跑出去。各家各户外面的亲戚住得不远的，都会赶着这个机会前来拜访，不管对方有没有邀请。看戏的过程中，关系好的村民会聚在一块，表演精彩的地方村民会拍手叫好，也会私下里窃窃私语，一起拉呱，但是声音会压低。有一些流动商贩看准时机，会在演出的间隙向村民兜售小物件或者馍馍等，买的人不多，大部分人吃饱了饭才过来听戏，但是这些商贩一天下来还是能赚至少1升的小麦钱。除了流动的商贩，现场还会临时搭建起茶馆和赌场，供村民在听戏之余消遣娱乐。大部分农民对于戏曲的内容并不了解，但是他们喜欢唱戏时热闹的氛围，要是有点见识的农民觉得戏班子表演得不好甚至有些敷衍，台下的村民会一起起哄要求加演，班主为了平息观众的不满会满足村民的要求

7. 唱戏之后举办聚餐

一场戏听完了，村民会各自回家吃饭休息，有兴致的村民会按时前来继续听下一场。戏班子会前往庙中或者地主家短暂休息，收取的一部分经费用于戏班子的餐饮招待，地主、保甲长和戏班子会一起聚餐，地主还会请来村里面的问事人一起参加，地主、保甲长、问事人和班头一桌，其他的戏子一桌。

8. 私人邀请略有区别

如果是私人请戏班子唱戏，以大宗族为单位，唱戏的地点选在这个宗族的老庄子。唱戏的时间选在清明节，宗族举行坐庄会期间。搭台的具体地点是这个宗族家堂庙旁的空地上。前来看戏的人大多是本宗族的人员，但是其他姓氏的村民也可以前来观看，不需要交钱，本宗族的人员坐在戏台前的中心区域，其他姓氏的村民坐在外围。唱戏结束后，宗族成员同样会和戏班吃饭，还会邀请保甲长、问事人前来，族长、保甲长、问事人和班头一桌，其他戏子坐两到三桌。

二、节庆文娱活动及关系

节庆时村内的文娱活动也会相应增多，赶庙会和送面灯是两种重要的节庆文娱活动。

（一）"赶庙会"及关系

管粥集村会举行一年一度的正月初七火神庙会，地点就在管粥集自然村的集市，方圆15公里内的村民都会前来参加。这一庙会的发起人是庙主，也就是火神庙中的道士或者住持。庙主会请来山主，山主是包括本村在内的附近几个村庄都有名望、有权势的人，他相当于庙宇的靠山，庙宇的修建和后期的修葺都是由山主出面募集钱款。山主会和庙主商量今年火神庙会的规模，需要请多少戏班、说书人、卖艺人等前来，办庙会需要募集的钱款数额。确定方案后，山主就会向村中的常驻商铺，中农以上的富裕人家，即"有点啥的"，募集钱款，穷人家不需要出钱。为办庙会出钱出力在村民

看来是件行善积德的好事，可以给火神老爷多进香火，并且办庙会为集市积攒人气，热热闹闹，有过节的气氛。庙会现场的秩序和表演人员也是由山主来负责，庙会上要是有小偷小摸的人会被山主抓起来，轻者挨打，重者送到官府羁押。

庙会会吸引周围乡镇众多流动的商贩，买卖牛马羊驴的牛行、马行、驴行等，固定的商铺如裁缝铺、铁匠铺、百货店等也能迎来红火的生意，聚众赌博的村民也不少。除此之外，还有一些娱乐活动，包括踩高跷、划旱船、唱花鼓戏、说书、卖武艺。这些活动都是山主临时牵头的，没有固定的组织张罗。唱戏的戏班子、制作旱船的木匠、踩高跷的人、吹喇叭打鼓的人都是专门请来的，会给每个人一定的报酬，钱是办庙会之前就募集好了的。卖武艺的人和说书人不需要请，他们会在自己的面前放一个碗，观众们觉得节目精彩，就会给他们打赏，也有赌博赢了钱的人，一高兴就给打赏，当一回大爷。在表演的过程中，参与娱乐的人也很多，踩高跷、划旱船的都有五六个人，唱戏、说书、卖武艺的前面都是围观的百姓。要是募集的钱较多，夜间还有烟火表演，统一放焰火，参与表演的戏班子等也会一起吃个便饭，喝一点白酒。

（二）节日互赠面灯及关系

管粥集村村民有在重要节日互赠面灯的习惯，尤其是每年的中秋节或者元宵节。正月十五元宵节被管粥集村村民视作春节期间最后一个节日，过完这个节日，家里人才会外出。相比春节，这一天的节日气氛略微冷清，主要是经过春节一周的迎来送往，村民家中为春节准备的粮食菜肴大多消耗殆尽，并且需要外出的村民也要抓紧收拾行囊，做好准备。在这一天，家家户户都要吃元宵，元宵实际上就是汤圆，汤圆的馅种类丰富，包括花生馅、豆沙馅、芝麻馅等。家中的小孩爱吃元宵，有些家庭在正月十四晚上就给孩子们吃元宵，但是由于元宵不容易消化，家长最多让孩子吃上 4—5 个。元宵节的正餐一般是在中午，那一天的饭菜虽然比不上年夜饭，但是富裕的人家会准备鸡和鱼，如果家里面条件不好就主要是蔬菜、粥和馍馍。吃饭的时候没有特别的规矩，如果家里面人多坐不下，家里面的女性就坐在一旁，不上桌吃饭。要是家里面父亲要外出干活，父亲就会叮嘱孩子们好好念书，听母亲的话。这顿饭相当于一顿送别饭。

到了夜晚，村里面每家每户都会制作面灯，面灯烧的油一般是煤油，要是煤油不够就用菜油替代，放一根捻子点火。这些面灯有大有小，大门口两侧各放一盏，堂屋放一盏最大的，在灶前、垃圾堆边、床头都放上一盏，家中的小孩还会提着面灯到街上溜达，面灯寓意身体健康，耳聪目明。富裕的人家还会制作云灯，这种灯比面灯轻，点着火后可以飞到空中，还能在上面绑上爆竹，飞上天空的时候爆竹点燃后就会响。

村民还会给村里面年纪大的老年人送面灯，因为老年人自己不能做面灯了，亲朋邻居就给老人做好花灯送去。如果今年家里有人去世，家里人这一年就不会做面灯，表示对过世亲人的悼念，但是身边的邻居亲朋可以送面灯给这户人家。集市上专门有村民制作各式各样的面灯出售，大多是都是动物形象的，龙灯、兔子灯、鲤鱼灯等，只有中农以上的富裕人家才能消费得起。闹花灯既能够活跃节日的气氛，又能够祈求家人平安，灯燃得旺预示这个月行好运。

第八节 村庄文化变迁

1949年之后，伴随着新的政权力量的进入，村庄的文化形态也在经历着深刻的变革和调整。在土地改革时期、集体化时期以及土地承包到户之后，村庄的文化形态及其体现出的关系各具特点。

一、1949年之前的村落文化形态

之前数节的内容已经对管粥集村传统时期的文化形态及其关系做了详细的阐述。总体来说，低下的农业生产力和多灾多难的生存环境造就了管粥集村独特的文化形态及其关系。具体可以从以下三个方面来展开。

其一，从个体层面，管粥集村村民牢牢依附于家户乃至村落，同时也得到家户乃至村落的保护。个体村民受到的教育，无论是家庭内部的教育还是私塾或官学的教育都告诫个人应当遵从和服从集体，应当恪守长幼尊卑，应当踏实生活。个体的个性、杰出抑或是反抗都是不被鼓励和允许的。无论是传统的风俗习惯还是古老的教条说法都被村民代代相传并在日常生活中不断复现传递。个体的力量是渺小的，村民敬畏神明鬼怪，敬畏先祖长辈，敬畏自然力量，少有人定胜天，多是"听天由命""靠天吃饭"。

其二，从家户层面，管粥集村村内的家户以繁衍生息为最基本的要义，家户利益也是村民为人处世最基本的出发点。家户内部的个体都听从当家人的管理和安排，生老病死、婚丧嫁娶、劳动分工，不一而足。时而恶化的生存环境也促使家户与家户之间寻求更深厚的关联，通过节日、婚丧仪式等中的礼物交换，日常生活中的互帮互助等加强家户之间的羁绊，从而让各个家户之间守望相助、共渡难关。

其三，集居的生活环境让管粥集村村民强调和认可村庄的集体性和整体性。庙宇、水井、各类仪式等都是村落文化整体的象征。村落之所以具备整体性还在于村落头面人物的维持，士绅、问事人、保甲长、族长乃至富裕农户等人主动承担起组织村落公共事务的责任,这促使整个村落的文化具有统一性。一个村落的村民共享着和认同着一样的习俗、观念和态度。

二、1949年之后的村落文化形态变迁

1949年之后,土地改革等一系列政治变革激荡着乡野,其中生活着的农民们也接受着新思想、新观念的洗礼,管粥集村的文化形态及其联结成的人与人之间的关系也在不断更新着,呈现出新时代的面貌。

(一)土地改革中的管粥集村文化

土地改革运动的开展让管粥集村村民实现了"耕者有其田",与此同时经济基础的变化也直接动摇了村落内部传统的文化习俗乃至观念。根据赵启蓝、张大臣、薛传明等老人的讲述,这一时期的村落文化呈现了如下的变化:

其一,传统信仰受到直接冲击。土地改革时期虽然以划分土地确定成分为重点,但是新的政权也将传统的信仰视为落后腐朽的思想。管粥集村原本面临衰败的庙宇在革命的摧枯拉朽之下彻底退出历史舞台,村中最大的火神庙完全成为村落的学校,大大小小的庙宇都被破坏,所占土地也逐渐变成了荒地或者耕地。此外,鬼怪信仰、先人崇拜等观念虽然仍然得以保留,但是与此相关的集体活动都不再举行。

其二,当家人的权力受到制约。新政权权力的下沉直接促使家户中的个人部分从当家人的手中解放出来。子女在婚姻、教育、生养等方面的话语权得到提升,有了更多的自主权,"父母之命媒妁之言"不再是理所应当的事情。更多大家庭走向解体,核心家庭逐渐取代联合家庭成为主流。

其三,部分古老的风俗习惯不再沿袭。家庭当中长幼尊卑的观念逐渐淡化,尤其是家庭当中女性的地位得到提升。一个鲜明的变化就是新中国成立前女性的嫁妆价值高于彩礼,但是在新中国成立之后,彩礼的价值逐渐高于嫁妆并且呈现差距不断拉大的趋势。娶妾休妻、裹小脚、三教九流的职业等文化观念也在消失或者转变,农民不再完全沿袭传统,而多了一些革命的话语和观念。

(二)集体化时期的管粥集村文化

集体化运动的展开促使整个管粥集村的村落文化向集体靠拢。原本以家户利益为先的村民在集体化运动的影响下开始逐步转变为以集体为先,具有公共精神的个人备受追捧。具体来说,主要体现在以下几个方面:

第一,原本家庭承担的责任或者功能由集体承担。由于生产关系的集体化,组成家庭运转的经济基础发生变化,集体在婚丧嫁娶、老人养老、生产生活分工等方面逐步具有绝对的话语权。虽然集体能够办大事,村民无论穷富都能得到集体的庇佑,但是此时这种庇佑如同吃"大锅饭"。虽然看起来美,但是提供的公共产品和服务实际是低水平的、不可持续的。

第二,村民的思想观念也不断被改造。在明面上村民都明言以集体的利益为重,为集体奉献也得到广泛的宣传。然而,集体生产劳动中出现了集体的偷懒倦怠,"磨洋工"成为普遍的现象。村民渴望拥有自留地并愿意花绝大部分的精力在自家的自留地上而非集体的土地上。

第三,传统的信仰文化进一步瓦解。集体化不仅意味着生产生活的集体化,村民的思想也在运动的洗礼下趋于统一。一切的传统信仰文化都被视为落后的需要摒弃的思想,统一思想的会议成为村民生活当中稀松平常的一部分。

(三)土地承包到户之后管粥集村文化

20世纪80年代,家庭联产承包责任制在全国落地,农村经济也迅速得以复苏。尝到甜头的农民们开始积极投身于中国的经济建设当中,市场化的观念也逐渐为村民所接受,并深刻影响着村民的文化观念及其关系。

其一,市场主体开始逐步为村民提供必要的产品或服务。在市场还未发育之前,村民的婚丧嫁娶等事务或由家户、家族来承担,或由集体来承担。但是随着市场主体的发展,市场主体提供的红白喜事一条龙式的产品或服务越来越普遍,有效降低了个体家户承担的压力。

其二,信仰文化逐渐复兴。伴随着家庭经济状况的改善,村民在物质条件得到丰富的情况下,也开始有精力追求精神财富。虽然管粥集村没有重建庙宇,但是逢年过节出村求神拜佛的村民不在少数,基督教等也在村民当中得到传播。此外,家族观念也被重新捡起来,家族当中的有识之士开始号召重修族谱家谱,尤其是上了年纪的家族长辈。

其三,村民的文化娱乐活动更加多元。打牌、听戏、赶庙会等传统的文化娱乐活动在管粥集村村民当中得到沿袭,但另一方面,村民也不再满足于这些单一的文化娱乐方式,电影电视、旅游休闲等新兴的文化产品或服务越来越多为村民所接受,村民的文化娱乐活动更加丰富和多元。

第九节 村庄文化实态

进入21世纪,伴随着管粥集村经济社会的发展,管粥集村村内的文化也发生了显著的变化。虽然现代化的元素在不断增加,但是文化内核当中传统的元素依旧发挥着影响力。本节将从文化习俗、休闲娱乐、学校教育以及男女婚育等四个方面考察当下管粥集村的文化实态。

一、文化习俗：传统与现代融合

在管粥集村，于文化习俗而言，传统元素在现代元素的冲击下呈现融合之势。

（一）婚丧习俗

当下管粥集村村内的婚丧仪式从整体上呈现从简的趋势。从婚嫁仪式上看，新人婚礼当天，男方女方两边都会办酒席宴请宾客，接送新娘的工具也从1949年之前的牛车、花轿变成了成排的小轿车。婚礼全程主家会请村里面年长的老人作为主持和指导，避免礼节上的疏忽。新娘进门后，新人共同向男方的父母磕头跪谢，新娘改口喊新郎的父母为爸妈，同时男方的父母会给新娘塞上红包。之后，便是中午和晚上的两场酒席。对于每一个宾客来说，给新人份子钱是重头戏，关系越近给的份子钱也越重，近年来份子钱从100元逐渐变成200元起步，宾客的份子钱数额还会统一公布在红榜上供来往的其他人查阅。正因为如此，份子钱成了每一个宾客都格外重视的事情，份子钱给得轻了就显得双方生疏，给得重了，自己的经济压力重。正如村民普遍说的："现在办个婚礼和过去相比有点变味了，过去份子钱是大家一起承担这家婚嫁的经济压力，现在份子钱多了攀比的味道，婚礼整个仪式也没有过去正式了，能省的就省了，新人去拜老坟的也越来越少了。逢年过节，很多年轻人就在外面躲婚礼，不愿意回来。"

在白事的操办方面，一场丧事一般在3—4天时间以内完成，参与丧事的人员以死者的直系亲属为主，其他的同村村民很少参与。和1949年之前相比，丧事举办最显著的差别就是市场化元素的渗透。首先在丧事筹备上，村内几家商店都提供白事的一条龙服务，从丧礼的用具包括麻布衣服、上香香炉等，到祭奠地点的现场布置等，都全权负责包办，丧事过程中的酒席也是请村内的饭店来全程负责。其次在丧事开展的过程中，前来奔丧的亲朋好友除了参加酒席还会给主家一些礼钱，虽然大部分的村民都选择把墓地选在自家的田地里，但是富裕村民会选择在城市周围购买公墓墓地来下葬。最后在丧事举办过程中主家还会请相应的表演团队在村里面搭台唱戏，表演的内容多是歌曲舞蹈，迎合现代人的喜好，对此管粥集村村民谈道："请人来唱歌跳舞这个习惯是最近几年兴起的，周围的都这样办，我们也必须跟着这样办。本来白事是件悲伤的事，但是现在办节目倒像是喜事了。"

（二）节日习俗

一方面，管粥集村村民依旧重视春节、清明节、端午节、中秋节等传统节日，尤其是每年的春节，外出打工的村民会不辞辛劳回到家中与家人团聚，每年的春节也是村中最热闹的时候,农历新年第一天每家每户都会相互串门,彼此说着吉祥的话,主人家会为孩子们准备糖果,父母会为自己的孩子准备压岁钱。春节过程中人与人之间交往和活动的形式变化不大,但是年味呈现变淡的趋势,尤其是近年来为了保护环境严禁放鞭炮的政策使春节的热闹气氛骤降,不过村民对于这项禁令也表示普遍理解。在祭祀的单元方面,村中任何的节日祭祀都是以家户为基本单元来进行的,新中国成立前集体性的祭祖活动不再举办,原因在于村民的家户意识越来越强,而家族意识则逐渐消减,再加上外来文化的冲击和人口流动性的增加,加速了村民个体意识的觉醒。不过清明节时分家的家户还是会集体前往墓地进行拜祭,只是参与的家户数量显著变少。

另一方面,洋节、新节也逐渐被村民所接纳。例如在每年的三四月份,管粥集村大量的梨树桃树便会开花,这一盛况吸引周边城镇的居民前来赏花,管粥集村村民顺势在每年举办赏花节,让城里人到村中体验农家乐,并且邀请当地文人墨客前来吟诗作对,增加了节日的人气。新中国成立前,不管是中国传统的七夕节还是外来的洋节情人节,村民都不会过,年轻男女之间的交往很闭塞,但是随着文化的不断开放,不仅村中的年轻男女会在节日期间互赠礼物,外出游玩,甚至村中的中年人在年轻人的影响下也过起了情人节。

(三)日常礼仪

在日常礼仪方面,管粥集村村民依然保有着对风水的重视,但是新中国成立前的一些活动例如请神婆神汉看病、看手相等活动逐渐稀少。一方面村民虽然相信风水,但是不迷信风水,大多抱有宁可信其有不可信其无的态度,并保留了风水当中科学的部分,例如房屋的朝向,院子内各个屋子的布局等都重视风水的作用,在选择墓地时也通过看风水选一个好位置。对于神婆神汉看病,只有少量上了年纪的妇女会相信,绝大部分的村民不再相信这一人群的说法,也正因为大环境的变化,神婆神汉这一职业也逐渐退出村民的视野,若是村民生病,哪怕是怪病也会到村里面的卫生室看,若是看不好则会选择到徐州城或者萧县县城的医院去治疗,绝少会相信神婆神汉。对于看手相,绝大部分村民也是持好奇和怀疑的态度,认为这些习俗都是迷信的思想,普遍自觉予以抵制。

二、休闲娱乐:娱乐内容越发丰富

在中国经济还未完全起飞之前,管粥集村村民忙于田间的劳作,即便是农闲的季节,为了生计村民也会通过外出做工、做生意等方式来补贴家用。大部分的村民仅仅能够在逢年过节的时候以赶集、打牌、听戏的方式来进行消遣,无论是娱乐的时间还是娱乐的内容都显得十分有限和单薄。

如今随着农村基础设施的提升完善和以机械化为代表的农业生产技术水平的提升，村民在从事农业生产之余也多了更多的闲暇时间。村民不需要一天到晚都在田间劳作，平时到了傍晚时分村民便可以回到家中。在人场上的聊天是村民们最普遍的娱乐方式，不同于新中国成立前只有男人的人场，现在妇女也可以进入人场，虽然聊天的主要内容和新中国成立前类似，但是家长里短当中多了一些攀比和炫耀的内容。

打牌喝酒也是村民常见的消遣方式，而妇女们开始接受新潮的观念，组织了广场舞等活动，每天晚上6点钟左右，村民们都来到村里的空地上跳舞。广场舞主要是由村民自发组织，领舞者是村中的妇女主任，所有举办活动的资金也是来源于她。广场舞不仅仅丰富了村民的文化娱乐生活，而且村民的身体也得到了一定的锻炼，可以说，广场舞的兴起，带动了村民文化和身体两个方面的健康发展。但美中不足的是，当前的广场舞形式比较单调，而且参与者主要是女性，男性对这类事情没有兴趣。更为年轻的村民不满足于村内的娱乐方式，他们选择在空闲时前往城镇压马路，逛街购物，便利的交通使村民和外界的连接更加密切，城市里看电影、跳舞等娱乐方式也渐渐在村内流行起来。总的来说，村民的娱乐内容逐渐在丰富，村民也在消遣当中排解劳作当中的辛劳和汗水。

三、学校教育：受教育水平显著提升

从全县的情况来看，2017年度，管粥集村所属的萧县有中小学、幼儿园334所，其中高中11所，职中4所，初中66所，小学210所（教学点210所），幼儿园42所，特殊教育学校1所。全县中小学生、幼儿园在校学生194 068人，其中普通高中22 427人，职业高中3 483人，初中52 601人，小学98 018人，入园幼儿17 461人，特教生78人。现有在职教职工12 035人，其中专任教师10 450人。学前教育三年毛入园率54%，九年义务教育巩固率93%，高中阶段毛入学率68%。

具体到管粥集村，一方面村民实际的入学升学情况相较新中国成立前有了显著的改善，在1949年之前，只有富裕村民有财力供养自家的孩子上学，但是对于一般条件的家庭，他们最多只会让自家的男孩去上学而女孩则在家中学习女红。1949年之后，男女平等的观念兴起，这使得村民不只重视男孩的教育，也开始重视起女孩的教育。管粥集村村中的适龄儿童都接受了国家的九年义务教育，辍学的情况十分罕见，甚至每年村中都有几个考上大学甚至国内的名牌大学。另一方面，村民对子女的教育十分重视，即便知道念书将会给家庭带来负担，但父母也深信读书能够改变孩子的命运甚至家庭的命运，每年考上大学的学生，村里会给予现金奖励并且学生的父母会举办酒

席进行庆贺。

四、男女婚育：从多子多福到优生优育

在传统时期，人丁兴旺为所有农民的共同追求，因为多子多福的观念深深地烙印在他们的思想中。但现状令人感到意外，多子未必多福的观念成为主流。其中一个原因是子女外出务工，较多成为城市中的"底层人"，自己的微薄工资仅能够支持他们自身的生活开支，无法实现年轻人向老年人的代际转移；另一个原因是子女彩礼的不断抬升，让多子女的父母越来越感到经济上的压力，这种扩大的代际剥削，严重制约了父母一辈人的生活幸福感。因此，子女双全成为当前管粥集村的主流生育思想。

1949年之前，管粥集村但凡在中农条件以上的家庭都会生养4至5名子女，村民以生育数量为目标；而如今，对子女数量上的要求已经不成为主流，子女的"质量"成为当前父母辈关心的要素。当前的父母一辈更倾向于响应国家计划生育政策，"优生优养"是当前管粥集村的主要生育形态，村民更倾向于抚育一子一女。尤其是随着当前国家对农村教育的大力支持，少数几个受到优质教育的子女的产出即可超过多数没有受到教育子女的产出总和，如此一来，就更降低了农民的生育意愿。村民也在小孩的培养上花费更多的金钱与精力。

第六章 村庄治理形态与实态

传统时期的管粥集村，国家权力处于"悬浮"状态。村民在纳粮征兵之后便可以依托政权治理、村落治理、家户治理、亲族治理、信缘治理、业缘治理等做"自在王"，实行自我管理，维持村落内部的稳定运行和发展。

第一节 政权治理与治理关系

管粥集村所属的萧县在1934年4月正式废除原来实施的闾邻制，推行保甲制。管粥集村包含有管粥乡第六、七、八保以及第九保的一半。村内的保甲长是国家行政权力在基层的代表，借由教育、奖惩等方式，他们为政府管理人口、征兵征税等，同时组织村落开展自我防卫、进行道路维修等村落公共事务。

一、基层政权概况：从闾邻制度到保甲制度

中华民国时期，"保甲制度"逐渐取代早期的闾邻制度在管粥集村一带广泛施行，保甲也成为最基本的政权组织单位。具体来说，主要体现在以下几个方面。

（一）保甲制之前的闾邻制度

在管粥集村广泛施行保甲制度之前，村内的治理制度为闾邻制。

1. 闾邻制度概述

在管粥集村，村落领导者被称为庄长。1929年，中华民国政府在孙中山地方政府自治的原则下开始推行闾邻制。这个制度的基础是区域组织管理法,法条中规定五户为一邻,五邻为一闾,四闾为一乡,二十到五十个乡组成一个区,由几个区组成一个县,所有县以下的单位都由选举来产生长官和议会,实行自我管理。

在这个时期,管粥集村下辖的管粥集自然村和赵楼自然村各自有自己的庄长并对村民和村庄公共事务进行管理。赵楼自然村的最后一任庄长是鲍守显。他念过五年私塾,有一定的文化,家庭经济条件属于中农水平。由于平时为人不错且经常参与讨论村庄的公共事务而在村中有名望,最后他被推举为赵楼自然村的庄长,即便后面推行保甲制,鲍守显也继续留任成为管粥乡第八保保长。那时候赵楼自然村属于第八保。

2. 闾邻制度下的村落治理主体:庄长

(1) 庄长的资格

能够被选上庄长的村民需要满足如下的条件:

第一,有自己的土地,家庭经济处于中上水平。没有自己的土地意味着生活困窘,不得不忙于生计而无法花心思在村庄公共事务上,并且家庭没有一定财产在村中地位会受直接影响。富裕的地主阶层无意于庄长这个职位,他们忙于拓展家业并且家大业大也影响到他们和底层村民的接触。

第二,人缘好,热衷于参与村庄的公共事务。由于庄长是民选,村民自然会选择平时与自己交往多,口碑好的村民。能够成为庄长的村民不管是与村中的富裕阶层还是与村中的底层,他们都能够友好相处。另外能够成为庄长的村民平时爱管闲事,不管是修桥、修路、建庙,还是纠纷调解等公共活动,他们都积极参与。

第三,办事公正,讲信用。能够被选为庄长的人必须是人品好的人,否则村民的公共利益难以得到保障。

第四,最好能够识字。虽然庄长会有自己的助手,但是庄长本身识字,是个文化人就更受村民的推崇。

第五,年龄偏长。虽然庄长明面上没有年龄上的要求,但是村民普遍认为年轻人经历的事情不够,经验不足,在村中的名望积累也有限。年轻人当庄长难以服众,因此庄长往往是村中的老户和中年人。

第六,职业正当,无不良嗜好。若是庄长有副业,不能是从事一些三教九流的职业,比如戏子、剃头匠等,这些职业不受村民的待见,名望低。要是吸食鸦片、赌博成瘾,这样的人也不会被选为庄长。

（2）庄长的产生

管粥集村的庄长是由村民推选出来的，庄子中各个独立家户的当家人参与组建民意委员会，这个民意委员会代表了全庄子中村民的意愿。在开始选庄长之前，委员会的成员会私下里进行商量，村里面富裕的家户最有发言权。因为村中的公共事务都脱离不了他们的支持，委员会中的一些人会推选出可以考虑的人选私下里进行讨论，甚至会直接和被推选的候选人进行商量。

"要是最后选了他，他不愿意当，那不就白选了？"所以最终在正式选举之前，民意委员会的成员们已经形成了共识，正式的选举流于形式。村民选出的庄长需要得到乡政府和区政府的层层任命，再得到政府的认同备案之后，庄长正式上任，管粥集村没有出现过乡政府否决村庄推荐的庄长人选的情况。

（3）庄长的权威与地位

村民对庄长多是敬畏、尊敬的态度，而不是害怕、敬而远之的态度。庄长是村民共同推选出来的，在村民中享有很高的威望，村民相信庄长可以领着大家共同参与村落很多的公共事务。

村民对庄长的尊重体现在：

其一，凡是村落中的喜事大事都要请庄长到场，若是庄长能够赏脸前来，村民认为这是一种荣耀，说明了自家家户在村庄中的地位。

其二，凡是涉及村庄中的公共事务，村民都立刻想到庄长，需要庄长牵头这件事情，其他人牵头干不成事情。

其三，在纠纷调解中，通常本家人或者问事人就能够完成大部分的调解工作。但是对于村落中严重的纠纷或者大家族之间的纠纷，只能由庄长出面才能解决，庄长的威望高，不管村中多大的家族、多有势力的家族都要敬庄长三分。

庄长的权力要高于族长。管粥集村是一个杂姓村庄，虽然有几个大的家族，但是势力的差别并不大，并且庄长代表全村的各个家族，也是由村民推选，获得了上级的支持和任命，自然权力要高于族长。庄长可能是士绅，但士绅未必愿意当庄长。赵祖武地主家就是士绅，但是赵家没有出面当庄长，比起忙碌于村庄的各项事务，士绅更愿意自由在村庄中发挥自己的作用，参与一些纠纷调解工作。

（4）庄长与村民之间的关系

庄长在决策村庄的公共事务时往往不是独断专行的。庄长为了自己的决策能够得到有效的支持并顺利实施，需要得到村民普遍的接受。若是村庄常规的公共活动，例如淘井、修路等，庄长往往召集相关的人员，淘井时召集水井周围的住户，修路时按照家户轮流出人，安排村民的各项工作的同时也听取村民的意见和建议。若是需要举办庙会或者修缮庙宇，庄长主要召集村里面的富裕户进行商讨，因为出钱时经常按照田亩摊派，这些富裕户承担了大部分的费用，因此只需要召集他们开会即可。若是全村性的防卫工作，则需要各家各户的当家人共同集会，商讨村落的寨墙修建、维修，以及巡夜、打更的人员安排事宜等。通常来说，庄长的决策村民都是遵守的，也得到村民的普遍拥护。

若是有家户缴纳不起赋税，或者家人不愿意不舍得儿子去当兵，这时候庄长就上门催收，告知村民如果不及时缴纳赋税就要增加缴纳滞纳金。若是抓壮丁，庄长就和村民商量。若是村民都同意买人去，那么本需要出人当兵的家户就一起凑钱买人去当壮丁，这样一来自家的儿子就不用去当兵了。若是村民一时经济困难，难以按时交纳税赋，这时候要看这个家户和庄长的私人关系如何。若是亲属关系，庄长就为其先行垫付税款，归还的时候不需要给额外的利息，但是仅仅是同村关系的话，庄长就不会帮忙。管粥集村村民通过种黑地，也就是没有记录在地亩册上的土地来逃避赋税，或者通过凑钱从别村买人的形式来逃避自家出人去当兵。对于这些手段，庄长都心知肚明，甚至自己家户也如此行事，对村民这样的行为睁一只眼闭一只眼，不予以惩罚或举报。

（二）基层政权架构：县—乡—保制度

1932年8月由于中国共产党的崛起，受到威胁的国民党政府颁布政令，在全国推行保甲制。保甲内的成员互相负责，互相监督，有可疑人员互相举报，瞒报将一同受到惩罚。

萧县在1934年4月正式废除原来实施的闾邻制，推行保甲制，管粥集村也不例外。根据保甲制，十户为一甲，十甲为一保。在管粥集村一带，通常一个保由两个自然村组成。由于管粥集村下辖四个自然村，划分保甲时，管粥集自然村分为东头保和西头保，分别为第六保和第七保，赵楼自然村和许楼自然村同属一保为第八保，耿楼自然村和新黄自然村（现为江苏省徐州市铜山区管辖）同属一保为第九保，四个保同属一个乡，即为管粥乡。

在这一时期，县以下的政权构架为"乡公所—保—甲"。表6-1展示了中华民国时期管粥集村的基层政权架构。在基层政权架构当中，萧县县政府是县级政权，县以下设置乡，乡以下设置保，保以下设置甲。中华民国时期，萧县县政府所在地为龙城镇。

表6-1 中华民国时期管粥集村的基层政权架构

政权等级	名　　称	具体职务设置	具体位置
县级	萧县政府	县长	县政府所在地为龙城镇
第一级	乡公所（管粥乡）	乡长、副乡长、乡丁；下辖财务科、组织科、户籍科、税务科、警察所等	乡设乡公所，其所在地为刘套集
第二级	保（第六、七、八保以及第九保的一半）	保长、副保长、保丁	保没有专门的办公地点，一般在各保长家中办公
第三级	甲（共约35个甲）	甲长	甲没有专门的办公地点，一般在所属保的保长家中办公

资料来源：根据赵启蓝、张大臣等老人的口述整理而成。

根据管粥集村村内受访老人的回忆，中华民国时期，管粥乡乡公所共下辖九个保，即第一保、第二保、第三保……以此类推，最后到第九保。各保保长除了对本保的内部事务负责，还对其上的乡公所所长负责，并且随时听候所长的差遣安排，但是各科的干事、警察所、保丁队等一般不直接领导各保保长，两者更多是一种合作的关系。

管粥乡乡公所所在地为距离管粥集村6公里左右的刘套集。由于缺乏经费，乡公所最早的驻地为刘套集内李家的家堂庙，在征得李家族人同意后免费使用这一建筑，但也代为承担维修修缮的费用。之后乡公所获得上级资助并配合周边摊派修建了两层楼高的乡公所办公楼。管粥乡乡公所内部有乡长1名、副乡长1名、乡丁18名，基本是两名乡丁对接一个保。乡长最早由上级政府直接任命，或者通过选拔考试的方式优胜者当选。中华民国三十三年（1944年），原先的乡长任命制改为选举制，即县一级给出候选人名单，分别由下辖各保保长以及部分其他选民参与投票，得票多者在经上级许可后获得担任乡长的资格。

虽然乡长的选举有一套办法，但是管粥集村村民张大臣谈道：

> 能选上乡长的基本都是地方上有钱有势的，老百姓没有发言权，正式的选举前，候选人就到处拉票，最常见的就是候选人和保长们一起喝酒吃饭，背地里还会送钱送礼，争取选票。老百姓的意见没人听，等到投票的时候也是要听自己保长的，不能自己随便乱投。

相比乡长有较为严格的选举制度，副乡长、乡丁等多由乡长直接任命。副乡长主要协助乡长完成各项任务，尤其是文书类的工作和上传下达的工作。18名乡丁的选任也由乡长直接负责，副乡长也可举荐人才，这些乡丁当中有一个领队的，都为乡长的亲属心腹，乡丁主要对接各保并向上对乡长负责。

乡公所下辖财务科、组织科、户籍科、税务科、警察所等五个机构。这五个机构在乡公所都有专门的办公室，各机构至少配备一名干事，主要对接乡长的工作，负责本机构的工作。干事必须有较高的文化水平，能够应对各类的文案工作，实际也由乡长任命。除了干事，各个机构还有至少2名办公人员，警察所的办公人员最多，最多时超过20人。警察所的事务最为繁忙，最主要的职责是维护辖区内的治安，对于辖区内的违法犯罪、抗税逃兵役等行为予以惩处。警察所的办公人员中有半数的临时工，平时并不在乡公所办公，只在上级领导来访或者征兵征税等特殊时期开展具体的工作。

（三）农村基层政权架构：保—甲制度

管粥集村下辖的各保保长、甲长都没有专门的办公地点。一般都在保长各自的家中进行具体的办公。几个保之间需要商量事情，若是重大事务则相约前往乡公所办公，若是一般事务则在某位保长的家中商讨即可。管粥集村下辖约35个甲，各甲甲长对对应的保长、副保长等负责并直接听命于他们，保长不能跨保对其他保的甲长安排工作，甲长也不会听命于其他保的保长。

各保设保长1名，副保长1名，保丁3—5人。副保长由保长直接任命，一般为保长的亲信并且有读过书，有一定的文化水平，能够承担各类的文书工作。副保长实际没有实权，基本是保长的"传声筒"，负责对保长命令的上传下达，但对保丁有一定的管理权力。保丁的数量不定，一般为3人。若是到了征兵征税等特殊时期，因为人手紧张就会临时多招几个保丁分担工作压力。保丁也是由保长直接任命，副保长可以举荐，保丁自己也可以自我推荐。保丁通常是村中的年轻人，因为保丁往往是"跑腿"的工作，对于各类的事务要传达到村内各个家户当中。一般来说，保长安排副保长、保丁做的各项事务都是公事，但若有私事需要他们帮忙也会提出，通常会私下请客吃饭表示感谢。

在工资方面，只有保长享有工资，名义上是乡公所发放的，但是实际中是从乡里面缴纳的赋税当中扣除得来的。虽然其他的人员没有固定的工资，但是保长会不定期给他们发放津贴，办公涉及的费用支出也由乡政府来具体承担，人员个人不承担。由于没有特定的办公地点，村民若是想要找保长就直接到保长的家中寻找，保长也没有固定的值班制度，但若是长时间不在村中，例如外出赶集或走亲戚好几天不回村时，就需要指定副保长等人暂时代为履行职责。

二、政权治理主体及其内外关系

中华民国时期,关于保长、副保长、甲长等人如何选拔,有哪些资格条件,和村民、问事人等之间的权力关系是什么样的,下面将做具体分析。

(一)保长

表6-2中展示了管粥乡第八保历任保长及其基本概况。另外在管粥集村,东头保徐西林曾任保长,为中农成分,西头保宗文钦、宗文焕都曾任保长,同样为中农成分。

表6-2 管粥乡第八保历任保长及其基本概况

姓　名	学　历	经济成分	上任时间
鲍守显	私塾五年	中农	1934到1937年
薛友田	文盲	贫农	1937到1945年(上级指派)
赵祖礼	私塾八年	中农	1945到1949年
赵祖武	私塾五年	地主	1949年(仅在任1个月)

1. 保长资格

能够成为保长一般需要满足以下条件:

其一,在村中有一定的名望。积极参与村中各项的公共事务,最好是村中的老户,这里的名望最基础的就是人的品德和能力。在多个候选人竞争的情况下,村民倾向于选择办事公道、不偏不倚、没有道德污点的人,比如纳妾、家庭不和睦都会直接影响到村民对候选者的评价。

其二,与上级政府有一定的联系。要是在乡政府有关系,有后台,更容易得到乡政府的支持。

其三,最好能够识字,有一定的文化水平。保长在保甲簿等工作中需要识字。

其四,家庭经济状况中等偏上。这一点不是硬性条件,可以看到第八保薛友田是贫农但是担任了数年的保长。村中的富裕户、问事人不愿意当保长,保长必须对上级负责,催收赋税,是一项吃力不讨好的工作。村子的富裕村民对当保长兴趣不大。但是家里贫穷的村民当不了保长,因为担任保长很容易影响到正常的生产生活,并且在赋税未收齐时,保长先行代为垫付是通行的做法。

其五,多为中年已婚男性。一方面年轻人由于见的世面少,对村里面的历史状况不了解,在处理村庄的各项事务时很容易不到位,难以担当大任。而中年是最适合的年纪,虽然资历没村中的老人强,但是行动能力强,精力更为充沛,也已经有了一定的社会阅历,并且作为已婚者也有更强的责任心。

2. 保长选举制度

保长的产生遵从一定的选举制度。保长的选举大会由乡公所组织，选举之时，乡公所安排警员维持秩序，安排工作人员协助投票和监督，具体的唱票者、计票者都由乡公所内部工作人员具体负责。在选举权方面，本保15岁以上的男性且智力正常者都可以参与投票，只有超过50岁的女性才有投票的资格，其他年龄段的女性不享有投票资格。

保长一般是三年换一届，但是也不是固定的，短者一两年就换届，长者可以超过5年。全看乡公所的安排、保长本人的意愿以及保长在本保的声望等综合因素。具体投票时，保长的亲朋好友不需要避嫌，都享有正常的投票资格，选民也更愿意把票投给与自家有交情的保长而不会投给完全不相熟的保长，因为这样办什么事情时，认识保长会更为方便。

3. 保长的任命

虽然明面上规定保长不能有明显的贿选行为，但是在保长人选竞争激烈时，候选人也会选择性地讨好部分选民，包括村中的问事人、士绅、老族长等人。他们在村中有一定的名望和地位，有了他们的首肯，村民的选择意愿会受到直接的影响。一般来说，获得过半选票的候选人能够获得保长的资格。即便其他少数的村民提出异议也不能改变结果，但是如果较多的村民向乡公所投诉或者乡公所不认同村民选出来的新任保长，乡公所有权驳回村民的选举结果，安排新一次的选举。选举出了新任的保长之后，乡公所给予正式的任命，乡公所出具通知派人到村中传达，保长本人前往乡公所接受任命并得到任命书。回村之后，保长需要安排保丁通过敲锣打鼓的方式告知全保村民新任的保长人选。

（二）副保长、甲长

相比于有一定实权的保长，副保长和甲长更多承担上传下达的工作，为保长的工作提供必要的协助。

1. 副保长资格

副保长有一人，具体由保长任命，确认时只需要向乡公所登记备案即可。在确认副保长一职时，主要有如下几个条件：

其一，和保长关系好。一般为保长的亲信，非亲即故，总而言之就是保长能够充分信任的人，能够很好地听从和执行保长的命令安排，没有二心。

其二，有一定的学识。由于村中一些事务涉及很多文字方面的内容，而这类工作往往十分烦琐。因此这些工作主要由副保长来承担，这样一来就需要副保长念过一定的书，能看能写能说。

其三，家庭有一定的经济能力。副保长也需要承担大量的村庄事务，因此没有一定的经济水平难以安心担任副保长。

2. 甲长资格

甲长实际是由保长委任，也可由副保长、村民、甲长自己推荐，也经过一定的选举程序。每个家户出一个当家人，十户左右为一个甲，这十位当家人就会推选出一位甲长。另外在管粥集自然村和赵楼自然村还出现过各家各户轮流担任甲长的情况。据村民讲述，这种方式实际是一种权宜之计。因为没有人愿意当甲长，认为甲长吃力不讨好而且没有工资。

虽然担任甲长的门槛低，但是称职的甲长往往满足如下的几个条件：

其一，家庭的经济条件较好。甲长最重要的一个职责就是催缴赋税，碰到村民实在困难，甲长往往会先行垫付，否则不按时缴纳赋税不仅需要缴纳滞纳金而且可能会面临牢狱之灾，因此甲长本人家庭需要一定的经济实力。

其二，已婚中年男性。甲长也是一个跑腿的工作，没有相当的体力精力是难以胜任的，而且太年轻的村民没有说服力，难以正常完成赋税催收的工作。

其三，为人机灵，善于沟通。由于甲长与村民直接接触更多，在上级和村民双重的压力下如何行事是每一位甲长必须面对的，正因为如此只有机敏、能说会道的村民才能胜任甲长，既能够应付好上级，又不至于在村民当中产生过多的埋怨。

3. 担任副保长或甲长的报酬

虽然相比保长有乡公所作为后台，副保长和甲长都是一个苦差，村民任职的意愿不高，但是在特定的时期，村民也愿意担任这类职务。首先是征兵的时候。在每年征兵、抓壮丁时，保长会照顾副保长、甲长的家庭，虽然不能免于征兵，但是可以在顺序先后上给以最大的通融。其次是上级拨款的时候。虽然上级很少给基层拨款，但是一旦因为赈灾等事项向基层发钱，基层的工作人员就有利可图，保长也愿意给副保长、甲长等增加津贴。

保长是有工资的。上级政府不会支付，保长的工资来源于村中村民所缴纳的赋税，一般一年4—5石粮食。甲长没有工资，但是保长会给甲长分一些好处，一般一年0.5—1石粮食。保长的助手除了甲长，还有保丁。保丁的职责主要是文书告示方面的工作，有时也承担一些跑腿的工作，总之就是执行保长安排的各项任务。保丁的工资一般一年1—2石粮食。

（三）保甲长与村落、问事人、农户

保甲长作为政权在基层的触角，与村内的士绅、问事人、村民等都有着紧密的社会联系。

1. 保长、副保长、甲长与士绅

中华民国时期，保长、副保长、甲长都能算得上村里面的头面人物。其中保长被村民视为"有权的人"，保长的背后有政府撑腰。对于为村民说话的保长，村民是十分尊重甚至敬畏的。副保长、甲长等人的权力小，通常就是保长的"传声筒"，因此村民认为他们不是"有权的人"，但也不敢轻易得罪，毕竟他们也直接受命于保长。相比于一般的农民，副保长、甲长在村里面也算是说得上话的人，他们也有很多机会去乡公所直接面见乡长。相比保长、士绅，他们的权力和地位都是十分有限的。

即便是保长，对于有钱有势力的村内士绅也是非常尊敬的。在一定程度上，能够当选上保长，村内士绅的意见起到举足轻重的作用。若是候选人是士绅强烈反对的，那么这位候选人是没有机会当上保长的。

管粥集村村民张大臣就谈道：

> 要是候选人多的时候，他们都是排着队去拜访村里面的士绅，他点头认可的人基本离当选不远了。保长和士绅的关系交好，最重要的原因就是保长在开展村庄各项工作时都离不开士绅的帮助，比如摊派等事务。逢年过节时，保长和士绅都会相互走动，家中办酒席时也会邀请彼此作为重要的客人。

2. 保长、副保长、甲长与问事人

如果说保长、副保长等人是通过上级的任命在村民心目当中具有权威性，那么问事人则是通过参与纠纷调解等村庄公共事务不断积累起了自身的威望。在一定程度上，问事人很可能当选成为保长、副保长、甲长等，而保长、副保长、甲长等人原来本身就是问事人。

在平时的交往上，保长、副保长、甲长等人与问事人关系密切，问事人在工作上能够很好地分担保长等人的工作压力，问事人也更了解民情，保长等人有什么疑惑时可以直接找到问事人沟通帮忙。逢年过节时，家里面来了客人，保长等人就会邀请问事人来家中陪酒，客人觉得有面子，保长等人和问事人之间的关系也进一步增强。红白喜事时，保长等人也会邀请问事人前去，问事人只要有空都会应邀参加。

3. 保长、副保长等与乡长

根据受访村民的讲述，保长、副保长等人平时都待在村中，和村民一样参加生产劳动。具体到和乡长的联系，两者平时的联系并不多，只有村庄有事情或者乡里面有什么工作需要交付才派人来村中把保长等人叫到乡公所开会。遇到红白喜事，保长等人会邀请乡长。但是乡长一般都不会来，只有私交好或者有亲戚关系的保长邀请时，乡长才会前往赴宴，其他的情况乡长都会委婉拒绝，副保长、甲长等人更是如此。逢年过节，保长会给乡长送一些点心、水果之类的礼物，乡长也会回礼。价值一般相近，副保长、甲长等人不会送礼。但是春节的时候，保长会带着副保长、甲长等人前往乡长家拜年，拜年的时候也会带少量的礼物，一般是猪肉等。

4. 保长、副保长与农户

保长一般都在自己的家中办公，村民有公共事务需要询问保长都会到保长的家中。保长在村中是有一定威望的，村民的红白喜事都会邀请保甲长前来参加，家里面来了贵客也会请保甲长当面子相当的陪客。相比保长之前的庄长，保长的威望是降低的，"过去庄长是村民选出来的，为村民着想，后面保长是为上级着想的"。在村民看来，保长算个半大的官，后面有乡政府撑腰，和一般的村民有距离。甲长在村民看来是普通村民，是保长的"狗腿子"。事实上，管粥集村中的头面人物都拒绝成为保甲长，保甲长为了完成上级的人物，催收摊派，这种工作吃力还得罪人，影响自己的声誉。

对于普通村民来说，政府的摊派、兵役等都是无条件接受的，换句话说就是认同保长等人的命令和安排，村民不敢有丝毫的反抗。时局平稳、风调雨顺的年份，村民尚能够承担政府摊派等负担，但是一旦时局动荡或者遭遇灾害，大部分的村民对于承担政府的赋税等颇有压力。若是难以承担，村民只能暂时背井离乡，去外面讨生活，等到生活状况有所改善再回到村中生活。

另外，村民是不愿意和拒绝打官司的，打官司需要找捉刀人写状纸，还有一系列对于村民来说烦琐的程序，再加上村民对官府的公正性抱有怀疑的态度，这样一来，打官司对于村民来说是最后的选择。往往在出人命时村民才会报官打官司，官府通常情况下会予以调查，在打官司中也会出现贿赂的情况，捉刀人可以说和官府的官员有合作的关系。

三、政权治理事务

传统时期，保甲是农村基层的最基本的政权组织单元。保长、副保长、甲长等人承担着国家给农民下达的各项行政事务，包括征兵、纳粮等。

（一）赋税征收

缴纳赋税是管粥集村村民重要的责任和义务，因此按时按量征收赋税是政权治理当中最重要的一部分。

1. 田地赋税概况

传统时期，管粥集村村民缴纳的赋税分为两个部分。一个部分是一年缴纳一次的田亩税，另一部分是不定期承担的赋税，比如战争时期的军粮征收等。赋税按照田亩的面积和级别进行缴纳，具体的田亩面积和级别都在县政府登记备案，保甲长根据登记的田亩进行催收征收。

依据1989年版《萧县志》记载，民国时期税种繁多，除了正税，还有各种附加税，并且征收不定，没有确定的标准。田赋的征收是国民政府财政的生命线。

表6-3直观展示了中华民国二十二年（1933年）萧县政府财政收入情况。

表6-3 中华民国二十二年萧县政府财政收入情况

科　目	岁入全额数（元）	占比（%）
田赋县税	289 363.79	93.21
契税县税	1 150.00	0.37
屠宰县税	1 623.76	0.52
杂捐	3 731.22	1.20
地方财产收入	6 055.50	1.95
地方事业收入	2 500.00	0.81
其他收入	3 420.00	1.10
补助款收入	1 600.00	0.51
地方行政收入	1 012.00	0.33
合计	310 456.27	100.00

资料来源：表中数据来自1989年版《萧县志》。

清朝末年政府征收的赋税主要是田赋。中华民国初年，田赋承袭清制。原征收忙银、漕米两项，村民称之为"银米"，后改折银圆征收。中华民国二十年（1931年），萧县政府将田赋改称地价税，名称虽改，实质没有变化。中华民国时期，萧县有三种田，民田即上等田，卫田即中等田，减则田即下等田。这三种田地均分正税、附税、滞纳罚金、征收费4种。以民田为例——正税分为教育捐、地方教育费、补助教育费、义务教育费、普教亩捐，附税分为水利亩捐、农行基金、民田县税、自制特捐、警备费、保卫费、户籍费、预算不足农业改良捐、积谷捐。滞纳罚金分为正税滞纳罚金、地方附税滞纳罚金。征收费按照田亩征收，串票费按张征收。征收时间全年分上忙、下忙,四、六征收。上忙自7月1日起到9月底止,下忙自11月1日起到次年1月止。征收的程序分为三个步骤:通告,即开征前通知各业户田赋开征时间;征纳,即自开征日起,号召全县业户至钱粮柜投纳;给串,即业户完纳田赋后,给以串票,作为已纳钱粮之凭证。对迟纳或不纳者,交司法队处理,催票或提票。

中华民国时期,田赋税率以亩作为标准,或者以地价作为标准,即每亩征收若干,或者每百元应征若干。因为附加税常有变动,所以每年税率不同。

中华民国十六年(1927年)田赋税率为民田一角6分5厘5毫,卫田7分9厘,减则田2分1厘8毫。中华民国二十四年(1935年)田赋税率为民田3角1分3厘,卫田1角3分4厘,减则田6分7厘。省、县正附税相比,附税大大超过正税,比如中华民国二十二年(1933年),省县正税征收额为70 999元,附税为248 130元,附税为正税3倍多。中华民国二十三年(1934年),省直正税征收额107 877元,附税663 836元,附税超过正税5倍多。[1]

在管粥集村有"苦于赋,更苦于赋外之赋"的说法。中华民国二十三年(1934),萧县根据南京国民政府颁布的《办理土地陈报纲要》的规定,将民田、卫田、减则田改为一、二、三、四等,一等地每亩征收银圆0.25元,二等地每亩征收0.22元,三等地征收0.18元,四等地系山荒、河流,免征赋税。

2. 田地赋税中地主和佃农的责任分配

一般来说,田地的所有者承担缴纳赋税的义务,乡政府的地亩簿上也记录着土地主人的名字。但是在实际中,田地赋税是由种地的佃户先行代为缴纳的,尤其是不在村地主,佃户会按照租佃时的约定先行帮田地所有者缴纳赋税,等到交租时再扣除这一部分的费用。

在询问村中老人每年缴纳多少赋税时,绝大部分老人表示难以说清具体缴纳赋税的数额。一方面因为每年赋税虽然大致差不多,但是具体的数额一直存在浮动,另一方面村民依赖保长等人每年在缴纳赋税之前告知今年具体的赋税数额。等到正式缴纳赋税的时候,村民按照通知的时间地点自行前往粮站缴纳赋税,同时需要告知保长等人。若是田赋以外的赋税则是保长等人统一收取然后一起上交给乡公所。

3. 赋税减免:乡公所视情况减免

据管粥集村村民介绍,很少有情况可以免除缴纳赋税,但也存在以下几种情况可以减少甚至免除赋税的缴纳。

一方面,某些特殊性质的田地比如学田、庙田等,这些田地作为共用土地不需要

---

[1] 萧县地方志编纂委员会编:《萧县志》,第271页。

专门缴纳赋税，但是这部分土地实际占总耕地的比重很低。

另一方面，遭遇严重的自然灾害。若是遭遇严重的自然灾害，例如水灾、旱灾等，各保保长可以替村民向乡公所汇报受灾情况，乡公所可以依据情况减少或者免除税赋。

管粥集村村民张大臣就谈道：

> 中华民国二十三年（1934年）的时候，我们这一带出现了严重的水灾，沿河的堤坝很多都有了缺口，随时都有决口的危险，村民的庄稼也遭了殃，在水里面泡几天麦苗就倒伏了，基本上是颗粒无收，很多村民就担心缴纳不上皇粮要被抓起来，就向保长求情，保长就向乡公所反映了情况，后来那一年的赋税就没有缴纳。

4. 赋税垫付

大多数情况下村民都能够及时缴纳赋税，主要是赋税的负担占总的收成的比重不高，村民都愿意缴纳。但同时也存在入不敷出的情况，这类村民无法按时缴纳赋税。这时候保甲长为了完成乡公所交代的任务就必须帮忙想办法。

一般来说有以下的几种途径：其一，让村民向自己的亲朋好友借粮食；其二，保甲长帮忙垫付粮食，等到有余粮的时候再还，这种情况存在但很少，只有和保甲长是亲戚关系或者私下关系好的村民保甲长才会帮忙；其三，向富裕户借高利贷。

5. 逃税抗税中的行为关系

逃税抗税很可能意味着牢狱之灾，乡公所除了要求缴纳滞纳金还可能派警察把当家人抓进牢中直到还清赋税。管粥集村在清朝末年出现过逃税抗税的行为。一户姓李的村民由于赌博欠了外债，收上来的粮食都被拿去还债因而无力缴纳税赋，也没有村民愿意借钱给他们，万般无奈之下，这户人家在一天夜里逃到了外地，两年之后才回到村中。回到村中时庄长也是睁只眼闭只眼的态度，不予追究，但是当年欠的赋税是由全村村民按照田亩数进行摊派的，换句话说就是其他的村民帮他缴纳了税赋。

（二）征兵、抓壮丁

除了征收赋税，政权为了维护其统治需要广泛地征兵，尤其是在战争时期，抓壮丁在管粥集村一带十分普遍。

1. 抓壮丁概况

保甲长负责抓壮丁的事项，一般一个乡有确定的总人数，然后摊派到各个村，管粥集村每次摊派到需要出 2—5 人。村民普遍采取的做法是觅人替自家去当壮丁，因为当兵在村民看来有去无回，都不愿意去当兵。村中的受访者回忆，村中仅有两个村民主动去当兵，都是赤贫的家庭，当兵有吃有喝，所以愿意去当兵。每次村里需要出人去当壮丁，全村凑钱支付觅人当壮丁的费用。一般觅一个人需要花费 3—5 石的粮食，比如村里面要出 3 个人，那么就需要 9—15 石粮食去外村觅三个人，这时候村里面的村民按照田亩数进行分摊，凑钱去觅人，管粥集村与附近村庄相比更为富裕，总是从新黄自然村觅人去当壮丁。事实上，贫穷村庄的部分村民靠顶替人去当壮丁赚钱，等到半路上逃回村庄，村中的保甲长不会过问。

2. 乡公所下达征兵指标

在 1989 年版《萧县志》当中记载，自中华民国二十五年（1936 年）起，每年省军管区根据县政府上报的适龄壮丁登记表，按照比例向各县分配征兵名额，县政府再通过乡、保一级一级进行摊派。乡、保一级通过抽签的形式从适龄壮丁中确定人选，依照次序陆续服兵役。从村中受访者的表述来看，村民对上级下达的征兵要求很不情愿，一方面村民觉得当兵会直接耽误家里的农活，减少家中的强劳动力，另一方面在时局动荡的时候当兵还有安全之虞。

具体到征兵的规则，村民回忆一般是三个壮丁当中抽出一个，五个壮丁当中抽出两个。若是家中独子则可以免于征兵，并且不管身份贫富，一律平等对待，公平抽签。但在实际的运作当中，还有更详细的征兵规则，有相当一部分村民可以直接免去或者暂缓被征兵：

其一，身体条件不符合者可以免于征兵。身体有明显残疾的村民可以不被征兵，包括耳聋、哑巴、智力残疾、肢体残疾的人等。

其二，高中学历以上的在读学生可以免于被征兵。

其三，家中独子可以免于被征兵。这一条在实际情况当中没有得到严格的遵守，富裕人家通过藏匿孩子，和保长合谋的方式来钻制度的漏洞，而村中的底层村民即便是家中独子依旧可能被保长安排前去服兵役。面对这样的状况，地位低下的村民往往只能逆来顺受。

其四，保长、副保长、甲长等村中头面人物的本家亲属可以在保长的照顾下暂缓或者免除服兵役。

3. 富裕户觅人顶替，赤贫户主动当兵

据管粥集村村民的介绍，新中国成立前村里面实际去当兵的都是穷人家的孩子或者犯了事的年轻人。穷人家的孩子之所以愿意去当兵：一是因为家里面土地少，劳动力过剩，当兵可以直接减轻家里面的经济负担；二是当兵虽然辛苦，但是能够三餐吃饱饭，而留在村中往往是吃了上顿没有下顿；三是穷人家的孩子觉得当兵也是一个好出路，比起当一辈子的农民，他们更愿意出去闯一闯。而还有个别的情况是一些犯了事的年轻人会去当兵，比如中华民国时期，管粥集村一户宗姓人家的年轻人因为盗窃被抓进监牢拘留了半个月，之后在村里面名誉扫地，只能通过参军的方式来躲开村民的闲言碎语。

村中的富裕村民没有去当兵的，并不是因为他们有任何政策上的特权，而是富裕村民有更多的门路可以免于征兵。最重要的一条门路就是觅人代替自家的孩子去当兵。觅的人也是穷人家的孩子，通过给对方粮食的方式来让对方替自己的家人去当兵，另一条门路就是保长的庇护，由于保长和村中的富裕户关系都交好，因此保长会通过瞒报等方式来帮助富裕户免于抽丁。但是由于这种做法有较大的风险，因此富裕户往往选择花钱觅人的方式来免于被征兵。

4. 兵役的逃避

在时局平和的时期，村民虽然不愿意服兵役但是也不抵触，但是时局动荡的年份，服兵役不仅仅减少了家中的劳动力，家人更有可能因为当兵而丧命。在这样的情况下，管粥集村村民想出了各种门路来逃兵役。其一是伤害自己的身体使得身体条件不达标从而避免服兵役，在管粥集村的邻村宗庄村就有村民在征兵时期故意从高处跳下把腿摔断或者把胳膊摔伤，以这样的方式来避免被征兵。其二，富裕村民会出更高的价格来觅人代为服兵役。特殊年份，觅人服兵役的花费可能要高出平常年份一倍甚至两倍的价格。其三，连夜投奔外地的亲属。听管粥集村的老人们讲，1948年的时候就有一户李姓村民为了躲兵役全家连夜搬走，从此再也没有回村，他家的房子因为长期没人管就倒塌了。其四，半路逃回来。部分胆大的村民通过在行军路上逃离队伍的方式逃回村中，或者现在外面住一段时间等到风声小了再回来。甚至有村民拿了富裕户的钱然后逃回来，之后几年再被征兵。这样的行为风险极大，但是逃回村后，保长虽然知晓但是不会告发。

为了保证征兵的数量，军队也会采取极端的方式来征兵。根据管粥集村村民张大臣表述，他的表哥在新中国成立前在一次赶集的过程中被过路的军队直接带走，他的父亲想去把他赎回来都没有门路，这样抓丁时不管村民的条件是否符合，只要是青年男性，一律带走，风声紧的时候，村民都不让自家的男孩随意在外走动，生怕碰到军队强硬抓丁。

5. 家户当中的服兵役选择

当一个家庭符合条件的壮丁较多时就会面临选哪个儿子去当兵的问题，这个选择保甲长都不会干涉，完全是由家户当中的当家人决定。

管粥集村村民张大臣讲了这样一个实际的例子：

> 中华民国时期，邻村的李大武一家有4个儿子，这几个儿子都超过了15岁，小儿子最为聪慧也最受当家人的喜爱，其他的儿子则是家里面重要的劳动力，抽丁时保长安排他家里面要一次出两个儿子前去服兵役。虽然李家认为这样和政策不符合，但是人微言轻只能接受，李大武作为当家人不知如何是好，懂事的四儿子表示自己帮不了家里面的忙，愿意去服兵役，而三儿子说弟弟太小，哥哥们又是家里面的顶梁柱，自己最为合适。最后，李家通过觅人的方式找一人代替一个儿子去服兵役，而三儿子则自愿参了军。

（三）苛捐杂税：各类摊派、摊工

中华民国时期，除了征收赋税、抓壮丁，保甲长还要不定期向农户进行各类摊派，开展摊工以及征收苛捐杂税。

1. 摊派

管粥集村村民介绍，相比较为固定的田地赋税，摊派对村民的实际影响更大。普通村民实际对各个摊派费用的类目、用途等了解不多，只能听从保长的安排按时缴纳。据老人回忆，这些名目繁多的摊派包括枪支费、取暖费、水利费、外差费、草鞋费，等等。这些费用并非年年摊派，而是根据上级的实际需要不定期进行摊派。收取相关的费用时，并不是去每家家征收，而是由保丁到每户通知，副保长只会去问事人、士绅、富裕户的家中上门收取相关的摊派，其他各户的村民自己到保长的家中缴纳。

一般来说，收取摊派费用时都是根据田亩的多少来进行摊派的，田地多的村民多交，田地少的村民少交，没有田地的村民不用缴纳摊派费用。另外办公人员不需要缴纳摊派费用，包括保长、副保长和保丁等人。谈及这些摊派费用的具体数额，受访村民表示枪支费摊派最高，一般要交两斗粮食。水利费摊派最为频繁，几乎每年要好几次，每次需要缴纳至少半斗粮食。

对于摊派，村民普遍感觉压力大，正如管粥集村村民赵启蓝所说：

> 实际乡里面、保里面干活的人都是吃我们这些村民的钱，他们收的摊派费就管他们自己的吃喝。有时候军队过来了，也是直接安排到家里来吃喝，而且有可能住好些天，村里面各家轮流住，村民也是敢怒不敢言，没有办法，

生活也是越来越困难。

2. 摊工

中华民国时期，在管粥集村一带开展的"摊工"也非常普遍。村中的老人回忆，每年故黄河的汛期，村里面都会安排全村的青壮年前去看守大堤，若是水不大只需要2—3天就能够回家，但是若是遇到雨水多的年份，可能十天半个月都回不了家，都要在河堤上守着，防止河堤垮坝。另外，在日本侵华时期，距离管粥集村不远的陇海铁路成为日本军队和国民党军队必争的重点，军队过境就会要求村里面出人去看守铁路或者去破坏铁路，村民只能服从命令，否则可能会被军队当场枪毙，这样的摊工不论农闲农忙，因此也严重干扰到了村民正常的生产生活活动。管粥集村村民张大臣就感叹：

> 打仗的时候农民生活那是非常苦的，家里面年轻人抓去当兵，老年人还要抓去修铁路挖沟，家里面就剩下老妇女和小孩，田地都看着荒了。那时候的农民真是苦啊！

3. 杂税缴纳概况

新中国成立前，除了田赋，还有契税、牙税、印花税、烟酒牌照税、屠宰税、营业税、战时消费税、货物税等工商税种。

契税是指对典卖田、宅契价征收的捐税，为税收之大宗，同清朝末年一样，买契税征收百分之九，典契税征收百分之六，但是有区别的是正税之外还有附加税，如推收费、契纸费等。

牙税是指向牙行、牙商征的税，中华民国三十年（1941年）政府将牙税并入营业税进行征收，登录税每户一百到七百五十元不等，营业税每户四到二十五元不等。

印花税为中华民国二年（1913年）开征，税票有一分、二分、一角、五角、一元五种，税率分为三类，共七十九种，不同类、种贴不同的印花。

烟酒牌照税为中华民国三十四年（1945年）规定，烟酒类就产地一道征税，行销全国不再重征，整卖税率三级，零卖有时四级或者五级，分级定税。

屠宰税按税率分为正、副税。比如中华民国二十二年（1933年）宰猪，正税每头大洋四角，副税每头代征教育捐一角三分三厘，建设捐一角，合计六角三分三厘。屠宰羊，正税每只大洋三角，副税每只代征教育捐一角，建设捐八分，合计四角八分。

营业税从民国二十年（1931年）开征，税率按照营业对象征收，物品贩卖业征千分之八到千分之十，物品制造业千分之五，制糖、醋坊、车辆征千分之八，食品业为千分之十。

战时消费税，由沦陷区运入后方的国货照战时消费税则规定税率征收，由后方运往沦陷区的国货，在应征战时消费税三十四项品目以内的，均征战时消费税，税率最低百分之五，最高百分之二十五。

货物税民国三十七年（1948年）开征，卷烟以价征收百分之百，火柴以价征收百分之二十，化妆品以价征收百分之四十五。

（四）公共事务管理

除了承接上级安排的各项事务，保甲长等人还负责村中各项公共事务的管理工作。

一方面是村庄公产及管理。保甲长会对村庄中的公共财产和设施进行管理，包括庙宇、学校、道路等。在保甲制之前，这些村庄公产由庄长负责，若是需要修缮，庄长会和庙主或者村中的富裕户商量修缮的事宜，富人出钱，穷人出力进行维护。保甲长时期，村庄的公共财产虽然名义上由保甲长负责，但实际情况是村中的庙宇、道路等处于无人管理的状态，庙宇成了赤贫户、流浪汉等的栖身之所，道路小面积的修复由附近的村民自发进行，只有涉及道路大修、堤坝大修或者排水渠大修时保甲长才会出面牵头，各家各户的当家人出面商议并筹资。

另一方面是开展人口管理。中华民国时期，保甲长有对本保甲内部常住居民进行登记、核查的责任。新的村民迁入、定居，旧的村民搬出、移居外地，因为婚丧嫁娶、生老病死等因素出现的人口增减等情况都需要向保长汇报登记。对人口的汇报登记主要出于两个方面的目的：一方面是为了治安的需要，防止陌生人、罪犯等进入村中藏匿，保长要确保自己掌握村中常住人口的基本信息；另一方面是为了征兵摊派等的需要，只有把握村落内各个家庭人口的基本信息，才能够顺利完成上级交代的征兵摊派工作。

四、政权治理方式

乡公所、保甲等在执行国家下达的各项政治任务的过程中，采取了一定的治理机制和治理方式。

（一）家法、国法教育规范

通过家法、国法的教育灌输，可以促使村民在为人处世时有一定束缚和准则，是维护村庄平稳运转的重要手段。普通村民对国法没有多少概念，他们只知道欠债还钱、杀人偿命这类普遍性的国法，对于国家法律或者政策多是听村里面有点学问的人说的。

管粥集村村民张大臣提道，乡里保里的管理人员都不会向村民宣传国法，也没有将法律法条张贴在公众场所让村民学习。事实上，许多的管理人员自己对国法的掌握就很有限，再加上很多村民都是文盲，看不懂文字，因此学习国法越发困难也没有动力。村民若是想要了解国法，只能通过询问村里面的私塾先生等有一定知识文化的人员。村民接受国法也敬畏国法，也明白触犯国法会受到严厉的处罚，因此村民往往不敢越界。

在村落实际的运行中，乡约、家法、祖训等对村民来说更有约束力，也在村民的实际生产生活中时刻发挥影响，从这个意义上来说这些规范是高于国法的。虽然管粥集村没有成文的村规民约，但是村民都知道一些村里面共同遵守的规则，例如不能随意破坏村中的公共设施，村中的公共事务应当积极参与，尤其是淘井、修路、修桥等活动。而在家户、家族当中，长者也会从小教育年幼者，若是族人破坏了规约，损害了家族的名声，根据情节的轻重予以相应的惩罚，一般是口头批评，最重的惩罚是从族谱中除名。然而，村民对打官司是敬而远之的，一方面打官司要付出较高的成本，村民对打官司的过程也所知甚少，但这无疑是一个复杂的程序；另一方面村民坚信有官官相护、权钱交易的情况存在，穷人家打官司也往往斗不过那些有钱有势的财主。

（二）惩罚

保甲长的惩罚措施主要包括三类。第一类是劝导教育，责令赔礼道歉。这样的惩罚措施往往在纠纷调解中出现，保甲长在明确哪一方存在过错时就要求其立即向受害方赔礼道歉。第二类是轻度责罚，也就是轻度的劳役或者罚粮食。例如在处置村里面的小偷惯犯时，保甲长往往不会将其送入官府，而是让其帮村里修路淘井等，通过进行几天的公共事务方面的劳动来惩罚其偷盗的行为，有时候也让其交粮食作为惩罚，交粮食的数量和偷盗行为的严重程度相关。第三类是扭送官府。若是在村庄中抓住了外村的盗贼，或者出现严重的打架斗殴造成死伤的情况，保甲长就直接将相关的责任人扭送官府，也就是先关起来让官府处置，官府处置也往往是罚款和拘留。对于保甲长予以的惩罚，村民绝大多数是服从的态度，若是觉得保甲长裁判不公，村民可以向乡政府反映，但是这样的事情少有发生。

（三）奖励

相比直接予以惩罚，保甲长有时候也会采取软性的奖励的方式，通过表扬好人好事，树立先进典型来鼓励村民多做好事，多做善事，从而促进村庄的正常运转。保甲长给予奖励的对象多为做善事的人，比如经常照顾村中孤寡老人的村民；为村庄增光的人，如在外村抓住了盗贼，受到了乡里的表扬的村民；恪守传统道德的人，如孝顺父母的村民等。寄予奖励的主体多为政府，也有以保长甲长个人名义奖励的。奖励的具体方式以精神奖励为主，比如在村庄公共活动时当众予以表扬，也有物质奖励的情况，比如邀请村民到家中吃饭或者参与乡里的聚餐等。

第二节　村落治理与治理关系

1949年之前，管粥集村下辖有四个自然村落，在"皇权不下县"的情况下，村落内部有赖于自身的治理主体进行有效治理和自我有序运转。基于此，本节将从村落治理主体及其内外主体间关系、村落治理事务、村落治理方式等三个方面来考察传统时期管粥集村的村落治理与治理关系。

一、村落治理主体及其内外主体间关系

根据管粥集村村内受访老人的讲述，1949年之前，除了保甲长，士绅老爷和问事人是村落重要的治理主体。

（一）士绅老爷

据管粥集村张大臣、赵启蓝等多位村民回忆，中华民国时期，在管粥集村，能够称得上士绅老爷的只有一人，那就是赵楼自然村的地主——赵祖武。赵家地主不仅是村中的老户，而且祖上不仅拥有数百亩的田地还有过功名。整个家族都非常重视教育，因此赵家地主也念了多年的私塾，属于村中的文化人。虽然在中华民国时期，赵家的发展已经走入颓势，但是由于祖上根基深厚，赵家地主是整个管粥集村最富裕的人家，有超过百亩的田地，还有数匹好马等。赵家地主不仅经营农地，还在村中开有油坊和豆坊等，并且在徐州城、萧县县城都有一定的生意，名声在外，在萧县一带都有一定的名望。

1. 什么人可以被称之为士绅老爷

当问及管粥集村村民"什么样的人可以称为'士绅老爷'"时，村民普遍的回答是"不仅富裕还要尊贵"。富裕体现在家境良好，在村中的经济水平处于顶尖的位置，即便完全不劳动也可以依靠田地养活一家人。更重要的是"尊贵"，这里的"尊贵"根据村民的解释，主要体现在三个方面：

其一，祖上或者本人有功名。赵家地主之所以能够被称为士绅老爷就是因为他的父辈是有功名在身的，村民回忆赵家地主的父亲去世时丧事举办得非常隆重，县长、乡长等人都前来参加，也花费了大量的金钱来支撑场面。

其二，有学问。村民虽然普遍知识水平不高，但是村民对于读书人格外敬重，因

此没有文化的人也达不到村民对于士绅老爷的标准。

其三，有品德。这一点是最为重要和关键的。

管粥集村村民张大臣就谈道：

> 赵家地主之所以受大家敬重，最重要是他不高高在上，而是愿意去造福乡里。我们赵楼自然村的水井最早的就是地主家打的水井，周围的村民都去那儿打水喝。土匪来了，村中的妇女就抱着自家的孩子到赵家的屋子里面避难，地主家墙壁厚，还有枪，土匪不敢随便招惹。

2. 士绅老爷的权威与地位

根据张大臣、赵启蓝等多位管粥集村村民回忆，士绅老爷的权威和地位是高于保长的，并且占据着村庄权威的最高点，士绅老爷的权威主要体现在以下几个方面：

其一，士绅老爷的意见可以左右保甲长的人选。虽然管粥集村村内的保甲长是通过村民多数选举、乡政府正式任命的方式而产生的，但是在实际情况中，村民提道：

> 但凡是想要当保长甚至甲长的都要提前去拜访士绅老爷，一般会带上鱼肉等礼物，但不会过于贵重，要不然容易引起士绅老爷的反感。之所以要去拜访是因为他不仅在村里面有权威，势力大，很多村民都听从他的意见，他愿意选谁，支持谁，大家就都支持谁，而且士绅老爷和乡长等人的关系非常密切，平时逢年过节都会互相走动，因此谁要是得到了士绅老爷的支持，保甲长这个位置就是十拿九稳的了。[1]

其二，村中大事都必须咨询和依靠士绅老爷。据村民回忆，村中有什么大事比如办祈雨会、办庙会等，大部分都是依靠保甲长来负责操办的，但是保甲长也必须提前咨询士绅老爷的意见。之所以需要咨询不仅仅是出于对士绅老爷的尊重，更重要的是他是富裕户，需要士绅老爷捐钱、多分摊费用才能够把事情办好。不过对于村中的各个事务，士绅老爷实际干涉很少，只是单纯地过问、了解情况，并不会过多影响保甲长正常的决策安排。

其三，村庄头面人物在办红白喜事时都会邀请士绅老爷前来参加。若是士绅老爷愿意出面参加那是非常有面子的，主人家会非常高兴。要是有事情去不了，士绅老爷

---

[1] 来自赵启蓝老人的讲述。

会安排大领过来给主人家送礼物或礼钱，主人家也不会因没有赏脸而生气。

其四，乡里面举办活动时会邀请士绅老爷参加。乡政府在举办一些活动比如安排听戏等时也一定会邀请士绅老爷，而未必会邀请所有的保长。

3. 士绅老爷与保甲长

在管粥集村，士绅老爷的权威与地位都是高于保长的，更是高于甲长。据管粥集村村民介绍，能够成为保甲长的人都是得到了士绅老爷的默许或者支持的。若是"士绅先生"公开支持或者反对某人，这个村民能否当上保甲长就能够被决定，不过实际情况中士绅老爷并不会直接表明自己的态度，但是对于中意的人选，他会通过邀请对方到家中喝酒吃饭的方式来较为隐晦地表明偏好。

另外，若是得不到士绅老爷的支持，保甲长在村庄各个事务当中是难以发力的，因为士绅老爷是富裕户和老户，若是他们没有给予充分的支持，保甲长根本就难以开展工作。在实际当中，保甲长和士绅老爷都具有良好的关系，逢年过节，士绅老爷会邀请保甲长到家中做客，保甲长在过年时也会带上酒肉等上门拜年，巩固彼此之间的关系。

4. 士绅老爷与普通村民

对于普通村民来说，士绅老爷倒不是高高在上的权威，而是值得尊敬的长者。不管是平时在路上遇见还是逢年过节，村民都会主动打招呼和拜年。要是遇到家户当中难以解决的难事，有些村民还会主动求助于士绅老爷，士绅老爷也会拿根据情况决定是否帮忙，如何帮忙。士绅老爷在遇到修屋建房、红白喜事、挖井淘井等事务时，周围的村民都会自发前来帮忙，士绅老爷也会热情地将前来帮忙的村民留下来吃饭喝酒表示感谢。

受访村民张大臣说了一个例子，他的哥哥曾带着家中造的枪去外村兜售，但是由于和当地人发生冲突，枪支被没收并且人也被警察抓了起来，张家束手无策只能去求赵祖武地主，地主了解了事情的来龙去脉，就写了一封信做出解释，盖上自己的私印，没多久，张家的大哥就被释放了。

(二) 问事人

管粥集村村中的"问事人"，频繁出现在村民婚丧嫁娶或是纠纷调解的场合。村民们在重要事务上有求于问事人，既因为问事人值得信任，办事妥帖公正，对村中的人情世故或者礼仪等非常熟稔，又因为问事人是村中有名望的人，他愿意前来帮忙说明对方给自己家面子，可以有效抬升自家的地位。问事人不像庄长、保甲长等需要受到官方正式的认可或者经过规范的选举，他更多是在长期和村民的交往中，得到大多数村民发自内心的认同。一旦遇到婚丧嫁娶或者纠纷调解，村民们自然会想到问事人要是愿意过来，问题就能得到公平公正的解决，并且这样的解决方式在村民眼中是成本低、效果好的做法。表6-4展示了中华民国时期管粥集村问事人的基本情况。

表6-4 中华民国时期管粥集村问事人基本情况

姓 名	性 别	年 龄	家境概况
宗福来	男	45岁左右	祖上家境富裕，后家道中落，在村中属于中农水平
晁月华	男	40岁左右	念过多年书，在村中的学问数一数二，家庭条件在中农水平
崔庆云	男	55岁左右	念书念到高中后辍学，回乡当私塾先生，家庭条件属于中农水平
薛云凡	男	50岁左右	祖辈曾担任过庄长，念过两三年书，家庭条件属于富农水平

资料来源：来自赵启蓝、薛传明等老人的讲述。

1. 什么人可以称为问事人

问事人的经济条件在中农以上。他们并不是村中最富裕的地主。地主家庭专注于买地置业，对于经济收益小甚至没有收益的村中公共事务并不感兴趣。他们也不会是中农以下的村民。一方面成为问事人带不来多少经济利益，最多是吃几顿饭或者逢年过节收到一些礼物，甚至有时候作为担保人，一旦对方无法及时还上钱，他还得先行垫付，遭受直接的经济损失。中农以下的农户忙于生存根本无力频繁参与村中的公共事务。另一方面中农以下的村民往往是佃户、租户、外来户。问事人的名望不仅仅来自他频繁参与公共事务而得到村民的认可，收获声望，更根本的是问事人在经济上不需要仰人鼻息，能够做到自给自足。要是穷人家喜欢参与公共事务，会被村民们视为不务正业，多管闲事，起不到应有的作用。

问事人最鲜明的特点便是善于与人交往，会说话，在村民看来，处理事情可以做到公平公正。在村民的日常纠纷中，一个合格的问事人可以迅速了解双方根本的争执点并给出双方都能够接受的解决方案，即便是在纠纷中吃亏或者妥协的一方也能在问事人的劝说下平息怒火，问事人往往会私下说："别跟他们这种人计较，你给我点面子，这次就算了，我过去帮你骂骂他们。"

问事人并不一定是最年长的人，村里面最年长的一类人虽然在村中有一定的威望，但是毕竟受制于年纪和精力，过多参与公共事务是不现实的。即便过去一直是问事人，当他从中年步入老年，他们也会褪去中年时的进取之心，对于村中的名望也不会像之前那么在意，逐渐退出村庄中公共事务的舞台。但是年轻的问事人是少见的，没有一定的人生阅历和人缘基础，是难以胜任问事人这一角色的。在管粥集村活跃的问事人多是40—50岁的中年人。

2. 问事人的权威与地位

根据管粥集村村民张大臣、赵启蓝、赵忠义等人的回忆与讲述，中华民国时期，"问事人"是一个民间性的权威，在村民当中享有一定的威望，但是并没有特别的特权。

其一，问事人在纠纷调解当中是一个好手。当村民发生争执时，往往是各执一词互不相让。虽然在场的村民也会好言相劝，但是双方村民一般并不认可这样的调解，认为这样的调解有失公允，不能让人真正心服口服。这时候就需要请来问事人进行调解，问事人会说一些老的道理或者把来龙去脉理清楚，让双方知道自己的对错，有理的一方不能咄咄逼人，理亏的一方也不会被一棍子打死不让他讲话。问事人的调解往往是为了能够在解决争端的情况下实现双方的和解，维护彼此之间的友好关系，而不是撕破脸皮。

其二，问事人并没有享受什么特权，但是受到村民的尊重。问事人的身份更多体现在村民的心目当中，在村民发生争执或者村里面有一些公共事务需要有人来组织时，村民自然会想起问事人，让问事人来进行安排，其他的村民也认可问事人的领导，但是问事人平时和普通的村民生产生活一致，也需要照样缴纳税赋、出壮丁等，并不能豁免这些义务。另外，问事人其实是吃力不讨好的活。

正如管粥集村村民张大臣讲述的："问事人不是个好干的活，有时候忙里忙外，好话说尽还被村民说是多管闲事，满肚子委屈也没人倾诉，也没有任何的报酬，能够坚持下来也是有一颗为大家的心。所以问事人在大家心目中是很高尚的。"

其三，村民在招待贵客时都希望能邀请到问事人来当陪客，这对村民来说是一种荣耀。另外红白喜事的时候，村民也愿意请问事人过来帮忙安排和指点。

3. 问事人与保甲长

在管粥集村，保甲长背后有乡政府撑腰。对于村民来说，保长代表着上级，代表着官府，但是问事人并没有政府背书，问事人的身份来自村民普遍的内心认同。正因为如此，在官方的权威方面，问事人是远远低于保长的，保长的权威高于问事人的权威。在实际的情况中，问事人和保长更多是一种合作的关系，问事人协助保长处理村庄的事务，帮助保长分担各类公共事务的压力，而保长在逢年过节时也经常和问事人相互走动，甚至保长在成为保长之前往往就是问事人，保长在卸任之后也可以成为村中的问事人。

4. "问事人"与普通村民

对于普通村民来说，问事人除了在公共事务上有着特别的权威，能够得到尊重和爱戴之外，其他方面和普通的村民一致。

以中华民国时期管粥集村的一位问事人崔庆云为例，他在平时就是一个私塾先生，受村中的富裕户邀请在村中教授孩子念书，但在村民出现纠纷或者有什么重要的公共事务时，村民会主动邀请崔庆云参与其中。获得帮助的村民会给水果、点心等小礼物作为报酬和心意，逢年过节的时候村民也主动到崔庆云的家中拜年。

二、村落治理事务

传统时期，管粥集村问事人或士绅老爷参与管理的村落事务主要包括主持红白喜事、借钱借粮担保、纠纷调解、安置孤寡老人或流民等四个方面。

（一）主持红白喜事

在管粥集村，村民在婚丧嫁娶这件重要事宜上会请村庄中有名望的问事人或士绅老爷前来担当司仪，并且收份子钱的责任也在他们身上。能够请来问事人或士绅老爷前来组织安排婚丧嫁娶的事宜对于村民来说是有面子的，并且由于问事人等经常参与这类事务，他对整个准备和过程中的礼节都非常熟悉，可以避免失礼，让旁人看了笑话。管粥集村村民赵启蓝就谈道：

> 问事人会经常被邀请主持红白喜事，士绅先生比较少参加，但是不管是谁来主持，村民都觉得非常有面子，他们是村里面的头面人物，也了解村子里面这些旧习俗。

（二）借钱借粮担保

在管粥集村，要是村民没有抵押物或者有抵押物去借钱借粮都是需要担保人的，而问事人或士绅老爷经常会扮演这一角色。问事人或士绅老爷在村子里面是有头有脸的人物，村民们要是能够说服问事人给他做担保，即便没有抵押物，也可以借部分的粮食或者钱财，即便村民没有及时还上钱，问事人或士绅老爷会帮忙先行垫付，要是借钱的一方发生了什么变故，还不了钱，问事人或士绅老爷会帮忙偿付或者会和对方商量只归还本金而不需要还利息，这全靠问事人或士绅老爷本身的威望和协调能力。

管粥集村村民赵忠义讲述了这样一个事例："我记得我小的时候家里面有一年遭了灾，春天的时候家里面没有粮食吃了，父母想去周围的亲戚那儿借却借不到，因为大家经济条件都困难。我的父亲就去村子里面赵家地主那里求情，希望他能够担保让我们家以土地作为抵押借2石粮食，等到秋收的时候归还，赵家地主觉得我父亲平时为人老实就同意了这个请求，我们家也不用出去逃荒了。"

（三）纠纷调解

问事人在村中最重要的职能就是调解纠纷，但并不是所有的纠纷都是问事人来出面调解的。要是小范围的争吵，在场的村民就会进行简单的调解，劝发生纠纷的双方各退一步。要是发生的争吵升级，双方动手打架，村民们就会请村里面的问事人前来调解。问事人前来调解时，先把纠纷的双方都请回到各自的家中，让对方都冷静下来，然后问事人会通过围观的村民和冲突双方当事人的表述来掌握整个事件的来龙去脉。要是冲突的双方都是村里面有头有脸的人物，问事人就会组织饭局，在饭局上问事人给出双方都能接受的方案，双方在饭桌上互相敬酒求和，理亏的一方承担这一次饭局的费用，双方都有过错则平摊这次费用。

除了直接的纠纷调解，问事人也会接受村民的邀请当陪客或者说客，例如村民张大臣讲了这个案例："赵楼自然村赵家地主的孩子和佃户王某的孩子因为玩具发生冲突，王某的孩子打了赵家孩子，赵家孩子立即回击并把王某的孩子打倒在地，佃户王某看到这一场景立即拉开两个孩子，并且出于对自己孩子的疼爱，认为自家孩子受到欺负，就打骂了赵家地主的孩子。事后，王某从孩子处得知是自家孩子先动的手，自己还打了对方的孩子，自觉理亏，考虑到自己租种了地主的地，这样一来可能会影响到自己继续租种地主的地，王某就赶忙请来问事人，带上孩子一起去地主家赔礼道歉，在问事人的调解下，地主宽恕了佃户王某的过错，这件事情得以平息。"

（四）安置孤寡老人或流民

新中国成立前，由于时局动荡，经常有外来的村民前来管粥集村逃荒，这些逃荒者拖家带口，靠着在村子里面卖苦力以求糊口，这时候村中的问事人和士绅老爷会在问清对方来由的情况下给他们提供住处。要是士绅老爷愿意暂时收留他们，就会腾出几件屋子给他们住，或者让他们靠着自己的院墙搭一个简易的棚子。若是逃荒者行为不端，偷鸡摸狗，问事人就会要求他们尽快离开村子。

除了对流民进行管理，问事人和士绅老人也会参与对孤寡老人的照顾。要是老人在村里面有同族的亲戚，问事人和士绅老爷会安排他去照顾，满足老人基本的用水吃饭需求。老人若在村中已没有亲人，问事人和士绅老爷会安排老人的邻居进行必要的关照。村民赵忠义谈道：

> 保甲长一般对上面负责，村里面那些孤寡老人他们顾不上，问事人和士绅老爷一般家里面比较富裕，有能力去帮助这些人，并且他们也有一颗爱心，他们帮助孤寡老人也在村里面赢得了好的名声。

三、村落治理方式

1949年之前，国家权力悬浮于县级以上，基层更多是自治，而这时的管粥集村的村落事务有着灵活的治理方式，具体来说主要体现在以下三个方面。

（一）"村内的管管，村外的无关"

中华民国时期，管粥集村的赵祖武作为士绅老爷，崔庆芳等村民作为问事人，他们是村落中重要的治理主体，维护着村落的基本秩序和运行。但是他们的管理范围都局限于本村内，外村的事务他们很少去干涉。

正如管粥集村村民张大臣所说：

> 问事人和士绅老爷他们只会管理自己村庄的事情，其他的村庄有自己的问事人和士绅老爷，互相之间是不会干涉的。一方面，问事人和士绅老爷不了解其他村庄的情况，不会为了出风头而去冒风险管村外的事务，另一方面是其他村的村民遇到事情也会请他们本村的问事人和士绅老爷，而不会去请其他村的。

村民赵忠义谈道：

> 新中国成立前村子里面涉及外村的事务都是保甲长来处理的，问事人和士绅老爷很少去干涉，他们也尊重保甲长的处理，很少去发表什么意见。毕竟他们管理村里面的事情也是自愿的，要是还管村外的事情他们没有什么动力。

（二）"不请不管"与"只管有身份的人"

根据管粥集村村民赵忠义、赵启蓝、崔庆芳等人的回忆和讲述，中华民国时期，问事人或士绅老爷在参与村落事务的治理过程中遵循着两个方面的原则。具体如下：

一方面是村落里面发生纠纷或者组织一些公共事务需要问事人和士绅先生参与时，他们不会主动过来参加，而是需要村民专门去请，去请了之后他们也未必一定参与，若是他们婉拒，村民也不会去勉强。以管粥集村在每年春节期间举办的火神庙会为例，在庙会之前保甲长会主动上门邀请问事人和士绅老爷到家中商议火神庙举办的具体事宜，保甲长上门邀请时虽然不用带什么礼物，但是问事人和士绅老爷同意前往保长家中，商量完村落事务之后，保长要在家中安排酒席招待问事人和士绅老爷，感谢他们对村落事务的关心。

另一方面村民在邀请问事人或者士绅老爷时,尤其是士绅老爷,他们并不一定都会接受邀请,而是有选择性的接受部分村民的邀请。

管粥集村村民张大臣介绍:

> 新中国成立前,村民有什么纠纷都会优先选择自己家里面的亲戚先帮忙解决,要是自己家人解决不了才会请问事人,但是问事人也不是谁都帮,一般是帮熟悉的人尤其是自己的亲属,而士绅老爷地位更高,所以都是村里面有身份的人去邀请,比如保甲长、问事人还有一些富裕户,一般的村民不会选择去邀请,因为很可能会被婉拒。

(三)"管不了只能打官司"

根据管粥集村村民张大臣、赵启蓝等人的讲述,在1949年之前,管粥集村当中绝大部分的村落事务都是由问事人和士绅老爷出面解决的,应对上级政府就是保甲长来负责。不管是问事人还是士绅老爷,他们能够在纠纷调解和一些公共事务当中起到调解和组织的作用,但是若是村中出现严重的违法犯罪行为甚至出现命案时,这时候问事人和士绅老爷都不会参与其中,而是让保甲长将犯罪人员扭送官府。

另外,村民对于问事人或者士绅的处理意见绝大多数是服从和认同的态度,要是村民觉得他们的意见有失公允可以去报官,去打官司,但是据管粥集村村民回忆,新中国成立前除了涉及命案等事件,村民没有因为一般的纠纷而选择打官司的。问事人和士绅老爷一般也是不支持村民去打官司的,因为这可能有损村落的名声,但是恶性的犯罪事件发生,他们也不会加以阻止。

第三节 家户治理与治理关系

传统时期,家户是管粥集村最基本的组织单元,也可以被视为社会治理当中的微观单元。在家户内部,当家人是家户内的治理主体,管理着家户内部各项事务,包括财产经营、子女婚嫁、对外交往等。基于此,本节将从家户治理主体、家户治理内容、家户治理方式、家户治理关系等四个方面展现1949年之前管粥集村的家户治理与治理关系。

一、家户治理主体及其制度

管粥集村在保甲时期以户为行政管理单位。一般来说村民所说的"户"和"家"

所指的是同一群人，他们住在一个院落中，共同生产劳动，由当家人负责日常的生产、消费和分配。但是也存在一户多家的情况，这样的情况出现在分家的家庭，由于房屋建设成本高，原本的一家一户分家之后，内部分裂成了一户多家，各个家庭之间经济是独立的，但对外仍然是一户，老父亲是名义上的当家人。当一户多家中的某个家庭搬出去住时，那么这个时候这个家就成了独立的一户，男主人是当家人。

（一）"掌把的"与当家人制度

在管粥集村，当家人被称为"掌把的"，就是一家之主的意思。在家庭中，父亲就是家长，他掌握着家庭所有财产、收入的处置权，子女的事情也是他一个人说了算。当家人是家法的维护者和执行者，其他家庭成员必须遵守家法。家法最基础的就是家庭成员对当家人的尊重和遵从，家庭成员遇到事情需要向当家人汇报并由当家人处置决断，不得擅作主张，如果忤逆，不光会受到当家人的斥责，也会受到村民的谴责，被视为不肖子孙。

1. 家长资格与确定

（1）"家长大多都是男的，女的很少"

管粥集村村民张大臣介绍：

> 联合家庭未分家之前，三代以上同堂，那么最年长的男性成员为当家人，一般是家中的爷爷，如果分家之后，父母和未婚子女组成核心家庭，那么家中的父亲为当家人。

据村民讲述，这样的选择受到男尊女卑的观念影响，村民认为男人比女人天生有能力，女人不适合在外面抛头露面，甚至有"头发长见识短"的看法。女性本身也认为自己只需要管好自己负责的一些家务事就足够了，不需要支撑整个家庭。

管粥集村村民赵启蓝就谈道，他的父亲有几年的时间都在外面做生意，没有时间和精力看管家庭，这时候母亲就代替父亲管理家庭的各项事务，但是遇到家庭重大的事务，例如牲口买卖、土地买卖等，都需要和父亲商量，不能够完全自己做主。

（2）"年长者优先当家或协助当家"

村民赵启蓝提道，村里面的当家人都是年长者优先当家，没有分家的情况下老父亲必须是当家人。老父亲年龄过大，没有过多的精力管理家中的事务，这时候就会让家中的长子协助当家，老父亲是名义上的当家人，而实际的事务是由长子来代理的。

即便父亲偏爱更小的儿子,也要优先选择长子,因为长子的阅历更足,更有能力担当家庭的重任,若是让更小的儿子当家可能难以服众,引发家庭内部的冲突。

(3)"当家人不光要家里头认,外面也要认"

当家人看似只是一个家庭内部的事务和权威,但是实际上,当家人也必须得到外界的认同,这样才是真正的当家人,才能够真正代表一个家庭。

管粥集村村民张大臣就讲了这样一个事例:中华民国时期,管粥集村的宗福来一家的老父亲一直是家中的当家人,但是他的大儿子在外面做生意赚了不少钱,大儿子在家中的地位很高,事实上家中内部的事务都是由大儿子做主,但是当家里面和其他的村民签订契约,或者保长通知当家人开会等情况,都是要求这家的老父亲来参加,或者必须老父亲出面才行。即便自身有能力,但是这家的大儿子还是没能成为真正的当家人。后面由于家庭内部矛盾增多,在老父亲的安排下进行了分家。

2. 家长的更换与接任

(1) 更替原因

根据管粥集村村民的介绍,村民近八成的家庭的当家人发生更换是自然原因,也就是由于原来的当家人年纪变大,精力和思维难以承担繁重的家庭事务,这时候当家人就会主动提出更换当家人,让自己的儿子成为新的当家人。但是这一过程往往是较为漫长的,当家人萌生退意之前几年就会逐渐让自己的儿子接手一些事务,等到真正完全不管家庭事务时,儿子自然成为家中名副其实的当家人。

还有一成多的原因是当家人出现了意外的情况,多数是由于身体健康的原因,还有部分是由于当家人长期到外地做生意或者干活,这时候就会安排儿子接替自己成为当家人。父亲往往不完全脱离管理,而是在一旁协助。

少量的个案是由于其他家庭成员觉得当家人难以胜任当家人的职责,或者在家庭重大事务中做出了错误的决策。这时候家庭成员可能逼迫当家人交出家庭管理的权力,但也可能直接导致分家析产。

(2) 更替顺序

当家人临死前立下的遗嘱需要是书面形式才能生效,口头形式不被承认,并且遗嘱的内容不能与惯例相悖。如果当家人过世,一般他的长子变成当家人。若长子还未成年,那么母亲担任代家长,等到长子成年就把权力移交给长子。若当家人没有儿子,那么倒插门来的大女婿成为当家人。家中的女儿不能够成为当家人,不管年龄大小,能力如何,迟早要出嫁。例外情况是长子不务正业、身体状况差或者精神异常,那么次子成为当家人。

（3）代理家长

当家人的身份是约定俗成的，村民自然知晓也遵从，并且一般情况下当家人的身份和实际权利与义务是统一的。如果当家人出现年纪过大、长期外出且行踪不定、重病不起、神志不清或由于刑罚长期服役等情况难以承担相应的权利与义务，那么家庭中会推举出代家长。

代家长虽然不是名义上的当家人，但是实际掌握当家人的所有权力。代家长一般都是家庭中年纪较长、工作能力强、有经验的男性成员，女儿由于要出嫁不会成为代家长。如果几个儿子都有意愿成为代家长，那么会请家族中的长辈出面协商。如果出现家庭成员中没有男性成员或者男性成员年纪过小的情况，那么家中的母亲成为代家长，等到儿子年满20岁就成为当家人。

代家长必须尊重当家人，并且家庭中诸如土地买卖、借贷、婚嫁等重大决策，代家长需要经过当家人的同意。如果当家人否决，代家长不能单独拍板。成为当家人或者代家长的标志是家中重要的凭据包括地契、借据、钥匙等被移交给新任当家人或代家长，在买卖土地等家庭重大事务中当家人代表一家出面解决。

3. 家长的权威

（1）对内享有最终拍板权

以管粥集村村民张大臣的家庭为例，要判断一个人是否是一个家中的当家人，一方面有明显的表现，这些表现包括在家中吃饭时当家人不仅要坐在最中间的位置，而且当家人不动筷子的话其他的家庭成员也不能先动筷子；在地里干活时，最勤快的往往不是当家人，当家人往往是指导的人，这种情况在老年当家人身上体现得更为明显；当家人身上有各类钥匙，包括粮仓、家中钱柜等。另一方面有隐性的表现，最重要的就是家长对家庭重大的事务有最终的拍板权，不管是买卖土地，还是买卖牲口等，不管其他的家庭成员有着什么样的分歧或者意见，但是他们的观点都只能作为当家人的参考，最终做出决定的都是当家人，其他的家庭成员只能够遵从而不敢违抗。

（2）对外能够代表家户

当家人对内享有最终的拍板权，对外的一举一动则代表着自己的家庭。一方面，村中各类的公共事务都是当家人出面参加的，不管是开会讨论还是参与摊派摊工等都是直接通知当家人，而不会通知其他的家庭成员，当家人可以告知自己的家人也可以选择不告诉自己的家人，若是当家人正好不在家，其他得到消息的家庭成员必须尽快告知当家人，让他来做主。另一方面，家庭做出重要的决策时当家人都是第一责任人。

例如出卖本家的土地时，必须写上当家人的名字，其他的家庭成员名字可以不写，并且当家人必须在场确认交易，否则当家人有权以自己不知情为理由拒绝承认这一契约。

（3）能力是家长权威的基础

当家人的权威并不仅仅是因为当家人往往年长或者是约定俗成，更重要的是当家人的能力，不论是生产经营的能力还是为人处世的能力都是家庭当中的佼佼者。但是随着家中的儿子成长并且有了自己的收入，当家人的权威会相应被削弱，具体表现在当家人在做出决策时一般要和自己的儿子商量而不是自作主张。

若是家中的儿子能力明显强于父亲，父亲的当家人权威就会受到动摇，明智的父亲往往会选择逐步移交权力给这个儿子，若是勉强担任当家人很可能最终引发分家。管粥集村村民赵启蓝谈道：

> 很多当家人年纪大了，没有能力干活了，这时候他说话也慢慢不管用了，名义上是个当家人，但是实际上也就是个空的名号，什么事情都做不了最后的主了。

二、家户治理内容

传统时期，家户治理的内容繁复。当家人成为家庭各项事务决策的主导者，并且一个家户人口越多，财富越多，那么家户治理事务的负担也越重。另外，妻子作为当家人的贤内助也发挥了重要的作用。总体来说，家户治理事务主要体现在以下几个方面。

（一）家庭私有财产的经营管理

在管粥集村村内，当家人享有对家庭私有财产的绝对经营管理权力。

1. 当家人与土地买卖

当家人具有土地买卖的最终决定权。通常情况下，当家人不滥用自己的决定权。确定想要购买土地之时，谨慎稳重的当家人就把具体情况向自己的父母兄弟介绍，他们给出意见。签订买地契约的时候，当家人出面签字画押即可，地契由自己保存。若是父母兄弟在外做事，当家人就托人把这个好消息告诉他们，暂时不说也行，等他们回来告知他们即可。土地对村民来说是最重要的财产之一，买入土地对全家甚至全家族来说都是一件值得庆祝的事情，因此契约签订好，当家人就聚集自己的亲朋好友一起庆祝，前来赴宴的亲朋好友不需要专门携带礼物。对于卖出土地，当家人同样最终拍板，但是需要担保者、直系亲属在契约上的签字画押。

2. 当家人与牲畜买卖

一方面是买牲口。想要买马的家庭都是当家人带着自己的几个儿子出门看马买马，有时候当家人会带着懂马的、讨价还价本领强的亲友一起去，家中的女人不会一起去。在看牛看马时，通常看它们的毛发、口齿、眼神、蹄子等，性别也会考虑。另一方面是卖牲口。同典卖土地类似，卖掉自家的牲口以求糊口是村民无可奈何的选择。做出卖掉牲口的决定时同样需要经过全家人的讨论，最终当家人来拍板。卖掉自家的牲口时，优先选择刚出生的小牛、小马卖掉，然后是老牛老马。正值青壮年的牛马村民最不愿意出卖。相比出卖自家的土地，村民更不愿意卖掉牲畜，其一是牲畜价格低，往往解不了燃眉之急，其二是对牲畜有感情，不舍得卖掉，其三是牲畜除了种地，在交通、磨粮食等方面起到很大作用。在选择买家上，卖牛的农户优先考虑自家的亲友，然后是本村人，最后是外村人。

3. 当家人与外出做工

土地效益不好，儿子多，家庭经济困窘的情况下，当家人会考虑让自己的儿子去外面做工或者给手艺人当学徒。去外面做工一般是短工，比如农忙时节去人市出卖劳力，给富裕农户割麦子。例如管粥集村村民张大臣一家劳动力多，每年种完自家的土地，富余的劳动力都会被当家人安排去外面做短工，赚的钱交给当家人。去外面做工的孩子至少要是成年的，给手艺人当学徒的孩子往往是未成年的小孩。当家人看哪个行当有前途或者有认识的人在干手艺活，比如铁匠、木匠等，他就会把自己的小孩推荐过去，小孩去跟他人学手艺，对方是管吃管住的，减轻了家里面直接的经济负担。例如管粥集村村民赵启蓝的哥哥就曾被家人送去学木匠，3年很少回家，都是在自己的师父家吃喝，3年之后学成就去城里面谋生活了，赚的钱也绝大部分交给当家人。

当家人一般不愿意孩子去干下九流的工作，比如卖艺、唱戏、剃头等。这样对家庭的名声不好，但是家庭困难的情况下，当家人也会妥协。在选择哪个小孩去当学徒的问题上，当家人首先会选择脑袋聪明的儿子去给人当学徒，这样才有可能出师，老实巴交的就留在身边种地。另外很多情况下是儿子自己对某一行当有兴趣就直接和当家人说，当家人和妻子一合计觉得可行，就会答应儿子的请求。在外出做工上，当家人会重视出去做工的儿子以及他的妻子的意见，不会强迫。强迫会直接影响到整个家庭的和谐。外出做工的孩子所赚的钱都要如数交给当家人，不能够私藏，当家人也会根据上交的工资给一些零花钱予以鼓励。

（二）家庭内部成员管理

当家人在经营管理家庭私有财产之外，还负有管理家庭内部成员的职责。

1. 当家人与子女婚配

以管粥集村村民张大臣一家为例，张大臣的姐姐出嫁时挑选了很多人家都没有合适的，之后经亲戚介绍，在微山湖一带有一户人家家庭比较富裕，男子干活也勤快，介绍人只是担心距离过远，张大臣的父亲不会同意。在了解了情况之后，张大臣的母亲不忍心女儿远嫁，希望她嫁到周围的村子，叔叔伯伯也赞同母亲的想法，不过张大臣的父亲是当家人，他认为微山湖一带距离虽然远，但是对方家道殷实，几次接触之后感觉对方也是老实人家，适合自家的女儿，于是最后拍板让女儿嫁到微山湖一带。

2. 当家人与人口管理

家人如果内部吵架或者打架，家长能够予以惩罚，要是问题不严重责骂教育几句，若是严重则家人要挨打。只有在某些极端的情况下，当家人才考虑驱逐自己的家庭成员。例如家庭成员当了土匪，这时候当家人一气之下就可能将其逐出家门，还有的情况就是儿子不孝顺，经常打骂父母，这样的"不孝子"也可能被当家人驱逐，驱逐出门时其在家庭的财产都不能带走。另外当家人驱逐家庭成员是需要家族长辈或者保长进行见证的，所以他们的意见也发挥作用，并不是完全由当家人决定这件事。当家人没有权力处死自己的家人，任何情况下都没有这个权力，当家人一旦采取家法杀死了自己的家人，必然要遭到国法的惩罚，保甲长也绝对不允许这种事情发生。

3. 当家人与家庭内部纠纷调解

当家人是家庭内部最主要的纠纷调解人。在管粥集村也有"家丑不可外扬"的观念，若是家庭内部发生纠纷就请来邻居或者问事人，多少都会有伤家庭的颜面，因此家庭内部的纠纷当家人能够自行调解时都是自己先行调解。只有自身难以调解时才会求助于外界。例如，家庭内部婆媳关系经常紧张，当家人就会安排自己的儿子从中进行调解，缓和两者之间的关系。若是妯娌之间发生矛盾，当家人先让自己的妻子进行调解，要是调解不成，自己就会出面训斥。不管分家与否，大家庭内部的纠纷都会仰仗老父亲进行调解，不过当儿子足够成熟能够独当一面时就很少再请父亲帮忙出面调解。

(三) 当家人的贤内助

家庭内部的事务繁多，若是当家人的管理事无巨细，精力难以跟上。在管粥集村，家中的妻子也实际承担了很多的家庭事务管理职责，具体包括如下的多个方面。

1. 家庭吃穿用度

在吃方面，家里面的儿子还没有成家时，家中的女主妇负责在家中做饭，自己的女儿会协助，当家人平时不需要管，只有在重要的客人到访时才会专门叮嘱。要是有儿子成家，婆婆就会指挥媳妇做饭，自己在一旁帮忙切菜、揉面、烧柴等。要是媳妇多，婆婆的年纪也比较大了，做饭时是大媳妇领着其他的媳妇做，大媳妇下厨，其他的媳妇在一旁帮忙，不过更多情况是哪个媳妇干活勤快，饭菜做得好，下厨的机会会更多。要是婆婆让某个媳妇下厨，媳妇不能拒绝。若是拒绝，婆婆会责骂，认为她好吃懒做，甚至让自己的儿子去训斥自己的妻子，这时候妻子会服从，不敢公然违抗婆婆的命令。

在穿方面，即便是贴身的衣物，穿旧穿破后家中的妇女进行必要的修补后会继续让家人穿着。对于家中的小孩来说，穿哥哥姐姐穿过的旧衣服是普遍的，衣服上大大小小的补丁司空见惯。家中妇女们不会将旧衣服随便丢弃，要是随意浪费，当家人或者婆婆会当面呵斥，即便无法穿着，妇女们也会想办法将旧衣物进行改造，比如当成尿布等。对于更讲究体面的成人来说，一个家庭里面像样的衣服往往只有一两件，这种情况下要是谁去外面做客或者拜访亲戚，就错开时间穿着，像样的衣服换着穿并且会格外爱惜。冬季的时候，主妇们会为家中的劳力缝制加棉的衣物帮助他们御寒，由于棉花不多，家中的孩子只能穿薄薄的棉衣，这使得他们基本不出门而躲在家中甚至锅灶前取暖。青壮年劳力不得不顶着严寒在外做工，所以家中主妇优先保证家中的劳力能够穿暖。对于外出经商或者念书的孩子，家中主妇会为他们准备厚一些的棉衣，担心他们在外面受凉而无人照顾。

2. 家庭日常家务

房屋打扫的工作由家中的女性承担。在儿媳妇还没有进门之前，家中的主妇负责堂屋和自己房间的打扫，各个家人负责自己房间卫生的打扫。要是家中的孩子年纪尚幼，母亲会帮忙打扫。等到儿媳妇进门，婆婆就会指挥儿媳妇对堂屋进行打扫，其他的房间由房间的主人自己打扫。过年之前，家里面要进行大扫除，这时候家里面的女子都加入打扫的行列，由于要把横梁上的灰尘或者蜘蛛网等去除，女人们要是无法胜任，家中的男子会过去帮忙，大扫除的工作要持续整整一天，当家人会在一旁指挥并且查看哪些地方需要打扫，让家人尽快完成。

另外，衣服洗晒由家里面的女子来完成，在儿媳妇还没有进门之前，家中成员的衣服洗晒主要由家庭主妇完成。在女儿懂事后母亲会逐步将衣服洗晒的工作交给女儿。在父母看来，女儿帮家里面分担家务是理所应当的，母亲也不希望培养出好吃懒做的女儿。等到儿媳妇进门之后，儿子的衣服就交由儿媳妇来负责，没有成家的儿子的衣服依旧由母亲或者姐姐妹妹来清洗。儿媳妇要是在坐月子，需要更多的时间调养身体，这时候母亲会帮助儿媳妇清洗衣物，不让产妇碰水。在晾衣服和晒衣服这个问题上，谁洗衣服谁就负责晾晒，收回来的衣服会放在各自的房间中，由衣服的主人自行收纳。

3. 照看孩子

照看孩子通常由家中的主妇来负责。对于刚出生孩子，喂奶由他的母亲来负责，但是婆婆会帮坐月子的媳妇照看孩子的起居，分担媳妇的压力。地主家庭会请专门的奶娘来照看孩子，为了能够让孩子健康成长，奶娘能够吃到更加营养的食物，这样才会多出奶。家中的男子不会照顾孩子，他们平时忙于农活，没有精力照顾孩子，也缺乏照顾孩子的耐心。等到孩子可以走路之后，母亲忙于家务，就会让哥哥姐姐照看自己的弟弟或者妹妹。

三、家户治理方式

1949年之前，当家人之所以能够有效治理家户，是凭借了一定的家户治理方式，家户治理方式具体体现在以下的几个方面：

（一）家长权威与家户治理规则

在管粥集村，虽然当家人掌握着绝对的权威，但并不意味着可以独断专行，恣意妄为，当家人在行使治理权力的同时也遵循着必要的治理规则。

1. 家户决策规则

家户内烦琐的家务事都由家庭主妇来具体安排。若是需要用钱则需要向当家人报告，征求当家人的意见。家中生产性的事务由当家人决定，经济也由当家人支配。例如农户家中重要的财产都会藏在家中，地契等契约、金银首饰等值钱的小物件村民都会放在带锁的匣子里，地里面收上来的小麦、高粱、菽粟等粮食都放在粮仓中，粮仓平时都会锁上避免偷盗。当家人掌管着家里面粮仓、堂屋的钥匙和钱柜的钥匙，几个儿子分别掌管着自己屋子的钥匙，儿媳们掌管自己首饰匣子的钥匙。

家中的婚丧嫁娶事宜由当家人最后拍板，但是当家人需要听取家庭成员的意见而不是独断专行，在做出决策之前，当家人要充分听取家人的意见，必要时征求家族长辈的意见，然后做出相应决策。在家中，12岁以下的孩子是没有发言权的，年纪太小还不懂事，除了孩子，其他的家庭成员都能够提出自己的意见和建议。分家之后，父母对独立出去的子女丧失了决策权，只有批评建议权。

2. 家庭治理规则

村民家中一般没有成文的家规，但是很多家规都是约定俗成并且由父母言传身教，如当家人在家庭中的权威不能侵犯，孩子们无论是否成家都应当尊重自己的父母，当家人安排的事情必须做到，做什么重要的决策都需要和当家人商量，不能擅作主张。

在家庭内部劳动分工方面，男主外女主内，齐心协力共同经营好自己的家庭。家庭成员之间必须相亲相爱，不能相互打骂，尤其不能对自己的长辈有不尊敬的行为。

家法的内容主要偏重于教育，当家人实施惩罚的行为也是为了起到教育孩子的目的，让他们牢记家规不允许违反。当家庭成员违反家规时，当家人都会予以批评教育甚至打骂，情节轻的母亲教育就行，情节重的当家人动手打骂。

3. 家庭治理方式

家中的惩罚方式主要是批评教育和打骂教育，这要看事情的严重性，比如当家人发现孩子之间发生口角，那么当家人一般不管，孩子的母亲会加以训斥。若是发现孩子偷拿家中的钱财，那么即便母亲为孩子求情，当家人也会用棍子打孩子的屁股和腿，或用竹鞭抽孩子的手，这样是为了让孩子牢记不能偷盗，不能犯这种性质恶劣的错误。

每家每户的孩子从小就被教育尊敬自己的父母，当家人力图保证自己在家中的权威地位，小孩不能够和自己的父母顶嘴。一旦发生对父母不尊敬的事情，当家人就会严加管教，轻则打骂，重则罚跪不给饭吃，这样的棍棒教育下家中的孩子对当家人都是毕恭毕敬的。即便到了孩子成年，虽然当家人很少自己动手，但是当家人的威严仍在。

对于当家人安排的农活，几个儿子都会听从，要是敢不听从，其他的兄弟也会教训不听话的兄弟。虽然儿子们不能拒绝当家人的安排，但是如果自己生病了或者受伤了，暂时需要休养，当家人自然不会给他安排农活。若是儿子中有人干活偷懒，比如在挑水时磨磨蹭蹭的，表现出很不乐意的样子，要是当家人见了就会呵斥几句，这时候儿子就会打起精神好好干活。若是当家人发现儿子没有干完活还对自己说了谎，比如地里明明还有很多杂草，但是儿子回来说杂草已经除完了，当家人就会打骂这个说谎的儿子，告诫他做人要诚实，不可撒谎。事实上，儿子们都会卖力干活，当家人也不会闲着，因为不干活就没有饭吃，生活无法过下去。

(二) 户内协商

在管粥集村，当家人在进行家庭事务决策时并不是独断专行的，而是经常会和自己的家人商量。在不同的事务当中当家人会选择和不同的对象进行协商。

1. 当家人与妻子协商

据管粥集村村民张大臣介绍，当家人在处理子女教育和婚嫁等问题时会与自己的妻子协商。由于当家人经常忙于田间劳动等生产活动，对家中的小孩关照不够，因此对自家孩子的了解往往不如自己的妻子。正因为如此，当家人在送孩子去念书，选择哪个孩子去念书，以及让孩子们念多少年的书这些问题上都会听取妻子的意见。虽然最后拍板的是当家人，但是妻子的意见起到了至关重要的作用。而在子女婚嫁方面，妻子更为心细，对未来的媳妇或者是未来的女婿都有更多的想法和意见，当家人会了解妻子的想法，两个人达成了统一的意见之后就可以做出决定。

2. 当家人与子女协商

以管粥集村村民张大臣家为例，当家人对家庭重要的财产进行买卖时就需要和子女进行协商。因为儿子最后有权利继承父亲的家产，因此对父亲如何处置家庭财产有自己的发言权。当家人在买地时带着自己的儿子一起去看地，让儿子了解土地的情况，听取儿子的意见。若是儿子们觉得这块地价格偏高或者位置不好，这时候当家人就可能打消买土地的想法。若是儿子们觉得这块地很适合购买，这时候达成一致意见，当家人就可以拍板购买土地。另外在买卖牲畜的时候也需要和自己的儿子进行协商，听取儿子们的意见。

3. 当家人与长辈协商

当家人在处理部分家内大事时会考虑和自家的长辈进行协商。例如在面对是否娶小老婆，是否要过继兄弟家的孩子，把孩子送给别人当童养媳或者给别人当学徒等情况时，都会跟自家的长辈进行商量。长辈的经验更为丰富，当家人得到长辈的认可，在处理这些事务时能够得到更多的支持，在舆论上也能够尽量得到长辈们的理解。这类事务往往不适合和自己的妻子、子女商量，只有和自家的长辈商量才合适。

四、家户治理关系

1949年之前，管粥集村的家户治理关系具体体现在以下的几个方面。

(一) 当家人与孩子管教

当家人在孩子面前必须保持威严，尤其是有家户之外的人在场的时候，孩子必须尊重当家人并绝对听从当家人的指挥。若是孩子年纪尚小，这样的要求就自然降低，但是孩子动辄哭闹也可能引来当家人的棍棒伺候。孩子的行为教养代表着父母是否管理有方。若是孩子出现偷拿别家物品的情况，当家人就严厉呵斥，要求原物归还，并且由孩子的母亲领着孩子前去当面道歉。要是孩子屡教不改，当家人就棍棒相加，让孩子不敢再犯。也有母亲知道孩子犯了错故意不告诉当家人，避免孩子挨打的情况，要是当家人最后得知，孩子仍然遭到训斥。

(二) 当家人与夫妻关系

在管粥集村的文化中，当家人在外人面前不能和妻子表现得过于亲昵，而应该保持距离。年轻的夫妻即便感情深厚，在外人在场时也不能表现出来彼此的恩爱。若是违规，当家人一开始会私下提醒，要是引来外人的议论，当家人就不仅是提醒还会训斥，要求夫妻两个在外人面前相敬如宾。不管是当家人自己还是对自己的兄弟、儿子等都是如此要求。夫妻如在外人面前表现恩爱，就引起外人非议，认为妇女狐媚，这样的男人没有大出息。在外人前来做客时，家中的女眷都不能随便抛头露面，在没有得到当家人的允许下不能和客人私下交谈，要是客人尊贵，女眷不能上桌吃饭而应该等到客人吃完离去才能开始吃饭。

（三）当家人和雇工

基于管粥集村地主赵祖武的实际情况，富裕的地主家庭会觅工干活，当家人和当家人的成年儿子都可以指挥觅来的长工、短工干活。大领是长工中最有地位的，他平时带着其他的雇工干活，大领精通农耕的各项技术，是种地的好手。平时地里面、家里面有哪些活需要干，当家人提前一天告诉大领，大领就会带着二领、短工一起干活，有时候当家人和成年儿子也会一起下地。在分工上，大领主要负责地里面的耕作，挑水、担肥、割麦等费时费力的工作都分摊给其他的雇工干。大领相当于地主家的管家，但是仅限于地主家的劳动事务，生活事务大领不能干涉。家中的女子不能也不会和雇工们接触，要是当家人发现女儿和雇工私下有接触会责骂女儿，严重时会请走这个雇工。

第四节 亲族治理与治理关系

1949年之前，管粥集村的亲族治理主要以家族族长和家族长辈为治理主体，家族内部的公共事务是亲族的主要治理内容。本节将从族长与家族事务治理、长辈与亲戚事务治理以及亲族治理关系三个方面来考察传统时期管粥集村的亲族治理与治理关系。

一、族长与家族事务治理

对传统时期管粥集村的族长与家族事务治理进行考察，可以从族长、治理内容、治理方式与规则等三个方面进行考察。

（一）族长

根据管粥集村村民程保民、张大臣、薛传明、宗玉春、杨善伦、赵韶喜等多名老人回忆，中华民国时期，管粥集村下辖的多个自然村的主要姓氏都有自己的家族族长，管粥集自然村有宗姓族长和薛姓族长，赵楼自然村有赵姓族长，许楼自然村有许姓族长，耿楼自然村有李姓族长。

根据赵楼自然村受访老人张大臣回忆，中华民国时期，赵楼自然村赵姓族人的族长便是地主赵祖武。赵祖武不只是管粥集村当中最富裕的人家，并且在外地都有一定的声望。正因为他担任赵姓族人的族长，赵姓族人的家堂庙主要由这位族长负责日常的看管，而赵祖武则安排自家的大领即长工日常负责家堂庙的维护和打扫，在家族举办重大活动时尤其是清明节的坐庄会时，族长都是重要的组织者。

1. 族长：资格、好处与任期

根据管粥集村民赵忠仁的讲述，能够称得上族长的必须满足以下的几个条件：

其一是资历高。这里的资历高是以年龄为基础，以经历为标准，经历主要是参与族内事务的多寡。

其二是品行好。做事情光明磊落，能够为家族谋福祉，不能够有人生污点，比如虐待长工、侮辱村民等行为。

其三是有一定的学识和经济基础。有文化、家里富裕，这样才有能力振兴自己的家族，带领族人好好发展。

据管粥集村村民张大臣介绍，中华民国时期，不管哪个家族的族长都不会因为族长的身份有什么特权，例如在缴纳税赋、征召壮丁等事务方面，族长家庭和其他村民的家庭一样。但是族内还是会给予族长一定的优待，包括族长去世后可以葬在家族土地中风水最好的位置，也是代表地位最高的位置。平时族长出门，族人都要主动向族长打招呼，逢年过节的时候族人自发给族长送点心、水果、馍馍等。

村民张大臣还表示：

> 新中国成立前当族长没有什么好处，当族长的人也不图这些好处，他们就是心里面想为家族好，能够让家族里面团结起来，让其他家族的人看得起，族长对自己的要求要比一般的族人都高，很多规矩都要恪守，要不然就容易招人口舌。

对于族长的任期，分属不同家族的受访村民都表示族长没有特定的任期，族长自己愿意干多久就干多久。一般年纪过大了族长就和族人说自己精力不够，举荐其他的族人来当这个族长，让后者挑起这个族长的担子。

2. 族长的社会地位

以赵家族长为例，族长能够获得族人的尊重，并且这种尊重往往不局限于族内，在族外也能够受到其他村民的尊重。管粥集村村民张大臣就谈道，要是谁家请客，能够请来族长当陪客,那就是最大的荣耀,也说明给客人最高的尊重。村民在节日的时候也愿意主动给族长送点点心水果等,感谢族长为大家做出的无私的奉献。

> 宗子主祀,礼也。或年幼分卑,不能表率。一族必择才德兼优、为族所重者,立为户长,又于各房择年长者为赞焉。合族有事,主持有人。即子弟有不肖者,亦得循规惩戒,庶公举有成,家法得申。然族之立,不必徒以年份,须择平素为人端正、刚正不阿,可以统驭一户、协服人心者,以之为长。事有关宗祖、合族利害,彼自会众商榷,不退缩推诿轻败。[1]

3. 族长的权责范围

综合村民张大臣、赵忠义、赵启蓝等人的回忆与讲述,族长的职权范围大致可以分为两类。

第一类是本家族内部的事务。包括管理家族的公共财产,如墓地、家堂庙、庙地等;组织家族族谱的修改和编撰工作;团结族人,调解家族内部族人之间的纠纷;组织和举办家族集体的祭祖活动;对家族内触犯族规的族人进行相应的惩戒;组织族人援助族内的孤寡老人、贫苦族人;举荐新任的族长人选等。

第二类是家族外部的事务。这里主要是族长能够代表自己的全体族人对外参与续谱修谱、纠纷调解等活动。

(二)家族治理内容

以管粥集村的赵姓家族为例,1949年之前,家族治理内容主要包括以下几个方面:

1. 调解族内纠纷

村中有句古话,家丑不可外扬。家族内部各个房支的当家人之间发生争吵时,为了避免让外族人看笑话,家族族长会出面进行必要的调解。族长调解的方式是直接将争吵的两家当家人叫到面前来,询问发生争执的原因,族长在理清来龙去脉后就会告诫后辈各退一步,要珍惜同族人的感情,不要因为一些鸡毛蒜皮的事情伤了彼此的和气,也让周围的外族人看了笑话。发生争执的两家当家人在族长面前都是毕恭毕敬的,不会直言顶撞族长,会听取族长的意见平息争端。但是由于族长的精力有限,因此族长在参与族内纠纷调解时多是族人主动去请,族长也会选择性地参与一些调解,而不是所有的调解都参与。

管粥集村村民赵忠仁说道:

---

[1] 摘自管粥集村宗姓村民族谱。

> 族长劝架多是劝和，希望族人珍惜老祖宗的荫庇，能够互相团结，有些纠纷单纯就是一些族人无理取闹，族长出面也劝不了，这时候族长就不会掺和，而是让问事人他们去进行调解。

2. 维护家族名声，维护家族规训

家有家法，族有族规，族长有责任也有义务维护本家族的族规，但凡家族成员违反了家族族规，族长都会对冒犯者予以制裁。例如在新中国成立前，村中有名望的家族，如赵姓家族都在族规中明确规定族人不得投匪，要是族人违背族规落草为寇，族长会将这个族人五花大绑，让其跪在祖宗的面前认错，若是族人拒绝认错，族长会在和各房支当家人商议之后，将这个族人从族谱中除名并驱逐出村子，保甲长不会出面干涉。管粥集村村民赵忠仁就谈道：

> 族长一般不施行家法，要是施行了肯定是族里面有人犯了大错，新中国成立前我们家族最忌讳的就是有族人去投匪，族长也经常告诫我们即便是讨饭也不能干这个行当，谁要是投匪了，我们族就要把他绑起来，送到官府去。

3. 防止家族财产流失

在管粥集村，家族事务虽然高于家户事务，但是族长很少过问各个家庭内部的事务。然而，若是出现某个族人没有儿子的情况，族长会安排"请家当"，让族人去给这个没有子嗣的男丁养老送终并最终继承他的家产，这样可以防止家产外流，落入男丁妻子的家族之手。

管粥集村村民张大臣谈过这样一个案例："中华民国时期，赵楼自然村有一户人家，当家人叫赵凡，这家人一直没有生育小孩，家里面有 8 亩左右的土地，夫妻两个很恩爱，但是这家的当家人后面得了重病去世了，当家人临终前便表示允许自己的妻子改嫁。之后，赵祖武族长就出面和这个女人说，若是改嫁只能带走自己的嫁妆，族里面给她 5 石粮食作为补偿，土地房子都必须留在族内，若是不愿意改嫁，可以继续耕种自己的地，居住在自家的屋子里，族里面安排一户人家把自己的儿子给这个女人领养，给她养老送终。最后这个女人没有改嫁，在族里面抱养了一个孩子。"

4. 代表家族调解与外族的纠纷

族人与外族发生矛盾纠纷时，族长、亲戚会参与调解。一般情况下，若是仅仅涉及两个家户的纠纷，家族的族长不会参与纠纷调解，但若是涉及家族的公共事务，比

如在自己家族的坟地里族人和外族村民发生纠纷，这时候族长就要出面参与纠纷调解。族长一般不能代表族人与政府进行交往，族长只能通过保甲长和政府进行交涉，与政府商量减负。在抓壮丁的问题上，家族可以共同平摊费用，用这笔费用买外村的人代替自己的族人去当兵。若是族人犯罪被抓进监牢，通常他的直系亲属会想方设法进行营救，要是没有办法就请族人到保长家求情，让保长出面帮忙沟通，减轻罪罚。

（三）家族事务治理规则与方式

1949年之前，管粥集村村内的家族在进行内部的治理时遵循着一定的治理规则和治理方式。

1. 族规与家法

在管粥集村，族规、祖训主要记载于各个家族保有的族谱当中，也有少部分的族规、祖训是口头的形式。

（1）概述

以下的内容节选自管粥集村的宗姓族谱。

其一，友邻睦邻。

> 无分异姓同姓，与我同处，田土相连，守望相依，各宜谦和敬让，喜庆相贺，患难相救，疾病相扶持，彼此协和，略无顾忌，不可因著小岔闲气宿怨挟谋，交相启口，亡身破家，虽佃仆拥赁之人，亦必一体待之，是谓和睦乡里。[1]

其二，亲族和睦。

> 亲族乡党，贵尚和睦，不可恃挟沿气，以启衅端。如或事尚辩疑，务宜撰之以理，曲果在己，即便谢过；如果彼曲，亦当以理谕之。彼或强肆不服，事在得己，亦当容忍；其不得已，听判于官，毋得辄逞血气，怒誉斗殴，以伤和气。违者议罚。[2]

其三，恪守长幼尊卑。

---

[1] 摘自管粥集村宗姓族谱。
[2] 摘自管粥集村宗姓族谱。

> 同族者实有名分，兄弟叔侄彼此称呼，自有定序。近世风俗浇漓，或押放裹昵，或狂阿承。乃有号混名相称者，意虽亲而反疏之，非礼也。我族龄趋拜，必祈放恭，言语必祈龄逊，坐次必祈依龄先后，不论远宗近宗，俱照名分序列，情实亲洽，心更相安。故家巨室之礼，原自如是。又有尊庶母为嫡，跻妾为妻者，大乖纲常，远遗垢笑。又女子已嫁而归，辄居客位，甚非古道。若同族义男，亦必严遵约束，不得凌犯房长上，有失族谊。[1]

(2) 族规家训的言传身教

在管粥集村，无论是族规还是家法，主要是依靠父母等长辈的言传身教进行传播的，通过这样一种方式让村民能够从内心去认同本家族的族规家法，而不是因为惧怕惩罚才去遵守。

管粥集村村民张大臣就回忆：

> 中华民国时，村里面的私塾先生也会教族规祖训，比如赵家地主请的私塾先生就给学生教赵姓族人的族规，让学生们背诵下来，背不下来就要打手板，不让回家吃饭。

对于族规家法的执行，赵忠义就谈道：

> 新中国成立前我们赵家有一个族人和土匪有联系，族长知道了非常生气，就召集村里面全族的人去家堂庙，让那个村民跪在祖先的牌位前，向族长解释自己是否通匪，族长也和其他家族长辈商量如何处置这个村民。最后这个族人发誓不再和土匪有往来，并且交了 1 石粮食作为惩罚。

2. 人情与惯习

相比严格的族规家法，在管粥集村各个家族内部更多通行的是人情和惯习。管粥集村村民张大臣就谈道：

> 1949 年之前，村子里面是讲人情讲老规矩的地方，不是讲法律的地方。

---

[1] 摘自管粥集村宗姓族谱。

哪个族人犯了错也不是一棍子打死,而是要给他改过自新的机会,让他洗心革面,重新做人。要是处罚严格了,村民私下里都会觉得族长不近人情,太过严厉。

村民赵忠义谈道:

> 1949年之前,村里面凡事都有个规矩,在家族里面也有自己的规矩,平时对家里面的老人怎么尊敬爱戴,对小孩怎么抚养保护,请家当怎么请等,都是有一定规矩的,不能乱来,大家也认同上一辈传下来的一些风俗习惯。

二、长辈与亲戚事务治理

1949年之前,在管粥集村,族长是亲族内最重要的治理主体,除了族长,娘家舅舅和娘家兄弟作为亲族当中的长辈也在亲戚事务处理当中发挥着重要的作用。

(一)娘家舅舅与亲戚事务治理

对于管粥集村村民而言,娘家舅舅享有非同一般的权威。

1. "天上雷公大,地上舅公大"

在管粥集村有这样一种说法:"天上雷公大,地上舅公大。"在每一位管粥集村村民心目当中,娘家舅舅有着很高的地位,这样的地位体现为娘家舅舅享有的一些优待或者特权。

其一是娘家舅舅到家中做客时,尤其是第一次到家做客时,不仅要坐上座,而且家中在准备饭菜时不能显得寒酸。一般会准备猪肉、面疙瘩等,并且还会邀请村中的问事人等村中头面人物前来当陪客。

其二,逢年过节时,嫁出去的女儿只要回来省亲都一定要去拜访自己的娘家舅舅。上门拜访的时候双方会互赠礼物。

其三,出嫁的女儿去世时,不管是否正常死亡,出殡时必须有娘家舅舅在场。若是娘家舅舅不愿意出席,女方就不能正常出殡,必须邀请到舅舅出席。

其四,家庭里面有重要的事情需要请教娘家的亲戚,那么最优先请教的亲戚就是娘家舅舅,家庭也非常重视娘家舅舅的看法和意见。

正如管粥集村村民赵忠义所说:

> 古时候建新房,娘家舅舅要送屋子的横梁给这对新人,就说明舅舅有着

很尊贵的地位，虽然1949年前这个习俗已经没有了，但是家里头有什么大事都需要舅舅在场，这样很多事情才能干稳当。

2. 娘家舅舅发挥的治理作用

基于管粥集村村民赵忠义、张大臣、赵启蓝、廉美堂等人的回忆与讲述，中华民国时期，娘家舅舅在如下的事务中发挥着举足轻重的治理作用。

第一，调解亲戚之间的纠纷。亲戚之间发生纠纷，为了保留颜面，村民很少会请村中的问事人等外人进行调解，觉得这样的做法不仅给人笑柄而且也不是给对方留情面的做法，因此娘家舅舅就可以在其中起到重要的作用，娘家舅舅会组织酒局，在酒席上争执双方把话聊开，在舅舅的劝解下握手言和。

第二，红白喜事时请娘家舅舅来记账。由于红白喜事时各方的来客都会给主人家礼钱，这时候这笔礼钱如何收，如何保管就是重要的问题，由于主人家往往忙于招待来客，没有多余的精力来顾及此事，这时候请来娘家舅舅这一值得信赖的亲戚就可以促使这个问题迎刃而解。

其三，教育新婚夫妻和后辈。上了年纪的娘家舅舅有着丰富的阅历，说话也有分量，新婚夫妇闹了矛盾，双方的父母都不好出面劝解，这时候娘家舅舅可以更为客观公平地去规劝这对夫妇各退一步，床头打架床尾和，新婚夫妇出于对娘家舅舅的尊敬也更愿意接受舅舅的劝解。另外，后辈们的教育也不光依靠父母，舅舅也时常会主动教育后辈一些为人处世的道理。

（二）娘家兄弟与亲戚事务治理

管粥集村村内，女子出嫁后，其娘家的兄弟能够参与到亲戚事务的治理当中。

1. "嫁人了有娘家兄弟撑腰"

1949年之前，在管粥集村有这样一种说法，女儿不是"泼出去的水"，女儿"嫁人了有娘家的兄弟撑腰"。管粥集村村民并不认为自家的女儿嫁出去后就不用管了，而是非常重视两边家庭的关系。

对于管粥集村村民来说，多和一些家庭打交道，遇到什么困难时都有了一个新的门路可以解决和分担。另外，女儿还是会通过省亲，娘家也通过送祝米等方式巩固彼此的关系，结成一个更紧密的社会关系网络。

2. 娘家兄弟发挥的治理作用

根据管粥集村村民张大臣、赵启蓝、王传铭等几位老人的回忆和讲述，娘家兄弟在亲戚事务治理当中起到了重要的作用，主要体现在如下的几个方面。

一方面，调解夫妻之间的纠纷。由于管粥集村普遍存在着重男轻女的观念，因此夫妻在发生吵架时往往是女方忍气吞声、夫妻打冷战或者妻子负气回娘家暂住。在这种情况下，妻子娘家的兄弟会了解情况。若是男方有暴力的行为，兄弟就会出面让对方道歉并且承诺不会再使用暴力。若是只是鸡毛蒜皮的小事，那么女方的兄弟就会安排人去给男方报信，说自己的妹妹回家了，请对方放心，等到女方气消了，女方兄弟就会让男方带上礼物上门接自己的妹妹回家。若是自家理亏，女方兄弟就会在适当的时间把妹妹送回男方家并且在饭桌上把话聊开，解开双方之间的心结，让夫妻重归于好。

另一方面，双方家庭互相帮忙。女方家兄弟多的情况下，男方这边的亲属会主动为对方介绍合适的对象，双方家庭缺乏劳动力的时候，或者建屋修房时，双方都会出人帮忙，这种帮忙不需要特别的报酬。一般到谁家帮忙，谁家就会管饭管酒，不用刻意准备，但是一定会留下来吃饭。

三、亲族治理关系

在管粥集村，亲族治理关系可以从亲族成员之间的治理关系、亲族与成员的治理关系以及亲族治理与国家治理三个方面来进行阐述。

（一）亲族成员之间的治理关系

亲族成员之间的交往是管粥集村村民之间最基础的交往关系之一，其治理关系也体现出一定的规则。

1. 当事人为亲戚关系

亲戚之间发生口角一般让亲族里面的长辈来调解，亲族的长辈有一定权威，争执双方都尊敬自己亲族的长辈，自然也会听从亲族长辈的劝告。发生土地纠纷、用水纠纷等利益纠纷时，发生争执的双方为亲戚时往往更好调解，因为平时本来就交往密切，不可能因为这样的纠纷而损伤两家人彼此之间的感情。因此总是两家好好商量，各退一步。若是某家不顾亲戚关系，一心只为利益而不惜伤了两家的感情，那么家族的族长也不好出来调解，这时候一般请问事人前来调解。不管多大的纠纷都不会惊动官府，经过问事人调解之后，亲戚关系受到损伤，虽然还是会有交往，但是关系会变淡。

2. 当事人为同村同族

在村落中同族族人发生纠纷时，一般家族族长会出面进行调解。同样的事情，同族的人产生纠纷并没有比亲戚之间更好调解，反而更难调解。虽然彼此是同族人，但是彼此也是独立生产生活的家户，因此都以自身家户的利益为先，不过他们也会听从族长的劝解。一般来说同族之间发生纠纷，在族内就能够解决，若是不能就请村落中的问事人帮忙调解，不会去找官府介入，更不会去打官司。

3. 当事人为不同村但同族

不同村的同族族人发生纠纷时，若是一般的纠纷，周围看热闹的旁人就会上前进行调解，劝说毕竟是同族的人，虽然不同村，但祖上也是一起的。若是纠纷矛盾较大，两边请各自这边的问事人出面调解，一般不请族长出来调解，因为族长处境尴尬，并且很难一碗水端平，所以请问事人来调解更为公平，双方也愿意接受。

4. 当事人双方不同族

族人和外族人发生纠纷时，若是涉及本族公共的事务，那么族长就会主动出面进行调解。若是仅仅是家户与家户之间的矛盾，周围的村民就会进行劝解，一般上升不到宗族的层次，族长自然也不会参与这样的调解。若是涉及两边家族的事情，并且两边家族可能因为这件事情处理不好而影响名声，那么两边家族的族长就出面进行仲裁、商议，一般家族里面年长的有威望的族人出来调解就行，不涉及所有的族人。只要两边家族没有发生械斗，那么保甲长是不介入其中的，官府也不会管这类民间的事务。

亲戚之间的纠纷最容易调解，其次是同村同族，再次是不同村同族。原因在于宗族的观念在村庄中已经逐渐淡化，单家独户的利益是村民最为在意的，亲戚关系意味着更紧密的家户与家户之间的关系，村民不愿意为了一些蝇头小利而得罪了自己的亲戚，这是得不偿失的。

（二）亲族与成员的治理关系

亲族内部存在长幼尊卑，也存在着一定的秩序。族长在家族治理当中享有最高的权威。

1. 治理主体权威体现

家族族长在本族族人面前是具有权威的。不仅因为家族族长是家族中的长辈，更因为家族族长频繁参与家族的各项事务，积累了丰富的经验和威信。家族族长在族人面前的权威体现在：

一方面，日常生活中，族人见到族长都要以辈分问好，不得冒犯家族族长，否则就会受到当家人的责骂并且被族人认为没有教养。

另一方面，在家族的公共事务中，家族族长往往是牵头人和组织者，族人听从族长的指挥。在家族与家族之间的交往中，家族族长是家族的门面和代表，家族族人不允许其他家族的人员非议自己的家族族长，族人都自觉维护家族族长的名誉，把这个视为本家族的名誉。

即便不属于同一个家族，村民从小就被教育尊老爱幼，并且家族族长往往更明白事理，对村庄过去的历史状况有更多的了解，因此即便是普通村民，在面对族长时都是毕恭毕敬的。在见面时要主动向族长打招呼而不是避而远之，否则被认为对长辈不礼貌。在村民发生冲突时，村民更愿意接受家族族长这类长辈的意见，而不是置之不理，即便不认同长辈的意见，村民也不敢当面进行驳斥。另外，家族族长经常参与到村庄的各项公共事务中，村民对族长充满尊敬。在对外交往中，族长同样是一个村子的代表，村民绝不容许外村人非议自己村中的这类长辈，否则势必引发冲突，村民自觉维护村庄的名誉。

2. 治理认同与背叛

一方面，认同。族长对族人的教育批评，族人是虚心听从的，通常不会反驳，若是有罚款也要如数上交。族内关于修谱、祭祀、修路等公共性的活动需要平摊费用，族人也按时按量缴纳，甚至一些富裕的家户愿意多缴纳一些费用。族长一般不会体罚族人，即便想要体罚族人也往往交由其家户的当家人进行体罚。

另一方面，背叛。村中没有出现过在过继、宗族惩罚等情况之外，将自己的姓氏改为他姓的情况。族内也没有出现过族长做出的决策和国家政策不相符的情况，因为村内大家族的活动往往邀请保甲长前来参加，即便保甲长不是本家族的人员。家族内的关系以互帮互助为主，家户与家户之间相互独立。当本门和外门发生矛盾时，没有出现帮助外门人的情况，亲戚和外人之间发生矛盾，也不会去帮外人。族人和亲戚发生矛盾，优先帮助亲戚而不是族人。

（三）亲族治理与国家治理

依据管粥集村民张大臣、赵启蓝等老人的介绍，相比保甲长，族长较少参与村庄公共事务。族长的大量精力都放在自己家族的经营上，且族长都是年长者担任，无论是自身精力和体力有限，还是参与各类公共事务更多出于责任而没有实际的经济报酬，两者都限制了族长更多参与到村落的公共事务中来。家族族长之所以愿意花费一些时间和精力参与村庄的公共事务，最重要的目的是维护整个家族的团结，使对外的声名得到提升至少是不受到损害。

具体到族长和保甲长关系方面，管粥集村村民赵启蓝指出："族长和保甲长其实是一种相互协作的关系。"保甲长主要对上级负责，但是为了维护自身在村落当中的威望，保甲长更多选择和家族族长进行合作。

在村中发生较大的冲突比如土地、水源等方面纠纷的时候，家族族长对过去的历史情况更为了解，因此保甲长就请来家族族长出面协调。在这个层面上，保甲长主动让出一部分的权力给家族族长，保甲长也乐于让家族族长更多参与到村庄的公共事务中。村中的受访者介绍，保甲长遇到什么事需要家族族长帮忙就请他们到家中做客，家族族长更多代表家族的利益，但是毕竟家族族长没有实际的上级政府的支持，而保甲长有上级政府的撑腰，因此家族族长在族人犯事的时候也向保甲长了解情况并且求情。

第五节　信缘治理与治理关系

在第四章的"信缘及信缘关系"以及第五章的"信仰与信仰关系"等章节中已经对信缘治理的基本内容做了一些介绍。本节重点围绕治理关系，以"泰山奶奶庙"为切入点，从泰山奶奶庙与治理主体、泰山奶奶庙与村落治理、娘娘会与泰山奶奶庙住持等三个方面来展示传统时期管粥集村的信缘治理与治理关系。

一、泰山奶奶庙与治理主体

根据管粥集村老人的回忆与讲述，中华民国时期，管粥集村一带最负盛名的庙宇便是距离管粥集村15公里左右的泰山奶奶庙。每逢节日或者泰山奶奶的生日等特定的时点，自发前往泰山奶奶庙的村民众多，将整个庙宇围得水泄不通。管粥集村村民赵忠义介绍，中华民国时期，泰山奶奶庙的庙主是一位和尚，这位和尚俗姓李，是山东人，祖上迁居苏北一带，庙中居住的不只是这位和尚，还是一些信众，自发到庙里面吃斋诵经，帮助管理庙宇。泰山奶奶庙的这位和尚完全依靠泰山奶奶庙的庙地来维持生计，庙地有20余亩，均为旱地。除了道士和庙中的信徒自己经营5亩左右的田地外，其他的十余亩地都租给周围的佃户，庙地的经济收入除了支撑庙中人员的生活，还要支撑庙宇日常的修缮香火等费用。

接下来将对泰山奶奶庙的庙主与其所在区域内的各个治理主体之间的关系进行阐述。

其一是庙主与保甲长的关系。泰山奶奶庙是直接受到乡政府管理的，因此庙宇的各项事宜不需要特别报告保甲长，也不需要向保甲长缴纳任何费用，但是保甲长在庙宇的日常管理方面起到了重要的作用，实际中，庙主也需要得到保甲长等人的帮助。根据村民的陈述，这样的帮助主要体现在以下的两个方面。一个方面是庙宇面临特定的节日时，众多的信徒前来导致庙宇过于拥挤，为了避免安全问题，庙主就需要请保甲长组织人员对进出寺庙的人员进行疏导管理，避免出现人员过于拥挤的情况。另一方面是日常的管理，若是庙宇内发生打架斗殴、破坏庙内公共设施、盗窃等情况，庙主会先通知保甲长进行解决，若是保甲长难以处理则由乡政府安排人员前来处理。正因为庙主和保甲长紧密的联系，每逢节日，庙主都会带上礼物上门拜访，若是保甲长或者他们的家人前来烧香祈福，庙宇会安排专门进行接待，每年的头炷香也可以留给保长，不需要支付专门的费用。

其二是庙主与士绅老爷的关系。士绅老爷是庙宇建设重要的财主之一，因此庙主必须维护好与士绅老爷的关系，若是关系没有维护好，很可能在庙宇进行翻新修缮时难以筹集到充足的资金。另外若是士绅老爷不认同庙主，可以向乡政府提出异议，若是乡政府认为士绅的说法有理就会撤换庙主。因此，相比保甲长，逢年过节时，庙主会带上价值更高的礼物上门拜访士绅老爷，一般是猪肉、水果、点心等，和保甲长类似，士绅老爷及其家人来庙中上香时也会安排专门陪护，庙主在一般情况下也会亲自接待。若是士绅老爷和保长都想上头炷香，庙主会向保长说明情况，让士绅老爷有优先的权利。

其三是庙主与山主的关系。山主是庙宇建设时最大的出资方，因此庙主也格外重视同山主之间的关系。除了给予与保甲长和士绅老爷同等的礼遇，庙主还需要每个月去到山主家中汇报庙宇运作的情况，若是庙宇运作中遇到什么困难都可以直接向山主提出，山主相当于给庙宇提供了一个保护伞，或者说是一个坚实的后盾。

其四是庙主与普通村民的关系。对于普通村民来说，庙主是德高望重的庙宇住持，若是普通村民想要祈福、算命、看风水等都会上门请庙主前去。并不是所有的村民邀请庙主都会答应前去，一般村里面的头面人物出面邀请都会答应，其他村民的请求要看庙主的安排。即便庙主拒绝了村民的请求也不算是得罪了村民，村民大多能够予以理解，不会耿耿于怀。

二、泰山奶奶庙与村落治理

综合管粥集村村民张大臣、赵启蓝、赵忠义、崔庆芳等人的回忆与讲述，泰山奶奶庙实际在村落治理当中发挥了自身独特的作用。具体来说，主要包括以下的几个方面。

其一是灾荒救济。

管粥集村村民张大臣回忆：

> 我小的时候遇到严重的水灾或者旱灾，田地里的麦苗死了大部分，很多村民就不得不逃荒到外地去，我们家在外面没什么亲戚，就靠去泰山奶奶庙，那个庙里面每天都有人施粥，都是徐州城里富裕的人捐钱的，救济我们这些灾民。所以小时候我有个印象就是庙里的人都是活菩萨。

除了在灾荒的时候对村民施以援手，庙宇还为一部分流离失所的村民尤其是妇女、老人和小孩暂时提供一个栖身之所，让他们不必在外面遭受风吹日晒。

其二是帮助村落弱势群体。

泰山奶奶庙保有的庙地除了少部分是庙主和信徒自己打理，其他的庙地都是租借给普通的村民，并且这些村民都是村中的底层村民，也就是没有地的村民。把地租借给他们，每年一半的粮食作为地租，一半的粮食可以养活自己的一家人。一般来说，佃户很少更换，但必须是无地或者少地的村民，不会把庙地租借给地较多的村民。除此之外，信徒对于村中的孤寡老人也会有相应的帮助，为他们提供冬天必要的保暖衣物，而费用则来自村民对庙宇的捐赠。

其三是教化村民。

除了对有需要的村民进行必要的帮助，泰山奶奶庙还承载了对村民的教化功能。庙主经常会向前来烧香祈福的信徒传递向善的思想，号召村民积极踊跃捐款去帮助那些处于生活困境中的人，同时也教化村民更具有同理心，让村民能够减少彼此之间的矛盾，家庭更加和谐，村落内部更加团结，村落与村落之间关系更加紧密。

三、娘娘会与泰山奶奶庙住持

在"信缘与信缘关系"一节当中对娘娘会的基本情况进行了描述。娘娘会是管粥集村中重要的基于共同信仰形成的信仰组织。虽然娘娘会是由村民自发组织的，会头也是普通村民而不是庙主，但是庙主实际也参与到了娘娘会的治理当中。

一方面，娘娘会的日常活动都在泰山奶奶庙进行，庙主为组织成员提供食宿和活动场所并且向成员宣讲教义，而组织成员也帮助庙主管理庙宇，包括对庙宇进行修缮、打扫、看护、接待等。

另一方面当娘娘会当中的成员遇到难处时，庙主会和会头一起号召组织成员对遇到难处的成员进行帮助，或捐款捐物或出谋划策。总而言之，娘娘会虽然仅仅是一个基于共同信仰形成的组织，但是能够真正帮助到村民的生产生活活动。

第六节 业缘治理与治理关系

第四章的"业缘组织及其关系"一节重点对业缘组织内部的运行及其内部治理进行阐述。本节侧重于对传统时期管粥集村的业缘治理与治理关系进行阐述，主要从起集、集市内纠纷处理两个主要方面来展开，并进一步阐述了村外市场治理与行业治理。

一、管粥集村集市治理

第二章的"集市与村庄"部分对管粥集的基本概况及其与村庄之间的空间等关系进行了阐述，而第三章的"交换与交换关系"重点阐述了管粥集的内部运行及其治理。本部分将在之前内容的基础上更全面更集中地展示1949年之前管粥集村村内的"管粥集"的治理形态。

（一）起集

1949年前，建立村落内的集市需要满足一定的条件。

1. 起集的基本条件

由于时局的动荡和自然灾害的影响，管粥集村村中的集市几经兴衰，尤其在抗日战争时期，村中的交易活动降到冰点。为了躲避战乱和土匪，村民们一改往日白天赶集的习惯，选择赶夜集，集市从凌晨开始，天一亮，集市和赶集的村民就会散去。

能够成为集市的村庄是需要具备一定条件的，一般来说包括：

其一，村庄本身较为富庶，人口稠密。

其二，交通便利，管粥集村在黄河改道之前拥有黄河渡口，即便黄河改道之后，管粥集村也地近陇海铁路，地理位置优越。

其三，附近一带没有既有的大的集市，距离管粥集村最近最具规模的集市是徐州城，是个常集，但是距离超过30公里，不适合村民经常性的赶集活动。

其四，有集市的传统，管粥集村历史上就是一个古集。

2. 谁来组织起集

基于这些有利条件，在确立集市之前，庄长先向乡长汇报，乡长同意之后庄长请来附近集镇的庄长和村中的头面人物包括士绅老爷、地主、问事人等进行商议，确定开集的具体时间。一般情况下，集市与集市的集期是相互错开的，尤其是相近的集市，这样可以避免集市与集市之间的竞争并且方便各村的村民之间互相赶集，每天都有集赶。

对于一个村庄来说，起集是一件大事，可以提升整个村庄的知名度。因此但凡是村庄里面有头有脸的人物都积极加入组织集市的活动，他们利用自己的财富和人脉资源，确保村庄顺利形成集市。

正如管粥集村村民张大臣所说：

> 新中国成立前要想成立一个集市，除了这个村子自身有一定的条件，包括人口多，交通好，还有很重要的一点就是村里面头面人物的团结，他们能

想到一块去，动用自己的人情关系去鼓励周围村的村民来自己村里的集市上赶集。

3. 起集的程序

在确定开集的具体时间后，庄长安排村中的年轻人去各个临近的村庄贴告示，并且让附近村庄的庄长帮助告知本村的村民。在开集这一天，为了吸引更多的民众前来赶集，庄长和村中的富裕户一起凑钱请戏班前来村中唱戏，唱戏一般都是唱三场。除了请戏班，庄长还请别的村中的手艺人等来捧场，比如卖艺的、说书的等。集市的日常管理由庄长负责，主要负责收交易税和维护治安，防止打架斗殴或者小偷小摸，火神庙会期间，山主负责整个庙会的治安工作。

管粥集村村民赵忠义就回忆了管粥集重新起集时候的场景：

> 我们这个管（粥）集是个老集，古时候就有，但是清朝末年的时候由于打仗被破坏了，后面到中华民国的时候，村里面的头面人物就商量着把这个集恢复起来。我听我的父亲讲起集的时候村里面热闹得站不下人，请戏班子连续唱了一个星期的戏，后面到了集期，周围村子的村民都愿意过来赶集了。

(二) 集市内纠纷处理

1949年之前，管粥集村村内的集市一旦发生纠纷，其纠纷的处置存在一定的规则和惯习。

1. 集市内纠纷概况

根据管粥集村村民赵忠义、赵启蓝等人的回忆与讲述，中华民国时期，管粥集市场内发生的纠纷主要分为三类，第一类是商贩与商贩之间的纠纷，第二类是商贩与顾客之间的纠纷，第三类是顾客与顾客之间的纠纷。

这三类纠纷中商贩与顾客之间的纠纷最为常见，例如顾客在购买了流动商贩的商品之后发现商品有质量问题，或者对比了其他商贩的商品之后觉得自己购买的价格虚高不划算，抑或后悔购买商品。这时候商贩就容易和顾客之间发生纠纷，并且根据村民的讲述，这样的纠纷围绕牛马等牲畜的居多，因为牛马等牲畜价格高并且不是行家不容易判断牲畜的品质。

其次是商贩与商贩之间的纠纷，不管是哄抬价格还是竞相压低价格，或者是争夺好的摊位等都会引发商贩与商贩之间的争执。例如由于某个商贩服务态度好，前来赶集的村民都愿意去他那里购买商品，这时候周围的商贩眼红就通过恶意中伤或者压低价格的方式来吸引顾客，这样的做法被对方发现后就容易引发纠纷。

最后是顾客与顾客的纠纷。顾客之间发生纠纷往往是为了争夺某件商品的购买权，例如两人同时看上了一头牛，互不相让，这就容易引发纠纷。

2. 集市内纠纷与村庄头面人物

传统时期，若是管粥集市场中发生纠纷，不管是商贩和顾客之间发生纠纷，还是其他类型的纠纷，村民都会先自己调解，周围旁观的村民也会上前调解。若是调解不成，一般先请问事人过来调解。若是纠纷很快调解好，不需要给问事人报酬，冲突双方表示感谢即可。若是纠纷一时难以解决，问事人通常会安排饭局，在酒桌上让争执双方各退一步，握手言和，酒席的费用由理亏的一方承担。要是双方各有过错，则酒席费用平摊。问事人要是难以调解，会继续请士绅老爷或者保甲长前来调解，他们通常不参与集市内的纠纷调解。但是若是争执双方都是村里面的头面人物，例如一些富裕户、问事人等，那么他们会愿意出面进行调解，争执双方出于对士绅老爷和保甲长的尊敬，愿意听从他们的劝解。

正如管粥集村村民张大臣所说：

> 士绅老爷或者保甲长在调解纠纷的时候，不会像问事人一样好话说尽，他们会在争执双方把事情来龙去脉讲清楚之后，给出自己的意见，村民都愿意听从他们的意见，即便心里面仍不服气也要给士绅老爷和保甲长面子。

3. 集市内纠纷与"打官司"

根据管粥集村村民的回忆，中华民国时期，村里面没有因为集市内的纠纷而去打官司的情况。

管粥集村村民赵启蓝谈道：

> 在新中国成立前，打官司是很严肃的事情，村里面大部分的纠纷冲突都能经过问事人、保甲长或者士绅老爷的劝解得到解决，不至于走到打官司这一步。打官司就是撕破脸皮，把事情做绝，村民还是要在村里面生活，总会留点情面，不到万不得已不会去打官司。

另一位村民赵忠义谈道：

> 在集市上因为纠纷而去打官司的事我没有听说过，打官司在新中国成立前很难，经常是赢了官司赔了买卖，并不划算，而且很可能因为没有接受头面人物的调解而得罪了他们。

4. 偷盗、欺诈行为的处理

管粥集村村民赵忠义还提道，在新中国成立前，集市上总有一些小偷小摸的人，这些小偷小摸的人有本村的也有外村的。绝大多数都是家里没有土地或者土地很少的贫农家庭，再加上不愿意劳动，平时游手好闲，因此选择小偷小摸来维持一定的生计。本村村民都知道本村的小偷是哪一户人家，平时睁只眼闭只眼，属于被村民看不起的一个群体。

每年春节庙会期间，村里面的集市会迎来全年最多的赶集村民，因此在庙会之前，保甲长会把这些惯偷召集起来，告诫他们要收敛，不能坏了庙会的名声。若是被抓住，村里面不会宽容，必定会严惩，要是庙会上有村民的东西被偷告到保甲长那里，保甲长会让本村小偷把东西还给失主，但也不会告诉失主对方的名字，双方各退一步。对于外村的小偷，只要被村民发现都严厉禁止他们再来集市，一发现就可以报告保甲长将他们赶走。

二、村外市场治理

本部分将从治理的角度出发，重点介绍传统时期管粥集村村外市场的治理及其治理关系。

（一）外村流动商贩的准入

管粥集村村民张大臣谈道，1949年之前，管粥集村村内的集市不管是本村的商贩还是外村的商贩都是可以自由进出的，并没有特别的限制。但是也存在例外的情况，这种例外的情况主要是针对外村流动商贩。若是外村的流动商贩被村民举报有欺诈、不诚信的行为，最开始村中的问事人或者保甲长会予以警告。但若是多次发现这样的行为，这样的商贩会被拒绝进入集市。

正如村民赵忠义所说：

> 外村来的商贩要是不诚信，我们这个集市的名声就不好了，别的村子的村民也不愿意再来赶集，村里面的庙香火也不旺了，所以对于那些不老实的商贩，我们都是不欢迎的，村民看到了就会把他赶出集市，不让他再来管粥集做生意。

（二）村外市场的赊账

根据村民赵忠义、赵启蓝等人的说法，到村外的市场买东西大部分情况是一手交钱一手交货，不存在赊账的情况。因为赊账的话要账的成本很高，费时费力。所以对方一般不会答应赊账，能够赊账的情况有两种：

第一种是身份的因素。村里面有头有脸的人物可以暂时赊账，这些有头有脸的人物主要是保甲长、问事人和士绅老爷。他们爱惜自己的名声，不会为了占小便宜而损害自己好不容易形成的好声望。

第二种是价格的因素。要是购买的商品例如牛马价格高，商贩为了能够达成交易会同意赊账，但是也必须有中间人担保，这个担保人通常是问事人等。

（三）外村商贩的欺诈行为及其治理

在村外市场中同样存在着欺诈的行为，面对这样的情况管粥集村村民通常有以下的几种选择：

第一种是自认倒霉。这种情况通常是购买了价值量较低的商品，由于找到商贩的成本高，村民就只能选择放弃而承受这一损失，抱着一种"吃一堑长一智"的心态。

第二种是通过中间人找到商贩赔偿损失。要是村民在购买牲畜等价值量很高的商品时由于看走了眼或者受到商贩的哄骗，吃了亏，这时候就通过市场里的行人找到卖家，一般来说找到卖家后，如果对方承认价格虚高，会赔偿损失，若是出现争执最开始是行人来调解，调解不成则邀请双方的问事人来参与调解。

第三种情况是直接告官。这种情况在管粥集村很少发生，不过与村里面的头面人物例如保长、士绅老爷等交易时，对方在明知他们身份的情况下还进行欺诈，头面人物往往直接报告乡里的警察所，欺诈的商贩会被拘留并赔偿买家的损失，当面向买家赔礼道歉。

三、行业治理

"家有家法，行有行规"，在管粥集村，各个行业当中都有惯行和通行的规矩，违背或者无视这些规矩，就难以在这个行当立足，也无法得到同行人的认同。根据管粥集村村民赵启蓝、崔庆芳、王传铭等人的回忆和描述，1949年之前，管粥集村一带普遍认同的行规包括以下几个方面。

（一）"一个人占一个山头"

管粥集村村民张大臣家中世代以打铁为生，也就是以铁匠为主业。张大臣介绍：

> 铁匠行业里面有个规矩就是每个家庭占一块地盘，主要做这块地盘上的生意，不会轻易到别的地盘抢生意，要不然两边铁匠就会起冲突，这个规矩就是祖辈们传下来的，一个地盘不能有两家铁匠，除非互相是亲戚，要不然互相竞争，生意就做不下去了。这个地盘的大小看你的本事，有一个村子的，也有数个村子的，要是你开个铁匠铺子必须弄清楚这个地盘有没有被人占了。

根据其他村民的介绍，其实不只是打铁行业，很多行业诸如唱戏、油坊豆坊、理发等同样有各自划分地盘的习惯。要是谁越界了，受侵犯的村民家庭有理由把对方赶出这个市场直到不越界。

（二）"行行有个领头的"

根据管粥集村村民张大臣、赵启蓝、杨善伦等人的回忆和介绍，各个行业当中都有佼佼者，这些佼佼者被其他同行称为"老师傅"。这些老师傅的影响力往往不局限于一个村子而是覆盖数个村子。

一方面村民请这些老师傅需要亲自上门请，并且给出高出同行2—5成的报酬，老师傅的手艺当然是同行中公认的顶尖者，因此一般只有富裕户才能请得起这些老师傅。家庭条件一般的村民只能选择其他的从业者。

另一方面这些老师傅有带徒弟的权力。其他还没有得到老师傅身份的从业者虽然可以把技术教给自家的孩子但是不能公开招徒弟，否则带出来的徒弟得不到同行的认可，难以在行业内站稳脚跟。

老师傅在行业的治理方面主要发挥着三个方面的作用：

其一是定价议价的权力。若是行业内出现成本上升或者从业人员匮乏的情况，各个区域的老师傅会集合到一起商议是否需要提高服务的价格，如果提议得到绝大多数老师傅的认可，那么整个区域相应的服务费用都会上涨，若是哪个区域的人没有按照要求涨价会受到同行的责难甚至不让其再从事这个行业。

其二是制定行业统一的标准，提高整个行业的服务质量。虽然具体到个人技术千差万别，但是老师傅制作出来的物件比如一些铁制品、丝织品等，都是行业的标杆，只有达到这个水准才能卖出高价，得到同行的认可和普通村民的追捧，富裕村民也愿意出高价来购置这些高质量的产品。

其三是调解行业内的纠纷。行业内的纠纷最普遍的是从业地盘的争夺以及恶性的价格竞争，还有少量的师徒之间的纠纷等，当纠纷发生时，同行人一般自行调解，调解不成就请老师傅来调解。

正如管粥集村村民赵忠义说道:"同行之间发生纠纷,请问事人来也很难了解情况,只有请老师傅过来才能把问题说明白,理清楚。"

(三)"师傅领进门,修行靠个人"

除了以上提及的只有老师傅才能够公开带徒弟,在收徒、培养徒弟方面,还有以下的几个规矩:

其一,给老师傅当徒弟一般没有报酬,但是"老师傅"会管吃住。这样的条件对于穷人家是件好事,可以让家里的孩子跟着师傅学习,学一门手艺的同时可以减轻家庭的经济负担。但老师傅不能让徒弟白吃白住,因而对于徒弟,老师傅要求脑子聪明,能干肯干愿意吃苦,若是徒弟好吃懒做,师傅有权利把他赶回家去。

其二,拜了一个老师傅就不能再换其他的老师傅。每个老师傅都有自己的一个地域范围,这个范围内的村民只要想学这门手艺就可以在师傅允许的情况下拜其为师,但是一旦拜了某位老师傅为师,就不能拜其他的师傅了,要是违规就是对原来师傅的不尊重,将来很难在行业内立足,另外对方师傅也不会同意招收这样的学生,否则容易得罪学生之前拜的老师傅。

其三,拜师之后,虽然老师傅大多会尽力教授,但是能否学成全部靠学生自己的悟性,一般来说,学铁匠3年以内就足够了,学郎中则可能超过5年甚至10年。即便没有学成也不能责怪老师傅,但是出现辍学的学生多了,老师傅的名声会受到损害,可能很难找到新的学徒。

第七节 村落治理变迁

1949年新中国成立后,管粥集村先后历经了土地改革运动、集体化时期、土地包产到户等三个时期。管粥集村的村落治理形态也在时间的推移当中发生了显著的变化。

一、1949年之前的村落治理形态

传统时期的管粥集村,国家权力处于"悬浮"状态,未能真正深入基层,而村庄的治理主要依赖于村庄自身的权威。

首先,保甲制度虽然于中华民国时期在管粥集村一带广泛施行,但保甲制未能真正实现对村民村庄的整合和控制。这表现为,一方面,保甲制度对村民的影响仅仅限于征兵、征粮、征苛捐杂税,村民在完成这些义务之后就能够自由进行生产生活,国家没有能力也没有动力去干涉村民的生产生活活动。另一方面,正因为国家放弃了在

基层公共治理方面的作为，村落在某种程度上处于自生自灭的状态，村落的纠纷调解、公共设施、公共服务，国家全面缺位，甚至在赈灾救灾方面，国家对农村都处于不管不顾的状态。国家仅仅是农村资源的掠夺者，而不是农村的守护者。

其次，正是因为国家力量的缺位，包括管粥集村在内的广大农村基层社会又有对秩序、安全等公共产品和服务的需要，这时候农村基层内生的治理主体应运而生，并最终实现基层农村广泛的自我组织、自我管理、自我治理。又由于集居的居住格局，治理主体在进行治理时会依据群体生活过程中约定俗成的惯行和规矩，村民也自觉依据这些惯行来行事，若是违背这些惯行势必会引发群体的排斥。

最后，农村内生的治理主体在治理时具有消极性并且难以避免受到人情的影响，难以做到真正的公平公正。保甲长代表着政府的权力，他们对上级负责，受上级指派；问事人和士绅老爷是农村内生的治理权威，在参与村庄公共事务的同时获得了村民的尊重；族长代表着家族的权威。这些治理主体的相同点就是来自基层，扎根基层。也正因为如此，这些治理主体只能依靠旧有的惯行、观念、道德来行事，不能脱离农村广大的民意民心，又局限于人治而无法提升到法治的程度。

二、1949年之后的村落治理形态变迁

1949年，中华人民共和国成立，伴随着村落经济社会文化的快速变迁，管粥集村的治理形态也在时光的淘洗中不断焕发新颜。

（一）土地改革运动中的村落治理

1989年版《萧县志》中记载，1949年萧县获得解放，1951年正式开展土地改革运动，依托农会组织，地主和富农的土地和财产被平分，划分阶级时超过六成的农户为贫雇农。据管粥集村村民张大臣、赵启蓝讲述，土地改革时期，响应上级号召组建的农会是管粥集村的治理主体。农会组织最重要的职责就是开展土地改革，将地主富农的土地和财产分给无地少地的农民。农会组织的成员都是原来村里面无权无势的底层农民，而村中有头有脸的地主富农则受到批斗，更不可能担当农会干部。农会干部是村中权力最大的人物，村中的一切事务都需要得到他的过问和安排。

（二）集体化时期的村落治理

人民公社时期，管粥集村一带全面实行"三级所有，队为基础"的体制，大队当中有书记、副书记、会计、民兵连长、保管员等干部，生产队设有生产队长、会计、保管员、记分员等职务。管粥集村和附近村子相比有例外的情况，由于靠近黄河故道，大片沙土地适合种植果树，因此管粥集村和赵楼村（包含了赵楼自然村、许楼自然村和耿楼自然村）分别是两个大队，于1958年3月正式划归萧县黄河故道园艺场，归省

政府直接管理。管粥集村和赵楼村的村民同样劳动记工分，但是由于园艺场比一般的农业效益更高，因此村庄发展更为迅速，并且由于园艺场的行政级别更高，村民如同工人一般享受比一般村民更高的身份待遇。

（三）土地包产到户之后的村落治理

20世纪80年代，人民公社正式解体，家庭联产承包责任制遍地开花，管粥集村也进入了一个全新的发展时期。《中华人民共和国村民委员会组织法（试行）》颁布后，管粥集大队更名为管粥集村村民委员会，赵楼大队更名为赵楼村村民委员会，下设十多个村民小组。村委会中包含书记、主任、会计、妇女主任、民兵连长等职务。

2005年，管粥集村和赵楼村正式合并成为管粥集行政村，虽然两个村子合并了，但是为了实现更好的管理，村书记和村主任一般分属两个村子，这样可以保证两个村子的利益都能够得到充分关照，两边的干部也对自己村子的情况更为了解，能够实现更好的治理。

第八节　村落治理实态

伴随着《中华人民共和国村民委员会组织法（试行）》的颁布和施行，管粥集村的自治形态进入了崭新的阶段，村民委员会正式成为乡村治理的主体。改革开放以来，农村经济社会发生了翻天覆地的变化，管粥集作为一个行政村其治理实态如何？本节将从积极探讨村民自治新机制、村庄公共服务得到显著改善、精准扶贫成新时期村两委工作重点三个方面展示管粥集行政村的治理实态。

一、积极探讨村民自治新机制

在《村民委员会组织法》颁布之前，我国实行的村民自治，主要体现在民主选举、民主决策、民主管理、民主监督四个方面，但是具体在村庄中实施时，村干部与村民遇见了许多前所未有的矛盾。例如长期以来，除了民主选举，民主决策、民主管理和民主监督并没有刚性的要求，没有实施的细则，因而也成为村民自治的薄弱环节。村级组织和村干部如何行使权力，村民有哪些权利和义务，往往无章可循，缺乏约束。

但是近年来，管粥集村的民主自治进程得到飞速发展，"草根民主"建设进程加快。针对上述现状，村庄两委开始探索如何在基层党组织领导下推行村民自治。先是利用广播、黑板报、张贴公告、挨家挨户上门讲解等形式大力宣传村规民约制定的建议，通过这些方式，广大群众由不愿过问到积极参与，同时，制定规章活动也得到了村民的理解和支持；随后，管粥集村重新选举村民代表，召开各种形式的座谈会，代表们先后多次逐户上门征求群众意见，让群众参与起草自治规章，梳理分析修改后再征求意见。村规民约的建立，明确了村级组织和村干的管理机制，规定村级组织的工作必须以村民的满意度为评判标准，评议结果不好的，实行干部辞职制；违反规章的要进行违规责任追究机制；在对村规民约的执行上，采用记分制度，实行八星级文明户管理，到年底公布分数，对履行村规民约的家庭给予精神和物质上的奖励。

实施村规民约是完善农村基层管理体制的有益探索，它把扩大农民群众的知情权、参与权、决策权、监督权以制度的形式巩固下来，为广大村民行使当家做主权利提供了可靠的制度保障。目前，管粥集村的基层群众自治工作正在有序推进、展开。

二、村庄公共服务得到显著改善

在地方政府的支持下管粥集村的公共服务水平得到了显著的改善。在公共基础设施方面，全村村民100％实现了"户户通，村村通"，通水通电也实现了全村覆盖。管粥集村使用有线电视的农户达到九成，通互联网的农户达到七成。2015年村委会大楼在县政府的支持下得以翻修，从此改变了村两委干部"办公条件差，无专门地方开会"的尴尬局面。另外，还设有党员活动室、基层干部远程学习室、老年人活动室等场所供村民使用。为了促进村民的身体健康，村中还投资兴建了健身器材、翻新了村中的医务室和药店。另外，全村的路灯都换成了节能环保的太阳能电灯，大大节约了村庄的供电支出。

在公共服务方面，村委会为村中60岁以上的老年人每年提供一次免费体检的机会，并且安排专门的医务人员对村中的高血压、高血糖的老人进行跟踪护理。对村中考上重点大学的村民，村委会会开大会予以表彰并且奖励一定的奖金，鼓励村民更多接受教育。

三、精准扶贫成新时期村两委工作重心

2016年始，管粥集村村两委的工作重心都放在了精准扶贫之上，通过两委干部兢兢业业践行"两学一做"，精准扶贫工作逐渐步入正轨。

首先是精准识别对象。村两委按照"两入户、两评议、两审核、两公示、一公告"的程序，严把群众申请关、入户调查关、民主评议关、公示监督关和审核确认关五大"关口"，实现了扶贫对象的精准化。对于过去已经认定的贫困户，一一进行建档立卡登记并录入数据库，基本实现贫困户"五个清"，即底数清、问题清、对策清、责任清、任务清；贫困户"六个有"，即有村情档案、有问题台账、有需求清单、有村级规划、有帮扶措施和有脱贫时限。

其次是打造结对帮扶凝聚力。村庄实行"一对一、一帮一"结对帮扶政策，基本上落实"一名脱贫攻坚第一书记、一个县直责任单位、一个扶贫工作组、一套脱贫攻坚实施方案、一抓到底""五个一"帮扶工作,实现了贫困村、贫困户帮扶全覆盖。帮扶干部坚持下村访问,对贫困户制订有针对性的脱贫计划,达到了"每户一台账、每户一计划、每户一措施"的良好效果。

最后是盘活资源强动力。管粥集村充分利用资源,积极开展基础设施扶贫、产业扶贫、光伏扶贫、搬迁扶贫、智力扶贫、金融扶贫、生态扶贫、健康扶贫、社会扶贫、兜底扶贫等十大工程。村庄本着"规划到村、项目到户、增收到人"的理念,依托优势资源,精心实施扶贫项目,着力打造特色扶贫产业,使集体经济收入大幅增加。以"一户一策、一户一法"为基本准则,变"输血"为"造血",由直接的给钱给物,向给项目、技术、思路转变,为贫困群众"壮骨补钙",点燃自身发展"引擎"。落实三个"到村到户"工程,即基础设施到村到户,其中包括村级道路、安全饮水、危房改造、网络、供电等基础设施建设任务;富民产业到村到户,其中包括建设光伏电站、发展特色优势种植产业、建立农民合作组织、开展电商扶贫试点;公共服务到村到户,实现30个贫困村公共服务设施全覆盖,建立健全科技服务体系,基本落实村庄有1名科技人员,培育了2—3户农业科技示范户。

附录一

管粥集村调查小记

萧县地近徐州,徐州乃兵家必争之地,萧县为徐州之桥头堡。古往今来,欲夺徐州,必先取萧县,萧县失,则徐州难保,楚汉之争,北伐战争,徐州会战,淮海大战,不一而足。焦土之上,该会生发出何等坚韧的人儿?初次村调,幸始于"萧国"。两月之期,从书本之概念、标签到真正身居其中,与各级官员接洽,选村,试调查,初定村庄,深入访谈,补充调查,其中得失种种,感怀感悟,愿与读者分享。

一、村调缘起

第一次参与为期两个月的华北村庄调研,我算是搭上了末班车。学院组织的长江流域村调经验分享会刚结束,我方才下定决心,毛遂自荐。幸得恩师首肯,我顺利加入村庄调研的队伍。

1."有花堪折直须折"

七大区域村庄调查是中国农村研究院于2015年启动的四大调查工程之一,力图记录惯行,研究底色,形成对区域小农的重新认识。过往的华南宗族村庄调研、长江流域村庄调研,学院的老师和博士生是绝对的主力军,这一次的华北村庄调研,学院鼓励更多研二、研三的硕士生参与进来,机会实属难得。我曾经对长时间驻村,询问当地高龄老人六十年前旧人旧事旧俗的价值和意义心存疑惑,徐勇老师的一番见解让我醍醐灌顶——"问题是学问的出发点。问题又可分为短时段的现实问题、中时段的战略问题、长时段的终极问题或规律问题。我们村调实际要回答的是终极问题:在皇帝

'无为而治'或'皇权不下县'的条件下，一个庞大的农业社会是如何通过自我治理实现自我运转的？去年的宗族村调揭示了共同性，今年的长江村调揭示了进取性。即将开始的黄河村调又将发现什么呢？"我希望把握这次宝贵的机会，参与其中，尽己所能，记录和发掘皖北农村的底色。

2. 田野是中农学子的第二课堂

"纸上得来终觉浅，绝知此事要躬行。"在中国农村研究院做学问，不仅仅要阅读好政治学理论经典，更要理论结合实践，将田野作为学习的第二课堂，让农民成为自己的第二导师。还记得第一次田野调查是研究生正式入学前的暑假，我只身前往人生地不熟的湖州泗安镇兴隆村，那时候仅是方言难懂就让我捉襟见肘，但是当地人的友善，特别是房东家庭的热情，让我感受到了农村人情社会的温度，也给了我更多参与田野调查的信心。接踵而至的口述史专项调研更是对我访谈技巧和耐心的一大挑战，自己也逐渐从最初的机械式提问回过神来，试图和采访的老人进行对话，在对话中提问，在对话中追问，以一种更为自然从容的状态和老人进行交流。一步一脚印，虽然脚步显得笨拙，但是我知道自己已经慢慢接上了农村的地气。在和农民老师的对话中，我见识到了历史中的农村，现实中的农村。这一次两个月的驻村调研学习，我期待时间和汗水带来的化学反应。

3. 博士村庄口述史的见习体验

我决心参与这一次的华北村庄调研，自然少不了老师和师兄师姐们的鼓励。实际上，在 2016 年的暑假，我很幸运前往汨罗长乐镇水源村进行博士村庄口述史调研，孔浩师兄在此驻村村调。刚到长乐镇的时候，孔浩师兄就热情地向我介绍村子的基本情况，师兄的如数家珍让我心生敬佩。接下来十来天的时间里，除了完成口述史的工作，我也跟着孔浩师兄进行入户调查，我们时不时也会针对一些专题进行讨论。这样近距离观摩村调的体验消解了我心中村庄调研的神秘感，同时也让我意识到要想真正记录和挖掘好一个村庄的底色，最基础的是融入村庄的人情社会中，同时保持敏锐清晰的头脑。我是抱着学习的态度开始自己华北村调之旅的，也期待自己能够干中学，试图还原中华人民共和国成立前皖北农村的底色。

二、选村历程

我的选村历程总体平顺，当地各级官员的配合加上自己之前做的一些必要的准备工作，还有良好运气，选村可谓"一路开绿灯"。

1. 政府接洽

我本来打算国庆节之后尽快出发，翻日历发现 2017 年 10 月 9 日是传统的重阳佳节。考虑到自己对接的部门是老龄办,想必这个节日前后他们大会小会、下乡慰问这些工作难以避免,无暇关照自己的调研工作,于是我决定适当推迟行程。从节前已经前往砀山县村调的孙强师兄那里要到宿州老龄办主任的微信后,我提前与他说明情况,约定见面时间。在表明身份,表达调研用意,表示感谢过后,王勇主任和我约定12日上午在市民政局的老龄办见面。

12日上午我赶到市民政局见到王主任,因为之前孙强师兄已经到访过,王主任已然明白来意。王主任热情地向我介绍了萧县的基本情况,提到萧县是国民党时期的文化老县,并调侃"当地紧邻徐州,又重视教育,民众普遍文化程度不低,所以不服管"。王主任亲自打电话联系萧县民政局的对接人员,县民政局局长接了电话,约好第二天见面沟通。离开办公室前,我给主任送上了一本费老的《乡土中国》,附上华中师范大学的创意明信片和书签,表达感谢。

坐车到达萧县县城已经是下午了,为了留足时间和县民政局祖佰永局长沟通选村事宜,我和祖局长短信约定第二天上午前往民政局拜访。13日上午,还没有走进祖佰永局长的办公室,我就看见祖局长正在和同事研究萧县地图,心里一下子就温暖起来。见面赶紧自我介绍,握手寒暄后,我也加入了地图选点讨论中。

2. 村庄对比

根据前期的搜寻,我提出希望能够在黄口镇附近找一个村庄,杨楼镇黄庙村或者刘套镇的刘套村也可。祖局长显然对下面乡镇的情况非常了解,一下子就明白我选这几个镇的意图。他提出黄口镇是县里面的商贸重镇,陇海铁路穿镇而过,但是远离主要的黄河故道,城镇化水平也相对较高。谈到这里,我想到孙强师兄的驻点唐寨镇紧邻黄口镇,如果我在黄口选村可能会内容重复,于是打定主意放弃黄口镇。局长听到我对集市感兴趣,连忙告诉我杨楼镇、刘套镇紧邻黄河故道且古集众多,完全可以考虑。我连忙追问,局长最先提出了刘套镇的管粥集村,我后面又在局长借给我的《萧县志》里发现了刘套镇的芈集和杨楼镇的郝集。

初步筛选出了4个村子,分别是杨楼镇的黄庙村、郝集,刘套镇的芈集和管粥集。我本来考虑一个个村子走访,局长热情表示完全可以直接通过镇里面联系村庄干部,想问什么内容直接和村干部沟通,让他们去问。局长盛情难却,我提出可以先行询问四个村庄80岁以上且沟通良好的老人数量以及村庄的历史。村庄很快都给了反馈,管粥集有120多位80岁以上老人,其他村庄都不过百位。这时候局长饶有兴致地给我重点介绍了管粥集的历史。他提到乾隆下江南之时,路过江苏新黄,心里饿得发慌,想喝热粥,但是新黄没有粥卖,刚好管粥集一带一户人家卖粥,他家的粥远近闻名,粥不沾碗，食客往往能一饮而尽。皇帝填饱肚子，兴致一来，赐名管粥集。还有一种说法是管粥集曾有富人行善，设点施粥，人来就管粥喝，逐渐形成集市。

听到这些，我顿时来了兴致，决定前往管粥集一探究竟，局长帮我联系了刘套镇镇书记，约定明日送我下村，还特意为我置办了棉被，真是让我感动不已。握手告别，我连忙送上自己提前准备的两本书——美国学者费正清编撰的《美国与中国》和《中国的思想与制度》，以及华师纪念明信片和书签，算是一表心意。走出门的那一刻，我觉得自己真应该好好记录这片土地曾经的历史，才不枉一路盛情款款。

三、管粥集初印象

10月14号，我正式进入管粥集村，村委会的干部们已经为我在村委会大楼安排好了住处。我的心里面其实还是一直在打鼓，担心村子的实际情况没有想象中那么美好，但是在村干部的陪同下走访了数位老人之后，我在心里默默认定，管粥集村值得一调。通过对崔庆芳、赵启蓝、廉美堂等数位老人的简单访谈，管粥集村的历史轮廓渐渐在我的心中勾勒出来。

其一是三楼一古集。管粥集行政村下辖赵楼、耿楼、许楼和管粥集四个自然村，其中赵楼和管粥集是主要的两个自然村。行政村现有人口5 336人，3 363亩耕地，农作物主要有小麦、玉米和黄豆，农民收入主要靠种植苹果、葡萄和水晶梨。

其二地理位置。行政村北面、东面与江苏徐州铜山区接壤，西与萧县杨楼镇为邻，南依黄河故道北岸。萧管公路穿村而过，东北联通江苏徐州铜山区黄集、刘集两镇，交通四通八达。

其三，拥有百年古集。管粥集自然村得乾隆皇帝赐名，又因交通四通八达，紧邻黄河故道，逐渐积攒人气，成为周边村庄村民赶集的重要地点。新中国成立前一段时期，由于土匪横行等原因，当地兴赶"夜猫子集"，午夜开集，天亮人散。后发展到商铺林立，人来人往，说书唱戏，互通有无，好不热闹。

其四，村内有"七井八庙琉璃瓦"一说。问及水井庙宇，管粥集自然村老老少少都能脱口而出这句顺口溜"七井八庙琉璃瓦"。七个水井大多历史悠久，分布村庄各处，主要为水井附近的村民使用，离得远的村民也可前来打水。八个庙宇年代久远，有金色的琉璃瓦盖的屋顶，说明当时庙宇之恢宏，地方之富庶。据受访老人回忆，包括火神庙、玄帝庙、王道庙、土地庙、观音奶奶庙、龙王庙和家堂庙。其中火神庙香火最旺，吸引方圆十几公里的民众前来烧香，还形成了火神庙会。遗憾的是，现在水井基本上盖，村民抽井水喝，庙宇在破四旧时期遭受灭顶之灾，遗迹难存。

其五，附近曾有个四县政府。中华民国二十九年（1940年）5月14日，国民党萧县流亡政府驻临黄镇（今管粥集自然村地界），时称北政府，后据萧西地区。民国三十三年11月25日，伪顽合流，在临黄镇及附近的亲民村、胜利村、陆庄组建萧铜丰沛四县联防政府，并以四村镇为临时流亡县府驻地。

其六，村内曾有温和地主。管粥集自然村在新中国成立前大约有200农户，宗姓、薛姓是管粥集自然村内的主要姓氏。土地改革时期村子里的一户地主出自宗家。据老人所述，该地主性格温和，待人和善，困难时期常将粮食分给困难村民，降低地租，田地收麦后，允许村民到田地里拾穗。

四、调研再深入

从进入管粥集村到向徐老师、邓老师汇报入村情况大概历经了半个月的时间，邓老师的首肯让我吃了"定心丸"，我正式在管粥集村开展驻村调研工作。由于这一次的黄河村庄调查是我第一次参与如此长时段的调研活动，并且对村庄的基本情况，无论是高龄老人还是普通村民、村干部都还不熟悉，因此我就从最简单，村民也最愿意聊的村庄传统风俗习惯和村庄公共性两个方面开展初期的调研。调研的地域范围也暂定在管粥集自然村内，等到时机成熟再拓展到其他的几个自然村。

1. 从风俗入手

通过对管粥集自然村村内各个高龄老人进行排查走访，我对管粥集村传统时期地方风俗观念，水井、集市、庙宇等公共设施，麦作经济等各个方面有了基本的把握。但我的调研也进入了瓶颈期，陷入"只见村庄不见人"的困境当中。在和村庄中的高龄老人进行访谈时也遇到了困难：

一方面，老人的身体状况普遍不佳。因为受访的老人都在80岁以上，因此难免有口齿不清、听力下降等情况，这使得调研的效率大打折扣。为了照顾老人的身体，每半个小时我就停下访谈，让老人喝口水休息一下或者和他拉拉家常。往往超过了两个小时，老人们就普遍体力不支，情绪显得不耐烦或者头脑出现不清楚的情况，这时候就只能改天拜访。

另一方面，受访老人虽然对传统时期有一定的记忆，但是由于自身的阅历有限，知识水平有限，老人们往往对自家的事情比较了解，对村庄的事情总是语焉不详。即便我再三追问也无济于事，并且村里面的老人习惯问一句说一句，这使得每一天访谈的成果受到大大的限制。即便有困难我也一边硬着头皮问，一边找出路。

2. 幸遇明白老人

当我感到管粥集自然村当中的老人已经寻遍之后，我便向村干部提出请求到其他的自然村看看，访谈那些自然村村内的老人。村干部欣然应允并带我前往赵楼自然村。在赵楼自然村访谈的第一位老人便是村民张大臣。这位老人虽然已经96岁高龄，但是仍然耳聪目明，并且过去是村中的小学老师，颇有学问。才问几句我就知道他就是我想找的明白老人，当时真是大喜过望。

之后我便当机立断改变调研的安排，将大部分的时间安排访谈这一位明白老人，其他的老人作为辅助的信息源。在长时间和张爷爷相处之后，在访谈之外我不由得关注起了老人现实的生活。虽然已经高龄，但是老人属于留守老人，老伴已经去世，儿子远在广东打工，只有过年才回家，而女儿嫁到附近村子，偶尔回来看望老人但可惜因为脑出血难以言语。尽管晚景看起来有些凄凉，但是老人依旧乐呵呵的，他告诉我这就是他长寿的秘诀。尽管作为访谈者，要一定程度上和受访者保持距离，但我完全不想袖手旁观，我偶尔会在老人家做饭给老人吃，帮老人打扫院子，烧柴火或者经常给老人买些馍馍、鸡蛋等，我想我们已经不仅仅是受访者和被访者的关系了，而是忘年交的朋友甚至是爷孙的关系。老人也乐意接受我的好意，虽然总是会言语上拒绝，但我能感受到他在和我交流时更自然更热情了。

3. 老师亲临指导

12月18日，我已经在管粥集村中调查近两个月，调研提纲中的方方面面都按部就班对村中的明白老人进行了访谈，满心以为自己的调研已经完成了大半，可以放慢节奏对个别的问题再深入挖掘。但这一天，陈军亚老师来到我的村中巡调，我为陈老师引荐了村民张大臣老人。张爷爷的九十多岁高龄和他的侃侃而谈让陈老师印象颇深，也感叹我遇到了贵人。在和张爷爷的交流当中，陈老师着重强调了对传统社会人与人之间"关系—行为"的挖掘，从社会底层的贫雇农到财大气粗的村中头面人物，分层分类，抽丝剥茧，我在感叹之余也意识到自己先前的调研显得有些薄弱。

同一个问题在不同的条件、不同的对象上显示出了不同的行为和关系，体现出了细微但重要的差异。陈老师临行前再一次向我强调了"关系—行为"范式在调查访谈当中的运用，只有尽可能全面和细致的调研才不会让访谈的成果流于表面。陈老师的指导既让我感到茅塞顿开，也让我感到时间的紧迫，我又一次加快了自身的节奏，查缺补漏，力图更全面更立体地考察传统时期的管粥集村这一乡土场域。

4. 年后补充调查

在管粥集村我和村民度过了一个阳历新年，新年过去没几天我便启程回家，告别了对我照顾有加的村民和村干部们。临行前，我整个梳理了自己的调研成果。虽然大部分的内容都有了材料上的支撑，但是细细思考又总觉得有一些问题的答案语焉不详，能够进一步去深究，但是受制于时间，我只能暂时将未尽的问题记下，留待下一次的补充调查。我还为我的关键老人买了很多的鸡蛋、馍馍、糖、牛奶等，还送给他一个取暖的取暖机，虽然这些东西总价不贵，但是老人很是感动，不断抱怨我浪费钱，说我还是学生没有经济来源，生活也不容易。我想这是我的一片心意。要不是张爷爷的鼎力支持，我或许在这漫长的村庄调查中收获寥寥，难以达到理想的效果。

农历新年过后，在回到学校之前，我已经迫不及待想要回到管粥集村，去看望村中的老人们。2018年的2月8日至2月13日我再次来到管粥集村进行补充调研。由于村庄调研报告当中涉及实态的内容，因此这一次的补充调研将重点从传统社会转到了现实社会，村庄干部成为我访谈的重要对象。村干部向我介绍了村庄现在发展的方方面面，我能明显感觉到，虽然村民整体的生活水平在提高，但是分化也越来越明显。独栋的小别墅和破落的砖瓦房在村中错落，伴随着的是村民焦躁的心，穷人家焦躁自己的养老、子女的婚姻，富人们焦躁如何真正走出农村，如何赚更多的钱，就连村干部也焦躁，过低的工资和庞杂细碎的事务，即便兢兢业业也逃不过村民普遍的下意识的怀疑。虽然这些情绪在人与人交流的表面或者初期难以察觉，但是日子长了，这些情绪就会慢慢显山露水。

尽管焦虑弥漫在乡土中的管粥集村，但村中人与人之间的温情仍在，有意识的村民也很珍惜这些朴素的情感。虽然他们并不清楚这样的温情还能存续多久，但是与之比照的物欲横流的城镇生活，村民们未必真的人人向往。对未来美好生活的向往和希冀，我想是当今城乡社会形成的难得的共识，我也暗下决心一直关注这块充满希望和温情的土地，以及这块土地上的人们，用心记录下他们在这个时代的喜怒哀乐，为他们的历史留下只言片语。

五、调研经验与得失

作为自己第一次长时段的驻村调研经历，管粥集村和身处其中的村民给了我深刻的印象，我们也结下了一生难以磨灭的情感羁绊。回顾整个的调研过程，几点经验或是得失，与君分享。

1. 重视"见面礼"

虽然有公函撑腰，但是"礼多人不怪"，既能够表达诚意，表示感谢，也能够活跃气氛，"见面礼"送得好，往往可以让调研更加顺利。虽然不能说自己很有经验，但是从自身多次实践的情况来看，效果还是值得肯定的。这一次的萧县之行，我一如既往，县级以上的干部送书送明信片，村干部送地方特产。在我看来，县级以上的领导见多识广，送书反倒显得清新脱俗，明信片上的华师符号再加上几句亲笔写的感谢语，用心细致，符合学生身份，价格也可以接受。村干部注重实用，地方特产再好不过，可能是个人的偏好问题，我不太喜欢送烟送酒。这些礼物送到干部的手中，他们往往会和我聊上几句书的内容，眉宇之间颇为欣赏。

2. 定期汇报，及时问候

总结这一点算是对自己失误的一个告诫。虽然成功进村并在村庄住下，但是并非只要在村里面做好调研就万事大吉了，其实还需要注意对各级领导的汇报和问候。说是汇报未免言重，但是定期的问候和简短的工作汇报，能够让各级的曾经协助过你入村的领导们有获得感。这是一份礼貌，一份素养。万一以后在调研时遇到困难，也能够及时得到他们的帮助和关照。刚入村没几天，萧县的祖局长就给我打来电话，询问我调研是否顺利。同日，刘套镇的党委书记前来村中探望。虽然心中万分感谢，但是我也觉得自己本应该先行及时向他们说明进度，表达感谢。言及于此，引以为戒，积极改正。

3. 借力农村人情网络

进村之前我一直担心的问题就是两个月，协助入户的人员问题如何解决。仅指望村干部是不行的，如果我是村干部，我肯定不堪其扰。本来考虑有时候自己直接入户访问，但是到村里面一看，高墙大院，众狗把守，方言隔阂，村道纵横，这条路行不通。我想到了利用农村的人情网络，在皖北的农村，人情网络显而易见，如何突破，有几个办法。

第一，参与村内公共活动。于是乎，我积极参与了村内办的喜事。虽然我不爱凑热闹，但是我知道在婚礼上增加自己的曝光度，在别人纳闷"这是谁家孩子"时，主动出击，"我正在武汉念研究生，来这边跟着老师写书做论文，了解咱们这边1949年之前的历史和普通农民的生活"，这样一来可以让村民们更快认识自己，接纳自己。

第二，给受访者帮忙，干农活。对于关键的老人来说，多次询问难以避免，这个时候要是老人正好准备去干农活，那么可以主动帮忙，取得老人好感。细水方能长流，必要时送点礼物，说不定老人自告奋勇，可以帮自己找找其他老人。

第三，寻觅宗族贵人。虽然在皖北农村宗族的观念已经渐渐淡化，但是同姓之间往往亲切，让村干部推荐同姓里面的热心人，也是一条路子。

我的经验尚浅，写下这些颇有班门弄斧的味道，热切欢迎村调伙伴们参与讨论，指点迷津。

4. "78岁"现象

包括进行口述史调研，和老人们交流多了，我发现80岁以上的高龄老人可以简单粗暴地分为两类。一类是问一说一，一类是举一反三。能够举一反三的老人往往凤毛麟角，若是碰上，值得暗自感叹自己的好运气。难道问一说一的老人们就要舍弃吗？不，他们也是宝贝，他们需要的是助攻，而他们重要的助攻就是那些78岁左右的老人。

虽然78岁左右的老人群体在1949年之前年纪尚小，但是他们如今的思维和口音相比 80 岁以上老人还是更适合沟通交流一些，他们敢说会说，他们说的可以与问一说一的老人们求证。即便只言片语，也能丰富信源，增强可信度。

5. 重视现有文本材料

在村中开展田野调查时，虽然能够从高龄老人口中获取很多的第一手材料，但是毕竟历史已经久远，受访老人的记忆未必清晰且准确。这时候文本材料的佐证和启发就显得异常重要。对文本材料的搜寻事实上贯穿着我调研的始终。从最开始向县方志办借阅县志地方志，再到村中向村民询问家谱族谱，任何一本文本资料我都视若珍宝，也确实能够提供不少的帮助，刻画地方基本的事实。

另外还有一些既有的对华北地区的研究著作也是不可多得的参考材料。在调研过程中，基于这些基本材料，可以不让自己陷入对细枝末节的过度追寻当中，而更多把精力放在基于思考的追问上面，更多挖掘地方的关系行为特色。

6. 方法总比困难多

我在村里总共待了将近三个月的时间，想想自己作为地地道道的南方人一日三餐各种花式面食，居然没有想念米饭。由此得出的结论是，北方的馍馍确实比南方的馒头好吃，当地人说这是白面和黑面的区别。具有北方特色的公共澡堂也让我印象深刻，从最开始的不自在到后来的习以为常，适应原来可以这么迅速。还有就是北方的严寒，皖北冬天温度可以低至零下十几度，但是却没有和北方大部分的地区一样安装暖气，我经常穿着好几件羽绒服还是被冻得手脚通红。虽然遇到的现实挑战和困难很多，但是咬咬牙坚持下来就会发现自己的成长和满满的收获。我想未来的调研我还会面临很多的困难，但是我坚信方法总比困难多，要树立信心，主动出击，扎扎实实完成村调大业。

7. 常怀感恩之心

在整个管粥集村的调研过程中，感恩之心给了我很大的帮助。随着时间维度的拉长，我渐渐发现村民开始信任我，接纳我。虽然自己天性有些内敛，但是慢慢我就能和村民们自然地聊天。我理解村民们在初见我时的试探，也正因为如此我感恩他们的接纳和点点滴滴当中对我的友善和关怀。感谢村干部对我调研工作的信任和支持，感谢薛大哥一家对我生活上的无微不至的照顾，感谢张大臣等高龄老人对我少有保留的回顾和分享，让彼此成为"忘年交"。还有日常生活里对我微笑给我帮助的每一位村民。选择管粥集村是个偶然，但和管粥集村的结缘却是必然。因为你们的存在，对于村庄的历史，村庄的现在，村庄的未来，我们有了思想上的交集和情感上的共鸣。

愿管粥集安好，愿每一位管粥集人安好，"常回来看看"，这是村民们对我离别时分的希冀，也是我们之间共同的约定。

附录二

管粥集村调查日记（节选）

2016年10月11日至2017年1月3日，我有幸前往安徽省宿州市萧县刘套镇管粥集村开展"黄河区域小农村落形态与实态调查"。在调研过程中，基于自己的实际经历，我撰写了《管粥集村调查日记》，主要内容围绕自己在入村准备、选村、驻村等过程当中的感想、感受以及感悟。本文从《管粥集村调查日记》当中精选一部分，将调研过程当中的点滴和我的一些心路历程，与读者交流分享。

10月11日　星期三　中雨

今天是10月11日，我在武昌火车站踏上了前往安徽省宿州市的火车，心里面既兴奋又忐忑。在出发的前几天，我利用空闲时间再次温习了一遍访谈提纲，在网上搜索到了一部分参考书目的电子版，也网购了几本参考书，想着在调研遇到瓶颈时，这些书或许能够帮助打开思路。在选村和礼物上，我也做了一些准备。向师兄师姐取经得知，明白老人是选村的第一要义，但是这个多半靠运气和广泛挖掘，无论如何，村庄的基本条件首先要满足。基于已有的皖北田野调查研究文献、百科论坛贴吧、卫星地图，我初定在3个镇选村——黄口镇（商贸重镇，萧县对外农产品贸易枢纽）、杨楼镇和刘套镇（书画之乡，紧邻黄河故道，古集众多）。三个镇都位于萧县北部，地势平坦，属黄淮海冲积平原，土壤半沙半淤，历来是萧县小麦的主产区，近年来部分改种果树。

在火车上，我再次通过短信的方式和宿州市老龄办的王主任取得了联系，确认了明天见面的事宜，有些焦躁忐忑的内心这才渐渐平静下来。躺在火车的硬卧铺上，听着火车隆隆前进的声音夹杂着周围旅客的说话声，我不禁想象起皖北村落该是怎样的模样，会遇到哪些人，经历哪些事。火车一路向北，沿途从南方连绵起伏的山峰、错落有致的湖泊逐渐变成北方平坦的麦田、树木掩映着的集居村落。作为自己的第一次村庄调查，我期待一切进展顺利。

10月12日　星期四　小雨转多云

12日上午，按照约好的时间，我来到宿州市政府与老龄办王勇主任见面。我的到来受到了王勇主任的热情欢迎，了解了我们村庄调研的用意后，他向我简单介绍了萧县的历史发展。萧县历史上一直处于江苏省的管辖之下，但1949年后为了更好地治理洪泽湖，萧县和砀山县被交换给了安徽省。尽管行政区划受到了变更，但是现实中被徐州环抱的萧县一直积极融入徐州城市圈的发展进程当中，甚至徐州城中地铁的规划也将萧县考虑在内。相较宿州市，地理上的毗邻而居和经济上的飞速发展让萧县民众在感情上更倾向于徐州市，而萧县仍然是一个农业大县，劳动力输出大县。此外，萧县本地文化深受齐鲁文化的影响，民众个性直爽大气，尊师重教，民间还流传着很多关于"父慈子孝"的历史故事，这不仅仅是因为两地地理位置上的接近，还因为历史上山东移民曾大量来此谋生或定居，自然而然带来了当地的文化和风俗。王勇主任预祝我调研成功并帮我和萧县民政局的祖局长取得了联系，简单介绍了我此行的目的，我在表达感谢后，告别了王主任。

从宿州市乘车抵达萧县后已经是下午了，我和萧县民政局的祖局长通过短信取得了联系，约定了第二天上午在民政局见面交流具体的选村事宜。在过夜的宾馆，我赶紧翻看自己随身带着的书籍资料补功课。在这些资料当中，学者韩敏基于田野调查和文献资料撰写的《回应革命与改革：皖北李村的变迁与延续》是我最重要的参考资料之一，原因在于这本书的调研村庄就在萧县黄河故道一带。虽然村庄的具体名称出于学术规范被隐藏，不过书中诸多对萧县传统时期农村农民的生存状态的描述以及对村庄的历史变迁的追溯和分析无疑具有很高的参考价值。

其中，学者韩敏尤其提到了萧县地处黄河故道，天灾和战乱是其面临的主要灾害，奠定了传统时期农村的自然底色。在天灾当中，最常见的是河水泛滥和与其息息相关的蝗灾。她谈道，汴水河自西向东流过萧县，"在汉代末期黄河入汴，泥沙俱下，因而河道经常淤积、造成水患。后来汴水河和黄河分道扬镳，黄河向北流去。宋朝期间的

1128年，为了保卫首都开封不受蒙古军队（应为金兵）的袭击，当时政府将黄河决口，结果造成黄河南下再次与汴水河交汇。从1128年到1855年的720年的时间里，黄河流经萧县，并多次决口。1855年以后，黄河再次改道北上流经山东省，在萧县留下了至今还可以看到的黄河故道"。流经萧县的十多条大大小小的河流一旦出现洪涝、决口、蝗灾等情况便会给当地的民众带来严重的负面影响。萧县最大的商业重镇——河口的名字就意味着这里曾经是黄河决口的地方。

除了天灾，传统时期的战乱对萧县基层的影响也尤为深远。萧县地处华北重要的战略要塞，距离重要的交通枢纽徐州仅有22公里，历史上对控制徐州的争夺从来没有停止过，而最受其影响的就是萧县。萧县和徐州的这种唇亡齿寒的关系又因为20世纪初陇海铁路的建成而得到加强。历代兵家在包括萧县和徐州的中原地区争夺天下，也因此有"逐鹿中原"一说。长期的天灾和战乱导致萧县地区的政治和社会状况十分动荡，民不聊生。新中国成立后，中国共产党为萧县民众带来了没有战争和土匪困扰的稳定的社会环境。萧县政府也积极推动土壤改良、化肥合理使用、水土保持、品种改进、科学密植、植物保护、田间管理以及农业机具的改进，另外40多个水库和众多沟渠的修建一定程度上让萧县民众逐渐告别了传统的"靠天吃饭"的农业方式。

我想，要了解一个地方的社会经济文化等传统形态，基本的自然生存状况无疑是一把不可或缺的钥匙。而学者韩敏对黄河故道的介绍让我对传统时期萧县基层的生存背景有了非常直观的把握。

10月13日　星期五　多云

按照约定的时间地点，13日上午我便来到萧县民政局和祖局长碰面。还没有进门，我就听到祖局长在和自己的同事研究萧县的地图，只言片语当中大概是在讨论哪里的村庄比较合适调研。我的心中一暖，稍等之后便进门和祖局长打招呼。简单寒暄和说明来意之后，我向祖局长简单介绍了对调研村庄的基本要求：平原麦作，村民集居，社会形态丰富，高龄明白老人较多。对于前三个条件，祖局长认为非常容易达到，萧县是传统的农业大县，想找一个麦作集居的村庄就是易如反掌。但是高龄明白老人就不好说了，毕竟年纪80岁以上的老人在哪里都是稀少的。

一番交流之后，祖局长兴致盎然地向我推荐了刘套镇的管粥集村。他谈道这个村子处在萧县和徐州的交界地带上，村名很有特色，传说是乾隆皇帝赐名。听到这些，想着这个村子处于交界地带，肯定和周围的村子有着更丰富的社会关系，这个村庄的名字也颇有特色，值得去一探究竟。为了稳妥起见，我请求祖局长帮我询问管粥集村现有80岁以上老人多少位,祖局长很热情,立即帮我联系刘套镇的镇长并帮我直接联系上了村中的村干部。对方表示村中现有5 000多人,80岁以上老人有40位以上,听到这个消息,我很高兴,觉得或许管粥集村就是一个比较理想的村子,并和刘套镇的干部约好明天一起进村。

10月14日　星期六　阴转多云

14日,我再次来到萧县民政局,在这里我见到了刘套镇的副镇长。他开着车把我直接送到了刘套镇的管粥集村村委会大楼。管粥集村的宗玉顺书记和他的同事薛飞叔叔已经在帮我打扫了村委会大楼二楼我的住所,给我在旁边的餐馆打好招呼,这样一来我的食宿问题得以解决,我的心稍稍定下。等到在村书记家吃完午饭,宗书记领着我先后前往崔庆芳、赵启蓝等老人的家中,我便就村中的基本情况向老人们请教。主要是通过询问村庄的历史和水井、庙宇、集市等基本情况来判断老人是否适合访谈,管粥集村是否适合驻点。根据老人的描述,管粥集村当中的传统形态还是比较丰富的,包括村内在新中国成立前就有集市,而且是个古集,村中还有"七井八庙琉璃瓦"一说,麦作集居更是这一带的普遍现象。了解到这些内容,我非常兴奋,但是细细询问就感觉老人们的回忆和表述有些吃力,我判断现在访谈的老人质量还不高,不能算是合格的明白老人。但是管粥集村这个村子的品相是出类拔萃的,我得尽可能搜罗村中的老人,力图让他们能够通过口述还原这个村子的历史风貌。

进入村子的当天,我住处周围一家小商店里正在打牌的村民们热情地告诉我明天村里面有两家人要办喜事,一家是娶媳妇,一家是嫁女儿,其中一家的家人还热情邀请我前去参加婚礼。我不假思索地答应了,心想这样的现场观摩体验我自然不能错过。虽然这一次的调研主要围绕新中国成立前的农村生产生活关系展开,但是热心的村民告诉我,这边结婚的习俗规矩相比新中国成立前大致相同,甚至花样变得更为丰富些了。了解到这些,我的心里暗暗盘算,干脆第一个专题调研就围绕"习俗与习俗关系"展开。

由于自己已然成为农民口中的"大龄未婚青年",我忍不住问村民,皖北这边的彩礼和嫁妆现在是什么情况了。村民扬起声说:"现在这边的彩礼可不得了,彩礼钱都达到20—30万了。和新中国成立前正好反过来,原来彩礼一套红衣裳就很不错了。而嫁妆又是衣柜,又是被褥,嫁女儿就是赔钱。时代不一样了。"

我倒吸一口凉气,转头向村书记确认,书记点点头表示村里面现在有家庭就算出得起这个钱,也未必能娶上本地老婆。他给我列举了几个数字——计划生育未正式实施之前,村里面一个家庭2—3个女儿,最少1个儿子,或者2—3个儿子的情况非常普遍。

计划生育实施之后，大家要么性别选择，保证头胎男孩，要么宁可罚款也要生下男孩。如今，村里面已然男多女少，估计得有30个适婚男青年难以在本地找到对象，女孩纷纷外出打工甚至外嫁进一步恶化形势。本地女孩有恃无恐，嫁妆自然水涨船高。整个中国男女比例失衡问题在相对落后闭塞的农村显得越发尖锐，不得不引起更多的关注和重视。

我顺势向年纪较大的村民细细询问了村里面传统婚礼的过程。村民向我介绍，在当地，办喜事主要是两天，第一天准备宴席，亲朋邻里主动前来帮忙。第二天，迎亲，拜堂，吃大席。婚礼的前一天，在当地有"邻里忙干活，亲戚看热闹"的习俗。无论是嫁方还是娶方都会在各自家中做好酒席操办的准备，各自的邻里亲朋都会自发前往帮忙，布置场地、新房，洗刷碗碟，张贴对联等。不过实际在现场干活的基本都是邻居朋友，亲戚往往在一旁看热闹，互相寒暄聊天，偶尔搭把手。另外在这一天，新郎要由哥嫂或者宗亲中熟悉祖坟位置的成员带领，3个吹唢呐的人跟着，携带喜纸，去给先祖磕三个头，向先祖报喜。

正式婚礼当天，在当地女子出嫁叫"发嫁"，新郎和新娘分别在各自的家中操办酒席，宴请各自的宾客。在双方生辰八字组合确定的发嫁时辰之前，新郎一家会派出豪车队伍（新中国成立前是花轿）前往新娘家迎亲（新中国成立前男方往往不同去）。新郎到达新娘家门口时要喊出"爸爸妈妈开门"（新中国成立前没有这个习俗），新娘家方才开门。这时候新娘的父母给新郎递上红包，称之为"改口礼"。

车队将新娘接到新郎家后，新娘同样需要喊出"爸爸妈妈开门"，新郎新娘进门之后开始准备拜堂。到了吉时，婚礼现场唢呐声响起，婚礼主持高喊"一拜天地"，新人一起三鞠躬，随后喊"二拜高堂"，再三鞠躬，再喊"夫妻对拜"，再三鞠躬。鞠躬结束后，两位新人进入洞房。新人进入洞房后需要同饮交杯酒，按照夫向东、妇向西的位置夫妻对饮。拜完堂之后，新郎新娘还要陆续进行"分大小"（新娘认长辈）、家庭合影（1949年前没有这项），紧接着开始吃大席。席上菜品讲究成双成对，酒席最前面最靠近中间的桌子为主桌，通常新人与本家长辈同席，其他同辈一席，后辈一席，邻里一席。宴席结束，新郎需要带着新娘再次前往祖坟，给先祖磕头。

了解完村里面的婚嫁习俗，我和住处周围的村民们已经有些熟悉。村民们对我的戒心也慢慢降低了，我就准备着明天真正参加一场婚礼，到这样的人场里走一遭，村民们十之八九都能知道我的存在。我想这也便于之后独立在村里面开展调研工作。

10月15日　星期天　多云

今天又是个好天气，受到管粥集村村民的邀请，我应约参与了一场乡村婚礼。因为事先已经向村民们询问过婚礼的大致流程，所以对婚礼前前后后的细节我都了然于胸。作为一位不速之客，尽管受到邀请，但我仍然显得有些拘束。婚礼的主人家丝毫不见外，热情地邀请我坐下并向周围的村民介绍我的身份——"他是从武汉过来的大学生，来咱们这边了解历史"，我也连忙应和表示自己的调研是对1949年之前村庄社会经济文化等方面的还原。可能我的解释有些不接地气，村民们索性理解成"这是个来考古的学生"，纷纷热情地向我介绍村子的历史古迹。虽然在身份认知上有偏差，但是我也笑着默认了这个"考古"的说法，心想"考古就考古吧，只要大家从心里接纳我就足够了"。

还有一个值得一提的小细节是在进门时主人家的亲朋好友都会包红包。虽然村民们告诉我以我的身份不需要包红包，但是我想单单是为了赢得村民的好感，我也可以包一个红包，于是我给了收红包的叔叔100元。在村里面彩礼的高低一般是和彼此的亲疏关系紧密相关的，本家亲属给的礼金势必是金额最高的，否则就容易被旁人笑话。就我这样一个初来乍到之人包一个100元的红包都是分量不轻的。所以村民们出现了两种态度，主人家很高兴，笑着和我说等我结婚办酒时可以邀请他们，他们就过来回礼。另有少量村民嗔怪我，两家人八竿子打不着，本可以不给礼钱。我笑着回应，办婚礼是喜事，我这100块钱也是略尽心意，祝福这对新人。

吃了几顿大席（村民管酒席叫大席），我意外发现我还是能够很快适应这儿的口味。这里的人很喜欢吃羊肉喝羊肉汤，以馒头馍馍为主食并且男人们也好酒。每天村里面的男人们忙完活就三五成桌一起吃饭喝酒，吹牛拉呱，这样其乐融融的场面在城市里面确实是很少见到了。恍然觉得或许这也是城市的人们怀念的乡土味道的一部分吧。晚上回到住所，再次翻阅学者韩敏的书，她的观点也补充和加深了我之前对婚礼彩礼嫁妆价值变迁的理解。

之前按照我的理解，新中国成立前彩礼的价值远低于嫁妆的价值，很重要的原因是村庄人口流动性低，村庄内部与村庄之间容易形成稳定的婚姻圈。管粥集村在新中国成立前仍然流行"父母之命媒妁之言"，因此年轻男女的决定权很小，父母往往不希望自己的女儿远嫁。最近的婚嫁对象就在本村，关系处得好的邻居之间经常会定娃娃亲，最远的婚嫁对象在相距15公里左右的郑集镇。通婚最频繁的村庄往往都设有集市，西北部的张集、朱集，东北部的郑集，东部的刘集，南部的刘套都经常和管粥集村相互通婚，距离也均在15公里以内。村民相信最理想的村庄距离是在一天之内能够拜访完两家所有的亲戚，稳定的婚姻圈意味着稳定的适龄男女比例。

此外，在农业劳动占主导的传统时期，女性作为半劳力而受到忽视，女性一定程度上被歧视为家庭的负担，相应的彩礼价值便会降低。而在新中国成立后尤其是改革开放以后，交通等基础设施的大幅改善让村民的婚姻圈大大拓展，村民远嫁的情况也逐渐增多。当男女都外出打工时，女性往往能够在当地找到自己的对象，而往往要提供住房的男性只能回乡娶亲，这样一来适婚男女的比例就自然失衡了，彩礼便水涨船高。

但是学者韩敏又提供了一个新的视角和分析框架。她提出，一方面，在新中国成立前，女性的劳动主要局限在家庭内，这样一来女性的劳动价值被自然低估了。只有男性能为家庭赚取直接的财富，而女性下地干活是不合乎风俗的，女性成了"半劳力"，或者说是一个家庭的负担，但是在新中国成立之后，尤其在集体化时期，更多的妇女从家庭烦琐而沉重的家务当中解放出来，更多参与农业劳动并且根据劳动量和男性一样计算工分。如此一来，女性的劳动价值更多被计量，女性在婚姻市场当中的地位也自然提升。

另一方面，韩敏还观察到中国男女之间的婚配不仅仅是男女个人的事，更多会涉及男女背后的家庭。与其说是男女之间的联姻不如说是男女双方家庭之间的结合。娶一位本地甚至同村的妻子，妻子背后所承载的社会关系资本就可以为丈夫所用。管粥集村村民在新中国成立前十分注重对姻亲关系的维护，姻亲关系和血缘关系一样能够为家庭提供一个生产生活的"安全网"。要是娶了一位外地的女子甚至是落难逃荒而来的女子，虽然娶妻的成本更低，但她们无法提供可靠的姻亲关系资本。姻亲关系此时成了一种重要的社会资本，支撑起了农村女性在婚嫁市场当中的价值和地位。

10月16日　星期一　阴转小雨

继续对管粥集村村中的老人情况进行访谈摸底。在走访老人的过程中，不管是一旁凑热闹的中年村民还是受访老人，他们反复向我提到一句话，即"咱们附近过去有四个县政府"。既然管粥集村的村民们对这"四个县政府"兴致盎然，我索性就从这"四个县政府"切入对管粥集村传统社会状态的考察当中。

据管粥集村村中的受访老人介绍，这"四个县政府"是中国国民党的萧铜丰沛四县联防政府，掌管着毗邻的丰县、萧县、铜山县等县域的指挥和管理。为何这个四县政府要搬到这一片县域交界之地，原因在于中国国民党在日军的进犯下丢失了萧县县城。节节败退的中国国民党政府不得不把原本在中心城镇的县政府搬到偏僻但安全能够保证的地带。不过县政府的集中迁居也给包括管粥集村一带的村民的生产生活造成不小的影响。

仅以盘距管粥集村一带最长时间的时江苏县铜山县临时政府驻地亲民村为例,"亲民村"村寨位于铜、萧两县交界处(距管粥集自然村不足一公里),坐北朝南,近似正方形,占地110多亩。它层层设防,分为铁丝网(丝密针利)、木围城(高大圆木环绕排列,设有瞭望台)、月牙河(木城之内,开挖月牙河,只有吊桥一个通道)、地下暗道(月牙河之内开挖地道,道口狭小,道路弯曲,不熟路者难达村寨内部)。村寨正门一侧还设有杀人场,常有刀枪声、哭叫声在此响起,令人不寒而栗。"亲民村"给周围的村民带来深重灾难——所需土地,不问穷富,无偿征收;所需木料,四处收罗,限期上供;所需砖瓦,扒屋拆庙,搬运到场;所需食材,指定农户,专享专供;杂役杂活,随时摊派,随叫随到。1948年11月19日,中国国民党军队弃寨而逃,民众闻之,无不如释重负,扒城拆屋,一解怒火。

不过"四个县政府"带来的也不尽是坏事。由于县政府驻扎的人口众多,原本萧条的管粥集成为当地颇有名气的集市。周围的流动商贩都愿意过来赶集,牛马等牲口的买卖也逐渐增多。管粥集从村中老人口中的夜猫子集变成了数天一次的常设集市。政府官员的子女上学需要学校,便将已经颓败的火神庙修整一新作为村中的新式学校。不同于私塾教授四书五经,新式学堂教学的内容涉及国文、算术、体育等方面。最要紧的是学校有了政府的补贴,管粥集村村中更多的小孩能够接受教育,识字念书。

10月17日　星期二　多云

顺着前一天对"四个县政府"的了解,我继续向管粥集自然村村民赵启蓝、崔庆芳等人了解中华民国时期管粥集村的治理状况。从受访老人的介绍看,中华民国时期,管粥集村的治理可以从两个主要的方面展开。

一是从官方层面。在施行保甲制度之前,管粥集村施行的是闾邻制。庄长是一个村落当中受到官方认可的最高权威者。由于年代久远,老人们对庄长普遍印象不深,只知道在保长之前村落领导人被称为庄长。不过老人们介绍清朝时期村里面因为太平天国运动建立起了寨墙以抵御土匪的侵袭,而无论是寨墙的修建维护还是寨门的开关、土匪侵袭时村庄的应对等都是庄长来具体负责的,因此庄长在一段时期还被称为"寨董"。

1934年4月,根基不稳的南京国民政府愈发感受到来自中国共产党的壮大,因此废除原本施行的闾邻制,正式在管粥集村所在的萧县推行保甲制。之所以推行保甲制,用村民的话来说是为了应对中国共产党的壮大,十户为一甲,十甲为一保,保甲不仅是缴纳赋税、征兵抓丁的基本单元,更是防卫的基本单元。但凡有闲杂人等都需要及时向保甲长汇报，不得予以包庇，否则将连坐受罚。保长名义上由村庄中各家的当家人投票选出，但实际过程中在正式的选举前村民已经私下有了人选，保长候选人也事先知道村民总体的意愿。用村民的话说，保长不仅在村民当中有着很高的威望，更重要的是要得到村中富裕户和乡政府的认可。相比保长有政府撑腰，甲长就完全是个出力不讨好的活儿，因此有些村民会叫甲长"狗腿子"，以至于曾经出现过各家各户轮流当甲长的情况。

二是从民间层面。管粥集村的赵启蓝老人告诉我，保长背后是政府撑腰，老百姓尊敬他也怕他，但是问事人背后虽然没有政府加持，但是有民众撑腰。正因为如此，问事人受到村民们的尊敬，并且村民也不会畏惧他反而十分拥戴他。就比方说逢年过节或者红白喜事，村民们家家都愿意请问事人过来参加。要是问事人赏脸参加，那么这户人家就觉得非常有面子，对问事人也是非常感激。而保长就不是每家每户都愿意或者能够请的，只有富裕村民在红白喜事等方面会邀请保长前来。一般经济条件的农户不会邀请保长，即便发出邀请，保长通常都会婉言拒绝。问事人之所以能够得到村民的广泛拥戴，最重要的一点就是问事人本人名声的积累，这些积累都是基于问事人对村中公共事务的参与，比如调解村民之间的纠纷，帮忙组织村中庙会的秩序，维修道路，等等。

除了官方层面的保长和民间层面的问事人，村民崔庆芳还向我提到了"士绅"这类人物。不过问到"士绅"的时候，天色已经晚了，匆匆告别了老人我便慢慢走回了自己的住处。

10月18日　星期三　多云

今天，我按照自己的安排继续对管粥集的传统治理形态进行调查。虽然到村里的时间不长，但是已经感受到一些调研中的困难。最主要的困难是老人的精神状态。虽然我在寻访明白老人时尽量找头脑清晰、交流尚可的，但是毕竟大多数老人已经超过了80岁，身体多多少少都存在一些问题。为了照顾老人的身体，每次访谈半个小时我就强制自己停下来，问问老人需不需要喝水，生怕让老人承担过大的压力。休息几分钟之后交流再开始。虽然这样的做法比较可行，但是整个访谈的效率就不得不降低了，而且超过一个小时，大多数的老人已经坐不住了。换句话说就是头脑开始糊涂了，他们在回答问题时机械地回答是和不是，而不愿意多加入一些描述。这也越发加大了访谈的难度。我想这个问题应该是一个普遍性的问题，出发前高年级的师兄师姐们就说过老人问题是村庄调研的拦路虎，老人找得好调研就事半功倍了。

虽然面临着种种的困难，但我也不得不在保证老人安全的前提下硬着头皮继续访谈。今天还是补充村庄治理的访谈。在这里做一些小总结。

其一，士绅也是管粥集村当中重要的治理主体。不过相比于问事人和保甲长，并不是每个村子都会存在士绅。士绅不仅是富裕的村民，更重要的是士绅有学问有功名。虽然中华民国的时候科举制度已经取消了，但是清末取得过功名的人回到村中生活，他们就比一般的村民身份更加尊贵，村民都要高看他们一眼。

其二，具体到一个家庭内部的治理，管粥集村村民习惯把当家人称之为"掌把的"，这个称呼很形象。当家人负责一家老小的基本生活，有如一头黄牛，需要日以继夜不停在外劳作才能支撑一家人的日常开支，即便是农闲的时候，他们也不闲着，去各个集市赶集或者去给人打工干活。家里面的妇女也不会闲着，烦琐的柴米油盐都是她们来张罗，一对和睦的夫妻能够很好地分担家庭重担，让家庭获得良好的秩序。

其三，虽然不是调查的重点，但是我也关注到了村庄当下的治理。作为一个南方人，我对于一两个村干部就能把一个四五千人的大村子管理好感到很惊奇。村干部和我说，现在村里面的年轻人都出去打工了，在村子里面的大多是中老年人，他们闹腾不起来，所以管理的负担不是很重。要是放在过去，村里面很多小混混，村子就不好管了。我住在村委会的大楼，偶尔有白发苍苍的老人问我村干部的去处，我就告诉他们村干部一般在家中办公，去村干部家中找就行。老人抱怨总是找不到人，细问是评贫困户的事情。想起前两天村干部还说起精准扶贫，一级给一级下达命令，传导到基层，其实就是传导到这些村干部的身上，运动式的治理确实在短时间内动员了各方力量，也大大增加了基层的压力。

10 月 19 日　星期四　多云

集中对管粥集村庄治理状态的访谈告一段落，我打算之后在询问其他内容的时候可以兼带着补充问一问村庄治理的情况。我转向比较容易的文化习俗这一块，老人们在讨论到文化习俗这一块内容时也明显显得更轻松了一些。另外，我在和老人的访谈过程中也发现，不能总是很严肃地访谈，我问老人回答，这样很容易把老人问疲倦，自己也很累。这样一想，我干脆采取聊天——村里面说是"唠嗑"的方式来和老人交流。老人回答我的问题，我也回答老人提的一些问题。

事实上，我这样做能明显感到老人整个状态更加自然和轻松了，他们会好奇地问我，家乡在哪里，家乡是什么样子的，也会闲聊自己年轻时候的事迹，说一说自己的儿子女儿现在生活得如何，等等。老人总是说："没人愿意像你这样和我们老人家说话了,就算是我的孙子孙女也不爱和我讲话,嫌我说话慢,思想老土。"我只能尽可能宽慰这些老人并且成为一个倾听者,试图和老人成为一对忘年交。

今天获得的访谈材料有些杂,在日记中做一些简单的整理。

其一,管粥集村虽然受到安徽的管辖,但是整体的位置却是处于安徽、河南、山东和江苏四省的交界位置,因此村落的文化显得更为丰富且有层次性。

其二,通过询问得知,大量村中的老户祖辈都是从山东、河南等地迁徙而来,他们迁徙的原因多是战乱或者自然灾害,只有到中华民国时期才有少部分的村民因为经商等原因在村中落户。

其三,由于管粥集村拥有一定的移民底色,因此村民颇有山东先民的遗风。人生得强壮,饮食也显得简单质朴,性格也颇为直爽。最重要的是在清朝统治时期,村内还留存有象征宗族的家堂庙、家谱等,虽然后期宗族的色彩不断弱化,但是宗族的文化底色还远未消逝。

10月20日　星期五　多云

今天向管粥集的老人们重点了解传统时期的村民信仰。从我自己作为一个南方人的体验来说,华北的民间信仰不见得比东南地区单薄。虽然说如今在经济发展水平方面,东南地区占优势,因而庙宇等文化直观上更丰富,但是论人的整体观念,华北村民当今的神灵信仰也很强大。

不过受访的老人讲现在村里面去庙里拜的村民没有新中国成立前多了。新中国成立后的一次次的运动把大家的观念给扭转了,村民觉得这些信仰都是封建迷信,如今政策上倡导宗教信仰自由,这才恢复一些,但显然不复从前了。

另外,管粥集村当前的民间信仰还受到了外来宗教的影响。村里面什么时候开始出现基督教,已经没有村民能够说得清了,但是村里面显眼的位置就坐落着一个基督教聚会的场地,之所以显眼是因为这个场地不远处就是村里面老的村委会所在地。基督教的信徒多为中老年妇女,有时候去采访老人也能注意到个别老人的家中张贴着基督教的宣传画。教徒们除了每周例行的集会祷告,平时还经常组织扭秧歌等集体活动,共同的信缘成了一个新的社会联系纽带。

相对比的就是隐隐存在的传统民间信仰,这些信仰已经在村中难见实体,庙宇早已被拆除,只能在受访老人的口述中重现当年的盛景。"七井八庙琉璃瓦",管粥集村曾经有8个大大小小的庙宇,规模最大、香火最旺的火神庙还是当时当地重要的庙宇之一,影响着村民的日常生产生活。除了庙宇还有神婆神汉,传统时期医疗水平不发达，他在一定程度上充当了赤脚医生的角色，如今这样的从业者已经很少，但是在村民的口口相传中村子到现在仍然有这样一类人的存在，我想经济的不发达，医疗水平的有限仍然给了这些从业者一定的生存空间和土壤。

10月21日　星期六　多云

今天很碰巧，采访的几个老人家里面都来了客人，老人们忙着招呼，我不得不放慢访谈的进度，但是这也正好给了我机会观察村民的社会交往，并且在村民的言语当中感受他们的思想观念。

从我第一次到村里面我就对村中的集居状态印象深刻，房屋整齐排列，鳞次栉比，道路也几乎是笔直的，尤其是贯穿村落的大道。相比于南方的散居，华北的集居对村民的生产生活乃至精神观念能够产生怎样的影响呢？我想最起码从直观上看，华北的村落更像一个社会学概念中的"共同体"。

房屋之所以整齐排列，在于村民都有意无意地遵循着村落相处的规矩。这些规矩或许和风水观念有关。要是谁家的屋檐高了，谁家的建筑随便乱建，都会影响到周围住户的风水从而引发矛盾。村民也在这样"抬头不见低头见"的生活场景中，不得不在思维上更考虑自己的行为对周围人的影响，而不会仅仅从自己的角度出发，集体的观念就这样在村民的心中生根发芽了。

小到一个村庄，大到一个国家。作为拥有14亿人口的超级人口大国，生活在中国这片国土上的民众相比欧美，空间上的拥挤是必然的，也势必影响着中国人对个人、对集体的思考。

村民对集体的重视还在于对社会关系维系的重视。频繁的走亲访友、礼物交换每天都在村落中上演，村民已经习惯了，认为这就是生活的一部分。要是不参与其中，很容易遭人非议和嘲笑。尤其在生产力水平低下的传统时期，较为牢固的社会关系网络无疑能够提供一个安全网，家庭在遭受重大打击时能够尽快重整旗鼓。关于礼物交换，关于红白喜事、过年过节等重要活动，受访老人们给我提供了丰富的口述材料，烦琐的仪式背后都蕴含着丰富的社会关系。从功利的角度看，是为了生存和安全，从情感上看，忙忙碌碌的生活需要这些饱含温情的仪式来调节调剂，不断给人以生活下去的勇气。

10月22日　星期天　多云

文化习俗的话题虽然和老人们聊起来比较轻松，但是毕竟民俗的成分还是很重，很容易最后把调研精力过多放在民俗方面，导致调研成果局限在这一层面。于是，今天我就做了文化民俗板块最后的补充调研，之后就要转战其他的话题了。之前谈到了很多重要活动方面的风俗习惯，我今天重点问了老人们关于文化教育这一块的内容。受访的老人们因为都有些学识，提起私塾，他们都很有印象。

老人们告诉我清朝的时候都是私塾，中华民国的时候私塾还存在但是已经慢慢在减少了。私塾先生都是最起码念过四书五经的，他们被村里面的富裕户邀请到家中住下，设立私塾，从村中收学生，学生每年给一些粮食作为报酬，私塾先生也依靠这些来维持自己的生活。私塾先生是非常严厉的，一旦发现学生分心或者背不出来课文就要用戒尺打学生的手心，教学的方式也很简单，就是让学生大声读反复背，学生甚至不明白课文的意思也不得不遵照先生的要求死记硬背下来。正因为如此，很多学生念了几年就不爱上学了，上学了就要挨打。但是那时候村里面富裕的人家才能上学，家里面的男孩才能上学，所以有机会去上学村民都是愿意去的。

后来，"四个县政府"搬到了管粥集附近，村里面办起了新式学堂。村民对这个新学校很感新鲜，又因为不用怎么交学费，所以村里面大多数的孩子都能去新式学堂，但是女孩子还是不允许去，最多只能上上私塾。新式学堂的教学内容就很多，还有美术课、体育课等，不用总是学习汉字和算术。不过，老人讲新式学堂的教学质量没有保证，老师上完课就走了，也不打骂学生，学生上课很轻松，学到的东西却很少。

到今天，安徽是典型的重视教育的地区。村民们对于我的学历都表示羡慕，认为念完研究生出来就能够有个体面的工作，用不着去外面打工了。虽然也有个别读书无用论的说法冒出来，但是在村子里的生活还是让我觉得村民普遍相信读书是改变命运走出农门最可靠或者说是唯一的路子。令人高兴的是，每年管粥集都能有几个考上大学的学生，还有一些能去中国的顶尖名校。

我想教育水平的普遍提升将是村子未来发展的希望。就算他们将来不再回到村子里，但是村子里的人最起码能够获得更加体面的生活，从这个意义上来说，村落表面上的衰落与否就并非一个严重的问题了。

10月23日　星期一　多云

关于管粥集传统的文化习俗板块的访谈暂时告一段落，我转为关注管粥集村的传统社会形态。上午下午一通问下来，老人和我结束时都有些疲累。我在这里就把今天的收获做一些简单的梳理吧。

一方面，管粥集村村内的宗族观念在传统时期已经走向凋零，直接的体现是宗族组织存在但是并不强大，远不能和中国华南一带的宗族社会相媲美。在我看来，宗族组织之所以难以在这一带站稳脚跟,很大程度在于这样一个有移民底色的社会只有宗族的记忆,但是很难保持宗族的整体构架,不如原生的没有断裂的华南宗族根系深厚。另外,这一区域一马平川,缺乏天然的屏障,并且处于中原腹地,无论是清朝时的北京,还是中华民国时期的南京,政权对这一地区的控制从未松懈,即便统而不治,也强过边缘地区的统治强度,宗族组织失去了重要的社会土壤。

另一方面,包括管粥集在内的众多村庄都存在着丰富的社会组织。这些社会组织都是村民自发形成的,并且在村民的生产生活当中发挥着重要的作用。例如管粥集村村内有一个面会,我之前从来没有听说过,据老人的介绍,面会就是办红事或者白事的时候,主人家没有足够的粮食来招待宾客,这时候村里面这个面会就把一部分村民组织起来,大家一同凑齐所需要的粮食数量,把这个红白喜事办下去。这个社会组织内部的成员家庭一旦有需要就可以向组织内的成员求助并且得到帮助。除了面会还有其他功能多样的社会组织,不得不感叹过去农民的智慧。

10月24日　星期二　多云

今天我继续对村子的传统社会形态进行挖掘。昨天老人和我介绍了很多社会组织,我觉得非常有意思。在这些社会组织当中,老人还提到了一些出于防卫目的的社会组织。今天我细细问了这些带有防卫性质的社会组织是如何运作的。要知道,1949年之后整个中国社会的政治环境趋于稳定,防卫对于单个村庄来说变得无足轻重,但是在新中国成立前,老人告诉我,村里面的稳定完全离不开这些防卫组织。例如,老人们向我提到了联庄会,他们告诉我联庄会就是几个村子联合起来一同进行防卫。

每个村子的庄长就是联络人,一旦有匪患来袭,受到袭击的村子就敲梆子告诉周围的村庄注意警惕,周围的村子也会安排年轻人过来协助受袭击的村子一同抗击土匪。老人讲得十分生动,我也听得津津有味,这样的社会组织在我的家乡是没有的,所以听起来很是新奇,不过我转念一想,我家乡真的没有这样的组织吗?我不敢确定,希望这一次调研的经历能够帮助我回到家乡也去挖掘一下自己家乡的传统社会形态和底色,我想也会受益匪浅的。

问了一天社会组织,加上昨天问的内容,我觉得差不多了,也感觉有些疲惫了。今天就写短一些,先写到这里吧。

10月25日　星期三　多云

在村子里面已经有一段时间了,但是感觉调研起来还是很受限制,进度不快。我今天有些沮丧，因为这几天我集中问的老人今天都状态不佳，虽然没有吃闭门羹，但是明显能感觉到老人们不愿意多说话，可能是被我集中问问疲倦了。

我发现华北这一带的老人很容易患心脑血管疾病。我访谈的一个老人就和我说他前两年做了一个心脏手术，在心脏的血管里安装了支架，血管已经几乎被堵塞了，只能依靠支架来维持血管的通畅，这个手术的后遗症就是老人不敢多活动，活动起来也显得有些僵硬，最关键情绪也不能太激动，否则容易出问题。

虽然老人们和我讲自己身体的疾病时显得轻描淡写，他们甚至觉得我或许能帮助他们从政府那里拿到一些补贴，显然我是无能为力的，但是仅仅作为一个听众我感觉自己必须小心照顾老人们的身体了。我又想起出发前老师们总是叮嘱我们不要单独和老人待在一起，一定要有旁人，要不然出了事故就可能有麻烦，想来也确实需要注意。

和老人们很勉强地做了一些访谈，满心疲惫。好在这一天，宗书记喊我到他家吃饭。事实上，他已经好几次叫我去了，但是我不太好意思，都给推脱了，就在住处旁边的一家餐馆吃饭。餐馆老板是一对年轻的夫妇，他们对我很友善，虽然我一开始显得很是拘谨，但是时间长了，大家便熟络了起来，我在调研之余也经常找他们聊天，毕竟在一个人生地不熟的地方待上长达两个月的时间，总是调研，没有朋友是很孤独的一件事情。在书记家吃了饭，饭菜很家常，但是很合我的口味，心里面也觉得很是温暖。书记说起他的儿子在外地当兵，虽然很是辛苦，但是也很争气，说话时的眼神也是充满骄傲。

10月26日　星期四　晴

鉴于昨天调研的低效率，我今天不得不再次拓展我访谈的老人数量了。事实上，管粥集村作为一个行政村现在是由两个大的自然村合并而成的，一个是我所在的管粥集自然村，另外一个村子是赵楼自然村。两个自然村相距2里路左右，一条乡道连接彼此。我向宗书记提出要去赵楼自然村找找老人，但是不巧的是，村干部们帮着精准扶贫的事情，还暂时抽不开时间领着我去找老人。我想这个事情急不来，只能等干部有空的时候带我去找老人了。

我也只能安排一些简单的内容来问现在我采访到的老人，一旦问深入，他们就很容易答不上来。今天白天断断续续又问了一些内容。在这里权做一些思路上的整理。

其一，管粥集顾名思义，村子里面在1949年之前就有集市，而且这个集市还是一个颇有历史的古集。我在查阅清朝的地方志的时候就注意到上面对管粥集的记载。虽然仅仅是提及，但是也直接说明这个集市历史悠久。

其二，管粥集集市是一个小集，辐射的范围主要是周围的村子，不像是一些集镇，更别提徐州城了，这里有一个歇后语，徐州集——常集。虽然管粥集是一个规模有限的集市，但是集期必须和周围的集市错开，这样可以避免时间上的冲突，不影响村民赶集。

其三，由于是一个小集，管粥集多以流动商贩为主，他们兜售各种小农具、蔬菜、鸡蛋、水果、糖果、布匹等，基本是针对村民的吃穿劳作等的需要。隔几次集就会开办一个会，会的规模要比集更大，会上会有专门的牛行、马行等，形成专门的牲畜交易市场，而这一市场在平时是没有的。

10月27日　星期五　晴

宗书记今天告诉我明天就让赵楼自然村的老书记带我去赵楼找找合适的老人。听到这个消息我很是高兴，连忙表示感谢，也期待明天能够遇到贵人，要不然仅仅是目前的这几个老人，我担心自己的材料会显得很薄弱。

虽然目前受访老人的情况不是特别理想，但是也有一些访谈材料上的收获。在这里做一些简单的梳理。

其一，在1949年之前，管粥集村是以大家庭为主的。受访老人告诉我当时一般不分家，因为分家意味着要分财产，可是家庭的财产有限，分割之后各个小家都难以独立生存。大家庭当中的当家人也是不愿意分家的，甚至只要他还有气力管理这个家庭，即便只是名义上当家，也要维持大家庭的运转。若是在自己的眼皮底下分家，当家人会觉得这个家庭人心散了而且是一件有损颜面的事情。我想正是这些经济上的考量和观念上的束缚促使传统时期家庭以联合家庭为主，而不是以核心家庭为主。

其二，因为大家庭的缘故，家庭内部的治理也是一个值得探究的领域。老人讲到家中的财产都是由当家人来掌控，不过具体的衣食住行还是依靠母亲来料理。男人总是不如女人心细。一个家庭要维持好经营好不仅仅需要男人吃苦耐劳有能力，还需要女人精打细算有智慧。老人和我讲了家庭管理的方方面面，我就不在这里赘述了，到时候写专题报告的时候可得好好分分类。

其三，传统时期典型的社会观念在管粥集体现得很明显。例如在男女的地位方面，女性的地位就远远低于男性，甚至不少女人裹脚；她们不能决定自己的婚姻，全凭父母做主；她们不能随便在外抛头露面，家里人担心被坏了名声；她们还不被允许念书识字，只有少数开明的富裕农户才允许自家的女儿去学习，但也只能请私塾先生到家中来教。

10月28日　星期六　晴

今天是一个值得纪念的日子，因为我终于在村里面寻到了一个宝贝老人。这个老人是个明白老人，他给我提供的信息量甚至强过了数个年龄过80岁的老人。这个老人是赵楼自然村的老书记带我去找的。虽然和这个老书记很少有直接的交流，只知道在管粥集自然村和赵楼自然村还未合并之前，他一直担任赵楼的书记，没想到他第一个带我寻的老人便是我一直梦寐以求的明白老人，真的很幸运也很感谢这位老书记。

今天我本想多认识一些新老人，但是见过这位明白老人之后我便想以后可以通过这位老人介绍周围的老人给我，我也就不必再打扰村干部了，毕竟他们有很多的行政事务要做。这个明白老人名字叫张大臣，他明明白白地告诉我他的家族是清朝时期从山东章丘搬过来的，原因是山东人口稠密，而安徽这一带人烟稀少，故而先人到此定居生活。

经过一番自我介绍，张爷爷不再那么拘谨了，他告诉我有什么问题尽管问他，还主动说可以把访问的提纲留下，这样一来他闲下来的时候可以想想，我问的时候就可以直接答出来。我真的大喜过望，想不到已经96岁高龄的张爷爷平时还在坚持读书看报，过去曾是村里面学堂的教师。陆续问了一些问题后，我在心里面打定主意，这个老人将是我询问的绝对重点对象，我的黄河村调报告终于有着落了。

10月29日—31日　星期天至星期二　持续多云

遇到了张爷爷，我明显感觉这几天调研的进度和效率高了许多，甚至想集中问张爷爷，而减少去拜访其他的老人。因为和其他老人的沟通真的有些艰难，总是要小心翼翼地顾忌对方的身体。而张爷爷虽然已经九十多岁的高龄，仍然是自己做饭，独自居住在一个院落的主屋当中，对于我的问题，张爷爷不仅能够很准确地回答，还能够举一反三，讲述很多的故事甚至数据，这真是求之不得的。

每天坚持写日记已经一段时间了，但是有时候一天问下来整个人就想躺着什么也不干，之后白天又得补日记。索性停了两天的日记，从现在开始3天左右写一篇日记，减轻一点自己的负担，多花一些精力准备第二天访谈的内容，整理访谈的思路。

这几天访谈张爷爷收获很大，现在选择一些内容记录下来：

其一，新中国成立前管粥集村中的人地矛盾是比较突出的，人多地少的状况很明显。大量的村民土地只有10亩左右，每年收上来的粮食交完皇粮之后就勉强够自家维持生活，很难有剩余的资产存留下来。即便是村里面的地主也都是小地主，只有一百多亩的土地。一个特别的现象是村中大量的土地都被不在村地主把持，这类人并不在村中，土地出租给在村的村民耕种并由在村的亲友代为管理。

其二，管粥集村涉及的土地的类型也是十分丰富的。村民私人拥有的土地占了绝大多数，还有一部分土地是属于宗族的土地，一部分土地是属于庙宇的土地。宗族的土地租佃给族人，收取租金维持家堂庙的运转和修缮，而庙宇的庙地同样出租给村民，并且收上来的租金一部分维持庙主的生活一部分用于庙宇的运转和修缮。

其三，村子里面还有一些村落共有的土地，一部分是荒地，主要是靠近故黄河的沙碱地，沙碱地种不了高粱小麦这样的庄稼，只能种一些花生等，但是时常会被水淹导致颗粒无收。这些荒地还被村民称为"乱葬岗"，因为1949年之前小孩出生多死亡的也多，由于医疗技术不发达，孩子生下来要是活不过15天就不取名字，孩子死了就把他的尸体埋在"乱葬岗"，也不立碑，很多时候父母也不知道孩子具体埋在了哪里，或许是对婴儿死亡的事情司空见惯了。

11月1日—11月3日　星期三至星期五　持续晴好

这几天和张爷爷相处的一些细节和爷爷的养老状况让我很受触动，我想虽然我们调研的是传统时期1949年之前的内容，但是村落的现状尤其是村民的生活境况也是我们应该予以关切的。想起来每年年关，农村的温情或者衰败就会成为重要的话题。虽然这些返乡体中罗列了很多事实，但是对材料的裁剪犹如新闻报道当中的议程设置，符合的是作者的建构，而脱离了现实的复杂性和灰度。

张爷爷从来没有提到自己的孤独或者寂寞。每次去张爷爷家，他总是乐呵呵的，有时候他的老朋友也会来找他聊天，这时候他就招呼我说，今天老朋友来找我聊天，我可不能赶人回去，你也在一旁听听唠唠吧。但是几个细节让我感受到老人内心的孤独。在他的床边墙上贴着一些照片，照片已经泛黄了，应该都有些年份了，模糊的照片大多是老人和家人一起的合影，照片里面人们的笑脸还能辨认，我没有问老人，但是我想那些孩子不是他的孩子就是他的孙辈了。

在访谈之余，老人也时常和我说起他的儿子和女儿，他的女儿嫁到了外村，距离十多公里，一周之内他的女儿会来照看一下。但是遗憾的是他的女儿因为脑出血已经难以正常言语了，她来时总是笑笑，她的丈夫带来一些食物或者物件并简单叮嘱老人几句。他的儿子远在广东定居，好些年没有回家，在我访谈时也没见老人和他的儿子打过电话。老人就这样依靠着自己和偶尔周围亲邻的力量度过自己的晚年时光。

张爷爷很乐观也很坚强。他每年新年都给自己家的门上贴上春联，每天早上起来开门，总要在门口坐坐，他说这样周围邻居都知道老人起来了，"要是哪一天门没再开,或许我人就没了"。张爷爷说这话时显得很淡然,我的内心却不是滋味,可是我能帮到老人什么呢,只能在访谈的这段时间多给予老人一些作为后辈的温暖吧。

询问过村干部,虽然城镇里面也有养老院,但是普遍条件不佳,并且条件好的多是十分昂贵的,普通的村民根本难以承担。居家养老仍然是老人们的养老主流形式。农村里面亲邻之间的关系还未完全消解,能够为老人们的养老提供一些社会支持,但是老人的子女一旦不履行或者敷衍履行对自己父母的养老义务,说实话社会舆论的压力并不大,悲观来说,其实对老人的养老全靠儿女的良心,社会说不上话,村里面干涉也不多。张爷爷在一定程度上是幸运的,晚年没有大病大灾,既减轻了子女直接的负担,又让自己的晚年更能为自己把握,而不至于惶惶度日。但愿中国的社会养老体系能够尽快建立完善起来,否则将来的高度老龄化社会我们该如何应对。

11月4日—11月7日　星期六至星期二　持续晴好

这几天重点针对雇工做了一些访谈,张爷爷无疑是我访谈的重点,张爷爷还介绍了他居所周围的老人给我认识,这样一来,我的信源也多了几位,爷爷和我说的传统时期的形态状况也能得到更多方的相互印证。

现在我就对这几天对雇工主题访谈的大致情况做一个梳理。

其一,管粥集村一带传统时期存在人力市场,村民称之为"人市"。这个"人市"在距离村子大约10公里的郑集。受访老人说之所以在这个地方有一个人力市场是因为这个地方有几个大户,有几百亩的土地,每年到了农忙的时候就会雇佣大量的短工到地里面干活,并且周围也有几个大村子,同样对短工长工等有需求。

其二,对于短工的雇佣来说,一般割一天的麦子能够获得7升粮食。如果是短工头就能得到将近两倍的粮食。劳动工具比如镰刀都是短工自己携带的并且主人家管水管饭,管饭是为了节省短工们休息的时间。主人家也经常就在地里看着,督促短工们卖力干活,不能偷懒。

其三,对于长工的雇佣来说,由于长工一年到头都住在主人家,所以长工必须是知根知底的,雇佣长工绝不会像短工那般随意,而是需要中间人作为担保和介绍才行。长工和主人家的关系一般也是比较融洽的,逢年过节时都会走动,进行礼物交换等。长工被管粥集村村民称之为"大领",大领是长工的头,还有二领、三领等,他们各有分工,大领通常最有资历和威望,带领二领、三领等干活,工资也比他们高出很多。二领的工钱一般是大领的三分之二,三领的工钱更低,一般是大领工钱的一半。

其四,还有一些月工,比如专门喂奶带孩子的奶妈、专门做饭的拌饭等。拌饭的工钱按月结，一般一个月3—5升小麦，奶妈子的工钱高一些，一个月6升左右小麦。

11月8日—11月11日　星期三至星期六　持续多云

这几天的访谈主要围绕村庄的"麦作关系"来进行，尽可能把老人都大致问过了，张爷爷很给力，提供了大量的信息，其他的老人主要作为印证。具体的访谈收获简单在这里进行一些梳理：

其一是麦田的分布，管粥集村周围的麦田都是连片成片的，绝大部分的田块都是方方正正的。田块与田块之间有田埂作为界线或临时道路，田埂的宽度通常仅够一个成年人通行。田块之间之所以会留下田埂，是因为村民的耕种习惯，村民喜欢用"垄"来描述自己的工作量。一块田地被分成数垄，分天数分上下午的时间进行劳作，因此哪怕是连片的土地为了便于耕种也会根据需要分成数垄，从而留下田埂。

其二是麦田和居住区。村里面居住区和麦作区之间有明显的界线。一个重要的原因是村庄曾经建立过寨墙。寨墙就是为了加强防御在居住区周围修建的土墙，并且寨墙周围挖有壕沟。绝大多数时候，寨门都是打开的，即便是晚上也照样敞开，设置寨墙主要是为了抵御土匪。村中的老人表示民国初年军阀混战的时候村民修缮复通了壕沟，设置寨门，到了晚上或者有土匪在周围流窜才把寨门关闭，保护村民的基本人身和财产安全。若是把麦田也围起来建寨墙、挖壕沟，工程量大也不现实，只是把居住区保护起来。

其三，管粥集村村民通过"下灰橛"的方式来确定田地之间的边界。在"下灰橛"时需要四邻都在场见证。农户在拥有的土地四角都挖一个1米左右深度的圆柱形坑洞，在坑洞里灌满石灰，然后用土填实，再在其上插上木桩，这些木桩的连线即为不同农户耕地之间的边界。要是有破坏灰橛的行为都会遭到村民一致的谴责。不过即便是这样，村内关于田地边界的纠纷依然很多，主要是占小便宜的心理在作祟。即便两家村民因为争执而大打出手，过了一段时间两家人还是照样打招呼，不会老死不相往来。

11月12日—11月15日　星期天至星期三　持续多云

天气越来越冷了，即便出了太阳温度依然很低，早晨街道上的水沟中都结了薄薄的冰。每天回到住所，无论是手还是脚都冻得不行。旁边饭馆的薛大哥一家对我很好，不光减免了我的吃饭费用，让我和他们一家人一起吃饭，而且还经常对我嘘寒问暖，这样的善意让我很是感动。薛大哥的小儿子也经常来村委会找我玩，我也偶尔充当个老师指导他写作业，他还挺乐意和我一起玩耍的，看来我就很有小孩缘。

看到天气如此恶劣，薛大哥他们把一个闲置的取暖器拿给我使用，虽然已经有些破旧，但是并不影响基本的功能。这样一来，我才能正常打字，要知道我的手机经常被冻到自动关机，只能放在衣兜里暖和一段时间才能正常使用，不得不感叹皖北的寒冷。希望这一带的农民能够早日用上统一的供暖。

11月16日—11月20日　星期四至星期一　持续多云，间有小雨

这几天，除了按部就班的访谈，发生的重要事件就是学院的陈军亚老师前来巡调，对我的调研进行现场的指导。

虽然在村调之前学院已经进行过调研的培训，但是实际的调研当中还是充满了未知的挑战。这些挑战最困难的便是如何把问题问好，能够充分把传统时期的村落形态挖掘出来，换句话说就是找到问题、充分追问的能力。陈老师在开车到村子之前让我准备两位老人进行访谈，访谈的内容一方面围绕村庄的传统形态，另一方面围绕集体化时期村庄的动员等。我提前给两位老人打好了招呼，一位是我重点访谈的张大臣爷爷，另一位是较年轻的薛传明爷爷。

等陈老师来到村里，我先带领着陈老师在村里面简单地逛了一圈，对村庄的基本布局和面貌进行了一番介绍。上午我们便到了张爷爷家，陈老师迅速进入状态，开始为我示范"行为关系"询问的方法和技巧。陈老师在和张爷爷交流时，从村庄的几个大的方面入手提问，例如租佃关系、雇工关系、社会组织、水井庙宇等。最关键的是陈老师并不是仅仅将这些关系的把握停留于表面，而是"知其然，还要知其所以然"。通过陈老师的指导，我发现自己虽然已经对老人说的内容有所把握，但是一些横向或者纵向的关系我并没有完全把握好，以至于有些缺失。另外，陈老师还强调不能仅仅将目光停留在传统时期，还需要把新中国成立初期的内容也纳入进来考察，这样能够在对比中显示出传统形态的特点。我学习到了很多，也意识到必须抓紧时间进行查缺补漏了。

访谈过两位老人，陈老师和我在刘套镇吃了一顿饭，本来老师想找一家能吃到米饭的饭馆，但是奈何镇上饭店不多，我们简单吃了一顿，但是我的心里已经非常温暖。这么长时间身处这样一个完全陌生的村落，突然熟悉的老师来访就觉得很有亲切感。米饭没有吃上，但是我心底里也不禁感叹，这么长时间我居然适应了不吃米饭的生活，华北的面食确实有其别样的美味。

11月21日—11月24日　星期二至星期五　持续多云

陈老师前脚刚离开，学院的两个师妹便和我联系，要来我的村子拍摄村庄视频。

我答应了她们并且赶紧着手写村庄的拍摄脚本。由于是第一次写村庄拍摄脚本，按照老师们的要求，脚本要显示出村庄的底色和特色，并且整个三千字左右的脚本必须有一个主干的线索。这个线索能够把文章中的各个要点串联起来。

相比于我家乡的村庄，管粥集村给我的最直接的观感就是具有一定的整体性，无论是从外观的聚居还是内部紧密的社会联系，都呈现出一种"共同体"的特征。因此我就以"共同体"为线索将整个村庄的经济、社会、文化等状态串联了起来。写完发给老师，老师回复说这个线索还不具有说服力，线索应该是客观的，而我提出的"共同体"本身就是一个具有争议的概念。我只得重新搭建自己的思路，但是文章的主要内容或者板块已经搭建好了。

在还没通过村庄脚本的情况下，两位师妹已经从徐州搭公交车来到了村子里，安排她们俩在村委会大楼的另一个房间里住下。两个师妹一位叫纪安，一位叫张亚楠，一个来自北京，一个来自陕西。两个师妹很专业也很能吃苦，前几个拍摄点她们经历了生病拉肚子，经历了阳光的暴晒，如今到我这里却是要忍受一番严寒，不过两个师妹感情好，相互调戏，相互扶持。专业的她们很快就投入到拍摄工作当中。

相比于长时间的访谈，跟着师妹一同拍摄显得有趣很多，即便到处跑很累，即便天气冷得大家都满脸通红，但是老人的访谈拍摄，各种景物。人物活动的拍摄等一步步都完成下来，还动用了无人机。我提出自己的想法，她们便能想到用什么样的画面对应这种想法。期待这个村庄拍摄视频能够早日完成，成为村庄宝贵的历史影像。

11月25日—11月28日　星期六至星期二　持续多云

这几天一直多是多云阴天的天气，整个天都显得阴沉沉的，让人感到不由自主的压抑。26日一大早，天空就下起了淅淅沥沥的小雨，原本就很泥泞的乡村小路就更难正常通行了。张爷爷告诉我今天村里面有老人出殡，让其他的村民带着我去看看地方上出殡的习俗。这位老人我刚到村里的时候就听村书记提到过，这位老人是村里面的老书记，为村子里奉献了几十年，具体是从1957年到1987年都担任着赵楼大队的书记。本来是个很好的访谈对象，可惜我到村里时老人家已经卧病在床五年的时间，思维已经混乱，甚至已经难以正常言语。由于村民的好心劝阻，我也没能亲自前去探望，但可想而知，五年的卧病在床，无论于他本人还是于他的家人都是漫长的无声的煎熬。以至于21号老人去世时，村民似乎松了口气，认为老书记终于可以解脱了，他的子女们也终于可以解脱了。

长长的送殡队伍，花白的孝服，悲伤的成人和好奇的孩子，雨继续下着，但是谁也没有打伞。家族的女人们只能远远看着,家族的男人把棺材缓缓放进已经挖好的土坑中。生命的新生和陨落,对于这片土地太过于稀松平常。只是街道上的爆竹碎片,邻里门前贴着的红色纸片(村民认为可以辟邪,中和邻居过世的晦气),张爷爷暗自喃喃的那句"老朋友走得差不多了",显示着这位逝者留给这个世界最后的痕迹。

11月29日—12月2日　星期三至星期六　持续多云

眼看着要月底,我内心已经有些焦躁了,想着虽然表面的问题都询问了一遍,但是细细一想又觉得很多问题还是值得深究。可惜这两天不知怎么的,可能晚上睡觉着了凉或者吃坏了东西,肠胃一直不好,上吐下泻,整个人的精神都受到了影响。张爷爷察觉到我的精神状态有些不对劲,就和我说陪着我一起去村里面的小诊所看看。

爷爷这么大的年纪还要陪我去诊所,我心里虽然感动也万万不敢让爷爷陪着我去,毕竟爷爷年事已高。但是张爷爷一面说着话,一面就去偏屋推自行车,并和我说:"你人生地不熟的,来这边父母肯定很担心的,现在生病了当然得有人陪着,我不是医生,但是我可以陪着你,你心里面也会好受些。"我心中一暖,但也极力劝说老人我自己去就行,爷爷退让说那我推着车陪着你去总行了吧。看到爷爷如此执着,我也不再推辞。在村里面的诊所买了一些药,我便在爷爷家把药吃好,大脑还是迷迷糊糊的,只能和爷爷闲聊一些内容。我想这时候的我们都需要彼此的陪伴吧。

屋漏偏逢连夜雨,张爷爷家这两天不知怎么停电了,倒不是因为电费的原因,而是因为线路老化导致电路中断。张爷爷用长竹竿自己摆弄了几回但是仍然不起作用。我便说和村干部打电话应该能叫人把这个线路弄好,但爷爷说就算打了电话对方也不会很快来。我有些不信,但确实一连几天老人家的电都没有来。我觉得老人家没有电如何生活,就把这件事告诉了村书记,宗书记很快联系了张爷爷所在这个自然村的村干部,对方叫来了国家电网的基层员工,很快电路就修好了。张爷爷笑着说道,要不是你在,估计至少十天半个月没人管,我心里却有些不是滋味。基层农村讲究自治,对于老人等这类弱势群体的关怀应该如何才能做到位呢,真的只有逢年过节时的探望和高龄的补贴吗,或许日常的关照才是更重要的,但是现实确实很难做到。

12月3日—12月9日　星期天至星期六　持续多云

华北的天气越来越冷了,感觉自己在南方买的羽绒服在村里面都保暖效果不佳,每天回到住所都是手脚凉冰冰的。每天我就穿上羽绒背心,羽绒外套还有秋衣秋裤等,把自己包裹得严严实实的,可是露在外面的脸就只能直面北方呼呼的风,变得干燥而通红。我不得不感叹，这样一个冬天可以低至零下十几度的地方居然没有像其他北方区域一般集中供暖。村民们只能依靠现代的暖风机或者传统的烧木炭烧木柴等进行直接的取暖。我想皖北苏北一带的人们应该是全国最耐冻的人群了吧。忍受着低温，我不得不在网络下单购买了毛衣和加厚的手套等，虽然要去十多公里以外的刘套镇上去取，但是要想熬过这段时期这些物件就必不可少了。

这几天的访谈也有一些收获，在这里进行简单的梳理。

一方面是关于分家。管粥集村的受访老人表示在1949年之前村里面以大家庭为主，即便是儿子们已经成家也不会立刻分家。之所以不分家既有主观的因素也有客观的因素。主观的因素是当家人在世时不会轻易同意家人分家，只有家里面发生了严重的矛盾或者当家人觉得精力有限无法再管理一家大小，这时候才同意分家。若是父亲不同意分家，即便儿子们提出要分家也会得到父亲的斥责。而不愿过早分家的客观原因是一旦分家，家里面的土地和牲畜就要分散到各个小家，这样单个小家是难以独立耕种土地的，所以分家的动力也不强。通常家里面做小生意赚了钱，这样的家庭分家的动力就会更足。村民们分家要请问事人过来写分家单，父亲必须一碗水端平，要不然很容易引起儿子之间的矛盾，引发家庭内部的冲突。

另一方面关于关于继承。村里面的老人告诉我，正常情况下，家庭的财产就由直系血亲如儿子等继承，女儿因为迟早要嫁人因此没有继承家庭财产的权利。不过对于没有亲生儿子的家庭，要是没有抱养儿子，那么村里面有一个"请家当"的做法，也就是在家族当中找一个血缘近的男孩给这个男人当儿子，照顾男人的晚年生活，等到男人去世，男人的财产就由这个男孩继承，这样做可以防止家族的财产外流到他族。例如被继承人是一家中的长子，那么他的继承人优先是他大弟的长子。如果被继承人在家中兄弟中排行第二，那么他的继承人优先是他大哥的二儿子。

12月10日—12月16日　星期天至星期六　数日雨夹雪

下雪了，下雪了！即便天气预报说的是雨夹雪，但是一早上起来，院子里，街道上，屋檐上都是厚厚的雪白的积雪。虽然见过雪，但是华北这鹅毛一般的大雪我真是没有见过。一大早我就兴奋地在街道上行走，踩着软软的雪，我还特意到黄河故道边的小树林里，四周虽然下着雪却是格外安静，故黄河也显得格外的静谧美丽。

我就静静地在村子里面走着，已经有一部分村民拿出了家中的铁铲在铲除家门口的积雪，见到我就和我热情地打招呼。等我回到住所，虽然心里面很兴奋，但是鞋子已经有些湿了，村书记担心我这样的天气出门会不安全，专门过来提醒为这两天就别出去访谈了，老人家也需要清扫一下积雪，没有时间搭理我。毕竟道路不太好走，我便索性暂停一两天，正好整理一下这段时间收集到的一些材料。等到雪化了一段时间再去爷爷家帮忙彻底清除积雪。

15日，雪已经化了大半，我觉得自己也不能耽误了宝贵的调研时间，于是决定去到张爷爷家看望一下。等我到了张爷爷家中，他已经在屋子的门口晒太阳了。我一看院子里面还有一些积雪，并且有些凹凸不平的地方的积水已经结冰了，这肯定会影响老人的活动，我便拿来铁铲帮着张爷爷把院子里面收拾了一下。收拾完，张爷爷就拉我坐下继续访谈。

这几天的访谈集中在管粥集村的基本自然情况，现在进行大致框架的整理。

一方面，管粥集村地处黄河故道冲积平原，因此村庄的周围没有明显的丘陵或者山丘。虽然黄河在1855年改道北流，留下如今的故黄河河道，但也因为黄河当中裹挟着大量的泥沙，因此村中的土壤大多呈沙质，显得十分贫瘠，只有远离河道的一部分土地带有一些淤泥，土壤相对肥沃一些。新中国成立前村民的土地开垦能力有限，种地要种出粮食必须使用大量的农家肥，因而在黄河故道两岸存在着大量的荒地，只有少量的灌木和芦苇在生长。事实上，村中的土地更适合种植果树或者花生的，但是大部分的村民还是按照先人的种植习惯种植用来当作主食的高粱和小麦。

另一方面，管粥集村一带属于典型的多灾多难的区域。仅在自然灾害方面，村中有一句话就很鲜明也很现实——"大雨大灾，小雨小灾，无雨旱灾"。翻阅《萧县志》，很大篇幅都在讲自然灾害。例如在中华民国二十年，也就是1931年，书上记载："全县大部分地带一片汪洋。陶楼至岱山口可通船，祖楼南部水深1.5尺。次年受水灾影响，元气尚未恢复，导致春荒严重，满地饿殍。自春至夏，皖北一带各县均告亢旱，以舒城县尤甚，久旱无雨，飞蝗为害，野无青草，麦禾皆枯，部分田块，禾稼干枯，一火可燎。"连年的自然灾害导致包括管粥村村民在内的皖北农民都身处于生存线上，非常勉强地维持生活。

另外，萧县靠近徐州，徐州自古便是兵家必争之地，因此战乱对村民生活的影响也是巨大的。例如中华民国初年发生的军阀混战，1911年到1928年之间，总数超过1 300个敌对的军事集团在中国大地上进行了约140场战争，管粥集村所在的皖北一带也难以幸免。张爷爷就回忆："那时候村里面经常来土匪，村里面也出土匪，社会很乱。村里面还出过一个劫皇粮的，是管（粥）集的晁华山。当时清朝的运粮车经过故道，毕竟是皇粮谁敢劫？但是他们就胆子大，把皇粮拦下来分了。其实但凡有活路，谁愿意去当土匪，那时候的农民，政府不问，光是收税收粮，动乱时候就更不管了。"

天灾人祸恶化了管粥集村村民的生存处境，即便是有较多土地的富裕人家也不得不节俭勤劳度日，更不用说那些没有土地的农民，有时候就不得不背井离乡，离开村子去其他的村子找活路。

12月17日—12月23日　星期天至星期六　持续晴好

下过雪之后，管粥集村迎来了数天的晴朗日子，天空蓝蓝的没有一丝云彩，给人一种纯净宁静的感觉。趁着这样的好天气，我也加紧自己的访谈进度。张爷爷依然是我重点的访谈对象。还记得上次陈军亚老师来村里访谈之后还感叹我的幸运，能够碰上这样一位明白老人，传统时期至少七成的信息都可以从这位老人的口中获得。我也在心中暗自感叹自己的幸运。

这几天围绕村庄的"公共性"进行访谈，在这里梳理一下获得的口述史材料大致框架。

一方面，村里面的重要的公共设施几乎都是私人占有的，但是使用权却是村民共有的。即便是所有权的拥有者也很自然地认同这样一种惯习。例如村中的石磨都是由富裕户出钱单独购置的，平时的维护修缮也完全是这些富裕户花钱，其他的村民不会出钱帮忙。但是这些石磨就放在富裕户家的院子外面，这样可以方便周围的村民使用。虽然是共用的，但是富裕户要是在使用，其他的村民不会也不能去争抢，所有权的拥有者具有优先的使用权。另外还有重要的细节是村民有保护这一设施的义务，甚至对于水井，虽然是富裕户出钱挖的，但是平时使用这个水井的村民必须在水井淘井时出钱出力，要不然就会受到其他村民的责难。

另一方面，虽然村中的公共设施主要是生产方面的，但是部分公共设施还承担着教化教育民众的功能，甚至是祭拜神灵的功能。例如管粥集村村民对井神的信仰，主要表现为祈求水源常旺、水质良好、水井安全、井工安全，此外还有祈雨等功能。村民在每月初一、十五敬献井神，祭献主要是烧香、献食和磕头。有神位则不论，没有神位的要用黄纸写上"井泉龙王之神位""四海龙王之神位""井王爷"等，放在井房之上位。有的在神位两边贴上对联，有的在井房外贴上对联，对联的内容包括"国泰民安：供天地风调雨顺，敬龙王泉水茂盛"等。此外，据村民回忆，传统时期井房内会立农事碑，记录和分享村民的农业生产经验，劝诫村民勤勉劳作，与人为善。农事碑的具体内容已经无从知晓，但是高龄老人们仍然记得井房兼具的教化教育功能。

12月24日—12月30日　星期天至星期六　持续晴好

眼看着就要月底了，不得不感叹时间过得飞快，但是在村子里调研的每一天都很是充实和有规律。虽然每天调研的节奏有快有慢，但是经历过漫长的时间，厚厚的提纲也慢慢翻完了，以至于我总是回顾以往的问题，看看有没有内容需要进一步补充。

依照惯例，对这几天的访谈成果在这里进行一个简单的梳理。

这几天重点围绕村庄的起源和主要姓氏村民的来源进行了调查和访谈。

一方面，为什么管粥集村的先人会选择这块区域落脚并最终发展成村落。通过对村民的访谈和查阅相关的资料，我大致理出一个线索。选择在管粥集村落脚与"水"有莫大的关联。通过比对管粥集村村中主要的姓氏，宗姓族人是最早在管粥集村定居的。族谱记载宗姓族人最早在江苏定居，后为躲避战乱迁居萧县、徐州一带，然而发生在明朝初年的一次黄河决口造成萧县、徐州一带沦为泽国。原本在萧县定居繁衍的宗姓族人各个房支不得不背井离乡，四散迁徙求生，其中宗氏十二世祖义祖、阳祖便选择向萧县东北方向的管粥集一带迁徙。可以说洪水促使管粥集村这片地势较高的土地得以开垦。当先人定居下来时，水源是最基本的生产生活需要。管粥集村先人又在这一带挖出了好井，井水不仅干净甘甜而且比较充裕，即便干旱时节也能保证人畜的饮用，这样一来就先民就开始正式生息繁衍下来。

另一方面，管粥集村的先人从哪里来。在管粥集村生活了一段时间就会发现每个自然村都是由几个主要姓氏的村民组成的。例如管粥集自然村有两大姓氏，一个是宗姓，一个是薛姓，而赵楼自然村主要的姓氏是赵姓，许楼是许姓，耿楼则是李姓。有些遗憾的是宗姓、赵姓村民已经将自己的老族谱遗失了，现存的族谱也是在2000年之后家族当中的长者领头重修的。通过阅读这些族谱和老人口中流传的过去的记忆，管粥集村大部分的村民除了最早抵达的宗姓、赵姓、薛姓、李姓等都是从山西洪洞县老鹳窝搬迁而来。查阅史料，关于这个历史性的大移民事件也有许多的描述。从这个意义上来说，管粥集村是一个具有移民底色的社会。只不过数百年的发展，后辈村民已经渐渐遗忘了先辈们流亡的苦难记忆。

12月31日　星期天　晴

明天就是新年的第一天了，虽然传统的农历新年更为中国人所重视，但是阳历新年也同样代表着一个全新的开始。这个跨年夜，没有同学的陪伴，没有热闹的电视节目，也没有家人在身边，然而我却并不觉得孤单，因为有薛大哥一家陪着我一起跨年。虽然在调研时总是强调访谈的技巧，强调老人的重要性，但是参与一个长达数月在一个陌生村落生活的调研项目，能够吃饱穿暖，让自己没有后顾之忧显然是基础而且不可或缺的。

薛大哥一家给予了我家一般的温暖。虽然我的个性有些内敛，但是直率的薛大哥一家慢慢接纳了我。薛大哥是典型的皖北男人，好喝酒讲义气，而他的妻子则包容勤快。他们夫妻俩经营着一家乡村的饭店，手艺很不错，我特别喜欢吃这里本地的腌鱼。即便有时候也会拌嘴，但是看着他们夫妻俩和和睦睦，真是让我这个"孤家寡人"好生羡慕。

曾经我觉得一个人这辈子必须出人头地，要是一辈子在农村土里刨金，总是没有出息的。在村里的所见所闻，即便没有扭转我的这一想法，也让我看到了不同的人生的可能性。人生真是没有一条确定的路，选一条路走，坚持走下去，勤勤恳恳，知足常乐也就挺好。念了将近二十年的书，我想最根本就是要真的了解自己，选一条适合自己的路，平凡也好，辉煌也好，别忘了要在年轻的时候多吃苦，只有这样才能获得积累，有机会体味更高层次的人生境界。

2017 年 1 月 1 日　星期一　多云

2017 年的第一天，回家的时间已经进入了倒计时。我也加紧对自己的调研进行查缺补漏。重要的访谈内容基本上已经过了一遍，剩下一些细枝末节的内容需要一些补充。今天主要和老人们聊了聊地方村民的思维习惯。

一方面，传统时期的管粥集村村民思维呈现明显的保守性。这个保守性首先体现在生产方面，表现为因循守旧。由于生产力普遍低下，生活水平经常连温饱都难以达到，因此村民不愿意承担并且主动规避风险。面对新的生产方式，村民宁愿坚持旧的方式也不愿意接受外界有关新生产方式的宣传。例如村中的沙土地在种植粮食作物方面产量低，但是种植果树等产量高，即便政府积极推行，村民直到 1949 年后才开始逐渐抛弃原有的生产方式。其次表现在为人处世方面，村民深谙中庸之道，任何事情都不愿意当"出头鸟"。村中的问事人甚至保长等拥有一定权势的人物虽然能力确实突出，但是很多情况下他们也是被村民推上前台的，而不是主动走上前台的。最后，村民普遍受教育水平低，只有少量的富裕家庭能够请得起私塾先生教授儿女知识，不过对于儿女的成就并没有过高的指望，仅仅希望能够认识一些基本的文字和数字。

另一方面，村民又呈现鲜明的实用性。对于村民来说，求神拜佛多半是因家中遇到了难事，而无所求时去庙宇祭拜的村民很少。在进行生产生活决策时，当家人会仔细地算计利益得失，送出去的礼未来能够有机会收回来或者有相当价值的回报，而得到的礼物也要在将来对等地送还给对方。村民重感情的同时也非常重视彼此之间的礼物交换，尤其是富裕户与富裕户之间，穷户与穷户之间互相来往，富裕户与穷户之间的交往很少，因为很少有共同的利益。

1月2日　星期二　阴

管粥集村靠近徐州城，虽然乘坐公共汽车只需要一个小时的时间，但是我始终只是路过，而没有好好在徐州城逛一逛。正因为如此，为了满足我的这个愿望，薛大哥的父亲薛爷爷今天就带着我和他的孙子一同去徐州城走了一遭。

徐州这座城市对我而言是一座全然陌生的城市，但徐州却是苏北的一大重镇，并且是徐淮一带重要的交通枢纽，河南、山东、江苏、安徽在这片土地交汇。正因为这样显要的地理位置，徐州自古乃兵家必争之地，陇海铁路的修建更强化了徐州在整个中国的战略地位。我们一行三人前往了历史人文景观——淮海战役纪念碑和自然景观——云龙山、云龙湖游览。云龙山山脚下的云龙湖虽然相比武汉东湖面积逊色很多，但仍颇有其气势，烟波浩渺。薛爷爷告诉我云龙湖其实是一个人造湖，他年轻的时候就曾经参与过挖云龙湖的工作。看着眼前宽阔的云龙湖湖面，不知道有多少青春的时光沉淀在这湖光山色里。

历史就是这样，好像了无痕迹，只有少部分记载在书籍里，更多的停留在千千万万民众的记忆里，随着时光的流逝，记忆也在远去，历史也远去。希望我们的口述史研究能够记录下这些即将遗失的记忆，即便不可能恢复原貌，但也能保留一些历史片段或面貌。

1月3日　星期三　小雪

今天是正式离开管粥集村的日子，我踏上公交车，挥别村民。我的包裹里满是村民给我的地方特产，我的脑海里满是村庄的风景和老人的话语。虽然对于漫长的人生而言，这一两个月的调研时间很是短暂，但是这段日子也足够在我的心底里形成烙印。在这段时光里，我起初是为了探寻历史的记忆，后来是慢慢接近地方的风土人情，再后来被环境默默影响，说话变成了"拉呱"，米饭变成了更多的面条或馒头。心中虽有不舍但我也明白我就是过客。然而，这段缘分将促使我一直关注村庄的发展，关注村里面的人的喜怒哀乐，关注萧县这片皖北平原上的土地，关注它，希望它变得越来越好。

傍晚火车抵达温州，熟悉的乡音让我倍感亲切，早上还站在皖北的黄土地上等候公交车，晚上便回到了温州的山水之间，不得不感叹交通对距离概念的改变。我要休整数日，调研材料的整理将是个大工程。

2月8日　星期四　多云

在家中过了一个农历新年。我对管粥集村的访谈材料进行了一番整理，发现自己将绝大部分的精力放在对村落传统形态的考察方面，而对村落现在的发展状态以及1949年以来的发展状态了解很少，可以说是直接缺失的。因此我觉得有必要在回学校之前再去管粥集村一趟进行补充调研。其实不仅仅是为了收集更多的材料，更多的是想见一见老朋友，见一见书记、大哥和爷爷们。今天从温州乘坐动车出发，当天就抵达了徐州，转车再到村中。一切是那么熟悉，这儿就像是自己的第二个家一样，气温还是很冷，这一次我特意穿上了厚厚的保暖风衣。

虽然只是待了短短的两个月，但是这儿不再是一个普通的村子，这是一个我倾注了无限感情的村子，我想我会一辈子关注它的发展，关注这儿的村民，村子的命运已经隐隐烙刻在我的心里，时时关注，愿一切安好。

2月9号　星期五　多云

经过昨天一晚上的休整，今天我就赶忙去拜访张大臣爷爷。一个新年没见，爷爷的老屋几乎没有大的变化，只是铁门上贴上了红色的喜庆的对联。我想这一定是张爷爷自己写的，他会毛笔字。过去在村里面教书时，周围的村民总是请他帮忙写对联。在我过年前离开村子时他就告诉我每年过年他都给自己写一副春联，也算是一个庆祝新年的仪式。

虽然已经高龄，但是张大臣爷爷的身体和精神状态依旧不错。漫长的岁月让他的情绪起伏趋于平稳，不至于大喜大悲，但是我能明显感受到爷爷看见我时心中的喜悦。虽然还没到中午，但是爷爷已经和周围的亲朋打好招呼，让他们帮忙做菜招待我这个客人。吃过丰盛的午饭，我们便开始了访谈。今天主要针对村庄现在的治理情况对张爷爷进行了访谈。在这里做一些简单的梳理。

首先是村民自治。张爷爷告诉我，村子经历过数年没有实际村干部的情况，但是村子还是照常运转，有事情就上镇政府办。近些年随着新书记的上台，村里的事务才总算有人正式接手和办理。和很多北方农村一样，村两委管理着数千人的庞大村庄。与其说是管理，不如说是放任自流，村民大多进行自我管理，重要的公告则通过放置在村委会的高音喇叭来告知全村村民，部分村务通过张贴通知的形式进行公开，不过前来查看的村民寥寥。村干部一面忙着应付上级交代的任务，一面向我多次抱怨基层工资的低廉，表达想要外出务工的愿望。而村民一般没有事情并不愿意多和村干部打交道，但是有事情了就不得不几次三番找村干部，例如家人得了重病才知道自己当初没有及时缴纳医疗保险，想要补缴又是一顿折腾。还有一个普遍的现象就是村民普遍对村干部并不信任，下意识认为村干部存在贪污腐败的情况，刚接触时村民并不会向我表达这些，但是时间长了他们便愿意提及，但是我一深问，村民也举不出什么实质性的证据。

其次是公共服务。相比于1949年前，国家治理能力的增强促使包括管粥集村在内的广大农村的公共设施和公共服务水平都得到显著的提升。例如在管粥集村，管粥集村使用有线电视的农户达到九成，通互联网的农户达到七成。2015年村委会大楼在县政府的支持下得以翻修，村两委干部"办公条件差，无专门地方开会"的尴尬局面彻底结束。

最后是精准扶贫。我在村中开展田野调查之时，村中最重要的事件便是精准扶贫。国家的意志以运动攻坚的方式一层一层传导到基层。村干部很快被大量相关的行政事务所淹没。管粥集村的村干部告诉我，评贫困户很困难。当上贫困户的人觉得是国家好并不归功于村干部，村干部吃力不讨好，甚至有村干部和我说自己家都不宽裕，但是有时候还要垫钱去扶持贫困户。大多数没有评上贫困户的村民又很容易觉得村干部评选不公，容易引发社会冲突甚至上访。

2月10日　星期六　多云

今天和几位老人家聊了村庄文化习俗的变化。老人们讲了很多自己的感受，我在这里做一些简单的总结。

其一，村庄的各种的风俗习惯呈现简化的趋势。管粥集村里的老人们介绍，新中国成立前村庄里面的"迷信"活动很多。尤其是红白喜事，不管是富裕的村民还是贫困的村民都很讲究礼节，尤其是那些有文化的家庭。要是红白喜事办得不符合规矩，很容易招人笑柄，而村民是最为看重脸面的。为了符合规矩，在活动的举办过程中就充满了繁文缛节。例如在白事上，以往白事吊丧要办七天以上，因为过去交通不便，为了通知到各个亲属并且让他们在出殡前及时赶到就不得不延长白事举办的时间。另外在白事过程中，孝子要打幡，甚至有些家庭要写吊唁父母的丧文等。而新中国成立后，尤其是集体化时期，为了节省资源，白事草草办理，到了改革开放以后，礼节仪式有所复苏，但是已经远远不如最初的盛况。当前，村民的白事一般3—4天就能够完全结束，戴孝也没有那么讲究和强调了。

其二，村民相较以往更为开放包容。对于管粥集村村民来说，女子能顶半边天的观念事实上是在新中国成立后逐渐形成的。在村中老人们的回忆里，1949年之前，村庄身份等级森严，每一个村民无论是贫穷或者富有都不得不在群体的压力之下循规蹈矩。整个村庄的文化是同质的和保守的。这样一种保守封闭的文化最鲜明地体现在妇女的地位方面。村中的妇女在绝大部分的情况下不允许随意出门，甚至在家门口和女性邻居聊天也要受到限制，更不用说单独和男性相处。女性的婚姻完全是父母做主，对于一个女性来说，自己未来的幸福很大程度上取决于丈夫的好坏，而离婚对村民来说都是丢脸的甚至离经叛道的事情，由于女性陪嫁的价值远高于男性给的彩礼，管粥集村村内的女性还被称为"赔钱货"。新中国成立后女性的地位得以逐渐上升，尤其是改革开放之后，村中兴起的打工潮让大量的女性得以进入城市，见过世面的女性不再将对象局限在当地，外嫁的情况在管粥集村越来越普遍。随之而来的是管粥集村村中男性成婚成本的上升，相当一部分男性难以在合适的年龄成婚生子，甚至有些村民终生未娶。若是这个群体的规模膨胀，势必会成为村中不稳定的因素之一。

其三，村民的生活活动越发丰富。在管粥集村老人们的记忆里，娱乐活动在1949年之前是非常难得和匮乏的。低下的生活水平让绝大部分的村民终日忙于如何维持生计，孩子们虽然不能帮助家里赚钱，也要经常帮助父母打打下手。若是碰到灾年，孩子们就不得不小小年纪就跟着母亲外出乞讨，而父亲则四处寻找活计给人干活赚钱。富裕的村民会参与庙会、打牌等活动，有部分村民抽大烟而导致典田卖地。新中国成立后尤其是改革开放之后，随着生活水平的普遍提升，管粥集村村民已经不满足于彼此之间打牌喝酒、在家中看电视等，尤其是年轻人会趁着节假日等前往徐州等地消遣娱乐。

2月11日　星期天　晴

今年的元宵节无疑是最特别的一个，我留在了管粥集村中，跟着村民一同过节。经过数月的相处，薛大哥一家已经把我当作亲人一般看待，我和他们一起吃饭，在闲暇时和他们聊天，分享彼此的生活和故事。薛放大哥是个典型的皖北汉子，性格耿直实在，好喝酒，也踏实能吃苦。他和他的妻子一起在村中经营着一家饭店。他们告诉我最开始开这家饭店，由于赊欠太多一度倒闭，后来赊账的情况得到缓解，他们的饭店生意才渐渐红火起来。在我调研的这段日子里，是薛放大哥一家对我的关爱让我能够坚持在村中完成好调研，我也在这样一个全然陌生的地方感受到实实在在的温暖，他们有些害羞的小儿子也经常来找我玩耍，我也时不时指导他写点作业。希望薛大哥一家能够健健康康，和和美美，虽然我终将离开村子，但是我总会找机会回来看看，看看我的亲人们。

2月12日　星期一　晴

明天我就要乘坐火车回武汉去了，这一次的补充调研时间虽然短暂，但是对管粥集村的近况进行了一番了解和梳理，村干部也给我提供了一些必要的材料，帮助我的写作。现在回想过去调研的日子，虽然每天问完老人家们回到住处就不想干任何事，就想趴着，但是在这段日子里，我和老人们一起回忆和记录过去的日子，拼凑起即将彻底消逝的记忆。

有时候我会想，过去的日子对于管粥集村村民来说该是多么苦难的啊，为什么要回忆，要记录呢？干脆忘了得了。但是我又想，遗失了历史的村庄还是一个完整而丰满的村庄吗？或许管粥集村再过十年二十年就全然换了模样，老人们都已作古，那个时候孩子们问我们的村子是怎么来的，大人们该如何作答？过去的历史虽然已经成为历史，但是人的发展、社会的发展并不是断裂的，而是具有延续性的，当代的问题或许能从历史中找到线索或者答案，当代的现状总有过去的影子。我还在想，大部分的叙事是一个省，一个市，一个县，一个镇，但是对于一个村子的历史，叙事是稀缺的，甚至空白的。我有缘来到管粥集村，管粥集村也因为我的到来能留下只言片语，我想也是一种不可多得的幸运和缘分。

2月13日　星期二　多云

再一次的离别，我也说不清我会什么时候再次踏上这片土地，但是我在心中暗暗地想，我一定会再回来的。管粥集村是皖北平原上的一个普通的村庄。它其貌不扬，但是当我写下这些文字的时候，我的脑海里浮现了太多太多管粥集村村民的身影。或许他们不认识我，我也不认识他们，但是他们的笑脸却是那般亲切。

消化数十万字的材料，将会消耗大量的时间和精力，但是每当想起和薛大哥一家围着桌子吃饭的画面，每当想起和张大臣爷爷对坐聊天的画面，每当想起在宗书记家中畅谈村庄的画面，每当想起村中宽宽的长长的路，我想，我愿意用心地去记录，去挽留住一些宝贵的记忆。愿村中的亲人们安好，管粥集村安宁而蓬勃。期待，期待下一次的相遇。

同族而居：
单姓屯村治理秩序维系
——黄河区域刘屯村调查

邢　旭*

* 邢旭，男，华中师范大学中国农村研究院2018级（2022届）博士研究生，中南大学马克思主义学院讲师。

第一章 刘屯村落由来与演变

刘氏先祖自明朝永乐年间搬来此地建立村庄，距今已有六百余载，传二十五世。从最初的一户人家发展到今日的千户人家，刘屯已经成为当地名副其实的特大型村落。作为单姓主导的村庄，村落发展历程很大程度上也是刘氏家族的发展史。本章就刘屯村落的由来、发展演变以及现状进行探究。

第一节 刘屯村的形成

本区域村落深受黄河的影响，黄河水患致使本地缺乏拥有千年历史的村庄。在明清政府移民政策的影响下，形成了众多新村落，本节主要探究刘屯村落的形成过程。

一、村落背景

村庄往北行15公里便是黄河河道，该黄河段为地上悬河，高出两岸约20米，由此注定了本区域多水患的命运。据虞城县志记载，自南宋至清末，黄河流经虞城县境700余年，决口20余次，给两岸百姓带来无法估量的灾难。此地为苏鲁豫三省交界。只要黄河泛滥，两岸三省的村庄都要遭殃，因此有着"蛤蟆一尿淹三省"的说法。到了清咸丰五年（公元1855年），黄河从考城（今开封市兰考县）铜瓦厢改道北流，不再流经本县，黄水之患得以消除。本县内的黄河遂变为故道，故称"咸丰故道"。黄河改道北流后，给当地留下百里黄河故道、数十里沙河碱沟，后清政府准许开垦故道。至此，两岸村庄才得以摆脱黄河水患，得以避免大的水患，人口逐渐稳定下来，但是小的水患依然频繁。

早在刘姓人搬入此地之前，此地原名为永兴集，被黄河决口造成的洪水淹没，便无人居住。今人从村庄西侧的地下深处挖出了刻有"永兴集"字样的石碑、砖墙和其他器物，由此证明了永兴集的存在。村里多数受访老人对于建村之前的状况比较了解，现年86岁的受访者刘砀收曾在乡政府任职。老人讲述："刘屯之前，这里是永兴集，被黄水淤了，没有了。"

此后，明朝初期政府开展大量移民，此地形成了带有军队背景的屯村。根据明朝政策，屯村是不需要向国家纳粮的。但是明朝灭亡之后，刘屯开始向清政府纳粮交税。到了清末时期，黄河改道后，周围村落才安定下来。

二、刘氏子安建村

明朝永乐年间，本地历经黄河决口的侵蚀，原有村庄受到重创，明政府大量迁民至砀山、虞城、夏邑等黄河流域的县域。同时，明朝政府将军队驻扎于此地，砀山县城以西20公里一带形成了诸多屯村，如附近的张屯、朱屯、陈屯、王屯等，这些都是由军籍人员迁移形成的屯村，因此当地至今有"砀山城西十八屯"的提法。除了屯村之外，明朝政府将其他地区的农户大量移民至本地，这些农户主要来自山西省。刘屯附近村庄的住户来自山西省洪洞县，他们辗转多个地方，最后在本地定居。附近村中，多数人家流传着"大槐树下移民"的传说。周围村庄形成的时间较晚，大多在明朝以后建立，且规模较小。

明永乐年间，刘氏先祖奉旨自山东来州府（今胶州地区）落户此地，在此建村，以姓氏为名。受访者刘砀收介绍："其实刘屯刚开始建村的时候不叫刘屯，叫刘家寨，后来改成了刘屯。"刘氏祖先子安是本村刘氏家族的始祖，也是刘屯的第一代住户，只迁来此一户，一直繁衍生息至今。就区域地理位置来看，刘屯距离砀山县城15公里，距离虞城县老县城（今利民镇）25公里，与族谱记载相符。刘氏家谱记载：

> 原籍山东来州府廖州招贤郎油沟社二甲民籍，明洪武初兴凡有功者皆赐军籍，先世为迎洪武有功蒙赐廖州巫山衙籍，永乐五年南京国公魏奏徐州久反之地，不可无军镇字，吾始祖子安奉旨迁属徐州卫中左所张百户伍坐落砀

山县迤西三十里许遂世居焉。

六世祖西泉公墓表题记
十二世　曰竹　谨按
十八世　九臣　敬书
一九八五年岁次乙丑春　封亮　敬禄再书

关于村庄的兴起，仅有的文字资料便是刘氏族谱中的记载与村里人世代口口相传的说法。明朝永乐年间，本村刘氏先祖奉旨自山东莱州府迁至此地，此段记录原刻在刘氏六世祖西泉公的墓碑上，后被刘氏十二世曰竹修谱时写入族谱，一直记录于族谱之中。据记载刘氏祖上原为山东省军籍，奉旨镇守徐州，后来在此定居。据刘氏家谱显示，刘屯迁至本地的一世祖为刘子安，二世祖名为刘铎，三世祖刘全，四世祖刘源，均为单辈单传。五世祖兄弟四人，分别为刘大公名深、刘二公、刘三公、刘四公，除刘大公之外其余三人名讳失传。至此村里刘氏后人开始分为长门、二门、三门、四门四个支系。村里每一位刘姓男子均能清楚地说出自己属于哪一门支。

关于刘氏祖先为什么选择迁移到本地，村里流传着两个版本。其中一种说法是祖上在徐州做大官，为保安全便将一部分家属留在本地，成了刘屯的来源。另外一种说法是避难说，因为后来徐州动乱，为保后人安全，一支刘姓后人迁到了本地。"那个时候徐州很乱，窝贼多，官不好当，子安爷就挪到了砀山城西这个地方。"迁来此地后，刘氏家族与山东老家人已不再有联系，族谱也没有接续上山东老家的先祖，仅从定居此地的第一氏开始记载。

建村时迁来刘、孙、张三户人家，三家是姑表亲关系，自西向东依次形成了刘屯、孙屯、张屯三屯，三屯居住区间隔不到一里。由于三家是姑表亲关系，因此后代一直延续着三家不得通婚的习俗，直到民国时期才有所松动，出现三姓之间相互通婚的情况，但同族人之间依旧不得通婚。在村庄发展过程中，部分刘氏后人迫于生计散落到附近的其他村庄，但始终与本村保持着联系，每到修族谱、祭拜祖先时，他们要派人来参加，履行着后人对祖先的职责。

三、村落发展——"外来户"迁入

自明朝永乐年间刘屯建村以来，经历了几代人的发展，刘姓人口开始壮大。外来户的迁入丰富了本村的姓氏结构，也扩大了本村的人口规模。与附近的其他村庄相比，本村的地势稍高，水患不太严重，加上清末时期黄河已经改道，本村不再属于黄泛区，大的水患已不存在，村里人生活有了保障。得益于优越的自然条件，刘屯人口发展迅速。

刘氏家族建村后，一直为单姓村。直至清朝时期，其他一些姓氏才逐渐迁入本村，多是一些散户，搬来时只有一家一户。民国时期迁入本村的其他姓氏最多。迁入本村最早的为张姓人家。据一张姓人介绍，其家祖上来自山西省洪洞县，与张屯不是一脉，不存在血缘关系，平时与张屯张姓人家也无往来。其后便是来自玉台县的冷家，在民国时期迁入本村。

在刘氏家族看来，他们都是外来户，与村内人混熟之后，逐渐在本村落户。迁入户主要是迫于生计，来本村谋生活，时间长了便留在了本村。具体看来，外来户主要有两类，第一类为逃荒至此，在此安家，第二类为刘姓人家的亲戚，寄住在本村，时间长了得以落户。这类人与刘氏人家存在血缘关系，主要是本村刘氏人家的女婿与外甥。本村外来户中以第二类为主。

其他姓氏搬入的两种形式——逃荒户与偎亲戚户。

（一）逃荒户

清末民初时期搬入本村的逃荒户最多。村内姓氏开始变得较为杂乱，均是外地人逃荒至此，时间久了在此安家。在此定居的逃荒户有手艺，靠给村里的大户人家帮工为生。逃荒户在此定居时间久了之后便成了本村人，通常在本村繁衍一代之后，会成为被认可的本村人。成为本村人之后，便需要负担本村为国家承担的兵役义务，也会成为被抓丁的对象，买地之后需要承担土地税赋。村内逃荒户多来自其他县市甚至其他省份，距离本村较远。逃荒途经本地，首先在本村要饭，借住在村里人家的废旧的房屋中，与本村人混熟之后，开始租种本村大户人家的土地。逃荒户对租给其土地的东家有一定的依赖性，农忙时会去给东家帮忙，当天可以在东家吃饭，但是东家不会给予粮食方面的救济。1950年土改时期，逃荒户分得了土地房屋，以此获得家产。

村内受访者李广义（现年86岁）家由南面安徽省的南墟县（音译字）逃荒至本村，当时由其奶奶带领兄弟两人逃荒至此，借住在位于北寨门外刘姓人家修建的房屋内。房屋是村内的好户所建，因为动乱，寨外不安全，房屋被弃用，住进了几家逃荒户。同时李家租种了此好户的土地，收成五五分成，成了这户人家的种地户，农忙时会帮助东家干活，干活时东家管饭。另外，李广义的父亲兄弟两人会给牲口看病，能获得一些收入，靠这两种方式在本村生活。后因难以维持生活，次子李广义被父母给了村里的马姓人家。

逃荒户的生活比较贫困，即使租种了分收地，也难以维持生活，因此需要家里的妇女带着孩子外出要饭。男主人留在家给好户人家帮忙，混口饭吃。

（二）偎亲戚户[1]

偎亲戚户在原来所住的村庄没有土地或者土地较少，生活难以为继，便到本地亲戚家居住。最常见的多是女婿住岳父家，或者父亲去世后，男孩随母亲住姥爷家，从而在本村定居。这种现象在村里特别常见。村内的住亲戚户营生需要同时依靠多种手段，首先是租种大户人家的土地，由于租种的土地多为分收地不够家用，所以需要一些其他营生补贴。村内偎亲戚户有的会看病、做短工、宰杀牲口、做泥瓦匠等，从而获取生活所需的食物，维持家庭的正常运转。

村内好户家里大多有多余的空闲宅基地与空闲房屋，偎亲戚户会通过居住在本村的亲戚当说合，在租种大户人家的土地的同时，向东家借空闲的宅基地自己建房居住，或者借东家空余的房屋居住，不需要支付租金，只要东家不用，可以长期居住，不用给任何的费用和礼品。当时的房屋主要是土墙草屋，成本较低，建房较为容易，房子远不如地皮值钱。

有的本村亲戚家庭殷实，便会给搬来的亲戚一块宅地盖房，或者给亲戚几间房屋居住。这样逐渐在本村安家落户，并且还是长期居住。生活方面依靠种大户人家的分收地与自己的手艺。

村内受访者李长庚（现年82岁）父辈家里较穷，父亲曾逃荒到两个村庄。父亲娶了本村刘姓人家的女儿。其岳父母只有一个女儿，成家后其父亲搬来岳母家里居住，从而在本村定居，继承了岳父母为数不多的家产。其父亲租种了好户刘红伦家的分收地，平时父亲给刘红伦家帮忙干活，对方管饭。家里断粮时，就追随母亲外出要饭。

1949年之前，村内受访者杨云安（现年82岁）的爷爷是本村刘姓人家的女婿，其父亲随母亲居住在本村的姥爷家，后来其父亲娶了乔集的闺女，一直在本村定居，家里也只有两三亩地。其父亲给舅舅家干活，舅舅家管饭，以此为生。后来，杨云安娶了孙屯的闺女，直至今天一直在本村定居。

1950年，这些逃荒户与住亲戚家的农户在土地改革时期获得了土地与房屋。很多逃荒户或偎亲戚户之前借住的大户人家的房屋或宅基地，都被政府分给了这些外来户。如李广义老人如今居住的宅基地是原来借住的大户人家的宅地，他成为该宅地的所有者。这些外来户成了村内有土地有房产的正式村民。土改时，为回村分得土地，部分距离本村较近的偎亲戚户回了原来的村庄。截至1949年，本村庄居住的姓氏有刘、张、冷、杨、马、崔、李、王等，但刘姓以外的姓氏人口占比不到10%，始终以刘姓

---

[1] 是指长期住在亲戚家的农户，主要是住在妻子的娘家。

人为主。1950—1951年土改时期,本村约有200多户,1 200人左右。这一时期的村内姓氏逐渐固定下来,不再有偎亲戚户的迁入。但随着招女婿的兴起,男方入赘成为姓氏增加的主要方式。

附近能够与刘屯规模相媲美的村只有南杨集村与镇里固村(两村均为集市村庄)。刘屯村是方圆10里范围内最为富裕的村庄,同时也是人口规模最大的村庄之一。1949年前,刘屯村建有防卫性的寨墙,墙外为寨沟,有三个寨门,具体形态如下图所示。随着刘氏家族的发展壮大以及外来户的融入,构成了刘屯村落后来的人口结构基础。尤其在1950年的土地改革中,村庄内部的财富分配发生变动,随之带来了村落成员社会地位的变化与调整。

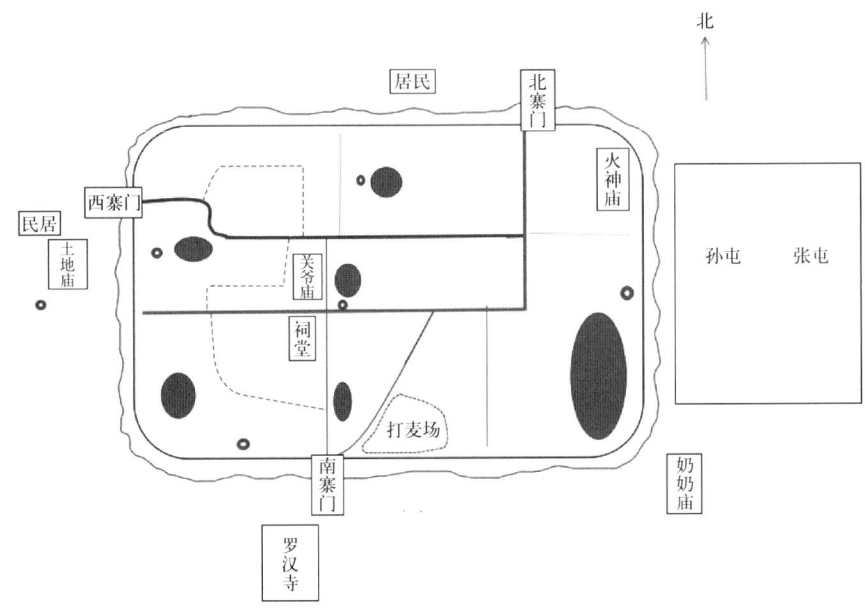

图1-1　1949年村庄整体形态

注：同心圆为水井的位置。椭圆为村庄内的池塘。实线为大路,虚线为小路,四周为寨墙,墙外曲线为寨沟。

第二节　村庄建制变迁

因战乱频发与政权的更迭,刘屯村建制变革十分频繁,隶属关系发生数十次变更。本节主要探究自民国时期至今刘屯村落建制变迁过程。

一、1949年前的村落建制

刘屯位于豫皖鲁苏四省交界处,为典型的边界线上的村庄,因此村庄的建制与隶属关系更换也比较频繁。皆是因为政治因素所带来的建制变更。

1949年前，刘屯一直属砀山县管辖。砀山县原属江苏省管辖，位于江苏省西北部。民国元年（1912年），砀山县废除里，全县划为3个市4个乡，人口不足4万者为乡，人口大于4万者称市。民国十八年（1929年）废市、乡，改设为7个区，下辖118个乡镇。民国二十三年（1934年），将一、七区合并为一区，五、六区合并为五区，全县划分为5个区，69个乡镇。建立了保甲制度，全县有271个保，3828个甲[1]。刘屯村属江苏省砀山县第四区刘屯乡。据刘砀收老人讲述，当时刘屯乡下辖刘屯、张屯、孙屯、陈屯等几个自然村。由于刘屯村规模较大，人口较多，村分为刘屯乡第六保、第七保。保长长期由村里的刘姓人家担任。这一建制一直延续到1938年。1938年，日军侵入砀山县城，原有的行政区划被打乱。

抗日战争时期，日本人占领本地区，刘屯村归北侧国民政府地方武装控制，同时也归南侧的日伪政府砀山县杨集（小杨集）区管辖。日伪政府设在南杨集村的一座庙内，因害怕地方部队攻击，庙内建起炮楼，四周挖了寨沟。后控制本地的地方军队与日伪政府关系相对缓和，处于相互对峙阶段。在此期间，刘屯主要向北侧的地方武装力量缴纳税款。

1945年，日本人投降后，砀山县被民国政府接管。砀山县政府撤销刘屯乡，将本村划归江苏省砀山县第四区杨集镇（小杨集）管辖，镇长由刘屯人刘喜亭担任，其一直担任至1948年本地被中国人民解放军解放。后刘喜亭在武汉地区与国民政府军队向解放军投诚，回到本村居住。

二、1949年后的村落建制

新中国建立初期，虞城、单县、砀山三县调整区划。1949年3月，将砀山县的韩集、郑楼、刘屯、张方楼、张三楼、张庄、葛庄、靳庄、王庄等村同时划归虞城县。[2] 刘屯属虞城县大杨集区刘屯乡管辖。这一时期，随着国家政策的变动，村庄建制变迁更为频繁。村内受访者刘砀收老人现年86岁，曾在中华人民共和国成立初期先后担任过刘屯乡乡长、杨集区民政助理员、镇里固乡团委书记等职务。据老人回忆，1949年设立刘屯镇，镇里有7个干部，分别为镇长、副镇长、主任、副主任、才良（文书）、民兵营长、妇女主任，刘砀收老人担任副镇长。刘屯镇下辖刘屯、郑楼、张屯、孙屯等自然村，镇政府驻地设在刘屯，并有警察局维持治安。1952年，改为刘屯乡，下辖刘屯、张屯、张庄等。只有四个干部：乡长、乡主任、乡文书、民兵营长。1954年，

---

[1] 《砀山县志》（1996版）。
[2] 《虞城县志》（1991版）。

县政府开始合大乡，仍称刘屯乡，下辖包含张庄、直集、刘屯、张屯、孙屯、双楼、王屯、范庄、靳庄等几个自然村，区域面积扩大，下辖5 000多人，依然是刘砀收担任乡长。1956年，撤销刘屯乡，本村划归杨集乡（大杨集）管理，刘砀收担任杨集乡民政助理员。老人讲述道："合并后还不到一两个月，干民政助理员时我生病了，去县城住院还没回来，又通知我去县里开会，当时搞秋收，又分两个乡，成了大杨集、镇里固两个乡。我在镇里固乡任团委书记。"刘屯村归镇里固乡管辖。1958年，镇里固乡撤销，刘屯村划归大杨集公社。1977年，增设镇里固人民公社，从大杨集公社脱离，刘屯村归其管辖。1983年，改称镇里固乡，刘屯村归镇里固乡管辖，一直延续至今。在此期间，南侧的小张庄划归刘屯行政村。

表1-1　1949年后刘屯隶属关系情况

时　间	隶　属	备　注
1949年—1952年	虞城县刘屯镇	
1952年—1954年	虞城县杨集区刘屯乡	此处杨集为大杨集
1954年—1956年	虞城县杨集区刘屯乡	乡管理范围扩大
1956年前半年	虞城县杨集乡	此处杨集为大杨集
1956年8月—1958年	虞城县镇里固乡	
1958年—1977年	虞城县大杨集人民公社	
1977年—1983年	虞城县镇里固人民公社	
1983年至今	虞城县镇里固乡	

第三节　刘屯当下概况

刘屯村现属于河南省虞城县镇里固乡管辖，位于河南省最东端，虞城县城（今县城）东北部40公里处。该村所在的虞城县地处三省交界地带，北侧与山东省单县接壤，南侧与安徽省亳州市紧邻，东侧与安徽省砀山县衔接。刘屯村自从刘家寨改称刘屯之后，名字未变更过，一直使用至今，也没有过合并或拆解。刘屯建村以来，除极少部分后人迁往别处定居外，刘氏后人主体人口一直在本村居住，繁衍生息至今，中间并未间断。

刘屯村往东2公里便是安徽省砀山县陈屯村地界，张屯村东侧便是河南省与安徽省的省界。南与河南省夏邑县杨集乡（小杨集）杨集村接壤。北侧4公里处为镇里固村，乡政府位于镇里固村西侧1公里处的新兴集市上。刘屯是方圆数里内面积较大的自然村,除了一些集市村庄的规模能与刘屯相提并论,其余的村庄人口较少,单个自然村落不足刘屯人口的三分之一。

刘屯自然村现属刘屯行政村,该行政村下辖刘屯、小张庄两个自然村。人口3 200余人,其中刘屯3 000余人,小张庄200余人。刘屯现耕地面积为4 300亩,人均1.3亩,林地面积为0。分为13个村民小组,其中小张庄为第10组。另外在村庄西侧1公里左右形成了一个单独的新的居住区,为本村的第13组,有二十余户人家,大多是刘姓人家,不与本村落直接接壤。同时建村的孙屯与张屯现合为一个自然村,人口规模约1 700人,为刘屯人口的二分之一。

村落姓氏结构在民国末期便已确定下来,现阶段的姓氏与民国末期基本相同。本村内姓氏较多,除刘氏之外,主要有张、冷、马、李、崔等,其中刘姓人占90%,其他姓氏占10%。现阶段,村里总户数1 000余户,刘氏后人约900户,其他姓氏不足100户。刘氏后人在人口上占绝对优势。如今新的外来户多是本村所招的女婿,继承刘氏家庭的财产后,其后代依然随男方的姓氏,导致村里新的姓氏越来越多。刘屯是刘氏家族建立的村庄,因此当地人所说的"刘屯人"主要是指本村落的刘姓人家。

刘屯现周边区域如下图所示,灰色区域为耕地。刘屯、孙屯、张屯三个自然村的居住区已经连在一起。

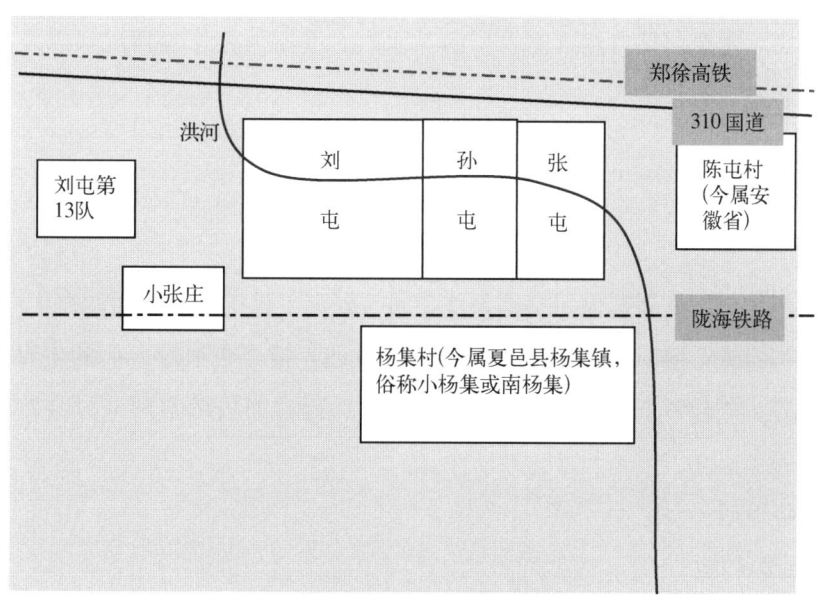

图1-2 刘屯村

第二章　自然形态与实态

自然形态影响着村庄的整体形态与农事安排，在平原地区，自然条件对于村庄来说是至关重要的，水分、温度等对农业安排起着决定性的作用，因此本章主要介绍乡村的自然形态，主要包括自然形态、旱涝与水利、平原与麦作等情况，以及在这种形态下村庄的特点。

第一节　自然形态概况

自然环境为村庄发展提供了基础条件，同时限定了村庄生产活动。在生产生活中，村里人会根据自身需要对自然环境进行适当的改造，使之更适应人们的生存。本节将从"自然地理、气候特征、土壤特征、交通条件"等方面去考察刘屯村自然形态与村民生活的关系。

一、地势地形

（一）地形特征

从地势上看，虞城县总体地势西北高东南低。黄河故道两侧由于地上悬河的堆积作用，地势较高。刘屯所在区域地势由黄河历次决口泛滥沉积形成，属堆积形地貌，是典型的黄河冲积平原。在地理位置上，黄河故堤南侧15公里片域就是刘屯村所在的地区，该区域为典型的洼地，地势低洼，盐碱地集中，海拔高度为44米，低于黄河高滩地约7—9米。与西侧临近的村庄相比，刘屯村地势略高，落差在3米之内，视觉上没有明显的地势差距。地形上，刘屯村为典型的黄河冲积平原，方圆20公里之内没有山丘，均是平地。村内地势没有明显起伏，一马平川。

（二）地形与生产生活

村庄选址具有很大的政治性与偶然性，刘屯村是军籍人员搬入所形成的村庄，居住区分布不受平原地形限制，而且附近河流稀少，农业不依赖灌溉，居民不随河而居。附近村庄均是呈点状分布，村庄形成比较随意。在村落形成原因上，因缺少自然屏障保护，在战乱年代极易发生人口迁移，频繁泛滥的黄河也是本地区的村庄难以长期存在的原因，导致本地区缺乏历史悠久的村落。现阶段本地区的村庄多是因政治移民形成，历史较短。村落的四周为耕地，在两个村庄之间耕地最为空旷的地带比较容易产生新的村庄，例如，在刘屯村与范庄之间形成了一个新的集聚区。多数小村落形成时间较短，从而形成了现在的村落分布形态。

生产上，平原地形对于地块大小并无限制，因此村庄早期的田块较大，分布在村落四周。村落远处无法种植完毕的土块被闲置。随着人口的增加，周围闲置的地块都被开垦完毕。但是随着人口的增加，在分家析产时，田块被无限次地分割，导致地块的面积越来越小。由于缺乏天然的保护屏障，村里人只能通过集聚的形式相互提供保护。新建的房屋都会紧挨着村落原有的住户。平原地形对农作物的选种没有限制，同样的作物在任何一块土地中都可以种植。作物选择主要受到降水温差的制约。地势平坦导致本地耕地灌溉困难。地势过于平坦，使得农户无法从高处引流灌溉。依靠人力搬运水进行灌溉是极为费力气的，没有人采取这种方式。

二、气候与农业安排

刘屯村所在地区属于温带季风气候，春季温暖多风，夏季炎热多雨，秋季温润凉爽，冬季寒冷干燥，四季分明，气温和降水变化大，常有灾害性天气。年平均气温在14度，暖年为15度，最热月为七月，平均气温为27.2度，夏季炎热。最冷月为一月，平均气温为-0.7度，冬季寒冷。

刘屯村地处半湿润地区，年平均降水量为726毫米，降水主要集中在夏秋两季。年际变化大，最大年降水量能达到1056毫米，最小年降水量为346毫米。在正常的年份，降水能满足农作物生长的需求。

日照较为充足，平均日照数为2360小时，年日照率为53%，最多年为2636小时，最少年为2141小时。年内日照时数六月份最多，一月份最少。随着暖温带高压节气转换，风向有明显的交替变化过程。春季多东南风，夏季多西南风，秋季多西风或者西北风，冬季多西北风和北风。

据虞城县志记载，自元惠宗元统二年（1334年）至1949年，本地区共有69年发生洪灾，约10年一遇。大风平均2年一遇。春季出现最多，秋季较少，夏季多为雷阵雨或冰雹前出现的短时大风。

基于上述的自然形态，本地形成了旱作物种植区，村内农业作物为一年两熟与两年三熟相结合。一年中在春、秋、冬三个季节播种农作物。冬季寒冷有降雪，只能种植冬小麦，不能种植蔬菜类。夏季的作物比较多样，粮食作物主要有高粱（本地俗称秫秫）、大豆、绿豆，次要作物有豇豆、红薯等，夏秋粮食作物以高粱、黄豆为主，蔬菜类也比较多，主要是菠菜、青菜、白菜、豆角等。其中高粱、棉花为春季种植的作物，谷雨时节种谷子，清明时节种高粱。这两种作物需要上一年的冬季不得耕种小麦，留有空地，也就是土地轮休一季。红薯成熟得较晚，一般红薯成熟后土地会空闲一个冬天，来年春天种植高粱或者棉花。因为高粱、棉花、红薯的生产周期较长，会占用下个季节的作物种植时间，因此只能采用三年两熟制。小麦、大豆、绿豆的生产周期为一年两熟。村民主要的口粮是小麦、高粱、大豆、绿豆，以高粱与小麦为主。

气候对农业安排的影响。以村里的刘红伦家为例，其自种土地耕地70亩，其中40亩地在农历9月份的时候种植冬小麦，余下30亩地冬季空着，来年3月份种植高粱，每年都是如此。具体空余哪几块要根据庄稼生长情况，一般是轮流着来，一些秋粮成熟晚的地块也会空余出来。

本地一年之中降水主要集中在夏秋两季，有秋雨连绵的说法，村里的水患都是夏秋季节的大量降水导致。村里农作物长年不需要灌溉，夏秋两季主要做的是防范洪灾，这一季节雨季较为集中，容易造成耕地内水涝。在雨季，农民不接水蓄水，四季日常生活主要使用地下井水，洗涤衣服主要使用池塘内的水，若池塘干枯则需要使用井水，井水长年不断，农户没有挖窖蓄水的习惯。

杂草的生长与气温相关，冬季寒冷时，地里不会生长杂草，其他季节都需要人工除草，尤其是在夏季，天气闷热，杂草生长迅速。农民需要经常除草，"脸朝黄土背朝天"的现象最为普遍，夏季，天刚亮的早晨，农民趁着天气凉快到地里锄草，妇女在家里做饭，直到中午天气太热的时候才回家休憩。下午或者中午的时候，妇女也会到地里除草。所以在炎热的夏季农民通常会很忙，劳动任务繁重。

表 2-1　1949 年之前当地主要农作物及生长期（农历）

一月	二月	三月	四月	五月	六月	七月	八月	九月	十月	十一月	十二月
		高粱（秫秫）/棉花/谷子									
小麦									小麦（九月播种）		
				大豆/绿豆							
				红薯							

三、土壤分布特征

（一）土壤分布

本地区土壤均是黄土，为黄河泥沙淤积而成。据受访者刘耕慈介绍，村内主要有四种土壤类型：淤土、砂土、两合土、盐碱地，以两合土为主。村里的盐碱地主要是黄河水造成的，受访者刘耕珍讲述："紧淤慢山，流水碱，都是黄河造成的，这里（本村）再往南走 100 里根本没有碱地。"村子土地分布有规律，村子最西面靠近范庄地带为地势较低的洼地，西侧中间地带为碱地，靠近村庄西侧为地势较高的好地。村庄南、北两侧与东侧为产量较好的土地，其中南侧部分土地内有少量盐碱地。

（二）土壤类型[1]

砂土，约 1 000 亩。由黄河泛滥时的主沉积物堆积而成，质地疏松，通透性良好，适耕期长，适宜种植粮食、花生、薯类作物，但保水肥性差，易干旱。由于通气过盛，有机质分解快，黏粒少，吸收力弱，土壤养分易流失，肥效短，后期易脱肥。当地群众有"砂地看苗淤地吃饭"之说。

淤土，约 1 800 亩。多分布在距离黄河支流较远的低平洼地。土壤粘性较重，通透性差，适耕期短，保水保肥性好，有机物分解慢，矿质营养含量丰富，后劲大，适于各类农作物种植，怕旱怕涝。

两合土，约 3 000 亩，由黄河水慢流沉积物发育或经客土改良而成。其特点是：砂粘适中，大小空隙比例适当，通风性好，适宜耕作，保水、保肥，养分较丰富，有机肥分解快，供肥性好，土性温暖，宜于种植各种农作物。

盐碱地，约 500 亩。多由不适宜的气候、温度及积水相互作用形成，PH 值偏高，土壤团粒被破坏，理化性差，易板结，农作物常在出苗前便会死掉，返碱季节常出现白霜，难以种植作物，主要分布在紧邻村庄西侧的田地内，此外其他土地内也有少量，呈斑秃状分布。

---

[1] 土壤特质描述来自《虞城县志》（1991 年版）。

(三) 土壤肥力

两合土肥力最壮，产量最高。除盐碱地之外，其他土地的产量差距并不大，其中砂土、淤土产量略低于两合土。砂土与淤土产量类似，均可以种植所有种类的庄稼，相比之下砂土比较适合种植花生，因此农户种植花生会优先选择砂地，没有砂地的农户则只能用淤土。村民不会因为土壤种类而发生土地交换，因此土壤对种植作物的种类选择影响不大。村内的粮食作物依然以小麦、大豆、高粱、绿豆为主，就平均产量来看，小麦、大豆每亩在80—100斤，高粱为150—200斤，绿豆100斤左右，红薯产量较高，每亩能达1 000斤，但不宜储藏，不能大面积种植。这些均是旱作物，在本地区具有几百年的耕种历史，是本地区的主要粮食作物。

表2-2 土地等级与土地产量

等　　级	土地类型	小麦产量（斤）
一等（好地）	高岗地	100—150
二等（中等）	平整地	80—120
三等（孬地）	低洼地、盐碱地	50—80

1949年之前，村里人改良土地只有通过施用农家肥，也就是动物的粪便。只有钱的农户才有能力购买大量粪肥来改良自家土地的肥力。一般的农户家里粪肥较少，难以满足自家土地需求，因此无法提高土地肥力。相对而言，好户人家的土地肥力要好于一般的农户，平均粮食产量自然高于一般的农户。除此之外，农民没有任何的土壤改良手段，只能保持土地原来的肥力状况。

四、自然资源

广袤的平原地形注定了本地区缺乏自然资源的命运。村庄内部只有充足的土地资源，没有煤炭、石油等矿产资源。对村里人来说，最宝贵的资源便是可耕地。所以本地区子女分家实质上就是分耕地，多数家庭没有其他资产可分。土地资源归每个人私有，村内90%的农户主要依靠耕作土地生活，其他的收入占比较少，因此农业种植是村里农民生存的唯一渠道。土地掌握在农户个人手中，乡公所无权干预农户的土地处置与耕作。

市场资源便是定期举行的会（交易场所）以及南侧三里处的集市。村内每隔几天兴一次会，隔壁的村庄便会来赶会，在会上做一些小买卖，集市上主要贩卖农产品与生活用品。本村依赖农业种植为主导的生存方式，依赖市场交易为生的人很少，小店铺个体经营是家庭农业生产的补充部分。会由村里的会首管理，集由集主管理，保长与乡长并不干预村里的会的举行。南侧的集市是本村人做买卖的主要去处。对于集市的管理将在后面的章节具体叙述。

五、村落交通状况

1949 年前，村里道路类型都是土路，较为狭窄。村里人主要依靠步行出门。

（一）道路及管理

寨子内部宽路只有三条，约四米宽，均是百年的官道[1]，两横一纵，为村里人共用。其余的均是小路，小路为私有或者为道路两侧的人家所有，产权比较清晰。村内道路为祖上传下来，均是自然土路，平时不需要修缮，无人维护。因此没有路会组织。这几条官路是刘氏共同的族上留下来的，随着后代人口的增加，成了村里住户的官路，产权被逐渐稀释，变成了公共的道路。

寨内小路宽度不一。巷道有联通巷道与断头巷道两种。巷道仅够一辆太平车通行。村里各家的堂屋坐北朝南，每户人家的大门朝向不一，都是朝向巷道。巷道的产权是明晰的，是巷道两侧的人家共同留出来的，并且每家留出的宽度都是已知的，先辈会自觉将自家占有的宽度告诉下一代。

村里多数断头巷道两侧住的都是血缘关系较近的尚未出五服的本家人，两侧宅基地是其共同的祖上分给后人的，因此巷道为两侧的农户共有，两家人可以商量着更改或者占用巷道。对于有主人的巷道，保长是无权占用或者征用的，必须要经过两侧主人的同意。村里的受访者刘丰须 1949 年前居住的房屋两侧一共有四家，皆是尚未出五服的本家人，巷道位于大路南侧，为南北走向，巷道口有一大门，也是四家共用共有。

村内通向四周的道路是畅通的，均是百年老路，但是宽度较窄，约有 3 米。朝向各个方向的道路都有，都是一些曲折的倾斜道路。刘屯村和各个村庄都有道路连接，均是经过田间的土路。平时不需要修缮。其中东南走向的道路通向杨集，西南走向的一条通向双楼、范庄，北寨门有一条通往镇里固的西北走向的大路，正北道路通向郑楼。刘屯村距离西侧的双楼、范庄约 1.5 公里，距离北侧的郑楼 2 公里，东侧与孙屯、张屯紧挨着，距离南侧的杨集 1.5 公里。这些村外的道路都是百年的土路，比两侧的田地土质较硬，极易恢复平整。

村里的官路平时处于无人过问的状态，乡长、保长没有职责派人维护。村里拉东西都是使用笨重的太平车，驾车的人平时会主动平一下沟壑，以便自己可以顺利通行，因此道路一直畅通。村里人平时出行依靠步行，道路的损坏程度较低，平时村里的农户会主动平整一下自家门前的道路。只有在战争时期，军队通过需要运送物资时，才会通过保长征集劳力平整道路。抗日战争期间，当时驻扎在杨集车站的日军曾征用本

---

[1] 官道：是指公共的道路，为自然村落共有或者所有者不清晰。

村与附近村庄的劳力修筑道路，每个村庄按人口每天出固定数量的劳力，是强制性的要求。

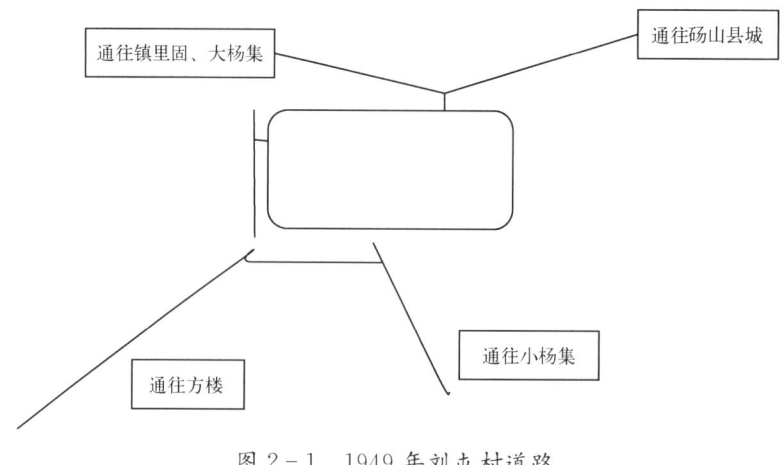

图 2-1　1949 年刘屯村道路

（二）桥梁

1949 年前，刘屯村仅有一座砖拱桥，位于北寨门附近，且为与张屯、孙屯共有的桥梁。出北寨门往北不足 200 米，便是跨洪河的南北走向的砖拱桥，为刘屯、张屯、孙屯往北的必经之路。该桥为 3 拱砖桥，约 20 米长。

据受访老人刘砀瑞、刘雪雨（现年 91 岁、90 岁）介绍，此桥是在老人年约两三岁时所建，由北方洪河上游的善会出资。北面 10 公里处的刘集村附近洪河两岸的人组成了善会，这是乐于行善的富人组成的农村民间慈善组织，之所以出资帮刘屯建桥，主要是因为无桥情况下，刘屯张屯人为了向北通行，只得在洪河上打坝，便会切断河流，导致上游河水难以往南流淌，两侧的耕地便会淹没。为保障双方利益，善会出资买砖块为张屯刘屯修了一砖桥。刘屯人共同出工，没有报酬，所有劳力都要参与。

由于时间较久，亲历者都已不在，因此该砖拱桥具体的修建时间不详，村里无具体的文字记载。砖拱桥使用周期较长，村里没有形成相关的桥会组织。平时需要小的修缮时，本村的好户会召集村里人，一般是一家出一个劳力，需要砖块则共同出资购买，带头的好户是村里的保长或者村里的刘姓好户。

六、自然灾害

除了水旱灾害之外，村里常见的其他灾害以蝗灾与盐碱灾害为主，蝗灾发生得并不频繁，但是盐碱灾害持续存在几百年。1949 年前，村里人是如何应对这些灾害的呢？

（一）蝗虫灾害及应对

蝗虫被村里人称为蚂蚱。民国时期，村里发生过两次大的蝗灾，两次蝗灾一次在

1932年（此为县志记载时间，老人记忆中的时间为1934年），另一次约在1942年。蝗灾并不是每年都会发生，主要发生在夏季的农历六七月份，为秋粮生长的季节，受到损伤的主要是高粱、谷子、大豆等秋粮作物。这些蚂蚱都是自西北来的，并不是村里耕地中生长出来的。当时遮天蔽日的蚂蚱从西北方向飞来，所到之处的草、庄稼等的叶子都会被啃食。但是并不是全部被破坏殆尽，主要的后果便是减产，没有出现绝收的情况，两次蝗灾的减产幅度并不大。据受访老人讲述，自家收入约比往年减产了30%。由于蚂蚱是流动的，在一两天之后便都走了，继续向西南方飞去，村庄的蝗灾算是过去了。村里人传说："之前，都说蚂蚱有神，它们走了之后会出小蚂蚱。"

出现蝗灾后，村民并没有有效的应付办法，没有杀虫的药物，无法对蝗虫进行捕杀。主要的方法便是以户为单位到田地里以人力扑打蝗虫。每户人家在地头挖一条横沟，然后一家人排成一排，家里有几个人上几个人，用棍棒带着绳子将蚂蚱赶到沟里。很少有几户合作、全村一起进行救灾的行动。

1942年蝗灾时，由国民党地方部队成立的临时区政府有一些安排，要求乡、保、甲长催促村里的人下地扑打蝗虫，不去的话会被保长训斥。1942年蝗灾发生时，统治本地区的地方部队怕农民因此交不起税款，为应对蝗灾，区里催促每一保保长，强制让所有农户到地里打蚂蚱，家里不允许有人，男女劳力都要到地里打蚂蚱。要求每一保必须上交固定斤数的蚂蚱，必须完成任务，以防村里不进行扑杀。保长会要求每一户上交固定斤数的蚂蚱，一级级进行摊派，以此来强制要求农户必须捕杀蚂蚱，以完成上级要求的斤数。蝗灾发生后，村里并没有举行集体的求神、拜神治蝗活动，只是个别农户的行为，不用花钱，不是大家都参与。受灾是集体性的，没有哪户人家能避免，没有任何帮助，各家自己应对。村里的大户也会受灾，并不会救济别人。族里没有救济，地主不会减少分收地的地租，依然按照比例分成。

对于蝗灾，政府没有救济，税款还是要交的。村内依然种谷子、高粱，农作物，并没有发生任何的改变。总体上来看，民国时期蝗灾发生的几率比较小，蝗虫是由西北方向飞过来的，并不是本地直接闹蝗灾，并且在短时间内就会过去。

（二）盐碱灾害

盐碱灾害是本地区包括刘屯村在内最主要的灾害。本地是盐碱地的高发区，所幸刘屯村内盐碱地所占比重不高，约500亩左右，主要位于村庄的西侧的耕地内，其他的田地内有少量盐碱溢出情况，但面积很小，不到整块土地的百分之十。盐碱在春季最为厉害，主要因为春季降雨较少，地下水位下降，地上生成成片的白色的盐碱。村庄西侧的盐碱地在冬春季不能种植小麦,"难以立苗",即禾苗难以成活,只能在夏秋季种植秋粮。村庄西侧耕地里,几乎每块土地内会有一片盐碱,成斑秃状分布在耕地内,有的土地全部都是盐碱地。1949年之前,并没有任何有效的措施来治理盐碱地,盐碱地需要和正常的土地一样交款,因此村庄西侧一些不能种庄稼的盐碱地就会被农户抛弃,一直荒着,这样所有者不需要出款,土地内没产出,官方并不强制农户交款。

盐碱灾害一直存在,没有任何的治理措施。官方对有盐碱地的农户没有救济,没有派出专业的人员对村里进行指导。因此村里有盐碱地的农户只能放弃土地,受访者刘耕珍家中十多亩土地中,约有两三亩为盐碱地,只是盐碱不重,在夏季盐碱被雨水冲刷之后,能种植一季粮食。

村里较为贫困的农户会选择在冬季搜集地中的盐碱,通过熬制等传统的方式炼盐,夏季时温度较高,便选择晒盐。通过这两种方式将盐碱分离出来,将碱卖给炸油条的使用,可以使食物膨胀。盐卖给村里的农户,以此来获取粮食。当时的官方并不限制农村地区的私盐贩卖,附近村落吃盐均来自私人贩卖。村里的保长并不过问这些炼制私盐的行为。

村里有盐碱地的农户与无盐碱地的农户都需要交款,官方并不会区别对待。有盐碱地的农户家中没有粮食吃的话就租种好户的土地。村里的土地买卖中,盐碱地是没有人要的,只能一直荒废。直到1960年后开始使用化肥,盐碱才得以减轻,产量逐渐恢复到接近正常土地的水平。

第二节 旱涝与水利

从干湿程度上来看,本村处于半湿润地区。大旱与水患都曾侵扰过本村,直接造成作物减产,影响村里人的生产生活。从季节上来看,水患主要发生在夏秋季节,干旱主要发生在春季。为此,本节将从"干旱与求雨、水患与救灾、村落水利、人与干旱水利关系"等方面考察刘屯村的旱涝与水利情况。

一、干旱

(一)概况

据史料记载,自明代成化三年(1467)至1949年,虞城县共有40个年份发生大旱,平均12年一遇,其中以春旱最多,夏旱次之,春夏连旱灾情最重,并多伴以蝗灾。中华人民共和国成立以来,1959—1986年干旱计49次,平均1年1.8次,其中重旱20次,平均3年2次。[1]

据受访者讲述,村里发生旱灾的次数较少,大旱灾十年难一遇。小的干旱较为频繁,每两三年一次,但是并不需要灌溉,只是粮食产量有轻微减少。民国时期,持续的干旱并不常见,多数年份雨水还是充足的,很多年才会发生一次大的旱情。据村内受访者刘红伦回忆,民国时期村里没有遇到大旱导致庄稼绝收的情况,但遇到过短暂的小型干旱。若遇到持续性的天气干旱,村民也只能"干瞪眼",没有任何补救的办法,这是本地区的自然情况与水利情况决定的,但多是季节性的干旱,不会出现持续性的年度干旱。因为地势平坦,无法建设水车与高处的引水渠,地面径流在干旱天气下会干枯,而农民没有工具及时抽出地下水进行灌溉。就季节分布来看,村里的春旱最多,夏旱次之,都会造成粮食不同程度的减产。持续的干旱对生活方面影响较小,村里依靠水井吃水。

若是遇到灾荒之年,粮食收入减产,地少的农户没有粮食吃,便会选择外出逃荒要饭,没有其他的应对方法,待到年景正常的时候再回本村。村里的好户家里多备有余粮,不需要外出逃荒。乞讨的话,一般是家中的妇女孩子外出比较多。庄稼收获时节,家里有粮食时,便会回家,男劳力会选择留在家里做工。乞讨没有固定的路线,也没有固定的方向。村里向南方去逃荒的比较多,一路问路南下。

对于出现的大旱,村民没有自救的方法,立即采取的措施便是求雨。村内没有应对干旱的组织,多是临时组织活动。农户都是自己想办法渡过难关,没有好户会在干旱季节救济少地农民。出现干旱灾害,乡公所、县政府也没有办法,更没有能力与资金救济农民。

(二)村民自救活动——求雨

每遇到持续性的干旱,庄内自发的集体性求雨活动有四种形式:抬撵、哭井、扫坑、添坟四种。其中以抬撵的规模最大,参与人数最多。每当遇到干旱,都会举行这些仪式。具体的活动形式如下:

一是抬撵。

村里遇到持续干旱时,便会求雨。根据往常的惯例,干旱主要在春季或者秋季发生,抬撵活动也是在这两个季节举行,地点选在村落的打麦场内。求雨是村内人自发组织的,由村内管理闲事的人负责组织,保甲长不会阻止,因为这是为村里做好事,

---

[1] 《虞城县志》,1991年版。

多会采取默认的态度。求雨时，不需要报告官府，也不需要征得官方的同意。保长也期望能下雨，会作为民众参与其中。好户人家会带头组织举行抬撵活动。求雨多是以村庄为单位进行，即在自然村落内集体进行，抬撵求雨需要较多的人参与，村里很多人都参与或者在旁观看。抬撵所需要的花费很低，使用农户家的东西便可以做成所需要的道具，成本较低。若是求雨需要花钱，则是集体出钱，向各家收取几文钱。

民国后期，村内的抬撵组织者是一位六十岁的问神事的刘姓人，是一个家中敬有神像的人。这位发起者是自己主动的，是有资历的人，对求雨事项比较了解。他可以敬神名义向每家每户收取一些碎钱，很贫穷的户可以不出。由于是敬神活动，出于敬畏心理，多数农户还是愿意出的。对不愿意出资的农户，不会有任何的惩罚的措施。求雨是男人的活动，妇女小孩子不参与其中，但是可以观看，家长不会阻拦。抬撵人都是村里的壮汉，比较容易寻找，村里年轻人都希望自己能抬撵。在年轻人看来这是一件光荣的事情。

求雨时，通常会用泥胎做四五个关老爷的神像，然后每个神像用一个木板抬着，每个木板由四人抬着，需要二十个左右的年轻劳动力，在村里的打麦场内转悠，前面有问神事的人领着，手中拿着浮尘在前面边跳边唱，领着后面抬撵的人在场内转圈，边走边跳。在抬撵过程中，若是其中一人抬得不稳，这人便会立即被其他人换下。供品由问神事的人操办，谁操办的供品最后依旧由谁带走。村里求雨从不请请道士、和尚等，参与的都是村内自己人。

村里始终没有专门的负责求雨的组织，都是问闲事的人自己负责，问闲事的人在年老之后，会有新的人接替。求雨只是在天气较为干旱的时候进行，通常是几年才会举行一次，不需要常年举行。据受访老人介绍，求雨还是有一定的作用的，求雨行动过后几天，多数情况会下雨。

二是哭井、扫坑。

哭井、扫坑两种活动通常是连在一起的。这种方式是村内妇女的自发求雨行为，规模比较小，需要一位妇女带头，召集十多个妇女一起开展。这些妇女先是扫坑，然后坐在井边哭井，求老天爷下雨。并不要全村的人都参与，也是多个农户的自发行为，采取私底下串联的形式，关于参与的人数，村里受访者刘砀瑞介绍说"有十二寡妇哭井的说法"，需要十二个寡妇，实际上并不需要寡妇，多是村里中年妇女。这项活动不需要集体的花费，几个人便可以完成。这些参与的妇女没有任何报酬，都是自愿行为，是为了乞求下雨，避免自家的粮食减产。保长不过问求雨行为或者组织求雨。在村里人看来这是在为村庄做好事，没有人去阻止或者干涉。

三是添坟。

村内还有一项求雨仪式，就是给老关爷添坟。当地人世代传说村庄东侧约 8 公里处的蒋庙村有一座关老爷的坟墓。为了求雨，村内有人带头自发地组织几人前去添坟，通常组织几位壮劳力，去到关老爷坟墓为关爷添一些土，求关老爷下雨。并不需要任何费用，是多个农户的自发行为，不会驾着马车前去，都是步行前去，添过坟后便返回，没有特别的仪式，一上午便可以完成。村里对此没有任何的资助，比较信奉神灵的人会自觉带头组织几个人一同前去。这种行为会被看作是为村庄做好事，因此村里人愿意前去。

总体上，三种求雨方式中，抬撑与添坟都是男人举行的求雨活动。哭井、扫坑都是女人们组织的求雨活动。在农民的观念中，求雨活动是为村庄做好事，因此并不会有人反对，村里的农户都比较相信这种方式带来的作用，即使是乡长保长也不会反对。

二、夏秋水害

（一）得天独厚——本村水患少

民国时期，村里没有发生过大的水灾。但是夏季的急速降水造成的小灾害比较频繁。村里有"秋雨连绵，春雨贵如油"的说法。由于本村土地的地势比西侧的村庄略高，水能向下游排走，与邻近村庄相比，水患相对较轻。村内大的水害十年难遇。民国时期，村内没有遇到过因水淹导致庄稼绝收的情况。仅是村子四周人为的低洼地与西侧的低洼地经常被雨水淹没。

村内每户人家都有少量的低洼地，分散在四周的耕地中。一般的农户家里会有一两亩低洼地，每年夏天经常被淹，低洼地主要是因为地势上比四周的土地低了约 20—50 厘米。因为比四邻的地低，所以下雨时四邻的水都往低洼地里流，旁边农户的不允许掘沟，水排不出，低洼地秋季绝收的现象比较常见。土地都是私人所有，村民不愿意因掘沟而失去土地，使自己利益受损。这样一来，低洼地便首当其冲，田地内低洼地段夏季作物常年绝收。由于是个别问题，村内并未开展过开渠放水活动。完全是靠天吃饭。冬季的降水偏少，低洼地可以种植冬小麦，仅有一季收成。保长与村内问闲事的人未组织过人们挖沟放水，耕地一直维持着原状。即使是同属一族的刘姓人之间也没有相互救济。村里的好户人家只会放账，并且都是带利息的。村里也没有其他的自救方式，都是个人想办法。低洼地的价格便宜，一般人不愿意购买。

（二）别样天——临近村庄水患重

刘屯附近的村庄的水患尤为严重，尤其是刘屯西侧的范庄村，虽然距离只有 2 公里左右，但水患比本村严峻。这种水患是季节性的水患，主要在发生在夏季，只影响秋粮收成，对冬小麦没有影响。夏季降水集中时，各村极易出现涝灾。土地内没有正式的排水沟渠，也不进行人为的挖渠，地里的水到处流淌。因为西侧村庄的土地整体较低，是本地区典型的低洼地，雨季水无法排出。这种低洼是相比于北侧的其他村庄而言的。西侧村庄排水的河流较浅，而且十分狭窄。陇海铁路以南的村庄把河流截断，因为往南的下游较窄，水容易漫过河堤淹到两侧土地，所以下游农民不容许向南淌水。遇有的年份降雨较多，田地就会被淹。通常是十年中有八年的秋季作物会被雨水淹，导致西侧村庄外出逃荒要饭的户较多。刘屯一直向西绵延30里，包括西侧八里处的姜楼、杨氏家楼、李庄、朱屯等众多村庄，各村水患比较严重，这些村庄的耕地经常被淹，这些村庄的居住区在建房时加高了，因此不会被淹。

西侧村落中的姜楼是本村受访者刘砀瑞的姨妈家居住的村庄，老人经常住姨妈家，对此比较熟悉。据老人介绍，姜楼村通常是十年淹八年，秋粮常年绝收，只能收一季冬小麦，农户一年只有一季收成。

> 刘耕珍老人讲述："从这里一直往西30多里，都是低洼地，各个庄子的水患都比较严重。距离本村约10里的朱屯西面的荒庄人通过亲戚来本庄找本村的好户借粮食，那个地势洼，下雨地里全是水，庄稼全淹了，都挨饿。在他庄附近借不到粮食。一到冬天全出去逃荒去了，要不然就是弄大粪卖，都是来我们村卖。"

> 据西侧8里处的杨氏家楼92岁的受访者回忆："夏天雨一直下，一出门就是一片汪洋，从庄子往外看，只能看到地里的坟头尖。那个时候没沟没河，没地方放水。等到水下去，庄稼也淹死了，要是雨下得晚一些，高粱已经出穗了。而且高粱长得比较高，穗子不会被淹到。村里人就蹚着水，到地里掐了高粱穗回家吃。一淹了家里没东西吃了，就出去要饭。"

灾难发生后，村里并没有救急措施，村里多数没有粮食的农户只能外出逃荒要饭，都是家里妇女带着孩子一起去逃荒，男主人在家守着房屋。村里没有房产的农户会举家逃荒，直到灾难过去之后才回到本村。因此这些村庄没有很富有的人家，即使是家中有七八十亩地的人家，因水患也难以保障基本的生活。村里的稍微好一点的人家有余粮，不需要外逃，但并不救穷人，要维持自家的生活开支。民国政府未组织过竣修河道，也未协调沿岸村民关系。据村里人讲述，民国政府并没有给过任何救济，都是村里的人自己想办法渡过难关。季节性的水患这一状况持续多年，成为一种常态。夏秋季降雨集中迅猛,加上低洼地较多,就容易导致秋粮绝收。只有稍高的耕地能收获一些庄稼,典型的靠天吃饭。本地区的村庄并没有联合起来治理水患,更没有治理水患的社会组织,一直处于无人治理的状态。

同时,水患极易导致村之间借贷的发生。杨氏家楼村的受访老人介绍,因本村秋粮经常受到水灾,经常只能收获一季小麦,村里曾通过中间人向刘屯的好户"使唤粮食",也就是贷粮,借一斤需要还两斤。通过中间人找到刘屯的放粮的好户,然后按需要借来粮食,一般借得比较少,多的话只有二三百斤,等到来年收获之后还给人家,问题暂时解决。村里比较贫困的户不会借贷粮食,而是选择外出逃荒要饭。

西侧村庄之所以出现大的水害,主要的原因是村庄耕地地势低洼,加上附近没有大的河流,无法排水,田间没有沟渠,池塘无法蓄水。夏秋季雨水迅猛,北侧乡镇地势较高,暴雨来时,北侧乡镇的水流直接在田地里向着南流,直接导致南侧低洼的村庄庄稼被淹死,村庄附近的积水达到50厘米深。"有的时候,水能没过膝盖,都是趟着水出去。"地势高的村庄能保证一年的正常收成。这一问题需要动用全县的力量才能解决,民国时期乡镇公所是无能为力的,加上政局不稳,政府没有能力进行修缮。

三、水利与村庄

水是村民生产生活必备的资源。在地理位置上刘屯村距离老黄河较近,村里有洪河穿过。因建房取土,村里形成了多个池塘。为了保障生活用水,村民打了几口公共水井。这些水利设施都影响到村里生产生活的各方面。

(一)河流

流经本村的只有一条洪河,村里耕地内更无沟渠与河流,只有几口吃水井。池塘的数量也较多,都是建房起土形成。

1. 老黄河

本村向北15公里便是黄河故道,为黄河改道后遗留的产物。据虞城县志记载,自南宋至清末,黄河流经虞城县境700余年,决口次数有史料明确记载的达29次。咸丰五年(1855年)黄河改道,不再流经本县。本县内的黄河遂变为故道,故称"咸丰故道"。黄河改道后给虞城县留下百里黄河故道、碱沟,旱涝灾害频仍。其中,明初至清咸丰五年(1855年),黄河在虞城县境内决口20次。

由于黄河距离较远,只有在决口时才会对本村造成影响。相比黄河两侧滩地处,本村所处位置地势较低,因此难以避免黄河水患的冲击。村里人能做的便是将居住区地势加高,尤其是在建房时地基会相比四周高很多,落差在2米左右。处于村落东北方位的耕地内的刘氏先祖一世到三世族的坟墓被决口的黄河水淹没。

表 2-3　清代时期黄河在本地区决口情况

时　间	决溢地点	决溢情况	出　处
顺治四年（1647年）八月十五日	虞城罗家口、田家庙、土楼	屋舍漂没，秋禾无收，城东平地行舟	《虞城县志》
顺治十七年（1660年）秋		黄河水溢	《虞城县志》
康熙四年（1665年）	虞城土楼	水势滔天，倾注夏邑（今夏邑县）	《虞城县志》
康熙六年（1667年）		黄河水溢	《虞城县志》
康熙十二年（1673年）秋		河决	《虞城县志》
康熙十七年（1678年）	虞城大王庙、高家堂、土楼	村庄农田被淹	《虞城县志》
雍正三年（1725年）八月	虞城待宾寺、桑堤口	黄河横流安徽，流经夏邑、永城	《虞城县志》
道光三年（1823年）	虞城	河溢	《虞城县志》
道光二十一年（1841年）八月	张湾	水淹豫皖5府23县	《虞城县志》

除了黄河之外，村落附近仅有的一条河流便是洪河，并且时常季节性断水。洪河自西北流向东南，在本村北侧穿过，河流距离寨子的北寨门约200米左右。据村内人世代相传，洪河为朱洪武（即朱元璋）的运粮河，明朝时期便已形成，能直通南京，这只是村里人尽皆知的说法，但是实际上洪河为明末时期形成。

> 据虞城县志记载："原名横河，亦名老黄河，明万历二十五年黄河在黄堌坝决口时形成。发源于大乔集乡大朱寨北黄河故堤下，流经张集、镇里固，由镇里固乡张屯村入夏邑县罗口村，注入巴清河，全长28.5公里，县境内长度18.6公里，流域面积145.8平方公里。河床深3米，张屯段河床形成坡洼，中间成一条沟，宽10米，深2米，两岸多次涝灾。"

洪河起源于黄河南岸。从时间上来看，洪河是在刘屯建村之后形成的。洪河通过连接的水系最终汇入淮河，下游各段的名字各不同。刘屯村北侧的洪河1949年前20—30米宽，洪河在雨季的泄洪作用很明显。大雨季节，村庄周围的水回流至寨海子内,然后顺着北门外的几个大池塘,漫过临河的道路,汇入洪河流走。据村里人介绍,洪河所有权在国家,民国时期,政府并未对洪河进行挖掘、疏通,处于无人治理的状态。

每到干旱天气时,河内干枯,起不到灌溉作用。在村里人看来,洪河是公家的,不是村里的。河流价值很低,政府与村落都没有派专门的管理者。政府部门主导修缮工作,平时不向村民征收修河费用。河上没有水利设施,仅有一座三拱桥。村落附近的河段上没有渡口,在北侧8里处的镇里固村向西过河时有摆渡口,为附近村庄自行建造,摆渡是要收费的,在枯水季不用摆渡。冬春少雨季节,洪河水位浅,经常出现干枯的情况。灌溉作用不明显,村里人从未用洪河水灌溉,因为当地的旱作物对水的需求量较少。其主要的作用便是雨季泄洪排水,这个作用非常明显。相对于干旱,当地的洪涝灾害更为频繁。河流治理的职责在县政府,民国时期比较乱,县政府没有能力对洪河进行修缮。村庄北寨门往北200米便是跨洪河的南北走向的砖拱桥,为刘屯、张屯、孙屯往北的必经之路。

2. 洪河及边界划分

流经本村的仅有一条洪河,洪河为跨省的河流,由黄河水冲击而形成。洪河有500多年的历史,村庄北侧段的洪河较窄,不足10米宽,1949年之前已没有运输功能。洪河在村庄北部穿过,所有权在国家,村庄没有洪河的处置权,但有权在河上建桥。洪河先是流经刘屯村,然后流经张屯村。各自然村居住区之间相差在1里以上,各不相连,与邻村之间并不是以河流为界。

1949年之前,洪河的修缮义务归属国家,村内并未进行过修缮。洪河与村庄之间并没有明确的边界划定,且界限是模糊的,村里农户的土地地头一直延伸到洪河边上,与河边只有不到1米的距离。在政府不过问的情况下,可以侵占河流的边缘,也可以在靠近河流的地头种树,保长与其他人并不过问。在河流的产权认定上,按照"路到中间,河到底"的原则进行,在划分界限时,要以河道最深处为界。村内并没有关于河流产权的公示制度,也没有与邻村搭界的河流。河内的鱼多是野生的,任何人都可以捕,没有发生过争夺河内的鱼资源的行为。1949年之前,村内人没有使用河内的水灌溉过,也没有发生过抢水纠纷。洪河是本地雨季雨水向外流淌的渠道,不会建坝拦水。

(二)村内公共水井及产权

水井是村里唯一的饮水来源。本村一共有6口井,寨内5口,西门外1口,均为吃水井,不用于灌溉。村内所有人、牲口的日常饮用水就是从这6口井里来。村内没有私井，这6口井为公共的井，是有百年历史的老井，具体的修建日期没人清楚。打井的为村内的农户，都是井附近的农家合资所建。打井的带头人为村内"管闲事的人"，家庭经济为中等以上，其为临时带头。水井打好之后便没有人管理，一直到需要修缮水井时。保甲长并不过问，附近的农户自发组织打井。打井主要需要砖块与人力，有人力的出人力，没人力的出财力，都是多户合作，村里没有单户打水井的情况。

村里水井是村内共有的财产，所有权属于本区域的村民。1949年前，村内仅有的六口水井皆是公共的，全部农户吃水只依靠这6口水井，水井分布在村子的各个方位，村内没有私井。生活在各井周围的农户吃同一口井的水。水井是老式的土井，为青砖结构，宽1.5米左右，有1.5丈深，在井底向地下打入约3丈长的竹竿，地下水通过竹竿向上窜到井底。通常住在同一片区域的农户都是吃同一口井的水，因此当地有以井论远近的说法，"我们是吃一口井水的人"，表示两家住得较近。村内的农户只会到距离本家最近的井挑水，并不会舍近求远，因此吃同一水井的人家是固定的，除非本区域的井里没水了才会到其他的井去挑水，其他井附近的人并不会阻止。

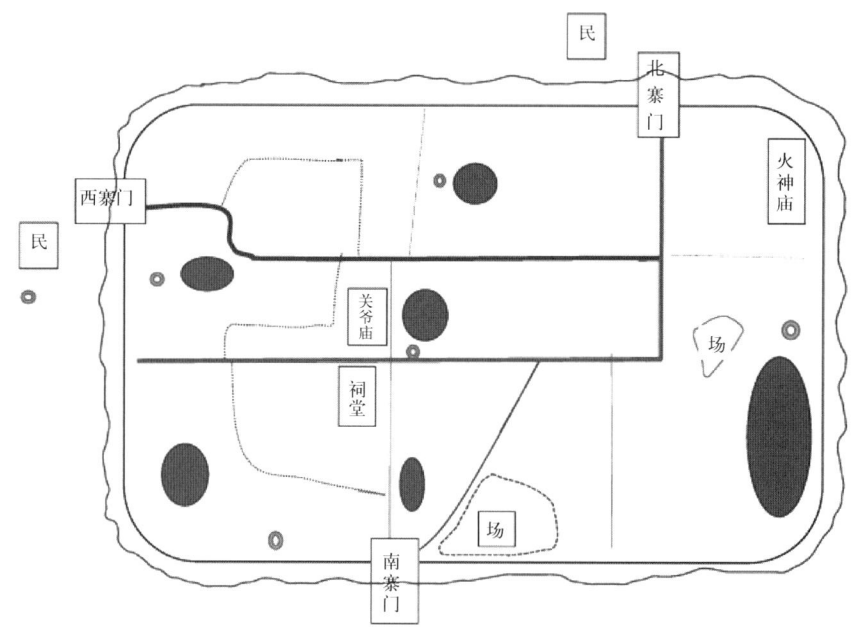

图2-2 1949年刘屯村水井池塘分布图

注：圆形为水井，椭圆为池塘，"民"表示寨外民居。

日常生活中，井的使用通常是按照就近原则，井附近的农户经常使用，较远的农户偶尔使用，而且较远的农户只在自家附近的井处于维修状态时才会到远处打水吃。没有人会舍近取远，到距离较远的井内去取水。因此每一口井的服务对象在一定时期是相对固定不变的。因本区处于半湿润地区，每年降水充足，水涝多于干旱，村内的井没有断过水,村内没有出台过限水措施,没有出现过抢水的现象。在每年的枯水季会淘井,因此缺水的年份依然可以照常使用。凡是居住在村内的人都可以使用井里的水,包括外来的逃荒户与流浪户,平时没有专门的人管理水井,对使用对象没有任何限制。由于每个村庄居住区距离较远,并且都有水井,并没有发生过跨村使用的情况,只是在淘井的时候问闲事的人会过问一下。

井周围没有公共的提水设施如辘轳、井绳等,打水时各家各户带上水桶与绳索,打完后带回家中。

每口水井通常每一到两年会淘一次井,在水井底部因泥沙堵住出水较少的时候进行。主要是清除井底淤积的沙土,沙土埋没井底的出水竹竿导致井水无法上蹿,导致水井没水。均是各区域负责本区域的水井,并不是共同进行。淘井的事务没有固定的负责人,到时会出现临时主动承担的牵头人,在村里人看来,这就是问闲事的人也是"爱操心的人"。问闲事的人带头进行淘井时,召集水井附近所有的劳动力,一天便可以完成。当时处于农闲时节,劳力都会赋闲在家,都会前去,不然会被附近的人说闲话。淘井时,在井底需要两三个人,其余的在上面用绳索将井底的淤土拉上来,轮流进行,不是完全平均分配劳动。不出劳动力的人家,可以出一些钱财供淘井的人吃喝一次,出资的金额极少,没有标准,吃每口井水的人家是固定的,所以责任比较明确。保长不过问洗井的事务,甲长有时会起带头作用,成为"问闲事的人"。淘井由吃同一口水井的人共同负责,村内每口井的淘井时间是不同的,主要看出水情况。

根据受访者刘红伦讲述,村里100亩以上的农户是有经济能力打得起水井的,当时农民没有私人打井的意识,因此即使是村里最好的户,家里也没有水井,都是吃村里的公共水井,好户人家由大领负责挑水。日常使用中,村里没有破坏水井的行为,因为涉及每个人吃水的利益,破坏无异于与自己作对,若是有破坏行为,会遭到其他农户的阻止,破坏者成为被周围农户训斥的对象。

1949年之前,村庄耕地内是没有井的,没有农户进行过农业灌溉。即使是村里土地在100亩之上的农户地中也没有水井。若是种植红薯苗,会选择用车拉着水缸带上一些池塘内的水,不会使用水井的水。这种灌溉所需的水量很少,每一颗苗浇一瓢水,即使是用水井的水也没有人阻拦。遇到干旱年份,农户是不会使用井水进行灌溉的,一是缺少灌溉工具,无法灌溉。二是这种用车拉水的灌溉方法效率太低,没人采用。

(三)寨内池塘情况

1. 池塘概况

村里人称池塘为"大坑",村寨内有六个大坑,小坑(小池塘)数量较少。散落在寨内的各个方位。主要作用是雨季蓄水，防止村庄被淹。1949年之前，村里住的都是土墙房屋，加上房屋需要垫高高的地基，因此建房对土的需求量较大。池塘的形成并不是刻意的，都是村里先辈建房时取土所致，经几辈人的持续挖掘形成，都有几百年的历史。有的池塘为多户所共有，有的所有者不清晰，都是先辈留下的遗产。小坑形成的时间较短，所有者较为明确。村里的六个大坑为刘氏家族祖上遗留下来的，逐渐演变成刘屯公共所有的财产，但是水坑的价值极低，一直处于无人过问的状态。

池塘一直处于闲置状态，没有经济价值，在春冬枯水季经常处于干枯状态。村内池塘一直未用于养殖渔业，因为当时村内人都不懂养殖渔业，没有养鱼的技术，更没地方买鱼苗。塘内多是野生的鱼，村内任何人都可以网捕，并没有发生因捕鱼发生的争执。鱼并不是本地的主食，村里人多是在逢年过节才会吃鱼。池内野生鱼量较少，谁都可以逮鱼，捕获的鱼归捕者所有。

> 据受访者刘砀瑞（91岁）老人讲述：陈屯在张屯的东侧，距离本村很近。陈屯东侧有一个潭坑，有十几亩地那么大，我小时候经常去那个坑里洗澡，在里面摸鱼摸河蚌，里面有很多鱼。北侧镇里固村的人经常带着抬网来这个坑里捕鱼，每次都能逮几百斤鱼。陈屯的人也不问，谁逮到归谁。

村里的六大池塘被称为"官坑"，官坑为村庄或者多家农户共有的池塘，所有者过多导致产权不清晰。这些官坑均有上百年的历史，由于年代较久，所有权比较模糊，只能判断出其属于刘氏后代某分支的，成为多户人家共同的官坑。村内并没有关于坑的所有者的书面记载，与土地拥有地契不同，仅依靠口口相传的方式流传下来。作为官坑的所有者，若是有需要会在坑内接近坑底的地方取土，一般在枯水季取土，通常每次只取少量土，否则会造成塌陷，对此其他的所有者不干涉，因为双方之间血缘关系浓，少量土不足以引起争执。因大坑的价值并不大，当地没有人搞渔业，仅有雨季蓄水的作用，很少发生争坑的事情。

2. 池塘产权及边界

坑的周围为农户的宅基地，池塘不能往外扩展。大坑的使用权是公共的，日常生活中大坑的另一个重要的作用便是洗衣服。即使不是坑的所有者也可以到坑内洗衣服。坑在夏天是村内男人洗澡的地方，所有者并不过问。大坑的使用权属于村庄。即使是个人的池塘，其他农户也可以到池塘内提水或者到池塘内洗衣服，所有者并不过问，池塘没有灌溉农田的作用。

池塘与周围的道路、民居存在明显的边界，往外扩展的话就会侵占道路。附近的人不会同意，因此是不能向道路侧挖掘的。住在村内公共池塘周围的居民，可以将自家的院子向池塘边靠近，也就是侵占池塘的边缘部分，没有人反对，因为池塘本身就没有价值，居住地离池塘较远的农户也不会反对。但若是侵占过多是不允许的，会遭到其他共同所有者的反对。

（四）排水设施缺乏

排水是村内夏秋季雨水较多的时候村里需要优先考虑的问题。为了防止村子被淹，村民会把住房的地基打得很高，同时村里有蓄水的池塘，优先保证村子的安全。夏季降水集中，村里农田极易出现涝灾。耕地内没有正式的排水沟渠，仅是一些零碎的浅短的沟渠，面积狭小，无法起到蓄水作用。下雨排水时任由水流淌，不进行人为挖渠。因为当时土地都是归私人所有，谁也不愿意因沟渠占用自己的土地。这样一来，低洼地便首当其冲，导致耕地内低洼地段夏季常年绝收。至于不挖沟放水的原因，村里受访者提到："当时没有人组织挖沟，那个时候的人也没有想到这一点。"

在此状况下，村内没有沟渠管水员，更没有防涝排水组织。田地里没有沟渠，下雨时低洼地水排不出，旁边农户的不允许掘沟，怕水淹到自己田里。有的年份降雨较多，普通的田地也会被淹，导致减产。村里田间道路都是连通的。1949年前，村内大面积粮食绝收的年份较少，主要是地势低的田地被积水所淹。总体上，低洼地数量不高，不是常年发生水灾，使得村里没有修排水沟。

（五）灌溉水利空白

气候条件与农作物种类决定本地区的灌溉设施情况。由于当地常年降水较多，十年难遇一大旱。村内的旱地作物对水的需求量较少，多数情况下正常年份不需要灌溉。再者，当地处于半湿润地区，降水量是充足的，自然降水便能满足作物的生长需求。因此灌溉水利在当地是一大空缺。准确来说是完全没有灌溉设施。加上都是旱作物，对水的需求量并不大，所以田间并没有水井、灌溉水渠等。若遇到天气干旱，村民只能"干瞪眼"，没有任何补救的办法。据几位受访的老人讲述，民国后期没有遇到大干旱导致的庄稼绝收。除了遇到持续性大旱天气之外，旱作物是不需要灌溉的。本村甚至本地区是没有水车、沟渠、管道等灌溉用具设施的。村里的粮食作物常年不进行灌溉，即使遇到持续性的干旱天气，农户也没有能力进行灌溉，家里都没有灌溉水井、水车等工具。只能用牛车拉着水缸运水，进行少量灌溉，这种方式效率低下，杯水车薪，没有农户会采用。村里没有组织修渠的单位，不论是官方，还是村内的好户，都不会组织修渠事宜。

池塘的灌溉作用并不明显。在旱季,池塘的水会逐渐干涸,无法提供灌溉水源。由于没有灌溉的沟渠等设施,即使在旱季,村内没有农户灌溉,没有发生过抢水的现象,自然不会有水利灌溉纠纷。由于田地里没有水井,也没地方去取水,更不会从村里拉水去灌溉,总体上,村里种植旱作物,降水较足,使得村里没有修灌溉水渠的需求。同时,生产技术的落后使得农户没有能力使用地下水灌溉。

四、人与水旱的关系

在村子历史上,水灾、旱灾都出现过。大的水灾、旱灾通常是"十年一遇"。小的旱灾则较为频繁,带来的最大影响多是农业减产,减产幅度通常不超过50%,并未造成大的灾难。若是较为严重,会造成人口迁移与村历史中断。村里小的水灾不断,影响较大,大水灾发生的概率较低。因此村庄一直延续到今天,中间并未中断或者举家外迁。出现旱灾后,家里没有粮食的农户只能选择外出逃荒,等待正常的年景返回。好户人家一般有余粮,不会选择外出要饭,而且会放粮食贷给穷人,但不会救济或者免费借给断粮的穷人。

刘屯村的水利设施几乎是一片空白,因为在多数年份,旱作农作物不需要灌溉,农户既没有修水井也没有修沟渠的需求。土地私有制阻挡了排水沟渠的修建,任何人都不希望自己的土地被占用,同时又缺乏强有力的组织者,"都是个人的土地,谁让你挖沟呢?"因此田间无沟渠、水井,这一现象一直持续到1956年合作化时期,低洼地的渍水现象依然无法根除。在这样频繁的水患中,村庄之间并未联合起来对抗水患,单个农户无力对抗水患,因此水患是本地区村庄面临的最主要的威胁。遇到水患,农户只能选择逃荒要饭。修河是村庄之间对付水患的唯一办法,但是这一措施却始终没有实现。

相比之下,小的水患只影响到个别农户家的土地,而小的干旱则会造成所有农户农业收入的减产。从范围上来看,干旱对本村的影响程度更大。

第三节 田块与麦作

传统时期,小麦、高粱、大豆是刘屯村的主要农作物,也是主要的粮食作物。黄河冲击平原为村民大面积种植粮食作物提供了优越的条件。半湿润的气候特征决定了本地必须选择无需灌溉的旱作物。因此,本节将从"田块分布、田块边界、田地耕种"方面去考察村里1949年之前的土地作业情况。

一、田块分布

就村落整体来看,村里麦田分布于村庄的四周,将村庄包围在正中心。附近所有村庄都是这种形式。因地处平原地带，除了居住区便是田地。小麦对水的需求量不是很大，不会沿河道分布。除了少量的盐碱地之外，村四周没有闲置的土地，每块土地都有明确的主人。另外，村里刘伍元与刘新耀两位好户人家在其他村有土地。

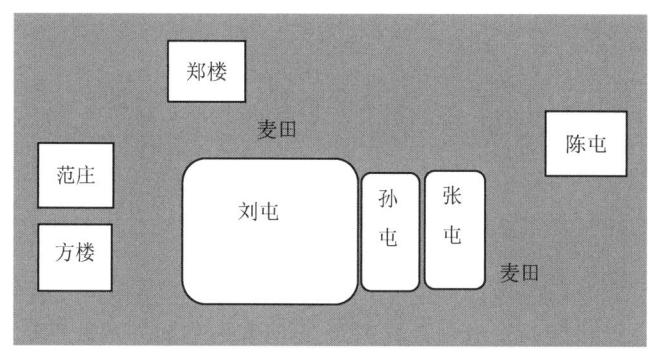

图 2-3　刘屯村与附近田块分布

刘屯村的麦田整体来看是连成片的。就个体所有者而言，农户自己的土地都是"插花地"，没有哪户人家的麦田是连成片的，即使是地多的好户人家里也是零星的"插花地"。每块地多是四四方方的，为略不规则的矩形。村里最大的麦田是5亩，最小的一块麦田面积是1亩，与邻居的土地接壤，中间留有约10厘米宽的间隔。

村里的麦田有等级之分，要看土地的质量，就是肥力，也即村里人口中所说的土地是否有"劲"，还要看地势的高低。村里最低等的地为盐碱地，收入不稳定，收入常年不如正常土地的50%。其次为低洼地，即比四周地势低的土地，主要为自然冲刷与人为取土所致，下雨时，首当其冲被淹，产量不稳定。产量正常的土地为地势平坦的砂地、淤地。自然形成的两合土的产量最高。肥力较好的土地主要分布在村的北侧与东侧。西侧的盐碱地较多。

村里除盐碱地之外，各个等级的麦田的一年的产量在80斤到150斤之间，多数农户每亩地的收入为100斤左右。农家肥较多的农户，小麦产量能达到130斤上下。各种土地的高粱产量为150—200斤之间，平均产量区别不大。地的质量主要根据庄稼的长势情况而定。村里的麦田集中在一起，均位于村四周，一个村的麦田与另一个村的麦田有重叠。

以受访者刘耕珍为例。其家中有13亩土地，主要分布在村西侧与南侧，以砂地与淤地为主。因家中缺少粪肥，还有少量地块带盐碱，加上家里缺少劳动力，土地产量较低，亩产小麦仅为80斤左右，常年口粮不足。

二、田块的边界

边界是产权认定的标志物。村里每块土地都有清晰的边界。村里田块边界的形成主要有分家与土地买卖两种方式。

（一）分家形成的田块边界

分家是造成田块分割从而形成新的边界的主要原因之一。在分家时，一般较大的地块会被分割成两部分，分给儿子们耕种。田块分割后，要裁定边界。兄弟分到同一块土地，需要分割，打下灰橛，形成新的边界。村里农田的边界都是用灰橛来作标识的，在边界线上打下30—40公分的地眼，撒下石灰，成为新的边界，这是无法破坏的，没有农户会故意破坏。在有纠纷时，若是找不到灰橛，且又找不到地约，则一般情况下强势的一方会获胜，另一方妥协，便会形成新的边界，按照新边界耕种。农户是不会在耕地边界上种植树木的，会与庄稼争肥料，影响土地内庄稼的长势。可以在田间地头靠路的一侧种树，邻居并不过问。兄弟之间很少因田界发生纠纷，都是自家人，若是因此大闹，会被外人耻笑。若是需要调解，通常是找自家的叔叔、大伯调解，一般不会找外人插手。

（二）土地买卖形成的边界

土地买卖也是形成边界的主要原因。村里的土地买卖通常按照原来的边界。原来的边界两头会有桑墩子或者桑树，这使得边界十分清晰。村内土地都是"插花"地，村里每户都拥有多块土地，通常每块地的面积在1—5亩之间，所以买卖经常以块为单位，然后再进行丈量，边界依然按照原有的边界。一般村内想买地的多，但打算卖地的少。边界裁定在双方谈妥价格后进行，通常以土地原有的界限为界，丈量土地时四邻都要跟着，主要是为了不要丈量到自己的土地内。找到原有的桩墩之后，以此为界进行丈量，田地的另一头为路，按照"路到中间，河到底"的分界传统，面积计算要将路的中间计算在内。若是将一块土地的一部分卖掉，土地丈量时这一侧的邻居也要到场，土地丈量完成后，在买卖双方的土地中间的两头挖掘约40厘米深的洞，撒下石灰，形成灰橛，然后再在上面打上树桩。土地买卖是个人私事，而且利益相关的四邻都在场，所以边界裁定后并不需要公示，只需要四邻与买主知晓便可以。

相邻的土地之间留有间隔，约10厘米宽，当地称之为"墒沟"，墒沟两头有桑墩子，这是双方的界限标志。墒沟为两家共同所留，产权各占一半，越过墒沟的庄稼归土地的所有者所有，土地的所有者有权拔掉越界的庄稼，另一方没有理由反对。因土地切割进行买卖时，需要买卖双方与见证人在场，在新界的两头打桩，并在地下撒下灰橛，以此为界，避免产生分歧。丈量土地时，在田地两头的木桩之间拉一条线，便是双方的界线，线的两侧约 5 厘米内不得种植庄稼，也即形成新的墒沟，双方种地都不能超越墒沟。

（三）模糊的土地边界

本村土地与附近的村子之间不存在明显的界限，与附近的张屯、孙屯、郑楼、范庄、杨集的土地都是交织在一起的。本村的土地延伸到张屯东侧，向南延伸到杨集西侧，向东到陈屯，向西一直到范庄村居住区。这种分布方式主要是由于村子之间的农户买卖土地形成的。因本村的人口较多，富裕户也较多，在附近的村子中，占有的土地最多。村与村之间的土地边界物依旧是墒沟，比较明显。

三、田块距离

出了刘屯村的寨门便是耕地，最近的田块距离寨门不足 20 米。本村的土地距离较远的在东侧陈屯的东北侧，距离村子 2 公里左右。西侧麦田紧挨着范庄的居住区，距离本村约 2 公里。好户人家的麦田距离本村约 3 公里，不与本村直接接壤。

村里农户家的麦田与麦田是连在一起的，中间只有约 10 厘米宽的墒沟，为两家祖上传下或者买卖划定的边界。多数麦田距离居住区在 1 公里之内，比较方便耕种。村里麦田距离太远，村民耕种的时候步行前去，或者用牲口拉着"托车子"（三根木头做成的工具，没有轮子，用来放犁子、耙）去犁地。在收割庄稼的时候，当天便将收割的粮食拉到靠近寨墙的自家打麦场内脱粒，并且晚上睡在场内看守。受访者刘砀瑞（现年 91 岁）在 1949 年前家中有 20 亩土地，其中最远的一块在陈屯北侧，距离自家约 1.6 公里远，收割庄稼之后拉到本村北寨门外的自家打麦场内脱粒。

四、田块耕作

（一）麦田耕作概况

刘屯村地处典型平原，没有丘陵，地势无明显起伏，方圆 50 公里内的作物没有差别，都可以种植一样的作物。冬季整个村子地里种植的都是小麦。夏秋季种植高粱、大豆、绿豆，没有其他的作物。主要农作物只有以上几种。村里少量的低洼地是人为的因素造成，自家在耕地内取土盖房屋，导致自家的土地比两侧的土地低。

村里的麦田耕作单位是一家一户，没有合伙耕作一块田的情况。无论多大的麦田，都是由一家一户完成耕作。村里最大的田块为 5 亩。平时不分家的兄弟会在一起耕种，收成统一商量分配，这种不算是合伙，收入结算依然在一起。即使是最贫穷的人家也是自己想办法借来牲口耕作。自家耕种不完的农户会选择将土地出租给他人，或者选择在耕作上采取"凑合"的方式，比如犁地时犁得浅一些，平均每块地的劳动投入减少一些，以求尽快将土地耕种完毕，不误农时。

本地是一年两熟与两年三熟相结合的耕作制度。种高粱时，只能采取两年三熟制，因为高粱是春季作物，会打乱其他夏、冬作物的种植时间，占用小麦的生长时间。因此同一块土地中不能同时种植小麦与高粱。小麦耕作制度是一年两熟。小麦农历九月、十月播种，来年农历五月份收割，生长期达七个月左右。不同的地区均可以种植相同的麦作物。小麦对水需求不大，平时的降水量便可以满足生长需求，不需要灌溉。

（二）麦田耕作流程

1. 犁耙地

在秋粮收获之后，农历九月份开始小麦的耕种。种前需要犁地，然后耙地，土地平整后才能播种。因本地土质含水量多，土地黏性较大，这个过程需要两头牲口才能拉动犁子。一个劳力便可以完成。村里人正是因为犁地才需要犏犋。犁地一般一个劳力便可以。因此种植小麦的季节是村里最忙的时候，也是农具借用最为频繁的时候。耕牛的借用主要发生在亲戚之间。黎明开始耕地，吃早饭时回来，上午让耕牛休息，中午饭后牵上牲口继续耕地。一般一天下来可以犁四亩土地。犁完这块地后，便需要耙地。通常需要人在耙上站着，由两口牲口拉动，将原来深翻的土地耙平，随后再用榔头将地里大的土疙瘩打碎。

犁耙地这一过程都是一家一户独立完成。没有牲口的农户需要借，通常由有牲口的亲戚家来帮忙完成。村里的农户犁地时是不存在合作的，只存在帮忙。有大领的好户由大领自己完成犁地，东家不需要帮忙。

2. 撒粪肥

农户家里都有粪坑，就在农户自家的院子里。生活污水、垃圾都会放在粪堆里沤。每隔一段时间清理一次，晒干后堆起来。到了这个时候便要撒在田地内，增强地的肥力。村里好户人家通过买粪积攒的粪肥更多，在粪便的买卖中便产生了粪行人。没有粪肥的农户种地时则没有这道程序。

3. 耩地

随后便是播种，当地称为"耩（jiang）地"，要用专门的耧，耧通常有60厘米宽，可以一次性播种多行。耩地时需要两个人，一个全劳力和一个妇女便可以完成，这一时期，十多岁的男孩子也要参与，帮助牵牲口。因犁后的土地较为松软，只需要使用一头牲口拉耧，驴与牛都可以。耩地时所用的麦种是从家里去年收获的小麦中留下的，通常是从去年长势最好的小麦中留下的。耩地时，需要妇女或者年长的儿子在前面牵着牲口保持方向，男劳力在后面掌握着耧，控制着播种量。农户没有耩地的耧，可以借邻居家的。没有劳力的农户则请兄弟或者妻子的娘家兄弟帮忙播种。

4. 除草

冬季天气寒冷，草长得比较少，不需要费太多的人力。因此冬天便是一年中的农闲季。但是到了春天，需要除两遍草，因每陇小麦长得太近需要人力拔草，村里人都称"薅草"。除草时，一般家里的男女都要去，家里的10多岁的孩子也要参与，这是较为轻松的活，不需要费太多体力，但是比较费时间，一般一天一个劳力只能除完一亩地的草。家里的男孩子一般都从薅草这项农活干起，最后成长为家里的主要劳力。即便是村里好户人家的男孩子也要参与薅草这项农活。

5. 春种

村里的春种开始于清明，村里流传着"清明种秫秫（高粱），谷雨种谷子"的说法。每户人家会留40%的土地种植春季粮食作物。这些土地年前不能种植小麦，犁好之后空余几个月，村里人称"晒地"，这样可以积攒一些肥力。棉花也是春季作物。红薯既可以在春季种植也可以在麦收后种植。到了春季便开始耕种，用耧耩高粱、谷子。这一过程需要两个人参与，与小麦播种较为类似。持续时间需要半个月左右。高粱是最高产的粮食作物，亩产通常在100斤以上，也是本地最主要的口粮。这几种作物的种植都是由家里的男主人与女主人一块完成，家里的孩子也要参与，一般不请亲戚参与。

6. 割小麦

村里收小麦的季节在农历五月份，这一时期是降水的集中时期，天气变幻无常，因此成熟的小麦必须及时收割，否则会在地里发霉生芽。割麦是必须在短时间内就要完成的任务。由于每块地的成熟时间不一致，割麦持续的时间也比较长，通常需要两三周。村里土地在50亩以下的农户多是家庭成员自己割麦，家里十岁的孩子与妇女都要参与。实在割不完，可以请地少的亲戚或自家兄弟来帮忙。好户人家土地较多，需要雇人或者请种地户前来帮忙。村里的好户人家的男孩子也要去帮忙割麦子，同时会请七八个种地户前来帮忙收割，这样可以尽快收割完。然后将小麦垛在太平车上，用两三个牲口拉到场中，耪耩户轮流使用牲口，太平车通常是借邻居的。全部收割后都垛在场内，这样不再怕雨淋，然后慢慢打场。

7. 打场

脱粒也被称为"打场"。将收割的麦子拉到场里之后开始脱粒，需要用两个牲口带上石磙、耢石在场内压小麦，使其从秸秆上脱离。这一过程都是以一家一户为单位来完成，分家的兄弟之间会相互帮忙。村里共用一个场的兄弟轮流使用，并且在打场时相互帮着翻场、牵牲口压场。好户人家由大领与牛工一起在场内压庄稼，东家不参与。这一过程主要是家里的男劳力参与，女人一般不参与。十多岁的男孩子也要在场内帮忙。用石磙压过之后，需要用木杈翻场，男劳力将上面的秸秆翻到下面，然后再压。反复两遍之后，待到秸秆上没有颗粒之后，便需要将麦秸垛在场内的角落内，用作日后烧柴与修缮房屋之用，可以喂牲口。随后便是扬场，将脱粒的小麦堆起来后，由家里的劳力用木锨将小麦向空中扬起，借助风力将麦壳吹到另一旁，使麦粒与壳子分离。这一过程用一两个劳力便可以。所以打场是一年中比较累的农活。妇女一般不参与，都是家里的男劳力与年长的男孩子参与。

由于场里小麦不可能在一天内打完，因此家里男劳力都会在场内睡觉守着。在闷热夏季，成片的场内便成了晚上闲聊的地方。场相邻的农户会在一起聊各种话题。打好粮食后，种地户在场内将地主叫来，然后双方你一斗我一斗平分粮食。需要约一个月的时间，才能将小麦收割、脱粒完毕。自小麦收获之后，村里人便开始吃小麦面，小麦面也称"好面""白面"。一般的户吃两个月，好户吃三四个月。在小麦收获之前，村里的穷人家里就已经开始断粮了。要是借贷村里人的粮食的话，还需要用小麦还。

8. 秋粮播种

此后便开始了秋种。秋种同样以粮食作物为主，经济作物占地不足5%。秋种比较轻松一些，不需要犁地，直接将豆子、绿豆耩在麦茬地中。没有牲口的农户会选择点播，用爪扣挖一个坑，然后丢下豆种，点播需要两个人，一般是两个大人一个孩子便可以。大豆、绿豆为农历五月份种植的作物，九月份收割。耧是村里较为重要的播种工具，用来播种小麦、大豆、高粱。

9. 除草

夏秋季除草最为麻烦。夏季天气炎热，地里杂草长得很多很快，一直到收割之前都需要除三四遍草。由于秋粮种植的距离间隔较大，可以使用锄垅地。家里的男女劳力都要去，包括十多岁的孩子。家里农具不够时，则小孩子薅草，大人垅地，也会向挨边的邻居借农具。所除的草全部收集起来带回家喂牲口。这一阶段要持续约3个月，农户几乎每天都需要下地。这些农活不需要外人帮忙，都是自己家人共同完成。因此这段时间不是本村的农闲季节。

10. 秋收

因夏秋作物种类较多，成熟时间不一，村里秋收时间拉得较长，通常需要两个月。分为两个阶段，首先是春季粮食的收割，然后是大豆、绿豆等秋粮收割。

在农历八月十五前，高粱与谷子便开始成熟。村里开始了秋收阶段。高粱的收割比较麻烦，在砍之前，家里的男女老少都要下地纺秫叶（高粱的叶子），读私塾的学生也要参与，全部收集起来带回家，这是冬季牲口的口粮，也可以烧锅。然后用镰刀将高粱的上半部分带穗子割掉，拉到场内。由家里男女劳力用棒槌将粒子打掉。秸秆的上半部分约50厘米需要单独割下，由家庭妇女在农闲时制作成锅盖、锅刷子。最后由家里的男劳力用镬头将高粱秸秆自根部砍倒，用太平车推回场内或者自家空地上，堆放起来。高粱秸秆是盖房时的主要材料，也是冬季的主要柴草，可以到集市上去卖给卖包子的店铺。谷子收割后直接到场里压，比较省事。八月十五之后，村里的好户人家便开始换面，全部由好面换成高粱面。一般的农户吃不到八月十五日，便开始吃杂面。

大豆、绿豆等秋粮的收获一般在八月份之后，也是家里的主要的男女劳力将大豆和绿豆用镰刀倒后，拉到场里用石磙压，这样才能脱粒。按照一家一户为单位进行，相互之间并不需要帮忙。若是家里男劳力不够用，需要请分家的兄弟帮忙。绿豆需要摘，家里的男女劳力与孩子都要下地，只摘成熟的黑绿豆，通常需要反复摘四五遍。这都是劳动强度较低的农活，并不需要合作，但是较为费时间。

随后便进入了犁地、小麦的播种环节。作物种植反复循环，年年如此。可以看出，村里农业生产都是以家庭为单位，少量农活需要请亲人或者有租佃关系的人帮忙。并且农业劳动持续的时间较长，"一年到底都有活干，没有闲的时候"。

五、麦作与村庄关系

平原上的麦田分布十分普遍广泛。1949年时，除了村庄便是田地，没有荒地。整体上都是连片的土地，各个村子夹杂在田地之间。除了盐碱地，村里没有空闲的土地。一家一户的麦田是插花的，村里没有哪家人的土地是连片的，均是分布在别人家的耕地之间。小麦种植都是一块一块地种，这块田地种完之后再去种其他块。在小麦种植的各个环节，耕作事务基本都是一家一户独立完成，不需要合作。分家后的兄弟在各自劳力不足的情况下，相互之间会帮衬。平时农户之间只需要一起使用牲口，村里总体上都是各家干各家的农活。在种植小麦前的犁地环节，需要使用牲口，发挥两户之间的搿犋作用。

本地河流较少，并且经常断流，旱作物不需要灌溉，河流难以起到防御屏障的作用。在本地区，只要有足够多的土地，很容易形成一个新自然村，并且多是以一姓聚集繁衍为主要特征。附近历史较为悠久的村子多是单姓村落。多姓杂居的村子中，除集市村落之外，其他的历史一般较短。1949年前，新村子因人口迁居形成，在老的村子居住饱和之后，没有宅基地的农户只能选择在自家耕地内建房，随着后代的繁衍，形成了小的村落。这种村子在附近比较常见，新形成的村庄名字中多含有"新"字，比如新寨、刘新庄等。

刘屯是典型的集聚型村落，形成之初只有一户两户人家，随着后代的繁衍，人口增加，形成了不断扩大的集聚型村落。本区域的村庄多是不规则的圆形，逐渐向外扩展。集居在一起的主要的原因有两个：一是为了安全起见，防止家里遭到抢劫，村里的打麦场也是集中在一起。二是合作需要，在生产时需要部分农户的合作，在生活中，若是家里突发急事，需要找邻居帮忙。在1949年之前，中原频繁的动乱影响农民的正常生活。动乱时期，政府无法顾及乡村社会。每到动乱时期，土匪四起，匪患极为猖獗。农户只能通过互助的方式防御土匪的侵扰，将住所紧挨着，相互照应。本村一好户人家在寨外建了新的宅院，因建设中遭到土匪的抢劫，只能中途放弃，一直在寨内的老院子内居住。

第四节 集居与空间

平原地形对刘屯村的限制较少，刘屯村的形成具有很大的偶然性，但却呈现出人口聚居的特点。原因是什么呢？本节主要从"民居与村庄、神居与村庄、祠堂与村庄、集市与村庄、公共空间"等方面来考察刘屯村的居住格局。

一、民居与村庄

刘屯村是单姓为主的聚居村落。寨内居住得较为紧密，院落之间有清晰的界限。同时寺庙多分布在村落的四周，且较为高大，都是砖木建筑。只有祠堂位于村中心位置，祠堂的建筑也是砖木结构，远好于村里其他农户的房屋。

（一）村寨

本村寨墙年代较久，为清代所建。寨墙呈不规则的矩形，为土墙，墙外为护墙的寨沟。寨墙有两米多高，厚度约为四十厘米。寨墙围绕庄子的居住区，东西走向略长。寨河被称为"寨海子"，围绕着寨墙形成围绕村庄的环形河流，寨沟的土被用于加高寨墙。有西门、北门、南门，周围为寨墙，只能通过三个大门才能进入村庄。村里人主要住在寨墙内，有少量农户住在北门与西门外。

（二）"前楼院""后楼院"

居住格局上，刘屯被村里人习惯性地分为七个区域（如上图所示）。七个区域都是族上流传下来的说法，其中有些是根据方位命名，比如西北头、西南关。有些是根据

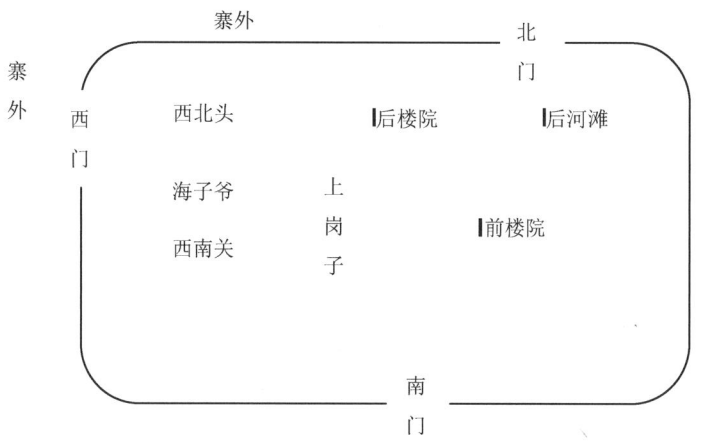

图 2-4 1949年寨内区域名称

房屋特点命名,比如前楼院、后楼院。还有根据地形特点命名,比如上岗子。村内好户聚集的地方被称为"前楼院""后楼院"。这是依据房屋的特点来称呼,村里的好户大多居住在此区域。村里的砖墙瓦屋与砖墙草屋多集中在这一片,其他地区居住的农户家庭经济水平比较平均。日本人占领本地区期间,若是扫荡,首先去搜查村内有炮楼的人家。而村里只有好户人家里才有用于躲避战乱的炮楼,因此好户集中的前楼院、后楼院便是日本人首先要搜查的重点对象。

(三)族门分布特点

1949年前,刘氏家族分布存在小聚居的特点。总体上来看,长门后人主要分布在寨子的东部与北寨门附近。四门分布在寨子的西侧,二门后人主要在寨子的中间,三门分布在中间至南门附近。刘氏各门后人多居住在祖上留下的宅基地,族上居住的地方便是后人居住的地方,便形成了这种居住格局。因后来宅基地的买卖,还存在一些混合居住的情况,但总体的分布如上。在人口上,四门人口最多,其次是长门、二门,三门人口最少。"我们四门人最多,其他几门加起来不比四门多很多。"据老人回忆,村里长门和四门人口约占刘氏家族的70%。

(四)村内民居结构

从结构上来看,当时村内约90%的房屋都是土墙草屋。草屋在农民看来不值钱,一般的农户家里住的都是草屋。除了寺庙之外,只有刘红春家的堂屋是砖墙瓦屋,这是村内最好的房屋了,在村内比较气派。其他的较好的地主家也只是土墙瓦屋,屋墙依然是土坯的,屋顶是青瓦的。多数村民对房屋的要求比较低,只要有房屋居住便可以,与大户人家不同,比较容易满足。民国时期,方圆十里内才有一个砖窑厂,并且使用柴草烧制砖块,效率极低,每周才能出一窑砖,价格昂贵。所以砖墙瓦屋的造价较高，一般的人家没有能力建造。好户人家仅是将自家的堂屋建成砖墙瓦屋。

图 2-5 村内有百年历史的堂屋

表 2-4 房屋结构统计表

堂屋种类	户数（户）
砖墙瓦屋	1
土墙瓦屋	33
土墙草屋	200 余

资料来源：刘屯村老人口述。

1949 年前，村里仅有四家好户家中修有砖墙的炮楼，为上下各一间的两层小楼，位于自家院落内，用来躲避土匪、战乱，平时无他用。遇到土匪抢劫时，全家躲到炮楼内，然后通过炮楼的窗口向外打枪，击退土匪。这算是当时的最好的房屋了，多数地主人家也只是堂屋是土墙瓦屋，配房（厢房）依然是土墙草屋。所以可以明显地从房屋看出家庭的经济条件好坏。

表 2-5 1949 年前村里家中有炮楼的人家

姓　名	炮楼数量（座）
刘砀永	1
刘红恩	1
刘红收	1
刘新耀	1

（五）村内民居布局

村内部民居不是整齐的一排排，而是散落地分布在道路的两侧。修建居民的时候，均是堂屋坐北朝南，是当地风俗习惯，但是家里大门朝向比较随意，均设在靠近大路的一侧。非血缘关系较近的家庭，堂屋是不能紧连在一起的，并排的两户人家的房屋中间至少要留一米宽的空隙，也就是两侧的滴水檐，用作以后修缮房屋之用。

村里各家各户的大门楼朝向各异，都是选择朝向大路。户与户之间门脸的高度也是自己决定，村民在建房屋的时候，平时建房不是先建门脸，而是首先修建堂屋，通常其他的厢房与门脸高度都不得超过堂屋。户与户之间的房屋边建有界墙，依据原来的自家宅基的面积确定，并且会在四个角落里打下木桩，没有找官方公证的必要，只需要四面的邻居认可便可。在村子内部，无法根据院落区分人家，通常一个院子内住着好几户人家，也就是已成家的兄弟，有的也包括已成家的侄儿。一家一户的房屋没有明显的标识。院门多朝向巷道或者大路，并没有太多的讲究。在民国时期，受访者刘觉瑞与叔伯三家同住一个院内，刘丰须与叔伯四家同住一个院落内。刘红伦与已婚的哥哥刘红雷未分家，同住在父亲的院落内。

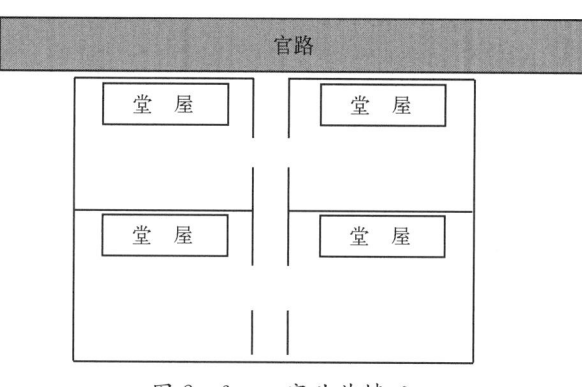

图 2-6　四家共巷情况

村庄之内共墙现象很普遍，但是堂屋的左右两侧不能共墙，因为草屋的修缮频率较高，共墙会导致无法修缮。前者建墙后，后者邻居便会"凑墙"，借用邻居的墙，不会再重建新墙，这样可以节约成本。前后关系的两户人家，屋后留的滴水檐便是后面邻居家院子的一部分，后面的邻居不会再建墙，但是水滴在自己的地界上，顺着邻居的院子内的水流淌至外面。左右相邻的农户之间会共墙，一是为了节省成本，二是没有必要在同一侧建两道墙。共墙农户只是共院墙，并不会共房屋的墙。在修缮房屋的时候，不牵扯到共墙问题。堂屋左右两侧是有滴水檐的，两家的堂屋之间会留出约一米的胡同，用以修缮房屋时使用。

1949 年之前，村内是多个姓氏共同居住，以刘姓为绝对的主体。主要在寨内，寨外农户较少，约 30 户左右。寨外农户中既有刘姓人家，也有外姓人家。寨内居住得比较拥挤，同姓或者异姓的民居之间都有界限。村里外姓人家多是本村人家的亲戚，多数外姓人没有房屋，借住在本家亲戚家的房屋，或者获得亲戚赠予的宅基地。

（六）民居边界确定

村里人建房时需要对宅基地四周的邻居说一声，需要邻居来确认一下双方的界限，扒出地下的灰橛，以此为证。自家的宅基地不需要征得邻居同意，其他人是无权干涉的，不会因此而发生矛盾。各自的宅基地边界四个角落上都埋有灰橛，有明显的边界，所以不需要重新认定边界，也不许要登记报官。自己家的宅基地是可以出售的，保里不过问。1949年前，村内宅基地的价值要高于房屋本身的价值，因为当时的房屋多是土墙草屋，并不值钱。

村寨内空闲的土地已被占用完毕，因此没有无主的空闲宅基地。建房时，堂屋后面是不能盖到边界的，必须要在堂屋屋后与边界之间留有约一尺半的滴水檐，自己屋上的水是不能滴到别人的地盘上的。即使后面是空闲的宅基地，也不能将房屋盖到边界上。屋后的滴水檐供日后修缮房屋时搭建支架使用。屋后的滴水檐通常会成为屋后人家院子的一部分，屋后的人家可以放东西，具有使用权。修缮房屋时，屋后人家要允许前面的邻居搭建支架，以及从院子里经过。

建房时，后建的房屋一般不比邻居家的房屋高，双方要同样高度，一是面上不好看，再者会破坏邻居家的"风水"。若是比邻居的房屋高，且邻居又比较在意，有可能会产生矛盾，导致双方关系不好，互不来往。这在于两家人的商议，关系好的邻居一般会照顾邻居的面子，并不会将自己的房屋建得过分高于邻居。再者，草屋土墙的高度通常都较为接近，高度一般相差不多。邻居是有宅基所在的位置决定的，并不能随便选择邻居。村内建房时多数会请风水师看看风水，也就是房屋建在此地是否合适、风水如何，以及房屋的具体走向、大门在哪一侧，等等，这是当地一种比较常见的看风水的行为。

按照本地区的传统规矩，无论是堂屋还是东西屋，房屋都不能建到边界线上，必须留出一尺半的滴水檐。村内建房时首先建堂屋，堂屋必须为坐北朝南方位，背后要留一尺半的滴水檐。堂屋南侧为自家院落。相邻建房的左右两家堂屋中间都留有空隙，至少1米多宽。每家至少留一尺半，双方都不能建到边界，为双方留有的滴水檐，供修缮房屋时使用。然后各自建墙，建墙时可以建到边界。修墙是可以修到边界上的，不需留滴水檐。中华人民共和国成立之前，除自家兄弟之外，房屋是没有紧贴着的，相邻的房屋之间都留有缝隙，并且缝隙多在一米之宽。房屋之间的空隙所有权归原来留出的人家各有。

本地区房屋宅基地不需要修排水沟，一直到今天依然如此。通常的做法是垫高房屋地基,基本上所有的房屋地基都是高于周围的空地,所以不担心房屋被淹。日常生活污水会倒在自家的粪坑内,每户人家家里都有粪坑,用来盛日常污水、剩饭,最后沤成粪用来上地。下雨时任水流淌,由于村内的池塘比较多,一般是顺着大路流到最近的池塘内。

村里人自家宅基地都是有明确的面积的。若是一方有意见,便会拿出地约或者用原来的灰概进行测量。兄弟之间挣地界,若是一方挣不到也只能就此作罢,没有发生过官司。自家兄弟不会闹到打官司,不然会遭到外人的耻笑,给外人本家人不团结的印象。若是界限缺失,且一方想多占,会发生纠纷。村内常见的纠纷是因为对方建墙过界,解决方式是双方吵一架,且会有双方的亲兄弟帮衬。感觉吃亏的一方会找一位较为正直的人来说和。常采用让对方赔偿的方式来解决,或者让对方重新建墙。若是解决不了也不会到县城打官司,只能以一方吃亏为代价,就此搁置,双方互不来往。村民很少因界限发生纠纷。更不会打官司,事情牵扯的利益太小,引不起打官司。在当地打官司是很费钱费时间的。

二、神居与村庄

1949 年前,村里有五座神居,主要分布在村落四周,其中寨内 2 座,寨外 3 座。截至 1949 年,这些神居已有百年历史。1949 年时,村里一座寺庙已被毁,另外几座均有不种程度的破败。

(一)神居概况

1949 年之前,神居是本地每个村里内必有的建筑,无论贫富如何,都建有神居。刘屯共有五座庙,分别是关爷庙、火神庙、两座土地庙、罗汉寺。其中,罗汉寺在民国时期便被扒除,占地面积有 1 亩左右,庙上的砖被用来盖刘屯的寨门。庄上的庙皆是砖木瓦房结构,质量远好于农户所居住的土墙瓦屋。关爷庙、土地庙为一间房屋,火神庙为三间连通的房屋。村里人计算房屋以"间"为单位,每间房屋长约 4 米,宽 3 米。关爷庙、火神庙地处寨墙内,土地庙、罗汉寺位于寨墙外。

就建设时间来看,村里的神居都是清朝时期修建,修建单位是整个村庄,由庄内的人共同出钱。小的寺庙是其附近家庭殷实的几户农户出钱修建。个别家户修建的庙,经历两代人之后,便变成了准公共的寺庙,其他家户能去祭拜。平时神居很少修缮,因为是砖墙瓦屋,一般三四十年不用修缮一次。在修缮的时候,整个村庄都参与,每户出钱都是一样的,几天便会完成。都是村内的保长或者问闲事的人处理这些事务。在民国时期,寺庙开始被舍弃,部分被损毁。寺庙原为村内人共同出资所建,建庙所需之资由村人共同捐助。寺庙修缮是积德之事,村人无不出资,出资越多功劳越大。

也有小庙为几户人家共同所建，仅有一间房屋，为这几户人家的官庙，村里的关爷庙是附近的好户人家所建，别人也可到此烧香。

在所有权上，村庄内部的神居仅属于本村庄所有。本村附近没有跨村庄的神居，寺庙都是分布在村居住区周围，为本村人修建，不存在几个村庄合建的情况。本村的神居既有在寨内西北角的火神庙，也有在南寨门外的罗汉寺，也有分布在北寨门的土地庙，多数寺庙都是分布在村庄居住区的边缘地带。神居是村民修建的，平时没有人来跪拜，只有家中有事的人才会前来，还是逃荒户的避难所。

南侧3里处杨集村的神庙有明显的分布格局。该村四座大庙分布在村庄的东西南北四个方位的边缘地带，呈东西、南北对称分布，这是比较讲究的方式。这种分布主要是根据风水选定，以神像保卫这个集市。寺庙的布局不影响村民的生产与生活，该村没有专门的集体拜神的日子。本村有寺庙，村里人一般不去杨集的寺庙祭拜。

神居平时没人打理，也没有专门的公共的寺庙内的祭神仪式。在村民看来，这些神居是神圣的，若是哪个人破坏神居，会遭到神的惩罚，因此村里人不敢破坏寺庙。平时，去寺庙里烧香的村民较少，多数农民主要在家里膜拜家神。仅是在举办求雨、送火神等仪式时才会用到村里的寺庙。生活上，村民对于神居并没有太多依赖，只是为求得心理上的安慰。

村内寺庙的烧香上供的时间为每月的初一、十五两日，这是本地区约定成俗的时间，平时若遇有事情也可到寺内拜神烧香。除了罗汉寺之外，其余寺庙皆无人看守，不需要收费。寺庙内并无贩卖香者，需要在会上或者集上的杂货店内购买。由于信神者家中多供有神像，到寺庙内烧香者较少，并不会出现拥挤的现象。带供品烧香者一般烧香完毕后，便将供品撤走，带回家中自己吃掉。附近的村庄都建有寺庙，因此很少有人到他村去烧香。民国时期，村里的神居是逃荒者临时居住的地方，另有村内的人提前打好的棺材也会放在寺庙内。民国时期，村内的火神庙里面曾住过一户外来户，在罗汉寺内剥牛皮卖肉，居住的时间较短。寺庙作为村内公共场所，任何人都可以使用，但是不能据为己有。除原来的罗汉寺之外，村内寺庙没有专人看管，也没有形成相关的组织、田地，神居的香火是由单个信众根据自己的意愿购买。

（二）村庄神居分布

从寺庙的布局来看，本村的寺庙分布没有太多讲究，多数不在本村中心位置。其中，土地庙（两座）、罗汉寺位于寨外，只有关爷庙位于村庄中间的位置。村内神居与民居在布局上并没有太多的讲究，都是建在原有的空闲地上。因为寨内居住得比较拥挤，没有空间去建神居，多数村庄将神居建在了村庄的四周。神居与民居之间没有隔离开来，就建在民居之内，与民居不存在明显的区域分界。最近的神居距离附近民居不到 20 米，前后左右均是民居。从布局上来看，神居不是村庄的中心，而是位于民居的周边地带，同时也是村庄的公共场所。

关爷庙，又称关帝庙。地处村寨最中部，为一间砖瓦房，供着关爷的神胎，是泥胎神像。庙的西侧紧挨着池塘，据受访者讲述，为附近几户有钱的人家共建，修建时间较早，难以考证。平时无专人打理，信奉者有的时候会清扫一下。据受访者介绍，关爷是本地区信奉的"财神"，表达农户的一种守护家产的意愿。信关爷有着多种用处，平时求雨抬的是关爷的神像。

火神庙。大殿为三间连通的砖瓦房，有院子，南侧有大门。民国时期，院子遭到破坏，仅剩正殿。火神庙地处寨内东北角，紧挨寨墙，为寨内最大的寺庙。村内每年的正月初七会举行送火神爷仪式，主要有村内的男丁参与，女人也可观看。村里人畏惧火灾，因此建了这座火神庙，在每年的正月集体将火神送上天，以防止本村发生火灾。

罗汉寺。为村内最大的庙宇，有大殿、侧殿、大门，占地约 1 亩，位于村寨南门外的西侧，紧挨南门。早前住有和尚，并有庙地归寺内所有，民国时期便已拆除，和尚离去，庙内有一口大铜钟也不知去向，据说是被村内地痞卖掉。罗汉寺的砖瓦被用来建刘屯寨门，所以当地传有"刘屯人不算人，扒了庙盖寨门"的顺口溜，说是刘屯人盖寨门防御，为了取砖，将罗汉寺扒掉了。在自身安全与信仰之间，刘屯人选择了前者。1949 年之前，罗汉寺仅剩庙台，成为每年举办正月十八庙会的场所。

土地庙。土地庙有两座，供奉着土地爷。一座位于西寨门外民居附近，另一座位于北寨门向北道路的东侧，各为一间砖瓦房，泥胎神像，庙比较低矮。村人认为土地爷是神界最小的官，人间的事情都需要经过土地爷向上天汇报，上天才能知晓。本地几乎所有的村庄都供有土地庙。

泰山奶奶庙，又称奶奶庙。庙位于寨外，在寨外的东南方向，与寨墙东南角毗邻，奶奶庙是张屯人所建，归张屯人所有，但刘屯人也可到此烧香跪拜。

村内的庙是公共的地方，任何人都可以前来参拜，也可以将东西放在庙内。1949 年之前，村内部分有老人的人家会提前将棺材打好，村里将老人在世时所打的棺材称为"喜棺"，并不会遭到老人的反对。由于一些家庭住得比较拥挤，自家没有地方放，便将棺材放在火神庙的侧殿内，没有人会阻拦，并且附近的人都知道是谁家的棺材，因棺木太重，无人偷盗。村内人默认放在庙内的棺材为喜棺，该棺材可以买卖。若是村内哪家家里有人突然去世，急需棺材，便会托人询问将棺材放在庙内的主人是否愿意卖掉。棺材的主人是为了活人打造的，不知道多少年以后才会用到，有时会选择卖掉。若是上好的棺木，价格比较贵，通常在500斤秋粮以上。价格由双方商量，若是要价太高，便达不成交易，通常卖家的要价会略高于棺材成本，若是两家血缘关系近，则价格不会高。庙宇是村内公共的地方，任何人都可以使用，但是不能影响其他村民参拜，不能占用寺庙的正大殿。

（三）基督教教堂

1949年前，村内并无教堂，且村内信仰基督教的人较少。南侧的杨集村集市上建有教堂，村里的信众主要到南侧的杨集教堂做礼拜。村里基督教信众极少，仅有三四户左右。在村里，基督教的影响力远不如传统的信仰。

三、祠堂与村庄

村内只有刘家有祠堂。村里其他姓氏搬来的时间较晚，而且人口较少，多是不富裕的农户，没有经济能力建立祠堂。因此，其他姓氏自搬来后一直没有祠堂。

刘家祠堂，名为"青藜堂"，村里的刘氏后人皆是青藜堂的门下之人。祠堂距今有一百年的历史，位于村内的中心偏西南的位置，是寨子的中心地带。祠堂为清末至民国初期所建，具体的修建日期不详，族谱上未记载。当时祠堂为三间连通的砖墙瓦房，两侧为东、西配房，南侧为大门。祠堂位于寨子中心的地带，四周都是刘氏后人的民居，与村子600年的历史相比，祠堂存在的时间较短。刘氏祠堂内饰比较讲究，修建得远好于其他的民居。屋顶有兽脊，顶部为双层小瓦建筑，外墙四周刻有十二生肖图。正殿是祖先的牌位，由红漆木制成。正殿两侧隔扇上画有二十四孝图案。正殿两侧为暖阁。祠堂为村内最为豪华的建筑。

祠堂与周围的民居紧挨着，当时村内除了庙宇之外，仅有两座砖墙瓦房，其中一座便是刘氏祠堂。祠堂内一直供奉的是前五世的先祖共8人的灵位，因自第五世之后分支变多，加上祠堂空间有限，便没有供奉其他先祖的灵位。祠堂没有专门的看守人员，主要由刘氏族长掌管祠堂与祖坟事务。据受访者讲述，1949年前族长为刘朝保，为村内的好户。祠堂建设的具体出资人不详，据受访老人讲述，为刘氏后人共同出资所建，其他外姓人家并不出钱，这是本家人的事务。

祠堂的钥匙掌握在族长或者其他族内管事人的手中。民国时期，祠堂两侧的厢房被用作村内的洋学堂，为公办的学校，教授语文、数学等科目。祠堂为刘家共有的财产，主要归族长与族人打理，平时不需要其他人过问，也不需要有人专门看守，只有在祭祖的时候才会用到祠堂。祠堂是全族公用的，并且由全村人负责修缮，物品损坏后，全村人共同出资出力修缮。

祠堂是供奉本村刘姓人家开村祖先的地方，也是族人情感的寄托。出于对祖先的敬畏，平时没有人敢破坏祠堂。平时没有人前来祭拜，讲究的刘氏后人会在儿子结婚时前来叩头，祈求保佑，这不是必须履行的规矩。几乎每户人家都会捐钱用于祠堂的修建，很穷的人家捐不起钱，不会遭到惩罚。但是出于对祖先的敬畏，即使再穷的刘氏后人也会出一些钱。1949年之前的祭祖仪式较少，几乎没有举行过，只是在过年的时候，村里的年轻晚辈会到祠堂内叩头，平时没有人前去叨扰先人。祠堂不是举行祖训的地方，更不会用来惩罚犯错的后人。

四、集市与村庄

距离本村最近的集市便是杨集（俗称小杨集），位于村庄南侧，陇海铁路的南侧。集市一般处于村庄的正中间位置，集的四周为民居。本村内没有集市。本村人买卖东西主要去杨集，杨集商品比较齐全。村里人每逢家里有事情都是去杨集购买所需的物品。本村的两户人家在杨集拥有酒厂、杂货店。本村人刘九臣是杨集的半个集主，在杨集有一些房产。

本村每月举办14个"会"（交易场所），在固定的日子逢会。先前在村庄的南门外的打麦场内举行，后来因为日本人的侵入，挪到了寨内北门附近的道路上和罗汉寺门前的空地上。会的位置并不限定，选址比较随意。欢迎各个村庄的人前来赶会。若是只有本村人难以撑起一个会，人越多，会办得越好、越繁华。集市与会的具体概况将在后面的章节着重阐述。

五、公共空间与村庄

村内的公共空间主要有打麦场、饭场，数量较多，酒馆、茶馆、染坊等公共空间位于南侧的杨集集市上，距离本村3里地。

（一）酒馆

本村没有酒馆。南侧杨集集上的酒馆较多，都是一些小的酒馆，有一间屋子、几张桌子，没有包间。酒馆主要是卖酒，还有一些下酒的小菜，比如花生米、麻花等，饭馆与酒馆挨得比较近。酒馆是人们闲聊常去的去处。酒主要是散酒，并且是从集上的酒厂买来。酒馆也就两间房子大小，开酒馆的为一般的农户。酒馆是家庭经营的，并不需要雇工，并没有桌子摆设等级的差别，也没有包厢隔间。本村内有卖酒的杂货铺3家，分布在村内的中心位置。杂货铺的门口或者屋内靠近门的地方摆几张桌子，供来买东西的人坐下闲聊。

前来喝酒的都是附近村庄的普通人，并且都是熟人或者打过照面的人，并没有地位高低的差别。妇女与小孩并不进酒馆，也不喝酒，在当地人看来，酒馆不是妇女与

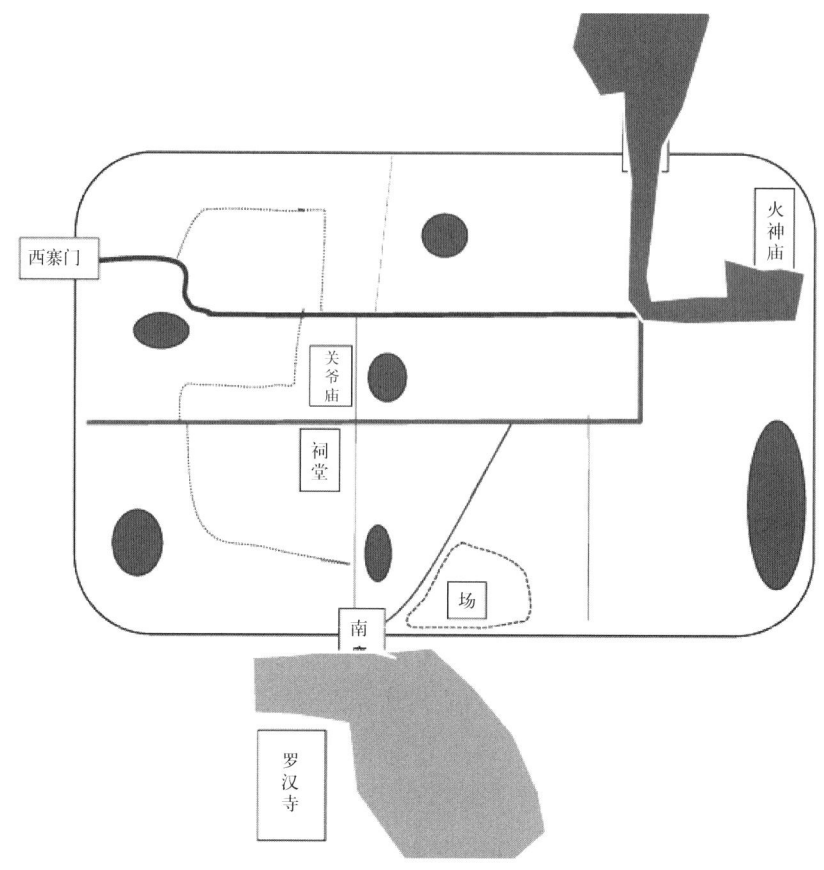

图 2-7 1949 年前刘屯逢会位置图

注：1938 年前逢会位置在南寨门外，1938—1949 年在北寨门外。

小孩该来的地方。外地人也可以到酒馆喝酒，只要有钱就可以。保甲长喝酒与其他人一样，没有差别。一般只有爱喝酒的人才经常去酒馆，会坐在一起闲聊，打过酒后找一处坐着喝，有时会叫一碟小菜，有时会谈到中午才离去。

喝酒的人多是交钱打酒后坐下慢慢喝，并不会争相付钱，若是有人出钱请客，则请客人付钱，不会选择均摊的方式。保甲长喝酒与其他人一样，因为酒馆是小本生意，并不会有什么优惠，也没有什么其他的服务。喝茶的人聊的话题主要以生活中的琐事为主，比如今年庄稼的收成多少，本地发生了哪些奇闻逸事。酒馆赊账的情况比较少，多是熟人赊账，没有利息，并且下次喝酒时会归还。酒馆老板下次见到赊账的人时，会主动要账。在熟人社会里很少发生赖账的情况，若是赖账，此后便不能再到这家酒馆喝酒。本村人去喝酒一般都是带着钱去的，若是家中无钱，便会扛上几斤粮食，到早晨集上的粮食市卖掉，换成钱，再去酒馆喝酒。酒馆内比较清静，并不会有说书的或者唱戏的。

受访者刘砀瑞老人提及其姨夫喝酒的事情："我姨夫住在朱屯附近，一次没事的时候，扛着五六十斤粮食到南侧的刘堤圈集上卖了，跑到酒馆喝酒，与酒馆遇到的熟人，边喝边吹：'我那一块地十亩，种的绿豆今天长得很旺，长到了膝盖深。还有我那一块豆子都有角了，今年一亩地怎么也得收到几百斤，能大收成一笔。'吹得特别大，一直喝到下午。结果晚上开始下大雨，第二天早上起来一看，地里成了一片汪洋，把庄稼全给淹了。"

村里的酒馆是小杂货铺，空出其中的一间房子或者在门口摆几张桌子用来喝酒。喝酒的人以村里的年轻人与中年人为主，打一瓶酒，然后叫几个小菜，有花生米、豆腐干、咸鸡蛋、麻花等。村里人买酒，主要是按给的钱打零酒。一般村内的人打了酒便回家去喝，并不会在此喝。开杂货铺的为本村内的人家，家中都有土地，在农闲的时候卖东西，农忙时关门，这些都是一般的农户，和其他的村民一样，要参与村内的其他事物。在杂货店喝酒的人较少，留下喝酒的人一般会买一些麻花或者花生米，边吃边喝。当时酒厂较少，多是一些小作坊，而且酿酒需要粮食，多数农户家里没有余粮去卖，因此喝酒的人不是太多，村内爱喝酒的人很少。杂货店并不需要交税，也不需要交保护费。逢年过节时不会给乡长、保长送礼。若是本村的人在集上开酒馆，本村的人会优先考虑去其酒馆喝酒，毕竟是本村的人，若是去其他酒馆喝酒，面子上过不去。

(二) 茶铺

南侧 3 里处的杨集集市上有茶铺，本地茶铺并不是传统的聊天的地方，酒馆才是聊天的地方。集上只有一家茶馆，仅一间房子，主要的顾客是集上做生意的人，有少量前来赶集的人喝茶。集上做生意的人烧开水不方便，便会带壶提一壶开水，并付给老板钱。很少见到在茶馆内喝茶闲聊的当地人。茶馆内仅有两三张桌子，一般喝茶的人很快喝完就走，并不会聚集起来闲聊，座位并没有特别讲究，更没有高低等级之分。茶馆没有保护人，并不需要雇人，仅有一两个人便可以开茶馆。茶馆烧本地的柴草，主要是自家所产或者购买附近村庄的农户家的高粱秸秆，当地并没有煤炭。

来喝茶的都是附近村庄前来赶集的人，他们感觉口渴才会到茶馆喝碗茶，中华人民共和国成立前，赶集的以男人为主，妇女较少。一般情况下，妇女是不赶集赶会的，都是家里的男人前去。到茶馆喝茶的人以老年人为主，年轻人偏向于到酒馆喝酒。茶馆内没有上座，也没有包间，都是同等的待遇。身份不等的人可以同桌喝茶，等级观念并不浓厚。茶馆没有常来的散客。客户多是集上的商店。外乡人可以进茶馆喝茶，也可以与本地人坐在一起。

> 对于茶馆的开办，村里人是这样认为的："你开个茶馆，没有人喝，那个时候老百姓的生活水平低。老百姓没东西吃，别说喝茶了。地主自己家里有茶叶，他不去茶馆喝。"

坐在同一桌的人互相都认识，会相互争着付钱，茶馆内的茶水比较便宜，不到几分钱。若是几个人争着付钱，最后会由最强势的人付款，也就是谁挣得多谁付款。陌生人或者关系较远的人一般会自己付钱。进茶馆的人很少在茶馆内谈生意做买卖、典当等，主要是为了解渴。茶馆内并没有说书的。茶馆不会赊账，因为茶水钱比较便宜，前来喝茶的人都能付得起。即使有欠账也只是一段时间的问题，没有利息，一般几天后便会归还。

村民请客不会去茶馆，要去饭馆。茶馆并不交保护费，过年不会向乡长、保长送礼，若是租房的话，需要向东家付租金，不需要向集主付款。

（三）打麦场

打麦场，当地人简称"场"。是村民两季粮食脱壳的场所，也是本地区最主要的公共场所。场的大小不一，一般约有30米长、30米宽，土地多的农户场的面积更大。1949年之前，村内的场主要位于村子寨门外的附近，其中北寨门外为连片的场，南寨门与西寨门附近也是连片的场，寨内东南部一直到南门附近有三片场。村内的场都集中在一个区域，各家的场是连片在一起的，位于村庄周围，一是为了安全起见，防止粮食被抢，二是距离自己的家较近，往自家运粮比较方便。

虽然场是个人私有的，但却是村内所有集体活动举办的场所。因为村里没有可供使用的公共广场。庙会、会、牲口市、求雨活动、送火神爷、说书唱戏都是在场内举行。这些都是临时的占用，并且场的所有者是得不到任何报酬的，都是无偿使用，当时村民没有租赁的观念，若是索要报酬会被说是小气。场是可以典当的，若是自己急需用钱，可以将场典当给没有场的农户，档期一般是三年，价格是二三百斤秋粮，三年后主人可以回当。

场也是会的交易场所，村里的会原是在本村寨门的南侧场内举办，后日本人占领南杨集，移到了北门外的场内。村内逢会时，唱大鼓的、说书的在场内找块地方放张桌子便开讲，其他村民站着或者蹲着听说书。庙会也是在场内举办。场代替了广场的功能，是村民集体活动的场所，牲口市要占用场与大路旁的树林。

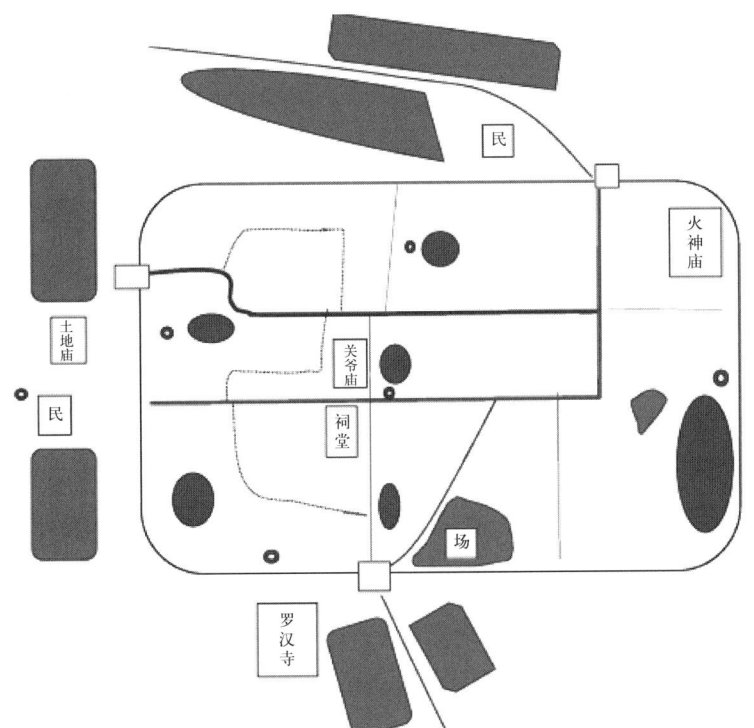

图 2-8　1949 年刘屯村打麦场的分布图

注：椭圆形的阴影为池塘。

场也是闲聊的场所。夏天打麦时，村内的男劳力晚上要在场内守着小麦，避免场内的粮食被偷，场便成了晚上闲聊的场所。夏天天气较热，场便是晚上最热闹的地方，每一户的男劳力在场内守着，大家睡不着，便会闲聊。闲聊的话题比较广泛，多是自家的收成与一些逸事，很少论及国家政治。

（四）饭场

人聚集比较多的地方通常被称为场。村内公共的饭场多在家门口的大树下，是一片比较宽敞的区域。村里的饭场比较多，几乎每一片域都会有好几个。场所比较随意，需要上头有凉荫。来饭场的都是附近居住得很近的邻居，平时能聊到一起。饭场是聊天的聚集地，一到饭点会有人端着饭碗来树下边吃边闲聊，附近的人听到之后，也会端着碗前来。饭场在农户家门前的空闲地，或者在大路旁边的空闲地。饭场发挥的主要作用是吃饭、闲聊、传播村里各种消息等，并没有什么规则，无论辈分长幼，都可以加入到闲聊的队伍中。

有矛盾的双方不会同时在场，一方在场，另一方会主动走开。在公共空间发生吵架、打架行为，其他人都会将双方拉开。在场中多人的劝阻下，发生矛盾的双方很难真正打起来。发生矛盾的双方今后不会在同一公共空间聊天，会"不搭腔"，也就是见面不说话。一般妇女是不会前来饭场参与聊天的,聊天的多是男人。聊天的内容多是与农业相关的话题,比如地里粮食收成,还有就是与神相关的话题。居住得较近的保长、好户也会来。饭场的数量较多,并且不需要什么设施,只要有荫凉便可以,多是席地而坐或者蹲着吃饭聊天。在饭场聊天时,每个人端着碗、握着馒头,吃自己的饭菜,不会让菜给对方吃。若是有小孩子在场,碗里有肉的邻居会夹一块递到孩子嘴里。

(五)染坊

村内的染坊存在的时间较短,随后便关门了,村里人主要都到南侧的杨集染坊去染布。染坊为本地人所开,主要为附近的农民染布。村里妇女将棉花纺成线,这个过程被称为纺花,然后将线手工织成布,将白色的布送到染坊,并且支付费用。染坊主要是用来帮助别人染布,本身并不买卖布。染坊主要为送来布的人染"洋色"。中华人民共和国成立之前,本地衣服的颜色以蓝色与黑色为主,基本上只有这两种色调,女人也不例外。其他的颜色如红色、黄色较少,只能到染坊才能染此种颜色,并且用的是"洋色",即西方传入的染料,一般农户家里没有。花布需要到染坊才能染成。

手纺土织的棉布是本地区最主要的衣服来源,一直延续到中华人民共和国建国之后的很长时期,依然占据主导地位。也有自己染布的情况,通常是到集市上购买朱黑或者蓝靛等染料,由家中的妇女自己染布,或者几家较为亲近的本家人合伙出钱买染料染布。

六、村庄空间结构关系

刘屯地处平原地带,不受河流影响。村庄呈椭圆形,由原来的一户发展为多户,逐渐向四周扩散。在内部空间上,无论是神居、祠堂、公共空间还是民居,没有具体的分界。神居、公共空间夹杂在民居之中,或者分布在村四周,都是为村里人的日常生活服务的。

附近很多村庄与本村较为类似,由一户人家逐渐繁衍成一个村庄。如西侧的靳庄村,以靳姓人家为主。受黄河泛滥的影响,受到频繁侵蚀,千年以上的村子较少,多数村子只有几百年历史甚至更短。各个村子之间并不直接接壤,如棋盘一样分布在平原上,村四周都是麦田。村民居住得比较拥挤,是向四周扩散的状态,呈不规则的椭圆形。同一个院子内住着好几户人家,主要是兄弟关系。出现这种状态,主要是因为安全考虑,另外为了相互帮忙,平时一些事情需要几户人家才能完成。

村内的刘氏祠堂位于寨内的中心位置,是比较好的地段,供奉着刘氏先祖到此定居的第一世到五世的牌位,装潢比较讲究,为村内最为精制的建筑物。寺庙的分布比较分散,其中位于寨内的寺庙只有2座,主要分布在村庄寨外的道路两侧,距离民居较远，不会占用居住区。虽然祠堂好于民居，多是砖瓦结构，但是所处的位置多是边缘地带。据受访者讲述，因为寨内没有空间，才将寺庙建在了村周边地带。就寺庙、祠堂的建筑结构看来，都是砖瓦结构的房屋，而民居都是土墙草屋，神居、祠堂要比民居好得多。可以看出村民将神仙、祖先的地位看得明显高于普通人。祠堂是血缘关系的维系，神居是村民精神的寄托。

第五节　村庄自然变迁与实态

1949年后，随着土地改革、集体化运动以及承包到户运动的相继开展，尤其是在集体化时期，村里人在政府的领导下对村里自然环境进行了改造。新农村建设的开展、国家扶贫的投入，使得村里的自然条件得到改善。本节主要从"水利治理、道路状况、居住格局"等方面去考察刘屯村1949年后的自然变迁与实态。

一、土地改革时期

1949年之后，村庄的自然气候、地理等条件未发生变化，降水依然集中在夏秋两季，水患依然严重。这一时期的村子在自然状态上还没有很大改观。在集体化之前，村里的水利设施依然是一片空白。靠天吃饭的状态依然延续着。

中华人民共和国成立初期，新政权进行了土地改革与剿匪工作，社会趋于安定，匪患消除。防卫不再是村民生活的重点，居住区开始向外扩展，寨墙被村里人扒除。因寨墙拆除空出的空间被分配给村里的穷人建房屋。村子地域远远突破了原来定的寨墙界限。随着人口的增长，村子以原来的寨内为中心，向四周扩展。主要向南侧、西侧与北侧扩展。村子形态开始发生轻微的转变，规模上稍许扩大。

二、人民公社时期

（一）水利治理

村里的水利设施在人民公社时期才得到改善。这一时期，土地全部归集体所有。在政府的组织下，刘屯村开始挖掘沟渠，依靠集体的力量，进展得比较顺利。村里的生产队开始组织农户打井，喊口号，"一二三打井盘，四五六对（"凑"的意思）砖头，七八九齐动手，大家努力干，抽出地下水，灌溉好庄田"。从此开始，村庄才有了灌溉设施，但是，缺乏水车、水渠等设施，仍然无法进行灌溉。这个时期洪河开始被挖掘拓宽。政府常年组织农民挖沟修河，每到农闲季节，政府便会从各生产队抽调部分劳力挖河，通常是每个生产队按人口分配指标。生产队管饭，但不计工分，各个队的规定略有差异。洪河下游得到贯通，水患明显减轻。1964年7月7—14日，河南、安徽两省达成治理洪河协议,按照三年一遇除涝标准进行开挖疏浚。政府组织拓宽和挖掘河道后,本区域大的水患才得到根治。由于缺少机器,这一时期的挖河都是依靠人力进行,都是沿岸村落的劳力参与。

自1958年开始,在上级的要求下,为了治理小的水渍灾害,各生产队组织在田间挖沟排水,台田沟开始出现。村中每隔约一里的田间都有一条台田沟。低洼地的水渍情况得到缓解,小的水渍灾害得到根治。同时对村里的土地进行了平整,不再有低洼地。但是碍于作物品种较差与肥料的缺乏,产量还是很低。

集体化时期,村里开始大量破除迷信,村内的寺庙在这个时期被全部扒除。当时政府号召各个村子扒庙,取砖盖学校,因为迫于生产条件,砖窑稀少,很难买到砖块。在破除迷信的活动中,村内所有的寺庙被扒除,国家政权要求的事情,由乡镇政府直接指挥完成,农民并没有反对。

(二)灾害的缓解

1958年,本村附近出现了一次小蝗灾,就在西面的吴老窑附近那一片出现了蝗灾。这次蚂蚱较少。当时生产队组织大家去打蚂蚱,去的人比较多。人民公社时期,村里开始使用化肥,在粮食产量上升的同时,村里的盐碱地得到根治,荒地被重新利用起来。盐碱地的产量已接近村里正常土地的产量。

(三)民居布局

民居还是延续之前的修建模式,都是堂屋加院落的模式,堂屋必坐北朝南。一直到1970年前,村里的主要民居依然是以泥墙草屋为主。在改革开放之后,泥墙瓦屋才开始普及。直至今天,村内依然留存着少量的泥墙瓦屋,并且有人居住,多是一些年纪较大的人。村里的受访者刘红伦(90岁)、刘砀瑞(91岁)家的堂屋依然是土墙瓦屋。在民国时期,祠堂两侧的厢房便被用作学堂。后来祠堂正堂一直被用作村办公室。后来,大队办公室搬到了刘红春家被征收的房屋内。刘家祠堂被空置,在这一时期始终未起到祭祀祖先的用处。

1964年前后,本村与张屯分开,成为两个生产大队。集体化时期,刘屯村按区域被分为十多个生产队,后小张庄划归本村,为第十生产队。由于人口急剧增长,本村村民居住过于密集,不断向四周的田地扩张。约在七八十年代,在村西侧1公里处的田地内形成了一个新的自然村,为本村的第十三生产队,约有二十户人家,都是刘姓人家,还有一家曹姓人家。与本村落并不接壤,中间隔着耕地,仍然归本村管辖,没有名称。多是在本村内没有宅基地的农户才将房屋建在西侧的田地内。

（四）村庄道路

这一时期村里交通条件并没有得到大的改善。道路以土路为主，没有硬化道路，村民外出还是依靠两条腿，自行车很少见。受访者刘耕珍为合作化与集体化时期村里的第一任大队书记，据老人讲述，每次去15公里外的大杨集区（后改为大杨集公社）政府开会，都是走着去，黎明时分出发，沿着小路走直线路线，沿途经过蛮子营等几个村庄，约在中午之前便可以到达。

三、改革开放至今的自然形态

（一）水患的根治

随着近几年地方政府持续修浚河道，村庄北侧的洪河现已成为约20米宽的河流，且河道较深。1978年以来，本村未曾发生过水患灾害，小的水渍灾害也未发生。平时洪河处于干枯状态，部分河段的河沟内被当地农民植上杨树。化肥的采用使得西侧的盐碱地得到根治，产量已接近淤土、沙土地的标准。但是村里始终没有建硬化水渠。改革开放之后，村里的大水井被弃用。村里每家每户打起了小的水井，实现家庭化水井。2014年前后，村里自来水管覆盖率达到90%。村里仅剩下原西寨门内的一口大水井，并且已经被石板封口。

（二）居住新格局

时至今日，随着人口的快速增长，刘屯的居住区面积是1949年时的3倍左右，人口也是之前的3倍，村庄现在约有3 000多人。刘屯、张屯、孙屯三个村的居住区已连在一起，界限开始模糊。

1986年，新建的310国道在村北侧一公里处穿过。随着刘屯村向四周急剧扩展，10多户人家搬到了洪河的北岸的310国道附近。近几年，村里农户出现了"随路而居"的情况，村里人开始在310国道道路两侧建起楼房，做起小生意。村里约四五家农户搬到了310国道的北侧。现阶段，村居住区已经向北紧挨着洪河桥，耕地相对于中华人民共和国成立前明显减少，村庄周围的土地被占为居住用地。现阶段，村里没有任何神居的存在。

2000年以来，村里开始出现两层的楼房，民居的朝向开始发生变化，两层的楼房开始取代传统的"堂屋加院落"的居住方式。单个家庭建筑面积增大，房屋面积占宅基地的70%。村里南北走向的道路两侧的楼房为东西朝向。农户家里不再修建堂屋，不再严格按照坐北朝南的习惯修建房屋。截至2016年，村里住进楼房的农户数量约50%。目前依旧是瓦房与楼房的混住形式。楼房出现后开始打破原来的堂屋坐北朝南的模式，楼房的方向根据路的走向而确定。

房屋样式的改变使得村民房屋边界使用规则变得更为多样化。因楼房长时间不需要修缮，因此很多村民将房屋建到宅基地的边缘上。关系较好的人家或者亲兄弟建的房子左右一般不再留有空隙，直接将房屋建到边缘上。但是前后人家之间仍然需要留半米的滴水檐，若是前后两家是兄弟关系或者父子关系，一般不需要留滴水檐。

（三）道路的改善

首先，村外通道路得到极大改善。310国道成为村里外出的主要通道。可直接通达砀山县城与商丘市区，西接虞单公路，直达虞城县城。本村距离砀山县城15公里，距离虞城县城30公里。出于节省时间与成本的考虑，村里人都是经310国道到砀山县城购买货物，平时看病也优先到砀山县医院去看。村里去镇里固乡政府办事也要途经310国道。村里的外出务工人员多是乘坐途经310国道往来于商丘市区与砀山县城的公共汽车到砀山县火车站或者商丘火车站乘坐火车外出。

近几年，村内道路也得到改善。2015年，本村申请为贫困村。政府拨款将村里的主干道修成水泥路。至此，刘屯村才摆脱土路。2014年前后，村里的跨洪河桥由政府出资修建，已建成50米长的钢筋混凝土架构的桥梁，村庄向北通行变得更为顺畅，2015年的扶贫项目中，村里建成钢筋水井堡70个，同时修建了8公里的环村水泥道路。村民出门便是水泥路，极大地改善了村里的交通条件。

第三章　村落经济形态与实态

在刘屯村，农业生产是村里人生存资料的来源，围绕农业生产活动延伸出交换、消费、继承、分配等经济行为。本章重点考察传统时期村内的小农经济状况，从"土地生产、产权关系、经营关系、分配交换、家庭消费、家产继承"等角度对村庄进行探究。同时考察村庄经济从1949年至今的变迁过程。

第一节　人与土地及其生产能力

土地是村里最重要的生产要素，家庭生产能力决定着土地产量，土地和生产能力的结合带动了生产发展。在刘屯村，近半数的土地集中在好户手中，贫富分化较为明显。本节重点探究村里人与土地的关系、人与生产能力的关系。

一、人与土地的关系

（一）人地概况

刘屯地处典型的平原旱作区，都是较为平整的土地。1949年前，村里的具体土地数量难以计算，据几位受访老人估算达到8 000亩，其中，紧邻本村四周的土地达6 000亩。1949年，村内人口1 200人左右。除去下庄子[1]，本村内的人均土地持有量在5亩左右。低产地主要是一些盐碱地，主要在村庄的西侧。村内除了盐碱地产量较

1　下庄子为佃户村的意思，种分收地。

低之外，其他的土地类型产量较为接近。按照这样的生产水平，四亩地能养活一个普通人。

1949年，本村农户为200余户，多数成家子女与父母尚未分开居住，具体数量难以统计。村内个体农户的土地持有量存在较大的差异，村里多数农户的土地为10—20亩，好户人家土地在50亩以上。1950年被划为地主的33户，其中持有土地100亩及以上的有10多户，持有50亩以上的约33户。富农3户，其余均是中农、贫农，约170户。1949年前，本村土地为"插花地"，普通的土地每块3—4亩，很少有一户人家的土地连在一起成片的情况，几乎每户人家的土地都是四处分散的，东一块，西一块。村内多地农户主要是靠买卖土地形成，也有祖上流传下来的土地作为买地资金的原始积累。

据受访者讲述，村里最富裕的户刘伍元家里有1 000亩土地，主要分布在其他的庄子，位于本村的土地不足100亩。其家人居住在砀山县城，家产主要在县城，为不在村地主。其次是刘新耀家里，为在村的最大的地主，村里最富裕的农户。村里富裕人家的地产多是祖上流传下来，加上自己积攒的，家里的粮食吃不完便可以放账，一般的利息是借一斤高粱、还一斤小麦，或者还两三斤高粱。这样年年积累粮食，然后购买土地，最终形成大家业。

表3-1　村内最富裕农户土地持有情况

姓　名	持有土地（亩）	牲口（头）	备　注
刘伍元	约1 000	2（1牛）	含下庄子
刘新耀	300—400	4（2牛）	含下庄子
刘红伦	200	3（1牛）	
刘红恩	100	2（1牛）	1949年前已去世
刘红春	100	2（1牛）	
刘九臣	100	3（1牛）	1949年前已去世

资料来源：刘屯村老人口述。

村内有两户好户有佃户村，当地称"下庄子"，也就是本村的佃户村。佃户村这种形式主要就是通过土地并购形成的，这些土地分布在其他村子，主要由其他村庄的农户耕种，是为分收地，部分土地需要雇老管与大领种植。本村算是本地区较为富裕的村庄，大户较多，1949年前，村内土地在100亩以上的农户因为土地较多，自家难以耕种完，都会选择将家里部分土地扩（"外租"的意思）给别人耕种，每季的收入分半，是为分收地。另外一部分土地需要雇一个大领帮忙耕种，若是余下的土地超过100

亩,需要雇两个长工,即大领、二领。另外还要在本村或者邻村找两个常年帮忙的牛工,将部分土地租给牛工耕种。

> 受访者刘红伦家中 200 亩土地,共 13 口人,兄弟 6 人,其中 130 亩外租分收地,70 亩自种,三头牲口,雇了一个大领,土改时成分为地主。

本村的土地主要分布在村子的四周,村里地主的土地延伸得较远,像下庄子等分布在外村的土地是本村富人通过购买得到的。受访者刘耕珍父亲在世时家里原有 30 多亩土地,因为父亲、母亲与刘耕珍的第一任妻子相继去世,花销比较大,导致频频卖地,"那几年人亡家败,地都卖了",土地迅速减少到了 13 亩。同时好户人家的土地在增加,受访者刘红伦讲述:"我父亲之前做生意,依靠祖上传下来的地,后来逐渐积攒家业,用家里积攒的粮食买地。"好户家里有足够的余粮,因此有能力购买更多的土地,逐渐家业如雪球般越来越大。

村里三户普通受访农户 1949 年时家庭土地情况:

> 受访者刘耕珍家中 13 亩地,当时人口为 4 口,一头牲口,中华人民共和国成立后土改时期被划为贫农户。受访者刘砀瑞,家有 20 亩土地,家中 4 口人,喂有一头牲口,土改时被划为中农。1949 年前,李广义的父亲与大伯是外来的逃荒户,一直到 1949 年前也没有土地,居住在本村好户刘新耀家废弃的房屋,同时租种刘新耀家的几亩分收地,同时家人也要外出要饭。

一般而言,按照 1949 年的产量,村里四口人家需要 20 亩产量正常的土地便可以衣食无忧,15 亩土地可以保证基本的温饱。村内少地农户家里土地无法满足口粮,便只能租种本村好户人家的土地,一般都能找到租种的对象。因本村是附近最富裕的村庄,少地农户都是租种本村人的土地,并不会跑到远处去租别村的土地。这样耕种起来并不方便。这些土地都是以分收地的形式租种,所有收入分半。

具体来看,凡是村里土地够自家生存的农户都不会租种好户人家的分收地。受访者刘耕珍家里 4 口人,13 亩土地,未租种别人的土地。受访者刘砀瑞家中 4 口人,20 亩土地,也未租种土地。受访者表达了"够吃的,不用租地"的观点。

土地较少又没租种土地的农户只能选择进行季节性逃荒要饭。一些土地不足的农户会选择干些小生意赚取收益,贴家用。村里一些贫困的刘氏后人迁到其他村,在亲戚家定居。这些人是在本村的土地较少，去投奔亲戚家，后来在亲戚所在的村庄定居。其中北侧的郑楼、张双楼都有本村的刘氏后人定居，并且繁衍了好几代人。

村子四周除了少量的不能耕种的盐碱地，并没有其他空闲的荒地存在，其他的土地都有主人。这些盐碱地无法耕种，因此没有人要，也无法进行改造。

二、土地分化程度

本村范围内的土地分布在本村周边的约6 000亩。地主土地约50%，约为3 000亩。中农与贫农土地50%。除了500亩盐碱地之外，其他的土地产量较为接近，并没有分等级。

（一）地主土地

村内地主持有的土地较多，约占到本村土地的一半。以受访者刘红伦家庭为例，为本村数得上的好户，土改时被划为地主。其家中持有的200亩土地都在本村落四周。130亩是分收地，由其他农户耕种，都是较好的土地，分布在村落四周。剩下的70亩自己耕种，并且雇了一个大领、两个牛工。之所以外租那么多土地主要是因为自己家种不完，若是留有100亩以上的土地，需要雇两个长工，所以保留了70亩土地自种。租出的都是一般以上质量的土地。买地时只买较好的土地，盐碱地是没有人会要的。除了刘伍元之外，村里的地主都在村里。除了租地与雇人之外，村里的地主还有一些产业。刘红春在杨集有杂货店。刘红烈在杨集有酒厂。刘九臣是南侧杨集的集主。这是本村在村的几户好户人家。

不在村地主只有刘伍元，为本村第一的好户。其土地主要分布在其他村，本村的土地不超过百亩。其举家在砀山县居住，并且在砀山县城有房产，包括酒厂、木料厂等。只有在收粮食的季节，其儿媳妇才会回来主持收割事宜，粮食收完后，便会回县城。雇用了张屯的袁德水为老管，管理在本村的土地。老管收获粮食后，与大领一起将粮食用牛车送到砀山县城。

土地分化意味贫富分化，村里地多的农户能吃饱饭，家里也会雇大领，同时也要牛工，还会将土地外租。

（二）自耕农土地

村里中农每户土地在50亩以下。自耕农每户平均土地为15—20亩。村里自耕农由于家里的粮食够家人使用，因此并不租种地主家的土地。村里无地或者少地的农户才会选择种分收地。自耕农的土地较少，能耕种完，农忙时并不找人帮忙，也不雇人帮忙。受访者刘砀瑞家除了一亩左右的盐碱地，其他的产量差距不大。土地均是继承而来，并没有进行土地买卖，家里的土地是父亲从其爷爷处继承而来，两辈均没有进行土地买卖。就受访者刘砀瑞来说，其关系与刘红伦是刚出五服的本家人。土改时被划为中农成分。

三、人与生产能力的关系

小农经营方式基本能满足生产过程需要，必要时会采取少量雇佣的方式弥补家庭生产能力的不足，同时也会采取合作的方式来解决农具牲口短缺问题。

（一）家庭劳动力

在村内，家里十八九岁以上的男人可以算是劳动力。在父亲过世的家庭，十五六岁的男子就要承担起家庭主要劳动力的担子。村里土地100亩以上的家庭，男子干活的时间较晚，一般在20岁以后，在此之前要读私塾或者洋学。村里中农家庭中的一部分男子会上学，占比不足中农群体的30%，并且一般上到十八岁便会辍学，帮助家庭劳动。贫农一般不会上学，自十五岁以后便会开始帮助家里干活，成为半个劳动力。对于村内的年轻孩子来说，村里农户不论家境如何，多数男孩只要是超过十岁，有劳动能力，都会帮助家庭干活，主要干一些轻活，比如照看粮食、牵牲口、访秫秸（收集高粱秸秆，留作喂牛）、割草等。只发生在农忙时期，其他时间段并不需要孩子帮衬。

村里妇女始终只能算半个劳动力。妇女能干一些较轻的农活，比如访秫秸、收割小麦、撒化肥等轻活。犁地、耙地、耩地（播种）、打场脱粒都是男人干的活，妇女主要起到帮衬作用。平时要在家里做饭，农忙时将饭菜送到地里。

家里六十岁的老人若是有能力，也算是劳动力，并且要参与劳动，直到丧失劳动能力为止。村里的老人在农忙时节也要参与劳动。犁地、耙地、打场等都可以让老人参与。对于农户来说，多数是活到老、劳动到老。只家里有大领的好户人家在年老时可以不参与劳动。

本地区只有农产品交易，没有像样的成规模的手工制造业。村里仅有家庭小手工业。这些手工业者不足村里人口的10%。村里手艺人多是只传给自己的儿子，比如木匠、铁匠等。工匠的地位一般，只是一般的农民。村里在集市上经商开店的是一些较为富裕的农户，他们地位本来就高。村里并没有明显的行业职业分化，多数农户依然以土地为生，不管是做生意的还是开店铺的，家里都有土地，做生意只是为家庭经济作补充。民国时期，除了少量村里的好户人家将家里的孩子送出去读书之外，多数农户家的孩子多是上过两三年私塾之后，便不再读书，继承家业种地。

村里家庭劳动力数量与土地持有量并没有太大联系。各个经济水平的家里人口数量均是不平衡的，有的穷人家子女数量多于村里的好户人家。村里人没有生育规划的观念，顺应天意，有几个孩子就要几个孩子，直到不能生育为止，即使是较为贫困的农户也是这种生育观念。若是养不活，便会将孩子送给没有孩子的人家。村里劳动力多的农户生活较好一些，可以外出做工，扛大领，或者做一些小生意，家里人不会挨饿。除去少量没有孩子的农户，一般家庭子女数在5—8个左右，三个以下的比较少。

由于村里农忙的时间较长，持续时间一般为一个月左右。加上孩子与妻子的帮衬，一个劳动力完全可以种植10—20亩土地，村里农户多是这种方式进行耕作。村内土地在50亩以上的人家才会雇一个大领，然后再找一两个牛工，这样便可以种植完所有的耕地。村内50亩以下的农户并不雇人，难以维持雇人的费用，由家人耕种便可以，但条件较好的农户或者家里劳动力较少的农户会找一个牛工常年帮忙着种地。

在本村旱地作业中，犁地、耙地一个人便可以进行，不需要人手帮衬。播种时需要两个人，一个男劳力扶耧，另外一个人牵牲口，保持耕种的方向。村里农户家里的劳动力是够用的，劳力多的农户个人承担的劳动较少，劳力少的则每个人多承担一些。若是不够用会让孩子帮忙，或请亲戚来帮忙。若是家中有足够的劳动力会选择外出做工，做工的地点一般不出本乡镇。主要是去给好户人家扛大领，或者是去做一些小生意，比如卖食盐、柴火等。外出务工的为家里的男劳力，并多是家里的长子以外的儿子。长子一般要留在家里干自家的农活。做大领的话，每年的工资在500斤粮食（秋粮）以上，相当于三亩土地一季的收入。并且吃住在东家，家里可以省下一个人的口粮。村里好户人家的多余男丁并不从事劳动，会选择外出上学，或者在家帮忙。

（二）劳动工具

劳动工具是村民必备的生产设备，就本村来看，劳动工具主要有大农具、小农具、牲口三种。按照用途分类有以下几种。

表3-2 刘屯1949年前的主要的农业生产工具

类　型	生产工具
耕翻类	大型：耙、犁子 小型：镢头、铁锨、锄、抓钩、榔头
收割脱粒类	镰刀、石磙、耢石、木锨、挑麦杈子
播种类	耧、镢头
灌溉类	无
运输类	大型：太平车 小型：挑子、独轮车、拖车子[1]、篮子、筐、粪箕子
加工类	磨、箩、槌、簸箕
牲畜类	马、骡、驴、牛

1　无轮子，用于拉犁耙。

1. 大型农具

村里凡是家里有牲口的农户都有犁子、耙等基础生产工具，犁是由木把手与铁铧所构成，耙是由铁钉与木桩子组成。犁子、耙价格相对较贵，为较大型工具。村内的人家若是家里有牲口，都会有犁子等基础农具。村里没有牲口的农户不会置办犁子、耙，因为犁子、耙都是依靠牲口的力量拉动，没有牲口，要此农具并无用处。每年，农户仅秋收后使用一次犁子、耙等，也可以向别人借用。农具共用比较多见，村里多是分家后的兄弟共用，这样可以节省成本。

当地秋收后，需要一个月的时间去整理土地，为农具借用与轮流使用留足了时间。村里，犁子的借用较为频繁，主要借用要好的邻居家的，距离较近，借用方便，不需要给礼，免费使用，是为人情往来的一部分。若是使用损坏，则需要修复后归还。若是损坏后不修复，邻居并不会进行斥责，但是日后再次相借的话，便借不出来，邻居会找各种理由推脱。犁子借出的话一般当天归还，不能耽误邻居家使用，若是第二天继续使用的话，需要提前征得邻居的同意，看邻居是否使用。若是借较为亲近的亲戚家的犁子导致损坏的话，可以不修，由亲戚自己修复，下次也可以借出。多数农户出于面子会修复后再归还。村内没有遇到借出犁子耍赖不还的情况，这种行为会被其他人耻笑。

耙与犁子的作用相同，耕种顺序为先犁地、后耙地。没有这些基本生产工具的主要是很贫困的户与刚分家的户，还有就是逃荒在此安家的户，缺少基本的生产工具。这些基础的生产工具是必需的，没有这些工具无法进行农业活动，价格不是太高。犁子、耙等农具都是家里的男主人去借，也可以让成年的儿子去借，需要征得所有者家里男主人的同意，妇女不能当家借出犁子、耙等农具。在借亲戚家的犁子、耙时，通常是与牲口一起借，家里男劳力去牵来，没有男劳力的农户由亲戚送来。这些借农具的农户因为家里穷，通常去借时都不会带礼品。因借的对象都是至亲，所以即使使用中有所损坏，也不需要赔偿。

2. 小型农具

农业活动使用的小型农具主要有锄头、抓钩、锄、镰、榔头、挑麦杈子、木锨等。价格低廉，农户都能购买得起，几乎每家每户都有这些小型农具。村里家家都有小型农具，这些农具都是铁质的头、木制的手柄。借用的概率较小，在自家农具损坏时或者自家家具不够使用时会借用。到收割时节，会与集上有卖这些农具的商贩，需要买入的农户会置办小型农具。

若是家里小农具短缺可以借入。可以向邻居家里的男女主人借，女主人也有权利借出小型农具,女主人会在当家人回来以后告知当家的。小型农具通常是当天借当天还,若损坏,要购买新的归还邻居。若是损坏不赔偿或者借后不还,日后再借比较难。便有了"好借好还,再借不难"的说法。若是借者将小型农具遗失且不承认的话,会产生纠纷,双方公开吵架,会弄得周围的邻居都知晓,使得借者比较丢面子。但是不会找人公断,只是关系变僵,不相往来,吃亏一方自认倒霉,损失自己承担。

其中,石碌位于场(打麦场)内,为私人所有,借的方式与其他的小型农具不同,因其较为沉重,就近借打麦场紧挨着的农户家的石碌。只能向男主人借,打麦场内的事务主要是男人负责,女人并不前去。当天借当天还,若损坏,要购买新的归还邻居,但石碌损坏的概率较小,没有发生过。

3. 牲口搿犋

牲口是村里种地必备的生产工具。民国时期,村里80%的农户都有牲口,喂有牲口的农户中80%只有一头牲口,为搿犋户。只有20%的好户不需要搿犋。牲口是种地的必需品,不使用牲口无法种地,村内没有牲口的农户较少,占20%左右。家里土地稀少且极为贫困的农户主要通过当牛工或者借亲戚家的牲口等方式解决牲口问题。牲口中以耕牛的数量最多,其次是驴,这两种为最主要的耕作牲口。村里使用牲口的农业活动主要是下表中的几种。在使用牲口拉车时,好户人家牲口较多,通常是使用三四个牲口。一般的农户尤其是搿犋的农户都是用两个。

表3-3 村内农业活动对牲口的需求量

农业活动	使用牲口量(个)
拉车(太平车)	2—4
压场(脱粒)	2
犁地	2
耩地(播种)	1
拉磨	1(驴)

村内以自养耕牛为主,除了33户的好户人家里有两个以上牲口,不需要搿犋之外,其他的农户都需要搿犋。自养牲口并非单是牛,还有驴、马等混合饲养使用。一般50亩地以上的好户才能饲养起两头牲口,其他的农户都是喂养一头牲口,而且村里的好户家至少有两个牲口。好户人家一般都有牛工,并且农忙时会让其牛工牵走使用,当天要还回,不会在牛工家过夜。农户对自养耕牛具有绝对的拥有权,不受外人限制,买卖耕牛也不需要向保长打招呼。官方并不限制耕牛的买卖活动。

通常家里10亩地以上的农户能养得起一头牲口,地里的干草、高粱叶、秸秆能满足一头牲口食用。村里多数家里有 10—20 亩土地的农户只喂一头牲口，支出成本较少。牲口是农忙时的必需品，拉庄稼与耕地、种地均需要牲口，拉车需要两头以上，犁地需要两头，播种需要一头。辫犋是村里最为普遍的合作方式，用以解决牲口短缺问题。双方各喂一个牲口，放在一块使用，两个牲口为一犋。村里农户辫犋是主要的农业合作形式，因为村里犁地至少需要两头牲口搭套才能进行，一头牲口难以带动犁耙。

村里处于辫犋状态的自养耕牛也可以自由买卖，若是自家将牲口卖掉，与邻居的辫犋关系自然解除，并且会提前告知邻居一声，邻居无权阻拦，主人对牲口具有完全的处理权。双方不会发生争执，邻居是不能要求主人不卖牲口的，这样邻居会找别的人家去辫犋。而且主人也可以将牛换成稍微便宜的驴，邻居若是觉得不合适，可以换辫犋的对象。不过这些争执还是很少见的，因为在一起辫犋的多是关系很好的邻居，并不太计较。

辫犋多是两家在一块儿使用牲口，也有一些三家在一块儿的情况，这种比较少，兄弟之间最常发生。辫犋并不限定必须是牛。村里多是喂养一头耕牛的农户和喂养一头驴的农户在一起辫犋，这种方式的辫犋农户占到 50%。两头即可称为一犋。两家农忙时轮流使用，辫犋一般优先选择本家人，比如与叔伯、兄弟、堂兄弟两三家在一块辫犋的比较常见，血缘关系由近及远。受访者刘砀瑞家是与自己的叔伯三家在一起辫犋，一直持续到 1949 年。刘丰须家也是与叔伯四家辫犋使用牲口，一直持续到合作化时期。其次，辫犋是找要好的邻居，并且要居住得较近，在一块辫犋，居住得较近使用起来比较方便，少有居住较远选择在一起辫犋的情况。只有兄弟一人的人家或者兄弟之间居住得较远，便会选择与自己要好的邻居辫犋。1949 年前，村里的受访者刘耕珍无兄弟，与其北侧居住的本姓人家在一起辫犋。由于村里的牲口买卖比较频繁，所以辫犋时常更换搭档，2—3 年左右便会换一家。任何一方都有权利选择退出，另一方不会阻止，不需要给任何赔偿。若两家关系僵化，辫犋关系自然不复存在。辫犋双方家庭经济情况很接近，所耕种的田地数也相差不大。土地规模差距较大的农户不会在一起辫犋，但这种差距在 10 亩以内是可以接受的。

辫犋主要发生在秋收与春耕之时。当地只在播种小麦时耕翻土地。一年只在秋收后犁一次地，夏季小麦收割后直接在麦茬上耕种，不需要犁地翻地。其他时间只是拉庄稼需要使用牲口，因太平车较笨重，需要使用两个牲口。播种时只需要使用一头牲口便可，农闲则用不上。这与当地的熟制相关。当地农业存在两年三熟、一年两熟两种种植方式，秋季主要种植高粱、大豆，还有少量谷子、红薯、棉花、芝麻。这几种庄稼成熟的时间存在差异，高粱最早，大豆其次，被称为早茬，错开了耕地的时间，棉花、红薯成熟最晚，被称为晚茬。早茬与晚茬成熟的时间差为一个月内，农民完全有时间轮流安排牲口的使用。两家犕犋使用牲口的顺序靠商量，通常每犁完一块土地，再由另一人使用。若上午使用完毕，中午将牲口送回对方家中，各喂各的牲口，下午再去牵，晚上各自送回，不需要帮忙喂牲口，也不需要送给对方草料。犕犋就是各自喂养牲口，在一起使用。

1949年前，村里耕牛被偷后，没有人会帮助破案，即使报告给保长，到最后也只是不了了之。若是被土匪抢去，会向农户索要赎金，农户只能自认倒霉，族内也没有救济，只能自己承担过失。土匪偷盗是有对象的，不会偷盗住在寨墙外的较为贫困的农户家的牲口，主要抢富裕农户的财产。村里年龄较大的牲口会被卖给剥牛的屠户。官方并不限制牲口的交易，对屠夫没有任何的限制。耕牛死亡后，会被卖掉，自家的牲口死亡自己承担损失。一般农户会在牲口死亡之前卖掉它，一些年老的牲口在衰老之前会被卖给屠夫，屠夫在村民口中被称为剥户。

4. 牲口借用

村内没有耕牛的户会借牲口，没有租的情况。这些农户占到村里农户的约20%，主要向血缘关系近的本家人、亲戚借，一般不借邻居家的牲口。要当天借当天还，借亲戚的牲口不需要给礼，归还耕牛时不需要给饲料。若是借邻居家的，则属于换工，在邻居家有事情时，会主动前去帮忙，属于劳力与牛工的交换。没有牲口的农户需要自己想办法，没有人会救济或者主动帮扶村里的这些农户。

村内农户主要借亲戚家的，其次是血缘近的本家人，借邻居家的较少。因为村内合伙犕犋的较多，加上犁地需要两头牲口，就需要同时向两家人借牲口。再者就是借已分家兄弟的耕牛，这种比较容易，都是亲兄弟，不会被拒绝，也不需要给报酬。村内血缘关系较近的农户经济状况比较接近，因此若是自己没牲口，一般叔伯家也不会有牲口。若是等买了牲口之后，会优先与血缘关系近的本家犕犋在一起。

借亲戚的牛不限定时间，直到土地耕种完毕之后。主要借三代以内的亲戚家的牲口，以姥姥、舅舅、姑妈家为主，关系亲近，不会被拒绝。有的时候，对方会带牲口来，借的情况比较多，只需要管饭和为牲口备料，这种情况一般只需1—2天左右，亲戚可以住下，若住得距离较近，则选择晚上回家居住，不会给任何报酬。村里受访者刘雪雨在1949年前刚成家时，家里没有牲口，多是隔壁村的娘家兄弟牵着牲口来耕种。

没有牲口的户家中土地较少，可以租种地主家的土地，地主会同意其租种，至于牲口有多种解决方式，可以选择为地主家干活做牛工，以此借用地主家的牲口，也可以向亲戚家借用。由于好户自家耕种的土地较多，牲口空闲的时间有限，外借的时候比较有限，除了牛工，其他农户很难能使用到好户家的牲口。

5. 伙养耕牛——抱牲口大腿

村内伙养采取的是一方只出资、另一方既出资也饲养的方式。村内伙养较为少见，只是个别较为贫困的户之间的行为。因为村里犁地时需要同时使用两个牲口，两人或者多人伙养一头牲口，仅有一头无法犁地，而且难以分配。村内伙养的形式也被称为"抱牲口大腿"，抱大腿的两家农户是居住得较近且关系很好的邻居，不然不会合伙。

这种伙养方式通常是两家对钱买一头牛，由其中一户喂养，另一方若是出了四分之一的钱，则是抱了一条牲口大腿，出一半的钱，便是半头牲口。这一户承担的费用比例较少，相当于入股，这一户也被称为抱牲口的大腿的户。在日常生产生活中，其可以使用牲口。通常喂养牲口的那一户使用的时间与次数较高，也可以自己做主外借出牲口。两方都有权利要求卖掉牲口，若其中一方不同意，可以给另一方买牲口时所出的金额，买断牲口的所有权。正常情况下，若牲口卖掉后，喂养户则按照抱大腿的农户的出资额返给。若牲口生小牛犊，归喂养人所有，抱牲口大腿的农户获利较少，只有牲口的使用权。牲口生病时，请医生看病的费用由喂养人出，这一花销特别少，也可以忽略不计。抱牲口大腿的农户只有使用权，并不过问饲养、给牲口看病等事情。

6. 马、驴牲口等特殊牲口的借用

驴与牛的作用相似，也被用于耕种。驴的喂养成本相对较低，价格也比牛便宜，吃食上也比牛少，这样可以节约喂养的成本。搿犋时，通常是一家喂养驴，一家喂养牛，并不因为一方是牛、一方是驴而产生不公平。搿犋的一方可以使用另一方的驴拉磨，不需要给报酬，但是需要征得主人的同意。驴除了耕地之外，主要的作用就是拉磨。若是借用邻居家的驴拉磨的话，归还时，需要将磨面后筛选出来的麸皮交给驴的主人，算是使用驴的酬劳。不给的话，下次便会很难借到。

村里有几家农户喂养马，均是在村里与南侧的逢会时在集市上所买。马的价格与牛较为接近。村里的好户刘新耀家曾同时喂养过5匹马。马的主要作用是耕地，其他的用处较少，村里很少有农户用牲口拉太平车外出，除非拉较为笨重或者量大的物品。平时出门多是依靠步行而不是坐车。1949年前，村里没有人家有马车，多是用太平车临时搭建的马车。新媳妇回门时需要使用这种马车。村里一般只有在运输庄稼时才会用到太平车。

第二节　产权及产权关系

作为最重要的生产要素，土地产权决定着村里的经济活动与经济关系。本节将从"土地产权类型、土地产权性质、土地买卖、土地租佃、土地典当、土地置换"等方面去考察1949年以前刘屯村的产权关系。

一、土地产权性质

根据1949年前刘屯村土地所有者的情况来看，可以将土地类型分为村公共土地、家族公共土地、家庭共有土地、个人私有土地三种。其中村公共土地只有西侧的一片1亩左右大小的乱坟岗。其他类型相对较多。

（一）家族公共土地产权

1. 刘氏祖坟地

村里只有刘家有祖坟地。坟在当地被称为"嶙"（lin）。祖先的坟被称为老嶙。刘氏家族一世到三世的坟墓在村庄东北方的田地中，因被黄河洪水渍过（淹没的意思），已经遗失。现村内刘氏祖坟位于村西侧的耕地内，为刘氏第四世、五世共五人的坟墓，刘氏四世一人、五世四人。墓地在10亩以上，具体亩数不详，全部植上柏树，坟前有墓碑楼，即用来放墓碑的房子，墓碑上刻有先祖的名讳，由于年久失修，墓碑上的字已被侵蚀掉。祖坟地一直植有柏树，闲置长达几百年，直到1950年土改时期被分给了个人耕种。

刘氏公田是祖上传下来的，一直流传到后辈人手中，产权单位为本村的刘姓人所共有。刘氏家族公田并没有用专门的管理者，村内的族长、刘家的好户、刘姓保长（很长时期村内的保长都是刘姓人担任）都能过问刘氏公田的事情。他们并不是由选举产生的，多是主动出面担起责任，其他的族人多是采取默认的态度，并不过问。本族的族长需要辈分最长的好户担任，一般的户没有时间去处理族内事务，也不参与管理工作。族长不需要征得其他族人的同意便可以处置公田事宜。村内其他人不过问也不参与公田的管理，完全交给主动出面的人去管理。村内没有以公田为核心的组织，有威望的问闲事的刘姓人或者刘姓保长以后人与刘家代表人的身份处理问题，并不会建立组织，也不需要向刘家后人公开具体的处置方式，不需要运转资金。也不需要向其他刘氏后人讲明具体的处置办法。

刘家祖坟地安葬着自己的祖先，按照传统是不得买卖的，后人一直守护着这片土地。在几百年内，村内始终没有变卖过祖坟地。村内的10亩祖坟地一直保留到土改时期，才按照政府要求分给个人。据受访老人介绍，民国时期仅变卖了祖坟内的树木，祖坟地里的柏树被村内好户人家主持变卖，赞助了一个刘家冠名的戏班，据说是好户人家做主进行的，具体是谁负责卖的，受访老人均表示不知，刘姓其他人家没有反对，未征求族人的意见。冠名戏班是为了宣扬刘家的名气，算是为村里的刘姓人"长脸面"的行为。

2. 长门看坟地

村内刘氏四门中只有长门看坟地。刘氏家族从第五世开始，分为四门，分别为长门、二门、三门、四门。此后开始"拔新嶙"，六世多位先祖开始分开埋葬。长门六世以后的先祖坟墓在村东侧的田地内。雇有看坟人，为王姓人，最后一代看门人为王三，祖上三代为长门看坟。长门祖坟所在的耕地约3亩，归看坟人耕种，坟地地头上筑有房屋，看坟人在此居住，看坟人的主要义务是守着祖坟，以防被盗。坟地所在的耕地归长门后代所共有，交给看坟人耕种，收入全部归看坟人所有，时间久了之后，长门的看坟地一直由看坟人耕种。

民国时期看坟人一家已经搬入庄内居住，但是长门的看坟地依旧归其所种，看坟人在很大程度上拥有了土地的所有权，但是不能做损害田地内祖坟的事情。原来刘氏四门各门有门长，但是这一制度后来消失，每门没有了当家人。据受访者长门的老人刘砀瑞讲述，看坟人算是刘家长门的下人，若是长门哪户人家有农活需要帮忙，便会喊其帮忙，需要管其饭，若是其有事忙，抽不开身，也不会强求。

长门的看坟地由长门的后人所有，名义上长门的人说了算，长门的好户，也就是管闲事的人会出面主持，但实际上很大程度处于无人过问的状态，由于看坟人为长门看了三辈子的坟，在很大程度上拥有了长门坟地的所有权，并且看坟人在1949年之前搬到寨内居住以后，依然耕种着这块地，耕种作物也由看坟人自己决定，对耕地内的收入有完全的支配权。长门看坟地一直由王氏耕种，无法变卖，并且所有权转移到王氏身上，土地税款也是王氏出。除了不能变卖、破坏坟墓之外，其他的所有权都归于王氏。

3. 庙地

村寨南门外原有罗汉寺，规模较大，庙宇皆是砖墙瓦房。庙地是刘氏祖上给庙里和尚生活的土地，有几百年的历史，具体的形成时间很难考证。原寺内有和尚，寺内和尚依靠庙地生活，寺庙对土地拥有所有权，有权种植一切作物。民国时期，庙宇被刘屯人扒除，取砖用来盖寨门，寺内和尚离去。寺庙被扒除后，和尚走了，村庄将庙地收回。分给了南门看守寨门的，归看寨门的人所有。庙地的数量较少，不超过6亩。村里的其他人并没过问，是由刘氏的好户人家代表村庄出面处理。

寺庙存在时，庙地属于寺庙所有，刘氏人家不过问。收回后来归属本村刘姓人家共有，村里的其他姓氏没有参与权。刘氏好户与刘氏保长商量决定如何处置，不用召开刘氏人家的大会。其他人不参与也不过问,完全交由刘氏好户人家处理。分给看寨门的之后所有权转移到看寨门的身上,刘氏人家不再过问。若是看寨门的不干了,刘家人有权收回土地。实际上,村内的庙地分给看寨之后的,一直没有变更过种植者,这样一直持续到1949年。

(二)家庭公共土地

1. 家庭公共房屋产权

(1)共院产权

共院是已分家的兄弟几人共同生活的院子。以这种方式居住的农户占到本村总户数的70%。儿子们成家后,通常依旧生活在同一个院子里,各占2—3间房屋生活,房屋并不是平分的,有的占得多有的占得少,无法均分,儿子们会相互谦让,不会发生争执。父母去世后,按照兄南弟北的原则,幼子搬入堂屋居住,兄弟几人在院内找地方各建自己的厨房、牛屋,家庭事务分开,但院子是公共的,兄弟几人都可以随便占用,一般这种居住方式比较拥挤,类似四合院的形式,这种居住方式会持续到第三代人成家,院内饱和,无法再建房安置新人,便会外迁寻找新的宅基地建房。

兄弟较多,各自成家后,要分配房屋不分院,房屋的分配遵循"兄南弟北"的原则,兄长居住南侧的配房,按照长幼依次往北。具体分配给谁、分几间都由父亲决定,不是平均分配,数量上存在差异,院内的地方由各家协商占用,不做严格划分。当地的厨房多是简易房,有的屋檐下筑一灶台便是厨房。所以只有房屋之分,并无院落之分。因此住宅的分配并不是严格的平均分配。

以村里的几户共院住户为例:

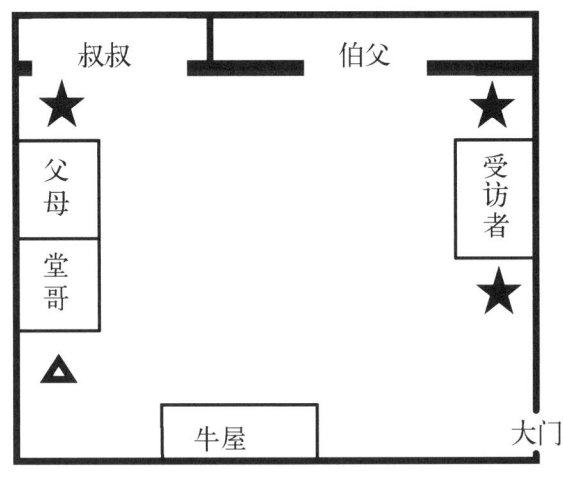

图3-1 受访者刘砀瑞1949年家庭居住示意图

注:三角形代表厕所,五角星代表各家厨房的位置。

受访者刘砀瑞父辈兄弟三人,均住在一个院子内,位于前楼院区域。除其伯父住的堂屋为三间联通的房子之外,其余各家均是两间。厨房为各家自己搭建的简易房,不占用房屋。

受访者刘红伦土改时成分为地主。祖父将院子一分为二,东侧为其伯父家的两个儿子居住(长子刘红恩,次子刘红春)。刘红伦家中兄弟六人,其排行老二,其父亲先后娶了三任妻子,其母亲为第二任。1949年时,其兄长已经结婚,住在南侧两间西屋内,刘红伦居住在北侧的三间西屋内,并没有分家。刘红伦家一直与刘红恩家共用一个大门。

兄弟几人共同生活的院子与房屋是几家人的共同财产,是不能变卖的,具体的使用权在于兄弟几人共同商量,院子并不是平分的,若是长兄的儿子结婚,且院子仍有地方的话,可以在院子内部建房子,其他兄弟不会阻拦,得不到补偿。日常生活发生纠纷时,过几天便会平复,不需要调节,兄弟之间不存在长久的仇恨。兄弟共同生活的院子属于共同财产,一方是不能买卖的。村里没有兄弟卖共同的院子,因为寨内居住得比较拥挤,多数农户没有多余的宅地。若是卖掉的话,需要征得其他兄弟同意。收入共分,各自再去买房屋宅基地。

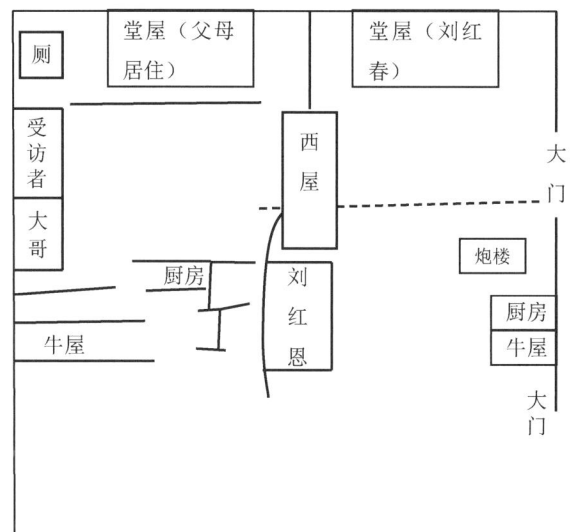

图 3-2 受访者刘红伦 1949 年家庭居住示意图

(2) 分院产权

1949 年之前,家中年长的第三代人成家后,若是院子里能住得下,会继续在院子里盖两间房屋居住,其他的兄弟并不会反对。因此院子并不是严格的平均分配,有的兄弟占得地方少,有的占得较多。第三代人都成年成家后,院子里难以住下,便只能外搬,外搬的兄弟会占用父亲留给兄弟几人的共同的空闲宅基地,同时也让出了原来居住的房屋与空间。因此房屋与院子是很难做到完全平均分配。若兄弟较少,宅基地面积较大,则分家时会将院子一分为二或者一分为三。这种分法在兄弟较少的家庭十分多见,前提是院子足够大,能够进行分割。双方独立成院,在院子之间建上土墙,由于土墙的成本较低,较少存在争议,多由年长的兄长建造,墙要建在自己的地界上,不能越过界限。通常是东西或者南北走向建一道墙。

1949 年前,刘红春与刘红恩兄弟将院子南北一分为二。刘红恩与刘红春是亲兄弟,与刘红伦是堂兄弟关系。父亲去世后，次子刘红春按照"兄南弟北"的传统习惯住进堂屋，刘红恩作为长子住在南侧的西屋，兄弟两人分家后，将院子一分为二。土地也是一分为二，各持有100亩，各自雇了一个大领。

2. 家庭公共空闲宅基地产权及处置

上辈人去世时候，不会将空闲的宅基地平均分给各个儿子，有的宅基地面积较小，后人较多的话，不够切割均分，只能整体留给兄弟几人。空闲的宅基地是兄弟几人的"官宅地"，也即是家庭公共的宅基地。兄弟之间出现争执为下一代建房用，具体由谁使用需要协商，在协商好以后，其中一人为儿子娶亲可以在此建房，会随儿子搬出共同生活的院子，并不需要向其他兄弟支付金钱。搬离公共院子后，原有的房屋归其他兄弟所有，也可以扒除并取走屋上的横梁用来建新房。这样意味着失去对原来的院子的所有权，同时获得了空闲宅基地的使用权。

现年91岁的受访者刘砀瑞父辈兄弟三人，父亲排行老二，大伯住三间堂屋，叔住西侧的两间小堂屋，父亲住两间西屋，另外两间西屋由堂哥夫妻两人住，其自己盖了两间东屋，各自找地方在院子里搭建自己的厨屋，住得比较拥挤，1949年之前，村内很多农户都是这种居住状态。中华人民共和国成立后，原来的院落比较拥挤，便提出使用家里传下来的空闲宅地建新房，叔伯也同意。建新房需要屋顶的横梁，原来自己的两间东屋比较新，便和其大伯的屋子置换了一下，扒除其大伯的两间西屋，取横梁来建新房。新房建好后，与父亲全部搬出原来的院子。后来叔伯家的孩子要建房子，其便让出了一部分空闲的宅基地给堂兄弟。最后叔伯两家拿老宅基地与村里的一户人家换了两块宅基地，都搬出了原来的院子。

空闲的宅基地是为后代预留的盖房子使用，通常会处于闲置状态，并不会变卖，是兄弟几人公共的产权，即使贩卖也要征得其他兄弟几人的同意，所得钱要分款。建房时，并不会完全均分占有权，会优先有需要的兄弟家庭使用，同时也要照顾其他兄弟的利益，使用新宅地，就要让出老宅地。

兄弟分家产生的房屋边界很明显，以围墙为界。兄弟双方的堂屋之间不需要留滴水檐，紧挨着不留缝隙，但是关系远一层的需要留滴水檐。兄弟双方共墙的现象比较常见，头家建墙后，后家就不需要建墙了。分院后会在界限上打下灰橛，有30厘米深。若房屋是连着的，则以房屋墙体的中间为界。划定房屋边界时，会请本家的长辈在场作为见证人，调解双方的主张，最后达成一致，通过丈量划定界限。

3. 家庭养老田产权

养老田被称为养老地，为父母留有的自耕土地。村里老人有留养老田的习惯，尤其是在老人能劳动的时候，这块地会一直种到老人失去劳动能力为止。留有的土地亩数视家庭总耕地数而定，并没有具体的标准，一般留足两人的口粮地。村里家庭分给儿子土地时由父亲说了算，最后留多少养老地也是父亲说了算，儿子要服从，分给儿子的土地所有权归属儿子所有。父母能劳动时，养老地由父母自己耕种，儿子要轮流帮忙耕种，并没有具体安排，都需要帮忙。父母丧失劳动能力后，则有两种处理的方法：其一，土地由儿子轮流耕种，收入归父母所有。其二，土地平分给各个儿子，双方达成协议，每年要交给父母定额的粮食，剩余的收入归各儿子所有。大家庭养老地归父亲所有，由父亲决定处理方式，养老地在百年之后会分给儿子，而且是均分。受访老人刘丰须讲道：我原来有三亩土地，老了不能种了，就二一添作五，平分给了三个儿子，他们每人每年要给我300斤粮食和300块钱，年纪大了，平时花不多钱。

> 村里受访者86岁的刘丰须老人讲道：我们两口子年纪大了，地种不了了。几个儿子说："爹，你的地别种了，我们几家给你一年几百块钱和几百斤粮食，要是粮食用不着，都给你钱算了，你买着吃。"就这样，土地都是二一添作五全部分给了三个儿子，有的地多，有的地少，没法平分，就是这样估摸着分给他们了。我这没有存款，农村人一年到头存不了几个钱，只给了他们一些土地。

养老田的产权比较特殊，其所有权在父亲，父亲将田分给儿子们以后，所有权转移到儿子们身上。父亲一般是不会变卖养老田的，除非家里遇到急事，若是卖的话，儿子们也不能阻拦，当家权在父亲手中。分给儿子们以后，父亲便不能贩卖或者收回，处置权在儿子手中。

（三）家庭私有土地产权

除了家族所有的土地之外，村里的土地都是私人所有。家庭私有土地占村里总土地的90%。每一块土地都有唯一的主人，有明确的界限，家庭内部有唯一的当家人。私田是以家庭为单位持有的，由当家人也就是父亲掌管，未分家的儿子不过问土地农事安排，只有父亲有权力安排农业活动。家庭土地买卖不需要经过儿子的同意，家长自己有完全处置权。私人土地多数用来种植粮食作物，很少种植其他作物，除了种植之外没有其他用途。农户有权力在土地内取土来回村里盖房。土地是村里人家庭财富的主要来源，家庭土地主要有两个来源：

一是继承。村里多数家庭的土地都是从父辈手中继承而来的，尤其是一般的农户，继承是其获取土地的主要方式。随着人口的增加，通常继承的地块会越来越小，面积越来越少。

二是买卖。从别人手中买地也是家庭土地增加的途径。村里人对土地比较看重，有钱之后首先要做的就是大量买入土地。尤其是富裕农户一直在购入土地，家业因此越来越大。

土地产权由当家人全权处置，妻子儿子不当家。土地的买卖只有经当家人之手才算数，妻子与儿子是不能卖家里的土地的，外人不认可不经家长之手的土地买卖。典地、租地也都要经过当家人之手。若是土地买卖出现纠纷，也是当家人出面协调做主。分家后，原家庭土地产权转移到儿子手中，父亲不再过问。个人私有的土地是可以任意买卖的，不需要向保长汇报，族长也无权过问。

（四）村公共产权

几乎所有的村外都有一片乱坟岗，也被称为义地，为村的公共所有物。本村的乱坟岗位于村寨墙外的西侧，约1亩。至于乱坟岗的由来，一般是这种说法："乱坟岗为好户人家所留。古时候，好户人家的地多，通常会留出一块，设为义地。谁想埋谁埋。"村里的夭折的孩子都会被扔到这里，不需要埋。死亡的家畜也可以扔到这里。义地没人要，一般会一直流传下去。村里的人不管姓什么都可以往乱坟岗扔东西。

二、土地买卖与土地租佃

（一）土地买卖关系

1. 土地交易惯例

村内个人持有的土地可以自由买卖，不需要获得任何人的许可，官方与宗族族长无权过问。卖的对象也是个人自己决定，保长、村长无权过问。小家族的土地也可以买卖，但需要共同持有的所有人都同意。民国时期，族内公共的土地并没有进行过买卖。自家持有的祖业也是可以买卖的，不需要征求本家长辈与族长的意见。有产权纠纷或者所有权不清晰的土地是没有人买的，怕自己出了钱又得不到土地。

一般在卖地的时候，会先问四邻是否买地，四邻有优先购买的优势。若是四邻不买或者买不起，便会卖给其他人，一般价高者得地，并不会因为居住远近而优先买卖。本村的土地多是在村内流动，很少卖给其他村庄的人。兄弟之间很少发生土地买卖行为。若是土地距离其他的村庄较近，也可以卖给其他村的人。邻村想要购买，不会受到限制，可以自由买卖。

2. 土地买卖频率

村里流行一句话，"地过千年换百主"，一块土地千年时间内会换一百个主人。通常情况下每年村内的土地交易量不超过10亩。村里卖地的人很少，只有家里遇到喜事或者白事，没有资金办事，才会选择卖地或者当地。村内多数农户是因为办丧事耗费钱才选择卖地。因村里都是同属一族的刘姓人，村民之间并没有发生强买强卖的情况。由于相互之间借钱是有利息的，并且一年多是两到三倍的利息，难以偿还的贫农户只能选择卖地。卖地的对象不限，对方可以是本村的也可以是邻村的，但是都是在本村内流动的较多，尚未遇到卖给其他村人的情况。在本家人之间流动的较多，都是刘姓的卖给刘姓人。

以贫农户刘耕珍为例，其原有30亩土地，其前妻与母亲相继去世，举债办了丧葬之后，便卖了家里的10多亩好地还债。1949年时，家里只剩下13亩一般的土地。其卖出的都是家里最好的耕地，其中一块地卖给了同是贫农户的刘聚才家。

3. 土地买卖规模

土地买卖以块为单位，通常以一整块地的方式出卖，主要为"插花"的地，最大的一块地有6亩左右，普通的土地每块3—4亩的较多，最小的仅1亩左右，很少有一户人家的土地连在一起成片的情况，几乎每户人家的土地都是四处分散的，东一块西一块。村内土地零散地分布在村子四周，有人用祖上流传下来的土地作为买地资金的来源基础。村内有两户大地主拥有佃户村，当地称"下庄子"，主要就是通过土地并购形成的。土地数量难以计算，据几位受访老人估算达到8 000亩，包含分布在其他村庄的土地，分布在本村四周的土地达6 000亩。

土地买卖以中等偏上的好地为主，主要流向了村里的好户。村内的孬地以盐碱地、低洼地为主，这种地一般没有人买，而且价格很便宜。村内的盐碱地因没有收成，而且要缴纳税款，被一些农户遗弃，没有人会买这种土地。

4. 土地买卖流程

土地是家庭生活收入主要来源，除非遇到变故需要用钱，不然很少有人卖地。土地买卖过程首先是找买主。先询问下四邻买不买，若是四邻要买，则会找中人去跟主人说合，一般先到先得，其他四邻碍于情面，不会前去抢着买。不买的话，卖者只需要向村内要好的邻居说一下自己的意向，让其打听一下谁愿意买，很快整个村子都会知道这家人卖地，便会找到买主。土地买卖需要同人，也就是中间人，村内并没有专门的同人，多是邻居担任。有卖地意向的人找到邻居，邻居为其询问买家，若是哪个邻居找到了买家，这个邻居便成了同人。同人一般找两个，由负责找买主的邻居自己再带上一个人，便成了两个人。当地有"一人为私，两人为公"的说法，同人主要作用是证明土地交易的存在。据受访的刘红伦讲述，1949年之前，村内卖地的人很少，土地很难买得。但是村内买的人数较多，因此卖家占据较大的主动权。

土地没有固定的价格，完全在双方的商定。一般的土地，每亩价格通常在四五百斤粮食以上。丈量过土地后，双方根据之前商量的价格，核算粮食，一般的土地每亩能卖到400—500斤秋粮。土地的价格变化较大，土地的质量、低洼情况、土地距离村庄的远近程度等都会影响土地的价格。若买地时地里有庄稼，则成熟时两家平分，或者卖给买主。据受访者讲述，村内多数农户都是在庄稼收割之后才买卖土地，买卖意向可以在之前达成，但是交易行为多是在地里庄稼收割完后才进行。

双方就价格达成协议后，便会丈量土地，由邻居拿皮尺丈量，卖主跟着观看。买卖土地的当天，要请来保公所的人员负责出约、扒地，然后再找几个帮忙的邻居负责量地。请来土地的四邻，隔路的地邻不需要跟随。

土地买卖需要出约，当地称为地约。上面要写上：买卖时间、买卖双方的名字、同人（中间人）的名字、土地的具体亩数、长宽、地的四邻，等等。地约仅由买方保存。立约时需要保里的人在场，并不一定要求是保长。买卖完成后，保里将土地拨到买方名下，当时就会将这块地的款项转移到买主身上，自此以后，土地的税款由买地人出。执笔人由村内有文化的人或者会计担任，丈量完土地后便开始写约，保里人员、买卖双方、四邻、同人等都在场，不需要其他见证人。土地丈量出约完成后，土地交易便达成。当天事务办完后，买方到饭馆定一桌菜，请客吃饭。四邻、同人、帮忙的人、执笔、保里人员都要请，约七八个人。土地地约只出一份，由买者保存，卖者没有地约存根。买卖土地是不需要交税的。

地约具体内容如下：张三卖地×亩×分给李四，地长多少米、宽多少米，同人是谁，左邻右舍是谁，价格多少。买卖双方名字，同人的名字，盖上保公所或者乡里面的章。在动乱时期，不需要盖章，但是各方的名字必须写上，比如买卖双方、同人、四邻，其他条款要明晰。

土地交易完成后，不能反悔，不然会被视为无信义。即使反悔了也没有用，除非对方同意交易中止。

5. 买卖产生的边界与纠纷

村内买卖的土地均是"插花"地，每块地面积在1—6亩之间，土地买卖以块为单位。买卖土地边界裁定在双方谈妥价格后进行，通常土地买卖以块为单位，以土地原有的界限为界。丈量土地时四邻都要跟着，主要是为了不要丈量到自己的土地内，四邻都在场，不能改动边界，依然按照原有的边界。找到原有的桩墩之后，以此为界进行丈量。若田地的另一头为路，则按照"路到中间，河到底"的划分传统，在计算面积时，要将一半的路计算在内。

若是将一块土地的一部分卖掉，土地丈量时四邻也要到场，土地丈量完成后，在土地中间的界限两头挖掘约30厘米的坑，撒下石灰，形成灰橛，然后再在上面打上树桩。土地买卖是个人私事，而且利益相关的土地四邻都在场，所以边界裁定后并不需要公示，只需要四邻与买主知晓便可以，以免日后发生矛盾。相邻的土地之间留有田埂，当地称之为"墒沟"，约10厘米宽，墒沟为两家共同所留，产权各占一半，土地的所有者有权拔掉越过墒沟的庄稼，这是双方的界线。至于因土地切割进行的买卖，这时需要在新界的土地两头打桩，在田地两头的木桩之间拉一条线，便是双方的界，形成新的墒沟，双方种地都不能超越墒沟。

因当时在场的证人较多，村里土地买卖纠纷发生得较少。若出现土地买卖纠纷，首先找同人说合解决。若是交易达成后，一方反悔，则需要另一方的同意才行，不然交易结果无法更改。即使找保长也是无法调解，无法违约。必须得到对方的同意才能取消交易。

（二）土地租佃关系

1. 土地租佃概况

村里土地租佃关系比较普遍。所有地主都会将部分土地出租，剩余部分自己雇人耕种。村里的租赁方式只有分收地一种形式。在本地，租地被称为"扩地"，扩别人的地就是租种别人的土地。土地出租没有优先的顺序，租赁土地的农户可以是本村人，也可以是邻村人。因本村内好户比较多，且持有的土地面积最大，是本地区方圆10里最为富裕的村庄。因此1949年之前，都是外村人与本村人租种本村人的土地，没有本村人租种外村人土地的情况。

租种地主家土地的农户，被称为地主家的种地户，由于本村刘姓占到90%，以刘姓本家人之间的租赁为主，村内的逃荒户基本上都租种本村刘姓人家的土地。紧挨着的孙屯、张屯也有农户租种本村人的土地。这些都是种地户（佃户）主动寻找出租土地的人家。本村内没有专业的从事租赁的经济人，都是临时产生的中间人。寻找方式主要有两种，一是直接与土地出租人协商，不需要中间人，这种都是熟人或者血缘关系较近的人，直接找土地较多的大户，看是否有外租土地的意愿。第二种是找一个中间人，租者碍于情面，或者不是太熟，便找一人从中说合，主要作用就是告诉出租者有租地意向，看出租者是否愿意将土地出租，至于出租哪块土地由出租者决定，租者无权决定。分收地的租金是固定的，双方各分得收成的一半，没有商量的余地，租地的人不会提出提高比例的要求。多是穷人主动找好户租种其土地，好户并不担心地租不出，可以自己雇人耕种。同时好户人家都是按照收入平分的原则租出土地，对其种地户没有提高租金的情况。还有一种就是逃荒户租种本村的土地，逃荒来到本村之后，先依靠要饭和手艺混生活，待到与本村的人都混熟之后，便会借住别人家的房屋，开始租种大户家的土地，帮助大户人家干农活，成为好户人家的牛工。

2. 土地租佃规则

至于租赁的方式，村内的租地方式以分收地为主，也就是租给别人耕种，收成无论多少都要平分。固定地租的租赁方式很少，村内没有见到这种方式。农户认为这种方式风险比较高，若是遇到灾害，无法偿还固定的租金。分收地租金是固定的五五分成，这是公认的租金比例，也是相传下来的，已经成了惯例，任何人都不例外，本家的刘姓人租种土地的话，也是五五分成。出租者与租者各获得收成的一半。村内没有将自己的土地典出之后再租回自己耕种的情况，因为分收地本身租金就高，折腾的成本更高。分收地是一种双方风险共担的形式，若是庄稼减产，东家与种地户的收入都会减少，相反收成增加，双方收入都增加。

分收地没有明确的租期，通常都是默认的长期租种。租地的人不想租种，就将土地归还。通常租出土地之后，地主不会主动收回土地。租地时双方并不约定固定的租期，租地者可以随时返还土地。租地户多是无地或者少地农户，不种地则无以为生，没有人敢轻易放弃租种权。况且土地够生活的农户也不会选择租种地。村内的种地户多是租好多年，未见中途退地者，也未见不交租者。交租是成熟的庄稼在场内打好之后就地就交了，不存在交不起的情况。若是不交租，东家是有权将土地收回的。村内刘红伦家在1949年之前10多年从未变动过租户，一直持续到中华人民共和国成立后的土改时期。

本村租地不需要签契约，都是口头约定，出租者手中有土地的地契。地租也是一成不变的。土地总数量在保长处有登记，不怕佃户据为己有，按照种地户的实力很难与好户人家对抗，这种情况没有发生过。当时识字的人较少，写约比较麻烦。村内的受访者刘红伦（90岁）家庭土地租赁情况：

> 刘红伦家里共有2顷土地，10多口人，1949年老人才20多岁。其中130亩租给了人家，是为分收地，自己耕种70亩左右，家有3个牲口，雇了一个大领[1]、两个牛工[2]，大领是西面村庄人，两个牛工都是东面张屯人。种地户

---

[1] 大领、二领：都是当地对长工的叫法，一年四季吃住在地主家里，没有节假日。
[2] 牛工：是指为地主家干活，以此换取地主家的牲口的使用权，不用住在地主家，但要经常给地主帮忙。

有10多家，平均每家租了10亩多，租户是刘屯人和张屯人，张屯有3户左右，其余主要是本村人。租户中有刘姓的人，也有几户其他姓。村内其他姓氏都是住亲戚家的人，时间长了便在此安家，所以多数外家姓都是刘姓人家的亲戚，也有少量逃荒户。其中一外来户通过其在本村的亲戚找到刘红伦家，租种了其土地，同时也借用了刘红伦家在寨内的一片空闲宅基地建房居住，一直持续到1950年土地改革时期。

3. 收租与交租

收租一般是家里的主人前去或者派大儿子前去，大领、牛工跟着，负责将粮食拉回家里来。没有发生过减租，分收地不存在减租的情况，遇到灾荒依然是五五分成。租子在收粮的季节交，与当地的熟制相同，一年交纳两季。到了收获季节，种地户在打麦场里将粮食脱粒之后，不能将粮食拉到家里。打好粮食后将东家请到场里，用斗或者其他容器，你一斗、我一斗，直到把粮食分完，一人一半，不用称重，然后帮忙给东家送到家里。减产的情况下，收获多少粮食就平分多少粮食，减产是普遍性的，没有只有一家人减产的情况。没有遇到种地户不认真打理庄稼的情况，农户多是依靠地里的收成过活，而且分收地是风险共担，只有打理好土地，才能分得更多的粮食。村里的打麦场就在本村寨子的周围，而且是连片的，各家的打麦场是挨着的，都是本村人，农忙时村里人都在场里忙活，所以不会出现粮食被抢的现象。分收地的优点在于双方共同承担因天灾造成的损失。

村内没有发生过欠租的情况。粮食收割后直接在场内分掉，分的是粮食，不是交钱，因此无法欠租。若是秋季庄稼绝收，双方都没收成。

4. 主佃关系

在村里，税款是所有者负责的，土地的所有者是地主，种地户并不用拿款，税款包含在交给地主的租金之中。村内没有种地户交款的情况，种地户不会承担。地主不会将国家的摊派转嫁到种地户身上，只能得到一半的收入，其他的秸秆等归种地户所有。地主对村内村外种地户都是一样的。种地户一般按时将收成的一半交给东家。

种地户与地主多是普通的邻居或者同村人关系，也有种地户是本家的刘姓人，但是血缘关系已经较远。除了租种土地之外，种地户同时也是地主家的帮手。种地户在日常生活中需要帮助东家做事。东家有活时，便会首先请种地户去帮忙。村内往外租地的好户一般不用请工或者雇工，都是找种地户帮忙。如果种地户抽不开身，可以告诉前来通知的大领，选择不去。由于种地户较多，多在10户以上，通常只需要五六名帮忙的，因此，东家便会派大领去找其他种地户。帮忙只有几天，没有任何工资，唯一的好处就是管饭。地主家红白喜事、修房屋、收割小麦、播种、犁地这些事，除大领、牛工之外，种地户也要经常帮忙，但是若是自己走不开可以选择拒绝。"去帮忙，他（地主）管饭，所以只要来喊，都会去帮忙，那个时候饭还是比较珍贵的，自家能省一点是一点"，一位曾是种地户的受访老人回答。村内的种地户很乐意去，因为只要帮忙，东家就得管三顿饭。能吃饱饭是很难得的事情，饭对种地户来说是很难得的，因为种地户都是温饱难以解决的人家。通常情况下种地户是不会拒绝的，除非家里有事要办，实在走不开。

这种帮忙是单向的。种地户若有事情，一般不会请东家前来帮忙，东家也不会主动帮忙，主要找自己要好的邻居。可向地主家借东西，一般借一斤秋粮，需要还一斤小麦。秋粮[1]与小麦存在差价，小麦是秋粮的2倍左右。这种借贷利率当时属于正常的水平，不高不低。若是村内的种地户家里遇到红白喜事时，作为邻居，地主要前来添香或者烧纸。佃农家举办红白喜事时，地主不会请地主参加，但是礼节性的添香、烧纸是不可或缺的。若是其种地户借得较少，因为自身经济原因迟迟还不上，通常会得到地主延期的许可，利息也可以不变。这也是种地户与地主关系和普通农户与地主关系的差异所在。生活上种地户对地主具有一定的依附性。大领、牛工与种地户经常在一起帮东家干活，都是较为熟悉的人。

每年的农历八月十五与大年三十，刘红伦家会为大领、牛工与经常帮忙的种地户置办一桌菜。过节的当天晚上，女主人在自家厨房置办一桌菜，并且打来一瓶酒，犒劳这些劳动了一年的长工。当天晚上让大领叫来牛工以及今年经常给本家帮忙的种地户，桌子摆放在大领居住的牛屋内，吃喝一顿。东家并不上桌，也不参与。只有大领、牛工、种地户围坐在一起吃喝。结束后，便各自离去。

5. 租佃变更与维护

村内的租佃关系具有长期稳定性，通常是不更换租户的，一般租佃关系维持在10年以上。即使地主收回土地也是在地里的庄稼收割之后，趁土地处于空闲时期，这时并不需要向种地户赔偿任何东西。没有遇到过将带庄稼的田地收回的情况。很少有地主将土地收回，除非种地户不想种了，但是又没有其他的生计，种地户也不会轻易退回土地。

双方都有权力解除租佃关系，但是只要没有发生矛盾，双方会一直持续下去，没有主动退租的。村内的租佃关系比较稳定，多是在10年以上。若是东家想要回土地，

---

[1] 秋粮：一般是指高粱、黄豆，以高粱为主。

会提前告知种地户，让种地户在收获此季粮食后将土地交回。

（三）典地关系

本地称典地为当地。通常在急需要大量用钱而又不想卖地的情况下选择当出土地，通常当给村里家庭条件较好的能拿得出大量现钱或者粮食的农户。当地多在本村内部进行，很少出村。当地频率较低，每年村里当地不超过10次。

1. 当地规则

当地时一般不需要丈量土地，因为农户对自家每块地的亩数都有掌握，当地通常以整块地的方式当出，价格比较灵活。若是对方要求丈量，则需要找人丈量。当地后，需要向保甲长说明情况，将土地的税款转移到当入人身上。当地主要发生在家里遇到困难的情况下，若家里遇到红白喜事，但又没有能力举办，不愿卖出土地，便会选择当地。当地需要经家长的手进行，家庭的其他人与妇女没有决定的权利，通常妇女是不能代表家庭签署当出协议的。当出的一般是家里中等以上的土地，差地当价低，并且不容易当出。至于时间，当地一般发生在地内的庄稼收获之后。若是当出时地里有庄稼，则需要双方平分所收获的粮食。或者采取其他补偿措施，完全在于双方的商议。但是据受访老人讲述，多数的当出与赎回多是庄稼收割后土地处于空闲之时。

2. 土地典当程序

当地的程序相对比较简单。当出者自己或者托一村内的熟人告知意向，若是比较急的话也可以自己去问，一般是问村内经济条件较好的人家是否有承当的意向。村内能承当得起土地的只有中等以上的农户，因此范围比较固定。找到承当人之后，双方商定价格。然后再找一人作为中间人，证明这种关系的存在。

村里当地的价格标准并不唯一，具体的价格在于双方的商议，还要参考耕地的质量。村内一般的土地当期三年的话，每亩需要200—300斤秋粮。谈好价格后，请一识字的人帮忙出当约。

村内当地通常需要出当约，找识字人写上当地的双方、当地的中间人、土地亩数、当期，等等。当地不需要请客吃饭，不要请四邻。当约并不是必须的，也可以口头约定。至于中人，需要当出人寻找，当地的过程相对于买卖土地比较简单，当出的地并不需要请客吃饭。典约出具后，双方不能反悔，双方建立典当关系。据受访者刘红伦老人介绍，本村内一户人家将打卖场当给他家，由于主人一直没有提出赎回，受访者家里一直使用，用了近七八年。典当的土地不能转典，承典人可以出租，但是不能转典。

3. 土地赎当

村内的档期通常是两或者三年。当期满后，才能赎回，中途不能赎回。当期满后，当出人没有能赎回,则当期自动延长。一直由当入人耕种,直至当出人有能力赎回。但是此后当出人要求赎回时,当入人必须将土地归还当出人。当入者有种植任何作物的权利,也可以外租给他人。赎回土地是不需要给利息的,当初多少钱当出,多少钱赎回,不需要补货币贬值带来的差价。

4. 出典人与承典人关系

双方都是本村的人家,基本上都是在刘姓人家流转,出当人不负责税赋,但是土地的所有权在出当人身上。承当人耕种此土地,需要承担税款,但是不得买卖此土地,即使对方长期不赎回也不可以卖。双方不存在其他的义务权力关系。据老人讲述,村里当地的频率并不是太高,多是短期当地,村内没有遇到过典当纠纷。

(四)土地置换关系

通常在涉及风水问题时,自家的祖嶙需要外扩,会与地邻进行土地置换。土地置换是自由的,只要两家人同意便可以。另外,土地距离家的远近可能导致土地置换,置换通常是以数量对等和质量对等的方式进行,或者由于土地质量存在差异,适当进行一些补偿。置换土地不需要与附近的邻居商量,也不需要签约,由于对等置换不涉及个人土地面积变动,并不需要向保里通报。双方达成意向后,置换通常在庄稼收割完成后进行。若是未置换前一方变卦,另一方也没有办法,不会产生纠纷,但是会影响双方的关系。

通常情况下,主动进行土地置换的一方需要请一中人前去知会另一方,探探口风,看对方是否同意。若是土地的质量不对等,可以考虑适当多给对方一些土地作为补偿,完全在于双方的商量,若是对方认为吃亏,便不会同意置换。置换的双方请中间人进行丈量,可以写交换契约,也可以双方口头约定。并不需要请客吃饭,也不需要去官府公证。

> 据受访者刘砀瑞讲述,本村有一个刘姓富裕人家是刘砀瑞家的地邻。其请风水先生看阴宅,风水先生认为其家祖坟一侧的地方风水甚好,算得上风水宝地,可以作为后人的风水地。于是这户当家人找了个中间人,与其商议交换的事宜,可以拿任何一块自家的地换这块地,随便挑。并且这户人家拿出的土地距离庄子更近,两块地的质量相差不多,加上都是刘姓本家人,同属一个祖先,又是住得较近的邻居,刘砀瑞便答应了置换,还是按照 1∶1 的置换方式,并不想多占。不牵扯到税款的划拨,也没有写约,此事没有向保甲长汇报,两家自行完成交换,没有请四邻吃饭,没有举行任何仪式,只是

通过口头达成协议。

土地置换后，土地产权变更，双方对置换后的土地拥有所有权，对原来的土地不再拥有权利。土地置换后不会毁约，若是毁约，双方土地各自交还，不存在损失，也不会引起官司。当地有一种"地靠肥嶙"（嶙是指祖坟）的说法，意思是如果自己的地挨着别人家的坟地，别人有可能以更多的土地来换取这块土地，因此会换取比原来亩数更多的土地或者其他收益。牵扯到土地亩数变更，需要对甲长说一声，若是一方不在意多出来的少量款项，也可以不向甲长汇报，具有很强的随意性。

土地置换不需要契约，不牵扯到土地买卖。若是一方担心，可以找一个中间人写交换约，以防对方耍赖。交换约一式两份，双方保管。若是一方反悔，也没有用，因为交换关系已经完成，并且有中人作证。土地置换属于农户之间的事务，族长并不能过问。

第三节　经营及经营关系

在传统时期，村内以户为单位展开经营活动，同时还存在一些公共土地经营活动，而且这些经营活动都以农业为中心展开。本节将从"经营单位、经营主体、经营合作、市场雇佣"方面去考察1949年以前刘屯村的经营活动和经营活动关系。

一、经营单位

本村范围内，都是以"一家一户"为土地经营单位，既有核心小家庭，也有大家庭，其中以中小型的扩大家庭较多，通常是已成家儿子与父亲一起耕作。家里通常有两三个劳动力。男劳动力超过四个的家庭一般会选择分家，形成以小家庭为单位经营。村里都是依靠一家一户独立完成庄稼耕种的所有环节。村里种地过程主要包括耕地（仅冬小麦种植时）、播种、收割、脱粒等四个环节。每个过程家里两个人就能完成，一般男人干活，妻子与孩子在旁边帮忙。三个季节的农作物收割时间是错开的，例如，春季作物的收割时间与夏种秋收作物的收割时间要差一个月。这使得收获与种植的时间比较长，单个农户有足够的时间去收拾平整土地。

村里农户在农业生产中，不需要联合经营。一些缺少劳力的农户会找亲戚与兄弟帮忙，但是收入仍只归该农户所有。村里旱作物的种植一般都是一家一户独立完成。旱作对劳力的需求并不是太大，只是需要的时间较长，通常一个男劳力在家庭女劳力与孩子的辅助下便可以完成10—20亩土地的所有种植活动。有两个男劳力的人家通常可以种植 40—50 亩土地。土地在 50 亩以上的人家没有劳力的会选择将土地租出。因此联合经营土地的情况不存在。

二、经营主体

（一）家庭土地经营

对于自有土地，农户都有自主经营权，只是租种的土地会受到一些限制。若是自己的土地，种什么都可以，官方并不作要求，但是每亩土地都要纳粮。由于村里租地的都是温饱问题还没解决的农户，所以主要种高粱、小麦、大豆等粮食作物。种粮食都是根据时令进行，并不需要特别的改动。

对于种地户而言，常规的粮食种植活动不会受到地主的限制与约束，地主不过问具体的粮食作物，种地户不需要每个季度向地主请示。若是种地户大面积种非粮食作物时，则需要地主同意，地主是土地的所有者，若是不同意，则种地户不能耕种，否则地主有权利收回自己的土地。1949 年前，村里种地户多是温饱难以解决的户，均是种植粮食作物，地主家一般也不干涉，但地里所有的收入都要平分。

至于有长工的好户家的土地种植，一般是好户与大领商量着决定。最后，由好户家长决定每块土地内种什么以及种多少。至于不在村的地主，则授权老管全权决定，只需要每年向东家作一下具体的土地经营汇报，平时雇长工也是老管决定要谁或者不要谁。

（二）公共产权经营

前文中提及的村里的公共土地，主要有坟地、庙地两种，经营形式也存在不同。刘氏祖坟地为族人的共有土地，庙地也是全体刘氏族人的公有土地，外姓人家无权过问。这两类土地的产权不是农户私人所有，但是日常经营中，处置权却为部分人所掌握，村里的刘姓好户在公共产权处置上有决定权，并不需要征得族人的同意。

长门祖坟地归长门族人共有，但是土地经营权则交给负责看坟的农户。比如长门祖坟地交给看坟人种植，此后刘氏后人不再过问该土地经营情况。看坟的农户拥有独立的经营权，只要按时交纳税款，不需要向刘氏后人缴纳地租。但是其不能将土地买卖给外姓人家。可见，看坟人只享有完全的经营权。

祖坟地内的树木的处置权虽属于全体刘氏后人，但是村里人一般不过问。祖坟地一直处于闲置的状态，没有交给族内个人经营。村里的刘氏好户人家做主将树木卖掉冠名戏班，用于宣扬本村的名声。同时，刘屯寺庙土地虽属于刘氏后人共有，但是一直由族内有威望的人处置。寺庙被扒除后，村里刘氏好户做主将庙地交给为本村服务的人员。

三、经营分工

（一）家长决策制

家庭土地的经营由家里的男主人说了算，这个男主人通常是父亲或者丈夫。男主人不需要与家里其他人商量就可以做出决策。第二天干什么活一般是父亲一人安排。未分家的农户一般家长是父亲，其次长子在父亲退出的情况下可以当家长。一般家里有一个正常男劳动力便可以完成土地耕作的所有环节，妻子与孩子帮忙。男主人负责管钱，儿子媳妇的零花钱儿子管。儿女需要花钱时是向父亲要，要是父亲不给，也没办法，只能听从父亲的。未分家的家庭成员是不允许有自己独立的收入，都要归父亲统收统支。若是父亲同意，可以将部分家庭收入由儿子支配，这些收入的使用需要得到家长的允许。以受访者刘红伦为例，1949年前，其与大哥都已成家，但是始终未分家，家里完全由父亲当家，其用钱时需要向父亲要，通常父亲是给的。平时家里土地经营由父亲决定，其只能帮着干活。

（二）男女分工

村里男女是有明显的分工的，家里男劳动力主要从事农业生产与日常的对外事务。女劳动力主要负责家庭事务，做饭、纺花织布、洗衣等，偶尔做一些轻的农活。农忙时，若是家里没有男劳动力，则需要去请亲戚帮忙，主要找妻子的娘家兄弟或者夫家兄弟帮忙收割与耕种，血缘关系近，都会前来帮忙，不会花钱雇外人种地，村里经济条件一般的农户都不会雇人帮忙种地。若是家里土地较多，又没有男劳动力，有的农户会选择将土地外租成分收地。等到自家孩子长大成为劳动力之后再接管家业，将土地收回，自己耕种。

男的犁地、耙地、播种、打场脱粒。妇女干收割庄稼、收集秫秸、除草等轻便的农活。男劳力干的活比较繁重，妇女能干的活男人都能干，一些男人能干的活妇女不能干。犁地、耙地、打场脱粒都是男人来完成，妇女一般不参与。有些农活男女通常是一起干，比如收割庄稼、收集秫秸等农活，妇女跟着男主人共同完成。除了经营土地之外，女性要负责家禽的饲养，村里农户家里基本都有鸡鸭，有些农户家里有猪。农忙时，这些饲养活动都由妇女来完成。家里的男性老人只要有劳动能力也要参与劳动，主要干一些轻便的农活。男孩子农忙的时候要帮助家里干农活，私塾在这一时期会放假，让学生在家帮助干农活。在对外事务上，男性从事外出买卖交易、做手工生意等。平时赶集买卖东西都是男人去，集市上的妇女极少。家里与外人的金钱往来、借贷等活动，均是男主人负责出面。

村里的好户人家中，土地在200亩以下的，男劳力要参与劳动，男性老年人一般不参与，但是会跟着到地里帮忙，负责看守等轻便的农活。好户人家的妇女一般不参与劳动，在家准备饭食。在麦子抢收时期，也要跟着去割小麦。家里的男孩子除了在外地上学的之外，也要参与劳动，跟着家里的大领干一些轻活。

家里十多岁以上的孩子，要帮助家里干活，干割麦子、收集高粱、割草等较轻的农活。上学的孩子在农忙时节暂时不上课，帮助家里干农活。村里的洋学与私塾都会在小麦收割的季节放"麦假"，两周左右，师生要在家收割小麦。手艺人在农忙时也要参与家里的劳动，不会外出挣钱，村里劳动力无农耕、经商、读书等分工。有长工的人家，男主人可以少干一些农活，但是也要参与帮忙。日常的家务与三餐都是妇女来做，因此妇女的劳动量并不比男人轻松。

（三）农忙活动

本地区一年有三次农忙，一次是夏收，用于收割小麦，在每年的农历五月份。收割完毕后，紧接着直接种植秋粮，此季节不需要耕翻地。第二次是秋收，在每年的农历八、九月份，需要先后收割高粱、黄豆、绿豆、红薯、棉花等作物，持续的时间较长，作物成熟时间不同步，然后将自己60％的土地种植小麦，剩下的土地留着来年春天种植春季作物。第三次是春耕，为农历的三四月份，用于种植年前空余的耕地，这一次只播种不收割。清明种秫秫（高粱），谷雨耩谷子，这是当地一成不变的种法。夏季的六、七、八月份要照料夏季的庄稼，需要至少除三遍草，不算是农闲时节。在农忙时，会上与集上人很少，都在忙地里面的事情，集市处于淡季。

农忙时，村里人从黎明时分便开始下地干农活，一直持续到吃早饭，然后上午与下午继续干活，晚上天黑的时候才回家。若是晚上场里有粮食，要在场里睡觉，看管粮食。若是下雨，则不能干农活，都在家闲着，晴天才开始干活。村里家庭一般条件的妇女要干农活，比如除草、收割等。快到中午时，妇女要回家做饭或让家里的女儿做饭，然后送到地里来。此时，村里好户人家的妇女并不下地干活，因种地户都在帮忙，三餐的量较大，女主人会叫来一两个种地户家的妻子帮其做饭，然后等男人们收工回来吃饭，帮忙的妇女可以免费吃饭。

（三）农闲活动

每年的农闲在秋收之后，也就是种上小麦之后的冬季时期，一直持续到农历三月份的春耕。这段时间也是各种庙会活动举办的集中时间。这一时节，村里男人主要是干些手艺活，挣些钱补贴家用。过年时主要是打牌消磨时间，没有其他的娱乐活动。村里农闲时要搞副业，会与集便开始正常营业了，这也是一年中最为繁华热闹的时期。

村里一般经济条件的农户便开始做工、经营小生意，主要是贩卖布匹、蔬菜、鸡鸭与日常用品等。就村里人的时间分配来说，一年中有一半的时间要花在种地上，搞副业商业的时间不超过 4 个月。妇女在农闲时节，要为家庭纺花织布、做衣服等，空闲的时间较少，每年此时重复着同样的劳动。

四、经营合作

（一）牛工

庄内最常见的换工形式就是牛工。其他形式的换工没有，也没有技术换工。相互帮忙干农活的形式只发生在已分家的兄弟之间。村里的牛工是拿人力换牲口的使用权。并且比较多，村内土地在 50 亩以上的好户家里都有牛工。据老人讲述，为本村里好户做牛工的有五六十人。牛工与长工不同，村里牛工多是居住本村里的人或者附近张屯、孙屯人，附近其他村庄的人不会给本村人当牛工。牛工在自己家居住，但是需要经常给地主家帮忙，以经常性的劳动换取别人家牲口使用权。牛工都是男性，村里没有女性担任牛工的情况。女性主司家务，仅干一些地里的轻活。换工并没有任何报酬，主要是干活当日可以在东家吃饭，还有就是使用牲口。除了紧邻的张屯、孙屯之外，未见本村与其他村庄换工的，因为距离较远，干活不方便。

做牛工换工的对象是富裕农户，农忙时可以使用东家的牲口与农具，村内的牛工多是少地户。家里一般只有四五亩土地，养不起牲口，便想着给人当牛工，同时要向东家租种四五亩土地。村里的牛工同时也是东家的种地户，租种的是分收地，五五分成。因牛工家里的土地较少，农忙时自家田地收种所需要的时间较短，并且会与东家的农活错开时间，因此需要经常帮东家干农活。

农忙时牛工需要"靠住"[1] 帮助东家干活，并且是随叫随到。帮东家收割庄稼、脱粒以及播种，犁地一般不要帮忙，由大领自己完成。只要地主家有活，不论农活还是其他活，都要经常参与。牛工在长工有事情外出时，要代替大领给东家喂牲口，主要的报酬就是管饭。日常生活中，若是东家需要修建房屋、操办红白喜事，牛工必须到场，若是家中有事情走不开，可以向东家说明，不参与，但是多数情况下必须到场。若是经常缺席可能会导致东家换牛工。农闲时节，农民家中事情少时，牛工到东家帮忙的次数很少，可以忙自家其他的事情。

（二）帮工

村内的帮工现象十分常见，在建房、收割等过程中，多使用帮工，帮工最明显的特征便是不拿工资。这是村民为节约成本采取的比较普遍的方式。村内的帮工分为两

---

[1] 当地方言，意为经常地。

类,第一类为邻居帮工,第二类为地主家种地户帮工。

1. 为邻居帮工

盖房屋与修缮房顶时,需要找邻居帮忙。村里90%的农户住草屋,房屋修缮比较频繁,平均每年至少修缮一次屋顶。在建房时,村内有"紧七慢八、六个瞎抓"的说法,说的是七个人盖房感觉人手紧张,八个人盖房可以较轻松地进行,仅六个人不行。村内房屋主要是草屋,盖房时用泥巴筑墙,要分段往上添,干了后便成了墙,盖两间草屋,通常要一个月的时间,用泥挑起一段墙之后,要等10天左右,等到墙干了以后才能继续向上挑。帮忙并不是连续性的,中间要休息多天。盖房时请的都是关系比较好的邻居,每次帮忙时间一般控制在两三天之内,帮忙主要出于人情关系,邻居之间相互帮助,不会给任何费用,也不要带礼。若去外村家请亲戚前来帮忙修房屋,则要象征性地带一些礼品。建房时请人以邻居为主,人手不够时请住得较近的亲戚。若邻居有事情不能帮忙,则要另找其他人,很少遇到找不到人手的情况,因为当地有一共识——任何人都有遇到事情的时候,只有帮了别人,别人才会帮你。干活时,主人要一天三顿请吃饭,饭桌上没有特别落座的规矩,但饭菜一定要比平时好很多,并且是要管饱的。帮工是一种正常的人情往来,另一家有事情,之前被帮助的人也要去帮忙,在当时是最普遍的交往方式。修缮房屋等帮忙都是请家里的男人,并不请妇女。修缮屋顶主要请四周的邻居,通常一天便可以完成。

村内农户家里大都种有土地,农忙时各忙自家田地。若耕牛或劳动力不够等需要帮忙的,要找最亲的亲戚来帮忙,通常是男主人的舅舅,或者妻子的娘家兄弟,农活一般不能找邻居,因为邻居也要忙自家的田地。去找亲戚帮忙多是家里的男主人前去,需要带上一些礼品,家里穷的也可以不带礼物。血缘关系近的亲戚会来帮忙。若亲戚距离较远,则需要留宿,不需要再给来帮忙的亲戚任何礼品,饭菜没有太多讲究,通常要比平常好一些。遇到针线活时,妇女之间会相互来帮忙。

2. 种地户给地主帮忙

种地户是指租种东家土地的佃户,农忙时或者平时地主家有事情时,要给地主家帮忙。种地户是家中地少的农民,租种的分收地不够家中的口粮,帮助地主家可以获得口饭吃。农忙时,种地户的田地收完自家庄稼后,都要去帮忙,东家管饭,这样自己家也可以节省下一些粮食。需要帮忙时,地主会让大领去告知种地户一声,看是否有时间来,大领会挨家通知,直到找够东家安排的人手。东家只要地里有活干不完,便会派人来喊种地户帮忙。若种地户太忙可以选择不去。为获得口饭吃,多数种地户只要被通知都会前去。这种帮忙只找男人前去,女人不会去帮忙干农活。

犁地、播种时不需要种地户帮忙，当地为旱地，犁地、播种两人即可完成，只需要大领与牛工。通常是收割庄稼时让种地户来帮忙。此外，由于帮忙的人较多，需要做的饭也较多，地主家的女主人便会请其中一家种地户的女主人前来帮忙做饭。优先找居住得较近的种地户的妻子，主要的好处是管饭，但是没有工钱，不能带孩子来吃饭。种地户若是带孩子前来，地主虽不会明说，但是脸色会表现得很难看。

地主家盖房屋或者修缮房屋时，除了让大领、牛工来修，还要叫来几个种地户帮忙，只管饭，不给工资。会优先找来有空的种地户和手艺较好的种地户。种地户获得的好处主要为：偶尔使用一次东家的牲口，但不能长久借用。可优先向东家借粮，而且租金较低，通常是借一斤秋粮，还一斤小麦，小麦价格约是秋粮的2倍，当时算是较低的利息。干活时能在东家家里吃饭，减轻自家吃饭的压力。但不可以带孩子到东家吃饭，地主是不允许的，就算允许也会很不高兴。因为地主家将粮食看得很重。

3. 水利合作

村内都是旱地，没有一点水田，对水利的需求较低，加上自然降水完全够用，一般是不需要灌溉的，因此村里没有进行灌溉的设施，没有水利之间的合作。除了跨流域的河流之外，官府是不过问其他的水利设施的。北侧的洪河是跨县域的河流，单个县是没有能力进行治理的。之前，无论是官府还是民间，并未进行过水利修缮，洪河主要的作用是排水，没有灌溉作用。

4. 其他合作关系

村里其他的合作较少，主要发生在户与户之间的农业活动上。至于看青，村内有保长负责组织看青，都是保里统一组织，不需要户家之间的联合。看青寻找的是"怪孩子"（多是纨绔的富家子弟）。村里其他人并不过问看青的事情。

五、雇用经营

（一）雇工的种类

1. 请技术工

技术工主要是盖房时专业的泥瓦匠。盖房的时间集中在秋收完种上小麦之后，也就是农历九月之后，因为农村90%是草屋，秋收之后有足够的干草。请自己的亲戚、邻居不需要给钱，这只能算是帮工。泥瓦匠主要到南面杨集去请，本村的泥瓦匠较少，也可以通过熟人打听的方式到邻村去请，泥瓦匠都是附近的较为熟悉的农户，即使不熟悉也可以通过熟人引荐的方式。盖草屋时，只需要泥瓦匠三个左右，冬季一天5斤秋粮，夏季6斤秋粮，主要因为夏天昼长夜短，干活时间较长，工资自然较高。村内多数房子都是土墙的，用泥往上挑，上顶时需要专门的泥瓦匠，上梁时需要专门的木匠，所以需要请工。管饭是本地区的共识，请工人都得一天管三顿饭，一般是早晨六七点左右上工，然后再吃早晨饭，晚上五六点天黑时下工。房屋建完后，要给泥瓦匠按天结算劳动报酬。

在盖房屋顶时还要请木匠，为房屋打造大梁与横梁，木材主要是自己准备，请木匠负责加工，按天给工钱。打造家具时也需要请木工，木工的工资需要双方根据劳动量具体商量，若是在自家做工，需要一天管三顿饭，日常的吃食便可以，不需要特别讲究。木工优先请本村的人，若是本村没有，再去请附近村庄的木工。其他的请工形式未见。

2. 雇短工

雇工方面，村内除长工之外，其他工较少，只有少量短工，只有很富裕的人家才会雇工。在农忙季节，村里自种土地在100亩之上的大户会短期雇人帮忙收割庄稼。被雇的短工家里土地少、家庭劳力多余才来当短工。100亩以下的好户都是种地户帮忙收割，没有报酬。当地农忙主要集中在农历5月份、农历9月份两个时间节点，都是当地的每年的庄稼收割与播种时间。村里主要在抢着收割小麦时才会大量雇人。雇人并不是长期的，也就4天左右，庄稼收割完毕后结束，每天要管饭，通常是每天几斤秋粮。雇用的工人为附近村庄的地少的农民，且雇用的都是男人，很少雇用女人。短工的报酬为一天5—6斤秋粮，外加管饭。

3. 雇长工——大领

1949年前，村内好户比较多。而且好户家里都雇有长工，最多的长工便是大领，其次是二领（也称二编）。村里的地主家基本都雇有大领。本村雇二领的只有刘新耀一家。

村内只有好户家里请长工，这些好户土地所有量在50亩以上。低于50亩的户可以自己种完，不会雇用长工。村内只有一户人家有两个长工，其他的好户都是只雇一个大领。这些好户在中华人民共和国成立后都被划为了地主。请工的主要原因是家里的土地多，农活自己干不完，而且喂养的牲口也较多，需要雇大领长年照顾。雇人的农户家里每年都有足够的余粮，家业较大，有经济能力雇长工。自耕农雇不起长工，也不会顾长工。

大领一般是通过中间人找的。本村雇的大领都是外村人。居住的村庄并不太远，较远的有8里地左右，本村人当大领的很少。前一任大领不想干了会提前告知东家，让东家有充足的时间去寻找替代者。东家若是需要找大领会提前告诉亲人与村内的关系好的人，让其帮忙物色一个人选。大领找活也是通过中间人打听，由于居住的村庄都比较近，熟人比较多，村与村之间存在联姻关系，所以对各村庄的情况了解，双方找寻比较方便。中间人为双方的熟人或者亲戚，主要起到牵线作用，并没有报酬。

雇用长工就一个标准：干活的能力，看其所能干的活儿是否齐全。大领能力不同，工资存在差异。比如，一个能犁地、耕种，同时也会盖房、修缮房屋等手艺齐全的大领工资必然很高。一般的大领每年的工资为500多斤秋粮。干活能力强的、会的活儿比较全的大领工资能达到800多斤。大领一般都会主动要秋粮，因为小麦的价格高，东家给的量自然少。大领的年龄在30岁到50岁之间，正值年轻力壮，并且种植庄稼的经验丰富。雇用大领不需要写合约，双方价格谈拢后，便可以达成交易。按照当地的惯例，村里的长工通常都是在大年初二上工、下工。至于中途下工的大领则按照实际干活的天数给付工资，具体金额在于双方协商，中途下工的比较少见。若是东家不同意，可能工资会少一些，这种纠纷没有调解的渠道，只能双方沟通。大领不干之前会与东家沟通，让东家着手寻找替代者。村内未见过因主雇关系而产生的诉讼案件，都是双方自己解决。民国时期，村里大领通常会在一户人家干三四年。若是大领干得不错，东家用"顺手"了，就不想换人。在大领提出要离开之时，东家会给大领涨工资，希望其继续留下干。

农忙时大领负责领工，与东家商议后，其带领牛工、种地户与东家的儿子干活。自耕土地在50—100亩之间的好户，一般雇一个大领，自耕土地在100—150亩的，需要雇大领、二领两人，村内没有雇长工三人及以上的大户。大领、二领是地主家雇用的工人，一年四季在地主家居住，与地主家在一个锅里吃饭，即使过年也不能回家。两个长工都在牛屋居住，牛屋通常位于前院的南屋或者东西屋，距离大门比较近，在风水上来说算是方位最不好的位置了。大领负责饲养牲口，农忙时到堂屋与东家商议，种植庄稼的种类也是由东家与大领商量。"客守货，船守舵，大领守着牛屋过，你大领得常年在牛屋守着"，受访者讲述道。

日常生活中，一户人家同时有两个长工，则需要分工。在干活能力上，二领不如大领，工资也不如大领高。大领主要负责喂牲口、拌草料，二领主要负责清理家庭日常生活产生的垃圾、扫地、处理粪便等。农忙时，地主家自种土地较多，需要找人帮忙或者雇短工，需要派大领去喊牛工或者种地户。干活时，大领主要负责领工。在与东家商议后，便带领种地户或者短工到地里干活，其主要起到领导作用，安排其他劳力干活。二领的能力不如大领，在生产上要听从大领的安排。收割完庄稼之后，大领便回家牵牛拉车，找一个短工帮忙装车，然后将庄稼拉到打麦的场里。在这期间，二领在地里领割庄稼。收割完毕后，犁地、播种都是由大领与二领干的工作。没有二领的好户家里，犁地都是大领自己来完成，必要时会找牛工来帮忙，一般不需要请帮工。

平时大领与地主家在同一口锅里吃饭，除了因为地主家的老人年纪大，需要专门做一些白面馒头之外，地主其他家人与大领吃的饭菜都一样。如果是区别对待，大领会不愿意，东家会很难留住大领。大领与东家不在同一张桌上吃饭。当地日常吃饭都是用碗，平时只有一道菜，盛好饭后，大领端上自己的碗，带几个馒头，回牛屋吃饭，并不讲究什么礼节。即使是地主自家人也是端着碗随便找个地方吃饭，并不会按秩序坐在一张桌子上吃。长工家中遇事可以请假，通常2—3天，家里事情处理完后便能回来，在这期间由种地户或者牛工负责喂牛，夜里守在牛屋。

若长工生病，需要自己去看，病得较为严重便只能回家。若是不能干活了，只能回家休养，双方的关系解除，工资会按照天数给付。平时长工生病回家住几天，不会扣工资。长工通常忙的时候主要在秋收或者夏收时节，其他时间较为轻松。农闲时地主家修缮房屋，长工也要跟着干活。村内没有过生日的习惯，只有年纪超过66岁以后才会过寿。大领过年时就住在地主家，并不需要给雇主家拜年，双方在人格上是平等关系，雇主与长工的家人没有往来。雇主家有红白喜事，大领也要跟着帮忙，听从东家的差遣。大领家有喜事时，地主会添香，这属于人情往来。雇主家的亲戚多是大户，有自己的长工，即使亲戚需要帮忙也不会派自己的长工去，因为雇主自家的农活离不开大领。村内大领没有遇到被抓壮丁的情况，因为抓丁都是有目标的。长工去任何村庄干活不需要向本村的保甲长汇报。

4. 老管

不在村的好户刘伍元家雇用了邻村的袁德水为老管，负责管理其在本村的土地。其外甥为刘伍元在关城坝村的老管。老管家里的土地也不多，10多亩土地，本村的老管平时在自己家居住。由于雇主长期不在家，雇主在本村的一切事务都由老管处理，土地拿款也是缴纳后再向雇主汇报。

老管是东家自己寻找的，没有什么标准，一般挑选自己信任的邻居或者亲戚，选定后通常是长期不变的。因为自己不在本村，所以找的必须是人品可以信任的人。将本村的土地经营的所有事情都交给其处理。老管每个收获的季节会将粮食运送到县城，去跟东家汇报今年的收成，同时会按照东家的意思负责安排今年的耕种计划。大领也是老管自己帮东家找的，需要经过东家的认可。至于老管的好处便是工资，具体给多少也不清楚。除此之外，还可以使用东家的牲口耕种自己的土地。

六、雇工之间的关系

（一）老管与大领

在刘屯村，不在村的好户家的土地是完全由老管负责日常经营。大领也是老管自己决定雇用的。在经营活动中，东家无法直接指挥大领，因此大领完全由老管指挥。"老管就跟东家似的，大领得听他的。"地里的农活时，大领一般会主动去干，农忙时便会叫来牛工。老管不参与干农活，大领与牛工要听从老管的指挥，对于不听指挥的大领，老管是有权解雇的。需要犁地时，大领自己牵着牲口去。

（二）短工与大领

短工一般是好户家雇来收麦子的，完全是由东家自己寻到的，东家决定要谁不要谁。短工在干活时需要听从大龄的安排，大领主要的职责便是领工，即领着短工一起干活，必要时大领可以进行一些分工。通常好户人家的家长并不直接参与劳动，只是在地里指挥。

（三）大领与牛工、种地户

在好户家里，大领经常与牛工、种地户一起干活，彼此之间十分熟悉。无论是修缮房屋、收割小麦，还是打场，一般牛工都会在场，部分种地户会按照东家的意思被大领叫来参与干农活。这些事务都是由三方一起完成。按照东家的习惯，当家里遇到事务需要劳力时，通常首先让大领去喊牛工过来帮忙。若是事务比较多，大领与牛工人手不够的情况下，则需要大领再去喊几个种地户过来帮忙，过来帮忙的都是家里的男主人。

第四节 交换与交换关系

虽然小农生产有着自给自足的特点，但日常生产生活中依然需要进行产品交换。在刘屯村，交换也是村民主要经济活动之一。本节将从"交易会、集市、村落借贷、交换关系"等方面去考察传统时期刘屯村的交换活动与交换关系。

一、交换场所

村里的公共交易场所主要有三类，一种是定期举行的会，另一种是庙会，最后便是较大的集市。

（一）会——村内交易场所

刘屯村在1949年之前便有会，是在固定日期交易的买卖场所，类似于集市。每月固定的几天是交易时间，地点就在村庄道路的两侧与旁边的打麦场内。1938年前，会举办地点位于南寨门附近的打麦场内与道路两侧。1938年至1949年，会在北寨门附近举办，其中牲口市位于北寨门外的场内，其他交易场所位于寨门内的道路两侧与火神庙前的空地上。刘屯会规模较为一般，每隔几天才有一次，在周边地区会的数量比集要多。1949年前，刘屯逢四日（四日、十四日、二十四日）、二十三日有会，每月共四天。距离本村较近的会有杨集会、镇里固会等，杨集每逢农历初二日、五日、七日、九日有会，每月有12个会，北侧10里处的镇里固村逢二日、八日有会。会的日期通常在数年内是不变的。时间久了之后，会首根据会的质量与规模调整日期。这种情况比较少见，因为调整日期需要通过唱大戏重新告知四方的农户。

会上主要有粮食市、牲口市、肉市、菜市、农具市、布匹市等区域组成，除牲口市与粮食市之外，没有明显的界线，同一类生意集中在一个区域，划分工作由会首完成。会上都是临时摊点，没有任何店铺。附近的农户带着商品或者农产品在会上找一块空地，摆上要出售的物品。买方都是附近的农民，会上卖的主要是农产品或者农具，基本都与农业有关，其次为生活用品。会上摆摊买卖均不收税费，但是粮食市、牲口市例外。会的辐射范围为本村四周的村庄，只有方圆2公里左右。与集市相比，会的规模与影响较弱。

会由会首发起与管理。会首多是村内有名望的人家，家庭较富裕，有足够的时间管理闲事。会首主要负责起会，在起会时要请来戏班唱大戏，四面八方的人都来听戏，从而达到宣传会的目的，让十里八乡都知道本村要起新会，并告知逢会的日期。

表3-4　1949年村庄及周边会的分布

集市名称	逢会日期	距离（公里）	备 注
小杨集	二、五、七、九	1.5	连集带会
镇里固	二、八	4	
刘屯	四、二十三	0	

（二）村内庙会

庙会是本地区最热闹的庙神祭拜与集市相结合的活动，每年的举办次数较少。规模比平时的会还要大，每年村里要举行一次庙会，正月二十八在罗汉寺举行罗汉寺庙会，一共办三天。民国时期，由于罗汉寺已经被拆除，所以庙会在南寨门外的罗汉寺两侧的场内、路边举行。庙会的主要作用便是扩大本村的影响，同时形成大的交易场所，为农闲时村民的休闲方式之一。附近较大的村庄每年也会举办一次庙会，但是相互之间没有协调，庙会的名目是不同的。庙会多是在农闲时举办，以过年前后最多。每个村的庙会形成一个较为固定的日期，每年到这个日子便会举办。每到这个时候，其他村的人便会打听今年是否还办。小商贩在农闲时会追随着庙会到处跑。庙会上卖的吃食较为多样。附近十里八乡的人都会来看庙会、听戏。

庙会的组织者也就是村里老会首，通常是三四人左右。他们负责举办和管理庙会。

村里庙会的收益的一部分会被用来请戏班。一般在庙会的前两天，其他村的人会来布置摊位，尤其是卖包子、油饼、肉合子等吃食的农户。会首会给其安排一片地方。庙会的组织者也被称为村内问闲事的人。

（三）杨集——附近集市

每隔若干公里都会有一个大集市。这些集市大多是有城墙的，多为圆形的城墙，墙外是寨沟。集市上有店铺、摊点。除县城之外，集市是本地重要的交易中心。

杨集也被称为南杨集、小杨集，是本区域最大的集市之一，距离刘屯村1.5公里。杨集是集与会的结合体，每天的早晨早饭前是"集"，每月的2日、5日、7日、9日逢会，也就是村民所说的"以集带会"，即早饭前的集与早饭后的会连起来。集是早晨的农村市场，从黎明开始到早饭结束，时长约两个小时，天天早晨逢集。会是隔几天一次，本地区名称带"集"的村庄大多是集市。附近集市村庄的名称中多带"集"字，如周边的小杨集、乔集、张集、大杨集等。

小杨集集市位于村落中间，集市大街为"卄"字型，俗称"六头一大街"。集市周围是杨集村的民居，民居外围筑有寨墙，寨墙外有寨河。杨集的寨墙是用砖块垒砌起来的，四个寨门也是砖盖的，寨门盖得很气派。这种砖砌寨墙的集市在本地很少见，其他集市的寨墙多是土墙。小杨集的布局比较讲究，东西南北有四座庙，村民希望借此来"保护"村落。小杨集上有很多店铺，分布在集的街道两侧，贩卖各种东西。刘屯的好几户富裕人家在杨集有房产有店铺。1949年前，杨集的半个集主是刘屯人。

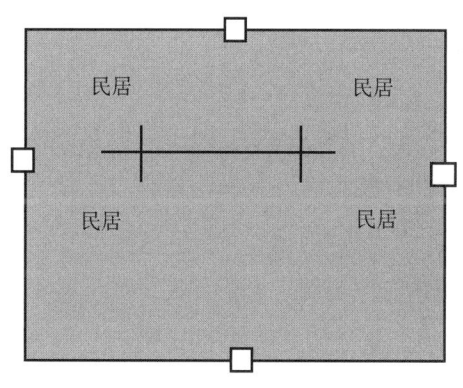

图 3-3 1949年杨集集市结构简图

小杨集的叫法是用来与西北30里外的大杨集相区分的。本地有着"小杨集不小，大杨集不大"的说法，两个集市的规模都比较大，只是村里人已经习惯了这种叫法。小杨集位于陇海线南侧，紧挨着铁路，隔铁路与刘屯村相望。小杨集距离砀山县城比较近，只有30里地，可以去砀山县城批货或者做买卖。小杨集的东西应有尽有，"砀山二徐州，杨集二砀山"，意思是砀山城是第二个徐州、杨集是第二个砀山，来形容杨集集市的发达程度。1938年，日本人侵占本地时，曾攻打过南侧的小杨集，国民政府部队撤出杨集。

二、交易活动

村内的日常的交易活动有两种，一种是定期举行的会，还有杨集集市。这两种活动为村民提供了交易场所。

民国初期，交易中使用的是铜钱与银圆，5吊铜子等于1块银圆，1吊等于50个铜子。2个铜子可以在集市上买一个馒头。此后，刘屯村人到集市上使用银圆、铜子的较少，开始使用纸币。抗日战争期间，本地的纸币比较乱。蒋家宾的部队（国民党地方部队）出的是"黑流通、白流通"；日本人出的是"联合票"；假日本（伪政府）出的是"储币票"；国民政府中央出的是"中央票"。本村主要花这四方的票子。因杨集被日本人占领，加上刘屯村距离铁路较近，刘屯村人去南侧的杨集只能花联合票、储币票。自村落向北，只能用中央票、"黑流通、白流通"这几种票子。村里人到谁的地盘花谁的票子。

（一）赶会交易

农户到会上进行买卖被称为赶会。通常方圆2公里内的农户都会来刘屯村赶会，会从吃过早饭开始到中午午饭过后结束。会上内容较为丰富。除了各种交易场所之外，会上还有说书的、唱大鼓的等。附近村庄的农户来临时摆摊，听的人一般都会给小钱。中华人民共和国成立前，刘屯村人主要赶的会有两个，一个是本村刘屯会，另一个便是小杨集的会。会上以摊点为主。

村里的商户多是半农半商形式的，忙季收种庄稼，闲季做一些小买卖。1949年前，村内有固定的三家杂货店，位于村中心区域，为村内人所开，每天都会开门，主要卖洋火、洋烟、油盐酱醋、散酒、麻花、馓子等。村内有榨油的作坊，但并不是长期开业，只是在秋收后，有一些农户用芝麻、黄豆等榨油，扛到砀山县城去卖，主要卖给杂货铺，并不是散卖，一般一天一个来回，来回几次后便作罢，不再榨油，剩下的油渣晒干后用作肥料。

逢会时，所卖的东西种类与刘屯会上较为类似，但是规模要比刘屯会大得多。会上有卖各种农具的，为集上的铁匠自己打的。同时也有卖板凳、椅子等家具的，附近的木匠自己打造然后带到会上去卖。逢会卖东西不需要向集主交摆摊费。同时也会有卖布匹的，都是洋布，为清末时期传入中国。这些卖洋布的都是一般的农户，依靠摆摊点混口饭吃。村里的受访者刘砀根曾做过洋布生意："我家是从杨集车站坐火车到徐州去进布匹，然后回来到集市上卖，周围哪个村庄逢会，就去会上卖。"会上有卖各种蔬菜的，数量比早晨的集上更多。除了吃食之外，还有簸箕、篮子、扫帚、粪箕子、筐等生活用具，这些多是附近的农户自己动手编织的生产生活用品。1949年前，每家每户都要用到这些工具。此外，还有陶瓷用具、神像等用品。

（二）村内庙会交易

庙会主要的活动就是唱大戏，举办庙会的村庄请来专业的戏班大唱三天。庙会的规模较大，村内庙会时间自正月二十七开始，二十九结束，在农闲时节举办。庙会上卖各种吃食、手工艺品等。举办庙会时，周围村庄的村民都会来赶庙会，是本地人的一种休闲方式。

庙会还是重要的交易场所，通常规模比平时的会还要大，但没有牲口市与粮食市。庙会上主要卖吃食、玩具、小农具、布料、手工艺品等，以吃食最多。这些摊点主要摆在罗汉寺旁边的场内与道路两侧，由会首安排。来交易的多是本地人，居住地距本村不远，想以此赚些钱谋生活。

庙会上要搭戏台唱戏，紧挨戏台的两侧设有专门的赌博的地方，赌博的种类较多，有带保、推牌九等形式。通常摆放着三四十张供人赌博用的桌子，这一时期属于农闲季节，一般情况下都能坐满。参与赌博的都是附近村庄的农民。赌博时赢的人要打头，比如每次赢了100块要抽出10块钱放到桌角，每赢一次都要"打一次头"，即将赢得钱的零头作为费用，最后交给庙会组织人。所以庙会每天下来赌博获得的收入比较多。赌博打头的收入归庙会会首管理，用作举办庙会的开支等费用。赌博打头的收入基本上可以弥补请戏班唱戏的费用。

在庙会上，信神的人会到罗汉寺内烧香。即使在寺庙拆除之后，也会在庙址废墟上找一个专门的区域烧香。庙会上的人都是附近的村民。范围比较广，甚至可以吸引到方圆十里的农民前来。赶庙会的人多是为了听戏、娱乐，同时还会在庙会上买些东西。举办庙会主要的花销在于请戏班唱戏，其他的费用花销较少。庙会在庄子边的打麦场内举办，因冬季农闲，场是闲着不用的，所以不需要场的所有者支付任何费用。

（三）集市活动

1. 早晨的小买卖

以卖方来看，杨集天天早晨逢集。早晨的集以摊点为主。杨集每天早上天未亮，附近的村民便挑着担子或推着独轮车到集上占摊位卖东西，集上有卖蔬菜、肉、早点的商贩。早晨杨集集市店铺门前的道路两侧都是摆摊点的，都是杨集村与附近村落的农户。他们一般早上5点就会出发，挑着挑子到集上卖东西。道路两侧的店铺无权向他们收钱，但是不能挡住店铺的门。早晨的集以卖吃食为主，早点有油条、肉馅子、水煎包、烧饼、羊肉汤等。推着小车带口锅来集上做生意的农户占个摊位，用几块砖垒砌一个灶台，支起锅，便开始做早点。此外还有卖菜的摊位，都是附近的农户带自家产的菜来卖。还有卖肉的，都是本村或者周围其他村的杀猪的来赶集卖肉。据受访者刘耕珍讲述：

> 日本人攻打杨集的时候，正值晌午。国民党军队将四个寨门紧闭，不让进出。我们村里父子两个杀猪的去杨集卖肉，结果不让出来。日本人把杨集的北寨门、东寨门全给打塌了。后来国民党军抵挡不住，就从西寨门逃跑，他们父子两个趁乱从西寨门跑出来。

附近家中有需要的用户都会到集上买东西。买东西的人也是天未亮出发，这被称作"赶集"。受交通工具限制，都是依靠步行。待集结束后回家吃早饭，集上还卖早点，主要是包子、肉馅饼、馒头、羊肉汤等，多数农户是舍不得在集市上吃饭的。赶集的都是附近村庄的人，还有远方村里的来卖东西。赶集的人以男人为主，主要是买些蔬菜，或家里为招待客人买些猪肉。1949年前，女人很少赶集。一眼望去，集上基本上全是男人。赶集的还到店铺为家里置办日常生活必需品，如粮油、火柴、点灯的煤油等。

2. 集上的粮食市

粮食市在集上的一个角落里，每天早上粮食市都会开市。逢会时会上也有粮食市，但平时没有。粮食市内有专门称量粮食的"升"，集主雇人专门用"公升"为买卖粮食的双方称量粮食，粮食市内买卖的粮食必须上公升称量，升与斗较为类似，但与斗形状不同。本地买卖粮食以升为单位，是一种丈量体积的容器，不是称重，一升小麦是14斤，高粱是13斤，谷子是12斤。此外还有小升，用来量更少的粮食。按照换算标准，十升为一斗，每斗小麦140斤，每斗高粱130斤，粮食市的行人都是"光棍家子"，即比较富有、有地位的人。粮食市只是一个粮食买卖的场所，本身不收购与卖出粮食，只是给附近农民提供一个交易的场所。在粮食市买卖的粮食必须要用升丈量，不得私自交易。

到粮食市内买卖粮食的都是附近的农民。卖粮食的以小户最多，家里没钱花销了，扛一袋子粮食去集上或者会上卖了，好户一般不卖粮食，而是存起来，借给人家（有利息）。卖方将粮食扛到粮食市内，摆在地上等候买家，买家看中其粮食，双方讲好价钱后，要到粮食市内专门的公升上称量。卖粮食都是双方直接讲价，一个愿打一个愿挨，比如卖方要价8毛一斤，买方给7毛，卖方想卖的话也可以。然后用粮食市的升量一下。卖家将粮食倒在升内，粮食市的行人会用手将升口的粮食抹平，撒出的粮食归粮食市所有，买卖双方都不得捡起。所以通常粮行人会用力抹平升口，使粮食撒出更多，这种行为被称为"吃鸽子"，是占便宜的意思，撒出的粮食为粮食市收入的一部分。丈量完粮食，交易达成后，买方要给行人"佣钱"，通常是三分佣，佣钱的具体数要看购买的粮食数量，一般较低。所以粮食市收入主要来自"吃鸽子"与"佣钱"。平时村里大户家没有钱了，就让大领推一车粮食去卖掉，还会派儿子跟着。若是完全信任大领的话可以不用跟随，完全交给大领去办。村里一般的农户家里需要零花钱了便会由男主人推着独轮车到会上或者集上卖一口袋粮食。

3. 店铺交易

杨集上的店铺较多，主要有杂货店、饭馆、酒馆、茶铺、馍店、染布坊、裁缝店、铁匠铺，还有酒厂。这些店铺都需要较多的设备，因此需要使用固定的店铺。店铺分布在杨集大街的两侧，都是杨集人与附近村的人所开，刘屯有一户人家在杨集有店铺，酒厂也是刘屯人开的。这些店铺没有高低贱贵之分，因卖的种类各不相同且具有互补性，平时相互之间会打交道。店铺的顾客主要来自杨集村与其他村落的农户。集市上做生意的多是本地人，外地人较少。外地人来做生意只能摆摊，一般买不起店铺。

（四）流动商贩

流动商贩较为普遍，主要为本村或者邻村的人员，贩卖的种类比较多，多是步行挑担或者推车，主要贩卖洋烟洋火糖果等生活用品，用扁担挑着或者手推车推着。流动商贩被称为"拨浪鼓"，因其遛乡贩卖时手中持有拨浪鼓，边打边吆喝而得名。还有一种是专门卖一种商品，比如食盐。1949年之前，卖大盐的、卖菜的、卖豆腐、豆芽的都会来遛乡叫卖，也有遛乡贩卖板凳、编筐等手工品的。他们到各个村庄溜着卖，从早晨到晚上都有。既有本村的也有外村的，在村子里转悠。通常是外庄的来本庄贩卖，本村的到外庄去叫卖，只是卖的东西不一样。都是用推车或者挑着挑子，一次只能带百十斤，一般挑着挑子的多一些。遛乡的很快，在庄内转一圈就到其他庄子去卖。

流动商贩所卖的油盐酱醋、糖果、小型玩具、洋烟、洋火等，价格和杂货店的价格比差不多，稍微贵一点。村里的人家若是不想跑远路到会上或者杂货店去买，就在门口买流动商贩的商品，虽然贵一些，但是比较方便。其他商品的价格与会上的基本差不多。流动商贩多为较为贫困的农民，为获得一些收益走街串巷，其家中也有些土地，通常农闲时外出贩卖。流动商贩并不在村内吃饭，多为附近的人员，一到饭点就回自己家吃饭。流动商贩进村不需要向保长报告，进村并不收费。白天寨门是开着的，可以自由出入，不需要向看门的打招呼。相比而言，多数村子是没有寨墙的，出入比较随意。受访者刘丰须老人讲道：

1949年之前，为了卖几个钱，本人曾遛乡卖过盐。当时吃的盐都是大盐，从杨集盐店批的盐，一般都批三十斤、五十斤，我和本村的一个人一起，我们两个推着车子到处遛乡卖。有的人是感觉距离集比较远，不想去集上买，就买我们的。那个时候钱比较少，都是用粮食换。我们只遛乡，不到集上去卖，因为集上有小卖部，而且便宜，他们不如去小卖部买。我们村的流动商贩不少，有卖香的、卖烟的、卖酱油醋的，卖什么的都有。得有几十个，日久年深，具体的记不清了，反正都想赚几个钱。我们村有一户，就是在咱这附近的会上，买了鸡到徐州城里去卖，每次弄十几只活鸡，扛着扒火车就去了，离得比较远，得坐火车去，赚点钱。我这买多少就卖多少，一边买一边卖，卖完这一回不想干了，就算了不卖了。

（五）借贷

村里借贷也被称为"使唤账"，民国时期，村里的借贷物以粮食为主，贷钱的较少。

村里的好户都有放账的经历，主要是放粮食贷。专门放高利贷的有一户人家，其家中有50亩左右土地，土地数量在村内不算多，主要依靠放高利贷，在家中囤积了很多粮食，放贷用的是粮食，后来这户人家的粮食在1950年土改时期被分掉了。其他的好户也向外放贷粮食，利息多是借1还2，或者借1还3。多是熟人之间借贷，有本村的也有邻村的。"那个时期使唤账的话，一年还不清，本年的利息带本钱算进去，下一年再给又是翻一倍，俗称'驴打滚'，那个年头不能让账压住头，否则很难翻身"，受访者如是说。放贷的一般都是本村的大户，家中土地较多，有足够的余粮来放贷，赚取的粮食用来再购买土地。村里一般的利息是借一斤还两斤，这是比较普遍的利息。借好户人家的账，一般人是不敢赖账的。

一般来讲，借贷的对象并不唯一，只要有余粮的农户都可成为被借的对象。一般利息是借1还2，主要以借粮食为主。村里贫困的农户家中的粮食吃完了，正值冬天，地里除了刚种下的冬小麦，没有其他东西可吃。自家的粮食吃不到小麦成熟，青黄不接又揭不开锅了，便估摸着需要借多少粮食才能吃到小麦下来。村里借贷用的基本上都是高粱。多是会选择向比较熟悉的好户借粮食，并不需要立字据等。通常是种地户（租种土地的农户）向自己的东家借粮，一般是借百斤高粱，等到明年小麦成熟时，按照所借高粱的斤数归还相同斤数的小麦。通常小麦价格是高粱的两倍左右，也就是相当于借一斤还两斤。这是因断粮产生的借贷，一般量不是太大，会及时还上。

还有一种借高利贷的一般是家中有急事，需要几百斤粮食，这种借贷量比较大。通常利率比较高，一般是借一斤粮食还二斤或者三斤。需要向有粮食的人家讲好利息。若是最后还不上，会选择抵押家产或者变卖家产还账。本村之间借钱不需要保人在场，这是两家之间私下的事情。只有关系较远的、平时两家之间没有往来的，才需要中间人介绍。中间人并不会替借者还款。村里人并不会盲目地给别人当中间人，一般只给有偿还能力的人当中间人，不会给信誉差的人当中间人，也不会给明知无偿还能力的人当中间人。

家中遇到变故时最容易发生借贷行为，这就是"遇事"债务。一般以丧事为主，家中有人去世后，急需粮食筹办丧礼，主要是设宴管饭、棺材、响器的花费。这种债务比较常见，并不一定仅借一家的债。按照传统，孝子不能到别人家去，借贷的时候由喜总一人负责，一般很容易达成一致。喜总需要就具体的借贷金额与利息与举办丧事的主家商议。等丧事办完后，主家开始上门到债主家商量还款的事务，若是当时还不上，则需要与债主商量来年还款以及利息。一般的解决方式是丧事过后，为防止账压住头，便会变卖土地将所欠的粮食还上。也可以把土地当给或卖与债主，价格在于双方商议。若达不成交易，还可以卖给他人换得粮食，再来还账。这种较大量的借贷不需要借据，有中间人在里面证明，很少出现赖账的现象。若是赖账，此事会很快传遍全村，则将来村里人不会再给其当中间人。

> 1949年之前，受访者刘耕珍老人家庭经济一般，母亲去世时，家里并无余粮，为办丧事，借了几百斤粮食，等丧事办完后，便开始想办法还账，为防止账压住头，先后卖了家里的几亩地，家里原来有二三十多亩地，后来只剩了十多亩地。

借贷是民间的私人行为，并不需要请族长、保长、甲长参加。必要的时候双方会请一位中间人，并订立约定。一般是不需要出具借据的，都是口头约定。不需要请客吃饭，不需要给中间人好处，中间人只是做个见证，日后发生纠纷，可以作为证人。借贷方碍于情面不好张口，便请一位中间人去"探探口风"，若是对方同意，借者再与对方商议具体的利息借期等。一般借出东西后，债主会记账。到期后，借者会主动前去还债。若是未还，债主会告知借者让其尽快归还。还时并不需要中间人到场，只需将粮食或者钱财送还借主家即可。若是有借据，则会将借据归还给借者，若是没有，则双方口头交接即可。若是到期还不上，中间人不会承担责任，会请宽限几日。最后若是实在还不上，债主又好说话，则会一直欠着。即使还不上，也很少找亲戚帮忙，若是亲戚有能力的话，就不会选择借贷。

> 受访者李长耕家，中华人民共和国成立前原本只有两三亩地，租借了本村好户人家的分收地，平常好户家里有活干了，来知会一声，父亲便会前去，一般不会拒绝，去的话能管一天的饭，而在家却没吃的。租的地里粮食是五五分成。家里不够吃的，借了东家的粮食还不上，一直欠着，直到中华人民共和国成立后土改还没还。家里没吃的时候就去要饭。

1949年前，还有一种村之间的债务。西侧8里处的杨氏家楼村因常年水患严重，秋粮没有收成。曾托中间人到刘屯的大户人家借粮食。按照约定是每斤粮食来年还两斤。这种债务形式直接找中间人。到期后债主直接找中间人按照约定的斤数要粮，中间人在村里按照各自借的斤数连本带利地收齐后归还给刘屯的大户。中间人可以从中获得一些好处。一般有中间人的情况下借者都会归还。中间人不会放给没有偿还能力的农户。

三、交换关系

日常交换多是在一对一的农户之间进行，通常是按照自愿、平等的原则进行。

（一）买卖关系

在集市上的买卖中，普通农户并不处于弱势地位。买卖多是发生在农户与农户之间，并不是与大型的商铺之间的交易。因为本地区并没有大型的商铺，多是一些个人开的较小的店铺。交换是平等进行的，双方谈拢价格再进行交易，谈不拢价格便达不成交易。除了卖土地、宅基地等大型交易东西之外，不会提前联系好卖家。小型交易为当场议价交易，当场结算。小金额交易可以赊账，但是没过多久就会归还。会上交易时，买者会货比三家。

会上遇到欺骗，当场发现，会大骂和打骗子一顿。事后发现，若是找不到人，只能就此作罢，自己吃亏。若是找到对方，但是对方拒不承认，也没办法，没有人会出面解决这种难以判清事实的事情。若是存在中人，中人能证明的，双方直接协商，能挽回损失。同村做生意的人有欺骗行为，会被传得整个村子都知道，会给他的名声造成不好的影响，以后不会有人再与其做生意。一般本村人之间很少发生欺骗交易行为，且本村多是刘姓人家。若是有中人，就比较好办，双方都比较规矩，不会作假或者欺骗。

村里只有粮食市与牲口市有专门的中人，其他领域很少有，中人的费用一般多是买主付给，佣钱比较低，有着三分佣的说法。在集市上，若是外人出价过高，卖者会优先卖给价高者。村内涉及价值较大的物件交易时，才会找中人。其他的小本交易一般不找中人。农户都是想将农产品卖到较好的价格，农户会为了一点较高的价格，而去距离更远的集市交易农产品。为了将牲口卖到好的价钱，北侧8里处的镇里固的人会跑来赶小杨集会。"我在杨集会上买了一头牛，卖主是镇里固的人，来赶杨集会卖，经我们村的牛经纪的手买的"，受访者刘砀瑞讲述道。平时刘屯的会上，也有十里八乡的农户来卖牲口。

（二）交易价格

1. 依据行情定价

交易价格是根据产品的实际价值而定。每种农产品都会形成一个较为标准的大家公认的价格，并且有所浮动。具体价格是双方自己商量，只要一方不同意，交易就无法达成。农户多是在集上获取市场上的农产品价格信息，为买某些东西自己主动获取其价格信息。交易中多是卖主给出价格，若是买者感觉比较贵便会还价，若是双方谈成价格，交易便可以进行。村里人去卖粮食，会首先向粮食行人打听粮食市内最近几笔的交易价格，从而根据自己的粮食质量估算粮食价格，在心里有个大概价格。卖牲口可以让牛行人帮忙给估价。赶会的农户并不清楚农产品的买卖价格，可以向同行的人打听。常赶会的农户对各种农产品价格比较熟知，不常赶集的农户多需要向会上遇到的熟人打听。一般来说，农产品讨价还价的空间较小，多是卖主根据东西的质量，进行少量浮动。若双方对价格都满意了，交易才能达成。

会上交易对象是变化的。交易中，价格调整遵循双方的意愿，通常是"一个愿打、一个愿挨"。不管价格高低，只要达成一致便可。以卖粮食为例，受访者刘耕珍介绍："那个时候的粮食价格不太固定，跟现在不一样，现在公家涨就涨价，公家不提就不涨。当时要是逢会去集上卖粮食，若当时卖得很快，供不应求。当时就会涨价，你不涨价我不卖。但是要是卖得慢了就会降价。就是快了就涨，慢了就降价。"

2. 近疏价格有差别

在交易中，卖给亲戚、朋友、熟人的价格有明显区别。熟人之间碍于情面，交易价格更便宜些。本村人和外村人的交易价格有区别，本村的熟人要价会稍微便宜一些。邻居的价格会更便宜，亲戚只要成本价。卖方会根据交易行情适度调价，买方即使发现自己买贵了也不会找卖方理论，因为这是常见之事。

3. 地区价格有差异

刘屯村人最远会到徐州城里去卖农产品。村里有的家庭较为贫困的农户，为了生计，每次在刘屯村或者南杨集会上买几只鸡，然后从杨集车站爬上过路的火车到徐州城去卖，因徐州作为城镇，农产品价格较贵，这样可以赚些钱补贴一下自家的生计。这是一种利用差价赚取利润的方法。

（三）其他活动

1949 年前，在赶集、赶会等交换活动中，除了做买卖交易，农户一般不会在集市上从事其他的活动。因为本地区较穷，多数人要整日劳作，想着如何过日子。村里到集上喝酒的是少数，爱好喝酒的人买一些散酒，一会儿喝完便回家。集上饭馆比较小，村里人更不会到集上聚会。唱戏只是每年一次的庙会上才有的事，集会上没有。会上即使有唱大鼓，看的人也只是少数。通常走亲戚赶在赶会当日，因为比较容易购买礼品，一半以上的农户通常在会上割块肉去走亲戚。普通的农户多是带些一般的点心。

第五节 分配与分配关系

传统时期，家庭分配是村民对家庭收入进行计划与配置的活动，在刘屯村，家庭分配活动由家长来决定，分配结果影响着家里一年的生活状况。本节将从"分配权与分配决策、分配内容、分配关系"等方面去考察刘屯村 1949 年前的家庭内部分配活动。

一、分配权与分配决策

村里的分配权主要有两种形式，一种是公共产权分配，掌握在少数人手中，另一种是家庭产权分配，掌握在当家人手中。

（一）公共产权的分配

村内公共产权主要有祖坟地、庙地。刘氏祖坟地有十多亩，祖坟地内植上树木，并未种植庄稼，不需要交税。祖坟地与树木的产权归村内的刘氏家族成员共有。庙地为刘氏祖上给和尚的土地，在寺庙被拆除之后，庙地产权归本村刘氏成员共有。

祖坟地上的树木的支配权由族长与刘氏好户掌握。卖树木的收入只用于家族公共性的事务，比如修祠堂、冠名戏班，并不用于救济族人。支配权完全掌握在好户手中，表现出好户代理决定的特征。这些公物的用途并不需要家族成员进行公共讨论决定。罗汉寺被拆除之后，庙地的处置权掌握在刘氏好户手中。

（二）当家人的分配权

家长对家庭自我生产的农产品进行支配，通常是家里男主人行使支配权。村里多是父亲为一家之主，其他人不可以支配。即使儿子可以支配，也要经过家长同意。在家长长期不在家的情况下，会由长子主持家里的事务，这时长子便可以支配家里的收入。在没有男主人的家庭，母亲与长子共同决定家庭分配，直到儿子成年以后，会交给儿子完全的支配权。家庭支配权不受叔伯等外人的控制。分家的兄弟也无权干涉对方的产品分配。

村里家庭一般在农历五月份小麦收获之后吃小麦面，这是村里普遍的换面的季节。小麦面也就是村里人口中的好面。什么时候换面，家长说了算。村里一般的人家只是吃两三个月左右的好面后便会换成杂粮。村里的好户人家不是常年吃好面，最多吃到农历八月十五左右，待到秋粮下来之后便会换成高粱面。好户平时只能吃一些包皮的窝窝，也就是外面一层好面，里面是杂粮面。

村里的粮食一般是不送人的，因为当时粮食是村民最为珍贵的家产，一年的生活全指望这些粮食。若是送给没有东西吃的亲戚，是父亲说了算。当时的产量极低，村里人多数家庭都是将粮食窖藏起来，留着食用。卖粮食多是少量多次出售，通常是家里需要用钱时，由家长带着一袋子粮食去集上卖，换成钱去买所需要的东西。对于村里的一般户而言，都是卖小麦，因为小麦的价格最贵。最为贫困的农户的男主人会到集上将小麦换成价格低的高粱，以此来满足生活需要的口粮。

二、分配内容

（一）家庭农产品支配

如果是自家种植的土地，村里多数农户的小麦平均亩产量在 80—100 斤之间。好户人家买粪上地的话，产量能达到 130 斤，高粱为亩产 150—200 斤。通常除去税款之后，家里粮食用于市场交易的不超过 30%，主要是作为口粮，平时的花费都是靠卖粮食。若是邻居家的粮食长势较好，待到庄稼成熟时会和别人换种子，通常是一比一的比例。村里日常吃食多是以高粱面为主，小麦面（白面）一般吃的时间不超过 3 个月，其他 9 个月都是吃杂面。收获的粮食中每亩要留 7—10 斤作为种子。家里的粮食收获之后窖藏在地窖之中，并不是立即卖掉，日后慢慢使用，需要花销时就卖掉一些。即使是村里的好户人家也是将粮食窖藏起来，指望着用这些粮食放账，从而扩大自己的家业。村里受访者刘红伦老人介绍说，1949 年前，其家里窖藏的一千斤小麦不舍得吃，最后发霉了，只能卖给酒厂酿酒。

以村中家里有20亩地的农户为例，除去留着种高粱的6亩地之外，其余的14亩冬季全面种小麦，最高能收1 400斤粮食，种大豆能收1 000斤。大豆亩产不足100斤，高粱的产量略高，在150斤左右。6亩地能收900斤高粱。一年的粮食收入也就在3 000多斤粮食。若是分收地的话，需要将一半的收入分给土地的所有者。税赋标准一般不超过每亩10斤，农户需要交纳约400斤的税款。

（二）税赋缴纳

正常的年份，村里人只需要承担税款，摊派极少。清末时期，交税被称为"完银子"，村里人要交现钱，虽分为"上忙、下忙"，通常是每年一次。县里直接派人到村里来收。若是农户交不上的话，可以申请下一年再交，一般都会得到批准。据受访者讲述，完银子只是"寥寥的"[1]，金额较低，一般不足每亩地收入的10%。民国时期，纳税被称为拿款，交纳物为粮食，不收取现金。村里人一年需要交两次款，县里收款的日期比较固定，通常是在粮食收获的季节，各农户家里都有新粮。拿款的没有固定的标准，每年所交的数额并不相同，通常每年维持在每亩地10斤左右。交税以户为单位，每家当家人将税粮送到县里指定的地点。

除了较为贫困的没有能力出税款的农户，村里人都会按时足量地将税款送到指定位置。村里农户交不起税时没有人请人代交，也没有人帮忙交，只能向亲戚借。正常的年份税率不太高，农民无法申请减税，标准都是县里定的。如果长期欠税，县里会派人来催税，将家里当家人抓走，家人交来粮食后再将其放回。除此还有少量杂支。

村落没有固定的摊派，只有一些偶然的公共费用支出。并没有固定的标准，要根据村里的实际需要。租种土地与自耕土地摊派无差别，多是按户进行收派。比如看青费用、看门人的费用、举办庙会的费用都需要收取。这些收取的费用远低于政府的税收标准。

（三）现金收入分配

村里人现金收入主要是通过卖粮食获得。有的人家一年到头做小生意、做杂工，可以赚一些补贴家用的钱，金额较少，远低于家里土地的收入。都是由家里的男劳力赚取，女人不出去。赚的钱属于家庭所有，并不算个人的，都要归入家庭的总收入。对于家里土地20亩的农户来说，一年下来家里一般不会有现金结余，仅够日常的家庭开支。

---

[1] 很少的意思。

这些资金完全由父亲也就是家长支配，多数用于家庭的日常开支，节余会保留下来，储存起来。以便日后遇到事情时使用。现金主要用来购买日常的用品，比如柴米油盐酱醋。村里人不买衣服，衣服都是自己的妻子做的。用于人情的开支占家庭收入的 10% 左右，主要是花给亲人，花给邻居的很少。村里平时看病的钱花得很少，一般的感冒都是自己去挖些草药吃，这项支出极低。就总体来看，所赚的钱主要用于生活吃饭，其他的占比较少。

村里的好户家中现金与粮食都较多，并且好户存贮的通常是银圆或者清朝时期的元宝等。这些东西作为家产传给下一代，平时花销时并不使用。好户家中一般不存贮纸币，为防止纸币贬值，通常囤积的都是粮食。

三、分配关系

（一）分配次序

农户在分配自家产品的时候，一般是按照赋税、地租、自家消费的次序。不同的农户之间存在差异。

1. 先纳粮

对村里人来说，税赋是必须要交的，而且基本上所有的农户都是按要求缴纳。"不够吃的也得交款，上面不愿意，再说别人都交了。"在村里人眼中，纳粮是首要的，在粮食收获之后，此时农户家里多有粮食。即使自己不够吃，依然要交赋税，而且要根据要求将税款送到县城的指定地点。纳粮过后，剩下的粮食才完全属于农户支配。租种分收地的农户不交税，由土地的所有者交税。租种分收地的农户在粮食收获后，在打麦场内就要缴纳地租，按照对半分的原则就地分粮。因为没有减租这一种说法，都是对半分成。至于日常生活中的摊派，若是躲不过去的话，是必须要交的，多数情况下摊派依然按照土地收取，金额远低于土地税款。

2. 家庭内部分配次序

村里的自耕农一般是先税赋、后自家消费。粮款在庄稼收获之后缴纳。普通农户是不会抗税的，也没有能力抗税。对于自耕农来说，地里的粮食主要用于口粮，其他方面支出要收得很紧，将吃饭放在家庭的第一位。然后才是买农具、送人情等其他支出。

种地户支出顺序是地租、自家消费，种地户不承担税赋，赋税由地主承担。如果收成不好，不会跟地主商量减租。地主一般也不会减租，依然是对半分收，因为地主家也要靠土地收入积攒家业。佃户的收入一般很难满足家庭口粮，需要外出要饭或者想其他的办法。比如将价格高的小麦到集市上换成价格低的高粱，以此弥补口粮的不足。家里快断粮时，将仅有的粮食留给男劳力。妇女带着孩子去外地要饭，男劳力在家守着。同时男劳力会到地主家帮忙，这样可以吃到一顿饱饭。

好户人家会在收获粮食之后，首先向种地户收取地租，然后按县里的标准缴纳税赋，剩下的粮食完全由自己支配。好户一般吃不完自己的粮食，会窖存起来，同时开始向外人放粮贷。在家庭内部，好户人家分配是以家为单位的，通常不分家时，家里人在同一口锅里吃饭，家庭收入全部归入当家人手中，统一由家长管理。日常生活需要时，其他家庭成员向家长口头索要，家长根据情况按需分配，优先顺序由家长决定。在好户家里，虽已成家但未分家的儿子不具有分配权，需要遵从父亲的分配决策。

（二）分配结果

村里农户交完税之后，会剩余约90%的粮食。租种土地的农户在分配完地租之后，剩下一半。以受访者刘砀收家为例，家里租有十多亩地，需要分给地主家一半粮食。家里有六七口人，节约着勉强能够吃一年。不够吃的话再想办法，可以通过减少每餐的饭量，或者农闲时一日吃两次饭的方式省吃俭用。家里男主人会主动给地主家干活，这样可以省去一个人的口粮，但是没有任何报酬。一般农户家没有结余的现钱，用钱时就去集市上卖粮食。

村里的穷人若是有较为富裕的亲戚，会向他们借粮。若是实在没有东西吃，就会选择使唤账，也就是向村里的好户人家借粮，等到来年收麦时再还。村里借粮都是发生在冬季，冬季寒冷，地里没有能吃的农产品，所以只能借粮食。其他季节比较温暖，可以用蔬果、野菜等补充食物的不足。借粮不需要抵押，也不需要中人。借的量不超过百斤。借到小麦成熟时，便要归还。村内的利息一般是一比二，借一斤，还两斤，借的量较少，一般都能还得起。

农户家里粮食有剩余会借给别人，以此赚取利益。主要是借出高粱、大豆，小麦价格较贵，没有人舍得借小麦。好户一般将粮食借给没有粮食吃的农户，借出粮食是要收利息的。家里剩余的粮食储存在地窖或者堂屋。

第六节 消费与消费关系

传统时期，家庭是消费的单位，村里人按照量入为出的原则进行消费。出于村落公共利益，同时存在村公共消费与家族公共消费。本节将从"消费主体、消费决策、消费内容、消费关系"等方面去考察1949年以前刘屯村的家庭消费情况。

一、消费主体与决策

（一）村消费与家族消费决策

村消费中以公共活动消费为主，村里每年举行的庙会上请戏便是一笔不小的花销。这笔花费主要来自村里内会上的粮食市与牲口市的收入，同时也来自会上赌博场所收取的打头钱。请本村冠名的戏班，支付费用相对较低，但要保证戏班唱戏期间的生活所需。遇到干旱时的求雨、每年的送火神爷也需要一些花费。这些消费所需的费用较少，但是要向村里募集或者摊派。家族的祭祖消费主要是买供品，这些消费一般由村里的好户承担，最后由好户带走自己购买的供品。

对于村内不同的公共消费，其管理头目是不同的，但都是村里的好户在管。比如庙会花销由本村会首决定，村里通常是两三个会首同时管理。会首在举办的前两天，会操心布置会上的事务，经费的使用也是由会首做主。送火神爷与求雨是同样的道理，由问事的好户操心。所需要的费用可以向每户摊派。至于家族的祭祖与修建祠堂，则由村里的刘氏好户与族长带头，同时好户也要多出一些钱财，剩余的费用向村里的族人平均摊派。至于每户人出资的金额也是好户商量着决定，不需全体族人商议。

（二）家庭消费权与消费主体

单个农户以家庭为单位进行消费，也就是未分家的家。所以家庭是消费的共同体。村里既有"核心小家庭"，也有"扩大家庭"，两种家庭类型在本村内皆有，但后者占比较高。这种家庭多是父母与已成家的孩子一起生活。一家就是"一个锅里吃饭的人"。家人一起消费这个家庭所拥有的资产。外村的亲戚是无权消费本家的财产的，但是可以向自家借钱。长期寄住在自家的亲戚也算是本家的成员，通常是自家外甥，但是其也要听从家长的决策，平时用钱向家长申请。

在家庭消费上，家长掌握消费决定权。具体的消费事项由家长说了算。家庭成员消费可以找家里要钱，需要向家长说明消费项目，若是家长不同意，则得不到钱。家庭其他成员有本家的消费权，可以买一些日常的东西，但是可以支配的数额很小。家里其他成员不可以有自己的小金库，都要交由父亲掌管，母亲也可以掌管部分收入。其他成员不可以不经过家长的同意支配家庭收入。即使成家的儿子也要向父亲要平时的零花钱。家庭的其他成员花费时，也是开口向家长要钱。

二、消费内容及方式

在家庭消费中，主要有生活消费、生产投入、人情来往、教育投入、节日开销等内容。其中，日常生活、生产投入、人情来往为主要消费项目，其他的消费项目占比较小。这些消费中生活消费最高，几乎占家庭总收入的70%，甚至更高。其他消费都是较少的，且不是主要的。孩子娶亲是花费最大的项目，但是次数较少，只发生在家里有适婚男子的家庭。

日常生活、生产投入、宴请宾客、养老等主要是粮食消费，也就是实物消费。人情来往、教育投入、节日开销、看病花费等各种消费主要是现金消费。教育仅在动乱时期使用粮食消费，直接给先生粮食。从规模上来看，村里大金额交易都是依靠粮食来完成，以防货币贬值。小金额交易都是通过现金交易完成。

三、家户内部消费关系

对于村里多数农户来说，主要的消费还是生活消费，其次是生产消费。其他层面的消费占比极低，比如人情等消费也是比较低的。中等收入以上的人家还有教育支出，也即家里孩子上私塾所需要的花费，一年需要约100斤的粮食，约一亩地的一年的收成。吃穿是家庭主要的支出，占比最高。

（一）家庭生活消费

家庭内部消费以衣食住行为主。其中占主体的是食，衣住行占比较低。村里普通的农户将地里收成都用于基本的生活。对于村里90％的农户来说。家庭生产仅能满足温饱，其他的消费都是通过节衣缩食的方式挤出来的。入不敷出是常有的事情。如果缺少口粮，会向血缘关系最近的亲戚借，或者"使唤账"都是可以的。多是因为家里没有东西吃了，才会向亲戚借，并且是没有利息的。买东西，对熟人可以赊账，数额较大时不能赊账，一般几天后便会归还。没有钱结账，就只能一直欠着，直到有钱时再还。小的交易用现金结账比较多。无论向邻居还是向大户借粮食，都是要付利息的。借粮是不要签约的，多是口头的约定，若是对方赖账，会被辱骂，并且传得全村都会知道。到期后，若是实在还不上，可以宽限几日。若是数额较大，债主对借者不放心，可以打条立约。村里的借债方式主要是借粮，多是因为家里断粮吃不上饭而发生借贷，借钱的较少。

一般人家收获的粮食中约70％要直接用作口粮，其他通过交易补贴家用。贫困户的口粮占收获的粮食的90％。通常还要买一些油盐、洋火等生活必需品，还有点灯用的洋油。村里的穷人家一般都有鸡，鸡蛋不舍得吃，到集上换洋火。至于肉，一般是在逢年过节时才能吃得上，平时很少能吃得上肉。通常一个月不舍得买一次肉。家里喂的鸡可以在过年时杀掉。平时家里来亲戚时，只能吃上"包皮子的窝窝"，即用外面一层好面包裹着高粱面的馒头。一般的农户通常只在过年时吃上一顿饺子，将家里留有的白面包饺子。好户人家的生活要好一些，吃食上比一般的农户强一些。

村里人穿的衣服都是家里妇女给做的。家庭妇女用棉花纺成线，然后织成布匹，染成蓝色或者黑色之后，做成衣服。村里多数村民的衣服都是由自家妇女手工做成的。通常一年到头买不了一件衣服。家里的大孩子穿过之后再给年幼的小孩子穿。一般的农户衣服破了，只是缝补一下，继续穿。即使是村里好户人家也很少买布做衣服穿。民国时期集市上才开始卖洋布与花布。为了织布，有血缘关系的妇女经常合作，"我不会织布，都是纺了花，让侄媳妇给织"，村里一位92岁的女受访者讲述道。

村里除少部分好户家住泥墙瓦屋，基本都是土墙草屋，建设材料价格较低，而且多是在分家时建设，多数家庭每隔几十年才建一次房屋。这些支出主要花在请泥瓦匠与为帮工的管饭上。土取自自家地里，草用高粱秸秆与小麦秸秆。横梁也是自己筹办。支出并不多，主要是比较费时间与力气。

村里人出门多是靠两条腿，花销几乎可以忽略。日常用到的东西都是走着到附近集会上去买。村里的好户出门也是步行，除非出远门才会用两个牲口拉着太平车出门。

村里多数家庭收的小麦以自己使用为主，很少出售。在日常生活中，村里人多是带到集会上的粮食市去卖，并且是多次。每次卖一口袋或者半口袋，并不是一次性全部卖完，获得一些零花钱。村里有余粮的农户，并不会选择卖粮食，而是以此向外放贷，赚取更多的粮食。卖粮价格双方商量，并没有固定的价格。自己使用的话，会用磨自己加工，磨成面后做成食物。村里都是在自家加工或者在有磨的邻居家加工，一般不须要支付使用磨的费用。

（二）家庭生产消费

家庭生产消费主要包括饲养牲口、种子、置办农具、购置土地等，其中以牲口的支出较大，其次便是种子、农具。购置土地虽支出数额较大，但是发生的概率较低。

1949年，村里80%的农户家里有牲口。村里置办或者调换牲口都是在农闲时期，也就是冬季，这一时期不须要使用牲口。农忙时村会上的牲口市内交易较少，都要用于农业生产。农户调换牲口主要是感觉自己的牲口不好用，不听使唤或者力气较小。当家人到牲口市里选择自己看上的牲口，通过行人讲价钱，或者选择在牲口市内交换牲口，也可以卖掉重新购买。"拿牛换驴、拿牛换牛，双方都要给行人佣钱。"除了花在牲口身上的费用之外，还要付给给牲口行人、看缰人、开票人佣钱。置办牲口都是家里的当家人亲自去，妇女不问。一头牲口的价格在四五百斤粮食以上，需要大概五六亩地一季的收成。多数农户是先卖掉牲口，然后在牲口市寻一头自己中意的牲口，或者直接在牲口市内交换，牲口价低的要补给对方钱。私下交易的牲口很少，即使愿意多花一些钱也要在集上的牲口市交易，村里人怕买到来路不明的牲口，日后惹上麻烦。在牲口市交易后，有买约，即使牲口来路有问题，与自己无关，只能找卖方的麻烦。

在作物种植上，主要的消费便是种子。很少更新大农具，小农具的支出数额很少。种地对劳动的需求较高，比如犁地、播种、收割都是需要劳力。主要的消费具体在以下几个方面。庄稼收获后，男主人便会按照自己家的土地亩数与耕作计划，从粮食中留足下一季节需要的种子。这些种子是不能动的，即使不够吃，也不能吃种子。村里的穷户若是一年下来将自家的粮食都吃光了，便会在播种季节去亲戚家借种子。通常小麦每亩需要6—8斤种子，大豆高粱要10斤左右。村里的种子都是农户从去年种地收获的粮食中预留下来的，没有买卖种子的机构或者合作组织。换种多是要好的邻居之间，不会找不熟的人交换。不是年年换，好几年才会换一次，主要还是种自己家收获的粮食。换种是邻居之间的私人行为，若是今年感觉邻居的麦子、高粱长势较好，会选择拿自家的粮食做交换，要邻居同意才行，要好的邻居是会同意的，因为自己并没有什么损失。不同意的话会找理由推辞，但不会明言拒绝。这种交换因关系较好，不要加成，按照1∶1的比例交换。

置办农具的支出花费较少。每年到开始农忙之前，每家的男主人都要开始着手完善家里的农具，农具缺了或坏了，就到会上去买。犁子、耙等较大农具能使用好多年，使用周期较长，一般好多年才会置办一次。小农具在村里或者杨集的会上购买，依靠人扛回家来。锄头等农具，村里人多是拿家里的废铁找村里的铁匠打造，工钱在于双方的商量。小的农具比如镰刀、杈子等到会上去买。置办农具是家里的男主人负责，其他人不过问。

其次便是土地买入支出，这笔支出比较大，要花掉家里一年的收入，所以家庭经济一般以上的才有能力支出此项。买卖地需要当家人出面，一般是在地里庄稼收割之后进行土地买卖。村里的农户有钱之后，便想着置办土地，但是村里卖地的较少，想买地的较多。地是村里最值钱的资产，家里没有困难的农户绝对不会选择卖地。村里买地的多是大户或者家里有余粮的户，附近村庄的土地都可以购买，不受限制。土地是本地区最宝贵的家产，购买价格在于双方的商议。一般的土地价格在每亩四五百斤秋粮以上。一般的农户，若是家里收获的粮食够吃，每年家里没有足够的余钱，也是不买土地的，依靠着家里的土地继续生活下去。较为贫困的农户家里没有土地，会选择种分收地，这个土地不需要本钱，只需要分给所有者一半的粮食。若是积攒了一些钱财，便会开始想办法买地。村里的大户人家的土地是不会卖的，卖地的多是需要用钱的农户。

（三）养老支出

养儿防老是刘屯村的较深的观念，出嫁闺女是"泼出去的水"，不要承担养老费用。老人的具体养老方式由老人自己决定，长子要带头维护。若是不承担老人养老费用，会被说是不孝，多数儿子都会履行自己的义务。在老人丧失劳动能力与做饭的能力之后，都是儿子们负责养老。1949年前，年龄超过60岁的老人算是比较少的了。村里娶妾的很少，多数是因为正妻没有儿子才娶妾，因此在男主人去世后，妾由自己的儿子养老，若妾没有孩子，则由正妻的儿子养老。

1. 未分家的养老支出

村里农户养老的方式有多种。以未分家的为例，老人的养老由儿子共同负责，老人与儿子们在同一口锅里吃饭，家庭事务仍由老人掌管，直到老人能力丧失时，由长子主持。这种家庭多是在老人去世后，兄弟才分家，在村里比较常见。养老支出包含在大家庭支出之中，无法进行具体的计算。未分家的老人是有家庭决策权的，老人决定整个家庭的支出。村里的好户人家的老人通常会一直当家，待到老人去世后，儿子们才会分家。贫穷的农户分家较早，则需要共同出资给老人养老。

2. 分家后的养老支出

分家以后的老人养老的方式是单独生活，老人夫妇自己做饭，直到自己不能做饭时才开始轮食。因村里较为拥挤，老人通常依然和分家后的儿子们在一个院子里居住。村里多是老人自己决定养老方式，具体住多久，要通过商量决定。开始吃"公粮"的岁数要看老人的劳动能力，一般老人会干活，直到劳动能力丧失，多是在接近60岁时才会不干活。儿子定期给老人钱或粮食，这个"期"是按年计，具体给多少由儿子们共同商定。粮食收获后要给粮食，具体给多少斤，也是大家共同商量。儿子们要帮忙磨面，随机找一个儿子帮忙。

分家后的老人会留养老地，养老地为父母留有的自耕土地，用来自己耕种养老。留有的土地亩数视家庭总耕地数而定，并没有具体的标准，一般留足老人两人的口粮地。家庭分给儿子土地时由父亲说了算，最后留多少养老地也是父亲说了算，儿子要服从，分给儿子的土地所有权归属儿子所有。父母能劳动时，养老地由父母自己耕种，儿子要轮流帮忙耕种。

（四）子女婚育支出

村里农户在子女婚事消费上有两种形式，一是娶亲花费，二是嫁女花费。其中娶亲被称为大喜事，嫁女被称为小喜事。农户娶亲的消费远大于嫁女消费。

1. 娶亲消费

娶亲的花费主要在彩礼与摆喜宴两个方面。新成家的夫妻一般住东西厢房，不需要盖新房。婚前的彩礼是比较少的，不需要现金彩礼。村里一般农户男方给的彩礼是比较少的，女方不会主动要彩礼，多数农户家里仅能解决温饱问题，不能承受太多彩礼。村里受访老人常说，"两封馃子可以娶一个媳妇"。更不须要给女方现金彩礼。娶之前，男方要带一些肉、馃子等礼品到女方家商量一下婚礼事宜，花费并不高，只要约几十斤粮食的费用。主要花费在娶亲当日的喜宴上。

1949年前，结婚不要盖新房，通常是将家里东西两侧的厢房给新人两间便可以，女方一般对房屋不做要求，省下一笔支出。成婚当日的喜宴花费是娶亲主要的花费。消费金额要看具体的家庭条件，"家里有条件的大办，没条件的小办"，受访者如是说。结婚喜宴的支出通常在800斤秋粮以上。结婚的消费主要有两个方面，一是办喜宴，要占70%。通常摆30桌上下，菜的好坏是花钱的关键所在。二是当天请"响器"（唢呐团，负责吹拉弹唱），需要200斤秋粮，要占20%。其他的零碎花费占10%。一般的农户会花掉家里一两年的积蓄。办婚事时，主家会得到一些礼钱，主要是亲戚给的"磕头礼"，能抵消一半以上的婚事花销。办喜事当日请来的帮工都是邻居，不要给钱，只要管饭。

男方的费用都是父母负责。父亲去世的，母亲负责操办，叔伯要帮衬着做主。一般的农户都能娶得起媳妇。无父母的男子一般不与叔伯分家，由叔伯为其娶亲。

2. 出嫁消费

女方花费主要在嫁妆与摆宴两个方面。对于农户来说，嫁女是净赔钱的。"闺女就是赔钱货，有她没她都能过，这是1949年前流行的话"，村里受访老人如是说。对于女儿们出嫁的嫁妆，父母会平等地操办，并不会偏袒哪个女儿。

一是嫁妆花费。要陪送嫁妆，嫁妆由女方的父母掏钱，而不是男方给。陪送的嫁妆主要是家具，有"小八件""大八件""乔十三"之说。一般的农户只能陪送"小八件"，主要用自家的木材请木匠来打造。村里多数较穷的农户只能陪送一个床头衣柜和几个板凳。好户人家嫁女比较讲究，陪送的嫁妆比较多。

二是小喜宴花费。女方花的钱主要是小喜宴费，即出嫁当天的早饭钱。通常摆20桌上下，每桌十几道菜，花费三四百斤粮食。主要是宴请近亲以及血缘关系近的本家人，还有部分前来帮忙当"忙客"的邻居。喜宴的规模较小，平均每家亲戚只来一两个人。这个费用很多家庭都能负担得起，不要借债。

女方的花费是由父母出的。父母不在世的，由长兄负责打发出嫁，长兄承担费用，几个亲叔伯也会相应地帮衬些，一切从简。若是没有长兄，则由自己的亲叔伯共同出钱，为其办婚礼，出嫁仪式很简单。婚事并不请保长、族长、绅士参加，他们不爱问私人事务。当日亲人的添香可以补贴一部分支出。

3. 教育支出

村里只有中农户以上的人家才有教育支出，一般的农户家庭不会让孩子上学，没有教育支出。通常好户人家都有教育支出。村里洋学成立之前，付给私塾老师的学费一般是一年100斤粮食，这是正常的学费水平，中农好户以上的人家都能支付得起。在洋学成立之后，农户教育支出减少，只付书本费用，所需费用极低，不支付学费。一般的农户也开始让孩子上学，但是因家庭劳力需要，多数都中途辍学。村里一半以上的农户依然没有教育支出。好户人家孩子通常都会读到小学毕业。

（五）丧葬消费

村里农户对老人的葬礼十分重视。在一般的农户家，丧事的费用通常在1 000斤秋粮以上。具体金额根据家庭的经济能力决定。所有儿子均摊老人丧事费用，由长子主事，出嫁的女儿不承担丧葬费用。丧葬消费主要有三个方面。

一是办宴席。需要办两次宴席，老人去世的第三天一次，出殡当日一次。主要请前来吊丧的亲戚、本家守孝的人以及本村当"忙客"的邻居。宴席费占丧葬花费的50%，这是丧事的主要花费。几乎会花光主家所有的存粮。

二是请"响器"（唢呐团，负责吹拉弹唱），需要200斤秋粮。主要是附近村庄的响器，由喜总派人出面去请，费用经过喜总之手给付。费用占丧葬费的20%。

三是棺材。老人去世比较突然的人家，没有提前预备棺材，便只能买棺材，主要买村内人的棺材。有的农户将提前打好的棺材放在村里的庙里，表示该棺材是"喜棺"，留着自己用的，也会出售。喜总去问棺材所有者是否愿意卖，这时候的价钱是相对较高的。上好的棺材要三四百斤粮食以上，占丧葬总费用的20%。

丧葬的费用较高，是造成村内家庭欠债、卖地的最主要原因。一般的农户会花掉家里一两年的积蓄，并且会欠债。村内的好户人家花费更高。通常来讲，村民都是量力而行，根据自己的条件确定丧事规模。办不起的农户会选择举债也要将丧事办得很体面。办丧事时，经济较为一般的农户没有钱，就让喜总出面向村里的好户借钱。等到丧事办完后，主家开始想办法还钱，若是还不上，便会变成带利息的账，为了防止"账压住头"，农户便会选择卖地来应对。中间有喜总做保人，不能赖账，不然全村人都会知道，别人便不会再与这户人家共事。

族里没有救济丧事的事项，只能农户个人自己想办法。即使是刘姓族内血缘关系远的人家因丧事相互借粮食，也是需要利息的。丧葬是农户个人的事情，其他人并不过问。埋葬用地是大家庭原来的老茔，占用的是老人其中一位儿子的土地，该儿子有意见也无用，一般不会给补偿。

（六）家庭债务

家长去世后遗留下的债务通常是不了了之，欠下的一些小的债务常成为坏账。若是有证据的人家可以拿着凭据找其儿子要，但是多数情况下成为坏账，因为死无对证。若是其儿子知晓父亲的债务并且承认的话会归还，若是其子否认的话，只能不了了之。如果家长去世，子孙无法偿还债务，债主不能拿走祖业，除非其有足够的证据。如果没有后人，债务只能成为坏账。兄弟已经分家，其他兄弟没有偿还兄弟的债务的义务。

四、家庭外部消费关系

（一）人情消费

人情消费主要发生在血缘关系近的本家人、亲戚、邻居、朋友之间，并不牵涉其他人。很好的朋友家中遇到红白喜事时会给通知，若不请也不会产生很大的嫌隙。在本地，人情欠账很正常，每户人家都有人情欠账。但人情欠账要遇到红白喜事时才会归还，并不着急。若赶不上，则会交给下一代。人情往来是要记账的，平时的人情往来要记在心中。喜、丧当天会请一位识字的先生前来管账，记录前来的亲戚、邻居所给的金额。每一位家庭的当家人心里会有一本明账。若是中间隔的时间较长，且货币贬值较快，当家人会酌情添加一些钱，并不一定非要按照原来收到的金额还人情。村里与保长关系不太近的人家不会有人情往来。赶人情在当地被称为"随礼"，或者是"份子钱"。村内人情消费名目比较多，有"磕头礼""添香""吃喜""送春米""送鸡蛋""烧纸"等。其中，金额以"磕头礼"最高，其次是"送春米"，最少的便是邻居"添香"。人情消费一般占家庭总消费的10%—20%。

人情消费中的70%以上主要花在亲戚身上。每次人情消费中，给亲戚的金额是最大的，邻居之间的人情消费金额较低。即使保甲长、好户家中有红白喜事，不存在人情欠账的农户也不会前来。保长、好户与一般的人家举办仪式的程序是相同的，仅在场面大小上存在不同。

1. 磕头礼

亲戚或者本家的晚辈男子娶妻时，长辈要给新婚夫妇拿磕头礼钱，算是对新婚夫妇新家庭的支持。结婚当天拜堂时给钱，并且新娘新郎要向给钱的亲戚跪下磕头表示感谢，此项礼钱被称为磕头礼，算是给新婚夫妇的新家的启动资金。三代以内旁系血统与五服以内的本家人都要出此礼钱，关系越亲，金额越高，同等远近的亲戚金额大体相等，此外，家境越好的亲戚出的金额越多。同辈的兄长也要拿钱，此项人情支出在所有人情支出中金额最高。只有亲戚、本家人才有此项人情支出。当天要管饭，按照喜宴的规格招待亲戚、血缘关系近的本家人。

这种消费对于亲戚来说是必需的，是双方亲情维护的一种方式，都是近亲参与。若是不参与，下次亲戚家的喜宴也不会去。家里穷困的亲戚可以只拿少量的磕头礼，但是必须要拿。若是亲戚之间存在矛盾，也是要参与的，可以让家里的其他人前来。

2. 送春米

亲戚家有婴儿出生时，要办出生宴，男孩是出生第9天举办，女孩是第12天举办。当天，作为孩子的长辈要手提竹筐前去送春米。1949年前，并不带钱，只带礼。主要的礼有红糖、小麦、大米、谷子，放在竹筐里带去。只在夫妻第一个孩子出生时才会庆生，亲戚才来送春米。中午时主家要举办喜宴，款待前来的亲戚。本家人不需要支出此人情。娘家人所带的礼品最重，亲戚越远，礼越轻。此类事情要家里的女人前去，男人不方便参与。凡是较亲的亲戚都要参与。此人情只要告知对方，都是自动前来。主要是亲戚之间的事情，并不请保长或者甲长。主要的参与者是亲戚，当天要大摆宴席，招待前来的亲戚。

3. 送鸡蛋

孩子出生至满月前这一段时间，左邻右舍要带上一打左右鸡蛋送去，这是很久以前就有的传统，一直到今天仍然保持着。"送鸡蛋"是邻居之间的往来，住在本村的本家人也要送。亲戚不用送。通常是居住得很近的邻居，而且关系要好，才会有此往来，建立了这种往来之后便不会中断，一直延续下去。若是村内两户人之间没有这种往来，则会一直没有。新搬来的邻居若开始送此礼，双方算是建立了此种人情往来，并且会一直传递到下一代。若是邻居发生矛盾，也会继续维持此种人情往来，并且是家里的女主人前去。此人情往来中，不要前去请，只要告知对方，都是自动前来。并不请保长或者甲长，也不会请绅士。主要的参与者是邻居。如若与邻居吵架，但关系并不太僵，而且双方之前有人情往来，存在人情欠账的话，会让家里的妇女前来送鸡蛋。这种人情不办喜宴，也不管饭。

4. 添香

有两种情况。一是邻居之间，二是亲戚之间。在家里娶亲时或者女儿出嫁时，居住得较近的邻居要前去送几个小钱或者送自己织的一些土布等，金额比较少，相当于现在的10—20元。添香是邻居之间的一种互助行为，用少量资金或者物质给邻居以支持。关系建立之后便不会中断，双方要在心底记账，以便对方有喜事时，去偿还此人情。

亲戚之间的添香主要有两种。一是娶亲时，已成家的年纪比新郎小的平辈人即弟弟或者妹妹要向新郎添香。二是闺女出嫁，出嫁对于女方来说是小喜事，所有的长辈、亲戚在出嫁前都要向新娘的父母添香，与磕头礼较为类似。添香是女方亲戚给女方家庭的，与磕头礼不同，磕头礼是男方亲戚给男方家庭的。亲戚添香的金额较大，约等于现代的人民币 20—50 元，各方亲戚给的金额不等，随心意。这是必须要有的往来，都要参与。此人情往来中，不要前去请，只要提前告知，也都是自动前来。主要的参与者是亲戚、邻居。如若与邻居吵架，关系并不太僵，而且双方之前有人情往来，存在人情欠账的话，邻居会让家里的妇女前来添香。倘若关系太僵硬，最初的几年会断绝一切来往，一般几年以后怨气淡了，便会恢复正常往来。

5. 吃喜

为朋友、同学之间的人情往来。结婚时，要好的朋友、同学会前来，会选择共同出钱买一样礼品，比如匾（大镜子，上面用朱红色的笔写上贺词），剩下的钱以大家共同的名义给新郎。这种人情不强求，只告诉对方一声，对方得知后自愿前来，朋友同学可参与也可不参与，礼尚往来，不参与的朋友、同学，别人也不会参与他的婚事。村里的受访者刘红伦老人成家时，其同学送了一块匾（一面用朱红笔写有贺词的镜子，四周做了装裱）。

6. 烧纸

丧事上的人情往来，分为亲戚烧纸、邻居烧纸。二者存在较大的区别。亲戚烧纸主要是本家的亲戚前来烧纸，并且逝者的女儿夫家也要前来烧纸，而女儿要守丧屋。亲戚烧纸要来两次，一般是第三天"坐台口"一次，出殡当天一次。亲戚来烧纸，有的还要带一桌糖制的供品，并且花费比邻居要高。两次亲戚都会留下来吃饭，宴席上要有较好的菜，吃食比平时要好。邻居烧纸时间并不固定，出殡之前都可以，一般第三天来得较多，邻居烧纸并不管饭，完事后回家。中华人民共和国成立之前，烧纸一般要带一刀纸和几小盘炮，并不给现金。此人情要给亲戚报信，邻居自动前来。不请保甲长，也不会请绅士。主要的参与者是亲戚、邻居。如若与邻居吵架，关系并不太僵，而且双方之前有人情往来，存在人情欠账的话，男主人也要前来。当地白事较为讲究场面，通常会选择大办。本村一户刘姓人家较为富裕，为村内有头有脸的人家，其老母亲去世的时候，第三天凡是前来烧纸的亲戚、邻居都管饭，结果一个庄子的男人都前去烧纸，这是比较讲究的好户人家，有足够的财力摆宴席。

（二）节日消费

节日消费主要在两个节日上，一是春节，二是中秋节。这两个节日消费主要花在两个方面，一是吃食，二是走亲戚的礼品花销。其他的节日没有庆祝活动，花费可以忽略不计。

1. 春节消费

吃食消费。春节时各家会买一些肉品、蔬菜等年货。村内一般的农户春节时花费较少，没有年夜饭，只在除夕、初一当天吃一顿饺子，其他的时间是粗茶淡饭。这方面消费比较低，都比较节俭，仅购买几条鱼，鸡是自家养的，丸子等都是自己家炸的。另外会买几斤猪肉，过年时的吃食只是比平时的吃食好一点。这些吃食是年后亲戚来走访时专门待客用的，馒头也只是"包皮的窝窝"（里面是粗粮，外面是一层好面）。年后待客时，会拿出年前备的一些肉与细粉、白菜炖一锅菜，一般的农户只准备一道菜。村里的好户人家买的吃食相对丰富些，但过年也是吃两顿饺子，其他的时候吃食一般。亲戚来时，能炒几个菜待客。村里一半以上的农户，过年期间吃好面，一直吃到正月十五年过去了，才换成粗粮。其他时间吃食较为一般，好户也不舍得一年全吃白面。

礼品消费。过年时另一个最主要的花费就是给亲戚家买礼品。每走一家亲戚要带两个大馍（圆馒头，上面有一个大枣）、两封馃子（面做的甜点）、一两斤猪肉等这些主要的礼品。条件好的人家会带一条家鱼（白鲢），其他的礼品随意。主要走较近的亲戚，比如姥爷家、舅舅家、姑父家、姨家等。其他的亲戚关系好的也可以走。过年时，干儿子是要到干爹家走亲戚的，并且要带礼品。拜把的兄弟不算是亲戚，不需要去走。村内的农户不要给村里的保长、族长、绅士等送礼品，除非有亲戚关系，或者存在利益关系。种地户不要向地主家送礼。

2. 中秋消费

村里农户中秋节的花费十分有限，主要是礼品消费。送的月饼是用自己的面粉，仅出一些加工费。另外走亲戚要买一些礼品。除此没有其他的消费。

中秋礼品消费与过年时的礼品不同，数额上要少于过年走亲戚之时。给亲戚的礼品主要是月饼、蔬菜、猪肉或者一只鸡。主要是晚辈给亲戚长辈送，只送较亲的亲戚，姥爷、姑父、舅舅、姨家等。本家不分家，兄弟之间不要送。分家后的侄子要给大伯、叔叔送二斤月饼，其他的礼品不送。村内的农户不会给村里的保长、族长、好户等送礼品，除非有亲戚关系，或者存在利益关系，会让儿子去给他们送二斤月饼。种地户不要向地主家送月饼。为人较好的地主会给长工二斤月饼，让其带回家去。

好户在节日消费上要远多于一般的农户，较为贫困的农户一般走亲戚时只带两斤月饼。好户会多买几样礼品。如果买不起礼品，可以不走亲戚。

第七节 继承与继承关系

家庭财产通过继承的方式传给下一代,村里人因家庭结构不同而采取了不同继承方式。本节将从"继承权与继承主体、继承物、继承及其关系、其他形式的继承关系"等方面去考察传统时期刘屯家庭财产的继承过程。

一、继承主体与继承权

在所有继承人中,若是没有最亲近的人,则由第二亲近的人继承。若无子,则家产归其侄子继承,若无侄子,则归堂兄弟的儿子所有。在有儿子的情况下,侄子、女儿没有继承权。村里没有儿子的农户才会选择过继。无人过继的情况下,选择抱养。过继或抱养的儿子继承权大于亲生女儿,这种情况下女儿是得不到任何家产的。

(一)有儿女,儿子继承

就村里继承规则来看,儿子的继承权最大,其次是侄子,最后才是女儿。按照顺序,儿子首先继承,无儿子的话,侄子继承,无侄子才能轮到女儿。配偶不能算是继承人,不能继承家产。寡妇也不能继承家产,若是没有子女,寡妇可以选择回娘家养老。在有儿子的情况下,兄弟、侄子等亲人没有继承权。在儿子中,妾生儿子与正妻儿子具有同等的继承权,要平分家产。有儿子的情况下,出嫁与未出嫁的女儿都没有继承权。村里正常的人家都是按照这种方式继承,在有儿子的情况下,外人不拥有继承权。

(二)无儿有女,侄子过继继承

没有儿子的农户,所有财产归侄子所有。侄子继承的话,要为亡人以儿子的名义送终。村里没儿子的人家通常采用侄子继承的方式。这一情况下,出嫁女儿或尚未出嫁的女儿不可以继承财产。抱养的儿子继承权不如自己的亲侄子。按照传统规则顺序,若是有侄子可以过继,再抱养儿子,则该侄子有权要求继承老人一半的家产。因此,这种情况下极易产生纠纷。因此有侄子的农户一般不会抱养。

(三)无儿无侄,养子继承

村里一直没儿子的农户,如果没有侄子过继,便会主动选择抱养。家产最后由养子继承。养子多是来自亲戚或者熟人家的孩子,距离可近可远。养子多是出生几个月到两岁被抱养,跟随养父母长大。养子有家庭财产的全部继承权,亲女儿在此情况下不具有继承权。村里的受访者李广义被本村的马姓夫妇抱养,改姓马。后来年长后得知自己的身世之后,继承养父母为数不多的家产,在为养父母养老送终之后又改回李姓。

(四) 无儿无侄，女儿继承

无子无侄子又没有抱养的情况下，才轮到女儿与倒插门的女婿有继承权。若是老人无侄子请寿，女婿在老人家里生活，不论是否改姓，便有继承老人家业的权利。女婿继承的话也是要为老人养老送终，如同入赘。村内存在几户女婿搬到岳父岳母家居住的情况，但不改姓。主要是因为老人无儿子，又无兄弟，只有一个女儿，便让女婿住入家中，为老人养老送终，继承老人的家业，以后长期在本村居住。受访者李长庚的父亲住岳父家并继承岳父家全部家产，其岳父只有一个女儿。

二、继承物

1949年之前，继承物内容很多，主要包括自家所拥有的耕地、房屋、牲畜、场、积蓄、粮食、农具、家具。凡是家庭所有的东西儿子都可以继承，家族公共的财产除外。继承物由儿子继承，老人并不会给孙子留东西，也不会将家产直接留给孙子。当地有一种说法就是"一辈子不管三辈子"的事，因此不会特意给孙子遗留东西。在关系上，儿子要比孙子亲。家庭的财务是要均分的，每个儿子得到的数量是相同的，并不会只给某一个儿子。对于村里的一般的农户而言，主要是继承家里的土地、房屋、粮食，其他的财务基本没有。对于村里的好户来说，不但要分土地与宅基地，还要分积蓄、粮食、牲口等财物。

(一) 土地继承

村里分家时，最难分的便是土地，最重要的家产也是土地。在家庭土地的继承上，父亲具有绝对的决定权。通常采取均分的策略，无论是妾生还是嫡子，每个儿子得到的土地数都一样，并不会偏袒任何一个儿子。分地是家庭事务，一般不要请公证人。若分地时儿子意见比较大，便会请官亲、族长[1]帮忙分家，适当做出调整。一般请舅舅的比较多，因为舅舅与各外甥的关系一样近，不会偏袒任何一方。分给儿子的土地多是成块的土地，并且若是有约的话，将相应的土地的地约交到儿子手里。土地分配原则上是平均分，也就是村民所说的"二一添作五"。由于每块土地的大小不同，数量上难免存在差异，这是允许的，村内不会留有长子田。较大的地块要分割的话，要在边界上打下灰橛，植上木桩。

土地的好坏决定着一年的产量。对于家里产量存在差异的土地，一般是将好地与孬地都分给每个儿子一些。对于分得土地质量较差的儿子，要在数量上多给一些。通

---

[1] 官亲是指与各儿子关系都一样远的亲戚，主要是指舅舅、姥爷、姑父。族长是指家族的长辈，爷爷、大伯、叔叔等，并不是指老族长。

常情况下，儿子们对父亲的分地安排都是持一种遵循的态度。土地在自家内部变动不要找保长登记，收粮款时直接告知甲长便可，或者兄弟几人一起拿款。

（二）房屋继承

1949年前，村里人多是共院生活，通常一个院子里住着几户人家。对于多数村里人来说，房屋继承一般无法采取均分的原则。分家并不意味着分院子，只是分开做饭，此后相当长的一段时间里会依然在一个院子里生活。因为多数村里人家里房屋有限，多是每个儿子分得两三间房屋。有的儿子住三间，有的儿子住两间，有的儿子住配房，有的儿子住堂屋。因此很难实现数量上的平等。继承时，父亲按照家里房屋的数量，最大程度地公平分给每个儿子。但是实际上，各个儿子在房屋占有数量上很难做到完全相同。

> 以受访者刘砀瑞家来说，其父辈三人，其大伯占有三间堂屋，叔叔占有西侧两家小堂屋，其父亲占有两间西屋。院落则是公共空间，由三家人共同继承。刘红春与刘红恩兄弟两人分家时，刘红春占有的是三间堂屋，其兄长住南侧的西屋，两家将院子切割为南北两部分，分开继承，但是占有的房屋数量是不相同的。

对于空闲宅基的继承则采取另一种方式。儿子较多的农户，家里公共的空闲宅基地采取不分割继承的方式，作为一个整体由儿子们共同继承。待到日后使用时，由儿子们共同商量着划分使用。若是儿子较少，而宅基地又多，便要将宅基地平均分给儿子继承，并且要划分明确的界限。

（三）其他财物的继承

其他可以继承的财物主要是牲口、粮食、储蓄等，对数量上无法分割的财物只能由儿子们共同继承。在继承时，牲口也要均分，儿子较多的情况下，牲口由儿子共有，轮流饲养，轮流使用。太平车、石碾、磨这些难以切割的农具由儿子们共同继承。家里的打麦场也是几家共有。

存款是大户人家分家时才会有的分配物。对于一般的农户而言，家里是没有存款的，儿子能继承的只有土地与房屋。村里的好户分家继承时，父亲会给予各个儿子大量的储蓄，这将成为儿子积累家业的主要资金。即使在分家析产之后，好户人家的儿子依然能拥有较多家产，并且兄弟之间因能力的差异，会出现明显的贫富差距。以受访者刘红伦为例，其父辈四人，分家时各人的家产数量相同。后来其三伯父有10顷土地，二伯父与其父亲各拥有 2 顷土地。都是村里的好户人家，但是家产数量上存在明显的差距。

农户在分家时，老人在留足自己的口粮后，将家里的粮食平均分给儿子，保证儿子在收获之前的口粮，但是父亲自己留多少、分掉多少都是他说了算。若是家里有未出嫁的女儿，则父亲会根据所需口粮情况，多留一些粮食。

总体上来看，每个儿子继承的价值总量是相同的。家庭的坟地则交给长子或者其中的一个儿子继承，算在其分得的家产数量内，其他兄弟也可以埋入这块坟地。

三、继承程序

继承分家时，由父亲召集几个儿子开家庭会议，儿媳妇不参加。父子共同商议分家情况。首先计算一下家里的财产情况，分出哪些能均分、哪些要共同继承。不采取书面计算的形式，因为一般农户都不识字。由父亲估摸着计算一下。

接着开始分配。父亲威望较高，一人能做主，则不请亲人前来帮忙。若是父亲去世，则兄弟几人共同请舅舅或者姑父等官亲来主持分家产。首先分配的是土地，这是最贵重的家产。按照本地传统，原则上每个儿子得到的土地数量都是相同的。随后才分房屋。房屋多是土墙草屋，也少有人争房屋，平均每人占两间，也有的占三间，难以做到均等。受访者讲述道："穷人分家好弄，把地一分，屋子每人两间，各家去买个锅在院子里找个地方搭个锅，以后便各人是各人的家了。好户家产多，分起来比较麻烦些。"随后便是粮食分配，没有给几口袋的口粮。难以分配的东西则交给儿子共同管理。

父亲分配完毕后，分家算是完成了。分家不请客吃饭，儿子各回各自的屋子。在各个儿子的厨房未搭建完成之前，依然在一个锅里吃饭。请官亲的话，中午父亲要管饭，饭菜没有什么讲究。村里一般的人家分家时，不列清单，口头划分便可以。好户人家家产较多，则记录下来，交给各个儿子，好户人家的男主人基本都是识字的。

家庭财产继承程序结束后，形成了若干个小家庭，在村里，继承意味着分家。分开后的家庭独立进行生产经营和生活。继承父亲家产不签契约。继承意味着要承担责任，对父母尽到养老送终的义务。侄子继承家产的话，意味着侄子要以儿子的身份为被继承者养老送终。女婿继承家产的话也是要为老人养老送终。分家继承家产时不见证人，也不到官府登记，更不写契约。

四、继承关系

本部分主要从家庭内部与外部继承与继承活动的关系进行探究。探究各个参与主体之间的关系。

（一）家庭内部继承关系

1. 分家时间

对于子女多的家庭，继承意味着分家。村里分家没有约定成俗的时间，分家的时间主要依据老人的能力决定。若是父亲维持得较好，比较公平，不偏袒，分家的时间会来得很晚。其实主要看父亲的领导能力，若父亲的威望较高，且在家有完全的主导能力，兄弟几人在父亲的指导下各自从事不同的职业分工，这种生活方式会持续到父亲去世。若父亲偎（领导）得不好，家庭内出现分化争吵，家不分不行时，便会由父亲主持分家。可见，父亲在大家庭的维系中发挥着决定性的作用。

相比之下，村内穷人分家较早，富裕的好户分家时间较晚。穷人分家单过后，各自想各自的办法去获取生活的物资。好户衣食无忧，并且雇有长工，分家分地单过后生产成本会变高。

村里存在一些大家庭，即使父母去世、兄弟两人成家后，大家依然在一起生活，一直未分家。多数分家发生在父母去世后，也有部分父母在世就分家。如果多个儿子中有一个儿子想分家也没用，父母不同意分家，就很难分家。一般是等到所有儿子都结婚后才分家，有儿子还未成家时不会分家。儿子未成家的情况下，父亲只是给要分家的儿子几亩地，待到所有儿子成家之后，才平均分配土地。女儿不能参与分家，即使女儿未出嫁，也不参与分家。长子结婚但其他儿子未结婚时不分家，定居在外的儿子不参与分家。如果某个兄弟死亡，有儿子的话，一般不选择分家，与大伯或者叔叔一起生活。若是非要分家，也会平分家产。如果只有一个儿子不分家，没有分家的必要，会与父母在一起生活。据受访者介绍："什么时候分家这是不一定的，得看老父亲的能力，要是老父亲偎得好，儿子们之间都不生气，也不吵架，那分家较晚。有的好几辈子都还在一起。"

2. 分家后的公共事务

分家后，院落与牲口依然采取共用的原则。为保证家庭和睦，无论父母在否，多数按照均分土地的原则，分配的公平性在于各方商议。若是分家时兄弟能力不对等，也会出现有的占多、有的占少的情况，兄弟不反对的话，也就这样维持现状了。最后各兄弟之间达成一致，分家算是完成。村里的分家与继承多是同时发生的。分家后不向村长、保长或族长报告，也不请周围的亲戚或是周围的邻居吃饭。分家后兄弟之间相互来往，但是都各自结算自己的收入。平时需要帮忙的时候与逢年过节的时候，兄弟都会相互帮忙。如果兄弟条件有好有坏，通常会相互扶持，但是主要还是依靠各家自己经营。父母可以留置自己的财产，主要是养老地与部分储蓄。父母去世时，所余留的财产儿子们全部平分。

若是有女儿在父母去世后仍未出嫁,兄弟年幼的话,则由其在世的亲叔伯们负责其将来的婚事,其伯父都要出一些钱财操办婚事。若兄长已成家,按照"长兄如父"的原则,由兄长负责其说媒、嫁妆之事,花费由兄长出。若是兄弟未成家也是按照此种原则行事。这种情况下,女儿的嫁妆都是其叔伯或者兄长负责购买置办,女儿不能以嫁妆的名义参与分家。

3. 分家后的格局

1949年前,通常一个院落内住着三四户人家。即使分家后多数也是居住在一个院子内。因为没有足够的空闲宅基地去盖房子,依然在同一个院子里生活几十年。分家后,若是父母健在的话,父母居住堂屋,其余诸子住在东屋或者西屋。待父母去世后按照习惯由最小的儿子一家搬入堂屋居住。但是村里也有不遵循此习惯的,可以由老大搬入堂屋居住,一般的好户人家都会遵循这一规则。兄弟多,宅基地面积小,则无法分院,只能兄弟共用。分家采取均分的原则,主要是指田地采取均分措施,其他无法进行分割的财产则采取共有、共用的策略,比如,太平车、居住的院子、空闲宅基地、石磨、打麦场、牲口等,兄弟几人共用。

兄弟较多的家庭,要分配房屋,但不分院,房屋的分配遵循"兄南弟北"的原则,具体分配给谁、分几间都由父亲决定,院内的地方由各家协商占用,也不做严格划分,各自寻找地方搭建牛屋与厨房。兄弟较少,则会将院子一分为二,或者一分为三。这种分法在仅有兄弟两人的家庭十分多见,前提是院子足够大。在院子中建上土墙,双方独立成院,若房屋是连着的,则以房屋墙体的中间为界。划定房屋边界时,会请本家的长辈在场作为见证人,调解双方的主张,最后达成一致,划定界限后要打下灰橛或者打下木桩作为边界记号。受访者刘红伦(90岁)家与其伯父家就是这种分割方式,分为东西两侧,后其伯父家两子分家也是按照这种方式将院子一分为二。

在第三代人未成家之前,不够分配的空闲的宅基地是兄弟共有的,会一直闲置着。兄弟几人都在老宅子内居住。若是其中一户因家庭安排不下可以提出占用空闲宅基地建房,其他兄弟会同意,但是要让出占用的原公共宅子内的房屋与院子,具体的条件在于兄弟之间商量。1949年前,除自家兄弟之外,房屋是没有紧贴着的,相邻的房屋左右之间都留有缝隙。多数农户会多留出一部分作为厕所,然后在自己的地界建上墙。

4. 继承纠纷

继承纠纷多是因为兄弟之间对父亲的财产分配措施不满引起,或是兄弟之间协商分家时没有达成一致。在分配财产时,一方认为自己得到的比其他兄弟少而产生不满。出现纠纷后，最常见的方式便是请官亲、族长，官亲主要是指舅舅、姑父等，以舅舅为主，因为其与几位兄弟的血缘关系同等亲近。村里请舅舅调解的比较多，舅舅有话语权与威望，能作为长辈训斥外甥，外甥不敢公开反驳。族长是指本家的有威望的长辈，如大伯、叔叔、堂叔等。在调解中，通常的方式是官亲或族长运用自己长辈的权威，按照兄弟提的意见，按照多退少补的原则进行调整，使各方都满意，在多数情况下都能调解成功。若调解不好也不会打官司，因为这是家庭内部事务，都是亲兄弟，难以对簿公堂。而且村内没有能打官司的地方，打官司只能到县城去打。兄弟之间这点小的纠纷难以引起诉讼。

（二）家庭外部继承关系

1. 家庭之外的继承人

本家人之外的其他人如娘家人、外嫁女儿都没有继承权。在继承人缺失的情况下可以继承。女儿与女婿在老人没有儿子、侄子的情况下可以继承家产。有儿子或侄子的情况下，任何一个女儿都不参与继承。因为在村里人的观念中，外嫁闺女是外家人，不能再问本家的事情。如果女儿未出嫁时父母去世，也不能以任何名义参与财产继承。

偎亲戚户中，住在本村的女婿也可以继承少量土地，通常只有两三亩左右，前提是其岳父家有足够多的土地。女婿获得的土地数量远低于儿子们继承的数量，通常偎亲戚的农户会获得两间房屋。若是岳父家产较少，儿子又多，则住在本村的女婿得不到任何家产。

2. 无人继承

村里无人继承的情况尚未见到，一般按照"除近数远"的原则，总能找到继承人，加上本村是单姓为主的村庄，村里90％以上的人口姓刘。若无亲兄弟、堂兄弟，总能找到本门内最亲近的人来继承。老人在去世之前，会通过各种方式找一个继承人。即使老人没有指定继承人，按由近到远的原则，总会找到继承人。若是有血缘关系近的亲戚，由亲戚自己继承。若是无血缘关系近的亲戚，则血缘关系较远的本家人也可以继承，将其家产接过来。最后实在找不到人，家产由村里有头脸的人处置，其他同姓本家人也可以占有，只要村里的其他人不反对。保长不会处理无人继承的财产，土地实在无人耕种的话便会被荒废。

第八节 村落经济变迁

1949年中华人民共和国成立后，刘屯村村落经济形态发生了巨大变化。随着土地改革运动、集体化运动、家庭联产承包的相继开展，传统的经济经营形式发生转变。

一、土地改革运动中的村落经济

1950年,虞城县开展土地改革运动。由于刘屯村里富裕户较多且家里雇有劳力,土改时本村划定了33户地主、3户富农,均是刘姓地主。刘屯村成为本地地主最多的村庄。土地核算时按每人5亩土地标准分配土地。村里地主家的多余的土地被没收,平均分给了贫农。地主家多余的粮食、农具、宅基地、牲口均被分给贫农。另外,村里罪行较严重的地主被镇压。

村里的外来户在土改运动中得到了土地与宅基地。以村里的李广义、杨云安、李长庚家为例,土改时期,这几户农户在本村最多的才居住了三代,原本在本村只有两三亩土地,李广义家没有土地。三家在土改运动中分得了土地和房屋宅基地,生活开始有了着落。通过土地改革,农户间的经济差距缩小,村里不存在好户、穷人之分。这一时期是允许土地买卖的,但是出于生存需要,多数农户不会选择卖地。

土改时期,村庄的经济交易活动依旧正常进行,南侧的杨集依然是本地区重要的集市。农户依然到南侧的杨集与本村内定期的会上进交易。农户家庭粮食主要用作口粮,很少一部分才会出售。消费方面,家庭主要还是以吃食消费为主,穿的衣服依然是家庭妇女手工制作的粗布棉衣。土地改革结束了几千年的封建土地制度,对土地、宅基地的所有权进行了调整。这一时期依然是一家一户的耕作方式,以家庭生产为单位。在家庭继承方面,同样按照本家优先原则,女儿的继承权利还是排在儿子后面,依然有着侄子"请寿"叔伯的传统。

与之前相比,村里的大领、牛工等雇工形式消失。土地改革抹平了村里的贫富差距,没有人再雇佣劳动,并且出现了农户之间的互助合作。

二、集体化时期村落经济状况

1953年,杨集区全区共7 632户农户,组织起来的农户占农业总户数19%。合作社1个,入社16户,占组织起来的1%,常年互助组100个,共588户,占组织起来的37%。临时互助组127个,882户,占组织起来的59%。1954年,杨集区合作社2个,入社30户,占组织起来的0.6%,常年互助组400个,共3 200户,占组织起来的60%。临时互助组527个,2 108户,占组织起来的39%。[1] 1955年在全县合作化浪潮下,全乡全面实现了农业生产合作化,1956年春季转入高级社阶段。1958年8月,杨集人民公社成立。

---

1 资料来源:虞城县1954年农业互助合作组织发展控制数字。

人民公社时期，刘屯属于大杨集公社，公社驻地距离本村15公里。在公社初期，刘屯与张屯（包含孙屯）为同一个生产大队。1958年，刘屯与张屯共有土地7 800亩。1964年前后，张屯独立成为一个生产大队。此后，刘屯下设13个生产队。各个生产队负责土地的耕作，自行结算。按照人头与工分各占一半的原则进行粮食分配。村里的受访者刘耕珍、刘砀山先后担任刘屯生产大队的书记。1962年调整为生产小队核算单位，实行三级所有，队为基础。

在人民公社的组织下，一些手工业者比如铁匠、木匠等开始在一起合作，杨集公社成立了木铁合作社，不允许个人从事手工业。杨集公社专门将本公社范围内的手工业者集中在一起，成立了社办企业，并且抽调了干部担任厂长，刘屯村的铁匠、泥瓦匠等都被集中到了杨集（大杨集）公社驻地的社办企业。村里的受访者刘红伦作为泥瓦匠在社办企业工作。

公社时期，村里的部分私人交易行为受到限制，不允许私人宰杀牲口。当时村庄的会与南侧的小杨集集市依然可以举行，只是交易品种受到限制，只有一些农产品，比如自家收获的蔬菜、鸡蛋、鸡肉等可以买卖。会与集市依然是半开放的。一些限制主要体现在：一是耕牛不准杀，二是农户养的大猪必须要卖给公社的食品公司。三是个人不准开饭馆。每个公社有一个公办食堂，也就是饭馆，对外营业。农户可以在食堂买面条、馒头、熟菜等食品。村民可以到集会上交易自己的农产品，像鸡蛋、羊肉、鸡肉都能买卖，这些属于非限制物品。个人依靠工分分得的粮食也能买卖。节日消费与人情消费受到政策倡导与收入影响，有所降低。婚礼消费主要还是以宴席消费为主，队里对宴席规模与菜的道数有所限制。

三、家庭承包到户之后小农经济状况

1978年改革开放后，市场经济逐渐开放。刘屯的会开始恢复，并且在每月逢农历6日、10日定期举行。这次是由本村大队干部负责起会。与中华人民共和国成立前的会首起会的形式完全不同。并且恢复了牲口市，粮食市。牲口市的牛行人要有政府颁给的证，受访者刘砀根便是有国家颁布的证书的牛行人。

在乡政府驻地，棉麻公司、粮店等公办的统购统销机构依然存在，并且承担着收购农产品的收购工作。南侧杨集开始有了私人开的饭馆，私有的铁匠铺、木匠铺等兴起。村民个人做起了小生意，部分村里人到南侧的杨集集市上开店，但是始终没有形成手工厂。

1981年后，村里实行大包干生产责任制，村里将土地承包给个人耕种。当时的口号是"交完国家的，留够集体的，剩下的都是自己的"。农民的生产积极性与粮食产量

有了显著的提高。1997年，村集体根据政策要求，对土地承包进行了微调整，分给新生儿土地，同时将外嫁女儿的土地收回。

第九节 村落经济实态

随着科技、交通的日益发展以及国家经济政策的调整，刘屯经济形态展现出了新的时代特征。本节将从"村落经济、集市交换、家庭消费、财产继承"等方面来考察刘屯村的经济实态。

一、村落经济概况

现阶段的刘屯村不再有集体经营的经济形式，土地全部承包给了农户，实行家庭联产承包责任制。种植作物完全由承包的农户决定，在农户看来现在的土地是个人的。村内自1997年土地微调以来，没有再次调整过土地，新生儿不再有土地。土地逐渐固定下来。村内的土地全部承包给了个人，村委会没有集体土地经营收入，同时也没有集体产业。

表3-5 刘屯村村内产业发展概况

产业种类	数量（家）
超市	4
饭店	3
车辆修理部	1
服装店	1
砂石厂	2
楼板厂	1
理发店	1
肉店	1

现阶段，村里分别有一家砂石厂和楼板厂，规模较小，雇工不足十人。个体经营户有：四家超市、一家服装店、三家饭馆等。这些都是单个农户办的个体经营企业。村里人平时都是在村里商店购买油盐、酱醋等生活必需品。

二、集市交换

近几年，受周边集市兴起的影响，村内定期举行的会被挤压，规模大不如前。北侧8里处的乡政府驻地形成了固定的集市，被称为"新公社集"，都是两层楼的店铺，南侧3里的杨集（小杨集）也成了本地较大集市，并且规模急剧扩大，东侧8里处的曹庄兴起了新的集市。这三个集市都有店铺门面，规模较大，三个集市上有银行的营业厅，且都是乡政府的驻地所在。每天早晨集上都有卖早点的，通常每个集都是隔一两天逢一次会，也就是连集带会。加上本村内并没有大规模的商店门面，村里人多是去这三个集市赶集。三个集市的逢会日期是错开的。与1949年前比，会的次数明显增加。几乎每天村庄附近都有会举行。

随着国家法律的健全，村里的个体经营户要经过工商部门的许可，村里超市、饭馆等经营场所都有工商部门颁发的许可证，方可开展经营活动。修理铺、理发店等不要办理经营许可。

表3-6 现阶段村落周边会的情况

集市名称	逢会日期	距离（公里）	备注
小杨集	二、五、七、九	1.5	连集带会，属夏邑县
曹庄	一、三、五、七、九	4	连集带会，属于砀山县
镇里固	二、八	4	
新公社集（乡政府驻地）	四、六、十	4	连集带会
刘屯	六、十	0	

村里仅有的几家超市就位于村委会西侧。现阶段村里的会的规模较小，来赶会的人较少。村里的会由村里的干部带头，受访者刘砀根为发起人之一，他也是村里政府颁过证的牛经济。现在村里每月农历的六日、十日逢会，每月六天。每次逢会多是本村人在做买卖，还有少量附近村庄的人来。村里人多是到南侧的杨集赶集、赶会。本村的会举行时，村里人也在会上买需要的蔬菜、布料等。今天，村里会的规模无法与1949年前相提并论，规模大不如之前，影响力也下降许多。平时，村里人多是去南侧的杨集赶会。

图3-4 2016年刘屯村庄逢会情况

会上的粮食市与牲口市这些传统的交易已经不存在了。村里人通常是留够口粮后，直接将余粮一次性全部出售给集市上的面粉厂或者私人收购站，费用一次性结清。因为一次性的收购金额较大，收购方欠债"打条"的形式最为常见。若是双方不熟悉，则不会"打条"卖给收购者，必须要现钱。若是双方是熟人，通常收购者将收购的粮食卖掉之后才会给卖粮的农户结算卖粮钱。

三、家庭消费

现阶段，家庭依然是经营单位，也是消费单位。单个家庭自己经营、自己消费。当前，村里农户的收入主要依靠打工，种地收入不足家庭总收入的50%。打工有两种方式，一是外出长期务工，二是在周边打零工。村里60%的年轻劳动力外出务工。打工成了村内居民的主要收入来源。这与中华人民共和国成立前完全不同，之前的农户收入都是来自土地。

在消费方面，1949年前主要是在吃食上消费。现阶段消费内容主要分为日常生活、人情往来、教育、看病、养老等。单个家庭内，当家人依然掌握着家庭的消费权。但是，由于子女有自己的收入，因此子女掌握着自己所得收入的消费权。家庭妇女开始独立掌握家庭的部分存款，有的家庭是妇女在当家。

由于经济条件的不同，不同家庭的消费结构存在着较大的差异。就村里整体来看，家庭生活水平都经过了生存性消费阶段，多数家庭到了发展性消费阶段，他们送孩子到县城学校去上学，接受更好的教育。但是村里少有家庭拥有享受型消费，除了个别子女在城市工作的家庭。此外，娶妻是家庭主要的消费支出，要出高额的现金彩礼、建新楼房、摆宴等，通常会花光家庭的所有积蓄，甚至欠下债务。随着医疗水平的提高，医疗消费占家庭支出的比重较大。

四、继承关系的变革

在继承顺序上，儿子排在第一位，其次是女儿，最后才是侄子。与以往不同，侄子的继承权排在了女儿之后，这与1949年前明显不同。在正常的情况下，家产依然由儿子们继承，若是没儿子、有女儿，则会选择招女婿来供养老人。村内无儿子、有女儿的农户都会将土地、房屋等家产给女儿中的一个继承。就村里的情况来看，村里有两户人家招了女婿养老。至于让哪个女儿招女婿来继承家产，则由当家人自己决定，其他女儿是没有继承权的。在老人百年时，侄子要在场当孝子。若是要侄子以儿子名义送终的话，则至少要将一半的家产分给侄子。无儿无女的情况下，则指定一个侄子去继承。

在正常分家继承时，依然按照财产均分的原则，不管是老人的土地还是现金财产，都均分给儿子。分家时，会规定各个儿子的赡养义务，定期给予父母生活费用。在父亲能主持分家的情况下，是不请外人的。除非兄弟之间意见比较大，会请官亲、族长来帮忙。村里子女分家不向村委会的干部汇报。分家后，儿子们各自成立小家，以小家庭为单位单独结算。

第四章 村落社会形态与实态

1949 年前，刘屯村社会形态有什么样的特点呢？村内社会交往活动又是如何开展的呢？本章将从"血缘与血缘关系、地缘与地缘关系、业缘与业缘关系、信缘与信缘关系、交往与交往关系、流动与流动关系、分化与群体关系、冲突与冲突关系、保护与保护关系"等方面去考察刘屯村的社会形态。

第一节 血缘与血缘关系

血缘不只是生物学上的概念，作为单姓为主的村庄，血缘是村庄最重要的社会关系之一。血缘关系在日常交往、合作过程中发挥着重要作用。本节将从嫡亲、姻亲、干亲等方面去考察传统时期刘屯村的血缘与血缘关系。

一、嫡亲

按照村里人的观念，"亲戚是亲戚，本家人是本家人，本家人不能叫亲戚"。这里的嫡亲是指本家同姓的亲人。在村里，有同一祖先的人员都可以笼统地称为"本家人"。从内容上来看，主要有以下几个主体。

（一）家庭成员

村里家庭大小以人口和家庭结构来界定。子女多的家庭可以算作大家庭，只有少量未成家子女的家庭是小家庭，通常儿子在三个以上的家庭可以被称为大家庭。再者以家庭的子女的婚姻状况来论大小，儿子成家后家庭人口增加，同样被称为大家庭。核心家庭通常指只有父母与未成家子女组成的家庭，主干家庭是父母与一个成家儿子组成的家庭，扩大家庭是父母与多个成家儿子组成的家庭。从数量上看，村里核心家庭与扩大家庭最多，主干家庭最少。村里多数家庭都必然经历核心家庭—扩大家庭—核心家庭这样的发展过程。1949年之前，很难统计这两种家庭的数量，据受访者介绍，"这庄上每个院子里住着一大家子，你哪会知道他们分家还是没分"。

家庭人员因血缘关系而产生联系，家庭成员主要由父母、子女组成，不论儿子是否成家，只要不分家都算是家庭成员。家庭的组成方式比较单一，除了结婚、生育之外，只有抱养、过继两种方式。儿子长期在外务工，依然算是家人，娶得的儿媳亦算是家人。妾也算是家人，而且也要入族谱，其生的儿子与妻子所生的孩子同等对待。1949年前，村内多是一夫一妻，仅有四五户家庭条件较好的人家纳有一妾。未见同时拥有三个媳妇的农户。核心家庭的形成主要依靠生育与娶妻这两种方式。村内嫡亲关系的亲人包含儿子、儿媳、孙子等家庭成员。正常的核心家庭成员通过生育、结婚增加。非常规的家庭成员通过过继、抱养、招婿等方式增加。其他本家的侄子、亲戚中的外孙等不能算是家庭的核心成员。有直接血缘关系的人算作家庭成员。长工不算是家庭成员。

兄弟分家后，虽住在同一屋檐下，若是不在一个锅内吃饭，经济独立核算，则不算作一个家庭的成员。未分家的家庭里，父母要跟儿子一起居住。媳妇、未出嫁的女儿算作家庭成员。常年在本村居住的本村人的外甥不算是家庭正式成员，不具有继承财产的权利。不用在村落登记在册才能是一个家庭的成员，官方并不过问家庭的成员状况，当时也没有人头税，征兵时只看家庭中儿子的数量。收税赋只按照土地数量。劳役也是看家庭的劳力情况。

通常村里家庭人口为5—7人，情况并不唯一。1949年，受访者中刘耕珍家中4口人，无兄弟，刘砀瑞家中为4口，只有一妹妹，刘丰须家中8口人，其中兄弟4人。刘红伦家中人口较多，为13口人，兄弟6人，均未分家。家人不用在村落登记在册，便可以成为核心家庭人员，官方并不过问家庭成员情况。

（二）大家庭成员

大家庭，通常是指包含已分家兄弟的大家庭，也可以指尚未出五服的本家人。有血缘关系的五代以内便属于比较近的本家人，当地有"五服"之说。五服是指从同一位祖先向下传五辈，到第六代时便是出五服，关系会变得很远，虽属同一个祖宗，但关系已远，往来较少，与一般邻居无异。父亲系近亲通常生活在本庄内，外村较少。

五服以内的亲戚要在过节、结婚、丧葬时承担责任，比如服孝、出人情钱等。平时生产合作也是优先找血缘关系近的本家人。

（三）家族成员

1949年以前，村里主要有一个大家族，也就是刘氏家族，人口占全村的90%。其他姓氏人口较少，每个姓氏只有三四户人家，且来本村定居的时间较短。村内刘姓人家有共同的祖先。其他的姓氏较为多，单个姓氏人口较少，无法形成有组织的家族。

在村里，本族人血缘关系越远，关系越不亲，血缘关系近的本家人相互交往频繁一些，如果太远的话，平时关系类似于邻居关系。日常生活中，"本家"是对已知有同一个祖宗、血缘关系较近的同姓氏人的泛称。若两家姓氏相同，但并不是由一个祖宗传承而来，无明确的已知的血缘关系，则不能算是本家人。例如本村有四个张家，但是他们不是同一个"张"，为先后搬入本村的人家，不是来自一个明确的先祖，所以不是本家人，平时也无往来。本家是一种泛指，关系可近可远，但是必须是同姓有血缘关系的人。

大的家族成员之间平时往来较少，仅在修筑祠堂、祭拜共同的先祖时才会聚在一起，平时仅是邻居关系。若是本家人受到一群外姓人的欺负，本家人会前来帮助。"门"是对宗族的划分单位，村内刘氏家族内有着"大四门""小四门"之说，大四门是指本村刘氏家族从第五世开始分为四门，小四门是某代之后对某一个分支再次进行的划分。村里的农户会用"门"表示两家关系的远近，所指范围可大可小，同一门的人血缘关系更近。在祭祀同一个分支祖先时，这一支的后代会一同前去。

二、姻亲关系

姻亲是因婚姻建立起来的关系，主要是女人出嫁产生的亲缘关系。比如"娘家兄弟"是对妻子兄弟的称呼。姥爷、舅舅都是因父母婚姻联系形成的亲属。姑父是父亲姐妹外嫁建立的亲戚。成亲男女双方的父母互称"亲家"，也是姻亲关系。村民平时所说的亲戚多是因婚姻形成的。

（一）至亲

女人出嫁后归入男方的家庭，对于其亲生父母来说算是外人。父系方面，出嫁的姑姑属于近亲。母亲系的亲戚，如姥爷、舅舅、姨娘也属于近亲。但是再隔一代的话，比如舅姥爷、姑爷爷（即父亲的舅舅、姑父）则属于远亲。这些近亲都不在本村内居住，多是居住在周围的村庄，通常在30里的范围之内。近亲能干预家庭的事务，起着重要作用。近亲中的舅舅、姑父等都是公认的官亲，遇到家庭纠纷与分家纠纷时这些官亲都会被请来主持公道。尤其是舅舅对外甥有着较高的权威。作为长辈，晚辈必须遵从，即使不遵从也必须尊重舅舅与姑父，表示出谦卑的态度。

按照传统的风俗，本村内没有通婚的习惯，即使是不同的姓氏也不通婚。通常是与周围的村庄通婚，形成姻亲，因此姻亲关系存在于村与村之间，同一个庄子的人成姻亲的会被外人笑话，所以村内的人很少结为姻亲。没有明确血缘关系的两家同姓人之间可以通婚，通常不是本村人才可以。结为姻亲不通过村子管理人、家族长老的同意。这是家庭内部的事情，其他人并不过问。除非有悖伦理，家族里较亲的长辈会出面阻止，家族族长也会出面表示不满。1949年之前，村内上门的女婿较少，不时兴招女婿。即使女婿在岳父家生活，也不改姓，主要是为了给无子的老人养老。多是因家庭贫困，才住在岳父家。妾的娘家也算姻亲关系。

(二) 远亲

亲戚经历三代之后关系变得生远，于是便成了远亲，之间来往甚少。比如舅姥爷、姑奶奶（即父亲的舅舅、姑姑）则属于远亲。经历的辈分越多，血缘关系越远，关系也越来越淡，最后便没了亲戚。亲戚中的远亲不在同村居住。远亲平时往来甚少，只是在有大型喜丧事才会有往来。平时，远亲一般不参与纠纷调解，借钱也不会找远亲。仅是在家庭遇到诉讼等困难需要有地位的远亲帮忙时，才会用到远亲。农户平时与远亲往来甚少，借钱借粮食一般是不找远亲的。

表 4-1 农户血缘关系

辈分 \ 关系	嫡 亲	姻 亲	干 亲
长辈	爷爷、父母、叔伯、堂叔伯	姥爷、舅舅、姨娘、姑姑	干父母
平辈	兄弟、堂兄弟	娘家兄弟、表兄弟、姨兄弟	干兄弟
晚辈	儿子、侄子、孙子、堂侄子	外甥	—

三、干亲关系

(一) 认干亲

拟血缘也就是村里所说的"认干亲"。这种关系可以建立在本村人之间，也可以在外村人之间。一般关系较好且不存在辈分差异的人之间，可以建立拟血缘关系。这种关系的建立多是因为两人之间的关系较好，希望借此加强彼此的关系，或者出于攀关系，让儿子认对方为干父母。认干亲多是男人之间决定的，而且多是儿子认干亲，未见闺女认干父母的情况。拟血缘关系可以跨村，拟血缘关系多是父母所为，要双方都同意，双方男主人做主。认干亲不要兄弟之间的同意，不要获得宗族的认可。干儿子不能入族谱，更不要向保甲长报告。认干亲没有任何手续，是一种户与户之间的个人关系，不涉及公共利益。

关系要好的两户人家认干亲，即认对方儿子为自己的干儿子，双方为干亲关系，孩子要尊称干父母"干爹、干娘"。认干亲时，孩子要向干父母磕头，建立虚拟的血缘关系。在过节时干儿子要带礼到干父母家中走亲戚，过年时要给干父母拜年，干父母要给压岁钱。在干儿子结婚之时，干父母要拿磕头礼钱。

干父母对干儿子没有抚养义务，不承担孩子的抚养费用，干儿子不能继承干父母的家产。干父母不一定要住在同一个村里，但是两家的关系必须要好。认干亲必须按照辈分进行，不能乱辈分。村里的刘姓人家都是同族人，彼此之间没有认干亲的现象。

（二）同姓不同族

村里存在一些同姓但不同族的情况，都是村里的外来户。例如本村有四家"张"、两家"李"，他们先后搬入本村，不是来自一个明确的先祖，所以不是同一族人。村里没有人通过联宗合谱的方式建立拟血缘关系，这是不允许的，因为双方不存在明确的血缘关系，并且在辈分上无法划分长幼。除非是一个老祖宗，否则不能合谱。即使是本村刘氏家族的外迁后人，若是不知道自己属于哪一支系，刘氏修谱人也是不允许其入谱的。

四、血缘关系

血缘关系不仅是生物学上的概念，在日常交往中，血缘关系是联结双方的纽带，无论是在重大节日、红白喜事的往来中，还是日常生活中的相互合作、帮扶中，血缘关系均发挥着重要作用。

（一）过节往来与嫡亲、姻亲关系

走亲戚主要有三个集中时间，一是春节期间，二是农历八月十五，三是五月份小麦收割之后，这三个时期是大面积走亲戚的时间。平时农活较忙，走亲戚的人较少，主要是相互帮忙往来。

1. 先本家

此处以春节为例，大年初一当天，这天拜访的都是本家人。主要给刘氏自家长辈磕头，平辈人之间不得磕头。主要在本村内活动，不举办宴席，也不能称之为走亲戚。

首先，大年初一当天早晨要去爷爷、叔伯等长辈家拜年，通常就是生活在一个院子的人，晚辈要带上一碗饺子送给这些至亲长辈，给长辈磕头。然后再出去给同姓的刘氏长辈拜年，不要带任何礼物。这时一般是先给居住距离近的拜年，然后再给距离远的本家长辈拜年，不分贫富贵贱，只要是刘氏本家的长辈，都要去拜年。

2. 后亲戚

大年初二之后才拜访亲戚。初二上午，出嫁的闺女带上儿子回娘家探望父母，丈夫可去可不去。

在大年初三拜访舅舅，若是舅舅较多，兄弟商量着分开走亲戚，一个兄弟去一个舅舅家。大年初四、初五去拜访姨、姑姑。通常是按照亲戚的远近进行拜访。过节时这些近亲一定要拜访，近亲走动比较频繁，远亲可拜访可不拜访。舅老爷、姑老爷等远亲走动比较少，可以在初五后去拜访。拜访时一定要带礼物，这是基本的礼仪。不用全家都去，只男女主人去即可。节日走访时，不用当家人前去，女主人与儿子均可以代表家庭拜访亲戚，一般是主人带子女前去。通常在正月十五之前才能走完亲戚，花费比较多。一些远亲会渐渐不再往来，最后便断了联系。

无论远近，走亲戚都会带礼，一般是割一斤猪肉、提两封馃子、买些蔬菜，还带一些馓子等零食。走亲戚时，对方要准备好的吃食，必须要比平时吃得要好，中午饭要将粗粮换成粗细搭配的杂粮，要用家里的好酒好菜招待亲戚。"亲戚来了，不能再像往常吃的那样，你得烙几个白面馍给亲戚吃。"

(二) 婚丧嫁娶中的血缘关系

1. 送信次序

办喜宴时，所有的亲戚都要请。本家人之间要告知一声，而且不用邀请，都会自动前来。姻亲中的近亲、远亲因不在同一个村庄，须主家送信，男女主人去都可以。喜事的邀请由主家自己完成，都是父母带上一些礼物亲自前去，并且告知对方办喜事的日子。喜事通知没有具体的顺序，通常按照居住的远近通知，无论是远亲还是近亲都要通知。

举办丧事时，嫡亲不要邀请，嫡亲晚辈中的侄子、孙子是要守丧的。姻亲要遣邻居去送信，因为主家丧事期间不能出门。丧事是要通知到各个亲戚的，不论远近。在通知的顺序上，要优先通知近亲，然后再去通知远亲。邻居是要帮忙跑腿的，不要邀请会自来。丧事期间，前来帮忙的邻居会达三四十个，都是喜总出面请或者自愿前来。

遇到红白喜事，往常来往少的远亲也是一定要通知的。干亲也要送信，在干儿子结婚时，干父母要送大红包。

2. 送礼与迎接

喜事办酒时，所有前来的亲戚都要送礼或者出钱，血缘关系越近，礼物越重，通常本家的叔伯与姥爷舅舅出的金额最高，主家不用回礼。血缘关系近的本家人在喜宴当日会提前到来，帮助主家布置一下喜宴，处理一些婚礼上的事务。

亲戚来到后，主家不出面迎接，找一个邻居担任喜总迎接亲戚。亲戚来到后都会到房内与主家打声招呼，表示已经前来祝贺，并且会到主事处去登记，送上礼钱。办满月席时，一般也是问事的人在门口迎接，与喜事较为类似，主家要去操办其他事务，一般不会亲自迎接。

在办丧事时，本家血缘关系近的守丧屋。凡是前来烧纸的亲戚，都要孝子去门外迎接。关系越近，去的孝子越多。通常只是男孝子前去，一直将亲戚接到丧屋。可以看出，嫡亲与姻亲在往来关系上存在明显不同。

3. 落座次序

村里刘姓人自家婚礼一般不请家族族长参加。本家人与远近亲戚到场后，酒席在院子内举行，并没有上下席面之分，但是少量桌子要摆在房屋内。通常将自家年长者安排在屋内的宴席就座。其他亲戚一般是相熟的亲戚坐在一起，不熟悉的亲戚通常不坐一桌。摆在屋内的桌席按照规矩落座，年长的要坐在面向房门的座次，算是上座，然后两侧为次座，挨着门的为下座，由最为年幼或者辈分最低的人落座。若是自家长辈与亲戚长辈被安排到一张桌子上，则辈分长的坐上座。若桌上有亲族里辈分高的和亲戚中的德高望重者，主位由辈分最高的落座，德高望重者坐其旁边。若是同辈，则年龄最长者落座，其他人按照辈分年幼依次落座在不同的位置。在婚宴酒席中，新人磕头敬酒，先敬本家最亲的人，通常是从爷爷、奶奶开始，然后才是姻亲，姻亲也是按照关系由近及远进行。

（三）日常生活与血缘关系

1. 嫡亲合作、姻亲帮忙

在村里生产合作中，出于血缘关系考虑，在心理上更加信任对方，优先与血缘关系近的嫡亲在一起耪棋，一般不找外村的亲戚耪棋。在农具的借用上也是优先找本村的亲人。除了牲口之外，一般不会去外村借亲戚的农具。生活上需要帮忙，会找血缘关系近的大家庭成员或者近亲。若是对方有时间，通常不会拒绝。具体找谁要看嫡亲与姻亲中哪些人有时间，便会优先找谁。

农业生产上找人帮忙多是找亲戚，比如没有牲口的农户在耕地时通常是找媳妇的娘家父母借牲口。比较费时的农活，也是找亲戚。村里一般找妻子娘家兄弟帮忙的较多，也就是孩子的舅舅。找亲戚帮忙要主人上门邀请，看亲戚是否有时间前来帮忙。邀请时要带礼物，不能空手而去，这样不礼貌，带的礼品不用很贵重，一封馃子便可以。亲戚帮忙不给工钱，但是要管饭，并且吃食要比平时好一些，至少要炒一个菜，不能仅吃咸菜。

2. 借钱找姻亲

在村里，通常分家后的兄弟之间的经济水平较为接近，都拿不出多少钱，所以只能向血缘关系近的亲戚借钱。

家里急须借钱，若是数额较大的话，会找血缘关系最近的亲戚借。借钱首选较为富裕的近亲。这些亲戚比较容易借出来，而且不打借条，也不需要证人，还钱更不要给利息。一般来讲，向岳父家借的钱，若是还不上可以不还，但是向妻子娘家兄弟、舅舅、姑父借钱是要还的。亲戚之间借钱是没有利息的。多是向血缘关系近而且家业较大的亲戚借钱，只要对方有足够的金钱外借，便很容易达成一致。出于亲属关系，不能索要利息，也不担保，更不写借据。这是凭借血缘关系的借钱方式，不会给出具体的还钱时间，只会给出大约的还款时间，比如说一年、两年。

倘若亲戚担心对方还不上，便不会借，一旦借出，即使对方还不上也没有办法，碍于亲戚关系，不能起诉打官司。岳父母、姥姥、姑姑、舅舅、姑姑都是比较容易借钱的亲戚，前提是对方生活富裕，有足够的余钱外借。倘若都是较穷的亲戚，自身也难维持生活的话，则很难借得出来，只能选择其他办法。若是作为晚辈向亲戚借款，最后始终还不上就只能烂掉，但是以后就很难从此亲戚处借钱，因为"借钱不还再借更难"。但是向姥爷、岳父借钱，即使还不起，下一次依然能借出，因为血缘关系太近。若是亲戚想要回所欠的账目，便会找两家共同的长辈评理，将损失降到最低，让借款人偿还部分或者全部欠款，或者拿家里值钱的东西抵债，但不会采取"以工补贷"的方式偿还。受访者刘雪雨讲述了自己的经历："家里没有吃的了，就去岳父母家借粮食，最后也没还给他，家里穷，吃不上饭呢。"

3. 嫡亲祭祀

村里只祭祀直系祖先，并不祭拜姻亲关系亲属长辈，比如外甥一般不祭拜舅舅、姥爷。主要供奉血缘亲近的直系祖先，也就是已故的父母、爷爷，老爷爷（曾祖父）。祭祀包括清明、十月一日、过年时三次祭拜。祭祀的供品没有太多讲究，平时的吃食便可以，在家里祭拜不烧香。祭拜时，先祭拜最亲近的祖先，然后再祭拜家族的祖先，依次进行。共同祭拜一般发生在本家人之间，以大家庭或者家族分支为单位进行。

4. 纠纷

亲戚间发生一些较大的纠纷比如财产纠纷时，需要共同的亲戚来调节。亲戚间小的纠纷不请人调解，时间久了会自动复合。不同亲戚间发生纠纷，请双方共同的长辈调解。比如与娘家兄弟的纠纷要岳父来调解。前来调解的长辈要有一定的威望，若是调解不成功只能保持现状，并不会告官。亲戚间的小纠纷以生活矛盾为主，比如吵架、误会、意见不合等。这些小的矛盾不需要调解。

若是本家内的矛盾，通常是在家庭内部调解，一般"家丑不可外扬"，分家后的兄弟之间吵架会被知道的邻居笑话。矛盾激化后，可以请亲戚或者本家的长辈来调解，一般都能解决。未分家的兄弟矛盾不要调解，过几天便会恢复正常。

第二节　地缘与地缘关系

传统时期，因交通条件的限制，刘屯村人在交往中存在明显的地缘上的差异。本节将从"邻居及其关系、熟人及其关系、乡亲及关系"等方面去考察 1949 年以前刘屯村的地缘与地缘关系。

一、地缘主体类型

（一）邻居

邻居也就是分布在自家四周的人。同一个胡同内的也是邻居。居住得较远的被称为远邻。四周居住的多是刘姓本家人。见面时按照辈分、长幼称呼，辈分长的被称"叔"或"大爷"，长两辈的被叫"爷爷"。邻居多是吃一口水井的人。1949 年之前，村内都是吃公共水井里的水，因此有着"吃一井水的人"的划分方法，形容两家人居住得较近。邻居之间一般是共井的。村里同一井水的人是固定的，村内的人并不会舍近求远，到其他的井去挑水，所以同一口井服务的人是固定的。在淘井时，这一片邻居该出力的出力，不出力的掏钱。吃其他水井的人若是偶尔来本区域的井打水，不会被拒绝，因为这是难以避免的。另外，邻居是共路的，对门的两家之间的路是两家人共同留出来的，两家各占一半，也就是胡同。若是年代久了便会成为"官路"，即几家邻居共有的路。

邻居并没有固定的数量。一般来说以一户为圆心，周围五六家都是本户的近邻，并且关系较近，往来比村内的其他户较为频繁。这是一种因居住产生的关系。本村的邻居多为刘姓人，因此称呼以辈分长幼为依据，也有少量定居在本村的外家姓。若是兄弟分家到别处空闲宅基地盖房，便会形成新的邻居关系，原来的邻居关系会保持一段时间，逐渐变淡。兄弟之所以不作邻居，主要是因为宅基地分布在别处，原来老宅不够居住，只能迁出形成新的邻里关系。一般来说本村内邻居之间不相互通婚，主要以庄与庄之间的通婚为主，即使本村不同姓氏之间也很少通婚。并且村内刘姓同属一族，按照传统不能通婚。

通常居住在庄子另一头的人不能算是自家的邻居，即使是兄弟也只能算是本家的亲人。很多刚分家的兄弟是居住在同一个院子内的，或者将院子建墙隔开，单独成户。所以这样既是邻居也是自家兄弟。前后左右居住的多是自己的堂哥或者刚出五服的本家人。与兄弟居住得较近主要是因为祖传的宅基地是在一块儿的，而别处又没有自家的宅地，只能选择无限制地建墙分隔，将本来属于一家的宅子分隔成四家或者五家，后果是每一家的宅子面积越来越小，直到无法分隔，只能选择共院或者开辟新的宅地的做法。家里的大门是要上锁的，即使邻居是本家人，大门也要上锁。

共同生活在同一个院子里的兄弟，各自卧室会上锁，其他的屋子不会上锁，主人不在家时，其兄弟可以使用其家里的用具。年纪较大后，家庭人口变多，会选择到别处建房。按照村里的习惯，兄长不进兄弟屋。成家之后，即使在同一个院子内居住，按照传统，兄长是不能进入已成家的弟弟的卧室的，主要是因为那是弟媳居住的地方，作为兄长是不能进入的。而嫂子却不受限制，可以随意进入。若是兄弟之间发生争执，弟弟打不过兄长，逃回了自家卧室，兄长是不能追到其卧室的，只能在卧室门口喊骂。但是反过来，弟弟是可以进入到兄长卧室的。

村内周围的邻居都是种地户，村内除了少量没有农地的户外，其他的都是依靠种地生活，单纯依靠手艺的较少。没有土地的农户依靠租地种加上一些手艺的收入度日，一般有足够的资金后便开始想办法买地，最终的结果就是购买更多的土地。大户人家也是以种地为主，始终很难与土地分离。若是邻居与村外的亲戚中有技术工人，具体请谁要看对方是否有时间，一般会优先选择亲戚，还要看关系密切程度，若是与邻居关系很好，也会优先请邻居。

村里的富裕人家多集中在前楼院与后楼院区域。好户人家有大领、牛工，一般不需要邻居帮忙，因此也不会帮邻居。邻居可以向好户人家借东西，小农具等都是可以的。若是借粮食的话，一般会有利息，通常的做法是借一斤秋粮，要还一斤小麦，而小麦价格是秋粮的两倍。即使是近邻一般也是有利息的，只不过这种利息比较低。村内很少发生富裕户救急一般户的情况。普通的邻居之间合作比较多，主要是耕地时的合作。也有一起外出经商的，受访者刘丰须老人曾与邻居一起遛乡贩卖食盐。1949年前，本地的商业与工业比较落后，很少雇用工人。除盖房等基本的设施建设之外，请来的帮忙的工人多是邻居。

本村内周围的邻居都是姓刘，只有少量外家姓。其他姓氏的邻居在村内购买了宅地或者借了村内户的宅地，可以在上面盖房子，所以成了邻居。除了少量大户之外，村内的农户都是一般户，家庭收入基本上都是依靠土地。每年收的粮食仅够家用，一年下来很难有余粮，一年到头很难见到钱，地里的粮食仅够维持一年的生活与各项收入。生活中其他需要花钱的事项都是指望着这些粮食，用到钱时，就去会上或者集上卖粮食。

邻居之间都是有墙的，并且有着明显的界线，邻居之间不会先富带动后富，主要还是依靠自己的能力。若是邻居遇到困难要自己想办法，并不会有救急这一说，除非邻居是自家亲戚，有能力的亲戚户会帮助一些。一般使用邻居家的粮食，若是时间较短的话，比如一个月左右，不会有利息。若是超过半年一般是有利息的，通常是用一还二。

邻居之间的房屋有着明显的界线，四个角落地下都打着灰橛，灰橛之间的连线便是宅子的范围，这多是上辈流传下来的界线。中华人民共和国成立之前，与邻居家的土地并不紧邻，分布在村落的各个方位。若是田地是自家兄弟，房屋与田地也有着明显的界线，未分院的兄弟除外。本家兄弟房屋一般是以墙为界，土地以灰橛为界，都是老人分地时划下的。若是邻居之间碍于情面，难以明说借贷或者交易行为，会找个中间人张口，主要的作用便是避免双方对话，若是遭拒，也有个台阶下。中间人的加入起到整合双方主张的作用。

邻居可以随意进门，但是到达院子内时要大声询问"有人吗?"得到主人的应答后才能到邻居的堂屋去。吃饭时也可以串门，但是并不会邀请邻居吃饭，即使邀请也只是礼节性的邀请，邻居不会留下吃饭。吃饭时闲聊这种现象比较常见，通常是几户邻居在门外的大树下一边吃饭一边闲聊，端着碗各吃各的。1949年前，吃饭是本地农户家庭面临的头等大事，吃饭是很"主贵的"，即比较贵重的意思。

邻居吵架时，其他的邻居会上前劝阻，劝说两家各退一步，并不请专门的调解人。通常的做法是被其他邻居劝阻后，吵架会得到平息，但是两家的关系会受损，两家会持续几年的冷战，也就是互不交往，即当地人所说的"不搭腔"，见了面也是互不认识，通常几年后才会恢复正常的交往。

自家与邻居家的房屋有明晰的界线。地下埋有四个角落的标记物，便是双方的界限。村内的宅基地都有边界，不存在没有边界的宅基地，每一块宅基地的面积都掌握在所有者手里。自己与邻居家的菜地并不紧邻。如果紧邻，都有着明晰的界限。自家与邻居家田地也有边界，也就是墒沟。如果邻居是本家兄弟，房屋、田地也有明晰的界限，并且相互之间有明确的分界线。若是在同一个院子内居住，则没有房屋边界。建房时，自家的宅基地不用征得邻居同意。各自的宅基地边界四个角落上都埋有灰橛，有明显的边界，所以不重新认定边界，只要邻居在场，确认一下原来的边界便可。自己家的宅基地是可以出售的，保里不过问。1949年前，村内宅基地的价值要高于房屋本身的价值，因为当时的房屋多是土墙草屋，并不值钱。

（二）熟人

熟人是比较宽泛的概念，是村民口中"认识的人"。一般邻村有过几次交往的人会被视为熟人，经常打交道的外来人也被视为熟人。因本村与附近村庄之间都存在通婚的情况，互相都是彼此村子的女婿，因此熟人的范围比较大。熟人见了面要打招呼。熟人的一个标志是存在交往，并且见了面会相互打招呼。需要技术工时，一般优先从比较要好的熟人中寻找，若是找不到才经人介绍。

本村范围的住户都是熟人，一般都有过交往，90%的是本家人，其他人算是熟人，住在本村亲戚家的外村人也算是熟人。邻村打过交道的也是熟人，熟人通常是见过面而且相互认识的人，知道对方的名字。熟人一般都是本村或者邻村的人，最远的比如居住在八里之外村庄的经常来本村赶会的牛行人也算是熟人。一般在集市上贩卖东西的人与牛经济等行业的认识的人比较多，熟人也比较多。这些熟人的主业也是种地，只是在农闲时才会到集上做生意，打交道多了自然认识，村里经常赶集的人比如牛经济认识的熟人比其他农户多。

本地区的熟人基本上都是种地的，1949年之前，本地主要的收入就是种地，很少有其他收入，即使有也只是对家庭经济的补贴。村内的木匠、铁匠也是有土地的，农闲时才会选择打铁。与农业不相关的其他领域没有认识的熟人。同一个行当里的人容易成为熟人。如村里的牛经济认识周围十里八乡的牛经济。本地的除了少量大户之外，熟人之间差距很小，生活上较为接近，收入来源主要依靠种地，小生意只是家庭经济的补充。

若是熟人中与村子中都有技术工，一般还是本村的人优先，一是比较熟悉，且经常见面，请外人面子上过不去，二是距离比较近，做工比较方便。若熟人中有富裕者，不会请其帮忙，富裕者会雇人打理土地，自身参与较少，所以很少有人请富人帮忙。村内的富人多自己在南侧的杨集有商店或者酒厂，并不会与其他人外出务工或者经商。

熟人之间借东西要看关系的密切程度，通常是要利息的，熟人的关系还是比不上邻居，熟人之间借粮还要寻找中间人，但是不要写借条，中间人只是起到串联作用，主要是借者碍于情面难以直接说，若是双方发生纠纷，中间人可以作为证人，但是一般不会起到担保作用。熟人借东西是要利息的，通常是两倍或者三倍，本地以这两种利息为多，借条是不需要的，一般以口头约定为主，并且中间人会在场。熟人之间吵架没有专门的调解人，主要还是双方自己和解，或者找双方都较为熟悉的人来劝说，一般会形成"不搭腔"的相僵持状态。

（三）乡亲

乡亲是本乡本土的人，是一个比熟人更为宽泛的概念。本地的乡亲主要是指本乡范围内的住户，尽管不一定熟悉，但因为共同的地区而有认同感和亲近感。乡亲关系主要是到外地做工时才会显现出来，平时并没有乡亲的观念。若是到县城去做工，本乡的人员便是乡亲，乡亲交往上更加频繁一些。本县范围内的农户若是到外县做活，本县范围内的农户也算是自己的乡亲。村内的乡亲互相都认识，并且都是经常往来的熟人。乡亲离自己居住地一般在15里地以内。最近是邻居，最远的到周围的其他村庄是熟人。附近认识的乡亲都是农民，并没有其他的职业。这些乡亲的主要职业与自家职业是一样的，以种地为生，有的是平时做小买卖认识的。乡亲没有明显的地位划分，都是以种地为主要收入。一般的乡亲平时没有太多的往来。

二、地缘关系

邻居是从距离上来讲的概念，通常是家庭周边的人。熟人是从认识程度上来讲的提法，范围并不限定，通常不超出本乡。乡亲范围最广，可以包含不认识的本乡人。1949年前，刘屯村因居住远近所形成的地缘关系体现在生活中，在这些关系的交织中，各主体的交往方式、交往内容也是不同的。

（一）邻居往来多

受交通条件限制，地缘远近是影响交往频率的重要条件。1949年之前，邻居的交往极为频繁，交往内容涉及生产生活的各个方面。

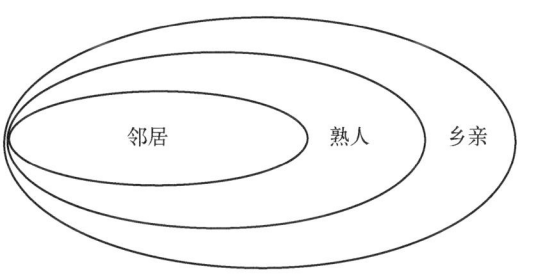

图4-1 三者关系图

1. 借钱借粮找邻居

一般家里遇到"事"时须要借钱，比如家人去世、操办喜事等，1949年之前医疗条件差，生病花不了太多钱的。最大的花销在于婚事与白事。借钱有两种形式，一是借现金，二是借粮食，这两种是最为常见的形式。若是亲戚家境比较好的话，会优先向亲戚借钱，有时会向要好的邻居借钱，若是这两种都没有的话，只能向本村的好户"使唤账"，即带利息的账。借钱并不需要抵押，借钱时约定的还钱日期一般比较模糊，承诺"收齐了"（是指庄稼收割后），"明年""过几天"等，具体的还钱日子还要双方后期的商讨。

若是亲戚无能力借钱，村里人一般都是向比较富裕的且关系很好的、两家住得也较近的邻居借钱。这种情况下靠的是两家亲密的关系，并不需要中间的保人，两家直接商量，也不需要抵押，同样没有固定的还钱期限，一般的都是一年左右归还。若是借粮食，通常是在下年庄稼收获时归还。邻居借钱以短期较多。一般不会出现赖账的情况。因为若对方赖账，则其信誉会受损，此事会传遍村子，以后便很难在村里借到钱财。即使还不上也不会选择抵赖，而是选择长久欠着，时间长了以后还不上，只能成为烂账。邻居若是借的数额较大，也是要给利息的。若是日常应急用的小钱，过几日便还的话，可以不付给利息。

若是平常生活中的急需使用的小钱，则会选择就近原则，向邻居借，这种借的方式周期较短，通常几个月内就会归还，所以更不用出具借据。邻居之间借钱还不起的话，通常是当地或者卖地。将地卖给别人，卖得的钱财用来还账。因为中农户以下的人家没有余粮，家里最为值钱的便是土地，只能通过卖地这种方式还贷。主要的借物有钱、粮食，很少借贷其他的东西。家长去世后，其所欠下的账则由其儿子共同归还，若儿子抵赖，对方又拿不出证据的话，那此帐只能烂掉。对方没有证据，无法起诉。

2. 借农具近邻是首选

日常使用的小农具、日常用具，多是向邻居或居住在同一个院子的自家兄弟借，主要看谁家的农具得空。一般的小农具都是拿自家院落的兄弟家的，可以直接拿，只要打声招呼便可以。若是自家兄弟没有，就去找对门或两侧的邻居去借。借的时候可以直接进入到邻居的院子内，但是不能径直走进堂屋，在院子里按辈分关系呼喊主家，然后提出借东西的要求。若是主家当时不用，都会借给。借这些东西多是选择就近原则，不要跑远路到亲戚家借。但是借牲口，要向亲戚或者本家人借，一般不向邻居借。因为牲口是比较贵重的，并且农忙时邻居家也要使用。

（二）邻居、熟人是帮手

1. 帮工是同村的

村里盖修房屋时，一般找要好的邻居帮忙，村里的有技术的熟人是首先要请的对象。当地人住草屋，修缮房屋比较频繁，每年一次。盖房时首先请的都是关系比较好的邻居，每次帮忙时间一般控制在两三天之内，帮忙主要出于人情关系，邻居之间的帮助，不会给任何费用，也不要带礼，只要男主人去请，一般都会来。若是邻居人手不够用，才会找亲戚来帮忙。因为人少的话，难以完成任务。若去外村家请亲戚前来帮忙修缮房屋，则要象征性地带一些礼品。通常请人修缮房屋以请邻居为主，人手不够时请居住较近的亲戚。若邻居有事情不能帮忙，则另找其他人，通常按照由近到远的原则进行。没有遇到找不到人手的情况。干活时，主人要一天三顿请吃饭，饭桌上没有特别落座的规矩，但饭菜一定要比平时好很多。另一家有事情，其他人也要去帮忙，在当时是最普遍的交往方式。修缮房屋等帮忙都是请家里的男人，不请妇女。

2. 忙客都是邻居

村内办红喜事、白喜事需要人手，都是由邻居帮忙完成，一般不找居住得远的熟人。来帮忙的邻居被称作忙客，这是村里上百年的传统。喜事要主家的男主人出面上门请，只要打声招呼便可以。村里喜事都是邻居帮忙来完成，比如迎亲、搬运彩礼、桌椅摆放、端盘上菜等等事务都是邻居完成。帮忙后，邻居没有任何酬劳，但能吃一顿喜宴，宴席忙完后，当忙客的邻居最后上座，主家会表示感谢。

因当时的衣服都是妇女自己在家制作，部分妇女不会织布或者裁剪做衣服，便要找邻居帮忙，手艺好的邻居便是周围人经常寻找的对象，妇女之间会相互帮忙。离得较远的本村熟人手艺较好，是大家寻找的对象。

(三) 生产生活找近人

1. 邻居日常串门

1949年前，闲聊是村里主要的休闲方式，居住得较近的邻居成为首选的对象，三五成群的邻居在家门口闲聊的场景十分常见。邻居平时串门比较随便，要好的邻居经常会串门。发生矛盾的邻居不会串门。若是两家关系不好，即使住得再近，也不会去串门。串门都是发生在邻居之间，亲戚之间一般居住得较远，并不去串门。居住得较近的朋友之间串门的也较多。去谁家串门都不会带东西。串门时，若是邻居家的大门开着，便可以直接进去，到院子里呼喊主人的名字，得到应允后才能进堂屋。吃饭期间可以端着碗串门，各吃各的，不会相让。串门以男人为主，妇女很少串门，遇到针线活时可以串门。若是两家居住得较远，算不上邻居，但是关系比较好，也会经常去串门。

2. 生产合作

邻居之间生产上的合作方式以揹犋为主。村里都是邻居在一起揹犋使用牲口。农活帮工比较特殊，通常不找邻居帮忙。具体的生产过程单个家庭承担。小麦播种收割，一般请亲戚帮忙，不请邻居与朋友帮忙。请的亲戚离自家不超过10里地。只请一个男劳力来帮忙，不会请一家人帮忙。农户各自独立完成种地，一般一个普通的男劳力能种20亩地，加上妇女孩子帮忙，不请外人。村里的地主人家到了农忙会让其种地户前来帮忙，而且只让其种地户前来帮忙，这种帮忙是没有报酬的，但是干活当天会管三餐。村内好户家里有农活缺人手时，一般是先找本家的种地户前来帮忙，通常不会请邻居。因耕牛或劳动力不够等需要帮忙的，要找最亲的亲戚来帮忙，通常是男主人的舅舅，或者妻子的娘家兄弟，不能找邻居。去找亲戚帮忙多是家里的男主人前去，要带上一些礼品。

（四）集市交易上的熟人往来

集市上交易的多是附近村子的人，因此到南杨集会上交易时，村民经常会遇到熟人，见了面要寒暄打招呼。熟人之间的往来多是在会上，村民平时在家庭农业生产中很少能接触到外村的人。熟人认识也是在会上，"一回生二回熟"，交易过几次之后双方便成为熟人。因此在会上做生意的人要比普通人认识的人多。

在会上，交易的双方以熟人较多，对于要好的熟人，要价会相对便宜一些。同时熟人之间的交易中，欺诈行为更少。出于面子上的考虑，一般不会欺诈熟人。熟人之间存在一定的信任，熟人之间的买卖是可以赊账的，若是赶会时身上没有带钱，买了店铺里的东西，而且与老板又是认识的，则可以约定下次逢会再付钱，通常都会被允许。因为熟人之间基本都知道对方的家庭所在的村庄，即使对方不还，也可以到家里去要账。

第三节　业缘与业缘关系

传统时期，刘屯村村民经济活动包含手工生产、市场交易。在交易中，专门性的行业组织管理保证了集市的正常运行。本节将从"集主、牲口市与牛经纪、粪行人与粪买卖"等方面去考察1949年以前刘屯村的业缘关系。

一、业缘组织

（一）集主与集

1. 集主

前面交易中提到了集市，这里主要介绍一下集市的管理。南侧3里处的杨集是当地较大的集市，杨集是集与会的结合体。杨集为一个呈"艹"形状的集市，这是村里最近的集市。杨集存在的历史悠久，并有寨墙，为附近村庄中最大的集市。市场在杨集村村内，四周为该村的民居，集市位于村庄的中部。集市上有多家固定的店铺。按照当地的传统，"会有会首，集有集主"。杨集集市归集主管理，1949年前，当时小杨集的集主有两位，其中一位为刘屯人刘九臣，是刘屯村内有名望的好户。另一个人为杨集的汪老六，两人为杨集的共同集主。集主虽不是杨集村人，但是可以管理杨集的集市。

2. 组织运转

共同管理杨集集市，但是没有形成具体的成文的规章制度。集主是集的兴起者与管理者，集市上的事务一直都是两人共同管理，两人经常在集市上巡视。集市是集主负责操办的，在集市落败时通过组织唱大戏等方式使集市繁荣起来。在唱戏时，可以向集上的店铺收取资金。集主在集上有房产，可以通过出租房屋与门面等获得收入。集上逢会时的粮食市与牲口市的收入属于集主。在集市上，集主会划出两块地方，分别成立粮食市与牲口市，粮食市交给粮食行人负责，牲口市交给开票人负责。这两个地方是集主收益的来源。

来集上做生意不要经过村管理人或集主的同意。外村村民可以来集市进行买、卖交易，村里人并不排外。会上的人越多说明会越繁盛，因此集主十分欢迎各村的人来集市上做生意。在集上发生交易纠纷时，找集主调解。若是发生偷盗事件，也向集主寻求帮助。

3. 市场运转

杨集逢会时，会有流动商贩来赶集，在集市两侧的道路旁摆摊点，集主不向这些摊点收费。若是发生大的纠纷，会找集主调解。集主会经常在集市上溜达，观察集上的人流、交易等情况。若是小纠纷，在两侧人的劝解下达成谅解。逢会时，来的商贩都是附近村子的人，不一定是本村的人。要招揽更多的人，才能形成大的集市，因此并不排外。外村的人可以在集市买卖东西。除了店铺之外，商贩都是流动的。逢会时，会上都是流动商贩，并且要比店铺多得多。商贩交易地点就在集市街道的两侧。商贩不需要纳税或交租金。集市覆盖范围较广，附近的村人在逢会当天都会前来。

集市是附近村民进行交易的场所。多是当地人做小生意，外地来的人较少。附近的村民家里的家禽、农产品都可以拿到集上去卖。除了粮食交易之外，不要交纳管理费。集上的小酒厂是本地人所开，购买本地的粮食进行酿造。生活生产中所需要的工具都能在集上卖到。市场上主要是农民日常的用品，包括农具、肉食、粮食等。农民日常所用的东西都可以买到。市场可以覆盖周围方圆 10 里的村庄，北侧镇里固村的人也会来集上交易。每天早晨逢集，集只在每天早晨黎明到早饭前这一会儿，过了早饭便会散去。

（二）会首与会

1. 会首

1949 年，刘屯村里一直有会，每月 4 日、14 日、24 日、23 日逢会，有固定的成会日期。会上有各种各样的摊点，但是没有任何店铺，都是村里与附近的人来赶会买卖东西。会的管理者便是会首，但是会首不止一个人，是村里的两三人，这些会首都是本村里数得上的好户，这些好户为了村子的名誉，组织村里人起会，形成了交易场所。他们要向村里人收取少量钱去负责起会唱戏。

2. 组织运转

会首并没有制定规范的管理制度。在会上事务处理时,这几个会首一起商量,由其中一个人去执行。会首要管理成会的具体位置以及各类商铺的位置。会上的牲口市与粮食市是管理的重点。这些收入最后都由这几位会首负责保管,待到村里举办庙会时,用于支付唱戏的费用。这些详细的支出并不向村里人汇报,采取封闭的管理模式。会首在老年时,会主动找年轻的好户来接任会首,并且不向村里宣布。随着老会首的退出,新会首便逐渐承担起管理会的任务。

3. 会的运转

会上交易的商品类型比较丰富,与杨集逢会时的规模相差无几。会上发生纠纷时,会有会首来处理,会首就在本村居住。会上的人来源于方圆5里内的村庄,会并不排外,会首欢迎各个村的人来会上做买卖。受访者介绍道:"为了招揽人群,会首甚至做出保证,若是来赶刘屯会,在会上丢失东西,刘屯人包(赔偿)。"本村村民也可以到外村集市进行市场交易。1949年前,附近的会只有杨集。本村逢会的日子与附近村逢会的日子专门错开,有的逢单有的逢双。每到隔壁村逢会时,刘屯人前去赶会买卖东西,不要经过该村会首的同意。

(三)牛行人与牲口市

1. 牛市

牛市被称为牲口市,是会的一部分。村内会上有牛市,南侧杨集会上也有牛市。每到逢会,牛市开市,平时没有交易活动,牲口市只在逢会时才开门。本村会上的牛市原在村庄南门外的空闲场内,日本人占领南侧的杨集之后,会转移到北门内,牲口市又转移到北门外的场内,每月四日、十四日、二十四日、二十三日开市,周围村庄的农户来此买卖牲口,牲口市上有马、牛、驴、骡子等牲口。村内有专门的牛经济,即牛行人,还有桌案用来开票、看桩人等。

2. 牛行人与开票人

牛经济也被称为牛行人,是买卖牲口双方的中间人,主要职责就是给牲口估价,并在中间撮合达成交易。牛行人是一种技术活,一般人干不了。牛行人能根据牲口的牙齿等外观判断牲口的年龄,看牲口时先看口,根据牙齿数量可以判断出牛的年龄。村内牲口市开市时,附近邻村的牛行人也会来,牛行人经常在会上合作,都是熟人,牛行人不用政府颁发资格证书。牛行人有着自己的圈子,他们是相互承认的,在牲口市通常要两三个牛行人合作。新人若是没有牛行人跟其合作,则很难"吃得开"。牛行人一般手里都掂着皮鞭，这是个标志，会被人一眼认出其是牛行人，鞭子主要用来溜牲口，牛行人牵着牛一溜，便可以知道这头牛干活怎么样。在双方达成协议后，买方要给牛行人一定的佣钱，具体的金额不一，主要看所买牲口的价值高低，牲口越贵出的费用越多。

牲口市开票人是集主或者会首找来的，为本村的人，是经济水平较好的人家，与会首的关系较为亲近。开票人主要给买卖牲口的双方开交易凭据，开过之后，交易就算达成了。开票人只负责开票，开票时要向买卖双方要一些佣钱。开票人不过问其他的事项，要是发生纠纷则需要与牛行人一起调解。较大的纠纷会找会首去处理。在牛经济、开票人、看缳人三人中，达成交易后牛经济获得报酬最高，其次是开票人。

3. 牛交易过程

牛行人具有很大的定价权，在得知卖方的叫价后，牛行人看过牲口的品相，会给出估价，会使卖方要价向估价靠近。买主相中牲口后，会找到行人，而不是直接与卖方谈价，牛行人使买卖双方不能直接接触交谈，有的牲口交易甚至需要多个行人。必须通过行人交换价格使行人有了暗中加价的机会。由于买卖双方不能直接讲价，行人便有了从中赚取利润的空间。例如，卖主要价500元，而行人会向买主要价600元，双方议价通过与行人的手势完成，行人可以从中赚取100元，这种行人获利方式被称为吃大佣。1949年后，当地对行人的吃大佣行为进行了限制。

牛市内有桌案，有专门的开票人，开票人是会首或者集主所聘请的识字的人，主要职责是开具买约。交易达成后，卖主将牛拴在缳上，然后去桌案上开票，写上买卖双方的名字、牲口的类别、价格等信息。开好票后将买约交给买牛人，买方要给开票人一定的佣金，通常是抽取三分利。牲口市是会的一部分，开票的收益一部分归会首或者集主所有。

缳是在牛市内的两棵树之间拉的一条绳，被称为缳，主要用来拴牲口，谈好价格后，卖主便会将牲口拴在缳上，由看缳的人给看着，表示该牲口已经卖掉了，买卖达成后，卖方才将牲口拴在缳上，然后同去开票。看缳人的职责就是照看处于交易中的牲口。开过票后，买方再到缳上将牲口牵走，要给看缳人一些小钱。看缳人也是会首所找的本村人，收的小费归看缳人所有，是看缳人的酬劳。没有卖掉的牲口不能拴在缳上，牛丢了由看缳人负责。

交易时，谈价钱用粮食或钱为标准都可以，然后根据市价折算。用粮食交易的话，一般很难带到集市上，可以找行人当保头，用来担保，双方约好给粮食的日期，到时再给卖方粮食。一般很少发生毁约的情况，比如买牛时，对方已经给了定钱，这个生意算是达成了，若是卖方毁约，则形同"打自己的嘴巴"，不当家，说话不算话，会被人耻笑，对方会大声宣扬，导致自己的名誉受损。出了定钱就相当于这头牛已经买下了。若是没有开票或者也没给定钱，只是口头上的允诺，则卖方可以卖给其他价高的买主。对方会许诺几天后给钱，给了定钱，便可以将牲口牵走，一般行人只给熟人保账，不认识的不保。买一头牲口会经两三个行人之手，但是佣金是一定的，由行人自己平分。

4. 牛行人的更替

新的牛行人上岗要征得行当的认可，并不是任何人都可担任，一般需要以老带旧，由老牛行人传授经验。新人入行时，需要将村内与邻村的牛行人请来，置办一桌酒菜，由师傅引荐给众牛行人，随后才能上岗。牛经济可以是祖传，上一代带下一代。十里八里的牛经济来本村赶会，并不仅是有本村的牛经济，他们都是一个行当的人，虽不在同一个庄子，但都相互认识，都是老师带出来的。没有任何官方的证件，但是有老师，只需要行业内的认可，不需要征得官方的同意。

（四）粪行人与粪交易

1. 粪交易

1949年之前，村内并无化肥，仅靠家中的粪肥上地，庄稼产量很低，最好者每亩秋粮仅能达到200斤。同等质量的土地施粪肥与否产量能相差50斤以上。因此村内有足够多的余粮的大户选择收购粪肥以壮其地，在粪便交易中便产生了粪行人。

来本村卖粪的多是西侧村庄的农户，有的经常倒卖粪，便成了粪贩子。西侧村庄有的农户家庭土地较少，加上地势低洼、涝灾频繁，家庭生活难以为继，便选择倒卖粪便。但并不是常年如此，仅在农闲时进行几次。男劳力带上少量粮食，到河北（黄河以北）以较低的价格收购当地的粪便，推回家中，在家中稍作处理，与家中粪坑中的剩饭垃圾、柴灰搅拌在一起，拉到好户较多的本村来贩卖，赚取差价，在当地换取红薯等，带回家补贴生活，能生活几日。粪贩子与村内的粪行人是熟人，来到本村之后首先找粪行人，让其带着去好户人家。粪贩子不要向粪行人支付报酬，也不用讨好行人。

2. 粪行人

村内只有一位粪行人，姓刘。粪行人主要的职责就是联系卖粪者与村内买粪的大户。粪行人并不是官方任命，而是村内自发产生，为较为贫困的户，可以从中获取好处。粪行人有定价权，东家并不参与给价。村内买粪的人多是土地在一顷之上的大户，中农户买不起粪。村里粪行人仅有一人，粪行人产生后，其他人便不会再进入本行。

来卖粪的都是穷户。夏天遇到庄稼被淹，家中断粮没有吃的，便会来卖粪，为家人挣得一些口粮。若穷户家中仍有吃的则不会选择卖粪。买粪主要在农闲季节，农忙时不会有人来卖粪，远的距离本村约20里。盛粪主要用柳条编成的小筐，为圆形，高约20厘米，直径15—20厘米。卖粪者用一个轱辘的独轮车依靠人力推着7—9筐来本村卖粪，并不是单人独行，通常是同村的3人以上结伴而行，每人各推一车。卖粪者多是来过几次的熟人，与粪行人之间存在联系，来到本村之后，便会寻找粪行人。粪行人知道本村哪几户人家收粪，并提前有沟通。

由粪行人带领卖者来到收粪户的打麦场内，将粪行人将粪倒在打麦场内的地上，每一车倒成一条直线，一筐连着另一筐，中间留有缝隙，然后用木锨在粪中间画一条直线，由粪行人以此来看粪的质量给出价格，若人类或者牲口粪便含量高，则价格高。之所以这样做，因为卖粪人所带来的并不是纯的人类或牲口粪便，通常是将家中粪池里的生活垃圾沤成的粪与人和牲口的粪掺杂在一起，仅在每一筐的中间放一些人类或者牲口的粪便，以此卖更多的钱。若卖者感觉价格可以接受，则双方达成交易，若嫌价格低，则会讨价还价几次，通常变动不大，交易较为容易达成。买方一般不参与议价，默认由行人给出的价格，所以定价权在粪行人手中。来卖粪的多是家里没吃的户，并不要现金，而是将钱折算成粮食或者是红薯，以解家中无粮之急。通常一车粪能换不超过10斤粮食（秋粮），仅够糊口几日。本村人以买粪为主，并不往外卖粪。

3. 粪行人的收入

粪行人的佣钱主要由买方给付，卖者不付钱。粪行人忙活一天，全部达成交易后，便会找东家索要佣金，佣金数额根据当日所收粪便多少决定，多劳多得。一天下来粪行人通常会从东家处获得几十斤粮食。1949年之前，混乱时期交易以粮食为媒介。卖粪者最多时，东家一天能收一太平车粪。当日交易完后，大领将粪便摊开，在打麦场中晾干，待到干后拉到住宅外的空地上。场内晚上并不需要人看守，也无人偷粪。只有无粮可吃的户才会选择卖粪，多数农户选择将粪上到自家地中。卖粪者多是西侧村庄户，本村内没有卖粪的农户。对村内买者来说，大户人家都能买得起粪，凡有来卖粪者都会收购，并且需大于供。粪行人能从交易中获得好处，因此对卖粪的比较热情，会经常询问卖粪的人何时再来。

二、业缘关系

（一）集主与集市关系

集主作为集市的管理者，有权决定让谁在集市上交易，也有权拒绝谁在集市上交易，对于经常欺诈客人的卖方，集主会将其驱逐出集市，并且不再允许其再来本集上卖东西。集主对前来摆摊的农户有管理权，对于乱摆摊点的农户，集主会让其回到各个集中的区域。会首不向在集上摆摊卖东西的农户收取管理费用。附近村的人来集上卖东西，不向集主打招呼，也不用向集主申请。

集主与乡长都是当地有地位的好户，集主在起集时不需要乡长允许，出于面子，通常会向其打声招呼。国家没有成立专门的组织对集市进行管理。集主在处理集上的事务时，不经过官方途径。随着影响力的扩大，集主会掌握更多权力，本村的集主刘九臣曾竞选砀山县参议员，后被人枪杀。

（二）会首与其他主体的关系

由于会是在村内成立的，其管理者是本村的人，会首是本村的好户，其在起会时会和保长商量。在村里人看来，起会后大家买东西方便，这是为村里人做好事，村里人不会有人拒绝。在会的管理上，不管是欺诈还是偷盗行为都是由会首出面管理，保长一般不过问。

会首起会不向区里与县里汇报，不将会上的收益交给国家。在村里会的管理上，国家并不参与，完全是村里自己人在负责。在民国时期，国家并未对会上的交易内容进行限制。

会上牲口市中的行人既有本村的也有外村的，甚至也有较远的镇里固村的行人。这些行人来牲口市交易时，会首持欢迎的态度，因为在牲口交易中行人是不可或缺的环节。在牲口市中做行人是不要经过集主的同意的。"行人跟着会走，哪里逢会去哪里，本村也有在杨集会上当行人的。"

（三）交易中的讨价还价

本村会上主要是农产品交易。农户家里的农产品，比如粮食、鸡蛋、鸡、蔬菜、羊都可以拿到集上卖。本村和外村人都可以在会、集上交易。熟人之间的交易，碍于情面，价格更便宜些。集与会上的交易对象是变化的、不确定的。

价格在于双方的商议，做生意时本着"一个愿打，一个愿挨"原则，只要双方达成一致即可。交易价格并不固定，通常是坐地叫价。交易中，对本村村民和外村村民的开价稍有区别，对本村的熟人，开价会稍微便宜一些。对邻居的开价会更便宜，对亲戚只要成本价。对亲戚、朋友、邻居、熟人开的价格有明显的区别。对亲戚开的价格低于朋友，更低于邻居。如果发现区别，是常事。市场上很少出现恶意降价、叫价的现象，因为农产品的质量影响着价格。出现这种现象，是自己愿意，与他人无关，也无人出面管理，只有大的纠纷才有人管理。

第四节 信缘与信缘关系

传统时期，刘屯村有 5 座寺庙。在日常的生产中，村里人普遍对神灵产生敬畏之情，也经常进行拜神、敬神、送神活动。本节将从"信缘主体、信仰圈、信缘活动"等方面去考察 1949 年以前刘屯村的信缘与信缘关系。

一、信缘主体

（一）庙宇

村内有 5 座庙宇，分别是罗汉寺、火神庙、关爷庙、土地庙（两座），分布在村子的各个方位。分别供奉关羽、火神、土地爷与佛祖、十八罗汉。庄上的庙皆是砖木瓦房结构，好于农户所居住的土墙瓦屋。其中关爷庙、土地庙、泰山奶奶庙为一间房屋，火神庙为三间连通的房屋。1949 年之前，村内寺庙已有上百年历史，为民国之前所建。为村内人共同出资所建，由村人共同捐助。建寺庙是积德之事，村人无不出资者，出资越多功劳越大。土地庙与关爷庙为几户人家共同所建，为这几户人家的官庙，别人也可到此烧香。在民国时期，寺庙开始被舍弃，部分被损毁。

罗汉寺为村内最大的庙宇，有大殿、侧殿等。1949 年时罗汉寺仅剩庙台[1]，成为村里每年举办正月二十八庙会的场所。庙会上会有人在庙台上烧香。火神庙正殿为三间连通的砖瓦房，为寨内最大的寺庙。村内每年的正月初七会举行送火神爷仪式，火神是村里人较怕的神仙之一。关爷庙、土地庙均为一间砖瓦房，内有泥胎神像。几乎所有的村庄都供有土地庙，因土地是最小的神仙，也是民意能上大天庭的传达者。泰山奶奶庙是张屯人所建，村内人可到此烧香跪拜，并不经过张屯人的同意。据受访者介绍，泰山奶奶是村里的保家神。

寺庙的烧香时间为每月的初一、十五两日，这是本地区约定成俗的时间，平时若遇有事情可到寺内拜神烧香。寺庙皆无人看守。这些寺庙不需要门票。寺庙内并无贩卖香者，要在会上或者集上的杂货店内购买。由于信神者家中多供有神像，到寺庙内烧香者较少，不会出现拥挤的现象。供品多是家里的最好的菜，一般是 10 碗供品，每碗菜各不相同。供品的好坏要看家庭经济条件。带供品烧香者在烧香完毕后，便将供品撤走，带回家中，自己家人吃。

（二）家庭神像

1949 年前，村里好多家里都敬有神像，这些神像都是家庭妇女在集市上所请。每

---

[1] 是指庙的地基，一般当地人建房时会将地基垫得很高，所以也称为台子。

一个神像代表着一坛神,神像上的主神旁有配神。平时女主人在家,每逢初一、十五给神像上香,过年时要上供。神像要挂在堂屋的正当门。在这些家里供奉着神像的农户中,每一片会产生一两个司妈妈,也就是能跟神交流的人。司妈妈会利用这种能力给村里其他人看病,村里人对司妈妈的能力是很信服的。家里挂着神像的农户可以到其他人家的神像前跪拜。通常信司妈妈的农户家里有神像,不一定与司妈妈家的神相同。

1949年之前,村内并无教堂,村内信仰基督教的人较少。当时南侧的杨集建有教堂,村里信众到南侧的杨集教堂礼拜。当时村里信奉基督教的人较少。基督教对村民的影响远不如神仙。

二、日常生活中的信缘关系

(一)信缘主体行动

单个农户去寺庙的时间多是在农闲时节,农忙是没有时间去拜神的。去庙里烧香多是单个家庭前去,并不是结对去。主要是农历每月的初一、十五两天烧香。去拜神多是以户为单位,以上年纪的女主人为主,男主人不参与。村里因各家所需信仰的神仙不同,并无一起拜神之举。拜神是私人之举,官方不过问。妇女可以到庙内烧香,未成年的子女一般跟随父母前去,并无子女自己拜神之举。

平时举办庙会时,也会有信神的人去烧香。除大年初七送火神爷之外,村内并无大型祭拜活动。上供所需的这些东西寺庙没有卖的,都是在村里的杂货店购买的。寺庙旁边也没有卖香的,只能去杂货店购买。村民不会去其他村的寺庙、土地庙等祭拜。村民经常拜的是关爷庙,去其他庙里烧香的较少。

(二)同一信缘主体

村里同一信缘主体的多是住得较近的邻居或者血缘关系近的本家人,一般最多三四家同一个信仰。信仰同一主体的村民关系相比会较为亲密,因为有着共同的话题,也会因相同的信仰交往相对多一些。但若居住得较远就不会频繁往来。通常在商议祭祀共同的信仰之神时会在司妈妈家聚集,人数较少,多是私下进行,官方并不知晓,也不会干涉。

(三)不同信缘主体

民众的信仰在村内是挑明的,各家的信仰邻居都知晓。信仰对象不同的村民,不会发生冲突。信仰不同的双方并不会规劝对方加入自己的信仰圈,也不会因信仰观念不同发生冲突。交往时多是以聊天为主,通常是生活琐事。1949年前,妇女承担着纺花(棉花)、织布、裁衣、做饭的职责,延续着男耕女织的劳作习惯,妇女空闲的时间并不多，一年到头较为繁忙，妇女之间举行共同信仰活动的时间很少。并未发生过不同信众之间因信缘问题发生的冲突。

三、信仰圈

村内信仰比较混乱也比较多，每位神明所辖范围较少，村里并无统治之神，神坛较多，有的农户虽同在一个院内居住，但所敬之神却不同。信神之人对各坛之神都较为尊敬。在村内信仰圈内，司妈妈为最大的头目，其信奉者会到其家拜神求助。信神为个人行为，神像坛路较多，难以形成一个组织。信仰的继承主要是母女之间传承，由女儿继续供奉母亲所敬之神。但因生活所需不同，子女并不会完全继承父母所敬之神，会敬奉其他的神。信仰对象是可以换成其他神仙的。

村里人对一些神的信仰是全村普遍的，比如火神爷、灶神、老关爷等，家里不管信仰什么神仙的农户，对这几个神仙都有敬畏之心。除了土地庙之外，寺庙都有配神，立在主神的两侧，且神像小于主神，这些配神只是主神仙的依附，没有具体的名字。

四、组织活动

刘屯村有整个村子都敬畏的神仙。每年村内必举行的祭祀活动为集体送火神爷。求雨也是村里的集体活动。

（一）集体敬神活动

1. 送火神活动

村民之所以送火神爷是因为冬天天干物燥，农民想在年初就把火神爷送走，免得新的一年里发生火灾，是农民出于想远离火灾的期望所举行的活动。附近村子每年举行送火神爷的仪式，各个村子举行各自的仪式，并不相互干涉与合作。不论个人家里敬奉什么神仙，都可以参与送火神爷的活动。

送火神仪式在每年的正月初七的下午临近傍晚的时候举行。主要由村内问闲事的人负责主持操办。当天上午，摆张桌子向村里人募捐，有钱的出钱，没钱的不出，并不强制。具体的花费也是"寥寥的"（很少的意思），由问闲事的人带上钱买所需要的鞭炮，钱的使用并不向大家说明与汇报，再说金额较小，没有人主动过问。

每年的正月初七下午，吃过晚饭送火神爷，问闲事的人会带领着本村人举着火把送火神爷，庄内的年轻人和小孩子每人举着火把，十多岁到二十多岁的年轻人图热闹，都会积极参与。傍晚时，男孩子闹着让父亲用稻草扎成一个小火把，点燃后跟着问闲事的送火神爷。从火神庙出发，一直送到南门寨外的十字路口，路上年轻人手中的火把没了，就会扔掉火把。到了十字路口之后，把火把放在一起。用火把将火神的神像烧掉，算是送火神爷升天了。这种活动每年都会举行，中间很少间断。主要是本村的男性参与，并不强制，参与凭自愿。不参与无惩罚措施。女人可观看，一般不参与。

2. 村落的求雨活动

前面旱灾章节已提及，每遇到持续性的干旱，村里就会求雨。求雨活动是村里的集体活动，所求之神为关老爷。求雨时，不管家里拜的什么神，都会参与求雨活动。求雨由村里上年纪的人负责。求雨时，不管是家里信仰什么神的农户都要出资。由组织者购买所需要的祭品以及用具，单个农户不出祭品。组织者挑选年轻力壮的男子负责抬撑，被选中是一件很有面子的事情。求雨就在本村的场内举行，只需要向场主人打声招呼便可以，场主人一般都很乐意。由此可见，求雨是村里共同的行动，求下来雨对村里人来说都是好事。在这一过程中，不同信缘圈里的人都会支持。

3. 寺庙修缮与管理

村里的寺庙均是明清时期修建，民国时期村里寺庙没有再增加，反而在减少。但是据老人讲述，清朝时期村里修缮过寺庙，修缮的费用是向村里募捐的，一般出于面子，村里人都会出一些钱，只是在金额上存在差异。一般村里的好户家业较大，出于面子会出较多资金。庙里供奉的都是较为常见的神，村里人对其都较为相信，修建事务中不同信缘主体都要出钱。再者，在村里人眼中，建庙是为了庇佑村庄，生活在村庄内的人都有出钱的义务。

庙宇是村里的公共财产，由村里的好户负责管理，通常是会首负责寺庙里的事情，司妈妈无权管理寺庙。对于寺庙，村里人都很爱护，不会随意去破坏，寺庙多处于寨内，外村人无法破坏。

(二) 农户间的敬神、寄坛活动

每个司妈妈都有一群追随者，这些农户会经常到司妈妈家拜神。司妈妈所敬之神以"坛"相区别，如观音、关公各为不同的坛，所敬之神都有自己的坛别。比较迷信的农户家里孩子经常生病，便找司妈妈看病。司妈妈会胡扯一通，父母会被告知孩子是吓着了或者魂被鬼怪劫持了，所以要求主家将孩子的魂寄在自己所敬的神坛里，由本神所保护，这样才能保佑其成人。若干年后，待到孩子结婚前，父母要到司妈妈处，请司妈妈将其"魂"从所寄之神处请回。便可以成家。在这期间并不要向司妈妈支付费用，也没有特殊的仪式，完全由司妈妈操作。司妈妈可以扩大其所敬神仙在村内的影响力。寄坛的都是本村内的人家，比较相信司妈妈，两家关系不错。信仰司妈妈的人若是家里遇到不顺利的事情，女主人会到司妈妈家求神问路，希望得到神的指点。

第五节 交往与交往关系

本节将从家庭内部交往及其关系、家族内部交往及其关系、村内交往及其关系、村外交往及其关系几个方面去考察1949年以前刘屯村内交往情况。

一、家庭内部交往及其关系

传统时期，家庭内部交往包括小家庭交往与大家庭交往两个部分。交往的方式存在较大的差别，在小家庭中，家长与其他成员在地位上是不同的，在大家庭中，兄弟之间的地位是平等的。

（一）小家庭交往

小家庭是指在一口锅里吃饭的家庭。在这个家中，父亲是家里的管理者，"一家要有一个当家的，也就是主心骨"。结婚双方在结婚当日才第一次见面，一开始便缺乏感情基础，结婚只为了传宗接代，婚后便是为家庭生活忙碌，日常生活中妻子要尊重当家人。在日常生活中，夫妻主要商量家庭事务，"男主外，女主内"的分工比较明确。家庭之外的事务要由男人去解决，比如，赶集、做工、交税、打交道等都是男人的事情。有了孩子之后，妇女还在家看孩子、做家务。女主人花钱或外出都要经过男主人的同意，家产一般在男主人手中掌握着。村里基本上都是男主人当家。只有在男主人性格怯弱或者有残疾的情况下，才会出现女主人当家的情况。

在父母与孩子的交往方面，孩子没有与父亲讲条件的权力，也没有权力向父亲提要求。村里人遵循着"慈母严父"的规则，母亲通常不会打孩子，若是孩子犯错，母亲告诉父亲，让其教训孩子。孩子的成长与将来的职业选择是父亲决定的。孩子对自己将来的职业没有选择权，对自己的婚事没有选择权，成家讲究"父母之命"，父母为儿子挑选媳妇，通常是选择门当户对的，婚事决定后不争求孩子的意见。父亲很少与儿子聊天，要通过其威严的形象树立在孩子心中的权威，很少使用奖励的方式。父母要"一碗水端平"，对待家里的儿子们不偏不倚。在日常的照顾方面，对待闺女不如对儿子好。

未分家的兄弟之间以长为尊，年幼的一般要听年长者的话。年长的孩子要帮助父母照看年幼的孩子，尤其是在农忙的时节。兄弟要挤在一张床上睡觉，直到成家为止。通常弟兄们住在堂屋的西侧，父母住在堂屋的东侧。在平时生活中，各个孩子从家庭中得到物资分配都是相同的，在娶亲花费与家产获得数量上都是较为相同的。

（二）大家庭交往

这里的大家庭是指已分家的兄弟组成的家庭。大家庭主要的交往对象是兄弟、妯娌等。

首先是兄弟之间的交往，分家之后各兄弟之间金钱上的往来较少，各自管理自家的收入，也独立支配自家的收入。兄弟之间生产合作与家产共用上多一些，优先在生产牲口合作事务上找自己的兄弟。平时大家庭内部的事务都是兄弟之间商量，不再循序遵从兄长的原则，而是更加追求公平。若是大家庭购买牲口，各个兄弟要平均出资。在共同的家产使用上要通过商量的方式解决，比如，家里公共的空闲宅基地由谁使用。

其次是便是妯娌之间交往，生活在同一个院子的妯娌之间交往极为频繁，妯娌之间交往以交谈与相互帮忙为主。在男人下地之后，在家看孩子干家务的妇女会借空闲闲聊，内容以家务事为主。同时，在做针线或织布等事情上，妯娌会相互请教，或者让对方帮助自己来做。

二、家族内部交往及其关系

家族内部交往以礼节性交往与公共性事务交往为主。并且作为单姓村庄，家族交往与村内交往存在重合性。在家族交往上，以礼节性为主，这是祖上传下来的习惯。族人结婚时，同族血缘关系远的一般不参加喜宴。村里刘氏同族人较多，若是参与的话，则喜事规模过大，一般的举办人没有这个能力。

金钱、帮扶都不是以家族为纽带的交往，而是属于户与户之间的关系。平时家族成员之间很少往来，只有在过年时会相互拜年。平时交往中，要严格按照辈分来称呼，不允许随便乱叫，这是交往中最基本的礼仪。家庭交往中将辈分放在首位，其次才是按年龄。"家族人多，辈分不能乱了，有的小孩子比六七十岁的老头的辈分还高，你也得按辈分叫。"交往中，要按族论辈分，即使刘氏中两人有亲戚关系，也得按照家族关系论辈分。平时生活中的交往与邻居关系较为类似，毕竟以刘姓人为主。

还有就是在公共性的事务上，比如祭祖、修祠堂等。平时举办祭祖时，并不是村里的族人都参与，很多家庭并不会出面，而是村里的好户与较为主动的后人一同前去，算是代表刘氏后人祭祖。修祠堂时，族人会积极出钱，承担对祖先的责任。若是家族与外村发生矛盾，家族男子会联合起来为本家族与外村落对抗。

三、村落交往及其关系

（一）同村交往分远近

村里人与邻居交往最多，与熟人多是碰面时的随机性交往。受限于交通工具限制，以自然村内的交往最为频繁，自然村内的人都是相互认识的，并且是经常往来的，同一个村内不存在陌生人。交往的人都是农民，或者做着与自己相关营生的生意。村里的普通农户之间往来更为频繁，并且多数农户之间在生产上有着犄角的关系，在一起使用牲口，自然平时往来较多。邻居平时农闲时时常在一起聊天，日常的琐事才会找邻居帮忙。除了邻居之外，交往较为频繁的就是亲戚，除了节日期间礼节性地走亲戚，平时有较为严重的困难时，首选的就是找亲戚帮忙。交往也是有经济水平分层的，村里的好户人家平时与其他村民的生产合作较少，因此与村里只存在礼节上的往来，按时给邻居添香等，保持着人情往来。所以好户与其他农户之间不存在农业合作，只是好户与佃户之间会存在劳动关系上的往来，经常找佃户帮忙种地。

与本村人交往最为频繁，而且每天都会发生。邻居之间交往时不要带礼品。村里邻居交往要按辈分称呼，不能乱了辈分。邻居之间交往要"对脾胃"，意思是两个人能聊到一块去，脾气秉性相近。两个聊不到一块的邻居很少聊天，有矛盾的邻居更不会往来。邻居之间平时借东西也会发生交往。对于不喜欢的邻居，若是有矛盾会断绝交往。若是没有发生明显的矛盾，还继续保持交往，但是往来的频率会明显较少。

与邻居的交往多是在家里或者家门口或者在村里的会上。村里人与邻居在家门口闲谈聊天较多，并且十分频繁。邻居之间平时串门也是十分频繁。与邻居交往相比，与亲人的交往次数相对较少。与外村的熟人多是在集市会上见面的时候较多，并且会打招呼，平时无事时不会产生交往。

（二）交往内容多样

平时农民之间的交往，一是为了农闲时打发时间，二是农忙或是生意合作的需要。村里的交往受到地缘的影响，缺乏交通工具，平时多是跟邻居打交道。平时打发时间是与邻居在一起闲聊。村里人的亲戚都在其他村里，一般不与不在同一村落的亲戚打牌。涉及较大的事情时才会找亲戚，借钱也是首选较为富裕的亲戚。本村的人会经常见面闲聊，涉及日常相互帮忙的事情较多。与外村的熟人发生交往，多是专门请来帮忙的手艺人。不然不会跑这么远来本村，当时并没有交通工具，都是依靠步行。

日常使用的东西都是向邻居借，这种借用是相互的，并且是经常性的。同一职业的人交往较多，比如牛经济、会上做同一种生意的人有往来。本村的牛经济与附近村庄的牛经济都是熟人。距离、家庭条件、职业、爱好都是影响村民交往的因素。比如村里好打牌的人经常积聚在一起，即使两家居住得有一些距离，也会经常在一起打牌。与本家人、亲戚是基于血缘关系的交往，也是人情支出的最大对象。与邻居的交往多是因地缘关系。经常在集市会上做生意的村里人与外村的熟人交往较多，并且即使是临近村的人，不认识的话基本不存在交往。

（三）关系不好不搭腔

与不喜欢的村民或者不对脾气的邻居，多是面子上打招呼，并不在一起共事。若是要就一些小事情进行商量，即使双方关系不好也都是熟人，不用再找个中间人。若是牵扯到大宗买卖，比如土地交易、宅地交易，不管关系是否很好，都会找中间人。与喜欢的村民，交往必然会很频繁，关系也得到加强。不会经常请到家里吃饭、送礼物等，村里多数农户没有经济能力经常请吃饭，顶多经常在一起聊天，相互串门。

关系不好的邻居朋友，断绝交往以后，很少发生恶意诋毁、伤害的事情。即使有，也只是背地里的事情，不会让对方知晓的。一般的邻居是不会相互借钱的，办宴席时的帮工都是找邻居，并不找亲戚。借钱多是找亲戚。交往的人都是感觉比较对脾胃的，喜欢与有诚信的人交往，与不守信用的人之间交往较少。

邻居之间交往出现误会是正常现象，频繁的小摩擦难以避免。若是误会比较大，会请人说和。若是真是一方的过错，也会登门讲明白，但不用带礼品。具体还要看误会的大小，若是闹得比较僵硬，则会断绝交往，双方都不会找人说和，以后即使见面也是形同路人。亲戚之间的误会，可以找共同的长辈调解，让长辈说和。亲戚之间的误会即使不调和，时间长了便会变淡，关系恢复如初。朋友之间的误会可以找共同的朋友说和。不感谢说和的人，也不给礼，更不用给报酬，可以留其在家吃一顿饭。

四、不同村亲戚交往及其关系

（一）跨村亲戚交往

1949年之前，按照村里传统的观念，不会将闺女嫁给同村的人。因此亲戚基本都是住在外村。与不在同一村的亲戚的礼节性交往较多，在过节时，一定要带礼品去看亲戚，还有就是遇到事情时的往来。比如说请亲戚给孩子说媒，把孩子寄住在亲戚家等。村里人平时与外村的朋友的交往较少，没有太多的利益牵扯，因为居住得较远。与亲戚的交往多是在自己家里或者到对方家里。与亲人交往没有太多的规矩，除了按规矩辈分称呼，不遵循过多的礼仪。若是亲戚来了，则一定会留其吃饭，辈分高的亲戚坐在上座，也就是正对着门的方向。若来拜访的亲戚辈分低，则坐在陪座位。越是贫困的农户，家里规矩越少。村里人留亲戚吃饭，一般不去饭馆，都是在自家吃。

亲戚之间交往主要通过走亲戚的方式。由于当时识字人少，书信方式不常见。村里多是为生活忙碌的农户，因此礼节性的规矩比较少。不管是与邻居交往还是与熟人交往都是有原则的，称呼等必须按辈分来，亲戚按血缘联系来称呼，比如叔叔、姨夫等。即使是没有直接血缘关系的熟人之间，也总能通过两个村之间的姻亲攀上关系。比如本村闺女嫁到了邻村，邻村与其丈夫平辈的人都要称其在本村的父亲"大爷"或者"叔叔"。平时,晚辈不能开长辈的玩笑。在与亲戚交往时,通常要带礼品,也即在集市上买的东西,主要是吃食礼品。亲戚之间往来是要管饭的。若是带着礼品到亲戚家去,亲戚要在中午的时候留下对方吃饭,走亲戚多是在上午去,中午留下吃一段饭,下午返回。

(二)亲戚要多走

与亲戚维持交往主要依靠走动,走动多了,两家的关系自然很好。亲戚之间不仅依靠亲情,血缘关系近的亲戚之间频繁往来,这是基础,若是两家亲戚往来较少,关系自然好不到哪去。亲戚是经常可以住下的,平时乱世"跑反",都是到亲戚家去。双方的孩子也经常在亲戚家住,管饭是亲戚的义务。相互帮助并不依靠送礼物来维系,是一种人情的交易。

村里交往遵循"礼尚往来"的原则,尤其是亲戚之间更会遵循。邻居之间不遵循,因为邻居之间交往比较频繁,不用这些礼节。亲戚之间一直遵循"礼尚往来"的原则,若是太抠的话,会被亲戚嫌弃,交往自然会减少,影响到彼此之间的继续交往,但不至于会断绝交往。

第六节 流动与流动关系

刘屯村作为小农经济为主的村庄,存在一定的流动性。村里人虽有安土重迁的观念,但迫于生计会产生流动。村里人因土地、职业、战争、灾难原因产生的流动主要有住亲戚家、好户入城、逃荒、战争跑反等形式。

一、土地与流动

土地是农民生存的基础,对于土地较少的农户来说,为了生计会选择搬迁到其他的村庄,投靠较为富裕的亲戚。

(一)投靠亲戚与人口流出

1949年前,村里一些刘氏后人搬迁到了其他村庄,并且一直在其他村庄定居。这些散落到外地的多数是在本村的土地较少的贫户,去了其他村庄的亲戚家居住,谋生并且逐渐定居了下来,他们身份不再是本村人。村里人口之所以产生流动,多数是由于生活所迫,为生计到较为富裕的亲戚家居住。

都是自己主动出去的,本村并不往外赶人,即使犯了错,破坏了规矩,也没有人将其赶出去,因为村里的刘姓人家都是同族人,并不会采取这种措施。除非是犯了触犯众怒的事情,比如频繁偷盗、破坏导致无法在村里立足。据多位受访者讲述,1949

年前村里并没有将犯错人驱逐的例子。

村里出去的多是以一个家庭为单位，没有整个家族出去的，一般是年轻人与妻子带着子女一起在妻子娘家居住。出去流动不会与亲戚一起，但是亲戚是流向的对象。除非遇到洪水等大的灾难，整个村子的人才会一起出去。出去的人都有本地户籍，都是较为贫穷的户，村里的好户家产较多，并不会搬到别处。外出流落的多是家业稀薄的农户，他们的经济条件、社会地位相似。

当地有着"树挪树死，人挪人活"的说法。村内多是没有家产的人流动最为频繁，家产较多的人很少外出流动。穷人外出谋生并不是计划好的，多是偶然遇在一起。路上以讨饭为生，到了一个较为富裕的地方后，开始依靠讨饭与手艺生活。迁移是没有计划的，到了哪里就在哪里生活，不经过亲戚、村民或村里管事的同意。若是有较为亲近的富裕的亲戚，便可以投奔他们。若是对方没有能力，也不会过问这家人逃荒的事。外出逃荒不向亲戚打招呼或者告知，因为对方也在为生计忙碌，不会过问这种事情，"亲戚没有能力帮你，那问你干嘛？你该要饭要饭"。就流动的方位来看，本村人较远地迁到西北20公里外的河堤子村，还有一支落在了西侧15公里处的周庄村。距离最近的一支在西北侧4里处的张三楼村，以及北侧的郑楼村。在本地区，本村占有的土地最多，外出要饭的较少。还有一些迁居到其他县市的。多数刘氏后人流落到附近的村，以居住在本乡镇或者附近乡镇的居多。搬入的地方一般都有其亲戚，而且多是一些规模较小的村，只有一二百人左右，约几十户人家，富裕程度远不如本村。

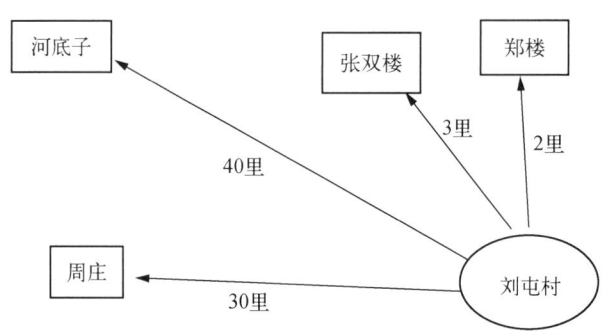

图4-2 本村投亲戚户的流动方向

穷人父亲去世，跟随母亲居住在村里，出去要经过当家人的同意，不需要本族人的同意。若是长辈健在，要经过其批准。宗族族长不会阻拦，自家外出不向除家庭之外的任何人申请。出去不办手续、登记，更不要向保甲长汇报。出去以后的户籍不会被撤销，当时的户籍管理并不严格，以实际居住的人为准。只有去世的人的户籍会撤销，主要是村里的保长负责，不要汇报。有人去世后，要大办丧事，生活在本村的保长自会知晓。出去后，房子、土地等固定财产依旧归其家人所有。这种住亲戚家的多是住在岳父岳母家，在本村的家产归本家中的其他人持有，或者归堂兄弟所有。流出的刘氏后人始终与本村保持着联系。

(二) 投靠亲戚与人口流入

与上述类同，也有一些跟随母亲住姥姥家的农户，时间长了成了本村人。村里流入的一些逃荒户多是外姓人家，这些户由于家中土地较少，平时会到外地去要饭，这是季节性的流动。在本地居住时间较长的外家姓有本村户籍，家里条件较为一般，刚开始生活较为困难，多是租赁别人的土地耕种，同时依靠一些手艺过活，同时也外出要饭。这些逃荒户在本地没有土地，只能依靠租地等其他手段谋生，在本村居住并繁衍子女后代，也没有亲戚朋友接济，因此经济条件在村内处于较低的水平。

(三) 投靠亲戚与国家、村庄管理

流出的户时间长了便不再是原村人，会从本村人口中除名。一般保长只统计土地数量，不统计人口，其对本村的各家的人口情况十分熟悉。若是从亲戚家获得土地，则要在定居的村庄承担税赋、劳役。保长没有权力限制人口流动，也不会过问这些迁入、迁出的人。平时村里举办庙会、送神活动时，这些流入户会根据自己的能力出一些钱，若是国家征劳役、修寨墙，则投靠亲戚户也要出劳力。

虽然流出户在官方管理上已与本村脱离关系，但是在家族事务管理上依然保持着关系。对于本村流出的刘姓后人，族谱并不会将其除名，在修族谱时依然要为其续谱。村里在修谱时派人通知他们。这些流出户中的问事的人会统计好其家人名单来本村参与修谱，将自己后代的名字接续到族谱下面。

二、职业与流动

职业的改变也会带来人口的流动。民国时期，本村因做生意与当官流出的只有一户。村里最富裕的农户刘伍元因做生意流出本村，其是受访者刘红伦的伯父。据说其为清朝的武举人出身，民国时期担任民国政府砀山县参议员。其在民国时期便已经将家产转移到了砀山县城，举家在县城定居。在砀山县城有酒厂、房产，同时在徐州城也有家产与生意。其家业较大，村里人都说他有 10 顷地，主要分布在其他村庄，其在本村的土地雇老管代为管理。其五个儿子也一直在县城居住。

搬入县城之后，其家人平时很少回本村，与本村的兄弟之间平时往来也较少，但保持着逢年过节时的礼节性往来。迁出之后，除了村里按时缴纳土地税赋之外，不再过问本村事情，平时也不回本村。其是本村人聊天时经常提及的人物，同时也是刘氏家族引以为傲的人物。

三、战争与流动

村内因战争带来的临时性流动较为频繁，这种流动也被称为"跑反"。尤其是在抗日战争期间，村里人"跑反"最为频繁。在日本人占领南侧的杨集车站之后，在南侧的杨集成立区部，由于距离本村较近，经常对村里进行扫荡。南侧铁路沿线炮楼里的日军也经常到村里抓鸡。每看到日军来时，村里人便会牵上牲口往北跑，到北侧的郑楼村躲避，等到日本人撤出村子后才回来。有的农户直接在别的村落的亲戚家借住。"日本人在这儿的时候，经常跑反，比较乱，我们家去西北侧的大杨集庄的亲戚家住了一段时间，后来又去西侧双楼的亲戚家借住了好长一段时间"，村里受访者回忆道。

抗日战争期间，村里借住在别的村的人主要是好户人家。他们借住在亲戚家空闲的房屋，自己从家带去生活所需的粮食与金钱。村里一般的农户多是日本人扫荡走了之后再回来。

四、灾害与流动

（一）外出逃荒

逃荒要饭也是当地最常见的流动形式。这种流动形式主要存在于西侧水患严重的村庄，本村内的外家姓也有这种流动。这是季节性流动与周期性流动，最后还是要返回村庄。西侧村庄"十年八淹"，每到秋粮被淹的季节，村里多数人都要外出要饭，据西侧村庄的受访者介绍，"村里的十家得有八家要饭，除了几户土地多的好户，他们地高能收点粮食。但是也只勉强能吃饱，村里的好户实际上只是比穷人多点粮食，能吃饱饭，他们跟现在比，连现在一般的户（生活水平）都不如"。这些好户要维持家庭生活，不会将粮食借给自己村人，因此出现了前文提到的村庄向刘屯村的好户借贷的情况。

西侧村里人在被淹后，家里粮食不够吃或断粮时，便选择外出逃荒要饭，逃荒流动没有固定的路线，听说哪个地方比较好要饭便都去。逃荒也是以家庭为单位，通常是妇女带着几个孩子去，家里没有任何东西时，男人也会跟着前去。外出逃荒时是成群的几个邻居一起去，待到走到别的村庄时就分开了，成了单个的家庭为单位。在逃荒时，晚上在当地向村里人借住车屋（场旁边放太平车的房子）或者住在庙里，若是村里有废弃的房屋，也会向主人家借宿。一般在一个村里待过一段时候后便换一个地方。

待到农历8月份该种小麦时，村庄的水退下去了，这些逃荒户会一路要饭返回原来的村庄，通过向亲戚借粮或者借牲口的方式将自家的土地全部种上。紧接着继续外出要饭，"有的时候大年三十还在外面逃荒，住在车屋里，外面放着鞭炮"，待到过了年,农历五月份,看着麦子快熟了,然后再一路要饭回原来的村庄,回家收割小麦。收割之后有吃的粮食,这样能在家里生活几个月。若是逃到的村庄比较好生活,而且比较富裕的话,逃荒户会想办法在此定居。男劳力会找村里的好户人家给他们做工,家里的妇女继续要饭。在搞好关系之后便会向村里人借宅基地,租种土地。时间长了不再回原来的村庄。原来村庄的土地便会被荒废,也可以让给别人耕种,不要地租。

(二)流入的逃荒户

同时,刘屯村里常有来要饭的,并且不是长期待着,在村里要过几天之后便会去周围其他的村庄,并不在本村停留过长的时间。要饭的来自各个不同的地方。西侧兰考县(今属开封)、民权县的人都曾来本村要过饭,多是在家里被淹无收成的年份,四处逃荒经过本村。最常见的便是妇女带着孩子逃荒。到每户人家基本上都能要得半块粗粮馒头,多要几户人家就能吃饱饭。要饭的并没有固定的去处,保长并不过问,寨门也让进来。在本村要过之后,便会去其他村庄,居无定所。晚上在寺庙里或者打麦场里的车屋里过夜。对于流入地,在本村定居的投靠亲戚户与逃荒户在买地之后要支付税赋,同时也会成为被摊丁的对象。在村人口统计上,国家以保长上报的为准。

(三)逃荒流动与村庄、国家

这里主要论述外出逃荒户与村庄、国家的管理。外出逃荒对于村庄来说意味着人口减少,这种村庄较为贫困,不会成为土匪抢劫的对象。除非动乱时期,较长时间内在防卫上并不打更。同时村落公共性的事务比如送神、求雨,只能由在村的人负责。

对于逃荒的人来说,户籍不是约束的条件,迫于生计的农户是不关心户籍的,到处流落,没有固定的住所。外出逃荒不办理相关手续,若是在外面混得不如意,会返回原来的村,流动比较随意,官方不过问,不向保长打招呼。对于不在村的农户来说,国家没办法要税赋,这样至少秋季被淹的这一季节没有任何收成,是不要拿款的,但是冬季收成要交款。在服兵役时,村里不在村的男人无法成为被抓的对象,因此保长只能从在村的年轻人中抓人。流动逃荒要饭中的逃荒户可以躲避税赋以及劳役,国家无法管理这一部分人员。

第七节 分化与群体关系

1949年前,刘屯村村民之间存在利益、职业、血缘远近上的差异,使得刘屯村存在明显的社会分化。基于此,本节将从"贫富分化及其关系、血缘分化及其关系、职业分化及其关系、权力分化及其关系"等方面去考察刘屯村的分化与分化关系。

一、财富分化及其关系

（一）好户、一般户与穷人

村里家业大的户被称为好户，1950年时，按照之前的贫富情况，村里划成地主成分的有33户，富农有3户。农户之间的贫富差距较大。因财富占有不同分成了三个层次：好户、一般户、穷人。

一是好户。好户在土地占有量上明显高于一般农户3倍以上，1949年前，村里的好户约36户，这与后来的地主富农成分基本吻合。好户占有大量的土地与房产，同还有大量的现金与粮食。他们的储蓄可以保障家里几年的粮食供应，因此能轻松应对天灾带来的粮食减产。这些农户一方面自己耕种部分土地，一方面将家里的土地租给一般户和穷人，以此来获取租金。这些农户家里多雇有干活的劳力。村里一些好户在南侧的集市上有房产、店铺、厂子等。他们被普通农户称为"有头脸的人""好户"。

一般户。村里人对一般的农户的定义是"有饭吃的人"，勉强可以解决吃饭的问题。这些户都是自耕农，与土改中的中农户较为类似。这些农户家里的土地通常在20亩以上，完全依靠自己的劳动来耕种这些土地，家里基本都有牲口。一般户每年家里基本都没有结余的粮食，无法应对灾害性的天气。遇到减产的年份，只能节衣缩食勉强度日。若遇到家庭变故，这些一般户就会变成穷人。

三是穷人。村里的穷人是指家里土地不能满足生活、经常挨饿的人家。穷人家里土地一般不超过15亩。村里部分穷人家里没有土地，只能租种好户人家的土地。穷人家里土地较少，只能通过其他的营生补贴家用，从事一些手工劳动、小生意，给好户帮忙，维持生活。遇到灾害天气农业减产，这些穷人没有任何应对的能力，要么依靠亲戚接济，要么外出要饭。

（二）贫富分化关系

村民之间存在明显的贫富差距。好户与好户之间会就村公共事务进行商量，他们之间的往来比较多，有时他们就公共事务代表村落做出决定，"穷人跟好户打不上交道，好户人家家大业大，人家干的事情比较大"。平时彼此接触最多的还是家庭条件和社会地位相似的村民，差距太大的户交往较少（除了租佃关系），好户在财富上占有明显的优势，穷人在其面前"抬不起头"，好户在村落中更有发言权。贫富村民之间存在着利益交换。比如村里的种地户与地主家的往来较为频繁，并且多是生产上的往来。村里人在心理上对好户是服从的，在村里人眼中"好户更有能力"。在刘屯内部，好户与一般户的关系较为平和，穷人对好户人家有一定的依赖性，村里并没有出现太激烈的贫富斗争。

二、职业分化

职业分为全职型与补充型两种。前一种职业的特点是以此为主要的生计,是家庭的主要收入,与土地存在脱离。村内除了全职的职业之外就是家庭补充形式型职业,这种职业多是家庭经济的补充,以此来补贴家用,弥补田地所收粮食的不足。在村内,家庭职业是生来就基本上确定的,一家之主的父亲可以决定儿子将来要从事什么职业,并且会为儿子安排将来的出路。

(一)地位高的职业

职业有高低,读书识字人的地位自然较高。洋学兴起之前,附近只有私塾,被称为私学,教书先生主要教授《三字经》《百家姓》《论语》《孟子》《春秋》等传统科目。教书先生是村内有文化的人。教书先生多是本村或者附近村庄的识字人。教书先生一年所得可以养活自己与家人。平时要干自己的农活,有时候要帮助村里的人家写信、读信。农户有时会前来请教书先生看孩子结婚的日子哪天合适,请先生查黄历,本村的人不要钱,讲究的人家会带一些小礼物。教书先生在村里的地位较高,平时并不参与纠纷调解,只帮人看信、查看日子等。平时不过问村里的公共事务。保长并不过问教书先生办的私塾,也不干预。教书先生平时与保长无交往。

村里好几户人家在南侧杨集有房产与店铺,这些厂子的老板与店铺的店主地位较高。在集市上当老板的都是村里的好户,"能在杨集开厂子与店铺的人是了不起的人,一般的人开不起"。老板要雇人,挑选的都是较为信任的人去。老板与店铺老板之间存在日常的交易买卖,往来也较多。这些老板家业很大,遇到村庄公共活动时能拿出很多钱,在村里说话更有份量。

(二)地位一般的手艺人

村里有较多的为生产生活服务的手艺人。这些人的地位既不高也不低,是村里一般水平的农户。

焗长是农户家中办喜事时东家请来做饭的大师傅。通常一个焗长手下会跟有一两名会做饭的帮手,遇大喜事时需用三人,小喜事时两人便可。喜事宴席上的饭菜,都是由焗长带领帮手完成。一般的庄子都有焗长,焗长是因为菜做得好,获得了村里人的认可,本村内的焗长有三四名。平时没有喜事时,焗长便在家种田,主要以地为生,遇到喜事时才会被请来做饭。焗长的收入完全归属个人,依靠的是自己做饭的手艺,以此出名。焗长不向保长打招呼,保长无权过问焗长的事务,获得的收入也不会向政府缴纳。办喜事时,要提前请焗长,会优先请本村的焗长,尤其是关系较好的焗长,并约定时间,若焗长已接其他的喜事,则要到他处请。到其他村庄寻找焗长要通过熟人或者亲戚的引荐，要带几盒烟去。每逢喜事焗长要忙三天左右，要给酬劳。在喜宴完成之后，东家给出两个选择——礼与钱，算是焗长的酬劳，由焗长自己选择，关系较好的焗长或者本村的焗长一般会选择礼，算是选择了人情，礼主要是几盒烟与几瓶酒。这样东家算是欠对方的人情，对方遇到事情，要去帮忙。若是选择了要钱，则是表明不存在人情，双方是交易关系。一般情况下，焗长都是选择要礼，不会选择要钱。

本村有一户打铁的人家，在村庄寨内的南侧，水平很一般。东侧邻村张屯有两户，具体的姓名不详。打铁主要在自家进行，并在街上设有店铺门面。铁匠打铁比较随意，设备简陋，只要一口火炉。主要打农具，其他的物件不打。逢会时到集上卖自己打的铁制农具。铁匠亦是半工半农，以农业收入为主，打铁只是副业。铁匠都是生活水平一般的农户，农忙时种地，农闲时打铁。本村的铁匠主要做本村人的生意。前来打铁的农户要付钱，根据物件大小估摸着要价，多是农户带上自家的废铁让铁匠打造农具，只要支付一些工钱，也可以购买铁匠的农具。村里也经常来流动的铁匠，他们是都是从山东省过来的，在这个村打几天铁，然后去其他村打铁。

泥瓦匠主要负责修土房的墙与顶部，这两个部位需要专业的手艺人。村里人主要到南侧的杨集上去请泥瓦匠，或者通过熟人找手艺较好的泥瓦匠来帮助建房子。本村挑墙时要请两名专业的泥瓦匠领工，和泥等不要泥瓦匠，泥瓦匠属于雇工，工资按天计算，夏天昼长，每天要支付6斤小麦，冬天昼短，要付5斤小麦。泥瓦匠都是当地农民，跟随他人学的泥墙上瓦的手艺，仍主要以务农为生，仅是依靠手艺获得些收入。

村庄只有一户木匠，是一般生活水平的农户，家里土地不多。村里人都叫他"四木匠"，名叫刘四。他的两个儿子跟他学木匠。干木匠是一门手艺活，需要专业的技术。本村的木匠是父子一起做工给人干活，为刘姓本家人。只是在农闲的时候给人加工家具，还有就是修理盖房用的横梁，平时也要干自家地里的农活。至于价钱在于两家的商量，根据所做家具的大小与数量计算，并没有固定的价格，完全在于双方是否能达成一致。木匠一般将手艺转给儿子，世代传递，并不传给其他人，也不招收徒弟。平时木匠会做一些桌椅板凳等小家具到集市或者会上去卖，以此来获得一些钱财。

村内现年92岁的李长贵，解放之前是村里的裁缝。为外来搬入本村的户，家里种有土地。衣料的裁剪需要裁缝才能完成，别人拿着布去找他，他给裁量。裁剪是一门手艺活，很多家庭的妇女不会，便会去找裁缝裁剪。村内也可以请裁缝做成衣。裁缝并不卖衣服，主要依靠裁剪与缝合衣服赚一些手工费，费用由裁缝看着要，若是嫌贵，双方再次商量。裁缝所得的收入完全归自己，不要缴费，也不向保甲长打招呼。

村内的外来户李广义的父亲与大伯是村里仅有的两名兽医。刚到本村时，靠给牲口看病赚取部分收入，但是收入较低，难以维持生活，又租种了村里大户人家的土地。仍然难以维持生活，就将次子刘广义给了看守北寨门的马姓人家。后来李广义的父亲开始给人看病。附近村庄的兽医也是普通的农户人家，而且兽医比较少，并不以此为生，同时还要依靠土地。当时没有专业化的脱产的兽医，不要征得村里保长的许可。

做馃子（油炸甜食）、麻花、馓子等吃食的农户，不需要特别专业的手艺。其中，馃子是过年走亲戚、娶媳妇送礼时必备的礼品。一般的农户学几天便可以掌握。做这些吃食的都是村里生活水平一般及以下的农户，靠这些生意养家糊口。平时主要到会上与早晨的集市上去卖，也遛乡贩卖，并且经常性地供货给杂货店。这些糕点都要过油，难度较低，都是在自己家做好，然后到集上去卖。做这些小生意不交费，也不征得官方的许可。

（三）"下等行当"职业

唱戏的（戏子）。1949年前，刘屯的刘家人作为"冠主"，拥有一个戏班子。"冠主"是本地区特有的一种冠名方式，是指大户人家为宣扬名声，出钱请会唱戏的师傅招徒弟学戏，一直到戏打成（本地方言，完成），成为戏班。这一期间冠主出资保障戏班的基本生活，同时要出钱为戏班购买行头。戏班打成后便可以唱戏赚钱了，此时不需要冠主的资助。当时的戏班较少，十里八乡没有一个戏班。很多村庄举办庙会时会请戏，在请戏时对方会问是哪里的戏班子。戏班的回答是"刘家的戏"，都知道了是"刘家的戏"，达到传扬家族名声的效果，冠主的名声得到宣扬。若是刘屯人请自己的戏班唱戏，不付钱，但是得管饭。平时若是戏班生活难以为计，冠主会保障其基本生活。若是冠主不再资助，戏班又难以为继，只能解散。1949年之前，唱戏被看做地位比较低的职业，当地称之为"下等行"，这是传统观点，比较普遍。本村很少有人去唱戏，仅有一个男孩要学唱戏，其父亲不同意，阻拦不住，只能同意。学习方式是常年跟着戏团学习，吃住在戏团里，帮助戏团干活，没有收入，不用交学费。除了戏子之外，剃头的、吹响器（唢呐等）的也被传统认为是下等行。

说书先生与唱大鼓的。说书的场所并不是在茶馆内，而是逢会时的打麦场内。逢会时，说书先生摆一张桌子往前一坐，招揽赶会的人们，待人差不多后便开讲。说书先生主要靠故事吸引人，讲到故事的高潮部分便会停下来。在人群中收取小费，若给得太少，便会让大家多给些才继续讲。所得收入完全归自己，不向集主或者会首交任何费用，不用征得保甲长的特许。有时会上有唱大鼓的，为其他村庄的农户。主要是两个人，一个人敲鼓，另一人唱词，也是在会上空闲的打麦场内举行，不用给场的所有者任何钱财，也不用向场主打招呼。一边敲着鼓一边唱，唱到途中高潮部分时，开始向来听的人要小费,听大鼓的要给小费,若给的钱太少,则会催促观众再给一些才会继续唱,与说书先生比较相似。在会上所得收入完全归自己,不向集主或者会首交任何费用,不征得保甲长的特许。

村里的会上有剃头的,他们是追随会跑,在会上找一片地方,放一条板凳,便开始给人剃头。一般的时候会上有两三个剃头的,他们将摊子摆在一起,因同是一行的人,相互之间是熟人,并不会产生争论纠纷。熟人之间剃头会便宜一些,不熟的人按正常要价。一般人会找熟悉的师傅剃头,没熟悉的看哪位师傅空闲便找哪位师傅剃头。会首、保长、集主剃头也要给钱,若是相互认识,会便宜一些。对于关系很好的人,一般不要钱或者少要一些。给熟人与有地位的人剃头时,剃头师父都会说"不用给钱",多数情况下这是一种谦让,并不是字面的意思。这时熟人与好户都会坚持给钱,不给钱面子上也不好看,双方你来我往之后,剃头师父会根据关系适当少要一些钱。集市上的熟人交易通常要谦让一番,然后再收钱,这也是当地的一个习惯。

卖柴是穷人的谋生手段。当地柴火主依靠粮食秸秆,主要为高粱秸秆、小麦秸秆、大豆秸秆,还有少量树枝,柴草比较容易获得,买卖行为较少。因地处平原地区,没有山林,树木种类以槐树为主。集市上贩卖的柴火为高粱秸秆,当地称为"秋结"。高粱秸秆的作用比较广泛,可以烧火。村内卖高粱秸秆的主要为较为贫困的户,卖掉用来补贴家用,不要本钱。将自家的高粱秸秆打成捆,每次只带一两捆去赶集,并不是一次性卖完,每隔一段时间才卖一次。依靠人力扛到南面的杨集集市上卖给包子铺、饭馆、茶馆等需要烧火的店铺,价格估摸着给,并没有死价,在于双方的商议。赶集卖柴并不要向保长汇报,完全是个人行为,保长不过问此事。

村里的好多农户都会榨油,其中有几户人家种花生、大豆,在自己家榨成油之后,挑着步行去砀山县城去卖,主要卖给城里的油铺或者杂货店,比在集上价格要高。这只是在农闲时干几次,其他时间并不榨油,并不长久。榨油是短暂的营生,并不向官方申请许可,也不交费。这算是一门普通的手艺,只有较为贫困的农户采取这种方式补贴家用。这种榨油交易活动是不用获得保长会首同意的。

(四)特殊职业

村内有阴阳先生,建房时看风水方位,老人下葬时看嶙(嶙是指坟墓)的风水。1949年前,本地区老人下葬时,必须找阴阳先生看嶙的位置,也就是看阴宅,这是本地千百年的传统。当时的村民比较迷信风水,他们普遍认为好的嶙地会恩泽后代。村内人会请算命先生为每户撰写家庭祭拜用的牌位。风水先生都是男人担任,没有女人担任的情况。判断阴阳先生的好坏,要根据其所掌握的风水知识,以及村里人的口碑,都喜欢找附近口碑较好的先生来看嶙的风水。要给风水先生酬劳，也会请其吃饭。风水先生是本地的农户，并不参与公共事务处理，保长无权过问风水先生的事务。1949年前算命先生比较多，但算命先生不一定会看阴宅，一般的算命先生也会给婚事看日子。村里有一些读书人会看日子。村里人结婚前要看哪一天结婚比较吉利，俗称"查好"，让算命先生给看，要给酬劳。若是请本村的人看日子，一般不要给钱，但是会带上一封"馃子"或者其他比较轻的礼品，不带礼品不太合适。

（五）职业关系

在地位上，村民的职业有高低之分，地位最高的是老板与店主。私塾先生作为为数不多的识字人，受人尊敬和爱戴。戏子、剃头佬比较受排斥或歧视，村里人认为这是下等行当，"下等行当是老辈子传下来的观念，也是孔夫子说的，容易被人看不起"。长工不属于下等行当，相当于东家雇用的仆人，地位一般，不被歧视。

村民不会因为职业分为好几个群体，彼此之间都有往来。因为村里的辅助职业比较杂乱，从事各行各业的都有。相同职业的人交往得比较多，比如牛行人经常在会上相见，而不同职业的村民交往要因地域远近而论。村里人基本上都是以土地耕种为生，并且交往极为频繁，彼此比较熟悉，职业分化不如贫富分化明显。住在同一个村内，不同职业的村民经常接触。居住在同一村子范围内的居民平时免不了接触。村民喜欢与要好的人聊天谈事情，但是不分职业。

同一个行当的人相对而言交往接触更为频繁。从事同一种行业的人会经常一起共事。村里会上的牛行人虽来自十里八乡，但是有时交易一头牛要经过两三人之手，不同村的牛行人之间需要合作，交往自然频繁。村里相同职业的人由于常年一起在集上共事，比如剃头佬、泥瓦匠等常年在一起做工，关系自然得到巩固。若是不发生纠纷冲突会一直合作下去，但是有纠纷便会就此分道扬镳，双方不再往来。

三、血缘分化

（一）家族大小

1949年前，大家族只有刘氏家族，占村总人口的90%。其他姓氏有张、冷、李、王、崔等。单个外姓氏只有几户人家，搬来的年份较短。但是这些姓氏加起来不足10%，又不是同一个祖先分化而来，"村里有四家张，都是清末以后搬来本村的，他们不是同时来的，不一个祖先，最大一家也就是不超过5户"。整个村子的活动在一定意义上来讲就是刘氏家族的活动。本村是刘氏家族主导的村庄，村庄的保长、甲长在很长年份内都是由刘氏家族担任。村里的富裕的好户也都是刘姓人家。其他姓氏家族没有富裕户。因此村里的其他家庭实力与刘家对等。

刘家的好户在村内的地位最高，包括刘新耀、刘九臣、刘伍元等几家最为富裕的户。村内的小姓氏比较多，多是单门独户，在村内的地位自然不高，在村里的话语权较低。与刘氏家族相比，这些外来姓氏来的时间较短，还停留在大家庭阶段，没有分化成家族。

（二）家族分化

刘氏家族因人口的增加，分支越来越多，这些都是分家造成的，因为儿大肯定要成家，成家后最终要走向分家，只是时间上早晚的问题。刘氏家族经过二十五世的分化发展，形成了200多户人家。刘氏家族坚持着"老四门"的观念，没有进一步进行划分。刘氏家族除了公共性的家族祭祀之外，在其他事项上不根据门别划分远近。刘氏家族"老四门"下又有着"小四门"提法，但是日常生活中这种提法并不普遍。

（三）血缘分化关系

与其他姓氏相比而言，同一家族间的交往更多。同时，经济条件、背景相当的家族内部成员交往较多。村里的村民以刘姓为主，虽然有着各自的职业，血缘关系较近的逢年过节要送礼物，保持着礼尚往来。血缘关系较远的刘姓本家人之间也会相互拜年，以此保持着联系，维持着血缘关系。

不同姓氏之间，除了地主与佃户之间的关系之外，平时给好户人家帮忙。种地户中有好多外姓人家与刘姓好户长期保持着往来。在与其他姓氏交往中，村里的刘氏家族优先为自家利益着想。如战乱时期，国民政府抓丁，本村的刘姓保长为了保护本家族人，报了两个外姓人家的年轻人的名字，最后两人被抓走。

四、权力分化

村里的权力分化与贫富分化较为类似，村庄权力掌握在好户的手中。村里的好户都是刘姓人，权力掌握在刘氏家族手中。穷人没有能力掌握本村的权力。在村庄官方权力的掌握上，村里的乡长、保长一般都是村里家里土地在50亩以上的好户担任。刘文彬、刘红春、刘喜亭先后担任过乡（镇）长。在平时的村内部事务上，权力掌握在好户手中，主持村里公共活动、村落防卫的开展。

刘氏家族族长通常是刘氏好户中辈分最长的人担任。家族的事务是好户人家主导的，包括民国时期的家族修谱都是由村里的好户人家负责完成的。在祭祖与修建祠堂时，都是村里的好户人家带头。因此一般的农户在村庄中是不掌握权力的。村里的普通农户无论是在纳税还是杂支上都是听从保长的安排。对于村庄事务，普通农户人微言轻，没有过问的权力。

抗日战争期间，本村在蒋家宾为司令的地方军队的控制之下，其副司令由本村刘姓人担任，仅有的四个子队长中有三个本村的刘姓人担任。因此其他村人都不敢欺负本村的刘家人。

第八节 冲突与冲突关系

长久以来,刘屯人一直在同一个寨子内生活,难免会发生冲突。除了家族冲突之外,便是村内冲突、村外冲突最为普遍,这三种冲突解决方式不同。但是,大的冲突都要找人来调解。

一、家庭纠纷与冲突

(一)家庭内冲突

家庭内部的冲突以子女与父母之间、子女之间较多。父母子女之间因父亲的态度强硬、对家里人的不公而产生。儿子对父亲的安排感到不满时,会向父亲提出意见,若是父亲执意要求儿子遵从,则很容易产生矛盾。儿媳妇经常性的煽动是家庭冲突的主要原因,但是儿子敢与父亲动手的很少。兄弟之间平时因为分配的不公,感觉自己出的力多得到的太少,会因生活琐事发生吵架。婆媳之间,婆婆处于主导的地位,传统时期儿媳不敢与婆婆犟嘴。

儿子一般不敢对父亲动手,通常是以父亲的权威压倒性胜利告终。若是兄弟之间发生冲突,首先出来的便是父亲,父亲会拿起棍棒将兄弟两人都打一顿,"各大五十大板",然后再询问冲突的原因,然后给出公正的判断,从而维持整个家庭的和睦,一般父亲能解决的事情不会请官亲来帮忙。家庭冲突一般不会被传扬出去,也尽量不让邻居知道。

(二)大家庭冲突

主要发生在分家后的兄弟、叔侄或堂兄弟之间,或较为亲近的家人之间,这类人生活在同一个院子内,较容易产生矛盾。但是因为血缘关系近,矛盾比较容易调解,主要是亲人调解,比如叔叔与侄子发生矛盾,可以请大伯调解,一般晚辈或者年幼的不参与调解,叔叔一般不愿意也不会调解哥哥与侄子的矛盾,"各有各的理,你也断不清"。还是寻找本家的长辈较多,如爷爷或者爷爷辈的长辈等。若是与外戚之间的纠纷,会找共同的长辈比如姥爷等出面解决。一般年幼的人不能处理年长人之间的纠纷,年幼的人在双方看来没有权威与话语权。亲属之间的纠纷最后并不会签字写协议,口头达成便可以。兄弟之间很少因田界发生纠纷,都是自家人,若是因此大闹会被外人耻笑。若是需要调解,通常私底下找自家的叔叔、大伯调解,一般不会找外人插手。刘姓人之间的矛盾,远的找有威望的本家人,近的找关系较近的长辈。

受访者刘砀瑞讲了一个自家发生的纠纷。有一年我在我们家的官坑（与叔伯三家的官坑）边上种了很多苇子，等着长大后用来撒屋顶，修缮房屋。等芦苇长大后，全被我大伯给砍了，拉回家他自己用了。我去找他评理，他说，"这是我种的，哪是你种的，"耍赖不给我。我去找我叔给评理，他说："他是我哥，你是我侄子，他说是他种的，你说是你种的，我怎么给你们评啊？这个理我没法给你们评。"实在没办法，只能就这样了。过了一段时间，趁中午吃饭的时间，我拿着斧子把我家房屋东侧的打麦场里的我大伯种的一棵不多大的树给砍了，这个打麦场是我们三家官（即公共的意思）的。当时他和我大妈在吃饭，听到响声都出来了，我大伯质问道，"你砍我的树干嘛？"我说："哪是你的，这是我种的。"他心里明白是怎么回事，没再说话，回家了。

二、村内农户纠纷处理

（一）土地产权边界纠纷

土地边界的纠纷是主要的产权纠纷形式。但因为几户每家都留有地约，上面标有明确的土地长宽、亩数。这种争地界的情况较少，因为每家都有地约，放置在家里专门的盒子收藏，出现争执时便会拿出来作为证据。村里的土地边界纠纷主要因为一方认为对方越界种植，而另一方坚持认为自己没有越界。发生越界纠纷时，一般吵过架后，下一季两家会按照原有的界限耕种。若是双方僵持不下，通常感觉吃亏一方会找调解人，一般找庄上有威望的正直的人。若是本片的农户的纠纷，甲长会成为调解人。土地之间都有埋有灰橛，灰橛上面有桑墩，在两个桑墩之间拉线，直线所在的地方便是双方的界限。若仍然难以解决，会按照地约标注的长宽进行丈量。村内未见因争地界产生的诉讼案件，诉讼的成本较高，较耗费金钱。即使地约丢失，因地下有石灰打的灰橛，可以根据灰橛的位置重新丈量，从而解决纠纷。这种纠纷主要发生在户与户之间，解决方式就是重新丈量，每家人都知道自己每块土地的长度与宽度。若是桩墩不见了，可以扒出边界下面埋的灰橛。以此解决纠纷，请人的一方给评理的人买盒烟或者酒，表示感谢，若是关系较近，可以不买礼。

若是这些边界标志物、地约都不存在的话，则很难解决。这种纠纷多是其中一方有意为之，为了占更多的土地，双方各自都有理由，即使是请来村里较有威望的人，也很难调解。最后较为强势（作风硬朗、比较有势力的人）的一方或家庭势力大的一方会占便宜，另一方妥协，便会形成新的边界，然后双方按照新边界耕种。

因地邻侵占边界则会发生纠纷，保长一般不会主动过问，两家人自己解决。农户是不会在耕地边种植树木的，会影响土地内庄稼的长势，与庄稼争肥料。但可以在田间地头靠路的一侧种树，邻居并不过问。村内未见因争地界产生的诉讼案件，本村距离县城较远，往来不方便，诉讼的成本较高。地界纠纷一般不超过20厘米，不足以引起官司。加上都是本村邻居或者本家人，碍于情面，日后还要经常见面，一般不会闹到打官司的地步。没有能够调解边界纠纷的非官方人员。民国时期，村里可向乡里、区里评公道，或者打官司，但发起诉讼费时费钱，很少采用这种方式。多数情况下，势力较弱的村庄会选择妥协，以此了结此事。

（二）日常生活纠纷

家庭与外部的纠纷多是因平日里拌嘴吵架或者借贷等发生的冲突。若是与普通邻居发生冲突则找本片有威望的公道的人给评理。比如对方还不起债务，或者一直拖欠债务。请人调解是一方主动去请，通常是感觉吃亏的一方去请。村里纠纷以刘姓本家人之间为主，主要请和双方关系都对等亲近的本家长辈，这样不会偏袒任何一方，由这位长辈来调解，一般来说长辈对于双方都是有权威的。一般只请一人，并且是爱管闲事的人。比较老实且寡言的人不能担任调解人。所请之人并没有好处，也不会留下吃饭，请的人告知其一声，看其是否愿意前来调解，因本村多是刘姓人家，比较容易寻找本家的调解人。晚辈去请长辈来调解矛盾还是比较容易请来的，并不会遭到拒绝。若是调解人感觉问题比较困难，便会拒绝前来，若是不愿意前来调解，再寻找其他人来给调解。

如果调解不公正，吃亏的一方会不同意，调解算是失败了。如果对调解不满意，可以再找其他人进行调解，也可以到县里打官司。当时村里是允许去县里打官司的，保甲长并不过问，也不会参与，打官司之前不要对村长等说一声。村内当时并没有发生诉讼的情况。村内多数农户是不认识字的，若是打官司要请识字人来写状子，而且诉讼的成本较高，一般是不会有人到县城打官司的。

三、村庄之间冲突

（一）村落冲突

刘屯祖上与南侧的杨集有一次村庄土地边界纠纷，为清代之前的事情，具体年代不详。据受访者讲述，当时村里的刘家人跟杨集的杨家人争地边子（土地边界）。当时两村将官司打到了县里。当时流传说"衙门口向南开，想打官司拿钱来"。谁的钱多，就把"理"批给谁。在当地打官司是一件很耗钱的事情，为赢得官司两村不断向县里送钱，谁送的钱多谁能赢得官司。各个村在县里都有"耳朵眼"（也就是打探消息的人）。虽官司缠身，为彰显本庄财力雄厚，刘屯人请来戏班唱大戏，在村内共同出资建楼，晚上偷偷扒掉，白天再大张旗鼓地建楼，以此彰显自己的财力，最后杨集打听到刘屯给县里送钱后，还在建楼，觉得对方很有钱，最后服输。刘屯采取跑马划界的方式确定双方的界限，刘屯获得了更多的土地。因此在附近的村子中，少有村子敢找刘屯人的麻烦。村之间的矛盾很多年才能见到一次，并没有引发大规模的械斗。

（二）跨村农户冲突

村里普通家庭与其他村民若是发生纠纷，多是两户之间解决。这种冲突并不常见，村之间的农户日常交往相对较少，远少于同村的人。与其他村的农户的冲突事项多是以土地边界为主，除非事情闹大了，才会引发村与村之间的矛盾。若是纠纷双方家庭势力较小，很难发生大的冲突。在集市交往中的交易冲突是村之间农户最常见的冲突，在集市上的冲突找老会首解决。这种矛盾若只是两人之间的纠纷，则由两家人自己商议，村里并没有跨村庄的协调组织。难以达成一致的话，若两村为一保，则可以请来保长或者有名望的人进行协调，让双方各让一步，达成和解后，问题算是解决了。倘若解决不了，则双方只能维持现状。通常情况下，较为有势力的一方占到便宜。一般纠纷较小则会采取对抗的方式。对抗多是冷对抗，就是双方互不往来，平时见了面不说话，吃亏的一方也只能就此作罢。农户之间的纠纷一般是自己解决，并不会报官。除非是较大的纠纷，多数问题都能得到解决，若是解决不了，便会成为互相不对付的仇人。

（三）土匪与村民冲突

1949年前，本地匪患不断，土匪头子被村里人称为"杆子头"。土匪主要在动乱年代出没。"动乱的时候，土匪比较多，多是几个人一杆枪，便拉起了一团土匪。"规模大的土匪较少。在和平年代，因官府的打压，土匪会自动消失。土匪主要抢劫村民家的财产，或者绑票要赎金。土匪通常爱抢比较富裕的人家，因此土匪与村里的冲突次数较多。

村里曾被土匪打过几次，因此村里建起了寨墙来抵御土匪。民国时期，最大的一次是本地有名气的土匪小侯带人打本村。他在大刘集的西侧建立一个寨，距离本村40多里。其在夜晚十二点通过寨门进入寨内。正巧，本村在地方军担任副司令的刘耕来回本村居住。当天晚上双方发生交火。因当时村里一些人家有枪，他不敢进村里人家的院子。最后小侯方折了一个人，都逃脱了。那个死的人被村里人用牛拉住一只腿，扔到了乱坟岗。另外，有一次土匪抢劫正在北寨门附近建新房的刘新耀家，绑走了刘新耀的父亲，村里人追了上去，最后也没有抓到土匪。这是两次比较大的土匪与本村的冲突。

小的土匪曾骚扰过本村几次，但是没有得手。为了抵御土匪，村里人会在动乱年代组织打更，以防止土匪抢劫。寨外住的人家也会巡逻打更。土匪抢寨外的人家，则这户会关闭屋门，然后大声呼叫，土匪害怕村里人围上来，会赶紧逃跑。若是土匪被抓住，要么被村里人打死，要么被送官。

第九节 保护与保护关系

1949年前，尤其是在动乱时期，村民要自己提供保护措施。在这些保护中，家庭保护是基础，亲戚保护是补充，整个村子会联合起来对抗外来侵害，维护安定的生产环境。本节将从"家庭保护、亲人保护、村落保护"等方面去考察1949年以前刘屯村的保护与保护关系。

一、家庭保护及关系

家庭保护主要来自三类人：一是父亲、叔伯长辈，二是兄弟、堂兄弟等辈分相同的人，三是年长的侄子们。以上这些都是大家的成员。

（一）家庭保护事项

家人保护是1949年前最主要的保护方式，这种保护以大家庭为单位。最常见的多是叔叔、兄弟保护，彼此多是紧邻聚居。村里自家人住得比较近，尤其是五服以内的。有事情时，这些自家人会首先出面保护，首先找居住得近的本家人帮忙，比如生病、遇到威胁等，多是侄子、兄弟之类的出面。若是需要人手帮忙，也会喊来附近要好的邻居。

一是家人患重病时。男主人患病时，家庭缺少顶梁柱，这时都是血缘关系近的自家人出面保护。当时医疗条件欠缺，使得村里人在面对疾病时束手无策。作为侄子，这个时期要前去帮忙，守在病人身边。若是家里没有劳力去请先生[1]，则让兄弟或者侄子前去。有能力到县城看病的户，自己的儿子、侄子帮忙驾着马车前去。一般四五个人陪同去，侄子通常也要前去。

二是家里人受欺负时。家里人被外人欺负、被外人打了。家人都会为其"出气"。家庭人口多、势力大的农户很难忍气吞声，这时会纠集家庭的兄弟与堂兄弟去讨回公道，到对方家里将打人者打一顿了事。家庭势力较小、兄弟或堂兄弟少的农户一般只

---

[1] 先生：即医生。

是去讨公道，并不敢到对方家里打人。所以一般外人不敢欺负兄弟较多的农户。晚辈中，除了儿子之外，侄子是最为积极出面的，若是叔伯家遇到危险，侄子们会是首先冲上去的人。

三是对无男主人家庭的保护。若是男主人去世，而且孩子十多岁的话，一般由母亲继续带着孩子在本村生活。这样的家庭需要兄弟的帮助。即使已分家，兄弟也会前来帮助干农活。平时磨面、拉车等都由兄弟帮忙。若是受到欺负，也会由兄弟出面保护。男主人出去当兵长期不在家的家庭也是由兄弟帮衬。此外，村里存在几户成家后不分家的情况，家里兄弟两人，其中一人去世，侄儿跟叔叔一起生活，一直未分家，则由叔叔保护其安全。

四是遇到天灾人祸。遇到水灾、火灾等重大灾害后，家里没有办法生存。若是叔伯家有能力的话，会向叔伯家求助，一般叔伯都会同意。若是叔伯家没有能力救济，则只能向亲戚求助。若是自家人被土匪拉户[1]，则需要大家庭的人员共同商议对策。为了赎人，该对钱的对钱。若是晚上土匪来家里牵牲口，住在同院子的兄弟都会一起帮忙打土匪。

本村的刘氏家族一般不对单个家庭提供保护。有能力的家族成员不会对血缘关系较远的本族人进行救济。

（二）家庭保护关系

自家能解决的困难，一般不找兄弟帮忙。遇到不能解决的困难危险首先找自己家人保护。兄弟、侄子、堂兄弟等这些本家内血缘关系亲近的人家是家庭保护的主要来源。自家人出于血缘关系，每次都会出面保护的。并不是按照对等的方式。如果家人不出面保护，那只能处于无助的状态。村里的没有关系的人不会出面保护，女性更不会出面保护。家里多是父母保护孩子多一些，而且男性保护女性多一些，女性一般不出面处理家务事。

日常在与别人的冲突中，动起手来，需要大家庭出面帮助。具体要看事件的大小，大家庭能解决的困难一般不会找亲戚。若是超出了大家庭的能力范围，便会找亲戚。大家庭中的人若是不出面保护，则说明两家之间虽然血缘亲，但是关系不好，对方也不会再继续保护这个人。因为关系不好，即使对方遇到困难也不会去帮忙。不保护的话，也不会得到报复，毕竟都是一家人，只是对方也不会保护你，即使你遇到困难，对方也只是看热闹。

---

[1] 拉户：孩子被绑架。

二、亲戚保护及关系

亲人保护是指来自家庭外的亲戚给予的保护。这些保护主要来姥爷、舅舅、姨夫、姑父等。其中，姥爷、舅舅、姨夫为母系的近亲，姑父是父系的近亲。均是通过婚姻方式联系起来的近亲。一般大家庭无能力解决的困难，才找近亲。

（一）亲戚保护事项

一是对外嫁闺女的保护。妇女若是受了气会找来娘家人撑腰。若是娘家人比婆家人富，而且娘家兄弟较多，则妇女的腰杆比较硬，受气的可能较小。若是娘家人经济条件差，一般撑不起腰杆。妇女无过错，丈夫不能休妻，若是娘家人比较强势，是不会同意女儿被休的，会来找麻烦，引起双方的冲突。因为休妻对娘家人来说是很丢脸的事情。娘家兄弟会教训自己的姐夫或妹夫一顿。若妻子早逝，并生育有孩子的话，仍然维系双方的关系，但是仅在逢年过节时走亲戚，并且来往会明显减少，走亲戚时会留下吃饭，但不会借宿，通常是当天去当天返回。因走亲戚都是依靠步行，若是距离较远的话，当天无法赶回，则需要留宿，第二天一早赶回。

1949年前，村内刘新耀的妹妹嫁到铁路南侧的袁楼的好户人家，因家庭受气，上吊自杀了。刘新耀家也是较为富裕的大户，对此很是生气。在丧礼时，以吊丧的名义，刘新耀带上全村的刘姓爷们去烧纸，凡是前来的刘家爷们，对方必须管饭，借此表达娘家人的不满。此类事情没有别的惩罚对方的办法，也不会报告官府，官方无法处理，唯一的选择就是让对方破点财，以此作为惩罚的手段。并没有其他的解决方式。

二是断粮时娘家的接济。一般来说，村内的兄弟之间经济情况极为接近，若是遇到断粮很难相互接济，只能自己想办法。村里地少的人家，地里收成常年不够吃的。都是向较为富裕的近亲借粮。每次遇到这种困难找亲戚的话，要看哪家亲戚比较富裕。若是亲戚家有余粮，都会给些粮食。来年收庄稼了再还，亲戚不会要利息。

三是住姥爷舅舅家。家里土地较少，生活难以为继，妻子带着儿子回到娘家生活，得到娘家人救济，一直生活到老去。这些农户在娘家所在的村庄定居，成了前文所提到的"偎亲戚家"的户。这种有三种情况：一是家里男人去世，家中无劳力，生活难以为继，妻子带着年幼的孩子回娘家生活，由孩子的姥爷或舅舅给其娶亲。二是男方家里土地太少，岳父家相对富裕，男子跟着妻子回娘家生活，并定居下来生儿育女。三是生活的村子水患严重，常年没收成，随妻子搬回娘家居住。闺女与其儿子无权继承娘家父母的土地，通常娘家父母会给女儿的儿子少量土地生活。

四是其他近亲的保护。村里人遇到困难时经常最先寻找岳父家，因此岳父母的保护是处于首位的。若是岳父母没有能力,其他的近亲会提供保护。家里遭遇困难时,本家兄弟都没有能力解决,其他近亲戚会出面保护。若是孩子被土匪带走,亲戚闻讯后会迅速赶来帮忙。摊上官司的话,本家人无能力解决,一般是找有亲戚中有权势的人寻求帮助。若是近亲没有能力解决,可以通过这些近亲去找有能力的远亲帮忙。若是干亲戚有势力的话,也会去找其帮忙。战乱时期,村子被烧,村里人外出躲避,都是亲戚家收留的。战乱平息后再回到本村。

本村距离铁路太近,日本人又在铁路沿线炮楼驻扎,每次日本人出动时,村里人就经常跑反,尤其是村里的好户。多是去附近的其他村庄暂时居住,举家借住在自己的已出嫁的妹妹、姐姐家或者妻子的妹妹等亲戚家,居住一段时间,这是最为亲近的,只要亲戚有房屋,都会同意。亲戚家给腾出几间房屋供居住。不要给亲戚钱,但是要自己带粮食或者钱购买食物,不能让亲戚负担。

(二)亲人保护关系

一般都是男女主人主动上门找亲戚解难,若是脱不开身可以托人带话。去娘家寻求帮助一般是男女主人同去。去姑父家寻求保护的话,一般男主人去。因为血缘关系太近,近亲一般都会出面保护。若是亲人没有能力,不会出面帮助,也不会遭到报复。一般多数近亲都出面尽自己最大的努力去保护自家人,如果能力有限也可以不出面。这些亲戚每次都会出面保护。愿意出面保护的以近亲为主,保护的对象是家里的任何一个成员,并不是只保护家里的某一个人。家里的人不管是女性还是男性都是保护的对象。保护时都是男性出面,女性一般没有能力出面保护。近亲会积极地相互保护,听说对方家里有困难后,会不请自到。多数近亲都是全力保护,并不是出于面子。

保护并不是对等的,非你保护我一次、我保护你一次。只要对方有困难,都会出面,不限定次数。若是两家亲戚平时的关系不太好,在对方遇到困难时会有所保留地保护。亲人之间不出面也只是影响两家的关系,并不会受到威胁报复。不保护也不用出面道歉,只是两家的关系会因此疏远。对于保护自己的亲人不要回报或表示感谢,因为这是基于亲情关系产生的帮助。

亲人之间的保护,对方不会主动要求回报,都是自己主动要回报表示感谢。表示感谢时,家里的男主人前去,一般会带些能吃的礼物。有时即使不回报,像舅舅、姥爷、姑妈这种亲戚下次也会出面保护,因为"血浓于水"。但是远亲,也就是中间隔一层关系的亲戚不会主动出面。

亲戚保护会根据实际情况,并不会盲目保护。以下是一则亲戚不提供保护的例子:

受访者介绍，邻村曾发生过这样一件事，一个年轻人到邻村偷鸭子，被抓住了。发生争吵时，附近的邻居都出来了，被偷者要打他，村里的人都在看热闹，年轻人的舅舅就在邻村居住，但是并没有上去说句圆场话。按理说，作为舅舅应该上前说和一下，可以说孩子不懂事，偷了什么东西我包（赔）给你。但是其舅舅也是气愤，感到没面子，一直没有说。最后，年轻人被主家兄弟几人打了一顿给放了。

三、村落保护及关系

村作为一个共同生活的单位，为进行正常的家庭生产活动，村成员会联合起来努力维护整个村的安全。村落保护主要体现在战乱时期。

（一）邻居的保护

单个家庭因自身的原因陷入困难的时候，村里的邻居，不会出面保护。若是遇到外来侵害，如遇抢劫、偷盗等现象，这种情况下邻居都会出面保护。村里为了抵御土匪，在土匪来抢劫时，农户会大喊呼救或者敲锣。邻居听到会迅速拿起锄头去帮忙。这些多是住得近的邻居前去，远的邻居听不到消息，来得较少。这些都是为了公共利益，大家自发地保护，每一片是本区域的人帮忙。本村比较特殊，以刘姓人家为主，并且同属一族，所以一般村里人家遇到外村人欺负或者是土匪抢劫，本村的男劳力都会出面抵抗，不管是穷人还是富人。因此村落保护与家族保护是交织在一起的。晚上寨子内若进来土匪，则全村的人都会起来抵抗。本村的好户家里多备有手枪，专门对付土匪。1949年前，本村与张屯、孙屯村没有建立协助关系，村庄之间不会相互保护，只保护本村庄的人。

平时与其他农户发生打架事件，邻居一般前去拉架，防止事件进一步扩大。若是惹的麻烦比较大，则邻居不敢上前，邻居的保护方式就是帮忙说说好话。若是外人来欺负本村人，邻居会上前规劝。

（二）保长的保护

除了邻居保护之外，还有就是保长保护。正常的年份，保长一般不出面保护村里人，若是受到政府的侵害，村里人比如被错抓丁，保长能去区里或者县里要回。保长的保护作用主要体现在战乱时期。在动乱时期，若是军队来要款，为了本村的安全，保长会组织村里人把粮食给送过去。过往的军队或大股土匪向本村人要粮食时，首先打听这个村里的当家人，通常是保长，然后直接找这个当家人要粮。若是没有人出面，则会抓本村落的年轻人，让保长拿粮食去换。保长出面后会与对方谈判，要求对方将所要金额降低一些。保长保护并不是时常性的，发生的次数较少。

对于县里来的催款人，甲长要带着其去农户家，会在一旁替农户说好话，一般没有什么效果。要是催款人带走不交款的农户，甲长无能力阻拦。动乱年代，保长作为村里的好户人家，会组织村里进行打更，防止本村被抢。

据受访者刘耕珍讲述其自身的经历，其曾被区里的来抓壮丁的人抓走，其是家里唯一的男丁，按理不用服兵役。家里找到本村的刘姓保长帮忙。后来保长跑到区里将其要了回来。

(三) 村落保护关系

平时生活中，村落保护以邻居的保护为主，通常是居住得近的邻居来保护，不要托人带话，即使男当家人不能出面，也可以派家庭其他成员前去。若是邻居有能力的话会提供保护，并不会每次都会出面。

邻居之间并不是严格遵循你保护我一次、我保护你一次的原则。已分家的兄弟有矛盾，邻居乡亲不好保护其中一方，只能进行劝说。邻居乡亲之间，对关系要好的人会全力保护，对有矛盾的邻居会有所保留地保护。不保护也不能找对方的麻烦，不会受到威胁报复。如果不保护，不用表示道歉，彼此心照不宣。保护自己的邻居、乡亲，不用回报，但会表示感谢，对方不会要求回报，一般是家里的主人前去表示感谢，多是口头感谢，不用特别的仪式。即使不回报或感谢，下次也能得到保护。

在太平的年份，保长为了完成上级安排的税赋数量，平时并不保护村里人，即使是交不上税款的本族人，保长也无法保护，不会替其出款。在动乱年代，村里的各势力的代表头目都会组织村里人输出财富，满足各方的索要，不然村子会被军队烧掉。在后面的政权治理章节会重点阐述。

第十节　村落社会变迁

1949年后，村里发生了巨大变化。随着土地改革运动、集体化的开展，传统的社会底色逐渐消退，乡村各种社会关系发生巨大变化，整个村子表现出不同的社会形态和社会关系。

一、1949年前传统社会形态状况

基于前节对村庄血缘、地缘、业缘、信缘等村庄社会形态进行的介绍，可以概括为下面几个方面。

1949年前，村庄主要社会关系以血缘关系为主导，地缘关系次之。生产活动中，合作对象以自家亲人为首选对象，包括借用耕牛、借钱借粮都是以亲戚为主要选择，若是亲戚拿不出，才会选择去借带利息的账。平时交往最多的是邻居，要比亲戚还要频繁。1949年前，村里流动并不明显，主要是贫困农户的流出。落叶归根观念比较强烈，即使是外出要饭，到最后也会回家。搬出本村或者外出上学的极为稀少。村里人的流动率极低。有血缘关系的人会优先成为㧽㭎关系。一般居住得较近的邻居关系都很好，也是生产中㧽㭎优先寻找的对象，若是遇到紧急事情，邻居是最先提供帮助的对象。

刘屯村贫富分化比较明显。与附近村相比，本村好户较多，也是附近最富裕的村庄，本村人始终掌握着管理权。在村庄内部，好户掌握着村庄的官方治权、社会治权，一般户很难参与管理。

村子没有产生明显的职业分工，但是相同职业之间相互往来更为频繁一些，基本上都是以土地收入为主。在村庄保护中，家庭与家族的作用尤为明显。由于本村是本地区内人口规模最大的村子之一，并且刘姓人同属于一个祖先，外村人一般不敢欺负本村人。而且刘屯是当地好户较多的村庄，在本地的影响力较大。多数情况下，本乡乡长、保长都是本村的刘姓人担任。后来合为杨集镇（小杨集）之后，依然是本村的刘姓人担任镇长。尤其在动乱年代，村里比较团结，修筑寨墙时，闲赋在家的每一个劳力都会参与，主要是为防范土匪抢劫，若是土匪来了都会遭殃，因此本村人都会出来抵抗。家庭遇到困难时，多是血缘关系近的本家人出面保护。

二、1949年后传统社会形态变迁

（一）土地改革运动时期的村庄社会

1950年末，刘屯开始土改，1952年结束。政治身份冲击了村庄原有的社会关系。土地改革运动时期，村落原有的亲戚关系、人情关系、干亲关系等被打破，"东家"与"种地户"之间的剥削关系被消灭。随着"阶级""剥削"概念的引入，农民争取平等的意识被唤醒，开始有了剥削意识，"凡是被划成地主成分的人都是有剥削行为的人，他们雇大领、二编、牛工，应该被打倒"。在生产合作上，没人敢和被划为地主的人㧽㭎，血缘关系近的人不敢和他们过分接触。普通民众不敢与成分高的邻居保持密切的往来。政府开始以科学宣传破除封建迷信，村里的宗教信仰组织都被取缔，村里不再集体拜神、送神、敬香。村庄的祠堂被征用，严禁搞封建迷信。村庄内部分坟墓被推平，家族纽带被破坏，这一系列措施淡化了村内的血缘关系。村里的祖坟地分给了个人。

普通的农户之间平时交往还是以血缘关系、地缘关系为主。亲戚、邻居之间往来依然较多。逃荒户在土改时期获得了土地，开始在本村定居，与村里其他人的差距缩小，拥有了正式的村里人身份。成分较高的本家人之间往来会受到限制，不允许地主之间往来过于密切。在后来的集体化过程中，政治关系逐渐大于血缘关系。

从土地改革起，村里开始了分家的高潮，村里一家一户的小家庭增多。刘屯村以往的社会组织、活动发生了改变。附近的土匪得到清剿，一些罪恶深重的"杆子头"被镇压。会首、集主等原有的旧的村落管理主体都被铲除。土地改革时期，村里建立了一系列群众组织，如农会、青年团、儿童团、妇女联合会等，将村里的各类群众组织起来。通过扫匪反霸运动，村里社会环境向好，民兵组织的成立使本村年轻人组织起来负责村庄的安全。农户对亲人、邻居的依赖程度降低，农业合作依然找邻居，但生活上遇到困难，还是优先找亲戚。

（二）集体化时期的社会

1956 年，本县农业合作化向完全社会主义的高级农业生产合作过渡。实行土地、牲口生产资料公有制。1958 年，进入了人民公社时期。乡镇政府（公社）直接指导农村的农业生产。村里按照区域划为 10 多个生产队，后来又增加到 13 个，各个生产队的农户经常在一起干活，交往最为频繁，村落的社会关系转变为队内的生产关系。村民自天亮开始一直劳作到傍晚，一天劳动三响，早晨、上午、下午。平时村里人要抓工分吃饭，很少走亲戚，只是在逢年过节时才去。

> 但是血缘纽带在遵循政策的条件下，依然发挥着保护作用，邻村的老人讲述了这样一件事情，入社的时候，其本家尚未出五服的一个哥哥拒绝入社，亲人规劝也没用。老人当时是村里的民兵排长。当时大队干部来到本村要公开批斗不入社的人，作为民兵排长的老人负责带民兵抓其去批斗。老人出于保护自家人，规劝其哥哥在台上要认错，承认是自己觉悟低，避免被过分批斗。这才平息这件事。

人民公社时期，由于户籍政策限制，村里的人口流动受到限制，流动率极低。外出没有正当职业的人会被认为是"流窜"，会被遣返回来。土地入社之后，辩祺关系不存在。邻居成为平时闲聊的对象，在集体劳作环境下，按劳分配，利益往来变少。由于出工干活频繁，亲戚之间的往来相对减少。生产队的生产形式使正常的血缘关系变得淡化，亲戚之间相互依赖性很低。农民被卷入集体劳动生活中，与本生产队的农户之间的往来最多。这种组织形式削弱了村民之间的血缘关系亲密度。1958 年后，生产队开始组织各队人挖台田、深翻土地,以此希望能增加农业产量,同时减轻小的水患灾害。

(三)土地承包到户时期的社会

1981年,虞城县全县农村普遍实行包产到户。土地按注册人口承包,所有权归集体。牲口、农具作价推平,归个人所有。农民劳动所得除完成国家的征购任务和上交集体提留外,其余归自己。刘屯村实行家庭联产承包责任制后,严格按人口将土地承包给了各家庭。

实行包产到户后,刘屯又是另一番景象。农户为了解决牲口问题,相邻的自家人开始合伙使用牲口,类似于原来的搿犋。没有牲口的农户向自己的亲戚家借用。家里较为宽裕的农户开始与本家兄弟共同出资购买拖拉机,拖拉机作为共同的财产,通常是整个大家庭共同使用。有血缘关系的人依然是经济合作的首选对象。因土地数量平均,基本能保证家里的生活,对亲戚的依赖远不如1949年之前那样明显。这一时期,虽然农村的信仰开始恢复,但是并没有形成信缘圈子。

在人口流动方面,因村里多数家庭子女较多,大量年轻人开始向城市流动。主要是因打工、外出上学产生的流动。这一时期的流动以个人为单位,不再是整个家庭的流动。这一时期,村里有几家人因做生意在外地落户。农户之间的贫富因个人能力上的差异开始逐渐拉大。

第十一节 村落社会实态

随着现代经济、科技的发展,以及国家对农村政策的调整,刘屯村社会生活、社会关系呈现出不同与以往任何时候的状态。交往的形式与交往内容不同于以往,但是血缘关系、姻亲关系仍然是日常生活中重要的影响因素。随着社会主义市场经济的发展,农村人口开始大量向城镇地区流动。本节将从血缘、信仰、人口流动等方面进行探究。

一、部分传统交往习惯的恢复与发展

血缘往来关系得到明显恢复,仍然占主导地位。村里人做生意需要大量资金,多是首先向亲近的本家与亲戚借钱。生产合作办厂子,亲戚是首选的合作对象。遇到困难时,亲人是最主要的保护主体。遇事首先要找的便是本家人或者亲戚。同时,张屯、刘屯、孙屯三个村开始出现通婚情况,但是同姓之间依然保持着不得通婚的传统。

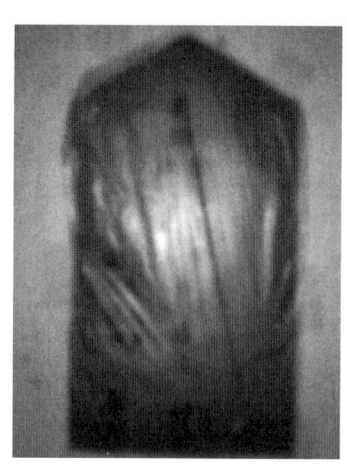

图 4-3 2016 年农户家中的先祖牌位

信缘关系得到恢复,村里又开始有了敬神人。村里一些农户家里重新摆上了神像,司妈妈死灰复燃,但是其追随者较少。随着科学文化的发展,村民更加理性,信仰者以女性为主,家里男主人都知道这是迷信,但是出于保家求平安的愿望,允许家人摆上了神像。总体上来看,家里敬神农户较少,多是家中年长的妇女信奉。现阶段,村里信教的比信神的多,男人信奉神的较少,并没有形成有效的信缘组织,依然以单个家庭自主信教为主。在多数受访者的眼中,"这些都是迷信行为"。

在宗教信仰方面,形成了新的民间正规信缘组织——教会。以基督教为主导,村里的信众在星期天在村里的教堂集会守礼拜,以妇女为主,男的较少。基督教的影响力已超过其他宗教,信仰的人较多,更加组织化、规范化。本村现有的教堂为两层的楼房,占地约 400 平方,2010 年后修建,为本村的教众共同捐资,上级教堂进行了拨款。教堂位于本村村委会东侧 30 米处。仅有本村与张屯的的信众在此守礼拜,西侧的双楼村有自己的教堂,其他村庄也有自己的教堂。信众集会一般坚持就近的原则,在距离最近的教堂内,并且以后会一直在本教堂守礼拜。信众只举行宗教活动,一起守礼拜,听牧师讲圣经,平时生活中并不举行其他的活动。信神的与信教的妇女经常一起串门聊天,并不讨论自己的信仰。

红白喜事上相互帮助这一传统的习俗得以保留下来,喜事、丧事过程都是邻居帮助完成的,"喜事要请,丧事要偎"的习惯依然存在,这样便不需要去花钱请人。喜事一般选择在村里的酒店举行,或者采取"包桌"的形式,让饭店将做好的饭菜送到家里,办酒时需要的"忙客"更少了,婚礼仪式依然在自家新房里举行。无论是在喜事上还是丧事上逐渐趋向采取市场化的运转方式。

二、新的社会形态

在职业分化上,随着工业化的推进和农业机械化的推广,农民的空闲时间增加,交往较为频繁,村里多数年轻人都外出打工或者做生意,村里以留守的老人与妇女为主,人口外流明显。农户的副业收入与其他收入已超过农业的收入。村里的外出的民工较多,约占村里年轻人的 60%,分布在全国各地,多数干体力活,且职业时常更换。这些民工逢年过节才回家探望,因此自然与亲人往来较少,仅保持节日上的礼节走动。平时村民与亲戚的联系已变成以 QQ、微信视频、电话等为主要联系方式。

在地缘关系方面，随着市场观念的深入，原来优先找邻居帮忙的习惯被市场手段替代。村里现阶段都是建两层的楼房，并且是砖瓦与混凝土结构的，建这种房子需要专业的人员，都是请建筑队（组织者被称为包工头），按照市场化的运作方式，按房屋面积给工钱。找建筑队时，一般会找本村人或者熟人担任包工头，价格上有所优惠，质量上有所保障。建房不再找邻居帮忙，小的修缮则找邻居、亲人帮忙，费时较短，要给邻居一些报酬。若是在农事上需要帮忙也是优先找邻居与住得近的亲戚，要带礼品表示感谢，关系远的要按天支付工资。在喜丧上，依然要找邻居帮忙，丧事邻居会主动前来，喜事东家要对邻居打声招呼，请其当天来帮忙，这种帮忙都是免费的，帮忙人能吃顿宴席。

村里虽然有个体工商户、修理铺、理发店，但并没有带来社会关系上的分化。职业关系依然不如血缘关系与邻里关系重要。旧社会"会首"的职能被村委会的干部所取代，村干部成为村里交易会的兴起者与管理者。在金钱往来上，除了正常的银行借贷之外，借贷关系得到遏制，不存在公开的高利贷行为，但是存在小额的民间借贷行为，要好的邻居与亲戚借钱通常是不写借据的。

在社会流动方面，村里人表现出趋向城镇的流动，农民工多是季节性地迁徙，多数在老了以后依然回到本村居住。少部分在外上学的年轻人逐渐在城市定居，将户口从本村迁走，不再是本村人。村里有一些做生意的人搬到了南侧的杨集集市上，但依然是本村户籍人员。

在纠纷解决方面，小的土地边界纠纷处理更加理性，很少采取暴力的手段，地界纠纷主要找原来的生产队队长或现任的村干部解决。较大的纠纷会通过乡镇政府调解解决。重大的纠纷通过打官司的方式解决，"民不告，官不究"的传统不复存在。对于重大的刑事案件，村民会首先选择报警，村民现代的法治观念已经形成。

第五章 村落文化形态与实态

村落文化是村庄长期共同生活中形成的精神财富。刘屯村在长期生产生活中形成了其独特的村落文化。本章将从"崇拜与崇拜关系、信仰与信仰关系、思维与思维关系、态度与态度关系、习俗与习俗关系、规训与规训关系、文娱与文娱关系"等方面去考察1949年以前刘屯村的文化形态及其变迁过程。

第一节 崇拜与崇拜关系

崇拜先祖寄托着村民对先人的思念与敬畏之情，也表达出村民们对生活平安的期盼。在村民眼中，先祖不但是生命的赋予者，也是生命的护航者。本节将从"祠堂及其关系、祖坟及其关系、族谱及其关系、孝道与孝道关系"等方面去考察1949年以前刘屯村的祖先崇拜与崇拜关系。

一、先人崇拜及其关系

（一）青藜堂

刘氏祠堂为村里唯一的祠堂，堂号"青藜堂"。刘氏祠堂距今有一百年的历史，具体的修建日期不详，族谱上也未记载。关于祠堂历史的族谱记录较少，后世人知道的也较少，没有进行具体的研究，据受访老人介绍为民国前期建造。祠堂为三间连通的砖墙瓦房，两侧为东、西配房，南侧为大门。当时村内除了庙宇之外，仅有两座砖墙瓦房，一座为刘氏祠堂，另一座为民国时期乡长刘红春的堂屋。祠堂内供奉的是刘氏前五世的先祖，共8位先人的灵位，第一排正中间为一世祖的排位，右侧为二世祖的牌位，左侧为三世祖的牌位，第二排中间为四世祖的牌位，第三排从右至左为四世兄弟四人的排位。祠堂内没有专门的看守人员，主要由刘氏族长掌管祠堂与祖坟事务。据受访者讲述，解放前刘氏族长为刘朝保，为村里较富有的户。具体的出资人不详，据受访老人讲述，为刘氏后人共同出资所建。

图 5-1 刘氏祠堂

祠堂占地面积约 0.5 亩，位于寨内的中心偏西南的位置。本村刘氏后人都是青藜堂门下之人。刘氏后人在建祠堂时都出了钱财。遵循穷人少拿、富人多拿的原则，各家根据经济情况出钱。若是因为没有经济能力而未出钱，不强求，可以到祠堂祭拜。因为是给老祖宗修祠堂，属于家族内部事务，刘氏后人都愿意出钱。出钱者没有什么福利，只是对祖先尽了一份责任，获得心灵上的满足。

（二）祠堂、族谱管理与维修

祠堂正殿有三间，正殿内两侧为暖阁，原画有 24 孝，牌位为油红漆的木刻牌位。祠堂两侧原有配房，南侧有大门。1949 年前，祠堂事务为老族长代为管理，平时并没有人手看管，大门紧闭。民国后期，政府兴办洋学堂，祠堂两侧的配房被乡里用作公办学堂教室。祠堂平时无专人看管，平时只要把大门锁上便可以，逢年过节时祠堂才会有人去，平时去的人较少，要祭祖的人可以找族长要钥匙。由于祠堂是砖瓦结构，所以修缮的次数较少，通常几十年才修缮一次，至今仍完好无损。

民国时期修缮过一次祠堂，当时日军刚占领本地区。村里的族长与好户人家带头对祠堂进行修缮，当时主要修缮祠堂的内饰部分，在两侧的隔扇上刻花，修了正堂两侧的暖阁。据说是向本村的刘姓人家收取的费用。当时修缮暖阁花的钱较多。同时刘氏家族还对家谱进行了续修。

修缮费用要挨家挨户向村内刘氏家庭收钱，每户都要交钱，同时也鼓励大户捐钱，数额不限。对于出资较多的户，会专门在祠堂门口立碑彰显其功。经费的使用由几个主事人商议，并不向全村族人公布，其他人并不过问。由于都是同出一个祖先，所以未见补交钱者。族里没有制定针对不出经费者的惩罚措施。由于本村有很多流落在其他村的人，如北侧的郑楼村、西北五里处的张三楼村、二十八里外的周庄村、四十里外的河底子村等，每到修缮祠堂与修族谱时，组织修谱的人会通知其过来，参与修谱。他们会将散落在其他村庄族人的名字报给修谱人，并由代表人在各村组织出经费。

（三）祖先观念

刘氏先祖自山东莱州（山东胶州半岛）迁到本地，来的三户人家分别为刘、张、孙，三家是表亲关系，分别形成了刘屯、张屯、孙屯。在村民看来，先祖是自己的"根"。村里刘姓人都知道先祖来自何处，将山东胶州半岛称为自己的"老家"，也知刘屯与张屯、孙屯是姑表亲关系。因之前读书识字的人较少，主要通过口口相传的方式，老一辈告诉下一代，难免加入了个人理解成分。随着后代的繁衍，刘氏家族自第五世开始分为四门，村内每一位刘氏男性都知道自己属于哪一门。主要是父辈告知的，一代一代向下传。先祖并不会影响农户的生活生产，生产合作主要是靠血缘关系近的家人，同时要考虑两家的关系以及居住距离的远近，并不受血缘远近的影响。

民国时期，因刘屯建村已500年之久，人口越来较多，血缘关系越来越淡，族人遇到困难不会受到族里的救济，完全依靠自己渡过难关。族里没有救济性的组织，仅是在村庄公共利益受到损害时，才会联合起来。比如土匪抢劫村庄时，村里的人会相互支援。平时生产工作中，也是血缘关系较近的人家在一起合作，并没有以祖先为荣的特殊感情。最主要的还是心理上的联合，扩大家族的影响力，使其他村庄不敢欺负本村。

（四）祠堂观念

对村里的刘姓农户来说，祠堂是神圣的。民国时期，没有人敢破坏祠堂内的设施。祠堂属于刘氏家族的共同财产，祠堂四周住的都是刘姓人家。至今未见个人敢破坏祠堂的情况。刘氏后人不会去破坏供奉祖先的地方。若是有人破坏祠堂，会被刘姓人阻止，被教训一顿。村里的其他姓氏也不会去破坏刘氏祠堂。在后人看来，祠堂与家都很重要，但是家在心中地位的更高一些。平时村民并不关心祠堂的事情。

1. 后人集体祠堂祭祖

刘氏家族集体祭祖是在每年的春节与清明节，主要在过年当天。大年初一早晨，村里的未成家的年轻后生会成群结队到祠堂内磕头，成家的年轻人一般不去。这是每年不成文的规矩，并不强制要求，可去可不去。一般这些小孩子图热闹，都会前去磕头，家长对孩子去拜祖是支持的。

大年初一上午会组织一些成年男子到祠堂内跪拜磕头，然后再去祖坟墓祭。不是所有的后人都参与，多是相互通知，叫上几个人。供品是好户人家准备，上完供后由好户带回家。另外，村里其他分支如"小四门"的后人会举行小的墓祭仪式，组织本门的几个男丁去祭拜。由于祠堂内只供奉有前四世的牌位，因此小的门支祭拜祖先只有墓祭。

村内单个刘姓家庭很少去祠堂祭祖，一般是男子结婚前一天去磕几个头，将婚事告知祖先，祈求先祖的保护。这一仪式并不是强制的，也有很多男子结婚时没有到祠堂祭拜。单个家庭家里遇到困难不会到祠堂祭祖。村里的农民多是向神求助，以向家神求助为主，并不会求助祠堂里的祖先。

2. 家中祖先崇拜

1949年前，对于亲近祖先（主要是爷爷、父亲两辈祖先）的祭拜通常在家里举行。主要供奉自己的最直系长辈，仅供奉自己去世的爷爷奶奶或父母等两三辈人的牌位。因家里空间有限，并不供奉其他祖先。1949年前，多数家庭家中供奉有祖先的神龛，村内人称之为"主楼子"，用木头刻成，外围为木楼，约40厘米高，牌位放在其中，排位上刻有先祖的名讳，在牌位的右下角刻有供奉人的姓名，仅写子孙的名字，不写儿媳、孙媳的名字。主楼子摆放在堂屋的正对门的靠北墙的方桌上，方桌紧靠北墙。通常最多摆放两个牌位。

给老人牌位上供都是用碗，不用碟子。家庭祭祖的日子主要是逢年过节时，比如大年初一。其他的日子不上供，祭日也不上供，村里的大户人家上供时，上十个碗，盛上肉、丸子等食物，祭拜一下。大年初一早晨，天还未亮，点上蜡烛，放上供品，烧元宝，下跪磕头，表示对老人的尊重，一个时辰后就把供品撤掉了。平时在家时并不祭拜。祭拜主要是小家庭内的男家长带着兄弟与儿子祭拜，且仅在自家中祭拜。村里一般的农户在过年时，都是在牌位前面放一碗饺子，算是给祖先上供。来拜年的晚辈要首先给牌位叩头，然后再给长辈叩头，这是村里的拜年次序。平时并不叩头祭拜祖宗的牌位，也没有任何的家祭仪式。即使遇到困难也不祭拜祖先。过年过节时，都是以小家庭祭拜为主，由家中的长子保存祖先牌位。过年时，分家的兄弟都会到牌位前叩拜几下。供品由老大家准备，祭拜完毕后归老大家所有。

二、祖坟及其关系

（一）刘氏祖坟

村里称祖坟为"老嶙"。刘氏一世至三世的祖坟原在村庄东北方的田地里，被黄河水淹没。四世、五世先祖共五人的坟墓在村庄西侧的耕地内，距离村寨约500米。

1949年之前占地10亩以上，种上柏树，无人耕种。刘氏从第五世开始分为四门，分别为长门、二门、三门、四门，村里均为五世祖刘大公、刘二公、刘三公、刘四公的后人。其中，三门刘三公因是"响马"，打家劫舍，类似土匪。尊四世祖要求，五世祖刘三公不能埋入祖坟。按照祖上遗训，其死后葬于祖坟东南，距离四始祖坟墓约100米远。该件事一直流传至今，也是村里教育孩子时常提及的事情。

破坏别人祖坟是最不道德的行为，一般没人会这样做。祖坟是刘氏先祖的栖身地，刘氏家族后人不敢破坏。刘氏家族人口众多，势力较大，外人不敢破坏刘氏祖坟。祖坟占地10亩（也有老人说是20亩）以上，每座坟墓之前立有墓碑，当地称为"碑启"，为防止碑启被日晒雨淋，外面建有"碑启楼子"（类似于小型房屋），由于年代较久，碑启上的字迹已无法识别。民国时期，祖坟并未修缮过。在清明节时，后代会到祖坟添土。1949年后，碑启楼子被政府要求拆除，祖坟地被分给个人耕种。

（二）长门祖坟

长门祖坟位于村庄的东侧，为刘氏五世祖刘大公之后的坟墓，是长门五世以后的先祖的坟墓。具体是第几世的坟墓难以确定，距今已有几百年，约有四五亩。因古时大户人家下葬会有陪葬品，为防止祖坟被盗，长门找了户看坟人。看坟人为王姓人家，最后一任看坟人为王宪，祖上两三辈人给刘氏长门看坟，算是长门的雇人，民国时期不再兴看坟之事，便搬回了寨内，土地仍然归其耕种。明清时期，看坟人要为东家添坟，东家在清明节就去烧纸。东家家里有活时，可以叫其去帮忙，并不给报酬，只是管一顿饭。长门的祖坟年代较为久远。

长门祖坟仅有几辈人的坟墓，其之后的后人各户开始拔新嶙，埋葬在别处，寻得更好的风水地，不再往祖坟上埋新坟。对于较远的先祖的坟墓，村里人这样认为："那些上百年的老坟，讲究的人家会一直添土。不讲究的人家，不添的话，很快就成平地了。"

（三）大家庭祖坟

墓祭是以大家庭为单位，若是爷爷的坟墓，则儿子、孙子辈人都要前去，墓祭一年三次，清明节、十月一日和春节。当地有"清明节烧前，十月一烧后"的说法，是指清明节当天之前都可以到坟上烧纸，十月一日当天过后才可以到坟上烧纸，十月一日被当地称为鬼节。这三个时节，子孙会买上纸钱、鞭炮，到坟上烧纸，清明是添坟的日子，近亲与远亲都不参与，出嫁闺女也不参与，只有子孙烧纸添坟。烧纸通常是男丁亲去，家里妇女与女孩不能参与。

墓祭没有太多的仪式，主要是烧纸钱，为去世的亲人"送钱"，让亲人在阴间有钱花。墓祭次序从近到远，主要祭祀血缘最近的祖先，首先是自己的爷爷、老爷爷、祖爷爷，以祭拜三辈以内的祖先坟墓居多。一些年代较远的坟墓会在棺木腐蚀之后逐渐成为平地。一些常年得到修缮的祖坟会得到保存。近亲不会祭扫，远亲也不会，主要是先人的直系后代祭拜。妇女、小孩不参加，墓祭并没有具体的仪式，主要是给先人烧去一些纸钱。给去世的人烧的黄表（黄色的纸，代表钱）要用铁制"纸梭"在上面打一些圆形的印子，这些圆形的印子代表钱。给菩萨烧的黄表不用铁制的"纸梭"在上面打圆形的印子。纸钱以刀为单位，一刀纸36张，买一刀纸需要几分钱，约是现在的1元。上坟的时候买几刀纸都可以，没有要求。

（四）祖坟关系

祖坟之间没有地位高低之别，逢年过节都要祭拜。刘氏祖坟由集体祭拜。刘氏祖坟只在清明、过年、十月一日由村里的族长与刘氏好户叫上村里的后人去烧纸，通常叫住得近的刘氏后人，后人家里有事情不去也可以，不要每次都带供品。若是带祭品也是刘氏好户带上一桌，祭拜结束后谁买的谁带走。优先给刘氏先祖坟墓祭祀，然后才去其他祖先坟墓祭拜。长门与其他各门的祖坟由其直系后人祭拜，若是没有人组织的话，则村里讲究的农户会自行前去，带上一些纸钱。

大家庭的祭拜以烧纸为主，家庭条件好的农户会由老大置办供品。在祭拜时，首先给自己的父辈坟墓烧纸，血缘关系越远，烧的纸钱数量越少，然后依次给爷爷辈的烧纸。墓祭时老大要站在中心的位置，晚辈站在后面。墓祭都是家里的男子前去。对于年代较远的祖坟，若是难以分清辈分，则烧少量的纸钱便可以。

三、族谱及其关系

（一）家谱概况

村里只有刘氏家族有较为完整的家谱。刘氏家族族谱从明清时期一直流传至今，上面有关于家族的记载。历代修谱人为村内本家族有名望有学问的人。刘氏家谱分四册，分别为长门、二门、三门、四门四册，每一门的后人，修在各门下面。家谱有若干套，由村里的族长与好户人家保存。一般的农户不认识字，不会主动要求保存。族谱只有一个版本，民国时期最后一次修谱是村里好户刘九臣（杨集的集主）所组织。根据刘氏祖训，每二十年修一次族谱，但多数修谱的周期多于20年。为了族谱的安全，防止失传，族谱为村里的人家分散保存，保存的人要"请谱"，由几个保存人放在自己家里。村里的穷人多数不识字，一般不保存族谱，多是在好户人家保存着。

凡是刘氏男丁后人都可以上家谱。刘氏家族的女儿是不能上族谱的，因为女儿未来要出嫁，在村里人看来始终是别人家的人。妻子的名字要上族谱，小妾、续弦也要上家谱。村里后人每逢修缮族谱时才能上族谱，平时并不上谱，接续之前的名字往下续。上谱时会收取少量纸磨钱，村民都会缴纳，实在贫困的可以免除。族谱上主要是代际的记录，以及每代人名讳的记录。并且每次修谱都会留下序言，介绍这次修谱的背景。除此并没有记录其他内容。

（二）请谱及其关系

家谱修好之后，会誊抄几份，由村里的好户人家保存，其他人可以请谱。一般不识字的穷人不会请谱。在村里人眼里，族谱是自己家族的历史记载，收藏的农民会很珍惜，放在家里的柜子里，将来传给儿子保存。族谱是神圣的，没有人敢侵犯、亵渎族谱，不然会被视为对先人的不敬，没有出现过这种情况。平时后人并不拿出族谱阅读，也不拜族谱，一直在家里收藏着。

四、孝道及其关系

1949年前，村里农户重视孝道，体现在孩子会服从父亲的一切命令，不敢反驳父亲。很多兄弟多在父母去世后才分家，若是父亲威望比较高，会一直维系着大家庭在同一个锅里吃饭，并且在安排劳动时会听从父亲。对父母不尊敬会被视为不孝，与父亲吵架会被知道的邻居视为不孝顺。对于不孝的行为，宗族并不会过问。对不孝子孙多是依靠舆论进行约束，名声太坏的话，会导致其说不上媳妇，并且其舅舅会出面教育，家内血缘关系最亲近的人会去训斥。还有就是在父母年老时候，子孙对其不管不顾，也会被村里人传为不孝。邻居并不会直接教育别人家不孝的儿子，但是会在闲聊时议论纷纷，使其成为笑料，这样很快整个村子都会知道，日后村里很少人跟其打交道。

1949年前，对于祖先的孝、对于活着的老人的孝有不同的表现形式，对祖先要尊敬，主要表现在经常祭拜、烧纸。若是子孙不拜祖先，不但得不到祖先的保佑，而且会被祖先惩罚。孝顺老人要听话，不能顶嘴，并且要照顾老人。传统时期，村里多数男子对父亲都是孝顺的，村里很少出现不孝的行为，都会承担养老送终的责任。

第二节 信仰与信仰关系

前面"信缘与信缘关系"章节已经就村民的信缘关系进行了介绍。本节将从"庙神、家神、鬼怪、巫医"等方面，从信仰对象角度去考察1949年前刘屯村民信仰对象之间的关系。

一、信仰对象

1949年前，村里的信仰对象十分丰富，也较具有地方特色。这里主要从各种神的分类及信仰方式进行探究。在这些神中，有较为公认的神灵，也有信奉者较少的神灵。

（一）庙神

村内信仰的神比较多，拜神的多是家里女主人。村里庙神主要有火神、关爷、泰山奶奶、土地爷、财神爷等，敬神上供主要在农历每月的初一与十五两天，以初一较多，这天会有人到庙里烧香。烧香不讲究先来后到，并没有头香之说，任何人都可以到庙内烧香。由于所信奉神灵各不相同，所以每逢初一、十五，庙内并不拥挤。

村民经常拜的庙神主要是关公。关公是村里求雨时拜的神，前面已经叙述到的抬撑，抬的就是关公，是村里农户的集体行为。还有就是给关老爷添坟，村里的十几个男丁去附近的村庄给关老爷的坟墓添坟。有的农户家里敬的就是关公，与其他神相同，也是每个月的初一、十五上香、烧元宝。平时到村里关爷庙拜神的较少。关公既是财神也是保家神，在本村人看来，关公是本地区主要的信仰对象，这是本地区的传统，世代相传。

（二）特殊的神灵

村里没有寺庙，比较特殊的信仰对象有以下几种。

一是柳树神。柳树神在村里被称为老槐爷，为村内一棵百年的老槐树，位于村庄南门外罗汉寺后面，槐树较粗，需要两人才能环抱。树的根部有一个大洞，却依然活着。北侧8公里外的直集村也有一老槐树，也被尊为老槐爷，有人供奉。据村内老人传说，老槐爷有某种灵通，若有人敢折老槐树上的槐枝，或者在树下经过时碰到树的槐叶，第二天就会生病，若到老槐树下磕头上供许愿之后，便会好起来。在访谈中得知，村民之间相互传说，逢喜事时，若枪手将礼炮对着这颗老槐树，礼炮便会哑火。逢家人生病时，会有村民带上桌案在树下摆上供品，叩头上香，祈求老槐爷保佑早日康复。逢初一、十五时也会有村民前来烧香。

二是镇宅之神泰山石敢当。在建房屋时，村民们会将刻有"泰山石敢当"的石头垒在房屋墙角的地基上，用来辟邪驱煞。这样鬼怪便不会进入本家之内。

（三）保家神

1949年之前，村内家神信仰种类比较多，多是祈求超自然力量的保护，许多神灵与自身需求相关。之所以供奉家神是因为"保平安，让鸡鸣狗盗之徒难进家门，将小鬼挡在门外"。

表 5-1 村民家中所敬之神灵

信仰对象分类	名　称
老奶奶	送子奶奶、河仙奶奶、泰山奶奶、平安老奶奶
本地神灵	八仙姥爷、浑天老祖、杨二郎、保家姑娘、张县姑娘（刘秀英）
公认神明	关老爷、观音菩萨、财神

关于其他信仰对象，村里还流传一句话："张县姑娘刘秀英，混天老祖郭金升。"这些本地口口相传的神仙，都是村民家中供奉的神灵，且相邻的两家供奉的神灵并不相同。主要是上年纪的妇女供奉，丈夫也会参拜，主要是家里的女主人打理。

家中供奉的神灵多是请来的，主要为纸质的神像，请神实际上便是"买神"，但一般都说是"请神"，表示对神的尊敬，听来也"好听"，主要是从下乡贩卖神像的小贩中获得的。在买神像时，商贩会说"请一尊神像回家吧"。也有神是"继承"而来，出嫁的闺女把母亲经常信仰的对象"请"到自家供奉。也有在城里或者集上请神胎的，实际上是花钱买的。平时有来村里卖神胎的，请神像的话不举行任何仪式。

神的地位要高于家中祖上的牌位。1949 年之前，50％以上的家庭在家中供奉神像，以纸质的画像为主，陶瓷的神像较少，纸质的神像通常挂在堂屋正对门的北墙上。下面是条几或者八仙桌子，桌子上是供奉父母牌位的"主楼子"，烧香时所用小香炉摆放在条几的中间。祖宗牌位前仅在逢年过节时摆上一碗饺子，其他时间较少祭拜。家神则每个月拜两次，还要焚香，过年时要拜家神。1949 年之前陶瓷的神像较少，若是陶瓷的神像，要摆在当门的正中间，祖宗的牌位摆在一旁，通常是在左侧。右侧为上手，位置较高，神仙要在右侧。

每到初一、十五焚香叩拜神灵，通常磕三个头，并在地上的火盆里烧纸钱，供神灵花费。除了在初一、十五两天拜家神之外，当家中遇难事或亲人生病时，会为家神上供。主要是家中的男主人与女主人参拜，家中孩子也可以参拜，亲戚来探望时也可以下跪拜神。家里敬奉观音菩萨的农户，除了每月的初一、十五上供外，每年的九月九也上供，因为九月九是菩萨的生日。上供时，要弄十个碗，一般摆上一到两个小时，就可以撤下，家人自己吃。供品多是油炸的东西。供水果也可以，上水果供的话就不上鸡、鱼、肘子等荤菜。

（四）令人畏惧的鬼怪

村内没有信奉鬼怪的农户，只信奉各种神仙。村里没有具体的鬼怪之名，常见的有水鬼、小鬼、无常等说法。鬼怪通常被用来形容很邪乎的难以用常理解释的事情，会让人敬而远之，因此村内没有祭祀鬼怪的活动。村里人通常是以各种"小鬼"来称呼鬼怪。夏天天气炎热，男人们便会天天在村内大坑内游泳以此避暑，如有人溺水而亡，会被村里人传得很邪乎，通常会说是被"水鬼"拉下水的。村里人在深水中潜入水底时，若在水中感觉到有东西拉自己的脚，也会被传作是"水鬼"所为。

村里人为了防止鬼怪进自己的家门，通常在家里敬上保家神，从而去"制服"鬼怪，通过神仙将鬼怪挡在家门之外。若是村里人感觉身体不舒服或者精神失常，便会认为是鬼上身，要找司妈妈去看，因为司妈妈能"看到"是何种小鬼，也能将小鬼赶跑。若是小孩子晚上哭闹，会抱过去让司妈妈去"叫魂"，叫过之后次日晚上便不哭了，对于这样的事情，村里人都深信不疑。

二、信仰关系

（一）信仰次序

在各类信仰中，农户最信的便是家神，神仙的路数较多，并且每位神仙都有自己的来历。村民最不信的便是鬼怪，鬼怪没有具体的名字，通称为小鬼。信仰的次序为家神、庙宇的神、其他神灵。对鬼怪，村民都不敢招惹，多是敬畏。

在村里人眼中，各个神灵有着自己的神通。家神用来保家，庙神保佑村落。村里人平时很少到庙里上香拜神，只有部分农户在家人生病、遇到灾难时，到庙里祈求神灵的保佑，希望早日康复，渡过难关。有的是为求子到庙中求拜观音或者泰山奶奶。

信仰不同的双方并不会规劝对方加入自己的信仰圈，也不会因信仰观念不同发生冲突。即使是住一个院子内的人也会敬不一样的神仙。妇女在聊天时会提到各自敬的神仙，但不会相互诽谤各自的神仙。即使发生争吵，也会被各自的男人劝回家，并不会伤到男人之间的感情。

（二）信仰的虔诚程度

村民到庙里拜神的时候，是专程拜神，而且要带上供品，不会顺道拜神。到庙里烧香并没有组织者，都是以一家一户为单位，自愿到庙里烧香。去烧香的各有自己所求之事。此外，村里庙会是交易活动，也是祭拜庙神的活动。举办庙会时，一些村里人到罗汉寺的废弃的庙台上烧香。

（三）信仰冲突

传统时期，村民的信仰是自己选择的，不受任何人的干涉。民国时期，村里没有因信仰不同而发生冲突。村里人对各路神仙都是比较敬畏的。在村里人看来，神仙没有好坏之分，只有灵与不灵之分。各信仰主体之间很少因信仰不同发生争议，都是敬各路神仙，不会相互排斥。若是信仰灵验的话，别人会改信这种神仙。农户平时生活中不受信仰不同带来的影响。信仰神仙与基督教的村民正常交往，不会发生冲突，各家的信仰在村内是"挑明的",邻居之间经常串门聊天,彼此都知晓对方的信仰。

(四)灾害与信仰

村民为了解释一些奇特的现象,从而产生了各式各样的神。比如,村里人害怕火灾,于是建了火神庙,用每年年初的送火神活动来保佑一年中不发生火灾。村里人感觉百年的槐树很奇特,便产生了老槐爷这个信仰对象。在发生灾害之后,村里会求助神灵,比如,遇到大旱,村里人集体求助关公爷,还有哭井等需要多位农户参与的活动。这些活动都是一些问闲事的人组织的,是自愿参与。一般被召集的农户都会积极参与,甚至还会相互争着抬关爷像求雨。没有村子合作修庙宇的现象,因为村与村之间距离较远,都是各个村子建自己的寺庙。建设寺庙的成本比较高,当时买砖比较困难,民国时期,村里没有建过新寺庙。

第三节 思维与思维关系

在相对封闭的小农经济状态下,村里人表现出一种基于为生存奔波的务实思维以及基于季节变换的种植循环思维。本节将从"经验思维、务实思维、循环思维、中庸思维、平均思维"等方面去考察传统时期刘屯村民们的思维与思维关系。

一、经验思维

经验是村里人在生活中形成的。获得生活经验主要有两个途径,一是父辈的教导传授,二是自己在生活中直接获得。

(一)经验思维表现

村里人的生活经验。生活经验是从父辈处习得的,并且一直保持着不变。平时的人情往来也是父辈传下来的,子孙会继承父辈的人情往来对象。例如,添香、忙客、烧纸等具体的规矩,在很长一段时间内都是一成不变的,被原封不动地继承。家里年长的人具有权威。在交往中,坚持"礼尚往来",认为"吃人的嘴软,拿人的手短",在土地、房产交易中认为"一人为私、二人为公",必须要找两个同人,等等。这些生活经验都是跟老辈人学到的。

农民生产经验的使用。在日常生活中,村民的种植生活常识、知识等都是从经验出发的。虽然很多农民不识字,但是都会背农谚,都知道各个时节该干什么。例如清明种高粱、谷雨种谷子等,农民对农历的节气记得比较清楚,日常计算日子是按照阴历,很少用公历。这些经验性知识都是依靠口口相传,祖先根据经验总结并流传下去,上辈人告诉下辈人,一直流传到今天。若是不按节气种植,会误农时,导致庄稼绝收。

"人误地一时，地误人一年。"

其他经验。在其他一些事情的处理上，村民多是单纯依靠已有经验，另外便是依靠从众思维，比如，天旱时，就跟随大家抬撵求雨，很多农民是相信这样做的作用的。有钱就开始置地，这也是多年的传统习惯，村民完全继承了这些经验。一般来说，这些经验都是代代相传的。还有就是农民认为"种地纳粮"是天经地义的事情。

(二) 经验思维关系

1. 经验思维在生活中的排斥性

在日常生活中，村里人很难接受别人的新观点、新想法，多数人坚守传统想法。村民比较传统保守，排斥新事物，具体体现在思想与处事方面。在民国时期，村里始终坚守着三从四德、寡妇不改嫁、一女不侍二夫等规矩。男人可以休妻，女人被休在当地人看来是一件很丢脸的事情，对男方来讲却没有任何影响，男人可以再娶。

2. 经验思维在生产中的守旧性

在生产中，村民不敢轻易更换耕作方式、耕作物，原因主要有两个，一是这是当地上百年的耕作习惯，是老辈人传下来的，二是主要种植粮食，为生计所迫，不敢种植其他作物。如果市场上的棉花价格很高，村民不会放弃种植小麦而改种棉花，最多多种两亩棉花，主要还是以种粮食作物为主。一般每家每户仅会种植少量棉花，用于自家生产使用，并不会随着市场的方向有所动摇，因为当时温饱是村里家庭面临的主要问题。

3. 经验思维中的权威性

年纪长的、有学问的、家长身份的人说的话具有权威性，他们经历的事情比较多，晚辈不敢质疑，不敢顶撞。实际生活中，年轻人的质疑是无用之举。其次，有头有脸的人物有权威，村里人都信服，在村里人眼中"他们懂得多"，即使不信服也没有人站出来反对。

二、务实思维——以生存为主导

(一) 务实表现

1. 重土地

村里人的行为始终以生存为导向，获取更多的粮食是其行为最为直接的目标。村民信奉勤劳致富的观念，无论是村里的好户还是一般户都会拼命劳作，精打细算，一般的户以此获取足够的粮食养活家庭。好户为了通过放粮贷积攒家业，不舍得一年到头吃好面。村民除了冬季，一直处于忙碌的状态。村民将土地看得很重，不管是一般的农户还是好户，有钱就会购置更多土地。村里的好户都是占有土地最多的人群，这一现象在本村最为明显。土地是农户家庭财富的来源，是农民眼中最宝贵的。村里很少有农户卖地，除非家庭急用钱财。务实另一个表现便是规矩的简化，"穷人没有那么多规矩，不像好户人家"。穷人在生活中并不注重仪式，将生存放在首位的他们会简化原本繁琐的规矩，比如，在娶亲时适当简化流程以及减少彩礼数量。

2. 重眼前利益

村民很看重眼前实实在在的利益，尤其对于村里的穷人来说，只要是家里粮食不够吃就外出逃荒要饭，并不去想其他的出路，也不顾面子。一般家里土地够种口粮但没有剩余的农户，会选择安于现状，"家里地够吃的，就没有买地"。对长远的利益，村民并不会去多想。本村虽然经常遇到水灾，但是并没有村民组织起来去在田里挖沟排水，怕挖沟时占用自己的土地，土地的持有者也不答应。村里的受访者说，"当时的人没有谁会想到挖沟，也没有人组织"。农民还是比较重视各自的眼前利益的。村民除了尽自己最大的努力给儿子留下一些土地之外，并不关心死后的事情。

3. 务实的其他表现

在日常生活中，村民的务实思维还体现在相互帮衬以节约成本。在遇到红白喜事时，在建房时，左邻右舍都会前来帮忙，是相互的、无偿的，这样可以降低生存的成本，这种相互帮忙的观念与行为已经存在了几百年。村里人已经形成了邻居有红白喜事就要去帮忙的习惯。

(二) 务实思维关系

1. 利益的次序

村民比较重视眼前利益，在保证生存的前提下也会兼顾长远利益。村里很多农户迫于温饱问题没有时间去思考长远利益，"先把眼前的这一关过去，得生活啊"。穷人本着眼前的原则处理问题，并不会专门为了后辈去留什么东西或者产业。在日常生产中，农民都会留下种子以保证来年的生产，平时根据自己的偿还能力举债。即使村里小的水患频繁，村民都不愿因修沟使自己的土地被占用。

2. 利益次序

村民安于现状的思想比较重，不敢太冒险，村里人基本上都是依靠出卖自己的体力劳动赚钱。生产中，如果看见很明确的长远利益时，村民也敢尝试，但利益必须是看得见的。1949 年前，为了获得更多的经济利益，村里个别好户种起了罂粟，以刮出大烟卖钱。村里年纪大的、有学问的、家长等这些的人指出长远利益时，村民也敢尝试，但是同时村民会有自己的判断，前提是这些有威望的农户要起到带头作用，不然农户也不敢尝试。

三、循环思维

(一) 季节循环与生产生活

在生产生活中,村民的行为活动受季节的影响。冬季是农民一年中最为清闲的日子,从种上冬小麦之后一直持续到清明前后。这一时段农民可以休息,一些庙会、打牌活动也是在这个时节最为盛行。村民并不会引进新的物种,周而复始地循环种植,民国时期,村里并没有引入新的作物。以下是受访老人刘红伦背诵的当地解放前的农业时节安排:

> 芒种割小麦,清明种高粱,
> 立夏种谷子,小满种芝麻,
> 谷雨种棉花,割麦种花生,
> 红薯麦后栽,九十收红薯。

(二) 生活交往中的循环思维

在日常生产生活中,村民的循环思维还体现在人情方面。遇到事情相互帮助是义务,若是不经常帮助邻居,则自家遇到事情时,对方也不会来帮助自己。"谁家没有老人(此处"老人"为"去世"的意思)的时候,你不去帮人家,人家会来帮你吗?"邻居之间借钱有利息也是很正常的事情,与对方非亲非故,当然要给利息。若是邻居按时连本带利还了债务,下次再借,邻居会很爽快地答应。村里人在与其他人的交往中也能体现循环思维,平时保持相互的礼尚往来,若是随礼后对方不还礼的话,则双方的人情往来便无法维系。这样的人家会被视为不懂人情世故,很少有人与其有利益的往来。

(三) 对自然的依赖

在日常生产生活中遇到困难,村民若有能力,会以自己的力量去克服。但是若遇到水患、旱灾等便没有能力应对,只能接受现状,眼看着庄稼绝收。村民对自然的依赖程度极高,尤其是农业收成完全由天决定。村里人遇到旱灾、水灾、蝗灾等束手无策,严重了便会逃荒要饭,没有任何解救的办法。在水的获取与使用中,也只是仅仅依靠村里的六口水井。自建村以来,村里没有发生过严重到水井干枯的旱灾。这一时期村里人对自然的改造很少,遇旱求雨,遇水逃荒,完全由自然摆布。若家里被抓兵,一般的农户只能认命,没有能力反抗。

四、村民的中庸思维

（一）中庸思维表现

1. 生产生活中的中庸思维

在日常生产生活中，村民的"中庸思维"体现在财不外漏。一般的农户在做事情时不太冒尖，更不爱领头。村里农户之间是不知道对方有多少钱的。主要是从房屋的材质与土地的多少来推断谁家最为富有。村里普通的农户住的都是土墙草屋，好户人家住的是土墙瓦屋，"光棍"人家住的是砖墙瓦屋，村里住上砖墙瓦屋的仅有两三家农户。村里人判断贫富的标准是"住得好，地比你多"。贫富之间交往较少，村里的富人并不会显得太强势。

2. 权力与中庸思维

对于权力，村里一般的农户不会去刻意追求。族长、保长这些有影响力和号召力的人，都是村里的好户。村里族长、乡长、保长一直是拥有土地50亩以上的农户担任。甲长并不是很看经济情况，贫农也可以当甲长。多数富裕农户是很愿意当掌权者的，可以从中获取利益。贫穷农户忙于生计，为吃饭操劳，并不热衷于参与权力，同时也没有能力获取权力。

3. 日常行为与中庸思维

在村民日常行为中，村里人有着浓厚的从众心理。"大家都这样，咱们不这样不管，咱又不比别人'光棍'"，也就是看到别人都做某件事情时，大家都会附和参与，不会唱反调。比如，修缮寨墙、缴纳税款、军队收取杂支等，村里人都会十分服从，没有人带头公开反对。村民的中庸思维还体现在交往中，多数人在与人打交道时不会欺压对方。

（二）中庸思维关系

1. 生产生活中的自我中庸态度

村里的农户不喜欢在村子内太过招摇、太过炫耀，不会仰仗着自己的财富，在村里飞扬跋扈，也不会炫耀自己的财富。1949年前，村里人并不知道村里好户具体有多少耕地，只有其本家亲近的人才会知道。好户会在村里承担更多责任，为了保护财产安全，会极力主张修建村庄防御，并且会在修建防御时起到带头作用。

2. 生产生活中的中庸评判

如果一个农户太过招摇、太过炫耀，其他农户会心里不舒服，在心里骂人，但是并不会表现出来，只会私底下议论，主要出于内心的不满，以及看不惯对方的行径，也有一定的嫉妒的成分在里面。在有矛盾时会请中间人进行沟通，这样有一个缓冲地带，避免两家直接接触起冲突。

五、平均思维

（一）生产生活与平均思维

村民的平均思想，主要体现在在分家时要平分家产给各个儿子。在日常生活生产中，如赶人情、换工、伙养耕牛等这些事务上，不是很平均，都会存在差异，多是富裕户出钱出较多，穷人看能力出资。在税负承担上是较为平均的，按土地数量缴纳。对于贫富差异，在村民看来主要是土地稀少造成的，没有家产，自己的能力不足，所以并没有分富人财产的想法。这种思维会激励农户努力，不断挣钱，然后买地置产。

（二）平均的次序与认知

村民所重视的"平均"思想主要体现在分家产时的平均，多是财富数量上的平均。如果在日常生产生活中，村民觉得不平均，或者是受到了不公平的待遇，若是差距太大会公开反对。对于不公正现象，发生反抗的情况还是比较少见的，例如，摊丁时分到谁家，谁只能默默承受，表现出屈服的态度，表现出"胳膊拧不过大腿"的无奈。若是不公平的数额差距太小，会默默忍受，不会表现出来。

（三）平均思维关系

1. 村子平均关系

在村子内，在公事上相对比较平均。公共资金筹集一般遵循平均出资的原则，若是穷人无法出资，可以免除，逃荒外出的农户也可免除。村里平时修建寨墙出劳力时，多是一家有几个劳力就出几个劳力，并不是按照一家一个人的原则。农闲时，农户多会主动参与，这里的劳力主要指结婚成家后的成年人，多在20岁以上。村里交税款还是按照平均的原则进行，按照土地缴纳，比较平均公平。但是平时的杂支是按户数缴纳，这里的户数是指分家后的农户。税款按土地缴纳还是比较公平的。

2. 家庭平均关系

在家庭内部，所有家庭成员义务都一样。所有儿子在赡养老人与最后的丧葬出资时是平均出力的。每个儿子分得的财产是一样多的，不然很难达成一致，若是不承担共同的责任，其他人会不同意。若某一个儿子获得比其他兄弟更多家产，则要承担更多养老责任，这在获得与付出上是对等的。

第四节 态度与态度关系

态度通过村民的行为展现出来，是村民价值观的反映。本节将从"生育态度及关系、生产态度及关系、生活态度及关系、政治态度及关系、人生态度及关系"等方面去考察1949年以前刘屯村村民的态度及态度关系。

一、生育态度

（一）无节制的生育

生育意味着传宗接代。村内有女儿但没儿子的农户，会被村里人称为"绝（zuo）户头"，若既没有女儿，也没有儿子，则会被称为"双绝户头"。这种称呼有着嘲笑之意，意为这家人从此代开始便绝户了，没有后人了。村内没有孩子的户较少，若年纪超过40岁之后依然没有孩子，会想其他途径，比如纳妾、抱养、过继。村内有女儿、无儿子的现象比较常见，大户人家会选择纳妾，希望以此能生儿子，一般的户会选择过继，无兄弟的农户会选择抱养。

生育意愿。村内农户生孩子没有计划，生多少孩子完全是听天由命，只要怀孕便会将孩子生下，并不会考虑家庭经济条件是否能养活，也没有任何避孕措施，一直生到生育能力丧失为止。村民以多生为主，没有满足的时候，一直到40岁左右丧失生育能力，因此孩子多的农户家里子女年纪相差较大。1949年之前，由于医疗条件落后，当时村内并无西医。婴儿的死亡率较高。孩子分娩在自家进行，请村内有经验的妇女帮忙，无任何消毒措施。据受访老人介绍，婴儿死亡率在30%以上，当地有"四六风"说，是指婴儿在降生四天到六天，容易得风，发高烧、浑身打颤，两天后便会死亡，当时并无医治的办法。死后的婴儿会被扔到乱坟岗。

男女观念差异。在生育方面，村内人倾向于要男孩，因为当地传宗接代的传统观念比较强，男孩可以继承家业、延续香火，"不孝有三无后为大"。一般年轻人结婚后，父母会催促其要孩子，代代相催。若无男孩，农户会一直生下去，甚至会拜神请求赐子。一般来说，1949年之前，多数人家有5—8个孩子，孩子年龄相差2—4岁。具体的男女数难以控制，一切随天命。生育后，不管是男孩女孩，都要养活，若是实在养不活，则会送人，但不使其溺亡。村里很少出现女方因未能生育儿子而被休妻的现象。

在庆生时间上存在差异，男孩与女孩分别在出生的第9天、第12天举办，天数不同，这一规则是传承下来的，并没有详细的说法，成了本地区固定的习俗。1949年之前，村内上学的女孩极少，多数是男孩上学读书。临近1949年之前，村内洋学（新式小学）每个班仅有2名左右女学生。丧葬方面，男女并无差异，下葬时男左女右。

（二）无子的解决方式

1. 规则

村民不会因为没有生育儿子而地位降低，只是被邻居称为"绝户头"，意为到这一代便没人了，有嘲笑的含义。若抱养或者过继了儿子，便不算是绝户头。

过继被称为请寿，没有儿子的农户才会考虑请寿，请寿都是本家的孩子，并处在五服以内，为本家的内部事务，外人与官方不干涉。请寿必须按照辈分进行，不得乱了辈分。过继并不举行任何仪式，只要两家商量即可，不请客吃饭。过继属于本家兄弟之间的行为，而抱养却是与本家之外的人的关系，过继的孩子的地位要高于抱养的孩子。村里刘氏家族内，过继的孩子可以直接入族谱。一般能过继的人家不会选择抱养，只有无法过继的情况下才会选择抱养。

过继优先于抱养。若侄子较多，且不同意叔伯抱养，本家兄弟之间的关系容易变僵，有侄子的人家再抱养容易发生纠纷，兄弟两人容易"闹包子"，按照传统规则本该负责请寿的侄子会有意见，会向其叔提出分割家产要求，有时抱养的儿子只能获得半份家产，另外一部分给该请寿的侄子。

请寿包括两种情况，一是自小过继，二是大后养老，三是一子请寿多家。本家兄长或者弟弟婚后无子，则由其侄子养老并接受家产，其侄便算是其子，在族谱上录入其门下。请寿是指同姓同祖人之间的行为，并不存在异姓请寿的情况，异姓过继实为抱养。负责请寿的侄子算是被请寿人的儿子，要继承其所有家产。一般情况下，负责出继的孩子，便不会再继承其亲生父母的家产。

（1）自小过继。一般家庭中的男女双方在达到40岁以后，仍无男子嗣，则会开始考虑过继，过继要从兄弟家中孩子中选择。过继的年龄并没有限制，两到十几岁都可。过继后，养父母要抚养孩子，直至成年，要为其娶亲，所有费用都由养父母出资。自小过继要在养父母家生活成人，要改口称养父母为"爹""娘"，称亲生父母为"叔伯""婶"，不会回其亲生父母家，年幼时不会被告知其身份，直到长大之后才会被告知，与亲生父母往来甚少，交往次数并不受限。

（2）大后养老。这是请寿的一种形式，无子嗣的人年纪大后才开始商议请寿事宜，这是与自小过继不同的地方。一般是让孩子的亲生父母将孩子养大成人，并为其娶妻，其无子嗣的大伯或者叔也可以出部分资金。等到其叔或者伯父年纪大时，无法再劳作，便会商量指定请寿人，按照传统的次序，由负责请寿的侄子继承其所有家产，此时，此侄子也是属于"出继"，算是被请寿人的儿子，但是并不要求一定改口。负责请寿的侄子要继承其叔伯所有家产，并要以儿子的身份为其养老送终，老人出殡时要为其摔"老盆"。这种形式的请寿改口与否由两家商定，对其亲生父母养老义务可履行也可不履行，若分得其亲生父母的家产，则要承担养老义务。

（3）一子请寿多家。村内存在这种情况，兄弟两户人家下辈仅有一个男子，这种情况下便有一子请寿两人的情况，该子既要为亲生父母养老送终，也要为其叔或伯父养老送终，并继承两家的财产。这种情况下，其叔伯不履行抚养义务，但家产全部归其该子所有。该子入家谱时入到其亲生父母门下，其叔伯门下空缺。这种情况严格来说并不属于过继，但也被称为请寿。

2. 次序与义务

按照传统，遵循"老大守本家的原则"，由兄弟中的次子过继。若是老大无儿，则优先将老二的次子过继给老大，不能将老三的儿子过继，老二的儿子有优先过继权。若是老三无子，则将老大的次子过继给老三，以此类推。若情况特殊，则两家商量。若自家无亲兄弟，则按照由近及远的原则，从堂兄弟家的孩子中过继。若连堂兄也无，则要考虑抱养，也就是俗称的要孩子。

当然村里有一种情况叫爱继，是一种指定过继人的形式，也是一种特殊的过继形式。由无子嗣的兄弟在众侄子中间选择一个自己比较喜爱的侄子过继到自己家，这种形式比较常见，要与孩子的亲生父母以及其他兄弟商议，征得同意后才能达成过继。若是其他兄弟为了让儿子获得其叔伯家产，执意不同意指定继承人，则容易产生矛盾，影响兄弟之间的关系。最后具体采取哪种过继方式，在于兄弟之间的商量结果。若是谈不妥，则只能按照过继次序进行。村里请寿的现象比较普遍，据受访者讲述：

> 刘新政与妻子常年两地分居，膝下无子，由其兄长的次子请寿，养老送终。

> 有一户较为特殊，村内一户人家，兄弟三人，老大一生未成家，并无子嗣，老二的长子为其大伯养老送终，视为"请寿"，并继承了其大伯的所有家产。由于亲生父母将其养大并为其娶妻成家，所以要与其他弟兄一样为其亲生父母养老送终，并分了一些亲生父母的土地。

出继子对亲生父母要承担部分义务。过继给别人的孩子，对于其亲父母来说便是"出继"，不再是本家庭的人，出继后与本家的关系便会变淡薄，不要给其亲生父母养老，也不会承担亲生父母的医药费，但是要送终。对于自小出继的孩子来说，并不负担亲生父母的丧葬费用，只要"哭"，即为去世的亲生父母披麻戴孝，送到墓地。若本人自愿，可为亲生父母生病与丧葬费用出资，具体金额不限，一切随心意。通常情况下，出继的孩子并不会分得其亲生父母家产，也不参与分家。若亲父母为其留有一份家产，则其要像其他兄弟一样履行对其亲生父母的赡养义务，这样其他兄弟便不会反对。若仍难达成一致意见，则其亲生父亲拥有决定权，其他子嗣遵从。

村内抱养较为常见,抱养被称为"要孩子",抱养的主要是自家亲戚的孩子,也有抱养陌生人家的孩子的情况。抱养的范围以本县域内为主,最近的为同村的人家,最远的约二三十里,抱养的孩子要改姓。抱养的孩子一般在1岁至5岁之间,尚无记忆,且多数长大后并不知道自己是抱养的。抱养是过继之外解决无子问题最为常见的形式,抱养优先要亲戚家的孩子,远亲与近亲皆可以,其次是别人家的孩子,熟人或陌生人均可。村里人受传统思想影响较深,比较重视传宗接代,一般是要男孩。一般无兄弟的人家若无儿子,又无法过继,便会选择抱养孩子。1949年之前,本村刘姓人抱养的孩子不能入族谱。解放后,只要抱养的孩子改姓刘,都可以入刘氏族谱,前提是必须改姓刘。

抱养的孩子与之前的家庭很少存在联系,多是不知道自己的抱养身份。抱养的孩子对亲生父母并没有养老送终的义务,即使父母生病了也不负担医药费。抱养的孩子不能参与以前家庭的分家与继承家产,亲生父母不会给其特留一份财产。抱养后是别人家的人,与亲生父母关系会变得很淡,往来很少。若是亲生父母过世,会去披麻戴孝。

> 1949年之前,村内一户马姓为北门看寨门的人,家只有一女,李姓人家逃荒至此,在此落户,并生有两个儿子,由于家庭贫困,无土地,难以维持生计,便将次子给了马姓人家,改姓马,一直跟马姓人家生活。马姓夫妇去世后,又改回了李姓。

二、生产态度

1949年,村里农业生产都是以一家一户的个体生产为主,收获的粮食决定家庭一年的生活状况。基于家庭生存需要,村里人表现出拼命干活的态度。

(一)"拼命干活"的生产态度

生产的个体性。在农业生产中,村里以个体生产作业为主,单个家庭是一个单位。在农民看来,这是最公平的形式。自己多劳多得,收入完全归自己所有,很有干劲,农民会十分细心地照料庄稼,所以兄弟较多的人家不会在一起耕作。

生产的自主性。在农业生产中,村民有完全的自主性,自家土地想种什么就种什么,想什么时候种就什么时候种,不会受到外界的干扰。村民都会严格遵守农时,不然地里没收成,只能挨饿。国家不过问农户的种植行为。民国前期,税赋形式是缴纳银两,不是缴纳实物。不管种农民种植什么,只要缴纳银两都可以。国家并不过问农民生产活动。出于生存的需要，村里的农民都是以种植粮食作物为主，单个家庭90%的土地用来种粮食作物，只会种植少量经济作物。

必要的合作。虽然家里的农活以一家一户为单位开展，但也有比较多的合作，尤其是在牲口的使用上需要合作，牲口的饲养成本较高，村里一般的农户都要合作使用。到了收麦子的季节，雨水频繁，要迅速完成。地多的好户的家人与大领、牛工是远远不够用的，要找种地户帮忙。这些合作是难以避免的，也是生产生活要求的。

生产的自给自足性。在生产中，交了地租、赋税，剩下的都是自己的。这些剩下的粮食，自己家可以自由支配，多劳多得。所以农民对于耕种自己的土地很认真，因为农业收入是农户一年的主要生存依靠。租来的土地也得认真照顾，地里收的粮食多，自己分的粮食就多。

（二）生产态度关系

对勤劳的认知。村民的勤劳具体体现在种地方面，会很认真地"照护"土地，每天早晨天刚亮便下地干活，平时除草时也是如此早。"地照顾好了，收的粮食多，照顾不好的话，这一年没收成。"多数村民在农业生产中很勤劳，一年中一半的时间在劳作，并且完全依靠人力，秋粮种植之后，要整天下地除草。农闲时要做些小生意补贴家用。村里人一年到头几乎没有闲的时候。整天到地里劳作的行为被认为是勤劳的，并且是精耕细作，只是为了能收获更多的庄稼。这样辛劳是为生活所迫，也是习惯了。有的时候，认真的农户会将土地犁两遍。即使是村里的好户人家，对待种地也很认真，家里指望着地里的收成维持和积攒自己的家业。

对勤劳的评判。村里有懒人，通常是一些年轻人，游手好闲。对于懒人，村民不愿与其共事，懒人的儿子很难娶到媳妇。大家置之不理，不会尽力帮助懒人。

三、生活态度

（一）量入为出的消费

在家庭消费中，村里一般的农户遵守严格的量入为出原则，具体体现在农民会按照家里收获的粮食计划如何渡过这一年。村里大多数农户都要精打细算过日子。若是粮食少的话，会缩减家人的口粮，在农闲时一天吃两次饭，晚上不吃饭或者仅喝稀饭，或者用其他野菜补充口粮。冬小麦下来之后，一般的农户也就吃两个月的白面，便开始换成粗粮，留一些好面过年时吃。家里实在不够吃的农户到粮食市把小麦上卖掉，换成稍微便宜的粗粮吃。村里人大多不识字，即使不记账，心里记得很清楚。一般农户家里没有余钱，花钱的时候便要卖粮食，所以花销会非常小心。有的农户为了节约粮食开支，会拿鸡蛋到会上换盐与火柴。

1949年村内各类粮食换算价格

1斤小麦＝1.9斤高粱＝1.5斤黄豆＝2斤花生＝0.8斤小米＝1.5斤谷子

1斤芝麻＝2斤高粱

（二）谨慎的开销

平时，村里农户家里是不会轻易购买东西的。生产生活用品坏到不能再用了才会买。衣服破了，缝补之后继续穿，若是孩子衣服小了就给弟弟穿。一年到头不买一件衣服，衣服都是家庭妇女制成的土布衣裳。因此，衣物购买方面的花销很少，即使是好户也很少舍得购买衣服。一些盐醋等必需品是要买的，这就要卖粮食换成钱，去买这些生活必须品。生活中，一般的农户"恨不得将铜子掰成两个花"，能不花的钱尽量不花。

村里的好户在生活开销上也是精打细算，通常会将一年的结余换成银钱储存起来，而不是去消费。只有家里有储蓄，遇到变故时才能顺利挺过去。这笔钱要留给儿子，以防儿子经营不善导致家道中落。据受访者讲述："以前的人都会过日子，不舍得花钱，也不懂享受，挣了钱只知道存起来。"

（三）勤俭的生活

在村里，不乱花钱的行为被视为是勤俭，穿着很朴素、衣服带补丁的人被认为是节俭的。几乎大多数农户都穿着缝补过的衣服，一年中舍不得做一件新衣服。花钱大手大脚被视为是浪费。村民勤俭是生活所迫，即使好户人家也比较节俭，只是与穷人相比能吃饱饭。除了几户好户之外，村里人常年不买衣服。即使是好户人家的孩子也是拣兄长的衣服穿。

（四）浪费的生活

结婚喜事宴请宾客、赶人情、丧葬，这是人生中的大事，不论家庭条件如何都是必须大操大办的。这是人生的大事，也是面子问题。村里人无论有钱与否都会竭近全力将事情办得体面一些。即使是穷人，举债也要按照传统的规矩办完仪式。

（五）对勤俭生活的认知与评判

对村里勤俭的农户，大家评价都是比较高的，口碑很好，在其儿子求娶时会有人愿意将闺女嫁给他。农户希望女儿能嫁一个老实肯干"会过日子"的人家，所谓"会过日子"即勤家持家、不肆意挥霍。浪费的人也被称为"败家子"，败家子的行为主要是挥霍、赌博、吸大烟等，很少有人愿意将闺女嫁给他，若遇到困难，村里人不会帮他，更不会借钱给他。

四、社会态度

（一）社会活动的随意性、个体性

在参加村里组织的活动时，村民是比较积极的，比如修缮寨墙、打更，都是为了自身的安全。对于上面安排下来的劳役，农户无条件接受，没有能力反抗，否则会被抓到县里蹲牢狱。农户的从众心理较强，"别人都交款，就你自己不交能行吗？""别人都这样，你不这样能行不？"在村里的公共活动中，村民采取的多是跟随别人的态度。

为了家庭利益，村里人会反抗无休止索要款项的行为，主要表现为拖着不交款。村里人的个体性主要体现在日常劳作中，为了生存会采取各种各样的手段，各自想办法，一家一户自谋生路。

（二）社会活动中的小农私性

村民在抬撬求雨、修筑寨墙等活动上，表现得非常积极，这些公共事务与自己的利益相关。村民在缴纳税赋、服劳役等事务上不太积极，同时，在家族的公产的处理上表现得不主动，因为这些与自己利益并不直接相关。在某些无利可寻或者要支付金钱的项目上，村民会尽量避免。

五、政治态度

对于区、县府的官员，村民是接触不到的。村里人怕区和县里面的"当官的"，更怕军队，因为他们有权力命令村里人出粮食、出劳役。对于他们的命令，村里人不敢不从，"他们手里有枪，叫你干吗你干吗"。当上县里的大官在村里人看来是光宗耀祖的事情，可以恩泽家人，也是评判一个人能力的最充分的证明。

村里人最常接触到的便是乡长与保长。在村里人眼中，乡长有权力，手下有带枪的乡丁，而保长只是收赋税、安排劳役，手下只有一个跑腿的，其他的事务并不过问，村民平时不遵从保长的管束。村民希望自己的儿子能当官，渴望儿子成为保长那样的人，但是穷人并不会想这些不现实的东西。对于乡长、保长，村民并不怕，他们职权范围较小。村民都想当乡长、保长，主要是因为有好处，可以获得税款的减免以及家人不用出壮丁，再者也比较有面子，比较有权威。

六、人生态度

对于村民来说，有足够多土地的人生才是理想的，村里人都希望有百亩土地。因为土地是本区域最宝贵的财富。有了土地之后，其他的家产都不是问题。孩子数量并不限定，只要有男孩子就行。村民有着浓厚的多子多福的观念，儿子多了，劳动力充足，能过得好一些，没有计划生育的观念，能生几个就要几个。希望能住上土墙瓦屋的房子。穷人若没有能力，就不会想去改变现在的人生，并且已经习惯了这种生活，持一种认命的态度。

村里农民对于自己一生的评价，主要用"本事"（能力的意思）来形容。"有本事你过得好，没本事过得差。"拥有较多家产的人会被认为是有本事的人。穷人表现出一种认命的态度，认为自己的一生也就是这样了。多数人虽然想改变，但是基于个人能力的有限，无法积攒更多的家业，村里很少有穷人能变成好户。一般的农户多是持有"家里土地够吃的，就没买地"的想法。村里有的农户会采取节约支出、将余粮放贷的方式，赚取更多的粮食，用来购置土地。

第五节　习俗与习俗关系

习俗是在村民日常生活中形成的逐渐固定的下来的习惯，影响着村里人的行为。本节将从"婚姻习俗、丧事习俗、节庆习俗、日常习俗"等方面去考察1949年以前刘屯村的习俗与习俗关系。

一、婚姻习俗及关系

（一）婚姻概况

1. 婚姻范围

1949年之前，结婚双方距离最近的为邻村双楼、范庄，相去约3里，没有同村结婚的。最远的达20公里，如黄河故道以北地区，本村的小妾多为黄河故道北侧山东单县人。

2. 结婚条件

年龄长相。男女双方达到十七八岁便可以结婚，村内里人的结婚年龄以18岁最为集中，也有16岁便已结婚的，村内一位现年89岁的老人便是16岁时结婚。通常男方比女方大，年龄差在三岁以内最为理想，女方比男方大的比较少见。男女双方在结婚之前是不能见面的，双方主要通过媒人的描述知晓对方的长相，完婚当天双方才第一次见面。在说媒前，媒人对男女双方的长相是否匹配进行衡量，认为合适才进行牵线搭桥，所以相貌不会有太大的差距。有"嫁鸡随鸡嫁狗"的说法，结婚之后，不管男得长的怎样，都要跟着过日子。

家庭条件。1949年之前，婚姻讲究门当户对，好户人家的孩子与好户人家婚配，地主要与中农户以上的人家婚配。一般的户家之间相互婚配。好户与一般户之间婚配很少。1949年之前，村内地主人家娶嫁的也是地主户。当时吃饭是头等大事，只有中农户以上的人家才不挨饿，因怕女儿嫁过去之后会饿肚子，多是嫁到好户人家。

婚姻远近。一般都是异村结婚，1949年之前没有同村结婚的。因同村人多是刘姓人家，且来源于同一个祖宗，为同本家人，且存在长幼辈分之分，即使经历了20多世，依然不能通婚。而本村的外姓人家多是本村刘姓人家的女婿，存在亲戚关系，也较少通婚。祖上与东侧邻庄张屯、孙屯是姑表亲关系，1949年之前依然不通婚，更没有同姓婚姻。婚姻都是父母全权做主，由父母一手操办，儿女不知对方长相品行，也无法过问。四周的邻村与本村都存在婚姻关系，都有女儿嫁到本村，或者迎娶了本村的闺女。关系都较为平常，除正常的婚姻往来之外，并无其他事宜来往。

（二）娶亲活动

1. 婚前

说媒。媒人作为中间人，来为孩子婚事牵线搭桥。媒人多是亲戚、邻居，多数媒人是出于关系较好自愿为孩子说媒，媒人对双方的情况比较了解，并且与男女双方的父母是熟人或者存在某种亲戚关系，存在少量职业媒人，但是并无酬劳。在开始之初，媒人将双方家庭情况主要是家庭经济、土地数量以及孩子长相、人品告知双方家长，双方家长若感觉门当户对，这门亲算是成了。在这期间男女双方不能相见，双方父母不征求孩子意见。此后牵扯到聘礼事项，碍于情面，双方家长不能直接面对面商议，主要通过媒人来沟通。在婚事中，媒人有至关重要的作用，双方家长较少见面，全凭媒人一张嘴在双方之间传递信息。直到拜过天地，进入新房掀开盖头，男女双方才第一见面。因此便有了"嫁鸡随鸡，嫁狗随狗，嫁个板凳背着走"之说。

打听。为了解女方的情况，父母都会利用各种社会关系如亲戚、朋友，千方百计打听对方孩子的情况，主要打听对方的孩子的长相，身体是否残疾，心智是否健全，其次是品行。有的农户甚至会扮成要饭的到对方家里乞讨，这样便能进入到对方家中，借此机会窥探。

订婚。这是婚事的第二阶段，大户人家的男方家长会置办金或银手镯、耳环、戒指等礼品。带上为女方做的新衣服、馃子（一种糕点，意味着生活甜美）等礼品，跟随媒人送到女方家，并与女方家长商定结婚日期。穷人之间，手镯、耳环、戒指等贵重礼品可以免除。在此之前，男方父母已经请算命先生或者教书先生看好了婚礼日子，并且通过媒人告知了女方，只待与女方父母商议。见面时，男女双方家长互称"亲家"，婚后双方父母便是真正的亲家关系。

送礼（俗称送篮子）。在婚期定后至结婚之前，男方家长与媒人一起到女方家，带上猪肉、细粉（红薯做的粉丝）、鸡、鱼四样礼品，主要是为了协商结婚事宜，告知双方结婚当日需要注意的细节，例如，商议婚礼当日轿子迎接时走哪条道路，出了新娘家往哪个方向走等。

邻居添香。在婚事日子定下后，父母会将孩子婚期散布出去。由于离得较近，庄上的人很快都会知道，便会来"添香"，添香是比较老的习俗，是指没有亲戚关系的邻居给办喜事的人家一些钱或者布匹，每家拿的数额比较小，属于一种互助，数额等于今天的10—20元。"添香"在临近婚礼之前几天都可以，都在上午进行，过了晌午便不能添香。邻居只添香，不会在婚礼当天来吃饭。

请喜总。婚事当天，新郎的父母不能做主事人，要提前请本庄上的喜总。村里有三四个喜总，负责村子的喜丧事，喜总也被称为问闲事的人，通常会请居住距离较近的喜总，若是喜总脱不开身，再去请其他区域的喜总，一般不请外村的喜总。喜总有经验，懂得婚事各项传统事宜与礼节。婚礼当天喜总要负责收"喜钱"，即前来吃喜人拿的份子钱，要主持新人拜天地招呼宾客落座。席间，喜总要带领新人向每桌来宾敬酒，并代表新人说几句客套话，新人只敬酒，其他的由喜总主持。

请忙客。忙客是指操办婚事时前来帮忙的邻居。对于邻居来说，"丧事要偎，喜事要请"。遇到喜事时，新郎的父母要提前几日上门，请部分邻居喜事那天去帮忙，被称为请忙客。忙客主要是当天帮忙布置婚礼现场设施、上菜等，没有金钱酬劳，主要的酬劳就是能在当天吃顿婚宴。当忙客是相互的，因为当地存在这样一种观念，任何家庭都会经历红白喜事，都要请忙客，所以做忙客是一种互助形式。

请响器、枪手。响器是指一个专门的声乐团队，一般4—6人组成，吹拉弹唱样样精通，要用锣、鼓、唢呐、梆子等传统乐器。按照本地习俗，结婚当日男方必须请响器，图的就是喜庆热闹。响器一般只在婚丧嫁娶时方才用到，所以请响器的费用较高，甚至一次就需要花费二三百斤粮食，仅次于喜宴。响器是当地婚事必不可少的事项。枪手是指礼炮手。1949年之前，礼炮是用铁制成的，形状类似于蜂窝煤，有把手，较为沉重，里面装上火药，点燃引信，用手拿着，枪口向外，声音震耳。

拜焗长。焗长是请来为喜宴做饭的，婚礼所用的饭菜要提前两天开始准备。在结婚前一天下午，在喜总的带领下，东家带着新郎，在托盘上面放上钱与礼（礼是指烟酒等），新郎向焗长表示感谢，让焗长在钱与礼之间选择，留钱不留礼，留礼不钱，二者只能选其一。焗长若选择钱，则意味着没有人情，双方互不相欠，若选择礼，则意味着选择人情了，新郎日后要铭记这份人情。

租赁瓷器。瓷器是对婚宴所需要用到的桌椅板凳、锅碗瓢盆碟等的统称，要找专门外租这些东西的人租赁，按天付款，东西较多，所以要让忙客用牛车去拉。

拜嶙祭祖。婚礼前一天下午，父亲要领着新郎，带上响器，到祠堂内跪拜列祖列宗，不要烧纸，只要叩头。然后要到自家祖坟上祭拜，祭拜时要燃放鞭炮，烧纸钱，响器在一旁吹着唢呐、敲着锣，这样做主要就是将结婚之事告知先人，请求先祖庇。

2. 婚庆中

新郎迎亲。举行婚礼被称为办喜事。婚礼当日上午，用四人抬轿子去迎娶新娘，一般新郎不用随行，也有大户人家新郎骑着马，由管家牵着前去迎娶，这里的管家是指请来的管事人，主要作用是路上指引新郎，避免失礼，到女方家后指挥新郎行各种礼。响器团与枪手走在最前面，吹吹打打，后面两人抬着一个盛放着礼品的盒子，盒子里有猪前腿、鱼、馃子、细粉四样礼品。

娘家发嫁。到新娘家后，新娘换上红色礼服，辞别父母后，盖上盖头，入轿。至于带来的礼品，则各有寓意，猪前腿意味着"走蹄"，是用来走路的，女方不能留下，留下就不能"走路"了。细粉意味着细水长流，不能全部留下，可以留下部分。鱼与馃子可以留下。娶亲队伍进、出新娘所在村庄时不能走同一条道路，也就是不能走回头路，若从村庄的西门进去，则要从南门或者北门出。轿子要在中午之前到达新郎家，不然会被视为不吉利。

新娘下轿。轿子到达新郎家后，会有人将用黄纸叠成的纸元宝用火点着，围绕着轿子转一圈。下轿时出于避讳，同属相的女人要距离花轿远一些，然后新郎迎接新娘下轿，此时与新娘同属相的女子要远离轿子，下轿后新郎掀开新娘盖头，这是双方第一次见面。径直到院子中央摆放着红蜡烛的桌子前，先拜天地，然后夫妻相向扣头，礼成后到屋里浣洗、梳头，年轻人开始闹洞房。

亲人出"磕头礼"。闹完洞房后，紧接着出来行"磕头礼"，首先，向坐在案前的父母叩头，感谢养育之恩，随后向爷爷奶奶叩头，下面按照亲属关系由近到远、由长到幼的顺序，向长辈叩头。根据传统，先喊本家的人，即爷爷、伯叔、兄长、姐姐，其次是亲戚，即外公、外婆、舅舅、姨娘、姑姑等，最后才是远亲。被喊到的长辈要将礼金送到司仪手中，司仪会大声报出礼金额，每喊一户，新郎新娘就要叩一次头，表达对长辈的感恩。磕头礼钱由父亲掌握，作为新人成家后的新家庭的运转金。

婚宴举办。行完叩头之礼后，中午1点左右，婚宴开始，婚礼与婚宴都是在男方家里举行。男方娶亲的婚宴被称为"大喜事"，一般多在30桌以上，女方举行的婚宴被称为"小喜事"，通常只有20桌左右。宾客落座后开始婚宴，按照传统婚宴规格，一般是8个碟子、10个碗，碟子直径约10厘米，用来盛素菜、凉菜，碗直径约15厘米左右，用来盛肉食热菜。婚宴上必不可少的三样食物为：鸡肉、猪肉、鱼肉，量比较少，每一碗下面放些配菜，上面摆放一些肉。婚宴结束后，亲戚各自离去，婚礼也就结束了。

婚礼谢媒。媒人被当地称为"想吃大鱼的人",在新人成亲的当天,媒人会被请到婚宴上,媒人所坐的桌上要专门上一斤半以上的大鲤鱼,以此对媒人表示感谢,而别的席桌上没有。1949年之前,媒人说媒得不到现金报酬,只能吃顿带大鱼的喜宴,饱餐一顿。

3. 婚后

请三天(回门)。完婚后第二天早晨,不要向公婆磕头,与公婆打声招呼后,新娘与新郎一起回娘家,坐上用牛拉着的用竹席做成敞篷的太平车,车篷前后用棉被遮挡,从外面看不到车内的人,专门找来一位邻居驾车。若是没有车,则要借一起辫禛的农户家的太平车。娘家人要找四个与新郎同辈分的家人作为陪客,新娘的兄弟、堂兄弟皆可以做陪客。陪客会到门口迎接新郎,并与新郎同桌吃饭,无论房子朝向哪个方位,新郎都要坐在正对着门偏左手的方位,也就是上座,陪客分别坐在新郎的左右两侧,新郎对面那一侧可以空着。新娘与女眷不能上桌,只能在别的桌上吃饭。

婚礼的开销比较大,对于一般的家庭来讲,办一场婚礼要花掉两三年的积蓄,花费1000斤以上的粮食,贫农户还会欠下债务,具体的花费还要看家庭经济能力如何。婚礼最主要的花销就是摆宴席,宴席所需的费用与亲戚多寡有直接关系,亲戚多需要摆的桌就多,花费就越高。其次是请响器,请响器通常要花费二三百斤粮食,婚事用响器是本地的传统风俗,是婚礼时必须要用的。各儿子结婚时礼节都是相同的,不管是嫡子、庶子,不会区别对待。村里好户喜欢大办喜事,花费更高。较为贫困的户请的亲戚较少,主要通知近亲,婚礼规模较小。婚礼的主要收入便是邻居添香、好友的吃喜钱与亲戚的磕头礼钱,以磕头礼钱最多。磕头礼钱可以支付部分开销、减轻部分负担。

(三)女方出嫁仪式

1. 婚前

女方出嫁被称为小喜事。仪式较为简单,与娶亲相比,规模较小,主要有:操办嫁妆,请忙客,请焗长,亲人邻居添香,摆小喜宴。不需要祭祖。

嫁妆:婚礼之前,女方要预备嫁妆,嫁妆完全由女方出资负责,男方不出资。所以当地养闺女被认为是赔钱的,较为流行的一句话便是"闺女就是赔钱货,有她没她都能过"。陪送嫁妆有小八件、大八件、乔十三三类,包括桌椅板凳、条几、衣柜等,以乔十三的规格最高,其次是大八件。具体陪送哪一套根据女方家庭经济情况决定。一般大户人家会陪送乔十三。嫁妆可在婚礼之前或者结婚当天送到男方家。

添香：女方的邻居、亲戚要给女方的父母添香，用于举办小喜事，其中女方的亲戚添香的金额最多。

2. 婚庆中

婚礼当天，女方也要举办婚宴，时间在早上，为早宴，约在八九点，在男方迎娶的花轿来之前举办。宴请的都是女方的较近的亲戚，远亲不会来，通常不超过20桌。婚宴之后，亲戚会等到男方迎娶的花轿到来、新娘上轿即"发嫁"之后才会离去。至此，女方婚庆结束。女方的开销主要是嫁妆、喜宴两个方面，通常要使用500斤以上的秋粮，均由女方出资。

（四）其他婚姻形式

1. 童养媳

童养媳在当地被称为"团呦媳妇"，童养媳的岁数不确定，有十多岁的，也有五六岁的。贫困人家为了孩子的生计，才选择将女儿送去做童养媳。一般童养媳的家距离本村较远，回家探亲的情况比较少见，可回家探亲，要征得娘家人的同意。童养媳未成年前在婆婆家会被当女儿对待，不会被虐待。童养媳小时候要学做针线活，帮助家里做饭，年长后可以为家里干活。

十七八岁以后，就会成亲圆房，也要举办结婚仪式。童养媳在婆婆家所有的吃穿用度都由婆婆家负责，亲生父母不过问，平时需要时会给零花钱。童养媳未成年前在婆婆家会被当做女儿，为本家里的一员，可以参与家庭事务，没有什么不可以参与的禁忌事项，犯错时没有什么严格的惩罚措施。受委屈的情况比较少见，因是家里未来的儿媳妇，通常没有太多的矛盾。出现问题时，两家人自己解决，不需要请族长或者保长。

村里一般农户或者较贫困的人家担心儿子娶不上媳妇，会选择养童养媳，好户不会采取这种方式。招童养媳要考虑儿子与女方的年纪比较接近。童养媳是本家的人，与亲生父母之间算是亲戚关系，农忙时需要帮助本家人干活。父母生病时，童养媳可以回家，婆家不会阻拦，甚至也要前去探望。村内一户的童养媳来自民权县一带的人家，距离本村约100公里。1949年之前，家人逃荒，路经本地，将其给了本村的人家，其一直在本村生活，给民权的家人去过信。

动乱时的童养媳。这是一种比较特殊的童养媳情况，主要发生在战乱时期，尤其是日本人占领时期。家中有十五六的姑娘，家人担心其人身安全，早早为其说妥婆家，未达到结婚年龄时，便把其送到了婆家，其安全便由婆家保障，娘家不再照顾。女孩在男家生活到成年便会成亲圆房，不举办婚礼仪式。

2. 等郎媳

村里有守在家里的媳妇，男人外出，长期不回。等郎媳不回娘家，在婆家生活。这种家庭一般不分家，公婆执掌家务与家庭经济。公婆去世后，等郎媳通常与兄弟不分家，家庭事务由兄弟负责，经济收入也是兄弟掌管。等郎媳平时主要帮嫂子或弟媳做饭、纺纱织布。

> 村内第二大好户刘新耀的弟弟刘新政，在开封上高中，娶媳妇时就是不回来，家里派去两个人将其哄回来。家里安排了与4公里外杨氏家楼大户人家的闺女成亲，但是刘新政不同意，想自己在外面找一个。经家里长辈劝说，最终同意结婚，此时双方20岁左右。到成亲第二天回门的时候，他就是不去，后来他去上学，也没再回来。妻子一直在家守着，女方无过错，没有休妻。日本人投降后，刘新政在西安上大学，解放后，调到河北当干部去了。有人查他的历史，据说他在大学期间有危害党组织的行为，把他判了无期徒刑。他到东北服刑，后被放出。他出来的时候都五六十岁了，写信来让妻子去东北，其妻到东北探望他，住了几年，后来都回到本村居住。由于夫妻两人长期不在一起生活，膝下无子，由大哥刘新耀的次子"请寿"。两人虽长期不在一起生活，但是依然保持着婚姻关系。

3. 入赘

1949年之前，村内没有改姓入赘的情况，但是有一些女婿在没有儿子的岳父母家居住，为岳父母养老。入赘在村里人看来是比较丢脸的事情，意味着男方没有能力娶妻，才会选择入赘。

村里一般没有儿子又没有侄子请寿、但有闺女的农户会选择招婿的方式。若有侄子在外定居，无法为老人养老送终，即无法请寿老人，老人也会选择招婿的方式。通常情况下，若侄儿较多，便不会选择招婿的方式，招婿排在过继、抱养的后面，为下下策。若有侄子请寿还招婿，会导致家族不和。若侄子提出要求，还要将家产分给侄子一半。有侄子的农户一般不会选择招婿。

入赘的女婿要在女方家生活，算是女方家庭的人员。并为女方家劳作，对于原来的家庭不负担太多义务，仅在农忙时与过节时回本家几日。因未继承父母的家产，所承担的义务与其他兄弟相比较少，花费的费用也在于个人的意愿。亲生父母过世时，要以儿子的名义戴孝送终。

入赘的女婿要改姓，随岳父的姓氏，所生儿女也要跟随女方的姓氏。岳父母会将其当儿子一样对待，不会歧视，老人年纪大后，家务事由女婿与女儿负责，女婿担任主要责任，管理家务，要以儿子的身份为老人养老送终。

若入赘的女婿不孝，不会找族长调解，族长不过问家事。出现这种情况时，会向自家的亲戚求救，由本家的亲戚出面劝说，经常找本家的近亲，比如孩子的舅舅等。若劝说无效，父母会要求男方履行养老义务，但无其他有效方式。家务事很难获得官方的帮助，通常村里的舆论压力会迫使女婿履行义务。1949年之前，刘氏家谱为清谱，入赘的女婿不能入族谱。1949年后，招入的女婿可以入谱，但是必须改姓刘。

4. 续弦（续亲婚）

媳妇去世的男人续弦的较多，娶的都是头婚的女人。受访者刘耕珍老人先后娶了两个媳妇，受访者刘砀瑞老人的父亲也是先后娶了两个媳妇，均是前一个媳妇去世后娶了后一个。续弦喜事比较简单，不大办，只要弄几桌菜，请较为亲近的亲戚、本家人参与便可。不添香，不请族长、保长参与。续弦比较普遍，多数家里条件一般以上的年轻农户如果前一个妻子去世，都会再娶。

5. 纳妾

本村存在纳妾的情况，1949年之前，纳妾的户数在4户以上，比例并不高。纳妾是家庭内部事宜，不要征得家长或者族长的同意，族长不过问。并没有严格的要求娶谁或者不能娶谁。纳妾一般没有什么仪式，本家可以举行小型婚礼。

要儿子是村内人纳妾的最主要原因。纳妾的户多是好户，在解放后土改时期被划为了地主。纳妾一般只纳一人，通常是在家中正妻无子的情况下才会选择纳妾，纳妾的直接目的就是想生个儿子继承家业。村里人纳的小妾多是黄河故道以北山东单县的人，距离本村30里地以上，家庭条件比较差，才会选择做妾室。在本地，做妾是拿不上台面的事情，因此多不愿意做妾室。

若丈夫去世，妾没有儿子，由正妻所生的儿子养老，不会分家，也不会分家产。家产一般不会分给女儿，因为女儿将来是别人家的人。若妾生的是儿子，则会由儿子平分家产，妾与正妻生的儿子所分家产并无区别，必须平分。小妾去世后也要与丈夫合葬，能进祖坟，也要上族谱。一般是正妻葬在丈夫右侧，妾埋葬在妻子的右侧，依次排开，葬在同一座坟墓内。

6. 休妻

1949年之前，村内并无休妻的实例，若妻子没有孩子，则抱养或者过继，并不会因此休妻。村里的好户若没有男孩，则可以纳妾，这是比较普遍的，妻子没有理由反对,也不会反对。只有女子有过错的情况下才能休妻,不然女方娘家家人不愿意,被休后,女方的父母会在村里抬不起头来。休妻不向族长申请,族长不过问。

7. 改嫁

1949年之前,不兴改嫁,村内未见改嫁的情况,"一女不侍二夫"的观念比较重,妇女在丈夫去世后,会选择守寡。没有孩子的妇女回娘家居住,有孩子的妇女要单独抚养孩子长大。

8. 招夫养子

1949年之前,村内没有招夫养子的情况,同样出于"一女不侍二夫"的传统观念。村里有几户人家,父亲去世后一直由母亲抚养儿女成人,并没有招夫养子。1949年后,出于新政府的提倡,招夫养子才开始兴起,村内出现了两户。招来的女婿主要的职责就是抚养继子,为其娶妻成家,家产都要给儿子。继子不改姓,丈夫也是自己的原来的姓氏。不要经族长的批准,只要自己家里人同意便可以。

二、丧葬习俗与关系

丧礼是村里农户最为重视的仪式之一。也是花费最多的活动,参与者较多,主要是本村内的邻居与各方亲戚。

(一)报丧及次序

村内的丧礼上,所有的工作都是由本村的邻居帮忙完成,不采取雇人的方式。听说村内有老人去世,邻居都会自动前去领活帮忙。老人去世当天,请附近的邻居把喜总请来,喜总会安排人布置丧屋灵堂,同时安排前来帮忙的邻居去报丧,喜总到丧屋与孝子商量事宜,孝子要向来帮忙的人叩头表示感谢。一般"丧事要偎",邻居会主动前来帮忙领取任务。

当地人称报丧为"送信",送信须由邻居前去,孝子不得出门。送信首先要通知至亲,也就是亡人在外村的女儿。女儿在收到丧信的当日,要拜别公婆,前来守丧屋。若是女主人去世,会首先知会其娘家人前来商议葬礼事宜,丧事安排要让娘家人满意才行。老人去世当日便要给至亲送信。若老人是晚上去世,则第二天前去给至亲送信。送信必须派专人前去,这是当地的规矩,不能捎口信。与至亲商量过丧事之后,再派人去通知其他的亲戚老人去世的消息,并告知丧事的日程安排。

孝子将亲戚数量告诉喜总,由喜总安排。送信要送两次,三天前一次,出殡前一次,近亲与远亲都要报信,这是当地的礼节。在送信人的安排上,常找村内年轻力壮的人去报信。报信人达到后,会询问报信对象的家庭住址,在向多位邻居确定后,便会敲开其家大门,告诉其有亲人去世。若对方家里无人,不能托邻居捎口信,要等待对方回来或者再来送一次。若送信人送错了家门，很难得到对方的谅解，因为当地比较忌讳丧事。通常送信人很小心，会在打听清楚之后才进门报信，一般很少有报送家门出错的情况。

（二）孝子孝女守丧屋

停放亡人遗体的地方被称为丧屋，儿子、孙子守在丧屋的右侧，女儿、儿媳守在丧屋的左侧，若是坐北朝南的堂屋，儿子在东侧，女儿在西侧，堂屋正中间对着门的地方是装有亡人的棺材。丧屋内必须有人24小时守候。孝子要放下手中的任何事情在丧屋内守着。守丧屋时，男女孝子要睡在棺材两侧的地上，不能睡在床上。儿子、儿媳、女儿守丧屋，且不能离开，其他人可以不守。女方在丧屋左侧，男方在右侧，地上铺上秸秆，然后铺上盖被，晚上在此睡觉，一直守到出殡当日。有的比较讲究传统的人，即使父母出殡后，也要在自家地上睡至少100天。老人去世当日，在院子里正对堂屋门口要搭建灵棚，搭棚事宜由邻居完成，孝子不参与。灵棚下的桌子上摆上亡人的相片，摆上5碗水果供品，未出殡的亡人供品必须是5个碗，桌子前面铺上草席，在第三天与出殡当天时，重孙要"跪棚"，在棚下左右两侧跪着。

（三）晚辈戴孝

戴孝是晚辈的事情，平辈与长辈不用戴孝，儿子、孙子、重孙子、儿媳、女儿、孙媳妇都要戴孝。儿子、儿媳、女儿自老人去世时一直到出殡前都要戴孝，而且要一直在丧屋守着。丧服都是白色的，当地有"披麻戴孝"的说法，不同人的丧服样式是不一样的。儿子是袍子，长度要到脚脖，帽子是圆形的"出顶帽"，帽子下沿有一圈三尺长的白布条，两头一直拖在身后，腰上要系上一圈麻绳。闺女与儿媳也是长袍到脚脖，头上顶上一尺宽、三尺长的白布，腰上系上一圈麻绳。儿子与闺女、儿媳的鞋面上要糊上白布。侄子、孙子、重孙的孝服为孝褂，长度到膝盖，比儿子的要短，头上为左右有两个尖角的孝帽，不系麻绳。不同的地方在于重孙的帽子的两个尖角要缀上蓝缨，累孙的帽子的两角要缀上红缨，加以区别。村里人根据孝服便可以看出与去世人的关系。

丧事期间，孝子不能办婚事，若婚事与丧期冲突，要将婚事延后，不能喝酒、理发，也不能出门，更不能去自家亲兄弟之外的别人家。未出殡之前，孝子不能到邻居家串门。若是出门见人，不论对方辈分高低，都要下跪行礼，这是当地的风俗习惯。

（四）喜总布置丧事

丧事完全由喜总一手操办。孝子只管出钱，不能亲自过问。村内有一种观念，"最大大不过新郎，最小小不过孝子"，说是新郎结婚时，无论晚辈还是长辈都会向其道喜，平日的矛盾会被放在一旁，孝子是地位最低的，出门见了外人，不管对方是长辈还是晚辈,都要下跪磕头。去世人的儿子为重孝子,侄子、孙子是一般的孝子。家里有老人去世后,重孝子便不能出家门,要时刻在丧屋守着。重孝子若出门,见了人都要下跪磕头,表示感谢,不论对方辈分是比自己高还是比自己低。孝子不能进别人家门或者路过别人家的地盘,别人家门的院子与空闲宅基地都不可,必须在公共的大路走动。丧葬事务全部交与别人处理,自己在丧屋守着。直到出殡前,孝子不得出家门,丧事所需要的物品也都是喜总一手安排,最后由喜总向主家汇报账目,主家只负责出钱,即使一些钱花得不值当,主家也很难知晓。

老人去世当日,会请读书人"看好","看好"哪一天下葬比较合适。一般的人家通常第五天或第六天出殡,具体确定在哪一天,要看日子好坏。村中的大户人家为显孝心,会放半个月才出殡,以此表示对亲人的不舍。若是重孝子在外地,则会等他回来后再发丧。在出殡前,要请风水先生看嶙,看嶙是指为亡人选择一块适合埋葬的风水宝地。所请的风水师多是附近熟人,在这一带比较出名,请风水师东家要付钱,出殡当日风水师要跟着看棺材下葬时的位置。若祖上坟墓尚有空余的地方,则可以继续在祖坟上埋葬。若无地方埋葬,则要另起新嶙,新嶙一般安排在自家耕地内,所以当地每片耕地内都有坟墓。嶙地看好后,会做上记号,在出殡当日动土掘开。若是女主人去世,在商量事时,要将女方的娘家兄弟或者侄子一起请来,对于下葬的日期与位置要经过娘家人的同意。

村里没有地的农户的家里老人去世时,孝子会选择"磕头要",戴上孝服,到村里的地多的人家,请求埋到对方的一块地里。一般出于常年的邻居关系,被求之人会答应,若是不答应,便会再求其他人家,一般都会找到答应的人家,而且不用向对方支付金钱,其后人会一直对这户人家心存感激。即使没地的农户也不会将老人埋到义地里去,这样传出去不太好听。

葬礼也要请焗长,第三天与出殡当日要管饭,要请焗长操办饭菜,丧事的宴席比较简单,一般需要两人。由喜总出面去请,还有喜总安排的几个负责打杂的帮厨,焗长是本村的或者外村的,无报酬,但可以得到几盒烟与酒。丧事上,焗长的权力比较大,因东家不能出门,所以丧事用菜由焗长全权负责,焗长从东家处拿钱,去买宴席所用的菜,回来后向东家报账。

按照本地的传统,"喜事要请,白事要偎[1]"。村内只要有丧事,邻居会主动前来帮忙,因为任何人家都会遇到白事,到时需要人帮忙。若是不帮别人,别人也不会来帮自家,这是一种互帮互助的形式。忙客都是没有报酬的,对前来帮忙做饭、端盘子的

---

[1] 偎:在这里是"主动前去"的意思。

邻居要管饭。对抬棺、挖坟与埋坟的邻居不用管饭，这些人手都是喜总根据需要进行分工安排。第三天需要的人手较少，只需要打杂的。出殡当日前来帮忙的邻居最多，若是讲究的人家，会在出殡前一天由喜总带着最年长的孝子到邻居的家门口磕头，请邻居出殡当日去帮忙，但是不能进邻居家大门，被磕头的邻居都会前去。丧事请人帮忙不需要征得保长的同意，也不向其打报告。

（五）邻居吊丧

邻居吊丧一般在亡人去世后三天之内，主要是平时往来比较频繁的邻居，哪天来都可以，来者要带上"一刀"黄纸，买上一些鞭炮，先到灵棚下给亡人磕三个头，然后再到丧屋内与守丧屋的孝子寒暄几句，叮嘱孝子莫要伤心，注意身体。

（六）三天坐台口

坐台口也即亲人吊丧，第三天的时候喜总会到场主持坐台口仪式，忙客要前来帮忙。最亲的亲戚是的亡人的女婿、女婿，若亡人是女士，其娘家侄儿也是最亲的亲戚。亡人的儿媳、孙媳的娘家人算是远亲，也要前来吊孝，吊孝的亲人皆是亡人的晚辈，同辈之人不来吊孝。亡人第三天要"坐台口"，是指第三天要封棺，用钉将棺材盖与棺材钉在一起。第三天上午，所有的亲戚都会前来吊孝，中午时分，所有的亲戚都来后，忙客会将棺材盖打开，让所有的亲人看亡人最后一眼，然后将棺材盖盖上，用钉钉上，此后便不能再开棺。然后要开饭，饭菜要有荤有素，每个桌上四盆菜，由焗长与帮忙的邻居做饭、端盘子。吃过饭后，亲戚便会散去。一天的仪式结束。亡人的晚辈亲戚要来两次，一次是三天坐台口时，一次是出殡当日。

（七）出殡

下葬当日被称为出殡，有孝子、亲戚参与，邻居来帮忙。出殡当日的早上，根据喜总的安排，会安排几名忙客跟着孝子去掘土挖坟，由孝子动第一铲，然后忙客开掘，坟墓的深度较浅，通常棺材的上部与地面持平。出殡是家事，保长、甲长不会参与。坟墓要建在自家土地里，不能在租种的田地内。长辈与同辈人不参与葬礼，主要是晚辈参与。保长、族长等其他人不参与。

出殡当日上午要取客，所谓取客便是孝子将亲戚迎接到丧屋内，每来一家亲戚，孝子要接一次。出殡当日，所有孝子都要守在丧屋内，重孙、累孙、侄子的儿子等年龄比较小的孩子会在灵棚下跪棚。从早上开始，亲戚来到后，会找喜总登记。然后喜总会按照传统仪式，喊丧屋内的孝子前去取客。屋内孝子取客，仅是男孝子去，丧屋内的女人不去。若是第一位老人去世，则去单（奇）数人，双人去世的话则去双（偶）数人，孝子每人在棺材前拿着丧棍（丧棍用柳树枝做成，约50厘米长，上面糊有黄纸），每两人一排，长者在右侧，儿子排在最前面，其次是侄子、孙子、重孙等。忙客抬一桌放有10碗供品的桌案走在最前面，放到前来烧纸的亲戚前，前来烧纸的亲戚穿上孝服（孝服样式与孙子相同），站在家门外约50米的地方等候。孝子面向亲戚跪下行礼，磕三个头，然后转身返回，重孙走在最前面，中途会转身行两次礼，不用下跪，但是要举丧棍、鞠躬。最后回丧屋，将亲戚接到院子内，此过程便是取客。一上午，要如此重复10多次，一直将客取完为止。

中午时分，等到所有的亲戚全部到达之后，便要出殡。在出殡前，孝子要到院子里磕头行礼，三跪九叩。长子到灵棚下过香等供品。由于灵棚设在屋门口，挡住了棺材抬出的道路，行礼完毕后要拆带。请重（抬棺）的人给棺材拴上绳索，在绳索上拴上木棍，前后各有一条绳索，共四头，每一头四个人抬棺，总共16个人抬棺。因为棺材多为榆树或者槐树木打造而成，比较沉重，需要年轻力壮的16人。将棺材抬出门外的大路上，要开始行最后的礼节。要给棺材套上一个由高粱杆做支架、红纸糊成的类似房子的纸灶。然后孝子要下跪行礼，行完礼后，孝子跪在一侧，由穿上孝服的男亲戚下跪行礼。礼毕，长子要摔"老盆"（一个用土烧制而成的盆，为陶制品），老盆必须由长子亲自摔烂，若长子不在，则由次子摔。按照规矩，只有儿子才有摔的权力。若侄子摔，则表明该侄子过继给了亡人。对于无儿的老人来说，谁摔老盆谁继承家产。紧接着喜总会大喊"起棺"，送葬开始，响器走在最前面，距离棺材最近的是儿子，长子手持招魂幡，距离棺材最近，其次是装有亡人的棺材，妇女跟在棺材的后面。走一段路后，停下来让请重的人停下来歇息，此时孝子两两一排、儿子在最前面，向请重的谢客，要三跪九叩，以此向请重的人表示感谢。礼毕继续向坟墓走，中途会停下来再一次谢客。具体的谢客次数根据家到坟墓的距离决定。

到达坟墓后要下葬，下葬时要将纸灶全部烧掉，送予亡人。孝子行三跪九叩之礼，其次便是男亲戚行礼。妇女在一旁跪下痛哭。紧接着喜总会将孝子手中的丧棍收集起来，放在棺材前。最后由忙客添土埋葬，一般会将棺材全部用土盖上，并不会堆成土山，孝子第二天亲自添土堆成坟墓。此时出殡便完成了。

出殡当天早晨，要派忙客步行到制作纸灶的手艺人家里去取纸灶，喜总要提前安排，去取纸灶的忙客忙完后，便可以回家，不用再参与葬礼的其他事情，忙客一般会遵从喜总的安排，并不会反对。纸灶是用纸糊的家具等，以高粱杆为骨架，做成男女童子、马、车等，到下葬时带到坟山烧掉。

亡人下葬后，丧礼算是完成，接着宴请前来的亲戚。宴席上四盆菜盆，有荤有素，饭菜与第三日的相同，由焗长与前来帮忙的邻居完成，除了帮厨与打杂的邻居之外，其他帮忙的邻居回自己家吃饭。

（八）葬后守孝

出殡后，灵牌摆放在堂屋的正当门，并不上香与祭祀。但是头七、五七时，要到祖坟上烧纸、上供。明清时期，一般服丧期为三年，儿子要守丧，并且三年不能贴对联，穿三年的孝鞋。民国时期，守孝制度有所简化，改为一个月内不能上床睡觉，只能睡在地上，孝鞋穿一百天以上，而且一百天内不能理发。比较讲究的大户人家会恪守守丧制度，守丧期较长，一般的户与穷人要外出劳动，迫于生计，守丧期较短。

（九）丧事的禁忌等其他事项

丧事的规模与家庭经济情况相关，一般的农户要花1 000斤秋粮左右，规模一般。大户人家的丧礼比较隆重，请客吃饭的规模比较大，花费在2 000斤秋粮以上，村内一好户人家母亲去世时，凡是前来烧纸的邻居都管饭，并且是白面馍，所摆宴席在一百桌左右。这是村里的好户人家，比较重视排场，有大办的经济能力。

老人去世的费用是完全由儿子们均摊的，若是其中一个儿子太穷，其他兄弟会多承担一些。出嫁的女儿是没有义务承担费用的，若是愿意出钱也可以，主要看女儿的心意。通常女儿会出钱给去世的父母做"灶子"（陪葬用的纸质车马、童男童男等），但即使不出钱也不会被说闲话。

对于当地人来说，通常老人去世要死在自家里。若老人病危，儿子会将其拉回家中，不会在女儿家，女儿家始终是别人家。所以当地有不能让老人在自家门外去世的习惯。若在家门外去世，其家人便不会再将其拉回家门内，而是在门外自家的空闲宅基地上搭建一座临时的丧屋，必须是自家的地方。若村内没有自家空闲的地方，则会将其拉到自家祖坟附近，搭建一座临时的丧屋，用作出殡的地方，孝子要在搭建的丧屋内守着。在出殡之前，孝子（包括孙子、重孙子）是绝对不能到邻居家去的，走路也必须走大路。

三、生育习俗与关系

生育仪式是村里婚事之外最重要的家庭庆祝活动。通常只在家庭第一个孩子出生时举行此仪式，其后的孩子不举办。在家中孩子出生后当天，要在家里大门挂上一块红布，挂在大门最上面居中的位置。村内人看到红布后，都会知道这家人有喜事。

孩子出生后举行的仪式在当地叫"待客"，亲戚都来送春米。按照传统，只有第一个孩子出生时才举行这种仪式，不论第一个孩子是男孩还是女孩，都会举行，但第二个孩子及以后出生的孩子则不再举行，送春米当天中午会举行宴会。庆生仪式时间有讲究，不是满月之后，男孩出生后9天举行仪式，女孩出生后12天举行。

庆生当日，送春米当日的宴席规模较大，一般的农户宴席要在 20 桌左右，与小喜事规模较为类似。饭菜较为丰盛，要提前两天准备。喜宴要提前请焗长，并根据焗长所开的菜单，到附近的集市购买食材。宴会结束后，焗长会得到一些礼品，一般情况下不给钱，给礼不给钱是代表人情往来，若对方家中有事情时要前去帮忙。

孩子出生后至满月前，邻居要送鸡蛋，所送鸡蛋由集市上购买或者自家养的鸡所下，送鸡蛋要由家中的妇女前去，因为牵扯到生育问题，丈夫不宜前去。

举办仪式前，会通知亲戚具体日期，凡是亲戚都会前来。送春米是为了看望孩子与生育后的母亲，都是女人带孩子前来，男亲戚不会来。来时不能空着手，要用"把头子"（一种由芦苇秆编成的类似筐的容器，呈球状，高约 40 厘米，直径约 40 厘米，上面横有一个弯形的提手，专门用来盛粮食等物品）盛上礼物，礼物有四样不可缺少的物品：两包纸包的红糖，半筐小麦，鸡蛋，谷子。此外可以带上棉布或者手工织成的小孩的衣物等，这是可带可不带的礼品，主要随亲戚的心意。

举办仪式当天要请客吃饭，参与者多是家庭妇女与孩子。亲戚多是步行用胳膊扛着礼品前来，要在中午之前到达。到达后要与孩子母亲聊天并探望孩子，说一些寒暄的话。中午时分，便要开饭，宴席与当地婚宴较为相似，鱼肉、鸡肉、猪肉等肉食必不可少，盘子数量有所减少，但不能少于 10 个菜。每座桌坐 8 人，通常规模要在 20 桌以上。

喜宴过后，前来的亲戚会得到一袋用染料染红的而且是煮熟的鸡蛋，6—8 个，按户分配，每户一袋。与主家打过招呼后，亲戚会辞别离去。至此喜宴结束。

从孩子出生到满月这段时间被称为"坐月子"，孩子母亲要休息一个月。孩子满月之前，孩子母亲不得进邻居家的门，也不能回娘家，也就是不能去外人家，即使已经分家的兄弟家也不行，满月之后便不再受此限制。坐月子期间丈夫行动不受此限制。在此期间，新生儿的外婆与奶奶会来照顾，并会教育女儿需要注意的事项，外婆会住几日照顾女儿。一般经济条件的人家，妻子坐月子后期也要干活，比如做饭、织布、下地干轻微的农活等，唯独不能串门。满月当天，妻子的娘家人会派人来请妻子与新生儿去娘家住几日。过几日后，再由孩子的父亲将母子两人接回。

四、节庆习俗与关系

（一）节庆类型

当地节日主要有以下几个：春节、元宵节、中秋节、清明节等，有自己的过节方式。其中以春节最为隆重，其次是元宵节，排在第三位的便是八月十五中秋节，再者为清明节，其他的节日较为平淡。端午节、七月半、寒露节、重阳节等节日不会举行任何仪式，吃食上也与平时一样。

1. 春节

春节也就是"过年"，是村里人最重视的节日。在村里，春节开始于除夕，结束于正月十五。节日气氛自腊月底便有了，村里人开始为新年做准备。

（1）节前准备

春节之前的准备工作是比较长的，一般腊月二十日开始着手。春节从除夕开始一直到出了正月十五结束，置办年货开始较早，进入腊月二十以后便开始准备年货，主要有蒸馒头、买肉、买鱼等。对联主要是在集会上买的，在腊月二十八、二十九贴春联。除了守丧期不满三年的农户不能贴春联外，其他的农户都要贴春联，没有不贴春联的农户。除夕之前开始大扫除。

蒸馍（馒头）是当地春节前必须要做的准备工作，在进入腊月二十之后的某一天，每家每户的妇女会叫来本家的嫂子、亲戚或要好的邻居帮其蒸馒头，为新年做准备，主要是怕过年时来的亲戚多，以防不够吃。这一两天要蒸够能吃到正月十五之前的馒头。馒头以杂面为主，主要是高粱面和黄豆面。馒头里面有一种带馅的被称为"团子"，是用面包上红薯和成的馅蒸成，名字带有美好的愿望。蒸馒头以家庭为单位，妇女之间要相互帮忙，请来的都是同院的人或者邻居。来帮忙的妇女家蒸馍时，被帮的妇女也要去帮忙。蒸馒头的事情由妇女完成，男人并不参与，孩子帮着烧锅。

酥丸子也就是村民所说的"过油"，是当地过年前每家每户要做的事情，通常在年前的腊月二十六前后，丸子由面粉、细粉做成，在锅里用油炸一遍，皮变成了红色，便是红丸子，白丸子是用开水煮的，用来做菜和烧汤的，过年时所吃的菜里面一般少不了丸子。在炸丸子时，也要将鱼过油。这一过程也是只由妇女完成，男人不参与，同时丸子也是制作供品的重要组成部分。

过年时常买的吃食有鸡、鱼、肉（主要是猪肉），这些东西一般是靠近过年时才买，因当地过年时气温多在零度以下，并不要特别的加工或者储藏，只要挂在院子里的墙上，这些东西主要用来过年时招待亲戚。这些东西要到村内的会上买，过年时村内的会是最繁盛的时候，有各种年货以及来自各个村的生意人。养有猪的村里人会杀猪，邻居通常会前来割几斤肉。好户人家购置的年货较多，一般户家里都喂有鸡，要再割几斤猪肉包饺子，"过年再穷也得吃顿饺子"。腊月里，母亲会给家里的孩子做一身新衣服。

腊月二十九这天，各家各户必贴门神。村里称过年时门上所贴门神、对联为门画。过年时，除了守丧期间的人家之外，各家各户要贴门画，所贴之画上就是门神之像，是一个专门守护家的神,被称为门神爷,他有自己的名字。过去都说是请门神爷贴门上,让门神爷给看大门,都是在会上买的,会上卖什么样式的就买什么。并不是关公、张飞之类的。门画为过年时必贴之物,即使家中无人,也要拜托亲人帮其贴上。即便是空闲的院子也要贴上门画。通常是在除夕前一天张贴,上下午皆可以,各家张贴各家的,不会互相帮助。一直到正月十五日期间所贴门神不能损毁。解放之前,村内房屋上都是木门,门画是用小麦面做成的浆糊粘在门上,很难揭下,所以每到过年贴门画时要将去年的门画清理干净。若一家小孩撕毁了另一家的门画,这家的主人会很生气,并向其父母讨要说法,孩子的父母要赔不是,说几句客套话,同时也会训斥孩子一顿,甚至当着对方的面动手打孩子。门神只是保家神,不举行跪拜仪式。这是村内都会遵循的风俗。

(2) 小年

本地的小年是指除夕当天,大年是指初一当天。正月二十三不是本地的小年。除夕当天的中午,主要的习俗就是吃饺子,普通农户只有过年时才能吃到。除夕当日是自家人在一块吃,已分家的兄弟各自吃个人的,并无家庭聚会。过年当天并不请本家之外的人吃饭,是自家人团聚的日子。中午饭一家人都吃饺子,饺子下锅的瞬间要放鞭炮,算是最热闹的时候。中午算是最丰富的一顿了。下午家里人会将大年初一早晨吃的水饺包好,放起来等到第二天大年初一早晨吃。傍晚并没有年夜饭,主要吃一些日常便饭。好户在除夕晚上也不准备丰盛的年夜饭,吃过晚饭之后便睡觉,除夕晚上不守岁。

(3) 大年初一

本地的大年是指正初一。大年初一早晨5点左右开始,天还未亮,大人孩子都要早起。为庆祝新年燃放鞭炮,下水饺吃,然后每人盛一碗。一般不在同一张桌子上吃,一般都是各自找地方去吃,站着或者蹲着吃都可以。吃过饺子后,作为晚辈要给分开锅的自己的大爷或者叔叔送一碗水饺,通常派家里的长子去。此时,作为长辈的叔叔大爷要给压岁钱。

村里家中敬神的人家,大年初一当天早上六点,就得起来上供,上完供再下饺子吃。个把小时后便会将供品撤下,按照流传下的规矩,供品需要上10个碗,为家里最好的吃食,荤素都有。比较常见的为猪肉、红丸子、白丸子等,具体的种类并无严格规定,一般家里有什么上什么,上过供之后收起来,自家人吃。好户人家的供品比较讲究,一般的农户上的供品较差。

1949年之前,初一当天也要给祖先上供,一般是先在家上供,也要到祖坟上烧纸。

一般家里都供奉有祖先的牌位，摆放在自家居住的堂屋正当门，若无堂屋则摆放在居住的房屋的正当门。在大年初一当天早上，家庭条件一般的农户要在祖先的牌位面前放一碗饺子，作为供品。条件较好的农户会弄10个碗给祖先上供。这是以家为单位的上供祭祖方式，多是成家的老大完成即可，若是老大不供奉父母牌位，其他兄弟可以在自己家中供奉祖先牌位。

在家里祭祀的时候并不燃放鞭炮，但是到祖坟上祭祀时要燃放鞭炮，都是家中的男丁前去，妇女并不去。按照村里的习俗，通常在农历十月一之后便开始烧纸，一直到大年初一都可以。一般选择在大年初一早上到祖坟烧纸的比较多，在老大的组织下，兄弟共同几人其前去，家中的晚辈男子可以跟随，但是妇女与女孩不去。大年初一当天是不能够进行扫除的，会将家里的财运扫没。本地并无年夜饭的习惯，对大多数户来说，解放之前，饺子算是本地最好的吃食了。

（4）新年拜年

大年初一当天拜年，家庭中，先给祖宗牌位拜年，然后给爷爷奶奶、大爷、叔叔拜年，拜年方式是跪下磕个头，此时长辈要给压岁钱。然后是本村刘氏后代到关系较近的长辈家里的互拜。一般是血缘较近的一群后代结伴到年长的辈分高的老人家里，会有好几拨人，先到堂屋的祖宗牌位面前下跪磕头，然后给老人磕头，这是本家人之间的互拜。到祠堂跪拜的较少，可去可不去。拜年是自家的事，不用向保甲长拜年。自家爷爷、大爷、叔叔是必须要拜的。拜年时一般是空着手去的，不用带礼品，成家的晚辈可以带礼物，主要是大馍、馃子等。若是兄弟之间关系很差，或者处于僵持期，一般双方的孩子不会去拜年。认的干儿子也要给干父母拜年，关系一般的不用拜年。关于大年初一的活动，受访者刘砀瑞老人讲道：

> 解放之前，过年只吃饺子，早晨吃完饺子要去拜年，我小的时候要拜年，我都跟着人家跑遍整个庄子，比如去他家拜年去了，他家有年轻人也会跟着我们一起去别家去拜年，出五服的也要去拜，本家关系很远的就不去了。一群人到堂屋内先给牌位磕一个头，再给老人磕一个，主要是晚辈给长辈拜年，进门喊大叔或者大爷之类的，完了就再去别人家拜年。一般只给自己的亲侄子、孙子压岁钱，远的就不给了。比如说我孙子来给我拜年，很早就准备好了压岁钱。再比如，过年闺女来走亲戚，外甥来给拜年，孩子小只有两三岁，你也得给几个带岁钱，我们这称为带岁钱，意思就是拿钱给你长一岁，跟压岁钱道理是一样的。这个带岁钱到现在还有。闺女走娘家，初二比较多，初

三初四也可以。一般是初二走娘家，初三走姨家或者姑妈家。挨着走亲戚，是亲戚都走一遍，到初十前后都走过一遍了，就各家过各家的正月十五。

过去的人比较讲究，过了大年初二，到井里去打水，也要带上纸元宝，带上香，给井磕一个头。过完年，走亲戚用到车了，也要烧元宝，颂上香，磕一个头。

(5) 节日活动

大年初一当天并没有什么集体活动。在村内，春节是家庭的节日，主要是血缘关系近的本家人之间相互拜年和闲聊，与家人一起过。大年初一出门，邻居之间见了面，双方会互道新年好。活动一般是在正月中旬举行。过年期间村内的会休会，集也暂时休集，做生意的各自回家过年。新年的正月初七会举行送火神爷活动，正月二十七举办罗汉寺庙会。在过节的时候，关系较好的男人会聚会，在其中的一人家中举行，来者一般会带酒或者其他礼物，通常不会空着手来。村里人过年时不会请保长、族长，也不会给他们送礼。春节操办事务都是以家庭为单位，不专门组织，节日期间自家按照习惯走亲访友，外人不过问。

正月初二开始，亲戚是必须要走的。走亲戚从大年初二开始，首先走娘家，初二当天，闺女带上孩子回娘家，一般男人是不跟随的。已成家的儿媳走自己的娘家，若婆婆的娘家人仍健在，则会在自家闺女初二来过之后，初三再走自己的娘家。初三往后是舅舅、姑姑家，带上礼品，主要是馃子、鱼、大馍（带红枣的圆形馒头）等，种类数量并没有严格的限制。最后几日便是姑姥姥、舅姥爷舅姥姥、姑奶奶、表兄弟等一些远亲，一直走到正月十五元宵节才算结束。这一段时间是专门串亲戚的日子。走亲戚礼品是必须要带的，这是礼节。一般是晚辈到长辈家走亲戚，对方来后，并不必须去对方家。一般兄弟几人会一同前去，或者派一人代表几人前去。礼品尽自家之力，并没有严格的要求。一般馃子、大馍、斤把猪肉是少不了的，这些东西要提前准备好。

2. 元宵节

当地称为"正月十五"，并不称元宵节。"过了十五，年就算是过完了"，商业活动开始渐渐恢复。元宵节为春节的一部分，元宵节庆祝活动，也是当天中午吃饺子或者汤圆，当天晚上要放烟花炮竹。每家每户都会购买并燃放烟花，还有就是未成年的小孩子打灯笼，没有猜灯谜的习惯。晚上的放烟火是元宵节最为主要的庆祝活动。当天也是给神仙上香的日子，这天早上村里的妇女会给家神或者庙神上香，寺庙比平时热闹一些。

当天天黑后，村里开始燃放烟花，各家自己放自己买的烟花，并不在一起，每家的孩子不论男孩女孩都要打上灯笼，灯笼里点燃红色的蜡烛，成群结对地在庄内行走，比谁的灯笼更好看，庄内的路上全是行走的打灯笼的孩子。晚上八九点左右，一切活动便会结束。元宵节算是本地的小年。村里不会为过元宵节举办活动，也不会请戏，庆祝的方式比较简单。

正月十五要送灶神。这天晚饭后要打扮老灶爷上天。村内称灶神爷为老灶爷。送灶神爷是村内每家每户都会举行的仪式，村里每家每户在自家举行，凡是有锅灶的人家都要送灶神。各地方的规矩礼节都不一样，就本村来说，正月十五日，吃过晚饭，村里每家每户要打扮老灶爷上天，让老灶爷好好吃一顿。给老灶爷上供，一般的户的供品是用白菜叶窝成芯，放一些过年时油炸的菜，上几柱香，烧一些纸元宝。正月十五算是本地的小年，不管上什么供品，只给老灶爷上一个碗，也就是一个灶就是一碗供，放在锅台上。老灶爷的神像贴在锅的上头或者锅的门口旁边的墙上，下面垒一个台子，跟地锅的送柴口平齐。年三十的时候，将老灶爷的画像贴在锅门口，上柱香。大年初一早晨再给老灶爷上一碗供，烧几个纸元宝，磕一个头。画像是年前在会上买的。画上的老灶爷为一男一女，一个是老灶爷，一个是老灶奶奶，在画里坐着，画上还有抱柴火的、烧锅的一共十几个人。画像的上头为一年的二十四节气，上面标注着节气具体的日期。用刀一割，将上头的二十四节气留下，将下头的画像用火点着烧掉，让老灶爷上天。这就是正月十五送老灶爷。

据受访者刘砀瑞老人讲，根据本村的民间传说，老灶爷的名字叫张大郎，他原也是个凡人，他媳妇有本事，他比较穷，娶了媳妇之后，他家的金银财宝直往外跑，他媳妇在门口挡住了，最后被姜子牙封为灶爷。

3. 清明节

清明节是村里重要的祭祖节日。在清明节当天吃食方面并没有讲究。村内有着"清明节烧前"的说法，意思是清明节烧纸要赶在清明节当天之前烧，主要是给自家祖上烧纸。当地为平原地区，并无山岭，因此坟墓都是埋葬在自家耕地内，每年不扫墓，只不过会将坟墓上生长的草木烧掉或者清理掉。

清明节是一年中唯一可以添坟的时节。按照规制，新坟的前三年是不能动土的，也就是不能添土。清明节之前可以为自家祖上的坟墓添土，兄弟几人都会前去。添坟并不是每年都进行，一般很多年才添一次。

清明节，村内的刘氏家族会进行大型的祭祀活动，主要是祭祀祠堂、祖坟，祖坟为四世祖与五世祖的坟墓，一世到三世的坟墓已经遗失。清明节当天，族长会带领本村以及搬到外村的本家刘氏后人先到祠堂上香叩拜，然后到刘氏祖坟上烧纸叩拜，并燃放鞭炮。参加的都是刘家的男丁，女人不参与，所需费用较少，去的人在杂货店买些纸钱、鞭炮便可。若是花费较多，要各家摊派。并不是所有的男丁都要参加，以中年人为主，每家参加一人便可，不强制，不参与并无惩罚。

4. 端午节

本地对端午节并无庆祝活动，过得比较平淡，学堂正常上课，并无禁忌，吃食方面也无讲究。本地没有较大的河流，不会进行赛龙舟活动。有的人家会在集上给孩子买几个粽子，这种方式比较少见。端午节时不祭祖，也无因过此节而产生的组织。

5. 中秋节

中秋节为本地除春节之外最为重要的庆祝性节日，要走亲戚。村内通常称为"八月十五"，八月十五节日用的东西一般提前半月开始准备，食物主要是月饼。

当地月饼的外面是小麦面做的皮，里面是用果仁等做的馅，找人加工而成。一般在中秋节前半月左右，附近集上做月饼的师傅会用泥做做月饼的炉子，专门为带面和馅来的人加工月饼，赚取加工费。每家将面与月饼馅送到做月饼的地方，让其加工，称重后按照价格给钱。一般附近的集上都会有加工月饼的作坊，这种加工作坊具有时令性，营业约一个月左右，一般是个人性质的作坊，在八月十五前一个月开始铸造土炉子，并雇几名本村或者附近村庄的人来帮忙和面、包馅，将面包好馅之后，放在模子里，磕出来之后便是原型的月饼，然后在炉子里烘烤。

走亲戚是当地过八月十五的最主要庆祝方式。一般是在八月十五当日走完，必须要带的礼品是二斤月饼（一般是八个），其他的礼品随意，数量种类没有限制。主要是走老娘、舅舅、姑姑、姨妈等关系较近的亲戚家，走亲戚时会被留下吃饭。

八月十五日当天不会举行特别的仪式，跟平时差不多。家人晚上不会聚在一起边吃月饼边赏月。当天的中午，条件好的农户会割二斤猪肉，与其他的食材一起，炖一锅荤菜，一般仅此一道菜，或者割肉包一顿饺子，算是就此过节。吃的时候，每人盛一碗，各自找个可以坐的地方，不会坐在同一张桌子上吃饭，并无其他的家庭活动。大领等长工也要在雇主家过节。过八月十五时，东家会给大领和牛工每人二斤月饼。当天的晚上，雇主会做一桌菜，打二斤酒，派人将经常给本家干活的种地户叫来，在牛屋吃喝一顿，算是犒劳，东家不上桌。村内不会举行集体性的活动。村里的农户在当日不会给乡长、保长送月饼，只有其血缘关系近的晚辈农户才会去。

6. 冬至

传统时期，村内冬至只是一个节气，意味着天气开始变冷，为了防止冻掉耳朵，冬至日要吃饺子，除了很穷困的农户之外，村里人冬至日当天都会吃饺子，除此并无其他的活动方式或者禁忌。不会聚会，也无集体性的活动，交易或者生产活动照常进行。

7. 村里的鬼节——十月一日

当地有着十里不同俗的说法。就本村来说，农历十月一日是鬼节，与方圆20里外的地方不同。这天要给祖先烧纸，当地有"十月一烧后"的说法，也就是十月一日当天之后一段时间内到祖坟上烧纸都可以。一般村里以十月一日、十月二日烧纸的较多，烧纸也就给亡人送钱的意思，所谓的纸也就是黄表，以"刀"为单位，通常会买两刀纸，其他的不需要。按照村内流传的说法，一般是在十月一日之后，天冷了地里没有农活了，也就是农闲时节田地里没有人去了，阴间才会开门放小鬼出来，到各自的坟头上去拿后人烧给的钱，只有十月一日之后去，亡人才能到坟上收后代烧的钱。一直到清明节前，都可以烧纸。清明节过后，天暖和了，人们开始下地干活，这时候阴间会将门关上，小鬼便不能出来。由于清明节之后一直到十月一日之前，阴间的门是关着的，也就是去世的人收不到子孙所送的"钱"，因此清明节过后后代便不会再烧纸了。当天并无其他的纪念活动，吃食和平时一样，仅要到祖坟上给祖上烧纸送钱。

五、日常习俗与关系

（一）日常习俗内容

本地区、本村习俗主要体现在节日或者仪式之中。在日常生产生活中，形成了被广泛遵守的习俗，指导规范着村人的行为。比如，每逢亲人婚嫁、生子，要备礼物登门庆贺。男女婚姻必须遵循父母之命、媒妁之言，年轻人不能私自做主。习俗在日常生产和生活中被严格遵循，后辈虽不知道为什么要这样，依然会全部接受，一直流传到了今天。若是坏了习俗，对邻居犯了禁忌，会被对方辱骂或打一顿。村民习以为常的这些习俗是一代一代传下来的，不是从经验直接得来，是从先辈那里依靠"口口相传"得来，出于敬畏心理，后代不会质疑它们的准确性，更不敢去检验，而是无条件服从。对于这些习俗，人人都会遵守，习惯了如此。"大家都遵守，没有人敢打破界限。"没有不遵守这些习俗的人。即使想破坏，别人也不会同意。出于自我保护与从众心理，没有人去挑战这些习俗。

1. 敬老习俗

村里人要按辈分称呼别人，不论年纪大小，都要按辈分称呼。村里老人过寿的时间是有讲究的，并不是每年都过寿。在不同的寿辰，有特定的吃食讲究。一般只在66岁、73岁、77岁、88岁、99岁五个岁数过寿。小孩与年轻人不过生日。"六十六吃肉

（猪肉），七十三吃鱼，七十七吃鸡，八十八吃鸭，九十九吃狗。"一般情况下，老人只能吃到鸡肉，通常老人年纪最大的也就七十多岁。老人过寿时，多数不举行宴会，只有有钱的大户人家才会摆宴，摆宴并没有特别的讲究，参与者主要是其亲戚、血缘关系近的本家人，座次没与太多讲究，不会邀请本村的邻居，邻居会来帮忙。只办一场，并且在中午举行，腊月份的任意一天的好日子都可以，一般选在腊月初八当天的较多。

进入腊月之后一直到过春节前，这段时间是老人过寿最集中的时期。家里的子女、侄儿与其他亲戚中的晚辈，都会按照上述的规则买礼物。如若是老人66岁，则每户晚辈亲戚会给老人几斤猪肉，具体的斤数并无规定，若是过73岁的寿辰，则要买鱼送给老人，同时要带些馃子等其他礼物。晚辈将肉送来后，并不留下来吃饭。邻居不参与过寿。当地老人年龄算法比较特殊。每当问到年龄时，老人告知的都是虚岁。再仔细问的话，老人会给出两个岁数，说自己实岁（周岁）多少岁，虚岁多少岁，虚岁要比实岁大一岁。当地老人通常过年之后会自觉在自己的年龄上加一岁。

2. 病患习俗

（1）请先生看病

1949年之前，本村人看病一般是请南侧杨集的先生。家里人得了厉害的病，才会请医生。"一般的小病都是自己熬，感冒就弄点姜茶喝喝"，受访者介绍道。村内没有中医，只有一个卖药的，但是只干了一段时间就不干了，而且只卖药不看病，位置就在寨内北门附近，村内没有大夫。1949年之前，村里还有一个会扎针（针灸）的人，只会扎针，不会看病，也不会开药方。村里人有时候会请他来给扎针，都是邻居，不给钱，也不用带礼，看不好不会找他的麻烦。本村人看病一般去请南侧杨集的那位老医生，要点带礼物，比如两封馃子等，所需花费较少，外村与本村没有差别。由于那位老医生年纪比较大，走路不方便，所以一般是用小车去推他来。医生请到家里后，不用招待，看完病后，会开出药方，家人再用小土车将他送回去，不用付报酬。附近没有其他医生，主要依靠这位老中医。医生只看病开方，不卖药。

若是病没有好转也没有办法，不会责怪医生。因为很难判断是医生治死还是病情加重而死。当时没有医生和病人之间的纠纷，因为医生比较少，根本无法另找其他医生。村庄周围只有这一个医生，他的医术主要是通过看医书所得，没有师承，没有徒弟。村里人生病只请先生看一次，后续主要是看自己的恢复。先生开药后便照药方抓药熬制，若是病情加重，不会去县城去看，县里也没有医院，只有徐州城有一家小医院，因为较远，多数农户只能在家等死。"那个时候人的寿命短，60多岁的就算是高寿了，70岁的更少。"一般农户是不去大城市看病的。抓药看病的支出并不太多，生大病时无处去看，只能依靠附近村庄的中医，医生只看病不卖药，南侧的杨集有药店，村里人去那里抓药，药店只按方抓药，要支付费用，当地流行一句话"穷人抓药，富人拿钱"，药的价格是不固定的，完全在于店主自己掌握，不能讲价钱，完全由店主定，当地便有了"黄金有价，药无价"的说法。店主会根据来者所穿的衣服以及在聊天中得知的信息来判断对方的家庭是富是贫，然后自己估摸着要价，家庭好的要价高，家庭一般的要价低。抓药时只要将药方给店主，然后付钱。开药铺的也是一般的人家，不会免除抓不起药的农户的费用，开药店是为了赚钱，以此来补贴家用。

（2）请巫医看病

对于重病，若是抓药没有看好，农户在没有办法的情况下，会请司妈妈去看，也就是求神看病。司妈妈并不会保证能看好，只能看患者自己的情况，若是司妈妈看过之后，过几天病好了，会认为是神"灵验"了，病没好，只能说明神没有灵，不能找司妈妈的麻烦。若是经常不灵验，村里人便不会再找这个司妈妈看病。

1949年前，村里的人找巫医看病比较普遍。村里的巫医有两种：司妈妈、翁席。司妈妈是指村内对能通神的女人的称呼，家中堂屋内敬有神像。翁席是对能通神的男人的叫法，即男巫，也是家中敬神且给人看病的人，与司妈妈职能相同，但是翁席数量很少，村里最多的时候也就两个。他们没有特定的信仰对象，任何家里敬神的信奉者都可能成为巫医。

村里的女巫医最多，通常为上年纪的老大妈。据受访者讲述，本村在民国时期，"每个庄上都有会看病的司妈妈，我们庄上最多的时候也就三四个"。司妈妈的职责是敬神、求神看病。看的病的种类比较多，例如感冒、头痛等，还有一些村人认为的"邪病"，如孩子夜哭、失魂、精神失常等，其他的病也看。据受访者介绍，通常夜哭的孩子请司妈妈看过之后第二天晚上就不会再哭了，也就是所谓灵验了。1949年前，一些人难以理解的精神方面的病会被称为"邪病"，正常的医学难以解释。村内多位能通神的司玛玛敬的神各不相同，没有统一的信仰对象，但是医病的方式是相同的。

要看病的农户会找到司妈妈。一般村里富裕的有点地位的户家里有事，会请司妈妈上门看病。一般农户都是带点香去司妈妈家看。家里的男女主人都可以前去请司妈妈。村里人告诉司妈妈症状之后，司妈妈会点上几柱香、烧纸。然后口中有所念叨，向自己所敬之神求助，旁人听不懂。一段时间过后，便会告诉家人病人"原因"，比如病人身后有小鬼跟随等。在求神看病时，病人家属要许愿，病人的家人对神仙承诺。通常所许之愿是若病能好，农历初一、十五给神仙上桌供。

受访者刘砀瑞回忆司妈妈看病时所念之词："一柱大香往上升，俺的灵人您自听，神灵别管大和小，您来到他府里来看病，只要能把他（她）看好病，给你烧香，初一、十五来上供。"然后让孩子的父母跪下磕头。此时孩子的父母会许愿，"您老人家能给俺看好病，某月初一、十五来给您上供，三天后来交洗礼"，如此而已。若恰巧孩子过几天感冒发烧、失魂等症状好了，三天后要按约定来交洗礼，表达对神的感谢。

据另一位老人介绍，在嘴里念词时，有的司妈妈会用杯子弄点水，放在桌案上，最后告诉病人家属说"神仙下药了"，将药给给病人喝。

司妈妈磕头上香忙活了一上午，不可能当日就见疗效，所以当日并没有任何酬劳，条件较好的户会将其留下吃一顿中午饭，主人会弄两个较好的菜来犒劳司妈妈。

交洗礼是为了向神灵表示感谢。在看病的三天后，病好了，则来交洗礼。买上两炷香，买一些黄纸叠的元宝，到司妈妈家。在司妈妈所敬之神面前点上香，将纸钱烧给神仙，然后跪着对神仙说几句感谢的话。若三天后，病情未好或者加重了，表示神仙并未给看好病，则不用行此仪式。

还愿是指看病时所许之愿，还愿的时间为看病时所许，村里人一般许诺到腊月初一、十五去给神仙上供。这天要准备十个供品来上供，"供品一般都是农户自己做的，用油炸点这炸点那，凑够十个碗"。多数农户许在腊月上供主要有两个原因，一是村人认为腊月份的神比较灵验，二是腊月开始操办过年的吃食，家里有鱼肉等食物，顺便可以制作供品。还愿当日，主家备一桌供菜带到司妈妈家中，将其摆在桌上。多数人家弄的供菜很一般，多是一些自己酥（炸）的丸子或一些素菜上面放些肉片。上供完成后，供品不能带回，归司妈妈所有，这是司妈妈酬劳的一部分。"司妈妈给你看病，图的就是这些菜，晚上她一家人回锅一做就当饭吃了"，村里受访者讲述道。

压才礼是还愿当日给司妈妈的辛苦钱，表示很敬佩司妈妈的才干。用红纸将钱包上，放在供桌的角落。具体的金额要看主家的心意，一般面额等于今日的 5 元钱。司妈妈求神看病，主要图的就是压才礼。若不给，则表示主家小气。若以后遇事时再请司妈妈，会被百般推辞，司妈妈不再愿意为其看病。

挂袍与还愿同时进行，有钱的人家才会选择给神仙挂袍，一般的农户不会给司妈妈挂袍。为表示对神给自己"看病"的感谢，主家将一条布送到司妈妈家，挂在司妈妈神像前的竹竿做的架子上，称为挂袍。袍是一条宽约 1 尺多、长 10 尺的棉布，颜色随意。司妈妈家中所敬神仙前的供桌左右两侧会竖起两条竹竿，竹竿顶部要高于神像，然后在竹竿顶部与北墙之间再横一条竹竿，用来搭别人送来的袍，将袍横搭在两侧竹竿上，两头耷拉下来的布各打一个结，最多能同时挂五六条布。若上面同时搭了多条布，便如同为神像搭建了一座布屋。挂在上面的袍子主家便不再拿回，归司妈妈所有，过一段时间后便会被司妈妈撤下做衣服。

压才礼、供品、挂袍用的棉布等都可以被看作司妈妈的酬劳。因为吃饭是当时的头等大事，因此做司妈妈有好处，能获得一些供品食物与钱财，这也是村内司妈妈较多的一个原因。各司妈妈之间不存在竞争关系，农户信奉哪个神仙就找哪个司妈妈看病，有的农户可以先后找两个司妈妈看病，主要看哪个司妈妈比较灵验。

> 上年纪的司妈妈会将梦中所见当作神的指示，常有所拜的家神向其托梦之说，以此来宣传自己所敬之神的灵验程度。村内一70多岁老奶奶家中供奉的是混天老祖，其妹妹家中供奉的是关爷，两家所供之神不同。其妹来走亲戚，看到姐姐拜的神，得到姐姐的应允后就下跪拜了三下。晚上老奶奶梦到其面前有两座山，一座山大，一座山小，关爷躺在小山的一侧，而大山一侧是老奶奶所供奉的神仙。老奶奶便将其解读为，自己所供的神仙神力大，神职要大于关公。

家人重病时，一般会通过捎信的方式告诉近亲，近亲会时常来探望，并帮助想办法。邻居、本家近亲、亲戚中的远亲听说之后便会带上礼品来看望，一般关系越近拿的礼品越重。村里人生重病时，要好的邻居与亲人都会去探望。在看望病人时，按照习俗要在上午去，过了中午不可以，视为不吉利。

3. 日常生活禁忌

村里日常有很多禁忌，产妇在孩子未满月时不能到邻居家串门，不然会对邻居产生不好的影响。孕妇不能送葬。村里午饭后与夜间，一般不看望病人。添香必须在上午进行，下午不行。守丧期间，一切孝子不能到邻居家串门。"桑木不上房，楝木不做床。"这些都是不吉利的事情，必须要避免。还有，盖房时，偏房不超过正房高度，前房不超过后房的高度。再婚妇女不能给新人套被褥，等等。村里人怕违反这些禁忌给家庭带来灾难，都会严格遵循习俗。

(二) 日常习俗关系

1. 习俗的认知与评判

村里一般的成年人都懂得习俗，都是在生活中向父母学习获得，并且会按照这些习俗行事。村里多数人对这些习俗深信不疑，即使有部分读书人对此有些不相信，但是也不会指出来，而是选择"宁可信其有"。尤其是村里的年长的人，自身一些难以解释的经历使他们对这些习俗的力量愈发深信不疑。对于不讲究这些日常习俗的人，村民将其当作另类看待，其人被看作是不守规矩，名声不好，村里人会背后说闲话，不跟他打交道。

2. 习俗的影响范围

这些传统习俗将村民联系起来了，生活中打交道时会遵循这些规则。习俗都是依靠村民的"从众""敬畏"心态来维持，至于原因，村里人并不十分清楚。一般受访者都会这么回答："这是老规矩，别人都是这样，你不这样不行。"习俗多是在本村内实施，通过血缘关系将外村的亲戚卷入本村习俗之中。村里有爱管闲事的人出面挑起大梁带头遵循。村里没有围绕这些习俗形成一定的组织，个人无法惩罚不遵循习俗的人。

3. 习俗的功能发挥

习俗发挥作用的范围主要是本村，其他村的亲人也要遵循。通常周围村、甚至乡镇的习俗基本上都是一样的，只是具体的细节有所变动。根据县志记载，整个县有十分相似的习俗，比如，守丧期间不能串门，妇女做月子期间不得走亲戚、串门，只能在夫家待着，等等，这些习俗影响深远。习俗会有这么大的效力主要是利用人的敬畏心理，村里人都希望避免不吉利，并不会主动去打破习俗，以免给家里招来未知的灾难。

第六节 规训与规训关系

传统时期，村内规训活动有着自己的方法。本节将从"家庭教化及其关系、私塾教育及其关系、洋学教育及其关系"等方面去考察1949年以前刘屯村的规训与规训关系。

一、家庭教化与规训

1949年前，村里上学读书的人很少，家庭教育成为村里人教育的主导方式。各家没有成文的家规，多是依靠父母言传身教的方式来教化下一代。村里的家庭教育偏重于品行教育。

（一）家规与家教

村内各个姓氏没有成文的家规、家训。不识字的农户家里更不会制定条文家规。在村里，父亲即家规，父亲的品行会直接影响下一代，村里人常说："龙生龙，凤生凤，老鼠儿子会打洞，有什么样的父亲就有什么样的儿子。"1949年之前，村里孩子都要服从父亲的安排，没人敢顶撞父亲，顶撞者会被父亲痛打，同时传扬出去，会被村里人说是不孝。父亲在家里有绝对的权威，无论父亲观点是否正确，家人都要服从。对于孩子所做的事情，父亲有完全的评判权，若是认为儿子做得不对，会当场批评指正。而且，"儿子不能当父亲的家"。一些常见的家规多是礼节性的要求与规则。比如成家后妻子要服从丈夫，丈夫去世后，跟随儿子生活。儿子成家后，母亲不再当家管事。在家中，儿媳要听从婆婆的安排，不能顶撞。做饭时要帮婆婆，婆婆年老后，儿媳负责为家人做饭。妇女要守本分，不然会被休掉。儿子不能顶撞父亲，不然会被传为不孝。

（二）家庭教育的功能

村里的每户人家教育出的孩子是不一样的，并没有默认的家规家训。在生活中，孩子一般被家长教导不准偷盗、尊敬长辈等基本的礼节。家庭教育发挥作用的范围仅限于家庭。村里有着"上梁不正下梁歪"的说法，意思是什么样的父亲教育出什么样的儿子。所以一般村里的孩子的教养与其父亲极为接近。"要是老的缺心眼，儿子也缺心眼。"

村里的手艺人要将自己的技术活儿教给儿子，比如木工、泥瓦工等都会将手艺传给自己的孩子。但是好户人家一般不教给孩子手艺，而是送孩子去上私塾和洋学，让孩子去读书识字。

（三）家庭教化的冲突

刘氏家族内部有不同的教育方式。穷人与富人的家教内容是不同的。"各人家的孩子，各人自己管，外人是问不了的。"家庭教育手段仅能使用于自己的孩子，不能以自己的观念去教育别人家的孩子，自家的家规对于其他家庭无效。叔伯有权对侄子进行批评教育，而且侄儿不能顶嘴，这是祖上流传下的规矩。

（四）家庭规训方式

在规训方式上，通常采取的是说教与惩罚相结合的方式，包括好户在内很少采取奖励的方式。父亲在日常生活中进行说教，都是基于自己的观念出发，告诉自家孩子该做什么、不该做什么，这些并不用专门学习。对于不遵守自己意愿、挑起事端、偷懒行为，父亲都会实施惩罚，即打骂。家规都是父亲自己口头规定，管教孩子时会有一些普遍的规则被使用。父亲从小就开始教训小孩，除了叔伯之外，其他人无权教导自己的孩子。

（五）家庭规训结果

家庭规训要求子女遵从长幼、秩序，村里没有孩子敢违反父亲的意愿。孩子会完全服从父亲的教导，不顶撞父亲。日常生活中，一切听从父亲的安排。在生产活动中，父亲让干什么活，孩子就得干什么活。那些不听话的人会被舆论指责。

家庭教育教会了孩子怎么"做人"，父亲会通过言传身教的方式，慢慢塑造孩子的品行，同时将交往中的规矩教给孩子，使其很快能适应村里的环境。若是孩子没规矩，品行不好，在村里人看来，"孩子没规矩，那怪你老的没教好"。

二、学校教育与规训

与家庭教育相比，学堂教育偏重于知识教育。1927年前，村里没有洋学，只有私塾，1927年后才有洋学，也就是新式学校。首先了解一下村里的私塾教育。

（一）私塾教育

1. 家庭私塾教育

这种私塾只教授本家的学生。一般家里条件较好的农户才有时间与精力教育孩子读书。家里年纪大的老人有文化，又不用从事农业劳动，便会教授自己的子孙看书识字。这种形式的私塾村里只有一户，受访者刘砀瑞的大爷爷（祖父的兄长）年纪大时，教自己的孙子识字。作为本家人，刘砀瑞顺便跟着大爷爷识字，因为都是本家人，不要学费，自己买本书跟着大爷爷上课。

2. 一般的公共私塾教育

私塾被称为私学。洋学开办之前，本村仅在某一段时期内有私塾。本村的私塾位于村西北部，在祠堂对面的大坑的西北角的刘广山的家里，教书先生为刘广山的亲戚（据受访者说，为其姑父），为村里的几户好户人家所请。为了让自己的孩子读书识字，由一人牵头，找几户有孩子的人家一起找位先生。这几户共同对粮食作为先生的报酬。该私塾只教了10多个孩子，专门教孩子《论语》《春秋》《孟子》等。这个私塾占用了好户家多余的一间房屋，不用付给屋子主人房租。其他户家的孩子也可以加入上学，只要交给先生钱即可。

受访者刘耕珍介绍："那个时候的私塾，其实就是村里的好户为了教孩子识字，联合起来请了一位先生，这几家商量好一年给先生多少粮食，然后借用好户家一间房子当教室，借用房子不给钱。教完这一批学生，可能私塾就没有了，所以私塾并不是长期存在的。"

本村没有私塾之后，紧邻本村北侧的郑楼村有位刘先生办了私塾，为本村附近最近的私塾，刘先生是搬到郑楼村的刘屯人，属第四门的后人。他是自己办的私学，教了三四十个学生。刘先生当时70岁左右，本村的学生都去他那里上学。本村附近，临近的三四个村子才有一个公共的私塾，上学的人毕竟较少。有的一个村子里找不出一个私塾老师。识字能教学的人都可以开私塾，并没有严格的条件限制，开私塾不用向保长打招呼，族长、保长都不过问私塾的事情，也不用向官方申请。

这些私塾的教学内容是固定的。主要教授《三字经》《百家姓》《上论语》《下论语》《孟子》《春秋》等传统科目，严格按着这个顺序往下进行，只有将上一本书学会之后才能进行下一本书。教书先生是有文化的人，年龄较大，教了三四十个学生，每个学生每年缴纳100斤左右的粮食，没有年级之分，都在同一间学屋内上课。村内或者邻村的其他户也能就读，但是要教纳费用。

私塾存在的时间不稳定，通常一间私塾办几年便会结束，若是老师不想再教学，便会停办，私塾没有年级之分，读私塾时间最长的学生也就五六年。因各学生的入学时间与资质存在差异，所以同一时期、同一学屋内各学生背诵的东西不同，老师分开讲解，如在讲解《百家姓》时，已学过的则自习《论语》，讲解《论语》时，学习《百家姓》的孩子则自习。除农忙、过年之外，私塾会一直上课，没有星期天。私塾每年上的课时数并不稳定，家里一有农活，一些学生便会不去上课。

传统时期的读书率并不高，只有后来土改时期被划为中农成分的人家才能上得起学，认识几个字。也有穷人家庭的孩子上过一年左右的私塾，穷人家的孩子要为生存参与家庭劳动，没有时间上学。多数学生读三四年便不再继续上学。大户家的孩子会读五六年。大户人家的孩子会继续去县里或者市里上更高层次的学校。村内的第二大好户人家刘新耀的弟弟刘新政1949年之前一直读到了大学水平。

村里学生的地位差别不明显，大户、一般户的孩子都在同一个学屋内学习，穷人的孩子通常不上学。他们的学费都是一样的，教书先生不会区别对待，体罚方式主要是用戒尺打手。由于上学并不是连续的，加上上学的时间不同，所以每个孩子的学习进度不相同。一般要上学直接告诉先生即可，先生教学主要是为了获得粮食，并不会不收学生。除了农忙与过年之外，私塾是常年上课。但是学生家里有需要帮忙的事情时，便不去上学了。学生除了上学不会帮助先生干任何农活。交不起学费的学生会选择退学，一般这种家庭的孩子要帮助家庭干活，就会早早退学。

受访者刘红伦（90岁）、刘砀根（83岁）曾上过私塾，后改上洋学。据受访者介绍，若是学生不认真学习，背不会书，就会被先生拿戒尺打手。家长不会过问，家长支持先生教训学生。即使被打，家长也不会找先生的麻烦。

逢年过节时，学生家长不用请老师吃饭。上私学是一种交易，学生上学交学费，老师教学拿粮，双方互不相欠，也不用送礼。教书先生多是60岁以上的老人，多是本村或者附近村的本地人，除了自家的农业活动之外，并不参与其他事情，也不参与村庄的管理。有时候会给要结婚的新人"看好"，即挑选结婚的好日子，因为先生是识字人，可以查黄历。先生一般不参与村内纠纷的调解，会帮邻居写信读信，一般是不要钱的，邻居可以带一些礼品前来，主要看心意。私塾是较好的农户上学的地方，办私塾不用向保长申请或者打招呼，也不用征得保长的允许，保长不过问教育方面的事情。

（二）洋学

民国中期，村里有了学堂，村里的孩子开始不再上私塾，纷纷转入洋学堂。因与传统私塾教育内容与形式不同，所以村里人称其为洋学。

1. 洋学概况

刘屯是附近村中仅有的一个有学堂的村子，也是最早的，学堂被老人们称为"洋学"。地点安置在刘家祠堂的两侧的配房内，占用的是刘家祠堂内的房子，据说为县政府或者区里所办。

村里的受访者刘红伦（90岁）、刘耕珍（90岁）、刘砀收（86岁）、刘砀根（83岁）都就读过本村的洋学。据几位上过村内洋学的受访老人回忆，当时洋学不收学费，但要交一些书本费，学校的具体经费来源不详，据说是由区里与县政府拨付。周围十多个村庄只有这一所洋学，本村在洋学上学的人比较多，邻村的张屯、孙屯、范庄、双楼的学生也来本村的洋学上学，本村约50%的男性适龄儿童在本村洋学上过学，但所上的时间长短不一，有的仅上了一年左右便退学。即使学校不收费，家庭贫困的孩子也是不上学的，因为他们要帮助家庭干活。

2. 学校教育内容

洋学开始实行分班制，从一年级一直到五年级。学校有五六名老师，有本村的老师，也有外村的老师，老师的工资由政府付。课程方面主要教授语文、算术、数学等科目，这个时期开始引入阿拉伯数字计算代替传统的算盘计算。日本人占领南侧铁路期间，学堂照常上课，日本人不过问学堂事务。多数农户上过四五年后便不再继续读书，洋学内有后来被划为贫农人家的孩子。上学的孩子年龄多在8岁至19岁之间。村子里较为贫困的人家的孩子迫于生计，为了吃饱饭，忙于帮助家庭干活，一般不会上学。除了教学，老师还要负责家里的农业生产，并不担任职务，其他事情也不过问，但会帮助村里的人写信与读信。

据受访者讲述，村内洋学堂也有女生就读，每个班二三十个学生，有两三名女学生，并且坐在班级的最前面，不与男生同桌。至于读书的目的多是为了让孩子识字。1949年前，除刘伍元家之外，村里在外地上学的只有刘新政（刘新耀的弟弟）一人。

3. 学校规训方式

学校教育主要以课堂教学的方式展开。私塾的学习内容以《三字经》、四书五经、

《论语》等为主。同时掺杂着一些传统规矩教育。在私塾中，学生们并不学习乡规民约，教育内容都是由老师决定，村里的好户并不参与教学内容的安排。学生不愿意学习或学习中存在偷懒行为，先生可以体罚，家长并不反对。在洋学中，虽然教学内容不一样，但是依然是以老师管教为主，也可以体罚学生。

4. 学校规训结果

传统教育中，家庭教育偏重于品行、规则教育，学校教育侧重于知识的教育。多数村民因不识字，无法对老师的教育效果进行评判。村里上过学堂的识字人通常是修家谱、写信、记账的主笔者，没有文化的人无法参与其中。同时村里的保长、乡长多是村里的识字人来出任。文化人也是记录本村家谱与历史的主笔者。

在学校里，没有学生敢反抗学校教学规则，必须遵从老师的教导，这是千百年传下来的被村民认可的规矩，任何人不能打破，也不会有人反抗。不守规则的学生会被老师体罚，家长一般都是持赞同老师体罚的态度，家长通常对老师说，"该打就打，该骂就骂"。不但如此，在学校反抗老师的学生会遭到家长的训斥。

第七节 文娱与文娱关系

传统时期，刘屯村村民们在生活中形成了特有的娱乐活动，以打牌、闲聊、逛庙会为主。本节将从"日常娱乐及其关系、节庆娱乐及其关系"两个方面去考察1949年以前刘屯村的文娱活动。

一、日常文娱活动

村里农忙时节在清明节后一直到种上冬小麦这一段时期，一般忙到农历十月一日前后，大约八个月左右。农闲的时候在种上冬小麦之后一直到清明节前，为一年中的农闲时节，约三四个月。不忙的时候，村民们一般都会打牌、闲聊、看庙会等。1949年前，村里文娱活动以打牌、闲聊为主。在农闲时，村里较为贫困的人会做些小生意或者外出要饭。村里一般的户与没有产业的好户则比较清闲一些。

（一）打牌

打牌在1949年之前是村内主要的娱乐方式之一，多数男性都会打牌，少数妇女也会，打牌的方式比较多样，有打麻将、桥牌、推牌九、带保等形式，都可以用来进行小额的赌博。当地喜欢将因某种活动聚集的地方称做"场"，比如牌场、饭场。打牌的时间比较集中，主要在农闲时，一般以农历9月份种完小麦后为主，当时为冬季，一直到收小麦前。地里无农活可干，因此闲赋在家的农户便会选择打牌的方式消磨时间。

打牌的对象并无讲究，跟谁玩都可以，一般爱打牌的人是比较固定的，牌瘾比较大的农户农闲的时候天天打牌，直到家里农活开始为止。打牌一般为四个人，不过有很多旁观者在一旁参谋或者闲聊，所以一桌人打牌，周围会站着五六个看的人，发起者都是这些爱打牌的。村内会有很多"牌场"，即聚众打牌的场所，一般多在农户的家里。村庄的各个区域都有牌场的存在，打牌者以本区域的人为主，因为距离较远，并不会去其他区域打牌。每一片会有一拨很喜欢打牌的人聚在一起打牌，不喜欢打牌的人一般不去牌场。在一起打牌的人地位差距不大。打牌的人都有自己的小圈子，好户与好户经常在一起打牌，一般的户与一般的户在一起打牌。在其中一人的家里打牌时，主家会给一些开水喝，不会收取费用。

去得晚了会捞不到打牌的座位，就站着或者坐在旁边看牌，每次看牌的人要比打牌的多。每一轮打完后，总会引起一番出牌顺序的讨论，算是大家大声讨论娱乐的方式。打牌主要为了娱乐，捎带着赌一些钱。输赢很正常，虽然输的人心里会不好受，但不会记恨别人，只会怪自己手气不好。若是输钱后耍赖或耍脾气，大家以后便不会再与其在一起玩牌。所以争执比较少见，最多是发几句牢骚，依然遵循愿赌服输的原则。

打牌时很少有争执，都是本村人，即使发生争执，吵一架就完事，双方以后便不会再同桌玩牌，或者见面不搭腔，并不找别人来调解，主要依靠"自愈"。起先是两家不搭腔，过一段时间之后便会渐渐恢复正常的交往。这种纠纷更不会请保长或者族长，他们并不过问此事。村内没有发生过因打牌发生的官司，因为打牌是一种玩的方式，并不值得打官司。

图 5-2 村里人在打牌

打牌的人以男性为主，妇女在家做饭，不会到牌场打牌甚至看牌。即使在自家打牌，妇女也不观看。妇女在家守着，吃饭不是问题，饭点时会派自家的男孩子前来叫丈夫回家吃饭，打牌的并不会在打牌场吃饭，都是回自己家吃饭，中午饭点时会散场。由于打牌人较多，牌场所在的人家承担不起饭费，1949年之前饭是比较"主贵"（意为比较贵重）的。很多人家的粮食满打满算仅够本家的一年的口粮。打牌结束时，很少在一起喝酒吃饭，回自家吃饭。喝酒的次数很少，村内没有饭店，喝酒的话要提前准备。喝酒的人并不固定，女性是不参与喝酒的。

女性打牌的很少，都是在自己家里，召集几个住得很近的喜欢打牌的妇女一起，边打牌边聊天。1949年之前，一般农户家的女性要从事织布和缝制衣服的劳动，并没有打牌的时间，最多在家里和几个串门的人闲聊。

（二）闲聊

聚众闲聊也是村内农闲时打发时间的主要方式。不爱打牌的人便会选择闲聊的方式打发时间。闲聊较为随便，不要板凳，通常是站着或者坐在地上，站坐方式比较随意。男女的闲聊场所是分开的。闲聊的话题比较宽泛，小到生活小事，大到国家大事，都可以成为闲聊的话题。每次闲聊通常会持续一上午或一下午，时间较长。参与闲聊的一般是住得比较近的农民，彼此各方面都比较熟悉，有共同的话题。看到有矛盾过节的农民在闲聊的队伍中时，一方向众人打一个招呼后便会离开。

图 5-3 闲聊中的农户

闲聊时，若是这一片有有文化的老头，看过一些书，会向参与聊天的人讲其读过的故事。更像是一种说书的，不向听众收钱，这只是一种聊天娱乐方式。

（三）公共休闲场所

1. 牌场

1949年之前的小卖部比较容易成为打牌的场所，需要的设备比较简单，一两张桌子摆放在门口或者院子里，再放几个板凳，看牌的人多是站着，小卖部不提供茶水。成为公共牌场后，聚集的人会比较多，小卖部可以靠此卖更多的东西，比如烟、麻花、馓子等。

公共的打牌场也是闲聊场，男人边打牌边聊天，聊的内容比较宽泛，没有固定的话题，会有一些"好吹的人"，即喜欢吹牛的人。大到国家的大事，小到本村人的闲话流言，都会成为聊天的内容。按照本地观念，女性是不去公共牌场的，因牌场都是男人，女人不会去。村里不干涉个人打牌的事务。

村里的庙会也是打牌的场所，在庙会戏台的一侧会摆上约30桌，打牌的人都是本村或者附近的人。庙会只开两三天，因此庙会牌场存在的时间较短。

2. 聊天场

村里公共的休闲场所多是路边的大树阴影下与村里的十字路口。这些地方最容易成为闲聊的地方，也就是聊天场。村民们茶余饭后会去那里聊天、乘凉。这些地方没有任何设施，来的人直接席地而坐，没有太多讲究。聊天场不一定是村的中心，一般是某个区域的中心地带。村里每个区域都有供附近村民聊天的公共场所。夏天收割小麦时，到了晚上，寨门外的打麦场是最热闹的地方。天气闷热，不太容易入睡，在场内看守麦子的男劳力便会坐在一起闲聊，通常是相邻的打麦场的主人坐在一起，三五成群地聊天。

妇女闲聊多是在家中。一般是在做针线活时，妇女的聊天以日常生活为主要话题，不涉及国家事务。妇女串门闲聊比较常见，在一起边做针线活边闲聊。妇女在农闲时是要纺花，织布，做衣服、鞋子的，全家人的衣服都是妇女来完成。所以妇女空闲的时间比较少，都是在干活。

3. 喝酒

除了过节，村里人很少喝酒，多数家庭没有足够的余钱去喝酒。喝酒多是请人帮忙，在结束时请人喝酒。都是从村里杂货店里买的零酒，饭菜由家里妻子做。过年时家里来了亲戚也是要买点酒的，女人不上席，在厨房里吃饭。男人在堂屋的正当门的桌上边喝边聊。喝酒都是关系要好的人之间的行为，家庭条件较为近似，经济一般的农户不会请保长或者族长喝酒。

二、节庆娱乐及其文化

传统时期，节日文化娱乐是村里人节日庆祝的重要组成部分。首先，春节是农户最为重要的节日，处于农闲时期，持续的时间较长。村里的节日娱乐主要集中在春节期间，比如走亲访友、送神等，春节是村里最热闹的时期。另外一个走亲访友的日子便是中秋节，不举办娱乐活动。其他节日更为平常一些，村里人要忙着下地干活，没有娱乐活动。

（一）节庆娱乐形式

1949年前，在刘屯村，春节期间最为热闹。村里人忙碌了一年，在春节期间都会选择休息一段时间。自腊月二十到除夕，农民这段时间不干农活，各家开始积攒年货，大人会带着孩子连续到附近的会上赶会，这一时期会上最热闹，孩子可以要父亲给买各种吃食，家里的妇女不赶会。这一段时期也是集市交易量最大时期。

除夕到十五这段时间，村里人要走亲访友。一年中很少与亲戚有如此长时间的来往，早上开始去亲戚家，上午中午饭前与同辈的表兄弟打牌，中午主家置办好饭菜后，与主家喝酒划拳。这段时间几乎每天都要走亲戚，亲戚闲聊过去一年的收成、劳动。

除了走亲戚之外，生活在院子里的大家庭为了打发时间，会在院子里召集邻居打牌，通常也带赌注，只是比较小而已。村里没有形成其他公共的娱乐形式。

此外，一些敬神活动也比较多，比如正月初七村里送火神爷，正月十五家家户户送灶神，正月二十八罗汉寺庙会。春节期间也是庙会最多的时候，村里人看戏只在庙会，无论是本村还是邻村逢庙会都会请戏班来唱戏。附近其他村举办庙会时，村里爱听戏的人也会去看戏，都是免费观看。集市上并没有戏园子，当时戏班子多在班主家里。因此村里农户没有看戏的支出。平时在村里的会上，能听说书与听唱大鼓，去听的话，要给小钱。村里人一年到头也听不了几次戏，因此打发时间主要靠打牌与闲聊。

(二) 节庆关系

节庆活动中男女有别。节庆活动很多都是男人在参与，不允许女人参与，尤其是尚未出嫁的闺女，"大门不出，二门不迈"，"那个时候，妇女不能出门，外面的事情都是男人去做"。除了一些较轻的农活需要妇女参与之外，其他时间妇女是不出门的。村里的送神活动，妇女是可以观看的。

贫富与节庆关系。这些过年时的娱乐活动需要好户与普通户的共同参与与支持才能办成。在公共性的娱乐活动上，要有人带头"操心"，村里的好户担任组织者的角色，比如会首、问事人都是村里的好户人家。具体过程的参与者多是村里的一般户，比如举火把、跑腿的、逛庙会的都是村里一般户。

第八节　村落文化变迁

1949年新中国成立后，随着土地改革运动、集体化、土地承包到户等运动的开展，生产方式变化带来了村文化的重大变化，尤其是信仰文化与祭祖文化经历了起伏变迁。

一、1949年前传统文化形态状况

(一) 小农文化的整体状况

从以上几节可以看出，1949年前的村文化有典型的封建神话色彩，传统神灵信仰、先祖崇拜思想浓厚，这些思想同时也反映在了教育等日常活动之中。

一是重视信仰。村里刘氏家族祭祀先祖，墓祭、家祭都是十分隆重的，都会摆上自家最珍贵的食物。村里的信仰与自然相关，因为害怕火灾，有了火神庙，来祭祀火神，每年正月初七送火神爷。遇到旱灾时，就组织起抬撵求雨、哭井、扫坑，而不是联合起来修建水井、水渠等设施。因为想要儿子便有了送子奶奶这位家神。

村里多数人是勤劳的，遵循着日出而作、日落而息的习惯。完全依靠人力进行耕作，一年中多是在劳作中度过。村民对传统节日比较重视，尤其是春节与中秋节。生活上，村里人很节俭，穿的是家庭妇女自己织的粗衣棉布，走亲戚赶集都是依靠步行，住的是泥墙草屋，自家粮食仅够自己家使用。对传统思想比较固守，比如寡妇不改嫁、一女不侍二夫等。

二是恪守习俗与传统教育。村里人十分恪守传统规则，娶亲必须要经过父母之命、媒妁之言，儿子无权选择谁做妻子。守丧期间要恪守规制，不得出门，丧礼事务完全交由邻居打理。这些规则都是有百年历史的，没有人敢打破。村里在家庭管理上，并没有明文的家规，多是口口相传，村里人将礼节内化为自己的原则，不敢冒犯长辈。村里人坚信"棍棒之下出孝子"，希望孩子能遇到"严师"。

（二）小农文化的结果

这一时期的村庄小农文化底蕴比较深厚，是典型的自然经济下形成的对自然具有依赖性的生存文化。思想上固守传统，信仰方面迷信倾向很明显，甚至将生产、生育寄托于神的力量。在村民观念中，女儿是外人，即使无子，家产也要由侄子继承，因为侄子才是本家人，传统习俗在刘屯得到充分的体现。

二、1949年后传统文化形态变迁

（一）土地改革运动中小农文化状况

一是崇拜与信仰的变化。土地改革运动中，村原有的落后的文化形式被推翻。首先，土地得到重新分配。村里的寺庙在这个时期遭到全面摧毁，全部被用来建学校、修水井。一些信仰被摧毁，如求雨活动被禁止举行，村里的祠堂被用作村部办公室与学校，祭祀文化被限制。思想上，通过政府的宣传教育，农民开始摆脱传统文化的束缚。村民开始有了政治观念，逐渐给自己定位。村里的敬神活动、送神活动、庙会活动、祭祀活动都被禁止。

二是部分观念的变迁。这一时期，通过新政府在政策上的宣传教育，村民的思想观念发生转变。面对一些有孩子的寡妇家庭，新政府提倡招夫养子，这一形式才开始兴起，村内出现两户。有孩子的寡妇开始招新的丈夫，招来的女婿主要的职责就是抚养继子，为其娶妻成家，而且家产都要给儿子。继子不随继父姓，继父也是自己的原来的姓氏。不要经族长的批准，只要自己家里人同意便可以。政府鼓励年轻的寡妇改嫁组建新的家庭。本村的部分年轻寡妇、侧室改嫁到别的村。

三是习惯的变迁。村里的丧葬习俗与婚嫁习俗在传统规则的基础上得到简化，但是依然延续着原来的部分程序。婚嫁依然主要是以媒人为中介，但是男女双方开始会面,破除了原来直到结婚当日才能相见的习俗。部分仪式等都简化。丧葬只是在服丧时间、仪式上得到部分缩短。这个时期的生育观念并没有得到改变,依然是顺其自然,只要怀孕就一直生育,并不考虑家庭条件。基于医疗条件的改善,死亡率有所降低。

（二）集体化时期村文化状况

随着合作化、人民公社运动的开展,农村经济发生了重大变化,思想文化也发生了变迁。

"文化大革命"时,祠堂内的牌位、画图等被拆除,屋顶的脊兽、祠堂内饰被当作"四旧"遭到破坏,祠堂被改造了一番。因为当时是上级政府要求的,村里没有人敢出面阻止。村里的神像、家神、牌位全部被销毁。村里的刘氏家谱在"破四旧、立四新"的时候被全部烧毁,当时家里都不敢藏家谱,不然会被批斗,村里仅流传下来一部家谱,是被人藏在了棺材里,才得以保存。在祭祀时,不允许搞封建迷信,更不允许家族的集体祭祀行为。受访者刘丰须（86岁）老人讲述,当时牌位被清理出来,他拿了一个牌位抱回家,牌位是木材制成的,刷了红色的油漆。由于不认识字,他也不知道是哪一世的牌位,后来遗失了。

在娱乐活动上,赌博的陋习被根除。生产队几乎每天都会有劳动任务,相比之前,农户的休闲时间被占用很多。在农闲时节,队里要组织社员挖池子积粪攒肥。平时农户的主要休闲方式便是与邻居聊天,也有一些人打牌娱乐。生产队时期,一年到头都要劳动,有的时候腊月底还在干活。农民的休闲时间遭到挤压,休闲方式也比较单调,以聊天为主。

集体化时期,婚丧习俗发生更大改变,仪式做到了最简化。尤其是在大食堂时期,甚至婚礼仪式都不用举办,直接将新娘接到家便可以。丧礼还是有守孝制度,形式过于简化,期间没有工分照顾,丧礼过后要上工干活。根据上级的要求,每个队成立了由队长、会计带头的红白理事会,并且规定不准大操大办。村里人办喜事或者丧事时,要向队长汇报。当天队长会安排人手去当忙客,会计负责统计亲戚磕头礼。

生育观念的调整。20世纪70年代国家实施计划生育政策之后,村里的生育观念得到很大改观,但多子多福的观念依然影响很深,尤其是传宗接代的观念依然很强烈。随着政策的推进,村里生育率下降明显,之前每个家庭的子女数多在5—8个。政策实施后,多数家庭的子女数量约为3—4个,农户家庭子女数量明显减少。只有个别没有儿子的农户会选择一直生,并不在乎超生费,会生到有儿子为止,这样的家庭子女数较多。由于医疗条件的进步,村里人开始有了运用医学措施进行节育的观念。

(三) 土地承包到户之后小农文化状况

土地承包到户之后，以家庭为单位的农户获得了生产生活上的灵活性。这一时期村里的文化活动得到部分的恢复，新的文化形式得以产生。

在信仰上，村里人家里重新摆起了家神、牌位，但是比例不高，受访者中，只有很少一部分人家中供有父辈的排位，且为红色的纸质牌位，挂在堂屋正对门的墙上，每到春节当日会摆一碗饺子上供，其余时间不上供。信仰基督教的人越来越多，占有信仰人数的一半以上。村民给出的主要原因是"基督教是国家叫信的（允许的意思）"。村里人信教活动开始有了组织，日期较为固定。这些信教人中以妇女为主，农忙时节信仰活动较少。

与生产队时期相比，家庭承包之后，村民们的空闲时间多了许多。村里一些人为打发时间，开始打牌或者买收音机听戏，其他的休闲方式比较少见。在九十年代，村里的个别富裕户买了彩电，这是比较新奇的东西，每到晚上吃过饭，附近的邻居都会带上小板凳到他家去看电视，主人一般会放一些电视剧或者豫剧。到晚上八九点的时候众人便会散去。到邻居家看电视，主家是不要钱的。

第九节 村文化实态

当前，村里原有文化受到现代科学和外来文化的冲击，发生了重大变化。村里人在继承传统文化的同时，融合了一些外来文化。本节将从"信仰与祖先崇拜、习俗与观念、思维观念、娱乐休闲"等方面去考察刘屯村的文化现状。

一、信仰与祖先崇拜

2010年后，本村建了一座教堂，为本村及附近村庄的教众共同捐资所建，同时，上级教堂进行了拨款。教堂建于本村村委会东侧30米处。仅本村的信众在此守礼拜，其他村有自己的教堂。信众集会一般坚持就近的原则，在距离最近的教堂内举行。去教堂多是多人结伴而行，居住得较近的村民一起去教堂。南侧三里处的杨集集市上也建有较大的教堂。

村附近的寺庙较少，最近的一座寺庙位于距离本村8里的镇里固村，这座原被摧毁的寺庙被重新建起来，主要资金来自附近村民的捐款，各人出资金额不等，捐款较多人员会在庙内的功德碑上被刻上名字与捐款金额，单人最高出资为2 000元。捐款有高有低，主要看捐款人的个人意愿与经济能力。本村内已经没有寺庙的存在。

敬拜祖先得到恢复，但是频率远低于1949年之前。改革开放后，村委会搬出祠堂。2007年，村里的刘氏宗祠在刘氏后人共同捐资下，按照原样得到重新修缮，祠堂现位于村里的小学校园内。祠堂内的祖先牌位重新得以摆上。除清明、春节之外，平时并没有人祭拜。

2015年清明节，在族长与家族委员会成员的组织下，刘氏家族举行清明祭祖仪式，本村的后人以及散落在周围村庄的后人派代表来参加。主要有新任的族长刘新端以及家族委员会的成员刘二彦、刘耕慈负责筹办。花费用由村里的刘氏后人共同出资。并不是每年都举行，宗族委员会成员会选择在适当的年份举行。

二、习俗的继承与发展

（一）婚事习俗

村里的婚丧礼仪方面随着形势的转变有所变化，采取了西式与中式兼收并蓄的方式。婚事的步骤与1949年前比较类似，经过说媒—见面—送礼—定婚期（俗称"商量事"）—婚礼。在说媒时，依然需要中间人也就是媒人，并且出现了职业化的媒人，通常需要两三个媒人完成一对男女的牵线搭桥，每个媒人能从说媒中获得约1 000元的报酬。成婚之前的彩礼是比较重的，通常是几万元，比如六万六，具体的金额在于双方家长的商量，外加几万元的礼品彩礼，这与1949年前的结婚成本截然不同。1949年前，闺女出嫁对于娘家人来说是赔钱的。男方结婚的成本主要花在结婚之前的现金彩礼与新建房屋上，现阶段村里结婚的最低要求是男方要有2层的新房。婚事的最后一步——婚礼喜宴依然比较注重场面，娶亲改用小轿车队伍接亲，村里人喜欢大操大办喜宴，规模明显有扩大。亲戚长辈要拿"磕头礼"，在婚事的第二天要回门，这些古老的规则依然保存下来。现阶段的婚事依然按照1949年之前的程序进行，只是在具体的措施安排上进行了改进。花费金额相比之前明显上升，为一个孩子娶亲几乎会花掉一个家庭所有的积蓄。

（二）丧葬习俗的保留与简化

现阶段的丧葬仪式与1949年前基本相同，只是部分仪式有所简化。老人去世后的丧礼会隆重举行，但是此项花费占家庭支出的比例有所减少。现阶段的守丧与仪式进行了明显的简化，比如人力抬棺改成了用车拉棺，即用车将棺材拉到墓地。在亡人下葬之后，丧葬算是完成，仍要到姥姥家谢客，完成这些仪式后，孝子便不用穿孝鞋守丧，但是三年之内不能贴对联，除非中间家中有喜事发生。总体上丧礼依然按照原有的流程进行，一些服孝的规制进行了明显的简化。

（三）生育观念转变

现在的村里，二三十岁的年轻人家中多是2个或者3个孩子，开始有了生育观念，不再生育过多的孩子。若是没有儿子的话，村里人还会选择继续生，可见传统传宗接代的观念依然存在。村里一般没有儿子的农户会选择招女婿养老，不再依靠侄子，女儿的继承权高于侄子，这与1949年前的侄子请寿截然不同，是一大转变。没孩子的农户会选择抱养亲戚家的孩子，抚养成人并继承家产。村里没有儿子的家庭多是由女儿继承，多数村民会采取招女婿的方式来继承家业，并为老人养老。至于百年之后，如果女婿要回原籍，老人多表示百年以后的事随着孩子们的意愿来办。现阶段，村里既没有儿子也没有女儿的农户则依然由侄子请寿，由侄子为其养老送终，家产由侄子继承。若是连侄子也没有，在其年老时，村干部会建议将其送到乡镇养老院。若是老人同意，则会在养老院里住到百年，其医保参保费用由乡民政所负责支付。

（四）节日习俗

村里最为热闹的节日便是春节，其他节日显得平淡。每到春节，村里外出务工的年轻人都会回家团圆，大年初二，夫妻要带上儿女到岳父母家走亲戚，而且会带上很多礼品，通常会带整鸡、五六斤猪肉、两封馃子与一条大鲤鱼，还要在超市买一些包装的礼品。礼品数量远远高于1949年之前。走亲戚依然按照由近到远的原则进行，随着交通条件的改进，走亲戚的周期缩短，通常在正月初十之前便能走完全部的亲戚。

与之前相比，端午节、中秋节显得更为平淡，外出务工人员不会回来团圆，都是在村的妇女负责张罗。八月十五走亲戚由在家的妇女来完成，每到八月十五，未外出打工的外嫁女儿都会回娘家走亲戚，外出务工的外嫁女儿只能免掉这项礼节。

（五）文化娱乐

村里只有少量集体娱乐设施。2015年前后，村里建了一片硬化的小广场，广场上有十余部健身器材，供村里人平时锻炼。

村里60岁以上的老人喜欢打牌、打麻将，以此消磨时间，因此村里形成了三个固定的"牌场"，其中一个位于路口的小卖部里，有四张桌子。另外一个位于学校西侧的一户人家，有三张桌子。还有一处位于学校门前的路北。这三个牌场基本都是50岁以上的农户在打牌，年轻人很少参与。村里人都知道这些牌场的位置，家人有事情时，妇女会专门跑到这几个牌场喊自己的男人回家。还有一些不固定的家庭牌场。这些牌场每次玩的金额多是一局一元，主要为了娱乐。受访者刘砀山老人最喜欢看牌，每天都在牌场坐着。近几年，附近村庄没有举办过庙会，这一传统的娱乐形式不复存在，村里人除了串门就是在路口与邻居聊天。村里人平时主要在家看电视，电视成为了新的重要的娱乐方式。村里娱乐设施比较缺乏，没有组织过文娱活动，村里没有会唱戏的人。部分老人比较喜欢打牌与赶集，中年人在闲时也喜欢打牌，村里的年轻人喜欢看电视与玩手机。

过年期间是牌场最为热闹的时候，打工回来的中年人到牌场打牌。年前，一些要好的年轻人会经常结伴到村里的三个饭店喝酒。

三、思维观念

村里朴实勤劳的传统得以保存下来，多数村民选择外出打工或者跟随建筑队在附近建房，以自己的体力劳动来换取金钱报酬。村里农户穿衣比较简朴，尤其是老年人多是穿着黑蓝色调的衣服，保持着八九十年代的穿衣传统。年轻人多外出打工，穿衣跟随时尚的步伐。家庭开支依然保持着精打细算的传统，比较务实。村民喜欢存钱，很少投资，以免自己的积蓄被毁，用来为孩子娶亲以及自己将来养老，因此村里人在生活上很少有铺张浪费的行为。

随着市场经济的发展，外出打工加速农民与外界主要是城市地区的交流，农户在观念上更加开放，逐渐抛弃旧有的一些传统，比如，妇女的地位与男子相同，妇女也可以提出离婚。男人去世后，多数妇女会选择再嫁。与之前相比，村里的离婚率有所提高。女儿与儿子一样也要承担养老的义务，只是女儿所承担义务略低于儿子。

四、教育情况

村里的刘屯小学于民国时期所建，位于刘氏祠堂内。1949年后，国家重视教育，学校面积不断扩大，现占地面积约5亩，学生300多人，教师20多人。2014年，县教育局拨付教育资金为村里修建了3层的教学楼。上学者为刘屯、双楼、范庄、张屯等村的适龄儿童。在性别比例上，学生的男女比例较为接近。

按照国家义务教育免费的规定，村里小学不再收取学杂费，教学经费由政府拨给。学校老师多是本村与附近村的大中专毕业生，毕业后回到本村教学。由于农户经济水平的提高，为了孩子能享受更好的教育，村里较为富裕的家庭将孩子送到了县城的私立的寄宿制学校读书，部分家庭条件一般的农户选择让孩子在村里就读。近几年，到县城就读的学生较多，小学的生源不太充足。

第六章 村落治理形态与实态

民国时期,在"国权不下县"背景下,刘屯村村落秩序是如何维持的,村落治理又是谁来执行的?本章将从"政权治理、村落治理、家户治理、亲族治理、信缘治理、业缘治理"方面去考察传统时期刘屯村的治理形态与治理关系,以及村落治理变迁与实态。

第一节 政权治理与治理关系

传统时期,国家虽然不直接治理乡村,却建立了为国家服务的正式组织——保甲,深入到乡村。本节将从"治理单位、治理主体、治理内容、治理方式、治理关系"等方面去考察传统时期刘屯村的政权治理活动。

一、政权治理单元

民国十八年(1929年)砀山县废市、乡制度,改设为一、二、三、四、五、六、七区,下辖118个乡镇。民国二十三年(1934年),将一、七区合并为一区,五、六区合并为五区,全县划分为5个区,69个乡镇。建立了保甲制度,全县有271个保,3828个甲。[1] 平均每个乡镇下辖4个保,每个保下辖14个甲。刘屯属砀山县第四区刘屯乡。

---

[1] 资料来源:《砀山县志》,1996年版。

刘屯村所属保公所的名称是第六、第七保。两保的范围仅为本村，不包含其他村。甲的范围是按片划分的，约有数十户，为居住得较近的几户人家组成，没有具体的划分标准，据受访者介绍，每保约有十甲左右。同一甲中各户都是居住得比较近的农户，日常往来比较多。"自打我记事起，实行的就是保甲制度，没有其他的单位了"，受访者刘耕珍回忆道。按照当时划分方式，政权治理组织结构分为县、区、乡、保、甲五个组织层级。

图6-1 民国时期治理层级

二、政权治理主体

刘屯村正式的管理者有乡长、保长、甲长三个主体。

（一）乡公所

据受访的老人介绍，1949年之前，本村原属刘屯乡[1]。乡长长期为本村人士担任，其间，张屯人訾姓人也干过一段时间。日本人来之前，本村的刘文彬、刘红春先后担任过乡长，均来自村里的好户人家。乡里并没有专门的乡公所，乡长在自己家里办公。1945年抗日战争结束后，刘屯村归杨集镇管辖，本村人刘喜亭担任镇长，其家中土地半顷左右，也是村里的好户人家。乡的范围较小，仅包括周围张屯、刘屯、陈屯几个保。

1. 乡长

乡长都是村里有能耐的人担任，一个重要标志便是家里比较富裕，同时也有威望，且都是识字人，上过私塾，在县里或者区里有关系，按照受访者的说法，也就是在上面有人。乡长由区里任命，不召开大会，不是选举产生，乡长都是本地人。村里刘姓人家长期担任本乡乡长。乡长的轮换比较灵活，也没有固定的任期，前一任乡长辞职后，会推荐出另一人出任乡长，然后区里任命，就完成了轮换。

乡长的职责比较轻，乡长在自己家办公，本乡没有乡公所。国家只有在征税、征兵、劳役、社会治安出问题时才会找到乡长。平时乡长并不过问其他的事情，也不过问村里的具体事务。乡长的具体酬劳不详。据受访老人告知，乡长是有好处的，但是比较少，乡长不出劳役、税款，乡里平时不收杂支，没有其他的收入。乡长只管理税收、安保等本乡的事务。乡长接到任务后，会直接派发到各保的保长。乡长并不过问村里的集市与会上的事务。这些事务都是非官方的头目处理。乡长也不过问家族的事

---

[1] 也有老人说是陈屯乡，此处采取多人记忆。

务，都是族长管理。

2. 乡丁

乡丁是乡长的手下，由乡长自己任命。通常乡长手下只有四五个乡丁。对乡丁家庭条件并没有太高的要求，与乡长的关系较好或者血缘关系近就可以。乡丁手中均持有枪支，目的是防止土匪抢劫。乡丁不算是正式的职务，任命比较随意，没有固定任期，可随时更换，乡丁的主要职责是为乡长跑腿。具体的好处不详，但是这些成员不用出兵役。

（二）保公所

1. 保长

保长都是来自村里的"光棍人家"，都是家境殷实、平时又爱管闲事的人。按照受访者的说法，一般来说保长为有点权威的人担任，并且"上面有人"或者"有关系"。村内没有举行过保长选举，均是乡里任命，担任保长的户多在中等水平以上，家境殷实，具体如何任命无老人知晓。保长更换的频率比较高，通常三四年就要换一位，没有固定的任期。最后一任保长为刘彦亭，家中土地数量在50亩左右，并不是村内最富有的户，认识字。其堂兄弟刘喜亭为杨集镇的镇长，当时刘屯归杨集镇管辖。村里的保长一直以来都由村里有能耐的人担任，家里比较富裕，雇有大领种地，也有威望，且都是识字人，上过私塾，没有不识字的人担任保长的。

保长职责比较少，与乡长较为类似。本保保长只管理保内事务。保长在自己家办公，村里没有保公所。保长只过问征税、征兵、劳役、社会治安问题。保长有权力决定将上头派下来的壮丁名额分给哪一家。日军占领杨集后，保长曾组织本村的人加高过一次寨墙。保长的具体酬劳不详，好处比较少，已知的好处是保长家人不出劳役、兵役、税款，没有其他好处。平时能收少量"杂支"，雇人看青时，可以向村内人收费。保长有着本村的地册，有权力决定一家出多少杂支。保长不过问村里的社会事务与民事纠纷，这些由非官方的头目处理。保长与区里、乡里存在联系，平时有交往，也认识县里的人。县里的官员是不下村的，官府的命令不会在村内公布。保长是村里的正式代表，县里或者区里直接找保长安排赋税劳役。保甲长带着区里或者县里来的人到农户家去催税。

2. 保书记

除保长之外，保里有一名保书记，为村内会打算盘的人员，由保长自己寻找任命。保书记也是村内家庭条件较好的人家，上级并不过问其任命，保书记帮助保长进行记账、统计土地数量，登记村里的土地变更情况，还有就是根据上面的摊派，计算每家每户应该缴纳的粮食数量。最后由保长将底册交到区里。上面根据账本记录来判断哪一户人家没有缴纳款项。保书记的好处也较少，不会被抓壮丁或者做劳役。

3. 保丁

村内长期只有一名保丁，也就是给保长跑腿的。主要帮助保长处理保里的事情，保丁并不是选举产生，主要是保长自己找人担任，保丁并不需要什么条件，保长说了算。保丁手中没有枪支，只是保长的帮手。已知的好处是保丁不会被派兵役。保丁为保长传信跑腿，三个人左右。先前保里没有那么多人，后期事情比较多，所以保丁有了三个人。

(三) 甲长

村里每甲只有一个甲长，没有帮手。多是喜欢问事的人担任甲长，对家庭经济水平没有要求。甲长的经济情况比较一般，有后来被划为贫农成分的人担任过甲长，甲长不用识字，文盲也可以担任。甲长一般是一小片区域一位，通常是数十户一个甲长，每一甲人口数量并不固定，有多有少。甲长并无太多权力，主要的职责便是催缴税赋，每年将应该缴纳的税的数量通知到每家每户。若是有农户交不上便会前去催缴。若是区里或者县里前来催税，甲长要领路前去。甲长的任期也不固定，有长有短，甲长除了催税之外，并没有其他的权力，也不过问其他的事务。日常生活中很少找甲长，只有在涉及土地买卖与交税时才会与甲长打交道，不用给报酬，一般的农户很少与保甲长打交道。

> 受访者刘耕珍讲述，甲长主要的职责是催款，上面要人也是向甲长要，比如修路要人，都是问甲长要，指定每个甲要出多少人。甲长只问交粮款的事情，其他的事情很少过问，早晚也收一些杂支。粮款是固定的，一年就这么多，一年两次。但是杂支不确定，若是本地驻兵，会让甲长送点草料等，这是临时的，并不固定，指不定什么时候会遇到一次，时有时无。

(四) 乡保甲长的关系

乡长、保长与区政府是认识的，经常会与区里进行交涉。三者在政权关系上，是隶属关系。乡长可以任命保长，保长任命甲长，上级下达任务，要通过层层的下达。有时候区里会越过乡里，直接找保长要劳役。在权力划分上，乡长的权力最大，管理的范围最大，乡长将上级下达的总任务分配给保长，同时管理着乡丁，维护着当地治安。保长根据土地情况将税赋分配到户，甲长只负责传话，催促本甲的农户缴纳税款。

在社会关系上，本村的刘姓人家经常担任本乡乡长与保长之职。乡长、保长、甲长都姓刘，同属一族，同为本家人，血缘关系较近。乡长通常是优先让本家人担任这些职务。除了有赋税徭役之外并不经常开会，开会只能派保丁奔走通知甲长，开会频率很低。普通的村民并不知晓也不参会，村里保甲长只有在摊派税赋时开会。

三、政权治理内容

（一）征收税赋

民国时期，保长主要负责赋税徭役，保长接受乡长的领导，每年县里会按照保里持有的土地数量安排本保应交的税赋总额，保长根据税赋的总额按照每户持有的土地数量分摊到户，每年的税额均不一样。保长另一个职责就是统计土地的买卖情况，并且统计本村每家的土地数量，手中有地册，其他的事务并不管理，主要就是统计土地与税赋数量。对政府摊派下来的税赋，保甲长主要的职责便是催缴。村民交款并不经过保甲长之手，由每户村民将粮食交到县里指定的粮库，刘屯村通常是交到砀山城西的一个仓库，粮库会有记录，上面会将交粮的情况反馈到每个保里，保长会根据每个保的缴纳情况，让甲长前去催派，对于不交的农户，保甲长无权处理，只能上报到区里或者乡里。若是村民不交款，最常见的办法便是区里或者县里将人带走关押起来，等到家人将款交上之后便将人放回来。保长催收税款并不与村民商量，按照土地数量直接将应缴的数量分配到各家各户。保甲长并不会为交不起税款的村民垫付。

（二）正常抓丁

民国时期，有人自愿参军，主要是为了混口饭吃，民国政府给参军费。村内已知的参军人员有一位，受访者刘砀瑞的父亲为自愿当兵，退伍后回到本村。有人是被路过的军队劝说才参军。自愿参军与被抓参军的待遇没有区别。就正常抓壮丁来说，若是这家人已经出一个兵，其他的兄弟不用再参军。正常年份，家里只有一个男丁的农户是不会被抓壮丁的，兄弟多的农户会被抓，不问是否成家。已知村内被抓壮丁的有两位，其中一位为李广义的兄长李广新。

正常的抓丁是县政府将指标下达给每个区，区里再将指标分配到保里面。为了完成抓丁任务，保长将名字报到区里或者县里，区里直接派人来，由甲长引路，保甲长不亲自抓。区里或者乡里只负责完成名额指标，并不在乎是谁当兵。代替当兵也是被允许的。壮丁由区里押送到县里，受医疗条件限制，并没有体检，但是身有残疾的人是肯定不行的，也没有遇到退回换丁的情况。抓丁并不会提前告知，也来不及躲避。服役家庭并没有优待，牺牲后村里也不知道。卖丁的多是一些穷人，生活较好的户是不会卖丁的。买兵的是家里条件较好的又不想去的当兵的农户。由于识字人较少，不要签契约，口头谈好就行，一般是谈好后当时就给粮食。壮丁送兵是区里的事情，不捆绑。被抓人从部队逃跑后并不会追究买方责任，也不会追究逃兵责任。买的兵死亡后卖家不会与买家发生纠纷，卖方事先知道当兵存在的风险，既然双方达成协议，便各自承担责任。买外村的兵要以本村的名义。

正常年份是派丁。上级给了每个保名额后，保里根据农户家兄弟人数，挑出兄弟多的人家，圈定好几户人家后，这几户人家各出一人，抓阄确定人选，抓到的要去当兵，没抓到的不用当兵。抓丁的年龄没有限制，多是在二十多岁，不论是否婚配都可以。

> 据受访者刘丰须老人讲述，民国时期其舅舅兄弟较多，被定为抓丁的对象范围，后来抓阄，其舅舅抓到了壮丁，不想去当兵，便花了700斤高粱，找了村内的一个混日子的人代替他去，政府给的当兵费也给了代替他的人。保长并不过问，只是为了完成上级交给的名额，并不在意谁去当兵，算是其舅舅家出了丁，以后村内抓丁不再找这家人要丁。代替他的人比较机灵，没过多长时间就逃回了，村内的人并没人举报，就此了事。

若是国家急须补充兵员，则会直接找保要壮丁。抓丁是保长私底下安排的，也就是保长根据村内各家庭男丁的情况，直接指定目标。保长确定人选，然后报到区里，区里直接派人来抓，并不是盲目抓，不会提前告知被抓的对象。家人找保长也没有用，只能自认倒霉。

> 村内李广新家为外来户，兄弟两人，其弟给了看守北寨门的马姓人家，其当时已经成家。保里给了两个壮丁指标，由于是外来户，保长把其报了上去，当时正值夏季，晚上区里来人直接将其从打麦场内抓走了，穿上军装连夜送到了县里。后来李广新参军的部队被解放军收编，参加了解放军，退伍后回到本村，担任了村里大队的干部。

（三）非常时期抓丁——区里抓丁

民国时期，有时区里直接派军人早晨到各个村头蹲点，抓到田地里干活的年轻人，直接带回区里，并不经过保里与乡里，乡长与保长也不知晓。受访者刘耕珍是村里经济一般的农户，遭遇过一次区里抓丁，被抓后，家人找到保长，保长跑到区里才将人要了回来。因为其是独子,并不能作为抓兵对象,并且与保长都是村里的刘氏后人。通过区里抓走的兵,可以通过保长要回。

(四)安排看青

看青也是由保长负责。在庄稼成熟快要收割的季节,也就十天半个月的时间,保里会派几个年轻人去地头看青,找的多是本村家庭条件一般的人家的孩子。整个保有三四个左右看青的。受访者介绍:"这几个人说是看青会的,其实都是保长问看青的事情。"每年并不固定,看青人是由保长安排的,其他人并不过问,一切由保长决定。老实人看青问不住,得找一些孬孩子。看青人并不会来巡逻,只是站在入村的各个路口,检查一下出入的人身上是否有从地里摘的粮食。看青人是比较怪的孩子,人品一般,家庭条件很好,与保长家的关系较好。

看青主要有两季,一是秋收时,二是收割小麦时。主要是白天,晚上也在路口溜达一会。看青人的责任区域很随意,主要是在村的北门、西门、南门三个门附近的路口守着,也要听保长的安排。若是抓到偷粮食的,会交给保长,保长只是训斥一顿,罚其交出粮食,但是抓到之后,该人的名誉会受损,很快便会传遍全村。其实逮住的都是一些"老冤",也就是老实人。看青的并没有专业的分工,晚上并不看,比较简单。若是庄稼被偷,看青人不会承担责任,顶多被训斥几顿。村里农田的主人会在小麦成熟的季节隔三岔五到地里巡视一遍,查看一下自家地里的庄稼。看青人的报酬由保里出,保里挨家挨户收一些粮食或出钱给看青的。稳定时期还是给钱,具体的方式不详。村内并没有看青会等组织,除了保里组织看青之外,看青主要还是单个家庭为主,各自查看各自的庄稼,联合起来的组织较少。保里的看青只能起到很微弱的作用。租种土地的农户主要的生活来源也是地里的庄稼,也会很认真地照看地里快要成熟的粮食,并不会耍滑头。没有发生监守自盗的情况,都很安分,若是被发现,会被东家训斥,严重的话,会被东家收回土地。

(五)社会治安环境维护

乡公所的主要作用便是维护社会治安,主要任务是治理匪患,乡丁的枪支主要就是打土匪。若是土匪侵犯本乡所辖的村庄,乡丁要拿起枪保卫本乡镇。通常在太平时期,土匪是不敢出没的。平时对于村里一些偷盗事务,村里人抓到后会找乡长处理。根据事情大小,由乡长决定是否将犯人送到区里。村里为防御土匪建有寨墙,在晚上关闭大门,在动乱时期安排男劳力巡逻。防御事务主要是保长负责安排,村里问闲事的人也会参与村里事务。一般的村民并不参与村庄治理,没有参与过村里的决策。

（六）军队对政权治理的干预

1. 摊派军粮

1945年至1948年之间，常有国民政府军队驻扎在本地附近，因此便有了军队要款的行为，军队为自身给养，会到周围的村庄索要粮食，会摊派给每个村固定的斤数。通常派几个士兵到每个村庄要粮，每到一个村庄（自然村）首先寻找本村管事的人，主要是保长，告知其向本村索要的粮食总斤数，然后让保甲长分配下去。若是问事的人不出头，也就是没有人理会，便会抓走本村几名年轻的男人，让村里交来粮食才将人放回。一般所要的粮不超过每亩地5斤粮食。虽然每次要的粮不多，但是混乱年代，部队往来频繁，自然要的次数较多，因此村里多是采取对他们不理会的态度。

90岁的受访者刘砀瑞说道："有一年，不知哪里来的部队派几个人来要款，保甲长躲着不见他们，最后找不到村里的头，当时我还是孩子，在街上玩，就被他们抓走了，同时抓走的还有本村的一个人，共三四个人，把我们抓到了县里，关在一个屋里，让村里交粮食换人。晚上趁他们没注意，我们几个都逃出来了。最后，他们也没再来村里要粮。"

2. 索要杂支

民国时期，当有军队驻扎在附近时，便会索要杂支。主要是一些干草，用来喂养军马。一般村里有牲口的人家都会备有干草。军队将具体的斤两标准告知保长，保长计算一下，进行分摊，然后保长通知每家每户应该交多少干草，由农户自己送到军队的驻扎地。有的时候按土地数量拿干草，有的时候按户出干草。这些不知哪里来的部队也会向村里人要一些粮食，村里人不给的话，就会采取抓人的办法，迫使村里人答应他们的要求。

3. 过境部队抓丁

民国时期过境的军队抓丁是比较随机的，军队在附近经过时，若是遇到年轻人，便会说服或者哄骗其去当兵。若是以上方法行不通，便会让遇到的年轻人去帮忙抬着军队的东西，找各种名目让年轻人跟他们走，然后会有专人看着那些年轻人，不让回来。到了驻扎地之后便会强制其从军。部队抓丁，保长是无权过问的，不知道是哪支部队抓走的，无法追回，家人只能等消息。

> 村内受访者刘耕珍老人就被抓过两次丁。其中一次是军队抓丁。老人在村外的路口被路过的军队叫去帮他们送东西，只是帮着挑一个很轻的挑子，实际上是找个名目让跟他们走，他们拿着枪，又不敢不送。一直送到了砀山

县城东侧的黄口附近，到了晚上仍然不让回来。晚上的时候，趁没有人看守，老人趁机逃了回来，一直摸黑往回走，走到天亮才回到家里。

四、政权治理方式

（一）国法家法

当时有国家法律，但是村民们并不知道国法具体的内容。如果村民犯罪，都知道"杀人偿命，欠债还钱"的道理。那个时候是"民不告，官不究"，农民都是按照自己的方式解决。若是打死人，对方会联合亲戚将杀人者打死，为亲人报仇。保长也没有能力过问这种事情，村民并不关心国法。若是土匪抢劫，村民有权将其打死，也不用报官。农民一般不愿意打官司，并不会到官府去报案，都是私底下解决。村民平时接触不到较大的官员。即使乡长、保长滥用权力，处事不公，村民也只能默认。在村民看来，村民与国家只存在交税款、兵役上的联系，除此之外，村民并不过问国家事务。国家也不会向村庄提供公共物品。遇到水旱灾时，也不会救济村庄。

（二）惩罚措施

村庄公共事务上，保里并没有成文的村规民约，都是按照传统观念行事。保长、甲长没有权力执行惩罚措施，没有罚款权、判刑权。若是村里人不缴纳税赋，保长只能上报区或县政府，让其来抓人，保长无能力抓人或者治罪。除了税赋劳役之外，政府与农民没有其他的联系。村里的保长也没有实行过奖励制度，只是定期完成上面派下来的任务。

五、政权治理关系

（一）政权评价

在和平时期，本村附近比较安定，没有土匪出没。除了国家收取的赋税之外，其他杂支十分稀少。村民对国家的印象是"只会向你要东西，不给你任何东西"，国家与农民的关系通过税赋表现出来，国家并不干涉农民的日常生产生活，也不会向农民提供道路、桥梁等公共物品。

村子有着自己的运转秩序，国家只是提供了大的安全环境。太平时期有国家军队的存在，土匪不敢出没。保甲长最主要的作用就是收取税赋徭役，太平时期不抓壮丁。民国时期，村里受访者刘砀瑞的父亲曾当了几年国民政府军队的兵，后回到本村。村里人若是遇到大的纠纷，会到县里打官司。官府一般会公正调解，但是有的时候也要看双方的财力。农民对官司最直观的印象便是"打官司很费钱"，非人命关天的事情并不会去打官司。

(二) 政权代表与村落关系

除了乡长、保长，村民平时是见不到其他官员的。村民不怕保长、甲长等。"保长没什么权力，村里人没谁怕他，保长手下就一个跑腿的。乡长有权力，能抓人，他有几个乡丁，而且乡丁有枪"，受访者回忆道。绅士是村里有能耐的人，"村里能称上绅士的也就刘九臣一个，刘伍元也算是，但是他不在本村居住"，受访者讲述道。村民更听从绅士的建议，绅士受村民尊敬与服从，绅士会为村庄利益出面，比如修寨墙、修族谱，都是这些好户带头。穷人一般没有能力开展修寨墙、修族族等事务。

村民与保长打交道时并不带礼品，日常的借贷等纠纷也很少找保长解决。在土地买卖时要请客吃饭，前来的保长或保丁也在内。保长的权威一般，村内的居民并不畏惧保长。若不存在亲属关系，很少与保长往来。村里人逢年过节时不会给保长拜年送礼。按照规矩，只有辈分低的给辈分高的拜年，村里辈分比保长低的人如果血缘关系比较近才会给保长拜年。

村民并不怕保长，保长主要负责赋税、徭役，其他的事情过问得较少。族长也不过问公共事务，只负责刘氏家族的祠堂、祖坟、族谱等，据受访老人回忆，刘文彬的父亲担任过族长。保长多是村里的好户人家，并且土地较多，家庭比较富裕。乡绅与保长之间没有交叉，更没有冲突。保长负责税赋、徭役，乡绅问一些社会事务，比如集市会等，两者互不过问彼此的领域。本村的洋学堂为区里或者县里所办，周围其他保里的孩子也来上学，上过学的老人回忆说当时的洋学堂并不要学费，最多是买几本书的费用，老师的工资是上级部门承担。洋学堂并不归保里管理，但是保里提供了教室。

(三) 服从与反抗

对于政府与军队的摊派，村民是无条件地接受，在农民看来，种地纳粮是再正常不过的事情。和平时期，摊派兵役并不沉重，多数农户都会按时交纳。主要是在战乱时期，军队会索要杂支，杂支主要是粮草等。地方武装也会频繁索要粮食。不管收多少，农民都会缴纳，对于农民来说，"胳膊拧不过大腿"，军队有枪支，没有人敢反抗政府与军队，只能选择服从与妥协。村里的受访者讲述过一个村反抗的事例：北侧的旺楼村内有个杆子头（小土匪头子），手下有几个人，有几杆枪。当时驻扎在大杨集附近的为国民政府的新五军。军队派当兵的去附近的村庄征收杂支，主要是要粮草。旺楼的杆子头将来村里征粮食的兵给打死了，害怕军队来报复，整个村庄的人都吓得跑了，最后新五军派人将旺楼的半个村子给烧了。

(四) 官司诉讼

以前村民不愿意打官司，打官司太费钱。若是摊上打官司，会找一切能帮上忙的亲人好友帮忙，打官司是要贿赂的，当时并没有律师。村里的单个农民没有人打过官司。村民并不懂得如何打官司，多是私下解决。就连土匪也是地方军队或者区里抓到后直接枪毙，没有成熟的审判程序。

六、非正常治理及其关系——"伪保长"时期

（一）给日本人"上面子"

日本人占领本地区后，在铁路沿线驻扎，平均每1公里筑一座炮楼，一座炮楼里住5个人值守，主要职责就是守护铁路，平时不敢外出。日本人不直接向村里要款，食物由上级供应。日占期间，因为本村距离县城较远，县城里的日军并不向本村人征款。只有居住在本村南侧铁路沿线的日本人为改善生活会到本村打鸡，本村人并不敢阻拦。后来本村有胆子大的人出面与日本人交涉，每隔一段时间去给居住在南侧炮楼里的日本人送一些活鸡，日本人不要死的，怕本村人下毒。这算是"上礼"，给他们"面子"。村内的人共同出钱买鸡。这样一来，炮楼里的日本人不再侵扰本村，村内的农户能正常地生活耕作。这个胆子大的人成了日本人方面的"保长"，专门代表本村与日本人交涉。此时村里存有两个保长，一个代表北侧的地方政府，一个代表村庄南侧的日伪军政府。

（二）日伪军款项

铁路南侧的杨集镇驻有假日本[1]，约20人，自称杨集区委会，在杨集村一座庙宇内居住，他们在庙的周围挖上沟，筑起泥墙，并且修了一座炮楼，作为防御工事，抵抗地方部队的侵扰。日本人占领后，由于本地属于地方武装的控制范围内，所以税款交到北面的区部，不再交到县里面。铁路南侧驻扎杨集的假日本会来要一些生活所需的粮食，平均每亩地交五六斤粮食，并不是每年都要，只是个别年头来本村要。

受访者刘红伦曾被假日本派来催款的人抓去，老人回忆道："当时我刚刚出门，就被南面杨集的假日本给抓了去。他们（伪军）来要款，村里没人理会，见到我就把我抓到了南面他们办公的庙里。他们抓人就是见到谁抓谁，没有目标。最后村里人给他们送去粮食，才把我放回来。"

（三）征劳役

日本人占领南侧的陇海线之后，有时候征劳役去挖沟修路。那两年老百姓比较苦，不但要跑反，还要被征劳役。日本人征劳役也是与日本方面的"保长"交涉。本村的人安排劳动力出去。当时，日本人挖铁路两侧的壕沟，征过本村的劳力。当时每天要求本村出两三个劳力，并且要清点人数，少一人不可。若是村里人反抗，会遭到日军的枪杀。"保长"向每个甲要固定的人数，安排本村的劳动力轮流去，村内人不敢拒

---

[1] 假日本：当地对伪军、汉奸的称呼。

绝，听从安排。安排的劳力每天早晨吃过早饭去，去的劳力带上馒头，中午在工地上吃自己带的馒头、喝自己带的水。"干活的时候，日本人监工，他们那个伙夫最好打人，监工的时候从这头打到那头，一人一下。日本的那个班长不打人，要是那个班长监工，干到半上午，让你歇会"，村里的亲历者刘砀瑞回忆道。当时铁路沿线两侧的所有村庄都被征过劳役。征用的时间较短，沟修成后便不再征收劳役。据受访老人回忆，村内外号"小丑"的刘姓人担任过日本方面的"保长"，专门过问日本方面的事务。由于当时他是为了保护村子免于受难才与日本人交涉，并没有受到批斗。

日本人要修一条小杨集通往镇里固的大路，于是每天白天征集本村的劳力去挖土修路，村里人不敢不从。而北侧的国民党地方部队，每天晚上的时候通过其在本村的代表人征集本村劳力去挖掉白天所修的路，村里人不敢得罪地方部队，只能前去。受访者刘耕珍讲述道："那个时候累得很，那年村里人白天修路，晚上去破坏，白天黑夜地干活，没有好时候。后来日本人气得路也不修了。"本村与附近村均在被征收劳力的范围内。村民谁都不敢得罪，只能服从两方的命令。后来这支地方部队与日军处于相对缓和的对峙状态，村民的生活这才正常一些。

据受访者刘红伦回忆："当时外村的妇女被别人抓了，送给了本村的一个牛姓人，妇女跑了之后到日本人那告状说本村有土匪。当天天还没亮，日本人来本村抓人，日本人首先到有炮楼的人家来搜查。乡丁与红烈的三儿在红恩家的牛屋家睡觉，当时乡丁身上带着枪。被日本人搜到后，红恩与乡丁三人都被抓走了，因为枪是不允许持有的，认为你是土匪。日本人让他们站成一列，对每人开一枪，打死了他们四个。最后姓牛的没抓到。"

伪保长的产生具有偶然性与非正式性，都是胆子比较大的人担任。伪保长只是帮日本人传话，按照日本人的要求安排村里人拿款、出劳力，为了避免整个村子遭殃，村里人是十分服从的。可以说这是村里自我保护，用于缓和与当权者的关系，从而保全村子。

第二节　村落治理与治理关系

传统时期，国家不直接管理乡村，也不向乡村提供公共服务。刘屯作为一个单姓主导的村庄，村落治理与宗族治理交织在一起，两种治理的主体出现一定的重合。本节将从"村落治理主体、治理内容、村落治理方式、治理关系"等方面去考察刘屯村的传统村落治理活动。

一、村落治理主体——"问事的人"

在民间治理主体中,没有村长这一主体,多是人物头在治理。村里的人物头被称为"问事的人",即爱主动去管理村里的公共事务的人。村内人物头多是大户和有功名的人,也是村里富裕的人家,并且雇有大领帮其耕种土地。这些人有很强的个人能力,家庭资产多便是其能力的最好证明。一些人物头通过公选的形式产生,他们是村庄地位与名誉的代表。当村里遇到公共性的对外事务时,主动代表村子出头,便成了人物头。人物头要看其影响力,财富的多寡也是衡量其能力的标准。1949年之前,庄上有一位清朝时期的秀才,当时年事已高,而且眼睛也瞎了,不再过问庄上的事务。

据受访者介绍,村内有三户算是本村的人物头。刘九臣算一个,其家里的土地也不算多,不超过一顷,但他是杨集的半个集主,集上资产较多,虽不是村内最富裕的户,但却是本村公认的能人。其与杨集的汪老六同为杨集的集主,民国时期因与人相争砀山县参议员的位置,被人开枪暗杀,与汪老六一起被打死在杨集集上,因此村里有了"两枪打死十五爷"的说法(九爷与六爷,相加为十五)。

另外一位是刘伍元,本村最大的户,民国时期为砀山县参议员,1949年前已不在村内居住,主要居住在砀山县城,其家业主要在砀山县,而且在徐州也有部分家业。在县城有房产、酒厂、店铺等,并且在徐州城也有住所,其在村的土地与下庄子的土地主要雇老管负责打理,本人很少回本村,不再过问本村的事务。若是本村与其他村子遇到较大的纠纷,也会找其帮忙。

刘新耀是在村内能数得上的有头脸的人,为村的第二大户,有三四顷地,雇有两个长工,家里有四五头牲口,也是村内地位较高的人,其也会出面过问村庄的事情。据受访者回忆,其曾担任过一段时期的保长。

二、村落治理内容

民国时期,村里的社会事务多是问事的人在管理,他们多是村里的好户人家,保长也是村里的好户。村里的防卫、寨墙修复都是好户人家领导。

(一)村庄防卫工程

村里的寨墙为清朝时期所修。因年代较为久远,具体的建造人与组织者无从考证。寨墙为土质结构,用泥土挑建而成,在寨墙外就地取土建寨墙,同时墙外围墙的寨沟也就形成了,寨墙所需的土便有了来源,一举两得,并没有花费钱财,主要是依靠人力。村内的人都要出工,外村人并不出工。寨墙围绕村子的居住区。修筑寨墙的占地补偿情况村内没有老人知晓。

修建三座寨门所用的砖取自南侧的罗汉寺，村里人出入只能从这三个大门经过。村里一直流传着"刘屯人不算人，扒了庙盖寨门"的说法，说是刘屯人为了盖寨门，将南门外的罗汉寺给拆了。同时建村的张屯、孙屯两个村庄一直没有修建寨。据受访者刘砀瑞讲述："那个时候兵荒马乱，村里问事的人商量着打个寨，盖寨门得需要砖，就把南侧的罗汉寺给扒了，庙没了，和尚也没地方呆了，就走了。有寨了，得找几个看寨门的，就把庙地给了看寨门的。"

村里三个大门各有一户看寨门的，这是村里问事的人雇来给村里看守寨门的，期间一直没有换过人。本村北寨门看守人姓马，看守南寨门的姓崔，看守西寨门的姓张。他们均为外来户，在村内没有土地。每个寨门内侧有两间草屋，供看寨门的居住。以看守北寨门的马姓人家为例，在村里没有土地，为外来的逃荒户，仅夫妻两人和一个女儿，后来抱养了受访者李广义。居住在北寨门侧的房屋内，平时要向村里人挨家收取粮食，过年时会带着布袋挨家挨户索要馒头，以此为生存的主要来源。看寨门的主要职责就是早晨打开寨门，晚上关闭寨门。遇晚上有人喊门，若是本村人可给其开门。若是土匪则呼喊本村人起来抵御。

日本人占领南侧的杨集期间，为了村庄安全，组织过一次修寨河，取寨河的土加高寨墙，由居住在寨内的保长与好户共同带头，保长本身也是村内的好户，他与村里的其他好户商量后领导着进行这项活动。全村的劳动力都参与，主要对寨墙进行了加高、深挖寨沟。修复寨墙时，村内的人都要出工，外村人不参与。寨墙内居住的劳力都要参与，所需人力较少的时候，便会采取轮班制度，轮流参与建设，外村的劳动力并不过问本村的事情，也不会来帮忙。

修筑时并没有产生花费，只是需要劳动力。当时处于农闲时节，村里的劳动力都赋闲在家，因为当时外出做生意的十分稀少。所以都会参与，一家有几个劳力出几个劳力，不参加的话会遭到保长的训斥，出于自身安全考虑，寨内的人都会参加，并不会拒绝。受访者刘丰须讲述："农闲的时候，大家都在家闲着没事，谁不参与呢，大家都生活在这个寨内，你不能不问。"除了少量外出要饭的人可以不参与。未成家的年轻人不参与，年轻的男劳力都得参与，不然会落下不好的名声，会被邻居说三道四，很难堪。参与的农户自己回家吃饭，保里不管饭。村落里的好户一般会派自家的大领去修寨墙，自己不会前去。

（二）组织农户打更

动乱时期村庄才开始打更，村里的有威望的人物头商量着安排。太平时期打更的次数较少，本村有寨墙、寨沟，较为安全。本村的打更事务由村内人共同负责，都是村里人共同参与，不雇人。将每一片区域爱问事的人叫来，安排其负责本区域的打更的事情。

打更时，村里被分为四个区域，寨内北门附近，寨内南门附近，寨内西门附近，寨外。每片的住户负责自己的区域。其中西门与北门外的农户在一起打更。同一片会出一个爱管闲事的人安排统领，通常也交给甲长安排，将该片的壮劳力组织起来。打更由村内的已成家的年轻人负责，这些年轻人轮流打更，年纪大的不参与。每户成家后的劳力都要参与。平时村里没有雇专门的打更人，仅在动乱时期组织村里人打更。打更是没有报酬的，也没有任何补贴，为村里人义务参与。

打更时，一般是上半夜安排两个人，下半夜两个人，半夜换班后回自家睡觉。值班的人要在本区域内来回巡逻，主要是为了防范土匪进入村内抢劫。若是遇到土匪进庄子，要大声呼喊村里人起来抵御，对于打更这件事村里人是这么认识的："这也是为了自己的安全，没有人不参与。"

三、治理方式

村里没有成文的村规民约，都是依靠传统习惯来调解关系。好户的治理方式便是以维护大家安全、利益的名义动员村里人参与，比如寨墙防御、修水井、打更、举办庙会等，这些都是要靠的好户的个人权威。不得不承认的是，在这个单姓村庄中，家族血缘纽带起了很重要的联结作用。因此，好户的治理手段主要是动员以及带头，同时凭借其经济实力也会在带头的同时多出一些钱财，以此带动村里其他人参与。

好户采取的惩罚方式是训斥，让不参与的人在村里人面前"出丑"。传统时期，村里人将面子看得很重要，害怕自己被孤立。一般对大家都有好处的公共事务只要有人领头，村里人都会参与。用受访者的话来说便是："那个时代的人思想比较统一，比较好管理。"

这些好户人家多有一两把枪，在土匪来时，会积极带领本村人打土匪。在民国时期，村里出了两个"杆头子"，其中一个被国民党地方部队枪毙，另外一个在1950年土地改革时期被法办。对于村里不守法的人，只要不危害本村落人的利益，是没有人去管理的。村里的好户没有权力去定夺村里人的生死，也没采取过重的惩罚措施。

四、村落治理关系

（一）问事的人与村民关系

在日常生活中，问事的人并不过问村里人的家事，"只问庄上的事"，即公共性事务。问事的人多是村里的好户，他们一般也向村里人放粮贷。在管理中，村里人对问事的人的权威比较认可，在村里人的观念中，"做任何事情都需要一个当家的，谁有能力谁来带头"。对于问事的人安排的涉及村庄利益的事务，村里人都会服从参与。但是问事的人并不过问官方事务，若是官方来催收税款，问事的人是不会出面的，也不会帮村里人说话。

（二）村落治理主体之间的关系

一是相互合作。村里不止一个治理人，他们之间关系是较为复杂的，总体上他们之间的合作比较多。通常管理领导一项公共事务，并不是仅由一个人完成。会首通常是三四个人，集主也至少两个人，他们共同去完成一项事务。在领导村事务时，他们通常会相互商量，达成一致后才采取共同行动。他们的共同特征就是都是村里的好户，家业较大。

二是村落治理主体存在明显的领域分工。按照管理对象与管理领域，对本村与附近村的治理主体分类如下：

首先是庄领或寨主——治理村庄。本地区有着"庄有庄领，寨有寨主"的传统习惯。据受访者介绍，民国时期张屯村有一位张姓人，当时有60岁，刘屯张屯人都称他"老庄领"。当时年事已高，不再问事。后来刘屯的事务都是本村落的保长与好户人家过问。"庄领是民国时村庄'问闲事的人'，主要过问本村的保卫、送神、红白事等，庄领由村内有名望的人出任。"北侧15公里处的杨庄村是寨主管理的村子。本地只有少量村子是由寨主当家。这些村子筑有寨墙，寨主是村寨建设者，甚至是主要的出资者，对生活在寨内的农户拥有管理权，也是寨内一切事务的处理者。

其次是会首——治理会。"会"为村内定期举行的买卖交易场所，在村内的道路两侧或者空地举行。通常相邻的四五个自然村会有一个兴起交易场所——"会"。会的发起者即为会首，为庄上家境殷实的好户。会首同时还负责主办年底的庙会。会首对会没有所有权，但却享有管理权，可以让位给别人。会的收益来源仅有牲口市、粮食市上索取的佣钱。会首有权为刚开始兴会时唱大戏而向本庄的农户摊派费用。起会多是为村内人提供方便，同时扩大本庄的影响力。因会首为本庄殷实人家，在村里人看来他们并不会贪图收益。会上收益归会首管理，用来补贴年初庙会请大戏所需。

最后是集主——治理集市。按照传统观念，"集有集主，会有会首"。每隔若干公里便会形成一个中心集市，俗称"集"，集的管理者即为集主，集上有店铺，周围筑有寨墙，为本区域重要的经济中心。集市每天早晨开市。集主是发起者与管理者，对集市拥有管理权与收益权。集主除了获得在牲口市、粮食市上索取的佣钱，还在集上有房产。需要指出的是集市是包含会的，但是有会的村庄不一定有集。

（三）国家治理与村落治理关系

问事的人不干涉国事。民国时期，村庄一般不开村会议。保长与管闲事的人对村里具有管理权。官方来人要款、收取杂支直接跟保长交涉，保长让甲长通知农户。非官方主体无能力与官方进行对抗，也不敢与官方对抗。即使是本村的好户也要交款纳粮。两者互不干涉。人物头与保长的职能不相冲突，保长更多只是掌管赋税。若是要打官司，可以请人物头帮忙写状纸，也可以请在城内的本家人帮忙。通常问事的人与保长关系较好，而且好户不会被保长定为抓兵对象。

公益事务的带头人。民国时期，村内刘氏家族修谱是由刘九臣组织的，族谱撰写、执笔人也是刘九臣，而且其决定哪些人能入家谱，哪些人不能入家谱。刘九臣平时不过问庄上的琐碎事务，主要管理南侧杨集集上的事务，当人物头是没有任何酬劳的，只是名声比较好，会成为村里人尊敬的对象，也就是村里人口中的能人，同时也是村里人茶余饭后谈论的对象。问事的人家里富有，并不贪图村民的物质利益，主要是为了获得名誉，保持其在村里的影响力，在村里人看来，会首起会并不是为了自己的利益。村里只有找其帮忙的人才会向人物头送礼，过年时村里的人不去向其拜年。平时村民与问事的只是正常的往来。一般的人家与人物头往来较少。

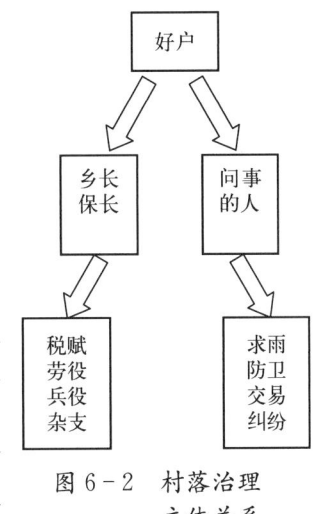

图 6-2 村落治理主体关系

公事上的合作。村里的公共事务比如修缮城墙是村里的好户与保长一起商量着开展，双方并不会相互掣肘，都是为了村庄安全。除了索要东西之外，官府并不过问村落内部的治理问题。会首在起会时不请保长来参与。村里的好户虽然不过问税款，但是会依据其权威地位去获取官位。比如杨集的集主刘九臣便在民国后期参与砀山县参议员的竞选。

第三节 家户治理与家户关系

传统时期，家是村民最基本的生产生活单元。尤其是大家庭人口较多，事务较多。那么家是如何治理的呢？本节将从"家户治理主体、治理内容、治理方式、治理关系"等方面去考察1949年前刘屯村家户治理活动。

一、家户治理单元

民国时期，保甲大小是以户为划分单位，村里的"户"就是平日里说的"家"，有的是一个院子里住着多家已经分家的兄弟。"户"确定的标准是分锅,不在一个锅里吃饭的便不是同一户。村里并不是一个名牌号就代表一户。通常一个院子内住着多家。分家之后,儿子直接成为新的一户。新的一户有新的家长,独立处理本家庭事务,进行独立的收入安排与结算。家的划分与成员的居住地没有直接关系。

二、家户治理主体

(一)单户家长

家庭内部由家里的父亲来当家,当家人在当地被称为"当家嘞('嘞'是'的'的方言发音)"。当家人为本家的主事人,本家庭的一切事务都要由其出面处理。按照当家的秩序,本村都是家里的男人当家,只有男主人去世后才会由女主人当家。没有分家时,当家人为爷爷,分成小家后则由父亲当家。男主人去世后,孩子幼小,则妇女当家,这种情况在村内较为常见,村内邻居并不会歧视或者有什么偏见。孩子大了之后,则由母亲与长子共同当家,父母均不在则有由长子当家。一般长子当家的家庭有叔伯和来自母亲娘家人的帮助,生产生活依然可以正常进行。

在家庭内部,当家人是固定的,一般来说都是成家后的男人当家,妇女是从属地位,赶集赶会都是由男人负责。分家之前由父亲当家,分家后,则一般由成年的男子当家。家中男人残疾或者智商存在问题,则由妇女当家。分家后,父亲在较大的事务上也能当儿子的家,但是一般很少过问。若是父亲年事已高,力不从心,兄弟又未分家,则家庭事务会交给长子当家。当家人的确定并不需要家人的同意,按照传统的规则进行,成家的男子会自然成为当家人。外人在与该家庭交往时,通过询问便会知晓该户谁是当家人。

当家人一般是家里的男人,正常情况下妇女不当家。家里来了客人进门,问的第一句话便是"当家的呢?"首先找当家的。若是家中只有妇女在家,便会让客人等当家的回来之后再来拜访。更有甚者,若来客进门问"有人吗?"妇女可以回答"家里没人",以此来说明家里男主人不在家,自己不能做主。妇女在家庭事务上没有决定权。

在家长外出时,会指定其中一个儿子当家。通常是让长子当家。若是长子难以当起大任,则让有能力的儿子当家。代理当家人有权代表家庭处理一切事务,如交税、买地等。但是若是涉及的金额较大,则要父亲回来后由父亲定夺。村里受访者刘红伦是家中的次子,日本人占领杨集期间,其父亲在双楼居住,其大哥在岳父家居住。于是父亲将本村的家庭事务交给他全权处理。一年后其父亲回来重新执掌家务,其不再当家。

(二) 总家长

一个院子内的已成家的兄弟几人,由老大当总家,也就是总家长。大家庭若是遇到事务,也是老大代表大家庭处理。老大在家里具有很大权威,其他的兄弟很少敢反对其决定。总家长只在涉及兄弟几人的公共对外利益时才代表家庭出面,所需的资金几家人共同分担。例如老大要负责组织给父母上坟等活动。家庭各自的具体生产事务还是小家庭各自处理。

对于大家庭来说,出"五服"之后便不会有利益的纠葛。基本上血缘关系算是比较远了,房产、土地等利益边界切割比较明晰,只能算是"同姓的本家人"。若是对方的孩子成亲,不要拿磕头礼,只要以邻居的身份添香。这种家庭只存在对五辈之前的共同祖上履行烧纸祭拜的义务,而且只要派两三个代表去便可以。

三、家户治理内容

(一) 财产处理

当家人要管理家庭的所有事务,家里的经济收入与支出都要经过当家人的手。只有家长才有家庭财产的处理权。当家人还要安排家里的一年的预算,计算地里收获的粮食如何使用到年底,多数农户的粮食收入仅够一年的口粮。家里的税款也是找当家的要。家里的交易活动也是当家人管理,日常借债还债也是当家人出面。若是拒绝缴纳税款,官府直接找家长,将家长带走,让家人送来税款。若是家长不在家,带走年长的儿子,让家长送来税款,再放人回去。家长可以在不与家人商量的情况下借钱。家人想出售家产但家长不同意,交易不可以进行。对方只与当家人交易,并不会从其他家庭成员手中买卖家产,从其他家庭成员手中买东西不会被认可,会给自己招来麻烦。

(二) 家庭公共事务

当家人为本家一切事务的负责人,生活生产、财产、交往、请工、买卖签字都要当家人出面决定。一些生活的小事可以让妻子或孩子出面,如借小型的农具、买日常用品等,较大的事都是由当家人亲自过问处理。家里的钱财由当家人掌管,走亲戚要向当家人索要钱财。村里的好户人家,若请其种地户前来帮忙收割,并不需要亲自前去,可以让儿子或者家中的长工前去知会一声。家庭借贷要经当家人的同意后才能进行,还款时也要交到当家人手中。家里请客吃饭、请工、请中间人都是当家人出面,其他人并不参与。这是固定的传统观念,必须由当家人出面。其他家成员因不能做主,对方会拒绝与其谈交易。

儿子结婚、女儿出嫁必须要家长同意,如果家长不同意,婚事只能作罢,其他人的看法可以通过劝说的方式影响父亲，但是最后的决定权在父亲手中。家长要为儿子婚事操心，为儿子找媒人说媳妇，儿子的婚事一切由父亲做主，儿子不能过问，婚事的花销也是父亲出，此外也要安排闺女出嫁。家庭纠纷也是由当家人出面调解，其他人员不参与。因为当时的婚姻要求父母之命，媒妁之言，都要经过父亲或者家长之手，村里不存在儿子绕过父亲娶亲的情况。未征求家长的同意，婚姻无效。在家庭中对子女的教育主要在潜移默化中进行。据受访者讲述："刘新政在外上学期间，家人给他说了一门亲事，他十分不情愿，最后还是被要求成亲。"

当家人若对儿媳不满，可以让儿子解除婚姻关系，也就是休妻。丈夫对媳妇不满，可以找个理由休妻。若是家长不同意，则儿子也无法休妻。女方无权提出离婚的要求。若妻子出轨或者不守妇道，丈夫会选择休妻。1949年之前，村内休妻的较少。当时若闺女被休回来，对于其父母来说是一件十分丢脸的事情，其亲生父母在村内会很没面子，"难堪得想找个老鼠洞钻进去"。若夫妻二人不和，双方父母都会规劝，尽量避免走向休妻的地步。

（三）人口管理

只有家长能驱逐家人，除非家人成员做出了伤风败俗的大错事，才会被驱逐。一般村里父亲不会驱逐自己的儿子，即使儿子犯了大错。若是被驱逐后，该儿子拿不到任何家产。家长无权处死家人，出于血缘关系，即使犯下大错，甚至抢劫当土匪，也不会处死孩子。较为重视名声的人家会将儿子赶出村庄，一般的农户都是对儿子"睁一只眼闭一只眼"。家庭惩罚成员不用请示保长，这些家庭事务保长并不干预。

（四）家庭外部事务

男主人前去参加村里人的结婚喜宴。"送春米"都是家里的女主人前去，可以带上自己的孩子一同去。遇到红白事，要当"忙客"，都是家里的男主人前去，若是男主人脱不开身，则派长子前去帮忙。当忙客可以饱吃一顿好饭，多数农户还是愿意去的。政府的苛捐杂税、征兵、摊派事务直接找家长，家长负责操办缴纳。甲长将应交的金额通知到当家人，由当家人用小推车推着送到县城指定的地点，不用家里的妇女过问。村内很少有修路修桥、修沟渠的事务，主要是修寨墙挖寨沟，也是家里的当家人前去干活。

四、家户治理手段

（一）家庭决策规则

家庭生活中，生产事务由家长决定，经济收入由家长支配，婚丧嫁娶家长说了算。家里没有民主的决策机制，男家长主导家里的事务，女家长也可以与男家长一起讨论，但女家长最后要服从男家长的决定。在大人谈事情的时候，子女没有发言权，也不能插嘴，不然会被训斥。分家之后，父母对独立出去的儿子只有部分决策权，不能保证长子女会听从其建议，通常儿子在遇到大事时会找父亲帮忙决策。若是儿子自我意识比较强，很难听从父亲的意见。"虽然他们弟兄几个成家了，大事上还是我当总家"，受访者刘耕珍讲述道。村里家庭没有家法，家长以自己的是非观念去判断孩子行为的对错。若是孩子闯祸，回到家后会遭到父亲的打骂。这个时候母亲便会担起袒护的角色。对错父亲说了算，父亲通过体罚措施建立对子女的绝对权威。

（二）家庭治理方式

1949年前，家中惩罚方式主要是"打""骂"。若是孩子不听从父亲的话，父亲便会动手教育。所以当时的孩子都比较怕父母，也比较遵从父母。父亲在气急的情况下会将儿子打得跑出家门，但不会将儿子"赶出家门"，更不会"送衙门"，即使子女犯下很大的错误。孩子闯祸之后，也是由家长出面处理。家长一般会当着对方，将犯错的孩子大打一顿。村里人很少当面夸奖自己的孩子。孩子做了好事不会记入家谱，除非是为整个家族做出了贡献，才有资格记入家谱。纵观刘氏家谱，除了家族成员姓名之外，会在修谱序言中记录为修祠、修谱做出贡献的刘氏后人的事迹，这些被记录的成员都为家族做出过一些贡献。

五、家户治理关系

（一）家户治理与家户成员

1. 家内成员相互之间关系

夫妻关系。丈夫纳妾会与妻子商量，妻子可以抱怨、反对，但若是因妻子没有生育儿子而纳妾的话，为了家族的延续，妻子一般是不反对的。丈夫不可以随意休掉妻子和妾室，除非对方犯了有悖妇道的事情。因为休妻对女方是一种耻辱，女方父母是不允许的。在家庭事务中，丈夫可以决定所有事务，不用双方商议。村里好户人家的妻子一般都是其他村好户人家的女儿，所以在家里有着一定的地位，但是依然要遵从丈夫的权威。妾在家庭中说话权不会高于家长与正妻，而且村里妾的娘家一般是较穷的户，好户人家一般不会让女儿做妾。家庭成员娶妻纳妾要家长同意。家长有权直接做主将儿子的妻妾休掉，若是儿子极力反对，家长一般不会强制休掉。

村里有一好户人家，妻子是好户人家的女儿，并且识字有文化，曾担任教师。因前几年一直没生育儿子，家产无人继承，便让丈夫娶了一位黄河以北的妾室，后来其妻子与妾均生了一个儿子，妾生的孩子年长于正妻所生的孩子。妾室住在堂屋后的小院子内。

父子关系。如果家长让儿子当家，则儿子在家中更有说话权。若父亲长期不在家，则儿子完全当家。父亲回来后将会要回当家权。此时当家权自动回到父亲身上，儿子反对也是无用，儿子不可指挥自己的父亲。若是父亲主动放弃家长权力，则儿子成为新的家长。村里的受访者刘砀瑞老人为家中独子，其父亲当过兵，伤到过腿，年老后行动不便。在其成家后，便将家事交予其处理，父亲不再过问家事。

兄弟姐妹之间关系。长子可以管弟弟、妹妹，对姐姐一般较为尊重。家里以长为尊，长兄如父。除非长子身患疾病或者不在家，才能轮到次子当家。弟弟当家长后可以管理所有家庭事务，哥哥也要听从弟弟的决策安排。若是兄弟双方不和，只能分家。姐姐也可以管弟弟，但是若是弟弟不听话，姐姐也没有办法。除父亲之外，长子在家里最有地位，女儿不论长幼一般不当家。

家长与长工的关系。本村内好户家只有长工与牛工，没有佣人。长工只听从家长安排，家里的其他成员不会安排长工干活，只有家长自己发话。家长之外的其他家人不能私自请长工。家长总理家庭事务，其他成员一般不操心，也不会提意见，遵从家长的安排。通常好户人家的儿子也要与长工一起干活。村里的大领一般只听从家长的指挥，在安排农活时，东家的儿子要服从大领的安排，大领一般只是让东家的儿子帮忙，不会让其干重活。

2. 家庭成员之间的关系

关系脱离的方式。除分家或被逐出家之外，家庭成员不可以在未征得家长同意的情况下自行决定从家户中脱离出来，在村里没有遇到这种情况。家庭成员在没有分得土地的情况下无生存能力，不敢自动脱离家庭。再者，家长也是不同意的。村里人一般都会给儿子生存所需的土地，因为"血浓于水"，即使儿子不听话，家长也会给其土地。在本村正常情况下，儿子脱离家庭的方式都是分家。

家庭互助行为。家庭成员在外面遇到困难时，家长一定会给予援助。尤其是兄弟或者儿子，家长会倾尽全力给予援助，一般家长都会亲自前去处理，不存在不过问的情况。若是家庭无能力援助，只能作罢。若是家长有能力而不帮助，儿子会记恨家长。

3. 当家人权威

家长在家户中的权威最大，家中上座只能由家长来坐。家长不在家，其他家庭成员可以坐。本村人吃饭方式比较随意，家庭成员端了碗找地方吃饭，并不是围坐在同一个桌子旁。父亲一般在堂屋吃饭，家里的板凳优先让给父母坐，孩子站着或者去别的地方吃。村里人一般是家长回家后才开饭，若是家长到了饭点不回家，妻子会派儿子找其回家吃饭。家长对家庭的事做出决定之后，成员不可以反驳，即使反驳，也是没有用的，但不会因此被罚。家里意见不统一的时候，家长的权威更大。

（二）家户治理与国家治理

1. 家户对国家治理的服从

村里人总体上在国法的框架之下生活，不会与国家对抗，同时村庄也有自己的生活规则。家庭成员如果触犯国法，比如抢劫，被官府抓到后会被枪毙。但是实际上，若是在村里犯了事，家长一般不会将家庭成员送入官府衙门，即使家人犯法也不会去报官。若是打伤别人，首先是选择私了的解决方式，通常是赔偿对方金钱。即使村里发生伤害致死案件，若是被害人的家人不报官的话，也没有人过问。

若是家长比较严厉，将家庭成员"赶出去"或"打出去"，之后，家中成员不会将其名字从族谱中删除。但是其若是不再回本村或者与本村断绝关系，则修族谱时不再为其续后人。如果家长将自己的妻子、孩子打死，没有人告官的话，也是家庭内部解决，不经官方之手，保长与其他人不会报官。

2. 家户对国家微弱的反抗

在刘屯村，国家事务都是让甲长挨家挨户通知到家长。对于不服从国家要求的家长，保甲长只能上报，让区或者县政府处理，保长无权直接处罚，因为保长只有一个手下。平时政府要劳力，也是甲长直接找家长"叫口"[1]，一般是家长亲自去出力。对于不交款的农户，会首先惩罚其家长，一般县里或者区里将家长带到县城关押，直到家人送来税款。正常年份，各家长对于国家派下来的税赋都是愿意缴纳的。实在交不起税款，只能拖欠。家中没东西吃的农户更交不款，就出去逃荒要饭，上级政府与保甲长找不到人，只能就此作罢，不会没收其房屋。单个农户是没有能力与国家政权对抗的，只能通过躲避的方式应对国家要求的义务。

第四节 亲族治理与治理关系

1949年前，刘屯是以刘氏家族为主体的村庄，同宗同族的刘姓人是如何治理其家族事务的呢？亲戚是重要的家庭事务的参与者，亲戚是如何参与家庭治理的呢？亲戚与宗族之间关系又是怎样的呢？本节将从亲族治理主体、亲族治理内容、亲族治理关系等方面去考察1949年以前刘屯村亲戚治理活动。

---

[1] 叫口：交涉的意思，将要求告诉家长，让家长按要求办。

一、宗族治理及其关系

（一）宗族关系单元

1949年，本村落内90％的人口姓刘，村里的刘姓人家都是同宗，居住得比较紧凑。刘氏后人少数分散在周围的其他村。最近的就在相邻的村落，比如郑楼村，远的距离本村30里地。这些族人因不在一个村落，平时相互往来得较少，只有在修族谱、祭拜祖先时才会有往来。每次举行家族仪式时，其他村只是派一个代表来参与家族事务。本村的刘氏后人房屋都紧挨着，平时既是本家，也是邻居。村里刘氏后人没有根据分支建立宗族组织，只有族长和辅佐族长的家族成员。村里其他姓氏人口较少，并没有宗族组织。

（二）宗族治理主体

1. 族长

1949年之前，村里只有刘姓人有族长，从第五世开始分为4门，长门、二门、三门、四门。刚开始时，每门有门长，但是已经失传，族谱上也没有记载。村内刘家族长一直保持下来，族长一般为最高辈分中的年轻者担任，但是需要一定的家业，有足够的时间管族里的事情，所以1949年之前多是村内富裕户担任。族长只有一人，同时也有临时的家族管委会，主要是本村的具有一定学识、有威望的人参与，一般要识字，并且年纪较大，族长主要参与家族的修谱事宜。刘氏族长是默认产生，并不用家族选举，也没有任何报酬，主要管理刘氏家族事务，其他事务不过问。族长并没有固定的任期，可以长久担任，也可以卸职。本村没有女性担任族长的情况，并且祠堂的事务女性不能参与，均由刘氏家族的男性负责。族长管理是跨村的，流落在附近村庄的刘氏家族其他成员也归本村族长管理。1949年之前，族长一般由居住在本村内的刘氏人担任。

2. 临时性的管理委员会

在涉及家族建祠堂、管理祖坟地时，会形成一个由刘氏家族的好户组成的临时性管理委员会，这些好户都是家族内有脸面的人家，也是刘家族中学问水平最高的人家，一般约四五人，通常会包含时任的刘姓乡长、保长。他们会代替整个家族对祖坟地进行处置。1949年前，由刘家的族长与好户做主，卖掉了祖坟地上的松树，冠名了一个戏班，这件事并没有通过刘氏后人的表决，由临时性的管理委员会全权处理。临时性的管理委员会并不是常设机构，只是在涉及家族事务时由村里的好户组成。

刘氏家族修谱时会成立修谱委员会，是临时性的宗族组织，是在修家谱时成立的组织，通常为七八人。修谱委员会主要由村内刘氏后人组成，修谱人员要有本村学识较高的刘姓人氏参与，主要负责族谱的人口统计、录入。族长作为家族的管理者也要参与。一般会将刘氏家族学识最高的人纳入进去，参与修谱的人没有报酬。民国三十年，修谱由村里的好户人家刘九臣主持，同时也召集了其他书法较好的刘氏后人，后来担任杨集镇长的刘喜亭也是修谱人员。一般修谱完成后，修谱委员会职能算是结束，便会解散。

（三）宗族治理内容

1. 内部事务

刘氏家族并没有太多的族产，只有祠堂、祖坟以及长门祖坟三块，都是不能买卖的族产，是不能产生经济价值的。作为村里的好户，族长与刘姓乡长、保长有决定处置权。民国时期，祠堂两侧的配房被用作洋学堂，是政府要求，也是刘姓乡长、保长同意之后推行的，其他族人并不反对。祭祀、族谱编修等集体性活动也是刘姓好户人家与族长来组织。活动范围跨村落、跨乡镇，牵扯到散落在其他村落的族人。分家、婚姻、土地买卖、抱养外子等不用得到族内许可。亲族内部发生矛盾纠纷，也是家族内部血缘关系较近的长辈调解，不会找老族长。

刘氏家族按照祖训一般20年修一次家谱。修谱时的费用由本村与邻村刘氏后代共同承担，一般会挨家挨户收取少量费用，庄外的刘氏家族成员也要承办，主要用来购买修谱时所需的物品，还有各村庄成员之间往来的费用，补贴参与修谱人员的饭食。成员在修谱完成后便会解散。村内并没有其他的管理组织，不允许女性成员参与。修谱人员没有任何报酬，但会将参与人员的名字记录在族谱内。修谱是在农闲时进行。

以下是民国时期刘氏家族修谱的记载：

缵修族谱序（民国时期）

吾遍阅族谱序言，始祖自何迁砀之年址修谱相关之意义，雍正十三年重修之危难世世续修族谱之人等均在方册，历历可考，无容再述，于民国十一年续修后已二十年矣，续修之期已至，不意夷人入境，国内恐慌，忽遇暴兵焚烧吾寨，民国十一年之谱被回禄收去，回溯而上岁五十年矣，若不续修，恐世远年湮，文献无征，若欲续修外寇时至，文人散处是有欲为而莫能之。时幸有配庚弟、舜卿荣生侄于离乱之中坚修谱之志，即禀明族长会商族人，无不允诺。于是有同堂连臣凤鸣锁堂等或司清书或典图绘或玉外事，各执其职，于巧月望日而兴工焉，世系图方绘书由旧宗派名字书记维新书誊夜录，如校书之声门月下灯前恍如燃藜之辉映，夜以继日无时少懈届中秋节而告成焉，此皆祖宗盛德亦吾族人之佳会也，是为序。

民国三十年岁次辛巳年仲秋上浣

十七世鸣唐瑞氏拜撰

十八世九臣舜卿氏敬书

一九八五年岁次乙丑春　十八世魁熙敬录再书

重修族谱序（民国时期）

常闻国有史，家有谱，国有史而后善恶分，家有谱而后亲疏判，刘姓由胶而来五百有余岁矣谱之缵修敢间断。自民国壬戌经续后迄今将二十年矣，去岁不幸忽来暴兵合寨被焚，族谱遂经祝融收去，若不及时更修，恐年深日久文献俱没，虽悔何追。故舜卿弟惶然动念，即约同配庚叔荣生弟就商于予，予不胜欣慰，遂禀于族长锡九叔祖，复修谱焉。但值倭兵靡至，哲士龙潜，或适远方而参军务，或往异地而任土工。他若寄居汴都游学滇省，斯皆邦家之彦宝及祖宗之光。刀环莫卜，笔砚鲜工，幸有鸣唐叔同堂运臣凤鸣锁堂封仁从信幼序迎仙诸弟砀永喜亭心政诸侄暨次子砀璵犹在家中尚能任缵修之职，以继往代而开来学于量才酌用，谁管图绘，谁缮清书，谁司校勘，谁办庶务，同心协力，未两月而谱牒告成焉，斯时也丹桂飘香，家声与月光并耀，黄菊吐艳，文字与花蕊齐新，由是父言慈而子言孝悉成仁让之风，兄则友而弟则恭，浑饶诗书之气，吾知积善之家必有余庆，明德之后应出达人，将见英豪蔚起回超晋室七贤，杰俊挺生俨若周朝八士，虽不敢谓当代之名门，亦庶几一方之盛族也，此则予之所期望者也。

民国三十年岁次辛巳仲秋上浣十八世永陶寿唐氏拜撰

九臣舜卿氏敬书

一九八五年岁次乙丑春　十九世振华敬录再书

2. 对外事务

族内与族外的纠纷矛盾若是两人之间的纠纷，则由两家人自己商议，族长不参与调解，当地并没有跨村庄的协调组织。难以达成一致的话，若两村为一保，则可以请来保长或者有名望的人进行协调，让双方各让一步。倘若解决不了，则双方只能维持现状，通常情况下家庭势力较大的一方可以占到便宜。

若是两个村庄的公共矛盾，则会由本庄的代表人物比如族长或有名望的本族人出面与对方协商，难以达成一致的话会导致诉讼，到县里打官司。若是多数本族人受到外村人的欺负，族长会召集本族的人出面对抗。若与外村人发生大矛盾，会导致两个村庄之间的对立，尤其单一姓氏主导的村庄最容易发生集体对抗。最终势力较大的村庄会取得胜利。村庄之间的对抗通常是由有名望的族人带头挑起来的，一般的族人很难挑起两个村庄之间的矛盾。

族长没有能力代表族人与政府交往，税赋的金额是县级确定实施的，保长与宗亲并没有干涉的权力。如赋税过重，族长不会与政府商量减负。保长是与政府进行连接的纽带，本村的保长多为刘姓人氏担任，可以通过本家的刘姓保长出面协调。正常年份，上面要的税赋并不多，保长不会与族长进行协商。亲族人犯罪，族长并不庇护和营救。即使有刘姓人氏交不起税赋，也不会有家族人救急，还是靠族人自己解决。兵役征集方面，都是保长自己决定，宗亲不干预官方事务。族长并不会代表整个族人与其他族交往，族长主要负责家族事务，主要是族谱、祠堂、族田。族长无没收本族人员家产的权力，也无处置族人的权力，其能使用的手段只是禁止某些有悖家族名声的人上族谱。

（四）宗族治理规则

刘氏家族族规记录在族谱内。据受访者讲述，村里刘氏家族并没有具体的惩罚措施，也没有使用族规惩罚过族人。族人犯错后都是家庭家长进行惩罚。若是触犯了法律，由官方进行处罚。

1. 排行规定

村里的刘氏后人的辈分排行字为临时性的修谱委员会负责编排。均是村里有文化的刘氏后人负责，并不征求大家的意见。每隔若干次修谱的时候编一次排行字，每次编写10个，可用200年，均是与当时家族历史相关的字。如今，村里的70岁以上的老人以"封、砀、耕"三辈为主。

刘氏排行字：十二世为曰，十三世为则，十四世为书。十五世到四十四世为：家齐派封砀，耕读贻良图，载祈奕葉贤，敬慎体先模，忠义焕祥瑞，仁孝垂千古。

1949年前，对于名字中带排行字的规定并不是强制性的，仅作识别辈分之用，并不会要求刘氏后人名字中都带有排行字。受访者中也有较多不带排行字的老人。以刘红伦老人为例，他是"封"字辈后人，其兄弟与几个堂兄名字之中都带有"红"字，这是其爷爷给定的。其中，后二十世排行字为新中国成立后所修订。

2. 家族事务分工

刘氏族规偏重教育，多是一些规范性的措施，并没有具体的惩罚措施，也没有专门执行机构、工具、家棍、鞭子等。日常交往中，一些族中口口相传的规定被族人默默地遵守。但是根据族谱规定，刘氏家族设立了族长、族督、族正、族胥、祖师等五个管理主体,并且做出了明确的职务分工,每一主体负责不同的家族事务。如族长主管家族事务、族督治理纠纷,族正司教导族人事务,族胥为候补管理者,族师出谋划策。到了民国时期,除了族长得到保留之外,其他的管理人员并不固定,通常是家族能者担之。

清代定立的族规如下:

> 族中议立条规:
>
> 族必有长,以为一姓之主,更有族督族正族胥以辅之,族中有忤逆不法情形重大干系族人者许族长据理以治之,不服者公同送官。
>
> 族督为一姓之统领,代族长以摄其权者。族中有争角者,从中调理之,梗顽者威制之,或一人或二人务必求其可。
>
> 族正为一族之正,共参议夫公事者也,族中有愚憨者宜宛,以喻之事干条例者会族相以处之,务期周到公平。
>
> 族胥有才干可任事者也,必年力精壮者方可为之,以备公事缓急之用,庶不致惧事。
>
> 族中事体有疑难重大未易明断者,宜择德行道艺兼备者立为族师以备顾问为未有此人姑听其缺。
>
> 供奉族谱宜加敬慎不得慢以干罪戾无主堂者不可供奉。
>
> 族中有余赀不得苟且耗费务留以裕公为岁时祭享之资作异日缵修之费。
>
> 族人有孤贫良善被人欺凌者,许禀明族长会族相以处之,不许擅舆兵戈致画虎不成,族人亦不得欺侮乡党。
>
> 续修族谱不容一丝舛错须择字迹工楷情志清谨者数人任之,董其事者派人以供其膳用勿容杂乱。
>
> 清光绪十八年次壬辰仲冬上完十七世燃藜敬题
民国三十年次辛巳仲秋上完十八世九臣敬录
一九八五年次乙丑春十九世砀秀敬录再书

可以看出,清代所制定的族规中,对各家族治理主体的职责进行了划分。其中,对于族规所做出的关于家族管理的要求,也是被族人所遵循的。除此,同族人不得通婚的规定也是被村民遵守的,没有人敢破坏。这种有悖伦理的行为不会有人去碰触。若是破坏了族规,会有族长与族内有名望的人出面惩处。不过,族人不论是犯罪还是犯错,通常都不会在族谱上除名。对于一些家庭的事务,族里是不过问的,除非牵扯到整个家族的利益。

（五）宗族治理过程

1. 公共事务治理过程

宗族事务中，关于族长、族亲组织管理者可以独自做出决策，都是刘家好户出面解决，并不开会。据老人介绍，树木被卖掉，给一个戏班子买了行头，冠名了一个戏班子，这一事务也是刘氏家族的有名望的人决定的，并没有召开宗族会议。1949年之前，没有通过会议形式进行过讨论，也没有召开过宗族会议。

族长决策。刘氏家族并没有召开过全族会议。日常处理家族事务时，都是族长与村里的好户共同出面商讨。在商讨时，一般是遵循辈分较长人的意见，若是商讨中意见不同，则达不成共识，事务便无法开展。对于家族事务的处理完全是这些家族代表商讨，通常族长支持的意见会获得通过，但不会采取表决的形式。族人商量家族事务时，外村落的族人一般不会派人参与。至于最后的决策执行，则由族长指定人去执行，不会安排专门的人监督。

本门好户管事。虽然村里刘氏后人分成四门，但各门并没有当家人。在处置本门事务时，都是本门的好户人家出面。刘氏四门中，只有长门有共同的财产，即长门祖坟地。其余各门内没有共有财产，因此村里刘姓人的门别意识并不强。在长门事务处理中，均是长门的好户人家出面处理，执行也是由其负责。一般的刘氏农户不过问也不参与，而且长门集中分布在寨子的东部，遇事商量较为便利。

2. 同族纠纷处理

同姓族人之间的矛盾，远的找有威望的本家人，近的找血缘关系较近的本家长辈。请人调解是主动去请，通常是感觉吃亏的一方去请，主要请双方关系都对等亲近的本家长辈，这样不会偏袒任何一方，由这位长辈来调解，一般来说长辈对于双方都是有权威的。一般只请一人，并且是爱管闲事的人，比较老实且寡言的人不能担任调解人。所请之人并没有好处，也不会留下吃饭。请的时候，主家知会一声，看其是否愿意前来调解，因本村多是刘姓人家，比较容易寻到本家的调解人。一般晚辈去请长辈来调解矛盾还是比较容易的，不会遭到拒绝。若是调解人感觉调解比较困难，便会拒绝前来，若是不愿意前来调解，再寻找其他人来给调解。如果调解不公正，吃亏的一方会不同意，调解算是失败了。如果对调解不满意，可以再找其他人进行调解。

当时村里是允许去县里打官司的，族长并不阻拦，也不会参与。打官司之前不用告诉保长。1949年之前，村内农户之间没有发生诉讼的情况。村内多数农户是不认识字的，若是打官司，要请识字人来写状子，而且诉讼的成本较高，一般是不会有人到县城打官司的。

二、亲戚治理及其关系

（一）亲戚关系

通常亲戚不同村，因此亲戚治理是一种跨村的家与家之间的行为。1949年前，本村内人之间没有姻亲关系。因村内同属一姓，来源于同一个祖先，按照传统，相互不能通婚。又因祖上和东侧的张屯、孙屯原是姑表亲关系，所以三姓之间也不能结婚。儿子结婚是家事，并不征求村里的族长的同意，族长与家族辈分长的其他人也无权过问。姻亲双方一般不能是本村的人，不然会被村里人笑话。由于经常见面的缘故，本村人之间不会结为姻亲。村里人都是与其他村人发生嫁娶关系，多数姻亲双方距离在3公里到20公里之间。村里的刘姓人家都是本家人，不能被称为亲戚。1949年前，村内上门的女婿较少，不时兴招女婿。上门女婿多是因家庭贫困，才住在岳父母家，但是并不改姓。妾的娘家也算姻亲，过节时妾要回娘家探望。

（二）亲族政治责任

村里的税费责任。摊派、收税事务上，如果保甲长找不到家长或家长交不齐，也不会找其亲族要，即使是家长的弟弟也不行。分家后的兄弟相互之间没有义务，各自过各自的，即使保长找了，其也没有义务帮其交赋税。亲族的其他人更不会帮其交税款。若是亲戚拒绝交，国家不会强行从亲戚家中拿走财务。若是家长交不起税赋，只能自己出面向亲族借钱，事后要还给亲族，向亲族借钱多数是没有利息的。

罪刑责任。如果亲族中有人犯了罪，比如杀害官员、烧毁政府公物等，除了该人家，其他亲族不会连带受罚。仅本人受到惩罚，不能殃及亲族。该户受到的惩罚便是被抓去杀头。除非亲族有包庇行为，否则亲族不会承担连带责任。五服以外是同宗，五服以内是本家人。出了五服关系，平时的往来也就少了。

（三）亲戚治理主体

1. 岳父母

岳父在农户日常生活中会参与女婿的家庭管理，虽不会代替家长决策，但是有很高的话语权。村里较为贫困的农户家里有事首先会找岳父帮忙，主要是关系亲。再者，若对方的经济情况好一些的话，更会成为首选对象。家里没有吃的，首先的借用对象便是岳父家。普遍来说，同村的兄弟之经济状况十分接近，要穷都穷，要富都富，相互之间帮不上忙。岳父母家庭成为寻求帮助的对象。假亲戚户都是住在岳父母家，在日常生产生活中，更是要听从岳父母的安排，分配上也是岳父母当家。好户家庭富裕，对岳父的依赖较少，岳父母会被尊敬，若是没有女婿的邀请，一般不会参与家庭管理。

2. 官亲

在亲戚治理中，近亲发挥着主要作用，远亲通常不发挥作用。主要是舅舅、姑父这些近亲参与亲戚治理，这些人经常被称为"官亲"，经常被请来主持公道。亲族治理作用体现在分家时与遇到变故时。兄弟分家闹矛盾时，官亲就要被请来主持分家事务。"村里老辈人去世后，若是兄弟分家闹包子，就把舅舅叫来，让舅舅给主持分家，而且舅舅是可以训斥外甥的，舅舅在分家上能当家。"家里遇到麻烦事情，也是首先找舅舅、姑父想办法。自家与外人发生大的冲突，官亲也会被叫来壮大自己的势力。亲戚之间如果发生矛盾纠纷，不会找亲戚外的人来调解，一般先找共同的长辈调解，也是亲戚关系。即使长辈不在，也可以找双方的共同有威望的亲戚。

（四）亲戚治理内容

正常的年份，亲戚之间不会召开会议。只有遇到婚丧嫁娶时才会召开，比如母亲或媳妇去世时，娘家的亲戚会与该家庭一起开会讨论丧葬规模、丧葬物品、坟墓的位置等。最后双方商定丧礼的细节问题，若是娘家人不满意，则会提出要求。结婚时也会两个家庭在一起商量婚礼上具体的事宜，以及当天的流程等。

亲戚之间发生口角之争，一般是双方共同的亲戚来协调，比如兄长与妹妹的丈夫发生矛盾，可以由父亲协调，也可以由其他的兄弟姐妹出面协调。若是与外戚之间有纠纷，会找共同的长辈比如父亲等出面解决。一般年幼的人不能处理年长人之间的纠纷，年幼的人在双方看来没有权威与话语权。在土地纠纷等利益纠纷上，当事人为亲戚关系比其他人要好调解，存在血缘关系。亲戚之间发生以上纠纷，首先会请双方关系同等相近的长辈来协调。在亲戚内不能得到调解，也不会找官府介入。纠纷解决之后，亲戚关系会受到影响，但是还会往来。亲戚治理以长者为尊，没有具体的指定人，这一点与宗族治理不同。

三、亲族治理关系

（一）宗族治理与亲戚治理的关系

男子血缘关系联系起来的同宗，笼统地称为本家人。亲戚是因为女人出嫁后形成的，是由女子联系起来的，这种被称为亲戚。亲戚关系包括四代内的血亲关系和婚姻关系。姻亲包括自己妻子的家、孩子的妻子的家、女儿的丈夫的家、姐姐的丈夫的家、妹妹的丈夫的家等，都是指亲戚。

1. 治理主体权威维护

在村里，族长与家族长辈很受族人尊重，这也是家族规定。平时见面要按辈分称呼，勉（低）一辈的要叫对方叔叔或大爷，勉（低）两辈的叫爷爷。村里族人之间必须按辈分来称呼，不可以直接叫其姓名，这是不尊重人的表现。如果不按规矩称呼，会受到长辈的教育批评，也会被认为是不懂规矩。若是拿称呼来戏弄长辈，会被其他人批评、嘲笑。

在宗族集体活动礼仪上，坚持以长为尊。刘氏族长与辈分长的站在最前面与最中心的位置。并不是按地位高低来站，而是以长为尊。即使是当官的也要按照辈分来站。在祭祖时，通常都是辈分高的代替整个家族致辞，向祖先表示缅怀之情。这是村里都遵从的观念。按照刘氏家规规定，辈分免的（低的）不能顶撞辈分高的，而且要礼让辈分高的。

2. 亲族治理认同与背叛

（1）对族长的认同。族长不负责教育族人，只管理家族的公共事务，比如家族祠堂、祭祖等，平时不过问各家的矛盾纠纷。平时比如修谱、祭祀等摊费，没有人不交，因为这是家族的事情，即使是穷人也会积极响应。若是实在交不起，也会被免除。族长没有权力体罚族人，只有家长有权处罚本家的人，族长可以要求其家长对家人进行管束。族里没有进行过罚款。

（2）对家族的背叛。非被抱养或随母亲改嫁的情况下，村里没有人自己改为他姓。这是忘本的行为，是为人所不耻的行为。在本族与他族发生集体冲突纠纷时，也没有"投靠"协助他族的情况，否则不能在本村立足。村里各门之间没有发生过集体冲突事件，日常交往中，不会因门别划远近。亲戚与外人之间发生矛盾，不会帮外人，不然亲戚关系将不存在。对于在岳父家寄住的女婿，岳父并不会要求其改随岳父的姓氏，孩子依然随女婿的姓氏。

3. 亲族联合会议

宗族与亲戚共同会议是围绕着某一个家庭召开的。当家里遇到灾难，比如小孩子被绑架、家庭变故，找来本族血缘关系最近的人与近亲，一起商量对策，各方帮助主家想办法。共同会议一般是本家的长者主持。想出办法之后，决策不用请示保长，本族与亲戚之间共同行动帮助主家。

（二）亲族治理与村落治理的关系

1949 年前，对于刘屯来说，家族事务在很大程度上等同于村落事务。外来户在村内占有的土地数量极低，很多是刘氏家族的种地户，在土地与生活上对刘氏好户有一定的依赖性，在人口数量上不足刘姓人口的 10%，同族人口数量更少。村里的庙地、寺庙都是刘氏先祖所建造，这些财产同时也是家族财产。在村落治理中，会首、集主等事务的管理者都是刘氏家族的人在担任。村里的寨墙修建、打更等公共防御事务都是刘氏好户带头，参与者同样以刘氏家族成员为主。

亲戚多不在本村居住，亲戚很难干涉本村的事务。居住在本村刘姓人家的住亲戚户,算是半个本家人,要跟随家庭劳动。这些住亲戚户很少参与村庄治理。

(三)亲族治理与政权治理的关系

1. 主体间日常交往

保长对待族长会比对一般人要尊重客气,因为其辈分较长。族长是村里的好户,也是家族中有影响力的人,在身份上存在交叉的情况,据受访者回忆,村里的刘文彬曾担任乡长,其父亲为刘氏族长。日常往来中,族长并不去拜访保长,也不给其送礼。本村内,刘家的势力比较雄厚,长期担任着乡长、保长、甲长等职务,也有刘姓人在区里任职。所以刘家属于比较有政治势力的家族,隔壁的村庄不敢随便欺负本村人。民国时期,本村的外家姓未担任过保长之职。

2. 事务上的联系

根据村内刘氏家族族规规定,对于犯法的成员,可由族里送官,"族中有忤逆不法情形重大干系,族人者许族长据理以治之,不服者公同送官"。民国时期,族规不大于国家法律,族治不能代替国家在乡村的保甲治理。政府与保甲长不会找族长帮忙做事,收税款是村里农户必须承担的义务,族长也不例外。关于村里的大事,比如修路、修墙等,不会找族长商议,只要保长或有威望的刘家人出面主持便可以。家族祭祀活动、聚会活动或宗族族谱编修等活动都是族长统筹安排。政府不会禁止,也没有能力进行管制。村里的宗族能自由建设祠堂,这是族里的家事,政府不会阻挠。

第五节 信缘治理与治理关系

前文第四、第五章已经就村里的信缘信仰进行了描述。那么本村的信缘组织是由谁治理的呢?又是怎样治理的呢?本节将从"信缘组织、信缘治理主体、信缘治理内容、信缘治理方式、信缘治理关系"方面去考察传统时期的刘屯村。

一、信缘组织

(一)司妈妈

因信仰形成的非正式组织名为"坛",一个神仙的信众为一坛,由于村里信仰对象太多,难以形成统一的组织。村里各司妈妈所敬的神是不相同的,因此司妈妈之间是不会形成组织的。司妈妈是所敬之神的拥护者,能通过"托梦""附体"等方式与神交流,或者能看到常人看不到的"东西",类似于萨满教的"神巫"。村里司妈妈以某个单一神明为联结,将追随其的信众联系起来,其信奉者越多,司妈妈在村里的影响力越大。司妈妈的作用范围是本村,以及与其有血缘关系的外村亲人。

（二）红缨会

红缨会是本地区最有影响力的信仰组织。红缨会又名红枪会，因使用带红缨的长矛（当地人称长矛为长枪）而得名，红缨会是跨村庄的地区性民间信仰组织，由老百姓自己组织，附近几个村庄里的人联系到一起，通常也被认为是会道门的一种。据受访者讲述："红缨会他不毁人，就是不抢老百姓。"本村内没有此组织。这是不被民国政府认可的组织，也是迷信的组织。红缨会信神，以信神的名义组成该会。会头目通过成员发展壮大，秘密招揽人手，都是一些男人，会员是秘密结社，并不对外宣扬。成员打仗时在身上画符、念咒后自以为可以刀枪不入，便拿着长矛与带枪的土匪或者地方部队对抗。红缨会也打日本人，但是由于手持长矛，所以没有太大的能力。据受访老人讲述，本地区的红缨会打过土匪，但因使用的是传统的长矛，被持有枪支的土匪给打散了，死伤比较惨重。由于是较为秘密的区域性组织，保长、乡长是没有能力过问与制止的。

据邻村受访者讲述："我听老家的一个哥说的，他以前跟着轰隆队，去外面抢东西。那个时候人穷，都跟着一个人干，听说外面哪个地方有好户，就去抢去。要是抢红缨会的人，他们会组织起来反抗。他们拿着长矛，画符也没用，还是能被土匪打死。"

（三）会道门

会道门是本地对邪教的称呼，也是以宗教迷信为纽带的民间秘密组织。本地区会道门比较活跃，这是一种跨村庄的邪教组织，由会员发展下线，然后宣扬信奉的对象的全能性，完全听从头目的领导，以此发动暴动。民国政府地方部队也曾围剿过会道门的成员。1949年前，本地区会道门比较多。据虞城县志记载，本县有一贯道、圣贤道、中央圣道、红枪会、玄门、天仙道、白门道、佛门道、玄门、中华道、西华堂道等22种会道门。会首头目566人，涉及全县1 272个村庄。

二、信缘治理主体

无人带头的情况下，信众无法形成组织，只能是松散的个人信仰活动。要建立信缘组织，必须要有威望高的组织者。拜神、寄坛等活动的组织者只有司妈妈一人，没有固定的组织形式。这些信仰仪式活动都是临时的，平时并不活动，只有在给孩子看病时、家中遇到麻烦时，初一、十五信众前来还愿时举行敬神仪式。

至于红缨会则由其头目管理，也就是本地所说的"头"，通过宣扬其神仙的全能性去迷惑信众，从而控制信众的行为，然后让信众劝其他人加入。虽然其打土匪，但是没有战斗能力，平时也很少有活动。

三、信缘治理内容

敬神活动地点在司妈妈的家里，来祭拜的都是司妈妈的追随者，因此规模比较小。司妈妈的作用是通过"下神"的方式给信徒看病，待到病人病情好转会去司妈妈家还愿。还有就是给其追随者的孩子"寄坛"。司妈妈会获得现金酬劳，还有供品，这也是司妈妈给人看病的重要原因。这些非正式的组织不会给贫困者捐钱，也没有能力救济穷人。

红缨会作为迷信组织，其存在的作用便是自保，同时也会在头目的带领下反抗土匪、日军。治理上主要是宗教信仰活动，祭拜共同的神明。并没有其他的活动，而且这些参与者较为贫困，日常要负责家庭农业生产事务。

四、信缘治理方式

司妈妈为了宣扬其所信奉神仙的灵验，会给信徒讲授神的一些事迹，以及自己看到的一些"东西"，还有就是神在梦中给其的指示。司妈妈没有成文的教义教规，也不对信徒日常道德行为提出要求。司妈妈对其追随者没有惩罚措施。

红缨会中，成员是一对一地发展信仰对象，主要通过精神蛊惑宣传鼓动别人加入，加入者多是较为贫穷的农户。其对成员并没有太大的控制力，主要使用思想牵制的方式，宣扬神会"惩罚"不忠诚的人，使信徒相信并服从组织。信徒对头目没有监督权。对于内部具体的惩罚措施，没有受访者清楚。

五、信缘治理关系

信缘治理关系主要体现在信缘组织与信众、国家治理之间的关系上。作为信仰领域的组织，其要处理三者之间的关系。

（一）信缘组织与信众

神是以坛而论的，都是自愿加入，因为信奉而加入。司妈妈身份地位比一般的信徒要高，在日常生活中，受信徒尊重。若是不信任司妈妈，便会不与司妈妈交往。司妈妈没有能力阻止其信奉者撤出。信神的自家都有神像，不会到庙里去烧香。信仰相同神仙的人，可以优先请司妈妈看病，村里人对神的信仰来自敬畏，也不敢质疑神仙。

无论是红枪会还是会道门，信众都是因为"相信"才追随其头目，平时没有信众去质疑神的真假与能力，这其中也有其领导头目的持续性蛊惑与宣扬。日常信仰活动听从头目的安排。信众对头目通常是言听计从，与谁对抗也是头目说了算。

（二）信缘治理与国家治理

1. 合作

传统时期，国家对信缘组织的管理没有明文规定的法律，信缘组织成立不需要得到当地政府同意。信缘组织都是秘密的，并不会大张旗鼓地公开，开展活动也是私底下秘密地进行。只要其不危害社会，国家一般不对小的信缘组织进行管理。国家处理事务不会找信缘组织，也不会找信缘组织动员信徒服兵役、缴纳苛捐杂税等。都是通过保长收税赋。多数信仰组织并不明确反对政府，仅是进行信仰活动。信缘组织并不主动跟政府打交道，其信众也不会向政府告发组织。

2. 敌对

司妈妈组织是小民间信仰，政府并不过问。这种小的信仰组织不敢冲击政府部门，政府一般不管理。

会道门危害较大，这是一种跨村庄的邪教组织，宣扬信奉对象的全能性，使信众完全听从头目的领导，以此发动暴动。民国政府地方部队也曾围剿过会道门的成员。多是在其危害社会时，民国政府才会派部队出面围剿。平时会道门处于秘密结社状态，很难进行限制打击。

据《虞城县志》记载，中华人民共和国成立初期，会道门曾多次发生暴乱，冲击地方人民政权，杀害乡镇政府工作人员。甚至有会道门打出"登基升朝做皇帝"的旗号。对于这些反动暴乱，单个区队很难进行围剿，需要县警卫队联合区队进行清剿。

第六节 社会组织与治理关系

村里众多行业并没有形成有效的行业组织，但以生活、信仰为纽带，产生了一些具有地方特色的社会组织。这些社会组织既有合法的，也有不合法的。本节主要对村内社会组织及其治理方式进行探究。

一、社会组织类型

（一）穷人组织——连帮会

连帮会为穷人之间的相互救助组织，通常十家组成一会，参会人员要约定固定的出资金额。由一位农户带头组成，其他农户加入，户数确定之后不再变动，参会人员共同约定，若会员家中遇有婚事、丧事等急需用钱的事项，向会内提出请求时，其他会员每家要拿出20斤粮食，共同给遇事会员，而且每位会员有且只能使用一次，若会员去世，则由其儿子代行原有的义务与待遇，待所有参会人员都使用一次后，该会便自行解散，会的持续时间没有规定，也不计算利息。

农户可以同时参加好几个不同的连帮会，不受限制，只要自己能付得起粮食。村里很贫穷的农户家里没有余粮，是没人同意其入会的。连帮会不用向保长等官方备案，族里也不过问。由于参加的户较多，大家无法抵赖，也没有发生过抵赖现象。若是抵赖会被认为是无赖，有损自己的名誉，会被传得整个庄子都知道，没人再与其打交道。

（二）武术团

武术团是本地较为普遍的一种民间团体，也被称为"练武的"。该团规模较小。本村曾经来过一位师傅，在村内教人练武。据说为好户人家所请，这位师傅召几位徒弟，借了本村一好户人家的空闲院子，不用支付租金。在村内教授年轻人武术，以此防身，"每天晚上都能听到他们在院子里打拳"。徒弟要行拜师礼，要向师傅支付学费。武术团存在的时间并不固定，通常是一段时间后便会停办，主要看师傅是否愿意继续教授，村里没有人会阻止。保里并不过问武术团，也不向保里申请。武术团的师傅对学徒没有约束力，而且是要缴纳学费的，学徒可以选择退出。

（三）非法组织——土匪组织

村庄附近的土匪比较多，尤其是战乱时期，当地有着"大小十八杆"之说，一杆便是一伙土匪，土匪也被称为"轰隆队"，土匪头子被称为"杆子头"。本村所在地区也有"洪河两岸，雁过拔毛"的说法，形容匪患猖獗程度。此地小股土匪较多，十几个人、两三杆枪，便能拉起一伙土匪。这些土匪都是附近的农民，土匪并没有固定的窝点。晚上抢东西，白天就变成了农民。附近许多土匪是"明面上"的，附近村庄的人知道哪个村庄的土匪多，以及土匪头子是谁，但是没有对付的办法。土匪主要抢劫村里的好户，将人拉走，问其家人要钱。此外便是直接抢劫农户家里的金钱。

1949年前村里流行的一句话：

> 大刘屯洪河坡，土匪盗贼积成窝；
> 要想从此处过，插上翅膀也难脱。

在动乱时期，土匪比较猖獗。附近的土匪并没有严格的、成熟的组织机构，通常一个人作为头目便能拉起一杆土匪，其他人为了获取金钱与粮食都愿意跟随杆子头。土匪在附近村中通常有眼线，帮其注意村里好户人家的一举一动，找准时期去抢，抢到之后会将所得东西分给各人。

据受访者讲述，附近的村落都被土匪攻打过。保里无能力对付土匪，只有带枪的乡丁与乡里的局子才有能力对付土匪。本地区在国民党地方部队管理期间，土匪不敢活动，自行散去，不敢"出头"，因为土匪被抓到后会被部队直接枪毙，当时处于比较太平的时期。

1946年后国共内战期间，本地处于无人管理的状态，土匪较为猖獗。本村有寨墙，并且大户较多,有少量枪支,一般的小土匪不敢洗劫本村。村内有一个土匪头子被国民政府军队枪毙。村里对付土匪的办法,只能是在动乱时期打更巡逻,土匪进村时所有人都要拿起农具帮忙,有枪的大户会让大领拿着枪帮忙。

二、组织关系

这些组织多是由民间的个人组织起来。在连帮会中,对成员的约束力来源于各自达成的口头协议。若是只享受好处,不出粮食,其他的成员都不会同意。碍于自己在村里的名声,没有成员公然违约。若是参与者去世,则其儿子要继续履行完义务。官方主体保长等不参与这种组织,也不过问这种组织活动。若是组织内发生矛盾会找保长调解。

在土匪组织中,组织头目对成员的控制能力来源于分赃,抢到的东西会分给跟随者。因为土匪被抓后会被枪毙,因此也并不敢公然行动。土匪组织畏惧区长、乡长等,也不敢攻击乡公所与区部。在正常的年份,县里有治安大队,土匪不敢抢劫。

第七节 病菌及治理

传统时期,病菌导致的瘟疫是造成人口减少的重要原因,那么,村里人是如何应对瘟疫的呢?本节将从医疗状态与治理办法出发,去探究1949年之前刘屯村病菌治理情况。

一、医疗状况

当地称医生为"先生"。民国时期,本村里是没有先生的。医生、私塾老师都被称为"先生",因为中医多是年纪大的有功名的秀才等读书人,并没有接受过专业的训练,也没有师承,通过看医书自学成才,先生能开方,药自己抓,能看好的病寥寥无几。他们并没有学过系统的医学知识,只是自己看医书学的,偶尔给别人看病,只会开中药药方。医疗条件落后,所以即使病死,也不知道是什么病。

南侧杨集有一位年纪较大的医生,叫刘立早,会开中医方子,经常被人请来看病,他也是普通的农户,当时年纪已经比较大了。村内人病得比较轻的不会找医生看,除非厉害了才找医生看。一般的小病都是自己治,头疼发热,自己熬点姜茶,然后盖上厚被子睡一觉就好了。大病才请医生,当时的医生非常少,都找医生看的话,医生是忙不过来的。医生也是普通的农户,家有土地,并不是以行医为生,并不参与其他的事务,只是偶尔被人请来看病,地位在村内属于偏上的位置。医生也是要承担赋税徭役的,家里的土地要交税,没有任何特权。

民国时期,本村还没有西医,村里人看病主要依靠中医。而且当时还没有点滴、注射等现代医学手段。1949年以后，西医才慢慢兴起，开始有针管注射。据受访者介绍，1958年前后，点滴等治疗手段还没有兴起。临近解放时，南杨集才有一个西医医生，但是能看的病寥寥无几。一般的农户是看不起西医的，西医也只能治一些小病，西医是医药一体的。当时找西医看病的农户很少，也没有发生过医疗纠纷。1949年前，当时的西医医生极少，并且西医是"撑门面的"，只有村里的好户人家才能请起西医。一般的农户是请不起西医的，也不会找西医看病。

> 村内一户刘姓人家给牲口铡草，请了一个帮忙的人。当时寨内正在唱戏，想赶紧把草铡完，赶紧去听戏。结果把帮忙人一个手指头铡掉一半。把那个西医叫来，就那一些伤，那个西医也没给他接上断指，只是用酒精消消毒，医疗费要了1 000斤高粱。恰巧那户人家里比较富裕，家里有足够多的粮食，他是刘伍元的老管，先前住在关成坝村，管理刘伍元在关成坝的土地，临近1949年才回来。这户人家的姨父也是刘伍元的老管。

1949年之前，在村里流行过一次瘟疫。村内经历过最厉害的瘟疫就是"新病"，主要的症状就是呕吐，直至脱水就会死掉了。从出现症状四五个小时至四五天便会死掉，非常快，中医是治不了的，因病人呕吐比较厉害，水饭不进，难以咽下中药。那一年一个庄子因瘟疫去世了六七个。中医治不好，得病之后只能等死，没有办法。北门附近有一个会"扎针"（是指针灸）的人，他不会看病，只会扎针，也不卖药。得"新病"的农户会请其来扎针，有的农户会好转，有的没有任何的效果，因为都是本村的熟人，并不要钱。当时村里人也不知道新病究竟是怎么回事。得新病会卧床不起。1949年前比较乱，没有隔离措施。请村里的中医也治不好，只能依靠自己，病情加重后只能在家等死。其次常见的病便是麻疹，痊愈后脸上会留下麻子。发病人群并没有隔离，但并没有广泛传播开来。

二、传染病治理

村里没有有效的措施应对瘟疫。由于当时西医并没有兴起，并且没有专业的中医，因此很难治疗疾病，主要是依靠中医摸索着治疗，得病后看不好也是很正常的事情。即使请来中医，也是根据医生自己的判断开药，很难治愈。当时的医疗条件治不好，没有西医会治这种病。

在对瘟疫的治理中，官府没有采取救助措施，未承担责任。村里没有人组织救助，没有有效的预防活动，由农户自己负责，农户为了防止瘟疫传染，只能采取不出门的方式。对付瘟疫，主要还是依靠个人的免疫能力和个人"造化"。出现疫情之后，村里人也不知道是怎么回事，只能胡乱应对。依靠一家一户自己想办法，并没有其他任何有效的措施。村里没有大面积的牲口瘟疫。村内人不会外出躲避病疫，选择待在家里。

村里没有专治疑难杂症、传染病的人。村内有农户求神治病，但都是自发的个人行为，保甲长不会阻止此类活动。发病后会有生命危险，如果得病死了，故者能进祖坟。不论因何病而死，都是可以进祖坟的，而且埋葬的方法也与平时相同。新病流行的那一年，村里人都不走亲戚，待在自己家里不敢出门，避免被传染。受访者刘耕珍的前妻、母亲先后因为新病而去世。

有时候，也有专门的遛乡医生流动到本村来给村民打疫苗，这些是私人医生。这种疫苗被称为"点花"，主要是预防天花的。他们通常在每年春季下来遛乡。若是有人打疫苗，就在人的胳膊上用小刀划开一道口子，然后滴一滴药水，"他的药水在瓶子里装着，一瓶药要滴好几个人"。滴药水是要付钱的，费用大约为1斤粮食，村里没有出现疫苗致死的问题。得天花的话会有后遗症，比如脸上会留下麻子，会对未来生活产生影响，影响到娶亲，找不到媳妇。

据受访者介绍，1949年前，本地仅有的两个西医院，分别在徐州城和商丘城。商丘的医院是德国人开的。徐州的医院较大些，是美国人开的。只有好户人家才能去这两个医院看病，穷人一般不去。

第八节 村落治理变迁

新中国成立之后，刘屯村经历了土地改革运动、人民公社运动、家庭联产承包责任制等时期。随着经济制度的演变，村落治理方式与治理主体也在不断地变迁。本节重点梳理1949年后刘屯村治理方式与治理主体变迁情况。

一、1949年之前的传统治理状况

（一）村庄治理

1949年之前，村庄内的治理形式有两种，一是保甲治理，二是村落治理。保长负责收款催税、征劳役兵役，并不负责治安事务。村里的刘姓人家担任保长时，也会参与村落公共事务。社会农业生产领域，政府一概不介入。村中寨墙也是村中的好户带头组织修缮。求雨活动、送神活动等村落活动都是由村里的问事的人负责。村落问事的人会按照规定数量交税，他们不过问税赋的事情。两种治理主体相互补充，村庄社会领域是自我管理的状态，由村里多个问事的人负责。

（二）亲族治理

族长并不过问村里族人的家庭事务，只负责祭祖与祠堂祭拜等家族公共事务。村里宗族对个人的控制能力较弱，多是一些礼节性管理，族长无权对宗族成员进行惩罚。家族内的好户也不会对族人进行救济，只有在本族人的利益受到外村落的危害时，族人才会选择共同抵抗。由于本村人多是刘姓人，较容易团结在一起，因此外村人不敢欺负本村人。亲族是单个农户的重要帮助对象，也是依附对象，平时家里遇到困难都是向亲人求助，而不是靠宗族。遇到家庭内的纠纷时，依靠有威望的近亲或者本家人来调解。

二、土地改革运动中的治理

（一）村落政权治理

1949年之后，成立了刘屯镇，下辖附近几个村庄，后改为刘屯乡，属于大杨集区。1950年12月，大杨集区开始土地改革，每个乡镇成立了贫农协会。受访者刘耕珍为乡农会的主任，农会在工作队的指导下开展工作。乡政府开始有了政策宣传功能，通过村里向农民传达国家政策。农民直接与政府接触。当时乡里由上级派来的工作组指导工作，写材料上报县里，经县长批示后，对于乡里的恶霸、土匪等进行镇压。

这一时期，保甲制度被他们撤销，变成村长制。刘屯被分成四个村进行土改。每个村有农会会长、村长。土地改革完成后，村长成为主要治理主体。另外，村里每个小村都有农会会长，还有民兵队长、妇联主任、儿童团等。在分工上，农会在工作队的指导下划分成分，组织批斗地主。民兵队长在批斗时，带领本村的民兵负责押送地主，并且稳定会场秩序。平时监督地主富农，看其是否搞破坏。另外要维护村里的治安，夜间组织轮流巡逻。每个村的妇联主任负责发动本村的妇女参与斗地主，平时组织本村的妇女进行生产。

（二）家户、宗族治理

土地改革运动对宗族治理造成了极大的冲击，宗族治理被村庄治理代替。在土改中，刘氏祖坟地被分给了个人，不再由好户管理。刘氏家族被划了33户地主，3户富农，其中还有几人因罪行较大被枪毙。对于这些地主，平时本家人也不敢与其关系太近。村里的外家姓氏开始参与掌握政权，其中李广新曾担任村里干部。原来以刘姓人为主要管理主体的村，外姓人在新政权的帮助下开始参与掌握治理权。

土改加速了村里的分家进程，村里的好户为了稀释土地，与儿子进行了分家。土改后，村里以小农生产为主。1952 年开始，在上级的号召下开始成立互助组。几家人在一起干活，收了庄稼仍是个人的。生产生活中，依然以亲戚间的相互帮助为主，遇到困难还是要找亲戚与本家人帮忙。村里获得土地的贫农对亲戚的依赖性降低，物质往来逐渐被礼节性的往来替代。

三、农业集体化时期的村落治理

（一）政权与村落治理

集体化时期，社会治理领域被政权所取代。"喜总""会首"等众多"管闲事的人"被列为旧社会的东西。这些"管闲事的人"负责的事务由生产队队长代替。这一时期，村里政治经济治理以生产大队队长与生产队长为主体。村里的受访者刘耕珍、刘砀山、刘二彦先后担任生产队党支部书记，领导本村集体经济生产。村里人办喜事时，会请生产队队长、会计张罗，同时也要请队长派人当忙客。村民的家事成为生产队管理内容的一部分。生产队内成立了由队长当家的红白理事会，对社员办喜事的规模做了限定，每一桌菜不能超过队里规定的道数。

村里生产队规模进行了几次调整，1964 年前后，刘屯与张屯分开，成为两个生产大队。随后刘屯有 11 个生产队，后来增至 13 个队，平均每个队 100 多人。村里的队是按片划分的，自东向西依次按数列排列。政权开始介入农民的生产领域，小农经营开始被纳入以生产队为单位的集体中。刘耕珍为刘屯大队的党支部书记。生产队长主要管理队里的生产事务，包括生产管理、财产管理、粮食分配等。国家对夏粮（小麦）分配标准有规定，每人不超过 80 斤。秋粮没有规定，由队长根据收成分配。农民的参与意识薄弱，生产队长成为集体事务的决策者，一般的农户本着"净干活，不操心"的心态，很少参与村庄管理。

（二）宗族治理

"文革"时期，开展了"破四旧立四新"运动。刘氏家族的祠堂被征用，牌位被清理出去。刘氏先祖坟墓前的墓碑与楼子遭到破坏，后开展了平坟运动，村里的部分坟墓被推平，不过刘氏祖坟在村里刘氏后人的保护下得到保留。刘氏家族的族谱也被收回焚毁。藏在棺材里的一本得以保存下来，成为日后修谱的基础。这个时期的宗族治理是不存在的，完全被政治所代替。刘氏族长也不再有权威，成为普通的农户，要与其他农户一起劳动，没有特殊的待遇，其他族人并不会替族长干活。在辈分称呼上，依然按照家族辈分，不可乱叫。

（三）信缘治理

集体化时期，政府是不允许村民信神的。上级政府要求破除封建迷信，割除陋习。

每家神像、牌位都被毁掉。村里人害怕被批斗，并不敢反对，也没有人敢搞信仰活动。司妈妈、翁席等村里的传统敬神人都被取缔，不敢再给人下神看病。村里没有人敢公开信奉这些东西，也不存在信缘治理组织。这一状态持续到改革开放。

（四）宗族、家户治理

这一时期的宗族治理被取缔，不允许搞族内活动与祖先崇拜，不再选任族长。祠堂被用作生产大队办公的地方，不再发挥祭祖作用。家户治理成为血缘治理的主要内容。集体化时期，家户依然是最主要的治理单位、消费单位。孩子依靠父母挣得的劳动工分赚的粮食养大，父亲是家里的当家人。孩子要听从父亲的话，不可以顶撞父亲。家里孩子上学要经过父亲的同意才可以，若是父亲不同意则不能上学。村里孩子成家后，会很快从原来的家庭独立出来，去赚工分生活。家长还要承担赡养老人的义务。孩子要服从父亲的安排，婚姻也是父亲一手操办，若是孩子不愿意，可以提出观点。父亲的权威依然很大，即使孩子犯错，也不能打死孩子，否则会被治罪，但可以将孩子赶出家门。

（五）业缘治理

集体化时期，刘屯归大杨集公社管辖。这一时期，开始实行公办合作社，逐渐取代私人手工业。刘屯村内的匠人开始被集中在大杨集公社办的合作社内。村里被集中的匠人主要是铁匠、泥瓦匠、木匠等，他们都在社办企业中工作，不再允许私营手工业发展。其中村里的受访者刘红伦作为泥瓦匠，在社办企业工作过很长时间。大杨集公社只有一所初中，本村的学生读完小学后也要到那里上学。这个时期学校都是公立学校，所教授内容由国家规定。合作化时期，允许学校体罚犯错的学生。

四、家庭联产承包责任制时期的治理

（一）政权治理与村落治理

1981年，虞城县全县农村普遍实行家庭联产承包责任制。村里的集体生产又变成家庭生产。此时村里依然保留着生产大队的称呼。1983年12月，全县实行体制改革，政社分开，人民公社改称乡镇。生产大队改称村民委员会，生产队改称村民小组。各乡镇同时建立经济联合社。村里大队书记变为村支部书记，生产大队长变为村主任。包产到户之后，村委会主要的职能发生改变，成为承担政策宣传、开展计划生育、催收公粮等事务的基层机构。村委会干部也要忙自家的土地，不再是脱产干部。

村里的生产队变成了生产小组。生产队队长失去了其原来的管理者的地位，成为小组的组长。组长的主要职责便是通知本村的农户按时交公粮。平时从大队领回政策后，在组里向农户传达。村里人之间发生矛盾后，首先找组长调解。分地之后，村民之间因地界产生的矛盾时有发生，这些矛盾都是首先找组长解决。若是组长解决不了，再去找村委会干部解决。

村落治理中，原来的生产队队长、会计成为新的"喜总"，村里农户遇到红白事时，都会找队长给当"主事人"，因为这些原来的生产队的干部较有威望。邻居会自动前来帮忙，主事人会对前来帮忙的邻居进行分工安排。对于村里的会（交易会），一直是大队干部在负责。若是会不景气，大队干部会负责请戏班唱戏，让其繁华起来。受访者刘砀根老人原是村里的会计，现已退休，村里的会由其负责，他同时还是村西头的"喜总"，负责主持西头农户家的喜丧事。

（二）家户治理

在家庭内部，家长不一定是男主人，村里好多人家是女人当家，"有的男的没有本事的，那就女的当家"。当家人要负责家里所有的事情，包括生产安排、子女教育。家庭联产承包责任制实施时，村里孩子降生时，由生产队给予其土地。在其未成年之前，土地由父亲耕种。父亲要负责将孩子养大，为其建新房、说媒娶妻。儿子在未成家之前，要遵从家长的安排，家长有权决定是否让其上学。成家后的儿子有权处理自己的家事。但若是家长较为严格，即使儿子已经成家，大事依然要请示其父母。以受访者刘砀瑞为例，其仅有的几亩土地与房屋交由第四子继承，四儿子承诺自己负责老人的养老事务，一直到老人百年。其他兄弟同意了，不再过问老人的事情。1997年，村里曾调整过一次土地，此后再没有动过。此时的家户生产依然以农业为主，还有一些手工业，没有工厂等规模产业。

（三）宗族与信仰治理

此时，村里的宗族关系刚开始恢复，村里刘氏家族在1985年进行了中华人民共和国成立后的第一次修谱。当时的族长为刘派风，居住在东侧的曹庄村，为第一位不在村的刘氏族长。刘氏家族根据仅保留下来的一部家谱开始续谱。这个时期的族长更多的是象征性的，仅处理修谱、修祠堂、祭祖的事务。平时族长不在本村长期居住。依旧由村里干部负责调解纠纷。村干部多是刘姓人担任，并不干涉族长处理家族事务。家族无权对族人做出处罚，唯一的处罚方式便是禁止其入谱。

村里信仰关系的恢复主要体现在家神信仰上，村里不再建设寺庙，司妈妈又死灰复燃。没有形成统一的信仰组织，但是信仰对象具有传递性，一般女儿会跟随母亲信神，待到闺女出嫁后，会将母亲所信之神带到婆家。相比之前，村里信仰对象依然很多，很难统一起来，没形成统一管理的信缘组织。

第九节 村落治理实态

改革开放以来,随着农村政策的调整,农村基层治理模式也随之发生变化,今日刘屯村的治理实态与以往完全不同。本节将从"村两委治理、家族治理、信缘治理、业缘治理"等方面去考察刘屯当下的村庄治理实态。

一、政权治理——村两委

现阶段的村民自治制度下,村庄治理以行政村为单位,刘屯行政村现被分为13个村民小组,包含两个自然村(刘屯、小张庄)约3 200人,其中小张庄只有200人。随着人口增长,小组之间的界限被打破,开始出现各组混住现象。因此现治理单位以行政村为主,村里主要事务由村委会管理。自家庭承包经营以后,组的作用被削弱,村里选举依然是以行政村为单位。在党委的领导下的村民委员会负责管理村庄日常事务。村内的党员在乡党委的指导下选举村支书,村民大会选举行政村的村主任与副主任,现村支书与村委会主任分别由本村的刘二彦、刘耕慈担任。村委会选举每三年换届一次,多是连选连任。村委会有5名委员,平时的社会事务较多,主要内容涉及村民宅基地建房、五保、低保、贫困户的评选、政策宣传等工作。社会事务管理职能比较明显,村里人建房时要向村委会申请。乡政府每年会将五保、低保名额下放给村里,村委会讨论后评选出人员上报。

由于没有集体经营形式,因此村委会的经济职能较弱,并不过问农户的家庭经营。现阶段的村委会主要负责政治工作与社会服务工作。村里孩子上学申请贷款、助学资金等,都要经过村委会盖章、开具证明。村里的会上交易也是免费的,村里不会向来卖东西的农户收取费用。

二、村落治理——村治的补充

现阶段的村落中,"管闲事的人"得到恢复。村里农户遇到婚丧、嫁娶、生育时,需要一个人来主持大局,因此需要管闲事的人出面,这些管闲事的人主要由集体化时期担任过生产队干部的人负责。近几年,这些管闲事的人开始出现新人。由于本村较大,现有3 000多人,因此每个角落都有"管闲事的人",本村现约有四五个管闲事的人,并且出现了与村委会成员重合的现象,或者由原村委会的成员担任。这些人在遇到公共性的事务时会起到带头作用,比如村庄修路时会带头积极出资。管闲事的人没有现金报酬,只能吃喝一顿和获得几盒烟酒。村里的受访者刘砀根老人曾是村委会会计,自生产队时期便是村西头问闲事的人。前几年,他因为年纪大,把"闲事"让给了本家的一个侄子过问。

除此之外，村公共事务由村委会进行管理，问闲事的人主要起到协助作用。

三、家族治理

刘氏家族虽然有族长与管理委员会，但主要管理祠堂、修谱、祭祖等公共性事务，并不干涉家族成员的家庭事务，且没有采取过强制性措施，完全依靠族人的自觉。家族并不会因为成员犯法而与国家进行对抗，村民对国家法律的认可要高于家族规则，村里的犯罪行为完全交由国家职能部门处理，家族并不干涉，也不会包庇族人的违法行为。只有部分民事领域的冲突才会由家族出面解决，如家庭矛盾、小的边界纠纷，涉及较大的利益纠纷时难以调解成功，则通过主要法律途径解决，家族并不阻拦。家族管理委员会是在国家的治理框架下进行工作，类似于"管闲事的人"。刘氏家族上一任族长为东侧曹庄的刘氏后人派字辈的刘派凤担任。其去世后，由本村的丰字辈刘新端接任。至于族长的接任，受访者刘丰须是这样讲述的："老族长都是熬成的，并不是说大家选，我也是丰字辈的，但是年纪大了，好比上一辈的人没有之后，从最长的一辈的人里面找一个有点能力的，让他去当老族长。"

改革开放之后，刘氏家族进行过两次修谱工作。在1985年时进行了第一次修谱工作，由本村的刘氏族长刘派凤负责，他居住在东侧的曹庄村，为刘氏的后人，自小被送给了外姓人家，一直在曹庄村定居，后来依旧姓刘。他是辈分最长的人，并且上过学，较有学问，便担任了刘氏族长，也是首位不居住在本村的族长。当时的修谱工作是其一手主持的，并且族谱中的序言、规定都是出自族长之手。

刘氏家族第二次修谱是在2007年7月，主要将刘氏新增人口加入到其中，由村里有名望有文化的刘氏后人参与。刘派凤去世后，新任族长为刘新端，四十多岁，为丰字辈成员，在辈分最长的几人中最为年轻，便成了本族族长，并不是通过刘氏后人的选举产生，主要由辈分最长者中的能力较强的人担任。

（一）修谱规则变动

修谱的规则与解放前相比，有了明显的改动。据受访者介绍，1949年之前，刘氏族谱为"清谱"，抱养以及入赘孩子不能入谱。本村族谱中断的刘氏后人有一支散落在本村西北3公里的张三楼村，因族谱中断，不知道属于哪一门，因此，民国三十年（1941年），刘九臣主持修谱时未能让其入谱。

2007年，刘氏家族重新修订了族谱，这是改革开放后第二次修谱，1985年曾修过一次。修谱所用花费向刘氏后人收取，这次修谱对规矩有所调整，入赘的女婿若是改姓刘可以入谱，抱养的儿子也可以入谱，这在解放前是不允许的。可知，刘氏后人修谱采取了更为包容的态度。此次修谱主要由村里的学问较高的刘氏老人完成，刘氏家族族长与修谱委员会负责，其中村主任刘耕慈也是其中一员。1949年后，修谱时让张三楼村的刘氏后人入谱，按照其排行与记忆，续在第四门之下。凡是本村刘氏后代，不管是过继、抱养，还是上门的女婿，只要改姓刘，便准许入谱。相对于1949年之前，不再区别对待。

（二）管理主体及机构

改革开放之后，村里重建的刘氏家族管理机构只有4个，主要是为处理刘氏家族的内部事务成立。刘氏家族的主要管理者与村委会成员之间存在部分重合。其中，刘砀山为本村的原村支书，为之前刘氏家族事务的主要管理者。刘耕慈曾担任过村委会会计，现为村委会主任，同时也是刘氏家族的理财委员会会计，为现刘氏家族事务的主要管理者。刘二彦为现任村支书，同时也是刘氏家族事务带头人。刘耕亮、刘建立是村委会成员，也是刘氏家族事务的主要参与者。其中，调解委员会主要是为了解决族内纠纷而建立的，但是成立后实际发挥的作用较弱。族人之间的矛盾越来越倾向于找刘姓村干部调解。

1985年刘氏家族委员会

族长：刘派凤

总监理：刘砀山

主任：刘新端

副主任：刘二彦、刘存领，刘振立、刘建立、刘耕亮，刘耕慈等8人

委员：刘振标、刘振华、刘耕士等13人

2007年刘氏家族重修谱委员会

主任：刘砀山

副主任：刘二彦，刘耕慈，刘派凤、刘新端

委员：刘敬德，刘进良，刘读拴等二十一人

刘氏家族理财委员会：

主任：刘耕慈

副主任：刘敬德、刘进良、刘大劲等五人

委员：刘金斗、刘耕水、刘耕美等五人

刘氏家族处事委员会：

主任：刘战省

副主任：刘耕保、刘耕亮、刘大高

刘氏家族调解委员会：

主任：刘建立

副主任：刘耕美、刘耕民、刘五群

（三）族规变动

1. 族规

1985年修谱时，族规有所变动。后人按照原来的规则进行了修订，加入了现代社会的成分，多是一些礼节性的要求。若是族人在外遇到困难，可以向族人求救，族人不可袖手旁观。族内纠纷发生时，晚辈要尊重长辈，年幼的要尊重年长的。这些规定多是民事领域的协调款项，与国家法律并不冲突。

族规：族中议立条规

族长族督族师族胥族证执事各负职责，望参阅原文条规。

——敬老爱幼，后辈应尊重长辈，不说过头话，不开过分的玩笑，长辈对后辈要关心爱护，循循善诱，晓以利害，严慈相济。

——后辈对长辈亦要体谅关切，虚心接受训导。打破门头派别，要克己从人，凡事以整族利益为重，本族内不得拉帮结派，恃强凌弱。

——同族人交往需公平，如遇贪利忘义者，则要共同指责，且由执事开导，不服则禀明族督，共同挟持，不得使其逞强得利，其他人亦应随合族督观点，明确不得左右逢迎。

——本族内如产生意见隔膜，均应以谦让为先，执事应于年关旧节出面调停，以尽快释嫌。

——尊卑间如有争端，后辈不得汹汹然，以至强词夺理，应接受训斥，事后由执事解决。同辈间亦分长幼，依上办理。

——家庭中男女平等，凡族内争端，妇女不得参与闹事。

——如遇族人在外遭事，应及时设法妥善解决，如力不从心，应立即设法报信共商谋略，决不可袖手旁观或漠然置之。

——如族中人在外单独遭事，亦应设法回报，由本族人酌情办理，但不得妄自兴师，以至画虎不成。

——和睦乡邻，礼遇外宾，不得欺生。

——族内不得通婚，不听劝阻者，协同其家长勒令出族。

——刘氏之女已婚者,其夫及其子女对刘氏族人要按规矩称呼,不得乱了称谓,至于他人,本着先亲后不不论的原则。

——给后辈取名一定要按排行取字以免于先辈生复。

——为计久长,大力兴办教育,物色成秀教师优惠待遇,定期评价教学质量。

——正常情况下,每二十年重修一次谱。

公元一九八五年岁次乙丑仲春上完　十七世派凤敬撰
十九世振华敬书

2. 称谓规定

刘氏家族新修的称谓由时任的族长刘派凤主笔编纂,关于长幼秩序的明确要求与之前保持一致,规定了现代的家族伦理关系。村里农户日常交往中都是以这种关系相互称呼。若两家刘氏后人按照亲戚关系与家族辈分关系的称呼存在矛盾,则必须按照族内辈分排序称呼,不能按照亲戚关系称呼,即"亲不压族"。

一、亲不压族:凡属刘氏血统,不分男女,不问婚嫁与否,均按刘氏排行称呼,不得乱叫。总之,不论什么情况,不论什么亲戚,不论门坎多远多近,不论男女老少,只要是"青藜堂"门下之人,都按刘氏家族之称谓称之。

二、由近及远。门头有远有近,由近及远,数近不数远。

三、亲友如男女等同,依男不依女。

四、先亲后不改。按门楣,亲戚的远近关系差不多,但双重关系,就无需更改。

五、各亲各论。除第一条绝对不能更改外,其他均能各亲各论。鉴于刘氏家族大、人口多、亲戚分布广,因而称谓较乱,有时使人尴尬,有时还闹出笑话,今参阅其他家族的称谓、方法,同其他家族有识之士探讨,对刘氏家族称谓方法作了以上规定,望执行。

公元 2007 年农历丁亥年　派凤撰

(四)治理规则

2007年修谱之时,时任族长刘派凤对各委员职责进行了划分。但因农业机械化的开展,农业种植所需人口较少,村内外出务工人员较多。家族委员难以做到时刻在村。因此族内各种事务主要由族长与刘氏族中年纪稍长的有威望的人出面处理。其中,刘耕慈为族内财务会计，同时也是村主任，其主要负责刘氏家族在祭祖、修谱、修祠时的资金的收取与支出管理，在家族祭祖聚会时向家族成员汇报资金使用情况。

家族委员会职责

前言：时代在发展，社会在进步，日趋日新月异，因为谱中规定几个条款，个别说法不合时宜，今略作更改，与原来本质相符。

族长——凡族长者，仅仅是辈分最高，其年龄或长或幼，智愚各异，但多数不能统领全族事宜，心有委员相帮，方能行事。

主任——辈分稍次，或与族长同辈，但年纪较轻，热心公益事业，正直、公正、严谨，处理公事，公平恰当。

执教委员——比为族长、主任助理，负责教化刘氏子孙忠国家、孝双亲。如遇刘氏族人作奸犯科，则加以劝告、教导或制止，如其严重，则送官处置（此项由一人或二人担当，二人者，则分正、副），相当于原谱中族督。

财务委员——执掌、管理本族内所有钱财账目。此人必须聪明能干，无贪卑之劣行者。

外事委员会——负责本族外交事宜。人应年富力强、能言善辩、机动灵活，其聪明程度相当于原谱中族胥。

谏议委员——此人需世呈洞明、人情练达、经多见广，族中如有不明之事，由此人点拨。对内、对外出谋划策。其聪明相当于原谱中族师。

内务委员——负责接待外来客人，安排食宿（与执教委员同时管理）。

调解委员——调解族内各种纠纷，此人必须公允和平、有耐心、能说会道、善于解事。

各委员之间既分工又合作，统一由执教委员指挥。

（五）祠堂修缮

2007年，刘氏后人二彦、砀山、耕慈、进良主持操办，对刘氏宗祠进行了修缮，按照原貌进行修复。在修缮祠堂时成立了修祠委员会，这是临时性的组织，多为村内爱问闲事的刘氏后人担任，族长也要参与，修祠多是由村里的好户或者刘氏族人中有面子的人出面组织。修祠委员会可以以修祠的名义倡导村内的刘氏后人捐款，刘氏后人所出的金额要随心意，可多可少。2007年修祠时，村里捐款200元以上的刘氏后人的名字都刻在了石碑上，立在祠堂屋檐下的西侧。一般村内的富裕户出资较高，普通户出资较低。

每家刘氏后人一般都会出资,因为是家族事务,大家都要缴,很穷的户可以不出资。修祠的开销不需要公布,若是刘氏后人聚会,会说说收支情况。这是为祖先办事,即使有个人质疑,也只是私底下说说而已,并且多数人是不愿意主动参与这事的,表现出不操心的态度,好像与自己关系不大。修祠堂时,外村的刘氏后人也要通知。外村后人也是随着心意出钱,最后由其他村一个主事的人送来便可以了,数额并不强制。

三、业缘治理——依旧各自为政

现阶段村里没有产业,也没有业缘治理单位,集主等传统形式也不存在了。因此会的管理工作由村干部负责。这与解放前极为不同,平时会上的纠纷也是双方自己解决,较大的问题找村干部解决。近几年,村里庙会不再举办。

村里现有的职业种类比较少,依旧以农业为主。主要职业有:饭馆厨师、杀猪的、剃头的、修理工、电工、教师等。村里的三家饭馆并不雇人,都是夫妻两人和自家的父母、亲戚在饭馆帮忙,因此没有正式的雇佣关系。村里传统的木匠铁匠都已没有。农具、家具都是农户到附近的三个集市上购买。虽然外出打工者较多,但打工的城市比较分散,没有形成同乡会等组织。虽然没有形成行业组织,但这些经营者需要经过国家工商部门的许可,在国家制定的行业规范下开展活动。

四、信缘治理

村里仅有的信缘组织是基督教组织。村里每次聚会的信众约有四十多人,多是本村人与张屯人,教堂为信众们共有的财产,并且有专门的讲师与管理者。2016年10月,教堂连续七天举办学习班,信众中午在教堂内吃饭,费用由信众捐赠和上级教堂拨付。

基督教是国家允许的自办信仰组织,村委会并不干涉教堂的发展,西侧的双楼村也有自己的教堂,各村的信众往来较少,地方政权与教堂之间平时并不存在冲突。村里人相比解放前更加理性化,多数村民都知道是"迷信"行为,信仰的程度较为一般,且村内男性信教的较少。不信教的人并不会去教堂,也不会阻止别人信教。教徒与普通人之间不会因信仰问题产生矛盾,坚持着自己的观点理念。

村里的司妈妈的影响力大不如1949年之前,追随者并不多,而且多是一些妇女。村里的司妈妈有时候给村里人"看病",一次会获得10—20元不等的好处费。村里的司妈妈如果较有名气,其他村落的人会慕名而来,找其"看病"。

附录一

刘屯村调查小记

寻村路上

从寻找访谈村到决定在刘屯调研,前后经历一周的时间。刚开始,我跑了四个乡,探访了五个村子,这些村子的情况均令人比较失望。这些村子不是老人稀少,就是经济形态不丰富、社会关系单薄,远远满足不了调查条件。

在过去一周中,民政局老龄工作办公室彭主任帮我先后联系了四个乡的民政所所长,我每到一个乡就提出对访谈村的要求,希望熟悉本乡情况的民政所所长能给我指出建议,他(她)们均为我指出本乡最为适合的村子,并表示会协助入村调研。到了村子之后,我首先向村干部聊了一下村子的概况,然后在村干部的带领下,找到本村年龄最大的老人进行试探性访谈。聊天中我发现这个村的老年人太少,有的1949年前只有二三百人,好不容易找到人口较多的村子,结果这个村是一个寨主管理的村,形态上过于单一,老人数量也少。万事开头难,我只能继续找寻理想的村子。

定村刘屯

在第一次接洽过程中,在彭主任的帮助下,我从县志办借得两本《虞城县志》,分别为1960年版、1991年版。在找村过程中,我一直在翻阅那本1960年版的县志,"刘屯"这个名字映入我的眼帘,这个村在这本县志中被提及好几次。这个村因富裕户较多,成分较为多样,因此是一个社会经济形态较为丰富的村。所以,我提出想去了解一下这个村的情况。在彭主任的帮助下，我拜访了乡民政所所长，在其帮助下与刘屯村村支书与村主任取得了联系。到达刘屯村后，村主任带我拜访了几位年龄接近90岁的老人。通过简短的访谈，我对村里的经济社会状况作了一些了解，随后在村主任的指引下，参观了刘氏家族的祠堂。通过一下午的走访，我对这个村有了基本的了解，发现它比较适合作为调研点。我随后又走访了几个村庄，最终选择了刘屯村作为调查对象。

驻村调研

刚开始驻村调研时，我便开始搜集资料。我首先拜读了刘氏家谱，对刘氏在此建村的缘由进行探究，随后与村里的较为有文化的人、参与修谱的刘氏后人畅谈，对于本村建村的来龙去脉有了大致的了解。在搜集重要资料之后，我根据之前村主任提供的老人名单，逐个访谈，

我对这个村的老人进行了逐一走访，生怕遗漏了任何一个阅历丰富的老人。好在村里的老人较多，男性老人中，91岁的有一位，90岁的有四位，80岁以上的有10多位，都可以作为访谈的对象。除了刘氏后人之外，还有些外家姓的老爷子，这对村落社会关系的调查十分有帮助，可以较为清晰地还原村里的社会状态。在刚开始的访谈中，老人难免会有一些不解，心里有一些防备，总是反问："你问这些事情有什么用？"经过几次耐心说明后，老人便开始讲述。随着聊的次数越来越多，老人和我渐渐熟悉起来，愿意讲述过去的事情。他们的讲述为我提供了丰富的写作素材，使得我的调研内容更加充实。我驻村调研时间比较长，每天都要访谈，很快与村里人熟悉了，每次走在村里都会与村里人打招呼，大家都会说"你又来了"。在两个多月的走访中，我发现老人们很喜欢与年轻人讲述过去的事情，对于我提出的问题，都会先认真地回忆，然后详细地解答。

挥别刘屯

十二月底，北方的天气变得愈发寒冷，在缺乏取暖设施的村里调研，我把自己用棉衣裹得严严实实。在冬日里，老人们很少出屋子，躲在封闭的屋里保暖。我通过两个多月的访谈搜集了足够多的写作素材，同时对村里的社会现状进行了较为详细的还原，由衷地感谢这几位老人，是他们耐心的回答给我提供了丰富的写作材料。调研告一段落，到了与刘屯村说再见的时候。为了不挑起离别的气氛，我只是在聊天中轻描淡写地说过几天快回去了，就这样在不经意间告别，显得不那么难舍、难过。坐在回学校的车上，我心里在默默祝福老爷子们幸福康泰，希望下次来的时候他们依然安在。

附录二

刘屯村调查日记（节选）

10月11日

初秋的北方，又恰逢阴天，总感觉背后有一丝透骨的凉。早晨坐上班车，9点左右到县民政局，找到民政局老龄股，由于市里已经通知此事，刚做完自我介绍，对方便知来意，碰巧彭股长下乡开会，工作人员带我到了副局长办公室，见到了民政局陈副局长，说明情况，陈阿姨似乎对本地村庄具体的情况并不了解，所以就吩咐说调研事项由彭股长全权协助。10点多，我见到了回来的彭股长，我详细说明了对村子要求，一时间他也想不出合适的村子，就让我在道北（陇海铁路北侧）几个乡的民政所查找下，看看是否有合适的村庄，并说乡民政所有详细的情况，有什么要求，会让乡民政所配合，随后他带我到县志办与县档案局查阅资料。我在档案局见到了1960年编写的县志，纸色严重泛黄，上有解放战争与土改，可以获取1949年前县境内的各个地区的经济状况。希望之后的调研一切顺利。

10月12日

今天，虞城县大杨集镇民政所所长推荐了镇政府所在地——杨集村，是全镇最大的村庄，有3 000多亩耕地。今天上午与一位87岁的老人进行了试访谈，大致对村子有所了解。下午与老支书（77岁）进行了沟通，老支书告知：村内能够进行交谈的80岁以上的男性老人有30—40位，老人成分主要为中农、贫农。另外，80岁以上的老奶奶人数多于老爷爷。土改划成分时，村内有一户大地主、四户左右小地主，地主后代因成分过高受到排挤，最后都迁出本地，难以找到地主后人。

1949年前，称杨集保（寨），形状呈圆形，外有寨墙（城墙），墙外有寨沟（类似护城河）等防御工事，寨内有3条街道，南北两条，东西一条。东、西、西北、东南方向各有四个大寨门，寨门晚上关闭。农民在寨内居住，在寨外田地耕作，寨外四周均是耕地。街道两侧为民房，村民家大门面向街道，但主屋不一定面向街道。街上有饭馆、木匠铺、铁匠铺等。按照习俗，红白喜事不能经过两个小门，即使住在寨内小门附近，也要绕道走大寨门。即便今天城墙已不存在，喜事和丧事仍然不过这两个路口。村内有寺庙有6—7座，已知的庙名为火神庙、关爷庙、土地庙、泰山奶奶庙等。79岁的老人给我绘制。

10月14日

记选村第三日，继续开始了寻找村庄的路程。今天在距离县城约30多公里的乡镇又遇一寨。在民政所所长帮助下，探访了又一个村——原乔集村，解放前为集市村寨，80年代，由于人口增长，分为乔北村、乔南村两个行政村，两村以原来的东西街为界。乔北村今人口2700人。现集市已迁出乔北村。能进行交流的老人有10个左右（包括男女），神志清醒的明白老人甚少。解放前，原乔集村南北狭长，南北、东走向的两条街道十字交汇，街道两侧有茶馆、饭店、铁匠铺等，各种店铺齐全，且街道低于两侧店铺约3米，从街道上到两侧店铺需要爬坡，寨子四周有寨墙，墙外有寨沟（除乔集村，周边的其他村无寨墙），寨外全是耕地，村庄东侧临近红河。东、西、南方向的街道尽头有三个大门，无北门。（原村庄形态已不存在，两条街道填到与两侧房屋高度持平，依然是村庄的主干道。）东、西、南、北、中各有5座庙，现都已拆除。街市交易主要用银圆、券（不同时期有所不同），借贷以粮食为主，利息因关系远近有所不同，1.5倍、2倍、3倍都有。当时卖地有两种方式，一种是"卖死"，即地契交给买方，土地与原主没有任何关系，另一种是"卖活"，也叫"当地"，双方约定当期（一般为两年、三年），期间由买主耕种，期满后原主以原来当出的价格（没有利息）赎回。

10月15日

探访第四村，早晨在乡民政所的帮助下，探访了乔集乡杨庄村，该村位于县境最东北部，紧邻山东。现人口4500多人，耕地3000亩，是乔集乡最大的行政村（也是最大的自然村），该村解放前隶属山东省单县，解放后划归河南省，现村庄向北约4里就是山东省地界。该村地处黄河故道大堤上，地势较高。村里能交流的 80 岁以上老人有 10 多个，明白老人尚未找到。土改时，划了 3 户地主，分别为杨（杨家 7 个地主）、张、袁三户。村子由杨玉清（当时被称为老寨主）所建，解放前村内有 800 左右人口，5 000 多亩地（由于土地较多，集体化时村里敲锣打鼓向其他村送地）。据老人介绍，村里住的都是杨家的佃户，姓氏较杂。当时村子呈正方形，四周建起寨墙，四角筑起炮楼，墙外挖了寨海子（寨沟），杨家有雇佣兵，10 多条枪。只有南侧有三道寨门，其余方向没有门，进入寨内需要依次经过这三道门。有时其他村人为躲避麻子（土匪）、抓兵会躲进杨庄。杨玉清土改前已去世，土地分给了 8 个儿子。老寨主孙子辈现已不在世（即使在的话也得 90 多岁）。民国时，村寨开始没落，寨墙被军阀势力破坏，主要是为了取走寨墙上的砖盖公所（都是缺砖惹的祸）。当时杨家的土地多得很难计算，方圆 2—3 公里都是杨家的土地（坊间传说有 48 顷地，也就是 4 800 亩）。杨玉清被称为大善人（村里人的评价），从来不舍得在馆子里吃饭，穿着也很一般，到灾荒年就开仓放粮，外地逃荒的人，到了寨门口，杨玉清命人从寨墙上投放粮食给穷人，有时也在寨子门口发放食物（馒头）给穷人，但是不让其入寨内，以免影响村内生活。解放前，主要信神，村里有两座庙，华佗庙（关爷庙与华佗庙在一起）、土地奶奶庙，破"四旧"时都被拆除，后来土地奶奶庙获重建。每年逢 10 月 18、9 月 13 开庙会。村内没有集市，村民到南面 4 里的大朱寨赶集。原村内有水井 3 口，主要用于饮用，无灌溉水井，也不使用河水，河水经常干枯，灌溉完全依靠降雨。

10 月 16 日

我前几次找村无果，着实感觉找一个相对理想的村子并不是一件容易的事情。后来我想到在县志中反复出现的一个村名——刘屯。我决定，去刘屯试试运气。在县民政局的帮助下，经过与镇里固乡民政所所长的沟通，得以顺利入刘屯村试调研。村主任一边带着我找明白老人，一边给我讲述村里的情况。

通过访谈发现，刘屯村现下辖 2 个自然村：刘屯、小张庄（现刘屯 3 000 人、小张庄 200 人），往东 2 里就是安徽省砀山县地界，往南 2 里为夏邑县地界，刘屯（不包括小张庄）耕地面积 4 300 亩，有 600 年历史，村内 90% 的人姓刘，同属一族，已传 20 多世，现族长为"丰"字辈担任。其他姓氏皆为解放前投奔亲戚在此定居，该村现为贫困村。解放前，属江苏省砀山县（今砀山县属安徽省）管辖。明朝初期，刘氏先祖自山东莱州（也有老人说是山东胶州，祠碑记载为莱州）迁到本地，当时来了三户，分别为刘、张、孙（据说三家人是表亲），分别形成了刘屯、张屯、孙屯（原三个村为一个行政村，1964年分开，现张屯与孙屯为一个行政村）。清朝时期为避战乱，刘屯筑起土寨墙，外有寨海子（寨沟），而张、孙两屯并未筑寨。

1949年前，刘屯村有好户30—40家，富农较少，最大的地主是刘伍元，为国民党砀山县参议员，本人不在本村居住，定居徐州，其子均大学毕业，分布在徐州、云南、台湾、泰国等地。其为开明地主，20世纪60年代在徐州去世，得以善终，其拥有的土地主要分布在其他村，数量难以计算，拥有2个左右佃户村，雇管家帮其打理收租事宜。另一个较大的地主为刘九臣（砀山县参议员）。村内其他小地主一般不向外租地，主要雇大领、二编、三编种地。

刘家祠堂有100多年历史，后来族人多次捐资，祠堂得以重新修缮，清明节举行拜祖仪式，分散在附近其他村的本族后人也前来参加。村内有5—6座庙，也是土地庙、奶奶庙、火神庙，每年正月初七庙会，送火神爷。解放前，村内每月农历初四（4、14、24号）与23号逢会（也就是逢集），共4天。因当地降雨充足，多涝少旱，与其他村一样，无水利设施，也无灌溉水井。

10月17日

今天按照原来的找村安排，决定继续探访一下，看是否有更适合的村庄。今天来到了第四个镇，利民镇，原来虞城县城驻地，试访谈了本镇最有历史的村庄——袁寨，该村位于黄河故道南岸，紧邻的北侧便是黄河大堤。规模较大，存在的时间较长。在村干部的帮助下，对村里的几位明白老人进行了访谈，访谈过程中发现，村落形态比较单一，基本概况与其他的村庄较为类似。不过村庄西侧外建了一座龙王庙，为三间瓦房，由其中的一位受访者主持所建。总体上看来，经济比较单一，老人的数量也比较少，并不太适合选作访谈的村庄。

10月18日

找了4个镇5个村，对本区的村庄有了大致了解。今天对这些村的情况进行了总结。本地区的自然村偏多：一般3—6个自然村庄为一个行政村，自然村今人口200—600不等，这种自然村历史较短，解放前仅有10—30户人家。此外，每个镇会有2—3个较大的现人口在2 000人以上的自然村与行政村合一的村，这种村解放前多有寨墙（土寨），人口较多，所以容易形成乡村小集市（多是农产品交易）。地处河南最东部，降水充足，加上黄河泛滥（八百里悬河），当地洪涝频繁，旱灾较少，解放前没有任何灌溉设施（真正的靠天吃饭）。缺乏政府动员，沟道偏少，多为建国后集体化时期大规模开掘。

10月19日

通过各个方面的对比，我最后决定选取刘屯作为调研村。在县民政局的帮助下，我再一次拜访了镇里固乡的所长叔叔。该村距离乡政府驻地约4公里，为了调研方便，镇里固乡民政所所长叔叔帮我在乡敬老院找了间空闲的房屋。吃饭在街上的店铺，较为方便。敬老院的院长叔叔较为和蔼，说有什么需要的地方可以找他帮忙，并嘱咐我说早晨吃饭不方便的话，可以在养老院食堂吃饭。去村里调研的话，骑车便可以到达。在解决住宿之后，下一步便是开始调研了。在下村之前，我向民政所所长叔叔要了一份村里80岁以上的老人的名单，以便找到全部被访对象。

10月20日

养老院的开饭时间比较早，吃过早饭后约8点，我带上准备好的访谈资料，骑车到了村里，与村支书与村主任打声招呼之后，便开始找之前访谈的老人聊天，并且希望他们介绍明白老人。今天打算去访问90岁的刘耕珍老人，进门时，老人与其他人在自家院子打桥牌。我在一旁观看，这几位打牌的全是60岁以上的老人，其中一个老人82岁，曾是村里的会计。过了20分钟左右，老人放下手中的牌，开始接受我的访谈。遇到不清楚的地方，几位老人一起回忆。随后在桌案上，刘耕珍老人凭借着自己的记忆，给我画出了村里的布局图，标明了各条大路、寺庙、水井的位置。使我对村里之前的布局有了更为具体的了解。时间过得有点快，中午时间一眨眼快到了，老人要自己动手做饭了，老人与老伴虽然已经90岁了，但是生活完全能自理。

10月31日

北方的秋天阴雨连绵，下了几天的雨，太阳终于出来了。今天上午早早吃了饭，去访谈了91岁的老人刘砀瑞，他是村里最年长的男性老人。我之前与他有简短的聊天，老人身体不是太好，眼睛看不见，但是心里跟明镜似的。访谈时，我发现老人知道的特别多，老人家算是村里中等水平的人家。老人是一个喜欢打听事的人，对1949年前村里的状况十分清楚，很早便当家。老人的戒备心挺强，接连问了我几句"你问这些有什么用呢？"还时不时地问我的来历。据老人自己讲述，他一辈子没有上当受骗过，老人经历的事情较多，心眼也较多，头脑十分清晰。每次访谈，老人都会给我讲讲几个故事。

11月2日

前几次的访谈，我几乎将村里的老人全部访谈了一遍，老人们的记忆力都还可以，有些老人年纪较大，但是因为当家的时间较晚，对于之前的村庄状况并不十分熟悉。相比而言，一些年纪并不是太大的老人，因为当家的时间较早，而且个人对村里的事情比较感兴趣，所以自然知晓的事情十分丰富，甚至村里发生了什么故事都能十分清楚地讲出来。我渐渐发现，老人对于事情的记忆不但取决于家庭经济水平，同时与自己的兴趣相关，那些爱管事的、爱打听事的老人自然知道的较多，尤其是有管理经验的老人对于事情的回忆更加详尽可靠。

11月6日

今天按照自己的访谈计划，原本去找刘砀收老人聊天，之间听说老人在解放初便当过刘屯乡的乡长。几乎每次去老人的家，门都是锁着的。老爷子86岁了，自己单独生活，老爷子身体硬朗，除了饭点在家待着之外，其他时间都会骑着自行车去牌场看牌，或者去别处玩，通常家里是锁着门的。上午去晚了，老爷子出去玩了，所以只能去找另外几位老人访谈。中午在村头的小饭馆喝了碗丸子汤，早点去找刘砀收老人。老爷子刚吃完饭，对于我的到来，老爷子十分警惕，多次反问道："你问这些弄啥？"需要多次解释，老爷子的警惕性才有所降低。老爷子头脑十分清晰，由于年纪较大，耳聋比较严重，即使戴上助听器，也需要大声说话才能听见。但是毕竟是当过干部的人，对建国时期的村里情况十分熟悉，尤其是对当时的村落建制变革极为熟悉。对于说了好几次老爷子依然听不懂的问题，我通过写字的方式交流。一下午访谈下来，收获颇多。

11月8日

按照自己的访谈安排，今天早晨早早起来，在养老院吃了饭，骑着车到了刘读记老爷子家。还好老爷子没有外出，这位83岁的老爷子头脑较为清晰，只是前几年生过一场大病，所以对一些事情记得不是太清晰。但是对于自己经历过的事情，还是能回忆起来的，尤其是1949年村里的习俗习惯。访谈了约1个小时，老爷子说自己有点困，需要休息，于是只能中途结束访谈，去找刘义生老爷子聊天。到了中午，我在村里的小饭馆草草吃过中午饭，约1点钟，便去刘耕珍老爷子家。在与村里人聊天的时候得知，村里人很少有午睡的习惯，若是吃过饭不早点去，很有可能老人就出去遛弯或者打牌去了。吸取之前的访谈经验，我每次中午吃过饭，稍微坐在饭馆里休息一会儿，便去找老爷子聊天，生怕老爷子吃过饭又溜了。

11月12日

在村里调研快一个月了，今天早晨到村委会，听说在安徽住女儿家的老爷子回来了，我喜出望外。因为听村干部介绍过这位刘红伦老爷子，老人年纪大了，几个月前摔伤了胳膊，便被闺女接走去静养照顾，一直没回本村。据村里人介绍，1949年前，老爷子家里是村里有名的好户，我盼望着能从老爷子那里问到好多之前的村里富裕户之间的关系。于是我骑车到了老爷子家中，这是一座三间连通的土墙瓦屋，院子低矮，没有大门，想来也没有小偷来偷一个独居老人家里的东西，于是也没有建墙的必要。走到堂屋门口，我叫了声爷爷。老爷子很警惕，问我是干嘛的，我将自己的来历说了一遍。刚开始第一次交谈，我怕问过多的问题会引起老人的反感，于是由浅入深，慢慢地聊起来解放前的情况，然后转到家庭土地管理上。访谈中，老爷子不时地问我，你问这些有什么用呢？我说只是为了了解之前的社会情况。中午在村委会休息了一会，两点的时候再去找老人聊天。通过对这位1949年之前的富裕户的访谈，对村里之前家庭经营形态更加地了解。

11月13日

今天访问了刘砀瑞老爷子，由于前几天听说老爷子有点闷气，身体不好，所以没有来打扰。今天见了面，老爷子开口说你这几天没来，怪想你的。听了之后感觉心理暖暖的，想起前几次调研的时候老人对我的防备之心特别重，之前每次聊天的时候，总要反问我几句：你问这些干嘛？时刻防备着我。但是经过那么多次的交流之后，我渐渐成了老人的熟人。今天跟老人聊天特别开心，获得的信息也较为丰富。一直到中午时分才结束访谈。中午在村头饭馆草草吃了午饭。下午为了让老人休息，便去找了另外一个老人。临近傍晚时分，老人开始做饭了，才知道天快黑了，于是只得告别老人回到乡养老院。

11月21日

11月底的北方，冷得不行，而且这里位于黄河南侧，冬天是没有暖气的。今天刺骨的北风格外强烈，我也穿上了棉袄，天气比我刚刚驻村调研的时候要冷很多。从早晨开始，北风吹得就有些紧，下午四点多，害怕下雨，赶紧结束访谈，回到了乡养老院，养老院还没开饭，我在食堂草草吃了饭，跟院长叔叔聊了一会儿天，就上楼去整理今天的访谈录音。此时的北风没有一丝的消减，反而变本加厉，紧挨着床头的窗户开始有些晃动，两扇窗户叶相互拍打着。根据时节，估计要迎来入冬的第一场雪。天气太冷了，整理到8点左右，我便钻进了被窝睡觉了。希望明天可以看到银妆素裹的世界，对于农民来说，瑞雪兆丰年。

11月22日

早晨7点左右，我从睡梦中醒来，天已经亮了，抬起头望向窗外，果然昨天夜里下雪了，而且窗外依旧"沙沙"地飘着雪。养老院通常是7点40左右开饭，我去吃了饭，和老人们聊会天。院长叔叔建议我今天不要下村，因为这雪指不定飘到什么时候，下雪天太冷了，老人一般是不下床的。我想想也是该日清周结了，于是回到了自己的屋子内，打开电脑，开始整理这一周的访谈所得。下午的时候，雪越下越大，地上已经铺上了厚厚的一层。养老院的老人们也都吃过晚饭，赶紧回到房间，钻进了自己的被窝睡觉了。

11月23日

早晨起来，这场雪似乎没有停的意思，依然在下，地上的积雪越来越厚，已经有6厘米厚。听老人讲，好些年没有下过这么大的雪了。面对这样的天气，只能依然在宿舍待着，整理之前的访谈录音，与此同时与养老院的老爷子们聊聊他们所在的村的状况，与自己调研的村进行对比。发现村民并不是孤立的个体，他们之间不但存在姻亲关系，而且也存在经济、借贷交易。与这些村相比，刘屯相对较为富裕，这些村有的集体向刘屯借粮，并且通常是借一还三。这些社会经济行为使得村与村之间联系较为密切，不是老子所说的"鸡犬相闻，老死不相往来"。

12月1日

早晨，骑车到了村里，吃早饭的村民都在自家门口聊天，从他们旁边路过时，他们都会将目光集体投在我这个非本村的人身上。习惯于本村熟人之间交流，他们对村外人来本村始终保持着浓厚的兴趣。今天早早到了刘耕珍老人家里，刚好老人吃过早饭在家里坐着。今天见识了老人超强的记忆力，问到1949年后的行政区划，老爷子一口气能说出1949年各个小乡的名字。老人的文字都是工作时自学而成，年轻时只上过两年学。

12月12日

12月的黄河流域，天气已经变得十分寒冷，村民都穿上了厚厚的棉服。骑着车在路上，寒风刮得脸通红。这个季节正是农闲时，村里人多是在家里待着。年轻的打工者还没有还乡，村里依旧难以见到年轻人。中午时分，村里人依旧穿着棉服，将双手交叉藏在袖子里，在门口闲聊。年长的叔伯闲来无聊，围坐在一起打麻将。我访谈的几位老人中有些花眼的依旧坐在家里，主要通过与人闲聊的方式打发时间。隔一两天才去的话，他们都会说你好几天没有来了，仿佛我已经成了村庄的一部分。

本卷后记

经过精细的筹划、调查、写作与编排，《中国农村调查》（总第58卷·村庄类第27卷·黄河区域第8卷），终于与读者见面了。2015年初，在徐勇教授、邓大才教授的统筹规划之下，华中师范大学中国农村研究院正式启动了村庄调查、家户调查和口述史调查等三大"世纪工程"。在徐勇教授和邓大才教授的亲自主持下，三大工程同时启动，而村庄调查是三大调查中最复杂、最庞大、最深入的调查。新版中国村庄调查以"村"为调查单位，主要围绕"村庄形态与实态"展开，以1949年之前的村庄形态为调查起点和主要内容，同时调查1949年之后到当下60多年的村庄变迁与实态，涵盖村庄由来、自然、经济、社会、文化、治理等六个方面。通过2—3个月的驻村调查，与农民同吃、同住、同劳动，在田野调查中搜集了大量翔实的第一手文献资料、访谈资料、视频资料、录音资料与图片资料，并在此基础上撰写了村庄形态与实态调查报告。本卷就是在众多调查报告中，选录了两本质量较高的调查报告，合体编辑而成的。

2016年9月正式启动"黄河区域村庄调查"项目以来，中国农村研究院有70多位老师、博士生走进陕西、山西、河南、河北、山东、安徽、江苏等省的多个地级市的村庄，访谈村庄明白人、与老人们聊天交谈、走进乡镇与县政府档案部门查询资料，撰写调查日志，然后进一步撰写调查报告。正是调查员们深入扎实的调查、中期不厌其烦的整理、后期认真仔细的写作，使得本卷能收录到较为完美的调查报告。在后期，调查员们已经返校，还通过电话与村民们反复核实，使得本卷的文本表述更加准确。在此，感谢各位调查员认真负责的态度以及为学术执着求索的品质。

本卷的问世，首先要感谢为调查员们提供调查支持与帮助的宿州市、虞城县政府以及所属职能部门的各位领导。同时，更要感谢接受调查员们访谈并为调查员们提供资料的农民朋友，你们耐心地为调查员们详细讲解1949年之前的小农形态，你们热心地为调查员们"翻箱倒柜"找资料，你们将调查员们视为自己的家人，使调查员在调查中感受到了家的温暖。有的调查员与村庄融为一体，成为村庄一分子；有的调查员成为你们的干儿子、干女儿；有的调查员则成为你们的知心人……正是你们的热心、好客、慷慨、无私，鼓舞了我们的调查员，使调查员每每在调查低谷中有所发现、有所收获，最终完成驻村调查与报告写作。如果说田野是我们调查员的第二课堂，那么村庄的农民朋友则是我们调查员的老师。以农为师，方能深入田间地头，深耕、深挖与扎根，而这离不开你们的帮助与关怀。

调查员林圣蒙在萧县的调查，首先要感谢宿州市老龄委员会办公室、萧县民政局、刘套镇人民政府等相关领导干部在调查接洽、选村定村等方面提供的热情支持和悉心关照，感谢管粥集村村书记宗玉顺等村干部在住宿出行、入户访谈等方面的全力协助，感谢管粥集村薛放一家人的温暖接纳，解决了日常餐饮的后顾之忧。其次，感谢管粥集村张大臣、薛厚田、王桂兰、程保民、廉培云、崔庆芳、薛传明、宗玉春、杨善伦、晁月华、廉美堂、李超、赵启蓝等老人心无芥蒂地提供第一手口述历史素材和本家的家谱族谱等珍贵文本材料。最后，感谢萧县地方志办公室老师提供的地方志史料与选村推介。

调查员邢旭在虞城县的调查，首先要感谢虞城县民政局、镇里固乡民政所等部门的热情接洽与悉心帮助，感谢民政局养老服务股股长彭高峰、镇里固乡民政所所长孟庆国给予的大力支持与关心，感谢刘屯村村委会在村庄调查期间提供的帮助，感谢镇里固乡敬老院提供调查期间的住所。其次要感谢刘屯村刘砀瑞、刘砀收、刘红伦、刘耕珍、刘雪雨、刘丰须、刘砀根、刘聚才、李广义、李长庚等诸位老人热情地接受访谈并无私地提供丰富而宝贵的文献资料。最后，要感谢虞城县档案局提供宝贵的方志资料。没有他们的帮助，这次调查难以完成。

要特别指出的是，徐勇教授和邓大才教授为本卷的写作、审稿、编排等倾注了极大的心血。从调查的筹划布局到提纲的设计修改，从调查培训到调查开展，从调查指导到调查汇报，从材料使用到报告写作，两位老师都全程参与，并悉心指导调查员们写作、修订、完善报告。酷暑当头，两位老师深入村庄，开展"现场教学"，指导调查员们调查；在百忙之中认真阅读各位调查员的调查汇报，并及时予以指导；在报告写作阶段认真审阅报告并及时纠正错误，有时在车上"微信"指导调查员，有时直到凌晨还在审阅……正是两位老师的辛勤付出与孜孜不倦地教诲，本卷才得以迅速地、高质量地完成。

本卷收录了两份村庄调查报告。一是林圣蒙的《集会共栖：皖北贫弱村庄的生生之道——黄河区域管粥集村调查》，共计43万字；二是刑旭的《同族而居：单姓屯村治理秩序维系——黄河区域刘屯村调查》，共计30万字。

最后，非常感谢凤凰出版传媒集团的总编辑徐海，江苏人民出版社的社长王保顶、副总编杨建平对黄河区域卷书稿出版工作的支持，感谢于馥华、王溪编辑在文稿的校对、编辑、排版与出版等方面所付出的细心工作。本卷的审稿、统稿、编辑与校对等工作由李华胤负责，内容核实与修改等工作由各位调查员负责，在此一并表示感谢。

由于编者的水平有限，错漏之处难以避免，敬请专家、学者及读者批评指正，我们将在今后的编辑中不断改进和完善。

编者谨记